José María Gironella
El escándalo del Islam

Documento/84

Índice

José María Gironella
El escándalo del Islam

Planeta

COLECCIÓN DOCUMENTO

Dirección: Rafael Borràs Betriu

Consejo de Redacción: María Teresa Arbó, Marcel Plans, Carlos Pujol y Xavier Vilaró

© José María Gironella, 1982

Editorial Planeta, S. A., Córcega, 273-277 Barcelona-8 (España)

Edición al cuidado de Ester Berenguer

Diseño colección y cubierta de Hans Romberg (foto Autor y realización de Jordi Royo)

Procedencia de las ilustraciones: Archivo Editorial Planeta, Camera Press, Flash Press, Photo Omar, Sipa Press, Zardoya y Autor

Primera edición: abril de 1982

Depósito legal: B. 10854 - 1982

ISBN 84-320-3624-2

Printed in Spain - Impreso en España

Talleres Gráficos «Duplex, S. A.», Ciudad de la Asunción, 26-D, Barcelona-30

A Fernando Schwartz y a su esposa, Kim,
por su fraternal hospitalidad

Prólogo

¿Qué me impulsó a escribir este nuevo libro de viajes? No lo sé. Montado en el tiovivo del mundo, de pronto un espacio geográfico desconocido, la lectura de la biografía de un prohombre, un contacto fugaz, una insólita noticia publicada en un periódico, me induce a tomar el tren o el avión —con mi espíritu a cuestas— y me apeo o aterrizo en un lugar del planeta que hasta el momento no se había clavado en esa imprevisible retina que Dios (Alá) me dio.

El escándalo del Islam... Tal vez el tema empezó en esta ocasión a incubarse durante mi larga estancia, el año 1975, en Israel. La situación de los árabes de la zona, a que aludí sólo de pasada en la obra que dediqué a Tierra Santa, despertó mi curiosidad y, en cierto modo, me estremeció. A ello se juntó más tarde el boom de los países petrolíferos, la aparición en público de los príncipes de la Arabia Saudí y de los jeques de los emiratos del golfo Pérsico, la caída del Sha y la fulgurante subida del ayatollah Jomeini, el recuerdo de que en el hogar del taxista Zaid, en Belén —árabe por los cuatro costados— me había sentido como en mi propia casa, rodeado de objetos similares, inmerso en un ambiente que me retrotraía cálidamente a esos años infantiles que marcan para siempre lo que nos burbujea debajo de la piel.

Precisamente por esas fechas había recibido la propuesta de trasladarme a Hispanoamérica —México, Colombia, Chile, Perú—, y la operación, desde el punto de vista literario, me tentaba. Pero diversas circunstancias dieron un inesperado vuelco a la situación. En primer lugar, gracias a un libro de C. Virgil Gheorgiu, descubrí la fascinante vida de Mahoma. ¡Qué portento! Una de las más grandes figuras que ha parido la madre tierra. Simultáneamente, el correo me trajo un par de cartas de Egipto y de Irán, invitándome a husmear en aquellas latitudes. A partir de ahí los acontecimientos se precipitaron. La palabra Islam se incrustó en mi cerebro como un tantán obsesivo. Llamadas telefónicas, acopio de datos, la mal llamada Reconquista, ¡el Corán!, el bloc de notas esperando... La suerte estaba echada: el Islam y su Profeta —y los petrodólares, y el desierto, y los beduinos, y los chadors y las mezquitas— iban a ocupar mi mente y a ser el tema exclusivo y tantálico de la próxima obra que saldría de mi pluma.

Los consabidos viajes —he de emplear el plural— me convencieron de que no andaba descaminado. Dondequiera que me tropezaba con un bazar, con un palacio, con un camello, con legañas en los ojos o un Cadillac de importación (con incrustaciones de oro) brincaba de contento como si me hubiera tocado el gordo en una exótica lotería psicológica y espiritual. En cuestión de unos pocos minutos pasaba de la grandeza a la podredumbre, de la Universidad a la caverna, de lo infinitamente sensible a la frialdad más cruel. Salté de El Cairo y Alejandría a Teherán y Qom, y de Ispahán y Chiraz a Kuwait y al puerto de Al-Ahmadi, donde hacen cola los supertanques del globo en busca del «oro negro»... Todo se me antojaba a la vez antiguo y nuevo, esotérico y familiar. Mi cacumen decía «sí» y mi corazón negaba, o viceversa. En El-Alamein estreché la mano de Montgomery y de Rommel. En el Museo Egipcio casi alcancé, junto a las momias, el estado catatónico. En un lugar inconcreto de la capital iraní asistí al «corte de manos» aplicado a unos jóvenes ladrones. Vi el mar de color azul-turquesa y en el estrecho de Ormuz me acerqué más que nunca a las estrellas... Suficiente para colmar mi sed de aprender.

Ignoro si habré logrado trasmitir a los lectores la información —ingente— recibida y el bombardeo emocional que me vapuleó a lo largo de mi caminar. No es lo mismo afrontar, como me ocurrió en Tierra Santa, el fenómeno cristiano, que pese a todo se confundía en mi ánimo con la leche materna, que habérmelas con una cultura y una religión que las gentes vivían a través de un idioma absolutamente desconocido por mí. Por ello, y antes que otra cosa, pido excusas por los errores de interpretación que haya podido cometer. Me temo que la lupa de los especialistas sufrirá algún que otro sobresalto. Y sólo me compensa la casi certeza de que, en justa reciprocidad, las páginas del libro recrean fielmente algo más importante que este o aquel detalle semántico: la atmósfera de los países transitados.

Otro inciso: por obvias razones de seguridad, habida cuenta de la etapa conflictiva, belicosa, que atraviesa la zona en que se mueven los personajes citados en la obra, en muchos casos he alterado sus verdaderos nombres y ocultado su verdadera profesión. Especialmente en el capítulo de Irán me he visto obligado a no facilitar la menor pista que pudiera conducir a una posible identificación personal. Confío en que el lector se hará cargo de que los argumentos que me han inducido a ello tienen un valor axiomático.

Y sólo me resta explicar brevemente el porqué he introducido en el título la palabra escándalo. No se trata de un deliberado propósito de llamar la atención, y mucho menos de acusar al Islam de «escandaloso», en la acepción peyorativa del término. El diccionario de la Real Academia Española acude en mi ayuda, y también en este caso espero que mis amigos musulmanes sabrán comprender.

La palabra escándalo, que, en efecto, puede significar «desenfreno», «desvergüenza», «mal ejemplo», puede asimismo significar «alboroto», «tumulto», «inquietud» e incluso «asombro», «pasmo» y «admiración». Ésta es la baraja, y en esa línea no hay más cera que la que arde. El Islam, quiérase o no, de pronto ha «alborotado» el mundo en que vivimos, ha provocado en él, de forma brutal, «tumulto» e «inquietud». A los ojos de Occidente, ha quebrado el ritmo de la historia. El título que elegí, por tanto, no es objetable desde un punto de vista de rigor crítico. Y lo es menos aún si consideramos que el autor, a través de las páginas subsiguientes, si bien deja constancia, en multiples ocasiones, de su más severo repudio y de su más implacable condena, en otras ocasiones no escatima el «asombro», el «pasmo», la enfervorizada «admiración».

Y nada más. Lo escrito, escrito queda, y que el tiempo me otorgue su inapelable veredicto.

Arenys de Munt, diciembre de 1981.

Primera parte

Egipto

CAPÍTULO PRIMERO

Junio, 1979

OBJETIVO DEL VIAJE

Una vez más me dispongo a emprender un largo viaje. Quiero conocer algunos países árabes, algunos países del Islam. Se trata de un proyecto meditado desde hace tiempo; de hecho, desde que estuve en Israel —1974-1975— y escribí al regreso *El escándalo de Tierra Santa.*

El Islam ha renacido, en ese último tercio del siglo veinte, con una fuerza huracanada, a caballo del petróleo y del Corán. Alá y los crudos componen una mezcla explosiva que ocupa las primeras páginas de los periódicos y ha trastocado los modos de vida de Occidente. El tema me interesaría menos si fuera un fenómeno inédito, aislado o coyuntural. No es así. De casta le viene al galgo. El Islam, a partir del año 571 —nacimiento de Mahoma—, aglutinó un mundo aletargado y heterogéneo y configuró un sistema de creencias, una actitud y una cultura que en el decurso de varias centurias se impusieron en vastas regiones del planeta, constituyéndose en Imperio. En un momento determinado, dicho Imperio decreció, porque está escrito que el invierno existe y que toda célula debe morir.

Pero su muerte no fue total. Perduró una secuela que ahora, de pronto, ha resurgido con un fervor que los expertos califican de inquietante y que deslumbra y desconcierta al hombre de la calle. Diríase que la media luna se ha teñido de rojo para gotear historia sobre nuestras cabezas. Brotan minaretes por doquier. Ya nadie se mofa de los almuecines y en los carnavales los protagonistas son las chilabas, los turbantes, las babuchas y la mano a la altura del corazón. La palabra «árabe» vuelve a ser sinónimo de cúpulas de oro y de poder. En las universidades se rastrea el pasado y se exhuman deudas de importancia extrema. En Wall Street se cuenta en petrodólares y hay muchos castillos ingleses cuyo fantasma se llama Abdullah. Las gentes se susurran al oído que los árabes nos trajeron el alcohol, el laúd e ingeniosos métodos de irrigación. En España, la mezquita de Córdoba recobra su rango, y algunos jeques frívolos le hacen intencionados guiños desde los yates de Puerto Banús.

El mapa islámico me ofrecía un sinnúmero de posibilidades: desde Senegal y Marruecos hasta Indonesia y Filipinas. Me he decidido por el Cercano Oriente, porque allí están el golfo Pérsico y La Meca. Intento ir al meollo de la cuestión. En realidad, todo empezó en la península arábiga, donde ahora ondean las banderas de Arabia Saudí y los emiratos; en el golfo, Irán está en plena ebullición y en Kuwait subyace la más famosa de las bolsas de petróleo conocidas: la de Burgan. También me tientan Iraq, Siria, Pakistán y el Yemen del Norte, país del que se dice que en él trabajan más las mujeres que los hombres, los cuales viven relajados, mascando unas hojas alcaloides llamadas *kat*, que aturden los sentidos y los adormecen.

Pero una serie de circunstancias me han aconsejado iniciar mi periplo por Egipto, donde, al fin y a la postre, lo islámico ofrece la peculiaridad de haber sepultado la antigua civilización faraónica, donde Nasser empezó a hablar de panarabismo y donde se fundó la Hermandad Musulmana. La mixtura, digo yo, puede dar mucho de sí. El Nilo no es el Éufrates, no es el Tigris, pero los egipcios lo llaman mar y los geógrafos afirman que es el *Bahr*, el río, por antonomasia, puesto que es el de mayor longitud de la tierra: 6 671 quilómetros, desde el África ecuatorial (hemisferio austral) hasta el Mediterráneo. Por si fuera poco, en El Cairo se contabilizan en la actualidad 325 mezquitas y el Gobierno de Sadat está a punto, en virtud del tratado de paz firmado con Israel, de recuperar para su pueblo, ¡y es mucho decir!, el mismísimo Sinaí.

Si bien ninguno de los motivos indicados ha sido el determinante en la elección. En la práctica todo ha ocurrido de una forma más sencilla: en El Cairo me espera nada menos que el inefable Salvio Royo, el ex jesuita que conocí en Jerusalén, quien con su aire de prestidigitador y su erudición amenizó no pocas de mis horas vividas en Tierra Santa, geólogo, políglota y amante de aquella espléndida mujer llamada Alma, que estuvo a punto de sorberme el seso al término de una boda en el President Hotel. Mi amistad con Salvio Royo se ha acrecentado desde entonces, desde que en mi libro [1] le dediqué varios capítulos. Ha dormido en mi casa y ha continuado especulando sobre el misterio del origen del Mal, sobre el Vaticano y sobre las culturas muertas. ¡Lleva peluquín! Alma me lo advirtió el primer día: es un coqueto. «No quiero que me digan que se me va a caer el pelo.» Peluquín y lentes de montura de plata, extraña combinación. Pero allá está, en El Cairo, en el Sheraton Hotel, donde nos ha reservado una habitación en el piso más alto, habitación contigua a la suya y desde cuya terraza, al parecer, se domina una perspectiva impar, que abarca por el este la Ciudadela y sus vastos cementerios y por el oeste las pirámides de Sakkara y Gizeh, ya en pleno desierto.

Disponer de un guía como Salvio Royo es un placer tantálico, al que hubiera sido absurdo renunciar. Imagino que se habrá pateado el país de punta a cabo y que me disparará a bocajarro sorprendentes teorías referidas a la 3.ª catarata, Abu Simbel y el escarabajo sagrado. Quién sabe si habrá decidido por cuenta propia que la interpretación que se ha hecho de los jeroglíficos es errónea y que Ramsés II no existió jamás. ¡Me escribió una postal desde Suez afirmando que quien no existió jamás —en carne y hueso— fue Moisés! Mi mujer, que me acompaña, ¡cómo no!, en el viaje, arde en deseos de reencontrar a Salvio Royo. En Israel tuvo ocasión de charlar con él una noche en Tel Aviv; en casa lo conoció más a fondo, lo que le permitió opinar que, bajo su disfraz gangoso, es una especie de tigre intelectual, con mucho whisky en la cabeza y las manos repletas de paradojas. Hicieron buenas migas, pese a lo cual, por teléfono se ha negado rotundamente a soltar una palabra sobre Alma. No sabemos si encontraremos también a ésta en el Sheraton Hotel, lo que sería a todas luces deseable. Alma es judía, pero tal vez ahora ello no sea obstáculo para pasarse en El Cairo una temporada, sobre todo si se posee, como es el caso, el instinto de la discreción.

Cuando Egipto se nos haya agotado nos iremos a Irán. Luego, depende de los acontecimientos. La experiencia nos demuestra que, en ese tipo de

1. *El escándalo de Tierra Santa.*

viaje, resulta inútil trazarse de antemano un itinerario exacto. Un detalle minúsculo, una situación inesperada, pueden modificar de raíz el plan previsto. Dicho de otro modo, una vez agotado el fenómeno Jomeini y luego de haber acariciado las piedras de Ispahan y de Persépolis, lo mismo podemos salir disparados hacia Damasco o Bagdad que hacia Kuwait, Qatar o Afganistán. Toda esa zona es árabe, toda esa zona pertenece al Islam. Con divisiones manifiestas, pero con denominadores comunes aptos para mi menester. En todas partes encontraremos, supongo, la pasión, el velo, la sonrisa de los bazares y las reticencias hacia el mundo occidental.

ATRACTIVO ÁRABE

Personalmente, debo decir que lo árabe me atrae. Lo descubrí en Belén, en casa del taxista Zaid y en otros lugares semejantes. Muchas veces he declarado en broma que al lado de un camello me siento feliz. Es un homenaje que rindo a los beduinos, a esos espíritus fuertes capaces de aquilatar la belleza y la hondura del desierto, que es donde nacen los profetas y donde una hoja verde tiene más valor que una perla. Así que veremos lo que ocurre. Llevo conmigo el impacto que me ha producido la reciente lectura del Corán, de un par de biografías de Mahoma y de varias obras analíticas sobre la fulgurante expansión de su doctrina. Tales libros se han bastado para acrecentar al máximo mi curiosidad, para convencerme de que el universo en que me dispongo a penetrar es complejo en sí mismo y mucho más enigmático de lo que aparece en las películas de cabilas, harenes y bajás. Lo árabe es trascendental y a la vez miserable. Al igual que lo ario. Al igual que lo anglosajón o lo latino. Nadie escapa a la ley de la dualidad. Sería ridículo emplear el mismo rasero para medir el concepto de la belleza y de la higiene que puedan tener un canadiense, un tuareg o un habitante de Bangla Desh. Aquí está el trueno y allá el silencio. Aquí está la cimitarra y allá la bomba atómica. Los místicos musulmanes, acaso con Ghazali a la cabeza, se emparentan con san Juan de la Cruz. Quien esté libre de pecado que tire la primera —o la última— piedra.

CAPÍTULO II

Salimos de Arenys de Munt al amanecer. El silencio en el pueblo es impresionante, con sólo el canto de algunos gallos que, según compruebo todos los días, continúan fieles a su condición. Los gallos, en el punto más elevado de las veletas, simbolizan la vigilancia y la actividad; en un plano más humilde, son también símbolo solar y «aves de la mañana». Todo ello me parece de buen augurio, si bien, camino del Prat, me pregunto por qué ahora las torres de las iglesias permanecen mudas al llegar el alba. De niño me gustaba escuchar las campanas: eran la voz gloriosa y acunadora de Dios.

Apenas si encontramos media docena de coches en la autopista y cruzamos Barcelona sin quebranto, con luz verde por doquier. Así que nos plantamos en un santiamén en el aeropuerto. Es sábado y *El Correo Catalán* publica un artículo mío sobre la serie televisiva *Holocausto*. Tema polémico. Guardo el periódico en mi bolsa en bandolera, entre las guías y los planos, para enseñárselo a Alma si tenemos la suerte de coincidir con ella en Egipto. El periódico informa también de que los miembros de la OPEP han acordado una subida del petróleo del 24 %.

Viajamos por Alitalia, con transbordo en Roma. Ello supone que en la sala de espera «internacional» encontraremos algún cura: tal vez un obispo...

No me equivoco. Hay cuatro sacerdotes-clergyman leyendo con avidez un «informe sobre el divorcio». Pasajeros de nacionalidades muy diversas efectúan compras masivas de tabaco y alcohol. Las marcas anunciadas en la tele se llevan la palma. En la barra del bar, varias maniquíes de alto rango se desayunan, con un pitillo en los labios. ¡Cuánto humo en el mundo, Señor! Sonrío, pensando en la pipa-virgen que me cuelga de la boca. Hace unos diez años dejé de fumar, pero la pipa me entretiene los dedos, es mi mascota y en las fotos puede darme, con un poquitín de suerte, cierto aire de «viajero empedernido».

A la hora prevista, sin el menor retraso, despega el avión. Pronto nos damos cuenta de que las azafatas de Alitalia no hablan español... ¡Qué le vamos a hacer! A los pocos minutos mi vecino toma con rapidez la bolsita de los mareos. Está pálido, sospecho que se dispone a vomitar; pero nada de eso. Mete en la bolsita el pasaporte, los billetes, moneda extranjera y otros papeles. Y lo guarda todo, con litúrgica parsimonia, en su maletín de ejecutivo.

Entretanto, mi mujer contempla el mar, que se ve allá abajo, rizada el agua. ¿Será verdad que el Mediterráneo se nos muere? Luego toma la revista *Alitalia* y se sumerge en la lectura de un reportaje sobre Galileo Galilei. Pienso que el tema es más polémico aún que el del *Holocausto*, o que recuerda otro holocausto individual igualmente detestable. ¿Cómo fue posible tanta insensatez? Nacido en Pisa, Galileo Galilei midió el tiempo, las montañas de la Luna, redescubrió los satélites de Júpiter, el anillo de Saturno, las fases de Venus, etc., y la Inquisición lo persiguió, lo amordazó, lo situó al borde de la locura. Murió destrozado y ciego, en 1642. Si ahora viviera, acaso resolviera el enigma de la Sábana Santa de Turín y dirigiera los trabajos de la NASA.

El mar Mediterráneo... ¡Cuánto he escrito sobre él! El libro que le dediqué —un crucero por la costa septentrional: Francia, Italia, Grecia y Turquía— empieza diciendo: «*De nuevo nos hacemos a la mar. Podría decirse que colecciono mares como los niños de antaño coleccionaban canicas. El mar me atrae porque es una pregunta, porque es una locura. Nunca se sabe qué pasará en el mar. No es cierto que las olas se repiten y que todos los peces son primos hermanos. Los peces no pueden cerrar los ojos porque carecen de párpados, pero sus formas de dormitar son incontables. Y los hay cuyo corazón sigue latiendo una vez separado del animal, y los hay arqueros, que utilizan su boca chorreante a modo de fusil. Todo es posible en el mar, incluso morir. Se ha dicho de los ríos que carecen de sexo. Y el mar, ¿de qué sexo es? El mar, la mar. Consuela pensar que también Dios carece de párpados y es asexual.*»

TRANSBORDO EN ROMA

El aeropuerto de Roma es un cafarnaún. Hay huelga de celadores y nadie sabe cuándo saldrá nuestro avión para El Cairo. Matamos el tiempo —horrible expresión— recordando nuestras estancias en la capital italiana, en el Albergo di Paradiso y observando el magma humano que nos rodea. Los curas y las maniquíes han desaparecido, y lo que destaca es la presencia del Tercer Mundo. Estrafalarios turbantes, saris baratos, muchas familias de piel negra, los hombres sentados o tumbados en posturas de muñeco mecánico. Alguna reina de Saba pasa con elegancia, mezclada con *tours* juveniles que se van a Grecia y con un grupo de palestinos —en la cabeza, el pañuelo del líder Yasser Arafat—, a los que sólo faltan las metralletas. No creo que sea cierto que todos los caminos conduzcan a Roma. Quienquiera que desee llegar a su destino, mejor será que eluda pasar por la ciudad antes llamada Eterna y que elija otras rutas aéreas más disciplinadas.

Salimos a media tarde y hacemos escala en Atenas. El avión, con los *tours* juveniles a bordo, se detiene en la pista justo frente a una valla, al otro lado de la cual se alza una pequeña iglesia ortodoxa, escoltada por un airoso ciprés. No hemos visto la Acrópolis pero sabemos que está ahí, a un tiro de corazón. También de la Acrópolis se dice que se nos está muriendo (por lo visto las piedras pueden enfermar de algo parecido a la lepra). Presentimos la proximidad de la Atenas que tanto amamos. Recordamos el terremoto que nos pilló en Delfos y que estuvo a punto de obsequiarnos con un final de tragedia clásica. Recordamos nuestra excursión a la isla de Egina, con su armonioso templo de Afaias, presidiendo no sé cuántos milenios antes de Cristo, y nuestra subsiguiente visita a la isla de Poros, con docenas de gatos de larguísima cola que nos aguardaban en los muelles y que hicieron las delicias de los turistas. ¡Bueno, también en Egipto los gatos tienen su tradición! Se los asocia a la luna y, si son negros, a las tinieblas y a la muerte, como en todas partes. Nosotros hemos dejado en Arenys de Munt a nuestro gato *Gorki*, llamado así porque su cara se asemeja de forma kafkiana a la del revolucionario novelista ruso.

No hemos estado en Grecia desde que perdieron la partida los coroneles. ¿Estará ahora menos crispada la gente? ¿Serán más locuaces los taxistas y los camareros de los cafés? Flotaba en el ambiente una tensión casi táctil.

Por fin el avión despega, rumbo al Cairo. Es noche cerrada. No obstante, imaginamos que el ciprés que escolta a la pequeña iglesia ortodoxa nos desea buena suerte. Al fin y al cabo, los cipreses son primos hermanos de los obeliscos y la misión de los obeliscos egipcios era iluminar el mundo, a semejanza de los rayos del sol.

Volar en el vientre de la noche es siempre un misterio. ¿Cómo se las arreglará el capitán-piloto para conducirnos sin error precisamente al Cairo? ¿Qué brújula le guiará, qué radar, qué razón o conocimiento? ¡Cuánta fe en la técnica! El avión debe ser un ruiseñor inaudible bajo las estrellas. Pero, claro, alguien escribió que para la Fe no hay preguntas y para la Razón no hay respuestas.

Tal vez sea el momento de facilitar un dato no mencionado todavía: no es la primera vez que visitamos Egipto. Ahora que nos acercamos a su suelo, compuesto de arena en un 90 % de su extensión, evocamos con nostalgia nuestro anterior viaje. Fue en el año 1962, a raíz de un impulso vital que nos llevó en un carguero, el *Almudena*, desde el puerto de Tarragona hasta Ceilán. En el mar Rojo nos detuvimos en el puerto de Safagan, situado en la orilla derecha —es decir, en la orilla egipcia—, donde permanecimos unos días cargando fosfato para las plantaciones de té ceilandesas. El caso es que aprovechamos la estancia para cruzar en jeep el desierto arábigo y visitar rápidamente la antigua Tebas: Luxor, Karnak, el Valle de los Reyes... Así pues, se trató de un *flash* y, por supuesto, no conocemos El Cairo, ni Alejandría, ni la legendaria fertilidad del delta, ¡ni El-Alamein (batalla de tanques), que figura en el itinerario que nos hemos trazado! De modo que nuestra emocionada expectación permanece intacta. Claro que las siluetas humanas, y su color —color del limo—, y sus formas de cortesía y rezo quedaron incrustadas en nuestra memoria; pero ello añade un encanto más a la actual aventura. Resultará apasionante comprobar si nuestros ojos —si nuestra alma— han cambiado a lo largo del tiempo transcurrido.

Cerca de la medianoche vislumbramos las luces del Cairo. ¡Qué inmensidad! Por el motivo que sea, sobrevolamos con lentitud el mismísimo centro de la capital, que aparece surcada por grandiosas avenidas. Pese a la hora, la iluminación es deslumbrante, feérica, lo que sin duda se deberá al enorme caudal de energía suministrada por la presa de Asuán. Los datos que poseo hablan de una población de ocho millones de habitantes «censados», a los que cabe añadir lo menos otros dos millones que no figuran en el registro. Total, la ciudad más populosa de África y una de las mayores del mundo.

Por un momento, trato de imaginar la trepidación de la urbe cuando sus millones de seres no duermen y reclaman su ración de vida bajo el sol. Será comparable a la de Nueva York y Tokio, cuyos espasmos no he podido olvidar nunca. Posiblemente el ritmo sea aquí más lento, debido al metabolismo (concepto del tiempo, del *tempo*) y a la climatología; pero cuántos amores, cuántos odios, cuántos gritos de recién nacidos, cuánto trabajo para los sepultureros...

¿Dónde está Salvio Royo? ¡Quedamos en que nos aguardaría en el aeropuerto! No aparece por ninguna parte y tenemos que ingeniárnoslas para resolver los trámites, cambiar unos cuantos dólares, recoger el equipaje... Han coincidido varios vuelos y el pandemónium en torno supera con mucho el que nos hostilizó en Roma. Hay más policías que maleteros. Muchos indicadores están redactados sólo en árabe. Por fin encontramos una carretilla y nos filtramos por el estrecho pasillo que se ha formado y que conduce al exterior.

¡El exterior! Una vaharada de calor pegajoso, pestilente, nos azota el rostro. El Tercer Mundo en carne viva. El recuerdo de Calcuta nos viene a la mente. A derecha y a izquierda se agitan brazos y manos, no sabemos si para reclamar a los «parientes» que habrán llegado o si para pedirnos limosna. Vemos muchas mujeres con velo y el rápido fulgor de alguna que otra dentadura de oro. Seguimos adelante con la carretilla, hasta que un guardia se apiada de nosotros y nos pregunta adónde queremos ir.

—Sheraton Hotel...

—*Okey*, sir.

Toca el silbato, y una *limousine* —coche lujoso— se destaca de la cola de taxis y se nos acerca. Su maniobra ha sido escalofriante y ha estado a punto de aplastar a un hombre que sostiene en alto una pizarra en la que está escrito un apellido inglés. «Sheraton Hotel...», ordena el guardia al taxista. «*Okey*», responde éste, al tiempo que toma nuestras maletas como si fueran enemigos suyos personales. Subimos a la *limousine*, y antes de que ésta arranque el guardia se aproxima a la ventanilla y nos indica: «Cinco *pounds*.» Es la tarifa. El viaje son cinco libras egipcias. Baratísimo, si tenemos en cuenta que el aeropuerto dista del centro del Cairo unos treinta quilómetros.

Ya en la carretera, los faros del coche van iluminando los carteles publicitarios. La noche nos escamotea el paisaje. ¿Por qué lo hará? ¡Y ese Salvio Royo! ¿Qué habrá ocurrido? El taxista nos pregunta si somos italianos. Al saber que somos españoles cabecea intencionadamente y pone una casete: es de Julio Iglesias. La voz de Julio Iglesias nos da la bienvenida e intenta acariciarnos. El taxista escucha complacido y va repitiendo: «*Very good, very good...*» ¿Será posible?

Tres cuartos de hora después nos adentramos en la urbe, donde el feérico alumbrado nos permite ver un considerable número de pósters con la efigie militarizada del presidente Sadat.

Sorpresa en el Sheraton Hotel. Según el conserje, uniformado de azul, no hay constancia de ninguna habitación reservada a nuestro nombre. ¿Monsieur Salvio Royo? Sí, está en su habitación, en el piso 16. Pero no ha dejado ningún aviso. ¿Llamarle? El hombre afirma que tiene orden de no despertarle —de no molestarle— hasta las nueve de la mañana...

¡Ay, el ex jesuita, ahora con peluquín! Sabemos que le encanta gastar bromas, pero ésta nos parece excesiva. El forcejeo se prolonga y en el momento en que dábamos por perdido nuestro pleito —¿qué hacemos en El Cairo a esa hora, adónde ir?—, el conserje contempla nuestro equipaje, mi bolsa en bandolera, que no abandono jamás, y se apiada de nosotros. Y nos sugiere pasar la noche en un anexo del hotel. Anexo que consiste en un barco anclado al otro lado del Nilo —el Sheraton está a la orilla—, barco llamado *Atón* y que en la actualidad acoge a pasajeros a la deriva.

Media hora después nos encontramos en un camarote del *Atón*, al que hemos llegado como alelados o como si pisáramos algodón. El camarote es pequeño pero funcional. En cuanto el mozo nos ha preparado las camas y se ha ido, nos miramos y soltamos una carcajada. ¡Dormir en el Nilo! ¡He aquí que pasaremos la primera noche «sobre» el Nilo, en un barco que, al parecer, ha hecho muchas veces la travesía hasta Asuán! La cosa resulta poética y casi nos alegramos de que se haya producido tan inesperada situación.

—¿Qué significa Atón?

—No lo sé. Supongo que algo relacionado con el sol...

—¿Te has fijado? El barco es azul.

—Natural. El Nilo es el mar.

Pronto nos quedamos dormidos. Antes me ha parecido oír el chapoteo del agua, pero debe de tratarse de una ilusión.

CAPÍTULO III

Despertamos temprano, debido al estrépito de la circulación. Parece imposible que a esa hora suenen tantos claxons. ¿Por qué será? Y sirenas de ambulancia o de coches de bomberos. Es algo demencial y nos preguntamos si en El Cairo ha ocurrido alguna catástrofe o se ha declarado el estado de emergencia.

Por lo demás, la inquietud, el «suspense» por lo del Sheraton nos quita el sueño. Así que optamos por descorrer las cortinillas. Estamos en la planta baja del barco, lo que supone que, al otro lado del cristal, discurre mansamente el agua del Nilo, agua de color fangoso. Nuestra emoción se hace más punzante. Pasan varios barcos de vela, un remolcador, pasa también un minuto de silencio —¿qué ha sido de los claxons?—, y sin darme cuenta recuerdo en voz alta que los antiguos egipcios le dijeron a Osiris, su Dios: «El Nilo proviene del sudor de tus manos.»

¡De pronto, la corriente arrastra frente a nosotros una docena de cabezas negroides, formando un semicírculo perfecto! Nuestro susto es mayúsculo. Parecen seres decapitados, que se deslizan por arte de magia. Sin embargo, sus rasgos faciales denotan esfuerzo y en un momento determinado emerge del agua un brazo, también negroide, que hace la señal de parada; y las cabezas se detienen y se agrupan, y es evidente que charlan entre sí.

El mozo que ha acudido a nuestra llamada —queremos abandonar el *Atón* cuanto antes— nos explica que son nadadores, que se entrenan siempre al amanecer, cante o no cante el gallo de las veletas, si es que hay veletas en El Cairo. Llevan aletas en los pies y accionan los brazos por debajo del agua; de ahí la sensación de seres decapitados. Así que no hay misterio. Son sudaneses y forman un equipo de waterpolo que no tiene rival.

De todos modos, las sirenas han vuelto a sonar y no sabemos cómo interpretar los primeros compases del nuevo día. Flota un enigma en el ambiente, que acaso provenga exclusivamente de nuestro cerebro. La ducha nos espabila, rehacemos el equipaje y nos desayunamos tranquilos, sin intercambiar una sílaba. A seguido abandonamos el camarote, saldamos la cuenta y un taxi nos conduce de nuevo al Sheraton Hotel.

Encuentro con Salvio Royo

¡Salvio Royo nos está esperando en el *hall*! Con su peluquín y sus lentes de montura de plata. Al vernos entrar se ha levantado de un brinco y se ha plantado frente a nosotros. Nuestros semblantes deben de ser muy expresivos puesto que abrevia los saludos y nos presenta sus disculpas. ¡Sí, no lo puede remediar! Le gusta poner a prueba a los amigos... ¿El aeropuerto? ¡Está tan lejos! ¡Y tenía tanto sueño! «Pensé que, no siendo unos novatos, os las arreglaríais mal que bien.»

Tocante a la reserva de habitación, ahí se declara inocente. La reserva estaba hecha y bien hecha; pero, por lo visto, no acertamos a interpretar la actitud del vigilante nocturno. ¡Quería una propina, nada más! «Un billetito de cinco *pounds*, metido entre las hojas del pasaporte...» «Es la ley de Egipto, la llaman la octava plaga. Ya os acostumbraréis...»

La prueba está en que el vigilante no nos dejó en la estacada. Se sacó de la manga la solución *Atón*, que es lo que suelen hacer con los viajeros despistados... ¿El libro de reclamaciones? Sería una innecesaria complicación. Por lo demás, todo está ya en regla. Acaba de hablar con el director, al que trata como si fuera el responsable del Museo Egipcio, y cuando queramos tenemos a nuestra disposición la habitación número 1 612, contigua a la suya... —Salvio Royo se toca la nariz, sonríe y hace bailotear entre sus dedos la llave que nos corresponde—. «Piso dieciséis, panorámica impar.»

Hay algo en Salvio Royo, en el ex jesuita, contra lo que no se puede luchar. Su eterna cara de niño —mejillas sonrosadas— y su pirotecnia verbal. Desembarazados de nuestros bultos de mano, nos abrazamos con efusión, y le perdonamos incluso que le diera al conserje la orden de «no molestarle» hasta las nueve de la mañana. De añadidura, tal y como convinimos en nuestra última conversación telefónica, nos promete ser nuestro guía y mentor. ¡Se conoce El Cairo palmo a palmo!; excepto, claro está, los barrios en los que la porquería impide entrar. Se lo conoce algo menos que Jerusalén, desde luego, pero lo suficiente como para que le saquemos todo el jugo necesario. Lo primero que visitaremos será la llamada Torre del Cairo —187 metros de altura—, cuyo ingeniero-arquitecto quiso imitar, sin conseguirlo, la forma de la flor del loto... «Desde allí arriba os haréis una idea de lo que es esta metrópoli, una de las más inextricables del mundo, a mi entender.»

De todos modos, antes de subir a nuestra habitación, le gustaría presentarnos a uno de los recepcionistas, Musri Yaffar, que habla un francés perfecto. Puede ser nuestro hombre de confianza, e incluso nuestro confidente. «Mantengo con él excelentes relaciones.»

Nos acercamos al mostrador y estrechamos la mano de Musri Yaffar, calvo, ojos azules —detalle que nos sorprende—, con un bolígrafo detrás de la oreja. Da la impresión de sentirse feliz en su puesto. Claro, claro, el *hall* del Sheraton debe de ser un formidable palco de observación... Musri Yaffar, mientras nos reitera que «ahí estará para servirnos», atiende a otros dos clientes, uno de los cuales reclama unas cartas y otro quiere enviar un télex a Nueva York. «Cualquier cosa, aquí me tienen. Amigos de monsieur Royo, no hay más que hablar.» Antes de despedirnos, nos aconseja que tengamos cuidado con los cambistas de divisas que pululan por los contornos. «En todo caso, hablen conmigo antes.» «Comprendido. Así lo haremos.» Nos desea una feliz estancia en El Cairo, mientras llama a un mozo para que se haga cargo de nuestro equipaje.

En ruta hacia el piso 16, Salvio Royo nos sorprende hablando con fluidez el árabe con el muchacho ascensorista, que lleva una gorra de plato, pechera roja y tiene aire tristón.

—Pero...

—¡Sí, sí, no es ningún espejismo! En estos cuatro últimos años le he hincado el diente al árabe y me defiendo de maravilla, como podréis comprobar. Quería leer el Corán ¿comprendéis? Y el Corán es intraducible. El bueno de Alá se lo dictó a Mahoma en árabe, así que no me quedó más remedio...

Recuerdo las traducciones castellanas que, en efecto, se me antojaron un tanto reiterativas. Pero no es momento para hablar de la cuestión. Ya hemos llegado a nuestro destino. La moqueta del piso es espléndida y en el pasillo nos cruzamos con un gigantón —posiblemente de raza nubia— que empuja un artefacto repleto de ropa sucia. Instantes después abrimos la 1 612... ¡Magnífico! Espaciosa, confortable, con dos camas, aparato de radio, un ramo de flores (tarjeta de Salvio Royo) y una cesta de fruta (tarjeta del director). Mientras mi mujer se apresta a cerrar el aire acondicionado —fuera la temperatura debe de ser de 35°—, yo me dirijo a la terraza... Pero Salvio Royo se interpone y me impide pasar.

—¡De ningún modo! —exclama, montando la guardia en el umbral—. No quiero perderme vuestras bocas abiertas cuando lleguemos a lo alto de la Torre del Cairo...

Mi mujer solicita un tiempo prudencial para abrir las maletas, airear la ropa y colgar en los percheros lo indispensable. Entretanto, Salvio Royo y yo nos hemos sentado frente a frente en dos butacones de tapicería verde, y nos acribillamos mutuamente a preguntas. Él ha tomado la iniciativa.

—¿Cuánto tiempo pensáis estar en Egipto?

—No lo sé... —contesto—. Depende. Tres semanas, un mes...

—¿Depende de qué?

—Depende de ti.

—Tanta responsabilidad me abruma...

—Échate a llorar.

A mi vez, le pregunto:

—Me permito deducir que Alma no está contigo...

—¡No, todavía no! Pero cualquier día aterrizará en esta habitación y tendrás el privilegio de besarle los labios... Siempre dice que en Jerusalén te pusiste muy trascendente y ahora quiere recuperar el tiempo perdido.

A continuación, Salvio Royo añade que, bromas aparte, hemos obrado cuerdamente haciéndole caso y empezando por Egipto nuestro descubrimiento del Islam. Egipto está completamente arabizado, salvo los coptos, que, efectivamente, pueden considerarse como el núcleo étnico más antiguo y que se mueven con esquemas propios en sus propios barrios, con sus iglesias presididas por la cruz. El resto desciende directamente del califa Omar, que conquistó estas tierras el año 639 y plantó en ellas la media luna, con lo que prácticamente acabó con todo vestigio anterior, a excepción de lo faraónico. ¡Ay, los faraones! Tenían un sentido de lo colosal que sólo puede compararse al de las botellas de whisky escocés y al del actual papa, Juan Pablo II, que pretende nada más y nada menos que volver al Concilio de Trento. Los creyentes reaccionarios le levantarán monumentos equiparables a los colosos de Memnón. Pero lo que importa es lo que antes decía: los egipcios-árabes son una bendición, y excelsamente representativos de sus hermanos foráneos. Ahora se sienten felices —y ésta sí que es su peculiaridad—, porque, al cabo de treinta años, ya no están en guerra con los judíos; es decir, ya no están en guerra ni con Beguin ni con Alma. Este dato, y la certeza de que durante todo el año tendrán sol y agua, les basta para vivir. ¡Si a ello añadimos la posesión de un claxon, es el no va más!; y aunque no todo el mundo tiene claxon, sí que el país dispone de una palmera para cada habitante y de un sexto sentido para el placer sexual. El hundimiento económico motivado por el boicot de los demás países árabes no importa, como no importa la falta de alcantarillado. Lo infinitamente deseable son la palmera y una mujer gorda —o dos, o cuatro— para cada varón.

Salvio Royo se ha disparado. Se mantiene en forma. He revivido nuestras charlas jerosimilitanas, cuando inventaba universos en los que no creía, cuando mentía a consciencia por el simple placer de dislocar la realidad. Le miro con fijeza, sentado en su butacón verde, y no puedo por menos que admitir que influyó de forma decisiva en mi vida, en aquella mi aventura espiritual de Tierra Santa. ¡Lo que me asombra es que haya citado el whisky sin reclamar su ración correspondiente!

Mi mujer, que no se ha perdido una sílaba, de repente corta el hilo de nuestro diálogo pensante.

—Señores, cuando queráis...

De un salto nos ponemos en pie.

—A la orden.

Salimos de la habitación. El gigantón nubiano continúa por los pasillos trayendo y llevando ropa sucia.

PANORÁMICA DESDE LA TORRE DEL CAIRO

Decidimos ir andando hasta la Torre del Cairo, que, al parecer, no queda excesivamente lejos. Por lo visto hay que cruzar el puente de Gala y a través de múltiples jardines, uno de los cuales se llama precisamente Jardín de Andalucía, se llega a la torre en cuestión de una media hora.

Iniciamos la aventura. En la puerta del hotel, un jeep repleto de soldados con fusil ametrallador. Podría suponerse que vigilan nuestra morada, que velan por nuestra seguridad —hace un año, en el Sheraton Hotel estalló una bomba palestina que causó destrozos e hirió a una bailarina del club nocturno—, pero observando a dichos soldados la suposición nos parece gratuita. La mitad de ellos bromea con los taxistas que están a la espera y la otra mitad duerme. ¡Duermen como troncos, aletargados bajo el sol, protegidos por una gran boina que confiere a sus cabezas un aire subnormal!

Salvio Royo comenta que hay que comprender a unos y a otros. Los taxistas suelen estar de buen humor, porque los turistas, los sirs, suelen ser generosos con ellos; y en cuanto a los soldados que duermen, ¿qué puede reprochárseles? ¡La temperatura supera los treinta y cinco grados! La vaharada de calor que nos ha empapado al salir es capaz de noquear a cualquiera, y si él aceptó la caminata es porque pronto los jardines nos resguardarán un tanto del sol. «Sin la sombra de los árboles, y sin vuestra compañía, me negaría en redondo a dar más allá de veinte pasos.»

Nuestro guía y mentor tiene razón. Al abordar el puente tenemos la impresión de que nuestras alpargatas se pegan en el asfalto e incluso en la acera lateral. Por otra parte, imposible deleitarnos contemplando el fluir del Nilo y el paso de unas barcazas que recuerdan las de Hong Kong. ¡El tráfico, los claxons! Son obsesivos y se convierten en atracción. Viendo maniobrar a los automovilistas y a los conductores de autobús —viéndoles sortear a los borricos, a los peatones, a los ciclistas, sin respetar el rojo de los semáforos ni el silbato de los guardias—, se nos antoja milagroso que el suelo cairota, a esta hora de la mañana, no esté ya sembrado de muertos. Mi mujer opina que Alá debe de proteger a los que están al volante con mayor eficacia que nuestro Dios. La opinión de Salvio Royo es otra. Se divierten. Nos las habemos con un pueblo infantil, que, tal como nos decía hace un rato, se inventa cada día su hedonismo particular. De acuerdo con que un egipcio conduciendo es un peligro público, un peligro para la explosión demográfica; pero lo pasa en grande esquivando obstáculos. Por algo lleva el vehículo cargado de amuletos (y un pequeño Corán en la parte de atrás), y por algo, si la suerte le es adversa, le espera un cielo escasamente abstracto —Mahoma era un lince—, en el que abundarán el frescor, la leche y la miel, las huríes y las almas de sus antepasados convertidas en pájaros verdes.

La parrafada es preciosa, pero nos cuesta esfuerzo respirar. Sin contar con que los edificios que divisamos a ambos lados del río ofrecen un aspecto deprimente, a excepción de los hoteles. Es muy cierto que la noche oculta la realidad. A plena luz, las casas se caen. Desconchadas, sin cristales, con sólo un signo de habitabilidad: la ropa tendida. Y muchos inmuebles sin terminar, con los pivotes de cemento ya envejecidos y las grúas detenidas en el aire desde los tiempos de Seti I. Por supuesto, no es cuestión de enjuiciar la labor del municipio. Tiempo habrá para ello, si viene a cuento. Por lo demás, es muy posible que los mencionados treinta años de guerra expliquen muchas cosas.

Poco antes de entrar en los jardines, nos sale al paso un espectáculo singular: un puesto de sandías, con millones de moscas en torno. Dichas moscas liban en las sandías abiertas con fruición de necrófilo. A ambos lados del tenderete, mujeres vestidas de negro clavan sus dientes en las tajadas rojas, como si el hervidero de los dípteros no fuera con ellas o formara parte de la ración. Una de estas mujeres se ha sentado en el suelo rodeada de churumbeles y con un transistor a su vera. En un rapto, hago ademán de disparar mi máquina fotográfica. La mujer me increpa —tiene una verruga en la nariz— y en el acto obtiene el consenso de las demás. El vendedor sonríe y continúa abanicándose.

Para subir a la Torre del Cairo hemos tenido que esperar largo rato, pues el ascensor es único y se nos habían anticipado grupos de turistas, con mayoría de americanos y japoneses. Pero por fin nos llegó el turno y apretujados en el cajón volador llegamos a la cima.

Salvio Royo no nos había mentido. La panorámica sobresalta el corazón y damos por bien empleada la caminata con goma pegada al asfalto. El Cairo está a nuestros pies. Es un despliegue interminable. ¡Las pirámides! Las vemos por primera vez, allá al fondo, a nuestra derecha. Me sorprende que nuestra vista abarque simultáneamente las de Gizeh —la de Keops, la de Kefrén y la de Micerinos—, y, más a la izquierda, las de Sakkara, más antiguas y de forma escalonada. Son las ventajas de la altitud, de la perspectiva o visión global. En cambio, la Esfinge se esconde, como es su obligación. Por el otro lado asoma la famosa Ciudadela (fortaleza de Saladino), embellecida con las siluetas de las mezquitas de Hassan y de Mohamed Alí.

También a nuestros pies, el Nilo. Recordamos frases leídas al azar. «El Nilo es el padre de Egipto, y Egipto es la madre de la tierra.» «El que haya bebido una vez agua del Nilo aspirará a beberla otra vez, ya que ninguna otra agua le apagará la sed.» «No es que en Egipto no llueva; es que en otros países el Nilo baja del cielo.» «Tú, oh dios, colocaste otro Nilo en el cielo, de manera que pudiese bajar sobre las montañas como el mar y humedecer sus campos y poblados... El Nilo del cielo lo hiciste para los pueblos extranjeros y para las bestias de las tierras altas, pero el Nilo de verdad lo trajiste de las tinieblas a Egipto.» Por otra parte, recordamos —es inevitable—

la sentencia de Napoleón: «Soldados, cuarenta siglos os contemplan», y la noticia según la cual, en las orillas del río sagrado, los *fellahin* habían intentado domesticar incluso a las hienas...

El viento es un poco fuerte en la rotonda y una leve capa de polvo procedente del desierto cubre la urbe, si bien no empaña la visibilidad. Al parecer, ese polvillo es casi una constante, el azote, el tributo que hay que pagar y que hace las veces de polución. Se posa en todas partes: en los muebles y en las gargantas. Los beduinos y los camellos deben de estar acostumbrados a él... Pero no importa. El conjunto, salvo las manchas verdes de la zona fértil a uno y otro lado del Nilo, tiene el color del barro y pienso que a lo mejor es verdad que Adán —«Nada» al revés— surgió de él. El universo que contemplamos induce a trasladarse al origen de los tiempos, retrotrae a cierto principio virginal. Del cuello de Salvio Royo cuelgan unos prismáticos y se le ve dispuesto a utilizar el índice para señalar puntos concretos. Ay, me temo que por esta vez sus palabras se perderán en el vacío. Mi mujer y yo continuamos absortos. Hay momentos en que es preferible no bautizar las cosas y dejar campo libre a la imaginación.

El Cairo —Misr al-Qahira— significa «La Victoriosa». ¿Qué es lo que ha vencido esta ciudad? Nada menos que el paso de los años. Hay ciudades como Brasilia, nacidas de la nada —por decreto del hombre—, hay ciudades que aparecen definitivamente muertas. El Cairo se nos antoja como una necesidad, como una definición. Nació y creció en este lugar por imperativos de la grande y de la pequeña historia. Las casas humildes y los palacios se construían con el mismo adobe: mezcla coloidal del barro adánico y de la paja, barro del río moldeado en forma de ladrillos que se secaban al sol. Si la presa de Asuán, caso de abrirse todas sus compuertas, podría suministrar fluido eléctrico a toda Europa, El Cairo podría suministrar, no sin un componente de tristeza, pensamientos vitales a toda África. No en vano en Jartum, en el Sudán, se unen el Nilo Blanco y el Nilo Azul formando una sola corriente, una sola y «victoriosa» voluntad.

PERORATA SOBRE LA CIVILIZACIÓN ÁRABE

Transcurrido un cuarto de hora, durante el cual hemos ido desplazándonos por la rotonda, nos apiadamos de Salvio Royo, que se conoce esto de memoria y que no ha cesado de acariciarse el peluquín. Es evidente que nació para charlar, lo mismo si domina el tema como si el tema lo domina a él. «¿Me permitís que mande a hacer gárgaras el sentimiento mágico y que me convierta en plano parlante? Además, ¿no has de escribir luego sobre ese delicioso gusanero que estamos viendo?» No le falta razón, pero un grupo de japoneses se opone a su proyecto. Le han rodeado dando saltitos, porque han descubierto que buen número de los millares de vehículos que circulan por las avenidas de la ciudad y que parecen de juguete llevan marcas de su país: Mazda, Toyota, Honda, Nissan, etc. Comprobar, debido a la distancia, que totalizan una verdadera flota despierta su sentido patriótico, su sentido tribal. ¡Oh, claro, la pacífica inundación!

Salvio Royo se desembaraza de los japoneses y se dispone a situarnos lo mejor que pueda. «Percataos de que el Nilo forma aquí, a su paso por la ciudad, dos islotes en cierto modo similares al que el Sena forma en París, enfrente de Notre-Dame. Los ríos tienen sus caprichos y uno de ellos es ese de darse una vueltecita, como ocurre con los párrafos ciceronianos, es decir, con mis párrafos.»

El encantamiento se fue, al igual que los grititos de los japoneses. Salvio Royo gana la partida, y hay que reconocer que su informe nos será sumamente útil. Nosotros estamos ahora en uno de esos islotes, el Guezireh, que los árabes pronuncian al-Guezirá y que es un poco la zona residencial —la zona de Zamalek—, donde se encuentran las embajadas, entre ellas la de España. El complejo deportivo que se ve a nuestros pies, al igual que los parques y los invernaderos abandonados, antaño pertenecieron a los ingleses. ¡Ah, el dato no podía fallar! No hay parque en el mundo, ni complejo deportivo, que no haya pertenecido a los ingleses. «El complejo se llamaba Sporting Club y en él se tomaba el té y se subestimaba al resto de los mortales. En cuanto al Jardín de Andalucía, que como veis es ahora un escuálido matorral, debe su nombre a que en un momento determinado su estructura, con sus fuentes y sus leoncitos, con escupitajos de agua, recordaba los jardines de la Alhambra de Granada.»

El otro islote es el de Roda, en el que destacan ahora el Meridian Hotel, así como el palacio Manyal y un Nilómetro que data del año 670. En su conjunto dicho islote parece también una bruja británica que se quedó sin escoba. Aunque el capricho del Nilo se produce más abajo, en aquel punto exacto en que el río se divide bruscamente en dos brazos, uno hacia la derecha, que desemboca en Suez y el otro hacia la izquierda, que desemboca en Alejandría. «El triángulo que se forma en medio es el famoso Delta, que tenéis que visitar, puesto que está lleno de búfalos, de palomares y de norias, y cuya fertilidad es tal que suministra al Cairo más de la mitad de los productos que la ciudad necesita.»

Salvio Royo nos muestra la Corniche, al otro lado del río, donde se levanta la torre de la televisión y se construye un nuevo Hilton, detrás del cual hay un barrio musulmán con escombros hasta los primeros pisos, en el que ni siquiera la policía se atreve a entrar. También es posible identificar —y el índice de Salvio Royo se paraliza en el espacio— la zona del viejo Cairo, con gran número de iglesias coptas y griego-ortodoxas, a cuya cita tampoco podemos faltar, ya que en una de dichas iglesias la chifladura de las gentes afirma que se refugió nada menos que la Sagrada Familia durante la supuesta estancia de ésta en Egipto. En cuanto a la zona amurallada por Saladino, su interés se cifra sobre todo, aparte de las mezquitas, en los panteones de los sultanes y en la llamada Ciudad de los Muertos, a la que piensa acompañarnos, para que tengamos una idea cabal de lo que el Tercer Mundo puede llegar a ser. ¡Ah, olvidaba la Universidad El-Azhar, tal vez la más antigua del mundo, con más de setenta mil alumnos y que durante siglos ha sido árbitro y juez de las cuestiones teológicas debatidas en el Islam! «Allí está...» También olvidaba el barrio de Khan El-Khalili, el gran bazar, donde puede encontrarse absolutamente todo: desde réplicas de barcas egipcias trabajadas en oro hasta baratijas con el nombre de Alá, o cacerolas, o gatos con tres pies, o restos de momia, o prostitutas, o colchones que pertenecieron al rey Faruk, aparte de toda clase de perfumes afrodisíacos y de un número literalmente incalculable de ratas opíparamente alimentadas. «En Khan El-Khalili hay varios cafés muy populares, con espejos y estampas antiguas y un viejo que afirma ser la reencarnación de Amenhet I, el rey justo. El tal viejo es un gran amigo mío y desde luego su lenguaje es rítmico como lo sería el de los camellos si éstos, en vez de poseer cuatro estómagos, poseyeran la facultad de recitar.»

El viento que sopla en la rotonda desestabiliza por un momento el cuerpo de Salvio Royo. Sin embargo, continúa hablando, y añade que el centro de la urbe podría situarse en la plaza El-Tahrir, o plaza de la Liberación, en cuya área se contabilizan algo así como dos accidentes por minuto. «Es una plaza en la que sin duda os pasaréis horas, sobre todo en su paso elevado, donde comprobaréis que en El Cairo sólo trabajan los niños y los borricos y donde los Hermanos Musulmanes, fanáticos de pro, suelen vender *tickets* para la conservación de sus mezquitas y para financiar sus publicaciones.»

Salvio Royo añade asimismo que la civilización árabe es civilización «urbana». Alrededor de los grandes ríos se han construido las grandes ciudades, y quienes no viven en ellas, quienes viven en el campo, son simplemente eso, campesinos, *fellahin*, y a menudo no saben siquiera a qué país pertenecen. Un campesino árabe, en el Próximo Oriente, no sabe a ciencia cierta si es iraquí, o pakistaní, o jordano. Las fronteras no significan nada para él. Sabe que es campesino y ello le basta. El campo es su carnet de identidad. Tal vez por este motivo la gente de las ciudades los desprecia, hasta el extremo de que un habitante del Cairo no suele decir «soy cairota», sino «soy egipcio», es decir, *masr* (*Masr* significa Egipto). ¿Explicación? Salvio Royo admite como la más plausible que para un árabe la ciudad es el disfrute anticipado del paraíso islámico, puesto que en ella tienen morada todas las delicias apetecibles. Damasco, por ejemplo, ha sido llamada por los poetas «Flor de Oriente», «Olor del Paraíso», «Puerta del Cielo», etc.

La tesis nos sorprende en grado sumo, habida cuenta de que los primeros habitantes de la península arábiga fueron nómadas y beduinos. «Nada de sorpresas —afirma Salvio Royo—. Es lógico. El árabe es sensual y es en la ciudad, repito, donde se inventan los placeres, cosa que, como sabéis, yo descubrí en Jerusalén. Por otra parte, La Meca, donde el profeta nació, era una ciudad, al igual que Medina, adonde huyó porque sus paisanos querían cortarlo a trocitos. En efecto, Medina significa precisamente "ciudad por excelencia". De modo que, lo dicho: esos millones de seres humanos que pululan ahí abajo, a vuestros pies, garantizan que el mundo en el que habéis penetrado, al que acabáis de llegar, es ciento por ciento árabe, exceptuando algunos monumentos, los vehículos japoneses y exceptuándome a mí.»

Abandonamos la Torre del Cairo. Antes funcionaba, en el piso inferior de la rotonda, un restaurante; pero ahora está cerrado y sólo pueden tomarse allí Coca-Cola y algunos jarabes de fabricación local, sobre los que Salvio Royo vierte calificativos escasamente estimulantes.

Durante el descenso, en el ascensor, apretujados como a la subida, nos asalta el temor de quedar atascados. El motor emite una tos extraña y los cables crujen. Pero llegamos abajo sanos y salvos —Alá sea loado— y salimos de nuevo a los jardines, bajo un sol de mediodía que, pese al arbolado, nos empapa el cuerpo sin remisión. Andar nos cuesta un esfuerzo increíble y hacemos la promesa formal de comprarnos cuanto antes un casquete con visera, ¡o un salacot! Salvio Royo es partidario del salacot, ideal para la transpiración. «Lo dejé en el hotel para no acomplejaros, para que no pareciérais una pareja de sirvientes que me traje de Londres.»

Salvio Royo nos propone alquilar un coche de caballos, dar una vuelta por la ciudad y almorzar en un restaurante al aire libre (está casi en las afueras, en dirección al Delta), donde sirven ensalada sin bichitos y pescado teóricamente fresco. «La ventaja de este restaurante es que en él puede pedirse agua de Evian y en que está prohibida la mendicidad.»

¡Placer faraónico! Siempre me han encantado los coches de caballos, por su ritmo adecuado y su visibilidad. El que nos ha tocado en suerte es limpio y lujoso, con una gran capota protectora bajo la cual nos acomodamos los tres. Capota en la que tintinean muchos amuletos dorados, entre los que destacan la mano abierta para conjurar el mal de ojo y una efigie del dios Horus. El cochero lleva un enorme turbante, su edad es imprecisable —rostro arrugado y perilla blanca— y parece absolutamente feliz. Nos ha dicho: «*Bon soir.*» Por lo visto este saludo es corriente, sea cual sea la hora. Salvio Royo le explica que acabamos de llegar y el hombre se ríe más aún. Lo importante «para su corazón» es que sepamos que nos desea buena suerte, como se la desea a las tres mujeres que Alá le ha concedido, a sus siete hijos y a sus dos caballos, que le dan de comer. Supone que queremos ir a las Pirámides y cuando se entera de que no es así hace un mohín. «Elija usted calles céntricas —le ordena Salvio Royo—, sin alejarse demasiado del Nil Restaurant.»

MANIFESTACIÓN CON CHADOR

El cochero se llama Hanafi, según averigua Salvio Royo. No tiene prisa: tampoco nosotros. Ello permite que, durante el trayecto, se nos acerquen pandillas de críos pidiéndonos bolígrafos. Diríase que entre todos se proponen escribir, o bien la historia del Alto Egipto, o bien la historia de Salvio Royo. Vemos pasar autobuses cargados de una humanidad prieta, estoica, con viajeros de bigote horizontal colgados en los estribos. Autobuses con anuncios alegres, coloristas, pero descacharrados y faltos de algún cristal. Su interior debe de oler a expectoraciones y quién sabe si a placenta, pues por doquier transitan mujeres embarazadas. Leí en alguna parte que para saber lo que es El Cairo hay que viajar en autobús, lo que, por supuesto, me propongo hacer a la primera ocasión.

Cuando Hanafi se cruza con otro coche de caballos brinca con satisfacción en el asiento, y sea quien sea el otro cochero lo saluda soltando por un momento las riendas y haciéndole expresivos gestos de solidaridad. El «otro» le corresponde de la misma manera y, según la distancia que los separe, dialogan a base de gritos sincopados. Es de suponer que entre todos han elaborado un argot completo, onomatopéyico, de imposible comprensión para quien no forme parte del clan.

Inesperadamente tenemos que detenernos, justo cuando abordamos la avenida izquierda del río, la Nil Street. ¡Una manifestación de jóvenes estudiantes de la universidad, vestidas (cubiertas) con el chador y llevando pancartas y pósters de Jomeini! Salvio Royo lee esas pancartas y nos dice que contienen alabanzas al ayatollah de Irán, por el servicio que está prestando a la causa islámica. Nuestra sorpresa es mayúscula y el propio Salvio Royo se queda perplejo. Suponíamos que en Egipto, y precisamente en la universidad lo que abundarían serían los pantalones tejanos y los movimientos feministas, sobre todo teniendo en cuenta que la esposa de Sadat es una mujer evolucionada, culta, que en cierto modo propugna un acercamiento a Occidente. Pues no. La manifestación no deja lugar a dudas. Los gritos de las muchachas son casi histéricos y todas a una levantan los brazos como si tal ademán simbolizara la salvación. «¡Jo-mei-ni...! ¡Jo-mei-ni...!» Entretanto, el cochero parece divertirse de lo lindo. Levanta también los brazos y da la impresión de que piropea a las muchachas, tocándose de vez en cuando el turbante para saludar. La escena es pintoresca. En el cielo, por encima de la manifestación, algunos pájaros dibujan amplios círculos: son milanos y halcones. No sé lo que el milano puede significar, pero sí el halcón: la victoria sobre los instintos concupiscentes.

Alejado el vendaval, proseguimos la ruta. Todos hemos enmudecido, como si lo que acabamos de presenciar nos afectara de una forma directa. Tal vez sea así. Con retraso llegan unos jeeps del ejército. Los soldados, de facha raquítica, llevan calada la bayoneta. Y llegamos sin más al Nil Restaurant.

ALMUERZO JUNTO AL NILO

Salvio Royo despide a Hanafi —la propina que le da es escuálida—, y tomamos asiento al aire libre, bajo unas empalizadas. La temperatura es aquí agradable, ¡ya era hora!, gracias a la madera y la paja de los techos, de las sillas, de las mesas y a una cierta presencia vegetal. El Nilo discurre a nuestra derecha, a escasos metros y por él transitan algunos veleros y pequeñas barcas de remos. ¡Hay menos moscas de lo que cabía esperar! Y en efecto, nos facilitan en el acto agua de Evian, que apuramos con avidez en grandes vasos de limpio aspecto.

—Tomaos esto... —nos dice Salvio Royo, antes de elegir el menú, al tiempo que pone sobre la mesa cuatro grageas de color amarillo.

—¿Qué ocurre?

—Dos grageas cada uno. Luego os daré la receta y compráis un par de frascos en la farmacia...

—¿Cuál es, exactamente, el peligro?

—Infección intestinal. La mitad de los turistas se pasan unos cuantos días retorciéndose en la cama... ¿No os dais cuenta? El clima, los bichos... ¿O es que El Cairo es una cámara neumática?

Confesamos que es absurdo que no hubiéramos tomado por cuenta propia la debida precaución. Ingerimos las grageas y, poco después, nos enfrentamos con la ensalada y el pescado, tal y como se convino. Con mucha parsimonia, por supuesto —el tiempo es nuestro—, y enfrascados en un diálogo que nos sabe a gloria, durante el cual la palabra Islam se repite insistentemente, salpicada de vez en cuando con el nombre de algún que otro faraón.

El punto de arranque ha sido la solidaridad de que hemos sido testigos entre Hanafi y los demás cocheros, y, por descontado, la manifestación juvenil pro-Jomeini. Salvio Royo me felicita por haber elegido como tema de estudio y de creación literaria el tema del Islam. «Sí, ahí tienes el verdadero escándalo, el escándalo del Islam. Y lo que te rondaré... El minarete se impone aprovechando la crisis por que atraviesa el cristianismo, que se muere de pura rutina y de impuro boato. Se trata de un espasmo histórico que nadie, que yo sepa, había previsto, excepto, quizá, Lucifer. Los sabios y el mundo entero daban por periclitado el Islam; y he aquí que de pronto los musulmanes, en virtud de un extraño e íntimo resorte, deciden actuar conforme al consejo de Mahoma: "Todo aquello que es querido por los musulmanes en concordia, es también bueno a los ojos de Dios." Ahí tenéis a Hanafi, ahí tenéis a la muchachada universitaria gritando viva la locura: la locura de Jomeini. Y ahí tenéis a los *croupiers* del Sheraton Hotel postrándose en la alfombra, cara a La Meca, rezando por el triunfo de su causa.»

A juicio de Salvio Royo, la revolución iniciada por Jomeini tendrá repercusiones incalculables, sea cual sea el final del propio ayatollah, final que, personalmente, imagina apocalíptico, o quizá muy sencillo: un tiro en la cabeza, disparado por alguien menos fanático que él. Pero la fe en el Profeta ha vuelto a prender como en tiempos de la conquista, cuando los adversarios huían despavoridos ante el empuje de los guerreros de la media luna.

—¿Qué tal el pescado? ¿Conseguiréis digerirlo?

Salvio Royo justifica por lo anteriormente dicho su interés por lo árabe. En Israel intuyó que «el enemigo era poderoso», y así se lo dijo a Alma. Podía haber regresado a los Estados Unidos: no le interesó. La raza blanca sólo le interesa en tanto en cuanto ha entrado en agonía. Es de suponer que conocemos las cifras: los musulmanes suman ya ochocientos millones, e Islam significa «sumisión». Sumisión a una fe, a un credo, como la fe de los cristianos primitivos o el credo de los samurais. «Imposible detener ese alud.» Por lo demás, las razas de color, consideradas globalmente, alcanzan ya casi el ochenta y cinco por ciento de la población mundial. Dicho de otro modo, de cada cien habitantes del planeta, sólo unos quince son de raza blanca. «¿Comprendéis, mis queridos amigos, por qué yo estoy aquí, a orillas del Nilo, y no en Israel, Oxford o Nueva York? Porque la raza blanca se ha suicidado, y los suicidios me ponen de malhumor. Las razones de tal suicidio han sido muchas, empezando por la soberbia y la corrupción; sin embargo, la más decisiva ha sido la esterilidad, la falta de nacimientos. Por cierto, que vosotros y yo hemos predicado con el ejemplo. Entre los tres no hemos tenido un solo hijo, en tanto que Hanafi ha tenido siete, razón por la cual —es un suponer— se ha dejado crecer su irónica perilla.»

Las consecuencias de todo ello es que el poder está en trance de cambiar de manos. A su juicio, los elefantes que vivían aletargados y que, como quien no quiere la cosa, se están poniendo en pie, son cuatro. El primero de ellos, China, el cual, junto con la India, suma casi un tercio de la humanidad. «Mil millones de chinos hambrientos o en bicicleta no constituyen motivo de alarma; en posesión de la técnica occidental, inspirarán respeto.» El segundo elefante es el África negra, con sus materias primas y su moderno concepto de la negritud. «Remontando el Nilo saldríamos a su encuentro y, desde Etiopía hasta Ciudad del Cabo, veríamos su trompa vomitar imprecaciones, y un poco de metralla, contra quienes les hemos explotado alegremente en nombre de la distinta pigmentación.» El tercer elefante es precisamente Iberoamérica. «Como recordaréis, soy de Uruguay. Conozco aquello como a los borricos del Cairo o como esos restaurantes con empalizadas que nos dan sombra. Iberoamérica es una fuerza telúrica que antes de finalizar el siglo gritará, con ritmo de zamba y rotundidad amazónica: ¡estoy aquí!» Y el cuarto elefante es el Islam, del que ya nos ha hablado y que, curiosamente, sólo es objeto de alguna que otra tesis doctoral relacionada con el petróleo.

¿Qué cabe esperar a la vista de los hechos? La raza blanca resistirá todavía un tiempo, gracias a la técnica, al hábito de mando y a la astucia, pero a la larga perderá la partida. Es el relevo inevitable. Cabemos en un pañuelo. Un profesor egipcio, al que espera que conozcamos, le decía hace poco que dentro de equis tiempo sus biznietos procederán a momificar algunos ejemplares de *hombre blanco*, para conocimiento y estudio de las generaciones venideras. El panorama es éste, y de ahí que él decidiera estudiar árabe, idioma de una riqueza tal que, valga como muestra, permite denominar al león con cien palabras distintas...

—¿Queréis sandía de postre? ¡Por el Profeta, no pongáis esa cara!

Me las arreglo como puedo para impugnar la tesis de Salvio Royo. De acuerdo con que el peligro se cierne sobre nuestras cabezas, pero entiendo que ha olvidado un dato: antes de que se consuma la catástrofe habrá que pasar por una aduana inevitable: la del mestizaje. Los chinos, los negros y demás tendrán que mezclarse con los blancos y ello dilatará un tanto la cuestión. ¿O se trata realmente de un corte brutal, de jugar a cara y cruz?

Salvio Royo, de pronto, parece agotado. Ello suele ocurrirle cuando ha de enfrentarse con alguna objeción que se le antoja poco seria.

—¿Pedimos unos dátiles? —pregunta, en tono displicente—. Me hago responsable de sus condiciones higiénicas...

Nos traen los dátiles. Son dulces... y nutritivos. ¿Come dátiles la raza blanca? Muy pocos, creo. Ella se lo pierde, ¡qué le vamos a hacer!

CAPÍTULO IV

Salvio Royo va a sus quehaceres —no sabemos exactamente a qué se dedica—, y nosotros decidimos regresar al hotel. Necesitamos bañarnos, mudarnos de ropa y descansar. La acumulación de imágenes desde que ayer salimos de Arenys de Munt con el alba, los gallos cantando, nos agobia. De añadidura, el Sheraton Hotel es todo un mundo, que por derecho propio se convertirá en nuestro cuartel general, o centro de operaciones —traemos varias cartas de recomendación— durante nuestra estancia en El Cairo. Tengo ganas de familiarizarme con él, de conocerlo un poco a fondo.

Al entrar, un par de guardias nos registran los bolsos (formalidad indispensable). En recepción, Musri Yaffar nos saluda cordialmente, pero cabe decir que sus colegas son también muy amables. «¿Todo bien? ¿Han visitado ya las pirámides?» «No. Hemos subido a la Torre del Cairo.» «¡Pues yo no estuve nunca allá arriba, fíjense!» Y Musri Yaffar nos cuenta que los ascensores le dan claustrofobia, lo mismo que a su mujer. «¿Cuántos hijos tiene, monsieur Yaffar?» «Seis, por el momento...» Y ante nuestro asombro se desdobla la solapa y vemos en su reverso, de arriba abajo, seis fotografías. «¡Felicidades! Son majísimos...» «Hoy trabajo hasta las nueve, pero mañana libro todo el día y nos iremos al cementerio y luego al zoo...» Musri Yaffar se rasca la calva con la capucha del bolígrafo y al embolsarse los cinco *pounds* que ponemos en sus manos —consejo de Salvio Royo— sonríe con aire de complicidad.

El *hall* es relativamente pequeño, decorado con motivos egipcios de muy buen gusto, y dispone de una docena de sillones estratégicamente colocados. Tales sillones deben de constituir, en efecto, un formidable palco de observación, por el incesante desfile de viajeros y huéspedes de todo tipo que entran y salen. Ahora mismo, mientras recogíamos la llave, hemos oído a unos mexicanos que regresaban de un *tour* y que se quejaban de que el guía egipcio que les tocó en suerte hablaba un español detestable. Como es sabido, muchos árabes encuentran dificultad en pronunciar la «p», por lo que dicho guía, en vez de decir papiro decía *babiro*, y en vez de papel, *babel*. Aunque, por lo visto, lo peor era su indolencia y su empeño en abrumarles con una retahíla de nombres y fechas.

Ya con la llave en la mano, siento repentinamente ganas de quedarme deambulando por la planta baja, donde hay un *snack* que funciona las veinticuatro horas del día, varias tiendas, librería, agencia de viajes y, tras un biombo, una *boîte* en penumbra, en la que a las seis de la tarde empieza a tocar una orquesta autóctona, entre humo de cigarrillos y whisky. ¡Ah, claro, la prohibición de bebidas alcohólicas no reza para los extranjeros! Recuerdo nuestro anterior viaje con el *Almudena*, cuando visitamos Luxor y Karnak. Eran las fiestas del Ramadán, es decir, el ayuno. Apenas se había puesto el sol, muchos de los habitantes de dichas poblaciones, e incluso los *fellahin*, se lanzaban a verdaderas orgías. Tal vez ahora, gracias a Jomeini, las reglas se acaten un poco más.

Dicho y hecho. Mi mujer sube sola a la habitación y yo me quedo en el *hall*, con mi curiosidad y mi bloc de notas. Veo, de pie en un rincón, junto al mostrador de los recepcionistas, a un joven de buena estampa, uniformado con fez y pantalones bombachos, llevando en bandolera un enorme odre de cristal, y un vasito en la mano derecha. El odre contiene un líquido de color rojo, que resulta ser jugo de regaliz, a disposición de quien desee probarlo. Los mexicanos del *tour* llaman al muchacho y éste va llenando el vasito una y otra vez, obteniendo buena acogida —son muchos los que repiten—, muchos *thank you* y un buen puñado de piastras.

Me acerco al tablero de «anuncios» y me entero de que, aparte del mencionado *snack* en la planta baja, en el primer piso hay varios restaurantes de atractivo nombre: Saladino, Alhambra, etc. Me llama la atención uno italiano, denominado La Mamma, en la que una pareja —Romeo y Julieta— desgrana por las noches música supuestamente napolitana. Pienso que a lo mejor podríamos cenar ahí, en La Mamma, evocando nuestras giras de antaño por el sur de Italia, cuando empezábamos a asomar nuestras narices por el mundo. En la misma planta está situada también la piscina, así como el casino de juego. En el *night-club*, que funciona en el último piso, el baile se prolonga hasta las tres de la madrugada y la *vedette* de turno —¿danza del

El Corán.

Mahoma.

Sadat y su esposa, Jear

El Cairo moderno.
El Nilo parte en dos la ciudad.

vientre?— se llama Sanyya. En la fotografía, dicha *vedette*, tal vez en exceso rechoncha, aparece con un maquillaje blanco que confiere a su rostro un aire espectral.

Queda un sillón libre en el *hall* y tomo posesión de él. A mi lado, compartiendo la mesa, dos hombres de negocios —dos ejecutivos— dialogan sosteniendo en la mano un muestrario de telas. Son franceses. Se les ve concentrados, casi obsesos, como si de aquel posible contrato dependiera su porvenir o el porvenir de los grandes modistos parisinos. En la mesa contigua, dos americanos han alineado una reata de mecheros, todos brillantes y de tamaño desigual. Se les ve más relajados, como si trataran un tema deportivo. En las cabinas telefónicas, otros ejecutivos gesticulan crispadamente, dirigiéndose con animosidad a invisibles, y sin duda testarudos, interlocutores. Todo ello me basta para imaginar la cantidad de negocios (citas amorosas aparte) que se habrán pactado en este *hall*, sobre todo cuando, antes del tratado egipcio-israelí, los príncipes de Arabia Saudí y los jeques de los emiratos y demás iban y venían de este país. Sin duda, la cifra global sería exorbitante. Salvio Royo nos contó que, en un momento determinado, un jeque de Kuwait, El Gabry, que tenía úlcera de estómago, mandó a sus cuatro esposas y a sus doce concubinas al Cairo para que aprendieran a cocinar. Estuvieron en el Sheraton y mientras ellas porfiaban por complacerle él recibía en este *hall* a quienquiera que le pedía audiencia para proponerle un negocio. «Antes de una semana había adquirido un par de helicópteros y un buen puñado de acciones de la empresa Krupp, e hizo una oferta para quedarse con el propio Sheraton.»

Contrastando con la crispación de los ejecutivos, hoy veo frente a mí a varios egipcios sentados, con sus túnicas blandas, sus *galibyyas* y sus grandes mostachos. Mansos y pesadotes, matan el tiempo fumando y pasando en la mano izquierda su rosario, su *marsabah*. Son dos concepciones de la vida, del arte de esperar a que fuera, detrás de las pirámides, se ponga el sol.

Me levanto y husmeo en la galería de tiendas, de *shops*. Muchos *souvenirs*; algunos, de calidad. En una de ellas compro una pequeña «llave de la vida» para mi mujer y el tendero me desea buena suerte. Luego entro en la librería, en la que veo revistas y periódicos de todas partes, nada en español. Como siempre, me duele semejante aislamiento, que pronto he de hacer extensible a la bibliografía exhibida en los estantes. Volúmenes en múltiples idiomas: nada en el nuestro. ¿Por qué será? ¿De qué seremos culpables? Repaso los títulos y, preso de una racha impetuosa, me quedo con un lote de libros que a no dudarlo van a serme de extrema utilidad: *Las mezquitas del Cairo*, *La vida cotidiana en Egipto en la época de los Ramsés*, *Historia del Nilo*, *La maldición de los faraones*, *El Egipto moderno*, etc. Además, ¡cómo no!, elijo una serie de postales —bellísima edición— que harán las delicias de nuestras amistades, y varios sobres repletos de sellos. Colecciono sellos de hombres barbudos y en el Cercano Oriente los encuentro siempre en abundancia. Por último, compro *Le Monde* y el periódico local *Le Journal Egyptien*, que a primera vista se compone casi exclusivamente de «ecos de sociedad».

El librero chapurrea el italiano. Es muy adusto y, por lo bajines, toca la armónica.

—¿Tiene algo sobre la circuncisión en Egipto?

—Nada. No tengo nada.

—¿Algo sobre los antiguos monasterios en el desierto?

—Tampoco.

—¿Dónde puedo encontrarlo?

—No lo sé.

Pago la cuenta y salgo. Los franceses continúan ahí, con sus telas, los mecheros americanos han desaparecido. En la oficina del télex hay cola, así como en el mostrador bancario, donde los turistas cambian divisas. Observo que los billetes egipcios llevan una cara impresa en árabe y otra en inglés, lo que invita a reflexión. ¡En el tablero de «avisos» se anuncia una boda! Esta noche hay boda, en el salón «Alhambra». Será cosa de no perdérsela. No puedo por menos que acordarme de aquella boda en el President Hotel, en Jerusalén, sobre cuyo ritual litúrgico Alma fue aleccionándome, antes de proponerme tomar el té en mi habitación.

Ya en el ascensor, camino de la 1 612 —doy por terminado mi vagabundeo—, hojeo un folleto turístico que recogí en la librería. Por él me entero de que Egipto tiene una población de treinta y nueve millones de habitantes, de que la cultura neolítica floreció en el territorio hace ocho milenios y de que en la fiesta con que se celebra la llegada de la primavera, y que se remonta a las épocas faraónicas, las familias salen fuera a comer pescado salado, cebolla y huevos *coloreados*. «El pescado y las cebollas previenen las enfermedades, y los huevos simbolizan la vida.» ¡Ah, la importancia del color en Egipto! No hay más que ver las carteleras de los cines, los anuncios y los rótulos de las tiendas. Me sorprende saber que el número de dromedarios en el Alto Egipto es de 200 000, suficientes para las necesidades de los *fellahin*, mientras que, en El Cairo, escasean los autobuses, por cuanto de los 6 000 con que cuenta la ciudad sólo 2 000 están en condiciones de funcionar. La siguiente sorpresa es que el número de turistas que el país recibe al cabo del año rebasa escasamente el millón. ¡Bien, la última sorpresa me la proporciona el muchacho del ascensor! En efecto, al llegar al piso 16, me despide diciéndome: «Adiós, señor...»

Encuentro a mi mujer en plena faena, acondicionándolo todo para que nuestra estancia en el Sheraton nos resulte cómoda. Veo en la mesilla de noche un par de frascos de grageas amarillas. Mi mujer las ha mandado traer. «¿Te acuerdas de lo que nos recomendó Salvio Royo? Pues ahí está.»

Salgo a la terraza. La vista es espléndida —el cielo empieza a teñirse levemente de rojo—, aunque mucho más incompleta que la que ofrece la Torre del Cairo. Sin embargo, veo el *Atón* anclado en la orilla, y sus lucecitas me conmueven. También se divisan, allá en el horizonte, las pirámides y compruebo nuevamente que, por desgracia, ninguno de los puentes sobre el Nilo destaca bajo ningún concepto. Son funcionales, monótonos, y hay uno giratorio para que pasen los barcos. ¿Cómo es posible que el Nilo no inspirase a los ingenieros puentes hermosos, con un discreto toque mitológico, para ese río que parte en dos la historia de la humanidad?

Me tomo un baño, echo unas cabezadas —pese a los claxons—, y ello me reconforta. Ha oscurecido de repente. Heme aquí vestido para la cena en La Mamma y para presenciar la boda. Mi mujer exhibe en el pecho la pequeña «llave de la vida» que le compré en la tienda de *souvenirs*.

Veo sobre la mesa las «cartas de recomendación», entre las que hay una para el director del Instituto Español del Cairo. Me hablaron de él en términos muy elogiosos —en el Instituto Islámico de Madrid—, y decido llamarle sin pérdida de tiempo. Marco el número de teléfono que llevo apuntado en la agenda y pronto tengo al director al otro lado del hilo. Se llama Adrián Rodríguez Junco y es canario. Al oír mi nombre, su voz apenas audible eleva el tono. Me conoce perfectamente, sabe quién soy. Le alegra mucho que me encuentre en El Cairo —él lleva ya seis años aquí— y estará encantado de entrar en contacto y, llegado el caso, de poder sernos útil. Sabe perfectamente quién es Salvio Royo, al que conoció en nuestra embajada. Quedamos en que pasaremos por el instituto el día que nos plazca. «Estoy a vuestra disposición. El centro es modesto; sin embargo, ahora mismo tenemos quinientos alumnos que estudian español... Por cierto, que entre ellos hay un *croupier* del Sheraton, que se llama Hilmi. Si entráis en el casino, preguntad por él. De parte de Adrián...»

Cuelgo el teléfono. Tengo la impresión de que acabo de agenciarme un excelente cicerone. Según mis informes, Adrián habla el árabe como si hubiera nacido en esta tierra.

Bajamos de nuevo al *hall*. Es temprano para la cena, de modo que aguardamos a que queden libres dos sillones, lo que ocurre a no tardar. Cómodamente sentados, observamos la vida que hierve en el hotel. El muchacho del odre de cristal, del jugo de regaliz, tiene un aire aburrido que no acierta a disimular. Contrastando con su figura, el *hall* es un auténtico guirigay, porque es la hora del regreso masivo de los *tours*. Los autocares se detienen delante de la puerta y sueltan turistas a porrillo, todos polvorientos, con ojeras de cansancio y vistiendo de la forma más estrafalaria. Ha llegado un *tour* americano y otro belga. Hay un instante de desconcierto, pues por lo visto falta alguien, un turista belga, que se habrá perdido por la ciudad o en el fondo de alguna tumba de los mamelucos. Entretanto, los mozos del hotel van y vienen trayendo ramos de flores y los conserjes no dan abasto. En los momentos de tregua, los mozos bromean y se tocan, como es corriente en el mundo árabe. Por la calle hemos visto gran cantidad de muchachos emparejados, cogidos de la mano y besándose. Es la costumbre, tras la cual no estoy en condiciones de diagnosticar lo que se esconde. La *boîte* en penumbra funciona ya a nuestra espalda. Melopeas interminables, que aquí, en el Sheraton, en El Cairo, no nos dañan los oídos, sino que nos parecen adecuadas, fruto de tradiciones muy antiguas y respetables.

De pronto, advertimos que algo ocurre. Los guardias de la puerta han detenido a un muchacho joven, despeinado, que intentaba salir a escape. Lo zarandean con brutalidad y él pone cara de espanto. Rápidamente se forma un corro a su alrededor y nos resulta imposible saber de qué se trata. Por fortuna, Musri Yaffar me hace una señal y me acerco al mostrador: es un ladrón. Sin que nadie se explique cómo ha conseguido entrar en el camerino de Sanyya, la *vedette* del *night-club*, y se llevaba un par de joyas de considerable valor. Al parecer, un camarero ha sospechado de él y ha avisado por teléfono. Ha confesado y entregado las joyas, todo está en regla.

—¿Qué le ocurrirá ahora al muchacho? —le pregunto a nuestro confidente.

—Lo normal. Vendrá la policía, se lo llevarán a la cárcel y, cuando le toque el turno, le juzgarán...

Luego añade que, de encontrarse en uno de esos países árabes en que se aplica a rajatabla la ley musulmana, le cortarían una mano. En efecto, el Corán es claro sobre el particular. En la sura V se lee: «En cuanto al ladrón y a la ladrona, cortadles a uno y otra las manos como retribución a lo que han adquirido mediante sus robos: es el castigo de Alá.»

—¿Se sabe usted el Corán de memoria, monsieur Yaffar?

El hombre, al que la rosada calvicie le da aspecto infantil, sonríe.

—¡Qué va! Algunas cosillas... Ese versículo de los robos es de lo más corriente y he podido presumir.

Ahora contemplo al delincuente, al que han obligado a tomar asiento en espera de los guardias. Me impresiona su impasibilidad. Ante el hecho consumado, ha optado por distenderse. Sólo de vez en cuando mueve la cabeza a derecha y a izquierda como indicándose a sí mismo: «Mala suerte.»

Monsieur Yaffar ha conseguido más información. Se trata de un «reincidente», que fue ascensorista del Hilton, por lo que conoce los entresijos de los hoteles. También trabajó de mozo en un circo ambulante, el Cleopatra, de donde tuvieron que echarlo porque robaba. Probablemente fuma hachís. Pero hasta ahora no se le conocen delitos de sangre.

Llega la policía —los soldados del exterior no se han movido siquiera— y se llevan al culpable. Antes lo han esposado. ¿Será verdad que en Egipto no se aplica «el corte de manos»? El *hall* ha vuelto a la normalidad.

BODA INESPERADA

A los pocos minutos, cambio de decoración. ¡La boda! Todo el mundo se pone en pie. El ruido proviene del primer piso y quienes encabezan la comitiva han empezado a bajar la escalera. Así que, sin movernos, podremos contemplarlo todo a placer. Los turistas que regresan de los *tours* sonríen como si participasen directamente de la ceremonia. El repartidor del jarabe de regaliz, con su odre en bandolera, comenta con uno de ellos: «Los jueves hay muchas bodas, porque al día siguiente es fiesta para los musulmanes.» ¿Es jueves hoy? Lo había olvidado. He perdido la noción.

A lo primero, aparecen unos niños muy engalanados tocando una especie de pandereta. Les siguen, en la escalera, niñas vestidas de blanco —traje occidentalizado—, como si hicieran la primera comunión. Llevan cirios en la mano y la alfombra que pisan ha sido rociada con pétalos de rosa. A seguido baja la gente mayor. Los varones dan el tipo corriente, pero las mujeres, en su mayoría, están gordísimas. Senos opulentos, enormes, agresivos, al igual que las caderas, lo que procura una visión mollar, esponjosamente carnal. Bueno, parece ser que en Egipto las mujeres ricas son así por voluntad de los hombres, que la gordura femenina está en relación directa con la fortuna del marido. Algo así como escaparates que no hacen absolutamente nada y que comen mucha pastelería. Tal vez por ello llevan encima una gran cantidad de joyas, con alguna que otra diadema y se mueven satisfechas y con aire picarón.

De pronto, los componentes de la comitiva, y algunos amigos que esperan abajo, llevándose un dedo —horizontalmente— al surco naso-labial empiezan a emitir, ayudándose de la lengua, unos silbidos agudos, temblorosos, que no habíamos oído nunca y que anuncian la aparición de los novios. Es la costumbre. También, al parecer, se silba en los entierros —en ese caso, para manifestar dolor—, a fin de que los entes totémicos acudan y ejerzan una ayuda favorable. Los novios son muy jóvenes y visten asimismo a la manera occidental, ella con un velo blanco que le cubre la cabeza. Llaman la atención sus azafatas, que son lo menos seis y cuyo maquillaje las hace semejantes, sobre todo de perfil, a la reina Nefertari, con su gran ojo rasgado y brillante por el antimonio y con su nariz rectilínea. Dichas azafatas llevan también reluciente el pelo, untado con polvos de alheña y levantan los cirios a mayor altura que los demás.

El *hall* huele a sándalo, los fotógrafos se ocultan tras los *flashes* y vuelven a sonar las panderetas. Observo a los que silban y advierto que lo hacen con entusiasmo desbordante, los ojos fuera de las órbitas. ¿Quiénes serán los novios? El mozo encargado de vaciar los ceniceros me informa: ella es hija de un gran cultivador de algodón, una de las riquezas del país, él es uno de los intérpretes del presidente Sadat. ¿Será cierto? Los libros hablan de la socarronería de los egipcios, capaces de reírse de la sombra de los demás. En cualquier caso, los empleados del hotel están contentos, porque la propina será suculenta. Alá sea loado, seguro que la pareja tendrá muchos hijos: tantos como pétalos de rosa se sembraron en la escalera.

Subimos a cenar a La Mamma, ya que pensamos acostarnos temprano. El lugar es acogedor, aunque, en la entrada, se exhiben *en materia plástica* todos los platos que figuran en la carta. Las langostas plastificadas nos producen cierto repeluzno, al igual que las pizzas. Pero el detalle carece de importancia y tomamos asiento junto a un ventanal desde el cual se ve el Nilo. En las mesas, candelabros. El aire acondicionado hiela la piel, por lo que mi mujer se protege con un chal que, previsoramente, se trajo.

Cena tranquila, un tanto emotiva, puesto que nos recuerda otras muchas similares por esos mundos de Dios. Por desgracia, Romeo y Julieta nos han descubierto —habrán descubierto que somos meridionales— y se pegan como lapas a nuestra mesa. Él toca el violín, ella, el acordeón, y el *Funiculí Funiculá* rasga sin cesar el deseable silencio. Desafinan de forma exagerada, de lo que no parecen percatarse, puesto que entornan constantemente los ojos. Romeo, el del violín, casi roza mi barbilla con el arco de su instrumento. Nos apresuramos a depositar un *pound*, una libra, en su bolsillo, convencidos de que con ello se alejarán. Todo lo contrario. Se sienten obligados a corresponder y nos obsequian con una tarantela interminable.

La originalidad de La Mamma consiste en que las cocinas están a la vista. Al fondo, detrás de un holgado pasillo utilizado por las camareras —otras tantas Nefertaris— se ven a los cocineros y a los pinches con el gorro blanco alto hasta casi tocar el techo. Unos y otros hacen diabluras con los cuchillos y las legumbres, con la materia prima y los fogones. Los espaguetis son izados como banderas y los helados toman la forma de novicios encapuchados, coronados con una guinda. Es la primera vez que veo helados negros, que a buen seguro rechazarían los miembros del Ku-Klux-Klan. También es la primera vez que el *maître* tarda treinta y cinco minutos en hacer que nos sirvan el segundo plato: escalopa a la boloñesa.

—¿Pedimos champaña?

—¿Por qué no? La ocasión se lo vale.

—Media botella.

—Una entera y veremos qué pasa.

El champaña se nos sube a la cabeza. Pese a ello, el momento es de introspección. Desaparecen de nuestro entorno los comensales que llenan a rebosar La Mamma, desaparecen Romeo y Julieta y los cocineros. Sólo los candelabros son testigos de la emoción que bruscamente nos invade, y que sólo pueden aquilatar quienes lleven años y años haciéndose compañía. Los recuerdos acuden en tropel, cada uno coronado con su guinda particular. Si es cierto, como escribió alguien, que la vida es pura orografía, nosotros hemos atravesado al alimón lagos, montañas, nutridos robledales, desiertos y algún que otro oasis poblado de palmeras. Al término de nuestra guerra civil éramos dos chavales, nos miramos con fijeza, nos dimos un abrazo —la catedral de Gerona nos observaba con atención—, y desde entonces hemos trabajado duro, apoyados mutuamente, como esos camioneros que en las noches oscuras se relevan para evitar la fatiga, la radio puesta para evitar la soledad. La diestra de mi mujer lleva ahora una prótesis (en el dedo pulgar), pero no importa. Me dice que puedo apretarle la mano con fuerza, que no le dolerá. ¿Cómo va a dolerle, si de La Mamma han huido los fantasmas y el aire se ha poblado de cuartillas? Millares de cuartillas he garrapateado a lo largo de esos años, en mi afán de desentrañar los secretos del mundo, es decir, los secretos del corazón humano. Valorar el resultado le compete al tiempo, le compete a Dios. De mí puedo decir que he dejado jirones en el empeño, y que el *corpus* de mi labor se compone de cipreses y de pagodas, de muertos y de biotipos atléticos, de fugitivos y sedentarios, de leprosos de Bombay y de cartas enviadas por vía angélica al más allá. He querido abarcarlo todo, como ocurre con el amor. Nuestro amor ha sido perfecto, a pesar de la interferencia de los electrochoques. En los momentos de crisis hemos vuelto a mirarnos con fijeza, como ocurrió la primera vez, y hemos cantado al alimón *Funiculí Funiculá* con mucho más garbo que la pareja que amenaza con acercarse de nuevo a nuestra mesa. Y hemos reemprendido la marcha tal cual, como trovadores o juglares (sin hijos) de algo grande cuyo contenido exacto siempre hemos ignorado.

—¿Estás bien?

—Perfectamente.

—¿Te gusta el Nilo?

—A rabiar.

—¿Te gusta este viaje?

—Estamos empezando.

—Tenemos que desentrañar el secreto del Islam...

—Todo se andará.

Todo se andará. Es una frase que suelo emplear a menudo, precisamente ahora que las piernas empiezan a flaquearme. Frase que tiene una ventaja: todavía apunta hacia el futuro. En el momento en que todo se hace ya memoria, el esqueleto se pone a bailar. Es lo que le ha sucedido al Islam. Se ha pasado varios siglos jugando al tric-trac y nutriéndose de su propia historia. Ahora otea el horizonte y de ahí su dinamismo, su ímpetu renovado. ¿Islam significa sumisión? Hasta ahora no ha tenido Iglesia —Mahoma no lo quiso—, no ha tenido cabeza visible y de ahí la multiplicidad de sus brazos y su dispersión aparente. El hombre no sabrá nunca si una cantera de granito es más dura que el cambiante mar. Por de pronto, el Islam no ha creído jamás en el pecado original.

—¿Crees tú en el pecado original?

—Brindemos para que no exista, para que no haya existido nunca.

Pasó el encantamiento. Han invadido La Mamma un grupo de americanos pertenecientes al *tour* que, hace un rato, llegó al *hall*. Se han trajeado como es de rigor, pero el idioma de Popeye resulta más ingrato aún que el violín de Romeo (Julieta, con el acordeón, se defiende mucho mejor). El *maître*, al verlos, se ha inclinado hasta casi tocar el suelo.

—¿Quieres entrar en el casino? ¿Quieres subir al *night-club*?

—Quiero acostarme y dormir hasta que Salvio Royo nos despierte.

CAPÍTULO V

—¿Qué queréis ver?

—Queremos hacer de perfectos turistas. Por ejemplo, visitar el Museo Egipcio y las pirámides...

Salvio Royo asiente y aplaude nuestra actitud. Hay viajeros que, para no ser tildados de paletos, se pierden vivencias importantes. En París, por ejemplo, se niegan a subir a la torre Eiffel y en Munich se niegan a atontolinarse zampándose varias jarras de cerveza. «Allá ellos. No hay nada más veraz que los folletos turísticos. Todo lo que se señala en dichos folletos suele tener interés auténtico.»

Sin embargo, añade que para visitar el Museo Egipcio hay una pega. Sólo está abierto hasta las dos de la tarde y el alud de turistas es tal que las estatuas —y no digamos el tesoro de Tutankamón y las momias— sólo pueden verse de puntillas y abriéndose paso a codazos.

La solución está en visitarlo a horas extra, como él ha hecho en varias ocasiones, gracias a su amistad con el subdirector, Asraf Yasir, hombre cordial y que lleva prácticamente veinte años sin salir de aquellas cuatro paredes.

—Intentaré conectar con él. Lo más práctico es dejarle una carta en el propio museo y esperar a que nos avise, ya que no le gusta que le llamen por teléfono.

—Nos parece muy bien.

Salvio Royo se alegra de que aceptemos su propuesta.

—Por otra parte —prosigue—, en cuestiones egiptológicas soy un cicerone fatal. La verdad es que me armo un lío con los faraones, las dinastías, los sarcófagos y demás. Es un asunto que requiere una dedicación total y yo vine aquí por Mahoma y no por Ramsés II. En cambio, Asraf Yasir huele todo él a cocodrilo del antiguo Egipto, por lo que corre el riesgo de que cualquier día lo conviertan en bolso de señora...

Todos de acuerdo, planificamos la jornada. A las doce en punto —antes Salvio Royo tiene que hacer unos recados— podríamos encontrarnos en el jardín del propio museo y entregar la carta. «Podemos pasar un rato allí, bajo la agradable sombra de los árboles.» Luego podríamos almorzar cerca de las pirámides, por ejemplo, en el hotel hindú Mena House, y por la tarde echarle un vistazo a la clásica estampa que nos habrá perseguido desde la niñez: la explanada en que se yerguen la pirámide de Keops, la de Kefrén y la de Micerinos, sin perdernos, como es lógico, el «¡oh!» admirativo que es obligatorio expeler ante la Esfinge. Naturalmente, no pretende en absoluto influirnos en ningún sentido; pero sí le interesa recordarnos que la palabra *pyramis* proviene del griego y significa «pastel de trigo». ¿Razón? Al ver aquellos monumentos, los ilustres y cultos griegos decidieron que eran un perfecto pastel.

Salvio Royo nos explica luego que no siempre podrá dedicarnos entero el día. Pronto tendremos que espabilarnos por cuenta propia, lo cual, por lo demás, nos resultará saludable, puesto que ver siempre la misma cara acaba por adormecer el cerebro. En El Cairo no dispone de tanto tiempo como en Jerusalén, donde era Alma quien pagaba los gastos. «Ella trabajaba y yo le correspondía con juegos de palabras y con atractivas teorías.» En El Cairo es distinto, sobre todo alojándose en el Sheraton, que cuesta un riñón, riñón que, por otro lado, paga gustosamente, pues una pensión egipcia suele funcionar con cucaracha incluida, reto que sólo se puede afrontar cuando se viaja con mochila al hombro y no se han cumplido los treinta años de edad.

—¿Significa esto que nos despedimos, que después de hoy ya no te veremos el peluquín?

—¡Nada de eso! Algunas tardes os ofreceré mis servicios, si sois capaces de soportarlos; pero por las mañanas, imposible. Doy clases de hebreo a varios árabes con visión de futuro, y además trabajo para la CIA. ¡Bueno, no pongáis esa cara! Soy el hombre idóneo, ¿no? ¿Quién va a sospechar de un ex jesuita que nunca dice lo que piensa? ¿Quién va a suponer que mi reloj de pulsera lleva escondida una diminuta cinta magnetofónica?

Nos aclara lo de las clases de hebreo... Empiezan a regresar algunos de los ciento cincuenta mil judíos que se marcharon del Cairo cuando se fundó el Estado de Israel y, sobre todo, cuando estallaron las guerras. Hay comerciantes egipcios que se preparan para tratar con ellos, puesto que prevén que dentro de poco volverán a ser dueños de muchos negocios, empezando por los negocios bancarios y terminando por las cadenas de las salas de cine... Y estudian clandestinamente el correspondiente idioma, y pagan muy bien. Tocante a la CIA, huelgan las explicaciones, porque ha notado en nuestros rasgos faciales que no lo hemos tomado en serio, *helàs!*

Le preguntamos si quedó aquí alguna representación judía cuando se produjo la desbandada.

—Una sinagoga. Una sinagoga cochambrosa, al cuidado de un viejo sefardita un tanto alelado, que está seguro de hablar español y que enseña a los visitantes un ejemplar de la Torah más antiguo que la propia Biblia... ¡No os preocupéis! Cualquier tarde os llevaré a que le conozcáis. Le decís que sois de Toledo y al hombre le dará un soponcio.

LA PLAZA EL-TAHRIR

Salvio Royo se va a sus recados, y en el momento en que nosotros nos disponíamos a pellizcar los datos que la Guide Bleu podía proporcionarnos sobre el museo y las pirámides suena el teléfono.

Sorpresa. Nos llama el delegado de Iberia, don Rafael Lastres. Se ha enterado de que estamos en El Cairo y desearía saludarnos. Está dispuesto a pasar por el hotel ahora mismo, a menos que prefiramos conocer las oficinas de la compañía, que casualmente están situadas a un tiro de piedra, en la calle Talaat, número 2, al otro lado de la plaza El-Tahrir. «Decídanlo ustedes. Lo que yo deseo es estrecharles la mano cuanto antes...»

Nuestra respuesta es rápida. Son las diez en punto, nos quedan dos horas para acudir a nuestra cita con Salvio Royo. Pasaremos por Iberia. ¿Enviarnos un taxi? De ningún modo. Tenemos un plano magnífico de la ciudad, y nos apetece cruzar a pie la plaza El-Tahrir. «Dentro de media hora estamos ahí.» «Conforme. Les espero. El ascensor está estropeado, ¡tómenselo con calma!» «No se preocupe, señor Lastres. Y gracias por su llamada.»

Salimos fuera y echamos a andar. El calor es tan pegajoso como el de ayer. Voy provisto de mi saco en bandolera —el mismo que estuvo en el Sinaí—, que abulta un poco debido al termo, las inevitables galletas, las guías y todo lo necesario para afrontar la jornada.

Al cabo de un cuarto de hora alcanzamos la plaza El-Tahrir, después de cruzar el puente del mismo nombre. El Nilo bajaba hoy un poco turbulento, lo que podría dar lugar a extraños presagios. Pero esta mañana vamos dispuestos a ver el lado poético de las cosas. Recordando la frase de Salvio Royo: «Asraf Yasir huele todo él a cocodrilo», hemos evocado nuestro primer encuentro con el río, el año 1962, a raíz de nuestro viaje al Valle de los Reyes, desde el puerto de Safagan. Alguien nos dijo que antiguamente innumerables cocodrilos poblaban las aguas del Nilo y que el primer anuncio de la subida de dichas aguas, esperada porque traían consigo la fertilidad, era la aparición del pequeño cocodrilo llamado *ack*, divino precursor que venía de las ignotas fuentes. Hoy no hemos visto cocodrilos desde el puente, sino faluchas y una pareja que practicaba el esquí acuático. También hemos atisbado unas casuchas de paja en la orilla, que a buen seguro son el resguardo de los barqueros.

La plaza El-Tahrir, tal y como nos había sido indicado, constituye un soberano espectáculo. Subimos al pasaje elevado, y acodados en la baranda contemplamos abajo a los guardias de tráfico lamiendo helados, mientras un nutrido rebaño de ovejas zigzaguea entre los coches. Pronto se nos acercan dos adolescentes que pretenden que les saquemos una fotografía, y un jorobado que se empeña en vendernos una jaula con un pajarito. ¡El pajarito está muerto! Negamos con decisión. La multitud que transita por el pasaje elevado no puede ser más heterogénea. Muchos hombres y mujeres llevan sobre la cabeza las mercancías más inimaginables, desde una cacerola con espaguetis hasta enormes balas de algodón. A unos veinte metros, dos Hermanos Musulmanes, por medio de megáfonos, se dirigen a los transeúntes. En efecto, venden *tickets* para su fundación, pero además deben de soltar una homilía, porque su verborrea es interminable.

Su presencia nos intriga y los observamos a placer. Visten chilaba corta, marrón y pantalones del mismo color. No usan bigote, pero sí poblada barba y sus ojos centellean con una mezcla de iluminación y de obsesionante fijeza. Es evidente que nuestra proximidad les desagrada: xenofobia. Sabemos que son «fanáticos de pro» y que dividen a las personas en puras e impuras. ¿Cuántos sumarán en El Cairo? ¿Cuántos sumarán, en la actualidad, en todo Egipto? Sin duda la palabra «cristiano» crispa sus nervios (en consecuencia, tendrán sus más y sus menos con los coptos). No puedo por menos que evocar a los rabinos jerosimilitanos de Mea Shearim, los de los tirabuzones, capaces de desafiar a la policía y de derribar los autobuses que, el día del *shabat*, irrumpieran en su barrio.

A no ser que don Rafael Lastres nos espera, permaneceríamos en la plaza El-Tahrir hasta que nos echara de ella el aplastante sol. ¿Por qué no le hemos hecho caso al ex jesuita? ¿Por qué no hemos adquirido un par de salacots? Al pasar por delante de los Hermanos Musulmanes, uno de ellos escupe a nuestros pies.

OFICINAS DE IBERIA Y EL MUNDO DE LOS ENFERMOS

Minutos después, llegamos a nuestro destino: el número 2 de la calle Talaat. Las oficinas de Iberia están en el tercer piso. En efecto, el ascensor no funciona: no es de extrañar. La casa, descostrada, se cae y el vestíbulo está casi a oscuras. Por si fuera poco, se da la circunstancia de que en el mismo rellano que Iberia tiene su consulta un oftalmólogo. Don Rafael Lastres omitió ese detalle y habrá que preguntarle el motivo. Porque el resultado es que los pacientes que esperan para ser visitados llegan hasta el propio vestíbulo. Algunos de ellos están sentados en la escalera, pero muchos han optado por tumbarse. Intentamos subir, y nos cuesta Dios y ayuda. Gracias a las intermitentes bombillas, que cuelgan del techo con sus gusanillos dentro, vemos rostros vendados, o con esparadrapo tapándoles un ojo. Parecen máscaras o crucigramas. Algunos bastones blancos indican que entre los pacientes hay ciegos. También abundan los niños bizcos, o de mirada legañosa y triste, plagada de moscas. Nos invade una intensa angustia. ¿Cómo es posible que Iberia no disponga de otro lugar?

Precisamente la ceguera es una de mis grandes aprensiones. Muchos escritores han perdido la vista y me he dejado influir por ello. Recuerdo a Papini, a Borges, a Sartre, a muchos más. Puede decirse que el tema me interesa desde antiguo, desde que una tarde de guerra, y a consecuencia de una explosión, un soldado se quedó ciego a mi vera y dijo: «Preferiría morir.» En aquel instante comprendí que «ver» es una de las virtudes cardinales del ser humano, a pesar de que con mucha frecuencia las grandes situaciones se producen con los ojos cerrados, o en la oscuridad.

A medida que vamos subiendo, y mientras algunos muchachos bajan los peldaños saltando con gran maestría, sin pisotear a nadie —arriba debe de haber otras oficinas—, el cerebro se me llena de imágenes. Los orientales dicen: «Si Dios todo lo puede es, primero, porque todo lo ve.» Claro, claro, todo lo referente al ojo humano ha resultado siempre apasionante. La prueba está en que la mitología se ocupa de él: el ojo único, frontal, de los cíclopes. Por lo demás, Salvio Royo me dijo, precisamente, que cuando viajo se me abre un tercer ojo. ¿Será posible? Debería regalárselo a alguno de esos pacientes que yacen tumbados ahí, con el bastón blanco al lado. ¿Y por qué se dirá «ojo que no ve, corazón que no siente»? La mayoría de esos enfermos sienten posiblemente, con callado dolor, que no son como los demás.

«Cuidadlo como a la niña de mis ojos», es expresión dulce. Hay miradas de enemigos muertos que al cabo de los años todavía nos producen escalofrío; y miradas de seres queridos que nos consuelan en los momentos del gran miedo. Los ojos de muchos cadáveres continúan abiertos: son lo último que nos dice adiós. Tampoco puedo olvidar que estoy en uno de los países acosados por el «mal de ojo». El ojo es hondo como el ser y los pintores egipcios de antaño nos lo demuestran cumplidamente; los escultores, en cambio, tropiezan contra los ojos como contra una imposibilidad. El mármol o el bronce no pueden expresar la acción de mirar. ¿Cómo sería la mirada de Keops? ¿Y por qué el Cristo de Velázquez tiene cerrados los ojos? ¿Le asustó al artista la mirada de Jesús?

Llegamos al rellano del oftalmólogo... Al fondo del pasillo, a la derecha, están las oficinas de Iberia. Nos guían varios leves tubos de neón. Una mujer vestida de negro se frota los ojos. No lo hará para divertirse, como yo cuando era niño y descubrí que presionándolos ligeramente veía fosfenos, con frecuencia de colores amarillo y lila... Esta mujer contraería alguna enfermedad —probablemente, a orillas del Nilo— y me temo que el oftalmólogo no pueda dedicarle más que unos pocos minutos. Mi mujer me dice: «Los Hermanos Musulmanes deberían venir aquí... Llevo su mirada grabada en los ojos.»

Rafael Lastres es hombre alto, corpulento, rebosante de vigor. Tiene los ojos negros..., al igual que el bigote. Podría pasar por un árabe —dotes de mando— de la estirpe de Nasser. «Qué temperaturas, ¿verdad?» En la mesa, varios teléfonos y un ventilador. En las paredes, pósters turísticos de España. Nos presenta al jefe de Escala suplente, un gallego rubio que apenas llegó al Cairo hace una semana se acatarró y así anda el pobre, deseando que lo devuelvan a Madrid. En una habitación contigua, varias secretarias egipcias, atendiendo a los clientes.

Nuestro encuentro con Lastres ha sido fácil, cordial (a los cinco minutos hemos acordado tutearnos). En efecto, por varios conductos sabía que estábamos aquí y deseaba conectar con nosotros. ¿La escalera? ¡Ah, claro! Él está ya acostumbrado y apenas si se da cuenta. Sí, por supuesto, Iberia necesita otro local. Seguro que saldrá, pero las cosas en Egipto van muy lentas... Iberia inauguró hace muy poco la línea del Cairo y de momento hay que conformarse. Por lo demás, a él le gusta ser pionero. Lo ha sido ya en varios sitios y ahora lo es en Egipto. Confía en que muy pronto conseguirá llenar los aviones —hay muchos egipcios que desean visitar España—, y cuando esto ocurra y ya todo funcione normalmente, notará un cosquilleo y pedirá que lo destinen a inaugurar otra línea, donde sea, en Japón o en Sydney... Lo peor es que, así las cosas, su mujer, que se llama Charo, tiene problemas para estar con él. De momento, no le queda más remedio que vivir como un solterón en el Hilton, puesto que, aunque parezca raro, encontrar un piso en El Cairo —un piso bien acondicionado, confortable— es empresa más difícil que arreglar el ascensor de abajo. Y lo peor es lo que antes apunté: cuando lo haya encontrado y la oficina vaya viento en popa, pedirá que lo destinen a otro sitio...

—¿Cómo te las arreglas con el personal? —le pregunto, al ver que pasa una secretaria con cuatro tazas de té en una bandeja.

—¡Bueno! Hay que contar con que tres hacen el trabajo de uno... Y encima viene el jefe de Escala y pilla un catarro de campeonato.

—Si no me equivoco —añado—, te encanta este despacho...

—Pues... ¡qué os voy a decir! Cierto que lo mío es solucionar pegas. Pero tiene un límite... Estoy deseando el traslado a unas oficinas que lo sean de verdad, con télex, pantalla de ordenador y lo que haga falta... Por lo demás, ¡ya os podéis imaginar cómo anda el aeropuerto! Que si hoy no hay autocares, que si se han perdido seis maletas... —Marca una pausa—. De todos modos, no olvidéis dos cosas. Una, que soy de La Coruña; y otra, que Iberia es Iberia... ¿Comprendéis lo que quiero decir? Que todo se arreglará..., tal vez en la mismísima plaza El-Tahrir.

Nuestro hombre lleva medio año en El Cairo. Da la impresión de que se se lo conoce tanto como Adrián. Sin duda su «soltería» —y es de suponer que su sueldo de pionero— le facilitan la tarea de husmear aquí y allá. No parece interesarse mayormente por los problemas de la cultura, aunque siente una auténtica admiración por el arte faraónico. «¿Habéis visto el *Son et Lumière*?» ¡Oh, es una maravilla! También le interesa en grado sumo el mundo del Islam, pero desde el punto de vista humano. «Charo, en cambio, de momento ha sufrido un fuerte choque, excepto por lo que se refiere al idioma, que le ha interesado sobremanera... Detesta la suciedad, ¿comprendéis? Ella es..., ¡bueno, espero que algún día la conozcáis! Por eso, hasta ahora, se limita a ir y venir de Madrid.»

Lastres pretende haber descubierto la finura de los árabes. Afirma que los hay listísimos para los negocios —no hay manera de darles gato por liebre—, con una virtud que él valora en extremo: en cuanto huelen que tratas de engañarles, desaparecen por el foro. ¡Son perezosos, conforme!: tres hacen el trabajo de uno... Pero, aparte de que en Egipto hay ahora, desde que se firmó la paz, una firme voluntad de aprender, es preciso recapacitar sobre lo que significan 43° a la sombra. Se dice que ese tipo de clima crea el hábito del colchón y de la hamaca, con todas sus consecuencias. Es verdad. Los occidentales han sido injustos con los árabes, porque desconocen lo que significa la palabra desierto. De ahí que ahora todo el mundo clame por la subida del petróleo. De acuerdo. Hay cierta exageración y, sobre todo, incertidumbre con respecto al porvenir. Pero Occidente se ha pasado años pagando el «oro negro» a precio de chatarra y todavía en la actualidad las multinacionales hacen su agosto... Eso lo vio muy bien, en su día, el ex sha de Irán; lo que pasa es que luego hay que administrar con justicia las ganancias. Y aquí es donde la codicia humana empieza a fallar. Los propietarios del grifo tienden a pasarse de rosca, pese a que, según ellos, el Corán no aconseja nunca «el placer de la venganza».

Le preguntamos a Lastres cuál es su opinión sobre Sadat y el futuro del país. En cuanto al presidente, se muestra a favor, sin reticencias. En cuanto al futuro del país, depende de las circunstancias. No obstante, Sadat, al carecer precisamente de los grifos milagrosos, de riqueza petrolífera exportable, no tenía otra opción que pactar con Israel. ¡Treinta años de guerra...! Seguramente habremos visto por todas partes, en las oficinas, en las vallas publicitarias, en los parterres, palomas de la paz, en pinturas y en figuras de yeso. Ésa es la cuestión. Ello permite planificar ciertas cuestiones, por descontado, con la ayuda de los Estados Unidos. Continuamente llegan al Hilton técnicos americanos, cuya gestión, según noticias, es sumamente eficaz, «por la cuenta que les tiene, dada la situación estratégica de Egipto».

Por lo demás, potencias como el Japón han empezado a invertir, y se asfaltan avenidas y carreteras. Y se levantan escuelas. Y se está imponiendo algo tan necesario y sintomático como es el deporte. Durante el dominio británico, no existían sino el golf y el bridge; ahora la juventud egipcia reclama espacios libres y se hace lo que se puede. Recientemente se inauguró en el propio Cairo un gran complejo deportivo en una zona en la que no había más que basura y donde se vendía hachís y se ejercía la prostitución. Los jóvenes quieren modernizarse y lo conseguirán. Se resisten a vivir del pasado. Ello se revela hasta en algo tan trivial como la venta de postales. Los turistas compran postales de la Esfinge y de las estatuas de Abu Simbel; los jóvenes egipcios prefieren las de los hoteles de cinco estrellas y de la torre de la televisión...

—Claro que el trabajo será duro... Pero Sadat, con su pipa y su asombrosa vitalidad, está demostrando, repito, que sabe adónde va. Y a mí me gustan los líderes, no lo puedo disimular. Por supuesto, problemas no faltan, porque en el campo muchas chicas se casan todavía antes de los quince años y el porcentaje de analfabetos sigue siendo muy elevado. Y mientras por un lado los jóvenes universitarios estudian a fondo, porque han podido dejar el fusil, por otro lado es cierto que muchos cerebros del país emigran, atraídos por sueldos que de momento Egipto no puede pagar... Pero en fin, ello no demuestra sino que la vida es compleja, como las interioridades de Iberia y como la intimidad de cada cual.

Hora es ya de decir que Rafael Lastres, que cuando se levanta ocupa toda la habitación, sentado parece «de tamaño natural», como diría Salvio Royo. Por lo demás, da la impresión de un hombre sensato, como lo demuestra el hecho de que sólo se ha tomado una taza de café. Sensato y, de añadidura, equilibrado, sin grandes filias y fobias, amante de la verdad y con mucho mundo a sus espaldas, puesto que lleva años dando tumbos por los aeropuertos, en cuyas salas de espera el olfato se afina y se curan muchos prejuicios.

Ello me anima a preguntarle:

—Si lo entiendo bien, de todo cuanto has dicho puede deducirse que no crees que los países árabes, o la raza árabe, para hacerlo más sencillo, sea inferior en ningún sentido a lo que entendemos por Occidente... ¡Vamos, que estás seguro de que Charo se adaptará!

Lastres, que sonríe raramente, esta vez casi suelta una carcajada.

—¿Inferiores...? De ningún modo. Ése es el error de los que tenemos la piel blanca... Han tenido un momento bajo, como todo el mundo, pero esto se acabó. —Marca una pausa y prosigue—: Tu pregunta me recuerda un comentario de un alemán según el cual los árabes les podían a los negros, los turcos les podían a los árabes y los europeos eran capaces de comerse a la parrilla a unos y a otros... ¡Bueno, a mi juicio esto carece ya de valor! Los árabes, a medida que he ido tratándolos, han ido impresionándome cada vez más, y a menudo me pregunto de lo que serán capaces cuando, dentro de diez años, pongamos por caso, las enseñanzas técnicas que ahora están a su alcance empiecen a dar sus frutos... Armarán la marimorena, y nunca mejor dicho. Parece ser que tienen predisposición especial para una serie de profesiones, como, por ejemplo, la medicina... Y que la biología y la astronomía tampoco se les dan mal. Cierto que Adrián suele decir que les cuesta concentrarse, quizá por falta de hábito; pero también ha comprobado que, cuando lo logran, rinden el máximo. Por supuesto no estoy hablando de los jeques del golfo: éste es otro cantar. Estoy hablando de esos muchachos y muchachas del que se ha dado en llamar Próximo Oriente, que hasta ahora no hacían nada útil, que se limitaban a beber zumo de mango, a cuidar cabras y a sobrevivir. Todo esto es un potencial de energía para el futuro que no se puede despreciar. ¡Ah, y cuidado con los coptos! No sólo muchos de ellos son los mejores en el campo del trabajo refinado, de la mano de obra especializada, sino que los hay que han amasado fortunas considerables, lo que equivale a decir que poseen dos cosas importantes: influencia y poder...

Seguiríamos hablando con Lastres, pero el reloj ha avanzado implacablemente. Nos levantamos para despedirnos, y quedamos en que muy pronto volveremos a vernos. «Os llamo al Sheraton, o me llamáis vosotros a mí.»

Nos acompaña, no sólo hasta la puerta, sino hasta el final del pasillo, donde está la consulta del oftalmólogo. Ahí el espectáculo es de aúpa. Niños con tracoma, pústulas y, como antes se dijo, ciegos. Con respecto a éstos, recordamos dos informes que van a dificultarnos todavía más el bajar la escalera. El primero, que en El Cairo hay una serie de *cheiks* ciegos que, cuando se enteran de que en una casa se ha producido un fallecimiento, se presentan en ella para recitarles a los deudos versículos del Corán. Las familias humildes veneran a esos *cheiks*. Los consideran sabios y santos, porque siempre andan por las mezquitas y porque los hay que se saben de memoria el Libro Sagrado... El segundo informe es sencillo: se dan casos de peregrinos que, al regreso de La Meca, se arrancan voluntariamente los ojos, alegando que después de haber visto la Kaaba ya no necesitan ni desean ver nada más.

—Como podéis ver —comenta Lastres, estrechándonos con fuerza la mano—, Sadat tendrá mucho trabajo... ¡Bien, me ha encantado conoceros! Hasta la vista, y que Alá os ayude a alcanzar la calle sin antes romperos la crisma.

EN EL MUSEO EGIPCIO

A las doce en punto llegamos al Museo Egipcio, situado al norte de la plaza El-Tahrir, muy cerca del Hilton Hotel. Salvio Royo no ha llegado todavía. Desde el exterior contemplamos el edificio. De inspiración grecorromana, es más pequeño de lo que cabría suponer —sólo dos plantas—, pero tiene cierto empaque. Lo precede, en efecto, un espacioso y bien cuidado jardín, en cuya verja de entrada hay un guarda de rostro arrugado y sonriente, con túnica blanca y sandalias. Mediante una propina, muchos turistas se retratan a su lado. Él bambolea la cabeza y extiende su mano, huesuda y temblorosa. Alguien le pregunta de dónde es y contesta: del Sudán.

En el momento en que nos disponemos a salvar la verja llega Salvio Royo. ¿Dónde habrá estado? Es un payaso. Cubierta la cabeza con un salacot, lleva pantalón corto, calcetines hasta media pierna y calza gruesas botas. Diríase que se dispone a cruzar el desierto. «¡Huy, amigos! No sabéis vosotros lo que son las pirámides...»

Entramos en el jardín, y abriéndose paso entre los *tours* nuestro amigo se dirige a conserjería, donde deposita la carta para el subdirector, Asraf Yasir. Ya de regreso, contemplamos el pandemónium en torno y no nos queda más remedio que darle la razón a Salvio Royo. El número de visitantes es muy elevado y los distintos guías, a voz en grito, componen una estampa babélica —muchos idiomas— advirtiendo a todo el mundo que es preciso dejar en la entrada la máquina fotográfica. Detectamos entre dichos visitantes una curiosa excitación. Salvio Royo comenta: «Es natural. Presienten que siglos de historia, y tal vez alguna losa del techo, se les van a caer encima.»

Buscamos a nuestro alrededor un sitio libre donde poder instalarnos con comodidad. Hay bancos de piedra, pero todos están ocupados. No nos queda más remedio que sentarnos sobre la hierba, «a la agradable sombra de los árboles». A nuestro lado, una pandilla de muchachos de tez olivácea juega a pasarse de boca a boca un mismo chicle. Solo, como hablando consigo, se pasea un hombre con el vientre hinchado como un sarcófago, leyendo un libro que no sabemos si es el Corán o *Las mil y una noches*.

Pronto estamos situados. En el centro del jardín hay un pequeño estanque en el que una pareja de aire anglosajón se lava tranquilamente los pies. Vemos también una tumba de granito, colocada entre dos esfinges de mármol. ¿A quién pertenecerá? A nuestra derecha, una tienda de *souvenirs* —mi mujer sigue exhibiendo la «llave de la vida»— y una cafetería, ambas tomadas también al asalto. Fuera, al otro lado de la calzada, una casa en construcción, en cuyos pisos más altos una hilera de peones van subiendo sacos de cemento. Suben corriendo, harapientos, bordeando el vacío, y sus siluetas recortándose contra el azul purísimo del cielo son idénticas a las miniaturas de antiguos esclavos que se ven en las postales.

La gente que sale del museo tiene aspecto cansado, que recuerda el que confieren las visitas a las catacumbas. Es natural. Si no estoy mal informado, las estatuas, muebles, objetos, amuletos sagrados, etc., que se exponen en el edificio, pasan de diez mil. Cifra ridícula si la comparamos con las ciento cincuenta mil piezas que, según Salvio Royo, se conservan en los sótanos, amontonados o encerrados en cajas, sin catalogar siquiera. «Se necesitarían muchos años de trabajo, realizado por personas cualificadas.» Sadat ha prometido que construirá un museo moderno, de nueva planta, capaz de albergar todo ese inmenso tesoro, pero no tiene dinero para ello. Su única posibilidad es que tengan éxito las prospecciones petrolíferas que, con la ayuda de los americanos, está llevando a cabo en el desierto libio.

Guardamos un tiempo de silencio, pues nuestro propósito fue, desde el primer momento, la observación. Sin embargo, pronto ocurre algo que desata la lengua de Salvio Royo. Un grupo de *boys-scouts* franceses cantan el *Frère Jacques*. Su entusiasmo es tal que se diría que están en casa propia o que reclaman algo. Y en efecto, así es. Según nuestro amigo, si la egiptología es actualmente una ciencia —y si existen museos dedicados a ella— se lo debemos a los franceses, se lo debemos a *Frère Jacques*.

—¿Podrías ser más explícito?

Salvio Royo hace rodar entre sus manos el salacot.

—Si os hubierais tomado la molestia de adquirir, en alguno de los quioscos que hay ahí afuera, un par de monografías, y de echarles un vistazo, me ahorraríais la explicación...

—Podíamos haberlo hecho —replico—. Pero ahora tú no tendrías el placer de desvelarnos el misterio.

No hay tal misterio. La voz de Salvio Royo adquiere, a propósito, un tono profesoral. Toda la cultura egipcia actualmente conocida se la debemos a Champollion, el descifrador de la piedra de Rosetta, y a sus compatriotas. Con anterioridad no existían más que los relatos de los griegos, bastante tendenciosos. Durante siglos, todo había quedado sepultado por los aluviones del Nilo y por la arena del desierto.

Salvio Royo es un admirador de Champollion. Entiende que su genialidad está fuera de duda. A los cinco años recitaba trozos enteros de la Biblia y a los catorce se aprendió de pe a pa una gramática copta, lo que resultó fundamental para su posterior descubrimiento de los jeroglíficos. No obstante, hay que rendir tributo especial a Augusto Mariette, a quien, por cierto, pertenece la tumba de granito entre dos esfinges que antes hemos visto. La historia de Mariette es realmente fantástica, como lo es la historia de la gramática copta de Champollion. Profesor del Liceo de Boulogne, se sintió obsesionado por una momia que había en la biblioteca de dicho liceo. A ello se debió su interés por Egipto, donde se pasó treinta años explorando todos sus rincones, y sacando a la luz varios de los más importantes monumentos de Memfis y de Tebas. En realidad, a él se debe el primer museo egipcio, que se instaló en Boulaq y más tarde en Gizeh, museo precursor del que ahora tenemos delante, y que fue creado, en 1857, por Gaston Maspéro, competente continuador de la tarea de Mariette...

Salvio Royo comenta que a menudo el destino de los hombres se decide de esta guisa, por causas aparentemente nimias o caprichosas, como una gramática copta o una momia en la biblioteca. «Mi caso es al respecto una prueba más, puesto que si me fui a los Estados Unidos, donde, como sabéis, permanecí por espacio de unos cuantos años, fue porque leí en una revista que en los pasillos de las universidades del país había unas maquinitas que chorreaban café.»

Pasa una guía alemana pisando fuerte. Da la impresión de que el batallón que la sigue está dispuesto a conquistar el museo, arrollando a quienquiera que se encuentre en él. La guía cita a Osiris y, al oír este nombre, Salvio Royo pega un brinco. ¡Claro! Osiris, acaso el más grande de los dioses de la religión egipcia, junto con Ra y con Horus, representa la Luz, y su hermano, Set, representa las tinieblas. Ambos están en guerra constante y ello ha traído a la mente de Salvio Royo su tema preferido: el del día y la noche, el del Bien y el Mal. «La religión egipcia está llena de leyendas hermosas en esa dirección; sin embargo, si me he sobresaltado, ha sido porque el nombre de Osiris me ha recordado un sensacional descubrimiento que he hecho en El Cairo: el de que existe una secta musulmana, la de los *yesidis*, que en cierto modo tienen resuelto el problema. En efecto, dicha secta cree, como yo mismo, en un dios bueno y en un dios malo, ambos igualmente poderosos. Pero los *yesidis* apuntan una faceta original, tal vez única: pretenden que es inútil adorar al dios bueno y misericordioso, puesto que nada adverso puede temerse de él; y que, en todo caso, es preciso adorar al dios malo, Malek Taos de nombre, dado que él es quien reparte a placer la desgracia, la enfermedad y la muerte.»

—¿Comprendéis el porqué de mi entusiasmo? ¡Es inútil rezarle al dios bueno! ¿Para qué? Cuando se entere Alma, me da el plantón del siglo y se me va con un *yesidi*...

Salvio Royo, que a no dudar se encuentra en su elemento, añade que le gustaría mucho, cualquier día, ahondar en el tema de la religión egipcia, pues mintió al decirnos que era un novato en la materia. De hecho podría dar un cursillo sobre el particular, basado, como siempre, en que el origen de las religiones es más o menos idéntico. Aunque lo importante, en este momento, es el museo, del que nos hemos olvidado. Esperará impaciente la respuesta de Asraf Yasir. ¡Diez mil piezas, con el bribón Ramsés II a la cabeza! Aparte del estímulo que todo ello supone para el intelecto, lo apabullante es pensar que la mayoría de dichas piezas fueron elaboradas varios milenios antes de Cristo, es decir, en una época en que en Europa el hombre era todavía un cazador que recorría las zonas pantanosas, las zonas posglaciales. «¿Comprendéis lo que quiero decir? Es un problema de anticipación, de prioridad...»

Guardamos otro tiempo de silencio. La guía alemana habrá irrumpido ya en las salas de abajo. La pandilla de muchachos-chicle ha desaparecido. En cambio, permanecen, allá fuera, los «esclavos» subiendo sacos de cemento y, en el jardín, el hombre con vientre de sarcófago que lee para sí el Corán o *Las mil y una noches*.

Inesperadamente se acerca a nosotros un chaval de no más de doce años y nos ofrece un pie de momia «auténtico...» Lo lleva envuelto en un pañolón blanco y nos pide por él una cantidad exorbitante. Para disimular, exhibe en la mano derecha varios paquetes de tabaco rubio. «*Certificate* —repite—. *Certificate*... Quinientos *pounds*.»

Quedamos estupefactos. Salvio Royo, también con sigilo, examina el *pie*, que no apesta y que ha sido teñido de un color negruzco. En efecto, ha sido embalsamado. Lo que ocurre es que ha sido embalsamado muy recientemente —cuestión de días— y no varios siglos antes de Cristo. Los dedos están en perfecto estado, con las uñas de un color algo más pálido. «*Certificate*... —susurra de nuevo el muchacho—. *Certificate*... Quinientos *pounds*.»

Salvio Royo se coloca el salacot y apretando los puños le contesta al muchacho, hablando entre dientes y arrastrando las sílabas: «Lárgate, o llamo a la policía...» Al oír la palabra *police* el chaval envuelve de nuevo su tesoro y echando a correr sale disparado del jardín.

Entonces nuestro amigo nos cuenta que no es la primera vez que se encuentra con un vendedor de ese tipo. La falsificación de momias, que en tiempos fue una lacra, vuelve a florecer hoy en día. Roban un cadáver, lo cuartean y momifican sus partes, sobre todo manos y pies. Como sabemos, ello en el país es una tradición. A menudo el cadáver pertenece a la propia familia. «Ese pie podría muy bien ser el de la abuela del chico...»

El trabajo lo realizan a la perfección y cualquiera que no ande precavido puede caer en la trampa y adquirir carne fresca. Al respecto Salvio Royo nos cuenta que allá por los años cincuenta se descubrió que un tal Ali Bernam, médico muy conocido, falsificaba momias gracias a los cadáveres que le suministraban los sepultureros del Cairo. Disponía de un laboratorio espléndido, pero tuvo la mala suerte de que el camión en que transportaba la «mercancía» volcara un día precisamente en una calle del bazar El-Khalili... Las cajas se rompieron y aparecieron las momias. «Ahora tal vez no exista el negocio al por mayor, pero sí que existe al detall, como habéis podido comprobar...»

No sabemos qué decir. Visto y no visto. ¿Pie de la abuela? Podría ser... Era pequeño. Su silueta y su color negruzco se han incrustado en mi cerebro. Sí, el color de las uñas era sospechosamente natural. ¿Por qué Salvio Royo no ha detenido al chico, no ha llamado efectivamente a la policía? «¡Uf, menudo trabajo, y menudas complicaciones! Los de la CIA nos dedicamos a menesteres más importantes... Al fin y al cabo, quinientos *pounds* son una bagatela.»

Me gustaría comentar el incidente, pero Salvio Royo lo da por zanjado. ¡Ocurren tantas cosas así, en El Cairo, al cabo del día! «Si os parece, vamos a lo nuestro... No sé por qué, me ha entrado un apetito atroz.» Le seguimos con cierta inercia, echando a andar hacia la verja, donde saludamos al guarda, que continúa recibiendo piastras por dejarse retratar.

—*Frère Jacques* —le dice Salvio Royo—, *au revoir...*

EN RUTA HACIA LAS PIRÁMIDES

Tomamos un taxi y nos dirigimos sin dilación al hotel Mena House, situado muy cerca de la gran explanada que se abre ante la pirámide de Keops. Allá podremos almorzar cuando queramos y luego acercarnos a dicha pirámide, una de las siete maravillas del mundo. «Por cierto, que es muy raro encontrar un ser humano que sepa cuáles son las siete maravillas. Siempre queda alguna colgando, como ocurre con los siete pecados capitales.»

Al cabo de un rato abordamos la grandiosa avenida de las Pirámides, de diez kilómetros de longitud, que antaño debió de ser muy hermosa, pero que ahora está flanqueada, como toda la ciudad, por anuncios de Marlboro y por edificios desconchados. Dicha avenida se programó, hace ya un siglo, para que la recorriera en calesa la emperatriz Eugenia, aprovechando que ésta y sus invitados habían inaugurado el canal de Suez. Por nuestra derecha desfilan clubs nocturnos, uno de ellos con el nombre de Al-Andalus, varias mezquitas e, inesperadamente, como motivo decorativo, una pequeña torre Eiffel.

Nos paramos en un semáforo, y ello coincide con el canto del almuecín, con el canto del mediodía. Varios transeúntes se detienen, y después de colocar una pañoleta en el suelo, convirtiéndolo en lugar sagrado, inician sus rezos, cara a La Meca. Miramos aquí y allá y son tantos los que se suman a la plegaria que el hecho no deja de impresionarnos. El taxista ha conectado la radio, que emite también el canto del almuecín. En el parabrisas lleva una pegatina que representa... ¡dos pies entrecruzados! «No pasa nada... Tranquilos. Es un amuleto más contra el mal de ojo.»

Proseguimos silenciosos la ruta —más clubs nocturnos— y llegamos al Mena House. Antes de entrar nos enteramos de que los almuecines que gritan más fuerte, en sus correspondientes mezquitas, son los Hermanos Musulmanes. «¿Todos llevan barba?», preguntamos. «Pues claro. Es algo así como su uniforme particular.»

El Mena House es un hotel suntuoso, con amplios jardines y decoración interior indio-arabesca. Tomamos asiento en un *snack*, dispuestos a hacer tiempo para almorzar. Nos llama la atención la cantidad de policías apostados por doquier, algunos, con metralleta: la camarera le aclara a Salvio Royo que éste es el hotel en que se celebran las conversaciones de paz entre Israel y Egipto. Hoy, por supuesto, no están Beguin y Sadat, pero sí varias delegaciones de ambos países. «Ello supone que hay diplomáticos judíos, y es lógico que se tomen precauciones...»

Salvio Royo lamenta que la abundancia de policías no se deba al deseo de protegerle a él. Y nos explica que el Mena House tiene mucha solera en cuestión de invitados de pro. Aquí tuvo lugar, en 1943, la llamada «Conferencia en la Cumbre» entre Roosevelt, Churchill y Chang Kai-shek, a fin de decidir la conducta a tomar en el futuro en lo concerniente a la guerra contra el Japón. «Por cierto, que Churchill y Chang Kai-shek aprovecharon para penetrar en el interior de la pirámide de Keops, hasta la cámara mortuoria; Roosevelt, naturalmente, debido a su parálisis, tuvo que contentarse con ver la parte externa, lo cual, al parecer, era su sino en todas las situaciones difíciles de la política internacional.»

Pero no para ahí la cosa. También Kruschef, antes de llegar a ser quien fue, estuvo en el Mena House, por motivos relacionados con la construcción, por parte de la Unión Soviética, de la presa de Asuán. Y ocurrió algo curiosísimo. Se disponía a explorar también el interior de la pirámide de Keops, cuando recibió un telegrama de Moscú que decía: «Le desaconsejamos formalmente entrar en la pirámide.» Kruschef se quedó estupefacto y al pronto no supo cómo interpretar la advertencia; hasta que le hablaron de los peligros que tal aventura entrañaba, de los accidentes ocurridos —asfixia, paros cardíacos, etc.—, de la maldición de los faraones, en fin... Kruschef, hombre socarrón y con sentido del humor, al parecer soltó una carcajada; pero, por supuesto, acató la orden y renunció a entrar.

¡Ay, la maldición de los faraones! Es uno de los temas preferidos de Salvio Royo, como no podía menos que ser. Sin embargo, prefiere que hablemos de ello en otra ocasión, cuando nosotros estemos un poco más baqueteados, un poco más inmersos en el clima de las piedras y las tumbas y las cámaras mortuorias de la civilización egipcia. Entonces podremos valorar más cumplidamente lo que pueda haber de verdad o de leyenda en la cantidad de literatura publicada al respecto. Ahora bien, a modo de aperitivo —puesto que en los comedores del Mena House han empezado a servir los almuerzos—, nos anticipa que, a su modo de ver, «algo hay de cierto en la cuestión». Son tantos los casos que se han registrado sin explicación racional aparente, que encogerse de hombros resulta estúpido. Las pirámides... son las pirámides. El Valle de los Reyes... es el Valle de los Reyes. ¿Qué sabemos de la posible acumulación de rayos cósmicos, de las vibraciones magnéticas? Nada. ¿Qué sabemos de las alucinaciones? Menos aún. Es preciso que nos acordemos del himno a Amón-Ra: «Oh soberano, jefe de los dioses...» Quienquiera que se las haya con los dioses lleva siempre las de perder.

Como tantas veces nos ocurre, nos sabemos si Salvio Royo habla en broma o en serio. Pero lo mismo da. Tiempo habrá para dilucidar la cuestión. Por de pronto, yo he de confesar que todo lo esotérico me atrae cada vez más. El mundo no se acaba en aquello que se puede palpar. Casi podría decirse que empieza donde termina la lógica. La fascinación de lo oriental radica precisamente ahí, y los nombres exóticos de Keops, Kefrén y Micerinos no hacen más que corroborar el hecho.

—¿Os atreveréis a entrar en las pirámides?

—¡Pues claro! No faltaría más... No creo que nos lo impida ningún telegrama de Moscú.

Salvio Royo se acaricia el peluquín, se ajusta los lentes de montura de plata y con gesto solemne nos acompaña al comedor.

KEOPS, KEFRÉN Y MICERINOS

A media tarde, coronada la cuesta que sube desde el hotel, desembocamos en la gran explanada. La súbita aparición de la pirámide de Keops, o Gran Pirámide, nos encoge el corazón. El temor a quedar decepcionados se ha desvanecido. Ahí está, plantada en la tierra como una sentencia. Su concepción es tan majestuosa y a la vez tan grácil que no cabe hablar, como lo han hecho algunos viajeros, de «abrumadora presencia». Y mucho menos, como pretendieron los inventores de la palabra *pyramis*, de «perfecto pastel». Pese a la anchura y solidez de su base, la fina geometría de sus líneas convergentes en la cúspide obra el milagro de que la mirada descanse. Por otra parte, los bloques de tosca piedra al descubierto le confieren una rusticidad de buena ley. A lo que es preciso añadir que los rayos oblicuos del sol tiñen su «fachada» de un tono levemente amoratado, con lo que se produce la eclosión.

Resulta obligado, vencido el pasmo, que la mente rememore descubrimientos similares: el Partenón, la pagoda de la Aurora, la mezquita de Omar, los templos de Angkor Vat... Es preciso admitir que el hombre, en determinados momentos, es capaz de doblegar la mezquindad y lanzarse a la conquista de lo angélico, entendiendo por ello la sublimación de la materia. Esas piedras no son piedras, ese triángulo no es un triángulo, ese color violeta se ha transformado en azul: claro, el sol sigue su ruta y sus rayos son cambiantes. La pirámide es «distinta» a cada minuto que pasa, de suerte que su belleza no se repite jamás.

Hasta transcurrido un buen rato no nos apercibimos de las otras pirámides que hay detrás: la de Kefrén, algo menos grandiosa, y la de Micerinos, sensiblemente más pequeña que las primeras. Desplazándonos unos metros hacia la derecha la perspectiva de las tres es completísima y cierra el horizonte. Es posible que al otro lado se extienda el desierto, que haya casuchas de adobe o tiendas de beduino, que dé allí su coletazo la tierra fértil del Nilo. Pero nuestra mirada se concentra en las pirámides. Ello nos basta. Incluso Salvio Royo, que se ha pasado muchas horas en este lugar, permanece absorto, tal vez por respeto caballeresco a la emoción que nos ha prendido.

Una pregunta se impone: ¿dónde está la Esfinge? Es la pieza que falta para redondear la panorámica vista en tantos libros y que figuraba ya en nuestros cuadernos escolares. ¡Bueno, no cabe emplear la palabra «enigma»! Si en vez de subir por el Mena House hubiéramos llegado por la parte sur, por el poblado de Gizeh, lo primero que se hubiera ofrecido a nuestros ojos hubiera sido la Esfinge, que se halla en la hondonada, con su cuerpo de león. «La Esfinge existe, os lo puedo garantizar... Podrían desaparecer las pirámides y la Esfinge continuaría existiendo. De todo lo que hay en esos contornos, es lo que mayormente se aproxima a lo que los egipcios entendían por eternidad.»

Roto ya el encantamiento, nos percatamos de que hemos sido víctimas del primer espejismo de la tarde: las pirámides no están solas, como hemos imaginado por espacio de unos minutos. Apenas avanzamos hacia ellas, vemos en sus flancos mastabas, ruinas, bloques de piedra sueltos y algún que otro paredón. Y advertimos además que la explanada propiamente dicha rebosa de vida y no de muerte. En efecto, el lugar está tan habitado que mejor se parece a un campamento que a una necrópolis. Autocares de turismo, taxis, puestos de bebida, tiendas de campaña, camellos, caballos, un grupo de arqueólogos que, armados de prismáticos, intentan sin duda descubrir el secreto de la pirámide de Keops.

Es posible que hubiéramos preferido la soledad. Sin embargo, aceptamos los hechos. Por otra parte, la vida es siempre vida y aquí lo es de forma hormigueante y colorista. Los taxistas hacen sonar sus bocinas y los autocares, colocados en batería, ondean al viento sus banderolas. Aunque lo que más nos atrae son las siluetas de los animales. Los camellos están adornados con monturas churriguerescas, que contrastan con la austeridad de unos cuantos borricos blancos, sobre los cuales se divierten, a horcajadas, niños morenos, que deben de ser del poblado de Gizeh. En cuanto a los caballos, contamos hasta seis, tres de los cuales cabalgan por cuenta propia y otros tres, montados por amazonas rubias, cruzan galopando hacia la hondonada de la Esfinge.

El conjunto no es bíblico, porque la egiptología se compone de faraones y no de patriarcas, y además enjambres de moscas se pegan a nuestras frentes sudorosas. Sin embargo, nada de ello puede hacerme olvidar que todo esto fue construido en una época en que en Europa el hombre era todavía un cazador que recorría las zonas posglaciales y que sólo las piedras de la Gran Pirámide que tenemos enfrente bastarían para construir un muro más alto que Salvio Royo y largo de cuatro mil quilómetros.

La Gran Pirámide... De nuevo absorbe por completo nuestra atención. ¿De qué se trata? Hay quien niega que sea una tumba, alegando que no existe ser humano tan soberbio como para levantar en su honor mausoleo tan colosal. En realidad, las especulaciones han ido multiplicándose, sin llegar a ninguna totalmente satisfactoria. ¿Observatorio astronómico, orientado o alineado hacia la estrella polar? ¿Colina artificial, utilizada —al igual que las otras pirámides— como señalización para los viajeros y las caravanas que, cruzando el desierto, se dirigían al mar o hacia ciudades lejanas? ¿Historia codificada del género humano sobre la tierra, con el objeto de revelar no sólo el pasado, sino la dirección futura? ¿Templo inacabado, cuya finalidad era demostrar que sólo Dios es completo? Lo único que se me ocurre en este instante es que he topado una vez más con el misterio. Salvio Royo nos dice que, en época del Ramadán, y atraídos por ese misterio, muchas familias cairotas vienen por la noche al pie de la Gran Pirámide y organizan comilonas y sellan para sí sus pactos de sangre.

Unos pasos más, y se produce el cerco. Los camelleros y los jinetes nos acosan. Los morros de los animales rozan nuestras caras. La proximidad de la cabeza de un camello trastoca la vida interior. A ello hay que añadir la avidez de los vendedores de *ushabati* (sarcófagos-miniatura, con figuras humanas dentro), de collares, de escarabajos de piedra o de arcilla «que traen la felicidad», de brazaletes de Cleopatra... En cuanto a los guías, acaso sean los más impertinentes, pues nos agarran del brazo y nos zarandean —visten túnicas de lino o largas camisas a rayas—, señalando el agujero de entrada en la pirámide.

—French...? Italien...? —preguntan sin cansarse.

—Non. Israelien...! —contesto al fin, convencido de que esta palabra zanjará la cuestión.

—Oh, *good, good!* —contesta el guía más próximo, estrechándome la mano, diciéndome «*Shalom*» y arrastrándome materialmente hacia la pirámide de Keops.

Salvio Royo nos advierte que sólo lograremos librarnos del asedio aceptando alguno de los servicios que se nos ofrecen. Sin pensarlo más, mi mujer contrata un camellero y yo un borrico. El borrico, de la mano de un chaval de ojos alegres, inicia su trotecillo apto para una buena digestión. Entretanto, mi mujer está ya en el aire —su camello se ha levantado— y me envía un saludo festivo, que Salvio Royo cuida de retratar como es debido. El momento es de plenitud, a un tiempo poético y carnavalesco. Me siento pequeño y a la vez grandioso. ¿Dónde están las pirámides? ¿Dónde están los maleficios, dónde está Kruschef? Es evidente que la vida juega con nosotros como si fuéramos peonzas. Es evidente que ser pie de momia debe de ser tan aburrido como formar parte de las ciento cincuenta mil piezas sin catalogar que yacen en los sótanos del museo.

Damos unas vueltas, intercambiando frases amables con los demás turistas que se hallan, como nosotros, a lomos de un animal. Un tipo con aire de profesor alemán está a punto de caerse del camello, pero logra recuperarse y levantando la mano hace el signo de la victoria. Egipto es una fiesta. Es una fiesta el mundo. A lo mejor es cierto que los escarabajos —verde-azules, asquerosos— traen felicidad.

Nos apeamos y echamos a andar. El recorrido de las tres pirámides se hace fatigoso bajo el aplastante sol. Y puesto que pensamos volver aquí a menudo, y asistir además al espectáculo «Luz y Sonido», renunciamos a acercarnos a la pirámide de Micerinos y damos la vuelta a las otras dos, palpando sus piedras, de las que se cuenta que sus junturas eran tan perfectas (por lo visto, las del interior continúan siéndolo) que entre una y otra era imposible introducir un pelo o un alfiler.

Según los textos, antaño recubría dichas piedras una maravillosa capa de granito rojo, traído de las canteras de Asuán, como puede apreciarse por el capuchón intacto que corona todavía la pirámide de Kefrén. Pero dicho granito fue arrancado y empleado en otras construcciones. Así pues, actualmente lo visible son, como antes se dijo, los toscos bloques de piedra, aptos para ser escalados, a condición de hacerlo en zigzag y de reunir las necesarias condiciones atléticas. Dicha escalada no es fácil y nos cuentan que el año pasado, a mitad del trayecto de la pirámide de Keops, un suizo tuvo un mareo y se cayó al vacío, desplomándose al suelo. No es de extrañar. La pirámide de Keops mide 146 metros, por lo que durante mucho tiempo fue el edificio más alto entre los conocidos; hasta que, en la Edad Media, las flechas de algunas catedrales lograron superarla.

¿Cómo, pues, pudo llevarse a término, en aquellos tiempos, obra tan ciclópea? Precisamente, en una monografía que leí poco antes de iniciar nuestro viaje, me enteré de que, hace cosa de un año, una compañía japonesa obtuvo del Gobierno egipcio el permiso necesario para construir una minipirámide —veinte metros de altura— al sudeste de la de Micerinos, comprometiéndose a desmantelarla luego. ¡Y fracasaron en su empeño! Los bloques labrados, de aproximadamente una tonelada de peso, no pudieron atravesar el Nilo sobre barcazas —problemas de flotación— y tuvieron que ser transportados mediante buques de vapor. Seguidamente, equipos de cien obreros cada uno intentaron arrastrar esas piedras sobre la arena, y ni siquiera pudieron moverlas un centímetro. Hubo que echar mano de utillaje moderno. Pese a lo cual, cuando finalmente los bloques llegaron al lugar de la construcción, los equipos de trabajadores no pudieron elevar dichas piedras y colocarlas debidamente más que a base de grúas y helicópteros. ¿Resultado? La minipirámide, al término de la operación, no se pareció en absoluto, en su estructura, a las que tenemos delante.

El recuerdo de esa experiencia intensifica de tal modo nuestro interés que, movidos por un impulso repentino, decidimos, no, por supuesto, intentar la escalada, pero sí penetrar en el interior de las pirámides de Keops y Kefrén, hasta las cámaras mortuorias. Es algo tantálico, un desafío, producto, quizá, de la euforia que reina en torno y de la atracción que ejercen sobre nuestro ánimo los lugares en que el hombre puede experimentar cierto temblor.

Salvio Royo se lleva las manos a la cabeza e intenta disuadirnos. Nada que hacer. Argumentamos que «hay que apurar también las copas amargas», sobre todo si se advierte, como es el caso, que se anticipan a nosotros matrimonios adentrados sobradamente en la tercera edad... «Allá vosotros —se resigna Salvio Royo—. Yo me quedo aquí rezando por vuestra eterna salvación.» Y en un último intento, nos cuenta que el aire es allí putrefacto, que tendremos que avanzar encorvados por pasadizos que no se acaban nunca y que al final, si la suerte nos ampara, descubriremos que las tan famosas cámaras mortuorias son sencillamente habitaciones húmedas, absolutamente vacías, con un guardián en cada una de ellas que, empleando un lenguaje troglodita —que es el que habla la gente de Gizeh—, nos pedirá una suculenta propina, el consabido *bacsis*... *Bacsis, bacsis*, ésa será su más elocuente explicación.

EN LAS CÁMARAS MORTUORIAS

Minutos después, y una vez pagado el correspondiente *ticket*, subimos hasta el boquete —ahí arriba reina un viento fuerte— que permite penetrar en el antro oscuro de Kefrén, hijo de Keops y padre de Micerinos, con un primer trecho en descenso escalonado que nos obliga, efectivamente, a encorvarnos, pero sin mayor dificultad. Escuálidas bombillas van iluminando el camino. De repente, me asalta la pregunta inevitable: el porqué de tamaño misterio... ¿Puede especularse sobre una utilización mística? Se ha hablado de los «corredores místicos» de las pirámides, de un «segundo nacimiento», de que los hombres que traspasaban su umbral salían de ellas transformados en dioses. Se ha dicho también que un ser desconocido, llamado el «Ilustre» o «Iniciador», vestido con ropajes azul y oro, que lleva en la mano las siete llaves del Tiempo, reside en algún recoveco de esas «casas de la sabiduría». Nadie ha visto jamás a ese ser desconocido, llamado también el «Maestro de Maestros», el «Hierofante con cara de león», cuyos secretos al ser revelados a los neófitos lograban que éstos y Dios se hicieran uno solo. ¿Pueden tomarse en serio semejantes hipótesis? Lo más fácil es desecharlas, claro, como se desecha que los lamas del Tibet consiguen la levitación y detectan el aura de las personas.

Por lo demás, la realidad de la marcha interrumpe mis pensamientos. Vamos en fila india —nos preceden lo menos tres *tours*—, y la fiesta ahí dentro prosigue, pues todo el mundo procura ahogar por medio de cuchufletas el posible desasosiego. Unos ingleses —dos parejas jóvenes— intentan colarse y la caravana entera los insulta, lo que altera por completo, en cuestión de unos pocos segundos, el talante amable de la aventura. Los ingleses se muestran chulos —no les basta con haber expoliado medio mundo— y están a punto de pasarlo mal, ya que la reacción del «alma colectiva» pasa a ser decididamente violenta. Por fin, y luego de soltar varias interjecciones de mal gusto, hacen marcha atrás y finaliza el incidente.

Por fin alcanzamos la cámara mortuoria. Efectivamente, Salvio Royo, como siempre, tenía razón. No hay más que los muros, entre los que cabrillea una luz espectral, y, al fondo, la tumba rectangular, vacía, naturalmente. Por un momento imagino el sarcófago instalado allí, con el fantástico ajuar personal, los tesoros y las ofrendas. Pero es inútil. Las paredes están salpicadas de nombres de visitantes, entre los que, a buen seguro, no figurarán los de los ladrones que expoliaron el recinto. El guardián «troglodita», con una vela en la mano, se afana en enseñarnos lo que no hay. A punto de ganarme el sentido del ridículo, he aquí que una guía italiana, de buena facha y hermosa voz, explica a su grupo que el primer hombre que consiguió abrirse paso y «redescubrir» este lugar, allá por el año 1808, fue un compatriota suyo, Giovanni Belzoni. Tipo pintoresco, admirable y gigante, de dos metros de estatura, que junto con su mujer había trabajado en un circo representando el papel de Hércules, de Apolo, de Sansón... Fue contratado para transportar desde El Cairo hasta Londres el torso colosal de Ramsés que actualmente figura en el Museo Británico. Se las ingenió para cumplir con la misión encomendada, y ello le dio tal prestigio que le abrió las puertas de la egiptología. Y si realizó hallazgos tan soberbios como hallar este escondite o descubrir la tumba de Seti I, ello se debió, más que a sus conocimientos, a su simpatía personal y a su fuerza, ya que era capaz de coger a cuatro campesinos, a cuatro *fellahin* y arrojarlos a la arena a ocho metros de distancia.

Suponíamos que el relato había terminado, pero era un error. Faltaba el suculento final. Efectivamente, la guía italiana añadió que, poco tiempo después, «y siguiendo la tradición de los hallazgos en Egipto», Giovanni Belzoni, encontrándose de viaje en barco en dirección a Sierra Leona, fue presa de una dolencia misteriosa, con mucha fiebre y accesos de delirio. De nada sirvieron los cuidados de los indígenas que le acompañaban. «Noto que la mano de la muerte se me acerca», murmuraba. Y murió a los pocos días.

Un escalofrío involuntario recorre la estancia y nos afecta a todos. Por fortuna, la guía da una palmada y grita un *«Ciao, Belzoni!»* que nos devuelve la tranquilidad.

Salimos a la luz del sol, el cual se acerca ya hacia el ocaso, y no vemos a Salvio Royo. Quedamos en que nos esperaría «rezando por nosotros»: no ha sido así. ¿Qué habrá ocurrido?

Un tanto preocupado, decidimos salvar andando el trayecto hasta la «fachada» de la pirámide de Keops, con la esperanza de encontrarlo allí: tampoco. Echamos un vistazo a los camelleros, a los taxis —sabemos que le gusta charlar con la gente—, sin resultado positivo.

—No puede haberse marchado. Imposible.

—Claro que no.

¡Bien! Damos por sentado que nos las habemos con una de sus extravagancias y optamos por seguir adelante con nuestro programa. De consiguiente, trepamos hasta la puertecilla de acceso a los pasadizos interiores de la pirámide de Keops. De nuevo en fila india, aunque los componentes sean otros. De nuevo las bombillas iluminando intermitentemente el camino, camino que se nos antoja más arduo, más duro, puesto que esta vez se trata de subir, de ir venciendo una serie de rampas bastante pronunciadas, la mano agarrada a una barandilla de hierro. Nos preceden unos japoneses con jerseys de gimnasta, que se dedican a ganar tiempo sorteando a viejecitas americanas. Éstas lanzan gorgoritos, pero con buen humor y sin que sus sombreros tropicales se les caigan de la cabeza. Veinte minutos después entramos en la cámara del legendario Keops, figura más que polémica, hasta el punto de que mientras algunos egiptólogos lo proclaman autor de antiquísimos libros de alquimia y bienhechor de su pueblo, otros lo declaran déspota, tirano y usurpador de toda clase de prebendas.

¡Por todos los santos, ahí está Salvio Royo esperándonos, sentado en uno de los bordes de la tumba, abanicándose con su salacot! Bien, no podemos por menos que reconocer que la broma tiene su aquel, que figura entre las mejores de que personalmente guardo memoria. Le felicitamos a distancia, moviendo repetidamente la cabeza, mientras vemos que el guardián se pasea entre los grupos con una vela encendida. «Temía que no ibais a llegar. No puedo más... Aquí la gente se ha orinado durante milenios.»

Salvio Royo tiene razón. Esta cámara huele peor, Osiris —o Amón-Ra—

sabrá por qué. Y ello pese que es mucho mayor que la de Kefrén, más alta de techo e incluso «ventilada». Ésa es la palabra que emplea nuestro amigo, para explicarnos que la vela del guardián tiene por objeto demostrar a los visitantes que, por una hendidura visible a la derecha, pasa un hilillo de aire... Es cierto. No sólo la llama de la vela tiembla ligeramente al estacionarse en dicha hendidura, sino que al posar la mano en ella notamos que el aire recorre nuestra piel. Ello significa, ¡ahí es nada!, que un canalillo misterioso conecta con el exterior... «¡Una filigrana!, ¿no es cierto?»

Le pregunto a nuestro amigo si ha estado aquí muchas veces.

—Muchas. Cuando me canso del Sheraton, me vengo a esta estancia a meditar sobre la vida, recordando mis tiempos conventuales.

—¿A meditar sobre la vida?

—Pues claro. Esto es un canto a la vida, y por eso me abanico con el salacot. Los egipcios no creían en la muerte. Creían que la muerte era la continuación de la vida, aunque en una dimensión algo distinta.

—No entiendo ni jota.

—Pues es fácil. Entre la vida y la muerte no existía diferencia de «categoría», sino de «gradación». Mientras el Ka —el espíritu, el soplo o aliento, como queráis— habitara el cuerpo, éste continuaba vivo, y de ahí que persiguieran su incorruptibilidad y que lo rodearan constantemente de ofrendas. Creían que el muerto había entrado en el cielo, que situaban en el sector norte de nuestro llamado firmamento, y cuyas estrellas tampoco conocían la destrucción. En otro orden de cosas —y de ahí las ofrendas— el muerto podía continuar comiendo, bebiendo e incluso hacer el amor... En resumen, el trasmundo egipcio era corpóreo y absolutamente feliz, a semejanza del que Mahoma prometió más tarde a sus seguidores...

—Sin embargo, estaba claro para todo el mundo que los muertos no comían ni bebían...

—¿Y qué? Se trataba del acto, del símbolo, del gesto. Aquello en que se cree, es tan real como que tú estás ahora hablando conmigo. El secreto es muy simple: los egipcios, que odiaban la muerte física, encontraron el modo más sencillo de vencerla: negar que existe. Fijaos si ello era así, que en algunas mastabas de Sakkara, además de las ofrendas de costumbre, se encontraron, en los espacios del muerto, hasta con retretes... Ahí tenéis el realismo llevado al máximo.

Salvio Royo se calla. La atmósfera es en verdad asfixiante. Las turistas americanas han soltado sus grititos y se han ido. Sólo quedamos los gimnastas japoneses, nosotros y el guardián, que se nos acerca y pronuncia la palabra *bacsis*...

Me duele en el alma —¿en el Ka?— no poder continuar el diálogo con Salvio Royo sobre ese trasmundo corpóreo. En realidad, es una de mis preocupaciones radicales y sé que en *El libro de los muertos* y en los textos encontrados en las pirámides se habla largo y tendido del tema. Bien, continuaremos en otra ocasión, en una atmósfera menos letal y con unas tazas de café o unos vasos de whisky delante.

—¿Queréis salir por donde habéis venido o por la llamada puerta falsa?

—¿Cómo?

Salvio Royo se ríe, y yo me doy cuenta de que nuestro amigo acaba de aludir a la «puerta falsa» existente en muchas tumbas —no precisamente en ésta—, y que era la utilizada por los vivos para depositar en su umbral las ofrendas que necesitaban los muertos.

El último contacto con lo grandioso, en esta inolvidable tarde, nos lo proporciona la Esfinge. Hemos bajado a la hondonada, justo al lado de la aldea de Gizeh, y hemos contemplado a placer la enorme cabeza con cuerpo de león que desde hace siglos trae a mal traer a sus intérpretes. Las pirámides quedan detrás, en un plano más alto y al fondo se pone el sol, que tiñe de escarlata todas las piedras de nuestro contorno. Las lomas entre una y otra pirámide (dunas del desierto) cobran vida gracias al tránsito de los camellos. La silueta de éstos es inconfundible. Forma parte del paisaje, es su acta notarial. Un desierto sin camello es como un cuerpo sin Ka.

Nos enteramos de muchas cosas, luego de comprobar que la agonía del sol le sienta a la Esfinge como el antimonio a los ojos de las egipcias. La palabra esfinge en árabe es *Abou-el-Hol* y significa «padre del terror». Salvio Royo nos explica que la utilización del masculino, *el* Esfinge, basado en que la mayoría de esfinges de Egipto representaban a reyes, ha caído en desuso, del mismo modo que a nadie se le ocurre decir *el* estatua porque el personaje esculpido sea Napoleón. Y en cuanto al terror, de que tanto se ha hablado, en lo que a mí respecta debo confesar que la famosa cabeza no me lo ha inspirado en absoluto. Acaso puede hablarse, eso sí, de «secreto», e incluso en ello es muy posible que influyan la literatura y las leyendas al respecto. La verdad es que la cara está tan destrozada que resulta imposible imaginar su expresión original. No obstante, es lógico que el pueblo, antiguamente, se sintiera atemorizado en su presencia, ya que la tal cabeza estaba parcialmente vacía por dentro, lo que permitía a los sacerdotes filtrarse en su interior y hablar desde allí, persuadiendo al inocente auditorio de que era la Esfinge la que hablaba por sí misma.

Sin embargo, y pese a mi reacción, es cierto que la Esfinge ha simbolizado siempre el temor y el misterio, al modo como las pirámides han simbolizado la grandiosidad y las momias lo siniestro. Muchos escritores han hablado de la «terrible mirada» de esta cabeza que tenemos delante, y de las águilas —hoy no hay ninguna— trazando círculos en torno. Se ha querido ver en ella «el más asombroso rostro humano dirigido a la eternidad», la más sabia combinación de sabiduría y fuerza: sabiduría, la cabeza humana, fuerza, el cuerpo del león. Como fuere, ha habido muchas más esfinges en Egipto, aparte de esta de Gizeh. La avenida que separaba Luxor de Karnak, en Tebas, estaba formada por una doble hilera de esfinges, de las que no queda ni rastro.

—Como veis —interviene Salvio Royo—, esta leonina señora está tallada en la roca viva y creo que la parte visible mide ahora unos veinte metros... Las patas del león estuvieron cubiertas durante siglos por la arena. Claro, debió de impresionar lo suyo descubrir su existencia. Es como si debajo de mis pies un día alguien descubriera las patas de un hipopótamo... Las versiones sobre su parcial destrucción, sobre todo en lo que se refiere a la nariz aplastada, o a la falta de nariz, son múltiples. Se dice que allá por el año mil cuatrocientos los mamelucos ejercían la puntería con sus cañones, hendiéndole balas al cráneo de esta bendita esfinge del Señor. Se habla del ensañamiento de los ejércitos de Napoleón y, más cuerdamente, de la inerte acción del tiempo, de la arena del desierto, del viento... No se sabe. ¡Hay tantas maneras de aplastar una nariz! Pudo ser cosa de juego de algunos albañiles o de los expoliadores de tumbas... Personalmente, sin embargo, me alegro de que ello ocurriera. Esa Esfinge intacta y con las facciones armoniosas, tal y como la describen algunos cronistas árabes, sería un fastidio. Ahora esos ojos extremadamente abiertos y sobresalientes, el tamaño de las orejas y el conjunto asimétrico de la cabeza le proporcionan un encanto único, ante el cual el pobre Flaubert perdió los estribos y escribió muchas tonterías. En estos momentos el sol rojo le presta, tal y como os advertí, un señalado servicio. Y también os aconsejo que vengáis a presenciar el espectáculo «Luz y Sonido». Los focos eléctricos hacen filigranas con la Esfinge, disparando la imaginación casi hasta nuestra primera madre, que según los analfabetos se llamó Eva y no tenía ombligo.

Nos sentamos sobre unas cajas de Coca-Cola que hay no muy lejos de un café, para asistir a la muerte definitiva del sol. Realmente el conjunto de la Esfinge en primer término y de las tres pirámides al fondo constituyen un logro singular.

Después de un largo silencio el diálogo se reanuda, puesto que la pregunta, también inevitable, que se impone, se refiere a cómo fue posible la realización, en aquellos tiempos, de semejantes maravillas. La teoría de Salvio Royo al respecto es ecléctica, lo que me complace en grado sumo. Aceptando como premisa que había arquitectos y matemáticos de tal envergadura que sin ellos todo se hubiera ido al garete, queda en pie lo del esfuerzo colectivo que ello supone: el esfuerzo de todo un pueblo. Y ahí es donde el eclecticismo tiene la palabra.

Debió de existir un primer impulso sólo concebible a través de la fe, tal y como ocurrió con la construcción de nuestras catedrales del medioevo. Todo el pueblo egipcio, hipnotizado por la figura del faraón-dios, se volcaría en la tarea de levantar tales monumentos. La versión más corriente —para ceñirse a la pirámide de Keops— habla de cien mil hombres trabajando por relevos a lo largo de veinte años, alimentándose, sobre todo, de «rábanos, ajos y cebollas». ¿Podrían, dichos hombres, ser considerados esclavos? A base de latigazos resulta inverosímil que pudiesen crearse obras tan perfectas. O tal vez existiese por entonces otro concepto de la esclavitud. Muchos estudiadores paternalistas afirman que tales hombres «se hubieran sentido indefensos y desamparados si de repente el rey o el faraón les hubiera dejado libres». Ahora bien, ¿puede un pueblo trabajar tanto tiempo sin cansarse del esfuerzo, sin que brote en su seno un incontenible conato de rebelión? «Incógnita —dice Salvio Royo— que ni siquiera la Esfinge puede resolver.»

En cuanto al objetivo de las pirámides, a su finalidad o razón de ser, Salvio Royo apunta nuevas posibilidades, susceptibles de añadirse a las anteriormente expuestas. Él no estima correcto dudar de que para el faraón de turno y para el pueblo la obra tuvo carácter trascendental. Sin embargo, sabe mejor que nosotros que andando el tiempo se han imaginado otras explicaciones, y que por ejemplo en la Edad Media se creyó insistentemente que las pirámides eran «graneros para almacenar trigo, y otros cereales, en previsión de los siete años de escasez y de hambre predichos por José». Ello fue así hasta tal punto que las pirámides eran llamadas de este modo: «graneros de José», o «graneros del faraón». Por otra parte, varios árabes —¡ah, los árabes, siempre poetas!— dieron otra versión: Keops había tenido un sueño anunciador de un cataclismo en forma de diluvio, por lo que había hecho encerrar —guardar— en el interior de la pirámide, no solamente su cuerpo y los tesoros correspondientes, sino un registro de todos los conocimientos científicos de la época, a semejanza de lo que hoy mismo se hace en los refugios atómicos, en previsión de una catástrofe nuclear.

—En fin —concluye Salvio Royo—, que ha habido especulaciones para todos los gustos, con mucha fantasía alegrando el cotilleo histórico, con fabulaciones sobre la capacidad astronómica, geométrica y demás de los egipcios. Ha llegado a hablarse de la «ciencia piramidológica», pero conviene no sacar las cosas de quicio. Algunos ingleses han afirmado incluso que Kefrén hacía copular, en la cámara mortuoria que habéis visitado, a las más bellas mujeres con los atletas más forzudos, a fin de crear una raza físicamente superior. Se necesita ser inglés para suponer que allá dentro es posible hacer el amor. Allá dentro no pueden realizar el acto sexual más que los pervertidos, las brujas y los diablos...

Ha oscurecido de repente. Estamos agotados. A nuestra espalda, El Cairo nos reclama. Tomamos un taxi, y entre chiquillos que piden *bacsis* regresamos al Sheraton Hotel.

CAPÍTULO VI

Nos estamos ya familiarizando con El Cairo. ¡He hecho un largo trayecto en autobús! Subí en el popular barrio copto y me apeé en el Moski, inmenso mercado en el que todo tiene cabida, desde la venta de pépinos hasta la nigromancia. No sabría decir a qué olía exactamente el transporte público utilizado, que era de color verde y al que faltaban la mitad de los cristales. Tal vez olía a «rábanos, ajos y cebollas», alimento, al parecer, de los hombres que levantaron las pirámides. Tal vez oliera a parturienta o a individuo que no se lavó jamás los pies. El vehículo iba a tope y cada sacudida suponía primeros planos de rostros que me miraban con curiosidad. Rostros de colores varios, desde el negro de charol hasta el blanco europeo, pasando por un amarillo un tanto oscuro, que debe de ser el «egipcio» residual. Rostros arrugados a muy temprana edad, y vientres hinchados como el lector del jardín del museo que parecía un sarcófago. Bastante tos, con expectoración. Ojos vendados. Muchos bultos, cestos con comida y, en la mano de un viejo, un flamante ventilador que se incrustaba en sus costillas. El conductor, con un paquete de Marlboro junto al volante, fumaba y abriendo una boquita de piñón soltaba oes de humo que se estrellaban contra el cristal del parabrisas. De pronto, alguien eructó muy fuerte —un trueno— y la mitad de los pasajeros se rieron de buena gana. Cuando alguien tenía que bajar, era una verdadera batalla. Pero todo se hacía sin prisas, como cumpliendo un ritual. Los frenos del vehículo chirriaban como si fueran los de un avión.

Aprendí mucho en ese trayecto. Ahora soy testigo de que Islam significa «sumisión» y de que hay un fondo fatalista en la actitud de los cairotas o de los *fellahin* venidos a la capital (se calcula que suman un millón las personas que viven fuera de El Cairo y que durante el día vienen aquí a trabajar). Por lo demás, aprendí que este millón de personas han subido y bajado del autobús en ese trayecto entre el barrio copto y el Moski, y que mi saco en bandolera, con el termo asomando, llamó mucho la atención. Ni una sola mirada agresiva, torcida u hostil. Simple curiosidad. Yo era un ser extraño, llegado de quién sabe dónde, que probablemente comía carne de cerdo, no frecuentaba la mezquita ni hablaba árabe, que es el idioma de Dios. A lo mejor era un antropólogo, que me interesaba por las formas de vida anteriores a Mahoma, es decir, «durante el período de la ignorancia». ¿A qué habría subido al autobús? ¿No tenía piastras para pagarme un taxi?

En el Centro Español. Charla con Adrián

Llevamos ocho días en El Cairo. Las sorpresas han sido incesantes y he comprobado la utilidad de mis lecturas previas al viaje, sobre todo la del Corán y las relativas a la religión islámica. El recuerdo de dichas lecturas me ha ayudado mucho a comprender un poco más lo que minuto a minuto nos ha ido ocurriendo alrededor. Porque la influencia religiosa es patente incluso entre aquellos seres que en teoría prescinden de la doctrina del Profeta. Sus hondas actitudes están marcadas por el Libro Sagrado y por los *hadits* (los dichos atribuidos a Mahoma). Y también lo están los hábitos y usos cotidianos, desde la indumentaria y la forma de comer, hasta la repugnancia por la usura y la predisposición a ser amables con el extranjero (con el caminante). Esto me dijo Adrián, el director del Instituto Español, adonde, conforme a nuestra conversación telefónica, fuimos a visitarle; instituto —o centro— situado en la calle Adly, *passage* Kodak.

Adrián nos recibió con extrema amabilidad. Me reiteró que conocía algún libro mío, es decir, que conocía algunas de las parcelas de mi cerebro. Después de invitarnos a café turco, que nos supo a gloria, y ante algún comentario nuestro que revelaba desconcierto, nos recordó que quien no se sepa de memoria los llamados *cinco pilares* de la religión islámica, pilares instituidos por el Profeta, no entenderá una palabra ni de lo que ocurre en El Cairo ni en el más modesto poblado de cualquier país musulmán. Me desafió a que le recitara los *cinco pilares* y fracasé; olvidé dos. Entonces él los recitó de carrerilla. El primero, la fe: *no hay otro Dios más que Alá y Mahoma es su profeta*. El segundo, la oración: *rezar cinco veces al día con el rostro vuelto hacia La Meca, dondequiera que uno se encuentre*. El tercero, la limosna: *como ofrenda a Alá y como acto de piedad*. El cuarto, el ayuno: *guardar ayuno durante el mes del Ramadán*. Y el quinto, la peregrinación: *ir* —a ser posible— *en peregrinación a La Meca*.

«Métete esto en la mollera y empezarás a estar situado —dijo— incluso para moverte con soltura entre el personal de servicio del Sheraton.» A continuación, no disimuló su pasmo al enterarse de que mi propósito era escribir un libro «sobre» el Islam. ¡Por todos los diablos, era obvio que yo no tenía la menor idea del avispero en que me había metido! El tema era tremendo, morrocotudo, un pozo sin fin; y no creía que un viajecito, aunque fuera de unos cuantos meses, me capacitara para pellizcar siquiera el meollo de la cuestión.

Yo le objeté que no pretendía en absoluto dármelas de islamista, o de arabista; simplemente, y siguiendo mi costumbre, intentaría trasladar al papel mis impresiones a lo largo de nuestras andanzas, relatar para el lector las «vivencias» que nos hubieran surgido al paso. «Un viajero, ¿comprendes, Adrián? Un narrador. Nada más. Conozco mis límites. Sé que si tú me llevas a casa de un *ulema* tendré que ponerme un candado en la boca; en cambio, si me acompañas, por ejemplo, a la Ciudad de los Muertos, en condiciones en que sea factible husmear aquello por dentro, me siento capaz de escribir luego sobre dicha experiencia unas cuantas páginas potables e incluso digeribles para el lector.»

Hubiérase dicho que le había dado un pisotón. Adrián, de unos treinta y cinco años, bajito, un tanto encorvado, de cabeza noble, aire concentrado y hablando en voz bajísima, apenas audible —¿cómo se las arreglará para que le oigan en clase los alumnos?—, al escuchar mi alusión directa a la Ciudad de los Muertos irguió el busto y estuvo a punto de derramar el último sorbo del café de su taza.

E inmediatamente se justificó. De acuerdo, de acuerdo: me merecía el aprobado. Siguiendo esa línea, la línea de las «vivencias», mi libro podía salir con un número aceptable de errores. Mi fulminante interés por visitar la Ciudad de los Muertos *por dentro* le había convencido. Ahora bien, ¿quién me había hablado de aquello? La Guide Bleu, claro, o algún turista que me habría precedido. ¡Oh, sí, era todo un mundo! Y si él pegó un brinco al oírme hablar del tema, fue porque precisamente allí, en la Ciudad de los Muertos, tenía un ahijado, al que quería como sólo los árabes se hacen querer cuando destilan buena crianza. Por supuesto, su lema era no acompañar a nadie a dicha Ciudad, para evitarse luego berrinches innecesarios y tener que pegar unas cuantas tortas. Pero conmigo iba a hacer una excepción, por aquello de las afinidades electivas y porque al entrar había saludado efusivamente al portero del centro, que era sudanés. Me acompañaría —a mí solo, por supuesto, sin mi mujer—, y la visita duraría un día entero. Y si el resultado era positivo, más tarde podría acompañarme a otros sitios, donde a buen seguro encontraría material para sentarme luego un rato a reflexionar.

Agradecí enormemente a Adrián su ofrecimiento y quedamos en que me llamaría al hotel para fijar el día —lo antes posible— en que podría acompañarme.

—Pasaré en taxi. No tengo coche, ¿sabes? Llevo seis años aquí, pero no me atrevería a conducir por El Cairo.

—Lo comprendo muy bien. Suicidarse a tu edad sería una lástima.

—¡No, por mí no! Lo sería para el centro.

Nos dimos cuenta de que Adrián amaba de veras el Instituto Español, con su pequeña biblioteca y sus quinientos alumnos. Disponía de pocos medios, ¡qué podía hacer! España no daba importancia a su «expansión cultural», al revés de lo que hacían los franceses y de lo que muy pronto iban a hacer los egipcios, quienes tenían programado nada más y nada menos que «transformar» las 30 000 mezquitas —o «lugares de plegaria»— existentes en el país en pequeñas aulas donde los niños y los jóvenes pudieran estudiar, formarse e incluso aprender algo de medicina. «Utilizarán algún anexo, o, según los casos, la misma mezquita, en el sitio no dedicado a la oración.»

Adrián... Oriundo de La Laguna, si bien el acento canario no se le notaba en exceso. Tal vez la proximidad de Marruecos le hiciera interesarse por lo árabe. Ahora, en determinados momentos, parecía un árabe más. Cuando nos despedimos de él, casi nos sorprendió que no hiciera una reverencia y no se llevara la mano primero a la frente y luego al corazón.

HACIA LA CIUDAD DE LOS MUERTOS

Adrián me llamó aquella misma noche diciéndome que estaba dispuesto a acompañarme a la Ciudad de los Muertos al día siguiente. Comprendió que tenía prisa... Podía pasar a recogerme a las nueve.

—¿Conforme? ¿Algún problema?

—¡No, no, en absoluto! Te esperaré abajo, en el *hall*.

—De acuerdo.

Mi mujer no puede ir conmigo... No acaba de comprenderlo, pero el Islam es el Islam. Adrián fue contundente al respecto, no dejó la menor opción.

—Las mujeres, aquí, ya sabes... —balbuceo, por decir algo.

—¿Las mujeres? ¡Pero si esto es un matriarcado! Ya me he dado cuenta...

—De puertas adentro, es posible; pero guardan las apariencias.

—Ya, ya. ¡Bien! Me quedaré en la piscina, tomando el sol. Y me tragaré ese librito que compraste sobre la maldición de los faraones...

Adrián llega con una hora de retraso, lo que me confirma que se ha ido «arabizando». Lleva un casquete blanco y trae otro para mí. «Ayer advertí que no lo llevabas y te juro por el Profeta que te va a hacer falta.»

En el trayecto hacia la Ciudadela —la zona de las murallas—, donde se encuentra el lugar que nos disponemos a visitar, apenas si miro al exterior. Adrián es charlatán como yo y al inicio de nuestro diálogo comentamos la contrariedad que ha supuesto para mi mujer el no poder acompañarnos.

Adrián se excusa:

—Bueno, sería exagerado decir que hubiera podido pasarle algo; pero nos hubiéramos sentido menos libres. Mi ahijado, por ejemplo, sin darse cuenta se hubiera inhibido... Y no digamos su madre y sus hermanas. Cuando ven a una mujer occidental se colocan a la defensiva...

—¿Cómo se llama tu ahijado?

—Gazzam.

—¿Con dos zetas?

—Eso es.

Adrián me habla de él. Quiere a la Ciudad de los Muertos como a nada en el mundo. Sabe que no conseguirá nada, pero lucha, lucha. Visita a las autoridades, a los sindicatos, se mueve reclamando esto y lo otro. Estudia en horas insólitas, puesto que comprende que sin estudios poco podría hacer. Su labor es doblemente meritoria, ya que en el fondo es un tímido. Las chicas se pirran por él, pero él siempre les dice que no tiene tiempo.

A continuación le planteo el problema de «la mujer». «¿Es esto un matriarcado o no lo es?»

Adrián se convierte en un bulto mínimo en el taxi y su voz se oye menos aún que de ordinario. No se puede despachar este asunto en dos palabras. Los árabes son muy cucos, lo mismo los hombres que las mujeres. En el fondo, tal vez se engañen unos a otros, o hayan llegado a un acuerdo tácito en el «reparto de poderes».

—El sexo cuenta mucho, ¿comprendes? Esos hombres que ves tranquilos en los cafés, fumando su narguile, en la cama se vuelven locos... Por supuesto, de puertas adentro todo cambia. Ya lo sabrás tú, que has tratado con los beduinos... Por lo demás, en caso de adulterio por parte del marido, la mujer no acostumbra hacerse el harakiri. Dice «que se le ha aparecido el Profeta» y se viste de negro. De este modo, al verla siempre de negro, todos los vecinos saben que su marido se la pega y el tipo lo pasa mal. Y además, y puesto que se ha proclamado «santa», ya no puede repudiarla nadie... En contrapartida, tenemos que la mujer virtualmente no puede elegir marido. Casi siempre se casa por imposición familiar. Aunque ello no le importa demasiado, puesto que de ese modo tiene un hogar asegurado. ¡Ah, un detalle de machismo, aunque también de puertas afuera!: delante de un extraño, nunca se pronuncia el nombre de la mujer. Se dice: «la madre de...»; y aquí se añade el nombre del hijo mayor: la madre de Gazzam, la madre de Halid...

El dato se me antoja serio y recuerdo haber leído un libro titulado *Las mujeres sin nombre*. Se refería a la India, pero se ajusta perfectamente a lo que Adrián me acaba de contar.

A seguido, abordo el tema capital: que el varón pueda tener cuatro hembras...

—¿Qué opinas de semejante barbaridad?

—¡Bueno! Eso es pura teoría. En la práctica, la cosa cambia. No olvides que el Corán dice: «pero si teméis no ser equitativos, casaos con una sola, o con las esclavas... Eso es lo más indicado para que no os apartéis de la justicia». Mahoma era muy astuto, y en contra de lo que se cree en Occidente, luchó contra la poligamia en la medida en que en aquellos momentos podía hacerlo. Yo siempre he creído que, de vivir ahora, Mahoma sería feminista... En fin, sobre eso de la poligamia hablaremos otro día, más despacio, si te parece.

Vamos subiendo hacia la Ciudadela —la cuesta de Moqattam—, y me entero de que su arquitectura está inspirada en la que los cruzados impusieron en Siria. Vemos un acueducto: sobre los arcos, pósters de Sadat y anuncios de películas americanas. Todo tiene cada vez más el color del barro, ligeramente rojizo. Da la impresión de que de las murallas sale polvo: es el desierto cercano, son las colinas de Moqattam. Se cuenta que, para construir la Ciudadela, Saladino mandó arrancar piedras de las pirámides... Podría ser. Mirando hacia abajo la panorámica del Cairo es espléndida, pero la zona que atravesamos está flanqueada por vastos cementerios, que, entre antiguas residencias de sultanes mamelucos y de bajás otomanos, se extienden hasta el confín.

—Adrián...

—¿Qué?

—En una ciudad de diez o doce millones de habitantes, ¿cuántas muertes se producirán diariamente?

—Figúrate... Por favor, no le preguntes esto a Gazzam...

Llegamos a la Ciudad de los Muertos. Me entero porque veo los panteones —convertido en pequeñas casas, con o sin tejado— ocupados, habitados, por seres vivos. En algunas fachadas destacan las clásicas pinturas *naïf* a que tienen derecho los *hadjs*, es decir, los peregrinos que han estado en La Meca. Algunas de estas pinturas están realmente muy logradas, con motivos decorativos que revelan auténtica imaginación. En casi todas ellas destaca la Kaaba (mancha negra), el santuario por excelencia que preside La Meca y alrededor de la cual los peregrinos dan las consabidas siete vueltas.

Gazzam nos esperaba ya, aunque sin mostrar impaciencia, en la plazoleta que hay delante de la mezquita del sultán Kat-Bay. Adrián nos presenta. Gazzam estrecha mi mano con fuerza. Es un muchacho de unos veintidós años, de estatura regular, de cráneo más bien pequeño (revelando una infancia poco feliz) y de una mirada entre inquisitiva y triste que impresiona de buenas a primeras. Los ojos de Gazzam, negrísimos, se han clavado como dardos en mí, ocasionándome cierta desazón y un vago sentimiento de culpabilidad. No obstante, sus mandíbulas desbordan energía, y también su mal afeitada barba, coherente con su descuidada camisa y con unos pantalones parcheados. Juraría que se trata de un desaliño no calculado, natural. «No tiene tiempo para las chicas, tampoco lo tiene para adecentar su indumentaria.» Es probable que sea un hombre poco flexible, de ideas fijas. Al sonreír, he visto dos dientes de oro: lo más reluciente de su persona, aparte de dos brazaletes y, probablemente, de algunos bellos pensamientos.

Nos dice que almorzaremos en su casa y Adrián se lo agradece. A continuación, hablando con mucha calma —Adrián va traduciéndome—, me explica algo que yo ya sabía, por lo menos en parte: que la existencia de la Ciudad se debe a que, al término de la guerra de los Seis Días —1967— contra los judíos, llegaron al Cairo seiscientos mil refugiados provenientes de Suez y de Port-Said, es decir, del canal. Muchos de ellos fueron encontrando sitio en los barrios populares de la capital; sin embargo, unos cincuenta mil quedaron sin amparo y se establecieron aquí. Actualmente es imposible calcular el número de habitantes de la Ciudad. Suele hablarse de diez mil; Gazzam aseguraría que llegan a los quince mil. Por lo demás, el trasiego es constante. Familias que se marchan, otras a las que la suerte se les muestra esquiva y deciden volver. Ello sin contar con que hay enfermos y ancianos que no salen nunca y que no figuran en ningún censo. «Sí, lo dicho, yo creo que llegamos a los quince mil.»

Por supuesto, la Ciudad es predominantemente nocturna. Durante el día muchos niños se bajan al Cairo a practicar la mendicidad, y pandillas de muchachos desocupados se largan por ahí a lo que salga; a menudo, a la delincuencia. De noche todo hierve, y es cuando se efectúa el tráfico de drogas y los cerebros bullen planeando aventuras entrevistas en el cine. «Cuando vea usted por aquí un muchacho con jersey rojo y el nombre de una universidad americana, cuidado. Delincuente a la vista. Por eso yo no suelto esto ni a la de tres...»; y al instante se saca del bolsillo, con endiablada rapidez, una navaja cabritera, la abre por presión y volviéndola a cerrar la devuelve a su sitio.

Trago saliva —la navaja es capaz de abrir en canal al matón de turno, o a quienquiera que se ponga por delante—, y dando un giro a la conversación me atrevo a preguntarle si no les da apuro (cierto reparo) vivir rodeados de esqueletos.

Gazzam se encoge de hombros, y sin advertirlo mira a los panteones.

—No... ¿Por qué? Los esqueletos no se ven. Las losas los tapan. Además —Gazzam lanza una especie de silbido—, ¡qué remedio!

ATAQUE EPILÉPTICO Y CIRCUNCISIÓN

Gazzam, que es muy religioso, se empeña en mostrarnos antes que otra cosa la mezquita de Kat-Bay. La silueta de su minarete me resulta familiar y Adrián me facilita la clave: es el que figura en muchos de los billetes de una libra, de un *pound*. En la escalera de acceso, chiquillos que nos miran con sorna, y varios gatitos escuálidos tomando el sol. En el umbral de la mezquita hay media docena de ciegos, que son los encargados de custodiar el templo y de facilitar las chancletas a los visitantes.

Mientras me abrochan las chancletas observo a los ciegos. Dan grima. Algunos tienen ojos, otros, sólo la concavidad. Sus rostros parecen de cera y el más joven de todos tiene una sonrisa feliz. Mientras les doy las obligadas piastras, Adrián me explica que muchos de esos ciegos que puedo ver en las mezquitas empezaron a enfermar de la vista en su infancia, por lo que se dedicaron a estudiar —a aprenderse de memoria— exclusivamente el Corán. Al fracasar en su empeño de ser *ulemas*, optaron por convertirse en algo así como sacristanes. Y por supuesto, cometería un error si los juzgara con mi mentalidad. Están al servicio del Profeta y esperan sin prisa el Edén que por éste les fue prometido. Sus amores con las mujeres ciegas —algunos están cargados de hijos— se merecerían capítulo aparte; pero Gazzam ha entrado ya y nos espera para mostrarnos el *mirabh*, la hornacina orientada hacia La Meca, las alfombras, deshilachadas y sucias, la escalera que conduce al minarete, los restos de algunas lámparas, de algunos azulejos...

Gazzam, que no ha dejado de observarme, se anticipa y me dice: «Ahora no hay nadie rezando, pero los viernes esto ese llena a rebosar.» Le pregunto a nuestro cicerone si ha entrado alguna vez en una iglesia copta o griega ortodoxa y me contesta que sí, y que le pareció que estaban recargadas en exceso, con muchas imágenes y muchos objetos que distraían la atención. De todos modos, no querría ofenderme, si es que yo soy cristiano. Él respeta profundamente a los judíos y a los cristianos, porque, como dijo el Profeta, son gente de Libro, es decir, cuentan también con libros revelados por Dios.

Recorremos morosamente la Ciudad, en la que poco a poco han ido surgiendo plazoletas, callejones estrechos, en uno de los cuales alguien ha plantado, no sé por qué, un semáforo. Muchas fachadas disponen de puertas y ventanas abiertas por mano de obra casera, sin duda con el objeto de darles apariencia de habitabilidad. Por doquier asoman los panteones, algunos, un tanto regios, otros, solemnemente pobres. En la entrada o vestíbulo, mujeres sentadas fregoteando la vajilla, los chiquillos jugando; más al fondo, fogones encendidos, o una máquina de coser. Sobre las losas mortuorias, colchones, pedazos de alfombra, ¡o el televisor! Apenas si hay una «vivienda» sin la pequeña pantalla, cuyas imágenes darán la impresión de que llegan del más allá. No es raro que las tumbas se levanten en un espacio contiguo, al aire libre, espacio que se utiliza para tender cuerdas donde colgar la ropa. Es evidente que nadie da importancia a semejante promiscuidad. Cabras y gallinas campan por sus respetos. Por lo demás, Gazzam es el «abre, Sésamo» ideal. Viéndonos en su compañía, las mujeres y los críos acaban sonriéndose y no faltan incluso quienes nos permiten sacar fotografías. Las mozas se plantan en la puerta y nos piden *bacsis*...

En las paredes de algunas casas se ven manos pintadas con sangre de cordero, al objeto de conjurar el mal de ojo. Hay tiendas, ¡no faltaría más! Tiendas de comestibles, con legumbres y fruta expuestas a las moscas y al sol, tiendas con muchos artículos de plástico, especialmente, alpargatas, y muchas pilas de transistor. Los transistores se oyen por doquier, con melopeas que parecen destinadas a los muertos. Hay barberías saturadas de estampas ingenuas, de amuletos, con viejos retratos de Nasser y atrevidas postales de Marilyn Monroe. Hay cafés con más espejos que en las barberías y en los que los jubilados pasan el rosario o juegan a las cartas o al dominó. Veo una calle engalanada con serpentinas y papeles de color: por lo visto mañana hay fiesta, hay baile, celebrando que un muchacho de dicha calle ha terminado el servicio militar. Inesperadamente, en un recodo, aparece un tractor semidestruido y, a su lado, un camión-roulotte, de venta ambulante. Es la atracción. Las mujeres se pelean para elegir las telas y los perfumes, mientras los críos elevan cometas al aire, que se enganchan en los cables eléctricos. Ante el alboroto, una bandada de graciosos patos huye por el otro lado, en dirección al taller de un hombre con turbante que golpea rítmicamente una cacerola de cobre.

De repente, junto a una fuente en la que hay cola para llenar de agua los cubos, una muchacha enclenque sufre un ataque epiléptico. Da unos gritos espantosos y resulta imposible detener los tirones de sus brazos y sus piernas. Todo el mundo acude en tropel, pero nadie sabe qué hacer. Le introducen un pañuelo arrugado en la boca, para que no se parta la lengua, le aplican a la frente paños de agua fría, alguien llega corriendo con un pequeño Corán y se lo coloca en el pecho, por entre la blusa abierta. Juraría que todo el mundo espera el milagro, puesto que se ha producido un repentino silencio; pero la muchacha sigue aullando, hasta que, súbitamente agotada, se sienta en el suelo y reclina la cabeza en el hombro de una mujer, que no parece asombrarse de lo que ocurre y que, con gestos expresivos, pide a la gente que se retire. Dicha mujer lleva tatuadas las manos y viste una larga *melaya* que levanta del suelo nubecillas de polvo.

Gazzam conoce a esta chica y su problema y aprovecha para decirme que, gracias a largas gestiones en los ministerios, la Ciudad cuenta ya con un pequeño hospital y unos cuantos médicos, entre los que destaca una mujer, la doctora Olfat Kamel, que es una institución. «Sé dónde vive la chica. Luego iré a verla y la llevaré al hospital, en el caso de que esté dispuesta a entrar allí.» Y me cuenta que los habitantes de la Ciudad son reacios a la medicina oficial, por lo que los curanderos, que suelen ocupar panteones de privilegio, hacen su agosto.

Por asociación de ideas, me habla de la circuncisión, que se practica a rajatabla en la Ciudad. Me dice que el Corán no la prescribe de una forma expresa, probablemente porque el Profeta consideró superfluo hablar de ello, habida cuenta de que se practicaba por doquier. Al advertir que el tema me interesa, me conduce a un tenducho —la puerta pintada de color amarillo— que por la parte externa parece una barbería más. «Ahí trabaja un circuncidador, Azam Jha, el más famoso de la Ciudad. No es médico, pero conoce el oficio. Poca higiene, desde luego. Lo he denunciado varias veces, pero no hay nada que hacer. Las madres le prefieren a él.»

Le pregunto si, por casualidad, no estará «trabajando» en estos momentos... Gazzam niega con la cabeza. «No, no... Cuando Azam Jha trabaja, lo hace a la luz del día, con la puerta abierta.» Luego añade que la fiesta de la circuncisión puede celebrarse de muchas maneras. Depende del rito que se elija —las tradiciones son muy variadas en el mundo musulmán—, y también de lo que la familia quiera gastarse. Generalmente, si el varón era esperado con mucho afán, en la Ciudad se celebra por todo lo alto, con banquete, danzas, cantos, etc. «Tenemos una poetisa aficionada que escribió unos versos apropiados para la circuncisión. Son los versos que la gente suele cantar...»

Todo ello me trae a la memoria la circuncisión que presencié en Jerusalén, en el hospital Hadassa, en el transcurso de la cual varias jóvenes univer-

En la pirámide de Kefrén.

La Kaaba, pintura «naïf»,
en la vivienda de un «hadj»
(peregrino a La Meca).

En la entrada del Museo Egipcio.

Tutankhamón.

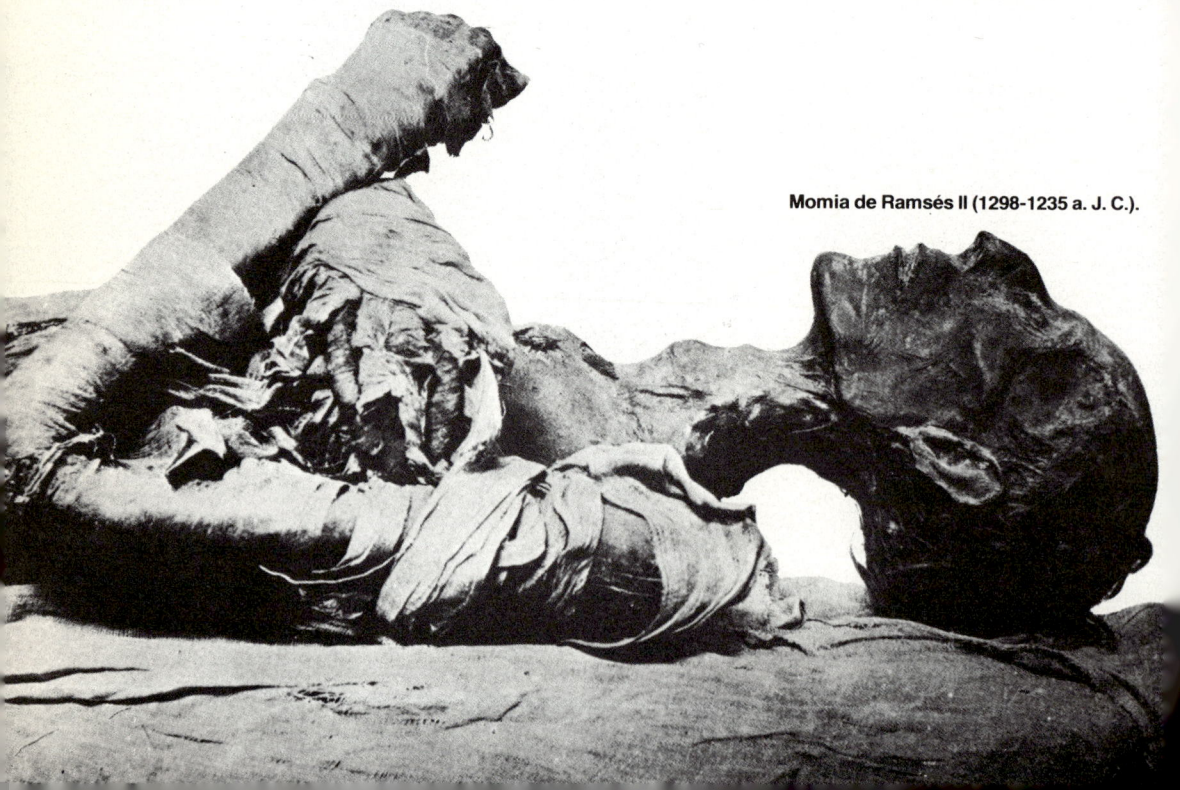
Momia de Ramsés II (1298-1235 a. J. C.).

sitarias me confesaron que, en caso de esterilidad, serían capaces de tragarse el pedazo de prepucio, puesto que estaba comprobado que este acto podía inmunizarlas contra dicha maldición. A petición mía, Adrián le cuenta la historia a Gazzam y le pregunta si tal «leyenda» existe también en la Ciudad. Gazzam se ríe. Es la primera vez que lo hace, con lo que enseña otra vez sus dos dientes de oro. «Nada de eso. Los musulmanes somos supersticiosos, pero lo somos de otra manera. Lo que pasa es que las mujeres judías son unas puercas.»

Me quedo asombrado, pero Gazzam, que ha dicho esto con la mayor naturalidad, ha reemprendido la marcha. En sentido contrario se acerca un hombre vestido de payaso, tocando el bombo y haciendo bailar un mono de estatura más que regular. ¡Que el Profeta sea loado! En cuanto llegue a cualquier plazuela, o delante de la mezquita del sultán Kat-Bay, todos los niños de la Ciudad, estén o no estén circuncisos, acudirán a su reclamo, lo que a la postre le supondrá llenar de piastras el bombo que prolonga su vientre.

Falta media hora para el almuerzo. Gazzam, camino ya de su casa, se las arregla para que la gente, que le quiere bien, nos deje entrar y salir a nuestro antojo. Impresiona comprobar que, incluso viviendo entre tumbas, entre cadáveres, se establece una selección natural. Hay quien tiene el «hogar» limpio y dispuesto, hay quien lo tiene hecho un asco, con basura por todos los rincones. Entretanto, va contándonos que la Ciudad dispone ya de dos escuelas públicas, con maestros que lo son por vocación, y que, a través de un organismo que los vecinos fundaron hace un par de años, han conseguido ya «colocar» un miembro representativo en la Asamblea del Pueblo. Si bien lo más chocante es que en uno de los mejores equipos de fútbol del Cairo juegan dos muchachos procedentes de la Ciudad. «¡Oh, claro, aquí no nos privamos de nada! Por algo, hace unos meses, vinieron unos indios y filmaron una película. Fue todo un festival… Repartían dólares a voleo. La gente se volvía loca y el director, al marcharse, declaró que nunca en su vida había encontrado actores espontáneos de tanta calidad.»

ALMUERZO ENTRE TUMBAS

El almuerzo en el «panteón» de Gazzam no tiene desperdicio. Me ha presentado a su madre y a sus dos hermanas. La madre, vestida de negro; las chicas, de trece y quince años, con faldas coloreadas y sandalias de plástico. Por lo visto quieren mucho a Adrián, al que han hecho innumerables reverencias. Sobre todo la madre, ha repetido una y otra vez que Gazzam era el «ahijado» de Adrián. Ignoro el alcance que la palabra «ahijado» tendrá en árabe, pero no cabe duda de que el director del Centro Español ha prestado al muchacho algún servicio muy señalado. Me pregunto si no será algo relacionado con los estudios, puesto que Gazzam está en segundo de Derecho, aparte de estudiar inglés y francés. «Empezó estudiando español —aclara Adrián—. Pero, como les ocurre a todos los alumnos del centro, se armó un lío tan fenomenal con "ajo", "ojo" y "hoja" que lo dejó para mejor ocasión.»

Todos nos reímos y nos sentamos a la mesa. Mejor dicho, las mesas son dos: dos tumbas, con mantel blanco tapando las losas, y sendos jarrones de flores en el centro. Adrián, Gazzam y yo ocupamos la mesa más próxima a la puerta de entrada, las mujeres la que queda más al fondo, cerca de una habitación enorme, que debe de ser la cocina. Nos sentamos en *puffs* de color verde. Los rayos del implacable sol se filtran por todas partes, confluyendo sobre los dos casquetes que nos han protegido y que Adrián y yo hemos dejado sobre una silla de enea.

Nos sirven el plato típico, popular, del Cairo (habas recocidas) y luego cordero asado *(kebal)*, que está delicioso. Para beber, cerveza. Adrián bromea diciendo que Gazzam, y otros muchos compatriotas suyos, han encontrado el sistema de beber alcohol sin faltar al precepto islámico: afirmar que la cerveza no lo contiene. La madre del muchacho se ríe a mandíbula batiente, mientras que las dos chicas están ocupadas lamiéndose los dedos untados de la grasa del cordero.

Mi estado de ánimo es sorprendentemente tranquilo. Diríase que en toda mi vida no he hecho otra cosa que comer en un panteón. A veces, al palpar el mantel, recuerdo que la losa está debajo; pero Adrián y Gazzam se muestran tan flemáticos y el diálogo es tan interesante que me olvido de lo que ello podría significar.

De lo primero que me he enterado es de que la madre «ejerce» de comadrona, «lo que le permite al chaval estudiar». Trabajo no le falta, pues la Ciudad debería llamarse el santuario de las muchachas embarazadas. A una edad muy temprana todas exhiben su bulto, con un descaro que hay que ver. «El Profeta no permitirá que tal desgracia caiga sobre nosotras», añade la madre, mirando a sus chicas. Éstas continúan lamiéndose los dedos. Gazzam interviene, añadiendo que el aumento demográfico es otro de los factores que influyen en la imposibilidad de conocer con exactitud el número de habitantes de la Ciudad. Adrián, que cuando come se encorva todavía más de lo habitual, comenta: «No deja de ser curioso ejercer de comadrona en un cementerio»; y la madre se ríe otra vez.

La madre está obsesionada con las drogas y la delincuencia. Me cuenta —siempre a través de Adrián— que los principales clientes de los muchachos de la Ciudad, los que pagan la «mercancía» al precio que sea, son los miembros del séquito de los jeques árabes que se hospedan en el Hilton, en el Meridian, en el Sheraton... «Mandan a sus mensajeros y asunto concluido.» También hay ricos cairotas, y funcionarios del Gobierno, aficionados a ellos; pero de éstos prefiere no hablar. Y en cuanto a la delincuencia, últimamente los granujillas de la Ciudad han encontrado un cómodo sistema para ganarse unas libras: vender esqueletos, o huesos sueltos, a los estudiantes de Medicina. Destrozan las tumbas, recogen los huesos, y ¡hala!, al mejor postor.

Noto un ligero mareo, pero lo atribuyo a la cerveza, a la que no estoy acostumbrado. Gazzam se da un par de golpes en su estrecho cráneo. «¡Ah, si en los ministerios le hicieran caso! Pero la policía sólo efectúa una *razzia* por semana, por pura rutina, y así no hay manera.»

Hay algo que me intriga desde que llegué: quiénes son los propietarios legales de los panteones.

Gazzam me informa. Nadie es aquí propietario del panteón que ocupa. «Somos meros inquilinos.» Los propietarios son familias que viven en El Cairo, o en otro lugar, y que en la mayoría de los casos no cobran siquiera alquiler.

Naturalmente, ello plantea ciertos problemas. «El primero de ellos es que los *inquilinos* tenemos derecho a vivir en el panteón, pero no a convertirlo en nuestra tumba, a ser enterrados en él. Si bien hay quien lo hace, transgrediendo la ley y confiando en que nadie se enterará. El segundo problema estriba en que cuando muere el propietario o algún miembro de su familia, lo más corriente es que, usando de su derecho, quieran inhumar aquí el cadáver, lo que nos obliga a desalojar la "casa", sacando incluso fuera todos los enseres. Mientras dura la ceremonia, los *inquilinos* experimentamos una extraña sensación, como si nos quedáramos huérfanos. Situación que sólo se resuelve cuando dicha ceremonia termina y los propietarios se van. Entonces los *inquilinos*, tapada ya la losa, podemos recuperar el panteón.»

—Yo he asistido a uno de esos entierros —me explica Adrián—. Llegamos todos en comitiva y los habitantes del panteón habían sacado fuera incluso los colchones y habían colocado velas aquí y allá. Por fortuna, el hueco sepulcral estaba en el patio y no había sido estrenado. El duelo se prolongó hasta las tantas, con las plañideras actuando sin parar. Nunca olvidaré la cara de los niños, que al final se cansaron y se pusieron a jugar al fútbol en la calle. Por supuesto, a medida que pasaba el tiempo todo el mundo deseaba terminar y marcharse, a fin de que los «huéspedes» pudieran reanudar, sobre las tumbas, la vida normal...

La palabra «normal», en estos momentos, se me antoja un tanto exagerada. Y de repente, me asalta un pensamiento ácido. En la «vivienda» en que estamos, ¿no se habrá celebrado, en fecha más o menos reciente, un entierro como el que me acaba de describir Adrián? ¿Por qué no? Vacilo por espacio de unos segundos y por fin formulo la pregunta. Adrián demuestra no tener piedad... Consulta en voz alta, y la madre de Gazzam me informa con voz tranquila de que, en efecto, hace un mes ocurrió eso: hubo que enterrar, precisamente en la tumba sobre la cual ellas comen ahora, a la mismísima propietaria. Una viejecita que vivía con unos sobrinos en el barrio de Abdin y que llevaba varios collares y brazaletes de plata.

Huelga añadir nada más. El cadáver de la viejecita estará todavía «caliente» a dos metros escasos de donde yo me estoy comiendo ahora el postre: un sabroso pastel. Vagos recuerdos de la guerra acuden, no sé por qué, a mi memoria. Las imágenes más dispares se me agolpan en la cabeza: desde las adolescentes que dan a luz en las tumbas, hasta la figura del circuncidador, al que imagino con barbita de chivo, hasta la muchacha que sufrió el ataque epiléptico. Y menos mal que en el mundo musulmán no hay, en los sepulcros, fotografías de los muertos. De haberlas, la viejecita presidiría ahora la reunión. Claro que, en el fondo, la preside de todos modos. En lo que a mí respecta, la veo por todas partes, incluso en el interior del pastel. Es de suponer que el café turco que a no tardar las niñas me ponen delante ahuyentará su imagen. Pero, por si acaso, saco del bolsillo mi cajita medicinal y me tomo tres grageas amarillas de las que nos recomendó Salvio Royo.

—Gazzam..., ¿podremos volver por aquí otra vez?
—Cuando quieran. ¡No faltaba más! Le llevaré a visitar uno de los panteones de la familia Faruk, que está muy cerca. ¡Es una maravilla! Ya lo verá. El guarda es amigo mío. El jardín está muy bien cuidado y huele a heliotropo...

REGRESO AL HOTEL. RITOS FUNERARIOS

Ya de regreso al Sheraton, en un taxi renqueante que está pidiendo a gritos ser jubilado, comento con Adrián la capacidad de estoicismo de esas gentes y lo mucho que me ha impresionado la personalidad de Gazzam, volcado a mejorar la suerte de su *ghetto*... Adrián insiste en que hay un fondo religioso en la cuestión: la confianza en el Profeta. Desde niños no oyen más que este sonsonete: en el último momento, el Profeta ayuda, el Profeta impide el triunfo del mal.

¡Ah, para él no hay problema al respecto! Se habla del antiguo pueblo egipcio como de un pueblo feliz, por su creencia en un «cuerpo incorruptible» y en un alma inmortal, concepto, este último, que en aquella época fue una decisiva aportación. Pues bien, los musulmanes les dan ciento y raya. La alegría forma parte del soma musulmán. Los musulmanes son alegres por naturaleza —sobre todo los sunníes, que forman la gran mayoría—, por cuanto su fe les garantiza la salvación. Como he podido comprobar, sonríen y se ríen en medio de las mayores calamidades; y es que nada puede ocurrirles que no esté planeado, en su beneficio, por Dios, por Alá el Compasivo, el Misericordioso. La misma palabra musulmán significa «resignado» (a la voluntad divina). Nada puede alterar esta creencia. Un musulmán que no haya comido —y en la Ciudad debe de haber muchos— se limita a decir: *Illahu Akbar* (Dios es grande). Por lo demás, el Islam arroja el índice de suicidios más bajo de la tierra y los mismos psiquiatras admiten que si se pudiera medir la religión por el goce que proporciona al hombre, los musulmanes se llevarían la palma.

—Tú mismo lo has podido comprobar. Ni siquiera la muerte altera con hondura el ánimo musulmán... No, no se trata de estoicismo. Nuestro sentimiento trágico ante la incógnita del más allá les pilla lejos, lo mismo que nuestras especulaciones sobre el libre albedrío y esas cosas. Mahoma fue un orador, no un teólogo. Ahí está. Supongo que recordarás lo que te dije sobre los cinco pilares de su religión... Ello les basta. Sentido pragmático, *voilà!* Tu querido amigo Salvio Royo me discutió un día todo esto. Él lo ve más complicado y aludió a la ignorancia y demás. ¡Bueno! Eso sería válido para las comadronas sin título, para la madre de Gazzam, pero no para el muchacho. Y cuando conozcas al profesor Abdel Hamar, ya me dirás. No, no, la clave de la cuestión no está en el intelecto, sino en algo más profundo. Confío en que irás convenciéndote a medida que se multipliquen aquí tus «vivencias», como tú las llamas. Al principio yo también estaba muy desconcertado; pero ahora, que llevo ya mucho tiempo conviviendo con una familia musulmana —y que a lo mejor me caso con una egipcia—, lo veo tan claro como que este taxi hará ¡plaf! antes de que lleguemos al hotel...

Le pregunto a Adrián por el entierro al que, según nos contó, tuvo ocasión de asistir. ¿Cómo enterraron el cadáver? ¿Cuáles fueron los ritos que la familia adoptó en el transcurso de la ceremonia? «Perdona, pero no tengo la menor idea. He leído muchos textos al respecto, pero, como siempre, me interesa el contacto con la realidad.»

Adrián me explica que, como debo de saber, puesto que cualquier libro en torno al Islam se refiere a ello, los ritos funerarios en el mundo musulmán varían mucho, como es natural, aunque más en lo externo que en la intención. En el caso concreto a que aludo, lo primero que hicieron fue lavar cuidadosamente el cadáver en casa, y obturarle luego todos los orificios con algodón impregnado de esencia de sándalo; ello para aislarlo totalmente, por así decirlo, del mundo de los vivos. Luego, a semejanza de los cristianos, le cruzaron las manos en actitud de rezar y procedieron a envolverlo en una mortaja de color blanco. Sin embargo, antes de cubrirle la cabeza, los familiares, todos a una, le miraron por última vez, despidiéndose de él.

No lo encerraron en ningún ataúd, sino en una especie de cofre de mimbre. El concepto de ataúd es ajeno a las gentes próximas al desierto, puesto que en el desierto, como es lógico, no hay madera para construir la correspondiente caja. Luego, en cuanto el cadáver, ya transportado a la Ciudad —a hombros y en unas parihuelas, por supuesto—, ocupó su lugar en la tumba, que era sencilla como las de la vivienda de los Gazzam, uno de los parientes le susurró una especie de catecismo. «¿Quién es Dios?», y los presentes contestaron: «Alá.» «¿Cuál es tu religión?», y la respuesta fue: «El Islam.» Por último: «¿Quién es el Profeta?», y todos gritaron a coro: «Mahoma.» Hecho esto, la losa cayó sobre el cadáver amortajado, hasta que, a la noche, es de suponer que la tumba sirvió de mesa para cenar...

Adrián, viéndome interesado al máximo, se extiende luego sobre lo que le ocurre al alma en el más allá. Se celebra el correspondiente Juicio. Un ángel lee las obras buenas del difunto, otro ángel las obras malas... Pero, de pronto, abrevia. Me dice que ese aspecto del programa es complejo y, en el fondo, carente de interés, ya que está escrito que por el sólo hecho de ser musulmán el hombre se salvará.

Le objeto a Adrián que precisamente lo que me llamó la atención del

Corán fue su terribilidad, la insistencia con que en él se habla del Infierno y de sus tormentos, con toda clase de detalles...

—Claro, claro —asiente Adrián—. Pero, cuando lo leas de nuevo, procurando que la traducción sea lo más correcta posible, fíjate en que, de hecho, Mahoma reserva siempre dicho Infierno a los infieles, a los no musulmanes, a los idólatras... Por supuesto, lo hizo para captarse adeptos; pero lo más intrincado, cuando se trata del Profeta, es que uno tiene la sensación de que era radicalmente sincero. Los musulmanes, al paraíso, a gozar de los arroyos de leche y miel...

Advierte que no estoy del todo convencido y concluye: «Si te queda alguna duda, estudia árabe, vete a cualquier mezquita y dialoga con los ciegos que ponen las chancletas... Te convencerás de que viven ya en ese paraíso. Y te diré más: la familia con la que convivo, que me quiere mucho, cuando reza por mí pide dos cosas únicamente: que viva muchos años y que muera siendo musulmán...»

Dicho esto, llegamos al Sheraton. Al bajar del taxi, me doy cuenta de que necesito un baño tibio —quizá dos...— y de que estoy absolutamente exhausto. ¡Ese sol...! Adrián, en cambio, parece tan campante. Entra conmigo en el hotel y con paso firme se dirige a una de las cabinas telefónicas.

CAPITULO VII

UN ZOO SIN ANIMALES. EL PÁJARO IBIS

Salvio Royo, aparte de dejarnos pintorescos mensajes en el casillero, o de deslizárnoslos por debajo de la puerta de la habitación, ha cenado con nosotros un par de noches. Se le ve radiante porque un día de éstos, a no tardar, llegará Alma... Cuando nos lo comunicó era tal su contento que nos obsequió, como en Tel Aviv la noche de nuestra llegada a Israel, con una espléndida sesión de sombras chinescas, en el propio *hall* del Sheraton. Sus dedos adoptaban posturas inverosímiles, gracias a las cuales todo el mundo podía ver desfilar en la pared las siluetas de un egipcio de la clase media (es decir, con fez), de un egipcio de clase popular (es decir, con turbante o bonete de fieltro), de Nefertiti, de la diosa Nut, de un hipopótamo... Terminado el número la ovación fue de gala y algunos clientes creyeron de buena fe que se trataba de un artista profesional, que trabajaba en el último piso, en el *night-club*.

Hemos cenado, las dos veces, en el *snack* de la planta baja, puesto que La Mamma resulta demasiado caro. Como es lógico, se ha interesado por nuestras andanzas. No ha querido tratar con excesivo detalle el tema de la Ciudad de los Muertos, alegando que le trae mala suerte. «La primera vez que subí allí, me torcí un tobillo; la segunda, me robaron la documentación.» En cambio, le ha interesado mucho que hayamos visitado el zoo —que está muy cerca del hotel—, porque, como él mismo corrobora, «es el único zoo del mundo en el que virtualmente no hay animales».

—Contadme, contadme, ¿qué tal os fue?

—Pues, ya te lo hemos dicho. Animales, ni pum. O se han ido muriendo de muerte natural, o el veterinario los ha liquidado para poder irse de vacaciones a Al-Fayoum. Sin exagerar, nos pasamos hora y media por entre los árboles, por cierto, maravillosos, que rodean las jaulas, y no vimos más que unas gacelas, unos pelícanos, unos cuantos osos y unas cebras... ¡Ah, y en la jaula de los leones, que estaba vacía, un gato negro! Eso fue todo... Sin embargo, cabe decir que la tarde fue deliciosa, con mucha gente sentada en la hierba, haciendo hervir la tetera y escuchando el transistor. Por supuesto, había por allí tipos muy pintorescos, como un muchacho que se protegía del sol con una raqueta de tenis, y una mujer gordísima que se empeñaba en pesarse en una báscula, a lo que el propietario de ésta se oponía, pretextando que estaba averiada. En conjunto, el espectáculo era bucólico, con los puentecillos japoneses —en este caso siempre se dice así— cruzando los arroyos. Una pareja, al vernos con la Polaroid, nos pidió que les sacáramos una instantánea. Estaban también sentados y parecían felices. Cuando se levantaron para venir a nuestro encuentro, nos dimos cuenta de que la muchacha apenas podía andar, puesto que tenía poliomielitis en ambas piernas...

Salvio Royo, que sin duda oyó esto último, cambió de tercio.

—Veríais muchos pajaritos sagrados, supongo...

—¿Te refieres a los ibis? Por millares. Llenaban los árboles de manchas blancas y móviles, de una poesía sin par.

—¿Sabéis por qué los antiguos egipcios los consideraban sagrados?

—No...

—Porque aparecían después de las inundaciones del Nilo, y era creencia común que se alimentaban despedazando a los reptiles que infestaban el país...

—¿Y no era verdad?

—¡Qué va! Nada de lo que se cuenta del antiguo Egipto es verdad...

Salvio Royo volvió a ser el de siempre. Se alegró de que hubiéramos callejeado mucho —«en la calle está la vida, como en los autobuses»— y de que hubiéramos cenado una noche en la Embajada de España. «Pues sí, chico. Llamamos al embajador y nos invitó en el acto. Es un hombre encantador. Todo resultó muy agradable.»

Nuestro amigo sonrió con cierta sorna.

—Os recibiría con música, supongo...

—Pues... ¡sí! Cuando entramos en la residencia, Beethoven sonaba a todo volumen.

—Es su costumbre. Es un melómano incurable. Además, hace las veces de Einstein: a escondidas, toca el violín...

—De eso no nos enteramos.

Salvio Royo pidió otro whisky e inesperadamente exclamó:

—¡Apuesto a que os habló del Negus!

—Pues..., sí. ¿Por qué lo dices?

—Porque es otra de sus debilidades...

—Bueno..., es natural, ¿no? Si lo entendí bien, estuvo nada menos que ocho años de embajador en Etiopía...

—Sí, ya lo sé. Pero lo que no parece tan natural es que hable de aquel monstruo con tanta veneración...

—¿Veneración? Me parece una palabra muy fuerte...

—¡No, no, qué carajo! Las cosas como son. Le quería de verdad. Eran amigos. Por supuesto, el Negus no sería ningún tonto. Culto y educado... ¡no faltaría más! Pero permitió que su país se muriera de hambre, mientras él vivía como si realmente fuera el Rey de Reyes...

Nos extrañó sobremanera que Salvio Royo se interesara tanto por nuestra cena en la Embajada de España. Sabía muchas cosas del embajador: que había estado casi tres años en Suecia y en el Líbano y que cuando estalló la guerra en este país lo perdió todo —sus muebles, sus libros, su discoteca...— porque estalló una bomba en el depósito del puerto, en el que guardaban todo el equipaje, el cual voló por los aires.

Intenté desviar la conversación, pero fue imposible.

—Decidme... ¿Os contó que el Negus, una vez al año, daba una comida a sus jefes con carne de vaca azulada? ¿Y que las vacas tenían ese color porque las criaban de tal modo que no pudieran ver nunca la luz del sol? ¿Y os contó también que, en las grandes recepciones, era costumbre que al huésped de honor le presentasen en una bandeja un ojo de buey, que debía comerse de un solo bocado? ¡Bueno, estáis despistando! Yo sé que ello es así. Y que además en la mesa servían la carne sangrando, chorreando, tal como suena... ¿Sabéis lo que os digo? Que el Negus era un canalla y sus súbditos unos pobres gusanos... ¡Ay, los diplomáticos! ¡Si los conoceré yo!

La situación era bastante violenta. Le dijimos a Salvio Royo que nuestro embajador, José Luis Flórez Estrada, nos pareció una persona de exquisito trato, aparte de que tuvo para con nosotros una serie de delicadezas que no podíamos olvidar. Que sintiera por el Negus una sincera simpatía era cosa suya, que no teníamos derecho a juzgar. Por lo demás, no se limitó a poner música de Beethoven y a hablarnos del Negus... Precisamente habló con mucho sentido común de sus andanzas por el mundo. No le convenció demasiado la vida en Suecia, que estimaba excesivamente programada, lo que influía negativamente sobre el desarrollo individual. «Espiritualmente vacía, ¿comprendes? Y poca felicidad... Lo cual, teniendo en cuenta la renta per cápita, invitaba a reflexión.» En lo atañente al Líbano, guardaba del país bellos recuerdos, pese a la bomba que tanto le afectó. Y ello le dio pie para formular sobre el Próximo Oriente una serie de pronósticos que ahora no venían a cuento, pero que denotaban un sólido conocimiento del tema.

—Así que, por favor, dejemos este asunto...

—Conforme, conforme... —concluyó Salvio Royo—. Partiendo de la base de que nuestras habitaciones son contiguas, no querría teneros por enemigos... Sin embargo, repito lo dicho: ¡ay, los diplomáticos! ¡Si los conoceré yo!

En el casino de juego. Hilmi, el «croupier»

Poco después de hablar con Salvio Royo decidimos darnos una vuelta por el casino del hotel, situado en el primer piso, con el objeto de entrar en contacto con el *croupier* Hilmi, amigo de Adrián y alumno del Centro Español.

En el vestíbulo preguntamos por él. El portero nos lo indica con el índice y, advirtiendo que su mesa está libre —la clientela es muy escasa— nos acercamos para saludarle. Es un tipazo alto y fornido, ancho de espaldas, como, a juzgar por las pinturas de los frisos, debían de ser los antiguos egipcios. Al igual que los otros *croupiers*, viste un discreto uniforme azul. En cuanto oye el nombre de Adrián se deshace en amabilidades y pide permiso para salir un momento con nosotros. «Vamos a la *boîte* a tomar un refresco.» Su castellano, mal pronunciado y escaso de vocabulario, es lo suficientemente correcto como para entendernos sin mayor dificultad. Cuando una palabra no acude a su memoria mira al techo con insistencia y hace como si quisiera atrapar una mosca; y la palabra acude. Tez bronceada, ojos sorprendentemente azules, brazos largos y vigorosos, es todo un muestrario cromosomático. El pelo muy brillante y la sonrisa levemente triste, excepto cuando se habla de su «novia», que es de Cuenca y a la que conoció en El Cairo. Lolita de nombre, estuvo aquí haciendo una tesis. Hilmi concluye: «Como ella dice, el amor penetró en nuestros corazones, amén.»

Charlamos con Hilmi lo menos un cuarto de hora, y si no prolongamos más la sesión es porque debe regresar a la sala de juego. Nos habla del casino, que actualmente no es ni sombra de lo que fue. Desde que se firmó la paz con Israel, los demás países árabes declararon el boicot a Egipto y apenas si los jeques de los emiratos del Golfo, que eran los principales clientes, vienen a jugar. De vez en cuando cae alguno, porque continúan siendo «hermanos»; pero la época de oro se acabó. Ahora los mejores clientes, sobre todo a la ruleta, son los japoneses, con reacciones muy curiosas. Parecen niños. Cada vez que pierden, miran la bola y se pegan un manotazo en la frente como diciendo: «¡Qué tonto he sido!» Y sonríen. También son buenos clientes los hispanoamericanos, sobre todo, los de México y Argentina. «Habrá muchos millonarios por allá, ¿verdad?» Ésos, si ganan se vuelven locos; en cambio, si pierden se comportan con corrección. En cuanto a los clientes egipcios, y a los árabes en general, hay que vigilarles con cuatro ojos, porque siempre protestan e intentan hacer trampas: que si mi ficha estaba ahí, que si estaba al otro lado... «Si yo fuera el dueño del casino, no dejaría entrar a ningún árabe.»

Nos sorprende esta afirmación... ¿Tendrá alguna relación con su estatura y sus espaldas anchas, con la genética del antiguo Egipto, que por lo visto no ha dejado de funcionar? Eludimos la cuestión, y le prometemos que cualquier noche nos dejaremos caer por su «mesa verde», para apostar diez libras y ver cómo los japoneses se pegan manotazos en la frente. «¡Oh, sí, vengan, vengan! No puedo garantizarles que ganen, ni me está permitido hacer trampa, pero a lo mejor les traigo suerte.»

A punto de despedirnos, tenemos la impresión de conocer un poco a nuestro mentor. Su familia vive en el Delta, en un pueblo con casas de adobe, cercano a Menhalla-el-Kubra, importante centro de manufacturas de algodón. Lo mismo su padre que su madre se casaron tres veces, por lo que él tiene seis hermanos, ¡y cincuenta y ocho sobrinos...! «Mi madre hubiera querido que me quedara con ella en el pueblo. Es muy supersticiosa. Cuando iba al colegio, deseaba que me suspendieran algunas asignaturas para que los vecinos no me envidiaran y no me echaran mal de ojo.» Ahora cree que le echaron mal de ojo, puesto que Hilmi vive en El Cairo, donde la gente está corrompida, lejos de los bellos palomares, de las norias y los búfalos...

—¿Les gustaría ir un día a mi pueblo?

—¡Pues claro! Nos avisas, y nos ponemos a tu disposición...

Se le ve deseoso de sernos útil. Nos pregunta por nuestros horarios, por las cosas que conocemos del Cairo, por las que nos gustaría conocer. De pronto, ello nos da una idea. Hilmi sería el «guía» ideal para acompañarnos al bazar Khan El-Khalili, que es de suponer que se ha pateado una y mil veces.

Abordamos sin ambages la cuestión.

—Somos amigos, ¿verdad, Hilmi?

—¡Oh, sí! ¡Claro que sí!

—Pues, ¿por qué no nos acompañas, el día que te apetezca, a El-Khalili, al gran bazar?

—¡El-Khalili! Oh, sí... Me gusta. Todas las cosas auténticas, ¿se dice auténticas?, me gustan. El-Khalili lo es, tiene una gran tradición.

—¿Cuándo podría ser?

—¿Cuándo? —Se lleva un índice a la sien—. ¿Qué día es mañana?

—Mañana es jueves...

—Pues mañana... ¡Sí, mañana podrá ser! Estoy libre de servicio y, siendo víspera de fiesta, es buen día para el bazar...

—Te lo agradecemos mucho...

—Por favor, que sea por la tarde... A las dos. —Señala el casino y añade, sonriendo infantilmente—: Por las mañanas duermo, ¿comprenden?

—¡Claro que sí! ¿Te esperamos aquí, en el hotel?

—Sí, por favor... En el *hall*.

—Pues hasta mañana a las dos... ¡Ah, y que sueñes con Lolita!

—Ojalá... —y vuelve a sonreír infantilmente.

—Adiós, Hilmi. Y muchas gracias...

—Hasta mañana...

Hilmi nos acompaña al gran bazar Khan El-Khalili, situado en la parte alta de la ciudad, justo al lado de la Universidad —y la mezquita— de El-Azhar. Antes nos hemos documentado un poco, enterándonos de que su fundación se remonta al siglo XIV, momento en que, por iniciativa del príncipe Yarkas El-Khalili, se decidió concentrar los gremios en una misma zona. Fue preciso derribar muchos edificios de antiguos califas; en cambio, para construir otros nuevos, el oficial mameluco que hacía de centinela obligaba a los paseantes a que cargaran con una piedra y la llevaran al sitio correspondiente. Prestación personal...

Llegamos a Khan El-Khalili, y como siempre en los zocos, me siento a mis anchas en aquel cafarnaúm. Pronto tengo la impresión de que las arterias principales, a juzgar por los escaparates y por las mercancías expuestas, se han modernizado en exceso. Con todo, tales arterias conservan indudable colorido, por causa del heterogéneo mundo que circula por ellas. Vemos carretas tiradas por seres humanos, que hacen las veces de tranvía y que se detienen a petición de los viajeros. Vemos bicicletas que zigzaguean a toda velocidad. Muchachas vestidas de negro llevando sobre la cabeza toda suerte de mercancías. Vemos una pléyade de chavales de muy corta edad, unos jugando al fútbol —«ficharían por un equipo hispano por unos bolígrafos»—, otros haciendo de barrenderos. Abundan los tapices, las armas que brillan y las babuchas. Abundan los vendedores de líquidos refrescantes. Los transeúntes, puesto que el calor aprieta, mediante una caña succionan con delectación en los vasos, especialmente en los que contienen jarabe hecho de pétalos de rosa. Al sol que aplasta cabe añadir la extraña combinación de olores que nos llegan de todas parte. Olores de especias —canela, azafrán, musgo, sándalo, etc.—; aromas afrodisíacos; sudor de bestias de carga... Los pebeteros, con la tapa agujereada, los expanden con profusión y vemos también colonias españolas y toda la gama de pomadas Cusí.

Nuestro guía, que vestido a la europea parece todavía más alto, pronto nos invita a penetrar en las callejuelas laterales, donde otro es el cantar. A pocos metros de los cinceladores y de viejos artesanos volcados sobre su obra (a base de encajar hilillos realizan hermosos motivos de taracea), vemos tenduchos miserables, mugrientos cafés a los que los clientes acuden llevándose su propia sillita o taburete, cortos pasillos sin salida aparente, donde la gente se orina con descaro, barberos que afeitan al aire libre, escupiendo sin cesar, zapateros que golpean siguiendo su ritmo, muchachas que aprenden en cualquier portal la «danza del vientre»... Entre unos y otros, y como siempre, frutas y verduras expuestas al sol y a las moscas, sin que ello desanime a los compradores. En resumen, una vasta zona excremental: falta de alcantarillado. Y camionetas despanzurradas, con dormilones dentro. Y neumáticos colgados de los faroles. Y camastros a ras de suelo, esperando la noche negra. Y afiladores. Y ratas. Y un enorme cocodrilo disecado —¿será el *ack?*— clavado en una pared...

Hilmi, que lo contempla todo como si nada fuera con él, nos va traduciendo unos cuantos letreros. La tienda en la que se expenden panes redondos y planos como una boina *(baladis)* se llama Cleopatra. Una sastrería que garantiza la entrega antes de finalizar el mes se llama La Perfección. Una casamentera que ofrece públicamente sus servicios se hace llamar madame Naguiyya. Un batidor de cobre se llama El Humilde Servidor, hombre que debe de ser muy piadoso, pues lleva en el cuello —no es el primero que vemos— cajitas que contienen versículos coránicos... Muchos ancianos tientan rapé y después de estornudar musitan algo, que Hilmi nos traduce por «señor, señor». En una carnicería desuellan y cuartean un animal. La carnicería se llama La Meca. Otro letrero corresponde a un amanuense sin piernas, sentado en un cajón. Si ha de escribir cartas de amor, lo hace a gran velocidad (a veces le exigen que sean en verso); los contratos, y no digamos, los testamentos, le llevan más tiempo. Un colchonero hace su agosto porque su negocio es individual: compra los materiales que precisa, hace los colchones a mano y los vende directamente al público. Hilmi habla con él: ha visto las pirámides de lejos, pero no las ha visitado jamás. «Mi hogar es El-Khalili, nunca me muevo de aquí.» No muy lejos, una mujer, flaca y apergaminada, a la que Hilmi pregunta si está enterada de que el hombre llegó a la Luna, le contesta que oyó hablar de ello pero que no cree que sea cierto.

Hilmi, mientras continuamos deambulando al azar, bajo un bombardeo de imágenes que resultaría lúgubre a no ser porque casi todo el mundo sonríe, despotrica contra sus conciudadanos. Los declara inconscientes, irresponsables, de imposible redención. ¿Cómo se puede vivir así en el siglo de la televisión y la cibernética? «Si yo fuera alcalde del Cairo, haría desalojar todo esto y lo arrasaría en un santiamén.» Es la segunda vez que Hilmi habla de ese modo... Me pregunto si nos las habemos con un aprendiz de dictador, o simplemente con un hombre que ama tanto a su país que vomita por medio de palabras el dolor que le invade. A punto de interrogarle, ¿por qué no hacerlo?, sobre el particular, el muchacho nos hace una señal: hemos llegado a una plazoleta cuyo centro está ocupado por un equipo de cineastas que, por las trazas, se disponen a filmar algo ahora mismo, no sabemos el qué. Hay unos cuantos guardias, tan embobados que se olvidan del tráfico, y las ventanas de las casas están abarrotadas de mirones, que dan la impresión de haber alcanzado el colmo de la felicidad.

Pronto nos cercioramos de que se trata de un «filme sobre el antiguo Egipto», no sólo porque al fondo de la plaza se levanta un obelisco virtualmente perfecto, flanqueado por dos templos semejantes a los de Karnak (todo de cartón), sino porque pronto cruzan la plaza una serie de «esclavos» llevando la estatua de Ramsés II, varios bustos de sacerdote, una réplica exacta de la princesa Nofert, etc. ¿Por qué un filme sobre el antiguo Egipto precisamente aquí? Los cineastas son franceses. Les oigo hablar. Ahora somos nosotros los traductores para Hilmi. Se quejan del sol, de que por su culpa una de sus cámaras se ha bloqueado, de que sudan a mares y de que los extras no consiguen jamás aprender su papel. Tienen que repetir y repetir hasta la saciedad. Inesperadamente, el director, con la clásica visera, barbota: «Y el caso es que al final todo saldrá de maravilla.»

La interferencia ha roto nuestro ritmo. También estamos sudando y mis piernas deben de pesar más que el obelisco y los templos... Así que Hilmi nos propone hacer marcha atrás e ir a sentarnos un rato a un café que de un tiempo a esta parte se ha puesto de moda, puesto que por él desfilan poetas, artistas, observadores... No se trata del famoso Fichaoui, que figura en todas las guías y que ha venido a menos, sino de otro, propiedad de un griego —la minoría griega es importante en El Cairo—, que está muy bien. Allá nos vamos, por otras callejuelas, bromeando sobre una posibilidad: la de que el noviazgo entre Hilmi y Lolita, conquense de pro, no haya sido otra cosa que un amaño —bien pagado— de la casamentera madame Naguiyya. En el camino, entramos en una tienda y yo adquiero un pisapapeles de cobre, en forma de pirámide —lo pondré en mi mesa de trabajo, junto a un trozo de metralla de la guerra civil española—, además de unos sobres de sellos en los que he visto varias efigies de hombres barbudos (para mi colección). Por su parte, mi mujer compra un par de cajitas de cuero repujado y un papiro que contiene todos los signos jeroglíficos que Champollion logró descifrar.

El café del griego se llama Esopo y está lleno de espejos. Todo en él es espacioso y antiguo, desde el reloj de pared hasta el mostrador, por lo que me recuerda un poco el café La Concordia de mi pueblo natal, Darnius. Fuera, en la calle, hay una mesa libre y la ocupamos con decisión. Hilmi ha saludado a varios de los clientes, que fuman su narguile y que por lo visto son conocidos suyos. Tenemos la garganta seca, polvorienta, por lo que nuestro amigo nos sugiere que pidamos una infusión de una hierba llamada *jilal*, que sirve para aclarar la voz. Así lo hacemos, en el momento en que pasan varios niños depositando sobre las mesas unos papelitos doblados, de color rojo, que contienen... versículos del Corán.

Nos tomamos un descanso —el *jilal* nos sabe a gloria—, ya que la caminata ha sido fuerte. El café tiene, en efecto, cierto ambiente bohemio, sin el tufillo de recién estrenado que hubiera podido temerse. Hay estampas de otros tiempos, con muchos señores de mostachos enhiestos y un panel de fotografías de danzarinas egipcias que, según Hilmi, en árabe se llaman *almeas*. Charlot destaca ahí en medio, presidiendo la inmóvil reunión. Hilmi comenta: «Sin duda era un gran payaso, pero Jomeini le gana la partida.»

¡Hilmi! Muchacho contradictorio, cuyos entresijos, los de su espíritu, se nos escapan. Por un lado da la impresión de tener ideas fijas y por otro revela una enorme inestabilidad emocional. Cuando se refirió a su madre casi se le humedecieron los ojos, pese a confesar que era muy supersticiosa. ¿Lo será él? Nos habla de muchas cosas. Por ejemplo, de los espejos (nos rodean por doquier), diciendo que le dan cierta alergia, desde que leyó que lo que se escribía en ellos con el dedo podía leerse luego en la Luna. También nos confiesa que en su pueblo las gentes guardan en cajitas sus pequeñas reliquias —uñas, cabellos, etc.—, y que de vez en cuando se las intercambian convencidas de que de ese modo se opera un traspaso de poderes. De hecho, claro, todo se presta a muy varias interpretaciones. ¿Qué sabemos —para citar otro ejemplo— de la influencia que pueda tener sobre los pensamientos el enorme ventilador que airea el establecimiento? Personalmente, él nota mucho lo que podría llamarse «el alma del viento». Todo aquel que vive cerca del desierto sabe que esto es así, y que según soplen el simún o el siroco el estado de ánimo será eufórico o lo contrario. En el casino él ha observado la cantidad de ritos casi automáticos que la gente pone en práctica antes de que se detenga la bola: desde cerrar los ojos, apretar los puños o hacer la señal de la cruz, hasta emitir ligeros silbidos o estrujar fuerte el guante con la mano izquierda. Los hombres tenemos que defendernos como sea de las fuerzas adversas, sin esperar a que la suerte llame a la puerta. Y lo hacemos sin darnos cuenta de ello, del mismo modo que el dueño de la carnicería La Meca estará convencido de que este nombre garantiza la prosperidad de su negocio.

Guardamos otro silencio, y nos tomamos otro *jilal*. Y cambiamos de tercio, puesto que pasa delante de nosotros un grupo de soldados llevando en alto la bandera de Egipto: tres franjas horizontales, una negra, otra roja, otra blanca. Aprovecho para preguntarle a Hilmi por el significado de esos colores y el muchacho, no sin cierta sonrisa escéptica, nos dice que la explicación que suele darse es que el negro representa «el pasado oscuro del país»; el rojo, que «a base de sangre se ha podido vencer dicho pasado oscuro y conquistar la paz»; el blanco, «la paz ya conseguida y el futuro brillante». Luego añade que, naturalmente, en tiempos de la unión de Egipto con Siria e Irak (la RAU), en la bandera había tres estrellas; pero que, desde que dicha unión se desmembró, «como era forzoso que ocurriera», hay una sola.

Nuestra intriga se ha acentuado. Continuamos sin saber si Hilmi se toma a su país en serio o si cualquier día se irá al pueblo a despedirse de su madre y de sus cincuenta y ocho sobrinos y se largará a Montecarlo o a Las Vegas. Se lo pregunto a la buena de Dios, no sin antes hacerle saber que personalmente considero que la noción de «patria» está en sus postrimerías, que me siento cada vez más *ciudadano del mundo* y que por lo tanto no voy a escandalizarme, sea cual sea su opinión.

Hilmi respira hondo, se acaricia el pecho y, por un momento, sus ojos dejan de ser azules. Y a seguido nos confiesa que su país le tiene sin cuidado. «Lo han visto ustedes en la plazoleta: todo es aquí de cartón.» Desde la primera dinastía egipcia hasta hoy las influencias han sido tantas que se hace imposible discernir, saber quién es quién. Personalmente, considera que toda la grandeza se acabó con la llegada de los árabes, del Islam, allá por el siglo VII. Lo anterior, no estaba mal: la dinastía faraónica, la invasión persa, Alejandro Magno, el Egipto romano (del Egipto cristiano —copto— prefiere no hablar). Pero el Islam, pese al actual *boom* en todo el mundo, es la negación de muchas cosas.

¡Lo que ha llegado a discutir con Adrián sobre este asunto! Reconoce que sus palabras carecen de autoridad, porque no pasó por la Universidad de El-Azhar: no pasó de la enseñanza primaria. Pero su profesión de *croupier* —«porque es una profesión, ¡oh, sí!»— le deja muchas horas libres y ha leído lo suficiente como para formarse una opinión. El Islam tiene dos pisos. Arriba están los sabios, que avanzaron en medicina, en astronomía, etc., y que hasta construyeron mezquitas como la de Mohamed Alí, con no sé cuántas columnas de alabastro; pero abajo, a ras de suelo, está el pueblo: y el pueblo es Khan El-Khalili. Es decir, suciedad, pereza vergonzante, hipocresía, mentira, traición... Duele mucho hablar de esa forma, pero es la verdad. Los árabes son la falsedad y la daga. No han conseguido, pese a Mahoma y a los santones que se veneran por ahí, desprenderse de su origen, que no fue otro que el de unas tribus nómadas y sangrientas que se dedicaban al pillaje y se despedazaban entre sí en la península arábiga. Se dice que el Profeta —¡oh, sí, el Profeta!— a fuerza de astucia logró fundirlos en una sola comunidad: nanay. La unidad no tenía más que un objetivo: el botín. Por lo demás, eso de la fraternidad musulmana es un cuento. Sadat no tiene nada que ver con el payaso Jomeini, y Gaddafi se parece a Hussein como él, Hilmi, puede parecerse a ese hombre solitario que ahora pasa por delante del café tocando el laúd.

Del Islam no puede esperarse nada bueno, y si no, al tiempo. El petróleo es una muestra. Alá ha enviado toneladas de dinero. Bien, ¿qué ocurre con él? Cuatro bribones se compran propiedades en los Estados Unidos, Inglaterra y el sur de España y se acuestan con las mejores maniquíes. ¿No nos basta con la facha que ofrece El Cairo? Todo se cae, y la gente con la sonrisa en los labios y un dátil en la mano... «¿Saben ustedes lo que muchos árabes, y muchos vecinos de Gizeh, creen de las pirámides? Que fueron construidas mucho antes del diluvio por una nación de gigantes, cada uno de los cuales llevaba en los brazos una piedra de cinco toneladas.» Sí, ha sido una lástima que el petróleo no haya brotado, pongamos por caso, en el Egeo o en el Adriático. Ahora el Islam se propagará como la pólvora, y los resultados ya se verán. ¡Incluso en Oslo quieren construir una mezquita! «¿Se imaginan ustedes a los noruegos adorando a Alá? Pasan pocos noruegos por el casino, pero, en fin, algunos han dejado allí sus coronas... Hasta aquí podríamos llegar.»

Nunca pudimos imaginar que el *jilal* surtiera esos efectos. Porque Hilmi ha hablado con voz clara y con un castellano más fluido de lo que podría esperarse de un muchacho que sólo ha asistido a tres cursos en el Instituto Español. Con mucha frecuencia ha intercalado «¡oh, sí!», lo que probablemente sea su autoafirmación. No obstante, es obvio que ha sido sincero, que se siente incómodo entre los suyos y que, en el fondo, es un apátrida.

Diríase que la parrafada lo ha agotado porque, de pronto, ha tomado un narguile que estaba a su lado y, repantigándose en la silla, ha empezado a fumar con fruición. Tenemos la impresión de que mentalmente se ha aislado, de que se ha olvidado de nosotros y de que el simún del desierto se lo ha llevado a Las Vegas... o a Oslo. Observo a mi mujer, y me doy cuenta de que, en el fondo, está bastante de acuerdo con la tesis de Hilmi; por el contrario, yo me rebelo contra dicha tesis desde el fondo de mi corazón.

EL DOCTOR MABRUK, EXTIRPADOR. GÜNTER, SUPERVIVIENTE DEL AFRIKA KORPS

Dos inesperadas visitas irrumpen, sucesivamente, en nuestra mesa. La primera es la de un médico, doctor Mabruk, amigo de Hilmi. Éste, al verle, se ha puesto en pie de un salto y le ha estrechado y sostenido con fuerza la mano. Nos lo ha presentado: habla francés. El doctor ha tomado también su narguile y entre chupada y chupada se ha desahogado. Por lo visto también tenía necesidad de hacerlo, como le ocurriera a Hilmi. Trabaja en el hospital Hussein El-Gamehi, que está cerca de aquí, en El-Khalili. Es cirujano y ginecólogo. «Me dedico a extirpar, ¿comprenden?» Le falta tiempo para explicarle a Hilmi lo mucho que continúa disfrutando con su profesión. Hombre de nervio, de parpadeo continuo, ha anunciado que sólo disponía de cinco minutos porque le estaban esperando en el quirófano. «¿Te das cuenta, Hilmi? ¡Otra matriz fuera! ¡Otros ovarios fuera!» Al advertir nuestro asombro, ha justificado su entusiasmo. Nos suplica que no le confundamos con un sádico; simplemente, está de acuerdo con Hilmi —porque supone que Hilmi nos ha hablado de ello— en que en Egipto hace falta una adecuada planificación familiar. Echar hijos al mundo como si fueran conejitos no tiene sentido, es suicida. Y esto es lo que se hace en el país. Por eso él, cada vez que aparece un fibroma maligno en ciertas zonas de la mujer, pega un salto: es la ocasión. Si pudiera, guardaría todo «el material extirpado» y lo conservaría en alcohol en una sección suplementaria del Museo Islámico. Dicho de otro modo, se siente, ¡que el Profeta le perdone!, un benefactor, un apóstol.

—Que me perdonen también los señores, y esos chiquillos que andan por ahí con papelitos rojos, ¡y, sobre todo, Alá! Digo lo que siento. Y ahora, *au revoir*. Ya les dije que me estaban esperando en el quirófano...

Ha sido como una exhalación. En cuanto ha desaparecido, Hilmi, ya recuperado, eufórico a su vez, ha soltado una carcajada.

—¿Qué ocurre, Hilmi?

—Nada, nada... ¡Oh, sí! Ocurre que es sincero, que lo es de veras; pero que tiene dos mujeres y trece hijos...

La segunda visita ha sido la de un alemán, hombre correcto, de unos setenta años, calmoso y accionando un elegante bastón. Asiduo cliente del café Esopo y, de tarde en tarde, del casino del Sheraton. Se llama Günter Benzing y habla español, alemán y árabe —éste, a la perfección—, de modo que Hilmi no se ve obligado a traducir.

Pronto nos damos cuenta de que Günter Benzing es un hombre que vive de recuerdos. Superviviente de la II Guerra Mundial, del Afrika Korps. Uno de los muchos oficiales de Rommel que, al terminar la contienda con la derrota de Hitler, se quedaron en Egipto; él, en calidad de instructor. Total, que se enamoró del país —¡Señor, la pluralidad!— y se casó con una egipcia, a la que quiere tanto como a sus nietos... Al saber que somos españoles su expresiva cara se transforma y da muestras de satisfacción. Estuvo en nuestro país durante la guerra civil y fue siempre un admirador del general Franco, si bien nos ruega que le perdonemos si nuestro criterio es opuesto al suyo. «Soy militar, y procuro no inmiscuirme en asuntos que no me incumben.»

—¿Cuánto tiempo van a estar ustedes aquí? —nos pregunta, después de pedirle al camarero un doble de cerveza.

—Pues, no lo sabemos exactamente. No tenemos programa concreto, y tampoco tenemos prisa...

—¡Pues tienen ustedes que visitar El-Alamein! —E inmediatamente añade—: Sabrán ustedes de qué estoy hablando, ¿no es así?

—Por supuesto... Del sitio donde tuvo lugar la gran batalla de tanques... entre ustedes y Montgomery.

—Exacto. Pues bien, El-Alamein sigue ahí, como pueden imaginar... Con un estupendo museo militar, con un cementerio de la Commonwealth, un cementerio griego, uno italiano y uno, naturalmente, alemán... ¡Oh, es algo digno de verse!

Le decimos que estamos totalmente de acuerdo, y que por ello, desde que salimos de nuestro país, hemos pensado en efectuar dicho viaje.

El ex combatiente pega un bastonazo en el suelo.

—¿Has oído, Hilmi? ¿No son amigos tuyos esos señores? ¡Hay que acompañarlos a El-Alamein! —Se vuelve hacia nosotros—. ¡El-Alamein! No saben ustedes lo que me alegra que se acuerden de este nombre...

Hilmi se lleva un susto. Para llegar a El-Alamein hay que cruzar más de trescientos quilómetros de desierto, a menos que se prefiera ir por el Delta hasta Alejandría... Y si bien él tiene coche —un viejo Peugeot—, no está seguro de que resista el viaje.

En cuanto logro enterarme de lo que están hablando, intervengo con decisión.

—¡Hilmi! ¡A El-Alamein se ha dicho! ¡En cuanto dispongas de un par de días libres! A condición, claro, de que nos acompañe también el señor Günter Benzing...

Éste golpea de nuevo el suelo con el bastón.

—¡Hilmi...! ¿Has oído? Hoy me he levantado con el pie derecho... ¡No irás a estropearme la jornada!

Hilmi, que parece noqueado por los acontecimientos, se toma un tiempo para reflexionar, ¡y finalmente acepta! Y he aquí que el ex oficial del Afrika Korps se zampa de un solo trago el doble de cerveza y saca del bolsillo una hermosa pipa. Se siente feliz, feliz... Ha sido una extraordinaria coincidencia, que sólo puede darse en ese café, el Esopo, que siempre le trae suerte.

—¿Saben ustedes? Hace ya más de dos años que no he estado allí... Es demasiado para mí, se lo aseguro. ¡Ah, si Hitler le hubiera hecho caso a Rommel...!; pero ésa es otra historia.

Asunto concluido. *Herr* Benzing entorna los ojos y se queda meditando. Entonces Hilmi nos informa de que El-Alamein es nombre macabramente simbólico, teniendo en cuenta el enfrentamiento que allí se produjo. En efecto, significa exactamente: «Dos Mundos.»

CAPÍTULO VIII

Por fin el subdirector del Museo Egipcio, el profesor Yasir, ha llamado por teléfono a Salvio Royo, aclarándole que recibió su carta con retraso, por encontrarse de viaje. Ha convenido con él la fecha en que podíamos visitar el museo en una hora extra: el próximo martes, a las cinco de la tarde. «No habrá nadie. A lo sumo, las mujeres de la limpieza.» El profesor le ha preguntado a nuestro amigo si hablábamos árabe, a lo que Salvio Royo ha contestado: «Sólo conocen la palabra *bacsis*...»; y por lo visto el hombre, al otro lado del hilo, ha soltado una carcajada.

Salvio Royo, en espera del día señalado, nos aclara varios puntos. Primero, que el profesor Yasir es un hombre extraño, de humor cambiante. Lo mismo puede darle por no soltar prenda que por charlar por los codos. Pese a vestir impecablemente, a la europea, es árabe al ciento por ciento, lo mismo en lo referente al color de su piel que al color de su alma. No puede asegurarnos si es alto o bajo, porque siempre lo ha visto en el museo y en el museo, debido a la presencia de las estatuas, se pierde la noción de los tamaños. Está casado con una mujer de Luxor, a la que conoció precisamente en unas excavaciones, y tal vez porque no ha conseguido tener hijos detesta la multitud. Los *tours* le traen de cabeza y si pudiera cerraría el museo al público y sólo lo mostraría a los iniciados. A veces parece estar convencido de que todo aquello le pertenece en propiedad. «De todos modos, no habrá la menor pega. En cuanto se convenza de que vuestro interés es auténtico —no pienso hacerle partícipe de mis dudas al respecto—, todo marchará sobre ruedas.»

Luego Salvio Royo nos informa de que el museo se compone de planta baja y piso. Abajo están las esculturas y las estatuas; arriba, el mobiliario —carruajes, sillones, etc.—, los objetos —joyas, amuletos, jarrones, copas y demás—, aparte, naturalmente, de las salas de Tutankamón, con los tesoros clásicos del gran marica que el joven rey debió de ser, y de la siniestra estancia en que yacen las tan conocidas y divertidas momias, las cuales serían mucho más divertidas aún si no les diera por mostrar aparatosamente la dentadura.

Por último, nos aconseja que no intentemos visitar todo el museo, pese a tenerlo enteramente a nuestro alcance. Llegaría un momento en que nos armaríamos un lío tremendo, en que las piezas se mezclarían y confundirían en nuestro cerebro, hasta el punto de no saber si estábamos contemplando una gacela pintada con un talle de junco o un fiel sacerdote de los que le daban gusto al paladar zampándose los sabrosos alimentos dedicados a los muertos. «Por mi parte, sólo puedo añadir que la pieza que más me gusta es la puerta de salida.»

El profesor Yasir

Llegado el martes, a las cinco en punto penetramos en el jardín, observando que hay una corona de flores en la tumba de Augusto Mariette. Seguramente algún grupo *Frère Jacques* ha tenido ese detalle. En los bancos, parejas de enamorados comunicándose secretos, acaso de ultratumba; en el césped, varias «túnicas blancas» tendidas, durmiendo. Los árboles están en su lugar, moteando de manchas verdes el aire. Jardín, por lo tanto, poético y acogedor, a no ser que, al igual que en nuestra primera visita, varios hippies anglosajones utilizan el pequeño estanque para laverse los pies.

El profesor Yasir aparece en «la puerta de entrada» y apenas hemos salvado los peldaños que nos separan de él nos da la bienvenida, empleando un francés aceptable.

En seguida advertimos que siente por Salvio Royo un respeto especial, que él cuida de corroborar: «Cualquier cosa que nos pida monsieur Royo, está concedida de antemano.» Salvio Royo, sin poder ocultar su satisfacción, nos explica que, en tanto que geólogo, les solucionó varios problemas que se les habían presentado a los «restauradores» que trabajaban en el museo, al encontrarse con materiales pétreos cuyas propiedades desconocían.

El primero en penetrar en el «sagrado edificio» es el profesor Yasir, que exhibe copiosa cabellera negra y el bigote que les falta a los Hermanos Musulmanes. Él mismo ha cuidado de conectar la luz, de modo que en el acto hemos de dar la razón a Salvio Royo: es tanto el material que se ofrece a nuestra mirada que será cuestión de elegir y abreviar. Cierto, la primera impresión es que un ejército de gigantescas estatuas se nos echa encima. A su grandeza se mezcla cierto hieratismo, de modo que en ningún momento pensamos que se disponen a saludarnos. Diríase que contemplan nuestra llegada, y el paso de los siglos, con una total indiferencia. A ello cabe añadir un olor peculiar, no sabemos si procedente de lo que aquí se expone o de la falta de ventilación. En cualquier caso, no es precisamente el orden ni la limpieza lo que caracteriza la primera e inmensa sala que aparece a nuestra vista. La nave tiene algo de almacén, donde todo ha sido colocado a la buena de Dios, sin que entre una pieza y otra medie la distancia necesaria. Allá al fondo asoma un vigilante con una lámpara en la mano, que enfoca hacia nosotros; al reconocer al profesor Yasir desaparece como si se lo hubiera tragado un sarcófago.

El profesor Yasir —las condiciones acústicas del lugar hacen que su voz parezca la de un chantre— se detiene ante una colosal estatua que, colocada a nuestra izquierda, diríase que hace las veces de centinela. «Les presento a Ramsés II. Todos los *tours* se detienen ante él un promedio de diez minutos.»

Salvio Royo, que siempre que se refiere a dicho faraón lo califica de truhán, estima llegada la oportunidad de justificarse. Nos dice que el asunto es realmente cómico, y espera que el profesor Yasir no le dejará mentir. «Un fraude histórico como no hay dos.» La estatua de marras no tiene nada que ver con el faraón. Ramsés II fue un pícaro de siete suelas, un vanidoso integral, que consiguió engañar al mundo entero atribuyéndose hazañas y hechos que jamás llevó a cabo. Raspó el nombre de muchas estatuas de reyes anteriores a él y puso el suyo en su lugar. Se dedicó a sí mismo gran cantidad de templos y de pilones conmemorativos. En una inscripción se relata cómo en un combate se vio rodeado por mil quinientos carros de guerra y varios millones de enemigos; y cómo él, completamente solo, gracias a la fuerza de su brazo, *obligó a huir a muchos y mató a los demás.* «A Ramsés II le hubiera gustado ser un patriarca bíblico como Abraham, pero le faltaba la barba y el haber establecido con Yavhé el Pacto de la Alianza.»

Dejamos atrás al prohombre y avanzamos por el pasillo de en medio, donde vemos, a derecha y a izquierda, colocadas simétricamente, sendas barcas de varios metros de longitud. Son restos antiquísimos que dan la impresión —lo mismo la madera que las cuerdas— de que están a punto de desintegrarse, de convertirse en polvo. Nos enteramos de que se trata de las «barcas del Sol», que sirvieron para que Senousret III, el Rey-Dios, después de los funerales se trasladara al lugar sagrado de los muertos, situado en el «hermoso occidente», donde esperaría la resurrección. «No olvidéis que, en el antiguo Egipto, la religión y el Estado llegaron a formar una unidad tan matemática que divinidad y monarquía prácticamente se fundían en una sola concepción. El rey, el faraón, era, de hecho, Dios —*todos olían la tierra delante de él y los más favorecidos podían oler sus pies*—, por lo que todo cuanto a él se refiriese había de estar tocado de trascendencia. De ahí surgió Tebas, con sus templos e incontables anexos horadados en la roca viva y que un terremoto destruyó el año 27 antes de Cristo. Por cierto, que un texto pretende que el estruendo de dicho terremoto fue tal que la luna se asustó y tardó más de un año en reaparecer en el firmamento.»

A partir de las barcas, Salvio Royo —él y el profesor se alternan en su papel de cicerones— se dirige raudo hacia el admirable conjunto escultórico que forman el enano Seneb, su mujer y sus dos hijos. Se trata de una de las obras más bellas del arte egiptológico, y lo cierto es que no nos cansamos de contemplarla. El profesor Yasir nos explica que dicho enano Seneb debía de ser un personaje muy influyente en la corte, puesto que, según se menciona en un flanco del monumento, poseía muchos bueyes, muchas vacas, muchos asnos, muchas mulas y muchos carneros, además de ostentar el título de «jefe de todos los enanos del guardarropas real». Ello sin contar con que su esposa estaba emparentada con el faraón. «Pero lo digno de ser destacado es que, en el antiguo Egipto, los enanos, y lo mismo podría decirse de los eunucos, marcaron en gran medida el curso de la historia, lo cual, a fuer de sinceros, invita a reflexión.» Salvio Royo al oír esto se encoge inesperadamente, colocándose en cuclillas, y con los dedos de la mano derecha hace el signo de la victoria.

Las dos próximas —admirables— obras que nos es dado contemplar son el *Amanuense* sentado, cruzados los brazos y con un papiro desenrollado sobre sus rodillas. «No hay que confundirlo con el famoso *Escriba* exhibido en el Louvre.» Pienso en el amanuense sin piernas que vimos en Khan El-Khalili y me pregunto si el modelo que tenemos delante escribiría también cartas de amor para la gente del pueblo. La otra obra es la estatua del *Cheik El-Beled* (alcalde del pueblo). «Su historia es curiosa. Los obreros que descubrieron dicha estatua, exactamente en Sakkara, se dieron cuenta estupefactos de que era el vivo retrato del alcalde que por entonces regía los destinos del lugar. El suceso dio pie a toda suerte de cábalas, que terminaron como es lógico, en la creencia de la reencarnación.»

A partir de aquí, el olor a «milenios» se hace más penetrante aún y hay un momento en que temo marearme. Por fortuna, las obras que nos rodean poseen tal encanto que consigo salvar la situación. Y de ellas podría decirse lo que en su día dejé escrito sobre nuestra visita a las tumbas del Valle de los Reyes: «Cada figura es perfecta en sí y perfecta con relación a las demás. Y resulta asombroso que artesanos anónimos, que a veces pecaban de rutina, consiguieran tales prodigios de composición y que la vigencia de su arte haya llegado hasta nuestros días. Siluetas de una gracia exquisita, problemas geométricos resueltos con suprema sencillez, mil maneras de representar el júbilo y la tristeza, la salida del sol y su ocaso, la vida cotidiana y los festejos.»

Por asociación de ideas recuerdo la perfección de las pirámides y le pregunto al profesor Yasir si puede ser cierto, como afirman algunos historiadores, que en la elaboración de esas obras a menudo intervenían prisioneros de guerra que al término de las mismas eran ejecutados. El profesor levanta las cejas con extrañeza y su voz resuena más que nunca en la concavidad del museo. «Quienes deberían ser ejecutados son esos historiadores», comenta, sin más. Y espera nuestra decisión, pues, en verdad, él sólo dispone de hora y media para atendernos.

EL TESORO DE TUTANKAMÓN

Siguiendo los consejos de Salvio Royo, decidimos abreviar. Visitaremos sólo las alas del tesoro de Tutankamón y la sala de las momias, dejando el resto para otra ocasión.

—Conforme —asiente Salvio Royo—. Subamos, pues, al primer piso. Ahora bien, recordad la existencia de las maldiciones faraónicas. Desde 1922, en que lord Carnarvon y el arqueólogo Carter descubrieron la tumba de Tutankamón, hasta 1929, o sea, en un período de siete años, un total de veintidós personas vinculadas a las excavaciones y al hallazgo fallecieron en circunstancias extrañas. Y esto no es leyenda, es realidad...

Le replicamos que nada podría obligarnos a hacer marcha atrás, sobre todo desde que penetramos en las cámaras mortuorias de Keops y Kefrén. «¿Qué fue de los fluidos magnéticos? Nada. ¿Y de los rayos cósmicos, de las alucinaciones? Nada. Estamos dispuestos hasta a encontrar un escarabajo vivo y acariciarlo con la mano.»

A mitad de la escalera Salvio Royo se detiene y nos suelta un a modo de preámbulo, por si desconocíamos o «habíamos olvidado» la historia de Tutankamón y del hallazgo de su tumba, el más espectacular de toda la egiptología. En realidad, debería llamarse Tut-Anj-Amón (la perfecta vida de Amón), pero en cuestiones de nomenclatura y ortografía él era partidario de simplificar. El rey Tutankamón ha sido llamado «el rey niño», por la sencilla razón de que ocupó el trono a los nueve años, según consta en varias vasijas de vino encontradas en su tumba, y porque murió a los dieciocho o diecinueve años, «caso de admitir como correctos los análisis de que fue objeto el cadáver». Era hijo (o yerno) de Eknatón, es decir, del faraón «hereje» que, rebelándose contra la hegemonía de Tebas, quiso imponer un monoteísmo un tanto ambiguo, pero que no dejaba de suponer una revolución. ¿Por qué lo llamó marica? Porque todo el mundo está de acuerdo en que lo fue, porque la expresión de su rostro no parece desmentir tal creencia y porque por aquel entonces «eso» y el incesto estaban perfectamente admitidos en la sociedad egipcia. «Y ahora, si no tenéis inconveniente, podemos proseguir el viaje.»

Alcanzada la primera planta, torcemos a la derecha y nos enfrentamos con el «tesoro» de Tutankamón, presentado también de una manera tosca, pero cuyo conjunto corta literalmente la respiración. En efecto, pese a la infinidad de reproducciones vistas de los sarcófagos, de los muebles y de los objetos preciosos, la posibilidad de contemplarlos agrupados en vitrinas (mal iluminadas) y de recrearse con los primores de su elaboración transportan el ánimo a un mundo que a mí, personalmente, me fatiga muy pronto, pero que, considerado objetivamente, es preciso reconocer que no tiene rival. El profesor Yasir nos habla de mil setecientas tres piezas, a cual mejor, halladas en «la tumba», ahora perfectamente clasificadas. Casi afirmaría que al facilitarnos esa cifra, nuestro hombre se ha sentido orgulloso del poder y de la categoría de sus antepasados.

Por supuesto, llaman la atención los sarcófagos, sobre todo el de la máscara de oro macizo, con incrustaciones de piedra y pasta de vidrio de colores. Esta máscara es algo especial. Desconciertan un tanto la serpiente simbólica ensortijada en la frente, así como la «falsa barba de los dioses» que adorna el mentón; pero el rostro es de una belleza suprema, tal vez porque refleja a la perfección la serena juventud y el deseo de perennidad del joven rey. Hay, en efecto, algo femenino en dicho rostro: la compostura de los ojos y de las cejas está hecha de lapislázuli. Sí, probablemente a los griegos les hubiera gustado contar con este «efebo» en su elenco particular...

En cuanto a los tres sarcófagos exhibidos, antaño superpuestos, es decir, uno dentro del otro —el cuarto se conserva en el lugar de origen, en el Valle de los Reyes—, son igualmente piezas únicas. Uno de ellos es también de oro macizo y pesa ciento diez quilos. Otro contenía las vísceras del rey, colocadas en el interior y vendadas como una momia: el soberano con los brazos en cruz, un látigo en una mano y en la otra un cayado. ¡Cuatro sarcófagos, y la momia «descompuesta», al parecer por exceso de ungüentos protectores! El profesor Yasir mueve la cabeza como diciendo: «algún fallo tenía que haber».

Imposible enumerar las maravillas contenidas en estas salas. Debo decir que me impresionan sobremanera el trono y el carro regio, perfectamente conservados —cuatro mil años de antigüedad—, así como también otros carruajes, las arquetas y barcas de alabastro y el cofre-capilla de los canopes, con las cuatro estatuillas (diosas) tutelares vigilando. En cambio, repito, la orfebrería —collares, brazaletes, sortijas, etc.—, que ocupa gran número de vitrinas, me ha fatigado muy pronto (como me ocurriera en el Museo Topkapi, de Estambul), trayéndome a la memoria la sentencia según la cual un solo cadáver conmueve más que un cementerio. Según Salvio Royo, que comparte mi parecer, se trata de un problema de concentración, de intensidad. «Por eso las religiones monoteístas han tenido éxito. Un solo dios impresiona más que tres dioses, o que mil.»

La fastuosidad de lo que tenemos a la vista nos lleva de la mano a preguntarnos por su motivación. ¿A santo de qué, por la muerte de un rey de dieciocho o diecinueve años, se acumularon tantas riquezas «y todo Egipto lloró afligidamente»? El profesor nos cuenta que ello ocurría siempre que un faraón abandonaba la vida terrena. «La jerarquía tiene que existir, ¿no les parece, señores? Siempre que quiera construirse algo grande, claro...» Como fuere, a la muerte de Tutankamón la noticia recorrió muy pronto las orillas del Nilo y toda la nobleza dio estridentes gritos para mostrar su desesperanza, al tiempo que los sacerdotes se postraban en el suelo y permanecían inmóviles. Poco después, cuando el cuerpo del joven rey fue llevado a la «sala de oro», donde se procedería a su momificación, comenzó en todo el país el período obligado de duelo. La gente se abstendría de comer bien, todo regocijo sería proscrito y los hombres próximos al difunto no podrían afeitarse hasta el día de los funerales. Pero lo más significativo fue lo ocurrido con los animales. Todos se pusieron a llorar, y sabido es que por entonces en el alto Egipto los había por millares, de toda especie y que todos y cada uno tenían su simbología particular...

Salvio Royo le pregunta al profesor Yasir si no considera todo esto agua pasada, y que se trataba de una exageración.

El profesor mueve negativamente la cabeza.

—Ya les dije antes, señores, que la jerarquía, ¡que el Profeta sea loado!, tiene que existir, siempre que quiera construirse algo grande...

Por mi parte, he recogido la frase relativa al llanto de los animales y he preguntado por su significación. Salvio Royo ha tomado la palabra, explicándome que, al igual que ocurriera en las demás religiones primitivas, los antiguos egipcios no sólo divinizaban los fenómenos y los elementos naturales —los cuerpos celestes, el Nilo, los sicómoros de sus orillas—, sino también a los animales: el león, el cocodrilo, el buey, el chacal, el gato, el halcón, el ibis, el escarabajo... «De ahí proviene que cada rey (cada dios) lleve consigo un animal, o parte de él, o adquiera su forma: Horus con cabeza de halcón, Isis con cabeza de vaca, la propia Esfinge con patas de león, etc.» ¡Ah, pero no hay que escandalizarse! Él es, como sabemos, ecléctico, postura ideal para creer en todo sin creer en nada. En la India la vaca es sagrada, en el mundo budista lo son virtualmente todos los animales o seres vivientes, y en el propio cristianismo la paloma representa al Espíritu Santo, el pez a la Eucaristía y se adora al Cordero Pascual...

Resumiendo, la cuna o matriz de todas las religiones es idéntica... a excepción del Islam. ¡Oh, sí, el Islam tiene muchos aspectos peculiares, especialmente atrayentes! Mahoma, tomando a rajatabla pasajes del Antiguo Testamento, prohibió representar figuras de hombres o de animales —para no pecar de idolatría—, y de ahí que durante un tiempo fuera imposible encontrar un Mahoma de piedra o pintado, y que fuera igualmente imposible, salvo raras excepciones, encontrar antiguas siluetas de camellos, borricos y cabras, que en la práctica forman la plástica trinidad del mundo musulmán.

Juraríamos que esto último ha satisfecho en grado sumo al profesor Yasir, árabe de piel y de alma, puesto que el hombre, mirando a Salvio, ha inclinado la cabeza obsequiándole con una reverencia.

Sin embargo, el intercambio de parabienes no ha podido prosperar, por cuanto en este momento oímos un extraño ruido en la planta baja. Todos nos asomamos a la baranda, comprobando que el tal ruido no tiene nada que ver con los animales divinizados ni con las prohibiciones de Mahoma. Simplemente, un ejército de mujeres de la limpieza, munidas de escobas y trapos, han penetrado en la sala y han empezado a barrer y a quitarles el polvo a las estatuas... Sus modales no permiten deducir que sientan especial veneración por los faraones o dignatarios de turno. De hecho, bromean, sobre todo cuando tienen que habérselas con una cabeza rapada, como la del *Cheik El-Beled*. Juraríamos que el profesor Yasir intervendrá recriminándolas; pero no es así.

Contempla el espectáculo con absoluta frialdad, mientras en su mano izquierda aparece un rosario amarillo, un *marshabah*...

LA SALA DE LAS MOMIAS. LAS MALDICIONES

Le pedimos al profesor una tregua antes de pasar a la sala de las momias. Queremos que Salvio Royo nos especifique, en lo posible, el dato que nos facilitó anteriormente: el de las veintidós personas muertas, «en circunstancias extrañas», a lo largo de los siete años que subsiguieron al descubrimiento de la tumba de Tutankamón, personas más o menos vinculadas al hallazgo. Personalmente, sólo recuerdo haber leído que el mecenas lord Carnarvon no alcanzó siquiera a *ver* los sarcófagos; de pronto se sintió enfermo, al parecer a causa de la picadura de un mosquito, tuvo fiebre alta y murió; momento en el cual se apagaron «misteriosamente» todas las luces del Cairo, en tanto que, muy lejos, en Londres (ello se supo más tarde), el perro del lord, un fox, se puso a gemir, levantó las patas traseras y cayó muerto.

Tomamos asiento en uno de los bancos, frente por frente de la «cabeza del rey niño» (retrato de Tutankamón recién nacido, surgiendo de la flor del loto), y nos disponemos a escuchar a nuestro amigo. A lo largo de su disertación, el profesor no se ha alejado un momento de nosotros y todos hemos reparado en que, al escuchar determinados nombres —Carter, Belzoni, Jay Gould, etc.—, movía la cabeza con aire de asentimiento, sin dejar de juguetear con su *marshabah*.

La explicación-resumen de Salvio Royo figura sin duda en todos los textos referidos a la famosa «maldición faraónica», pero para nosotros constituye una novedad, empezando por el hecho de que ya mucho antes del descubrimiento-Tutankamón se produjeron muertes «extrañas» entre los egiptólogos, especialmente, en el siglo pasado, con una especie de denominador común: brusco cambio de carácter, delirios, brotes esquizofrénicos, fiebre y, finalmente, la muerte. Entre los nombres citados al respecto por nuestro amigo, me impresiona de modo singular el del doctor Teodoro Bilharz, quien fue precisamente el descubridor del gusano minúsculo que durante siglos ocasionó la muerte por infección de los campesinos que trabajaban descalzos en el barro del Nilo: infección conocida, en homenaje a su detector, con el nombre de bilharzia. En efecto, el doctor Bilharz, el año 1862, cuando se disponía a acompañar a unos amigos a Luxor, sintió escalofríos, entró en coma y murió.

Salvio Royo cita los nombres de otras «víctimas» correspondientes a los egiptólogos del siglo pasado: el de Juan Dumichen, de Estrasburgo, encargado de copiar las inscripciones de las tumbas y los templos (por entonces no existía aún la fotografía), y que empezó sufriendo alucinaciones, a contar extravagancias y que no pudo escribir siquiera el prólogo de la obra que le había sido encomendada. Cita también el nombre de Heinrich Brugsch, sabio respetado por todo el mundo, que de pronto se obsesionó por las momias, sobre todo por las momias de animales, a las que visitaba —y con las que dialogaba— como si fueran seres vivos, y que murió en circunstancias lamentables, «dignas de cualquier novelista ruso». Otro famoso egiptólogo, Richard Lepsius, quedó fulminantemente paralizado del lado izquierdo y murió el año 1884: los médicos diagnosticaron cáncer. Georges Moller, nacido en Caracas, de padres alemanes, se pasó media vida en las tumbas de las orillas del Nilo: murió a los cuarenta y cuatro años, durante un viaje a Suecia, al término de unas fiebres violentas; etc.

Tocante a las personas vinculadas directamente a la aventura Tutankamón, cabe decir que fueron muchas las que gozaron luego de una vida normal, empezando por el propio descubridor, Howard Carter, que murió en 1939, a los sesenta y cinco años de edad, es decir, dieciséis años después de su fabuloso descubrimiento. Sin embargo, aparte del ya citado mecenas lord Carnarvon, es preciso señalar que, durante las excavaciones, se encontró una tableta de arcilla que decía: *La muerte se posará con sus alas sobre quienquiera que estorbe el reposo del Faraón*. Dicha tableta se ha perdido, pero hay constancia de su existencia. En cualquier caso, podría dar fe de ella el arqueólogo americano Arturo C. Mace, que había ayudado a Carter a derribar el muro de la cámara principal: el hombre se sintió repentinamente fatigado y murió poco después que lord Carnarvon en el mismo hotel que éste, el Continental. Y lo mismo podría decirse del multimillonario americano Georges Jay Gould, quien fue a Luxor con el objeto de que su amigo Carter le enseñara la tumba del joven rey: al día siguiente, fiebre alta y muerte. Los médicos certificaron «peste bubónica». Caso muy similar al del industrial inglés Joel Woolf, quien logró visitar la tumba pero que murió mientras regresaba en barco a Inglaterra, víctima de una fiebre de origen inlocalizable.

Salvio Royo nos pregunta si nos fatigan tantos nombres y negamos con la cabeza. A tenor de nuestra actitud, Salvio Royo prosigue con el caso del radiólogo británico Archibald Douglas Reed, quien fue el encargado de cortar las vendas de la momia de Tutankamón antes de realizar su trabajo, y que, de regreso a su patria, apenas puso pie a tierra notó un gran cansancio y murió. Caso muy parecido fue el del secretario de Carter, Richard Bethell, quien murió repentinamente en la cama, lo cual, al llegar a oídos de su padre, provocó que éste se suicidara, tirándose de una ventana, con el agravante de que el coche mortuorio que lo condujo al cementerio aplastó durante el trayecto a un niño de siete años.

Para terminar, Salvio Royo nos cuenta el extraordinario caso del profesor Georges A. Reisner, director de la Sociedad de Excavaciones Boston-Harvard, quien había encontrado, al este de la pirámide de Keops, la tumba de la madre del faraón, la reina Hetepheres. El año 1942 el profesor Reisner cayó fulminado en el interior de la pirámide —«¡ah, Kruschef supo lo que se hacía acatando la sugerencia del telegrama del Kremlin!»—, y aunque fue conducido al aire libre murió sin haber recobrado el conocimiento.

Salvio Royo se seca el sudor y concluye:

—Si me lo permitís, añadiré todavía que el año 1929 la esposa de lord Carnarvon, lady Almina, murió también a consecuencia de la picadura de un insecto... Y que el hombre más escéptico en esa materia, el profesor Walter Emery, director, desde el año 1935, nada menos que de las excavaciones de Sakkara, en marzo de 1971, mientras contemplaba una estatuilla de Osiris, es decir, precisamente del dios de la muerte, lanzó un gemido que su asistente Ali oyó; instantes después, Ali encontró a su amo en el lavabo, afectado de parálisis del lado derecho. Llevado al hospital británico del Cairo, murió al día siguiente.

Dispuesto a hacer de abogado del diablo, tomo la palabra, aun a sabiendas de que Salvio Royo conoce de sobras mi excelente predisposición a creer en la posibilidad de que el mundo oculto sea infinitamente más vasto que el mundo que llamamos real.

—Mi querido Salvio —le digo—, todo esto, ¡qué duda cabe!, invita a reflexionar. Sin embargo, hay muchas maneras de explicar las cosas. Tomemos, por ejemplo, la muerte de lord Carnarvon, que coincidió con el apagón eléctrico en El Cairo. Podrías haber dicho: en el transcurso de una avería eléctrica que se produjo en la ciudad del Cairo, lord Carnarvon tuvo un ataque y murió. ¿Y qué tiene de extraordinario que su mujer, lady Almina, años más tarde muriera a consecuencia de la picadura de un insecto? Hay insectos venenosos, ¿no? Tú mismo lo eres, digo yo, aunque nadie haya contabilizado el número de muertes que hayas podido provocar... ¿El radiólogo de la momia de Tutankamón se sintió repentinamente fatigado a su regreso a Inglaterra y murió...? Entre los radiólogos ese tipo de muerte es frecuente, y la llevan larvada desde tiempo atrás. Etcétera. En fin, lo que quiero decir es que sí, que es probable que algo haya de inexplicable en el conjunto de todo lo que has contado, porque imagino que te has guardado en la mollera, para no aburrirnos, otros muchos nombres y apellidos; no obstante, ¡qué sé yo! La autosugestión influye mucho, aparte del azar, que sin duda juega un importante papel en nuestras vidas. Trabajar en las tumbas puede fácilmente trastocar la sesera... ¿No has conocido a ningún sepulturero loco? Yo sí. Por supuesto, me gustaría mucho conocer la opinión de nuestro buen amigo el profesor Yasir, que al parecer está muy interesado por el tema...

El profesor Yasir mueve la cabeza de izquierda a derecha, mientras sus ojos rasgados y negrísimos sonríen con malicia.

Da la impresión de que no quiere comprometerse. Vacila. Tose un poco. Se lleva la mano a la frente y de seguro que por dentro invoca al Profeta. Por fin sentencia:

—Jugar con los dioses es siempre peligroso...

Y a seguido nos cuenta el caso, vivido por él, del muy llorado Gamal Mehrez, director que fue de los museos del Cairo —«yo le conocía, era una persona excelente»—, que siempre alardeaba de que sus cincuenta años y pico eran la prueba viva de que la «maldición» no existía... Un buen día le dijo esto precisamente al historiador Vandenberg, autor del libro *La maldición de los faraones*; pues bien, un mes después, Gamal Mehrez murió repentinamente, de fallo cardíaco, y precisamente el día en que varios obreros entraban en el museo con el encargo de transportar a Londres, para una exposición, parte del tesoro de Tutankamón, incluida la máscara de oro que, según le pareció, tanto nos había fascinado...

El profesor Yasir da por concluida su intervención —es evidente que sería inútil insistir, que no piensa añadir una sola palabra en torno al tema—, y consultando su reloj nos invita, cortando en seco:

—¿Qué les parece, señores, si visitamos ahora la sala de las momias?

Nos levantamos, en el momento en que el pequeño ejército de las mujeres de la limpieza llega al piso en que nos encontramos. Continúan bromeando. Una de ellas, viejecita y negroide, se sienta un momento en el «taburete del rey niño», cuyas cuatro patas, de madera, tienen la forma de pies de felino, pintados de color blanco.

La sala de las momias es la sala 52. ¡Qué experiencia! Fue una hora inolvidable, gracias, en gran parte, al profesor Yasir, a quien nuestro buen amigo Hilmi hubiera debido escuchar para hablar de los «árabes» con un poco más de repetuoso cuidado.

Las momias están colocadas simétricamente en vitrinas horizontales —de hecho, en forma de ataúd—, a una altura cómoda para que el visitante pueda contemplarlas a placer. Contrariamente a lo que nos habían dicho, la sala no «huele». Asepsia total. En cada una de las vitrinas figura el nombre de su ocupante —en árabe y en francés—, así como el de la dinastía a que perteneció. Ello permite en cada caso conocer su antigüedad.

Sin darnos cuenta, lo primero que hacemos es darnos una vuelta por entre las vitrinas para hacernos una composición de lugar. Y el primer choque ha sido terrible. No comprendo cómo se le ocurrió a Salvio Royo decir que las momias eran «divertidas», o, mejor dicho, que lo serían si no tuvieran la manía de enseñar la dentadura. Aparte de que alguna de ellas tiene la boca cerrada (los labios prietos), su aspecto no es «terrenal». El afilado de las facciones, de las manos, ¡de los dedos de los pies!, es hiriente. Los perfiles se clavan como cuchillos, cuchillos *negruzcos*, puesto que éste es el color dominante. Resulta inconcebible que durante siglos (milenios) hayan podido conservarse la piel, los cabellos, las uñas... Se trata de algo más que fealdad. Es una sensación hostil, de rechazo, sensación que comúnmente provoca aquello que nos excede.

¿Es posible que en la momia de Sekenenré, de la XVII dinastía —1,70 de estatura, unos 40 años de edad—, se detecten aún las huellas *de una muerte violenta*? Manchas de sangre en la cabeza, expresión de extremo dolor en la boca, las manos crispadas, diríase que un clan enemigo termina de acribillarle con lanzas y otros objetos punzantes. ¡Y la reina Hatsepsut! Duerme así desde hace tres mil quinientos años. Larga cabellera ondulada, órbitas vacías, mentón saliente, la mano izquierda alzada y enhiesto el pulgar... ¿Por qué unas momias aparecen boca arriba, otras recostadas a un lado? ¿Por qué el semblante de Seti I revela, ¡todavía!, tanta serenidad —cráneo completamente calvo—, en tanto que Ramsés VI está tan desfigurado que es la más horrible máscara que me haya sido dado contemplar?

Veintisiete momias... Pronto nos damos cuenta de que es imposible prestar la debida atención a cada una de ellas. El profesor Yasir interviene inesperadamente: «Siete mujeres y veinte hombres.» ¿Incluso aquí la discriminación? Al cabo de un cuarto de hora el espíritu ha ido acostumbrándose. Lo noto en mi mujer, a quien obsesionan especialmente los dedos de los pies, e incluso en Salvio Royo, pese a que para el ex jesuita esta visión es habitual. Lo curioso es que la vista, incapaz de abarcar una momia «entera», se fija en peculiaridades: una oreja, la nariz, los pómulos sobresalientes... Mineptah, quien, según Yasir, podría ser el faraón reinante cuando el Éxodo de los judíos descrito en la Biblia, aparece con los hombros alzados, atléticos y es el único cuyo corazón continúa en su lugar. A su lado, Siptah, de la XIX dinastía, aparece con el pelo rojizo y un pie contrahecho.

Mi estado de ánimo es incoherente como podría serlo el de un niño al que hubieran regalado una estrella. Tan pronto me parece que estoy viviendo un momento trascendental, como me siento un tanto ridículo, partícipe de una ceremonia que no tiene nada que ver con la realidad. Me faltan datos... Me faltan datos. Me doy cuenta de que todo lo que veo tiene mil motivaciones que ignoro y que, por supuesto, ardo en deseos de conocer. Por lo común, soy partidario de la impresión virginal: bien, ya la tuve. Ahora preciso de la pertinente explicación. Sin embargo, son tantas las preguntas que se agolpan en mi cerebro que debo contener mis ansias de plantearle a bocajarro el problema al profesor Yasir, al objeto de que éste vaya resolviendo las incógnitas que ofrecen las veintisiete «presencias» únicas que tengo delante, inencontrables en otro lugar. Por lo demás, he aquí que ahora reina en el museo —¿qué se habrá hecho de las mujeres de la limpieza?— un silencio que bien puede calificarse de sepulcral...

—No te inquietes... El profesor Yasir nos lo contará todo. Sabe mucho más de lo que parece; al revés de lo que me ocurre a mí...

Salvio Royo me dice esto, y decidido a romper de una vez con el respeto que nos tiene amordazados, me coge del brazo y me lleva a la vitrina en la que reposa nada menos que Ramsés II. «Ahí lo tienes... ¡Qué tío! Vivió noventa y seis años; ya se le nota. Es el más viejo del lugar. ¡Un degenerado, como no hubo otro igual! ¿Sabes cuántas mujeres tuvo? ¿No? Pues agárrate: doscientas. ¡Sí, sí, lo que oyes! Y ciento cuarenta y seis hijos: ochenta y seis varones y sesenta hembras, con alguna de las cuales se casó, el muy cochino, y tuvo hijos a su vez. ¡Es horrible, fíjate bien en su frente! Es el único al que me gustaría despertar para cantarle cuatro verdades. Insigne vivales, que por gozar del derecho de pernada algunos han confundido con el dios de la fertilidad...»

Le recuerdo a Salvio Royo que, en la narración de Edgar Allan Poe *Breve charla con una momia*, el protagonista, el doctor Ponnonner, resucita, sin proponérselo, una momia y que el resultado no fue para él demasiado brillante...

Salvio Royo replica:

—Pues yo creo que fue brillante... En efecto, si mal no recuerdo, gracias a las respuestas de la momia el doctor y sus acompañantes se enteraron de que en el antiguo Egipto se desconocía por completo el significado de la palabra *democracia*...

SISTEMAS DE MOMIFICACIÓN

El profesor Yasir se presta de buen grado a guiarnos de la mano por ese campo insólito y desconocido de la momificación. Él mismo se encarga de traer una silla para mi mujer: la que está junto a la puerta, y que pertenece al encargado de recoger los *tickets* a los visitantes, *tickets* «especiales» para visitar la sala 52. Salvio Royo y yo permanecemos de pie, lo que me obliga, en previsión de que mi columna vertebral proteste dolorosamente, a apoyarme en la pared.

La voz de chantre del profesor Yasir adquiere, durante su disertación, resonancias singulares, y de entrada le sirve para advertirnos que todo lo que nos contará lo ha aprendido en el transcurso de los treinta años que lleva en el museo, y, por supuesto, a lo largo de los viajes que ha realizado por todo el país. Sin olvidar, desde luego, los libros especializados, los jeroglíficos que poco a poco van siendo descifrados y, sobre todo, la ayuda de su mujer, que por haber nacido en Luxor es una especie de papiro viviente, dicho sea en homenaje a sus conocimientos.

El profesor Yasir imagina que sabemos de sobra las causas por las cuales los egipcios se hacían embalsamar: creían que la conservación del cuerpo era indispensable como soporte de la inmortalidad del alma. De hecho, todas las religiones pretenden que el cuerpo no desaparezca. Él es musulmán. El Corán resuelve este problema, ¡loado sea el Profeta!; pero si nosotros, como supone, somos cristianos, el hecho es prácticamente el mismo: los cristianos creemos en la resurrección de la carne... Por eso es de extrañar —y ése es un detalle que deberíamos anotarnos— que los cristianos que llegaron a Egipto con la dominación romana se opusieran tan violentamente a la momificación. Decían que el cuerpo era polvo y que su resurrección el día del Juicio no tenía nada que ver con la inmortalidad del alma. El propio san Agustín, de quien él ha oído hablar mucho a sus amigos coptos del Cairo, entendió que era blasfematorio que los egipcios *hicieran depender* dicha inmortalidad del alma del embalsamamiento corporal. En fin, sutilezas de los teólogos que, a su juicio, no se pondrán de acuerdo jamás —Jomeini es actualmente un ejemplo de ello—, porque el amor propio juega en sus asuntos un papel muy importante.

Las primeras momificaciones puede decirse que fueron «naturales». El calor seco de la arena del desierto conservaba los cadáveres —al igual que los conserva el gran frío de ciertas regiones—, y en las excavaciones se han encontrado casi intactos muchos cuerpos preservados únicamente con una simple estera de caña o una piel de cabra. Pero poco a poco el sistema fue perfeccionándose —con vistas al *aislamiento* del cadáver— para evitar que los expoliadores lo destruyeran, de suerte que pronto los cementerios empezaron a ocupar grandes extensiones, así como los talleres y laboratorios para la momificación.

Por supuesto, y como consecuencia lógica, los embalsamadores, especialidad que se transmitía de padres a hijos, eran personajes de una importancia extrema, aunque solía ocurrir que la gente huía de ellos alegando que sus dedos apestaban... Y es que eran los encargados de practicar las incisiones en los cadáveres, de extraer de ellos las vísceras y demás.

Por cierto que al respecto se ha dicho que cuando los muertos eran ricos les extraían, valiéndose de ganchos, el cerebro y los intestinos, rellenando su interior con mirra, canela y otros perfumes, y que después de coser el cadáver lo bañaban en sal sosa durante sesenta días, fajándolo últimamente con vendajes de tela untada de goma; y que en los embalsamamientos de segunda clase se abstenían de secar las entrañas, poniendo tapones en el cadáver para impedir la salida de los líquidos.

Bien, ahí cabría hacer algunas puntualizaciones. Más que sal sosa se empleaba natron, materia blanca que se encuentra —que podemos ver si queremos— en unas canteras o minas en Ouadi Natrum, a la salida de Alejandría. Por otra parte, no todas las vísceras extraídas tenían idéntico valor. Por ejemplo, la masa encefálica, el cerebro, era considerado trivial, lo que no deja de llamar la atención; en cambio, el corazón era tenido por lo más importante, por lo que, si podían, lo «devolvían a su lugar», como era el caso de la momia de Mineptah... Hay muchas inscripciones en que puede leerse: «Oh, vosotros, dejad mi corazón en su lugar.»

Otras vísceras eran consideradas «impuras», como los intestinos, el bazo, los pulmones, etc. Tales vísceras eran guardadas en jarras aparte, en la propia tumba del cadáver o lo más próximo a él. Las de Tutankamón, por ejemplo, fueron encontradas en doce jarras de alabastro, a cien metros de su tumba en el Valle de los Reyes. En cuanto a los ojos, los sistemas eran muy varios. A veces, simplemente, cerraban los párpados del cadáver. Más tarde, a las princesas se les colocaron ojos artificiales: piedras blancas con alguna piedra negra en el centro, que hiciera las veces del iris o de la pupila. ¡Algunos ojos eran reemplazados por pequeñas cebollas! Bien, es preciso aclarar que en muchas épocas las cebollas tenían para el pueblo efectos mágicos...

En cuanto a los órganos genitales, otro que tal. Los de las mujeres, fuera: fuera el útero, la trompa, los ovarios. Los de los hombres solían conservarse, excepto en algún caso como el de Ramsés II o Seti I, cuyos penes y testículos fueron guardados en unas estatuillas de Osiris... También, en algunas momias reales, se encontraron placas de oro en la lengua, con lo cual ésta se convertía en órgano divino.

Por supuesto, el comercio se imponía. Por ejemplo, el robo de amuletos. Entre los vendajes solían colocarse amuletos, a veces de gran valor —por ejemplo, de oro—, generalmente en número de siete; si bien en el caso de Tutankamón se encontraron ciento cuarenta y tres. Pues bien, no era raro que los embalsamadores arramblaran con ellos, puesto que era imposible que nadie se enterase... Tal vez el único amuleto que respetaban era el llamado «escarabajo del corazón», teñido de color verde, el cual, por su parecido con lo vegetal, evocaba la resurrección.

Naturalmente, y gracias a las modernas técnicas de rayos X, microscopio, histología y demás han podido reconstruirse muchos detalles de la vida de los egipcios de antaño. Por ejemplo, la edad alcanzada de promedio y determinadas enfermedades. En el Museo de Turín se conservan setecientos nueve cráneos que dan una media de treinta y seis años de vida. «Muy pocos, comparados con la actual en Egipto, que es de cincuenta y dos.» Claro que ello variaba según si la época era de fertilidad o de hambre, de guerra o de paz y, por supuesto, el nivel social. Tocante a las enfermedades, la conclusión a que se ha llegado es que, de hecho, eran aproximadamente las mismas que ahora: infartos, arteriosclerosis, bronconeumonías, éstas debido probablemente al descenso de la temperatura por las noche en el desierto. Y se da como seguro que la gente tosía mucho, lo que intentaban curar a base de miel. ¡Y un dato curioso! Al examinar los cadáveres de muchos niños, se han encontrado ratones en sus estómagos, despojados de la piel antes de ser ingeridos. Más tarde se ha sabido, por algunas crónicas farmacéuticas, que se recetaban regularmente ratones a los niños en peligro de muerte.

Lo que llama la atención es la poca calidad de la ginecología... Por lo visto no existían médicos ni personal especializado para los partos difíciles, y son incontables las momias de mujeres cuyos órganos aparecen brutalmente desgarrados por falta de competencia y de cuidado. Asimismo llama la atención la abundancia de «enanos», como el famoso Seneb... Había muchos y debían de ser los bufones de la corte, como en tantas otras civilizaciones...

Llegados aquí, el profesor Yasir se toma un respiro. ¡Y surge Salvio Royo, quien sin duda tuvo que hacer un esfuerzo grande para no interrumpirle cuando se enteró de que a Ramsés II le habían cortado los genitales!

Salvio Royo le pregunta al profesor si está seguro de ese dato, pues no querría sentirse «falsamente feliz». El profesor afirma repetidamente con la cabeza. Y luego añade, puesto que el tema le lleva a ello de la mano:

—Sí, olvidé hablarles de eso a los señores... Existían, como es natural, entre los embalsamadores, los necrófilos, los que violaban los cadáveres de las mujeres. Ello llegó a ser tan corriente, que se han encontrado edictos según los cuales los restos de las «mujeres hermosas» eran vigilados en las necrópolis. Aunque, entre los sacerdotes que practicaban esa aberración, los había que pretextaban que con ello alejaban de la mujer muerta a los malos espíritus, evitando que la acompañaran en el más allá... En fin, ese campo es muy amplio y poco conocido. Entre nosotros, los árabes, aún hoy en día es corriente la excitación sexual a la vista de un cadáver. Pido perdón a la señora por hablar con tanta claridad; pero es así. Hay entre nosotros hombres que experimentan un auténtico placer sexual en la ceremonia de los funerales... En la Universidad tenemos a un bedel que padece de esa dolencia y que no se atrevió a asistir a los funerales de su propio padre por miedo a excitarse demasiado...

Por mi parte, le cuento al profesor la extraña aventura que vivimos en el jardín, cuando un chaval intentó vendernos «un pie momificado», garantizándonos que era antiguo. ¿Se trata de un caso excéntrico, carente de significado, o hay precedentes de falsificaciones de ese tipo?

El profesor Yasir, que ya ha guardado en el bolsillo su *marshabah*, se acaricia la cabellera.

—Por desgracia —nos dice— se trata casi de una tradición... Tradición que, por descontado, tiene su coartada, primero porque en la Edad Media y el Renacimiento empezó a correr la voz de que el polvillo de las momias tenía una serie de propiedades curativas —el primero en hablar de ello fue el mismísimo Avicena, y el producto se vendía incluso en las farmacias—, y luego porque, en un momento determinado, del mismo modo que hay quien tiene ahora en su despacho un esqueleto, la momia en sí se convirtió en objeto de decoración... Ahí empezó el negocio, que con los consabidos altibajos ha durado hasta hoy. Primero fue la venta de momias auténticas, a base de expoliar los cementerios antiguos. Los judíos, en ese apartado, como en tantos otros, se llevaron la palma. Más tarde se pasó a la falsificación, para lo cual sólo era necesario procurarse cadáveres, lo que solía hacerse utilizando todos los medios imaginables: comprarlos a los hospitales, apropiarse de los de los ejecutados, echar mano de los panteones familiares... El doctor Yasir se seca el sudor y añade—: Por supuesto, nosotros calculamos que, entre las momias que hay repartidas por el mundo, lo menos un setenta por ciento son falsas; en cuanto al negocio en la actualidad, no creo que sea muy próspero, porque la policía anda sobreaviso...

Antes de dar por concluida la visita, mi mujer le pregunta al profesor Yasir cómo y cuándo fueron encontradas las momias de esta sala. El profesor contesta que, en buena medida, fue un afortunado golpe de azar.

—La mayoría fueron descubiertas hace aproximadamente un siglo, en el

Valle de los Reyes. Unas, en la tumba de Amenofis II; otras, en un escondite de Deir el-Bahari. Sin duda los sacerdotes las habían concentrado en ambos lugares para evitar que fueran expoliadas. Por supuesto, no fue fácil identificarlas y transportarlas hasta aquí. Había que pagar aduana para entrar en El Cairo; de modo que a algunas les fueron aplicadas la misma tarifa que al pescado seco. Ni que decir tiene que muchas se perdieron, como, por ejemplo, una, no identificada, que se hundió con el *Titanic*.

En la puerta del museo nos despedimos del profesor Yasir. Estrecha con fuerza las manos de Salvio Royo: «Ya lo sabe. Siempre a sus órdenes.» Por nuestra parte, le damos reiteradamente las gracias por el caudal informativo que nos ha transmitido. Nos dice y repite que ha sido un placer, habida cuenta del interés «auténtico» que hemos demostrado. Al llegar a la verja del jardín volvemos la cabeza. Todavía está ahí, con aire un tanto cansado. «*Bon soir, bon soir...*», repite, llevándose la mano al corazón y a la frente. Y nosotros trocamos, de golpe, el silencio del museo con el pandemónium de la plaza El-Tahrir.

CAPÍTULO IX

ADRIÁN Y LA PSICOLOGÍA ÁRABE

Adrián viene al hotel a buscarnos. Quiere presentarnos a una gran amiga suya, Zakía de nombre, periodista, con varias licenciaturas en su haber, «feminista profesional» —aunque muy guapa—, que tiene su despacho o lugar de trabajo en la Casa de la Televisión y de la Radio, pero que ha preferido recibirnos en su casa. «Tiene un piso en Zamalek, cerca de nuestra Embajada. Es todo un temperamento, ya lo veréis. Mucha fibra. Colaboradora de la mujer de Sadat, cuyas ideas comparte. Estuvo casada con un venezolano, del que se divorció. El venezolano no le dejó ningún hijo, pero le enseñó español... Lo habla peor que yo, ¡pero mucho mejor que Hilmi! Yo la llamo miss Egipto y ella simula enfadarse...»

—Nos espera a las diez y media. Le he hablado mucho de vosotros y siente una gran curiosidad. Se ha ofrecido para acompañaros adonde queráis... Yo os sugiero, si queréis hacerla feliz, que le pidáis que os acompañe a visitar un par de mezquitas importantes... Por ejemplo, la de Mohamed Alí y la de Ibn Tulun... ¡Sí, eso es! De paso les echáis un vistazo y a lo mejor os gustan... Zakía es muy musulmana, ¿comprendéis? A mí me tiene profetizado el infierno, porque le pongo muchas pegas. Pero es más buena que el pan. Que el pan egipcio, se entiende, que ya sé que no acaba de gustaros...

Agradecemos a Adrián la oportunidad que nos brinda de conocer a una mujer como Zakía y nos preguntamos, en nuestro fuero interno, si no será la que le hace tilín... No ha soltado una palabra al respecto, de modo que derivamos el diálogo por otros derroteros. Porque se da la circunstancia de que son las nueve de la mañana —hoy el muchacho ha sido puntual—, de modo que nos sobra lo menos una hora. Adrián nos dice que lo ha organizado así adrede, para disponer de un buen rato y poder charlar tranquilos antes de la visita. «¿Es que no lo comprendéis? ¡Os estaba echando de menos!» «Muchas gracias, Adrián. También nosotros a ti...»

Estamos en el *hall* del Sheraton. Teóricamente, por tanto, dialogar en estos momentos debería resultar imposible: es la hora de los *tours*, que salen a descubrir Menfis, Sakkara, la Esfinge, quién sabe si la máscara de oro de Tutankamón y la piel negruzca de las momias... Sin embargo, hemos tenido la suerte de conseguir tres sillones y una mesa, y mentalmente conseguimos aislarnos. Así que conversamos a placer. Adrián ha oído hablar del profesor Yasir y le alegra que fuera nuestro cicerone. Por su parte, él estrena hoy una carterita de mano, con la que juguetea como un crío. Y como siempre, fuma sin parar... Apenas ha aplastado la colilla en el cenicero, enciende otro pitillo. Tabaco negro de su tierra —canario—, ¡no faltaría más!

El diálogo es sincopado. ¡Hay tanto de que hablar! «Hay que ver cómo se mezclan las imágenes en el cerebro...» Sabe que por encima de todo me interesa la vida de la calle, las costumbres y le hablo de ello al buen tun tun, a medida que afluyen los recuerdos. Le pregunto por esas mujeres que, además del velo, llevan una especie de cartón triangular, negro, que les tapa la nariz y la boca... «Son kuwaitíes», me dice. Le pregunto por qué en los anuncios, sobre todo los de los cines —tan llamativos y de dibujo un tanto infantil—, abundan tanto las mujeres, las actrices, rubias. «¿Es que a los jóvenes árabes les gustan las mujeres rubias?» Adrián nos dice que algo puede haber de eso, pero que influye mucho la atracción del cine americano. Los jóvenes egipcios se pirran por las películas «de acción», al tiempo que acusan de exceso de romanticismo a las películas autóctonas. «Ya sabéis... Muchas canciones y mucho amor debajo de las palmeras, en oasis como Al-Fayoum.» Mi mujer interviene, comentando lo extraño que resulta que en una ciudad tan inmensa como El Cairo no existan supermercados ni grandes almacenes. Adrián asiente, y comenta que el pueblo, pese a todo —pese a las películas «de acción»—, continúa aferrado a sus antiguos hábitos de bazar y de pequeño comercio, lo cual tiene sus ventajas, pero también lo contrario. «La carne, por ejemplo, dado que la refrigeración es poco corriente, hay que venderla el mismo día de la matanza; si no, se echa a perder...» Luego añade que dicho pequeño comercio lo han tenido casi siempre monopolizado los griegos, sobre todo en las grandes ciudades, razón por la cual el término egipcio que significa «mesa» significa al propio tiempo «entidad bancaria». «Egipto ha interesado siempre mucho a los griegos —añade Adrián—, y no sólo a Herodoto y Plutarco... Lo estáis viendo. Ahora el ágora ateniense se encuentra en el café Esopo, de Khan El-Khalili, donde, si no estoy mal informado, conocisteis a un alemán que quiere llevaros nada menos que a El-Alamein...» «¡Exacto! Veo que radio Hilmi funciona!» «¡Y cómo! El muchacho me lo cuenta todo. Desciende directamente de los egipcios y, al revés de lo que me ocurre a mí, se pasa la vida despotricando contra todo lo árabe. Es un inadaptado, y me temo que lo será toda la vida, incluso en el caso de que decidiera irse a vivir a Cuenca con la Lolita de su corazón.»

La palabra «árabe» ha tenido la virtud de encender el diálogo, sobre todo porque Adrián, que vigila nuestros pasos, teme que la egiptología acabe interesándonos más que lo islámico, lo cual, a su modo de ver, sería un error, «aparte de una falta de educación». Le aseguramos que no, que lo que sucede es que así, al pronto, el «tamaño» de lo egipcio abruma y ejerce una cierta presión sobre el cerebro. Pero a lo que hemos venido primordialmente, y ello le consta, es a lo árabe. «La visita que hicimos a la Ciudad de los Muertos, por ejemplo, no la olvidaré jamás.»

Adrián asiente satisfecho, halagado en el fondo, lo que le lleva a encender otro pitillo, a encorvarse como de costumbre y a bajar más aún el tono de la voz... Y se lanza a contarnos cosas de los árabes, estimulado, además, porque ha visto entrar en el hotel a tres *ulemas*, es decir, a tres «licenciados», por así decirlo, en derecho coránico. Llevan el turbante blanco y rojo, lo que los distingue de los demás, y es muy posible que sean profesores de la Universidad de El-Azhar.

Nos invita a que nos fijemos en sus semblantes y en sus barbas: revelan una absoluta seguridad en sí mismos, en su *kisnet*, que significa algo así como el destino; el destino que les tiene reservado Alá, se entiende... ¡Ah, sí, la fe de los musulmanes, nos lo ha dicho ya muchas veces, es algo muy serio y a tener en cuenta, si en Occidente no queremos vivir en las babiecas...! En el propio Cairo, cuando el dominio británico, los jugadores ingleses de golf de pronto veían que sus jóvenes criados, sus *caddy*, soltaban tranquilamente los palos y las pelotas que llevaban y caían de rodillas al suelo, orando en dirección a La Meca. Eso ocurre incluso ahora, en algunas fábricas; de repente cesa el ruido de las máquinas para que los obreros puedan arrodillarse sobre sus alfombras y adorar a Alá. Y si queremos un ejemplo reciente, ayer mismo, en el Centro Español, al darse cuenta de que uno de los alumnos llevaba días sin tomar té, ni café, ni querer fumar, le preguntó qué le ocurría y el alumno le contestó: «Estoy recuperando los días del Ramadán que perdí el año pasado... Me encontraba de viaje y no pude ayunar como está ordenado.»

—Eso está muy bien —comento.

—¡Cómo! Esto está superior...

Adrián se ha embalado y no hay quien lo pare. De la fe de los musulmanes pasa a su sentido poético, que es otro de sus temas preferidos. «Perdonad que machaque sobre el asunto, pero es que la cosa es así, y además repercute de forma ostensible no sólo sobre sus reacciones individuales, sino sobre sus reacciones colectivas. En la guerra se dieron muchos casos de soldados que, mientras montaban la guardia, en vez de estar "centinela alerta" se pasaban todo el rato escribiendo versos... Cosa que también le ocurriría a Zakía, la cual hace, ¡cómo no!, sus pinitos, aunque ella no quiere que se sepa...»

Puesto que en las librerías he visto, en efecto, muchos libros de poesía, lo que confirma el aserto de Adrián, le pregunto a qué atribuye él esa inclinación árabe. Y nuestro amigo no vacila un momento. Jugueteando con su flamante carterita de mano y con el periódico *Akhbar Alyoum (Noticias del día)*, que se trajo consigo, estima que las razones son dos. La primera, la maravilla del idioma árabe; la segunda, la variedad de la geografía islámica, que dispara la imaginación hacia los cuatro puntos cardinales.

—El idioma, desde luego, tumba de espaldas, como solemos decir en nuestra tierra, y a mi juicio une a los árabes más aún que la religión, tesis que muchos discuten pero de la que yo estoy convencido, como lo estaba Nasser cuando dijo: *es árabe todo aquel cuya lengua materna sea el árabe.* Es un idioma con un ritmo interno difícilmente igualable, y en el que han podido expresarse durante siglos todos los saberes humanos. ¿No os gusta el *In cha Al-lah*? Es precioso. ¿Cómo...? ¿Cien fórmulas para definir el «león»? También disponen de cien para definir el «camello» y la «espada»... Para no hablar de la *ganna*, que significa jardín o paraíso y que suena a los oídos de forma especial... ¡Ah, si conocierais el árabe comprenderíais mucho mejor la revolución que Mahoma supuso, puesto que él contribuyó en gran medida, como sabéis, a la formación de la lengua, enriqueciéndola con nuevos términos que todavía perduran! Pero en fin, no es cuestión de echarnos a llorar por ello, puesto que nuestro castellano tampoco es moco de pavo, expresión, por cierto, que Zakía se toma a chacota... Y a lo que iba. La segunda razón del sentido poético de los árabes podría ser la variedad paisajística de quienes lo hablan. Hay que tener en cuenta que el hilo conductor islámico abarca desde Nigeria y Senegal, pasando por el Magreb y todo el norte de África, hasta Afganistán, la India y llegando por fin a ciertos enclaves de Filipinas. Todo esto es tentador y estimulante. Y en consecuencia, como antes dije, la imaginación puede dispararse hacia donde le apetezca. Y así nos encontramos con yemenitas que creen que las almas de los muertos vuelan al Tibet, país de atracción mística desde tiempo inmemorial, y al propio tiempo con que en la Edad Media los venecianos y genoveses construyeron sus galeras y sus galeones a base de talar cedros del Líbano... ¡Qué sé yo! Es una especie de tómbola. Muchos árabes creen, por ejemplo, que Eva está enterrada en Yedda, en Arabia Saudí, cerca de La Meca y, por supuesto, todos están convencidos de que ser hombre tiene más mérito que ser ángel. ¡Y los nombres femeninos!: Hafiza, Mennat, Salum, Zainab, Shajlaa... ¡Y los piropos! «¡Ay, qué pechos tienes! ¡Más vale encomendarse al Profeta!» ¿Comprendéis lo que quiero decir? No, no lo comprendéis. Para comprenderlo hay que haber vivido en el desierto. En el desierto nació la palabra. En el desierto y en las orillas fluviales, claro, puesto que tampoco son moco de pavo el Éufrates y el Tigris, cuyas aguas también hablan árabe a quienquiera que las sepa escuchar...

ZAKÍA, PERIODISTA FANÁTICA

A las diez en punto salimos del hotel, rumbo al piso de Zakía. Con la excusa de que lo que a mí me interesa es «la vida de la calle», Adrián, que por enjuto pesa menos de lo que vale, propone ir a pie. No me queda más remedio que aceptar, de modo que abordamos la caminata siguiendo la avenida del Nilo. A nuestra derecha circula el río, lento y un tanto fangoso.

Mirando a nuestra izquierda, observamos que en los anuncios de las películas egipcias son muchos los actores que se parecen al famoso Omar Sharif, cuya popularidad «nacional» empezó gracias al bridge, hasta que debutó en la película *Lawrence de Arabia* y alcanzó el cenit de la celebridad con el *Doctor Zhivago*. «También Egipto tiene necesidad de mitos, ¿verdad, Adrián?» «¡Hasta qué punto! En la clase media son incontables los jóvenes que llenan sus habitaciones de pósters de los Beatles, de conjuntos americanos y de actores como Anthony Quinn.

Reemprendemos la marcha, con lo que resulta inevitable volver al tema del tráfico, realmente obsesionante. El ruido en torno es infernal. Mi mujer lo comenta, al tiempo que simula taparse los oídos. Entonces Adrián sonríe —con lo cual pone cara de viejo, porque sus facciones descienden— y nos dice que el periódico *Akhbar Alyoum* que lleva debajo del brazo facilita precisamente en el número de hoy datos sobre el asunto: los varios millones de cairotas que deambulan por la ciudad deben enfrentarse a diario a diez mil camiones, a diez mil vehículos a pedal, ¡a ochenta mil carros tirados por asnos o borricos! Aparte de esto, deben sortear a los cuatrocientos mil vendedores ambulantes que plantan sus tenderetes donde les place. «Así las cosas, ¡todo lo que los guardias pueden hacer es procurar que los peatones no atropellen a los coches!»

Adrián, que se había detenido un momento, echa a andar de nuevo y dice:

—De todos modos, no pasa nada, aparte de los accidentes mortales, claro... Los egipcios, ya lo veis, no son agresivos. A cuarenta grados a la sombra, ya me diréis... Cuando se produce un choque, en el caso de que haya pelea entre los conductores, los mirones forman legión en seguida y contemplan un rato el espectáculo. Finalmente, uno de esos mirones se acerca a los contendientes y exclama: *Islafula!*, que significa más o menos: «paz, por amor de Dios»; y, como por arte de magia, aquéllos se reconcilian y se dan la mano... Momento exacto en que llega el guardia, que se había ausentado para ir a tomarse un helado, y ordena tajante: ¡hala, hala, a despejar la situación!

La temperatura es en verdad asfixiante. Por fortuna, pasan tres camiones-cisterna, regando con prodigalidad la calzada, lo cual es de agradecer. Sin embargo, y debido a la falta de alcantarillado, en seguida se forman charcos, lo que Adrián aprovecha para contarnos que, según los cairotas, «la administración hace cuanto está en su mano para convertir El Cairo en la Venecia de Oriente».

Por lo demás, la venta callejera se nos antoja hoy más abundante que nunca: aguadores, pasteles, roscos, gajos de coco, revistas, peines, ¡sandías abiertas por la mitad! Y puesto que el regateo es táctica común, se forman grupos cuyas espaldas convergentes parecen esperar a que alguien les pegue un latigazo.

Hemos dejado a nuestra izquierda un hospital y cruzamos el puente Zamalek. Estamos, pues, en la zona residencial, ya muy cerca de nuestro destino. Por el Nilo se deslizan unas barcas de vela idéntica a las que pueden verse en grabados antiguos.

Adrián, que cuando cruza los puentes acelera el paso, no sé por qué, comenta que la televisión informó hace poco de que las vibraciones producidas por la circulación en los puentes 6 de Octubre y El-Tahrir, próximo al Museo Egipcio, están deteriorando algunas de las piezas guardadas en él. «Sería curioso —concluye— que las inmortales momias acabaran desintegrándose víctimas del tránsito rodado de nuestro poético siglo veinte.»

Llegamos a casa de Zakía y pronto felicitamos a Adrián por haber tenido la idea de presentarnos a la «feminista profesional». No se trata, como era de temer, de una mujer de aspecto varonil y ademanes de sargento. Por el contrario, aunque alta y más bien entrada en carnes, rezuma coquetería y sus movimientos son un tanto felinos. Larga cabellera negra sobre los hombros, ojos también negros, preñados de curiosidad, tez de ébano —no egipcia—, viste un traje sastre de suma discreción, muy elegante, y calza sandalias de seda. Lleva un broche con una inscripción que debe de ser coránica y en su muñeca izquierda tintinean varios brazaletes.

Hechas las presentaciones de rigor, nos enteramos de que reside sola en el piso, mientras su familia, padres y hermanos, habitan en un pueblo del Delta, próximo a Alejandría. «Mi padre es carpintero y, además, el almuecín de la mezquita. De niña yo intentaba imitarle pero era un desastre. ¡Ah, sí, ese cuadro representa la Kaaba...! Ya saben: nuestro gran templo. Y por lo demás, ya lo ven: paisajes del país. No, nunca he permitido que me hicieran un retrato... Yo me tomo muy en serio la prohibición de representar a la figura humana en los cuadros. ¿Cómo? ¿Que los pintores no me lo perdonarán jamás? ¡Vaya, bromitas tenemos! Adrián, eso se avisa... Pues mire usted por dónde todo es pura apariencia. ¿Los ojos? Soy miope y llevo lentillas, fíjese... ¿Quiere verlas?»

Todo ha ido a pedir de boca. Zakía tiene un encanto personal que me obliga a preguntarme por qué el venezolano aceptaría el divorcio... El piso está amueblado con gusto, un poco a la europea, excepto la habitación en la que nos obliga a tomar «otro» café —veremos cuántos sumarán al cabo del día—, esta vez más azucarado. Dicha habitación se compone de un par de divanes, alfombras y *puffs*. Personalmente, en un *puff* me siento muy incómodo, pero no hay más remedio. El juego de café es persa, lo que nos permite bromear un instante sobre la influencia de los chiitas...

Se produce un forcejeo, puesto que Zakía intenta saber de nosotros, en tanto que nosotros nos interesamos por su modo de vida y por sus actividades. Nos informa de que escribe para la radio, de que está a punto, junto con unas amigas, de lanzar el número cero de una revista para la mujer y nos confirma lo que Adrián nos dijo: está en contacto con la esposa del presidente, con Jean Sadat, especialmente en lo que se refiere al mejoramiento del Centro de Rehabilitación Wafa Wal Amal —que significa «fe y esperanza»—, y que madame Sadat fundó a raíz del desastre de la guerra de los Seis Días contra Israel, en 1967. «Jean se quedó tan impresionada al ver los mutilados, los heridos de napalm, etc., que decidió fundar este centro, en las afueras del Cairo; y yo soy una de sus colaboradoras.»

Al saber que me dedico a escribir novelas y libros de viajes abre las palmas de las manos, en señal de envidia.

—¡Ah, qué suerte poder escribir libros, libros de verdad!

Con la taza de café en alto le contesto:

—Si no estoy mal informado, está usted preparando uno…

—¿Cómo…? ¿Yo un libro?

—Sí, un libro de versos…

—¡Bah! Por mi desgracia, sólo le gustan a Adrián…

No me da tiempo de protestar. Se fija en un mapa que, al igual que el termo, asoma en una de las bolsas de mi saco —del saco que suelo llevar en bandolera—, y Zakía modifica su expresión. Mejor dicho, la endurece. Conoce este mapa —mapa alargado, plegable y muy práctico— que está concebido para los turistas y en el que puede seguirse el curso del Nilo desde el Mediterráneo hasta los templos de Abu Simbel. «Los turistas, al verlo —confío en que ustedes no lo habrán interpretado así—, tienen la impresión de que todo en mi país es idílico, de que Egipto es un paraíso… ¡Y precisamente en esa ruta, a ambas orillas del Nilo, hay algo más que templos, flores, dibujitos y cultivo del algodón! Ahí, precisamente, trabajan y sudan desde hace siglos los *fellahin*, esos pobres campesinos que, como dice un médico amigo mío, viven en un mundo de bacilos, y que se contentan exclamando *malisch! malisch!* y cuatro versículos del Corán que se saben de memoria, versículos fatalistas, claro, que nadie les ha enseñado a interpretar…»

Le pido excusas a Zakía por llevar semejante mapa.

—Ha sido una torpeza —le digo—. ¿Qué puedo hacer?

—Nada, no sea tonto —interviene, en tono normal—. Ha sido un desahogo… —Enciende un pitillo rubio y añade—: Pero es que no puedo soportar la injusticia y al pobre *fellah* se le está engañando desde que Menes consiguió unificar Egipto, que es algo que ocurrió antes de la creación del mundo…

El pequeño incidente ha servido para centrar la cuestión. «¿Adónde quieren ustedes ir esta mañana?» Al oír que nos complacería visitar las mezquitas de Mohamed Alí y de Amhed Ibn Tulun, sus ojos —dudo que sea verdad lo de las lentillas— se iluminan, y hace tintinear sus brazaletes.

—¡Bien! Iremos a las mezquitas… —sonríe Zakía—. Pero antes me gustaría, ¿cómo se lo explicaré?, justificar un poco mis obsesiones, mis trabajos en pro de la mujer egipcia… ¿Tienen ustedes prisa? ¿No? Pues nos tomamos otro café y continuamos charlando. Y luego, a la vuelta de nuestro viajecito, almorzaremos juntos en el Hilton, si les parece… Obligaremos a Adrián a elegir un par de platos occidentales, lo que me consta que le va a sentar como un tiro.

EL FEMINISMO EN EGIPTO

Es evidente que Zakía se encuentra a sus anchas tocando este tema. Su exposición es espléndida, y a veces su manera de hablar me recuerda a Alma. Empieza negando que Egipto pueda considerarse un matriarcado, aunque entre los países árabes sea tal vez el más adelantado en el campo de la emancipación femenina y aunque determinadas apariencias puedan inducir a formarse tal opinión. La mujer egipcia sigue siendo esclava, singularmente en el campo —aunque también en la ciudad—, por dos razones principales: la ignorancia de las propias mujeres y el antifeminismo del *fellah*, que, cansado de humillaciones y de quemar su vida trabajando de balde, al llegar a casa procura recuperar su propia estimación ejerciendo de tirano.

—La ignorancia es decisiva al respecto. La mayoría de las mujeres son analfabetas, y ya saben ustedes lo que esto significa. Mi madre, para citar un ejemplo, sabía que en el Corán están prohibidos los juegos de azar… Pues bien, ella creía que todos los juegos eran de azar, razón por la cual no me dejaba saltar a la comba, ni jugar a las canicas, ni prácticamente a nada… Además, continúa vigente la obsesión por la virginidad, que implicaría el repudio en caso de matrimonio. Eso llega hasta tal punto que incluso en la

Agente de tráfico.

Abluciones
en la mezquita
Mohamed Alí.

El almuecín
ha invitado a los fieles
a la oración.

Uno de los trescientos minaretes que se elevan en El Cairo.

En el bazar Khan El-Khalili.

actualidad abundan las madres que les prohíben a sus hijas jugar al baloncesto, practicar el atletismo, etc., por miedo a que se les rompa el himen... Las hay incluso que se acongojan si la niña tiene un acceso de tos, puesto que temen que también con ello pueda quebrarse esa membrana, que es el «sello» de garantía...

Zakía muestra cierto nerviosismo al recordar esas cosas, y añade que la solución es difícil. ¿Cómo luchar contra el analfabetismo femenino? Cuando Sadat llegó al poder, inició una campaña al respecto, que empezó en Boulaq. Entre otras cosas, las mujeres de la zona recibieron una invitación para asistir tres horas por semana a un curso de lectura y escritura. ¡No se presentó una sola! Entonces se les hizo saber que se les regalaría una pastilla de jabón, un peine y una tableta de chocolate..., y se presentaron seiscientas. ¡Seiscientas mujeres, comprendidas entre los quince y los sesenta y cinco años! Pero pronto se cansaron, porque les costaba mucho aprender y porque sus maridos se quejaban de que con ello desatendían las labores de la casa.

Le pregunto a Zakía si ha habido precedentes de lo que ellas se proponen hacer ahora.

—Por supuesto —nos dice—. El año 1948, precisamente el año de la fundación del Estado de Israel... una mujer de gran empuje, Doria Shafik, fundó un movimiento que se llamó «Las hijas del Nilo». La madre de Doria había vivido durante años en un harén, y ya pueden imaginar ustedes lo que esto supuso para la hija... «Las hijas del Nilo» exigían el voto femenino y lucharon también cuanto pudieron contra el analfabetismo... Pero entonces Egipto estaba virtualmente en estado de guerra y «Doria y sus muchachas», como nosotras las llamamos, se convirtieron en «las amazonas del Nilo», puesto que llevaban armas, montaban a caballo y se adiestraban por si era preciso empuñar las armas para arrojar del suelo egipcio a las tropas británicas que controlaban el canal de Suez... Así que, como usted ve, hay precedentes.

Un tanto impresionado por las «amazonas», le pregunto a Zakía hasta cuándo hubo harenes en Egipto.

—Pues... si mal no recuerdo, hasta 1942...

—O sea, que se abolieron durante el reinado de Faruk...

—Sí, exactamente.

—Curioso...

—Bueno. Curioso a medias. No hay que olvidar que el Corán no justifica ni los harenes ni los eunucos. En realidad, los harenes y los eunucos eran, en opinión de los hombres, claro, la única fórmula para que el varón supiera con certeza que el hijo era suyo...

Interviene Adrián, que sentado en un *puff* está como el pez en el agua, diciendo que, de todos modos, la humillación de la mujer no es exclusiva del mundo árabe. Tampoco Occidente tiene resuelto satisfactoriamente el problema, ni mucho menos; en términos generales, claro. Y para citar un caso concreto, el de la Gran Bretaña, no cabe olvidar que las mujeres inglesas tuvieron que esperar hasta 1882 para que sus bienes se vieran protegidos por la ley. Y más aún, la primera edición de la *Enciclopedia Británica*, aparecida en 1771, define a la mujer con seis palabras que dicen literalmente: *Mujer, hembra del hombre*. Véase artículo «homo».

—Sin embargo —arguyo—, ahora tienen a Su Majestad la reina, que es además el Papa de su Iglesia...

—¡Sí, por supuesto!; pero ha costado lo suyo... Y si nos damos ahora mismo una vuelta por España, ¿qué ocurrirá?

No ocurre nada. Ocurre únicamente que Zakía, que después de consultar su reloj se ha levantado para ir a cambiarse las sandalias —ha llegado el momento de ir a visitar las mezquitas—, añade por su cuenta:

—Una mujer que hizo mucho por el feminismo en Egipto —aunque la palabra feminismo, que tanto gustaba a mi marido, a mí me parece detestable— fue la famosa cantante Oum Kaltum, conocida por «el ruiseñor de Oriente». Tenía una voz maravillosa y se pintaba las cejas con madera de fósforo... Para mí significa algo muy particular, porque era también hija de un almuecín, y puede decirse que aprendió a cantar salmodiando el Corán para su padre. Como fuere, su fama rompió muchas barreras, y muchas mujeres egipcias que ahora ejercen la abogacía, la medicina, etc., se lo deben a ella. Sin darse cuenta, se convirtió en un líder de nuestra causa... Baste decir que cuando murió, el año 1975, a su entierro asistieron más de dos millones de personas: el doble que en el entierro de Nasser. Incluso se utilizó la estrategia de hacer circular por las calles un segundo féretro, falso, por temor a que la multitud robara el verdadero...

MAHOMA Y LAS MUJERES

Tomamos un taxi para trasladarnos a la Ciudadela, donde se encuentran las mezquitas de Mohamed Alí y de Amhed Ibn Toulun. Zakía, en el trayecto, ¡nos sorprende con el número cero de la revista que piensa sacar, titulada *La mujer egipcia*, excelentemente impresa!

Naturalmente, siendo para nosotros impenetrable el árabe, no podemos opinar sobre el contenido. Sin embargo, Adrián, que se ha apropiado del ejemplar, a medida que lo hojea asiente con la cabeza, como en él es habitual. Por lo visto el sumario es muy vario, y va desde recetas de cocina hasta agresivos comentarios sobre los programas de televisión. Hay un artículo firmado por la periodista Nadía Beck dedicado a Jean Sadat, la mujer del presidente, en el que —Adrián lo lee en voz alta— se ataca de frente el problema de la natalidad, relacionado, por supuesto, con el que estuvimos tratando. En dicho artículo se pone en boca de Jean Sadat que hay que acabar de una vez con el alud demográfico que se abate sobre Egipto, país que en cuestión de pocas décadas ha duplicado su población, que actualmente se cifra en unos cuarenta millones de habitantes. «Esto es un error, un gravísimo error», afirma Jean Sadat, hija —no hay que olvidar el detalle— de padre egipcio y de madre inglesa, Gladys de nombre.

Adrián pega de pronto un salto en el asiento —no creo que se trate de un bache en la calzada— y añade que madame Sadat estima que si los padres quieren tener muchos hijos la razón está en que los hijos empiezan a trabajar a una edad muy temprana, lo que les permite a ellos vivir sentados bajo una palmera, y que en cuanto a las madres, consideran que de ese modo el marido no se casará con otra mujer...

—¡Pero lo bueno está ahí, al final! —continúa Adrián—. Madame Sadat no sólo se manifiesta partidaria de los anticonceptivos, de la planificación familiar, a lo que, por lo visto, el presidente se resistía, sino que llega a proponer que los hombres que hayan tenido familia numerosa sean esterilizados... ¡Así, por las buenas! —Adrián devuelve la revista a Zakía y concluye—: Si no lo leo no lo creo.

Zakía se muestra satisfecha. «¿Pues qué te habías creído? No vamos a andarnos con tapujos.» Luego añade que en el próximo número, que ya saldrá a la venta, la misma colaboradora, Nadía Beck, analizará los sistemas que han sido empleados en la India, sin que los resultados hayan sido demasiado favorables, y que ella, Zakía, se enfrentará sin ambages con un problema que, al respecto, es vital: la mujer y el Corán.

El tema me interesa sobremanera, puesto que antes del viaje le dediqué algún tiempo. Invito a Zakía a que nos facilite un avance de su tesis, aprovechando que una manifestación de bomberos ha bloqueado, hasta nuevo aviso, la circulación.

Zakía acepta de buen grado.

—Bien —dice—, por un lado tenemos que en una azora del Corán se dice: «Existe la hermandad entre el hombre y la mujer.» Eso parecería suficiente para zanjar la cuestión; pero, claro, luego tenemos la otra azora, la más famosa, en la que se habla de dos, de tres y hasta de cuatro esposas, además de las concubinas y de las esclavas, *a condición de que el varón sea justo con ellas*... ¿Qué significa que el hombre tiene que ser justo con sus varias esposas? Se ha discutido esto hasta la saciedad y los comentaristas modernos, y por supuesto, Jean Sadat, estiman que implícitamente ello es un alegato, o mejor dicho, una invitación, a la monogamia, sobre todo teniendo en cuenta las costumbres imperantes en Arabia en la época en que el Profeta dictó el Corán...

Al advertir que, por el momento, Zakía se calla, no me cabe más remedio que intervenir, para decirle que no comprendo que una mujer como ella despache tan fácilmente la cuestión. En el Corán existen muchos versículos o aleyas en los que queda patente que el Profeta admite la superioridad del hombre sobre la mujer, así como el horror que la menstruación de ésta le inspiraba, él sabrá por qué... Y le recuerdo la azora en que se dice: «Te interrogarán sobre las reglas de las mujeres. Di: es un mal. Separaos de vuestras mujeres durante las reglas y no os acerquéis a ellas hasta que se hayan purificado. Y cuando estén puras, id a ellas por donde Alá os lo ha ordenado.» Asimismo le recuerdo otra azora: «Bien que los hombres tengan preeminencia sobre las mujeres, Alá es poderoso y sabio.» Y aquella otra: «Vuestras mujeres son para vosotros como un campo labrado. Id a vuestro labrantío cuando queráis. Pero antes haced una buena acción.» Y en fin, y para terminar —porque la elección sería pesada— hago hincapié en el texto coránico en el que se afirma no sólo que «los hombres están por encima de las mujeres, porque Dios ha favorecido a unos respecto de otros», sino que acaba aconsejándole al varón que, en caso de desobediencia, *amoneste a sus esposas, las confine en sus habitaciones y las golpee*...

—Lo lamento mucho, Zakía, pero esas palabras están en el Corán, y vosotros decís que las palabras del Corán están escritas con fuego...

La embestida ha sido tan fuerte que Zakía se muerde el labio inferior. Pero no se arredra, no se calla. Gesticulando más de lo acostumbrado, para demostrar que no está de acuerdo, insiste en que, pese a mi alusión a las palabras escritas con fuego, hay que situar esos versículos en la época en que fueron dictados, y en que no existe nada tan detestable e injusto como querer interpretar el Corán en su sentido literal.

—Por aquel entonces, ya lo saben ustedes, la poligamia era ilimitada y un padre que no tuviera hijos varones se consideraba el más desgraciado de los mortales. Antes de Mahoma se definía a la mujer «como un ser alimentado con joyas y que riñe sin motivo», y el heredero tenía derecho a todas las mujeres de su padre... Por lo demás, era una época en que en la península arábiga muchos hombres se encontraban fuera, en plena guerra o en las llamadas *razzias*... Al Profeta no le cupo más remedio que tomar postura ante ese hecho, y si asignó varias mujeres a cada hombre, fue precisamente para que las tales mujeres tuvieran protección...

Suavizo mi voz, para no ofender a Zakía, pero me reafirmo en lo dicho: la discriminación es indiscutible. Los hombres están por encima de las mujeres «porque Dios ha favorecido a unos respecto de otros», la menstruación es un mal y el varón, en caso de desobediencia de la mujer, puede pegarle una paliza que le deje satisfecho hasta la próxima ocasión.

—Mi querida Zakía..., le prometo que me leí a conciencia el Corán, de cabo a rabo, y el asunto no tiene vuelta de hoja...

—Bien, de acuerdo —acepta—. Si le parece a usted que de la noche a la mañana el Profeta podía cambiar todas las reglas del juego, en un lugar, en una zona, en la que muchos padres mataban a las niñas al nacer, es usted muy libre...

—Yo no he dicho eso. Comprendo que debía mostrarse comedido. En eso le doy la razón.

—Además —continúa Zakía, como si no hubiera oído mis palabras—, esa actitud discriminatoria parece ser el santo y seña de todas las religiones, ¿no le parece? ¡Hay que ver el cristianismo! ¿Por qué no nos escribe usted un artículo para la revista analizando la cuestión? Según la Iglesia católica, la mujer no puede ser sacerdote, no puede administrar lo que ustedes llaman sacramentos, se aconseja el celibato (Mahoma, en cambio, nunca habló de él), se alaba sin cesar la virginidad (Mahoma tampoco la aconsejó), y no sigo para que no se me acuse de ensañamiento. Para ser breve, supongo que aceptará usted que para el catolicismo la mujer ha sido siempre como uno de esos bacilos de los *fellahin*: el pecado, la tentación, Satanás...

En ese terreno no tengo más remedio que darle de nuevo la razón a Zakía... Y a raíz de esto, la mujer, ya un tanto más relajada, da un giro al diálogo, y admitiendo que en el Corán hay pasajes oscuros, que han sido controvertidos una y mil veces, admitiendo incluso la posibilidad de que se hayan interpolado versículos que Mahoma no dictó jamás, enfoca el debate desde un ángulo inédito: desde el ángulo de lo que representó para el propio Profeta *la mujer*, de lo que representaron en su vida *las mujeres*.

—Por ejemplo —su voz se ha dulcificado—, mientras Kadjidja, su primera mujer, vivió, Mahoma se contentó con ella y ella lo fue todo para él. Kadjidja creyó en él, lo ayudó en los momentos difíciles y de desaliento, y le enjugó muchas lágrimas. Así que, de entrada, una sola mujer le bastó al Profeta; y no fue hasta más tarde, al enviudar, cuando empezó a celebrar otros matrimonios, cuyo número exacto se desconoce, la mayoría de los cuales no tienen nada que ver con la concupiscencia que ustedes, los occidentales, suelen atribuirle, sino que obedecieron a la necesidad de pactar con las otras tribus para conseguir la unidad árabe que el Profeta perseguía...

El silencio que se ha hecho en el taxi es tal que Zakía, que ha recobrado la confianza en sí misma, y a la vez el número cero de su revista, nos informa de que las feministas de ahora no sólo valoran mucho el papel que jugó Kadjidja en la vida del Profeta, sino que valoran también mucho el papel de su nodriza, Halima, que a los dos años se lo llevó y cuidó de él lo mejor que supo. Aparte de eso, nos recuerda que en el mundo islámico se han escrito infinidad de páginas sobre lo que significó para el Profeta la más amada de sus posteriores esposas, Aicha, que era una niña cuando se casó con él, hasta el punto de que después de los esponsales se llevó sus muñecas a casa de Mahoma... «Aicha era muy decidida, como lo demostró más tarde al ser recriminada porque no usaba velo. *"Dios me ha dado la belleza* —respondió—. *Así que yo deseo que el mundo pueda contemplarla. Sería una ingrata si me pusiera velo."* Por cierto, que es gracias a las noticias de Aicha que han podido ser conocidos muchos detalles humanos e íntimos del Profeta, como el de que se remendaba sus propios vestidos, que tenía una voz clara y agradable y que le gustaban los perfumes...»

Zakía iba a añadir algo más, pero los «perfumes» han coincidido con nuestra llegada a la mezquita de Mohamed Alí. Antes de apearme echo un vistazo al monumento y me confirmo en la idea que tenía de él: es una réplica, no muy lograda, de la mezquita de Santa Sofía, de Estambul.

Despedimos al taxista y, un momento antes de entrar en la mezquita, Zakía se nos acerca, alegrando su voz y su semblante, y nos propone que a partir de este momento nos tuteemos. «Es ridículo, ¿verdad?, que personas que discuten cosas tan serias se traten de usted...»

La mezquita nos decepciona. Como casi todas en El Cairo, da muestras de abandono. Ni siquiera nos impresionan demasiado las famosas columnas de alabastro del patio de entrada: hay en ellas algo frío y polvoriento que les resta solemnidad. En el centro se levanta la fuente de las abluciones, muy recargada y a un lado una horrible torre, la Torre del Reloj, con la que el rey de Francia, Luis Felipe, obsequió al virrey de Egipto.

En cuanto el interior de la mezquita, sentimos no poder compartir el entusiasmo de Zakía. Ello tal vez se deba a la presencia de varios hombres de aspecto alelado que van depositando panecillos en las manos de los visitantes, «en recuerdo de los muertos» —lo que distrae nuestra atención—, y a la presencia de un grupo majestuoso compuesto por una veintena de hombres altos, fibrosos, de gran turbante blanco que, según Adrián, proceden del Sudán.

Por la razón que sea, no logramos centrarnos, y cualquier esfuerzo se estrella contra el balance comparativo que automáticamente hacemos con otras mezquitas que nos son familiares: la de Omar, la de Córdoba, la Azul, la de Aksa, la mencionada de Santa Sofía... Zakía nos informa de que la cúpula central tiene 52 metros de altura y 21 de diámetro... Lo único que logra es que inclinemos de nuevo la cabeza atrás para mirar hacia arriba, a semejanza de lo que hacen los miembros de los varios *tours* que coinciden con nosotros, cada uno de ellos con su guía correspondiente. Sin embargo, de pronto se produce un hecho estimulante: se encienden innumerables lamparitas de hermoso vidrio que dan la vuelta a la rotonda y cuyo efecto es, en verdad, espectacular. Tan espectacular como el hecho, que nos cuenta Adrián, de que uno de los ciegos que permanece sentado en un rincón, inmóvil como una estatua, es tío de Gazzam, su ahijado en la Ciudad de los Muertos, y que lo primero que hace cada mañana es pedirle a Alá que le deje morir durante el día, pues teme cometer algún acto impuro, contrario a las leyes del Corán... «¿Qué acto impuro puede cometer el pobre, si lleva años sin moverse de aquí?»

Como es natural, antes de abandonar el recinto pasamos por delante del mausoleo de Mohamed Alí, en el que descansan los restos del ilustre albano, que en cuanto hubo aplastado a los mamelucos consiguió la reunificación y modernización de Egipto, dándole un empuje sin precedentes y fundando su propia dinastía: se trata del tatarabuelo del rey Faruk, rey destituido el año 1952 por unos cuantos jefes y oficiales jóvenes, entre los que se encontraban Naguib, Nasser... y monsieur Sadat, el marido de Jean. Muchas personas se acercan a la tumba como si el victorioso personaje hubiera sido un místico, un hombre de Dios, y aprovechando que la verja de hierro está hoy abierta tocan con las manos los pomos de alabastro y luego se friegan (se purifican) el rostro, la cabeza y el pecho. Otras personas permanecen de pie, en actitud digna, abiertos los brazos en señal de oración. Pienso para mis adentros que realmente las leyendas son órdenes para el pueblo, y que en la religión islámica acaban por fundirse —por confundirse— de forma total los gobernantes y los santos.

Le cuento esto a Adrián y éste me dice:

—¡Bueno! Zakía te replicaría que los cristianos nos hemos pasado siglos venerando santos que ni siquiera han existido... Lo cual me parece todavía peor.

La mezquita de Amhed Ibn Toulun nos interesa mucho más. El minarete es sorprendente —40 metros de altura—, puesto que la escalera, en uno de sus tramos, asciende en espiral, como si fuera de caracol... Según Zakía, Ib Toulun, jugando con un trozo de papel, enrolló éste en torno a su dedo y le ordenó al arquitecto que el modelo le sirviera para levantar del mismo modo el minarete.

En el interior, la ornamentación es de madera esculpida. Llegó a decirse que, a lo largo del friso, y en caracteres cúficos, los textos contenían *todo* el Corán; de hecho, se inscribe en ellos una mínima parte. Asimismo puede leerse en ciertos textos que dicha madera esculpida procede del Arca de Noé, «la cual fue hallada por Ibn Toulun, en una de sus incursiones, en el monte Ararat», lo que no deja de ser una innecesaria exageración.

El ambiente aquí es mucho más familiar, empezando por la fuente de las abluciones, de una sobriedad extrema. Se ha dicho que esta mezquita es al arte islámico lo que el estilo cisterciense al arte cristiano de Occidente. Tal vez sea cierto. En cualquier caso, Zakía aprovecha para decirnos que la misión de las mezquitas es precisamente ésta: establecer una comunicación directa y sencilla con Dios, de suerte que en ellas los fieles se sientan como hermanos y en ellas puedan no sólo rezar, sino también dormir, estudiar, charlar e incluso morir. De hecho, según los tiempos así ha sido: han servido de hospitales, escuelas y centros de reunión, que es exactamente lo que ahora se pretende hacer —nos confirma lo dicho por Adrián— con todas las mezquitas de Egipto, que deben de sumar, efectivamente, unas cuarenta mil...

—Si no me equivoco, ésta data del siglo noveno...

—Exactamente. Fue construida hace once siglos... Sí, es el monumento arquitectónico musulmán más antiguo que podemos ofrecer a quien sea capaz de apreciar ese tipo de detalle.

—¿Por qué será que el tiempo comunica autenticidad a las cosas?

—Los judíos tienen un libro que responde a eso: la Biblia.

Me sorprende que Zakía haga mención de ello. Me sorprende a medias, claro está. Como buena discípula del Corán que es, sabe que Mahoma habla siempre con respeto de la «gente del Libro», que para él son los judíos, con la Biblia, y los cristianos, con los Evangelios. Los demás, los que no son «gente del Libro», quedan relegados en el Corán a un lugar muy inferior —con harta frecuencia, al Infierno—, y es probable que Zakía no vea con buenos ojos que esos tales, que actualmente sumarán muchos debido al turismo, visiten la venerable mezquita de Ibn Toulun.

Mezquita en la que hay menos gente que en la de Mohamed Alí, debido, probablemente, a la sobriedad antes mencionada. Únicamente anotamos la presencia de un grupo de japoneses y de otro grupo, más numeroso, proviniente de Túnez y que al parecer se dirige en peregrinación a La Meca. Zakía no tiene inconveniente en preguntarles si es así y le responden afirmativamente. Desde El Cairo se dirigirán, por vía aérea, a Yedda, y desde Yedda, los que puedan, harán el trayecto final a pie.

Contemplo a esos peregrinos, que por el hecho de serlo se encuentran en estado de *irham*. Las mujeres visten de negro, con el velo tapándoles el rostro, y los hombres llevan, todos, vestidos blancos sin costura. Sé lo que les espera; mejor dicho, estoy enterado de cuáles son, desde que salieron de Túnez, sus obligaciones. Deben abstenerse del comercio sexual, los varones no se afeitarán ni se cortarán el pelo, y tampoco inferirán daño alguno a ningún animal ni a ninguna planta. Ni siquiera podrán cortar leña, actuar de testigos o llevar anillo. Antiguamente, estaba prohibido cubrirse la cabeza, aunque el sol cayera tórrido sobre la llanura de Arafat, que es donde se encuentra la Kaaba; en los últimos tiempos, al modo como se permiten los coches, se permite el uso del paraguas o de la sombrilla protectores. Zakía, que por una parte lee mis pensamientos y por otra teme que a lo mejor esté emitiendo para mi capote juicios negativos, se me acerca y me aclara:

—Ya sabéis que eso de la obligación de peregrinar a La Meca es un poco relativo. Mejor dicho, que depende de las circunstancias de la persona. Para empezar, es preciso que el musulmán sea adulto, sano de mente y que pueda costearse los gastos que el viaje supone...

—No, eso no lo sabía. Pero te doy mi palabra de que esa gente me inspira un gran respeto. Precisamente, y refiriéndome al cristianismo, he protestado muchas veces de que quienes se proclaman creyentes y practicantes no sientan la imperiosa necesidad de peregrinar a Jerusalén...

Zakía no puede ocultar su satisfacción y añade:

—Pues fíjate... Eso nosotros lo tenemos resuelto. Incluso existe un proverbio árabe que dice: una oración en el Aksa equivale a quinientas preces; una oración en Medina, a mil; una oración en La Meca, equivale a diez mil...

—Pues los cristianos nos contentamos con irnos a Lourdes o a Fátima, y, por supuesto, con visitar en Roma la basílica de San Pedro, que es un poco el equivalente, salvando las distancias, de vuestra mezquita de Mohamed Alí...

DIÁLOGO SOBRE EL CORÁN

Tal como teníamos programado, almorzamos en el Hilton. Se ha hecho tarde pero el servicio es continuo y tenemos la suerte de encontrar libre una mesa en un rincón, con vecinos silenciosos que dedican todas sus energías a zamparse lo más civilizadamente posible repletas fuentes de espaguetis.

Cada cual pide lo que más le apetece. Adrián se inclina por una especie de tarta de arroz y pollo *(biram ruzz)*, de modo que queda sin efecto la amenaza de Zakía de obligarle a elegir menú «occidental». Nosotros nos apuntamos también a los espaguetis, bromeando sobre la posibilidad de enrollarlos en el tenedor al modo como se enrolla la escalera exterior del minarete de la mezquita de Ibn Toulun.

Zakía está impaciente. Se lo noto en el brillo de los ojos y en el tintineo de sus brazaletes. Quiere abordar algún tema que le hurga en la mollera, y es posible que tenga conciencia de que el lugar no es el más adecuado. Decidido a facilitarle la tarea, le digo:

—Anda, Zakía... Suelta lo que quieras. Tú quieres preguntarnos algo y no te atreves. ¿Por qué? ¿No ves que tengo el agua de Evian a mi lado? No sabes hasta qué punto ello me da seguridad...

Nuestra amiga —ya podemos llamarla así—, en un ademán que le es peculiar, cierra los puños, levanta los dos pulgares y los mantiene erguidos con firmeza.

—Bien, tú lo has querido... —me contesta—. Tienes que decirme qué impresión te causó el Corán, pues tú mismo has confesado que te lo leíste de cabo a rabo...

A Adrián se le atraganta el *biram ruzz* y yo simulo que está a punto de darme un síncope. La pregunta ciertamente se las trae y no creo que para salvar el trance el agua de Evian me sirva de mucho. Zakía ha replegado ya sus pulgares y yo me acaricio la barbilla y carraspeo... Por fin barboto:

—Conque se trataba de eso... Si lo he entendido bien, pretendes que aquí, en el Hilton, rodeado de turistas y ante una montaña de espaguetis, te dé mi opinión sobre el Corán...

—Exactamente. Pregunta clave para mí, y de evidentes repercusiones sobre el futuro de nuestras relaciones... —contesta Zakía, con semblante divertido pero cuyo tono de voz revela la mayor seriedad.

Sin pensarlo más, acepto el reto, no sin antes carraspear otra vez.

—Pues bien, tú lo has querido... —empiezo—. En primer lugar, opino que no puedo opinar... Y no puedo opinar sobre el Corán por la sencilla razón de que fue dictado y escrito en árabe, y vosotros mismos declaráis continuamente que cualquier traducción es una herejía... Sintiéndolo mucho, yo tuve que contentarme con dos versiones en castellano, con muchas aclaraciones marginales en cada una de ellas y en las que el traductor de turno decía: «esto es más o menos así». ¿Comprendes, Zakía? O te contentas con el «más o menos así», o me callo ahora mismo.

—¡Adelante, querido! No podías empezar mejor...

Enrollo unos espaguetis, me los trago lentamente, lo que me da tiempo a ordenar un poco mis ideas y prosigo:

—La impresión que me causó el libro es muy fuerte... Y me pregunté por qué no lo había leído con anterioridad. Es como si tú hubieras llegado a dirigir tu revista sin haberles echado nunca un vistazo a la Biblia y a los Evangelios... Son textos básicos. Por cierto, que sospecho que influyeron mucho sobre Mahoma, aunque probablemente éste sólo los conocía a retazos y por referencias un tanto arbitrarias... —Viendo que Zakía me mira y escucha con impasibilidad, sosteniendo un vaso ¡de cerveza! en la mano, pregunto—: Oye... ¿Es que acabo de decir una tontería?

—No seas pelmazo —corta Zakía—. Continúa, que me tienes sobre ascuas... —Y se bebe la cerveza de un trago.

No tengo escapatoria, de modo que me lanzo al vacío. Y añado que el Corán, incluso traducido, es un libro formidable... Difícil, pero formidable. Difícil, porque sus repeticiones, que en el original deben de figurar a propósito, buscando un determinado ritmo, en una traducción se hacen fatigosas... Pese a ello, resulta inexplicable que un hombre solo, en el transcurso de una vida, o, mejor dicho, de unos pocos años, compusiera un monumento tan completo. Y digo completo porque, aunque la cronología sea tan confusa, lo abarca prácticamente todo: desde el concepto de Dios, pasando por las leyes matrimoniales, hasta llegar al análisis de las propiedades curativas que tiene la miel... Resumiendo, lo que el libro tiene es fuerza. ¡Fuerza, eso es! Para un occidental, por supuesto, quizá carezca de dialéctica sutil, y contenga incluso pocas ideas nuevas; pero, en cambio, rebosa por todos lados una vibración interior que le deja a uno psíquicamente exhausto. Y es que, claro, Mahoma, a diferencia de los fundadores de otras religiones, no sólo tuvo que ejercer de «mediador» o «mensajero» de Dios, sino que tuvo que legislar —hablar de testamentos, de herencias y demás—, y, por si fuera poco, tuvo que encasquetarse el gorro militar y enseñar a sus seguidores cómo ganar una batalla incluso cuando el enemigo es superior...

El tenso silencio que se ha hecho a mi alrededor y, sobre todo, la actitud de Zakía me estimulan a continuar.

—Entonces —digo, midiendo todavía más mis palabras—, entiendo que todo esto tiene mucho mérito. Aunque, por otro lado, es evidente que el libro está plagado de contradicciones, como si parte de él hubiera sido dictado al compás de los acontecimientos... Por ejemplo, en las relaciones hombre-Dios, no queda claro si todo está predicho de antemano —nosotros lo llamamos determinismo— o le quedan al hombre unas gotitas de libre albedrío... Son varios los textos en los que se afirma que el hombre es dueño de sí mismo. Por ejemplo, éste: «quien toma la verdad por guía lo hace por su bien, mas quien permanece en el error lo hace en su propio perjuicio y ningún otro tiene la culpa». En cambio, en otros textos, en la mayoría, se dice que todo está sometido a la voluntad de Alá y que si «Él lo quisiera podría hacer que a los hombres se los tragara la tierra». Todo lo cual no parece incompatible con llamarle constantemente el Compasivo, el Misericordioso... ¡Caray con la clemencia! Y con su obsesión por el Juicio Final... ¿Cuántas veces se habla del implacable Juicio Final? Y la amenaza del Infierno... ¿Cuántas veces habla del Infierno? Ahí, Zakía, yo me sentía un poco incómodo, te lo confieso, porque no creo en el infierno, una de las principales razones por las cuales he ido apartándome de mi propia religión... ¡El Profeta, en su primera parte, se muestra al respecto apocalíptico!; aunque no conseguí descifrar si hablaba de un infierno realmente eterno, sin fin, o si dejaba un respiro para que en un momento determinado el fuego, el pus y la pestilencia dejaran en paz a los pobres condenados...

—Más bien esto último —corta Zakía—. No queda claro que el castigo sea eterno.

—¡Vaya, menos mal! —exclamo, sirviéndome otro vaso de Evian—. No deja de ser un consuelo. —Y viendo que Adrián me mira con cierta sorna, continúo como Alá me da a entender—: Por supuesto, en el campo en que nos estamos moviendo, hay varios aspectos en el Corán que me interesaron sobremanera... Por ejemplo, que el libro niegue el pecado original... ¡Pegué un salto en el sillón, te lo aseguro! La idea del pecado original es tan ultrajante... Luego, que el Profeta niegue que es hijo de Dios e incluso que tenga la potestad de obrar milagros... Sí, su monoteísmo a ultranza me encantó, porque es también uno de los caballos de batalla de mi religión, que, como sabes, hace hincapié en la Trinidad, aunque utilice el conocido argumento de «tres personas y una sola esencia»... Mahoma acepta que Jesús fue un gran profeta, al que llama incluso el Verbo de Dios, pero le horroriza la idea de que Dios tenga un hijo... ¡De acuerdo! A mí no me horroriza, no llega a tanto; pero me desconcierta y me escandaliza, eso sí. Y por supuesto, me hace perder pie... Ahora bien, lo que no entiendo es que Mahoma niegue que crucificaran a Jesús... Supongo que ahí el Profeta improvisó un poco, o que quiso esquivar de ese modo el problema que le hubiera planteado la incógnita de la resurrección...

—¡No, no, nada de eso! —replica Zakía—. Simplemente, el Profeta no creyó que hubieran crucificado a Jesús. Lo dice literalmente: «no le mataron, ni le crucificaron, pero a ellos, a sus discípulos, se lo pareció...» Incluso algunos comentaristas musulmanes pretenden que los apóstoles sustituyeron a Jesús por otro hombre, un tal Sergio...

—Bueno, eso no puede tomarse en serio, ¿verdad?

Zakía hace un mohín.

—No, supongo que no... —Y agrega—: ¡Pero no pierdas el hilo, por favor, que me tienes embobada!

Simulo no haber oído esto último y continúo:

—Bien, puesto que nos encontramos todavía en el tramo de lo trascendente, a la fuerza he de hacer alusión a la promesa del Paraíso... ¡Psé, menudo paraíso promete vuestro Profeta!: «fuentes abundantes, hermosos abqarí, hermosas moradas en el jardín del Edén y una mayor satisfacción de Dios». Y para los varones, no digamos: «tendrán esposas puras, y ellos, en los jardines, serán inmortales»... Hablando en serio, se trata de un cielo casi demasiado palpable, que no se comprende muy bien cómo puede funcionar. Cayó en la trampa opuesta a la del cristianismo, el cual ofrece a los que se salven un cielo demasiado abstracto: la contemplación de la esencia de Dios o algo semejante... Y en otro orden de cosas, Zakía, lo que de verdad me encantó de vuestro Paraíso —y digo «vuestro» sin ánimo de molestar— es que en él se admite incluso a los animales de la tierra y a los pájaros. Me parece que el Corán dice al respecto: «todos estarán reunidos junto al Señor». ¡Magnífico! ¿Sabes? Yo cada día estoy más convencido de que lo que nos espera al otro lado es la salvación universal, la salvación de todo lo creado. Sería hermoso, ¿no es cierto? Todos en la gloria, con el Dios Padre, Todopoderoso, sin que tú tuvieras que luchar en pro del feminismo, sin que en El Cairo faltaran alcantarillas, sin que yo encontrara horrible ese café americano que acaban de servirme...

Zakía no parece entusiasmarse con mi cántico final, y continúa en sus trece. Quiere saber si conozco algo sobre las predicciones del Profeta en el Corán, y sobre sus intuiciones en el terreno científico...

El asunto no resulta en exceso difícil para mí, puesto que entre los libros que poseo y que me leí de pe a pa antes del viaje figura uno titulado precisamente: *La Biblia, el Corán y la ciencia*. De modo que puedo satisfacer su curiosidad.

—¡Bueno! —digo—. Al hablar de vaticinios, supongo que te referirás a que predijo que, poco después de su muerte, sobrevendría el hundimiento de los imperios de Roma y de Persia; a que su nieto, Hassan, restablecería la unidad islámica; a que llovería una semana seguida para resolver la sequía, etc. La verdad es que estas cosas me dejaron bastante frío, porque imagínate, en ese terreno, lo que podría atribuirse a los profetas del Antiguo Testamento... En cambio, sus intuiciones en el campo científico es algo que realmente llama la atención; el estado gaseoso inicial de la materia celeste; la pluralidad de mundos —de galaxias— admitida en la actualidad; el sol concebido como una antorcha y la luna como una claridad; el factor desencadenante de las lluvias; la posibilidad de «penetrar» en el espacio; la composición química de la leche animal; el sistema de fecundación humana, gracias a un esperma que anida en el óvulo y que va evolucionando, formándose progresivamente las vísceras, los tejidos, los huesos, y haciendo su aparición los sentidos: la vista, el oído, etc. Esto sí, repito, llama la atención, dicho en aquella época por un hombre que no había pasado por la universidad y que vivía en un ambiente de lo más primitivo, en el que nada puede hacer suponer que tenía a su lado consejeros sabios... Sí, Zakía, eso me dio mucho que pensar y considero que nadie que pretenda ser objetivo tiene derecho a escamotear tal realidad.

Zakía muestra una expresión triunfal. Encendiendo otro pitillo —usa mechero de oro—, añade, en tono irónico:

—Después de tus declaraciones, que no tengo por qué poner en duda, y de la aceptación de tales hechos, no me extrañaría que fueras consecuente contigo mismo y que aprovechando que estás aquí, a un tiro de piedra de Yedda, te decidieras a peregrinar tú también a La Meca...

Asiento con la cabeza.

—¡Qué más quisiera yo...! Llegar a La Meca es uno de mis mayores deseos... Pero no con la intención que tú le atribuyes al hecho, algo así como una conversión o un bautizo. No, eso jamás. No tengo más remedio que repetirte lo que dije antes. El Corán podría ser todavía mucho más de lo que es, pero yo nunca me adscribiría a un credo que amenaza con la existencia del infierno...

Zakía hace otro mohín.

—¿Así, que lo dejamos tal y como está?

—Tampoco... Quiero dejar algo muy claro, y de una vez por todas: Mahoma me interesa profundamente. ¿Y sabes por qué? Porque su aventura traspasa los límites de la lógica occidental... ¡Sí, sí, lo que oyes! El hecho nos desborda por los cuatro costados, y confío en que Adrián me dé la razón... Mahoma era un simple camellero, que iba y venía en un lugar desértico y perdido del planeta, y que ya en su niñez declaró que oía voces y que tenía visiones, por lo que lo tomaron por loco. Pues bien, el tal camellero, gracias a un libro que dictó a la luz del día, a retazos, a trompicones si quieres, fundó lo que se llama Islam, es decir, una fuerza arrolladora que al cabo de un siglo aproximadamente había conquistado la mitad del orbe por entonces conocido... Pero la cosa no termina ahí. Resulta que dicha fuerza, catorce siglos después, y al término de un colapso que se produjo por una serie de causas históricamente plausibles, ha vuelto a resurgir, a demostrar que continúa vigente, y cuenta con un número de fieles o seguidores que se acerca a los ochocientos millones... En todo caso, Zakía, eso es más importante aún que los supuestos vaticinios y que las intuiciones científicas e innegables del Profeta... Eso podría catalogarse perfectamente, en un terreno especulativo, como un milagro. Un milagro, por cierto, muy agradable, al que hay que añadir otro: el que supone que, gracias a Adrián, hayamos podido conocerte y sentir que somos amigos...

Zakía hace una reverencia inimitable, juntando ambas manos y responde:

—Muchas gracias, señor. Como dicen los alumnos del centro de Adrián, es usted un caballero español...

CAPÍTULO X

Hemos decidido hacer la excursión a El-Alamein, de que hablamos en el café Esopo de Khan El-Khalili, con nuestro amigo Hilmi, el *croupier*, y con *herr* Günter Benzing, el ex oficial del Afrika Korps.

Salvio Royo, al que vemos casi todas las noches, aplaude nuestro proyecto. Él no ha estado nunca en El-Alamein, pero sí conoce la ruta del desierto que lleva hasta Alejandría —luego se puede regresar por la carretera del Delta—, y nos aconseja que al llegar a Ouadi Natrun visitemos por lo menos el convento copto de San Macario, que, junto con otros tres, subsiste allí nada menos que desde el siglo IV. «Ya sabéis, cuando se produjo en todo el Próximo Oriente, pero, sobre todo, en Egipto, aquella epidemia de ascetismo y monaquismo que llevó a millares de hombres a huir de lo que suele llamarse el mundanal ruido.» En cuanto a Alejandría, vale la pena, como es natural, dedicarle por lo menos una jornada entera, o un año entero, a elegir. El gran Alejandro se limitó a fundarla, ¡cuando tenía sólo veinticinco años!, yéndose luego a Asia Menor... Pero la ciudad ahí quedó. Y más tarde se convirtió, no sólo en el más importante puerto grecorromano del Mediterráneo, sino en un centro cultural de primer orden, superior a Cartago... Por lo demás, Alejandría cuenta actualmente con más de dos millones de habitantes y es un poco como el pulmón del Cairo. «Por desgracia —añade Salvio Royo—, no veréis a Cleopatra, porque sus contemporáneos cometieron la torpeza de no momificarla, ni a ella ni al áspid que le mordió el pecho y la mató. Pero os acordaréis sin duda de la bobada que soltó Pascal al referirse a tan impresionante mujer: que si su nariz hubiera sido más corta, la faz de la tierra hubiera cambiado. He dicho bobada porque lo impresionante de Cleopatra no fue su nariz, sino su personalidad (hablaba muchas lenguas y tenía muchas cachas), sólo comparable a la de mi querida Alma, que, por cierto, estará aquí antes de una semana.»

Bien, resumiendo, sacamos la conclusión de que nuestra aventura ha de durar un mínimo de tres días. En primer lugar, porque hay 205 quilómetros hasta Alejandría y luego otros 103 hasta El-Alamein; y en segundo lugar, porque el regreso, por el Delta, ha de ser lento a la fuerza, debido a lo mucho que hay por ver en él. El trayecto se llama «la ruta agrícola», con poblaciones de hasta doscientos mil habitantes, como la de Tantah, célebre por sus ferias anuales, o la de Damanhour, que significa «ciudad de Horus», lo que da idea de su antigüedad, y que es un gran centro avícola. Pero, sobre todo, las pequeñas aldeas, las cuales, pese a la fertilidad del suelo, viven en muchos aspectos como en los tiempos más remotos. No podemos olvidar una frase de Hilmi referida a «la ruta agrícola»: nos dijo que, «si pudiera elegir, en su próxima encarnación sería hipopótamo en un poblado del Delta».

Pensamos que tres días son muchos días y que debemos aprovecharlos al máximo. Si nuestros acompañantes son únicamente Hilmi y *herr* Günter, nos exponemos a un fracaso. El español que habla Hilmi es a veces más defectuoso de lo que sería de desear, aparte de que el muchacho no pasa de ser un simple *croupier*. Y en cuanto a *herr* Günter, es una incógnita. Con setenta años cumplidos... y ciertas ideas fijas, lo que pudimos deducir de la forma como manejaba el bastón. En definitiva, tal vez nos hiciera falta otro acompañante, que nos garantizara una información correcta sobre el trayecto que nos aguarda.

Pensamos, por supuesto, en Adrián, pero sabemos que Adrián difícilmente podría dejar el centro... De pronto, la iluminación: Zakía, la inefable Zakía, es de un pueblo del Delta próximo a Alejandría. Haciendo memoria recordamos el nombre: El Nibeirah... Sí, allí tiene a su familia y allí su padre ejerce de carpintero y de almuecín...

Especulamos sobre las posibilidades de que acepte acompañarnos. «Tres días sin su famosa revista... Y sin sus colaboraciones en la radio... Y sin madame Sadat...» Pero ¡qué caramba! ¿Y si resulta que necesita «oxigenarse» y que el proyecto le cae como llovido del cielo?

—Hay un sistema infalible para salir de dudas en el acto: llamarla por teléfono —apunta mi mujer.

—¡Perfecto! —respondo, al tiempo que me acerco al aparato y empiezo a marcar el número correspondiente.

Eureka! Ha sido coser y cantar. No pudimos tener mejor suerte. Zakía está dispuesta a compartir con nosotros el que supone «espléndido viaje» —tampoco ha estado nunca en El-Alamein—, de modo que ha dicho textualmente: «Aparte de vuestra compañía, no puedo olvidar que, en el Corán, Mahoma califica de *héroe* a Alejandro el Grande...» ¡Por Alá bendito, esto es una obsesión! Pero una obsesión que nos garantiza el éxito de la empresa.

Mientras ganamos tiempo para que Hilmi llegue al hotel y podamos concretar con él el día de la marcha, dialogamos con Salvio Royo un poco a salto de mata.

Le pregunto qué puede significar que cada noche, a eso de las ocho y media, llame a la puerta de la habitación una mujer vestida de azul y con una libretita en la mano y me pregunte si estoy solo o acompañado... Salvio Royo suelta una carcajada. «¿Tú qué opinas? ¿Que quiere saber si necesitas más papel higiénico? Es una celestina, a la que yo dije que no me gustaban las mujeres, pensando que con ello me dejaría en paz. ¡Y fue todo lo contrario! Me dio a elegir entre un egipcio auténtico o un árabe, aconsejándome este último... Divertido, ¿no?»

También comentamos lo desagradable que resulta que precisamente estos días estén enyesando el piso. Los obreros trabajan a un ritmo desesperante y lo ponen todo perdido. ¡Ah, pero hay un detalle humano!: la hija de uno de dichos obreros, negrísima y con trenzas erectas, sueltas hacia arriba, se pasa el día con ellos. Puede decirse que es su mascota, pues cualquier cosa que haga los hace reír. En una de las trenzas lleva un lazo color naranja y en la otra un lazo color verde. Dichos lazos, junto con la negritud del rostro de la niña —es de origen nubio— destacan de forma aparatosa sobre el blanco del yeso. Cada vez que nos ve hace una reverencia y Salvio Royo dice que tiene el propósito de ahijársela y hacer que aprenda ballet.

En cuanto a Zakía, de la que hablamos largo y tendido, Salvio Royo opina que, pese al talento que le atribuimos y a su buena voluntad, se estrellará... «La clave de este asunto, de los derechos de la mujer y demás —dice Salvio—, está en la poligamia, que es una lacra atávica, como lo fue la bilharzia... Cierto que cada vez es menos frecuente, pero no por la labor de madame Sadat ni por lo que puedan pensar las feministas; simplemente, porque sale muy cara... Mantener a más de una mujer es todo un plan y el país no da para tanto. Llegará un momento en que sólo tendrán cuatro mujeres los beduinos, los *ulemas* y los aristócratas y ricachones que pasan los veranos en Alejandría...»

Ya estamos en ruta hacia Alejandría. Son las siete de la mañana. Habíamos acordado salir a las seis, pero a las seis sólo estaba en el Sheraton el señor Günter, contento como unas pascuas, como si la idea de ver de nuevo el cementerio alemán lo colmara de felicidad... A las seis y media llegó Zakía ¡con pantalones tejanos!, y a las siete, Hilmi. El coche de Hilmi es un Peugeot de segunda —o cuarta— mano, con un enorme ojo de Horus entre los faros delanteros. El clásico amuleto, que protege la vida y trae buena suerte...

Hemos echado un vistazo al coche. «Hilmi, nada de bromas, ¿eh? Que el desierto es el desierto...» Hilmi ha sonreído con malicia y mientras colocaba arriba el sobrante del equipaje, cubriéndolo con un plástico y atándolo con fuerza, nos ha asegurado que con el cacharro de marras se vería capaz de llegar hasta Cuenca sin parar.

Al llegar al Mena House, en vez de dirigirnos a la pirámide de Keops doblamos a la derecha, e Hilmi pone una casete... ¡de Julio Iglesias! Nos quedamos estupefactos. Sí, es su cantante favorito. Nos acordamos del taxista que nos condujo del aeropuerto al hotel la noche de nuestra llegada. Hilmi nos confirma que Julio Iglesias está de moda en Egipto y que los propios músicos del Sheraton sienten por el cantante español una gran admiración. El señor Günter —que nos ha pedido que le llamemos Günter a secas— parece escuchar también con delectación la melodía de turno.

Pronto nos encontramos en pleno desierto. Günter, Zakía y mi mujer se han sentado en la parte de atrás; yo, en atención a mi gordura, voy delante, al lado de Hilmi. «¿Estáis bien?» «Perfectamente.» Advierto que de los labios de Günter cuelga una pipa que humea, que humea de verdad; yo, fiel, a mi costumbre, jugueteo con mi pipa de mentirijillas, lo que parece divertir mucho al alemán.

A nuestra izquierda vemos un campamento militar, con varios carros de combate, y un poco más allá unas excavadoras en plena acción, allanando una amplia franja de terreno. Hilmi nos informa de que están construyendo un aeropuerto. «Se construye mucho, ya lo verán. Pero, como siempre, todo para la guerra...» Por el espejo retrovisor me doy cuenta de que Zakía ha hecho una mueca, señal inequívoca de que el comentario de Hilmi no ha sido de su agrado.

La pincelada gris de la carretera en el desierto, a pérdida de vista, hace compañía, al igual que los postes telegráficos. Sin embargo, en ese primer tramo la soledad no es tal. El terreno está salpicado de pequeños oasis de eucaliptos —filtraciones del Nilo—, y de pronto se yergue incluso una mezquita, pobre, hecha de barro, que en ese lugar adquiere carácter totémico. Uno de los oasis resulta ser una cárcel o un penal. Detrás de unos muros y unas alambradas vemos a los prisioneros trabajando, cultivando la tierra, mientras a la sombra de los eucaliptos esperan, sentados, tranquilos, los familiares de los detenidos.

Aparecen, ¡cómo no!, algunas tiendas de beduinos. Una vez más me pregunto por qué esos hombres, esos clanes, esas tribus, me atraen tanto. En el Neguev, en Israel, compartí con ellos un pedazo de vida, que me subyugó. Por supuesto, los famosos «jueces» del Antiguo Testamento eran sencillamente los jeques de los beduinos de entonces; pero no es ésta la razón. Me emociona su osamenta ligera —los *fellahin*, pese a la dureza del trabajo, tienen más encarnadura— y su nariz curva y sus ojos límpidos. Sus ojos son chispas que, de noche, deben de iluminar el inexistente camino. Cuento todo esto en voz alta y Günter me contesta que durante la segunda guerra mundial los hubo que, por dinero, se convirtieron en «espías envidiables», puesto que eran capaces de caminar a un ritmo de ocho quilómetros por hora. También dice que Lawrence de Arabia los utilizó mucho, como exploradores y guerrilleros, lo que no impidió que el pobre Lawrence, como ocurre con frecuencia con los grandes hombres, muriera de una forma estúpida, en un accidente de motocicleta.

Interviene Hilmi. Detesta a los beduinos. Dice que son unos vagos y que no sirven para nada. Zakía los defiende a machamartillo, puesto que, según ella, representan lo más puro de la raza árabe, pese a que, originariamente, beduino, del vocablo *badaui*, significa «pastor». «Pero no les gusta el pastoreo... Por el contrario, desprecian a los que llevan vida sedentaria. Les gusta eso, andar a un ritmo de ocho quilómetros por hora. Entre sí se dicen: *tú eres tu propio caballo*. Y algunos comen carne de ese animal, cuando está viejo y es de pura sangre, por creer que de ese modo se contagian de sus virtudes.»

Lo único que les achaca Zakía es que son poco religiosos. No practican las abluciones, no respetan los rezos cinco veces al día, no van a las mezquitas; y es que en el fondo continúan creyendo en los *djinns*, en los espíritus buenos y malos que pueblan el espacio, sobre todo, el de los desiertos. Ni siquiera son hospitalarios como lo fueran antaño. Hay quien pretende que en los últimos cinco mil años de historia no han cambiado nada, sólo el arco y la flecha por el rifle; pero no es verdad. Cada vez se sienten más acorralados por la civilización y ello, en el fondo, los pone de malhumor. «¿Cómo van a ser hospitalarios con un tipo que se les acerca con una moto japonesa?» Por otra parte, tradiciones tales como la de que si un asesino se refugiaba en la tienda de un beduino estaba a salvo, se han terminado.

Hilmi, de vez en cuando —Julio Iglesias se acabó—, conecta la radio. ¡Hay que ver cómo se oyen las emisoras árabes desde cualquier lugar! En el desierto, no digamos... Zakía comenta: «es que las ondas sonoras circulan mejor sobre el petróleo...» Los ritmos de la música árabe, oídos aquí, tienen, al igual que aquella mezquita de barro, un significado especial. Es el ritmo de las dunas, es el ritmo del camello, es el ritmo de algunos pájaros que, milagrosamente, revolotean por el cielo, de un azul purísimo. Cielo que, por cierto, empieza a enviarnos un sol terrible, abrasador, pese a lo cual mantenemos cerradas las ventanas, para resguardarnos de la arena. En cambio, nos cruzamos de vez en cuando con camiones repletos de soldados, éstos en la parte trasera, al aire libre, sin casco, riéndose y saludándonos festivamente. «Son duros de mollera», comenta Hilmi. Pero Günter lo ataja: «Son bravos, ¡Bravísimos!»

SOBRECOGEDOR DESIERTO. MONASTERIO COPTO

Se hace un silencio en el coche, como si de súbito el desierto, que ahora sí que es soledad, nos sobrecogiera el espíritu. A saber qué pensará cada cual... Por mi parte, viendo otra vez a varios pájaros trazando amplios círculos en el aire, recuerdo haber leído que, cuando una cigüeña se pone enferma, los beduinos la curan y la devuelven a su bandada, como muestra de simpatía hacia un animal que lleva la misma vida nómada que ellos. ¿Y las beduinas? Las recuerdo en los bazares y zocos, vestidas exteriormente de negro —por debajo llevan telas de vivos colores—, con coronas de piastras, o de medallitas de oro, incrustadas en el velo que les cubre la cabeza, y con anillos en los tobillos, que no son, como podría pensarse, signos de esclavitud, sino de adorno. ¡Bueno, la vida de las mujeres árabes es más compleja de lo que puede atisbarse desde el Sheraton! Zakía, a la que veo mordisqueando un bocadillo, sabe algo de eso... Recuerdo también haber leído, en un libro de J. Byng, que en las tribus de los tuareg —que habitan entre Argelia, Nigeria, Libia y Tombuctú— quienes llevan los velos son los hombres y no las mujeres, porque, allí sí, se trata de un matriarcado con todas las de la ley. Las mujeres gozan incluso de libertad sexual antes del matrimonio, aunque, por respeto a sí mismas, no suelen exagerar. Las mujeres son las que aprenden a leer y a escribir —para poder administrar los bienes familiares—, y el árbol genealógico se rige por línea materna. De hecho, el marido sólo posee la ropa con que se cubre y las armas, y su mujer puede divorciarse de él sin dificultad.

Le pregunto a Zakía si ha oído hablar de las tribus tuareg y me dice que no.

—¡Bueno, no sé! Estaba pensando en otra cosa...

—¿En qué, Zakía?

—En que estamos llegando a Ouadi Natrun...

Es cierto. Quilómetro 83... Por ahí cerca deben de encontrarse los conventos coptos de que Salvio nos habló. Un tirón más con el Peugeot y no hay pérdida, puesto que a nuestra izquierda, a unos quinientos metros escasos, aparece el primer convento, que debe de ser el de San Macario. Aparte de esto, en el mismo cruce están plantadas una mujer y una niña, protegidas del sol con un paraguas y que sin duda hacen autostop. Querrán llegar al convento, claro, y habrán venido hasta aquí con algún camión.

Hilmi se lo pregunta y así es. ¡Y salta la sorpresa! La mujer es la madre de uno de los monjes de San Macario, y la niña, su sobrina. Una y otra exhiben en la muñeca, perfectamente tatuada, la clásica cruz de los coptos ortodoxos. La madre lleva dos años sin ver a su hijo, ya que éste se niega a recibirla, «para no emocionarse demasiado». «¡Pero esta vez —barbota con voz enérgica— tendrá que verme a la fuerza! ¿No lo eché yo al mundo?» La niña lleva un vestidito amarillo, y mientras escucha el diálogo nos mira con ojos un tanto asustados.

Por lo visto se trata de que las llevemos en el coche hasta el convento, porque están exhaustas. Nos acomodamos como Dios nos da a entender. La mujer detrás, lo que obliga a Günter a apagar su pipa; la niña delante, sentada a mi lado. La mujer me ha cedido un grueso bolso negro, que sostengo sobre mis rodillas y en el que destaca por su colorido una pegatina de la Virgen.

Abordamos el camino pedregoso. El convento tiene por fuera aspecto de fortaleza —muro circundante, de protección—, de un color rojizo, que anima el paisaje. Sin embargo, ¡qué desolación! ¿Cómo puede vivirse, años y más años, en un lugar así? La mujer no para de hablar y, por lo que nos traducen, nos enteramos de que su hijo era nada menos que arquitecto, hasta que le dio por dejarlo todo en nombre de Cristo y venirse a San Macario.

La palabra Cristo, oída en este sitio, suena a un tiempo muy lejana y muy próxima. ¡Llevamos tantos días oyendo hablar sólo del Islam! Claro, claro, el mundo, incluso en el desierto, es plural... Así se lo digo a Zakía, que no parece muy alegre, en el momento en que Hilmi detiene su cacharro delante de la puerta del convento, puerta que está abierta y en cuyo umbral vemos a dos monjes, uno barbudo, con perilla de chivo, el otro con profundos ojos negros.

Debido a la presencia de los dos monjes, se produce en el acto una pintoresca situación, a la que de hecho nosotros somos ajenos: la madre que pretende ver a su hijo y los monjes que ni siquiera se ofrecen para pasarle a éste el correspondiente aviso. Por último prevalece la porfía de la madre, y el hijo recibe el recado. ¡Y el arquitecto-monje tiene una inesperada reacción!: accede a verla... Al parecer exclamó: «¡Si llego a saber que venía, me hubiera escapado!» Como sea, apenas transcurridos cinco minutos el hombre, barbudo y con grandes gafas de miope, se acerca a la puerta y se funde en un estrecho abrazo con la mujer que lo trajo al mundo. Ésta llora, llora de gozo y de pronto se separa de su hijo, nos mira a todos y gime: «¡Soy más feliz que si hubiera encontrado un millón de libras en El Cairo!» Nadie se ríe, y todos contemplamos cómo la pareja se adentra en el convento, seguida de cerca por la sobrinita de vestido amarillo, que se muestra desconcertada y no sabe qué hacer...

El incidente daría pie a toda clase de reflexiones y comentarios, pero los dejamos para mejor ocasión. Y entramos en el monasterio, que en su interior se nos antoja modernizado en exceso, falto de carácter.

Nos acompaña el portero de la perilla de chivo, que habla un francés detestable. Pronto nos damos cuenta de que hay muy poco que ver: un jardín —jardín y huerta— al fondo, la iglesia y una especie de refectorio a la derecha, destinado, es de suponer, a los peregrinos, que al parecer acuden en gran número, sobre todo, los domingos. De refilón hemos entrevisto un edificio detrás de unas cúpulas: debe de ser el recinto de clausura y tal vez allí se albergue la biblioteca, en el supuesto de que ésta exista.

Es posible que la iglesia tenga su interés, dado que los iconostasios son muy antiguos y los frescos murales, si nuestros informes no mienten, datan del siglo v; pero no podemos verlos, porque unas celosías de madera los ocultan y, de añadidura, falta la luz. Lo único que nos cuenta el monje, mostrándonos un agujero en un rincón de la iglesia, es que en él, según la tradición, fue encontrada la cabeza de Juan el Bautista, cabeza que más tarde fue llevada a Siria y cuyo destino se ha perdido... Zakía, al oír esto, hace un gesto como indicando: «bueno, es como si en la mezquita de mi pueblo me dijeran que encontraron allí la cabeza del suegro del Profeta...»

Puerto que me resisto a admitir que nuestra visita a San Macario se salde con un fracaso, juego la carta de preguntar si nos sería posible hablar con el padre abad, alegando que soy un periodista español que ha recibido el encargo de escribir una serie de reportajes sobre el monaquismo en Egipto y, en especial, sobre los monasterios coptos.

El portero, que no mueve una de sus facciones ni a la de tres, tarda en contestar. Por fin, acompañándonos al pequeño refectorio e invitándonos a que nos acomodemos en él, dice:

—Por favor, esperen ahí... —Y se aleja, dejándonos solos en la estancia, en la que no hay más que unos bancos adosados a la pared, una mesa y, presidiendo, un crucifijo, un retrato del archimandrita Shenoudah III y un póster del presidente Sadat.

Günter pega un bastonazo en el suelo y clama:

—Pero ¿es que estos hombres no tienen sangre en las venas? —Luego añade—: Claro que, si la tuvieran, no vivirían aquí...

¡Nueva sorpresa! El abad no puede atendernos —está ocupado—, pero lo reemplazará gustosamente el monje-arquitecto, que por lo visto no ha resistido más de quince minutos la presencia de su madre, a la que ha reenviado, junto con la sobrinita, aprovechando la llegada del camión de aprovisionamiento.

EL PADRE PABLO. LOS ERMITAÑOS

Vale decir que la suerte se ha aliado con nosotros; mejor dicho, con mi mujer y conmigo, puesto que Zakía, Günter e Hilmi prestan escasa atención a lo que, en un francés tan detestable como el del portero, nos cuenta el monje, Pablo de nombre. Hombre encantador, extremadamente miope, en efecto, pero muy impuesto del tema que nos concierne y de una humildad que, en ocasiones, llega a conmovernos.

Empieza por entregarnos un folleto titulado «L'unité chrétienne», escrito por el padre abad, en el que se incluye una fotografía aérea del monasterio y una estampa de san Macario. El abad se llama Matta el Meskin, es un estudioso infatigable y dispondría, en efecto, de una inmensa biblioteca, a no ser que los ingleses, a finales del siglo pasado, se presentaron un buen día y se llevaron por las buenas exactamente treinta mil manuscritos sobre papiro que eran propiedad del convento...

Esta vez es Hilmi el que murmura, por lo bajines:

—Bandidos...

El padre Pablo se da cuenta muy pronto de que no tengo más que muy ligeras nociones del fenómeno del monacato egipcio y que lo ignoro todo de Ouadi Natrun. De modo que lo primero que hace, con la característica meticulosidad del hombre que no tiene prisa —que no piensa ir a El-Alamein ni a ningún lado...—, es justificar el nombre del lugar. Natrun significa «natron», es decir, la sustancia de que nos habló el profesor Yasir en el museo, que los antiguos egipcios utilizaban para el embalsamamiento y que ahora sirve para fabricar vidrio, jabón para blanquear el lino, etc. En esta zona, en diciembre comienzan a aparecer una serie de lagos que contienen natron; cuando, en marzo, dichos lagos se secan y desaparecen, el natron es recogido y explotado industrialmente. «Antiquísima geología, como pueden ver ustedes, puesto que el nombre de Ouadi Natrun figura en los más remotos textos...»

Luego nos recuerda que el introductor del cristianismo en Egipto fue san Marcos, quien es a la vez el patrón de la Iglesia copta. San Marcos, compañero de Bernabé, en cuanto éste sufrió martirio y murió, se vino a Egipto y fundó su Iglesia, Iglesia que todavía sigue en pie. Por cierto, que su primer converso fue un zapatero de Alejandría, Annianus de nombre; por fin, san Marcos, por haber protestado ante las autoridades romanas de una procesión en honor de la diosa Serapis, sufrió también martirio siendo sus restos llevados a Venecia, donde reposan en la famosa catedral que lleva su nombre.

De no haber llegado san Marcos a Egipto no se habría producido, tres siglos más tarde, la llamada «epidemia de eremitas», epidemia encabezada por san Antonio, el de las tentaciones, y por Pacomio. Dicha epidemia es difícilmente comprensible en el siglo veinte, pero llegó a ser tal que en este lugar en que nos hallamos, y en otro no muy lejano, llamado Kellia, han sido encontrados los restos de hasta setecientos conventos y ermitas, aparte de un número incalculable de celdas, en las que vivía un solo hombre, o tal vez dos. Hombres que, impulsados por una fuerza superior, escapaban del mundo y llevaban una existencia mísera, fieles a la voz de Jesús: «si quieres ser perfecto, ve, vende todo lo que posees, y después ven y sígueme». De añadidura, su lema era «degradar el cuerpo para ensalzar el alma». También las mujeres se lanzaron al desierto, convencidas de que «el espíritu de Dios nunca entraría en la morada de las delicias y el placer». De ahí que no sólo practicaran un ascetismo que en nuestros tiempos sería considerado como una locura, sino que rendían un especial culto al silencio. La mayoría comían sólo pan duro, que cocían una vez cada seis meses o cada año, sal y hierbas. Su ideal llegó a ser: «comer hierbas, ir vestido de hierbas y dormir sobre la hierba», con lo que estaban convencidos de poder vencer a Satán, cuya presencia tenían por más activa, paradójicamente, en el desierto que en la ciudad. En cuanto al silencio, el gran Arsenius escribió que «incluso el gorjeo de un gorrión impedía que el corazón de un monje alcanzara el reposo, y que el ruido del viento en los cañaverales lo hacía del todo imposible». Y un eremita, que por temperamento era un empedernido charlatán, aprendió a callarse a base de mantener una piedra en su boca durante tres años. De añadidura, y consecuentes con el menosprecio del cuerpo, llegaron a establecer una especie de asociación entre «suciedad y santidad». No se lavaban jamás, excepto, quizá, las manos. De ahí que los escasísimos cronistas de la época, para llamarlos de algún modo, los describan como demonios, y que más tarde los pintores, como puede verse en los frescos de los monasterios de Capadocia y de Grecia, los pinten como salvajes, demacrados, vestidos con harapos, cabellos cayéndoles hasta el suelo, las miradas perdidas en otra realidad, que no era más que el desierto, la soledad y Dios. Todo lo cual no impidió, sino al contrario, que su fama se extendiera por todo Egipto —aparte de que muchos de ellos alcanzaron los cien años de edad—, hasta el punto de que los enfermos y los inválidos los visitaban, procedentes de las comarcas más lejanas, para pedirles que los bendijeran y, a ser posible, que los curaran.

Se produce un inesperado paréntesis, aprovechando que, ¡por fin!, un monje nos trae unas tacitas de té mentolado, que nos sabe a gloria —fuera, el calor es tórrido—, y unas galletas.

Zakía, que poco a poco, en el transcurso de la disertación del padre Pablo, ha ido endureciendo su rostro, lo que no la favorece en absoluto, interviene y emite su opinión, sin pelos en la lengua.

—Todo esto me parece monstruoso, con perdón... —dice—. Algo había oído al respecto, pues tengo un pariente, un primo hermano, que se hizo copto y siempre anda leyendo unos libritos antiguos, de pergamino, en los que se dice textualmente que el acto conyugal es un crimen y que la mujer debe preferir morir antes que acceder a él. Pero hay más. El tal pariente afirma no estar nada seguro de que san Antonio, el fundador o inspirador del monaquismo, haya existido jamás... ¡Bueno, no se escandalice, padre, por favor! Esas lagunas históricas son de lo más corriente. Sin embargo, no es de eso de lo que quería hablar, sino del hecho de que una «epidemia» —uso su palabra— de anacoretas y de castigo corporal como la que usted ha descrito es imposible que se dé en el seno del Islam, por la sencilla razón de que el Profeta jamás predicó el ascetismo... Tal vez fuese más realista, no sé... El caso es que en el Corán está dicho: «Dios no ha impuesto al hombre una carga demasiado pesada.» De modo que, si bien hemos tenido muchos y muy importantes místicos, no hemos tenido ascetas; y permítame que le diga que, personalmente, me felicito de ello...

El padre Pablo se ajusta las gafas, se acaricia la barba y responde:

—Lo que usted dice es rigurosamente exacto. Conozco el Corán... La explicación tal vez radique en que las dos religiones, siendo en muchos aspectos muy similares, en otros difieren radicalmente. El islamismo es más sensual, acaso porque lo era el pueblo al que Mahoma se dirigía... Eso no hay que olvidarlo. Muchos historiadores y teólogos creen que Mahoma jamás se propuso fundar una religión universal —quizá lo probaría el hecho de que no nombrara sucesor...—, sino una religión ajustada exclusivamente a la raza cuyo espíritu quería mejorar, elevar, salvar... Lo cual, por supuesto, no es ningún demérito, dado que, fuere cual fuere su intención, los resultados ecuménicos ahí están...

Nuevo bastonazo al suelo del señor Günter.

—Pero el tal Antonio, al que ustedes llaman santo, ¿existió o no existió? Ya han empezado a intrigarme y me gustaría ver si ustedes llegan o no llegan a ponerse de acuerdo...

Zakía se calla y el padre Pablo interviene, con su consabida suavidad:

—Eso, señor, no puede garantizarlo nadie... Los documentos de la época son, verdaderamente, escasísimos. Existe una *Vida y conducta de nuestro padre Antonio* que ha sido muy controvertida, y algún texto más... Sin embargo, debo decirle que, en lo que a mí atañe, no necesito pruebas escritas para creer en él, como no las necesito para creer en Cristo Jesús. Mi convicción íntima es que san Antonio existió, que procedía de una familia acomodada de Alejandría y que representa quizá el ejemplo más relevante de la lucha de un hombre contra los poderes del Mal...

Dos preguntas me quedan por hacer. La primera, quién fue san Macario.
—¿Podría usted explicárnoslo, padre Pablo?

El hombre me responde con lentitud, pero con suma precisión. Por lo visto hubo dos san Macario. El que corresponde al convento es san Macario el Joven, así llamado para distinguirlo de san Macario el Viejo, cuya historia es muy otra y sería larga de contar.

San Macario el Joven, que vivió en el siglo IV, se hizo famoso porque se pasaba toda la Cuaresma —cuarenta días— dentro de una especie de hoyo excavado bajo tierra, tan estrecho que en él no era posible ni siquiera extender los pies. Su austeridad fue tal que se quedó en los puros huesos y dejó de crecerle el mentón. Por lo demás, un día en que encontrándose en su celda le picó un mosquito, lo aplastó; pero luego se arrepintió hasta tal punto de haber obrado «por venganza» que se pasó seis meses en un pantano próximo dejándose picar por todos los mosquitos sin emitir una queja. Al regresar al convento todo el mundo creyó que había contraído la lepra. San Macario era así, y además el más servicial de los eremitas. Su divisa era «amor y caridad». En cierta ocasión, uno de sus hermanos enfermos le dijo que «querría comer pastelillos con miel»; sin pensarlo más, Macario se puso en camino hacia Alejandría —sesenta millas— y se los trajo. Y el caso es que fue uno de los longevos de que antes nos habló. Instalado en el desierto a la edad de cuarenta años, llegó a centenario. «Pese a lo cual, ya lo ven, para nosotros sigue siendo san Macario el Joven.»

Segunda pregunta. El folleto «L'unité chrétienne», que sostengo entre las manos, ¿aporta alguna solución al problema que supone el cisma existente entre los coptos ortodoxos y la Iglesia romana?

—Ninguna —contesta el padre Pablo—. Ya lo saben ustedes... Los coptos ortodoxos creemos que en Cristo existe una sola naturaleza, la divina, que absorbió a la naturaleza humana. Somos, por tanto, monofisitas, y perdonen ustedes la palabreja. Y la cosa viene de lejos... Exactamente, del siglo quinto, durante el cual se celebró el Concilio de Calcedonia, que acabó declarándonos herejes. Desde entonces las cosas siguen igual. Roma continúa siendo Roma y nosotros no admitimos ninguno de los dogmas que han sido proclamados a partir de la ruptura, ni creemos que los pontífices hayan heredado los poderes concedidos por Cristo a san Pedro. Como es natural, el dogma que rechazamos con mayor energía es el de la infalibilidad...

Zakía, que ha escuchado con atención, comenta:

—¡Qué curioso! Nosotros, los musulmanes, no tenemos esos problemas de la naturaleza única o doble, porque tuvimos la suerte de que el Profeta declarara expresamente que él no era hijo de Dios...

El padre Pablo sonríe.

—¡Bueno! No hay que hacerse mala sangre ni exagerar las cosas... También existen algunos coptos católicos que acatan la autoridad de Roma, aunque vale decir que son una pequeña minoría. Pero lo importante es lo que hubieran dicho nuestros santos antepasados, Antonio, Pacomio y Macario: que todos somos hijos de Dios, incluidos los mosquitos... Por ello me gusta tanto una leyenda que circula entre nosotros, según la cual, el día del fin del mundo, el profeta Mahoma descenderá sobre La Meca, Cristo Jesús bajará sobre la mezquita de Omar, en Jerusalén, y Juan Bautista sobre la mezquita de los Omeya, en Damasco... ¿Se da usted cuenta, señora, de que entre los musulmanes y los cristianos no hay tanta diferencia como podría parecer?

Zakía, ganada por la dulce expresión del padre Pablo, sonríe a su vez y Günter se abstiene de pegar otro bastonazo. En cuanto a Hilmi, se ha dedicado a zamparse, una tras otra, todas las galletas que quedaron en la bandeja... Hilmi, estoy seguro de ello, no le ha perdonado al padre Pablo que a los quince minutos de estar con su madre la echara del convento, reenviándola con el camión de las provisiones.

Nos despedimos del padre Pablo, no sin antes enterarnos de que los monjes en San Macario son actualmente unos cuarenta, que se dedican principalmente al trabajo manual y a la oración. Hay otros tres conventos en Ouadi Natrun, pero se nos ha hecho tarde y reemprendemos la marcha, rumbo a Alejandría. Por cierto, que el Peugeot de Hilmi, pese a que lo dejó a la sombra, está hirviendo. Son las once de la mañana y alguien escribió que al mediodía el desierto gime y murmura, en tanto que de noche, cuando la temperatura baja a cero, se oye el chasquido de las rocas y de las piedras que se parten y se resquebrajan.

Acusaciones recíprocas. Los Hermanos Musulmanes

Después de un silencio largo, durante el cual hemos visto otro oasis —otra cárcel, con prisioneros trabajando—, encontramos un pequeño albergue, sorprendentemente limpio, donde adquirimos algo de comida y nos tomamos unos refrescantes zumos de fruta. Este albergue no tiene nada que ver con las «casuchas» para tomar café o té que algunos beduinos han ido montando a lo largo de la carretera, y que dan la impresión, como dice Zakía, de que funcionan «con derecho a cucaracha». Sin embargo, yo he querido echar un vistazo a una de esas «casuchas», pintada de color ocre, lo que me ha permitido comprobar que entre las latas de conserva que en ella se expenden las hay españolas, especialmente, de anchoas y de atún.

En ruta otra vez, reconfortados nuestros estómagos, reanudamos el diálogo, un tanto sincopado, pero que en el fondo apunta a una dirección muy concreta y aleccionadora, por lo menos para mí.

Günter ha sido quien ha abierto brecha —gracias a que su pipa humea de nuevo—, afirmando lapidariamente que a sus setenta años cumplidos, y debido tal vez a que no ha estado enfermo jamás, no recuerda un solo momento de su vida en que haya creído en Dios. «Así que mi problema es todavía más chico que el de los musulmanes. Para mí, no es que no crea que existe el Hijo; es que no creo tampoco que exista el Padre.» Günter, bajito de estatura, más parecido a Goebbels que a Goering, tiene en cambio una voz recia y una prominente nariz. Al saber que mi mujer y yo hemos vivido una temporada en Bonn, donde él nació y donde se conserva aún su casa paterna, se le humedecen los ojos y se las arregla, aun dentro del vehículo, para estrecharnos las manos con efusión.

Pero el detonante ha sido Hilmi. Hilmi ha acusado a los coptos, lo mismo a los ortodoxos que a los católicos, de haber disimulado muy poco, en tiempos del mandato británico, la satisfacción que les producía la presencia de los ingleses en Egipto. «No es que estuvieran a partir un piñón, pero se hacían mutuamente favores.»

Zakía ha abundado en la tesis de Hilmi. «Es muy cierto lo que dices, Hilmi, y me alegra que por fin tú y yo estemos de acuerdo en algo... Los enemigos de los coptos éramos nosotros, no los ingleses»; y Zakía justifica su afirmación alegando que los coptos, que cuando la llegada de los árabes a Egipto, en el siglo séptimo, eran prácticamente la totalidad de la población, en la actualidad apenas si suman el diez por ciento de los habitantes, lo que les produce un complejo de minoría perseguida, complejo injusto a todas luces, pues a nadie, excepto, quizá, a los Hermanos Musulmanes, se le ha pasado por la cabeza convertir sus iglesias en mezquitas...

—Pero Hilmi tiene razón. Los coptos estaban de parte de los ingleses...

¡Y hay que ver lo que esto significa! Para que venga el padre Pablo, que no es, ni mucho menos, un mentecato, y nos diga que el lema de sus viejos santones era primero el amor y luego la caridad... ¡Menuda caridad la de los ingleses, en cuyas iglesias también había una cruz! Inglaterra ha pisoteado Egipto lo más que ha podido, y nos ha humillado a placer. Ha sido una lucha titánica, constante, lo mismo si se ha tratado del canal que de los templos de Karnak... Nos lo han robado todo, incluso, según acabo de enterarme, treinta mil manuscritos sobre papiro que se guardaban en San Macario... Pero no es eso todo. Utilizaban sistemáticamente el látigo contra nosotros. Mi abuelo podría dar fe de ello, puesto que, yendo a la escuela, le pegaron diez azotes porque se atrevió a decir que Egipto no estaba «gobernado» por los ingleses sino «ocupado» por ellos... Ahora mismo estoy viendo, allá a la derecha, un letrero que dice Sadat City... Sí, ya sé que se trata de un proyecto del presidente de construir ahí una nueva ciudad. Pero ¿por qué tantos letreros en inglés? Yo sólo utilizaría el inglés para el transporte de las basuras, puesto que ellos se mofaban de nosotros cantando por las calles canciones obscenas contra nuestras instituciones... Pero en fin, dejemos esto, que a fin de cuentas es agua pasada. ¡Me interesan mucho más esas torres metálicas que veo por ahí, que son de prospección petrolífera! Claro, claro, si en la vecina Libia hay petróleo, ¿por qué razón no puede haberlo aquí? El desierto es el mismo. ¡Ah, eso sí sería la gran revolución!: que llegara un día en que Egipto estuviera en condiciones de venderles petróleo a los ingleses...

Se hace un silencio. La pipa de Günter humea. Pienso que las palabras de Zakía referidas a los ingleses deben de estar cargadas de razón, aunque la muchacha no ha advertido, debido sin duda al hábito adquirido, que los letreros de la prospección petrolífera están redactados también en inglés, puesto que el dinero y los técnicos proceden de los Estados Unidos... Ahora bien, ¿y su alusión a los Hermanos Musulmanes? Quedó claro que los veía capaces de querer convertir las iglesias coptas en mezquitas...

Le pregunto sobre el particular, recordándole sus propias palabras y contándole que uno de dichos Hermanos, en la plaza El-Tahrir, escupió a nuestros pies. Zakía no se siente molesta en absoluto. Por el contrario, admite que ello es así. «Nosotros los llamamos los barbudos, porque en Egipto son los únicos en llevar ese apéndice. Pero la palabra que mejor los define es la de integristas, sinónimo de fanáticos. No sólo quieren el monopolio de la tradición islámica, sino que detestan a los extranjeros. Los cristianos sois extranjeros... ¡pues duro con vosotros! Sí, me temo que cualquier día, en el barrio copto, se produzca un enfrentamiento, de repercusiones imprevisibles y que sería de lamentar. ¡En la radio nos dan la lata todos los días! Querrían copar los micrófonos y les molesta incluso que pongamos canciones de Oum Kaltum...»

Guardo silencio, y me prometo a mí mismo hacer lo imposible para conocer a un Hermano Musulmán. Sin embargo, en estos momento me dedico a contemplar de nuevo el desierto. ¡Qué inmensidad! Nos cruzamos con una serie de vehículos marca Toyota y, de trecho en trecho, viejos neumáticos apilados con ingenio son utilizados como elemento decorativo. Los anónimos escultores hacen con ellos auténticas filigranas, que sin duda se llevarían los primeros premios en cualquier bienal de adefesios vanguardistas.

Por lo demás, vuelven a pasar camiones con soldados indefensos bajo el sol —bajo el sol del mediodía—, sonriendo y saludándonos agitando la mano...

Antes de llegar a Alejandría cruzamos aún un par de zonas de interés. La primera, un pedazo de desierto llamado «provincia de la Liberación», donde se efectúan intensos trabajos irrigatorios para convertir el terreno en un lugar fértil; la segunda, el célebre lago Mariut, que bordeamos, lago ahora pantanoso, con cambiantes tonos del agua —rosa-azul-lila...—, agua que en tiempos fue viva y repleta de pescado, alimentada por numerosos canales procedentes del Nilo. Una presa lo protegía, pero los ingleses —¡los ingleses!— la destruyeron, para impedir que las tropas francesas tuvieran comunicación por vía acuática con El Cairo. Zakía nos dice que Mohamed Alí, que fue un gran protector de Alejandría, proyectó rehacer dicha presa, pero que no pudo ver cumplidos sus deseos.

Sorpresa en Alejandría

¡Bien, la entrada en la ciudad, que en cuanto a tráfico no tiene nada que envidiarle al Cairo, nos depara una sorpresa superior a las anteriores!: está ocupada. La ciudad está ocupada de un extremo a otro, debido a que, precisamente hoy, tiene lugar, en uno de los hoteles, el San Stéfano, una de las periódicas entrevistas Sadat-Beguin. El dirigente judío está aquí, lo que significa que todas las calles han sido acordonadas por soldados —uno cada diez metros— a bayoneta calada, los cuales, curiosamente, han sido colocados por sus jefes cara a la pared, lo que da la impresión de que su destino es ser fusilados.

Zakía está que se muerde las uñas. Ella conoce esto palmo a palmo, ¡y hay tanto que ver! Y he aquí que muchos tramos están cortados y que la palabra «Prohibido» es la más abundante en cualquier parte. Con un agravante, al que Hilmi hace mención en el acto: seguro que nos va a costar Dios y ayuda encontrar alojamiento. Los hoteles estarán repletos —ejércitos, delegaciones, los famosos séquitos, etc.—, de suerte que él propone, antes que cualquier otra cosa, asegurar el hospedaje, sobre todo teniendo en cuenta que entre todos sumamos un batallón.

Hilmi tiene razón, de modo que iniciamos la búsqueda. Puede decirse que vamos dando tumbos por la ciudad, procurando no perder de vista la Corniche, que tiene unos cuarenta quilómetros de largo y cuyas playas, negras y un tanto decepcionantes, están repletas de bañistas, con sus correspondientes parasoles, dormilonas y demás. Todo inútil. Hay mucho letrero bilingüe, de modo que nos cansamos de leer: *Complet*. Los recepcionistas niegan con la cabeza, si es que se toman la molestia de gastar tanta energía. Hilmi está furioso y al cabo de más de una hora de rastreo, sobre todo por el barrio de Maamoura, nos dice que «m... por Beguin y por los judíos» y que la única solución estriba en ofrecer a algunos de esos recepcionistas una suculenta propina. «Con veinte libras, por ejemplo, creo que si volvemos al Windsor Palace se podrá arreglar.»

Efectivamente, se produce el milagro. Media hora más, veinte libras y disponemos de cuatro habitaciones en el Windsor Palace, situado en la propia Corniche y cuyo interior huele a demonios. Günter, el más ferviente partidario de «a mal tiempo buena cara», procura alegrar la situación. Pero Zakía crea problemas. «¡Estos muebles...! ¡Este ascensor! ¡Seguro que nos estrellamos!» Cuando, al cabo de un rato, coincidimos de nuevo en el vestíbulo, Zakía nos describe su habitación. Las sábanas, del tiempo de los mamelucos... La bañera, con una grieta que la parte por la mitad; y debajo de la cama, el cadáver de un hermoso ratoncillo...

¡Bueno, qué se le va a hacer! Acordarse de Pacomio, de Macario el Joven, de Macario el Viejo... y de Günter. Günter, con su bastón, cuida de organizarlo todo, pues la proximidad de El-Alamein lo ha transformado. Gracias a él conseguimos incluso una mesa en el comedor, aunque es mejor olvidar la facha de los sirvientes, sus dedos grasientos, así como el caldo y la carne —¿de qué?— que, ya muy tarde, nos sirven como almuerzo. En cuanto al postre, podemos elegir entre unos roscones de la época alejandrina o un coloreado sorbete de limón… ¡Ah, pero el café, café turco, está en su punto! No hay discusión al respecto, hasta el extremo de que Zakía propone llamar al director y felicitarle efusivamente.

Nuestro intento de visitar los principales lugares de la ciudad puede calificarse de completo fiasco. Beguin y la multitud, una multitud que en ciertos momentos nos recuerda la de Calcuta, se han convertido en nuestros enemigos personales. En la plaza Saad Zaghlouh, muy próxima al hotel, en la que confluyen muchas líneas de tranvía y de autocares, estuvimos a punto de ser aplastados. Nuestra intención era ver los restos de la columna Pompeya, el sitio donde se alzaba el famoso Faro, las catacumbas, el acuario del Instituto Hidrobiológico, etc. Todo inútil esta tarde. Una y otra vez hemos sido rebotados, hasta que por fin tomamos la decisión de sentarnos en la terraza de uno de los cafés de la Corniche y contemplar la vida que pasa…

Y pese a todo, la aventura ha sido suficiente para hacernos una composición de lugar. Alejandría se desmorona, lo mismo que El Cairo. La arquitectura de los edificios es distinta —más europea, más colonial—, pero todo aparece abandonado, hecho trizas. Usando el tópico, «restos de pasado esplendor». Grandes y hermosas mansiones de color ocre y rosa, recordando las de Roma, pero roídas por el tiempo y la desidia de sus actuales moradores. Ello soliviantá a Hilmi, quien, fiel a su tesis que nos expuso en Khan El-Khalili, recuerda que fueron los árabes los que, durante un milenio, dejaron que se hundiera todo lo que los griegos y los romanos habían levantado en la ciudad. Por lo demás, la revolución de 1952, y luego los despiadados treinta años de guerra —¡ay, Beguin y sus secuaces sionistas!—, le dieron el golpe de gracia.

De todos modos, es muy posible que estemos exagerando y que se salven muchas cosas. Sí, es muy posible que se salve —sirva ello de muestra— el puerto que tenemos delante (hay otro al oeste, que se ha quedado muy reducido), que es grandioso, una maravilla y que se enciende bellamente, como es su deber, al ponerse el sol.

Zakía nos confirma que, en efecto, resulta temerario emitir una opinión cuando las circunstancias son tan desfavorables. Se reafirma en lo dicho: hay mucho que ver. Por ejemplo, el palacio de Montazah, que fue antaño uno de los feudos del rey Faruk, en el cual, junto a una decoración horrible y mal digerida, se abren avenidas de botánica singular, con toda suerte de palmeras, árboles exóticos, geranios salvajes y cuanto sea soñable en esa materia. El museo grecorromano, de una riqueza que, a no ser porque existen en El Cairo los museos egipcio e islámico, ella calificaría de incomparable, con estatuas, estolas, mosaicos, piezas de alabastro, momias de animales —impresionante capítulo— y una colección numismática compuesta por siete mil piezas, única en su género. Personalmente ella siente, además, una inclinación especial por el Museo de Bellas Artes, donde, aparte del material antiguo, se exhibe continuamente una inteligente selección de la pintura egipcia contemporánea, que ayuda a tener fe en el futuro del país, etc. «¿Cómo vamos a despachar así, con un rapto de malhumor, una ciudad como Alejandría?»

En la espera, nos dedicamos a contemplar la vida que pasa… La vida que pasa entre los coches y los soldados que montan la guardia, con uniforme blanco y gorra y cinturón negros. ¡Bien, al fin y al cabo el hervidero humano es lo que mayormente me interesa! Así que detecto que los hombres suelen ser altos y las mujeres, bajas; que los taxis son de color butano y negro, con amuletos mucho más frívolos que los del Cairo; que muchos niños, al pararse los coches, se apresuran a limpiarles los parabrisas en espera del *bacsis*; que hay antenas de televisión en todas las casas, con muchas cometas que se han quedado enganchadas en ellas; que abundan los autostopistas, rubios, solitarios o por parejas —posiblemente, estudiantes—, con guía en la mano, libros y mochila al hombro; que de pronto interrumpen el tráfico hombres borrachos —y también un pobre loco que va pegando saltos y aplaudiéndose a sí mismo—, lo que origina colapsos de mil diablos; que la mayoría de los autocares exhiben rotos los cristales traseros; que los vendedores ambulantes, con su heterogénea carga a cuestas, hacen gala de un envidiable sentido del equilibrio; que hay prostitutas caras, menos caras y a precios mínimos, paseando su talle por entre las mesas de los cafés; etc. En resumen, un maremágnum directo, casi procaz, que no tiene nada que ver con la pomposa y sabia Alejandría que me había sido descrita en mis tiempos de colegial.

Zakía, que no ha dejado de observarme, me indica que están a punto de pasar delante de nosotros dos mujeres empujando un carrito, vendiendo telas y «globos». ¿Globos? Ésa fue mi primera impresión. Pero, al verlos de cerca, me doy cuenta de que son sostenes, sujetadores, de tamaño descomunal. Por ello Zakía me avisó, para comentar luego que en Alejandría también la gordura de las mujeres es signo de poderío del marido...

A Zakía se le ha pasado el berrinche y se muestra dispuesta a charlar, aunque el ruido en torno obliga a levantar mucho la voz. Me cuenta muchas cosas, mientras advierto que mi mujer atiende a Günter —¿de qué hablarán?—, y que Hilmi ha desaparecido por algo relacionado con la revisión o puesta a punto de su Peugeot.

Zakía me dice que, en efecto, Alejandría, pese a las apariencias y al Windsor Palace, tuvo, como es sabido hasta por los niños de teta, sus siglos de gloria, primero con los griegos y luego con los romanos —hay que tener en cuenta que por entonces El Cairo era un simple arrabal llamado El Fustat—, aunque la fantasía histórica ha jugado un papel muy importante en ello, deformando en muchos casos la realidad. Por ejemplo, nunca se logró una auténtica fusión entre los griegos y los egipcios, y menos aún entre éstos y los romanos, excepto en ciertas capas cultas de la sociedad. El pueblo llano —campesinos, artesanos, sacerdotes, etc.— continuó con sus costumbres y con sus ídolos, ignorando lo que aquellos presuntos «sabios» estaban haciendo con sus academias, museos, bibliotecas y demás. Los romanos, por ejemplo, ni siquiera llegaron a considerar Egipto como una «provincia», sino como un nuevo territorio ocupado, propiedad personal del emperador, por lo que los *fellahin* debían cargar con los impuestos y con la tarea que suponía aprovisionar una capital como Alejandría...

Pero lo más curioso es que esa explotación no impidió que las clases pudientes de Roma se sintieran atraídas por Egipto y que se estableciera una corriente de turismo sin precedentes en el país. Cierto, los romanos oían hablar de continuo de los monumentos «mágicos» de Egipto, de sus misteriosos jeroglíficos, de su exotismo indescifrable, de sus animales sagrados, del Nilo sempiterno... ¡E incluso, en los últimos tiempos, de los eremitas milagreros, a los que también rendían visita! Ello trajo consigo el cosmopolitismo de la ciudad, que perdura todavía hoy... como lo demuestra el que por sus calles se hablen tantos idiomas. En efecto, cualquier guardia de la circulación es posible que, además del árabe, conozca el francés y el armenio; y que un comerciante italiano hable con ligero acento galés; y que una monja ortodoxa lea perfectamente el ruso; y que se editen folletos en lengua sefardita...

¡Ah, los sefarditas, los judíos! Zakía, al nombrarlos, ha alterado su expresión... «¿Por qué me empeñaré en hablar del ayer?», ha barbotado. Y como para vacunarse contra ellos, ha mirado un momento al frente, al otro lado de la calzada, y un poco más allá, donde se abre el gran puerto de la ciudad, en el que se ven anclados muchos barcos, barcos de todas las latitudes —ha empezado a anochecer—, con luces que titilan o se hacen guiños entre sí. El sol se ha puesto ya, aunque sin provocar, como quizá hubiera sido deseable, un incendio de tipo neroriano.

La imagen ha obligado a Zakía a cambiar el rumbo del monólogo, no sin antes puntualizarme que el renacimiento de Alejandría que llevó a cabo aquel «ilustre mercenario», como yo le llamo, conocido por Mohamed Alí, y al que se hizo mención antes de entrar en la ciudad, no consistió en crear otra vez salas de estudio y laboratorios, sino en practicar la política llamada de «la puerta abierta», que en árabe tiene un nombre: *infitah*... Puerta abierta para el comercio, se entiende, y que dio sus buenos frutos hasta que Nasser optó, Alá sabrá por qué, por la xenofobia y por los campos de concentración... Si bien ahí vendría como anillo al dedo el lema de las feministas y, por tanto, de madame Sadat: «trabaja que algo queda». En efecto, gracias a *l'infitah* de Mohamed Alí actualmente Alejandría cuenta no sólo con ese puerto inmenso, gozne entre Oriente y Occidente, sino con importantes fábricas, sobre todo de tejidos de algodón, de metalurgia y de productos alimenticios en conserva, así como con una refinería de crudos... ¡Y hay proyectos! Proyectos de todas clases, que no van a detenerse por el escepticismo de Hilmi al respecto, ni se limitan a las prospecciones petrolíferas y a los trabajos iniciales de Sadat City... ¡Hay que empujar, hay que empujar, pese a las casas que se desmoronan y a los niños que limpian los parabrisas de los coches en espera del *bacsis*...! Es un problema de educación y de constancia. Y de planificación familiar. «Ya hablamos de eso, creo. Pues bien, así está la cosa. No permitiremos que el país se hunda, como se hundió cerca de aquí, en Abukir, la flota de Napoleón al ser derrotada por Nelson.»

Guarda un silencio y añade:

—De todos modos, todo depende de si esas conversaciones que se están celebrando en el hotel San Stéfano entre nuestro presidente y Beguin se revelan como un rapto de genial intuición, o, por el contrario, cavan una fosa definitiva entre nosotros y el resto del mundo árabe...

ALEJANDRÍA. LA BIBLIOTECA Y EL FARO

Cenamos temprano. Zakía y mi mujer están cansadas y deciden acostarse en seguida. En cambio, Hilmi, pese a haber conducido todo el rato, lo que en el desierto resulta muy fatigoso, está fresco como una rosa. «Además —alega—, mi oficio me ha convertido en noctámbulo.» En cuanto a Günter, tiene muy marcadas las ojeras, pero afirma que con tanto calor no podría dormir. A mí el cuerpo me pesa una tonelada, pero la posibilidad de charlar un rato con esos dos hombres me levanta el ánimo y acordamos tomarnos un café —o dos— en el *hall* del hotel, que de repente se ha quedado tranquilo y solitario como si en Alejandría no hubiera un alma.

Pronto me entero de que ambos se conocen Alejandría, si no como la «feminista profesional», sí lo suficiente como para ampliarme algunos datos que en mi conversación con Zakía han quedado en el aire. Da la casualidad de que Hilmi hizo aquí el servicio militar, por lo que en el fondo le ha hecho gracia encontrarse con un soldado cada cuatro o cinco metros, «cara a la pared». «Me conozco de memoria los calabozos de todos los cuarteles de Alejandría, a los que llamábamos "las catacumbas", en recuerdo de las de Kom el-Chougfa, que es uno de los sitios que los cristianos que pasan por aquí suelen visitar...» En cuanto a Günter, allá por los años cincuenta, en pleno reinado del rey Faruk, dio aquí una serie de cursillos a los artilleros. «Por cierto, que me di cuenta de que los soldados egipcios hubieran sido de calidad, si los oficiales no hubieran estado constantemente dispuestos a pasearse por la Corniche o a dormir la siesta.»

Llegados aquí abordo sin más dos temas de interés, sobre los que deseaba obtener noticias fidedignas. El primero se refiere a la famosa Biblioteca de Alejandría, que en tiempos fue pasto de las llamas; el segundo, se refiere al famoso Faro, «una de las siete maravillas del mundo», según consta en los manuales.

¿Quién quemó la célebre Biblioteca, quiénes fueron los responsables? Me apresuro a informar a mis interlocutores de que, como es natural, he leído mucha literatura al respecto, pero que los datos suelen resultar harto contradictorios. «Ustedes, viviendo en Egipto, es posible que puedan sacarme de dudas.»

Así es. Sobre todo con respecto al Faro. Günter, como buen militar, domina el tema y me facilita una cabal explicación. El Faro se llamó así porque fue construido en un islote conocido por este nombre, Faros, y que era el mayor de una serie de arrecifes que protegían la costa contra las embestidas del mar. Ahora tal islote no existe, porque pronto fue unido a la tierra por un dique de aproximadamente quilómetro y medio, dique que actualmente es el que separa, como si fuera un espigón, los dos puertos de Alejandría: el que tenemos delante, que es el mayor, y el pequeño, que queda resguardado al oeste.

Tal fue la importancia de aquel faro que desde entonces se llaman así, «faros», las torres-vigía destinadas a alertar y orientar a los navegantes. Dicho faro constaba de varios pisos y medía 140 metros de altura, por lo que puede considerársele el primer rascacielos del mundo. Lo coronaba una estatua de Tolomeo II, el faraón que lo mandó construir, y en sus ángulos había tritones que producían un sonido de aviso por medio de un mecanismo que funcionaba a vapor. Aparte de esto, en la cima ardía perpetuamente un fuego de leña visible, al parecer, a una distancia de treinta millas; aunque algunos cronistas árabes, siempre un poco fantasiosos, agregan que había arriba un espejo mediante el cual podían verse los barcos de Constantinopla...

Naturalmente, en aquellos tiempos era algo único. Por desgracia, primero lo destruyeron, parcialmente, los mamelucos, y luego, en el siglo XIV, un terremoto se lo tragó, de modo que desde entonces yace bajo las aguas.

En cuanto a la Biblioteca, sin duda la más importante de la antigüedad, formaba parte del conjunto cultural de la Alejandría de entonces y estaba adscrita al museo, o academia. Los historiadores no se ponen de acuerdo sobre el número de volúmenes que lograron reunirse en ella, si bien se baraja con frecuencia, y con visos de verosimilitud, una cifra próxima al millón. Tocante a la vandálica destrucción de que fue objeto, en Occidente, en determinados períodos históricos, se ha responsabilizado de ello a los árabes: vil calumnia. Todo ocurrió con mucha anterioridad. En su mayor parte, fue incendiada tras la triunfal entrada en Egipto de las tropas de Julio César; el resto, junto con las nuevas adquisiciones, fue destruido en el siglo IV por cristianos fanáticos, después de la muerte de Juliano el Apóstata.

Günter añade que, según le había contado su mujer, tan importante como la Biblioteca era el museo —o academia—, en el cual, bajo la dirección de un sacerdote presidente, se hacían toda clase de experimentos. Por ejemplo, y puesto que el rey ponía los condenados a muerte a la libre y entera disposición de los fisiólogos y de los médicos, se avanzó mucho en el conocimiento de la anatomía, sobre todo del ojo, del cerebro y del corazón. Por cierto que gracias al mencionado Tolomeo II fueron invitados setenta y dos sabios de la colonia judía para que tradujeran el Antiguo Testamento, propósito que pudo cumplirse en parte y que, gracias al posterior triunfo del cristianismo, constituye uno de los principales legados de Alejandría a la civilización.

Resueltos, por lo menos en parte, mis dos enigmas, hago partícipes a mis interlocutores de mi conversación con Zakía, durante la cual ésta me habló de los proyectos relacionados con el futuro de Egipto, y que van desde la explotación de nuevas minas de fosfato hasta convertir todo el canal de Suez y parte de la costa del mar Rojo en centro turístico de primer orden. Zakía lo resumió todo con una frase que les repito: «Haremos algo similar a lo que hicieron los holandeses: ellos arrancaron la tierra al mar, nosotros se la arrancaremos al desierto.»

Hilmi admite que, como frase, no está mal, pero insiste en que con los árabes y con el Islam de por medio no hay nada que hacer. «Todo se quedará en proyecto, o a mitad de camino... Además, ese pacto con los judíos es un arma de dos filos. ¡Oh, sí, seguro que tarde o temprano nos devolverán el Sinaí, porque se trata de algo simbólico, de un puñado de arena mezclado con la leyenda de Moisés!; pero ello a cambio de no ceder en el problema de los palestinos, que es la clave de la cuestión.» El Islam, a su juicio, es lo contrario de lo que pretende Zakía: es la discordia. Siempre la discordia. Ahora mismo, el Irán... Han surgido los chiitas, que entre los seguidores del Profeta suman más o menos el diez por ciento, y han dicho: «nosotros tenemos razón y estamos dispuestos a morir por Alí y por Hussein, nuestro mártir». ¡Bien, que se mueran de una vez...! Ellos y sus compadres de secta. El resto de los musulmanes, que son los sunnitas, al ver que les complican la vida les dejarán caer o les clavarán una puñalada en la espalda, juego al que están muy acostumbrados... Y a todo esto, las minas de fosfato se quedarán sin explotar y los complejos turísticos de la zona del canal habrán enriquecido a sus diseñadores, que deben de ser arquitectos libaneses, y a nadie más...

No sé qué decir, pero Günter me ahorra cualquier comentario. Interviene con decisión, y por fin me entero de cuál es su postura al respecto. Desde sus setenta años cumplidos puede permitirse tratar a Hilmi como a un crío, y así lo hace. Él ama a Egipto, puesto que aquí encontró cobijo y amparo cuando, desde el Afrika Korps, no sabía adónde ir; y aquí también encontró a la mujer de su vida, alemana como él, egiptóloga, que murió de forma estúpida en un accidente de coche, el año 1962, al regreso de una visita que efectuó a la presa de Asuán, entonces en construcción.

En opinión de Günter, Hilmi es el clásico representante de los egipcios que, al revés que Zakía, no sólo no reniegan o prescinden, dado el tiempo transcurrido, de su pasado faraónico —y por lo tanto, preislámico—, sino que continúan sintiéndose orgullosos de él. Dicho de otro modo, prefieren la Esfinge a la mezquita de Ibn Toulun. Y ello por una razón muy sencilla: porque la genética ha jugado a su favor. No hay más que ver la estatura y las espaldas de Hilmi, su cabello negro y rizado, el color oscuro de su piel, sus labios gruesos. Lo único que no encaja son sus ojos azules, pero es harto sabido que en la naturaleza se dan esos caprichos.

—Es una postura corriente aquí —añade Günter, al advertir mi interés por el tema—, aunque afecta a un porcentaje muy escaso de la población; más o menos, un diez por ciento, como el de la secta chiita entre los musulmanes... Mi mujer detectaba esos egipcios «puros» en el acto, no sólo por su apariencia, sino incluso por ciertas costumbres e inclinaciones en su vida cotidiana... Sí, es curioso. Incluso en los colegios se han dado casos de niños y niñas pertenecientes a ese tronco genealógico, que continuamente dibujan figuras, y hasta enseres y objetos, como los que pueden contemplarse en el Museo Egipcio... —Günter guarda un silencio, y cambiando el tono de la voz prosigue—: Yo puedo entender un poco este asunto porque, en un momento determinado, cuando la locura hitleriana, también me creí representante de una raza superior... Pero ahora he aprendido a valorar de otro modo las aptitudes y la vida ha ido demostrándome que el bastón ha de servir para apoyarse y protestar, pero nunca para pegar. ¿Entiende usted lo que quiero decir? Por lo demás, me siento bien aquí, y ya me he acostumbrado a todo esto... Lo cual no me impide emocionarme como un idiota cuando alguien me dice que ha vivido una temporada en Bonn...

La intervención de Günter ha desconcertado a Hilmi, quien, por un lado está tentado de aceptar las teorías del alemán sobre su herencia genética y por otro lado siente la necesidad de impugnarlas. La verdad es que la cara del *croupier* es todo un poema, como si de súbito un rayo inesperado le hubiera aclarado misteriosamente sus propias ideas.

—Es curioso todo lo que usted ha dicho... —acepta, confuso—. Sí, es muy curioso... —De repente reacciona y pregunta—: Pero eso de los colegios, de los dibujos de los niños y de las niñas, ¿no habrá sido una invención?

Günter se muestra terminante:

—Si algún día me decido a inventar algo, será algo relacionado con los obeliscos... ¡Sí, me refiero a los dos obeliscos que había en la entrada del templo que Cleopatra hizo construir en honor de Antonio, y que estaba situado cerca de la actual plaza Ramleh! Los llamaban «las agujas de Cleopatra», y uno de ellos se encuentra ahora en Nueva York y el otro en Londres...

Me acordaba perfectamente de este dato, al igual que del origen de la palabra «obelisco»: proviene de *obéliskoi*, que entre los griegos atenienses significaba broquetas para ensartar los trocitos de carne asada...

Prostitutas en el Windsor Palace

Prostitutas caras, prostitutas menos caras y algunas a precio ínfimo... Las hemos visto paseando por los cafés de la Corniche y ahora dos de ellas se nos acercan en el Windsor Palace. La onda expansiva de sus carnes nos hace sospechar que bailan la «danza del vientre», y así es.

—¿Podemos sentarnos? Estáis muy solos....

—No estamos solos. Somos tres...

Se sientan sin remilgos y «tiran» los bolsos sobre la mesa.

—Estamos muy cansados, hemos cruzado el desierto...

—¡Toma! También nosotras estamos cansadas... Hemos bailado en una boda para pobres, bailado para el novio, como es costumbre. Y nos han dado una miseria...

—Es una lástima... No podremos atenderos. Ahora mismo íbamos a acostarnos.

—¿Es que habéis prometido no acostaros con una mujer?

—¡Nada de eso! —replica Hilmi—. Pero nuestras amantes esposas están esperándonos en las blandas y sucias camas del último piso del hotel...

La mayor de las dos tiene un ademán despectivo.

—Total, que estáis sin una perra...

—Exactamente... Eso es.

—¡Vaya noche! Con tantos soldados fuera, en posición de firmes...

—Política internacional...

—¡Y a mí qué me importa eso! Tengo un hijo y quiero que estudie el piano.

—Otro día será...

—¿Y mi hijo, qué...? ¿Nos invitáis a una copa?

—¿No lo veis? Hasta el conserje de noche está dormido...

—Y mañana os largáis, claro...

—Sí, regresamos al Cairo.

—¡Al Cairo! ¿Por qué no se te ocurre algo más original?

La más joven se levanta.

—Anda, Nagla, que esto es un cementerio...

Nagla se levanta a su vez y ambas se despiden obsequiándonos con dos sincronizados golpes de cadera.

Minutos después, muertos de cansancio y de sueño, nos dirigimos al ascensor —vieja jaula metálica—, confiando, como dijo Zakía, en que las bendiciones de Alá nos permitan llegar sin percance grave a nuestras respectivas habitaciones.

CAPÍTULO XI

Estaba escrito que no podríamos visitar Alejandría. A la mañana siguiente un mozo nos despierta a todos a las siete y media y nos anuncia, con muy buenos modales, que debemos desalojar lo más rápidamente nuestras habitaciones y abandonar el hotel. La escena es chocante, pues nos encontramos los cinco en el pasillo, protestando al alimón, sin lavarnos siquiera y cubiertos con escasísima ropa... Zakía es la que lleva la voz cantante, enérgica pero sin perder la compostura, y al final escucha la palabra mágica: americanos... A las ocho y media llegará un grupo de americanos —delegación oficial—, y las órdenes son las órdenes... «Sorry», concluye el mozo, indicando con expresivos gestos que nuestras maletas deben de estar listas en el pasillo a la hora indicada.

Mi composición de lugar es muy rápida; puesto que nos resultará imposible encontrar otro hotel, adiós Alejandría. Por supuesto, aguardo la reacción y el criterio de los demás, pero me veo, apretados los puños, camino de El-Alamein. ¡He oído contar tantas cosas similares ocurridas en los hoteles de Egipto!

Hilmi tiene una expresión curiosa, que por lo visto es corriente en esos casos: «¡Qué mala suerte! ¡Qué alegría para nuestros enemigos!» Günter está desencajado pero guarda silencio. Mi mujer da evidentes muestras de disconformidad y afirma que si dominara el árabe haría prevalecer sus derechos. Pero quien decide nuestro porvenir inmediato es Zakía. La observo con atención. Está que echa chispas, pero al propio tiempo acierta a dominarse —Alá sabrá por qué— con pasmosa facilidad. «Conozco el paño... Sería inútil declararle la guerra al Windsor Palace. No sólo la perderíamos, sino que nos encontraríamos con nuestras maletas fuera, en mitad de la calzada...»

Mientras nos desayunamos —té con mermelada—, acordamos por unanimidad renunciar a buscar otro hotel, puesto que, según los periódicos, la entrevista Beguin-Sadat continúa en el día de hoy. En consecuencia, se convierte en realidad lo que imaginé al principio: adiós Alejandría, y buen viaje hacia El-Alamein... Todos coincidimos en que lo mejor es aprovechar el tiempo y emprender la ruta que Günter aguarda con tanta ilusión. Son 103 kilómetros de desierto, con alguna que otra sorpresa, al parecer, y al final alcanzaremos el lugar exacto en que, en frase de nuestro amigo alemán, «acaso se decidió el desenlace de la II Guerra Mundial, lo que equivale a decir el futuro del mundo».

Pagamos la cuenta, Hilmi va por su Peugeot, que se detiene escacharrado pero limpio delante de la puerta, y a la media hora escasa nos ponemos en marcha. Vale decir que tardamos largo rato en cruzar la zona de descarga del puerto, que es algo así como el apoteosis del caos. Tenemos la impresión de que en los muelles se hacinan toneladas de mercancías en espera de que alguien las recoja, algunas de las cuales se estarán deteriorando o pudriendo. ¿De qué sirven, pues, las espléndidas puestas de sol y la presencia de tantos barcos con tan diversas banderas? Además, dichos muelles están habitados. Esto es un barrio humano, con mujeres que miran, que acuden a buscar agua a las fuentes cercanas, con críos que juegan a atarse a los postes —¿por qué será?— y a subirse a una serie de viejos tractores inmóviles y despanzurrados. ¿Tractores? ¡Psé! ¿Desde cuándo la lógica ha de imperar en esos contornos?

Cuesta mucho salir al desierto. Flanqueamos un cementerio, en el momento en que vemos pasar cerca un tren lleno hasta los topes. Hilmi nos dice que va también a El-Alamein y nos fijamos en los viajeros. Son campesinos, son *fellahin*... ¡Qué mal encaja en un tren la figura de un *fellah*! Sobre un borrico, sobre un camello, perfecto... ¡Pero en un tren! Atrás, unos vagones de carga, y sobre su techo, tranquilamente sentados, soldados fumando y mirando el mar...

De repente, ¡Cuenca! Una especie de Ciudad Encantada, con rocas de todas las formas imaginables, aunque éstas son calcáreas y las de Cuenca no. Bromeamos con Hilmi al respecto, y acordamos enviarle a Lolita, su novia, una postal firmada por todos. Huelga decir que, entre las rocas, al modo troglodita, hay agujeros también habitados, cuevas, en las que no se bailará flamenco ni se tocará la guitarra, pero donde a buen seguro se oirán cánticos rítmicos y se recitarán versos de sabor lorqueño en las noches de luna. Una serie de viejos sentados en cuclillas —algunas cabras rondando cerca— y un niño aventando un hornillo de carbón para freír algo. ¿De qué se alimentarán las cabras? El Profeta velará por ellas, es de suponer... ¿Y cómo podrán los hombres resistir tantas horas en cuclillas? Günter me repite que, en cuanto uno se acostumbra, la posición es cómoda. «¿No cree usted, amigo mío, en la atávica sabiduría popular?» «A medias», le contesto, en el momento en que aparecen a nuestra izquierda varios chavales que juegan a trepar por las pilas de neumáticos abandonados, reventados por el sol.

Sᴏʀᴘʀᴇsᴀs ᴇɴ ᴇʟ ᴅᴇsɪᴇʀᴛᴏ. Mᴀʀᴀᴠɪʟʟᴀ ᴅᴇʟ ᴍᴀʀ

Ya estamos en el desierto. ¿Cuándo empezarán las sorpresas? Por de pronto, Zakía —¡qué lejos queda la destemplada salida del hotel!— nos pregunta si hoy es lunes. Hilmi consulta su reloj de muñeca electrónico y contesta que sí. Entonces la muchacha nos informa de que para algunos musulmanes los lunes son días a mitad santos, pues, por extraña coincidencia, Mahoma nació un lunes, comenzó su predicación un lunes y murió también un lunes. Günter sonríe y, por primera vez, y gracias al espejo retrovisor, me doy cuenta de la perfección de su dentadura. «Mi querida Zakía... —le dice—, ¿qué notario se atrevería a dar fe de esos tres lunes que has mencionado? ¡Si no estáis seguros ni siquiera del año en que el Profeta nació!» Zakía se encoge de hombros y nos invita a unos granitos de anís, que todos aceptamos... «¡Bueno! —contesta—. No pienso pedirle a ningún notario que certifique lo dicho... Pero es una tradición que viene de muy atrás, y personalmente me atrevo a admitir que las viejas tradiciones tienen rango de ley.»

La respuesta se admite como satisfactoria, e Hilmi nos pide permiso para conectar la radio, puesto que se acerca la hora del parte informativo. Pronto una potente voz de locutor llena el vehículo y Zakía, que reconoce en ella a un amigo suyo, nos dice que se llama Salah Shalem, y que es un tipo colosal, ferviente y activo partidario de la poligamia. Tiene tres mujeres y el día de la ruptura del ayuno, pasado el Ramadán, les regala a cada una de ellas un vestido y una joya. «Creo —añade Zakía— que es la única atención que les tiene durante todo el año...» Hilmi suelta una carcajada —está de un humor excelente—, y comenta: «Pues en mi pueblo, es frecuente que cuando un marido repudia a una mujer le envíe luego un pastel... Lo que ocurre es que a veces este pastel está envenenado, con lo que se ahorra tener que pasarle luego la pensión correspondiente.» Günter, con el bastón, le da al conductor unos golpecitos en la cabeza. «Anda, no seas mentiroso. Eso lo hacen los maridos americanos con las mujeres que se divorcian como si jugaran a la ruleta...»

¡Cuidado! La radio inicia la información. Son las nueve y media de la mañana. Se hace un silencio y nuestros amigos escuchan atentamente. En el hotel San Stéfano, donde dialogan Beguin y Sadat, ha ocurrido algo importante, que confirma la tesis que nos expuso Hilmi: los judíos *han aceptado* devolver el Sinaí... En cuanto al resto de los temas, «prosiguen las negociaciones».

¡El Sinaí! Zakía aplaude para sí misma. «Esto está bien, ¡eso está pero que muy bien!» Su entusiasmo me incita a decirle que, en el año 1975, yo me pasé tres días en el monasterio de Santa Catalina. «Si os devuelven el Sinaí —le digo— os devolverán también el monasterio... ¡Por favor, Zakía! Cuida de que alguien se ocupe de los millares de manuscritos que los popes griegos guardan allí, abandonados, sin que nadie los analice y los estudie... ¡Seguro que daréis con algún tesoro! ¡Habla de ello con quien sea, aunque sea con la propia madame Sadat!» «Descuida —replica Zakía—. Tomo nota... ¡Y gracias por la sugerencia!»

La radio continúa emitiendo noticias, aunque de menor interés, al parecer. Entonces Hilmi se queja de que el lenguaje que suelen emplear los locutores —y ello puede hacerse extensivo a la televisión e incluso a la prensa— es un lenguaje entre artificial y pedante, distanciado del idioma que habla el pueblo.

—Lo harán para impresionar, supongo —agrega—. Pero el resultado es que el pueblo no se entera de nada, o de muy poco.

Zakía interviene y se muestra conforme con Hilmi, aunque señala que en la radio hay quien opina que de ese modo y poco a poco va elevándose el nivel cultural del pueblo.

—¡No digas tonterías! —clama Hilmi—. El pueblo no tiene ningunas ganas de elevar su nivel cultural. Lo que al pueblo le gusta es escuchar historias sentimentales que le hagan llorar...

Zakía, que se ha puesto en la boca otro granito de anís, comenta:

—En esto estoy de acuerdo. Pero creo que el problema no es exclusivamente nuestro y que más o menos ocurre lo mismo en todas partes...

Günter mueve la cabeza.

—De ningún modo —niega—. Creer que en todas partes la forma y el tamaño de los cráneos son iguales es una estupidez.

Hilmi ironiza:

—Ésa era la teoría de Hitler, ¿verdad?

El desierto continúa a pérdida de vista. De vez en cuando, algunas higueras, con beduinas a la sombra, beduinas que llevan grandes pendientes colgados de la nariz. Es curioso que aquí este hecho nos parezca natural, como nos lo parecen las tiendas de campaña, con cabras y algún que otro camello. En el cielo vuelan, trazando amplios círculos, tres pájaros solitarios.

De trecho en trecho, piedras puntiagudas, clavadas en la tierra: son tumbas. La piedra indica dónde reposa la cabeza del cadáver, siempre cara a La Meca. Comento que en el Neguev vi gran cantidad de esas piedras y Zakía me recuerda que circula un *hadit* de Mahoma según el cual «la mejor tumba es la que puede hacerse con la mano».

¡Hilmi pega un salto otra vez, dispuesto a polemizar!

—Mejor será —comenta— que nuestros amigos no vean las tumbas de la familia Faruk... ¡Y menos el mausoleo del Aga Khan!

Zakía no replica nada. Se muerde el labio inferior y ya está. Ello me recuerda que detrás de su autodominio debe de haber algo que no sé en qué consiste. Y puesto que nadie toma la palabra, veo llegado el momento de preguntárselo. Ella corresponde con la mayor naturalidad.

—No hay ningún misterio —dice—. Mi padre me lo enseñó de pequeña, y ya puedes imaginar de dónde lo sacó: del Corán. Hay un versículo que dice: «no olvidemos las cosas buenas que ha habido entre nosotros». ¿Por qué iba yo a olvidar que Hilmi y yo podríamos muy bien ser hermanos?

Pienso en lo que acabo de oír. Podría firmarlo sin desdoro cualquier estoico de la antigua Grecia. Y es evidente que, siguiendo esa línea, nos acercaríamos a la ataraxia, al nirvana, a la autoliberación o a la ausencia de sufrimiento moral. Acuden a mi mente lecturas al respecto: «lo que *sucede* en torno a un individuo está *fuera* de su dominio; la *reacción* ante el suceso está *dentro* de él y lo puede dominar». Es lo que hace Zakía. En cualquier momento es capaz de decir: basta de ansiedad, basta de tensión nerviosa. Me doy cuenta de que a los occidentales, por definición, nos cuesta un esfuerzo supremo adoptar una actitud semejante, y de ahí que Günter —y yo mismo— ande siempre a caballo entre la serenidad y la zozobra. Nunca olvidaré la lección que al respecto recibí en la zona árabe de Jerusalén, a raíz de mi protesta contra la lentitud de un zapatero que cambiaba mis tacones. El zapatero se rió y me dijo que la prisa era mala consejera, que la calma prolongaba la vida. «No lo olvides. La prisa proviene de Satanás.» Luego añadió que los occidentales solíamos confundir la lentitud con la apatía, con la incapacidad y que estábamos equivocados. En otra ocasión, otro árabe me dijo que la calma «atrae» a la intuición y que eso, en Occidente, sólo lo habían adivinado algunos místicos cristianos.

¡El mar! Podría ser una de las sorpresas prometidas... Porque no se trata de un mar como los demás. Aparece a nuestra derecha, y es de un color azul turquesa que yo no había visto nunca. Mi mujer está a punto de lanzar una exclamación. Todos se dan cuenta del impacto que nos ha producido y se muestran un tanto extrañados, puesto que el fenómeno, por lo visto, viene indicado en todas las guías.

En cualquier caso, ahí está, también sereno y calmado, en plena «ataraxia», ofreciéndose generosamente al sol. Parece ser que ese tono turquesa empieza a palidecer cerca de El-Alamein, lo que significa que abarca un buen trecho. Mi nariz se pega al cristal y apenas si oigo a lo lejos, como en sordina, el comentario de Günter: que los egipcios, entre el desierto, el Nilo y el mar se quedan tan panchos, ignorando por completo la belleza que pueden ofrecer los bosques. «No tienen idea de lo que es un bosque, por ejemplo, un bosque escandinavo.» Zakía admite que Günter lleva razón y nos habla de unos compañeros suyos que hicieron un viaje a Suecia y regresaron literalmente deslumbrados. Günter aprovecha para intentar describir la magia de la nieve, pero Hilmi protesta en el acto.

—¡No, eso no! Si vuelve usted a pronunciar esta palabra, enciendo la calefacción.

Nos detenemos un momento en el «cafetín» de un beduino, a pie de carretera, para tomar un té. El beduino se compone únicamente de bigote negro y de manos esqueléticas. Sus dedos parecen púas de tenedor. En la pared, pintada de amarillo, unas letras en diagonal dicen —Zakía informa—: «Alá es grande.» A los pies de Alá, acurrucados en el suelo, dos críos, una parejita. La niña se llama Raila y el niño Ramadán. «Algunos niños nacidos durante el Ramadán llevan el nombre de este mes.»

El té es buenísimo, reconfortante. Yo me tomo unas galletas que llevo en la bolsa e Hilmi se compra unos chicles que muy bien pueden remontarse a la época tolomeica. De pronto, se para un camión cargado de sacos de ce-

Vendedor de refrescos en Khan El-Khalili.

Profesor y alumna, cerca de la Universidad El-Azhar.

Monasterio de San Macario, en pleno desierto.

El-Alamein. Cementerio de la Commonwealth.

Séoud, guardián del cementerio desde 194~

El-Alamein. Museo Militar. Restos de un tanque alemán.

mento y entran el conductor y su acompañante. Piden café turco y, en la espera, el conductor sale fuera por la puerta de atrás, se desvía unos metros y levantándose la chilaba y acuclillándose hace sus necesidades a la vista de todos.

Zakía procura distraernos, pero resulta inútil. El compañero del conductor se ríe a mandíbula batiente y le grita Dios sabe qué. Y en ese momento Günter me llama aparte y me informa de que hay todavía muchos musulmanes que, siguiendo una antigua costumbre, después de defecar se limpian el recto con la mano, y atribuyen a ello el que en el mundo árabe apenas si son conocidas las hemorroides. «Pero acuérdese de lo que le digo: para limpiarse utilizan sólo la mano izquierda, de modo que, para saludarle a usted, utilizarán siempre la mano derecha... —Günter, testigo de mi estupor, hace humear su pipa y concluye—: En el fondo no deja de ser una cortesía, ¿verdad?»

Reemprendemos la marcha —El-Alamein queda ya cerca— y a no tardar sale a nuestro encuentro una de las sorpresas que aguardábamos. Se trata del inicio de construcción de unas centrales eólicas —docenas de molinos de viento—, obedeciendo a un plan pactado entre el Gobierno del Cairo y la Universidad de Oklahoma. Los trabajos han empezado hace poco, de modo que no vemos más que las bases circulares de dichos molinos, con grupos de obreros —¿prisioneros tal vez?— trabajando en ellas. El sol cae implacable, pero Hilmi baja un momento la ventanilla y resulta que sí, que hace viento, que el mar envía a la zona ráfagas de considerable fuerza.

Ignoro lo que la tentativa puede dar de sí, pero hay algo en ella de apasionante. ¡Eolo, señor de los Vientos! Zakía, que ha leído la *Odisea* —¿qué es lo que no se habrá leído esa mujer?—, recuerda muy bien que Eolo recibió cordialmente a Ulises, al que entregó un odre en el cual estaban encerrados todos los vientos excepto uno, el que debía llevarlo directamente a Ítaca; pero que mientras Ulises dormía, sus compañeros abrieron el odre pensando que estaba lleno de vino, con lo que los vientos se escaparon, desencadenando una tempestad. Zakía, que se ha entusiasmado de repente, prosigue diciendo que en el fondo todo es mitología, incluida la vida de las hormigas, y que sólo con proyectos «locos» como éste, Egipto podrá despegar y conseguirá que al menos los cráneos de sus hijos no sean más pequeños que los demás.

A todo esto se nos acerca un capataz y nos pregunta muy finamente si necesitamos algo...

—Nada, nada... —dice Hilmi. Y pone en marcha el motor y continuamos la ruta.

Mi mujer comenta que es una lástima que los molinos de viento no estén ya construidos. «Me hubiera gustado verlos girar, ver girar centenares de aspas, aunque imagino que, cerca de ellas, el ruido será infernal.»

Zakía nos informa de que estamos ya prácticamente en El-Alamein, de modo que, por el momento, las sorpresas se han terminado. Sin embargo, en el caso de que prosiguiéramos la ruta hacia Marsá-Matrouh, nos encontraríamos con una asombrosa y agradable realidad. Allí las prospecciones petrolíferas, una de las que tantas se están efectuando en el país, han dado resultado positivo, de suerte que se está ya construyendo un oleoducto que va desde los pozos de extracción hasta la bahía de Sidi Abd el-Ramah, donde naturalmente se efectuará la carga del crudo.

—Es natural, ¿no creéis? Creo que antes hablamos de eso... ¿Por qué Libia iba a quedarse con todo y nosotros con nada? El desierto es el mismo, el desierto líbico... ¿Por qué íbamos a tener nosotros tan mala suerte?

Hilmi, al oír esto, tose ligeramente y pone una casete. Por un momento pienso que será la *Heroica*, pero me equivoco. Es la voz de Sannya, la *vedette* del Sheraton Hotel.

Llegamos a El-Alamein. Es una especie de puesto de control, con unos cuarteles, unos soldados de guardia, la estación de ferrocarril y un pequeño y sucio restaurante. Vemos también una gasolinera, con un solo poste accionado a mano. Escasa animación, a decir verdad. Casas desperdigadas forman un simulacro de aldea, pero al pronto no vemos ninguna mujer. Los niños abundan, como en todas partes, y uno de ellos acciona a mano el poste de gasolina. Varios guardias clavan estacas en el suelo. Al ver nuestro coche se paran y se nos acercan. Hilmi habla con ellos. Se muestran muy cordiales y al saber que deseamos visitar los cementerios se empeñan en explicarnos dónde están situados, pese a que Günter, que se ha apeado ya, les dice y les repite que se conoce esto de memoria.

Aparcamos el Peugeot a la sombra y nos bajamos todos. Una mirada a la lejanía arranca un comentario unánime: «¡Qué locura la guerra en el desierto!» No hay protección. Y sin embargo, los combates fueron durísimos en toda la zona, capitalizándose un total de ochenta mil muertos y desaparecidos. El enfrentamiento tuvo lugar en 1942, desde el 22 de octubre hasta el 4 de noviembre. De una parte, Rommel, que quería llegar con las tropas alemanas al Cairo y, por supuesto, a Suez, al canal; enfrente, el general británico Montgomery, que no estaba muy seguro de poder contener aquel huracán.

Günter está nervioso y da pasos en zigzag como si quisiera verlo todo a la vez. Nos dice que él participó en aquella gran batalla, al término de la cual Rommel tuvo que retroceder hasta Túnez. Günter cayó herido de un balazo en el vientre, que casi no le dolió, pero que le hizo perder el conocimiento. De ahí que no pueda precisar el *lugar exacto*, pero lo que sí es seguro es que esta tierra que pisamos quedó empapada de su sangre roja. Por eso se siente apegado a ella. Por eso, y porque la ambulancia que lo recogió, que pertenecía al Afrika Korps, pudo evadirse y entregarse a las autoridades egipcias, que lo evacuaron al Cairo y lo trataron con exquisitez. «Tuve la suerte de que el rey Faruk hasta entonces se había negado a declarar la guerra al Eje.»

Vuelve a mirar a uno y otro lado murmurando: «¿Dónde fue, dónde fue...?»; pero la tierra del desierto se niega a contestarle.

Iniciamos la visita a los cementerios, apenas visibles desde la carretera y bastante distanciados entre sí. El cementerio griego, de corte clásico, como un templete, más bien parece una maqueta. Reina un total silencio entre nosotros, lo que me impide preguntar a Günter a qué se debió la presencia de soldados griegos en El-Alamein. ¿Eran voluntarios? ¿Los trajeron consigo los italianos que habían ocupado Grecia?

El cementerio italiano se compone de varios monumentos, todos ellos de mármol blanco, del más puro estilo musoliniano y repleto de inscripciones, entre las que destaca la que dice: «Aquí cayeron y descansan 4 200 oficiales y soldados italianos y otros 30 000 que el desierto y el mar no han devuelto.» Otra inscripción dice, grabada en una lápida: «*Manca la fortuna, no il valore.*» Y otra, firmada por Rommel: «Los soldados alemanes han asombrado al mundo; los soldados italianos han asombrado a los soldados alemanes.» Günter, ante esta inscripción, rompe el silencio y nos cuenta que la inicial acción italiana en África fue un fracaso y que Hitler tuvo que correr en su ayuda, pese a lo cual Mussolini no daba su brazo a torcer, quería apuntarse el éxito y concibió la idea de llevar a África, en su propio avión, un caballo blanco y hacer con él su entrada triunfal en El Cairo... La verdad es que nunca había oído esta versión, pero por otro lado no veo a Günter capaz de mentir.

El cementerio alemán es el que queda más lejos y parece un búnker.

Antes de llegar a él vemos una escueta inscripción: «Aquí cayeron y descansan 6 000 oficiales y soldados alemanes y otros 12 000 que el mar no devolvió.» En otros muros se dan más cifras suplementarias, de manera que es imposible hacer el cálculo exacto. Hay un pequeño y emotivo monumento al soldado desconocido, con cuatro cascos —uno alemán, otro francés, otro italiano, otro inglés—, y esta frase: «La muerte no tiene patria.» En un determinado lugar, que da la impresión de ser el centro de la explanada, un sencillo monolito dice: «Sus nombres vivirán para siempre.»

Y por fin, en un declive del terreno, también algo apartado, el famoso cementerio de la Commonwealth. Al otro lado de una verja, que en un principio parece prohibir la entrada, y de un espléndido pórtico de mármol, se abre un inmenso anfiteatro, con sus siete mil quinientas tumbas, cada una de ellas con su símbolo religioso y con su nombre y apellidos correspondientes. Una avenida central llena de flores, sobre todo buganvillas, y al fondo, enhiesta sobre un pequeño promontorio, una cruz de apreciables dimensiones, que destaca violentamente sobre el cielo azul.

La panorámica es realmente sobrecogedora, sobre todo partiendo de los cementerios anteriores, colectivos, impersonales. Aquí figuran, en cada lápida, no sólo el nombre y el apellido, sino incluso la edad. Mi mujer y yo recordamos en el acto el cementerio militar americano situado en las afueras de Manila, con diecisiete mil cruces sobre césped verde dedicadas a los diecisiete mil soldados americanos que desaparecieron en las batallas navales que tuvieron lugar en el Pacífico. De dicho cementerio escribí, habida cuenta de que en él no había un solo cadáver: «Es el único cementerio sin gusanos.» En este de El-Alamein hay cadáveres y, lo mismo que en aquél, las cruces se yerguen en abrumadora mayoría, con alguna que otra estrella de David.

Nos desperdigamos por entre las cruces para leer los nombres. Una de ellas me llama la atención: el soldado tenía sólo quince años. ¿Qué ocurriría? Otro se llamaba J. Brett y tenía 22 años; otro se llamaba G. L. Evans y tenía 32... Hay soldados de todas las edades e incluso cuatro tumbas juntas, formando una sola, que sin duda pertenecen a cuatro camaradas que formaban una sola voluntad.

¡La Commonwealth...! Esto es una síntesis, un resumen. Hay muertos de Nueva Zelanda, de Australia, del Canadá, de la India —hay muchos indios—, de las Bahamas, de Malasia, de Barbados... ¡Qué extraño resulta haber recorrido tanto mundo para venir a morir aquí! Habría soldados acostumbrados a la selva, que no sabrían lo que es el desierto, como la mayor parte de los egipcios ignoran lo que es un bosque escandinavo. Los habría que nunca salieron antes de su isla y otros que nacieron rodeados de altas montañas. Y todo por culpa de un hombre de bigote chaplinesco, que un buen día levantó el brazo, ordenó que tocaran las trompetas —Günter estaba allí— y decidió conquistar el globo terráqueo.

A todo esto, las dos notas predominantes en el cementerio son el silencio absoluto y la limpieza. El césped que rodea el «anfiteatro», las buganvillas y demás especies florales, la arenilla de las avenidas, todo el recinto, en fin, aparece tan curioso que es obligado preguntar quién cuidará de todo ello, «sin duda con amor».

En un momento determinado vuelvo la vista y me doy cuenta de que Zakía no está. En cambio, sí está Günter, tieso, inmóvil, con su bastón, que parece un bastón de mando. ¿Qué glorias volverá a soñar para su pueblo? ¿Qué explicaciones se dará a sí mismo para justificar el final apocalíptico que cayó sobre él?

Mi mujer deambula por su cuenta, como de costumbre, de modo que sólo está a mi lado Hilmi. Y es Hilmi quien me informa, primero, de que Zakía, después de echar un vistazo desde la entrada, se ha encogido de hombros y ha dicho que se iba en busca de un cementerio en el que, al parecer, yacen dos mil libios enterrados, que combatieron —obligados— con las tropas italianas; segundo, me facilita la clave explicativa de tanto orden, de tanta pulcritud: hay un guardián, guardián perpetuo, que se ocupa de la conservación del lugar. «¿No le ve usted allá abajo, con la manguera?»

¡Por todos los santos! ¿Cómo pudo habérseme escapado? Vestido de blanco, con un gran turbante, está en su sitio y da la impresión de que riega con mucho tiento, con un celo casi litúrgico.

SÉOUD, EL FIEL SEPULTURERO

Le digo a Hilmi que me gustaría hablar con el tal guardián, al que no sé hasta qué punto puede llamarse sepulturero. Acto seguido nos dirigimos a su encuentro y el hombre, al advertirlo, deja la manguera cuidadosamente en el suelo y nos saluda llevándose la mano al corazón.

—*Shalam*...
—*Shalam*...

¡Bien, he aquí que acabo de hacer un descubrimiento humano de los que ando buscando en mis correrías! El guardián, de tez negra y edad imprecisable —rondará los 70 años—, es un hombre feliz. Vive solo, en una dependencia a la entrada del cementerio, ¡desde la creación de éste, es decir, desde 1945! Se llama Séoud y no cambiaría su trabajo por nada del mundo. Su vida es este cementerio, en el que lleva —es fácil echar la cuenta— 29 años, en compañía de los mismos muertos. Ha llegado a conocerlos tanto que sé sabe de memoria la mayor parte de sus nombres; a algunos, ignora el porqué, le parece que los trató en vida y los considera un poco como hijos suyos... ¡Que nadie se atreva a mofarse de ellos, a ensuciar el lugar, a comportarse con descaro! Conocerían de lo que Séoud es capaz.

Observo a nuestro hombre, y me resulta difícil imaginar que pueda tener un rapto colérico. Respira más calma aún que los monjes de San Macario y que Zakía cuando está relajada. Profundas arrugas surcan su rostro y una barba rala demuestra que no se afeita nunca. ¿Para qué? ¿Para quién?

—¿No tiene usted familia, Séoud?
—No. No tengo a nadie. Sólo a esos muertos... ¡Que el Profeta sea loado!
—¿Y cada cuándo va al pueblo?
—¡Huy! A veces me paso semanas sin pisar el café. Me traen aquí todo lo que necesito.
—¿Lee el periódico?
—No. ¿Para qué? Tengo el Corán...
—Sin embargo...
—¡Bueno! Tengo también un aparato de radio, que me regaló el de la gasolinera... —Levanta el índice y añade—: Pero ¿para qué quiero saber más? Continúan las guerras y yo ya tuve ésa de El-Alamein, que me dio trabajo para siempre...
—¿Y no tiene usted al lado ninguna mujer?
—Tuve dos esposas, que no me dieron ningún hijo... Pero las dos murieron hace tiempo.
—Y... ¿dónde están?
—En el cementerio del pueblo, claro. Enterradas cara a La Meca...
—¿Cuánto tiempo hace, amigo Séoud, que no ha estado usted en Alejandría o en El Cairo?
—No sé... ¡Por el profeta que no lo sé! Bueno... El Cairo no lo conozco; en Alejandría, hará unos cinco años...

Inútil preguntarle en qué ocupa el tiempo. Para Séoud, el tiempo no es «cosa» que se tenga que ocupar. Pasa, como pasan los camiones por la carretera, como pasa el tren, como pasan los pájaros, algunos de los cuales asegura que le conocen —que conocen su silbido— y que de vez en cuando vienen a visitarle. Nos dice que le gustan mucho los proverbios, los refranes. Un *cheik* le trajo de Marsá-Matrouh un librito y se aprendió varios de memoria. Le gustan especialmente dos: «más vale rezar que dormir»; «lo que hoy es fuego, mañana es ceniza».

—Este último, sobre todo, es una gran verdad...

Séoud es hombre religioso. Profundamente religioso. Zakía ha cometido un error renunciando, por anglofobia, a visitar este cementerio de la Commonwealth. Hubiera conocido a Séoud y hubiera podido ver «encarnada» su religión, su contundente islamismo. No estoy seguro de que a Zakía las almas simples le impresionen gran cosa. Es posible que haya caído, como yo en muchas ocasiones, en la trampa de la complejidad intelectual.

De pronto, se me ocurre preguntarle a Séoud «si mucha gente visita el cementerio...».

Su rostro se transforma. Un velo de tristeza lo cubre.

—Al principio, sí... —contesta—. Hasta el año 1960 más o menos... Sobre todo el día 23 de octubre, aniversario de la batalla, esto se llenaba: familiares de los muertos, llegados de los sitios más lejanos... Pero poco a poco las visitas han ido disminuyendo. Es lo que les digo a los del pueblo: «los muertos se olvidan».

Séoud no comprende esto y sufre. Y para dar fe de lo que acaba de decir, nos acompaña a su «aposento» —un camastro y una cocina junto al pórtico de entrada— y nos enseña los libros de registro de firmas que ha ido guardando.

En efecto, cada año el libro es de tamaño más pequeño. Le pido el último, el del año 1979, y va al buzón a buscarlo y lo trae. Lo hojeo con lentitud. ¡Pobre Séoud! Pocos nombres... Algunos sudamericanos, algunos japoneses, un yugoslavo, una familia de Nueva Zelanda... ¡Ningún español! Es algo que me temí desde el primer momento. Es muy raro encontrar en un cementerio la firma de un español. Pienso que es buen tema para tratarlo con Adrián y con Salvio Royo. ¿Y por qué en todas partes habrá algún yugoslavo? En Manila había varios, tomé nota de ello; y lo mismo puedo decir del cementerio de Montecassino, a los pies de cuya abadía yacen varios millares de polacos muertos al conquistar la montaña.

Hilmi le formula más preguntas y me traduce las respuestas. Los nombres grabados, por orden alfabético, en las columnas y paredes a ambos lados del pórtico, corresponden a los *desaparecidos*. «Me da mucha pena, mucha, ver esas listas así... Nombres grabados en el mármol, nada más.» Por otra parte, no tiene idea de dónde está España. Ni siquiera ha oído hablar nunca de Granada, de la mezquita de Córdoba...

—¡Que me perdone el Profeta, que me perdonen los señores! No, no sé dónde está...

No queremos abusar por más tiempo de Séoud y sólo le pedimos permiso para sacarle algunas fotografías, a lo que accede gustoso. En la última de ellas —yo a su lado—, al ver que Hilmi se dispone a disparar se abrocha coquetonamente la chaqueta.

Nos acompaña hasta la verja. Nos mira con mucha congoja, como diciendo: «sé que no volverán ustedes nunca más». Pero en el acto recobra su dominio, y se le ve tranquilo. Apenas hemos andado unos pasos vuelvo la cabeza: está encendiendo un cigarrillo con un mechero de yesca...

Reencontramos a Zakía —no ha conseguido localizar a sus «libios» muertos— y efectuamos sin pérdida de tiempo la visita al Museo Militar, situado muy cerca de la gasolinera.

El edificio, moderno y de una sola planta, no es muy grande y fuera, en el exterior, a modo de aperitivo, se exhiben una serie de tanques destruidos en combate y machacados por la arena y por el sol. Recuerdo haber leído que el peor enemigo de los jefes de operaciones en el norte de África, en ambos bandos, era el polvo del desierto, que obturaba los motores. Imposible calcular el número de vehículos que, sin intervención del adversario, se quedaron clavados. Esos tanques que tenemos delante, comparados con los actuales, de formas dinosáuricas y de terrible eficacia destructora, se nos antojan de una fragilidad casi ridícula.

Günter se ha precipitado a pagar los *tickets* y entramos en el santuario —podría llamarse así— que contiene los recuerdos de la guerra. Un patio interior, en el que hay restos de aviones: alas, motores, cascotes... También los aviones nos parecen de juguete y Günter comenta: «¿De juguete? ¡Todavía oigo el estruendo de las escuadrillas bajando en picado!»

Las salas del museo son realmente impresionantes. Abundan las fotografías, de escasa calidad, pero ampliadas a gran tamaño y enormemente expresivas. Soldados en pleno esfuerzo empujando un cañón; soldados deslizándose por debajo de las alambradas; soldados ocultándose en hoyos cavados en la propia arena y camuflando el agujero con hojas de palmera. ¡Exactamente lo que hacían muchos ermitaños cuando la «epidemia» en Ouadi Natrun y el mar Rojo, por donde anduvo el «almirante» san Antonio! Curioso que un mismo sistema pueda servir para la guerra y para encontrar la raíz última de la paz. Günter, al ver los cañones, y puesto que él sirvió en artillería, se exalta y sufre un ataque de verborrea. Querría explicarnos pormenores, describirnos pieza por pieza... Al advertir nuestra disimulada fatiga, primero se enfurece y luego nos pide perdón.

He de confesar que los planos y los mapas me marean y que detesto la sola visión del muestrario de obuses, de ametralladoras, de fusiles, de bayonetas... En cambio, me parecen graciosos unos navíos-miniatura que forman, en conjunto, una escuadra aliada completa. Maniobran por el Mediterráneo —sobre un plástico pintado de azul— y disparan la imaginación hacia un mundo poético que, por descontado, no existió en la realidad. Por el contrario, la lucha en el mar es feroz, sin remedio y a los peces mitológicos siempre les ha causado pavor. Hilmi recuerda las inscripciones que hemos visto referidas al número de soldados «que el mar no ha devuelto», y Zakía comenta: «No me imagino un acorazado en el Nilo. ¿Verdad que no?»

De pronto, ¡banderas! ¡Banderas arrancadas a los alemanes...! Ahí están, enhiestas pero desteñidas por el tiempo y tal vez manchadas de la sangre de Günter. Éste las contempla con una mezcla de fervor y de irritación, y ahí sí que no tenemos más remedio que escucharle. Por lo demás, su tesis no es nada original, o por lo menos no es inédita: Rommel llegó a El-Alamein ya sin fuerzas, y aunque el enemigo estaba también fatigado, no tenía posibilidad de seguir adelante y alcanzar el canal de Suez... Incluso había pedido el relevo personal, puesto que su organismo había dicho «basta»; y, por supuesto, le propuso a Hitler retroceder, suspender las operaciones. Pero Hitler se manifestó implacable y la caricatura de ejército con que Rommel contaba en ese momento hizo más de lo que humanamente era posible.

Advirtiendo que Günter se emociona en exceso, pasamos a la sala siguiente, de inesperada amenidad. En ella aparecen alineados —como figuras de cera, de tamaño natural— los distintos soldados que intervinieron en la gran orgía, cada cual con su uniforme correspondiente y sin la menor discriminación entre vencedores y vencidos. Los contemplamos con calma y llegamos a la conclusión de que los más elegantes eran los franceses, y los más espectaculares, con sus sombreros de gran plumaje, los italianos. Los indios no parecían nacidos para ese menester; los más estáticos, los ingleses. Enorme la figura de un paracaidista descendiendo del techo; y gigantesca y horrible la figura de un soldado egipcio en actitud de ataque y con la bayoneta calada... Zakía comenta: «¿Y por qué habrán puesto aquí a ese caballero?»

Otra sala amena: la de los dioramas. Son auténticas filigranas de artesanía y en ellos puede verse a Montgomery en su tienda de campaña, reunido con sus colaboradores; a Montgomery descansando, tomando el té; a Montgomery con prismáticos, oteando el horizonte... En la misma sala, una maqueta en relieve —salpicada de lucecitas—, reproduciendo la llamada «batalla de los tanques». El paisaje se ve a la perfección, incluido el delta del Nilo. Günter casi nos contagia su entusiasmo. «¡Si hubiéramos contado con tanques de mayor potencia! Ahora el comunismo no se habría zampado medio mundo...» El inciso se las trae y tomo nota de él. Günter, acaso por temor a enfrentarse con nuestras miradas, ha avanzado unos pasos en dirección a una enorme fotografía en la que se ve a Grazziani soltando un discurso.

De pronto, tropezamos con un detalle de extrema elegancia por parte de los organizadores del museo: en una de las salas, sobre dos pedestales, se yerguen dos bustos gemelos, el de Rommel y el de Montgomery. Tampoco ahí hay discriminación. Una suerte de homenaje al adversario valeroso y que ha respetado las reglas; al héroe que terminó por sucumbir. Y por fin, algo que encanta a Zakía: fotografías de espías, y muestras de su labor. ¡Una espía célebre fue la bailarina egipcia Hekmat Fahmy, de mucho donaire, que por lo visto trajo en jaque a los «aliados», puesto que nada en ella infundía la menor sospecha!

—Zakía, ¿me publicarías en tu revista un reportaje sobre las actividades de Hekmat Fahmy?

—¿Por qué no? A condición de que cuentes a nuestros lectores lo que fue de ella al final, cómo terminó su aventura...

—¿Es que fue un final ejemplar?

—¡Entérate y verás!

La última sala que visitamos —no hemos perdido detalle— es la dedicada a la guerra egipcio-israelí de 1973, llamada también «guerra del Ramadán», y que sirvió para levantar la moral de los egipcios, tesis defendida por Zakía y a la que, ante mi asombro, Hilmi no tiene nada que oponer.

EL ISLAM, FRENO DEL COMUNISMO

Diez minutos después estamos instalados en una mesa del cafetín-restaurante situado al otro lado de la carretera. Nos las prometíamos muy felices —poder dialogar con tranquilidad—, cuando entran en tromba, goteantes y andrajosos, los pasajeros del autocar que hace regularmente la línea Marsá-Matrouh-Alejandría. Llegan muertos de sed y asaltan materialmente las cajas de Coca-Cola. Después de beber, algunos de los varones manifiestan su satisfacción eructando aparatosamente, lo que provoca la risa de la colectividad.

El apetito —hambre— que nos ha impulsado a entrar como rayos en el establecimiento obra el milagro de no percatarnos apenas de lo que comemos. En definitiva, es natural. Desde que salimos del Cairo ayer a primera hora, del Sheraton Hotel, llevamos un tute que nos absuelve de cualquier remilgo.

Y por otro lado, está Günter. Günter, que por fin, después de tanto revulsivo y de tanto aguante interior, parece haberse desmoronado. Se le ve triste, lacio, mirando sin ver cómo dos chavales, en un rincón, y accionando los mandos de un futbolín, están enzarzados en una lucha que recuerda la «batalla de los tanques» que, en miniatura, acabamos de ver en el museo.

Entre todos intentamos levantarle el ánimo, pero no es cosa fácil. «En la guerra perdí a seis miembros de mi familia, ¿comprenden? Entre ellos, mi padre.» No sabemos qué decir, y a nuestro lado alguien sigue eructando.

Por fortuna, recuerdo la frase de nuestro amigo: «si hubiéramos contado con tanques de mayor potencia, ahora el comunismo no se hubiera zampado medio mundo», e intento penetrar por esa brecha. Le digo que estoy de acuerdo con él, en el sentido de que el error de los «aliados» fue no asestar el golpe de gracia a Moscú cuando, al término de ímprobos esfuerzos, Hitler había llegado a las puertas de la capital soviética. «Y ahora, señores, ¿quién detiene al comunismo? ¿Eh, quién? En eso he estado pensando todo el rato, mientras veíamos las tumbas de la Commonwealth y mientras visitábamos el museo.» Advirtiendo que Günter parece ir recobrándose, puesto que presta evidente interés a mis palabras, prosigo:

—Lo dicho. Si Hitler cometió un error inmenso atacando, no le anduvieron a la zaga, en Yalta y Potsdam, con sus claudicaciones, Churchill y Roosevelt. Cierto, esos dos caballeros, con la sonrisa en los labios, y uno de ellos con el cigarro puro de la infalibilidad, le entregaron al camarada Stalin, prácticamente gratis, la mitad del planeta... ¡Por una extraña, insolente inhibición, que la historia no ha explicado todavía! Y ahora, en efecto, ¿qué hacer? ¿Cómo detener ese alud que parte de Moscú y se proyecta en todas direcciones, desde Angola hasta Vladivostok? Cualquier hipótesis al respecto no conduce a nada. En el horizonte sólo se vislumbran nuevas fichas de dominó a punto de caerse. Los hechos ahí están; y sobre todo, ahí están los cementerios...

Günter no contesta nada, pero asiente con la cabeza. Incluso esboza una cierta sonrisa de complicidad. ¡Lástima que los pasajeros de Marsá-Matrouh armen tanto barullo! En un ambiente más calmoso —sin el futbolín del rincón—, acaso consiguiéramos que nuestro amigo recobrara más rápidamente su energía.

Zakía se ha dado cuenta de que el medio más eficaz es continuar dialogando en la misma dirección. Y lo hace con tanto tino, que poco a poco va alcanzando su objetivo. Vale decir que antes se ha ayudado tomando un cigarrillo y dando con él, antes de prenderle fuego, varios golpecitos en la mesa.

¡Cómo no!, Zakía habla del Islam. La única fuerza «telúrica» capaz de frenar el comunismo es el Islam. Ignora si nos habremos dado cuenta, si para nosotros será una novedad o una verdad de Perogrullo. Pero el comunismo ha ido introduciéndose en muchas partes del globo, incluidas las zonas dominadas por el cristianismo, con pasmosa facilidad; y al efecto no hay que olvidar que la propia Rusia, la de los zares, era cristiana... Pues bien, en los países musulmanes ha sufrido el gran parón, y sin necesidad de que éstos utilizaran el fusil. Ha sido el pueblo el que le ha dicho nones al comunismo, por razones varias, siendo la principal el indeleble sentimiento religioso que el Corán introduce debajo de la piel.

—El comunismo, como todos sabemos, es ateo... ¡Günter también lo es!; pero no creo que se haya trazado como meta exportar su incredulidad... El comunismo, sí. El famoso materialismo dialéctico con que empieza a machacar a los críos ya cuando chupan el biberón. Se mofan de Dios desde todos los ángulos, y no digamos de sus representantes. En varias repúblicas musulmanas enclavadas en Siberia y dependientes de Moscú han ocurrido al respecto cosas escalofriantes, que han llegado a mi conocimiento gracias a amigos míos que han estado allí. Repito que, a mi juicio, ahí radica el quid de la cuestión: el comunismo ha derribado todos los muros, excepto los de las mezquitas... ¡Las mezquitas se han mostrado más poderosas que los misiles o como se llamen! Cierto que hay gobiernos prosoviéticos en algunos países musulmanes. Pero ésta es una situación ficticia, provocada por unos cuantos políticos ambiciosos. Dicho de otro modo, son comunistas los gobiernos, pero no lo son los ciudadanos... ¿Sabéis cómo llamaban los *fellahin* a los rusos que construían la presa de Asuán? No los llamaban los comunistas; los llamaban, y siguen llamándolos, los «ateos»... Resultado: los rusos tuvieron que largarse, sin terminar siquiera la presa. ¡Ah, con un islamismo permeable a la coalición marxista, en estos momentos las cruces que hemos visto en El-Alamein hubieran sido sustituidas por hoces y martillos, y la hoz y el martillo ondearían incluso en el Sheraton Hotel!

La intervención de Zakía ha sido decisiva, Günter ha recobrado su brío, lo que la muchacha ha festejado haciendo tintinear sus brazaletes. Nuestro amigo del «balazo en el vientre» ha pegado un bastonazo y la ha felicitado efusivamente. «¡Bravo, bravísimo!», ha repetido. Zakía, al darse cuenta de su éxito, no oculta su satisfacción y en el momento de levantar la taza para tomarse su café turco amargo —*saada*— le pega una amistosa palmadita a Hilmi y le dice:

—¿Qué? ¿Aceptarás ahora que a lo mejor los árabes hemos servido para algo?

Proyectos de Sadat

Nos despedimos de El-Alamein. El Peugeot ha dado media vuelta y emprendemos el regreso a Alejandría. Otra vez el desierto y muy pronto, en el mar, aquel color azul turquesa «nunca visto» y que tan fuerte impresión nos causó.

La proximidad del mar nos euforiza, lo que Günter aprovecha para informarnos a mi mujer y a mí —da por sentado que Zakía e Hilmi se conocen la historia— de otro gigantesco proyecto que existe en Egipto, centrado también en esta área, y al lado del cual las centrales eólicas cuyo embrión hemos podido contemplar y el oleoducto ya en marcha de Sidi Abd el-Ramah tendrán el tamaño de los escarabajos que venden los camelleros de las pirámides.

Nos dice que ha sido una lástima que no hayamos avanzado unos cuantos quilómetros más en dirección a Marsá-Matrouh, porque ello nos hubiera permitido comprender mejor la viabilidad de tal proyecto, que consiste, exactamente, en sacarle provecho a una fuerte depresión que sufre el terreno del desierto en esa zona, próxima al oasis de Siwa; depresión conocida con el nombre de Qattara, y que alcanza un descenso de 137 metros bajo el nivel del mar.

Según Günter, la primitiva idea de sacarle partido a dicha depresión se debe, precisamente —y es casi un sarcasmo que la evoque él en esos momentos—, a los estrategas aliados y egipcios, los cuales, cuando el avance de las tropas de Rommel parecía incontenible, imaginaron abrir una enorme zanja que permitiera a las aguas del Mediterráneo precipitarse sobre dicha hondonada de Qattara, creando en ella un gigantesco lago artificial que paralizara dicho avance, o que engullera en él a las tropas alemanas.

Como fuere, la idea no prosperó en aquel entonces, pero no cayó en saco roto. En 1964, un grupo egipcio-alemán —las vueltas que da el mundo— reemprendió el estudio del proyecto, con un resultado tan positivo que en 1975 se firmó un acuerdo secreto entre El Cairo y Bonn para inundar Qattara, para formar dicho lago artificial, aunque en esta ocasión con fines de paz. Lago que, si los cálculos no mienten, tendrá una superficie de unos 26 000 quilómetros cuadrados —casi dos veces la superficie de Bélgica—, siendo así que el llamado «lago Nasser», producto de la presa de Asuán, que ahora parece el no va más, no rebasa los 550 quilómetros.

Lo que ello significará para Egipto es fácil de prever. Billones de kilowatios, industrias químicas a partir del agua del mar —cloro, sodio, magnesio, yodo, etc.—, y grandes instalaciones de desalinización. Resumiendo, el desierto convertido en potencia creadora, lo que algún día tenía que llegar, sin contar con que la evaporación de ese mar interior modificará radicalmente, y de forma beneficiosa, el clima del Bajo Egipto... ¡Ah, claro! Obra digna de un faraón: de Keops, de Ramsés II, e incluso de Cleopatra... Pero, por descontado, perfectamente realizable mediante la moderna tecnología de que dispone su país, la Alemania Federal.

Una vez más quedamos boquiabiertos, sobre todo al enterarnos de que, según el tratado Bonn-El Cairo, las obras debían empezar el año 1985, pero que debido a la firma del tratado de paz con Israel empezarán probablemente mucho antes. «No me sorprendería que en 1982 se pusiera la primera piedra, si la expresión es válida para una construcción de ese tipo. Por de pronto, en el hotel Hilton se hospedan permanentemente unos cuantos ingenieros alemanes que no cesan de dibujar planos y de hacer números. Conocí a uno de ellos, que luchó duro en la batalla de Stalingrado, y no me pareció un hombre: me pareció una computadora.»

Hilmi vuelve a las andadas y haciendo sonar por dos veces el claxon exclama:

—¡Ja, ja!

A todos nos escuecen los ojos, debido al polvo del desierto, y además nos gana por momentos un sopor invencible. Hilmi acude en nuestra ayuda.

—Hala, echaos una siesta. Es la ocasión. Yo estoy bien...

—¿Seguro? —pregunto.

—¡Oh, sí! Podría llegar directo al Cairo sin parar.

Minutos después duermo como un tronco. Antes me he cerciorado de que el amodorramiento era general. En algún bache de la carretera abro sobresaltado los ojos, el tiempo suficiente para ver que Hilmi sonríe y que las cabezas de los demás, en la parte trasera, han encontrado el necesario acomodo. Seguro que, excepto Hilmi, todo el mundo ha caído en un sopor profundo. Günter, por supuesto, ya que no sólo ha dejado caer el bastón, sino que se ha lanzado a emitir ronquidos escandalosamente sonoros.

Me despierto poco antes de llegar a Alejandría. Como siempre en esos casos, he sido el último. Los demás se han espabilado hace rato y están enfrascados precisamente en un diálogo sobre los sueños. Todo el mundo ha soñado algo, con un realismo estremecedor, al parecer. Zakía ha soñado que el número cero de su revista constituía un tal éxito que gracias a él un buen porcentaje de beduinas se decidían a aprender a leer. Mi mujer ha tenido una pesadilla. Las aguas del Mediterráneo, al precipitarse sobre la depresión de Qattara, continuaban avanzando e inundaban todo Egipto, Nilo incluido. «Sólo se salvaban la Esfinge, nuestro amigo Salvio Royo y el líder comunista de Asuán.» Günter —era de temer— ha tenido que habérselas con un batallón enemigo, compuesto de gigantescas avispas que zumbaban como bombarderos, al mando de un joven piloto llamado Winston. En lo que a mí respecta, después de amagar un bostezo liberador les cuento que he soñado que vivía en Nueva Delhi, donde había nacido. «Es un sueño que se repite a menudo y que acaso provenga de no saber a ciencia cierta si me siento oriental u occidental.»

Hilmi, que no había dicho esta boca es mía, al oírme suelta una carcajada. «Esto es muy grave, señor. ¡Muy grave! Me recuerda a quienes en el casino no saben nunca si apostar a pares o a impares.»

El diálogo termina con una felicitación a Günter por haber conseguido librarse de las avispas.

REGRESO POR LA RUTA DEL DELTA. SUPERSTICIONES

Todos coincidimos en que no vale la pena correr de nuevo la aventura de Alejandría. De hecho, estamos muy cansados y en el supuesto de que mi mujer y yo decidamos un día conocer la ciudad como ésta se merece, podemos volver. Así que, rumbo al Cairo... Hilmi parece alegrarse de la decisión y con la punta de los dedos toca un «ojo de Horus» que lleva pegado en el parabrisas.

Además, tal decisión ofrece la ventaja de que nos permitirá gozar del paisaje del Delta por lo menos dos horas antes de que se ponga el sol. Al oír esto, pienso en que pasaremos muy cerca de El-Nibeirah, el pueblo de Zakía, y muy cerca también del pueblo de Hilmi. No me atrevo a sugerir que nos detengamos en ellos, como sería mi deseo, para conocer a sus respectivas familias y las casas en que viven... En todo caso —pienso—, es a Zakía a quien le corresponde hablar, pero Zakía, de momento, se calla al respecto, y me pregunto si quiere darnos una sorpresa o si, por el contrario, no entra en sus cálculos ofrecernos tal oportunidad.

Cruzamos Alejandría sin excesivas dificultades y al paso bromeamos sobre el Windsor Palace, sobre nuestra entrada y nuestra salida del hotel. «¡Lo juro por el éxito de mi revista! —insiste Zakía—. ¡Había ratoncillos en mi habitación!» Günter chupa con donaire su pipa. «Pues haberme avisado —dice—, ya que en mi cama había dos gatos visiblemente muertos de hambre...»

El clima en el coche es agradable y cualquier cosa nos hace reír. Acordamos poner en duda todo lo que se ha escrito sobre Alejandría: la existencia del Faro, del Serapium, del puerto, de la Academia, de la traducción del Antiguo Testamento a cargo de setenta sabios judíos... Acordamos dudar incluso de que la urbe la fundara Alejandro el Grande. «A lo mejor la fundó cualquier mequetrefe que, desde luego, se llamaba Alejandro, pero que era más bien pequeñajo, que se aburría y que para distraerse empezó a levantar casas, fundar bibliotecas, hipogeos y acuarios y a grabar su nombre en todos los mármoles que le salieron al paso...»

De lo que no podemos dudar es de la existencia del pantanoso lago Mariut, que continúa teniendo los mismos colores: azul-lila-rosa. Lo bordeamos y pronto nos encontramos en plena «carretera agrícola», como se llama para distinguirla de la del desierto, y en la que vemos un letrero que dice Néchou, lugar que por lo visto fue en tiempos un puesto griego de aduanas.

—¿Griegos? ¡Vete tú a saber! ¿Qué garantías tenemos de que Grecia ha existido?

—Nosotros la hemos visto —digo.

—¿Quiénes sois vosotros? —pregunta Zakía.

—Mi mujer y yo.

—¡No me fío, no me fío! ¡Sois cristianos!

Es posible que influya en nuestro estado de ánimo el súbito encuentro con la fertilidad, después de tantas horas de arenal a pérdida de vista. El Delta es fértil, es hermoso, con una especie de lujuria que, según cuentan, Napoleón supo captar —¿existió Napoleón?— y que se apodera de los ojos, aunque éstos sigan escociendo.

La única nota discordante, o un tanto incómoda, es el tránsito por esa carretera agrícola. Muchos camiones, cargados con toda clase de mercancías, y muchos *trailers* larguísimos, transportando sacos de cemento. Además, ¡cómo no!, vehículos japoneses de todas formas y colores, pintarrajeados con fantasía; y por ambas cunetas, en fila india, mujeres vestidas de negro, llevando sobre la cabeza unos cubos de apariencia muy sólida que, según Hilmi, van repletos de gasolina.

La luz es cambiante a esa hora. Tamizada por el verde de los árboles y los campos. A nuestra derecha, una ceñida red de canales y canalillos —el Nilo los nutre— a cuya vera brota la vida. El agua lo es todo para los habitantes del Delta. Abundan las norias metálicas, fascinantes por su ritmo y por su patente antigüedad, y abundan asimismo las norias más humildes, tiradas por vacas, búfalos o burros, muchos de los cuales llevan los ojos vendados, lo que en otras circunstancias me causaría tristeza.

¡Los animales! Forman parte de la existencia misma del *fellah*... El campesino, el *fellah*, los ama y comparte su propio techo. El *fellah* los necesita para sobrevivir. Eso lo han comprendido muy bien los niños, que regresan del trabajo montados en los borricos, o que caminan detrás de los búfalos, ¡o que los lavan junto a un canal! Ha sido Günter el primero en detectar la hermosa estampa: la estampa de un niño lavando con amor un caballo de raza junto a un canalillo de agua. La piel del caballo brilla y el animal relincha, cabeza al aire, como expresando satisfacción. Günter aprovecha para decirnos que el caballo árabe, tan bravo para el combate, no abandona jamás a su jinete herido: que le sigue y le acompaña como un perro. Zakía añade, primero, que, hasta hace poco, en muchas zonas de África del Norte el caballo tenía derecho de asilo en las mezquitas y, segundo, que existe una leyenda popular según la cual el Señor presentó a Adán a todos los animales del universo y le preguntó cuál de ellos prefería; y que Adán escogió el caballo. Respuesta que fue del agrado del Señor, puesto que Él tenía la misma opinión.

Las imágenes se suceden con tal riqueza que no damos abasto. Los pueblos dan la impresión de que, pese a todo, perdura en ellos un acusado primitivismo e Hilmi nos da la razón. Las gentes gustan de construirse sus propias viviendas, con ladrillos de barro que previamente ponen a secar al sol, y en tanto las construyen, los parientes y los amigos les echan una mano... Llaman la atención, ¡hasta qué punto!, los palomares. Los palomares coronan la mayor parte de las viviendas y sus formas son insólitas, semejantes a pequeños campanarios de Gaudí. No nos cansamos de contemplarlos. Los hay sencillos, los hay lujosos, los hay de un solo cono, los hay múltiples y se advierte que en el fondo de sus agujeros hierve también la vida, como a la orilla de los canales. Me duele enterarme de que muchos de los pichones asados que se sirven en El Cairo se crían ahí. Günter señala que un aspecto interesante, desde el punto de vista militar, es el de las palomas mensajeras: en tiempos fueron utilizadas como medio de transporte de información y de correo urgente.

Desfilan, sobre pequeños montículos, los inevitables cementerios... Nadie se atreve a decidir que *no existen*. Nuestra predisposición a la risa ha dejado paso a un sentimiento poético que nos es común, y que nos une con idéntica fuerza, ayudado por el intermitente y majestuoso paso de algún que otro camello, que regresa también de su labor. Por otra parte, la gente en esos poblados parece feliz... Así lo proclamo en voz alta, aun a sabiendas de que se esconde mucho tópico tras el paisaje aparentemente idílico. Zakía asiente, aduciendo que la industria, que tantas ventajas auspicia, ocasiona en el Delta trastornos de difícil solución. Cuesta mucho convertir a un *fellah* en un obrero... En las fábricas de algodón, por ejemplo —y habla de ellas porque estamos muy cerca de Dammanhour, donde existen varios complejos de desmote de este producto—, los *fellahin* que, atraídos por la soldada, trabajan en ellas, se sienten esclavos. De modo que la felicidad, siempre relativa, claro, en todo caso la encontraríamos en los pueblos que han mantenido su carácter rural...

Pueblos en los que una boda es un acontecimiento que dura tres meses. En que las campesinas, en caso de luto, se tiñen con añil violento la cara y las manos. En los que se dice y se cree que el presidente Sadat —que nació también en una modesta aldea, Mit Abul el-Kom— ha heredado la *baraka*, que es una especie de poder que garantiza la protección de Alá y la fortuna. En los que el *fellah* no comprende que defraudar al fisco sea considerado un delito; admitiendo que lo son, esto sí, matar y robar, porque el lesionado es el prójimo y no el Estado. En los que la burguesía está formada —o lo estaba hace poco— por un prestamista, por un tendero —el *bakal*, que suele ser griego— y por el barbero-sanitario, que afeita y masajea, que administra purgas y arranca muelas, ¡y que circuncida a los niños los días de mercado! Pueblos en los que, en las azoteas, hay pequeños muros para que los hombre no puedan ver a las mujeres de las casas vecinas. En que los ancianos continúan en las casas, bien atendidos, como es de ley. En que algunos hijos, por aquello del respeto a los mayores, todavía no se atreven a fumar un cigarrillo delante de su padre. En que la palabra más corriente es *bukra*, equivalente al «mañana» español; en que es la tertulia, y no el juez, el cadí, la que determina quién es bueno y quién es malo en la vecindad...

Hilmi, que ha escuchado la perorata de Zakía con cierto aire displicente, pide permiso para añadirle un poco de picante.

—¡No faltaría más, Hilmi! Para eso estamos...

—Muchas gracias... ¡Y que el Profeta te bendiga!

Entonces agrega que si en las ciudades, y sobre todo en El Cairo, vive tanta gente sin trabajar, ello es gracias a los que en el campo dejan su piel y sus huesos... Que la burguesía de esos poblados la forman, en efecto, el prestamista, el tendero y el barbero-sanitario, pero que por encima de ellos hay siempre un terrateniente al que no se le ve nunca el pelo, porque vive en un palacete en Al-Fayoum o se dedica a hacer cruceros en barcos italianos. Y que si el tal barbero-sanitario administra purgas y ejerce funciones por el estilo, es porque los médicos del país, al terminar la carrera en la Facultad, se niegan a irse a los pueblos y eligen la ciudad o emigran al extranjero —en la actualidad se calculan en unos quinientos los que trabajan fuera, sobre todo en Libia y en los emiratos del golfo—, donde cobran sus buenos dólares. En cuanto a los *fellahin* de esos poblados, es cierto que los hay que se dejan tentar por las fábricas, pero la razón es muy sencilla: cultivar con los propios medios el algodón es fatigoso y poco rentable. ¡Claro que se cultivan otras cosas!; pero los intermediarios se llevan la tajada del león, y a eso los *fellahin* han dicho «basta».

Hilmi, que de vez en cuando hace sonar estrepitosamente el claxon porque hay coches que de pronto aceleran y están a punto de echársele encima, cambia el tono de la voz —diríase que lo ha dulcificado un poco— y prosigue diciendo que, en cuanto al folklore de las bodas, de los lutos y la que se arma por estos pagos en cualquier lugar cuando se celebran las tradicionales ferias, constituyen una mezcla de superstición y de ignorancia, ante la cual uno puede optar por decir: esto es bueno, o desear mandarlo al carajo cuanto antes. No hay que olvidar que cuando la revolución de 1952, el general Naguib —sólo se habla de Nasser, y nadie habla de Naguib, que fue la cabeza visible de dicha revolución— se encontró con que de cada cuatro egipcios tres eran analfabetos. ¡Cierto que se ha dado un paso adelante en ese terreno, gracias a los gobiernos, a varias promociones de abnegados maestros y a unas cuantas personas de empuje como Zakía!; pero queda mucho por hacer. En estos poblados que atravesamos un solo periódico sirve para la comunidad y nadie sabe dónde están Las Vegas y Montecarlo y qué significa la palabra *croupier*. Y por culpa de la promiscuidad, se producen tantos incestos como en la época de los faraones, cuando esta aberración era considerada normal. Su querido maestro, que no es otro que Adrián, el director del Centro Español, podría facilitarnos algunos datos sobre esa cuestión. En fin, tal vez haya abusado del «picante» en su largo discurso, pero Zakía ya sabe que sus opiniones difieren bastante en lo que al país y a su futuro se refiere. Él no cree que, por más revistas que se editen para la mujer, esto pueda cambiar; y tampoco cree que sea nunca una realidad el milagro de las aguas del mar precipitándose sobre la depresión de Qattara... ¡Lo cual no significa que esos pueblos que se han mantenido rurales no sean, en efecto, a su modo, felices! Ahí, conforme... Los que cultivan una granja, por ejemplo —y por aquí hay muchas—, lo pasan fenómeno, aunque sus voces acaban pareciéndose a las de las aves. Y aquel niño que lavaba el caballo era feliz viendo relucir la piel del animal... De hecho, los animales les proporcionan a esas gentes más satisfacciones que el vecindario y que el invisible terrateniente... ¡Ah, pero lo de las diferencias entre las clases sociales es tema espinoso, y mejor dejarlo para otra ocasión!; entre otras razones, porque tales diferencias están aceptadas en el Corán, en donde puede leerse, si mal no recuerda, un versículo que dice: «Dios ha creado condiciones diversas según un orden jerárquico.»

Llegado aquí, Hilmi aminora un poco la marcha del coche y ladeando la cabeza le pregunta a Zakía:

—¿He soltado muchos disparates?

Zakía, que no se ha perdido una sílaba, contesta:

—Sólo uno: el número de médicos egipcios que trabajan fuera del país, y que tienen fama de muy competentes, rebasan con mucho la cifra de quinientos. Según mis noticias, alcanzan ya al millar...

CREPÚSCULO POÉTICO. LOS NARRADORES EGIPCIOS

Hacemos una parada en Tantah —quilómetro 130— para tomarnos un refresco y unas pastas. Hay una terraza al aire libre, trampolines infantiles, una piscina sin agua, máquinas tragaperras, casi todas bloqueadas, venta de casetes, etc. Debe de ser el centro de reunión de la «burguesía», y sobre todo de la juventud, de Tantah. Está muy animado, con parejas que bailan al son de un altavoz, que emite música árabe. Entonces nos enteramos de que Nasser, cuando llegó al poder, prohibió a las bailarinas de la «danza del vientre» enseñar el ombligo y dio la orden de que se lo taparan con una lentejuela de gran tamaño. «Naturalmente —comenta Günter— era muy fácil hacer trampa. Un preciso golpe de cadera y la lentejuela salía directamente disparada hacia el palacio de Nasser.»

De pronto, ocurre algo curioso. Apenas Günter acaba de decir esto, mi mujer ve clavado en la pared un póster impensable, y que parece presidir la terraza: se trata de la efigie de Juan Carlos, rey de España. El póster está un poco arrugado, pero intacto. Zakía, que goza con la escena, nos aclara el misterio: cuando la visita a Egipto de don Juan Carlos y doña Sofía, el año 1976, este póster fue repartido por toda la nación, en señal de bienvenida. «Algunos han quedado por ahí, sobreviviendo a todos los avatares.» En El Cairo ella recuerda otro, por cierto, no muy lejos del Sheraton Hotel. «Tomad la acera izquierda en dirección al parque zoológico y daréis con él.»

Dicho esto, elogia la buena facha de nuestros reyes, y nos facilita un detalle gracioso relacionado con su mencionada estancia en Egipto. Teniendo en cuenta que doña Sofía, de niña, vivió una temporada en Alejandría, alguien recordó que por aquel entonces le gustaban mucho los borriquitos blancos, y al presidente Sadat se le ocurrió regalarle dos, una parejita. «Ignoro lo que la reina haría con ellos. No creo que se los llevara consigo en el avión; pero el detalle ahí está...»

La anécdota nos lleva a hablar de las ventajas e inconvenientes de las monarquías. Günter las detesta, y el humo de su pipa lo demuestra. Consecuente con su teoría, detestaba al rey Faruk, del que nos dice que era un narcisista insoportable, además de un epicúreo, que se había impuesto como obligación visitar cada noche cinco o seis cabarets y que tenía la virtud de no acertar jamás en sus predicciones: «Les daré un ejemplo: una vez predijo que a su muerte sólo quedarían cinco reyes en el mundo: el de Inglaterra y los cuatro de la baraja.» Günter agrega, señalando el póster de Juan Carlos: «Toda una profecía, ¿verdad?»

En este momento regresa Hilmi, que se había ido a comprar un par de casetes. Sospecho que serán de Julio Iglesias, pero me equivoco: son de Paco de Lucía. «Las compré para el guitarrista del Sheraton... Cuando oye tocar a este hombre se pone en trance y hay que calmarle para que no le dé un ataque...»

Regresamos al coche y reemprendemos la marcha. Último tramo. El sol, a nuestra espalda, se está despidiendo y la visibilidad empieza a ser escasa. Pienso para mis adentros, una vez más, en las carambolas de los viajes: nuestra parada en Tantah —población de 200 000 habitantes, centro de las ferias del Delta— se ha convertido, entre el póster del rey, los borriquitos de la reina y las casetes de Paco de Lucía, en un «viva España y olé».

Todavía nos da tiempo a ver pasar rasante una avioneta fumigadora, y a unos niños que, caminando delante de unos camellos, sostienen en alto globos de colores. Puesto que nadie hace uso de la palabra, me entretengo en pensar. Y me viene a la memoria un texto que leí hace poco, en un impresionante libro de psiquiatría: «Los globos, por lo demás, son siempre inocentes. Pertenecen, como el aro y la canica, al mundo natural de los niños. Dad un globo a un niño y veréis que lo entiende en seguida. Volar en globo, navegar a vela y andar en burro son, probablemente, un futuro necesario.» Texto premonitorio... Diríase que está escrito para este momento, para este lugar.

Zakía advierte que mi cerebro bulle y me pregunta por dónde andan los tiros. Se lo digo y ello le da pie a recomendarme una serie de autores egipcios, entre otras razones porque no puede soportar la idea de que Occidente —«¡ah, Occidente!»— sólo conozca de la literatura árabe *Las mil y una noches*, «que para nosotros es sólo un cuento de niños, que a veces leemos para reírnos».

Me recomienda especialmente a un escritor ciego, universalmente respetado, llamado Tasa Hussein, cuyo relato *Los días*, referidos a sus años de colegial, es un clásico. También me recomienda a Naguib Mahfouz, a Rouchdi Saleh, a Kamal Abdel Halim, a Tawfiq al-Hakim... Este último, en su *Diario de un fiscal*, hace precisamente una sátira de la vida y la justicia en los pueblos del Delta. Pero, en su conjunto, dicha literatura, parte de la cual debe de estar sin duda traducida al castellano, me descubriría a buen seguro el «alma» del pueblo egipcio y vastas parcelas del carácter y del pensamiento árabes. Pensamiento que no se basa, como el occidental, en el raciocinio, en la valoración de los conceptos de «virtud» y «bondad», en los llamados «medios tonos». El pueblo árabe ve el mundo en blanco y negro, sus verdades no lo son a medias y sus creencias no conocen ni las valoraciones ni los matices.

De ahí que los personajes creados por los narradores egipcios obren por impulsos repentinos, al revés de lo que ocurre con los chinos —para citar un ejemplo—, que trazan sin cesar amplios y majestuosos círculos. Naturalmente, hay autores que utilizan el árabe altisonante, y éstos no son populares; pero los que prefieren el lenguaje directo, diríase que pegan latigazos. Escriben, por ejemplo: *me vestí con prisa de bombero... El crimi-*

nal se fue con su fusil, como un artista que lleva su guitarra... Etc. Crean una atmósfera disimuladamente agresiva, con raptos poéticos de suma plasticidad. En fin, a ellos no les ha sido vedado, como a los que manejan el buril y el pincel, representar la figura humana, y de ahí que casi se ensañen con ella, tal vez a modo de compensación.

Me ha interesado sobremanera la frase de Zakía: «El pueblo árabe ve el mundo en blanco y negro.» Le pregunto si está segura de ello, si no habrá sido una improvisación. Porque un pueblo que no conoce los matices corre el riesgo de cometer errores de gran bulto, sin que le sea posible rectificar, como le ocurrió al hombre nazi —«y que Günter me perdone»— y le ha ocurrido desde siempre al hombre soviético.

Zakía, que ha estado todo el rato jugueteando con su mechero de oro, corta por lo sano.

—Comprendo tu objeción. Es una lástima que todo lo que digo lo tomes al pie de la letra. Que yo sepa, dentro de un Peugeot, y en medio de un paisaje como el que nos rodea, no están prohibidas las metáforas, ¿verdad? Lo que con mi frase quise dar a entender es que los árabes somos consecuentes con el credo que heredamos. Los occidentales, en cambio, heredasteis un credo basado en la duda sistemática y eso sí que, a la larga, puede resultar altamente peligroso...

En ese momento Hilmi hace sonar con fuerza el claxon... y tiene un mohín de desagrado. ¡Bueno, es un aviso! Significa que no considera que este lugar sea adecuado para enfrentamientos dialécticos. En otras palabras, Hilmi cree que el paisaje que nos rodea, y al que Zakía aludió, se merece un poco más de atención.

—Perdona —le digo a Hilmi, acongojado—. Hemos estado dándoos la lata, ¿verdad?

El muchacho sonríe.

—¡No, a mí no! Yo me conozco esto como Zakía se conoce las necesidades de la mujer egipcia. Pero es una lástima que os perdáis la belleza del Delta en estos momentos...

Zakía está de acuerdo con él.

—Tienes razón —le dice—. ¡La culpa es mía, qué caramba! Me estoy convirtiendo en una intelectual insoportable...

Estamos en los arrabales del Cairo. El tráfico se ha intensificado y es noche cerrada, por lo que las luces de los coches deslumbran con tal violencia que causa asombro el temple con que Hilmi conduce y va sorteando los obstáculos. Y el caso es que ni él ni Zakía nos han invitado a visitar sus respectivas casas, sus respectivos pueblos... ¿Por qué será?

Se ha hecho un silencio en el vehículo. La proximidad del fin de la aventura, más corta de lo que habíamos imaginado, nos ha sumido de nuevo en una suerte de modorra. Hilmi, al advertirlo, pone una casete. ¡Una de las casetes de Paco de Lucía! El ritmo de la guitarra de éste consigue levantar un poco nuestro ánimo. Günter, que había apoyado su cabeza sobre el puño del bastón —se le ve muy fatigado—, la levanta y grita «¡olé!», al tiempo que dice no sé qué de la Legión Cóndor y Andalucía. Zakía escucha la música con mucha atención y comenta: «Es árabe, es música árabe pura...» Mi mujer se atreve a sugerir que es muy probable que Paco de Lucía no esté tocando ninguna composición determinada, sino que esté improvisando, e Hilmi, al oír esto, pega un frenazo. «¡Lo que faltaba! —grita—. ¡Que el Profeta me perdone! Eso se lo cuento yo al guitarrista del Sheraton y se queda en estado cataléptico...»

CAPÍTULO XII

NOTICIAS AGRADABLES

De regreso al Sheraton nos encontramos con varias noticias agradables. La primera, que nuestro amigo el recepcionista Yaffar ha de tener otro hijo... «Será varón, estoy seguro de ello.» El hombre se muestra feliz y su calva y su uniforme azul relucen más que nunca. Un botones va depositando sobre el mostrador ramos de flores destinados a la clientela del hotel, pero Yaffar, sonriendo, dice que los enviará todos a su mujer, que se llama Zeinab y es de Ismailia. Sus colegas bromean con él, afirmando que de seguir así habrá que otorgar a Zeinab el título de «diosa de la fertilidad».

Yaffar nos entrega dos notas que tenemos en el casillero. La primera es de Adrián. Nos ruega que le llamemos cuanto antes, «porque nos echa de menos». La segunda es de Salvio Royo y en ella nos comunica que pasado mañana, procedente de Jerusalén —vía Atenas—, llega nada menos que Alma. «Os dije que la estaba esperando; pues aquí la tendréis.»

¡Alma! no puedo ocultar mi alegría; y mi mujer no puede tampoco ocultar su curiosidad. ¡Le he hablado tanto de ella! Durante mi estancia en Israel, en Tierra Santa, fue ese contrapunto misterioso y jovial que evita que ciertos compositores caigan en la monotonía.

—No te importará darle un par de besos en las mejillas, ¿verdad?

Mi mujer se ríe.

—¡Qué va! Por otra parte —añade—, en menos de un cuarto de hora habré descubierto todos sus defectos.

—No tiene ninguno.

—Eso está por ver.

La última de las noticias agradables tiene otro carácter. Se trata de una carta que nos ha llegado de Teherán en la que nuestro «enlace» en la capital iraní, Jean-Pierre Deudon, abogado, amigo nuestro desde hace siglos —desde que en 1948 coincidimos en París—, nos invita a que vayamos allí cuanto antes. «Esta época es la mejor del año. El clima, ideal. Podréis alojaros en casa, que lleva el bonito nombre de Villa Eloïse. Será una grata experiencia. La víspera de vuestra llegada enviad un telegrama anunciando número de vuelo y os esperaremos en el aeropuerto.» Clarisse, la esposa de Jean-Pierre, en una posdata añade: «No tardéis. ¡Tenemos un cocinero tibetano que prepara el caviar como nadie!»

—¿Qué significa esa alusión al caviar, si saben que lo detesto?

—Nada... —dice mi mujer—. Es una forma de subrayar que no correremos ningún peligro, y que en su casa estaremos tranquilos.

La carta nos ha pillado de sorpresa. Teníamos previsto el viaje a Irán, pero sin fecha fija. Nuestra estancia en Egipto no puede ser más satisfactoria. Ni más fecunda. Por lo tanto, no teníamos prisa. Además, habíamos hablado con Adrián —y con Zakía— de hacer el llamado «crucero del Nilo», que consiste en ir a Asuán, con salto aéreo hasta Abu Simbel y luego tres o cuatro días de navegación por el río, visitando la isla Elefantina, los templos de Philé, de Kom Ombo, Edfu, la antiguas Tebas, Dendera, etc. Un crucero incomparable, que entre otras cosas nos hubiera permitido revivir nuestra fugaz estancia —el año 1962— en Luxor, Karnak y el Valle de los Reyes y echarle una ojeada a algún poblado nubio, donde, según Salvio Royo, se mezclan de forma apasionante lo inocente y lo obsceno.

Los términos en que la carta está escrita —«venid cuanto antes», «es la mejor época del año», «no tardéis»— indica bien a las claras que, habida cuenta de la actual situación en Irán, nuestros amigos desean y nos aconsejan que no demoremos el viaje. Ello altera de raíz nuestros planes y nos obliga a tomar una determinación.

—¿Qué opinas?

—Que antes de una semana tenemos que estar allí...

—Pero...

—La carta es una orden. Conoces a Jean-Pierre... —Marco una pausa—. Hay que aceptar el hecho y renunciar, hasta nuevo aviso, a Egipto, a sus templos y a sus dioses.

Mi mujer hace un mohín.

—De todos modos, quizá haya una solución.

—¿Cuál?

—Volver...

—¡Naturalmente! La ventaja de Egipto es que aquí todo es eterno.

La suerte está echada. Aprovecharemos lo más posible los días que nos quedan, y antes de una semana volaremos a Teherán.

¡Teherán! De pronto —ya en nuestra habitación, cómodamente sentados— esta palabra nos encandila. Ese hombre oscuro e incomprensible, el ayatollah Jomeini, tiene en jaque al mundo entero, aunque Sadat y Gaddafi —e Hilmi— lo traten de loco... Irán centra en estos momentos la atención de todo aquel que se muestre sensible a los cambios de ritmo de la historia. Algo está ocurriendo allí que determina que «nada volverá a ser como antes». Especialmente el Islam. ¿Y no es precisamente eso, la entraña del Islam, lo que ando persiguiendo? A ver si me entero de una vez de la diferencia entre los chiitas y los sunnitas... A ver si me entero de una vez de lo que se esconde debajo del vocablo «petróleo», también llamado «oro negro». ¡Oro negro! Curiosa expresión... ¿No se tratará de un bello hallazgo semántico? El color negro, en Occidente, ha simbolizado siempre la «inferioridad», la «tiniebla», el «magma pasional». Por otra parte, mi mujer recuerda que en alguna carta anterior nuestros amigos nos hablaron de lo mucho que les impresionó visitar el golfo Pérsico, en uno de cuyos enclaves —Bander Abbas— se estableció hace tiempo una nutrida colonia de trabajadores españoles emigrantes.

—Ése es el duende de los viajes, ¿no crees?

—¡Desde luego!

—A Salvio Royo le sentará como un tiro...

—Y a Alma también.

—¡Pse! ¡Eso no es tan seguro!

El día siguiente, después de dormir como lirones lo menos diez horas seguidas, lo pasamos prácticamente en el hotel, descansando. La mañana en la piscina, donde nos enteramos de que hay cuatro señoras inglesas —en bikini— que desde que llegaron al Sheraton apenas si han salido fuera, puesto que «El Cairo actual les da asco». Sólo han visto el espectáculo «Luz y Sonido» en las pirámides, que, por cierto, ha de figurar en nuestro programa antes de irnos a Teherán. Asimismo vemos, ¡en bañador!, un príncipe de la Arabia Saudí —catorce personas de séquito— que por lo visto a las tres de la madrugada ha armado un alboroto infernal porque quería hablar por teléfono con Riad y el aparato de su habitación se había estropeado. Sólo han conseguido tranquilizarle seis botellas de Moët-Chandon.

La tarde la pasamos leyendo. Mi mujer, egiptología; yo, una curiosa recopilación de proverbios árabes, en la que encuentro auténticas joyas («tres cosas producen flacura: tomar agua en ayunas, dormir incómodo y hablar siempre en voz alta»). La mayoría de dichos proverbios están inspirados en *hadits*, en dichos atribuidos a Mahoma, y en uno de ellos se confiesa lindamente que el Corán no es libro de *amor*, sino de *autoridad*, lo que puede ser un excelente tema a debatir con Zakía.

A última hora nos hemos instalado en el *hall*, donde, como siempre, la animación es grande, debido a los combates que libran entre sí los hombres de negocios —hoy, un grupo formado por italianos y belgas—, a la celebración de bodas por todo lo alto y al regreso de los *tours*. Por cierto, que hemos oído en boca de un guía la promesa de que pronto se organizarán excursiones al Sinaí... ¡Idea excelente! A la que cabría añadir una visita a El-Alamein, lo que significaría, además de un rechinante repaso a la historia, colmar de felicidad al bueno de Séoud y abarrotar de firmas los libros de registro de su cementerio...

Por la noche, atendiendo a su ruego, llamamos a Adrián; en cambio, no hemos conseguido localizar a Salvio Royo. Adrián, como es lógico, nos acribilla a preguntas sobre nuestro günteriano periplo, haciendo especial hincapié en el comportamiento de Hilmi, del que se siente un tanto responsable. «Sobresaliente», decimos. «Me alegro. A veces el muchacho sale por peteneras y no hay quien lo aguante.»

Lamenta mucho nuestro fiasco en Alejandría. «Es una lástima. Alejandría me tiene chiflado.» «¡Bueno, son cosas que ocurren! Pero el balance es óptimo.» «Tenéis que contarme de Zakía... ¿Exageré al hablaros de ella?» «Ni pizca. Te quedaste corto... Es árabe por lo cuatro costados y dará mucho juego en el país.» «Eso ya no es tan seguro. El país es muy grande...» «Zakía también lo es. Y además, ¡tiene la *baraka*!» Adrián suelta una carcajada, lo que en él es rarísimo. «¡Os felicito! Pronto podréis dar lecciones de árabe en la Universidad Al-Azhar.»

Acordamos almorzar juntos mañana, en el propio Sheraton. Le pregunto a Adrián si por casualidad podría traerme un par de libros de autores egipcios, traducidos al castellano, de los que Zakía mencionó. No hay problema. Tiene alguno en casa y otros en el Centro Español. Procurará elegir los que sean informativos para mí. Que recreen la atmósfera del pueblo, su manera de vivir. «¡Exacto! Eso es lo que necesito.»

PEQUEÑO ANECDOTARIO. LITERATURA Y PAPIRO

Adrián cumple con su palabra. Al día siguiente, a la hora convenida —esta vez sin retraso—, se presenta en el hotel, dispuesto a almorzar. Trae consigo dos libros, su clásica carterita de mano, una Kodak miniatura y el consabido periódico *Noticias del día*, del que no prescinde jamás. «Es mi manjar de cada día. No lo puedo remediar.»

Encontramos algo raro en él y así se lo decimos. Como si tuviera la cabeza más grande. «¡Ah, bueno! —acepta—. Fui a la peluquería y les di ciertas órdenes en plan coqueto. Parece que tengo más pelo, ¿verdad?» «A lo mejor es eso...» «Los peluqueros de aquí hacen filigranas al respecto. ¿Sabíais que, en esta ilustre ciudad, los hombres gastan más que las mujeres en cosmética y demás?» «No, no lo sabíamos. Creíamos que esto era exclusivo de la sociedad occidental.» «¡Ni hablar! La sociedad occidental lo ha copiado de Oriente, como tantas cosas...» «Ignorábamos que Egipto estuviera en Oriente.» «¡Bah! No les hagáis caso a los manuales de geografía.»

Almorzamos en la planta baja, en el *snack-bar*. No ha sido fácil encontrar sitio, puesto que hoy es jueves, o sea, víspera del día festivo musulmán. Por fin conseguimos una mesa en un rincón, mesa excesivamente próxima a un magnífico cacto que trepa por la pared. Las camareras, con sus ojazos pintados de negro *(kohl)*, no dan abasto y el barullo alrededor resulta incómodo. Sin embargo, y contra toda lógica, Adrián no protesta, no dice ni pío.

Está contento. Se le nota a la legua. Incluso habla con voz más fuerte que la habitual. ¿Qué habrá ocurrido?

Mientras nos tomamos los espaguetis de rigor, satisface nuestra curiosidad. Está a punto de finalizar el curso y los alumnos del centro le han anunciado que le rendirán un pequeño homenaje; y salvo contratiempo, se prevé, para el curso próximo, que el número de inscritos será mucho mayor. Por cierto que Gazzam, su ahijado, el de la Ciudad de los Muertos, ha obtenido la misma nota que nosotros le hemos asignado a Hilmi: sobresaliente. «Es curioso. El centro me parece algo mío... ¿Será un acto de vanidad?» «¡Nada de eso! Te lo tienes merecido...»

De todos modos, el principal motivo de su alegría es otro: dentro de tres semanas tiene vacaciones y se va a España, a ver a los suyos. A Canarias. ¿Conocemos Canarias? ¿Sí? Estupendo... ¡Oh, claro, Lanzarote! Algo único. Un misterio. Trescientas bocas de fuego que, de pronto, una tarde cualquiera, rompen la costra y salen disparadas hacia arriba. Los habitantes creen que es el fin del mundo y se refugian en un rincón de la isla. Pero no es el fin. Todavía vive gente en Lanzarote y los turistas se estremecen al recorrer la ruta de los volcanes. Y los cosmonautas aseguran que en todo el planeta no hay nada —ni siquiera ningún desierto— que se asemeje tanto a la Luna.

—¿Tienes mucha familia en Canarias?

—Sí, mucha... Pero a quien más recuerdo es a mi madre.

—Natural.

—¿Natural? No lo sé... —Guarda un silencio y baja la voz—. Aquí hay muchos chicos que empiezan a odiar a sus madres porque éstas se empeñan en administrar las finanzas del hogar...

El inciso nos sorprende y le preguntamos si ello podría tener alguna relación con el hecho de que ni Zakía ni Hilmi nos llevaran a sus casas, pese a que regresamos por el Delta.

Adrián, que de postre ha pedido un helado de chocolate, tiene un gesto de duda.

—No sé... No, no creo. Más bien yo lo atribuiría a un cierto pudor. Querrían evitar el que vierais la extrema modestia con que viven los suyos... —Guarda otro silencio—. Ya os daríais cuenta, ¿no? El Delta es una maravilla, pero a la sombra de sus palmeras ocurren cosas horribles...

Esperamos a que justifique tan tajante afirmación, pero no lo hace. Suponemos que se referirá a los incestos, de que Hilmi nos habló, a la promiscuidad con los animales, a la vida instintiva, en fin, que todavía debe de prevalecer sobre el resto.

Adrián cambia de tercio. Pone sobre la mesa los dos libros que trajo para mí. Veo que uno se titula *La ciudad inicua* —su autor, M. Kamil Husayn—, y el otro, *¡Diario de un fiscal*, de Tawfiq al-Hakim! Recuerdo que Zakía mencionó este libro, del que nos dijo que trataba de la justicia y la vida en el Delta. Pienso que a lo mejor relatará algunas de las «cosas horribles que suceden allí, a la sombra de los bellos palomares...»

A punto de preguntárselo a Adrián, éste se anticipa y nos dice, primero, que es una lástima que no podamos leer esos textos en árabe. «Pierden el ritmo, la entraña... Ya sabéis.» Segundo, que el *Diario de un fiscal* tiene o contiene toda la ironía que caracteriza al hombre egipcio culto. «Entre bromas y veras, en estas páginas encontraréis mucho material del que andáis buscando. Algunas de las mujeres que aparecen en el libro son la viva estampa de las madres de Zakía y de Hilmi... Y comprenderéis hasta qué punto es cierto que los *fellahin* viven tan a su aire que no tienen la menor idea ni siquiera de la fecha de su nacimiento.»

En cuanto al otro, *La ciudad inicua*, no se trata del Cairo, como podríamos pensar. Es un libro casi místico, si es que puede hablarse de misticismo en este *snack-bar*, con un cacto amenazante al lado. Su autor, M. Kamil

Husayn, está muy preocupado por el cristianismo, por las soluciones que éste intenta ofrecer a las incógnitas que atenazan al hombre... «Sin embargo, en el fondo la conclusión es pesimista. Al terminar el libro os daréis cuenta de que el Vaticano y La Meca son irreconciliables, opinión que, personalmente, no tengo más remedio que aceptar.»

La camarera ha despejado nuestra mesa, en la que no hay más que las tres inevitables tazas de café. Depositamos en ella los libros y le prometo a Adrián que los leeremos cuanto antes. «Verás —le explico—. Este viaje a El-Alamein que hemos hecho ha despertado todavía más mi curiosidad. Al margen de lo que hayamos podido ver, Zakía e Hilmi han tenido reacciones que nos han desconcertado mucho. Necesito encontrarles explicación... Y sé por experiencia que la literatura, muy a menudo, presta las muletas necesarias para ello.»

Adrián da muestras de encontrarse en su elemento. Se extiende sobre el particular, acariciándose de vez en cuando su cabellera recién estrenada. Nos dice que, pese a lo que pueda oírse por ahí, los árabes tienen mucho que agradecer a los egipcios, empezando por esa riqueza de reacciones que nos ha desconcertado. Pero además, y volviendo al tema anterior, deben agradecerles también su afición a escribir. De hecho, fueron los grandes faraones, a través de sus cortesanos, los que desarrollaron la literatura a lo largo y a lo ancho del Mediterráneo, hasta el extremo de que en el Valle de los Reyes se encontró un papiro, único en su género, que contenía el exquisito consejo que un escriba le daba a su hijo: «Ansía vivamente ser escriba, pues un libro es más valioso que una casa, más hermoso que un parque de ubérrima vegetación.»

—¿Verdad que la anécdota es elocuente?

El tema me interesa mucho. Sé que la literatura de cada pueblo es un mundo en sí y que penetrar en cualquiera de ellas es mil veces más enriquecedor que penetrar en la cámara mortuoria de una pirámide.

Adrián, que ha pedido otro café, añade que tal vez la vocación de los egipcios por la literatura —«es curioso que sólo se hable de sus templos y de sus esculturas»— se deba a la existencia del papiro en su suelo. En efecto, las láminas de papiro, una vez escritas, se podían enrollar, lo cual era muy práctico para guardarlas o transportarlas donde fuera. De ahí que las usaran durante miles de años, hasta que los árabes trajeron en sus caravanas el papel, procedente de China. Por cierto, que el papiro crecía precisamente, en estado silvestre, en el Delta... En un principio, se fabricaban con él telas, sandalias, cestos e incluso embarcaciones; pero pronto se descubrió que del tallo de la planta se sacaba una lámina resistente, que era la que podía emplearse para escribir.

Adrián, satisfecho porque nos ve pendientes de sus palabras, apura su café y concluye, otra vez bajando el tono de la voz:

—Hasta que un buen día, muchísimo más tarde, desembarcó por aquí un tal Napoleón y trajo consigo la imprenta... Y entonces la historia dio un brusco cambio, como el que nosotros vamos a dar ahora, pagando la cuenta y marchándonos acto seguido a un sitio que a buen seguro os interesará...

EL REY FARUK Y EL PALACIO MANYAL

Adrián, a quien no encontramos el momento de comunicar que nuestra estancia en Egipto toca a su fin, ha elegido, para esta tarde tan calurosa que sobre los sentidos, el famoso palacio Manyal —Manyal significa «nilómetro»—, situado en la isla de Roda. Perteneció al ex rey Faruk y ahora ha sido convertido en museo.

Mientras nos dirigimos en taxi al palacio Manyal, me invade la sospecha de que lo que pretende Adrián es recorrer de prisa sus estancias —y con este pretexto facilitarnos algunos datos sobre los gobernantes que precedieron al actual presidente Sadat—, para luego sentarnos bajo alguno de los gigantescos plátanos que se han enseñoreado del parque y allí continuar hablando de lo que nos apetezca. Sospecha no gratuita, ya que me consta que Adrián, que lleva un rato fumando sin parar, es un ferviente partidario del diálogo. Del diálogo como terapéutica y comunión, como medio para que los seres humanos tengan la oportunidad de no odiarse en exceso. Según Hilmi, esa convicción le llevó a aprender incluso la mímica de los sordomudos, con los que, llegado el caso, se entiende a la perfección y sobre los que opina que suelen tener una vida interior insospechadamente profunda.

Entramos en el islote de Roda por el puente Sayala y pronto nos encontramos en la puerta del palacio Manyal. Abundan los visitantes, entre los que destacan unas cuantas mujeres-belleza con aspecto de maniquíes —¡ojalá se hospeden en el Sheraton!—, y una fila interminable de colegiales que, al vernos, nos hacen señas amistosas y nos preguntan Dios sabe qué. No puedo por menos que disparar mi cámara fotográfica, lo que anima todavía más el cotarro. Los chiquillos levantan los brazos, muestran la dentadura, sin que uno solo emplee la palabra *bacsis*... Me llama la atención un pelirrojo, con ojos azules. Hablo con Adrián y éste me informa de que no es de extrañar. «Hay árabes pelirrojos. ¿No te habías dado cuenta? Omar, el segundo califa que reinó después de Mahoma, era pelirrojo y tenía los ojos azules.»

Minutos después, entramos en el palacio. Pronto advertimos que los turistas salen decepcionados, y la explicación es sencilla: las famosas camas eróticas —redondas— de que tanto se habló y en las que, según los corresponsales extranjeros, el rey Faruk se refocilaba con su harén no existen, como tampoco existen los juegos de espejos que las erotizaban todavía más. Lo que sí existe, en cambio, es una aberrante mezcla de estilos que atiborran la construcción. Adrián nos dice que fue levantada por Mohamed Alí... Peor para él. A menos que los responsables hayan sido sus sucesores, todos los cuales, por lo visto, se pirraban por la adiposidad decorativa.

Bastará con decir que la entrada es de estilo marroquí, en tanto que las diversas salas del pabellón son turcas, sirias, persas, egipcias, etc. Con abundancia de dorados y de divanes un tanto polvorientos. Con azulejos y cristales que asoman por doquier. ¡Un oratorio! ¿Qué hace un oratorio en una mansión del ex rey Faruk? ¿Qué tipo de salmodias religiosas podían oírse en sus galantes fiestas? Las mujeres-maniquí, que van siguiendo nuestro mismo itinerario, no ocultan su sorpresa y se susurran al oído comentarios sin duda irónicos. Un guía le cuenta a su «grupo» que han desaparecido varias antiguas ediciones del Corán, una de las cuales, en hojas sueltas, databa del siglo décimo y fue adquirida en una subasta por una cantidad exorbitante. Cuesta esfuerzo imaginar que alguien pudiera sentirse a gusto aquí, que aquí se celebraran recepciones y festejos de gran mundo; cuesta, sobre todo, si uno se entera, gracias a Adrián, de que el nombre Faruk significa en árabe «el que sabe distinguir entre el Bien y el Mal».

Rápidamente pasamos al pabellón contiguo, el de caza, convertido asimismo en museo. «¡Alto! —grito nada más entrar—. Detesto las mariposas clavadas con un alfiler.» Adrián me mira asombrado. «Por favor, domínate... Precisamente esta colección está considerada como de las mejores del mundo.» Entonces le explico que las mariposas me inspiran un gran respeto, desde que en Taipei me contaron una leyenda según la cual tales insectos no son otra cosa que «coloreadas transformaciones de los dedos de Dios».

Continuamos deambulando por el museo, burda exhibición de trofeos cinegéticos. Mi malestar aumenta, no sólo porque detesto también la caza y porque la mezcla aquí es igualmente horrenda, sino porque, salvo unos pocos ejemplares de mayor calibre —hay antílopes, hienas y reptiles—, lo que abundan por encima de todo son las crías de ciervo, alineadas en lo alto, cerca del techo. Ignoro la opinión que semejante alarde les merecerá a los cazadores, pero entiendo, y Adrián se muestra de acuerdo conmigo, que cobrar esas piezas es síntoma de crueldad. ¡Qué fácil le sería al epicúreo rey Faruk disparar y dar en el blanco! Tanto como chupar los cigarros puros que de continuo le colgaban de los labios...

Comentamos con Adrián que muchas testas coronadas y muchos dictadores se pirran por la cinegética, que en definitiva no es otra cosa que el arte de matar. Algunos empiezan matando animales y acaban matando seres humanos, otros siguen el proceso a la inversa y simultanean lo uno y lo otro. Diríase que los fines de semana, o al levantarse la veda, sienten la imperiosa necesidad de autoafirmarse en su poderío, de disparar a placer, por lo común entre una cohorte de aduladores...

Salimos al parque. Cierto, los antiguos y robustos plátanos imponen también su poderío, aunque sin atentar contra la vida de nadie. Por el contrario, protegen del calor. Nos sentamos en un banco y continuamos charlando, ahora sin el menor estorbo. Adrián, de pecho enjuto, respira hondo varias veces consecutivas, forma indirecta de manifestar que su estado de ánimo no ha variado, que continúa sintiéndose feliz.

Inesperadamente, nos pide permiso para romper una lanza en favor de Faruk. Nos cuenta que el ex rey, debido al carácter severo y dogmático de su padre, el rey Fuad, apenas si tuvo infancia. Fue educado entre las cuatro paredes del palacio real, sin contacto con el exterior ni con muchachos de su edad. Dicho de otro modo, no conoció ni las travesuras ni los juegos infantiles: en resumen, fue «un niño con problemas».

Luego fue enviado a estudiar a Inglaterra, pero a los diecisiete años, debido a la muerte de su padre, le tocó regresar a Egipto y gobernar. ¡Sin tener la menor experiencia! Puede decirse que al casarse, al año siguiente, con Farida, los dos eran unos chiquillos. Sólo tuvieron hijas, lo que constituyó otro «problema» y se separaron. Y entonces el hombre se lanzó ni más ni menos que a llevar la vida clásica de los bajás feudales, de tradición milenaria en Oriente, cuyo lema fue siempre «vino, sexo y música», además de «hoy sano, mañana muerto». Resumiendo, Faruk fue un producto típico, no una excepción. No inventó ningún placer nuevo —cosa, por otra parte, harto difícil—, limitándose a silbar cuanto pudo en un ambiente en que la satisfacción de cualquier deseo carnal se consideraba lógico y no estaba reñido ni siquiera con posibles inclinaciones a la santidad...

—Con todo ello pretendo decir que las circunstancias influyeron mucho en su trayectoria. Él no las eligió; lo eligieron a él. En cuanto a los negocios —a raíz de su destitución le fueron confiscados setenta y cinco millones de libras esterlinas—, consideraba normal poseer tal fortuna, así como coleccionar cosas, detalle también común entre las testas coronadas... A él le dio por coleccionar esos trofeos de caza que acabamos de ver, además de palacios, sellos, ¡cajas de cerillas, como vosotros!, y armas. Coleccionó armas muy valiosas: viejos cañones Krupp, culebrinas, granadas fabricadas en tiempos de Mohamed Alí, etc. Y por supuesto, le dio también, como es sabido, por coleccionar fotografías de mujeres... En efecto, en sus regios pabellones de Abdine y de Al-Fayoum, que deberíamos visitar, se le encontraron, en medio de un tesoro casi faraónico, miles y miles de fotografías y grabados de mujeres desnudas, en actitudes indecorosas... Y sin embargo —la voz de Adrián se hace ahora apenas audible— su personalidad era muy compleja, más de lo que todo lo dicho podría hacer suponer. Por ejemplo, pedía a su pueblo que lo tratara sin ostentación y quería que los extranjeros le llamaran simplemente monsieur. Y no le importaba, pese a la blandura de sus tejidos, aparecer públicamente en traje de baño... ¿Por qué nos sorprendió tanto que tuviera su oratorio, su lugar para la plegaria? Posiblemente, en el momento de orar, era tan sincero como en el momento de regalarse contemplando su harén de fotografías indecorosas...

Mi mujer interrumpe a Adrián y se sincera con él. No comprende que intente justificar a un hedonista como Faruk. En esa línea, todos los déspotas y depravados que en el mundo han sido esgrimirían argumentos similares: complejos freudianos en la infancia, ambiente en torno, tradición...

—No te andes con tapujos, Adrián... Faruk era una figura grotesca y un play-boy como la copa de un pino. Si mal no recuerdo, al ser destituido no tuvo el menor gesto de dignidad; se largó con su familia a Capri, en un yate de fábula, y se dedicó a jugar a la ruleta en Montecarlo... Ni por un momento se le ocurrió que su deber era legar su fortuna al pueblo egipcio, a los *fellahin*, a las mujeres analfabetas de Gizeh, a los niños con tracoma...

Adrián mueve la cabeza con aire de disgusto, mientras enciende un nuevo cigarrillo con la colilla del anterior. Por lo visto no se ha expresado con claridad. Su intención no ha sido justificar nada, sino procurar que no juzguemos a las personas de aquí, y tampoco a sus actitudes, con óptica occidental. Serían tanteos de ciego. No entenderíamos nada ni del misticismo del general Naguib, que fue quien destituyó a Faruk en 1952 y que en sus *Memorias* repite una y otra vez que el Corán le sirvió en cada momento de su vida para resolverle los problemas, ni entenderíamos nada del autoritarismo de Nasser, que quiso convertir a Egipto en el centro espiritual del mundo musulmán y que soñaba con un nuevo califato, ni entenderíamos nada del culto a la personalidad que admite actualmente el presidente Sadat...

—Os estoy hablando de la psicología árabe, nada más. A base de ejemplos concretos. El árabe, os lo he dicho repetidas veces, es un ser contradictorio. Nasser afirmaba que eran sentimentales y que una palabra cordial valía para ellos más que un millón de dólares; y sin embargo, el propio Nasser, que se consideraba su arquetipo, demostró que lo de sentimental no iba con él, puesto que, al tiempo que repartía las tierras y nacionalizaba el canal de Suez, se obsesionó por tener un ejército poderoso, llenó las cárceles y creó un considerable número de campos de trabajos forzados. Algo equivalente, en otra línea, podría decirse de Sadat. Por conspirar contra la ocupación británica, se pasó más de treinta meses en la cárcel, la mitad de los cuales en confinamiento solitario... ¡Tiempo sobrado para meditar! Pues ahí le tenéis. Pósters suyos, de tamaño colosal, por todas partes, programas de radio que llegan a toda África y a todo Oriente Medio y jugándoselo todo a la carta de los Estados Unidos, lo que, como todo el mundo sabe, resulta siempre muy arriesgado... Hay una constante en los prohombres árabes: creer que el enemigo tiene un secreto y que si aciertan a descubrirlo lo aplastarán. Los judíos olvidan eso y a lo mejor les cuesta caro... El árabe toma siempre sus decisiones en el último momento, porque cree más en la intuición (la voz de Alá) que en el cálculo. Sí, ésa es la cuestión, y en ella me basaba al referirme a Faruk. Ser árabe es tener todas las cartas en la mano. Para el árabe creyente la religión y la vida, la fe y la política están indisolublemente unidas. En el fondo le gusta tener un jefe e identificarse con él. Muchos oficiales del ejército, al ver a Faruk, automáticamente se arrodillaban y le besaban la mano. ¿Adulación...? *Chi lo sa!* Nosotros estamos hechos de compartimientos estancos, ellos son de una pieza y capaces de meterlo todo en un mismo saco. Y si hay que volver atrás, desdecirse y hasta traicionar a quien sea, ahí está la sutileza de su idioma para encargarse de ello, para echarles una mano...

No cabe duda de que resulta difícil contradecir a Adrián. Lleva años aquí, muchos alumnos han pasado por el centro y ha penetrado en la intimidad de los hogares. En principio, tenemos la impresión de que hoy, tal vez debido a su racha de felicidad y al helado de chocolate que se tomó en el Sheraton, está generalizando en demasía; de que ha tomado una postura y fuerza los argumentos para que todo encaje en ella. Pero quién sabe. A lo mejor nuestras reservas se deban a lo que él mismo apuntó antes, a nuestra óptica occidental. Pensamos en Zakía, en Hilmi, en Séoud... ¿Son de una sola pieza? ¿Lo meten todo en el mismo saco? Por de pronto, Zakía afirmó que el pueblo árabe lo ve todo en «blanco y negro» y que rechaza por definición nuestra duda sistemática... Palabras que, por descontado, avalan la tesis de Adrián, como las avalan las que pronunció Kipling al asegurar que el Este y el Oeste no llegarían a encontrarse jamás.

Guardamos un silencio y miramos en torno. La naturaleza está en paz. Todo, en el parque Manyal, respira armonía, y puesto que nos hemos adentrado en él —la mezquita está cerrada— apenas si nos llegan los ruidos del exterior. Hasta que descubrimos que dos mozalbetes, agazapados y utilizando tiragomas, disparan contra los pájaros blancos, contra los ibis, que posan tranquilamente en los árboles.

Mi primera reacción es colérica y pienso en Faruk disparando contra las crías de ciervo; pero observando a los muchachos, acto seguido me pregunto si las crías de ciervo no serán ellos mismos. Se los ve inmaduros, un tanto desnutridos, humanidad residual de ese macrocosmos impío que es El Cairo. ¿Dónde vivirán? ¿En qué barrio, en qué sector? ¿En Boulaq? ¿En Shubra? «Ser árabe es tener todas las cartas en la mano.» ¿Es válida para ellos tal sentencia? Más bien creo que en la mano sólo tienen un tiragomas y un cierto y prematuro vacío en el corazón.

Diríase que Adrián ha adivinado mi pensamiento. Se levanta, se les acerca —ellos ponen cara de espanto— y les ruega que dejen en paz a los ibis, «dado que matarlos o herirlos trae mala suerte». Los mozalbetes ven la cámara Kodak de Adrián y temen que les haya sacado alguna fotografía. «Por favor, nada de fotografías... Estábamos jugando.» Adrián los tranquiliza y les pregunta dónde viven.

—Allá arriba... —dice el mayor, señalando hacia la Ciudadela—. En la Ciudad de los Muertos...

Adrián se conmueve. «Hala, volved a casa»; y les da un *pound* a cada uno. Los mozalbetes salen corriendo y gritando: «¡Que el Profeta te bendiga!»

—Adrián, tenemos que darte una noticia...
—¿Qué ocurre?

Se ha sentado de nuevo a nuestro lado y enciende otro pitillo.

—Nuestra estancia en Egipto se acaba. Dentro de pocos días nos vamos a Teherán...
—¿Cómo? —nos mira con fijeza, sin comprender.

Le hablamos de la carta que hemos recibido y que presupone un ultimátum. No tenemos opción. Yo quiero escribir *El escándalo del Islam* y dicho escándalo presupone forzosamente visitar Irán. «Si nuestros amigos se van de allí, o los echan, perdemos la oportunidad.»

Adrián se encorva, como de costumbre. Es evidente que nuestra marcha le duele. Reflexiona unos instantes. De su rostro ha desaparecido el contento, lo que es de agradecer. Pero por fin encoge los hombros y acepta el *kisnet* de los árabes, los cuales, según él mismo nos advirtió, ante la adversidad se prohíben a sí mismos sufrir un derrumbamiento nervioso.

—De acuerdo. Las cosas son así... Pero de veras que lo lamento, porque de Egipto, y pese a vuestro esfuerzo, no os llevaréis más que un pellizco... —Su voz es apenas audible—. Tenía muchos planes para vosotros, puesto que yo no me iré a España antes de tres semanas... ¡En fin, qué le vamos a hacer!

Le prometemos volver.

—Probablemente, después de Irán nos iremos a Kuwait, cuyo embajador es también amigo nuestro. Luego, si tú has regresado ya de Canarias, nos plantamos de nuevo en el Sheraton y nos ponemos a tu disposición...

—Esos planes casi nunca se cumplen. Una vez fuera, si te he visto no me acuerdo...

—Pero ¿por qué hablas así?

—Por experiencia, nada más.

Al término de ese forcejeo conseguimos centrar el tema. Adrián insiste en que sin conocer el Alto Nilo, es decir, Abu Simbel y el crucero de tres o cuatro días por el río, a la hora de escribir sobre Egipto andaré a la patacoja. Sin embargo, hay que ser realista y, sobre todo, aprovechar el tiempo.

—A ver... ¿Cuándo queréis marcharos?

—A lo sumo, dentro de una semana.

—Una semana... ¡Bueno! Meteos esto en la cabeza: no salgáis de aquí sin haber visitado el viejo Cairo, es decir, el barrio copto. Y el Museo Islámico. Y las pirámides de Sakkara, Y Menfis. ¡Ah, y una excursión al oasis de Al-Fayoum, cuyo lago tiene cincuenta quilómetros! Y tú —se dirige a mí— reserva una mañana entera para la Universidad de El-Azhar... He hablado con el mandamás de la sección de español y te están esperando.

—No sabía que en la Universidad El-Azhar se estudiase español...

—Con setenta mil alumnos, ¡a ver!

No nos queda más remedio que darle a Adrián la segunda noticia. Procuraremos seguir sus instrucciones, pero deberemos tener en cuenta que mañana llega de Jerusalén una mujer de muchos quilates, Alma de nombre, judía de nacimiento y propiedad del ex jesuita Salvio Royo.

—Confío en que podamos compaginar su curiosidad con el programa que nos has trazado...

Los ojos de Adrián se agrandan el máximo.

—¿Has dicho judía y que procede de Jerusalén?

—Exacto.

Con la mano derecha hace como si espantara una mosca.

—¡Qué Alá nos coja confesados!

—No llegará la sangre al río...

—¡Bueno! Si la mujer es de tantos quilates, lo primero que hará será salir del hotel y preguntar dónde hay una sinagoga...

—¿Y eso es peligroso?

Marca una pausa.

—Depende del *kisnet* de cada cual...

PASEO EN BARCA POR EL NILO. INTROSPECCIÓN

Adrián ha recobrado su buen humor, y puesto que el día de nuestra marcha está tan próximo, se empeña en invitarnos a dar un paseo en barca —en barca de vela— por el Nilo. Hay un embarcadero en el Meridian Hotel, o sea, muy cerca del palacio Manyal. Alquilamos un taxi y nos plantamos allí en cuestión de minutos. Adrián acelera los trámites —hay que pasar un control, tomar unos *tickets*, etc.—, de suerte que a la media hora escasa, con el sol en ruta hacia las pirámides, nos encontramos navegando hacia el norte, en un velero blanco como los ibis, casi lujoso, que tiene la virtud de cortar el agua igual que un cuchillo.

El velero se llama *Cleopatra* y el tripulante de turno, sumamente experto, al parecer, Hakim. Es de origen nubio. Su piel es de azabache y lleva un pequeño anillo colgado de la oreja izquierda. Se vino al Cairo cuando, a raíz de la construcción de la presa de Asuán, su pueblo quedó, como tantos otros, sepultado bajo las aguas. Así que es un «hijo del Nilo», en cuyo seno puede decirse que ha discurrido su vida.

Nilo un tanto fangoso, pero refrescante —una ligera brisa cruza sobre el río—, y que dispara mi imaginación como un cohete. Ha sido un cambio tan brusco que le doy las gracias a Adrián. El lascivo Faruk queda lejos, y quedan lejos los dos mozalbetes de la Ciudad de los Muertos. Ahora nuestros vecinos son otros veleros y varios atletas que practican, zigzagueando con potencia, el esquí acuático. Al pasar frente al *Atón*, el barco azul en que dormimos la noche de nuestra llegada, saludamos con el pañuelo.

No quiero pensar en nada concreto, ni siquiera en el itinerario que nos ha marcado Adrián. Tampoco quiero secundar a mi mujer, la cual, visiblemente dichosa, anda diciendo: «Allá está la Torre del Cairo, allá el Museo Egipcio, allá la torre de la televisión...» Lo que yo quiero es sentir. Sentir que estoy vivo, que respiro, que huelo, que con la mano puedo tocar la madera del *Cleopatra* y con los ojos contemplar la bella silueta de Hakim, con su pequeño anillo colgando de la oreja izquierda.

Quiero gozar de este momento del viaje, de su plenitud. Que se paren todos los relojes del mundo, bajo ese cielo africano cuyo azul ni siquiera el vaho procedente del desierto consigue empañar. ¡Africano! El adjetivo se me clava sin hacerme daño. Es una novedad... De una impensable novedad, ya que de un tiempo a esta parte la palabra África me duele, por tratarse de una de las grandes incógnitas que gravitan sobre el hombre de hoy. Incógnitas que harán tambalear muchas testas coronadas, colocando en su lugar Dios sabe a quién. Es el despertar de una nueva era, el gong del relevo, de todo punto inevitable. Seguro que Hakim tendrá media docena de hijos... El futuro es suyo, con su piel de azabache. Algo semejante experimenté hace años al cruzar a bordo de un shampán la bahía de Hong Kong. Tuve la sensación de que aquellos chinitos reclamarían muy pronto, y con toda justicia, su ración de vida. Y lo mismo podría decir del Caribe, en cuyas islas latía una fuerza lujuriosa que era a la vez un aval y una amenaza. En cambio, remontando el Mississippi, rumbo a Nueva Orleans, cavilé que todo aquello era el pasado, que el norte era el pasado y que los habitantes del sur del planeta irreversiblemente iban a trocar por la toga las plumas de sus cabezas y que sus consejos de ancianos cederían el paso a jóvenes de prieta musculatura que dictarían su ley.

¡Qué curioso! Tengo la impresión de que tales recuerdos no forman parte de mi memoria sino de algo más hondo: de ese sentir que en estos momentos persigo. Las imágenes no se agolpan, no se confunden: son, todas y cada una, claridad. Tampoco son presentimientos: son hechos. Hechos tan evidentes como esas gabarras que pasan a nuestro lado repletas de algodón; como ese niño solitario que, en la orilla, ha lanzado la caña al río intentando acaso pescar su propia identidad.

Poco a poco mi estado de ánimo recobra la normalidad, devolviéndome por tanto al Nilo. Estoy en el Nilo, navego por él en un velero propiedad del Meridian Hotel. Me viene a las mientes, no sé por qué, algo que dijo Günter: «sin el Nilo, el mundo árabe no se hubiera propagado hacia Occidente». Y también una frase de Napoleón, aquel que trajo la imprenta: «si yo fuera el dueño de este país, ni una sola gota del Nilo se perdería en el mar». Con la mano toco el agua, al impulso de algo muy semejante a la superstición. La sensación es tan agradable que podría jurar que se acerca hacia mí algo hermoso. Miro a Adrián, que no cesa de disparar su Kodak diminuta. Miro a mi mujer, que continúa con su expresión radiante. Miro a Hakim, al mando del timón, como debe ser... Y me pregunto si ese «algo» hermoso está relacionado con el Irán —con nuestros amigos Deudon que allí nos esperan—, o está relacionado con Alma. ¡Alma! Digo para mis adentros que es una lástima que el Nilo no pase por Jerusalén. De ser así, no sólo no existiría allá la Gehenna, sino que la historia de los pueblos, de la metafísica y de la fe —y la Biblia y el Corán— sería radicalmente distinta. Si el torrente Cedrón, al pie del monte de los Olivos, fuera el Nilo, a lo mejor los discípulos de Jesús hubieran navegado en veleros de recreo y en los Evangelios no se hablaría del Mal.

CAPÍTULO XIII

Salvio Royo se ha ido al aeropuerto a esperar a Alma. A esa mujer que, durante mi estancia en Israel, tanto significó para mí. Me marcó una huella profunda, que a lo largo de los cinco años transcurridos se ha mantenido intacta, gracias a un epistolario un tanto irregular pero cargado de intención. Nuestro encuentro fue allá tan hermoso —siempre se «detuvo» en el justo límite— que abrigo el temor de que ahora cualquier detalle inesperado o quizá fútil lo eche todo a perder. ¡He vivido tantas experiencias al respecto! ¿Qué ocurriría si tardara cinco años en ver a Adrián, a Zakía...? Me consuela pensar que nuestro reencuentro con Salvio Royo fue radicalmente feliz. Salvio Royo, en el momento de marcharse, ha querido tranquilizarme. «No notarás ningún cambio. Está igual, exactamente igual... Ya sabes lo que te dije de ella en Jerusalén: que Alma no es de este mundo, que es una diminuta encarnación del más allá.»

Y Salvio Royo ha hecho más. Para que yo recordara lo que escribí sobre ella en *El escándalo de Tierra Santa* ha depositado en la mesa de nuestra habitación un ejemplar del libro. Mi asombro ha sido absoluto, pero él se ha justificado. Lleva el libro siempre consigo, vaya donde vaya, no por su valor intrínseco, sobre el que habría mucho que hablar, sino porque entiende que las páginas que les dedico a él y a Alma están cargadas de veracidad. «Son dos excelentes retratos, dos radiografías superiores a las que solemos utilizar los médicos, suponiendo que yo continúe siendo médico aún... Alma no se ha explicado nunca que llegaras a *verla* por dentro de modo tan fiel. A mí me sorprendió menos, porque te traté mucho más. Cuando viajas, se te abre en la frente el tercer ojo, a partir de lo cual no se te escapa ni siquiera que yo soy un infeliz, y que tan pronto echo de menos la disciplina de san Ignacio como ingreso en la CIA para cobrar unos dólares y de paso contribuir a salvar la civilización occidental. Como sea, ahí tienes el ejemplar que me dedicaste, y mientras esperas nuestro regreso del aeropuerto bueno será que le eches una hojeada, para pasarlo en grande rememorando tus propias palabras.»

ALMA, MUJER JUDÍA. RECUERDOS DE JERUSALÉN

He seguido el consejo de Salvio Royo. En la espera, y mientras mi mujer, tranquila, imperturbable, se dedica a leer el *Diario de un Fiscal* que nos prestó Adrián y que de entrada le parece un tanto superficial, yo me zambullo en mi propia obra, releyendo los textos que hacen referencia a Alma.

Elijo unos cuantos al azar. ¡Señor, qué difícil es releerse! Somos seres cambiantes y lo que antaño nos subyugó al cabo de un cierto tiempo se limita a rozarnos la piel. Sin embargo, el retrato de Alma, en efecto, ahí está y refresca mi memoria. De vez en cuando cierro el libro y miro al techo, celoso de Günter porque en una ocasión como ésta podría chupar placenteramente su pipa y enviar volutas de humo al pasado. De la calle nos llega hoy menos ruido porque es viernes, el día festivo musulmán. Mi mujer ha conectado la radio aprovechando que, por azar, emite música comprensible.

«Alma se hace querer. Su vitalidad es tan contagiosa —goza de una salud excelente— que siempre se ha negado a llevar reloj. Es alta, bien conformada, con una cabellera rubia que se merecería una pista de circo. Responde a la idea que los mediterráneos tenemos de las mujeres vikingas. Acaba de cumplir los cuarenta años... ¡qué le vamos a hacer!; sin embargo, en el fondo de sus ojos verdes hay toda una niñez intacta, y su talle es tan fino y sus caderas tan prietas que puede permitirse el lujo de llevar pantalones tejanos, sin que éstos parezcan poliédricos. Varias pecas en el rostro y una innata elegancia redondean su ser.

»Alma, pese a la intacta niñez de sus ojos, lleva consigo una considerable carga dolorosa. En Amsterdam, donde nació, de padres talladores de diamantes, se llamaba Elsen Thomas, apellido, según ella, de origen español —Tomás—, trasvasado a Holanda a raíz de la Inquisición. Sus padres fueron devorados por las cámaras de gas de Auschwitz, por lo que, en 1950, cansada de llorar, se vino con unos amigos a Israel. Una vez terminados sus estudios políglotas y de maestra, sus amigos, ya jubilados, decidieron irse a vivir tranquilos a Haifa. Entonces ella se quedó sola en Jerusalén, y para festejar su independencia se cambió el nombre: dejó de llamarse Elsen y se llamó Alma. Y juró que trabajaría para siempre por Israel, con todas sus fuerzas, enseñando a los niños —cuarenta alumnos— el abecedario y, en lo posible, los entresijos de la vida.

»Alma es, en el plano humano, la personificación de la vida que bulle; en el plano trascendente, la personificación de la absoluta indiferencia, de la neutralidad. Salvo Royo me había dicho de ella: "es tan judía que no cree siquiera que Jesús haya existido históricamente..." Así es, en efecto. Más aún, Alma niega igualmente que hayan existido Abraham, Moisés y la mayoría de los personajes que figuran en el Antiguo Testamento y que constituyen la raíz y la razón de ser de ese Pueblo que es el suyo y que, por otro lado, ama con pasión.

»Alma entiende que, hasta hace bien poco, la Humanidad ha vivido de leyendas, de relatos míticos, de símbolos, que eran los únicos que podían explicar a los hombres los fenómenos naturales que los aterrorizaban (...) ¡Oh, no vayas a creer que las leyendas y los mitos me disgustan, que no sé apreciarlos! Todo lo contrario. Son hermosos, tienen su significado y por regla general revelan en sus autores una inspiración superior. Pero lo que no puede hacerse es tomarlos como si fueran realidades. Si he de serte sincera, el único Adán que he conocido y que es, al propio tiempo, poema y realidad, se llama Salvio Royo, y estoy segura de que ahora mismo, con su caballerosidad habitual, se levantará de su diván plastificado y me servirá un whisky con soda... ¿Quieres acompañarme?

»En seguida me di cuenta —me dijo Alma— de que Salvio Royo era virgen, de que no había conocido mujer. Yo, en cambio, en el aspecto sexual había sido libre como solemos serlo las mujeres ahora en Israel, y si no me casé fue por razones que no hacen al caso. La tentación fue tan fuerte que puede decirse que un buen día metí materialmente al hombre célibe en la cama, pese a que el pobre acababa de llegar de no sé qué canteras y presentaba un aspecto bastante mermado. ¡Caray, el resultado no pudo ser más brillante! Se comportó, y sigue comportándose, como un crío al que ponen gafas nuevas. A veces suspira de forma conmovedora, otras veces pronuncia frases incoherentes, supongo que en latín. Aunque lo que más le encanta es pensar que lo que está haciendo tiene un nombre terrible: fornicar. Sí, me atrevería a asegurar que la sensación de pecado le añade al asunto un ingrediente que, por desgracia, yo desconozco.

»Alma ha tenido la finura de no atribuirse mérito alguno por el hecho de no sentir ninguna alergia, y mucho menos rencor, por el cristianismo. En realidad —me ha dicho—, mi reacción no ha hecho otra cosa que ser fiel al sentido demócrata de mi país, que decidió respetar todas las religiones. Por otra parte, el cristianismo no es más que una continuación del judaísmo, con ligeras variantes, motivo por el cual en el Nuevo Testamento se repite constantemente que *todo sucedía para que se cumplieran las Sagradas Escrituras*. En consecuencia, ¿por qué íbamos a pelearnos, si, como nos ocurre con los árboles, pertenecemos a la misma familia?

»También hemos hablado, ¡no faltaría más!, del problema del Mal, del maligno, que tanto preocupa a Salvio Royo y a mí. Alma en este sentido es también militante: cree que el Maligno existe, que ha existido siempre, aunque tampoco estima necesario que sea Alguien, ente o persona; que puede ser un viento raro, o quizá una ley física indetectable hasta ahora. En la más remota antigüedad ya se admitía ese agente destructor. Y el hombre se defendía de él con amuletos y supersticiones.»

A partir de aquí, leo frases a voleo...

«También quiso conocer el President Hotel, donde no tuve más remedio que enseñarle mi habitación.»

«Solos en ella, Alma cruza las piernas —en efecto, sus muslos son blancos como la leche—, y pese a que el tono de su voz es tranquilo, noto una extraña desazón. Alma se da cuenta y sonríe cariñosamente. Por un momento abrigo el temor de que me hable de mi mujer, cuyo retrato está a su lado, en la mesilla de noche, o del crucifijo. Pero, por fortuna, no es así. Lo que sí hace es insistir en que la religión católica causa un daño enorme al sistema nervioso. Los seminarios y los conventos deben ser como manicomios —afirma—. Es un error considerar que el sexo es pecado.»

«Le hablo de la conversación que sostuve con el barbero árabe, según el cual en su idioma "violación" es sinónimo de *ataque* y "macho viril" sinónimo de *ariete*.»

«"¿No crees que la doctrina de Mahoma —le pregunto—, y el tipo de Edén, casi corpóreo, que el Profeta ha prometido a sus fieles, puede pesar en el futuro de esa lucha en que estáis empeñados...?" "¡Sin la menor duda! —admite Alma—. Es una de las ventajas con que ellos cuentan. Una de sus bazas. El mundo judío... en ese aspecto lleva las de perder. Somos mucho más cultos, pero también mucho más fríos. Freud es nuestro; pero los arietes son los árabes."»

«En verdad que Alma, rubia y vikinga, es muy bella. Su verde mirar y sus agresivos senos deben de complicarles la vida a sus alumnos, sea cual sea su edad. Los dos recepcionistas del President Hotel, oriundos de Agadir, al verla bajaron los párpados y murmuraron, ignoro en qué idioma: "Eso es otro terremoto."»

Oímos ruido en la habitación de al lado, es decir, en la de Salvio Royo. Son las ocho en punto de la tarde. Mi mujer, que había permanecido un rato en la terraza —piso 16 del Sheraton—, me estaba diciendo que, contrariamente a lo que ayer ocurrió, hoy El Cairo se ve envuelto en la desagradable neblina que procede del desierto. Por lo demás, el sagrado viernes toca a su fin, lo que es tanto como decir que los coches han invadido de nuevo las grandes arterias de la ciudad, haciendo sonar estrepitosamente sus claxons.

Prestamos atención. ¡No cabe duda! A través del tabique reconocemos perfectamente la voz de Salvio Royo y yo reconozco la de Alma. Claro, claro, es natural. Antes de llamar a nuestra puerta, Alma habrá querido ducharse —la escala en Atenas habrá sido larga—, deshacer el equipaje, arreglarse para cenar...

El teléfono nos confirma que nuestra suposición ha sido certera. Salvio Royo, ahora con voz fortísima, grita: «¡Ya estamos aquí! Tengo a mi lado a la bella mujer del *Cantar de los Cantares*...» «¿Cómo está? —pregunto—. ¿Qué tal le fue el viaje?» «Perfecto... Y deseando veros. Cuestión de unos minutos.» «Cuando queráis. Llamad a la puerta. ¡Ah, y gracias por el libro! Me ha sido extremadamente útil...»

Salvio Royo cuelga el aparato... y oigo el agua de la ducha cayendo sobre el cuerpo de Alma. Y me pregunto cosas inconexas. ¿Qué vestido se pondrá para cenar...? ¿Aquel de color rojo con que subió a mi habitación en el President Hotel? ¿Un vestido negro con un discreto collar? ¿Y será verdad que el tiempo no habrá marcado en ella ninguna señal? ¿Qué habrá sentido al pisar Egipto, mundo ciento por ciento árabe, pese al tratado de paz con Israel? Algunas de sus cartas, sobre todo en los últimos tiempos, rezumaban cierta tristeza... ¿Triste Alma? ¡Ni hablar! Figuraciones mías... Es capaz de dominar cualquier situación. Es todo un carácter. «Es un terremoto...»

—Te veo nervioso... —comenta mi mujer—. ¿Pasa algo?

—¿Qué quieres que pase?

—Entonces, arréglate el nudo de la corbata...

—¡Ah, era eso! Ya voy... —Y me acerco al espejo.

El espejo me devuelve la imagen de un hombre tostado por el sol del desierto. Es un espejo engañoso, de esos que le quitan a uno diez años. Sin embargo, a mí no puede embaucarme. Yo sí he cambiado en esos cinco años, desde que estuve en Jerusalén y a las siete de la mañana andaba ya por sus calles impulsado por una fuerza extraña, que nunca he acertado a definir. Hay zonas de mi organismo que han dicho «basta». Como si se hubieran cansado de luchar. Por fortuna, la cabeza permanece intacta, como permanece intacta mi curiosidad. Los discípulos de Hipócrates afirman que esto es lo principal. ¡Bueno! No es éste el momento para rastrear —o para inventarse— enfermedades. El momento exige anudarse lo mejor posible la corbata... y esperar a que llame a la puerta la mujer del *Cantar de los Cantares*.

REENCUENTRO CON ALMA

Llaman a la puerta. Acudo a abrir... y me encuentro con Alma, que lleva un vestido negro con un discreto collar. La mujer me abraza tan fuerte que apenas si puedo reparar en Salvio Royo, quien se ha puesto el esmoquin, con la pajarita en el cuello y una flor en el ojal. «¡Alma...!» El abrazo se prolonga, aunque no más de lo debido, ya que mi mujer está esperando, y además yo quiero comprobar cuál es en verdad el aspecto de la amante de Salvio Royo, de ese «terremoto» que no cree siquiera que Abraham haya existido jamás.

Todo se endereza de la mejor manera. «Pasad, pasad...» Mi mujer se ha acercado a Alma y le ha dicho: «Creo que te hubiera reconocido entre un millón...» «¡Oh, muchas gracias! —ha exclamado Alma—. Tal vez yo también te hubiera reconocido a ti.» Y ambas se han besado en las mejillas, como era de rigor, aunque sin zalamerías innecesarias.

—¿Y yo qué pinto aquí? ¿Existo o no existo?

La protesta de Salvio Royo obtiene su recompensa. No nos limitamos a estrecharle la mano. Le damos también un fuerte abrazo, habida cuenta de que no le veíamos desde antes de nuestra excursión a El-Alamein.

Minutos después, los cuatro estamos sentados frente a frente, lo que Alma aprovecha para agradecernos el ramo de flores que se encontró, con nuestra tarjeta, en la habitación.

—Agradéceselo a mi mujer... —le digo—. A mí nunca se me hubiera ocurrido tal cosa.

—¡Oh, ya lo supongo! —ríe Alma—. Te conozco... Me parece recordar que las flores te revientan.

Ladeo la cabeza.

—Si he de serte sincero, sí... Por eso están en vuestra habitación y no en la nuestra.

Nos reímos, y a continuación Alma sugiere que si a Salvio Royo, para celebrar nuestro encuentro, le apetece tomarse un whisky, ella también se apunta... La sugerencia es una orden, de modo que me pongo en pie y me acerco al teléfono. Yo también, dadas las circunstancias, he decidido tomarme un whisky, en tanto que mi mujer afirma que en estos momentos, no sabe bien el porqué, se siente musulmana y que por lo tanto declina el alcohol. «Agua mineral, por favor.»

Marco el número del bar, paso el encargo y vuelvo a mi asiento. Y mientras Salvio Royo y mi mujer se enzarzan en una apuesta sobre cuánto tardarán en servirnos las bebidas. Alma y yo nos miramos, sin saber qué decir.

Debo confesar que hasta ese momento no había podido valorar su aspecto. Ahora es la ocasión. Y pienso para mis adentros que Salvio Royo exageró un poco al afirmar que la encontraría exactamente igual. No es cierto. La cara algo más redonda y el cuello menos felino. Sin embargo, eso sí, los mismos ojos verdes —con toda su niñez intacta al fondo—, e idéntica sensación de vitalidad. Acaso su salud no sea tan boyante, puesto que observo que lleva reloj... y que las ojeras se le marcan un poquitín. ¡Pero es una vikinga! Con todas las de la ley. Seguro que Hilmi el egipcio y que Hakim el nubio volverían la cabeza al verla pasar y le dedicarían alguno de los piropos corrientes en El Cairo; por ejemplo, «chirimoya de mi país...», que es el preferido de Zakía.

—Has cambiado algo... —me dice por fin Alma, interrumpiendo mi pensar—. El sol del desierto te sienta bien... Pero has engordado. ¿Satisfacción por mi ausencia, o demasiados espaguetis?

—Me temo que lo segundo... —contesto.

Salvio Royo, cuyo aparte con mi mujer ha terminado, tercia en el diálogo.

—Espaguetis, espaguetis... —afirma—. ¡Verás, Alma, dentro de tres semanas! Tu bella silueta te habrá dicho adiós y te parecerás a la tercera esposa de algún egipcio ricachón... Por de pronto —añade—, si madame Gironella no tiene inconveniente, esta noche podríamos cenar en La Mamma, que cuesta un riñón pero que está muy bien. —Se dirige a Alma y le pregunta—: Habrás traído *travellers chek*, supongo...

—¡Claro! —ríe Alma—. ¿No pagué yo el taxi que nos trajo del aeropuerto?

Los tres whiskies y el agua mineral llegan con media hora de retraso, que aprovechamos para inspeccionarnos unos a otros, para hablar de los peligros del aire acondicionado en los hoteles y de la vida nocturna del Cairo, que, comparada con la de Jerusalén, se parece a la de Nueva York. Salvio Royo elogia con entusiasmo el espectáculo «Sahara City», cuyo escenario es una enorme y hermosa tienda de campaña levantada muy cerca de las pirámides, en el desierto. La comida es típica, el *show*, impresionante, con bailarines de razas muy diversas, auténticos en su mayoría. «Por supuesto, destaca la "danza del vientre" (hay bailarinas que han empezado su entrenamiento a los seis años), y un detalle inencontrable en otro lugar: el *maître* es un camello. ¡Sí, sí, no os lo toméis a chacota! Los camareros y demás son seres humanos normales, admitiendo que existe algún ser humano normal, pero el *maître* es un espléndido camello amaestrado, que va de mesa en mesa atento a lo que haga falta.»

Acordamos por unanimidad ir una noche al «Sahara City». Alma parece especialmente entusiasmada, si bien impone una condición: que no la obliguen a vestirse de beduina.

DIÁLOGO EN EL RESTAURANTE LA MAMMA

Nos encontramos en La Mamma, el restaurante italiano del primer piso. Mi mujer y yo no habíamos vuelto a él desde aquella inolvidable noche en que nos juramos una vez más amor eterno, a los acordes de la pareja —Ro-

En los suburbios
de Alejandría.

Barquero en el Nilo.

En la isla Elefantina,
esperando a los turistas.

Mujeres de un poblado nubio.

En El Cairo moderno.

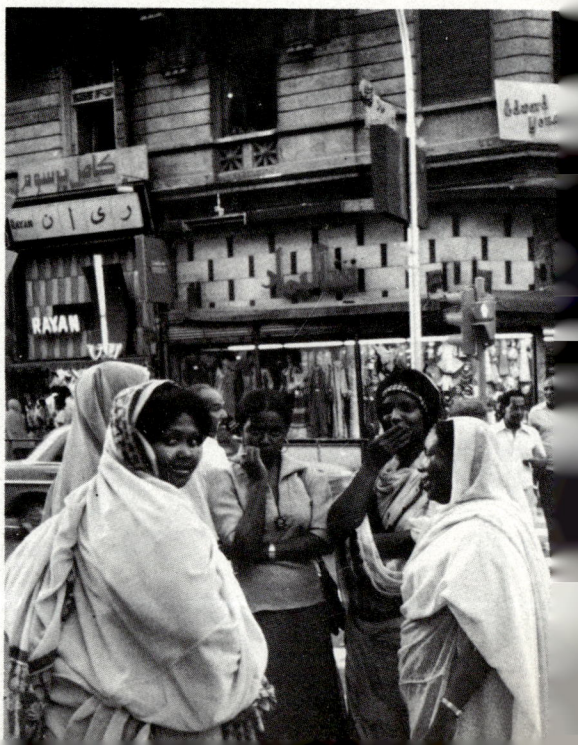

meo y Julieta— que destrozaban nuestros oídos y los de los demás comensales, utilizando un violín y un acordeón, con el sano propósito de evocar melodías napolitanas. De momento, parece ser que nos acompaña la suerte: Romeo y Julieta no están. El resto, todo igual: el servicio vestido con exquisitez, candelabros en las mesas, la cocina a la vista, pese a lo cual el olor del local es sumamente agradable. Hay muchos clientes —sobre todo en el altillo, ocupado enteramente por el príncipe de la Arabia Saudí y su numeroso séquito—, pero el *maître*, que por cierto no presenta la menor semejanza con un camello, descubre para nosotros una cómoda mesa en un rincón.

Dicho *maître* nos muestra la carta y nos aconseja, bolígrafo en ristre; pero nosotros, luego de una rápida ojeada, optamos por simplificar y pedimos lo mismo para todos. Primer plato, ¡espaguetis! Segundo plato, una carne a la plancha. De postre, helado «piramidal», especialidad de la casa. Con vino tinto —Omar Kayyam— y champaña, por supuesto, en honor de los *travellers chek* de Alma...

Ni que decir tiene que, antes de que lleguen los espaguetis, Salvio Royo se saca del bolsillo el frasco de grageas digestivas que nos recetó en aquel nuestro primer almuerzo a la orilla del río. Convence a Alma de que se las tome. «No olvides que estás en un país sin alcantarillas y que se ha pasado siglos adorando a un escarabajo. No me gustaría verte ocho días en la cama, con retortijones y fiebre alta.» Alma se toma sin rechistar las grageas y le pregunta: «Si tanto peligro hay, ¿por qué me invitaste?»

La pregunta ha servido de trampolín para el inicio de la conversación. A lo largo de la cena hemos tocado temas muy variados, pero uno de los más incisivos ha sido éste: el de la presencia de Alma en un país árabe. Naturalmente, es cierto que suman ya varios centenares los judíos que emigraron o fueron expulsados a raíz de la creación del Estado de Israel, y que han vuelto y obtenido incluso el permiso necesario para regentar sus negocios. Pero la cifra es pequeña aún, y sin duda tropezarán con dificultades. La firma del tratado de paz es un papel entre ambos gobiernos, que ha sido recibido con general beneplácito; sin embargo, el ciudadano de a pie, el egipcio corriente y moliente, en presencia de un judío experimenta cierto malestar. No puede olvidarse que resultaría difícil encontrar una familia que no hubiera sufrido una baja en el transcurso de las cuatro guerras que han enfrentado a ambos países. Por lo tanto, Alma ha obrado correctamente adornándose con un collar y no con una flamante estrella de David...

Alma ha intervenido reiteradamente, exponiendo su punto de vista, que difiere un tanto del que manifestó en Jerusalén, cuando me dijo que «judíos y árabes pertenecían a la misma familia y que en consecuencia no tenían por qué pelearse». Se muestra mucho más radicalizada. En determinados momentos ha hablado como un *sabra*, como un joven exaltado nacido en Israel. Su ventaja ha consistido —y éste es uno de sus encantos— en que ha logrado conciliar tal dureza con un cierto sentido deportivo, ayudada, tal vez, por el vino Omar Kayyam y por el champaña francés. Resumiendo, ha aceptado que, a medida que crecen las dificultades para Israel —lo cual resulta innegable— ella se siente más y más enraizada. Y que por nada del mundo abandonará el barco, aunque batallones de ratas se introduzcan en él. «Yo sigo allí, en mi puesto, dando clases en mi escuela, y últimamente ejerciendo de intérprete en el Parlamento, lo que me proporciona la ocasión de vivir de cerca aleccionadoras experiencias...»

Salvio Royo, que no ha cesado de pasarse la mano por la cabeza —al parecer, tiene problemas con su peluquín—, le ha objetado que lo de las ratas es una metáfora.

—Se trata de algo más serio, querida, y ya conoces mis opiniones y el respeto que Israel me merece. Se trata de que el Islam se está levantando con una fuerza arrolladora. Hay que ser realista; y por realista, como sabes, me encuentro yo aquí y te he pedido que vinieras... El Islam se ha fanatizado, y cuenta con una base única, llamada petróleo, que le permite comprar cerebros, técnica, sobornar a medio mundo, tener en jaque al otro medio e importar solomillos como esos que nos estamos comiendo... Israel es un pañuelo, rodeado por cien millones de árabes que, desde el Líbano hasta Egipto, pasando por Siria y Jordania, dibujan paradójicamente una media luna. Cien millones de enemigos... Tú misma me has confesado a menudo, en Jerusalén, que sentías un cierto temor. ¡Es natural! ¿Cómo soportar una guerra a la que no se le ve el fin? Si tuvieras hijos (Dios no lo permita, que yo estaré de su parte...) te encontrarías exhausta, como se encuentran exhaustas la mayoría de las madres de tu admirable país. ¡Mira! ¡Mira a tu izquierda, en aquel altillo! Ahí tienes un príncipe árabe, con sus mujeres y sus vástagos... ¿Te das cuenta? Es un bigote y una sonrisa cínica, nada más. Y a lo mejor esta noche en el casino pierde una fortuna. Pero el personal de servicio no le quita ojo, y mientras el *maître* y las camareras a vosotras os llamarán madame y a nosotros sir, a él le llamarán ilustre bienhechor y tal vez, tal vez, descendiente directo del Profeta...

La reacción de Alma es todo un curso de bien hacer. Si creyera en Dios empezaría a rezar, en espera del helado «piramidal»; pero como no cree en Él, ha de confiar en las propias fuerzas de su país, que no son pocas, pese a lo dicho. Lo curioso es que lo mismo Israel que Egipto dependen de los Estados Unidos; y lo que le sorprende es que un príncipe saudí se digne cenar en La Mamma, puesto que oficialmente Egipto ha sido considerado traidor por el resto de los Estados árabes.

Ello demuestra la doblez del enemigo, su carencia de ética y de pundonor. Y ello es también un puntito de esperanza... «¡Están más desunidos que nosotros en Israel, donde el problema de los askenazi y los sefarditas es cada vez más apremiante, y donde mucha gente considera que Beguin es un loco fanático, que ha encontrado el método ideal para mantenerse en el poder!: sufrir cada dos por tres un infarto. Yo le conozco... Tiene mucho temple y si es necesario conseguirá la bomba atómica. Quienes están a sus órdenes le llaman también descendiente directo de Salomón... Pero en fin, confío en que una vez más lograremos sobrevivir, sobre todo observando la fealdad congénita de Yasser Arafat, cuyo carisma se basa exclusivamente en que no se afeita jamás y en que lleva siempre un par de pistolones en el cinto, incluso cuando viaja a Madrid... ¡No, no, me sé de memoria la lección! No cederemos un palmo que consideremos vital para nosotros. Ya nadie podrá borrar del mapa a Israel, entre otras cosas porque allí estoy yo para impedirlo, poniéndome al frente de todas las Déboras y las Esthers que existan en el territorio... ¿Sabíais que este año hemos exportado tres veces más que el año pasado? ¿Y que Wall Street es nuestro en un sesenta por ciento? Incluso son nuestras la mayoría de las películas que, según he comprobado viniendo del aeropuerto, se están proyectando ahora mismo en los cines del Cairo...»

El tono con que Alma ha soltado la última parte de su parrafada ha quitado hiel al asunto y nos ha devuelto la sonrisa. No se nos escapa que sus argumentos son impugnables, pero sería una lástima estropear con lances dialécticos el excelente sabor del café amargo que las camareras de ojazos-Nefertiti nos han traído. Por otra parte, nuestro interés —cuando menos, el mío particular— no se centra tanto en sus análisis globales y en sus esperanzas como en lo que siente por dentro sabiéndose en tierra enemiga.

¡Bueno, en ese campo se muestra sincera al máximo! Sólo la atracción física que la tiene atada a Salvio Royo podía lograr que tomara el avión... Así como el saber que Sadat es un valiente y que su mujer, Jean —por sus obras los conoceréis— podría perfectamente ser una mujer judía y no la gorda tercera esposa de un ricachón egipcio. Por lo demás, sabe de sobras lo que le espera, porque se conoce al dedillo las zonas árabes y palestinas de Israel: suciedad, desidia, vagancia y un crecidísimo porcentaje de analfabetos. Sin contar con la discriminación femenina, de las más atroces del mundo, para la que ya se prepara a las niñas antes de que se hagan el primer pis. Cierto, desde luego, que en Israel —y concretamente en Jerusalén—, entre la población judía existe el equivalente: el barrio de Mea Shearim, con los caballeros de los tirabuzones, que se alimentan de la Torah, huevos duros y lechuga en mejor o peor estado. Pero no son más que unas trescientas familias, en tanto que el Islam es la quinta parte de la humanidad.

—Hoy, todo de perlas —prosigue Alma—. El Sheraton, que es una isla, La Mamma y vuestra compañía... Ahora bien, mañana saldrá el sol y tendré que enfrentarme con la realidad del Cairo. ¡Bien, estoy preparada! Sin embargo, decidme: ¿hay tantas moscas como pretenden las guías turísticas que circulan por Tel Aviv? ¿Y es cierto que el hedor causa un promedio de cien víctimas diarias? ¡Psé, ocasión tendré de comprobarlo! Por fortuna, existe el mundo anterior, el faraónico, que siempre me ha chiflado y que tanto hemos estudiado en la escuela... Por cierto, que me han aconsejado el «Son et Lumière» de las pirámides. ¿Me acompañaréis? Me han dicho que los textos que se oyen a través de los altavoces son los únicos en todo Egipto que no han sido extraídos del Corán...

En este momento entran Romeo y Julieta, la parejita musical, él con su violín, ella con su acordeón. Por la mímica del *maître* deducimos que han sido avisados de que cena en La Mamma un personaje importante. En efecto, la pareja, luego de saludar a la concurrencia y de pasarse un par de minutos afinando —es un decir— sus instrumentos, se dirige sin pérdida de tiempo al altillo y le dedica al príncipe de Arabia Saudí nada menos que *Arrivederci Roma*... De vez en cuando el arco del violín de Romeo se acerca peligrosamente a la barbita de aquél, pero teniendo buen cuidado de no rozarle. El príncipe escucha complacido, asiente con la cabeza, como siguiendo el compás, mientras su familia, sobre todo sus vástagos, dan la impresión de pasarlo en grande. Al término de la pieza, la discreta mano del «descendiente del Profeta» deposita en el escote de la acordeonista, de Julieta, un billete cuya cuantía permanecerá para siempre en el misterio...

EL «NIGHT-CLUB» DEL HOTEL. DULCE ESTREMECIMIENTO

Salvio Royo salda la cuenta —«¡no faltaría más, esta vez me toca a mí!»—, y para rematar la noche decidimos pasar un rato en el *night-club* del hotel, es decir, en el piso más alto, donde hay baile, alguna que otra atracción y sin duda un cielo purísimo con una estrella más brillante que las otras: la estrella de David. Alma insiste en que no está cansada en absoluto y en que realmente le apetece bailar. En el ascensor coincidimos con un matrimonio inglés, que tiene todo el aire de dirigirse a festejar la británica inauguración del canal de Suez.

Una vez acomodados arriba, en la terraza, nos acodamos en la barandilla y nos extasiamos por unos momentos contemplando la ciudad. Su panorámica es fascinante, puesto que aparecen iluminadas buen número de mezquitas, la Torre del Cairo y los puentes sobre el Nilo. Las mezquitas, con una luz ligeramente ocre, que recuerda la de las murallas de Jerusalén; los puentes, con un rosario de bombillas blancas que contrastan con el guiño de los semáforos y compiten con los focos de los coches, que forman una riada, que no cesan de pasar. Llega un momento en que se diría que El Cairo va a estallar de abajo arriba en fuegos artificiales. Tal derroche de luz sorprende a Alma, acostumbrada a la penumbra de Jerusalén. «Es una maravilla», murmura. Salvio Royo comenta: «No hay ningún secreto, ¿sabes? Todo esto es posible gracias a la presa de Asuán.»

Roto el encantamiento, un caballero vestido de paisano nos asigna una mesa un tanto alejada de la orquesta, lo que es de agradecer. Los sillones son de mimbre, debidamente acolchados. Los músicos no son árabes, como podría suponerse: son griegos, al igual que los drogueros del Delta. La decoración es botánica, tropical, con grandes hojas verdes que semejan manos abiertas. Un muchacho de uniforme rojo, idéntico al de los ascensoristas, se dedica con un spray a aromatizar la pista de baile.

Cada cual pide la bebida que le apetece y pronto la orquesta empieza a tocar. Música melódica, ¡bienvenida sea! La pista se anima en seguida —la terraza está a tope—, y vemos al matrimonio inglés que se mueve como si bailara un minué. Hay muchos americanos, algunos de los cuales dan la impresión de haber bebido más de la cuenta. Por el contrario, en un rincón, varios jóvenes hacen caso omiso de la orquesta y se contorsionan como si participaran en un concurso de rock and roll.

En honor a la verdad, es preciso confesar que se trata de una prueba de fuego, lo mismo para Salvio Royo que para mí. Ambos bailamos rematadamente mal y nuestras parejas lo saben. Sin embargo, y como diría Alma, es preciso luchar contra la adversidad. De modo que, transcurrido un tiempo prudencial, no tenemos más remedio que ocupar la plaza que ha dejado vacante el matrimonio inglés. «Lamentaría destrozarte los zapatos», le digo a Alma. Y antes de que ésta pueda opinar, advertimos que el ex jesuita ha destrozado ya los de mi mujer... ¡Bueno, qué importa! La temperatura es cálida y el spray aromatizante que utilizó el muchacho contenía sin duda toda la sabiduría oriental en esa materia. Alguien aplaude a los griegos y nosotros le hacemos coro gritando: «¡bravo!, ¡bravo!»

Alma se me acerca cada vez más. Noto que su leve traje negro se diluye entre mis dedos. «Nunca habíamos estado tan juntos, ¿verdad?» «No, nunca.» «¿Es celosa tu mujer?» «Ni pizca. No sabe lo que son los celos.» «Será porque no te quiere...» «Toda su vida contradice esta afirmación.» «¿Te gusta estar conmigo?» «Me parece muy arriesgado.» «¿Ahora sales con ésas?» «¡Bueno! Digo lo que siento, nada más.» «¿Por qué no me hablaste así en Jerusalén? Allí lo tenías muy fácil...» «Hay estados de ánimo, ¿no crees?» «Sí, claro... Y música griega. Y botánica tropical.» «Yo le daría otra explicación.» «¿Cuál?» «He tirado por la borda algunas represiones...» «No te creo. Eres el mismo... Más gordito, pero el mismo.» «Tiempo al tiempo, y veremos quién tiene razón.»

En el intermedio, Salvio Royo y mi mujer, que al parecer se entienden de maravilla analizando al alimón la complejidad del corazón humano, prosiguen su diálogo. Si lo entiendo bien, Salvio Royo sostiene que se precisan lo menos cinco años para poder opinar sobre un país. Mi mujer, pese a que con los zapatos rotos debe de pasarlo fatal, le dice que, de ser esto así, casi nadie podría escribir libros de viajes. «A veces la intuición cuenta, ¿no es cierto? Y la primera impresión... Yo, que soy una mujer de lo más normal, he acertado a la primera en muchas ocasiones.» «Ojalá no te equivoques, y tu marido capte el secreto del Islam con sólo tres o cuatro meses de pasearos por ese trasmundo que es el Próximo Oriente.» «No te quepa la menor duda. Yo se lo noto en la cantidad de café que se toma al cabo del día. Luego se encerrará en casa... ¡y cataplún! Se convertirá en un arabista de tomo y lomo. No olvides que es una hormiga y que vive rodeado de libros... No sé si logro hacerme entender.» «Sí, te entiendo. Lo que no sé es si tú compartes su entusiasmo...» «Por el libro sí; por los árabes, en absoluto. Yo pertenezco al Occidente cristiano, para decirlo de algún modo. Mis respetos por el Islam, pero los árabes me caen gordísimos. Durante la cena, casi me sentía identificada con Alma.» «¿Eso quiere decir que te sientes judía...?» «¡No! ¡Tampoco!, por favor, no me hables de los judíos... No querría herir tus sentimientos.» «¿Mis sentimientos...? ¡A mí, plin! Mi judaísmo de antaño se ha derretido como el hielo de este whisky... Por eso me puse peluquín. La verdad es que yo quiero a Alma y sanseacabó; y que la querría lo mismo si fuera chilena o de Madagascar...»

Nunca comprenderé cómo fui capaz de captar ese diálogo, de no perderme una sílaba. Porque, simultáneamente, yo hablaba con Alma —también analizando el corazón humano—, y lo hacía con la atención que el caso requería. Tal vez sea cierto que podemos desdoblarnos; tal vez sea cierto que si poseemos dos orejas no es por casualidad.

Mi diálogo con Alma tenía otro cariz. Era más personal. Me interesé por su estado actual, por sus sentimientos, por sus proyectos. «¿Es posible que te baste con tu patriotismo, con tu trabajo y con ver de tarde en tarde a Salvio Royo? Hay que pasar los minutos de cada día... Y de cada noche. ¿Por qué no te casas con Salvio Royo, vamos a ver? ¿Y por qué no tenéis un hijo, pese a la andanada que Salvio ha soltado al respecto? Procura entenderme, Alma. Te estoy hablando del miedo... Te estoy diciendo que me da miedo tu soledad.»

Alma se ha pasado un rato riéndose, fingiendo. No sabe lo que es la soledad, del mismo modo que mi mujer no sabe lo que son los celos. Sin embargo, a fuerza de porfiar, ha acabado por entrar en mi terreno. No, el «patriotismo» y el «trabajar» no le bastaban, aunque en Israel había mujeres que, efectivamente, no necesitaban nada más. La verdad es que ella estuvo enamorada una vez, al quedarse sola en Jerusalén, de un ingeniero procedente, como ella misma, de Holanda y que trabajaba en el complejo industrial de Sodoma. «Pero me hicieron una revisión médica, se demostró que mi vientre era estéril y todo se fue al traste. Ya sabes... Es nuestra tradición. Entre los judíos la esterilidad femenina es un estigma que se parece al cartelito que los nazis nos colgaban del cuello.»

Luego pasó unos años viviendo una apasionada vida sexual, pensando sólo en el presente. Si un hombre le apetecía, le ofrecía su apartamento y en paz. Hasta que conoció a Salvio Royo. Al principio fue un capricho, una insólita diversión, y casi una forma agradable de vengarse del daño que a su familia tiempo atrás le infligió la Inquisición, en la que es muy posible que colaboraran algunos jesuitas... Luego empezó a sentir afecto por Salvio, porque era lo imprevisible, la pirotecnia mental con la que tantas veces había soñado. «Es un portento, ya lo sabes. Capaz de arrancar chispas de inteligencia de las mismísimas piedras.» Pero es, al propio tiempo, la pura inestabilidad... Si alguna vez han hablado de matrimonio ha sido como de un proyecto vago y lejano. «Además, Salvio ignora lo que te he dicho, que no puedo tener hijos... Así que, sólo Yahvé sabe cuál iba a ser su reacción.» A lo mejor también, a su manera, la repudiría y a eso ella no quería exponerse. «Un segundo fracaso en ese aspecto sería fatal para mí, puesto que el primero todavía me duele. Por lo menos ahora le tengo seguro y puedo volcar en él mi frustrado sentimiento maternal... Y digo esto porque ya te habrás dado cuenta de que Salvio por un lado tiene la experiencia de Matusalén, y por otro es un niño desvalido al que dan ganas de ponerle en los labios el chupete.»

Interrumpo a Alma, aprovechando que le ha pedido al camarero otro whisky. Y le digo:

—Sin embargo, tienes que permitirme que vuelva al inicio de nuestra conversación... Tú misma has reconocido que una unión pasajera con trasfondo patriótico, dando clases y haciendo de intérprete en el Parlamento, te resultaba insuficiente. Que necesitas algo más... ¡Naturalmente! Mi querida Alma, tu problema, sobre todo pensando en el futuro, es el que te dije: la soledad. Voy a ser brutal, y no te enfades conmigo, por favor, que la noche es cálida en El Cairo y hace unos minutos tú y yo sentíamos, en la pista de baile, un estremecimiento de difícil valoración... Tienes ahora, si mis cálculos son exactos, cuarenta y cinco años. Diez años más, ¿y qué ocurrirá? Necesitas una compañía segura, un apoyo tan sólido como el que mi mujer encontró en mí y yo he encontrado en ella... ¿Has pensado alguna vez en ese aspecto de la cuestión? El Maligno ha dispuesto que nos salgan arrugas en el alma. En consecuencia, lo primero que se me ocurre es que esta compañía a que he hecho mención podría ser Salvio Royo, a base de decidirte a poner las cartas boca arriba... ¡Ah lo mejor hay suerte y legalizáis de una vez vuestra situación! Y lo segundo que se me ocurre, por si lo anterior no te tienta, es que, de regreso a Jerusalén, levantes el dedo y digas que estás libre... ¡Levantas el dedo y hay cola! Beguin no te conviene, por lo de los infartos; pero ¡qué sé yo! No todos los hombres son ingenieros holandeses que trabajan en Sodoma...

Alma sonríe. Ha superado la crisis, que por unos momentos marcó más aún sus ojeras. Vuelve a ser la mujer segura de sí misma que cree, en efecto, en la existencia del Maligno, por más que ignore cómo se llama. Y me aclara que llego tarde, que el sistema de levantar el dedo ya se le había ocurrido, y que en la cola de que hablé apareció un candidato nada despreciable: un médico del hospital Hadassa, tranquilo, sosegado, que utilizando el sistema de escamotear el pago de los impuestos había logrado una sólida posición.

—Pero también esta solución falló... ¿Y sabes por qué? Porque es de las ratas que abandonan el barco... Está cansado de luchar y, como tantos otros, ha decidido salir de Israel y regresar a su país de origen, el Brasil... ¡Y eso no! Yo juré permanecer en mi puesto y cumpliré mi palabra. Prefiero llorar en Jerusalén, que al fin y al cabo ya se construyó para eso, a vestirme de gala para cualquier cóctel en Río de Janeiro...

Me siento desarmado. Conozco a Alma y sé que habla con toda seriedad. Sí, se ha convertido en un *sabra*, en un frontón. Su vida está ligada a ese espacio artificial que fue creado por unos cuantos hombres puros y por otros no tan puros que desplegaron el mapa en la Casa Blanca, al término de la II Guerra Mundial. No me siento con fuerza para decirle lo que pienso: que la creación de dicho espacio fue un error, que Israel fue un error, que Yasser Arafat obra cuerdamente no afeitándose y llevando pistolones, puesto que un millón trescientos mil hermanos suyos, palestinos, fueron arrancados de sus hogares a golpes de bulldozer, de triquiñuelas jurídicas y de balas de fusil... Tampoco me siento capaz de decirle que su médico de Hadassa es uno más entre tantos, que la casi totalidad de judíos con los que intimé en Israel a raíz de mi estancia en el país han dicho también «basta» y se han ido a Francia, a Alemania, a los Estados Unidos...

Hay cosas que están hechas para que uno se las trague. No es éste el momento. Por razones múltiples, aparte de la tibieza de la noche y de nuestro estremecimiento en la pista de baile. Alma, con su enorme capacidad de recuperación, me está diciendo que le gustará que estos días le cuente cosas de Mahoma, personaje que no le caería del todo mal, a no ser que sentía cierta inclinación a enviar gente al matadero y porque, cuando se fue a Medina, al ver que no podía atraerse a los judíos que había en la ciudad, ordenó a sus seguidores que en vez de rezar mirando a Jerusalén, como antes les dijera, rezaran mirando a La Meca... «Eso es poco serio, ¿verdad? Además, ¿quién le otorgó el derecho de pernada? El tipo se llevaba a su tienda al primer bombón que pasaba por la calle... ¿A que me hubiera reclamado de amores si llega a conocerme? ¿A que sí? Me hubiera regalado unos cuantos camellos, ¡qué porquería!, y me hubiera colmado de dátiles... Aunque, eso sí, a lo mejor, y a la vista de los resultados, me hubiera curado de la esterilidad...»

Insospechado final, en el instante en que la orquesta griega reanuda su tarea y Salvio Royo le propone a Alma: «¿Puedo solicitar de mi amante que me conceda este baile? ¡Encontré un truco infalible para no causar lesiones graves!: bailar descalzo...»

Alma acepta y se pone en pie, mientras lame coquetamente su collar. Y en cuanto la pareja alcanza la pista —el matrimonio inglés baila ahora un vals—, yo me prometo a mí mismo coger de la solapa lo antes posible a Salvio Royo y decirle: «Pero ¿no te das cuenta, zoquete? ¡Tienes en tus brazos a una vikinga como no hay dos y vas a dejar que se escape! Anda, haz que recompongan tu peluquín y cásate con ella como Dios manda... De lo contrario, también a ti, pese a la cultura arábiga y a la CIA, de un momento a otro te va a estrangular la soledad.»

CAPÍTULO XIV

¿Existe la telepatía? Diríase que sí. En el momento en que nos disponíamos a llamar a Iberia, a nuestro amigo Rafael Lastres, para enterarnos de las posibilidades de vuelo a Teherán, se nos anticipa él, disculpándose por no habernos invitado todavía a almorzar. «He tenido que ir a Madrid, y además estoy abrumado de trabajo... La línea con El Cairo empieza a funcionar, lo que significa que pronto pediré el traslado al Japón...»

Recordamos nuestra visita a la delegación de Iberia, la escalera del oftalmólogo. Recordamos también a Rafael Lastres, su corpulencia, su vitalidad y las dificultades con que tropieza para encontrar un piso que le permita traerse de España a su esposa, Charo... ¡Cuántos elogios nos hizo —matizados, claro— de los árabes, que a buen seguro lastimarían los oídos de Alma! «Estoy abrumado de trabajo...» A buen seguro que nos llama desde su despacho y que atiende a tres teléfonos a la vez.

Al saber que le necesitamos, nos invita a almorzar hoy mismo en su hotel, el Hilton, donde se mueve como en su casa y del que nos contó que suele estar lleno de asesores técnicos americanos, «cuya gestión es sumamente eficaz en pro de la reconstrucción de Egipto, por la cuenta que les tiene, dada la situación estratégica del país».

—¿Os parece bien a las dos?

—Perfecto. A las dos estamos allí.

La puntualidad es tal por ambas partes, que coincidimos en el vestíbulo... De nuevo pensamos que Rafael Lastres, por su estatura, su gran cabeza y su bigote, guarda cierto parecido con Nasser. El *hall* del Hilton es mucho más espacioso que el del Sheraton. Hay un diván libre de modo que, antes de pasar al comedor, nos acomodamos en él para hablar de nuestro «vuelo».

Tal como suponíamos, no hay línea directa El Cairo-Teherán. La mejor solución es viajar con Alitalia hasta Atenas y allí hacer transbordo. «Si os conviene, os reservo los pasajes. Podríais salir el jueves.» Damos nuestra conformidad —para el jueves de la semana próxima—, y al hacerlo nos parece que cortamos con Egipto el cordón umbilical.

—El delegado de Iberia en Teherán es un hombre muy eficaz... Se llama De Carlos. Si queréis, le mando un télex. Por lo que pueda pasar...

Se lo agradecemos, pero le damos cuenta de que en el aeropuerto nos esperarán unos amigos franceses, que se conocen el país de punta a cabo.

Lastres reflexiona.

—De todos modos, el mejor aval que podéis llevaros es el pasaporte español...

—¿Por qué lo dices?

—Porque España no ha reconocido al Estado de Israel... ¿Os parece poco? Eso para Jomeini es el no va más.

—Tanto mejor...

Lastres nos mira, sonríe y comenta:

—¡Me da la impresión de que sois una parejita con suerte!

—No podemos quejarnos...

—Pues... que siga la racha.

Lastres trae consigo el periódico *Egyptien Gazette*, por el que nos enteramos de que ayer un comando palestino ocupó la Embajada egipcia de Ankara...

DIÁLOGO SOBRE ESPAÑA Y LOS ÁRABES

El comedor está lleno a rebosar. Sin embargo, Lastres, veterano en esas lides, se abre paso a codazos y le hace una seña al *maître*. Éste, al reconocerle, se acerca en seguida y gracias a su solicitud pronto conseguimos tomar asiento en una mesa que acaban de dejar libre dos matrimonio indios, ellas ataviadas con espléndidos saris. Resumiendo, pronto elegimos dos especialidades egipcias: *ghannooj* (berenjena, con zumo de limón) y pichón asado. Lastres debe de ser un *gourmet*, puesto que da muy precisas instrucciones «para que todo esté en su punto».

Almuerzo agradable, durante el cual abordamos muy diversos temas, centrados principalmente en la necesidad de viajar para no caer en el pecado de ombliguismo. En este sentido puede decirse que hemos nacido en una época de privilegio, gracias a la aviación. Antes apenas si nadie se movía de su terruño, lo cual significaba que la gente carecía de mecanismos comparativos. Viajar es ahora un placer y está al alcance de buena parte de la población. Las grandes hazañas de los «descubridores», de los piratas y de los aventureros por libre, como Pierre Loti o Blasco Ibáñez, se han terminado. El mundo moderno ha impuesto el viaje masivo, que, por supuesto, no deja de tener sus desventajas, la mayor de las cuales tal vez sea que las agencias ofrezcan dar la vuelta al mundo en ocho días.

Lastres nos cuenta divertidas anécdotas referidas a los *tours*. Hay turistas que sólo ven los aeropuertos y que confunden el oráculo de Delfos con el Atomium de Bruselas. Pese a todo, él es partidario, ¡cómo no!, de grandes carteles multicolores invitando a volar, pues siempre queda, en algún resquicio del cerebro, alguna imagen capaz de ensanchar el horizonte mental. Hay que tener en cuenta, en ese capítulo, que la experiencia viajera es todavía muy reciente. El tiempo irá dictando normas más acordes con las necesidades de cada cual. Y en el peor de los casos, siempre es mejor haberse dado un garbeo, aunque sea de lo más folklórico, que no haberse movido nunca del tabernucho del pueblo.

Por cierto, que una de las conclusiones a que nuestro amigo ha llegado, a fuerza de tragarse quilómetros y de observar, es que los seres humanos nos parecemos bastante unos a otros, especialmente en lo que atañe a las criptas más profundas del ser. Las diferencias, sin dejar de ser notables, afectan más bien a hábitos adquiridos, a las costumbres y a la huella que imprimen el clima y la alimentación. No es lo mismo el frío que el calor, y atiborrarse de féculas o degustar esos pichoncitos que tenemos delante, procedentes de los palomares del Delta. Tampoco es lo mismo comer carne de cerdo o no comerla, y beber o no beber alcohol. Ahí las religiones imponen su ley. Pero, por regla general, la aviación descubre que existe todo un repertorio de reflejos —de miedo, de fatiga, de asombro, de agresividad...— que son idénticos en un chino y en un neozelandés. Volar, en cierto sentido, y al igual que una guerra o un incendio, acerca a una especie de situación-límite, que en cuestión de unos segundos puede convertir al individuo en un héroe o en el más cobarde de los mortales.

Naturalmente, al hablar de las semejanzas entre los seres humanos, lo hace en términos de ningún modo absolutos (acaban de entrar en el comedor dos mulatas caribeñas sin posible parangón con las camareras que nos han servido los pichoncitos). El mestizaje es a no dudarlo algo de importancia extrema, en el que, por regla general, se hace poco hincapié. Y ello viene a cuento pensando precisamente en el mundo que nos rodea y España. ¡Las veces que ha hablado de ello con Charo...! A juicio de Lastres, los españoles llevamos en las venas una considerable dosis de sangre árabe, por más que algunos eruditos pretendan minimizar la cuestión. Sí, los árabes nos legaron algo más que el jabón y que el concepto de «hospital». ¡A través de los números arábigos, que por algo se llaman así, nos legaron el sistema decimal y el número cero, de origen indostánico! «¿Qué haríamos sin el número cero? Nuestros sucesivos gobiernos no podrían endeudarse hasta tales extremos y yo no podría decir que el rey Faruk, comparado con Sadat, era un cero a la izquierda.» También nos trajeron el papel, proveniente de China... «Y sin el papel tú no podrías convertir los viajes en libros, ni podrías contar, en letras de molde, que Iberia es la compañía más generosa del mundo, puesto que ahora va a invitaros a un postre egipcio llamado *bassboussa*, ante el cual está permitido lamerse los dedos...» Pero, además, nos legaron actitudes vitales que afloran a cada instante, aunque nosotros no nos demos cuenta. «Tal vez a ello se deba que personalmente me haya costado tan poco esfuerzo adaptarme al ambiente del Cairo. A fuer de sincero, casi puedo decir que me siento aquí como pez en el Nilo...»

Llegados a este punto —la *bassboussa* es, en efecto, excelente—, nuestro amigo nos pide permiso para ausentarse un momento y llamar a su despacho «por si hay alguna novedad». Regresa en seguida, con cara de mulato caribeño al que las cosas han salido mal. Tiene que dejarnos. Su «colega» gallego —que todavía anda con el catarro a cuestas y suspirando por regresar a Madrid—, le ha informado de que en la oficina llevan una hora esperándole un grupo de musulmanes que quieren visitar España. «Son lo menos treinta y reclaman una tarifa especial. He de encontrar el modo de resolverles la papeleta.»

Nuestro amigo, desolado, nos pide perdón. Tenía pensado llevarnos a algún sitio —al barrio copto, al de Boulaq, donde las comadrejas y las ratas campan por sus respetos...—, pero el deber es el deber. «No os importa, ¿verdad? Además, cuando vengáis a por los billetes os tendré preparada alguna visita especial... ¡Sí, hay muchos rincones, en esta ciudad, a trasmano de la vuelta al mundo en ocho días!»

—Anda, tranquilo, que Iberia te necesita —le dice mi mujer—. Y muchas gracias por el tiempo que nos has dedicado.

—¿Queréis que tomemos un taxi y os dejo donde queráis?

—¡No, no, de ningún modo! Nos quedamos un rato en el *hall*... El Hilton es siempre el Hilton...

—Entonces, hasta pronto...

—Esperamos tu llamada.

EN EL «HALL» DEL HILTON HOTEL

Nos sentamos un rato en el *hall*. Hay muchos árabes «vestidos de blanco». Recordamos que Adrián nos explicó que la palabra «jeque» no tiene, de hecho, el mismo significado en Arabia Saudí que en el resto de los Estados árabes. En éstos tiene derecho a llamarse «jeque» cualquier miembro que forme parte de la familia real; en Arabia Saudí, en cambio, que es la cuna, no. Allí «jeque» significa, en puridad, «anciano», pero no en sentido peyorativo, sino al contrario: experiencia y respetabilidad. Los miembros de la familia real son «príncipes». Lo que ocurre es que los extranjeros no aciertan a distinguir unos de otros. Peor aún, suelen llamar jeques o príncipes incluso a los miembros del séquito, que no tienen nada que ver...

Nos preguntamos si esas «túnicas blancas» que se pasean por el *hall* son jerarcas o simples comparsas. ¿Cómo advertir la diferencia? Muchos desgranan su rosario, su *marshabah*. Por cierto, que en casa tengo unos cuantos que adquirí en Jerusalén —uno de ellos me lo regaló Alma—, lo que me ha permitido valorar su utilidad. Calma los nervios, me entretengo con ellos como con la pipa de mentirijillas y los granos son agradables al tacto. ¡Curioso mundo!, pienso. Los cristianos añadieron una crucecita al *marshabah* y lo convirtieron en objeto sagrado, con misterios de gozo, de gloria, de dolor... Tengo un recuerdo para mi madre, que todos los días sigue a través del transistor el santo rosario y que me recrimina vigorosamente que yo no haga lo mismo.

El Hilton... Muchos japoneses. Viéndolos sonrientes, corteses, con su cháchara pajaril, no puedo por menos que evocar mi estancia en su país, junto con Narciso Yepes, el guitarrista genial. Fuimos a Hiroshima y Nagasaki, y Narciso Yepes dio un concierto en el hospital de esta última ciudad, repleto de enfermos residuales del bombardeo atómico... Fue una sesión inolvidable, que me hizo detestar más que nunca la guerra y comprender por qué los japoneses de ahora aman la paz tanto como pueda amarla el presidente Sadat.

Pasamos una media hora de sosiego, de placidez, contemplando el ir y venir de las gentes. Recordamos una frase de Lastres, el día que lo visitamos en su despacho de la calle Talaat: «los jóvenes egipcios compran postales de los hoteles de cinco estrellas y de la torre de la televisión...» Éste es un hotel de cinco estrellas. ¿Qué verán en él los jóvenes egipcios? «Quieren modernizarse, y lo conseguirán...» Tal vez. Pero lo moderno suele ser impersonal. Los clientes son aquí, al igual que en el Sheraton, simples números más o menos explotables. A menos que repartan propinas a voleo, claro. O que en el casino ganen o pierdan una suma importante. Pero nosotros no figuramos en ninguno de esos apartados. Somos del montón. Podríamos permanecer sentados aquí mismo, desgranando rosarios invisibles, días enteros, sin que nadie nos preguntase si somos catatónicos, estatuas del museo o si nuestro corazón ha dejado de latir.

Decidimos ir al Centro Español, a conectar de nuevo con Adrián. Él mismo nos dijo, al enterarse de nuestra marcha: «tenemos que aprovechar el tiempo». Si no lo empujamos, no es presumible que salga de él la iniciativa de acompañarnos a los lugares que citó. Se ha contagiado de los 43° a la sombra... de la hamaca y el pai-pai.

Tomamos una *limousine* confortable. El ruido por las calles del Cairo sigue siendo tan infernal que el conductor, en un inglés difícilmente inteligible, nos dice que no hay posibilidad de oír el canto del almuecín y que si Alá no tiene mejores oídos que nosotros «no se enterará de nuestras plegarias».

Nos detenemos en la calle Adly, esquina pasaje Kodak, siempre en reparación, y poco después, ya en el centro, estamos sentados ante Adrián y las consabidas tazas de té. No puedo por menos que recordar que en la pequeña biblioteca del Centro están mis «fantasmas» —¿cómo iba a ser de otro modo, si me persiguen por todas partes?—, y que le prometí a Adrián obtener en Madrid ayuda para este instituto que él tanto ama, lo que me valió a la salida la reprimenda de mi mujer: «¿Por qué prometes cosas así, si sabes que luego se te olvidan y no das un paso?»

Ahora contemplo a Adrián y me juro a mí mismo que esta vez no fallaré. Su labor es aquí ingente, merecedora de apoyo y carece de sentido que nadie le eche seriamente una mano. ¿Cuántos alumnos —hijos del Nilo— habrán pasado por estas aulas polvorientas? ¿Cuántos habrán visitado ya, gracias a ello, Córdoba, Granada y Toledo...? Me pregunto si, para mis adentros, estoy haciendo «patria». ¡No, por supuesto que no! Cada vez más, y sin que las tesis de Lastres me hayan influido, me siento ciudadano del mundo. Ah, sí, me incordian esas fronteras intermedias que son las patrias. No veo por qué tengo que amar más a cualquier españolito de turno que a Günter, ex oficial del Afrika Korps o que a aquellos enfermos de Nagasaki. La vida debe ser ecuménica. Como lo fue en aquel momento irrepetible —1969— en que el primer hombre pisó la Luna, provocando el llanto casi unánime, emocionado llanto, de gran parte de la humanidad. Las patrias son siempre tribales y acaban por desafiarse entre sí y por convertirse en cementerios. Tengo la certeza de que el bueno de Séoud, de El-Alamein, me daría la razón.

DRAMA EN LA CIUDAD DE LOS MUERTOS. VIOLENCIA Y SEXO

Nunca pude prever que esta tarde tan apacible, hinchada de deseos utópicos, sufriera bruscamente un cambio tan dramático. Pero así ha sido. Mientras acordamos con Adrián que pasado mañana iremos a la Universidad El-Azhar, donde los profesores y los alumnos de español me estarán esperando, ha entrado un muchacho de cráneo más bien raquítico, de ojos tristes, vestido a la buena de Dios, con dos tintineantes brazaletes en la muñeca izquierda.

Le he reconocido al instante. ¡Gazzam...! El ahijado de Adrián en la Ciudad de los Muertos, aquel que me invitó a almorzar en su hábitat —en el panteón que ocupan su madre y sus dos hermanas—, y que abandonó el estudio del español porque se armaba un lío tremendo con las palabras «ajo», «ojo» y «hoja».

En seguida nos damos cuenta de que algo ha ocurrido, algo desagradable. La mirada de Gazzam no es triste, es violenta. Despide odio, lo que en él no es habitual. Adrián le obliga a que nos salude —no conocía a mi mujer—, y con su voz calmosa consigue que el muchacho tome asiento, lo que tiene la virtud de regularizar, por lo menos en parte, su respiración.

Total, que en la Ciudad de los Muertos y en el plazo de unas horas se han producido una violación y un crimen. Anoche un «gamberro» recién llegado violó a una chica llamada Naguía —«amiga de mis hermanas»—, y esta mañana el padre de Naguía ha matado al violador, cosiéndolo a puñaladas. Enterada la policía, se han presentado dos patrullas. Una de ellas se ha llevado a Naguía al hospital y ha evacuado el cadáver del muchacho. Sólo faltaba detener al «agresor», al padre de la chica. Éste, que en un principio había decidido entregarse, de pronto sintió miedo y huyó. La persecución, entre los panteones y las tumbas, ha durado más de dos horas. Los policías lo barrían todo como un vendaval. Por fin encontraron al pobre hombre escondido en casa del circuncidador, al que también han detenido, acusado de encubrimiento... «¿Comprendes, Adrián? Llevábamos más de una semana sin que ocurriera nada en la Ciudad y estaban a punto de concedernos otra escuela para el próximo curso. Ahora no sé lo que va a pasar... —Gazzam marca una pausa y añade—: ¡Pobre Naguía! Está deshecha. Toda su familia se siente deshonrada y no se puede prever lo que harán con ella.»

Naturalmente, Gazzam ha contado todo esto en árabe, y Adrián se las ha ingeniado para, en voz baja, ir traduciéndonos el relato. En cuanto el muchacho ha guardado silencio y se disponía a cubrirse la cara con las manos como si fuera a llorar, Adrián, con inesperada energía, se ha sentado a su lado y zarandeándolo con fuerza ha cortado su acción. Jamás sabremos con exactitud los argumentos de que Adrián se ha valido para calmar al muchacho. Lo cierto es que éste ha ido relajándose, asintiendo con la cabeza y ha terminado por secarse el sudor con un pañuelo de color verde. Finalmente ha hecho una mueca, descontractando las mandíbulas; y entonces he recordado que llevaba dos dientes de oro.

Pronto hemos sabido que Adrián se ha ofrecido para acompañar a su «ahijado» a la policía cuando ésta lo llame a declarar. No hay que olvidar que el chico se ha convertido en el líder, y por lo tanto en el responsable de todo cuanto ocurra en la Ciudad, hasta el punto de que se le había ocurrido ofrecerse como rehén. ¿Rehén de quién? ¿Del padre de Naguía? Adrián nos ha dicho: «Esto os demostrará que a Gazzam el corazón no le cabe en el pecho.»

—Hala, vas a tomarte una taza de té...

Gazzam, por toda respuesta, se ha sacado del bolsillo de la camisa una foto-carnet de Naguía. Por lo visto no estaba tan recuperado como imaginamos.

He contemplado la fotografía. Pelo negro, ojos estrábicos, semblante feliz. Mi mujer ha estudiado sin prisa los rasgos de la chica y ha comentado:

—Tenía que ocurrirle algo así... Lo lleva marcado en la cara.

Adrián, para despejar más aún los pensamientos de Gazzam, propone ir a Khan El-Khalili, el gran bazar, donde, en el café Esopo, casi seguro que encontraremos a Hilmi con su tertulia habitual. «Zakía, de un tiempo a esta parte, también acostumbra a ir allí.»

Gazzam ofrece cierta resistencia, pero tampoco le apetece en absoluto regresar a la Ciudad. De modo que termina por aceptar, aun cuando en el trayecto no suelta una sílaba, ni siquiera cuando Adrián nos informa de que el muchacho ha aprobado, entero, el segundo curso de Derecho. «Pronto la Ciudad contará con un abogado y con el correspondiente bufete abierto... ¡Eh, despierta! Que vas a tener más trabajo que tu madre, la comadrona.»

No hemos marrado el tiro. Hilmi está en el Esopo, fumando su *sisha* (narguile) en compañía de aquel cirujano-ginecólogo, el doctor Mabruk, que pasó fugazmente el día que conocimos a Günter y que se desahogó asegurándonos que, puesto que estaba en contra del aumento demográfico en Egipto, disfrutaba horrores cuando se le presentaba la ocasión de extirpar una matriz. Viéndolo ahora, con su nervioso y continuo parpadeo, recuerdo sus palabras: cada vez que detectaba un tumor maligno en ciertas zonas de la mujer, pegaba un salto. Era la ocasión: «¡Si pudiera, guardaría *todo el material extirpado* y lo conservaría en alcohol en una sección suplementaria del Museo Islámico!»

Saludamos a Hilmi y al doctor Mabruk, que ocupan una mesa de afuera, y nos sentamos junto a ellos, ampliando el círculo. Mientras esperamos la llegada del camarero —«¿les apetece tomarse un *jilal*?», nos pregunta Hilmi—, echo una mirada al interior del café. Está como siempre. El dueño, el griego, orondo y satisfecho detrás del mostrador, y en las paredes, pósters y fotografías de artistas, ¡en una de las cuales reconozco a Carmen Amaya! ¿Cómo habrá venido a parar aquí? Charlot sigue presidiendo el panel, en esta ocasión flanqueado por Fred Astaire y por una Raquel Welch casi desnuda.

En cuanto a El-Khalili, prosigue su ritmo. Es un bazar eterno... y ecuménico. Un desfile humano incesante, que haría las delicias de cualquier antropólogo. No puedo precisar el número de veces que mi mujer y yo, aprovechando los llamados «tiempos muertos», hemos estado aquí. Las siluetas son siempre distintas; tal vez lo más permanente sea el olor. Olor a especias, a cobre y a cuero, a axilas sudorosas, a orina de caballo. Según los sectores, claro está. Aquellos cineastas franceses que filmaban una película del antiguo Egipto —con faraones de cartón— desaparecieron ya para siempre; en cambio, ahí están, fibrosos como avispas, los niños que circulan delante del Esopo depositando diminutos sobres con versículos del Corán.

Por suerte, hoy el doctor Mabruk, que tiene una cicatriz en la mejilla derecha y que se protege con enormes gafas de sol, no tiene prisa. «Es mi día de descanso.» Hilmi viste a la europea, con pantalones azules, pero exhibiendo una camisa exquisitamente bordada, que nos recuerda las filipinas. Hilmi afirma que nos echaba de menos y nos reprocha que no hayamos pasado ninguna noche por el casino del Sheraton, aunque sólo fuera para saludarle. «Ayer ocurrió algo insólito. Un mexicano hizo saltar la banca...» «¿De veras?» «¡Y tan de veras! Salió corriendo y santiguándose como los coptos... ¡Bueno! Quiero decir, como los cristianos.»

Llega el camarero y todos pedimos lo que nos apetece. Gazzam, que ha caído de nuevo en un estado de sopor, pide un café amargo y algo de comer. Tiene un hambre atroz. «Tráigame un *malban*.[1] O mejor tráigame dos...» El doctor Mabruk ha estado observando al muchacho y finalmente pregunta qué es lo que le ocurre. Gazzam permanece callado, pero Adrián considera un deber explicar su situación. Y relata lo ocurrido en la Ciudad de los Muertos.

Entonces el doctor Mabruk interviene —de vez en cuando emite silbidos cortantes—, y desencadena una auténtica tempestad verbal. Debido a su profesión, el tema le resulta familiar, pues ha tenido que habérselas con una serie de muchachas violadas, con desgarrones, a veces, de primera magnitud. En El-Khalili la violación es corriente, así como en el país en general y en amplias áreas orientales. Comprende que Gazzam conceda importancia al cruento «ajuste de cuentas» por parte del padre de la chica; pero el percance sufrido por ésta no es nada del otro jueves. Puede decirse que forma parte de una tradición. Incluso existe un antiguo libro de medicina árabe en el que se dice que «romper el sello de una doncella es el mejor bálsamo para el hombre y un poderoso remedio para curarle a éste en sus estados depresivos». Por decontado, él, en tanto que médico, exigiría ciertos matices al respecto y preferiría que el hombre buscara sus bálsamos en las bien nutridas droguerías de El-Khalili y procurara vencer sus estados depresivos a base de un contacto sexual convenido entre ambas partes. Pero ahí tropieza con un escollo: el famoso *hadit* de Mahoma según el cual «ninguna mujer del Islam debe envejecer virgen», lo que ha sido interpretado por los exégetas en el sentido de que la hembra debe acostumbrarse a la idea de que su deber es consentir la embestida del varón. La influencia de dicho *hadit* ha sido extraordinaria, hasta llegar a decirse, con pasmosa tranquilidad, que «la oveja debe ser libre para el lobo». Por otra parte, es también cierto que el símil mujer adolescente y oveja se encuentra a menudo en la literatura árabe profana, no vinculada en modo alguno a la religión.

Ninguno de los presentes tiene nada que objetar a la argumentación del doctor. Más aún, Hilmi parece haber hallado la horma de su zapato, y asiente a todo lo que acaba de oír. Por supuesto, él no puede aportar ningún testimonio erudito, e incluso desconocía ese famoso *hadit* mahometano, entre otras razones porque al Profeta se le atribuyen algo así como trescientos mil. Pero sí ha tenido mucho trato con las prostitutas de lujo que circulan por el Sheraton, las cuales constituyen, como es lógico, una suculenta fuente de información. De ahí que pueda afirmar que, en efecto, lo mismo en los pueblos del Delta que en el Valle y no digamos en la zona fronteriza con Sudán ocurren cosas horribles por esta razón: porque el macho, al adoptar una actitud agresiva, cree que está en su derecho. El macho no admite que la mocita

1. Especie de dulce gomoso, muy maleable y tierno.

se le resista y es capaz de todo para justificar su «ataque». Y por su parte, la hembra, la mocita, presionada por el ambiente, salvo raras excepciones suele aceptar el hecho con resignación, es decir, conformarse sin mayores aspavientos con su papel de víctima. La hija de *fellah*, por ejemplo, ya sabe lo que le espera y tiene plena conciencia de que de nada le serviría luchar. Hay incluso frases hechas que corroboran lo que está diciendo, como que «la mocita árabe violada está más asustada que dolida» y que la «doncella sacrificada no se angustia ni se desespera porque la despellejen». Quienes se desesperan a veces, y el relato de Gazzam lo confirma, son los parientes próximos, que no dudan en tomarse la justicia por su mano e incluso, llegado el caso, se deciden a matar...

Ante mi asombro, Gazzam, que está saciando su hambre y su sed, da la impresión de haberse recuperado ostensiblemente. No grita: «¡cállense, por favor!», ni se levanta y se va. Pienso en el súbito autodominio de Zakía... ¿Estaré asistiendo a un fenómeno parecido? En cualquier caso, sobre la mesa de Gazzam destaca, en color rojo, el sobrecito que dejaron los niños con versículos del Corán.

Tal vez dicha recuperación de Gazzam sea la causa de que Adrián, que no ha cesado de observar al muchacho, se decida por fin a meter baza, y que lo haga con su voz baja de siempre, como si murmurara algo para sí. Como sea, Adrián, que también fuma su *sisha*, introduce en el diálogo un factor que hasta el momento ha sido obviado y que, a su juicio, tiene una importancia extrema: el de la promiscuidad en que, sobre todo en el campo, viven las familias, con una casa de barro y los animales bajo el mismo techo. El resultado no puede ser más que uno: los hijos, desde muy pequeños, están acostumbrados a ver copular a dichos animales y a ver a sus padres en la unión genital. Según le han confesado varios de los alumnos que han desfilado por el centro, esas visiones precoces influyen decisivamente en su posterior agresividad sexual. El hijo de un beduino, por ejemplo, ¿qué puede hacer? ¿Qué importancia puede darle, llegado a la pubertad, al hecho de forzar a una muchacha? ¡Ha visto y oído tantas cosas bajo sus tiendas de piel de cabra! Y algo parecido puede decirse de los sectores hacinados de la ciudad. Los chicos archivan en su mente una relación muy directa entre violencia y sexo, de ahí que se produzcan también tantos crímenes «pasionales», a menudo por causas nimias: rechazo, sospecha de infidelidad... Los crímenes pasionales que no tienen nada que ver con la alusión hecha por Hilmi a los parientes de la chica ultrajada que deciden «tomarse la justicia por su mano», constituyen asimismo un capítulo áspero y complejo, sobre el que está seguro que el doctor Mabruk tendría mucho que decir...

El doctor Mabruk, al sentirse aludido, se pasa la mano por la cicatriz de la mejilla y exclama: «¡Oh, sí!», e intercala acto seguido uno de sus clásicos silbidos. Como fuere, es evidente que la invitación de Adrián le ha halagado, porque, según confiesa sin ambages, la deformación profesional le ha llevado a especializarse un tanto en la materia, no sólo a través de las lecturas sino por haber tenido que informar a menudo en los procesos incoados al respecto... ¡La violencia y el sexo! ¡La violencia y el sexo *en el mundo árabe*! La cantidad de bibliografía existente sobre el particular es abrumadora... Lo cual, por otro lado, no es de extrañar, dado que el temperamento árabe es ciento por ciento erótico, para emplear una palabra quizá un tanto ambigua pero que tiene la virtud de fijar la cuestión.

Sí, Adrián tiene razón. Se trata de un mundo áspero y complejo. No hay más que leer a diario las páginas de los periódicos; y a ser posible, repasar un poco la historia. En la bibliografía a que antes ha hecho mención se estudian a fondo temas tan diversos como el sadismo, el fetichismo, el masoquismo, la zoofilia y una serie de aberraciones cuya enumeración sería interminable. Sin embargo, debe confesar que, sin saber la causa —tal vez por haber nacido también en una casa de barro más allá de la isla Elefantina—, se ha interesado particularmente por la zoofilia, es decir, por el contacto con los animales, muy corriente en el campo árabe y en el desierto —la promiscuidad entre dichos animales y los niños, a que antes se refirió Adrián—, y algunas de cuyas heridas o secuelas ocasionadas a los varones él ha tenido que sanar, en su consulta en el hospital. La zoofilia es un azote del que apenas se habla, no sabe por qué, y que se adjudica casi siempre a los deficientes mentales. ¡Nada de eso! ¡Y cuidado que su origen es también remoto! En la Biblia las citas en torno a ella son abundantes. Moisés, por ejemplo, dice que tal perversión ha de castigarse matando al hombre y al animal y que «la mujer no debe colocarse ante un animal para emparejarse con él». Pero tampoco en este capítulo los árabes tienen nada que envidiar a los judíos, pues los propios niños cairotas hacinados en ciertos barrios se dan el gran lote con las cabras y las aves domésticas, a semejanza de los jóvenes nómadas que, en las largas jornadas de soledad, como ocurre en las guerras, se lo dan con las vacas, los carneros, los perros de pastoreo y demás.

Llegado aquí, el doctor Mabruk mira a mi mujer. Y advirtiendo que ésta le escucha sin demostrar el mínimo desagrado, chupa con fuerza su narguile, en el que, sobre el flojo tabaco habitual, el *meassel*, ha colocado una buena dosis de hachís, y añade nuevos detalles que acaso mantengan nuestro interés. Por ejemplo, al estudiar medicina se enteró de que los árabes exigen a menudo que sus mujeres se afeiten el pubis, contrariamente a otras muchas razas, que prefieren el pubis velludo. Tocante a los prepucios considerados como trofeos de guerra, la historia, a que antes aludió, enseña que al término de algunas campañas las mujeres ensartaban los miembros viriles de los enemigos y los convertían en collares, a modo de atavío o condecoración. También ha sido corriente entre los árabes la castración del enemigo derrotado. Cuando las cruzadas, por ejemplo, se decía que un árabe, para poder entrar en el Paraíso, debía castrar por lo menos a «un infiel». En los harenes, las concubinas solían desgarrar los testículos de sus víctimas, y torturarlos con la ayuda de los eunucos, hasta dejarlos inservibles... Por lo demás, los árabes ven símbolos fálicos en todas partes, empezando por los minaretes de las mezquitas. Y son los primeros en materia olfativo-sexual... En efecto, los árabes son esclavos del olor, y de ahí su tradición de fragancias afrodisíacas y que en un momento determinado llegaran a creer que el ajo era el vehículo idóneo para lograr un goce perfecto. Y puesto que el cuerpo humano despide olores, que pueden atraer o repeler según las razas, el tipo de alimentación, el clima y demás, se pegan a él como ventosas. ¡Ah, sí, lo que les excita a los árabes es el hedor, la suciedad, contrariamente a los occidentales que siempre andan pensando en una ninfa saliendo de la ducha!... Y les gustan, sobre todo, según estudios realizados en la Universidad El-Azhar, los olores de tipo genital. Es decir, a las mujeres, el olor del esperma; a los hombres, el olor del vestíbulo vaginal... Podría hablar también de los estímulos auditivos, pero éste es otro capítulo, y además empieza a estar cansado de oír su propia voz. «De modo que prefiero que alguien tome el relevo, mientras yo sigo apurando mi dosis de hachís y algunos de ustedes a lo mejor se pregunten si sexualmente soy un ser normal o debo figurar en el catálogo de los perversos...»

En este momento exacto Gazzam se levanta. Es evidente que vuelve a estar furioso. Ha metido ya en el entrepecho de la camisa el sobrecito del Corán y hurga precipitadamente en sus bolsillos para pagar los *malbans* que se ha zampado con fruición. Adrián se levanta de nuevo y vuelve a hablar con él. Gazzam casi estalla en sollozos... ¡Ha bajado de la Ciudad de los Muertos, donde se ha producido una violación y un crimen, y no se nos ocurre otra cosa que hablar de prepucios convertidos en collares y de zoofilia! «¡Si vi-

vieran ustedes, como yo, entre panteones y necrófilos, todo esto les parecerían bagatelas...!»

Entonces el doctor Mabruk tiene un detalle. A riesgo de oír de nuevo su propia voz, le recuerda al muchacho su profesión —«soy cirujano-ginecólogo»—, y le pregunta quién atiende a la muchacha violada, cuyo nombre ignora... «Explicaste lo ocurrido, pero no sé si en el hospital de allá arriba disponen de los medios para solucionar el caso...»

Gazzam, al oír estas palabras, vacila. Cierra los puños, sin mirar al doctor Mabruk. Por fin consigue balbucear: «Se llama Naguía... Yo tampoco sé quién la atiende, ni si los medios de que disponen son los adecuados.» «Eso tiene fácil remedio —propone el doctor—. Tomamos un taxi y me llevas allí... Entre colegas, no creo que me pongan ninguna pega.»

Se produce una extraña situación, debido a que el aspecto del doctor ha sufrido un cambio radical. Diríase que le ha nacido una aureola en la cabeza. Algo noble ha brotado en él, algo que hasta ese momento guardaba inédito en Dios sabe qué rincón de su personalidad.

Gazzam se olvida de los *malbans*...

—Haría por Naguía lo que fuera menester...

Entonces el doctor se levanta a su vez.

—Te tomo la palabra... ¡Andando!

El doctor se quita las gafas negras, lo que le ennoblece más aún, y nos mira como quien acaba de obtener una importante victoria. «O salvo a esta muchacha, o me quedo a vivir para siempre en la Ciudad de los Muertos.» Y los dos se pierden entre la muchedumbre en busca de un taxi...

GÜNTER Y LOS HERMANOS MUSULMANES

Guardamos un silencio. Está claro que todos recordamos las palabras con que el doctor concluyó su perorata, referidas a sus posibles perversidades... El pensamiento ha sido unánime entre nosotros: podría tratarse de un homosexual.

¡En este momento llega Günter, con su pipa y su bastón! Desde que estuvo en El-Alamein, parece más feliz que antes. Pese a todo, su presencia no consigue desviar nuestros pensamientos y le contamos lo ocurrido. Günter niega, niega con energía. Defiende al doctor Mabruk, al que conoce desde hace años. Ya nos lo dijo la primera vez, cuando pasó como una exhalación por nuestra mesa: tiene dos mujeres y trece hijos... Ninguna anormalidad sexual. Lo que sucede es que es un neurótico y le gusta intrigar y llamar la atención. Una temporada llevaba siempre un chapa con el número 330, por la sencilla razón de que en la historia de Egipto al parecer hubo 330 faraones... Él se siente una especie de faraón dentro de su especialidad. Posiblemente sea el número uno en El Cairo y ha recibido muchas ofertas para irse a trabajar al extranjero. Pero es un patriota y no se marchará jamás. Tiene publicados una serie de trabajos científicos... ¿Se ha ido a la Ciudad de los Muertos? Entonces, seguro que, al terminar su labor con «esa pobre muchacha del desgarrón» hará una visita a uno de los panteones de la familia Faruk, en cuyo exterior, en la avenida central, se encuentra la tumba de un sabio egipcio que se llamaba Alí Mustafá y que fue en tiempos compañero de Einstein. «Estaba en contra de la teoría de la relatividad que éste defendía, así como de sus concepciones sobre el átomo. Por cierto, que son muchos los universitarios que suben allí a depositarle unas flores... El doctor Mabruk se las arreglará para hacer lo propio. Pero no sería nada extraño que al terminar se liara a hablar con el vigilante del panteón y le contara alguna historia truculenta... A lo mejor le habla del templo de Edfu, en uno de cuyos frisos se ven, perfectamente grabados, unos espermatozoides... El doctor Mabruk no se explica que, en aquellos tiempos, los egipcios conocieran la conformación exacta de esos bichitos. Es una de sus obsesiones, y sorprende que no haya aprovechado la ocasión para hablarnos de ello.»

La intervención de Günter ha logrado por fin distendernos. Y por si algo faltara, pasan por delante del café media docena de Hermanos Musulmanes, con sus barbas... Gesticulan airadamente, como si estuvieran en desacuerdo. No llevan megáfono ni los conocidos *tickets* que venden para financiar su organización. Uno de ellos cojea sensiblemente y Günter cuenta, no sabemos si a modo de chanza, que a lo mejor se ha colocado, en concepto de penitencia, una piedrecita en el interior de la sandalia...

Aprovecho para preguntarle a Adrián —¡ah, sí, Gazzam queda ya lejos!— si conoce un poco los entresijos de la hermandad... Adrián mueve dubitativamente la cabeza. Es muy difícil conocer sus intenciones, porque han ido evolucionando con el tiempo. En un principio, cuando allá por los años treinta su fundador, Hassan el Bena, que era hijo de un relojero del delta del Nilo, fijó su decálogo, no podía preverse su posterior evolución. Entre sus preceptos figuraban, aparte, naturalmente, el de leer el Corán, otros tan peregrinos como «no reír tontamente, hablar bien el árabe, ¡no discutir nunca y ser amigo de cualquier persona con la que se encontraran!» Pero más tarde todo cambió. Empezaron a actuar clandestinamente, sobre todo en las universidades y entre las filas del ejército, y cuentan en su haber con acciones violentas, como un asalto, en 1974, a la Academia Militar del Cairo, con un balance imprecisable de muertos.

Actualmente prefieren ser llamados La Santa Cofradía y no hay más que recordar su lema para saber a qué atenerse: «Dios es nuestra meta, el profeta Mahoma es nuestro jefe, el Corán es nuestra Constitución, la guerra santa es nuestro medio, la muerte al servicio de Dios nuestro deseo supremo.»

—¡Guerra santa, muerte al servicio de Dios! Tienen vinculaciones fuera de Egipto, especialmente, como es lógico, en Irán... Se parecen un poco al doctor Mabruk: meten en un mismo saco el amor y el odio... Y es cierto que están provocando a quienes ellos consideran herejes y que cualquier día pueden armar la de San Quintín...

Günter se congratula una vez más de no creer en Dios, para no caer en la tentación de ingresar en semejante cofradía. «Cuando oigo lemas como el que acaba de recitarnos Adrián, recuerdo mi pasado en Alemania y me pongo a temblar...»

Hilmi apostilla:

—Son más peligrosos que la *bilharzia*... Querrían que las mujeres se cubriesen el rostro y las piernas y lo prohibirían prácticamente todo, empezando, desde luego, por los casinos de juego... De modo que a mí me echarían del Sheraton y tendría que pedir *bacsis* por las calles. Y mi noviazgo con Lolita, de Cuenca, se iría al traste hasta nuevo aviso...

CAPÍTULO XV

Llegamos al hotel y encontramos una nota en el casillero. «Me he llevado a Alma a que se muera de asco viendo y oliendo El Cairo. Regresaremos a eso de las diez. Si a esa hora preferís charlar un rato a dedicaros al primitivo deleite del ronquido, colgad en la habitación el *Not disturb*, lo cual significará que podemos entrar. Como sabéis, preferimos el whisky al agua de Evian. Firmado: Salvio.»

Decidimos esperarlos, después de cenar ligero en el *snack*. «Hay que aprovechar el tiempo.» Nos tomamos una ducha y salimos un rato a la terraza, a contemplar una vez más El Cairo nocturno. En esta ocasión, lo que nos maravilla no son las luces de la inmensa ciudad, sino el incesante paso de aviones en dirección sur. ¿Serán aviones militares? ¿Ocurrirá algo? Vivimos bastante huérfanos de noticias. Günter nos dijo que existían bases secretas, en pleno desierto, no lejos del mausoleo del Aga Khan, al servicio de los americanos. Pero quién sabe. Puede tratarse de vuelos rutinarios. Tan difícil es saber lo que ocurre en el cielo como en el vientre oculto de los hogares que se extienden, invisiblemente desconchados, a nuestros pies.

Leemos un rato en la habitación. Mi mujer se enfrasca en *La vida de Mahoma*, de C. Virgil Georghius —el autor rumano exiliado, a quien conocimos en París—, y lee lo siguiente: «En el momento de su muerte, Mahoma no posee nada, ninguna fortuna. Antes de entregar el alma, se acuerda de que Aicha tiene consigo siete dinares. La llama y le ordena que, sin tardanza, distribuya esa cantidad entre los pobres. *Tengo vergüenza de encontrarme con Dios con siete dinares en el bolsillo*», dice.

Por mi parte, leo el *Diario de un fiscal*, de Tawfik Al-Hakim, cuya acción discurre en un pueblo del Delta, y de pronto me llama la atención un párrafo poético, que en cierto modo entronca con el diálogo que hemos mantenido en el Esopo: «Con el crecimiento del maíz y de la caña viene el momento del asesinato con arma de fuego; con el amarillear de los trigos y las cebadas aparecen los incendios provocados por gasolina; con el verdor del algodón aumenta la destrucción de los sembrados...»

Pienso que Zakía y Adrián tienen razón al decirme que debería atiborrarme de literatura árabe antes de seguir escribiendo. Es una óptica distinta y sin duda enriquecedora. Precisamente tengo sobre la mesa un libro que adquirí en Hachette, titulado *Sabiduría árabe*. Lo he hojeado un par de veces. ¡Qué caudal de sugerencias! Occidente es narcisista, es un *ghetto*. En frase de Salvio, se complace en sí mismo y no tiene la menor intención de modificar su actitud. «Tienes que cruzar a la otra orilla. Descubrirás mundos nuevos. Occidente, sobre todo a partir de los grandes místicos, escribe como si viajara en automóvil: la velocidad y los reflejos condicionados le impiden ver el paisaje en torno, el detalle menudo. Los árabes y otras culturas orientales no tienen necesidad de utilizar el microscopio, porque escriben *desde* la interioridad del hombre.»

Me quedo meditando. Olvido el reloj... ¡Dios mío, asomarse —sumergirse— en las culturas orientales! No puede decirse que no lo haya intentado, aunque, como es natural, valiéndome de traducciones. Y mi reacción ha sido siempre ambivalente. Por un lado, admiración ilimitada —por ejemplo, el *Rig-Veda*—, por otro lado, rechazo. Los reflejos condicionados, claro... ¿Y los proverbios chinos? «Si anhelas algo, búscalo, y te encontrarás con todo lo contrario.» «Los dioses han creado la vida para vivirla intensamente, pero no para conocer su significado.» ¡Ay, la influencia de Buda planeando sobre este magma! ¿Buda no será también un *ghetto*? Sí, es posible; pero en todo caso sin murallas, en constante expansión. ¿No afirman los físicos —ahora— que así ocurre, que así *es*, el universo?

DIÁLOGOS CON SALVIO ROYO Y ALMA. LOS JUDÍOS Y EL ISLAM

Son las diez y cinco minutos. Llaman a la puerta: Alma y Salvio Royo acaban de llegar. Salvio exhibe en la mano derecha el *Not disturb* y lo deja caer sobre la cama. «Sois muy amables.» Han cenado ya, y lo único que esperan de nosotros es whisky con soda y un poco de compañía. El Cairo es la soledad. Se han pasado el día solos, sin ver un espíritu: únicamente cuerpos arrastrándose, asfixiados por el calor.

Salvio viste pantalón *short* y camisa a cuadros; Alma, un vestido alegre, ligero y unas sandalias japonesas.

—¿Dónde dejo los prismáticos y el salacot? —pregunta Salvio.

—Donde quieras. En cualquier rincón...

—¿Y el aire acondicionado? —pregunta Alma.

—Lo siento, pero no cuentes con él. Varios amigos nuestros han muerto por culpa del aparatito...

—Sí, desde luego, es un chisme peligroso.

Nos sentamos cómodamente y mi mujer prepara los whiskies que nuestros amigos han pedido.

—Si no os importa, nosotros tomaremos zumo de naranja.

—¡Claro que nos importa! —exclama Salvio—. Renunciar a los vicios es de mala educación...

—Lo lamento, pero no lo puedo evitar —digo, arrellanándome en mi sillón habitual, de espaldas a la ventana.

¡Bien, ha llegado el momento! Mientras los cubitos de hielo entrechocan en los vasos, pedimos a nuestros invitados que nos cuenten sus experiencias a lo largo del día... No podemos olvidar que ha sido el primer contacto de Alma con un «coágulo» del mundo musulmán. ¿Qué es lo que han visto? ¿Dónde estuvieron? ¿Cómo reaccionó Alma? Ya sabemos que, gracias al tratado de paz, Egipto no es ahora «terreno enemigo». Pero los árabes están aquí en su propia salsa, ¿no es cierto? En cambio, los que viven en Jerusalén, y en todo Israel, cada mañana, al salir el sol, tienen que disfrazarse de cualquier cosa menos de lo que son en realidad.

Alma, cuyos senos están casi al descubierto, no deja al pronto traslucir sus sentimientos. Nos dice que apenas si ha reparado en el «coágulo» musulmán. Por consejo de Salvio, siempre sabio y a veces prudente, se han dedicado a la egiptología... Primero han subido a la Torre del Cairo, lugar idóneo para orientarse y para imaginar lo que los hombres y mujeres de los *kibutzim* hubieran hecho en el desierto, a base de inventiva y de tenacidad. Luego se han pasado un par de horas en el Museo Egipcio, espantando a la par moscas y turistas. Naturalmente, le han llamado la atención los dioramas —las maquetas de casas antiguas egipcias—, que permiten reconstruir la vida cotidiana de la época. «Los judíos siempre hurgando en el pasado, ¿comprendéis?» Ni que decir tiene que algunos de los guerreros egipcios eran varones espléndidos, que se merecían sobradamente conquistar un imperio. También le impresionó la belleza de algunas reinas y princesas, en especial, la joven esposa de Tutankamón. «Los ojos de esas mujeres... Ya le he dicho a Salvio que me proporcione el *khol* o como se llame.» El famoso *Hipopótamo* de losa azul, y en general todos los hipopótamos, muy graciosos. «Uno de ellos es la réplica exacta de Goering.» Interesante la zoolatría, mejor dicho, la fusión entre las deidades humanas y los animales. Presentar a Osiris bajo la forma del toro Apis, éste parido por una vaca virgen que fue fecundada por la luna, es aleccionador y demuestra el grado de ridiculez que las religiones pueden alcanzar.

Por supuesto, merecen capítulo aparte las momias... ¿De verdad los egipcios creían que la momificación los ayudaba a sobrevivir en el más allá, a prolongarse en el trasmundo? ¡Menudo plan, la milenaria inmovilidad! Por lo visto, el techo de las supersticiones no tiene límite. «¿Sabéis lo que anduve pensando mientras contemplaba aquellos cuerpos más o menos incorruptos? En la cara que pondrían los rabinos de Mea Shearim si dispusieran de la momia de Abraham, de Isaías, de David, de Ezequiel, de Salomón... Se pasarían la vida de rodillas ante sus pellejos negruzcos, y a buen seguro que prohibirían la entrada a las mujeres en período de menstruación... —De pronto, Alma nos mira a mi mujer y a mí y agrega—: ¡Y no digamos lo que ocurriría en Roma si el discípulo amado, Juan de nombre, si no me equivoco, hubiera hecho momificar a Cristo...! Pero no, los cristianos fuisteis más listos y mandasteis a vuestro mesías al cielo como un Spútnik y aquí lo convertisteis en pan y vino... ¡En vino! No me extrañaría que ésta fuera la causa de que Mahoma más tarde prohibiera el alcohol...»

Salvio Royo, que trata de contener sus eructos y que de vez en cuando, sin dejar de escuchar a Alma, siluetea con las manos sombras chinescas en la pared —siempre guerrilleros egipcios «de perfil»...—, interrumpe a Alma, que en cuestión de minutos se ha embalado de forma inesperada y alarmante. Salvio pega un giro de ciento ochenta grados, al tiempo que se quita el peluquín, escudándose en que el calor es excesivo... ¡Santo Dios! Su calvicie resplandece como su verbo y lo transforma en una especie de escriba al servicio de un faraón. «En cuanto a las pirámides...», dice; pero no puede continuar. Alma se ha levantado y le ha estampado un sonoro beso en la calva, que desde mi estancia en Jerusalén se le ha incrementado de un modo espectacular.

Reanudada la sesión, Salvio Royo explica que las pirámides han impresionado sobremanera a Alma. Se ha quedado un buen rato mirándolas y ha soltado varias palabrotas en hebreo, de traducción posible pero no deseable... Luego ha querido acercarse a ellas, tocar las piedras e incluso, al igual que hicimos nosotros, han entrado en las cámaras mortuorias de la de Keops y de la de Kefrén. Sin embargo, en conjunto todo ha resultado ingrato para ella, primero porque los tales faraones no eran judíos —lo que ha estimado imperdonable—, y luego por culpa de los camelleros y los chavales que infestaban el lugar. ¡Eran árabes...! Y uno de ellos, joven y aceitunado, fijó sus ojos de noche en su rubia cabellera... Hubiérase dicho que iba a pegar un salto para poderla palpar. A Alma le entró una invencible repugnancia y lo fulminó con la mirada. Él sonrió, movió las manos pidiendo calma y se alejó. Pero Alma temblaba, lo que no le había ocurrido desde que se fue de Holanda para instalarse en Israel. Y a partir de ese instante, todo se acabó. Los rostros de los viejos pedigüeños se le antojaron, sin saber por qué, «libidinosos»; los niños, algunos de los cuales la invitaban a montar a caballo, le parecieron «escarabajos» que por arte de magia iban a cepillarle los pendientes y el reloj. Volvió a soltar una serie de palabrotas alegando que era absurdo que los egipcios, en un momento determinado, se dejaran vencer por los árabes, por el Islam. Y cuando él le dijo que de hecho se trató de un paseo militar —año 639— debido a que el antiguo imperio había perdido toda su fuerza, hasta el extremo de que los coptos dominaban en buena medida las esferas del poder, Alma lamentó no llevar consigo una gran estrella de David, «ya que hubiera trepado a lo alto de la pirámide de Keops y la hubiera clavado allí, como una bandera...»

Dicha visita tuvo lugar por la tarde. Luego tomaron un taxi y regresaron al hotel, a ducharse y mudarse de ropa, y volvieron a salir, esta vez a pie, dispuestos a recorrer la ciudad. Pasaron enfrente de cafés abarrotados, abriéndose paso entre la gente en cuclillas o sentada en las aceras sin hacer nada y sonriendo. Los tenduchos iluminados, los transistores a todo volumen, los autobuses pasando en fila india huérfanos de cristales y de un mínimo de seguridad. ¿Ocho millones de habitantes tenía El Cairo? ¿Diez? Lo menos seis millones vivían del agua milagrosa del Nilo, escupiendo y oliendo a dátil pegajoso mezclado con hachís. Continuamente los llamaban para venderles cosas: «Ven, hermano... Venid, hermanos.» Alma se mordía los labios y cada vez era más hermosa. Estuvieron en el café OUM, donde durante todo el día los estudiantes y viejos nostálgicos oyen canciones de la célebre Oum Kaltum. Alma tuvo que taparse los oídos porque aquellas melopeas llegaron a parecerle lamentos de almuecín. En otro café tenían puesta la televisión, que emitía noticias en inglés. Explicaban que el nombre Mohamed es el más corriente entre los varones de la tierra. «Se calculan en doscientos millones los hombres que se llaman Mohamed.» Los minusválidos cruzaban los pasos de cebra en cajones a ras de suelo, accionándolos por sí mismos, con las manos atrás. Los invitaron a entrar en una casucha de la plaza de Ramsés II, la plaza de la Estación, donde el dueño se empeñaba en hacerles comer un emplasto de arroz... Luego les dijo que los hombres y las mujeres dormían separados, mientras media docena de palomas revoloteaban por el techo y unos cuantos gatos bebían leche en el suelo. ¡Dormir separados! «¿Y el acto sexual?» «No hay problema... Durante la noche nos levantamos a menudo y es cuestión de dos minutos.» ¡Y madrugan, a las seis y media de la mañana ya están en pie, sin que ningún juez intervenga en la cuestión! Y a todo esto, fuera los claxons no dejaban de sonar y los chicos adolescentes, cogidos de la mano y mascando chicle, les pedían que les sacaran fotografías. «¿Foto...? ¿Foto...?» Alma se empeñó en tomar un autobús, porque le gusta vivir de realidades. Pronto se apearon, después de acordar que era mucho más acogedora la cámara mortuoria de Keops. Por último, en el paso elevado de la plaza El-Tahrir, se les acercó aquel jorobado que está siempre apostado allí, ofreciendo a los transeúntes una jaula con un pajarito muerto... Alma no pudo más y regresaron, esta vez definitivamente, al hotel, donde ambos se tomaron, en el *snack*, dos grageas amarillas, una macedonia de frutas y un yogur...

Alma, que ha sufrido un brusco cambio de estado de ánimo, como dando a entender que da por finalizado el informe sobre sus actividades, se levanta y estampa en mi calva un sonoro beso, idéntico al que con anterioridad dedicara a Salvio Royo. Luego se queda en el centro de la habitación, estira felinamente los brazos y exclama:

—¡Ay, basta ya de pajaritos muertos! ¿Sabéis lo que os digo? Que ya estoy harta de tanta seriedad... ¿Qué os parece si volviéramos al *night-club*? —Abre los ojos simulando espanto y añade—: ¡Oh, no, que para ello se necesitan caballeros que sepan bailar!

Comprendo perfectamente a Alma —por algo entró enseñando con generosidad los senos—, y le digo que nada nos impide crear en la habitación un ambiente cálido como el que ella, de forma tan convincente, acaba de solicitar.

Alma pega un salto y se deja caer, tendida, sobre mi cama. Pero acto seguido se incorpora, y rodeándose de almohadones se sienta sobre sus piernas cruzadas, y dando palmaditas al colchón me invita a que ocupe un puesto a su lado. Yo me niego alegando que jamás me aprovecharía de su momentánea euforia estando Salvio presente. Éste protesta: «¡Lo que acabas de decir es una ordinariez! Lo imperdonable sería que te aprovecharas mientras yo ando suelto por ahí, trabajando para la CIA.» Mi mujer se ríe de buena gana, lo que zanja la cuestión. Sólo cabe indicar que Alma enseña los muslos —blancos, lechosos— y que agrega: «Lástima que hoy no lleve aquel vestido rojo, ¿verdad?»

Estaba escrito que no íbamos a poder zafarnos, aunque fuera por poco tiempo, de una especie de círculo vicioso. Insisten en que, correspondiendo a sus desahogos, les contemos lo que hemos hecho nosotros en el día de hoy. No nos queda más remedio que relatarles nuestra entrevista con Lastres, nuestra visita al Centro Español y por fin la aventura vivida en el café Esopo, con el drama de Gazzam —violación y asesinato en la Ciudad de los Muertos— y las peroratas del doctor Mabruk.

¡Ay, el doctor Mabruk! Su personalidad les ha interesado en grado sumo y hemos tenido que repetir pe a pa sus palabras. Salvio Royo, al oír lo de la violencia sexual en el mundo árabe, que a su juicio queda resumida en la frase: «durante la noche nos levantamos a menudo y es cuestión de dos minutos», niega una y otra vez con la cabeza, mientras Alma, que por fin ha conseguido que me sentara en la cama a su lado, no abandona ni a la de tres su vaso de whisky.

¡Violencia sexual! Salvio Royo irrumpe en el tema por el ángulo más inesperado. Donde él ha aprendido las cotas que el ser humano no puede alcanzar en esa línea no ha sido en los libros de Freud, ni en los cuentos de Boccaccio, ni en los folletos de pornografía barata que se venden en los quioscos, y que durante un tiempo se tragó. Su aprendizaje más fecundo lo realizó en su etapa jesuítica y en un lugar muy vulgar y concreto: el confesonario. «Lo juro por la sotana que llevé tantos años: no existe mejor fuente de información.» Resulta inimaginable lo que puede esconderse de insatisfacción sexual en el cerebro de un niño con la cara llena de granos o de una doncella recoleta y pensativa. En el confesonario oyó los *mea culpa* más extraordinarios. Desde un hombre, banquero de profesión, enamorado de las uñas largas y afiladas —como antaño los mandarines chinos—, hasta el pastor que se excitaba oyendo el piar de los pájaros. Por otro lado, allí descubrió que en el propio seno de la Iglesia católica se han dado todos los caprichos libertinos, toda la posible depravación. Monjas enamoradas físicamente de Jesús, que experimentaban placer al acariciar con los dedos las llagas sangrantes del crucificado. Sacerdotes que se envalentonaban al oler el perfume del incienso. Un obispo que al colocarse la mitra notaba erección: el fetichismo del ropaje, tan corriente en todas partes. Un cardenal, muy conocido en la órbita vaticanista, que tenía sus escarceos verdaderamente endiablados con un soldado de la Guardia Suiza; hasta llegar a lo que se cuenta del papa León III, quien recibió tal impresión al ser besado en la mano por una dama romana de gran belleza que ello le indujo a introducir la costumbre de que a los papas se les besara los pies...

Llegados aquí, mi mujer dice «basta». En un tono que no admite réplica afirma que se siente incómoda y que resulta sorprendente que esta reunión se haya convertido en una absurda continuación de lo escuchado en el café Esopo.

Por su parte, no puede más. Y pide disculpas y se va un momento al lavabo, de donde regresa, mitad sonriente, con un spray de agua de colonia «que sin duda acabará con las miasmas aberrantes que anden flotando por la habitación».

Alma se ha quedado mirándola, y recostándose más aún en los almohadones le pregunta:

—¿He de entender que los problemas del sexo no te interesan?

—Claro que me interesan —contesta mi mujer sin dejar de rociar con el spray—. Pero las cochinadas no... —Se detiene un momento y añade—: En eso soy más judía que árabe...

Alma ladea la cabeza.

—¿He de tomar eso como un cumplido?

—¡No! Como la mera realidad... Pero sin mayores consecuencias.

—Sin embargo, tu nombre es judío: Magdalena...

—Sí, pero me llaman Magda; es decir, lo partí por la mitad.

El tiempo ha pasado volando y decidimos acostarnos.

—¿Qué hacemos mañana? —dice Salvio Royo—. Yo tengo todo el día libre...

Después de un leve escarceo trazamos el plan más conveniente para todos. A Alma le seduce permanecer hasta el mediodía en la piscina del hotel. No le apetece nada salir por ahí con tanto calor, y menos para visitar el Museo Islámico, como yo le había propuesto en un principio. «Estoy del Islam hasta la coronilla», ha objetado. Por la tarde, en cambio, no ve inconveniente en darse un garbeo por el viejo Cairo, donde están la sinagoga Ben Ezra y unas cuantas iglesias coptas, para, a eso de las siete y media, acercarnos a las pirámides y asistir al espectáculo «Luz y Sonido», «que eso sí debe de ser honestamente excitante».

Salvio Royo aprueba con la cabeza, y nos recuerda que podemos rematar la singladura cenando en el desierto, en el Sahara City —que está allí mismo—, donde, aparte de comprobar que realmente el *maître* es un camello, nos servirán la cena mientras en la pista va sucediéndose el *show* de turno, que en esta época del año suele ser de primera calidad.

—Si no estoy mal informado, uno de los números, de origen keniata, titulado «la danza de la muerte», consiste en que el jefe de la tribu, al término de la exhibición, arremete una lanza contra el más feo de los espectadores y le atraviesa el cuerpo por la mitad...

—¡Qué horror! —grita Alma—. Mañana a estas horas me convertiré en un cadáver... ¡*A rivederci*, Jerusalén!

—Todo podría ser —comento, guiñándole amistosamente el ojo.

Y los acompañamos hasta la puerta, donde intercambiamos los besos de rigor.

Nos despertamos a las nueve en punto. Por lo que sea, nos gana tal pereza que decidimos imitar a Alma y pasarnos la mañana en la piscina del hotel. Mientras nos desayunamos, se me ocurre una treta diabólica: invitar a Zakía a que esta tarde nos acompañe.

—¿Qué opinas? —le pregunto a mi mujer—. Una judía como Alma y una hija del Corán como Zakía frente a frente... ¿No crees que el *show* puede resultar más divertido aún que el de los keniatas en el Sahara City?

—Desde luego... Es una excelente idea. Si Zakía acepta, claro...

—Pronto lo sabremos.

La llamo por teléfono y se pone ella misma. «Si eso no es telepatía, que venga el señor Günter y lo demuestre —me dice—. Estaba pensando en llamaros. ¡No nos vemos desde El-Alamein!»

Le explico la situación, le cuento quién es Alma, sin ahorrar detalle, y Zakía, fiel a su idiosincrasia, acepta sin más.

—El hecho de que esté en El Cairo significa que no tiene prejuicios —comenta.

—¡Hum! De eso no estoy tan seguro... Es como si me preguntases si los tienes tú...

Zakía guarda unos segundos de silencio y concluye:

—¡Bueno! En esos casos lo que se impone es la buena educación, ¿verdad?

—Si no contara con eso —le digo— no te hubiera llamado...

—De acuerdo, pues. A las cuatro estoy en el Sheraton.

La mañana discurre tranquila. Alma y mi mujer, en la piscina, toman el sol, se bañan, leen, hablan de sus cosas... ¿Qué cosas serán? Lo ignoro. Alma de vez en cuando me dice: «¿Sabes que te tocó la lotería?»

Salvio y yo, casi todo el rato bajo un amplio parasol que nos salva de morir deshidratados, charlamos a salto de mata. En términos generales hemos optado por trivialidades, habida cuenta del ambiente que nos rodea: carne tostándose, procedente de las latitudes más dispares. Nos llaman la atención dos muchachas alemanas, gemelas, que son auténticas bellezas. Se zambullen simultáneamente, en el agua hacen los mismos gestos, salen al unísono y juegan, sin cansarse nunca, a pasarse la una a la otra una pelota de colores. Salvio comenta que es una lástima que nos encontremos en una piscina, ya que el problema que plantean los hermanos gemelos de un mismo sexo es apasionante, habida cuenta de que el fenómeno apunta hacia la naturaleza única del hombre, contrariamente a lo que preconiza el *Génesis*.

«Pero dejemos esto para otra ocasión, ¿no te parece?» Sólo añade que los hermanos gemelos le dan grima —y no digamos los siameses—, y que no le gustaría que existiera en el mundo un Alma idéntica, repetida.

En un momento dado Salvio reconoce, entre los bañistas, a un industrial alemán, multimillonario por más señas, que está en tratos con el Gobierno egipcio —con el Ministerio de Agricultura— para irrigar regiones desérticas desviando el curso del Nilo y utilizar luego rayos láser para dar órdenes a los tractores. «Es el asesor para las estaciones de bombeo, para los drenajes del *governorato* de Nubariya y demás. Total, un magnate de las finanzas...»

Contemplo con calma al magnate. Está fofo, adiposo y a no ser que le rodean una serie de «aduladores» y que los camareros no le quitan ojo, nada en él haría presumir que tiene tanto poder. «¡Oh, claro! —exclama Salvio Royo—. ¡Por eso yo soy partidario del nudismo integral! Las diferencias sociales desaparecerán no el día en que triunfen las perogrulladas de Lenin, sino el día que todos vayamos en cueros... El conflicto empezó con la hoja de parra y, más tarde, con el frío.»

Nos acercamos a nuestras mujeres. Como es natural, ya habían reparado en las muchachas alemanas y Alma confiesa que, al pronto, se ha puesto furiosa, no precisamente por celos, sino porque le han recordado a las mujeres nazis. Sin embargo, ha reaccionado a tiempo y reconoce que son dos «bombones».

A renglón seguido Salvio Royo reta a Alma a que descubra quién es el magnate alemán que deambula por la piscina... Alma, toda ojos, mira inquisitivamente a uno y otro lado. «¡Aquél!», afirma, sin tardar mucho, con enfática rotundidad. Grave error. Ha señalado a un señor beatíficamente dormido en una tumbona y que, según nos informa el camarero, es un policía egipcio que se aprovecha de su condición para bañarse gratis en el Sheraton toda la temporada.

HACIA EL BARRIO COPTO Y EL VIEJO CAIRO

A las cuatro en punto Zakía está en el hotel dispuesta a acompañarnos. Hechas las presentaciones de rigor subimos a una *limousine* que ha de conducirnos al viejo Cairo. Alma y Zakía se han observado mutuamente, ¡hasta qué punto!, pero con la máxima corrección, es decir, con el rabillo del ojo. Zakía se ha presentado con pantalones tejanos y una blusa escotada y sin mangas. Sin duda ha elegido esa indumentaria para dejar constancia de que hay mujeres musulmanas «emancipadas». También ha traído consigo su gran cabellera negra, su tez de ébano, sus ojazos —con lentillas— y su broche con inscripciones coránicas. En cambio, lleva en la muñeca, en vez de sus tintineantes brazaletes, un reloj electrónico japonés, semejante al de Hilmi y del que afirma que late como un corazón.

En el trayecto se dedica a piropear a Salvio. ¡Ex jesuita, médico y geólogo! Eso no se encuentra todos los días. ¿Lleva casi un año en El Cairo? Es de agradecer, teniendo en cuenta las incomodidades de la ciudad. Sin embargo, este año el presupuesto del ayuntamiento se ha quintuplicado, lo que permitirá comenzar una etapa nueva y poner los primeros parches a las necesidades más elementales. «Hay que empezar a partir de cero, como siempre después de una guerra.»

Alma pasa por alto esa palabra, mientras Zakía, inesperadamente, se dirige a Salvio en árabe. Éste le contesta con suma rapidez y Zakía le corresponde con una maquiavélica sonrisa. «El novelista me garantizó que hablabas nuestra lengua, pero cuenta tantas fábulas que he querido cerciorarme. ¡Bravo! ¿Se dice *bravo*...? Hermoso idioma el árabe, ¿verdad?» Salvio contesta: «El árabe y el hebreo son dos idiomas inmortales... ¡No, no exagero!

en el Paraíso se hablarán también... En cambio, no creo que allá se hable el holandés, y sobre el español abrigo serias sospechas.» Zakía comenta, a media voz, en el momento en que la *limousine* penetra en una calle estrechísima y taponada por un carro repleto de fruta, que lo más probable es que en el Paraíso todos poseamos el don de lenguas...

Viejo Cairo... Ha sido una odisea llegar a un paso a nivel, donde hemos despedido a la *limousine*. En el momento de apearnos se han cruzado dos trenes cochambrosos, lo que en cuestión de un par de minutos ha originado un auténtico colapso de coches, carromatos, bicicletas, borriquillos... El guardia no se ha tomado la molestia de accionar la barrera, o tal vez ésta no funcionase. Y en cuanto los trenes se han perdido en la lejanía, el guarda ha mirado con insistencia a un café cercano, de donde ha salido un avispado chiquillo llevando en una bandeja dos tazas de té. ¡Albricias! El guarda, complacido, se ha sentado en una silla de enea, a la puerta de su barracón, y el chiquillo se ha puesto en cuclillas a su lado. Y han tomado el té juntos, dialogando sin prisas, con parsimonia, probablemente hasta el paso del próximo convoy...

Zakía nos ha indicado, por señas, que prestáramos atención a la muñeca del chiquillo: destacaba en ella, tatuada, una cruz copta... «Los coptos gustan mucho de los signos externos. Llevan muchas medallas y se hacen tatuar. Éste es su barrio, claro... Un barrio muy interesante. Alrededor de la sinagoga hay más de veinte iglesias coptas y otras tantas mezquitas. Y según el dominador de turno, tales templos han sido utilizados para uno u otro culto... —Zakía ha guardado un silencio—. Si os parece, aunque ahí enfrente tenemos la iglesia de San Jorge, podríamos empezar por la sinagoga, que está muy cerca... La verdad es que yo no he estado en ella nunca; pero en fin, gracias a vosotros, hoy tendré ocasión de conocerla... Me han dicho que es muy pequeña, pero rebosante de historia; y además, la única que en estos momentos está abierta en El Cairo...»

Hacinamiento en las casas y mucha suciedad. Y moscas que zumban y se pegan a la piel. Y mujeres vestidas de negro sentadas en las aceras, mirándonos con cara hosca o tapándose la cara con el velo. Según Zakía, son coptas, es decir, se saben en minoría y están convencidas de que los turistas —todos los *tours* visitan este barrio— quieren filmarlas y sacarles fotografías por eso, porque las consideran bichos raros, un grupo étnico residual, destinado a extinguirse. Su edad es imprecisable. Hay niñas que parecen viejas y lo contrario, como si el tiempo hubiera repartido las arrugas a voleo. Sí, todas llevan, tatuada en la muñeca, una cruz idéntica a la que llevaba en el convento de San Macario la madre del monje Pablo... Por lo demás, en los libros de reproducciones puede apreciarse cómo en el Alto Nilo los cristianos, a raíz de su expansión por Egipto, esculpieron estas cruces y otros signos de su fe en los templos que los faraones habían levantado en honor de sus dioses. Como siempre, los estratos, la superposición de creencias, la avidez iconoclasta de quien llega el último y está convencido de traer consigo la verdad.

LA SINAGOGA BEN EZRA. POLÉMICA SOBRE EL SIONISMO

Llegamos a la sinagoga Ben Ezra... Cruzamos el umbral, y apenas si nos da tiempo a comprobar que, en efecto, es muy pequeña y que el techo es arabesco, de madera, muy afiligranado. Un vejete se nos acerca. Nos ha oído hablar español. Él es sefardita y por lo tanto podemos dialogar. ¡Oh, la sinagoga Ben Ezra! «Venid, venid...» Esto era antes un barrio judío. Abraham estuvo aquí, huyendo del hambre que imperaba en Canaán. Y el propio Moisés rezó por estas calles, bajo el reinado del faraón Menptah. En cuanto a la primitiva sinagoga, que los romanos destruyeron, fue edificada por el profeta Jeremías cuando, a raíz de su deportación de Babilonia se instaló en Egipto el año 587 antes de Cristo. La actual fue levantada por el gran rabino Ben Ezra, y tiene ya ocho siglos de existencia. Aquí se guardaban, en la *guenizah* o escondrijo sinagogal, millares de manuscritos, una Torah antiquísima e incluso el contrato de matrimonio del hijo de Maimónides. Todo fue expoliado y se dispersó. Actualmente sólo puede mostrarnos —y lo hace— una Torah en piel de antílope del siglo v, el Arca y un dibujo del candelabro de siete brazos sobre piel de ciervo...

El vejete da la impresión de un poco alelado y su «castellano» arcaico es tan deficiente y pobre que nos cuesta horrores entenderle. Nos obsequia con unas cartulinas en las que se le ve al lado del Arca. Es evidente que persigue *bacsis*... Procuramos que nos deje en paz, pero no hay manera. Es una mosca humana que también se pega a la piel. Va repitiendo: «Me han perseguido mucho, ¡mucho! Me han perseguido mucho porque soy judío... ¿Qué puedo hacer?» Alma da muestras de impaciencia y optamos por salir. Zakía comenta: «Es curioso... ¡La sinagoga de Ben Ezra! Toda mi vida imaginando que estaba al cuidado de un rabino de barbas majestuosas y muy selecta erudición...»

La visita nos ha dejado mal sabor. Ciertamente, la sinagoga no da para más, excepto en el caso de que quisiéramos prestar atención a detalles arquitectónicos del nártex, los muros y los azulejos. A punto de pasar a otro tema —una bandada de chiquillos nos rodea y Salvio Royo se apresta a dialogar con ellos—, he aquí que el vejete sale inesperadamente y clama de nuevo, acercándose precisamente a Zakía: «¡Me han perseguido mucho...! ¡Soy de Salónica y de mi familia soy el único que se salvó!» Zakía abre las manos en señal de impotencia y por mi parte consigo devolver al hombre al interior de la sinagoga, doblando el *bacsis* anterior...

Pero el incidente ha bastado para enrarecer el clima reinante entre nosotros. Alma, que sabe que lo de Salónica es verdad, que los nazis, en efecto, entraron allí a sangre y fuego y que no dejaron títere con cabeza, mira sin ver los tejados que tenemos enfrente y barbota para sí algo ininteligible. Salvio Royo acude en su ayuda e intenta restablecer la situación. Llega a fingir que es un guía profesional —imita sus actitudes y empieza diciendo: *«ladies and gentlemen»*...—, pero su buena intención se queda a mitad de camino. Alma le mira con afecto y procura sonreír, pero su boca no es más que una mueca.

Por fin Alma suspira hondo —también está acostumbrada a autodominarse— y se pasa los dedos lentamente por la rubia cabellera... Luego se apoya en una barandilla que tiene a su espalda, los peldaños de cuya escalera no se sabe adónde conducen y nos mira uno a uno, como complaciéndose en haberse convertido en el centro de la reunión. Zakía se ha quedado muda y sólo mi mujer se atreve a sugerir que deberíamos continuar el plan que nos habíamos trazado. «¿A ver, qué es lo que toca ahora...? ¡Ah, sí, visitar la Iglesia Colgante!»

Nada que hacer. El tema de la «persecución» se ha impuesto y no hay quien lo sustituya. Alma dice que su *raza* lleva algo así como cinco mil años siendo perseguida —va recuperándose poco a poco, aproximándose al tono normal—, y nadie ha conseguido todavía justificarle el hecho de forma cumplida. Naturalmente, en Egipto el hecho reviste un carácter singular, debido a la leyenda del Éxodo de Moisés; pero en realidad todos los pueblos los han detestado, desde Babilonia, pasando por los griegos y los romanos, hasta llegar a Yasser Arafat... «La pregunta es la misma que se hace el vejete: ¿por qué, por qué?»

Salvio Royo es homeópata. Conoce a Alma hasta el tuétano, y comprende que lo que está pidiendo es hurgar en la herida. ¡Pues bien, decide tirar por la calle de en medio y darle satisfacción! Como si fuéramos colegiales, nos dice que Alma lleva razón. Todos los pueblos y todas las culturas, en un momento determinado de su historia, han obsequiado a los judíos con su «holocausto». Se los ha acusado de leprosos; de impuros; de odiar al género humano; de perezosos —por implantar el descanso sabático—, y de padecer incluso taras físicas supuestamente congénitas. Hubiera podido pensarse que el cristianismo, teóricamente la religión del amor, sería a la larga más comprensivo: todos conocemos el resultado, que se inició con el primer *pogrom*, que tuvo lugar en el siglo quinto en Alejandría y que más tarde desembocó en la Inquisición... Con los árabes el asunto es más complicado, porque empieza por serlo, al respecto, el propio Corán... Cierto, el Corán no da a los judíos un trato uniforme, y ello Zakía debe de saberlo muy bien. Tan pronto los elogia, como los tolera, como los fustiga sin contemplaciones, porque muchos de ellos se negaron a islamizarse. Pero al margen del Corán, los sucesores de Mahoma han alternado las épocas de tolerancia con las de la persecución más cruel, prohibiéndoles usar sillas de montar; obligándolos a llevar vestiduras de color de miel, así como medallas de plomo colgadas del cuello; prohibiéndoles asimismo salir con lluvia o nieve, a fin de que su impureza no se transmitiera por agua a los musulmanes y obligándolos a pagar terribles impuestos bajo amenaza de expropiación e incluso de pena capital... Resumiendo, los musulmanes clavaban en las puertas de las casas de los judíos figuras de madera representando demonios, convertían las sinagogas en mezquitas y en algunos sitios se podían matar hasta siete judíos sin cometer delito...

¿Cómo compaginar eso con el hecho de admitir con frecuencia ser «primos hermanos» y vivir en armonía? Realmente Alma tiene razón y es imposible encontrarle al fenómeno una justificación cabal... Hay una cita del Talmud que dice textualmente: «¿Por qué, gentes de toda tierra, perseguís a mi pueblo, que es el *elegido* y que ahora y siempre se encuentra en aflicción?» Ello podría aplicarse especialmente a Mahoma, quien por un lado aconseja a sus seguidores que «no hagan violencia a los hombres por causa de su fe» y por otro lado los incita a la *jihad*, es decir, a la guerra santa contra los incrédulos o los fieles de las demás religiones... «Como sabéis —remata Salvio Royo—, amo las paradojas casi tanto como a Alma... Pero ante ésta me rindo, como se han rendido esos chiquillos que nos acosaban y que por fin parece que se han decidido a dejarnos en paz...»

La perorata de Salvio Royo ha sido tan radical que todos nos hemos quedado de una pieza. El semblante de Alma es ahora enigmático. Por un lado, destila cierta extraña complacencia; por otro, denota a las claras una íntima crispación. Como fuere, Zakía es la primera que se decide a intervenir, antes incluso de encender el Marlboro que sostiene entre los dedos. Se rasca la mejilla y dice:

—Bueno... yo no puedo rebatir nada de esto, porque la historia es la historia, y el Corán es el Corán... Sólo querría dejar constancia de tres cosas. La primera, que no pueden sintetizarse trece siglos de historia islámica, que es la que a mí me afecta, en un brillante parlamento de unos minutos de duración; la segunda, que, con respecto al conflicto árabe-israelí, creo que Egipto ha dado pruebas fehacientes de que lo que desea es que finalice en un abrazo, y la tercera, que al ir al Sheraton no imaginaba que fuera a producirse una situación semejante... Pensé que se trataba de una salida amistosa, de una amistosa visita al viejo Cairo, con la sinagoga Ben Ezra en el centro y las iglesias y mezquitas alrededor... —Mira a Salvio y añade—: ¡Es curioso! ¡Nunca había conocido a un jesuita, ni siquiera a un ex!; y he aquí que conozco a uno, y que ese tal responde exactamente a la idea que me había formado de la institución...

El tono con que Zakía ha pronunciado estas últimas palabras es tan duro que Salvio Royo, sonriente al principio, palidece un poco y vuelve a secarse el sudor. Sin duda se dispone a pedir disculpas, pero se le anticipa Alma, quien se dirige inesperadamente hacia mí y me insta a que intervenga y manifieste mi opinión. Le objeto que por qué me mete en ese lío y me contesta que porque escribí un libro titulado *El escándalo de Tierra Santa* y porque imagina que tendré mi criterio formado... «¿O es que no te atreves a exponerlo en voz alta?»

El reto es tan directo que me veo obligado a aceptar, sobre todo teniendo en cuenta que Alma me asaetea con sus ojos verdes.

—Me gustaría complacerte sin lastimar tus sentimientos... —digo—. De hecho, en mi libro me abstuve deliberadamente de juzgar a los judíos y a los árabes, limitándome, como sabes, a contar una vivencia personal y a acotarle un poco el terreno a la Iglesia católica, que se considera... ¡bueno, ya me entiendes! —Respiro hondo y prosigo—: ¡Claro que tengo mi criterio formado! De entrada, puedo decirte que generalizar sobre el tema judío es siempre un error, puesto que no es lo mismo hablar de ti, por ejemplo, que de Jeremías, que de Ben Gurión... Pero en fin, lo indudable es que formáis un pueblo distinto de los demás, cosa que vosotros sois los primeros en proclamar...

—No te andes con rodeos, por favor —interrumpe Alma cruzándose de brazos—. Suelta lo que tengas que soltar...

—Está bien —admito, decidido—. Lo que tengo que soltar está muy claro: creo que el sionismo es un hecho, que el sionismo existe, y que las consecuencias que de ello se derivan las conoces mejor que yo... Creo que detrás de cualquier conflicto que estalle en el mundo, pequeño o grande, directa o indirectamente está el sionismo... ¿Que por qué el mundo lleva algo así como cinco mil años persiguiéndoos y colgándoos distintivos en el cuello? Supongo que hay que descartar el factor casualidad, ¿no es cierto? ¿Qué respuesta le darías tú? ¿Qué respuesta le dais vosotros mismos, Alma? ¿Cómo le explicas a tus niños, en la escuela, esa especie de obsesión? A mí se me ocurre que los judíos lleváis dentro algo especial, que ha sido llamado el signo de la discordia... Sois terriblemente inteligentes, y lo demuestra el hecho de que, siendo en realidad muy pocos en número, vais soltando genios a porrillo... Vuestro poder es ilimitado y quienes lo ostentan lo emplean con astucia implacable para lograr sus objetivos. ¿Cuáles son esos objetivos? Eso es lo que se me escapa de las manos... Lo fácil es caer en el tópico: el dominio universal. No me parece que tal música sea válida para una población como la de hoy, que rebasa en el planeta los cuatro mil millones de habitantes... Pero en fin, parece indudable que el poder en sí mismo os atrae de forma irresistible y que procuráis asignaros la mayor tajada posible de él. Ésa es vuestra tentación, en nombre de la elección divina a que se refiere la cita del Talmud que Salvio Royo nos ha recordado. Me consta, Alma, que tú no crees que seáis precisamente *elegidos*; pero también me consta que sí lo cree, por ejemplo, el señor Beguin... ¡Repito que no es mi intención lastimarte!, pero desde que visité la zona de Gaza, con trescientos mil palestinos viviendo allí mucho peor que esa gente hacinada del viejo Cairo, y desde que me paseé solo por las casas palestinas abandonadas al norte de Jericó, me planteé el asunto de manera directa, carnal... —Marco una pausa y concluyo—: Resumiendo, creo que si realmente hubierais deseado, a lo largo de la historia, vivir agrupados, vivir unidos, como cualquier otro pueblo, ya lo habríais conseguido... Lo malo es que os dispersáis voluntariamente. Y que siempre el lugar que escogéis para vivir es vuestra «segunda» patria, no la primera, puesto que la primera es siempre Jerusalén... Salvio me dijo en cierta ocasión que veía ahí un indicio masoquista; es posible que sea así. Necesitáis autoafirmaros sin cesar, ser constantemente héroes. Esto, contemplado desde la luna, que es donde yo suelo estar, se parece tanto a los fanatismos que resulta imposible establecer la menor distinción. Hay en vosotros algo suicida, Alma; como si la tierra os resultara un estrecho corsé. El vejete de la sinagoga, por ejemplo, ya no vive en este mundo. Con su piel de antílope, fluctúa entre la Torah del siglo quinto, las cartulinas con su propia fotografía y las promesas de Yahvé...

Alma tiene una reacción inesperada. Sonríe, chasca los dedos, se saca del bolso una cadenita con una estrella de David, se la coloca en el cuello y sugiere:

—He oído algo de una Iglesia Colgante... ¿De qué se trata?

Ha sido una ruptura, no sé si definitiva o provisional. Lo cierto es que Alma me empujó a hablar, sin darme opción. «Supongo que tendrás tu criterio formado... ¿O es que no te atreves a exponerlo en voz alta?» Lo que sí puedo afirmar es que mi opinión no ha sido improvisada. Durante mi estancia en Israel —1974-1975— mis ojos de siempre, con ese tercer ojo añadido que Salvio me otorga, funcionaron a pleno rendimiento. Y mis oídos. Y todo mi ser. Y el pueblo judío me desconcertó hasta el extremo límite. Y a lo largo de los ya cinco años transcurridos he ido reflexionando sobre el tema más y más, aparte de acumular nuevas experiencias. Y he llegado a las conclusiones que acabo de aventurar, y que tal vez, ¡Alá no lo quiera!, terminen para siempre con el estremecimiento que Alma y yo sentíamos con sólo mirarnos. Asimismo abrigo la convicción —convicción que, por fortuna, no me he visto obligado a manifestar— de que en el actual enfrentamiento árabe-israelí, al que Zakía hizo mención, a la larga serán los árabes quienes llevarán la mejor parte...

IGLESIAS COPTAS. LA SAGRADA FAMILIA EN EGIPTO

Por el momento nos dirigimos a la Iglesia Colgante, una de las más hermosas, en efecto, del conjunto copto. La comitiva se compone de Salvio, que camina solo delante, de Zakía y yo pisándole los talones, ¡y detrás, a cierta distancia, Alma y mi mujer!

Me pregunto de qué estarán hablando y cuál de las dos habrá provocado semejante aproximación. Posiblemente, Alma; pero tampoco cabe descartar que haya sido mi mujer, siempre atenta a lubrificar las situaciones extremas que se producen a menudo en razón de mi sinceridad.

Como fuere, el enfrentamiento ha alterado el estado de ánimo colectivo y ha ocasionado que apenas si nos enteráramos de lo que Salvio, que ha salido asombrosamente indemne de la embestida, nos ha contado fuera y dentro de la Iglesia Colgante —hay que subir una empinada escalera para tener acceso a ella—, iglesia que debe su nombre al hecho de haber sido levantada sobre las ruinas de dos torres de la fortaleza romana.

Apenas si hemos captado que es la más antigua y espléndida de las iglesias de tipo basilical, y sin duda una de las primeras del mundo en que se han celebrado ritos litúrgicos; con una capilla dedicada a san Marcos y otra a un santo etíope, llamado Thecle Haimanout. Por lo demás, muchos turistas y mucha gente del barrio, especialmente mujeres —con todas sus hijas rodeándolas—, las cuales, sin dejar de santiguarse, iban deteniéndose delante de los iconos de la Virgen, tocando el cristal protector con unas piastras que finalmente dejaban caer en las ranuras abiertas a propósito.

Pese a estar atento, en la medida en que la multitud de visitantes me lo permite, al diálogo que siguen manteniendo Alma y mi mujer, del que sólo oigo palabras sueltas y sin ilación —*pogrom*, desconcierto, mentira, hipocresía...—, me entero, gracias a la imperturbabilidad de Salvio, de que muchos fieles musulmanes entran en esas iglesias coptas con absoluta familiaridad, y que incluso hay estudiantes, igualmente musulmanes, que encienden velas a san Jorge antes de presentarse a los exámenes... Se trata de una comunicación que tiene cierto carácter entrañable y que en otras circunstancias arrancaría de Alma una saludable carcajada... Me sorprende no ver junto al iconostasio al pope de turno, vendiendo velas; pero me sorprende más aún comprobar que, en una celda aparte, hay una especie de pozo cuyos bordes de mármol los fieles besan con veneración. «Dichos fieles están convencidos de que en el interior del pozo se conservan las reliquias de un santo —explica Salvio Royo—. Pero en realidad se trata de un Nilómetro que ahora ya no sirve pero que durante siglos fue utilizado como tal.»

Visitamos a continuación, luego de atravesar un laberinto de calles estrechas, saturadas de basura y de bajar una escalera en penumbra, la iglesia de San Sergio (Abu Sarga), de la que tanto había oído hablar, por venerarse en ella una cueva en la que, según la leyenda, la Sagrada Familia —es decir, Jesús, José y María— se refugió durante su estancia en Egipto, a raíz de la persecución de Herodes.

Ignoro las razones por las cuales Alma y Zakía no han querido bajar tan sólo la escalera que conduce a esa iglesia de San Sergio. Han preferido aguardarnos arriba, en el exterior, cerca del paso a nivel donde nos detuvimos con el taxi. La abstención de Alma, a decir verdad, es poco sorprendente. Por lo visto le ha dicho a mi mujer: «Ésas son historias para niños»; en cambio, la abstención de Zakía resulta más extraña, por cuanto en el Corán no sólo se alaba reiteradamente a María, sino que se reconoce incluso su «virginidad»; aparte de que, como es sabido, se proclama a Jesús como el más grande de los profetas anteriores al propio Mahoma.

Sea como sea, los únicos que nos hemos acercado a la «cueva» hemos sido Salvio, mi mujer y yo, no sin antes, y como de costumbre, abrirnos paso entre la multitud de visitantes. ¡Ay, qué lástima no tener la fe del carbonero, ser incapaces de emocionarnos ante esos lugares cuya sacralización proviene de la tradición oral y de antiguas citas de escasa entidad! La famosa cueva, sobre la cual se edificó la iglesia —los historiadores discuten si fue en el siglo cuarto, en el quinto o en el octavo—, mide solamente cinco metros de ancho por seis de largo, no hay en ella absolutamente nada y a menudo se inunda por causa de las filtraciones del agua del Nilo. Por si fuera poco, ni siquiera podemos bajar a ella, puesto que hoy está taponada por unos barrotes de madera. Los simples «visitantes» miran por entre dichos barrotes y sus caras denotan, en su gran mayoría, una auténtica decepción. Sin embargo, no faltan personas que, por el contrario, miran el interior con expresión de arrobamiento y que se arrodillan y besan incluso el suelo. A mayor abundamiento, llega de pronto un grupo de *boy-scouts*, a las órdenes de un monitor, forman semicírculo y rompen a cantar *Salve Regina* con un entusiasmo que tiene la virtud de quebrar la inhibición de Salvio y de mi mujer. Lo leo en sus ojos, aunque se abstengan de pronunciar una sílaba.

No deja de ser curioso que pueda producirse, en cuestión de unos pocos segundos, ese tipo de contagio. Por desgracia, dicho contagio me afecta a mí, lo que me duele como sin duda le dolería a Zakía darse cuenta de pronto de que los *hadits* atribuidos a Mahoma no la conmueven en absoluto. Lo cierto es que mi indiferencia ante los «signos externos» de la religión, o de las religiones, se ha acrecentado en los últimos años, lo que no presupone que mi creencia en el Dios-Padre y en la vida individual, y superior, *post mortem*, se hayan tambaleado igualmente. Al revés, cada día estoy más convencido de la existencia de ese Ser Creador y de su *victoria final*; victoria contra ese Maligno —en el que también creo— casi igualmente poderoso y cuya eficacia destructora atosiga con tanto ahínco a los seguidores de Zoroastro, que tanto interés despiertan en Salvio Royo.

Lo que me ocurre ante esa cueva oscura que se entrevé al otro lado de los barrotes y que mide cinco metros de ancho por seis de largo, es que se me antoja una pura invención, elaborada sin duda con la mejor buena fe, de los primeros patriarcas coptos, herederos de san Marcos. ¡Ah, por fortuna Salvio Royo comparte mi parecer! En cuanto se produce una tregua y puede abordar el tema —los *boy-scouts* se han marchado ya...—, el ex jesuita nos dice que lo más higiénico que puede hacerse en lo referente a la estancia de Jesús, María y José en Egipto es correrle un tupido velo. Mateo es el único evangelista que narra sucintamente la «huida», y con este testimonio, fidedigno a todas luces, basta. Sin embargo, virtualmente no especifica ningún detalle, excepto que permanecieron allí «hasta la muerte de Herodes».

Ahora bien, ¿cómo pudo realizarse este viaje, con tanto desierto por en medio? ¿Lo hicieron solos o unidos a alguna caravana? ¿Por dónde penetraron en el país? ¿Cuánto tiempo duró su estancia? ¿Dónde se instalaron? Nadie se pone de acuerdo sobre esos puntos, y las especulaciones no tienen fin. Los coptos mantienen la tesis de que la Sagrada Familia no tomó los caminos corrientes del Sinaí, sino que entró en Egipto por la ruta del actual Port-Said, se detuvo en la fuente de Tal-Bastah, «que todavía existe», donde la Virgen bañó a Jesús y le lavó la ropa, siguiendo camino hasta El-Mahmah, donde descansaron a la sombra de un árbol conocido desde entonces por el «árbol de la Virgen María» y cuyos retoños han continuado siendo venerados lo mismo por los cristianos que por los musulmanes. Asimismo los coptos se inclinan a pensar que la Sagrada Familia permaneció en este país por espacio de tres años y medio, durante los cuales fijó su residencia en muchos lugares, incluido el Alto Egipto, por cuanto en esta región —en la que se levanta ahora El Cairo—, el faraón reinante, a semejanza de Herodes, y por haberse producido un terremoto, ordenó la busca y captura del «Niño recién llegado».

Salvio Royo nos dice que, personalmente —y por supuesto, desde un punto de vista emocional—, él se inclina por aceptar lo que cuentan al respecto los Evangelios apócrifos, según los cuales no sólo el viaje de los tres fugitivos fue una sucesión de milagros y maravillas, con curación de leprosos, endemoniados, un joven convertido en mulo al que Jesús devolvió la naturaleza humana, bestias feroces tendiéndose mansamente a los pies de Jesús, palmeras que inclinaban espontáneamente sus ramos para permitir a los viajeros coger sus dátiles, etc., sino que la estancia y género de vida de la Sagrada Familia en Egipto no puede conocerse con exactitud. Hay quien afirma que duró más de siete años y que José trabajó entretanto para las autoridades romanas. Hay leyendas según las cuales los trocitos de papel, en manos del Niño Jesús, se convertían en pájaros; o que de pronto toda música dejaba de sonar y sólo se oían campanas; o que cada noche doce estrellas —¿los doce apóstoles?— cruzaban el cielo dibujando en una estela palabras en arameo; o que los amigos de Jesús, que jugaban con él, tenían resplandeciente el rostro y no necesitaban ni comer ni beber; o que las pirámides, cuando María las miraba extasiada, se inclinaban saludándola...

Sí, él prefiere creer esas cosas, porque ha llegado a la conclusión de que la mentira es más imaginativa que la verdad. Tanto es así, que está seguro de que en el cielo, donde imaginación no ha de faltar, todo será mentira; excepto que nosotros tres nos encontraremos allí, junto con Alma, por supuesto —¡menudo susto se va a llevar!—, y junto con Zakía, las cuales no sabe si en estos momento estarán besando al alimón la estrella de David que aquélla se sacó del bolso, o si habrán andado a la greña y acabarán de ser esposadas por el guardia del paso a nivel, el de las tazas de té, que debe de tener categoría de jefe de policía de este distrito nauseabundo.

Damos por terminada la visita a la iglesia de San Sergio, visita que, gracias a la poética intervención de Salvio Royo, no me atrevo a calificar de fiasco, pese a que el recuerdo de Alma, y mis sospechas sobre su estado de ánimo, me impiden concentrarme debidamente en cualquier otra cuestión.

Camino de la salida, mi mujer le compra a un mozalbete un bote de cristal que, salvo estafa alevosa, contiene «todas las diferentes especies de granos de arena que se encuentran en el desierto próximo». Es un bote precioso. Hay granitos azules, verdes, amarillentos, negruzcos, blancos... Un arco iris de arena, ¡quién pudo imaginarlo! Salvio Royo lo examina y da el visto bueno. No hay materia colorante: son granos auténticos.

Nuestro mentor nos dice que le hubiera gustado llevarnos a visitar otra iglesia, la de Santa Bárbara. «Su iconostasio es único —nos dice—. Probablemente servía de celosía en algún santuario de la época fatimí. Es de madera, y se compone de cuarenta y cinco paneles tallados en relieve, con escenas de caza, ceremonias musicales y gran número de pájaros, entre ellos el pavo real... También me gustaría llevaros a la iglesia del arcángel Miguel, extremadamente reverenciada por los coptos, puesto que éstos creen que el arcángel tiene poder absoluto sobre las inundaciones del Nilo, por lo que suelen ofrecerle ex votos, pañuelos, barcos-miniatura, camellos de artesanía y, sobre todo, campanillas... Pero no nos da tiempo. Tenemos que enfrentarnos con Alma, y además a las siete y media nos espera el "Luz y Sonido" en las pirámides, y el trayecto no va a ser fácil...»

Encontramos a Alma y a Zakía esperándonos, cómodamente sentadas en el interior de un taxi. Por lo visto están charlando sobre cuestiones filológicas, comparando el hebreo y el árabe. Dicho de otro modo, han rubricado, por su cuenta y riesgo, el tratado de paz.

Subimos al vehículo, y ante mi asombro, Alma se dirige a mí en tono cariñoso y me pregunta si mi «encuentro» con la Sagrada Familia me ha santificado más aún. Le contesto que no —en el momento en que el taxi arranca—, pero que en cambio se ha santificado Salvio Royo, al oír que un grupo de *boy-scouts* cantaban *Salve Regina*. Acto seguido añado:

—Oye, Alma. No soporto las situaciones equívocas... Estás deseando que me muera, ¿no es así?

Alma echa una bocanada de humo.

—¿Yo...? ¿Por qué?

—Por favor, ahórrame los detalles...

Alma se encoge de hombros.

—Pero ¿de qué detalles estás hablando? ¡Si no me contaste nada nuevo!

—¿Cómo que no te conté nada nuevo? ¿Qué quieres decir?

—Que sabía perfectamente lo que pensabas... Ya me di cuenta en Jerusalén. ¿O crees que soy tonta?

—Sin embargo...

—Sí, admito que no esperaba que en estos momentos tu postura fuera tan radical; pero eso cambia muy poco. ¿Quieres que te diga una cosa? Te agradecí tu sinceridad...

Muevo la cabeza.

—Continúo sin entenderte. Fue una ofensa personal...

—¿Ofensa? De ningún modo. No me ofendiste; me entristeciste, nada más... —Marca una pausa y añade—: Los judíos estamos acostumbrados, ¿comprendes? Sabemos perfectamente lo que el mundo opina de nosotros...

Se produce un silencio, mientras el taxi zigzaguea por el barrio, sin acertar a salir de él, al parecer.

Pirámide de Sakkara.

La Esfinge de Menfis.

Abu Simbel. El guardián
con la llave de la vida.

En Sahara City. Bailarina
de la danza del vientre.

Interviene mi mujer.

—Hala, dejad este asunto... Hay cosas que no tienen remedio. ¿Qué esperas oír de Alma?

—Pues no lo sé...

—¿Que te dé la absolución? ¿Que saque una pistola? Ha dicho lo justo: que la entristeciste... ¿Te parece poco?

—Me parece mucho...

—Pues así es.

Alma suspira hondamente, lo que en ella no es habitual.

—Tu mujer tiene mucho más sentido común que tú... Deberías hacerle caso.

—¡Llevo cuarenta años haciéndole caso!

—Pues no se te nota... Es mucho más moderada, mucho más diplomática...

—¿Y desde cuándo me interesa a mí la diplomacia?

—Sabes de sobra lo que quiero decir... Estuvimos hablando, y su postura me pareció mucho más correcta.

—¿Correcta?

—Sí... Los judíos, así, en bloque, le damos también cien patadas. Pero reconoce que algunos os ayudaron mucho durante vuestra dura estancia en París, y eso no lo olvida... —Alma suelta otra bocanada de humo—. Y además, tampoco le gustan los árabes, y en cambio quedó muy claro que a ti te chiflan...

Marco otra pausa.

—No creo que chiflar sea la palabra... Simplemente, en un ambiente judío me siento extranjero, en un ambiente árabe me siento en mi casa... Con todos sus defectos. No es un argumento: es un hecho.

Zakía se siente obligada a intervenir.

—Ahora soy yo quien os ruega que dejéis ese asunto... —dice con voz enérgica—. ¡No quiero creer en las incompatibilidades...! —Su índice señala a lo lejos—. ¿Olvidáis que nos dirigimos a las pirámides? Pues tomad nota: significan la unidad...

LOS HERMANOS MUSULMANES EN ACCIÓN

En un cruce de calles, ya en la avenida Hassan Anwar, se produce un tumulto que nos pilla de sorpresa y que bloquea la circulación. El taxista ha tenido tiempo justo de frenar sin llevarse por delante a un grupo de mujeres. A lo primero pensamos que se trata de una manifestación, pero pronto nos percatamos de nuestro error. Se trata de una disputa violenta, de un enfrentamiento colectivo. ¿Quiénes son los protagonistas? El Cairo suele estar tranquilo en ese aspecto, como si existiera un acuerdo tácito entre las gentes de opiniones dispares.

Zakía apunta:

—Apostaría a que son los Hermanos Musulmanes...

—¿Por qué lo dices? —pregunto.

—Porque últimamente andan un poco excitados; y en la zona en que estamos...

El taxista permanece inmóvil y lo único que se le ocurre es hacer sonar el claxon. Se oyen gritos cada vez más fuertes, cuyo significado se nos escapa. Zakía decide enterarse y abriendo la portezuela se apea. Sus esfuerzos por abrirse paso son inútiles. Se lo impide la multitud, cada vez más compacta. Tampoco hay ningún sitio alto desde el cual otear lo que ocurre. Finalmente habla con un hombre de edad avanzada que ha encontrado refugio en un portal y consigue saber que, en efecto, no marró en sus sospechas. Un «escuadrón» —así lo llama ella— de Hermanos Musulmanes (*Jamaat-i-Islam*) ha empezado a insultar a varios coptos que se encontraban en una carnicería en la que se vende carne de cerdo... Los coptos han defendido sus derechos, han llegado unos popes y ahora parece que la algarada adquiere mayores proporciones y que lo que se discute, a porrazo limpio, es algo de más envergadura...

El griterío es cada vez más fuerte y lo de «porrazo limpio», o intercambio de golpes, por lo visto no es una simple metáfora. Los «barbudos», que al inicio sólo increpaban a sus adversarios, ante la militante respuesta de éstos han organizado la gran pelea. Zakía va y viene teniéndonos al corriente, ya que nosotros nos encontramos aprisionados en el interior del vehículo y el taxista, un muchacho joven, con camisa roja, ha trocado el sonido del claxon por una sonrisa divertida. Salvio Royo nos traduce sus expresiones. «¡Ahí va! ¡Eso es un gallinero! ¡Confiemos en que la cosa no terminará a tiros...!»

Ha pronunciado la palabra «tiros», que, como es lógico, nos ha alarmado. Sin embargo, por el momento no se oye ninguna detonación, aunque sí, a lo lejos, el sonido de las sirenas de la policía, o tal vez de alguna ambulancia. ¡El vigilante de la sinagoga Ben Ezra está ahí! ¡Su pequeña cabeza asoma por un ventanuco situado a la altura de un primer piso! ¡Parece divertirse más que el taxista y debe de contemplar el espectáculo con toda comodidad! Imposible, sin embargo, conectar con él, que es lo que todos hubiéramos deseado...

De repente, los grupos de a pie han empezado a retroceder, atropellando materialmente nuestro taxi y los carromatos, borriquillos y otros vehículos que se han detenido detrás. Entonces Zakía ha logrado una más verídica información, captando las frases sueltas que la gente que se dispersa —en efecto, ha llegado la policía— va soltando.

Lo de la carnicería ha sido un pretexto. La clave de la cuestión está en el intento por parte de un conocido financiero copto de comprar un terreno en el barrio de El-Ezbekiya, donde se levanta la catedral de San Marcos, para construir allí una nueva iglesia. Los Hermanos Musulmanes se oponen a ello, para evitar la «expansión» de quienes consideran heréticos y contrarios a su credo, que como es sabido no admite otra constitución que el Corán. Zakía, repentinamente presa de indignación, nos cuenta que los «barbudos» impugnan dicha compra alegando derechos de prioridad. Todo se hubiera resuelto en simple escaramuza a no ser que inesperadamente se ha presentado el *cheik* Kischk, de gran predicamento entre la secta, hombre ciego, del que se cuenta que perdió la vista a fuerza de leer el Corán y que todos los viernes arenga a los suyos en la mezquita de Aïn el Hayat. La presencia del «imán» ha galvanizado a los «escuadrones», que la han emprendido a puñetazos contra los «cristianos», mientras proferían improperios contra el mismísimo presidente Sadat.

—¿Por qué contra Sadat?

—Porque al comienzo de su mandato prometió establecer una legislación islámica y luego ha pedido ayuda a los Estados Unidos, que según los «barbudos» representan la corrupción...

Salvio Royo le pregunta a Zakía cuál es el balance del enfrentamiento.

—¡Cómo voy a saberlo! Unos cuantos heridos por ambas partes, desde luego...

—Pero... ¿es la primera vez que ello ocurre?

—Creo que no... Pero sí la primera vez que la cosa adquiere tales proporciones...

Hay mujeres que lloran y críos que escapan en todas direcciones. Nuestra impotencia es absoluta, y también nuestra perplejidad. No puedo por menos que evocar lo que nos dijo Adrián en el café Esopo: que el decálogo inicial de los Hermanos Musulmanes propugnaba, además de «no reír tontamente —como empezó riéndose el taxista—, no discutir nunca y ser amigo de cualquier persona con la que se encontraran». ¡Menuda evolución! Zakía comenta: «Si el presidente Sadat no toma medidas serias, esos fanáticos se engallarán cada día más y acabarán actuando como en Irán los seguidores de Jomeini.»

La situación ha ido despejándose poco a poco gracias a la intervención de la policía y de los guardias de tráfico, que por una vez se han dedicado a algo más que a lamer helados.

Y a todo esto, Alma ha tenido que esforzarse lo suyo para no exteriorizar su íntima satisfacción. Musulmanes y cristianos peleándose entre sí, ¡qué formidable argumento para sus convicciones! ¡Y qué anécdota para contarla a su regreso a Jerusalén...!

Todos hemos evitado el formularle la menor pregunta. Ella no se ha movido del fondo del vehículo, a sabiendas de que, fuera cual fuera el resultado, llevaba las de ganar. Únicamente, cuando el taxi ha conseguido ponerse en marcha e iniciar el despegue, ha preguntado:

—Y a todo esto, ¿qué hora es? ¿Llegaremos a tiempo a ver el espectáculo «Luz y Sonido»?

Salvio Royo ha consultado su reloj.

—Si no se produce otra algarada, creo que sí...

—Menos mal... De veras que me apetece mucho, puesto que, según Zakía, las pirámides simbolizan la unidad...

CAPÍTULO XVI

Henos aquí dispuestos a asistir, a *vivir*, el espectáculo «Luz y Sonido». El lugar elegido es ideal: se habilitó un descampado en la parte baja, en la aldea de Gizeh, para colocar en semicírculo una serie de hileras de butacas, desde las cuales puede contemplarse, sin que nada obstaculice la visión, lo que algunos historiadores llaman el «inmenso Valle de los Muertos»; es decir, la Esfinge en primer término (con su pequeño templo de granito al lado) y más arriba, a un nivel superior, sobre la gran explanada, las tres pirámides: la de Keops a la derecha, la de Kefrén en el centro, la de Micerinos a la izquierda.

El sol agoniza en el horizonte, pero la luminosidad es todavía muy fuerte, lo cual nos permite detectar, en panorámica, las *mastabas* que, junto con las diminutas pirámides de las reinas, descubiertas no hace muchos años, completan la necrópolis. Lo demás es desierto, excepto, en ambos flancos, algunas casas árabes medio escondidas entre palmeras y eucaliptos.

Desde el sitio que ocupamos, la explanada de arriba, situada detrás de la Esfinge, forma una breve cadena de dunas, con la hermosa silueta de algunos caballos que cruzan y que destacan contra el cielo rojizo del atardecer. Cielo en el que, por cierto, no vemos más que un pájaro solitario. ¿Dónde están los halcones, los milanos, los ibis? Al fin y al cabo, ese valle rezuma ahora vida, puesto que a nuestra espalda hierve la población de Gizeh, en la que todos los niños del mundo parecieron haberse dado cita en el momento en que el taxi se detuvo y Zakía, que fue la primera en apearse, dio una vez más pruebas de su eficacia organizadora, despejando la situación y tomando en la taquilla nuestros billetes.

Mi mujer y yo no podemos por menos que evocar la «Luz y Sonido» de Atenas, de la Acrópolis, al que asistimos hace unos años. Fue grandioso. Todavía recuerdo la voz del narrador: «¡Nos encontramos en el lugar exacto en que los atenienses venían para escuchar a los más grandes oradores de la tierra! ¡Estamos aquí para evocar la edad de oro de Atenas...!» Sin embargo, toda comparación sería vana. A cada lugar su afán. La Acrópolis era la «roca sagrada», la roca de la belleza, esto es el Valle de los Muertos, el mayor «Luz y Sonido» que jamás haya sido llevado a cabo, según nos ha contado Zakía. Mide, de punta a cabo, dos quilómetros. ¡Dos quilómetros de largo! La profundidad puede calcularse en unos cien metros, y en ciento cuarenta y seis la altura, es decir, hasta la cumbre de la pirámide de Keops. Fue un trabajo técnico en cierto modo parecido al de la construcción de los propios monumentos —muchos obreros trabajando como esclavos a pleno sol—, que se encargó a los franceses, habida cuenta de su experiencia en la iluminación de los castillos del Loire y de los palacios de Versalles. Como nota curiosa cabe señalar que la música, considerada por todo el mundo como de especial interés, es obra de un compositor que no se tomó la molestia de pisar este lugar. Zakía nos lo confirma: «Es cierto. Se negó rotundamente a pisar tierra de Egipto.»

Poco a poco el anfiteatro va llenándose, el sol se esconde y la temperatura cae bruscamente. Esta sesión será en francés, a continuación habrá otra en inglés. Todo está a punto para que se inicie el espectáculo, para que se produzca la eclosión. Como era de esperar, Alma, en vez de sentarse a mi lado, se sitúa en el extremo opuesto... Justo a nuestra espalda, vemos al magnate alemán que esta mañana tostaba su obesidad en la piscina del Sheraton. Le acompaña una muchacha, sin duda egipcia, de gran belleza, ocupada en abrir con sumo cuidado una espléndida caja de bombones... Salvio Royo comenta: «Ya lo veis. Nada ha cambiado desde los tiempos faraónicos.»

Se hace de noche, ¡y se encienden los focos! Todo el mundo se inmoviliza en sus butacas. La música, en efecto, confiere mayor grandiosidad aún a los cuatro puntos luminosos (tono levemente azul): las tres pirámides y las *mastabas*. Y una voz varonil truena en el espacio clamando: «*Ici à comencé l'Histoire...*»

Curiosa reacción. Todos sabemos que eso no es cierto, que la historia no «comenzó» aquí, sino que comenzó miles de años antes; y no obstante, la magnificencia de lo que tenemos ante los ojos hace que el espíritu acepte la herejía cronológica. ¿Por qué no? ¿Por qué no pudo empezar aquí la historia? La Esfinge —todavía oculta— representa la incógnita que preside nuestras vidas; las pirámides representan la supuesta unidad del género humano; la noche, que lo invade todo, es la incansable noria que va rodando y dentro de cuyo círculo (yugo) nos movemos. «*Ici à commencé l'Histoire...*» Mi mujer me aprieta la mano y me sumerjo de lleno en el recital.

La voz continúa clamando en el desierto habitado: «¡Estáis esta noche aquí, en el lugar a la vez más ilustre y más fantástico del mundo, sobre la planicie de Gizeh, donde se yergue para siempre el más alto testimonio de los hombres!» Todos los asistentes continuamos inmóviles, y yo me pregunto adónde se habrá ido el pájaro solitario y al propio tiempo evoco el comentario de Champollion referido a las pirámides: «No puedo describirlas... O bien mis palabras no expresarían la milésima parte de lo que debieran, o si lo expresaran me tomarían por exagerado o por loco.» También evoco la frase del bizantino Filón: «Aquellas gentes subían hasta los dioses, y los dioses bajaban hasta ellos.»

No nos perdemos una sílaba, gracias a que la acústica es perfecta, y de pronto, en el centro exacto, se ilumina la Esfinge (levemente escarlata). Ahora es la Esfinge la que habla, por medio de otra voz. «A cada nuevo amanecer yo veo levantarse el Dios Sol sobre la otra orilla del Nilo...» A partir de aquí, pierdo la noción del tiempo. Las voces se suceden, a veces formando un coro compacto, desgranando un texto que a medida que se prolonga se me antoja en exceso enfático. ¡Pasa un avión sobre nuestras cabezas! Pero la pirámide de Keops —ahora la única iluminada— se lo traga como si fuera un insecto. «¡Keops es grande, Keops es grande! (Los cruces de los focos son de una osadía realmente impar.) ¡Kefrén es grande, Kefrén es grande! ¡Micerinos aparece en el horizonte! ¡Micerinos…!»

En resumidas cuentas, la historia y la leyenda se entremezclan, pero el protagonista es la luz, que va cambiando de color, que rastrea la base o toca las cumbres, que alcanza su cenit al concentrarse exclusivamente en la Esfinge en tono rosado, lo que provoca un «¡Ooooohhhh!» unánime de admiración. Un «¡Ooooohhhh!» que ha hecho sonreír a Zakía, habituada a ese efecto deslumbrador y ante el cual se rinden, sin excepción, todos los visitantes. La Esfinge vuelve a hablar, y nos cuenta que ha visto pasar a Alejandro el Grande, «hermoso como un bárbaro», y a César, «que detestaba el sol», y a Cleopatra, y a Cesarión, «que jamás llegó a reinar», a Bonaparte, «de largos cabellos…» «¡Estos grandes capitanes no han hecho más que levantar polvo!» El coro de voces replica: «Las intenciones de los hombres no se cumplen jamás. ¡Sólo se cumple la voluntad de Dios!»

Alma, al otro lado, está tiritando de frío y Salvio Royo la protege con su brazo, apretándola contra sí. A nuestra izquierda, un grupo de estudiantes belgas, que no saben dónde dejar sus mochilas, no cesan de frotarse los ojos: sin duda su jornada en el desierto habrá sido dura. Hay varias mujeres encinta, las manos sobre el vientre, que acaso le supliquen a Keops —a Osiris quizá— que el ser que llevan en las entrañas no sea un faraón, sino un hombre como los demás…

Me concentro de nuevo y oigo una voz más profunda hablar de Nefertitis, de Tutankamón, de papiros de cinco mil años de existencia… Y de repente, algo inconcebible. La voz grita: «¡Cuidado con las mujeres! ¡El sitio en que ellas están es nefasto…!»

Se oye un murmullo. ¿Qué ocurre? ¿El autor del texto se ha vuelto loco? Todo tiene ahora una claridad lunar… ¿Es éste el resumen de la historia de Egipto? Zakía murmura: «Eso no está en el Corán.» Entretanto, la música, en efecto, muy lograda, se merece un comentario similar al del bizantino Filón: es música que sube hasta los dioses y los dioses bajan hasta ella.

La última en hablar es la Esfinge. Han pasado cuarenta y cinco minutos desde que «comenzó» la historia… La Esfinge repite que nos envía su mensaje desde el principio de los tiempos. Que sin duda la voz del viejo Egipto nos había llegado a través de Grecia, de Roma, del cristianismo, del Islam… Que continuará oyéndose día tras día. Que en el decurso del tiempo sólo pueden destruirse las obras humanas, en tanto que el espíritu que ha concebido estos monumentos es imperecedero…

Y se apagan los focos —el espectáculo ha terminado—, y se encienden sobre nuestras cabezas lucecitas que se nos antojan ojuelos de brillantes escarabajos.

A la salida, todo el mundo se precipita a comprar el librito con el texto íntegro y las correspondientes fotografías. Yo compro, además, el disco, de cuya perfecta grabación Zakía se hace responsable. «En casa podréis revivir estos momentos…» «No lo creo. Faltará este cielo. Y el desierto…» Y faltarán también —pienso— esos muchachos de Gizeh, que ahora están empeñados en llevarnos a un taller próximo donde se enseña cómo se elaboraba antaño, y continúa elaborándose, el papiro. Muchos turistas acuden al reclamo. Claro, claro, es natural. El papiro es un misterio de la naturaleza, como los iconos coptos son un misterio del arte espontáneo y sin prisa. Es una planta esbelta, verde y tan del país, que bien podría decirse: «Con el papiro comenzó la historia de Egipto…» Puede teñirse a voluntad, puede dibujarse en él lo que a uno se le antoje, puede enrollarse y su duración es ilimitada. Sin el papiro sabríamos de Egipto infinitamente menos de lo que sabemos hoy; y por supuesto, sabríamos infinitamente menos del pueblo de Israel...

Se lo digo a Alma y ésta sonríe, un tanto forzadamente. Ya superó, gracias a Salvio Royo y a haberse cubierto los hombros con un pañolón que le prestó Zakía, el frío de la carne, pero es evidente que no me ha perdonado aún. El frío de la ofensa permanece intacto, pese a la lección de objetividad que suponen las pirámides. «Le has clavado una espada en los senos», me dijo Salvio Royo. Por lo visto es cierto. Sin embargo, ¡por todos los santos, o por el ojo de Horus! ¿Hasta cuándo ha de durar esa animadversión? ¿O es que hay también ofensas imperecederas?

Mi mujer me dice:

—No precipites las cosas... Su estado de ánimo es muy lógico. Vamos al Sahara City a ver qué es lo que ocurre allí.

—¿Qué va a ocurrir? No creo que el *show* de turno, o el cordero asado, le hagan cambiar de parecer.

—¡Eh! Nunca se sabe...

La noche, rutilante, invita a caminar un trecho. De acuerdo con Zakía nos dirigimos a pie al Sahara City, que es una inmensa tienda de campaña, semejante a la de un circo, rebosante casi siempre, después de ponerse el sol, de un público tan vario como mi repertorio de sensaciones.

A lo largo del trayecto —El Cairo resplandece, inacabable, hasta la Ciudadela sita al otro lado, hasta la Ciudad de Gazzam— comentamos el «Luz y Sonido». Todos coincidimos en que el texto resulta grandilocuente, lo cual es grave. «Parece imposible que los franceses hayan cometido semejante error.» Nadie se explica tampoco que aquella voz masculina y neutra diga que la presencia de las mujeres, en cualquier lugar, es nefasta, que lance tan brutal ataque contra la femineidad.

—¿Qué opinas, Salvio Royo?

—Es la única cosa de este mundo para la cual carezco de respuesta.

Zakía se detiene un momento a la vera de un jinete cuyo caballo suelta espumarajos de rabia.

—Por favor, déjanos en paz... —le dice al jinete—. ¿No ves que somos mujeres árabes, y que estamos organizando una manifestación de protesta?

Jinete y caballo desaparecen. E inesperadamente, Alma le pregunta a Zakía:

—¿Tú eres feminista?

—¡Naturalmente! Lo cual no significa que no me encanten los hombres...
—Y dicho esto, se me acerca y me coge del brazo.

Entramos en Sahara City y nos acomodamos todos en un palco situado en primera línea, frente a la pista. Era el último que quedaba disponible. La tienda, en efecto, está a tope y la temperatura es agradable. La idea de montar ese restaurante fue excelente. Con un poco de buena voluntad, pese a las mesas y a las sillas, puede una sentirse beduino...

Se acerca el *maître*. «*Ici à commencé l'Histoire...*» ¿No habíamos quedado en que era un camello? Salvio sonríe. «Yo sigo creyendo que lo es. Lamento de veras que no sepáis distinguir entre las especies.» El hombre, con esmoquin y pajarita, sonríe también, no por la broma de Salvio, que por supuesto no entiende, sino porque hemos decidido facilitarle la tarea y pedir, para la cena, «lo que él nos aconseje».

—No se preocupen los señores —dice—. Quedarán satisfechos... ¿Para beber?

Dudamos un instante. Pero vemos en las mesas vecinas toda suerte de botellas de alcohol.

—El vino que usted considere adecuado —dice Salvio.

—¿Les parece un Rubis de Egipto?

—Perfecto... —digo.

—En seguida, sir...

—Entretanto —agrega Salvio—, una botella de whisky de marca, con soda y hielo...

—Conforme, sir...

Zakía, que ni siquiera esta noche osa transgredir la ley, pide agua mineral, y el *maître* garabatea rápido en su bloc de notas.

Los palcos contiguos están ocupados por «nativos» vestidos a la europea. Zakía nos confía que son hombres de negocios «importantes», de esos que ayudan al presidente Sadat a levantar el país.

—¿Y cómo explica que beban alcohol?

—¡Bueno! Saben que el Profeta perdona...

Mi mujer interviene:

—En Francia leímos una vez unas declaraciones del Aga Khan. Decía que, puesto que su paladar era sagrado, el champaña se convertía en su boca en agua bendita...

Zakía vuelve a protestar, aunque esta vez no en nombre de las feministas. Pero luego admite que, ciertamente, se hacen muchas trampas al respecto. Salvio Royo agrega que esas trampas se dan en todas partes y que sin ellas las religiones no lograrían sobrevivir. «¿Os imagináis a un católico cumpliendo los mandamientos de Dios, los de la Iglesia y los que le imponga su propia santa madre? ¡Sería un monstruo!»

Un mocetón con chaqueta roja y guantes —su tez es negroide y al sonreír diríase que le sobran dientes —trae el whisky y Alma y Salvio Royo se apoderan rápidamente de los vasos que les corresponden. Trae también agua mineral y Salvio se carcajea. «Estómagos delicados, ¿verdad? ¡Claro, si reventarais aquí, en público, la gente creería que formáis parte del espectáculo!»

Entretanto, en la pista van desarrollándose los distintos números. En seguida nos damos cuenta de que son de calidad. Al entrar, hemos visto que saludaba, despidiéndose, una *troupe* de enanos, muestra que siempre me ha parecido cruel, como cuando antaño se exhibían en escena a los locos y a los hermanos siameses. Luego hemos visto a una niña que colocó un anillo en el centro de una alfombra tendida a propósito, y que después de dar unos pasos alrededor, de repente se inclinaba, pegaba la cara a dicha alfombra y al levantarse presentaba el anillo prendido en un ojo, a modo de monóculo, sin haberse servido de las manos, utilizando solamente los músculos del párpado. Fue muy aplaudida, al igual que los músicos, que pasaban de la docena y que, con blusa y pantalones bombachos, tocaban toda clase de instrumentos de cuerda y de percusión.

En el momento en que Salvio y Alma apuraban su primer trago escocés, con soda y hielo, sonó el tambor. Sin duda el número iba a ser de excepción. En efecto, apareció una bailarina más bien delgaducha y clavó en el centro de la pista una espada al revés, es decir, con la hoja afilada en la parte de arriba... A continuación, inició su danza en torno, hasta acercar el párpado derecho a la punta de la hoja afilada y empezó a dar vueltas cada vez más vertiginosas. ¡Por Alá bendito! Apenas si separaba los pies. Un movimiento falso y la espada se le hubiera clavado en el ojo y en la cabeza. Ante nuestro asombro, terminado el número todo el mundo se rió. La bailarina tendría unos quince años y desapareció por el foro llevándose triunfalmente su «arma» de guerra.

El *maître* se nos acerca para cerciorarse de que el arroz picante y el *kebak* están en su punto. Asentimos con la cabeza y le felicitamos por partida doble: por el Rubis de Egipto y por la calidad de las atracciones que se suceden en la pista. «Agradezco el comentario de los señores... Y me permito informarles de que el espectáculo continúa, manteniendo el mismo nivel, hasta las tres de la madrugada...»

Así debe de ser, a juzgar por lo que vemos. Los artistas desfilan sin descanso unos tras otros, cada cual con su espíritu tenso y su especialidad. Con un detalle que llama la atención: excepto un prestidigitador, de origen noruego, y un «cantaor» flamenco ciento por ciento andaluz, los demás son bailarines de raza negra: sudaneses, ugandeses, keniatas, ¡nubios! Hombres y mujeres, en fin, procedentes de esa África oscura situada al sur y que, según Salvio Royo, es uno de los gigantes de la tierra que se dispone a levantarse. Como se ve, dicha África todavía exporta a las salas de espectáculos ejemplares autóctonos para que el hombre blanco se divierta; sin embargo, en sus miradas hay como un desafío oculto y a la vez una alegría casi salvaje, que no sabemos si arranca de su propio arte o significa un «hasta luego, que pronto nos veremos las caras en el campo de batalla demográfico y de las materias primas». Zakía se me acerca al oído y me susurra: «Seguro que todos son musulmanes...»

Como es lógico, y sin descuidar la grasienta cena —y el grasiento postre— que hemos ido engullendo e ingurgitando, algunas de dichas atracciones han absorbido por completo nuestra atención y nos han sugerido toda suerte de comentarios. Por ejemplo, un hombre con enormes orejas postizas, largas antenas en la cabeza, cubierto todo el cuerpo con una especie de malla, que semejaba un insecto o tal vez un marciano. Ha hecho filigranas con su látigo, ahuyentando, al parecer, a los espíritus malignos que pudiera haber en la sala y sus contornos. La palabra «maligno» ha tenido la virtud, ¡cómo no!, de excitar el interés de Alma, ya bastante parlanchina —por fin— gracias a los repetidos whiskies. Alma ha aplaudido a rabiar, mientras Zakía comentaba que, de hecho, la mayoría de las danzas primitivas —sin exceptuar la península arábiga— tenían el mismo objeto: amedrentar, o vencer, a los malos espíritus, con variantes entre demonios y brujas que a menudo terminaban en acoplamiento feliz. Salvio Royo ha añadido que también se extendieron con profusión, sobre todo en la Edad Media, las «danzas de la muerte», recomendadas por los curas hasta el extremo de que las bailarinas, provistas de máscaras siniestras, acabaron yéndose a bailar en las casas en que yacía un cadáver, «por considerar que aquello era saludable, puesto que invitaba a la reflexión».

Intervengo para decir que yo prefiero con mucho las danzas de las hadas que, en tiempos de nuestros bisabuelos, habitaban los bosques y utilizaban el césped para bailar a la luz de la luna, y acto seguido rememoro una sesión de danza-mímica a la que asistimos en Vietnam del Sur, en un teatro de Saigón, en la que lo importante era el objeto que el bailarín sostenía en la mano. «Así por ejemplo, el crisantemo representaba el otoño, y el público lo sabía; la orquídea representaba la primavera, con la milagrosa renovación de lo creado, y el público lo sabía; y el loto, tan amado en Egipto, simbolizaba la pureza y la libertad, y el público lo sabía. En Oriente es donde hemos presenciado las danzas que mayormente nos han impresionado, y ello teniendo en cuenta que yo era un profano en la materia, como lo soy aquí, y como lo soy en el *night-club* del Sheraton Hotel de esta hermosa y purulenta ciudad.»

¡Ay, la danza de los siete velos...! No podía faltar. Los árabes de los palcos próximos se han puesto en pie para aplaudir a la bailarina, Zahara de nombre, curiosamente teñida de rubio. Todos hemos evocado la Biblia, el pasaje de Salomé, en la que ésta pidió la cabeza del Bautista. En cuanto los músicos han iniciado su ritmo y los velos de Zahara han comenzado a aletear, le he dicho a Alma: «¡Aprovéchate y pídele mi cabeza!» Alma ha tenido un mohín de desagrado y me ha respondido: «Todos te agradeceríamos que no te dieras tanta importancia.»

Zahara no se ha desnudado. Se había sujetado los velos con la misma firmeza con que al final de su número saltó el hombre de las orejas postizas. Muy entrada en carnes, éstas aparecían aquí y allá y Zakía ha dicho: «Faruk no se la hubiera dejado escapar.»

Como fuere, Zahara ha iniciado el turno de las «danzas del vientre», que empezábamos a echar de menos. ¡Los ombligos taponados con una estrellita de colores! Por lo visto la norma dictada al respecto por Nasser continuaba vigente. Sin embargo, no era cierto, como nos aseguró Günter al regreso de El-Alamein, que con un golpe preciso de cadera la «estrellita» salía disparada hacia los espectadores. Cada una de las bailarinas ha hecho con las caderas lo que le ha venido en gana y ningún taponcito brillante se ha movido de su lugar.

Bueno, quizá hayan sido esos números los más decepcionantes. Zakía estaba indignada. «Les sobra cuerpo y les falta ángel.» Salvio Royo ha apuntado la idea de que tal vez las «mejores» anden ahora por esos mundos de Alá, cobrando más de lo que Egipto puede pagarles. Podría ser. Es una tesis válida. No obstante, Zakía se compromete a quejarse a los dueños del Sahara City y a ponerles de vuelta y media en la revista. Como fuere, excepto Zahara las demás han pasado inadvertidas, salvo para los asistente japoneses, que no han cesado de disparar sus *flashes*.

De pronto, le he preguntado a Zakía:

—¿Qué opinaría Mahoma de la danza del vientre?

La muchacha se ha quedado pensativa, con su taza de café turco en la mano.

—Desde luego, no trató jamás la cuestión... ¡Menudos eran los coraichitas para esas cosas! Pero me parece recordar que hay un *hadit* que dice: «danza, mujer, de forma tal que el hombre se envanezca mirándote». —Zakía levanta el índice y añade—: ¡Cuidado! A lo mejor resulta que tal *hadit* se lo inventó un bajá que, al igual que el Aga Khan, pretendía santificar sus vicios...

Estamos cansados y decidimos abandonar Sahara City e irnos al hotel. Al levantarnos, observamos que el local —la inmensa carpa o tienda de campaña— continúa a tope y nos asombra pensar que eso proseguirá hasta las tres de la madrugada. Zakía nos informa de que hay muchos grupos de hippies, para llamarlos de algún modo, que se traen sus mochilas y sus sacos de dormir y que gustan de acostarse, bajo el cielo estrellado, a los pies de cualquiera de las tres pirámides.

El *maître*, al vernos de pie, se nos acerca y yo me encargo de saldar la cuenta. Salvio no protesta ni por un instante. «Por nada del mundo me atrevería a contrariarte», dice.

En el momento de despedirnos, le pregunta al *maître*, de forma que todos oigamos el diálogo:

—Monsieur, ¿podría decirme su nombre, cómo se llama usted?

—Soy de origen inglés y me llamo Camel, sir...

Salvio Royo sonríe:

—¿Habéis oído? Camel... Camel, si los diccionarios no mienten, significa camello...

CAPÍTULO XVII

Ya sabemos el día exacto de nuestra marcha. El jueves a las diez de la mañana saldremos con Alitalia hacia Atenas. Escala en Atenas, desde donde, a las cinco de la tarde, volaremos con las Líneas Aéreas Iraníes —tocamos madera— hacia Teherán.

Rafael Lastres ha tenido la amabilidad de traernos al Sheraton los billetes correspondientes.

—He buscado la mejor combinación. Incluso, salvo que se produzca algún contratiempo, en Atenas os dará tiempo a dar una vuelta por la ciudad. Teóricamente os sobrarán unas cuantas horas...

—¡Magnífico! —exclamamos—. Procuraremos aprovechar el tiempo.

—Si se os ocurre subir al Partenón —apunta Rafael—, saludad de mi parte a Pericles y compañía...

—No te preocupes. Tomamos nota.

—A Charo le encanta lo griego. Y a mí también.

—Pues haz el viaje con nosotros y despídete de todo aquello, ya que se rumorea que un jeque de Dubay está dispuesto a comprar la Acrópolis...

Rafael se ríe.

—No será tanto.

—Por lo menos quédate a almorzar. Nos contarás cosas...

—No puedo. La oficina está llena otra vez de árabes que quieren visitar Granada y Córdoba...

Mientras le acompañamos hacia la puerta le pregunto:

—¿Y la escalera de Iberia? ¿Continúa abarrotada de enfermos con esparadrapos en los ojos?

—¡No me habléis de eso, por favor! De todos modos —añade—, existe la vaga esperanza de que el ascensor funcionará dentro de tres meses... y de que podremos trasladarnos a la plaza El Tahrir.

—Pues mucha suerte, y muchas gracias. Pasaremos a despedirnos.

—Os espero. —Y Rafael se aleja, con su corpachón, y mi mujer y yo acordamos que su parecido con Nasser es cada vez mayor.

Lo primero que hacemos es mandar, desde el propio hotel, un télex a Teherán, a nuestros amigos Jean-Pierre y Clarisse, anunciándoles día de llegada y número de vuelo desde Atenas. Hoy es lunes; faltan, por lo tanto, tres días. Les rogamos que nos acusen recibo.

Cumplido este requisito, nos gana un estado de ánimo especial. Diríase que nos hemos despedido ya del Cairo, que todo lo que nos queda por ver es provisional, o una mera forma de matar el tiempo. Mentalmente nos instalamos ya en el avión que partirá de Atenas, y las imágenes del ex Sha —de quien Jean-Pierre y Clarisse tanto nos habían hablado— y de Jomeini se mezclan en nuestro cerebro con el consiguiente batiburrillo. Mi mujer se sabe de memoria los días exactos que llevamos en Egipto; yo prefiero ignorarlo. Hace tiempo que decidí no medir el tiempo por el calendario, sino por mi ritmo interior. En esa línea, yo juraría que llevamos aquí unos tres meses, es decir, lo que tardarán, con la ayuda de los dioses, en arreglar el ascensor de Iberia.

Sentados en el *hall*, más tranquilo de lo que cabía esperar —los *tours* turísticos de la mañana han salido ya—, trazamos nuestro plan. Adrián vendrá a buscarme dentro de una media hora para visitar la Universidad El-Azhar. Y puesto que allí vuelve a ver discriminación de sexos mi mujer decide quedarse en la piscina del hotel, tomando el sol y leyendo. «Juraría que me encontraré allí con Alma. Si es así, haré lo que pueda para suavizar la situación. Realmente es una lástima que un idilio como el vuestro se rompa por cuestiones que casi podríamos calificar de raciales.» «Claro, claro... Dejo en tus manos la continuidad de mi adulterio.»

Por la tarde podríamos visitar Menfis y Sakkara, con el propio Adrián y con Zakía.

—¿Y por qué no con Hilmi?

—Bueno, ¿por qué no? En todo caso, le llamamos por teléfono a la hora de comer...

Tenemos en la mano la Guide Bleu y nos duele en el alma tener que renunciar a tantas cosas, especialmente al viaje al Alto Nilo, a Abu Simbel, con cuatro días de navegación desde Asuán, con los templos de Edfu, Filé, Kom Ombo, etc. Por supuesto, nos queda la posibilidad de regresar a Egipto una vez terminado nuestro periplo por Irán y los emiratos del golfo. «Claro que sí. ¿Por qué no? Mientras el cuerpo aguante...»

De momento, empero, podríamos dedicar el día de mañana a hacer una excursión a Al-Fayoum, y el miércoles, víspera de la marcha, visitar el Museo Islámico y despedirnos de nuestros amigos.

—¿Correcto?

—Correcto.

Mientras esperamos a Adrián, y a sabiendas de que la puntualidad no es su fuerte, hacemos un balance de lo vivido desde que aquel amanecer silencioso salimos de Arenys de Munt y oímos el canto de los gallos y yo personalmente eché de menos el toque de las campanas. El pueblo dormía más profundamente que Hilmi y casi me dolió violar con el ruido del coche su intimidad. Precisamente pocos días antes había adquirido un nicho en el cementerio, situado sobre una colina muy visible desde mi casa. Me correspondió el número 117, a ras del suelo. Nicho de doble piso, como es natural... Desde entonces llevo el número 117 incrustado en la mente y hasta me sorprendió que en el Sheraton Hotel no nos dieran este número de habitación.

Ignoro por qué me viene ahora eso a las mientes. Tal vez se deba a que nuestra estancia en Egipto se ha caracterizado primordialmente por un rastreo de lo que ya murió. ¡El Museo Egipcio, que visitamos nada más llegar! Cuántos dioses, cuántos reyes, cuánta historia... Todo muerto. Y las momias. Y el interior de las pirámides, que huele *activamente* a esqueleto húmedo. Y la Ciudad de Gazzam y los cementerios de El-Alamein. Y los diálogos con Salvio Royo, siempre instalados, más o menos de rebote, en el más allá. Experiencias que parecerían amortajadas de no mediar nuestra curiosidad y nuestras ganas de vivir. La prueba está en que he llenado ya de notas y comentarios dos agendas, con letra apretada. Dichas notas contienen todo el itinerario registrado por nuestra sensibilidad. Desde la salida del aeropuerto del Prat, por Alitalia, cuyas azafatas no hablaban español, hasta nuestra charla de noche en el Sahara City —con alusiones a las «danzas de la muerte»—, pasando por la Torre del Cairo, por el descubrimiento del Nilo, por el fugaz encuentro con nuestro embajador, amigo del Negus, con Zaika, con Günter, con el doctor Mabruk —¿cuántas extirpaciones habrá practicado hoy?—, con aquellos rapaces que en el palacio Manyal disparaban contra los ibis... Por supuesto, tenemos un recuerdo especial para aquella nuestra cena en La Mamma, en la que mi mujer y yo concentramos en un segundo irrepetibles años, muchos años, de vida común.

El balance, con sólo este brevísimo esbozo, se revela muy estimable. Así que cuando a las diez y cuarto vemos a Adrián empujar el enorme cristal de la puerta de entrada, con unos cuantos libros bajo el brazo y su sempiterno saquito de mano, le digo a mi mujer:

—¿*Okey*, madame?

—*Okey*...

EN LA UNIVERSIDAD EL-AZHAR

A partir de este instante, hasta la salida, el jueves, de nuestro avión para Atenas, todo se acelera, incluidas las horas del sueño. No hay lugar a dudas: ha cambiado mi diapasón interior. Diríase que las cosas me resbalan, aunque es posible que en el fondo no sea así.

Por ejemplo, la Universidad El-Azhar... Exactamente, el año 970 se levantó allí una mezquita con dicho nombre, que debía ser la más importante de la ciudad (época fatimí). Poco más tarde se amplió con instalaciones suplementarias, al objeto de convertirla en la Universidad más valiosa y sagrada del mundo islámico, como así ocurrió. Pese a los avatares de toda índole, a las destrucciones —un terremoto la abatió casi por entero el año 1303—, renació una y otra vez de sus cenizas. Dirigida por un rector —al que se otorgó el título de «gran *cheik*»—, y por un consejo de cinco miembros de las comunidades de Alejandría, Tantah, Assiut, Damiette y Kena, se constituyó en el centro «coránico»» por excelencia, con poderes para enseñar teología islámica y, sobre todo, para dirimir cualquier pleito o discusión que sobre problemas religiosos surgiera en el vasto mundo musulmán. El arbitraje de El-Azhar fue siempre la suprema garantía que zanjaba la cuestión. Zakía nos habló de ello para justificar el hecho de que, entre sus 70 000 alumnos —y sus 2 000 profesores— los hubiera provinentes de las ciudades mahometanas más alejadas del Cairo, desde la India hasta el Magreb.

Pues bien, camino de la Universidad, en taxi, al lado de Adrián, apenas si presto atención a los datos que éste añade, con su característica voz apenas audible, especialmente en el día de hoy, en que fuma sin parar. Oigo, eso sí, que desde hace mil años el rector y los miembros del consejo llevan el mismo atuendo: turbante blanco y una galabía de un color castaño oscuro. Durante muchas décadas los estudiantes oían las lecciones sentados en el suelo, sobre alfombras. Muchos de ellos entraban a los doce años y los estudios se prolongaban *sine die*, hasta que podían regresar a sus lugares de origen convertidos en *ulemas* (doctores de la ley), *moullahs* (profesores), cadís (jueces), o simplemente «hombres de religión». Más tarde la Universidad se modernizó y actualmente se imparten en ella toda suerte de disciplinas, incluidas las más avanzadas científicamente, aunque el dinero escasea —detalle inexplicable— y los laboratorios dejan mucho que desear.

—Ya lo verás... Está todo destartalado, se cae de puro viejo y de puro raquitismo. Sin embargo, la autoridad moral subsiste y ahora todo el mundo musulmán está pendiente de una declaración expresa de El-Azhar sobre el problema planteado por el fanatismo chiita de Jomeini... —Adrián da unas instrucciones al taxista, que lleva pendiente en el parabrisas un racimo de uvas de plástico y añade—: Antes a los estudiantes los pelaban al cero, como en nuestros seminarios... Y desde luego, hay unos departamentos aparte, separados, para que estudien las mujeres, con orden expresa de que asistan tapadas con el velo...

—Pues sí que estamos apañados... —comento, casi sin darme cuenta, en el momento en que nos detenemos frente a la Universidad.

Una puerta enorme, a la izquierda de la mezquita, abierta de par en par. Sin embargo, el movimiento es escaso. ¡A Adrián se le había escapado un pequeño detalle!: el curso ha terminado. Ello explica que en el gran patio de entrada no haya apenas nadie: unos cuantos viejos y escacharrados coches, un cuchitril donde se sirve café o té y algún que otro grupo de estudiantes que parlotean, casi todos sentados en el puro suelo.

Adrián se pega un manotazo en la frente.

—¡Ahí va! ¡Ahora comprendo por qué el doctor Ahmed Bassem, profesor de español, que es muy amigo mío, me ponía ciertas dificultades...! —Me coge del brazo y agrega—: ¿Ves la cortesía musulmana? No se atrevió a decirme que no... Se las habrá ingeniado para reunir a unos cuantos alumnos y nos estará esperando con ellos allá al fondo... ¡Exacto! Allí está, con su gran calva, consultando su reloj de pulsera...

Lamentable Universidad. Jamás pude imaginar nada parecido. Adrián llevaba un tiempo sin venir y creo que agradece a Alá que los «departamentos» estén cerrados, de vacaciones... ¡Pobres aulas! Están peor de lo que me dijo durante el trayecto. ¡Y los laboratorios! Si alguno hemos podido ver desde el exterior, es porque le faltaban los cristales. Adrián comenta: «Ahí dentro Fleming sería capaz de descubrir una numerosísima familia de hongos...»

La visita, sin embargo, ha sido larga, debido, primero, a la cortesía del doctor Ahmed Bassem, y luego a mi éxito personal —¿por qué no confesarlo?— con la docena de alumnos de español que aquél consiguió reunir, de una edad oscilante entre los 16 y los 22 años... Cierto que Adrián me ha facilitado la tarea, presentándome como un autor muy conocido y mostrándose duro con los muchachos porque jamás habían oído mi nombre... Oír pronunciar el apellido Gironella con acento árabe —con distintos acentos árabes— ha resultado divertido. Y luego la dificultad de esos alumnos en comprender que mi extemporánea visita se debiera a que pienso escribir un libro de viajes... «Pero ¿no ha dicho el señor Adrián que escribías novelas? ¿Y no has dicho tú mismo que eres autodidacto? ¿Cómo se puede escribir sin pasar por la Universidad? ¿Cuántos libros has publicado? ¿Te dedicas también a la filosofía y a la poesía? ¿Conoces el Corán? ¿Qué te parece El Cairo? ¿Qué vas a decir de nosotros? ¿Prefieres Cristo a Mahoma? ¿Qué autores egipcios conoces? ¿Por qué llevas esa agenda? ¿Es que no te fías de tu memoria? ¡Que el Profeta sea alabado! ¡No tienes hijos! ¿Por qué no te llevas algún chaval de aquí, por ejemplo, de la Ciudad de los Muertos? ¿Me querrías en tu casa, por tres meses o por medio año, para ampliar mi vocabulario? ¿Cuántos días llevas aquí? ¿Cuándo te vas? ¿Consideras operante la influencia árabe en España? ¿Sabes que buena parte de la cultura española nos la debéis a nosotros? ¿Cuándo pensáis devolvernos la mezquita de Córdoba? ¿Qué opinas de Franco? Yo estuve una temporada en Madrid, con una beca, pero se me acabó el dinero y tuve que regresar... ¿Qué tal las chicas españolas? ¿Podría mantener correspondencia con alguna de ellas? ¿Bebes alcohol? ¿Qué opinas de los toros? ¡Oye! ¿Por qué no estudias el árabe? Nosotros estudiamos tu idioma...»

Aunque parezca mentira, ese alud, torrentera o como quiera llamarse, de preguntas, y muchas más, me fueron formuladas en un aula polvorienta del tercer piso, para llegar a la cual tuve que subir una escalera cuyos peldaños amenazaban con hundirse bajo mis pies. Aula compuesta por una mesa larga y sillas rotas alrededor. La mayoría de los estudiantes han permanecido de pie, y en realidad el acoso se desencadenó después de que el doctor Ahmed Bassem se excusara y nos dejara a solas con los estudiantes.

Éstos, que hasta entonces se habían mostrado un tanto circunspectos, se quitaron la máscara y se lanzaron a por todas, aupados por mi talante, que de repente se abrió sin el menor complejo. Y dado que mis respuestas salían matizadas con toques de humor, se creó en torno un clima estimulante. La verdad es que no esquivé una sola de las preguntas, porque me di cuenta de que ello me hubiera hecho perder muchos puntos. Adrián, feliz, de vez en cuando abría los brazos como diciéndoles: «¿Pero no os advertí que os traía un Cruyff?» Cito esto porque todos me hablaron de fútbol y porque todos habían visto jugar a Cruyff, a través de la televisión. Uno de ellos —que tuvo la gentileza de traerme del cuchitril de abajo una taza de té mentolado—, me preguntó si conocía personalmente al jugador. Le contesté que sí, que a menudo iba a su casa. ¡Dios! Me obligaron a dar detalles. Y se puso de manifiesto que les interesaba mucho más el as holandés que Unamuno o que Menéndez Pidal...

Por descontado, yo les pagué con la misma moneda. Poco a poco di la vuelta al diálogo y fui preguntándoles cosas sobre ellos mismos y sobre el Islam. Destacaba un marroquí —el que me preguntó acerca de Franco—, de ojos más negros que la conciencia de un pecador y al que felicité por el éxito de la Marcha Verde. Supo muy bien de qué se trataba y lanzó un silbido que se perdió en cualquier desierto. Los demás inquirieron, quisieron saber de qué hablábamos pero el muy cuco les contestó que hablábamos de los problemas de la pesca. «En España —mintió—, a la salida de los barcos a pescar en las costas de Marruecos la llaman Marcha Verde.»

No todos los alumnos se expresaban con idéntica fluidez. Los había de cursos muy diferentes. Los verbos se les resistían de mala manera. En cambio, de pronto soltaban una palabra poco usual, excéntrica, como «generosidad» o «idiosincrasia» y la pronunciaban de maravilla. Les pedí que recitaran de corrido los días de la semana y dos de ellos sólo se acordaron del «viernes», que es el día sagrado musulmán. Les pregunté por los palestinos y su drama e hicieron como si el tema no fuera con ellos. En algo estaban de acuerdo: la mezquita más hermosa del Cairo era la de Mohamed Alí. De pronto surgió un jordano, que me dijo que varios hermanos suyos habían nacido en Jerusalén, cuando parte de esta ciudad les pertenecía. Ello me dio pie a pronunciar la palabra «judíos» y la reacción fue unánime: era preciso mantener la paz. El jordano agregó que dicha paz estaba forzosamente condicionada por el statu quo vigente en la actualidad en Jerusalén. «Si los judíos quieren apoderarse de toda la ciudad, mis hermanos y yo mismo le pediremos al Profeta que los aplaste como a chinches.»

Les pregunté cómo se imaginaban físicamente a Mahoma... Se produjo un silencio y finalmente el mayor de todos, que dijo llamarse Sayud, me contestó que no se lo imaginaban de ninguna manera: que lo sentían dentro, en el corazón, y que ello bastaba.

Les pregunté si se daban cuenta de que la religión musulmana no era la única existente en la tierra, aunque sí la más reciente, y si admitían que alguien que profesara otra podría salvarse, podría ocupar un lugar placentero en la vida eterna. Ahí se produjo división de opiniones. Una minoría se mostró tajante: o el islamismo o el castigo. Los demás se rieron y aceptaron que Alá es grande y que sabía comprender.

—¿Qué haréis al terminar los estudios? ¿Os quedaréis en Egipto o saldréis del país?

El test fue individual, uno a uno. Y el resultado, contundente. El marroquí, el jordano y dos provenientes de Iraq se integrarían a sus hogares; los demás eran egipcios y permanecerían aquí. «Aquí hay mucho porvenir... Con la ayuda del Profeta, estamos seguros de encontrar incluso petróleo.»

Cuando les dije que mi intención era terminar mi libro en La Meca —para llegar a cuya ciudad pediría un permiso especial—, abrieron los ojos de par en par. Y me saludaron como si yo fuera un *hadj*; excepto el más pequeño de todos, un renacuajo de quince años —precisamente el que me trajo el té—, que se atrevió a decir que la famosa Piedra Negra de la Kaaba no tenía nada que ver ni con Adán, ni con Abraham, ni con el arcángel Gabriel; simplemente, era lo que quedaba de un meteorito que un buen día se cayó de lo que llamamos «cielo». Como hubiera podido caerse en Rabat, en Toledo o en esa avenida luminosa de Nueva York que siempre sale en las películas...

Nos despedimos a la una en punto. Echo un vistazo a ese complejo enorme y asimétrico —al lado, la mezquita—, y mientras el taxi nos devuelve al hotel le confieso a Adrián mi nostalgia, mi frustración, por no haber podido pasar por la Universidad. «Es una espina que llevo clavada.» A menudo, escribiendo me siento impotente y lo achaco a la falta de una cultura básica, a las muchas lagunas que no he conseguido colmar. Adrián procura consolarme recordando algo que leyó no sabe dónde: «Entre un escritor nato y un erudito existe la misma diferencia que entre un libro y su índice.» Le agradezco la cita, pero sigo lamentando no saberme de memoria a los vedas, a los clásicos griegos, no saber el chino, el ruso, el alemán y, por supuesto, el árabe.

Llegamos al hotel. Adrián tiene compromiso para almorzar. Efectivamente, Alma y mi mujer se han pasado la mañana en la piscina, tomando el sol y bañándose. «Despídete de Alma —me dice mi mujer—. Ya no te quiere.» «Yo no he dicho eso —objeta la amante de Salvio—. Pero sería una hipócrita si no reconociera que algo se rompió ayer entre los dos.» Salvio se ríe. «Recoged los pedazos y pegadlos de nuevo.» «Me temo —intervengo— que eso va a ser imposible. No creo que a Alma le gusten los remiendos.» Alma niega con la cabeza. «En absoluto», dice.

En el transcurso del almuerzo —decidimos tomarlo juntos en el *snack*—, las posiciones se aclaran. Alma evita cualquier alusión y se comporta como si nada hubiera ocurrido; pero yo noto en su mirar, y en el tono de su voz, que para ella me caí del pedestal. No puedo negar que el incidente me molesta en grado sumo y que pagaría muchas piastras para que no se hubiera producido; pero hay cosas sin remedio. Me encontré en el disparadero y apreté el gatillo. Yo no tengo la culpa de que el Sionismo —¿con mayúscula?— sea un hecho. Tampoco la tengo de que entre los árabes me sienta a mis anchas, pese a la interminable lista de acusaciones que podría formularles. Alguien habló de las ondas paralelas, otro alguien habló de la afinidades electivas. Podemos enamorarnos, sin saber por qué, de un animalito feo; y en cambio podemos contemplar con indiferencia rutilantes constelaciones, y hasta sentir por ellas un cierto rechazo.

Les hablo de mi visita a la Universidad El-Azhar y de mi decepción. Salvio pone los puntos sobre las íes, haciéndose lenguas de lo que antaño El-Azhar significó y, probablemente, volverá a significar. En su biblioteca deben guardarse todavía manuscritos únicos sobre la ocupación árabe de España y sobre la arrolladora expansión del Islam. «Un patrimonio como éste, cuando parece que va a caerse del todo se levanta como impulsado por una mano mágica o por la misma inercia de la historia. Si no estoy mal informado, Sadat está decidido a quitarles el polvo a aquellos muros y a gastarse para ello un buen pellizco del presupuesto de que dispone.» Luego añade que, desde luego, debería visitar la Universidad moderna del Cairo, la Universidad «laica», la cual, aparte de ser ya otra cosa, goza de las preferencias de madame Sadat. «Y si madame Sadat se lo propone, no habrá quien la detenga...»

Salvio nos dice también que, según los profesores árabes que él conoce, los alumnos suelen ser, en general, muy precoces, pero que al llegar a la edad de tránsito —pongamos a los catorce o quince años— se produce en ellos como un parón. «Se enfrentan con una valla que no pueden saltar... Ello se atribuye a los pocos cuidados recibidos en la infancia y, sobre todo, a la desnutrición.»

Recuerdo en panorámica los rostros de los doce alumnos que a lo largo de dos horas me han acribillado a preguntas. Ciertamente, se notaba en ellos una formidable predisposición, pero al propio tiempo un freno, un no sé qué «profundo» que les impedía rendir lo apetecible. Se les notaba en la forma craneana, pese a no llevar rapada la cabeza; en los ojos; en el rictus de la sonrisa, y hasta en el retroceso del mentón. A decir verdad, ya Adrián me había hablado de ello, refiriéndose a sus alumnos del Centro Español. En el momento de atacar el postre —macedonia de frutas—, tengo la vaga sensación de que hoy no hago más que descubrir mediterráneos.

Decidimos hacer por nuestra cuenta la excursión a Menfis y a Sakkara, sin llamar ni a Zakía ni a Hilmi. Salvio se conoce aquello de memoria. Alquilamos una *limousine* y nos ponemos en camino. El calor es asfixiante, como si el sol hiciera también la digestión. En cuanto conseguimos alcanzar el desierto, dejar atrás El Cairo, el paisaje se enamora de sí mismo. Avanzamos por una carretera secundaria y a ambos lados podemos contemplar a placer tres de los elementos constitutivos de la belleza egipcia: las palmeras, los búfalos y las casas de barro.

Las palmeras se agrupan en clanes familiares, como los seres humanos, y las hay chatas y las hay esbeltas, robustas y enclenques, de tronco liso y de tronco seccionado (lo que facilita trepar por ellas); no faltan las palmeras solitarias, que jamás han explicado a nadie si su marginación se debe a soberbia o a orfandad. Los búfalos, antaño toros salvajes, viven en cautividad desde hace cinco mil años, según el conductor de la *limousine*, que durante mucho tiempo fue *fellah* y con quien Salvio sostiene un animado diálogo. Dicho conductor se llama Nazibi y siente por los búfalos una predilección especial. Le inspiran compasión, pese a sus cuernos de casi dos metros. Dice que tienen que pasarse la vida defendiéndose de los insectos, para lo cual se valen de su larga cola o se revuelcan en el lodo o en los charcos. «Los búfalos han hecho por Egipto más que los gobernantes», sentencia Nazibi. En cuanto a las casas de barro, son más míseras que las del Delta. Lo malo —lo satánico— es que a ese paisaje (linde del desierto) le sientan de maravilla. Corre junto a él un arroyo (filtración del Nilo) y es inimaginable que en su lugar se levantaran rascacielos. Las muchachas que llenan sus cántaros en el agua o que guardan las cabras, en vez de ofrecernos sus movimientos de ballet estarían sentadas en hilera, bajo luz artificial, rodeadas de papeles y escribiendo a máquina.

—Delicias del campo, ¿verdad? —comenta Salvio Royo.

Alma se calla. También mi mujer. Yo acaricio mi saco en bandolera y contesto:

—Para los mirones, sí.

Menfis, varias veces citada en el Antiguo Testamento, significa «muro blanco» —y también «buena morada»— y se cree que fue fundada por Menes, el unificador de Egipto, en el siglo IV antes de Cristo. Durante un largo período se erigió en la capital del país. Situada en un lugar estratégico, materializó la fusión del Alto y del Bajo Nilo. Al parecer, Menes llevó a cabo en Menfis grandes trabajos hidráulicos destinados a la canalización del río sagrado.

Salvio Royo, protegido bajo su salacot, hace lo posible para que nos imaginemos lo que debía de ser este lugar en sus épocas de esplendor. Ello le resulta difícil, porque el calor es excesivo, porque realmente no queda nada de la antigua ciudad y porque en estos días se celebra precisamente aquí un congreso de arqueólogos, que han levantado entre el palmeral sus tiendas de campaña y que en el momento de nuestra llegada han acotado buena parte del terreno. Entre las ruinas, aquí y allá, unos letreritos dicen: «Prohibido el paso.»

Nuestra primera reacción es de malhumor, pero luego resulta que la fauna de los arqueólogos nos interesa. Pasan de los treinta y sus indumentarias son dignas del Sahara City. Un muestrario de *shorts*, de sombreros y viseras, de barbas y bigotes y de calcetines hasta media pierna. Los hay curtidos por el sol y los hay con la piel rosácea y patillas rubias. Destacan tres argentinos, que son los encargados de mantener el orden, en la medida de lo posible, pues no cesan de llegar autocares repletos de turistas.

Salvio Royo, divertido, se ofrece para ayudarlos «no más» y se convierte en el director de la orquesta, dejándonos abandonados ante la famosa Esfinge de alabastro, de la que afirman los folletos que representa un rey de la XVIII dinastía, que pesa ochenta toneladas y que, según los jeroglíficos, hacía las veces de guardián en el templo del dios Ptah, que era el dios de Menfis. Los folletos informan de que el dios Ptah tenía forma humana y fue el creador del mundo, al que insufló vida por medio del pensamiento (corazón) y del verbo (lengua). Con respecto a la Esfinge, los folletos añaden que permaneció «oculta bajo tierra húmeda» por espacio de un milenio, lo que explica su aspecto un tanto deteriorado, bien que conservando en el rostro una leve sonrisa irónica. Por lo demás, fue descubierta el año 1912, ¡quién sabe si por el padre o el abuelo de alguno de los arqueólogos que hoy están aquí!

Es gracias a Salvio Royo, de quien nadie duda que forma parte del grupo de arqueólogos, que tenemos acceso al «hangar» acristalado en el que se conserva y exhibe una de las más importantes estatuas de Ramsés II (se calculan en más de tres mil las encontradas en el país). Dicha estatua es colosal: mide 13 metros, pese a faltarle las piernas; sin embargo, tal vez por estar tendida, no resulta abrumadora. Gracias a una escalera circular, situada en un plano superior, puede ser contemplada a placer desde todos los ángulos. Escultura calcárea, ligeramente ocre, de proporciones anatómicas tan perfectas que su aspecto es el de un ser real, humano, con su carne y sus músculos y una expresión en el rostro más bien dulce e idealizada. Destaca la mano derecha, enorme, con el puño cerrado —sólo es visible el pulgar— apretando el sello faraónico, signo de soberanía. La barba postiza prueba que se trata de una estatua funeraria destinada a un templo (sin duda al del dios Ptah, cuya entrada debía presidir). El sello faraónico aparece también en el pecho y en la cintura.

Brota a nuestro lado Nazibi, el conductor de la *limousine*. Por lo visto ha conseguido aparcar en el palmeral, a la sombra, y dado que es un enamorado de «esas cosas» confía en que Salvio Royo le permitirá darse una vuelta en torno a Ramsés II, que debió de ser «uno de los reyes más poderosos de Egipto».

—¡Un canalla! ¡Era un canalla! —grita Salvio Royo, cuya alergia al ilustre personaje no ha menguado desde nuestra visita al Museo Egipcio. Sin embargo, advirtiendo la cara de susto de Nazibi, cambia el tono de la voz y le dice—: Nada, hombre, que era una broma... ¡Por el Profeta que era una broma!

Pero a Nazibi no le ha dado tiempo siquiera a oír la palabra Profeta... La primera reacción de Salvio le ha bastado para salir del hangar y echar a correr hacia su *limousine*. Cuando, poco después, salimos nosotros tras él, le vemos al volante del coche, inmóvil, meditabundo, pero —¡ah, esos árabes!— mucho más sosegado que Salvio y que los tres arqueólogos argentinos.

Alma le pide a su «bíblico amante», como a veces le llama, que demos por terminada la visita a Menfis y vayamos a las pirámides de Sakkara, que están a un tiro de piedra. «Me asfixia el calor, de veras —suplica—. Ese sol es de plomo y ya me pasé toda la mañana en la piscina...»

Salvio Royo, sorprendentemente excitado, en efecto, no sabemos por qué, le dice que «en seguida, mi amor», pero se nota a la legua que lo que le interesa es echar una parrafada con los arqueólogos argentinos. Alma y mi mujer se dan cuenta y, para darle prisa, se acercan sin más a la *limousine* y se suben a ella, situándose en la parte trasera y haciéndonos señas.

Pero Salvio Royo ni siquiera se da cuenta del detalle. Ha iniciado con los mencionados arqueólogos un diálogo que, lo confieso, me interesa sobremanera. Salvio Royo les ha preguntado —una vez más renuncia a ser lo que es y prefiere ser otra cosa— a qué se debe que opten por hurgar en el *pasado*, en una época en que el futuro, gracias a la biología, la energía nuclear y demás abre sin cesar nuevos y apasionantes horizontes. «¿Qué hacen ustedes aquí, en este congreso? ¿Pretenden excavar un poco más y encontrar al propio dios Ptah? ¿O un poco de cerámica? ¿O más guerreros de perfil? ¿O la mismísima momia de Menes? La arqueología ha dado todo lo que tenía que dar y sólo puede interesar al marido de Agatha Christie, que ejerce esta profesión para facilitarle pistas inéditas a su mujer... ¿No les saldría más a cuenta reunirse en la NASA y tratar a fondo el problema de los ovnis? ¡Son ustedes argentinos...! Los argentinos han de creer forzosamente en los ovnis, puesto que sólo en la llanura de Mendoza aterrizan media docena cada mes... ¡El futuro, compadres! La arqueología no es una ciencia. Mezclan ustedes los dioses, se equivocan de diez mil años y se quedan tan frescos. Y todos acaban con la columna vertebral destrozada y con cara de sarcófago pintado.»

Los argentinos, que al principio tomaron a Salvio por un payaso, han ido modificando su criterio y al final le han mirado con una mezcla de intriga y desconcierto. ¿A santo de qué aquel discurso? ¿Estaría bromeando? ¿Sería un insigne arqueólogo camuflado, que les estaba poniendo a prueba?

—¿Cómo se llama usted?

—Salvio Royo, para servirles... Nacido en Uruguay, apátrida y actualmente residente en Egipto para evitar que el país vuelva el rostro hacia Menfis y se interese en cambio por el microscopio y el telescopio... Los árabes, no lo olviden, están especialmente dotados para dos cosas, aparte de asar el cordero y hacer el amor: para la Medicina y la Astronomía. Incluso son árabes los términos acimut, cenit, nadir... Escuchen lo que les digo. Mientras ustedes deciden dónde recomenzar con el pico y la pala, un árabe, siguiendo el ejemplo de Mahoma, subirá él solito a los cielos. Quiero decir que demostrará en una pizarra, y luego en la práctica, que el hombre puede volar incluso sin alas, lo cual sería un gran avance y entroncaría con lo que se cuenta en la Biblia de ciertos seres que llamamos ángeles o arcángeles...

Los argentinos han dejado de ser tres: son uno solo. Con una sola mueca, unas solas gafas y una sola decisión: librarse de aquel loco cuanto antes y reunirse con los suyos.

—A lo mejor seguimos su consejo, compadre...

—Obrarían ustedes cuerdamente.

—A lo mejor le vemos a usted un día volando solito, con su salacot, detrás de Mahoma...

—A lo mejor.

—Entretanto, con Dios, compadre... Y tenga cuidado con su columna vertebral...

Tenemos el tiempo justo de llegar a Sakkara, nombre derivado probablemente de Saker, que fue el dios egipcio de la resurrección de los muertos. Sakkara fue la necrópolis de Menfis y un importante lugar de sepultura a lo largo de todos los períodos del Antiguo Egipto. Apenas nos apeamos delante de la pirámide de Zosser, más antigua que las de Gizeh, escalonada y debida al genial arquitecto Imhotep, que acabó siendo venerado como un dios, Alma se siente mareada.

El sol es tan aplastante que ha podido con ella. Salvio Royo, que pensaba lucir sus conocimientos ante esa pirámide, el Serapeum y las diversas *mastabas* —el reconstructor de tan fabuloso conjunto es un francés llamado Lauer—, lo intenta todo para conseguir que Alma se recupere; pero es inútil. Alma está tan pálida que la tendemos en el interior de la *limousine* y da la impresión de que va a desmayarse. El propio Nazibi hace expresivos gestos recomendando que renunciemos a la excursión: él ha sido testigo de muchos desvanecimientos en este lugar inhóspito y sin protección posible. Alma gime:

«Llevadme al hotel, por favor...» Salvio porfía un poco más —me pide el termo y le da a beber un trago de café—, pero al final se da por vencido.

—Ande, Nazibi, llévenos al Sheraton...

Nos acomodamos en el coche. Por desgracia, éste carece de refrigeración; pero mi mujer lleva un pai-pai y con él aventa a Alma. Reemprendemos el camino de regreso, y puede decirse que hasta pasada una buena media hora Alma no da señales de recuperación. El susto ha sido mayúsculo. Salvio es médico y no ha dejado de tomarle el pulso, porque sabe cómo las gasta el desierto. «Elegimos una hora mala... Después de comer no se puede andar por ahí... Pero Alma, hasta hoy, no había fallado nunca. ¡Lo que llegó a resistir en el Sinaí!» «No hagas caso —comento—. El cuerpo tiene sus caprichos.»

Alma se incorpora y se sienta como Dios manda. Nazibi le da las gracias al Profeta. Sí, el incidente se acabó y queda atrás, como quedan atrás los arqueólogos argentinos. Alma pide otro sorbo de café. Y entonces Nazibi nos cuenta que, en efecto, él ha sido testigo presencial de varios ataques cardíacos, fulminantes, al apearse del coche. «En Gizeh, no —aclara—; pero sí en Sakkara y en Abu Simbel, donde trabajé una temporada.» «¿Qué temperatura calcula usted que había en Sakkara?» «Pues... cerca de los cincuenta grados... Para nosotros es normal, pero para los turistas... —Luego añade—: Y donde el calor aprieta mucho y hay accidentes es en Al-Fayoum...»

Al-Fayoum... Precisamente teníamos proyectado ir allí de excursión mañana. «Egipto es para venir en invierno —continúa Nazibi, hablando con Salvio—. ¡En verano hay que hacer como los búfalos!: meterse en el lodo y no salir de él. ¡Por el Profeta se lo digo!»

Alma está a punto de desmayarse otra vez. Se apoya en Salvio y reclina la cabeza en su hombro. Me pregunto si la psique no jugará en todo ello algún papel... Por ejemplo, la proximidad (el olor) de Nazibi, que conduce descalzo —Dios sabe cuándo se lavó los pies por última vez—, y sus dientes de oro, que resplandecen en el espejo retrovisor.

Salvio da muestras de inquietud. Me mira como si de algún modo me acusara. «Es una lástima —le digo— que los árabes no hayan inventado todavía el vuelo sin alas.»

Poco después de llegar al hotel, Alma está ya acostada en su cama. Salvio la ha mimado como a un bebé. Ha sacado una cápsula de su botiquín personal y le ha obligado a tomársela, prometiéndole que luego la llevaría a ver una película de Walt Disney. En cambio, se ha negado a ponerle una bola de hielo en la frente, por no creer que se tratase de un principio de insolación. Luego ha corrido las cortinillas «y a dormir se ha dicho». La hemos dejado sola y nosotros hemos pasado a nuestra habitación. Minutos después, hemos oído perfectamente los tímidos ronquidos de Alma.

Salvio, ya tranquilo, ha dicho que aprovecharía el paréntesis para ver a alguien en el Hilton. «Me voy al *snack*, me tomo un whisky y a eso de las ocho estoy de regreso.»

—¿De veras no quieres echarte una siesta?

—No podría... Ahora ya puedo confesaros que me asusté un poco...

—¡Toma! Es natural...

—Es la primera vez que a Alma le ocurre algo parecido.

—También es la primera vez que pisa tierra de Egipto.

Salvio nos dedica un mohín cómico.

—A lo mejor son los primeros síntomas menopáusicos...

—¡Anda, no digas bobadas!

Deja el salacot, va un momento al lavabo y sale oliendo —al revés que Nazibi— a agua de colonia.

—*Ciao*... —dice ajustándose el peluquín.

—Hasta luego.

Solos mi mujer y yo nos entra un sueño invencible y corremos también las cortinillas. Nos ha ganado una pereza atroz. En la penumbra, tumbados cada uno en su cama, renunciamos a ir mañana a Al-Fayoum.

—Nos dedicaremos a despedirnos de las amistades y sanseacabó.

—Basta de faraones, ¿verdad?

—Basta.

—Pero lo que hay en Al-Fayoum es un gran lago...

—Pues basta de lagos.

—Eso es.

Marcamos una pausa.

—Será como tomarse unas vacaciones...

—Exacto.

—Porque, el jueves, en Teherán...

—No proonuncies esta palabra, que soñaré con los chiitas...

—Ni que fueras Farah Diba.

—Ni que lo fuera. ¿Sabes que ya estoy dormida?

—Yo también...

—Pues demuéstralo. Y no ronques fuerte, por favor...

EL OASIS DE AL-FAYOUM. RECONCILIACIÓN CON ALMA

Duermo dos horas seguidas. Mi mujer despertó mucho antes y se ha pasado un buen rato leyendo, para no hacer ruido. Ahora son las siete. A eso de las seis le ha parecido oír que Alma se levantaba y que abría los grifos de la bañera. «Seguro que se habrá tomado un baño tibio.» «¿Y eso es conveniente?» «¿Por qué no? Si le apetecía, es que la crisis está resuelta.» «¿Crees que podemos llamarla?» «Creo que es nuestra obligación. Saber si necesita algo...»

Me dispongo a salir para llamar con los nudillos a su puerta cuando suena el teléfono. Descuelgo: es Adrián. Quería saber si quedaba en pie nuestra excursión a Al-Fayoum, ya que estaba dispuesto a acompañarnos. Le cuento lo ocurrido y que nos ha ganado una pereza comparable a la de los cairotas que se pasan la vida en cuclillas delante de sus casas.

Adrián insiste. Deberíamos «aprovechar» el tiempo, hacer un esfuerzo e ir mañana a Al-Fayoum. Pone tal empeño que le pregunto si su misteriosa novia egipcia reside allí... Nada de eso. Simplemente, me cuenta que Al-Fayoum es un fenómeno único. En medio del desierto, un inmenso oasis, con un lago de cincuenta quilómetros de largo, a más de cuarenta metros bajo el nivel del mar, lago alimentado por un afluente o «brazo» natural proviniente del Nilo, conocido por «el canal de José». El agua es ligeramente salada y repleta de peces. Adrián me confiesa que le atraen los lagos, puesto que inmediatamente se forma en torno a ellos una mitología o una saga de leyendas. En cuanto al lago de Al-Fayoum, una de esas leyendas pretende que Solimán el Magnífico perdió en él su anillo, a raíz de lo cual recientemente un buceador suizo, decidido a encontrarlo, se fue en barca hacia el centro, se tiró al agua y desapareció. Él se enteró por uno de los guardas, que es casi centenario y que tiene un hermoso rifle fabricado precisamente en Éibar. Cobra por dejarlo probar, y de ese modo se gana unas piastras ...

—De veras que es una pena que desistáis —añade—. Podríamos visitar el pabellón de caza que hay al borde del lago y que perteneció a tu admirado Faruk. Allí no encontrarás, como en el Manyal, crías de ciervos ni mariposas azules clavadas con alfiler; era pabellón erótico y además casino de juego. Todavía quedan restos de las mesas de paño verde y de las ruletas; y entre las lámparas, tiras de confeti ajadas como yo, residuo de un famoso baile que se celebró en el pabellón para festejar el término de la I Guerra Mundial... También hay una placa en la pared indicativa de que Churchill almorzó allí, aunque ya sé que el míster te cae más gordo aún de lo que era, por lo de Yalta, Potsdam y demás... En fin, en la capital del oasis, que rebasa el millón de habitantes, hay una curiosa noria metálica compuesta de cuatro ruedas gemelas que lleva cuatro mil años funcionando por sí sola, sin parar... Si con eso de la noria no te convenzo, cuelgo el teléfono y me voy al centro a echarles una hojeada a los «fantasmas» de tu cerebro... ¡Ah, se me olvidaba! Durante el trayecto —iríamos en el Peugeot de Hilmi— pensaba contarte algo sobre el Islam que te iba a interesar...

¡Maldito Adrián! Es cuco como él solo, como suelen serlo los canarios que se han dignado salir del archipiélago y husmear un poco por esos mundos de Gabriel y Lucifer...

—¿Qué es eso del Islam, vamos a ver? A lo mejor me convences y te hacemos caso...

—¡Nada! Tonterías... Quería contarte que cuando Mahoma huyó de La Meca y se instaló en Medina, los judíos que residían en esta ciudad hicieron correr la voz de que las mujeres musulmanas habían sido castigadas por Yahvé con la esterilidad, y que cualquier mujer judía que abrazase el Islam quedaría a su vez esterilizada.

Mi perplejidad es absoluta, con el teléfono en la mano. ¿Por qué Adrián habrá aludido precisamente a eso, si ignora por completo mi incidente con Alma?

—Oye... —le digo con voz lo más serena posible—. ¿Puedo saber por qué acabas de contarme eso? ¿Y por qué lo has hecho precisamente ahora? ¿Qué relación existe entre los judíos de Medina y las norias que llevan cuatro mil años funcionando sin parar, lo que debe de ser un latazo...?

—Nada... Ninguna relación. ¿Por qué lo dices? No le busques tres pies al gato. Anoche leí ese dato y se me ocurrió que podía interesarte, puesto que no cesas de tomar apuntes sobre el Islam...

Sin mucha convicción, acepto su tesis. Pero insisto en que no habrá excursión, dado que mi mujer, desde el primer momento, ha ido negando con la cabeza.

En compensación, le ofrezco a Adrián almorzar mañana, juntos, con Salvio Royo y con Alma. Tal vez en La Mamma, o en algún restaurante al borde del Nilo...

—Una despedida a lo grande, ¿sabes? Siempre y cuando Alma se encuentre en condiciones... Y digo esto porque esta mañana, en Menfis y Sakkara, estuvo a punto de desmayarse o algo peor...

Adrián carraspea al otro lado del teléfono.

—¡Huy, Sakkara...! Acuérdate de las maldiciones... Han muerto allí más turistas —turistas judíos, se entiende— que en el lago Al-Fayoum...

Llamo con los nudillos a la puerta de la habitación de Alma.

—Soy yo... —anuncio—. ¿Cómo estás? ¿Se puede pasar?

Unos segundos de silencio.

—Pasa, claro... ¿Por qué no?

Entro y encuentro a Alma sentada en la cama, descubierta de medio cuerpo para arriba. Lleva un pijama vistoso y floreado, de manga corta. Temí que se hubiera lavado la cabeza, que llevara un casquete de plástico o rulos en el pelo; pero no es así.

—Estoy bien —aclara sin pérdida de tiempo—. Me he tomado un baño y me siento divinamente... Salvio ha dicho que regresaría a las ocho.

—Sí, ya lo sé. Queríamos saber si necesitabas algo... ¿Quieres que te suban algún zumo de fruta?

Niega con la cabeza.

—Nada en absoluto. Detesto los zumos, ya lo sabes.

Otro silencio.

—¿Crees que podrás levantarte?

—¡Por supuesto! Ya te he dicho que estoy divinamente... Pienso bajar a cenar.

Alma toma de la mesilla de noche el paquete de cigarrillos y el mechero. Enciende, y exhala dos oes consecutivas de humo.

—Dímelo con franqueza... ¿Prefieres que me vaya o que charlemos un rato?

—Lo mismo me da. —Luego añade—: Pero si lo que quieres es quedarte, por favor, no te estés ahí parado, como un pasmarote... —Y dirige la mirada a uno de los sillones.

—Lo que deseo es quedarme —confieso con decisión—. Pero preferiría que te apartaras un poco para poder sentarme a tu lado, en la cama...

—¿Esas tenemos? —Me mira de hito en hito. Finalmente se aparta a un lado—. ¿No te parece un poco cursi?

—En absoluto —le digo, sentándome en el borde—. La cama huele bien. Y tú también.

—¿Yo...? ¿Desde cuándo los judíos olemos bien?

—Yo no he hablado de los judíos, sino de ti. Tú hueles bien desde que te conocí en Jerusalén...

—¡Vaya! No sabía que el sionismo fuera un perfume...

—Y no lo es. Pero vamos a ser sensatos y enterrar de una vez este tema, ¿no te parece?

Echa otra bocanada de humo.

—Cuesta enterrar ciertas cosas...

—Cuesta mucho más regodearse con ellas y mantenerlas siempre sobre el tablero...

—Me hiciste mucho daño.

—Lo lamento, pero no sé fingir...

—Pudiste haberte callado.

—Dijiste que no fue ninguna sorpresa para ti. Que ya lo sabías...

—Jamás pensé que llegaras tan lejos...

—Pues ahora ya lo sabes, y yo lo prefiero así.

—¿De veras?

—¡Claro! De ese modo no hay equívocos. A un lado, las ideas; al otro lado, las personas...

Alma vuelve a mirarme con fijeza.

—¡Eso fue exactamente lo que me dijo Salvio...!

—Naturalmente... Y su opinión vale lo que pesa, ¿no?

Alma se acaricia la barbilla.

—Por supuesto... Pero lo que no me dijo es cómo se consigue establecer tal distinción...

—¡Pero si ya lo conseguiste!

—No te comprendo.

—Has permitido que me sentara en tu cama. ¿Te parece poco?

Alma se encoge de hombros.

—No iba pegarte un tortazo...

—Exactamente. Tu reacción espontánea fue encender un pitillo...

—Eso no significa nada.

—¡Que te crees tú eso! Sin darte cuenta, encendiste el pitillo de la paz...

—Eso no es cierto. Cuando dos personas firman un pacto...

—¡Sí, ya lo sé!: fuman los dos... —Dicho esto, tomo de sus labios el pitillo y le doy varias chupadas que me saben a demonios—. ¿Satisfecha? —Y le devuelvo el pitillo.

Alma me mira, pone cara de asombro y acto seguido le pega un palmotazo al almohadón que tiene a su izquierda.

—¡Dios, y yo que había jurado odiarte! —exclama.

—Por favor, pregúntale a Salvio si es lícito jurar en vano...

Alma se retira un poco más, lo que me permite sentarme con mayor comodidad y continuamos dialogando, ya sin el telón de fondo de mi brutal agresión a sus patrióticos sentimientos. Ello no significa que se haya restablecido entre los dos la indefinible emoción de antes; sus ojos son menos verdes, y de vez en cuando se muerde con cierta crispación su labio inferior. Sin embargo, hay momentos en que el sentimiento recíproco impone nuevamente su ley y por mi parte, puesto que tiene abierta la palma de la mano derecha, aprovecho cualquier ocasión para acariciársela. Asimismo, de vez en vez le recuerdo que lo mismo su cama que su cuerpo recién salido del baño tibio huelen muy bien.

Hablamos de mil temas distintos. Ella alude repetidamente a mi libro *El escándalo de Tierra Santa*, afirmando que, en el fondo, es una pública confesión de vanidad. Que sólo un hombre ególatra como yo —o como Salvio— puede permitirse el lujo de contarle al lector, a lo largo de más de ochocientas páginas, su propia aventura espiritual, su búsqueda de una respuesta a las incógnitas trascendentes que le atosigan. Son muchas páginas. ¿Y al final qué ocurre? Que todo queda igual. El autor metido en un callejón sin salida, dándole consejos al Papa y a todo quisque, mientras Dios continúa paseándose, alegre y sonriente, por encima de las nubes, más allá de la biosfera, carcajeándose del universo, del dolor y de la muerte.

—Como bien sabes —agrega, colocándose otra vez en el cuello la estrella de David—, esas incógnitas me dejan tan pancha... Allá Yahvé con sus amenazas y maldiciones. Yo en Jerusalén, cuidando de mis alumnos, profundizando más y más en el idioma hebreo, y trabajando en el Parlamento para evitar que se cumplan tus predicciones... ¡No, no, perdona, no pienso volver a las andadas!; es que no quiero confesarte que lo que realmente me gustaría es creer, como crees tú, en una eternidad, para poder pasarla al lado de Salvio...

Luego Alma me pregunta si el hecho de ahondar todo lo posible en otra religión —en este caso, la islámica— no me iba a complicar la vida todavía un poco más... No me queda otro remedio que felicitarla por su sutileza. Ha hecho diana. «No te imaginas hasta qué punto ello es cierto. Lo que antes eran para mí puras manifestaciones folklóricas —Mahoma, el Corán, etc.—, se han convertido en laboriosas abejas que zumban en mi cerebro. Además, me veo obligado a hurgar de paso en otras religiones, más antiguas aún... ¡Te prometo que la cabeza me da vueltas! A veces me gustaría recobrar aquella fe del carbonero que me llenaba el espíritu cuando estaba en el seminario.»

Alma protesta. Me acuerdo perfectamente de nuestros comentarios al respecto, de cómo la fe a que he aludido me amordazó y me creó un mundo de represiones que nunca, ni siquiera ahora, he conseguido vencer del todo. «No me hables de tu seminario, te lo ruego, que me quitaré el pijama que llevo y dejaré mis senos al aire... Y entonces quien se desmayará serás tú y tendré que llamar a tu mujer para que acuda a echarme una mano.»

Finalmente, Alma me pregunta de qué estuvo hablando Salvio, en Menfis, con los arqueólogos argentinos... Desde la *limousine* le veía muy excitado y los argentinos, con sus salacots, ponían cara de macacos escuchándole. Le informo a Alma de lo que ocurrió. Que a Salvio le dio por ridiculizar su trabajo, porque se refería al pasado, proponiéndoles en cambio que se ocuparan del futuro, el cual, a su juicio, incluía el tema de los ovnis, tema que precisamente en Argentina despierta una enorme curiosidad. «Salvio me sorprendió con sus radicales afirmaciones. Según sus palabras, no sólo cree en los ovnis, sino que los vincula a una serie de pasajes de la Biblia, de todos conocidos. Pero hubo más. Le parecía una estupidez suponer que sólo existen seres vivos en ese pequeño coágulo llamado Tierra, casi imperceptible en el universo. ¡El hombre, rey de la Creación! Otra estupidez... De hecho, es lógico suponer que hay otros habitantes en el cosmos, aunque no tal vez en nuestra galaxia. Yo lo pasé en grande oyéndole, porque comparto su opinión; pero aquellos pobres argentinos le tomaron por un chiflado recién huido de un manicomio del Cairo.»

Alma se ha quedado repentinamente seria. Y más hermosa que nunca, puesto que el color ha vuelto a sus mejillas. Se muestra sorprendida en grado sumo, ya que Salvio jamás trató con ella esa cuestión.

—¿De modo que tú —me dice— compartes el criterio que él expuso a aquellos macacos?

—No sólo lo comparto, sino que voy más allá... Precisamente poco antes de emprender este viaje me leí una serie de libros en torno a esas hipótesis. Y me convencí de que no son hipótesis, sino hechos. Los ovnis existen, nos visitan y hay personas que han *contactado* con sus tripulantes, lo que les ha provocado un trauma que no aciertan a explicar. Más aún, según algunos autores, no sólo hay *individuos contactados*, sino pueblos enteros; y el que más, el pueblo de Israel... ¡Sí, sí, tal como lo oyes, y creo recordar que ya te hice una alusión al respecto! Todo el misterio que rodea vuestra historia, la fe, la insoluble perplejidad, los cambios de rumbo, el nomadismo originario de los patriarcas y la diáspora más tarde, se explicaría por ese motivo: por una influencia extraterrestre. Tales autores están convencidos de que Abraham y Moisés, para citar dos ejemplos que no sean los de Elías y Enoch, fueron seres *contactados*, que recibieron una serie de mensajes; mensajes que a menudo llevan aparejados determinados castigos... ¡Ah, ése es el tributo que hay que pagar! Si no, ¿dime? ¿Qué significaría pueblo *elegido*? ¿Elegido por quién? ¿Elegido para qué? Tu profesión de ateísmo no puede resolver esa cuestión... Si no creyeras, a pesar tuyo, que Israel es un pueblo *distinto*, no le hubieras entregado tu vida ni hubieras tenido conmigo la reacción que tuviste en el *snack-bar*...

Alma se ha quedado inmóvil. La colilla está a punto de quemarle los dedos. Se lo advierto y me hace caso con peligrosa lentitud. Por fin consigue articular unas palabras.

—Así que... ¡contactados!

—¡Bueno! Es la opinión de un ex colega de Salvio... Pregúntale a éste si le conoce, si coincidieron en algún convento de América del Sur... En lo que a mí respecta, ya te lo dije: estoy convencido.

A las ocho llega Salvio. Se alegra de que Alma se halle restablecida, pero le prohíbe que baje a cenar. «Cenaremos aquí, en la habitación.» Yo manifiesto mis deseos de ir luego con mi mujer al casino, a ver a Hilmi y a tentar la suerte. «¡Oh, estupendo! —exclama Salvio—. Hoy es mi noche propicia. Lo he notado al tomarle el pulso a mi amante. A eso de las once me dejaré caer por allí...» «¿Por qué no empleas el plural, querido?», pregunta Alma. «Porque no. Estás débil y no soportarías verme perder toda mi fortuna personal y los fondos que la CIA me ha confiado.»

HILMI, EL «CROUPIER», Y SU NOVIA ESPAÑOLA, LOLITA

Efectivamente, poco después de las diez mi mujer y yo entramos en el casino. Sorprendentemente, está a rebosar. Saludamos a Hilmi a distancia. El muchacho, uniformado, está ocupadísimo, pues en su mesa se han sentado unos japoneses que, por los síntomas, están dispuestos a jugar fuerte. En otras mesas, señoras fumando en largas boquillas y varios ingleses vestidos de esmoquin, impecables, seguramente con la nostalgia de los tiempos en que Egipto les pertenecía.

Mi mujer, como siempre, prueba fortuna en una de las máquinas tragaperras. También como siempre, la máquina le ofrece, con gran acompañamiento sonoro, todo lo que lleva en su vientre... «¡Somos ricos, somos ricos! ¡Voy a comprar el tesoro del Sha...!» Minutos después, jugando al rojo y negro pierde todo lo ganado. «Acabamos de vestirnos de luto. No podremos pagar el hotel.»

Los japoneses están ganando una cantidad enorme, precisamente en la mesa de Hilmi. Las fichas apiladas que tienen delante son mucho más altas que sus cabezas. Hilmi se muestra imperturbable y ni siquiera ha sonreído para saludarnos. Los japoneses, que están acaparando la atención general, se comportan tal y como nos lo advirtió el *croupier*: cada vez que la bola se detiene, ganadora, se pegan un infantil palmotazo en la frente y sueltan unos gritos que deben de significar: «¡Qué listos somos!» O bien: «¡Los hados están de nuestra parte!» Se oyen comentarios. «Esos tíos son capaces de hacer saltar la banca.» En otra mesa, en cambio, un par de jeques árabes —se rumorea que son de Qatar—, insistiendo siempre en los mismos números pierden una cantidad que empieza a ser considerable. Pero no se inmutan por ello. Cuando se les acaban las fichas, chascan los dedos y les traen otro montón; los ingleses, a su lado, no pueden disimular su asombro.

Mi mujer comenta que es una lástima que dichos *gentlemen*, cuyas apuestas son mucho más prudentes, no lleven monóculo. La escena se prestaría a mil comentarios sobre los cambios de ritmo de la historia: pero, debido a los japoneses, reina en el casino un silencio total.

Cuando llega Salvio la cosa está al rojo vivo. La banca ha saltado, en efecto y los dos japoneses se dan por satisfechos. Se levantan, se ajustan las gafas y se dirigen a la salida ofreciendo al paso leves inclinaciones de cabeza. Sus compatriotas los acompañan con la evidente intención de levantarlos en hombros al llegar al *hall* del hotel. Hilmi ha aprovechado este momento para saludarnos con una sonrisa de satisfacción: la propina a los *croupiers* debe de haber sido suculenta.

Salvio, al enterarse de lo ocurrido, lo toma con buen humor. Los japoneses le caen bien porque saben hacerse el haraquiri —en colectividad— sin perder la compostura, como se demostró al término de la II Guerra Mundial. Salvio asegura que el pueblo japonés podría ser otro de los *pueblos contactados*, aunque mucho más recientemente que el pueblo de Israel. «Han dado un giro de ciento ochenta grados, han ampliado su mente, son estudiosos y contradictorios, se reparten por todo el mundo: los signos no fallan.»

Charlamos un rato con Salvio junto a las máquinas tragaperras, huérfanas de clientes. Cuando se entera de que en el transcurso de un verano que pasamos en Niza íbamos con frecuencia a Montecarlo, comenta las ventajas que antaño traía consigo el ser monegasco: no pagar impuestos, servicio postal gratis y poder mondarse de risa a la vista de los uniformes exhibidos por los soldados de opereta que montaban la guardia frente al palacio del príncipe Rainiero.

—¡Ah, el príncipe Rainiero! —añade—. Caballos, coches deportivos... Con sólo ponerse un turbante y levantar en Montecarlo una mezquita, podría pasar perfectamente por un emir o por un jeque del golfo...

Le pregunto a Salvio si le interesan los asuntos del juego y me dice que no...

—¿Cómo es posible? —comento—. ¡Si toda tu vida es un desafío, un reto, la encarnación del azar!

—Por una razón muy sencilla —explica Salvio muy serio—. Porque el

Corán lo prohíbe, y se da la circunstancia de que, a escondidas de Alma y de Juan Pablo II, me he hecho musulmán...

A Hilmi le conceden un respiro —es preceptivo; cada dos horas— y se reúne un instante con nosotros, aunque no en la misma sala de juego, sino en el altillo que hace las veces de vestíbulo.

Al enterarse de que estamos a punto de marcharnos, de irnos a Teherán, tiene un gesto de malhumor. «¡Precisamente dentro de una semana sale de España mi novia, Lolita, para venir a verme! ¿No os acordáis?» «¡Claro que nos acordamos! Es de Cuenca y, en frase tuya, "el amor penetró en vuestros corazones".» «Pues me ha escrito y me ha dicho que os conoce, porque os vio en la televisión... Así que sois personas famosas, ¿eh?» «¡Qué tonterías! Famosos lo serán esos dos japoneses que acaban de irse... Y Jomeini.»

Al oír este nombre Hilmi baja la voz y nos dice, como en un susurro:

Jomeini... Los árabes lo acusan de fanatismo porque es chiita... Pero en el fondo todos los musulmanes son como él.

—¡Vamos, vamos, no exageremos! Zakía, por ejemplo...

—¿Zakía? Zakía de puertas afuera es una cosa, pero en invierno duerme con el *chador* puesto...

—¿Y tú cómo lo sabes?

—No me hagas preguntas... Además, su novio el año pasado se fue a La Meca y desde entonces hay que pedir permiso para dirigirle la palabra...

La noticia nos sorprende.

—¿Sabes una cosa, Hilmi? Nosotros creíamos que el novio de Zakía era Adrián...

—¡Ja! ¡Por el Profeta que eso tiene gracia! Zakía se dejaría lapidar antes de casarse con un cristiano...

Segunda parte

Irán

CAPÍTULO XVIII

RUMBO A ATENAS

A bordo de un avión de Alitalia nos dirigimos a Atenas. Hemos salido del Cairo con dos horas de retraso, lo que implica una amenaza para nuestro propósito de darnos una vuelta por la Acrópolis antes de tomar, a las seis de la tarde, el avión de las Líneas Aéreas Iraníes que ha de conducirnos a Teherán. Sería una lástima que nos viéramos obligados a renunciar a nuestra gira artístico-sentimental por el corazón de la antigua Grecia. Como dice Salvio Royo, «la Acrópolis es un axioma». ¡Ay, el concepto que encierra la palabra tiempo! Varía de uno a otro lugar, como la botánica y como la noción de belleza y de pecado. El tiempo de los egipcios no tiene nada que ver con el de los suecos o el de los canadienses. Otra vez el enfrentamiento Norte-Sur. En el aeropuerto, nuestra inquietud por la demora sorprendía a los nativos; no así a Rafael Lastres y a Adrián, que han tenido la amabilidad de acudir a despedirnos.

Por el ventanuco del aparato miramos fuera: todo es cielo y mar. Sobrevolamos el Mediterráneo. Una vez más recuerdo lo mucho que he escrito sobre él. Por ejemplo, este párrafo:

¡Ahí es nada el Mediterráneo! Las enciclopedias cuentan de él que es el gran mar de la Biblia, el Mare Nostrum Internum *de los romanos y el mayor de los mares interiores del mundo. El Mediterráneo es humano, porque sus habitantes han librado batallas amorosas y batallas homicidas, porque en sus riberas han nacido bastardos e hidalgos, porque la cultura mediterránea se ha basado primordialmente en la* persona. *El Mediterráneo ha sido una reiterada lección mental, con una cosecha de genios sin apenas equivalencia, fruto de la cual la Historia, en buena parte, ha dejado de andar a cuatro patas. Buen número de las palabras hermosas y definitorias que utiliza el hombre en su vocabulario han nacido en el mar Mediterráneo, que es mar clásico, que es a la vez mar de paso y mar de siempre, que es simplemente mar.*

Hoy la luz es neutra, de modo que se confunden los colores del mar y del cielo. Si consigo establecer una línea divisoria, el cielo me parece un gran pájaro dormido y el mar un enorme paquidermo disecado. Hay una extraña calma en la naturaleza, lo que en mi vida no suele presagiar nada bueno. Ni una sola nube, ni un solo barco. ¿Cómo es posible?

—La imagen de la soledad, ¿no te parece?

—En cierto modo, sí.

—¿Tienes miedo?

—¡Qué va! Además, el avión runrunea…

Mi mujer tiene razón. El ruido del aparato —¿a qué especie de abejorro se parecerá?— nos hace compañía. Lo cual, por otra parte, resulta innecesario, ya que runrunean todavía más nuestros pensamientos.

De acuerdo con lo pactado, anoche enviamos un télex a Jean-Pierre Deudon, nuestro amigo en Teherán —abogado de la multinacional Priker Company— comunicándole el número de vuelo. Seguro que nos esperará en el aeropuerto, con su aparatito para la sordera pegado al oído. También estará presente, ¡qué duda cabe!, Clarisse, su mujer. Una mujer vital como Alma, pero mucho más serena y menos predispuesta a cualquier tipo de crispación. Alta, con las piernas bien torneadas y una sonrisa irónica listándole el rostro. Nos conocimos en 1948, durante nuestra estancia en París. Se casaron poco después. Asistimos a la boda y recuerdo que la voz del cura era tronitronante, como si en vez de preguntarles si se amaban los condenara a cadena perpetua. En cualquier caso, dulce habrá sido dicha cadena, a juzgar por cómo se miran, por cómo se hablan, por cómo se respetan... Jean-Pierre trabajaba en la UNESCO y nos ayudó mucho, facilitándonos traducciones. Clarisse empezaba por entonces a escribir sonetos —recién salida de la Sorbona— y me acompañó a visitar las tumbas de los grandes escritores franceses. Jean-Pierre era un enamorado de Shakespeare, y puesto que tenía una calavera en la mesa del despacho, una tarde la cogimos al alimón y nos preguntamos si debíamos *ser o no ser*. Por fin decidimos lo primero; ignoro si a ello se debió que al día siguiente se comprara un microscopio, a través del cual cada día mirábamos con masoquista delectación.

—Te gusta el mar, ¿verdad?
—A tu lado, sí.
—¡No me digas!
—Te digo.

La mano de mi mujer aprieta con fuerza la mía —el avión sigue avanzando como una flecha— y yo siento que *soy*.

MISIÓN CUMPLIDA

Siento que soy, y paso revista a nuestros dos últimos días de estancia en El Cairo. Creemos haber cumplido con todo el mundo, aparte de visitar las veintitrés salas del Museo Islámico y la biblioteca adyacente, que nos impresionaron en grado sumo, aunque dedicarles sólo un par de horas es casi una profanación. La caligrafía árabe, en los cenotafios, cerámicas, joyas, cueros, etc., nos hipnotizó. ¡Oh, claro, ventajas de no poder reproducir la figura humana!: el alma del artista busca y ahonda en las líneas geométricas, encuentra en ellas la posibilidad de expresarse y consigue maravillas. También me encandilaron —nunca mejor dicho— las setenta lámparas de mezquita elaboradas con vidrio esmaltado. Parecióme descubrir en sus reflejos colores que no había visto jamás, excepto, tal vez, en el mundo subacuático y en los fosfenos. Si bien lo más sobresaliente fueron, para mi gusto, los ejemplares del Corán... ¡Cerca de 2 700! El más antiguo, del propio siglo VIII, siglo en que Mahoma murió. Uno de esos ejemplares mide más de un metro de alto y perteneció al sultán Qait-Bey; otros son miniaturas afiligranadas, especialmente de origen persa... ¿Por qué Persia o Irán aparecen tan trabados a lo pequeño, a lo diminuto? La unión de los contrarios. Eso se aprende en Oriente. Y lo enseñan la vida y los curas con voz de chantre que casan a los enamorados.

—Hay algo que no te conté de la Universidad El-Azhar...
—¿Qué es ello?
—Que para conseguir determinadas becas o determinada graduación hay que aprenderse el Corán de memoria.

—¿Todo el Corán?

—De punta a cabo.

Mi mujer guarda un silencio.

—Un poco exagerado, ¿no?

—¡Ah, no me atrevo a opinar!

Cumplimos, creo, con Salvio Royo y con Alma. Los invitamos a cenar en La Mamma. Alma estuvo cariñosa y sólo de tarde en tarde, como un relámpago, asomaba en sus ojos o en el tono de su voz algún reproche hacia mí. Ella permanecería dos semanas aún en Egipto, pero no en El Cairo, «que apestaba como debe de apestar el mismísimo Yasser Arafat». Harían la excursión al Alto Nilo, a Abu Simbel. Y luego regresaría a Jerusalén, donde la esperaban los cursillos intensivos —los *ulpanim*— de hebreo moderno, para los inmigrantes recién llegados. Por mi parte, le recordé que de los judíos con los que intimé durante mi estancia en Israel, casi ninguno continuaba allí: en su mayoría se habían marchado a Francia o a los Estados Unidos, empezando por el inolvidable profesor Edery, que tanto me ayudó, y por Jacob. Alma me cortó. «No querrás volver a las andadas, ¿verdad?» «¡No, no, claro que no!» Y de pronto, en señal de reconciliación, me dio a besar la estrella de David que le colgaba del cuello.

Tocante a Salvio, no sabía lo que iba a hacer una vez terminada su aventura egipcia. Posiblemente regresara también a Israel, porque se daba la infeliz circunstancia de que sin Alma no podía vivir; aparte de que, según noticias, en la zona de Sodoma, al sur del mar Muerto, últimamente habían hecho acto de presencia varios ovnis, de características muy singulares. A más de esto, nos dio las señas de un amigo suyo, californiano, con el que estuvo en la Universidad de Stanford, y que teóricamente debía de seguir en el hotel Hilton, en Teherán... «Imagino que no se habrá ido —comentó Salvio—, porque nunca ocultó su repulsa, e incluso su desprecio, por el ex Sha, pese a que trabajaba para su gloria en una de las empresas contratadas para ampliar la red ferroviaria del país. Si tenéis la suerte de conectar con él, es un fenómeno. No creo que sepa gran cosa del Islam, que calificaba de irracional, pero sí sabe mucho de la antigua Persia, de Ciro el Grande, de Darío, de Jerjes... Os lo digo porque imagino que querréis visitar Persépolis, donde el ex Sha dio aquella fiesta bufonesca, y para tal viaje ningún guía mejor que él.» Salvio nos entregó una tarjeta en la que escribió el nombre de su amigo: Robert Baxter. Y firmó: «Con un derechazo en la mandíbula. Tuyo, Salvio.» Luego añadió: «Eso del derechazo... ¡bueno, mejor será que os lo cuente él mismo!»

El último abrazo con Salvio y Alma fue emotivo de veras. Todos nos dimos cuenta de que nos unía un sentimiento profundo, de cariño auténtico. En lo que a mí respecta, ¿dónde encontrar un Salvio de recambio? Una especie de Chesterton latinizado, mago de las ideas y del verbo, capaz de mantener asidua correspondencia con Arhimán, el Satanás zoroástrico y al propio tiempo de aguardarnos, aventándose con su salacot, en la sala mortuoria del interior de la pirámide de Keops.

—Salvio... ¿cuándo y dónde volveremos a encontrarnos?

—*Chi lo sa!*

—Tú no crees que el mundo sea un pañuelo, ¿verdad?

—No lo he creído jamás. ¡Al contrario! Es inmenso... De modo que lo más sorprendente es que dos personas coincidan en él alguna vez.

Mi mujer propuso:

—Podríamos escribirte a algún sitio...

—¡No, prohibido! Detesto las cartas... Las cartas son un Tarot camuflado y yo no quiero saber si mañana seré feliz o estallará una bomba atómica. Escribid a Alma y con eso bastará.

—De acuerdo.

Alma, en el último momento, en la puerta de nuestra habitación, primero me dio dos amables cachetes, luego me abrazó y por fin me besó ligeramente —astutamente— en los labios.

También estuvimos con Günter y con el doctor Mabruk, en el Esopo, de Khan El-Khalili. Günter nos trajo el casco que utilizó cuando luchaba a las órdenes de Rommel —pudo conservarlo, guardarlo con él—, y que hubiera podido venderse como reliquia en alguna de las tiendas del bazar. Se alegró de que nos fuéramos a Irán. Lo consideraba enclave decisivo en la lucha Este-Oeste y estaba seguro de que compartiría su opinión cualquier estratega militar que no estuviese borracho y que, por lo tanto, se diera cuenta de que Europa no interesaba en absoluto a la URSS. «Lo que la URSS persigue es el dominio del golfo Pérsico. Apostaría todo lo que tengo, incluido este casco, a que pronto dará fe de vida por allí... En consecuencia, estará pendiente de lo que ocurra en Irán y al menor descuido le pegará un zarpazo.»

Günter mantuvo su tesis de que *ya estábamos* en plena III Guerra Mundial y que ello se veía cada día con mayor claridad. Por lo demás, nos deseó mucha suerte y que no nos arriesgáramos demasiado en Teherán. «En situaciones como la que Irán vive, en el momento más impensado suena un disparo o estalla un artefacto que le deja a uno hecho trizas. ¡Si por lo menos anduvieran ustedes armados como yo...!», y al decir esto levantó en alto su bastón y pegó con él un fuerte golpe a una silla vacía que tenía al lado.

El doctor Mabruk nos sorprendió diciendo que, al parecer, Jomeini había publicado en el exilio varios libros en los que exponía minuciosamente su ideario filosófico-religioso sobre los deberes y los derechos de los musulmanes en múltiples materias, incluida, por supuesto, la materia sexual. «Al parecer, admite la sodomización de los caballos, de los asnos, de los camellos... y da instrucciones al respecto.» Suponía que en Irán podríamos encontrar esos textos, aunque, posiblemente, sólo en persa o en árabe. «Pero en fin, siempre habrá alguien dispuesto a traducirles lo más espectacular. Y por favor, si es cierto que tienen ustedes la intención de regresar a Egipto, acuérdense de este cirujano fanatizado por esos temas y tráiganme esos libros del insigne ayatollah.»

Lo de Zakía fue distinto. Nos invitó a almorzar en su casa, junto con Adrián. Aquella misma mañana se había entrevistado con la esposa del presidente Sadat y salió entusiasmada. La revista *La nueva mujer* le gustaba mucho y podían contar con su apoyo para el movimiento feminista que habían iniciado. Estuvieron presentes sus tres hijas: Loubna, Noha y Jean... Sólo faltaba el hijo, Gamal, que era ingeniero, piloto y buceador... Madame Sadat se mostró muy satisfecha de la marcha del complejo que por su propia iniciativa se había creado en el Delta, en la ciudad de Tala, con el fin de producir objetos de artesanía y venderlos luego en El Cairo. Ello le permitía ganar algún dinero para el Centro de Rehabilitación de que nos había hablado —Wafa-Wal-Anal—, que actualmente andaba falto de material ortopédico, sobre todo, brazos y piernas... Su objetivo era lograr que las chicas egipcias no se casaran antes de los veinte años y que tuvieran pocos hijos. Por lo demás, opinaba que Jomeini no era el Islam... En cierto sentido, era todo lo contrario. Textualmente le dijo: «No puede decirse que me gusten mucho los cabarets, pero tampoco pasarme el día rezando y menos aún decretando continuamente *esto* es bueno, *esto* es malo.» Para rematar el perfil de madame Sadat —Zakía demostró un enorme interés en ello—, nos faltaba saber que había terminado una tesis sobre la influencia de los poemas de Shelley en la literatura árabe...

—El Islam es lo profundo, no la apariencia —terminó Zakía. Y mirándome fijamente a los ojos y jugueteando con su mechero de oro agregó—: Yo no sé lo que dirás en tu libro. Ojalá seas objetivo y no juzgues demasiado de prisa... El Islam, no lo pierdas de vista, va a jugar un papel decisivo en el porvenir de la humanidad, porque su doctrina abarca no sólo al hombre completo, sino que propone también un modelo de sociedad bastante aceptable, dentro de las naturales limitaciones. No idealiza el progreso, como ocurre en Occidente —y de ello pagáis ya las consecuencias—, pero tampoco preconiza parar el reloj. Hay un término medio y una solución para cada circunstancia. Conocéis sobradamente mi teoría: en caso de duda, de conflicto externo o interno, acudo al Corán... Y siempre salgo iluminada y tranquila, como le ocurría al general Naguib. ¡Ah, qué lástima que no conozcáis el árabe! ¿Por qué el actual rey de España no lo declara obligatorio en la enseñanza primaria? —Zakía se ríe de su propio entusiasmo y añade—: Al fin y al cabo, el paso del Islam por vuestro territorio fue, en líneas generales, más que positivo, y corrígeme si me equivoco... Por ejemplo, sé que en vuestro país hay ahora muy buenos médicos. ¿A quién se lo debéis? A la escuela árabe... El otro día leí que en Sevilla ejerció de profesor el famoso Ibn Zhur, especialista en el tratamiento de la ciática, que por cierto es una lástima que no pueda tratar al pobre Günter; e igualmente leí que, ya en el siglo once, los oftalmólogos árabes disponían de nueve métodos distintos para operar las cataratas...

Zakía estuvo amabilísima y nos hizo jurar por el Santo Cielo que volveríamos a Egipto, una vez terminado nuestro periplo por Irán y Kuwait... Por cierto, que mantenía correspondencia con una muchacha kuwaití que acababa de fundar también, en la Universidad, un movimiento feminista, aunque de Kuwait no esperaba gran cosa «porque todo el mundo es allí demasiado rico». Etc.

—A ver si a nuestro regreso te encontramos casada... —cortó mi mujer.

Zakía se mordió el labio inferior.

—Pues... quién sabe — y miró a Adrián y simuló pegarle una bofetada por chivato.

Antes de marcharnos nos obsequió con la edición francesa de un libro sobre la *Mujer oriental* escrito por un equipo de especialistas alemanes. «Hay algunas exageraciones, pero en conjunto no está mal. Puede serte de utilidad.»

Nos despedimos de Zakía con un *ciao* amistoso y alentador. Ya en la puerta, advierte que anoto algo en la agenda y me pregunta:

—¿Qué pones ahí? ¡A ver, que yo me entere!

—Nada, mujer... Simplemente he anotado tus señas. Para escribirte una postal de vez en cuando.

—¡Nada de postales! Cartas, largas cartas... Las cartas a mí me traen suerte.

—¡Curioso! Hay personas a las que les ocurre lo contrario.

Intentamos por todos los medios despedirnos de Gazzam pero no fue posible. Todavía no tiene teléfono en su Ciudad de los Muertos. En cambio, nos despedimos de Adrián. ¡Adrián...! Dentro de un par de semanas se irá de vacaciones a su tierra, a Canarias, y nos promete que en honor nuestro visitará Lanzarote. Ha sido para nosotros un amigo y un cicerone impagable, que en ciertos momentos nos ha recordado a algunos de los misioneros que han salido al paso por esos mundos de Dios. Curiosamente, opina al revés que Alma: que mi intento de tomarle el pulso al Islam no sólo no complicará mi vida espiritual, sino que, en muchos sentidos, la enriquecerá. «Zakía exageró un poco... El Islam no es la gran panacea. Pero ya conocéis mi opinión: Occidente comete un error tomándose a Mahoma a chacota...»

De nuevo le prometí que en Madrid haría las gestiones necesarias para que el Centro Español del Cairo recibiera la ayuda que se merece. Adrián tuvo un mohín de desconfianza. «¡Si por lo menos viniera por aquí algún mandamás a echar un vistazo! Pero si por casualidad pasa alguno, contempla las pirámides, se saca una fotografía y se va.»

En el aeropuerto, en el momento de despedirnos, nos hemos dado también un fuerte abrazo.

—Lamenté mucho lo de la Universidad El-Azhar…

—No te preocupes. No fue culpa tuya.

—Y que fallara lo de Al-Fayoum…

—Otra vez será.

—A lo mejor, la próxima vez, os acompaño a Asuán. El «Luz y Sonido» de Karnak es mejor todavía que el que visteis aquí, en Gizeh…

—Te devolveré los libros que me prestaste.

—No hay prisa… ¡Oye! Y cuidado con los arabistas españoles. Hay algunos con una obsesión antiislámica que no la para un tren.

—No quiero pensar en España. Es un tema que me duele demasiado.

—Correcto. *Okey*… A los tres días de estar en Canarias, excepción hecha del idioma, aquello me parecerá ya chiquito.

—Y el mundo es muy grande… Inmenso, según Salvio Royo.

—Pregúntaselo a Rafael Lastres, que con eso de pertenecer a Iberia puede recorrerlo gratis cada vez que se le antoja…

Rafael Lastres, en el aeropuerto, ha cuidado de todos los trámites con su eficacia característica. Y nos ha obsequiado con un magnífico álbum geográfico, plegable, cruzado por las rutas aéreas de los cinco continentes. En dicho álbum hemos visto, marcadas en relieve, las imponentes cordilleras que se yerguen en Irán. «¿Qué contraste con Egipto, ¿verdad?» «Sí, los mapas explican en gran medida la historia.» «¡Te diré! De pronto aparecen un Gengis Khan o un Aníbal y dan al traste con las teorías razonables.» «Eso también es verdad.»

—¿Cuándo llega tu mujer? —le preguntamos a Rafael.

—¡Si ya está aquí! Llegó hace justo una semana…

—Felicidades. Se acabó la soledad…

—¡Ah, desde luego! Charo lo llena todo…

—Lo imagino. Yo siempre he creído que en el principio fue Eva…

—¡No me digas!

—Lo digo y lo repito. Sobre el *Génesis* habría mucho que hablar…

Todavía están montando el piso —por fin alquilaron uno a su gusto— para poder vivir como personas normales y poder recibir, ¡y hospedar!, a las amistades.

—La próxima vez, ya lo sabéis. Se acabó el Sheraton. Estaréis en casa… Charo se ha adaptado perfectamente; incluso ha empezado a estudiar el árabe. Tiene muchos planes y la verdad es que, ante mi estupor, en las tiendas del barrio la entienden perfectamente…

—¿Has dicho que podríamos estar con vosotros?

—Eso he dicho… Y os trataremos como a esos jeques árabes de que os hablé, que un buen día se plantaron en Londres y empezaron a comprar mansiones y castillos y a regalarles Rolls Royce a los chóferes ingleses que habían contratado…

—Eso es tentador.

—Pues toma nota.

Resulta difícil abrazar a Rafael Lastres, dadas su estatura y corpulencia. Más bien uno debe dejarse abrazar por él. Eso fue lo que hicimos en cuanto los altavoces avisaron que el vuelo para Atenas estaba a punto de salir.

—Sois una pareja estupenda…

—Veremos si opinas igual cuando llevemos dos años en tu casa…

Desfile militar en El Cairo.

Atentado contra el presidente Sadat.

Reza Khan, padre del Sha, con sus tres hijos.

Mohamed Reza Pahlevi, el Sha.

que rezar, estudiar y gobernar... Años y años de exilio, en el anonimato más desolador. Con la tortura de la soledad, pero con una fe ciega en el triunfo final. Hasta que, desde Francia, grabó sus mensajes, que nos llegaron al corazón. ¡Sí, somos decenas de millares los jóvenes que daríamos la vida por Jomeini! ¡Que el Profeta no le abandone! Ya sé que en Occidente le calumnian, que comparan nuestra justicia con la de la SAVAK, que afirman que violamos los derechos humanos... Es una necedad. Nuestra justicia no tiene nada que ver con la del Sha. El Sha ejecutaba inocentes; nosotros, culpables. Nosotros nos atenemos a lo que Jomeini decide, o a lo que deciden los jueces nombrados por él. ¿Hay víctimas...? ¡Claro! Bakhtiar, Nassiri, quinientos mil... ¿Cuántos ejecutó el Sha? Hay que depurar Irán, hay que conseguir que no quede la menor huella de los Pahlevi. Cuando los juristas, en Ginebra, proclamaron que nuestros tribunales hacían caso omiso de las convenciones internacionales, mis camaradas y yo nos hubiéramos emborrachado, si el alcohol no estuviera prohibido. Y la respuesta de Jomeini fue dura pero realista. ¿La conoce usted?

Desbordado por tanta verborrea, tardo unos segundos en contestar.

—Pues no...

—Se la voy a decir, y deseo que no se le olvide. Nuestro imán dijo textualmente: «La revolución islámica debe acabar con la semilla de los corrompidos. Es preciso que sea derramada mucha sangre. Tanto más Irán sangrará, tanto más la revolución saldrá victoriosa...» —Hassan aplasta la colilla en el cenicero e inesperadamente, poniéndose en pie, concluye—: ¿Me permite que me retire? Estoy muerto de sueño... —Y acercándose a mi sillón me estrecha la mano, luego saluda a sus padres y se va.

Mudo de estupor, y para restarle dramatismo al silencio que se ha apoderado de la sala de estar, anoto en mi agenda la cita de Jomeini y el hecho evidente de que el doctor Garib libra en su fuero interno un duro combate entre el espanto que le produce la actitud de su hijo y la admiración. Raquel, después de tomarse de un sorbo algo que llenaba la copa que tiene delante se arregla el moño y exclama: «¡Dios mío! ¡Cualquier día me lo van a matar!»

Ésta es la conclusión. Raquel está convencida de que Hassan, en el fondo, está deseando el martirio... Por eso la imagen que preside su cuarto es la de Hussein. «¿Se da usted cuenta? Él mismo lo ha dicho. Millares y millares de jóvenes piensan como él.» Me confirman que es cierto que entró con los primeros en el palacio de Saadabad y también en el de Niavarán. Incluso les dijeron que fue él quien colocó en este último el retrato de Jomeini. Siempre en primera fila. En los días de la gran lucha, cuando fue preciso jugarse el todo por el todo, fue uno de los que se situaban ante los soldados del Sha que todavía no habían desertado y les gritaban: «¡No tiréis contra nosotros! ¡Somos vuestros hermanos!»

Aprovechando su complexión gimnástica, participó en el derribo de las estatuas del Sha, en el cambio de los rótulos de las calles, en los incendios de los bancos y de los grandes almacenes, que a su entender eran dos preclaros símbolos de la occidentalización... Al cabo de una semana le vieron aparecer por casa con unas ojeras de viejo, destrozado y exhausto, pero con una sonrisa que ella, Raquel, no olvidaría jamás. Les dijo que quiso traerse algún recuerdo de Farah Diba para poderlo destrozar con sus propias manos, pero que no lo encontró, ni siquiera en las alcobas... Pero se trajo en cambio una fotografía de Reza Ciro, el «heredero», en el que se le veía montando a caballo al lado de su padre. «Todavía le estoy viendo cuando quemó lentamente, con una cerilla, dicha fotografía... Por un momento la llama le iluminó el rostro. Había en él algo diabólico. ¡Dios mío! Se salvó porque Dios lo quiso, pero cualquier día de éstos me lo van a matar...»

Media hora más en casa de Raquel. El doctor Garib está menos preocupado de lo que cabía esperar. Tal vez piense que lo peor ha pasado ya. Antes de despedirnos me repite que vaya cuando quiera a verle al Pasargard Hospital, si el tema de los drogadictos sigue interesándome.

¡Por supuesto que sí! Además, ¿no es Hassan un drogadicto? ¿Hay alguna causa en el mundo por la que valga la pena odiar tanto y desear el martirio?

—Doctor Garib, me han dicho que, pese a todo, continúan existiendo en Teherán muchos fumaderos de opio...

—Desde luego. ¿Cómo evitarlo?

—Si conoce usted alguno, ¿cuento con su ayuda? Me gustaría visitarlo... Con el índice se rasca una de sus pobladas cejas.

—¿Ha probado alguna vez?

—Sí, en Camboya. Hace muchos años...

—¿Qué sintió?

—Al principio, nada. Luego, una gran paz...

—¿Una gran paz?

—Sí. Aquí —me señalo el pecho—. Exactamente aquí...

—Ya... ¿Y no sintió mareos?

—Sólo un momento.

La proa de su mentón se alza con vigor.

—Veré lo que se puede hacer...

Ya en la puerta, hablamos de su padre, de Samad. Le digo al doctor que fue una gran experiencia para mí conocerle, aunque he de confesar que en determinados momentos me desconcertó.

—¡Oh, el viejo Samad! Es imposible llegar al fondo... Es un *farmandeh*.

—¿Un *farmandeh*?

—Quiero decir un líder. Un líder nato... —Marca una pausa—. Uno de los líderes del Bazar. —Marca otra pausa—. El abogado de la SAVAK se escondió demasiado cerca, y ya vio usted los resultados...

—¿Cómo? —Miro con fijeza al doctor Garib—. No veo la relación...

—¡Pues está muy claro!

Raquel tiene, ¡otra vez!, una expresión de estupor, de estupor doloroso.

—¿Quieres decir que fue tu padre quien dio el chivatazo?

El doctor Garib se lleva una mano al corazón e insinúa una reverencia.

—Has empleado una palabra demasiado fuerte, Raquel...

CAPÍTULO XXIII

IMPORTANCIA DEL GOLFO PÉRSICO

Robert Baxter... El californiano amigo de Salvio Royo, al que visitamos en el Hilton y que nos recibió con tanta amabilidad. El mormón de los ojos verde claro y la eterna pipa humeante, sin la cual no podría vivir. Hemos almorzado un par de veces con él y nos ha revelado su truco para que, pese a su pinta de extranjero, y sin necesidad de llevar a Jomeini en el saco en bandolera, le dejen en paz. Dicho truco consiste en exagerar la nota. Lleva una gorra a cuadros y, en vez de corbata, una bufanda de seda anudada al cuello, tan vistosa como las blusas de las beduinas. Una sahariana caqui, que podría ser del ejército, con el bolsillo repleto de bolígrafos. La piel color de rosa no se la quita nadie, y tampoco las botas de montar. «Viéndome así, ¿quién va a sospechar que soy un espía? Los espías se disfrazan de cualquier cosa menos de lo que son. Yo me disfrazo de americano de película y todo el mundo supone que tengo hilo directo con el Gobierno, que cumplo aquí alguna misión especial y me saludan como si fuera un invitado de Bazargan, el primer ministro. *Voilà!*»

Nuestro amigo —ya lo consideramos como tal— se las sabe todas. Se conoce el país al dedillo, su psicología profunda. Habla el *farsi* con una fluidez que sorprende a los nativos, incluido el argot teheraní, aprendido en los talleres de la red ferroviaria, donde continúa ejerciendo de ingeniero, de asesor técnico, cada vez con mayores dificultades debido a la falta de piezas de recambio. A su gran ídolo, el tren Transiraniano, la obra maestra del *farmandeh* Reza Khan, empieza a costarle lo suyo vencer las cuestas que hay a lo largo del trayecto. Cualquier día tendrá que emitirse un informe declarándolo fuera de servicio. Pese a todo, Robert Baxter no pierde su natural buen humor. Su frase favorita es: «Como dijo aquél, la vida me ha colocado en situaciones tan tremendas —no hay que olvidar que estuvo en el Vietnam—, que ya no me enfado por nada, sólo por los gemelos de mi camisa...»

Robert Baxter, en el Hilton, que continúa siendo cosmopolita, aunque con las consabidas restricciones, es uno más. Pero por las calles de Teherán juega el papel de nota chocante y siempre que hemos salido juntos hemos comprobado que los transeúntes vuelven la cabeza. Otro de los trucos que le sirven de salvoconducto es conocer, gracias a los dos *mullahs* que tiene sobornados para dedicarse al comercio de divisas, la contraseña del día para las patrullas. Son contraseñas pintorescas y muy heterogéneas. Un día es *shad* (mártir), otro día es *mostaz'afin* (desheredado), otro día es *bubul* (ruiseñor). En ciertas ocasiones la palabreja es de lo más extravagante, como por ejemplo *gur*, que puede significar a la vez asno y sepultura. «¿Os dais cuenta? —elucubra Robert—. El idioma *farsi* responde a la mentalidad ambigua e imaginativa del país. Con la palabra *gur* nunca sé si dignifico al asno o si profano una sepultura.»

La cosa que más le preocupa es envejecer. No soporta tocar este tema. De ahí que debamos agradecerle doblemente que el día en que cumplió los cuarenta y cinco años nos invita a cenar; por regla general, en su aniversario se pone al cuello, en vez de una bufanda, una corbata negra. Posiblemente por ello le gusta llamarme «sexagenario», imitando las bromas que suele gastarme su colega Salvio Royo. Y cuando se enteró de que mido ya un centímetro menos que hace cinco años —de 1,74 he bajado a 1,73—, hizo un gesto como de lanzarse al agua y me dijo: «El día que esto me ocurra a mí me tiro a la vía del tren...»

Como fuere, gracias a Robert nos hemos enterado de muchas cosas. Naturalmente, aparte de la red ferroviaria, le interesa en grado sumo todo lo referente al petróleo. Al respecto tiene su teoría, que en este caso coincide con el clamor popular. No ataca al Sha por la subida que anunció, como estalla una bomba, el año 1973. Tampoco ataca nunca a los demás miembros de la OPEP; es uno de los convencidos de que los «rostros pálidos», como, en lenguaje mormón, suele llamarse a las naciones colonizadoras, explotaron de forma intolerable a los pueblos del golfo Pérsico. «El Sha eligió el momento oportuno y dio el primer paso, demostrando ser un valiente. En aquella ocasión hay que reconocer que se la jugó y que pensó únicamente en el bien de su país.» Resumiendo, sostiene que si bien queda claro que la OPEP está ahora exagerando, los gobiernos del mundo industrializado y las grandes multinacionales continúan haciendo su agosto, triplicando el precio de los artículos de consumo.

El tema del petróleo —y en consecuencia, el golfo Pérsico— le interesa porque está convencido de que el porvenir del mundo depende en buena medida de lo que ocurra en esa zona. Naturalmente, acaba por conectar dicho tema con Irán, confirmándonos lo que nos dicho Samad: que, de momento, aunque la producción ha descendido notablemente, el ingreso de divisas no es muy inferior. Sin embargo, estima que la dificultad que entraña la falta de técnicos no puede durar y vislumbra para el futuro varias contingencias posibles, todas ellas desastrosas para Jomeini. La primera, un enfrentamiento con Irak, puesto que este país vecino reclama salida al golfo, amparándose en razones históricas más o menos válidas. Segunda, que los palestinos —cuya causa le toca de cerca porque los mormones habían mantenido siempre en Palestina sus correspondientes células de misionero— decidan hundir uno o dos petroleros en el estrecho de Ormuz, bloqueando su salida, para llamar la atención del mundo sobre su situación. Y tercera contingencia, la posible insurrección de la minoría árabe del Jusistán —o Arabeizán—, a orillas del golfo, minoría atávicamente maltratada e incluso sojuzgada por el Gobierno de Teherán. «Son millón y medio, ¿os dais cuenta? Por lo demás, no entenderéis nada de lo que ocurre en Irán si no estáis al corriente del problema de sus minorías étnicas. Por mi parte, adopté ya una postura militante: pedí la lista de dichas minorías y me he acostado aquí, en el propio Hilton, con una bella representante de cada una de ellas... ¿Y queréis que os confiese un secreto? Me quedo con la representante árabe. ¡Qué delicia, voto al diablo! No comprendo que el Sha importara para sus lechos material europeo...»

Naturalmente, Robert no cree que un *mullah* —son sus palabras— pueda gobernar un Estado moderno. Por supuesto que Jomeini se equivoca al levantar tantas y tan absurdas barreras con el mundo exterior. Pero ha tenido un acierto básico: suprimir los grandes gastos que socavaban la economía en época del Sha —el ejército, las autopistas, los proyectos de centrales nucleares, el metro proyectado en Teherán, etc.— y prestar, en cambio, atención al campo. La agricultura es el «niño mimado» del nuevo régimen, tal vez porque el califa Alí aconsejó *amar la tierra*, y eso a la larga «podría dar sus frutos, a condición, naturalmente, de que no sobrevenga, por otros motivos, la gran catástrofe». No, Jomeini no es tan tonto como su obsesión islámica y su represión sexual, de la que ya nos habló el primer día, podrían dar a entender. Ha doblado el salario de los obreros, los cuales no pueden ser despedidos. Paga subsidio a los marginados de la sociedad. Ha nacionalizado los bancos y los seguros. Etc. Es obvio que las matanzas, la persecución y las prohibiciones han provocado miles de quiebras y de suspensiones de pagos, y que la sangría que supone la fuga de cerebros es insoportable; pero, en el fondo, hay algo firme en las decisiones de Jomeini, y al decir firme quiere decir eficaz.

—Irán —remacha Robert, aureolándose con el humo de su pipa— podría ser el primer ejemplo de revolución llevada a cabo sin el modelo capitalista y sin el modelo comunista, lo cual, por descontado, sólo es posible disponiendo de medios de autofinanciación. Las consecuencias saltan a la vista: si Irán sale a flote del baño de sangre, podría ser la punta de lanza del Tercer Mundo; de ese Tercer Mundo que reclama su puesto en el mapa, y en el cual la voz de Jomeini es escuchada con fervor. En efecto, hay muchos países africanos y vastas zonas de la India en las que se estima que la revolución iraní es la mayor que ha habido desde la que vivió Rusia el año 1917.

Le pregunté a Robert si, al hablar de la autofinanciación de Irán, se refería exclusivamente al petróleo o admitía como posible que Jomeini recuperara la inmensa fortuna del Sha, y me contestó que lo veía difícil.

—La fortuna del Sha es algo muy confuso. Por lo menos, eso dicen los economistas, algunos de los cuales a menudo se reúnen aquí, en el Hilton. ¿Dónde están las fronteras entre su cuenta personal y las cuentas de la fundación Pahlevi? ¿De cuántas empresas era accionista? ¿Sus inversiones, y las de su familia, eran rentables o, como algunos pretenden, un auténtico desastre? La verdad es que amigos míos americanos estudian el asunto y se muestran desconcertados. Los problemas jurídicos no faltarán. Por un lado, el *haber* es realmente colosal; pero, por otro lado, también son colosales sus deudas... Y es lógico. ¿Quién no se fiaba de un pedido hecho en nombre del Sha, o que llevase su firma? Occidente era suyo y las revistas francesas le declararon en varias ocasiones el hombre del año... Para daros un ejemplo, la Embajada jomeinista en Londres recibe sin cesar facturas atrasadas, correspondientes a la época en que el Rey de Reyes visitaba los hoteles de la capital británica... La última de que tengo noticia es tan pintoresca como la palabra *gur*, ya que ha sido presentada por la compañía Rolls Royce, la cual, poco antes de la revolución entregó a no se sabe quién seis unidades con carrocerías de oro... ¿Comprendéis lo que quiero decir?

Robert pretende saber de fuentes fidedignas que el Sha está realmente muy enfermo y que lo más probable es que muera antes de que los comandos enviados por Jaljali consigan dar con él. Lo que resulta original y casi gracioso es que también está muy enfermo Jomeini, aunque lo que a éste le falle sea el corazón...

—Qué carambola, ¿verdad? —concluye Robert—. ¡Imaginaos que los dos mueren el mismo día! Un viernes, un día sagrado; un viernes de luna llena... Sería una carambola *taghuti*... Y tal vez la auténtica salvación de Irán.

Aprovechando que mi mujer se ha ido con Jean-Pierre y Clarisse a otro cóctel, esta vez en la Embajada argentina, paso una larga velada a solas con Robert Baxter. Por cierto, que la reunión en la Embajada venezolana resultó un éxito. Todo el mundo se mostró eufórico, pues allí no regía la prohibición del alcohol y más de un diplomático aprovechó la coyuntura. Unos se saturaron de whisky, otros de vodka. Diríase que los resultados debían de ser antagónicos, y no fue así. La reacción fue idéntica, lo que alguien aprovechó para indicar que el supuesto enfrentamiento entre las dos superpotencias era puro camelo y que en el fondo ambas estaban de acuerdo o perseguían idénticos objetivos. Los discrepantes, capitaneados por el embajador francés, eligieron champaña. Se declararon neutrales. Mi mujer resumió la fiesta con estas palabras: «Tuve la impresión de que todo el mundo estaba nervioso e incómodo, pero sabían disimularlo muy bien. Con medias palabras se referían a los ausentes, o preguntaban por ellos... Me sorprendió que las *vedettes* fueran el embajador chino y su mujer... Cuando entraron, la mayoría de los asistentes se apresuraron a acercárseles. El embajador sonreía, visiblemente satisfecho; ella parecía una ama de casa poco acostumbrada a tales ceremonias. A mi lado se cruzaron apuestas sobre si la pareja pediría whisky o vodka, y el resultado fue típicamente oriental: la sorpresa. En efecto, él pidió zumo de naranja, ella zumo de limón.»

ROBERT BAXTER, LOS «MULLAHS» Y LA PROSTITUCIÓN

Heme aquí, reunido con Robert Baxter en su habitación del Hilton, situada en el tercer piso, con terraza que da a la piscina. Como es lógico, el hombre se interesa por nuestras andanzas por Teherán. Descubro que le gusta permanecer de pie mientras habla, también con un vaso de whisky en la mano... Su superioridad es absoluta, pues yo, como siempre, me he hundido en el más muelle sillón. ¡Me ha enseñado una fotografía de Salvio Royo, con salacot, en las montañas Rocosas! Salvio Royo... «¡Qué lástima que no esté aquí, ¿verdad?» Robert comenta: «Imposible. Huye de los tiros como los *pasdars* huyen del pecado.»

Hablamos del Bazar, del que me dice que sin duda conserva su carácter pero que ya no es lo que debió de ser antes de que se abrieran en él tantas avenidas rectilíneas y le llegaran la electricidad y los tubos de neón; en la época en que, durante el invierno, en las aceras de Teherán brillaban a ras de suelo las estufillas de petróleo que los mercaderes ambulantes encendían ante sí para alumbrarse y calentarse. No conoce a Samad, el suegro de Raquel, pero sí en cambio al librero Teymur Motaghi, el zoroástrico, al que en más de una ocasión le ha comprado algún tratado sobre los mormones. «Los afiliados a sectas minoritarias formamos como una familia, ¿comprendes? Por supuesto, Zoroastro no tiene nada que ver con el fundador del mormonismo, el profeta Joseph Smith. Pero siempre se encuentra algún punto de coincidencia. Nuestro libro sagrado, o si lo prefieres, nuestra Biblia, es el *Libro del mormón*, tan indigesto, para el que no está iniciado, como el *Zend-Avesta* puede serlo para los no zoroástricos. Y así como ellos creen que al final de los tiempos el Bien prevalecerá, nosotros, que rechazamos, al igual que el Corán, el pecado original, creemos en los dones del Espíritu Santo y en que el hombre, que ya ha vivido en el Reino de Dios antes de venir a esta Tierra, volverá a dicho Reino después de la muerte y allí conocerá para siempre el verdadero Evangelio.»

Robert Baxter se ha embalado en busca de sus similitudes con Teymur Motaghi, pero lo cierto es que no sé si está hablando en serio o si me toma el pelo. ¡Mormón! Con un vaso de whisky en la mano y revistas porno, salidas de quién sabe dónde, sobre la cama... Robert Baxter no da en absoluto la impresión de ser militante de un clan cuyos miembros se hacen bautizar y aspiran a una Iglesia universal. Más bien parece un ácrata de tomo y lomo y un hedonista empedernido. ¿Dónde se hizo bautizar, y cuándo? Los mormones se creen descendientes de unas tribus perdidas de Israel que llegaron a América hacia el año 2000 antes de Cristo, donde poco a poco fueron aniquilados por los pieles rojas, ¡los cuales deben su color a un castigo divino! Actualmente, su número no alcanza el millón, dos tercios del cual viven en el Estado de Utah, mientras el resto se dedica a labores misioneras.

¿Robert Baxter sería, pues, misionero en Irán? ¿Bajo su gorra a cuadros, su bufanda de seda y sus botas de montar? ¿A quién quería convertir? ¿A los empleados del ferrocarril que trabajan a sus órdenes? ¿A los recepcionistas del Hilton? Salvio Royo me dijo de él: «Aunque lo trataras mil años no sabrías *su* verdad, de modo que no creas una palabra de lo que cuente de sí mismo; en cambio, jamás miente refiriéndose a los demás.»

Agotado el tema del Bazar, le hablo de la SAVAK —de los informes que recibí en casa de Raquel—, pues no olvido que el día en que nos conocimos nos dijo que en Teherán continuaban viviendo algunos grupos de tal organización, los cuales «celebraban aún grandes orgías en la clandestinidad, con sus harenes particulares y sus fiestas por todo lo alto». ¡Se ofreció para acompañarnos, para que lo comprobáramos con nuestros propios ojos! Hoy que he venido solo, ¿no sería la ocasión? Le digo que me muero de curiosidad. «Llévame allá, Robert... Quiero ver esos harenes, hablar con esa gente... ¡Gente de la SAVAK! ¿Cómo son? ¿Tienen aspecto humano? Llévame allá y en pago soy capaz de solicitar oficialmente el ingreso en tu mormónica comunidad.»

No hace falta que le pague nada. Me acompañará. Me acompañará esta misma noche. ¿Qué hora es? ¿Las ocho? Cenaremos juntos y luego nos iremos al encuentro de esa gran experiencia. ¡Claro que me comprende! Mi visión del chiismo sería incompleta sin tratar con los miembros de la SAVAK: «En cuanto a su aspecto, ¿qué voy a decirte? Es gente elegante, ¿comprendes? Educada... No creo que queden militares, ya que la mayoría han huido en avionetas hacia Anatolia. Pero en fin, los que queden, seguro que tendrán mejor pinta que los milicianos que nos darán el alto durante el trayecto. Lo cual, por supuesto, no significa nada... Es muy probable que en tu tierra, cuando os dedicabais con entusiasmo a quemar herejes, había inquisidores cuya apariencia era venerable...»

Antes de bajar a cenar le pregunto de dónde saca el whisky. Me dice que se lo traen, oculto bajo el «hábito», los *mullahs*, y también algunos camareros *khalq* que trabajan en el hotel. Los *mullahs* se autojustifican diciendo que, si bien el Corán prohíbe el alcohol, hubo incluso compañeros del Profeta que no pudieron resistir la tentación del vino de palmera, llamado *lakmé*...

La cena transcurre lentamente, en el *snack* del Hilton, situado en la planta baja. Hay poca gente y drástica separación de sexos. Es natural. Los *mullahs* que vigilan el hotel prohíben incluso que los maridos coman en la misma mesa que sus esposas. Y la peluquería de señoras ha sido cerrada, pues Jomeini acaba de prohibir que las mujeres iraníes se arreglen el pelo en un establecimiento público, sobre todo si el peluquero es un varón. Me pregunto por la suerte que habrá corrido la peluquería de Shemiran en la que atendieron a Clarisse y a mi mujer. ¿Dónde se acicalarán las novias? ¿Quién les arrancará el vello, el abundante vello, a base de raspárselo en seco con un duro y grueso cordel? También están cerradas todas las piscinas, ya que para nadar «hay que desvestirse». También están prohibidos los bailes, ya que para bailar «hay que abrazarse».

—¿Así que la vida nocturna en Teherán...?

—¡Ya te lo puedes figurar! No hay un solo café abierto en toda la ciudad...

—¿Y la prostitución, pues?

—¡Uf! Eso, ni pensarlo... Ahí no se atreve nadie. El proxenetismo significa la muerte... Claro que en algunas ciudades, por ejemplo, Chiraz, se celebran precisamente bodas casi consideradas santas, entre prostitutas y guerrilleros de la revolución. Las prostitutas quedan de este modo redimidas, ¿te das cuenta? Incluso reciben algún subsidio oficial...

—¡Oh, insólito Irán! ¿Me creerás si te digo que todo esto me parece apasionante?

También a él. Robert Baxter ha encendido la pipa de la satisfacción porque hemos entrado, ¡por fin!, en el terreno que le gusta, y que no sé hasta qué punto está tratado en el libro sagrado de Joseph Smith.

Empieza hablándome largamente de la prostitución, comparando, como siempre, el tiempo del Sha con el actual. Está de acuerdo con la afirmación que oí según la cual los americanos, cuando tenían «físicamente» ocupado Teherán —en un momento determinado los «técnicos» y «asesores» llegaron a sumar doscientos cincuenta mil—, fabricaban cien prostitutas diarias. Un barrio entero de ellas, próximo al Bazar, fue destruido por Jomeini con bulldozers, en una operación relámpago semejante a la que los judíos llevaron a cabo en Jerusalén con las viviendas de los árabes enclavadas frente al Muro de las Lamentaciones. «No quedó piedra sobre piedra y el proyecto es levantar allí una mezquita.» Las prostitutas eran tantas —dólar, sinónimo de concupiscencia—, que ahora los muchachos andan recelosos al casarse. Prefieren elegir chicas casi adolescentes, por temor a que las mayores hubieran sucumbido en época del Sha.

Luego añade que en los barrios comerciales la prostitución era también masculina. Efebos de doce a dieciséis años, maquillados y con las uñas lacadas. No es raro que sus propios padres los vendieran; sobre todo los que, huyendo del campo, de las zonas inaccesibles de Irán, llegaban atraídos por los «neones» de la gran capital. En verano el señuelo o reclamo era llevar abierta una sombrilla de colores; en invierno, un gorro de piel (tarifa cara) o una visera y un pitillo rubio (tarifa barata).

Sin embargo, es preciso admitir que la prostitución en Persia ha sido siempre algo tradicional. En cualquier texto antiguo se habla de ello, lo que puedo comprobar en la librería de Motaghi. Hermosas negras, delicadas armenias, espléndidas pakistaníes... También abundaban las muchachas hebreas, aunque éstas tenían prohibido revelar su origen. Lo curioso era que las prostitutas autóctonas, es decir, las iraníes, no tenían permiso para usar el *chador*, lo cual quizá explicaría, en parte, el afán actual por llevarlo... «Signo de pureza, ¿comprendes?» En cualquier caso, en los tiempos de esplendor del Sha, cuando la multitud lo llevaba a éste en volandas y le deseaba mil años de existencia, lo que mayormente llamaba la atención era la prostitución de lujo. Aparte de las saturnales que pudieran organizarse en las villas del norte, a los pies del Elborz, había tres centros a los cuales acudían los «insatisfechos», entre los cuales él mismo, Robert Baxter, se apuntaba: el Park Hotel, en la avenida Hafiz y las casas de moda de Marthe (francesa) y de Ninon Haraïnan (iraní).

—En esas casas de moda los señuelos eran los modelos únicos llegados de París o de Roma o diseñados aquí mismo por maricas internacionales. Las facturas las pagaban mis compatriotas o ciertos colaboradores íntimos del Sha, entre los que había que, a imitación del famoso Hoveyda, llevaban siempre una orquídea en el ojal...

Lo curioso era que Jomeini no había condenado a muerte a *todas* las prostitutas, como ya quedó demostrado con el ejemplo de las que se casaban con milicianos de la revolución. Cierto, algunos chalets de Shemiran habían sido convertidos en «casas de corrección». Claro que a lo mejor ello se debía al capricho de algún influyente *mullah*... En cualquier caso, al respecto había que tener en cuenta que la religión musulmana era más flexible que el cristianismo en materia sexual. Cierto, con el Corán en la mano los musulmanes no consideraban que el placer fuera por sí mismo un pecado, sino, por el contrario, una gracia del cielo. De ahí que la finalidad del acto conyugal no fuese entre ellos únicamente la procreación, sino que el goce era legítimo por su propia naturaleza. Lo que quedaba corroborado por la legislación sobre el concubinato, permitido e incluso aconsejado por Mahoma, en tanto que en el seno del cristianismo se consideraba una aberración. «Naturalmente, dos razones avalaban la actitud del Profeta. La primera, que él era un temperamental, un macho fogoso, para hablar en plata; la segunda, que el Islam necesitaba, por su expansión, de un rápido crecimiento demográfico.»

Interrumpo a Robert Baxter, quien, ante mi asombro, de postre ha pedido un yogur.

—Te veo partidario de Mahoma y, en ese campo, de la legislación vigente en tiempos del Sha... ¿O me equivoco?

Los labios sensuales de Baxter, ahora blancos por causa del yogur, tiemblan un poco. Luego mi interlocutor suelta una carcajada.

—¡Desde luego, ilustre amigo! Lástima que no conocieras a Ninon Haraïnan... Ni a Marthe... Ni el Park Hotel... ¿Tú sabes lo que era Teherán, y dejemos ahora en paz los problemas petrolíferos? ¡El no va más! La Meca diría yo, si aquí el nombre no sonara fatal... En los periódicos podían leerse anuncios que yo calificaba de locos. «Si usted viene a Teherán podremos encargarnos de organizar sus horas de descanso. ¿Prefiere usted descanso rubio, moreno o color de azabache? ¿Prefiere usted la juventud o la experiencia? ¡Nuestro único deseo es que quede usted satisfecho!» Las mujeres que se ofrecían a través de estos anuncios eran llamadas vendedoras de caricias... ¿No te parece bonito? Había álbums con fotografías, a elegir entre un millar. A precios razonables. A veces yo quedaba tan saturado con sólo repasar los álbums que me venía al hotel a dormir solito... Pero nunca olvidaré aquella época, nunca. ¿Comprendes ahora por qué me da miedo envejecer? ¡Envejecer! La palabra más repugnante del diccionario... Claro que, de momento, y siempre gracias a los *mullahs*, por el momento me las voy arreglando aquí mismo, en el Hilton...

Robert está tan eufórico que ha pedido otro yogur. Por mi parte, aprovecho para recordarle que el cristianismo no siempre se ha mostrado tan tajante como ahora en el plano de la sexualidad. San Agustín, por ejemplo, era partidario de la prostitución, por considerarla necesaria, al igual que consideraba necesaria la existencia de los verdugos. «Creo recordar su frase exacta: *apartad a las prostitutas de la vida humana y llenaréis el mundo de lujuria.* Y lo mismo cabe decir del mismísimo santo Tomás: *Quítense las cloacas de la ciudad y todo se llenará de inmundicia. Quítense las meretrices y todo sería infectado por la libido.»*

—¿Qué opinas? A eso le llamo yo realismo. ¿O no?

—Por supuesto. Y confieso que si la tesis de san Agustín no me sorprende, porque conozco su vida apasionada, sí me sorprende la frasecita de santo Tomás, quien era algo así como el Jomeini de la época, en la órbita cristiana... —Marca una pausa y concluye—: ¡Bueno, puesto que estamos de acuerdo, no hay más que hablar! Acordamos que ponerle trabas a cuanto sea un desahogo natural es una torpeza. ¿Brindamos?

—Brindamos... Pero, ¿con qué?

—¡Con qué va a ser! Tú con agua, yo con yogur... —Y levantamos los vasos que tenemos delante y soltamos al unísono otra carcajada.

MIEMBROS DE LA SAVAK, ESCONDIDOS EN SHEMIRAN

Robert Baxter llama por teléfono para saber si sus amigos de la SAVAK, ocultos quién sabe dónde, pueden recibirnos. La respuesta es afirmativa, lo que me llena de gozo. Minutos después montamos en el Peykan que mi amigo tiene aparcado casi frente al hotel y emprendemos la marcha, rumbo norte, como es de rigor. Robert, ¡cómo no!, se ha encasquetado la gorra a cuadros y se ha anudado al cuello la corbata de seda. Conduce un tanto envarado, lo que le da un aspecto poco habitual; sin embargo, su pipa humea, y yo evoco los hornillos de gas que durante el invierno debían de alumbrar y calentar a los mercaderes ambulantes, al tiempo que poetizaban las calles del viejo Teherán.

En vano espero que mi acompañante me ponga en antecedentes sobre las personas con las que vamos a encontrarnos. Su euforia continúa, de manera que, de control a control —la contraseña esta noche es *diava*, que significa salvoconducto—, sigue hablándome de otras cosas. Por ejemplo, me cuenta algo que me deja estupefacto: existía una super-SAVAK... ¡Sí, no debe extrañarme! Los dictadores no se fían ni de sus propios pensamientos. Dicha super-SAVAK era llamada «Gobierno invisible» y se componía de sólo doscientos miembros, todos ellos oficiales del ejército, elegidos con sumo cuidado por el propio Sha. Su jefe era Hussein Fardust, íntimo del soberano. Fardust procuraba pasar inadvertido. La mayoría de iraníes ignoraban su existencia.

—¿Qué ha sido de él?

—Lo ignoro. Se volatilizó, como siempre, sin hacer el menor ruido...

El coche avanza.

—¿Más gente protegiendo al Sha? —pregunto.

—La guardia imperial, claro...

—¡No me digas!

—¡Bueno! Me refiero a los guardaespaldas, a los «gorilas». Unos cuantos hombres reclutados en la región de Azerbaiján y Mandazerán, que es donde nace y crece la raza más vigorosa del país... Con su largo capote a la rusa, gorra de visera pequeña y armados hasta los dientes, su aspecto era soberbio; pero confieso que daban un poco de miedo...

Nos acercamos al lugar. Estoy desorientado, pero me figuro que merodeamos por el distrito de Tarjisch, es decir, no lejos de Villa Eloïsse. De pronto oímos un grito: «¡*Ist!*»

—¿Qué ocurre?

—Nada. ¡*Ist!* significa ¡alto! Olvidé conducir con los faros bajos y deslumbré a esos centinelas...

Baxter exhibe su documentación, dice *diava* y vía libre. Entonces me cuenta que esos guardianes de noche se han ganado la estima de los teheraníes, ya que cumplen con su cometido, sin duda ingrato y peligroso, de forma voluntaria y con extrema amabilidad.

—Siempre hay alguien dispuesto a disparar desde la sombra, ¿comprendes? Han sufrido ya más de cien bajas...

Al oír esto recuerdo a Hassan, que tiene «ronda» dos veces por semana y balbuceo:

—Lo lamento...

La noche es solitaria en Teherán, excepto esos controles. Miro por la ventanilla y veo el cielo estrellado. A veces me rebelo contra la pasividad del firmamento, que asiste impávido a las contraseñas que nos damos los mortales, a las bajas que causan quienes disparan en la sombra.

Baxter me saca de mis cavilaciones.

—En ese palacio color de rosa vivía el representante de la Pepsi-Cola que ejecutaron hace una semana...

Recuerdo la noticia.

—¿Y ahora quién vive ahí?

—¡Psé! Todas estas mansiones están ocupadas por los milicianos que las asaltaron... Algunos ocultaron en el jardín, en un hoyo, los objetos de valor, con la intención de ir a rescatarlos más tarde...

—¡Caramba! Excelente noticia para Raquel...

—¿Decías...?

—¡No, nada! A veces me sorprendo hablando solo.

Un minuto después hemos llegado. El Peykan se detiene frente a una verja de hierro. El edificio, por fuera, se parece a cualquier otro del barrio de Tarjisch. El chalet, de arquitectura mediocre, el jardín abandonado —¿habrá tesoros bajo la tierra?—, la antena de televisión. Nos apeamos, y antes de pulsar el timbre Baxter me dice que nos abrirán un par de milicianos, seguramente con metralleta.

—Son de confianza, no te preocupes... Cobran tanto como mis queridos *mullahs*.

Noche llena de sobresaltos. Robert Baxter no me mintió: me encuentro ante tres miembros de la SAVAK, en el interior del chalet de nombre ignorado. *Living* burgués, con muebles europeos, de caoba. El hogar podría ser inglés o suizo, pero hay un detalle que lo iraniza sin remisión: una foto del Sha, colocada sobre una mesilla, junto a la puerta que da al comedor.

Pese a que Robert Baxter me ha presentado a los tres hombres, que por lo visto han tomado los apellidos de tres ayatollahs —*Montazeri, ¡Jaljali!* y *Jomeini*...—, y que los tres me han recibido como si fuera un habitual de la casa, experimento la extraña sensación de vivir una escena irreal. La palidez de los tres hombres, que llevan meses y meses sin salir al aire libre, da grima. Desde que el Sha se marchó no les ha tocado un rayo de sol. Y a más de esto, ¿cómo es posible que me encuentre en Teherán? Sé que, oficialmente, la casa está habitada por los milicianos que nos abrieron la puerta. Sin embargo, ¿no es esto muy peligroso? ¿Cómo pueden estar los tres hombres tan seguros de que no se producirá un equívoco, un fallo, que los delate? ¿Y los vecinos? Por otra parte, ¿dónde está la «orgía» prometida? Al pronto, no veo ninguna mujer... Los tres supuestos ayatollahs están cómodamente sentados en sus respectivos sillones —el diván lo han reservado para Robert y para mí—, y allá al fondo se oye una musiquilla suave como la de las salas de espera de los dentistas.

—¿Qué les apetece? ¿Champaña...?

—En todo caso, más tarde... —contesto.

Baxter se excusa igualmente y nuestros anfitriones se miran como preguntándose: «¿qué les ocurre a esos caballeros? ¿Les dolerá el estómago? ¿Estarán mareados?»

Dos de ellos —*Montazeri* y *Jomeini*— fuman cigarrillos habanos. Visten a la europea y, pese a todo, se nota que han perdido peso. A *Montazeri* las gafas le cabalgan sobre la nariz y su mirada es tan vaga que me pregunto si no me las habré con un opiómano. *Jomeini* tiene una cicatriz en la mejilla izquierda y hay en su porte algo que recuerda las jirafas. Su cuello es altísimo, como si pretendiera perforar el techo y huir. Debe de ser militar. El tercero, *Jaljali*, está orondo como una manzana. Todo en él es esférico: los ojos, la barriga, la boca cuando pronuncia la o. Juraría que es el bufón de la casa. Se rasca continuamente el brazo izquierdo y las rodillas. A lo mejor tiene urticaria.

Robert Baxter se compadece de mi desconcierto y me dice:

—Ahí los tienes. Pertenecían a la SAVAK; y siguen perteneciendo a ella... Sería absurdo largarte el historial de cada uno. Por lo demás, sus méritos son intercambiables. Te bastará con saber que uno de ellos es general, el otro banquero y que el otro ejerció durante veinte años de detective particular... ¿Quieres más datos o te basta con eso?

—¡Oh, me basta, me basta!

—Conforme... Añadiré que los tres conocieron íntimamente al Sha... Y a su familia. Si te interesa algo referente a las tres esposas que tuvo el monarca, es la ocasión. O algo referente al ejército... También creo que es obligado a decirte que los tres creen que todo esto es un ciclo que pasará... Y que los Pahlevi volverán a reinar en Irán.

Me quedo de una pieza. Miro a los caballeros. ¿Y las mujeres, dónde están? Serán opiómanos, no cabe duda. O unos ilusos. ¿Los Pahlevi reinar otra vez? Se referirán a Reza Ciro, claro, el heredero que, según Hassan, tenía en el sótano del palacio de Niavarán una refinería completa, en miniatura, con tantos petroleros como los que tienen cabida en Bandar-Abbas.

De pronto, *Jaljali* se levanta, conecta la televisión ¡y aparece un *mullah*!

—¡Ya está aquí! ¡Ya lo tenemos aquí!

Rompe a aplaudir, da unos saltitos, aplaude de nuevo y cierra el aparato. Luego se sienta, bosteza y vuelve a rascarse.

—Si no les importa —intervengo—, ahora sí me apetecería un poco de champaña...

DEFENSORES DEL SHA

La conversación que subsigue a este pequeño desahogo discurre tan amigablemente que me cuesta esfuerzo creer que mis interlocutores, caso de ser descubiertos, serían linchados por la multitud. No logro imaginar siquiera los cargos que se les imputarían, posiblemente con razón. ¿Incumbe a esos tres caballeros el delito de las torturas? ¿Estaban enterados de ello? ¿Fueron responsables directos? En un mundo tan vasto como la SAVAK cada quisque debía de desempeñar su papel, y juzgarlos a todos por el mismo rasero supondría, digo yo, una falta de seriedad. Sin embargo, no se me olvida la frase de Robert: «eran íntimos del Sha...»

Lo que mayormente me desconcierta es el autodominio que demuestran, y la carencia absoluta de sentimientos de culpabilidad. Hablan del pasado «glorioso» como si fuera el presente. Hablan del Irán como si todavía les perteneciera. Hablan del Sha como si todavía el pueblo le llamara «la Sombra del Todopoderoso». Sólo de vez en cuando aparece un rictus de amargura: cuando salta sobre el tapete la humillación del exilio o la enfermedad del monarca. El denominador común es la veneración por ese ser que ellos creían eterno y cuyas estatuas fueron derribadas y vejadas por «enfermos mentales» —éste es su juicio— como las jerarquías religiosas y los jóvenes fanáticos que siguen ciegamente sus consignas.

Respecto de Irán, advierto que su opinón es unánime, sin fisuras. Lo han convertido en abstracción y nada de lo ocurrido «antes» o «después» es capaz de modificar su criterio. Frases pescadas al vuelo son: «Cuando Roma no existía y Atenas acababa de nacer, nuestra cultura alcanzaba cotas altísimas, con una biblioteca ambulante de ciento veinte mil volúmenes transportada por cuatrocientos camellos, adiestrados para andar por orden alfabético.» «Si Roma creó un imperio, Irán creó varios, cuyas secuelas duran todavía, especialmente en ese gran mosaico que es el Islam.» «Se dice que Grecia fue cuna de la democracia. ¿No se le anticipó nuestro Ciro el Grande, con su famosa Declaración de los Derechos del Hombre?» Para no aludir a épocas tan remotas, *Montazeri*, con sus gafas cabalgándole sobre la nariz, afirma que el comunismo jamás se adueñará del Irán. «La URSS podría conquistarnos, pero ello no cambiaría nada. Podría estallar la III Guerra Mundial, pero ello no tocaría un ápice el alma iraní. Nuestro proverbio es: quien muere es el vecino, no nosotros.» Como es natural, lamentan la fuga de cerebros que se ha producido en el país, muchos de los cuales van a parar al Canadá y a Australia, dato que yo desconocía…

Con respecto al Sha, la opinión es también unánime. Después de haberse enfrentado con éxito, ¡a los veintiún años!, con los gobernantes aliados que a raíz de la derrota de Hitler querían repartirse Irán —«somos testigos de este hecho, como lo somos de que en el mundo no hay nada mejor que un buen cigarro habano fumado en buena compañía»—, y de haber conseguido que el país pasara de la tifoidea y las enfermedades venéreas a un excelente nivel de sanidad, y de la etapa del subdesarrollo a una renta per cápita más que envidiable, de pronto, cuando nos encontrábamos a punto de culminar el éxito y de disponer de una tecnología que nos abría todas las puertas, cedió ante cuatro algaradas y ante la obcecación de los *mullahs*, dando pruebas de una debilidad inconcebible en él.

—Dejó que rodase la bola de nieve. Mostró mano dura, pero lo hizo cuando ya era tarde. Le invadieron extraños escrúpulos y creyó que el pueblo ya no lo adoraba. ¡Si ya estuvo exiliado una vez, cuando el *affaire* Mossadegh! ¡Si su regreso, en aquella ocasión, está escrito en letras de oro en la historia de nuestro país! ¡Si cuando Farah le dio por fin un hijo varón la gente llevó en volandas su coche por espacio de cinco quilómetros, y sonaron todas las bocinas e Irán entero se volvió loco de alegría, hasta el punto que hubo que utilizar las mangueras contra los incendios! Desconfió de nosotros, de la SAVAK… Y en cambio confió en la ayuda de Carter, de los Estados Unidos. ¡Fue su gran error! Los Estados Unidos se equivocan siempre, traicionan siempre y en el peor momento, y el amigo Baxter debe perdonarnos que hablemos así. Ahora el golfo Pérsico está en peligro, ¡qué duda cabe! El golfo Pérsico continúa siendo el más goloso pastel para la URSS… ¡Por fortuna, no se lo zamparán! ¡Recuperaremos el terreno perdido! Pero el Sha debió cortar más cabezas y convocar luego elecciones generales. De haberlo hecho, continuaría todavía en palacio y los iraníes seguirían haciendo cola para besarle los pies…

Mudo de asombro, escucho y contemplo a los tres caballeros. ¡Cortar más cabezas y luego elecciones generales! ¡Hacerle aún más caso a la SAVAK! Recuerdo a Hassan, los cuerpos de los detenidos sobre planchas al rojo vivo, los garfios, la castración… Recuerdo a Samad, orgulloso de su nariz aguileña porque al parecer Ciro el Grande la tenía así… Siento una repugnancia extrema. Me sorprende no tener ganas de vomitar. Supongo que ello se debe a que Baxter se dedica a hacer rodar con el índice de la mano derecha su gorra a cuadros, de la que, curiosamente, no se ha desprendido un momento. Baxter no ha mudado la expresión. Se ha limitado a decir que en el mundo hay algo mejor que un cigarro habano fumado en buena compañía, y que ese algo es una buena pipa...

No logro contenerme y les pregunto, en el tono de voz menos ácido posible:

—¿Qué creen ustedes que sentía el Sha... cuando se veía obligado a castigar? ¿Qué pensamientos le embargaban?

—Ninguno —contesta, rápido, *Jaljali*—. El Sha había aprendido de su padre que para que se hagan las cosas en Irán es más eficaz el castigo que la recompensa... Así que no experimentaba ni dolor ni placer. Cuando hacía ejecutar a alguien, cumplía con su obligación. Eso era todo. La ley es la ley. Era algo automático.

Montazeri no me da tiempo a replicar. Se me anticipa y añade:

—Ya sé que la psicología oriental difiere en esto de la de ustedes... Pero tenemos que ser realistas. Estamos hablando de Irán, país oriental.

Trago saliva.

—Pero ¿y las torturas? En Occidente existe la convicción de que las hubo, y de que en buena medida corrían a cargo de la SAVAK...

—¡Claro que las hubo! —admite *Jaljali*, alzando todavía más su cuello de jirafa—. ¡No faltaría más! ¿Conoce usted algún otro sistema para hacer avanzar una nación cuyas tres cuartas partes no saben leer ni escribir? ¿Y para hacer cantar a los culpables? ¿Ha leído usted algún informe sobre lo que les ocurrió en Francia a los llamados colaboracionistas, cuando cayeron en manos de la *Resistence*? ¿Sabe algo de los sistemas que empleaban los ingleses en la India, cuando la India era una colonia de Su Majestad? ¡Me declaro prtidario de la tortura! ¡Participé en ella y volvería a hacerlo! ¿No le he dicho que si de algo se pecó fue de mano blanda? El Sha quería indultar incluso a quienes habían atentado contra su vida... —*Jaljali* se seca el sudor, lo que hace más visible aún su palidez—. Naturalmente, ello no presupone que la tarea fuera agradable, sobre todo si los encartados eran mujeres...

Insisto, aun a riesgo de crear una situación imposible.

—Se ha hablado de arranque de uñas... De inyecciones de cardiazol... De colgar pesos en el sexo de los hombres... De despellejamiento así, sin más...

—¡Que digan lo que quieran! ¿Estaban aquí para tomar nota y hacer balance? Hay mil maneras de torturar y se hacía en cada caso lo que se creía más conveniente...

Jomeini matiza:

—Por supuesto, cabía también el estilo personal, adaptado a la propia mentalidad...

Montazeri debe de advertir en mis ojos algo que no le gusta y me espeta a bocajarro:

—Caballero, le hemos invitado porque su amigo Baxter insistió... ¿Debemos entender que su propósito es acusarnos?

No sé cómo me las arreglo, pero logro sonreír.

—¡No, no, por favor! Simplemente... alguno de ustedes lo ha dicho. Hay que ser realista, y esto a veces no se consigue en un par de minutos. Estamos en un país oriental... ¿Un poco más de champaña, si no les importa?

Lo peor ha pasado ya. He observado a los tres hombres y, de pronto, me han inspirado lástima. Ahora las víctimas son ellos y Dios sabe lo que les aguarda. De otra parte, lo que me interesa es la información. ¿Es que voy a echarlo todo a perder?

Después de un par de bromas con Baxter me dirijo de nuevo a mis interlocutores y les hablo del tan cacareado misticismo del Sha, de sus incesantes afirmaciones de que él era un monarca por derecho divino —atributo registrado, salvo error, en la «antigua» Constitución—, lo que se emparejaba mal con el hecho, denunciado por ellos mismos, de que en el momento decisivo el monarca perdiera los reflejos, se declarara derrotado.

Me contestan que, en efecto, el Sha tenía sobrados motivos para creer en una protección especial, por otra parte corriente en el seno del chiismo. Pero añaden que él jamás alardeó ante su pueblo de semejante condición, que reservaba para los periodistas extranjeros y de la que a lo mejor hablaría en sus Memorias que, al parecer, estaba escribiendo. Ahora bien, al propio tiempo estaba convencido de que un rey debía crear una cierta magia en torno a su persona, no precisamente para su propia satisfacción, sino para inspirar confianza a su pueblo. Por ello admiraba a Napoleón, aunque siempre hizo hincapié en que se valoró en exceso a sí mismo. Por eso admiraba a Pedro el Grande, y a monarcas como Luis XIV, rey de Francia... Creía que era preciso ser orgulloso y organizar, ¿por qué no?, festejos como los de Persépolis, que en contra de lo que se dijo no fue una manifestación de vanidad personal, sino una forma idónea para que por espacio de un cierto tiempo el mundo entero prestara atención a la gloriosa historia de Irán.

¿Se autocoronó? ¿Se proclamó rey a sí mismo? ¿Por qué no? Los americanos —¡otra vez los americanos!— se lo criticaron; precisamente ellos, que sienten la continua necesidad de proclamar el rey de los narigudos, el rey de la música *rock*, la reina de las secretarias, la reina de la belleza... «Amigo Baxter, su pueblo, tan republicano, da la impresión de sentir nostalgia de una corona, de sentir nostalgia de un rey como el Sha.»

Me doy cuenta de que a veces olvidan su situación y hablan como si todavía tuvieran el poder en sus manos. Convencido de que les halagará que les pregunte intimidades del Sha, les interrogo al respecto y compruebo que sus rostros rebosaban en el acto de muy viva satisfacción. La cara de *Jomeini* se hace más redonda todavía y *Jaljali* se afloja un tanto el nudo de la corbata.

Según ellos, el Sha era más inteligente que cuantos le rodeaban, pese a que nunca fue un hombre de estudio ni muy amante de los libros. Tenía una computadora en la cabeza. Era capaz de tratar cuatro temas a la vez y encontrar en cada caso la solución correcta. Sabía sobreponerse a su timidez y convertirse en *farmandeh*... Extraño dictador, sin embargo, puesto que redactó para su pueblo un programa social —la revolución blanca— más avanzado que el existente en Suecia... Como buen iraní, amaba los caballos. Debía yo saber que, en Irán, robar un caballo era el peor de los crímenes. Cada viernes elegía en sus caballerizas de Farahdaabad el ejemplar que más le apetecía, el mejor «pura sangre», lo ensillaba y cabalgaba a rienda suelta durante horas por las depresiones del desierto hasta las mismas puertas de Teherán... En dichas caballerizas, en medio de un bosque de plátanos, abedules y eucaliptos, tenía siempre ochenta animales dispuestos, sin que al nombrar a cada uno de ellos se equivocara jamás.

Fumaba Gauloises... Sentía admiración por lo francés, el general De Gaulle incluido. En sus momentos de relax o de intimidad era muy bromista. Le divertían mucho las películas de capa y espada y a menudo, en Palacio, en medio del filme, organizaba un concierto imitando perfectamente los ladridos de un perro... Le gustaban los bailes de máscaras y una noche en que Hoveyda se disfrazó, como solía hacer siempre, de Mao, el Sha se disfrazó de león. Cuando jugaba al bridge deslizaba bajo la mesa, entre las rodillas de las mujeres, arañas y ranas de charco... También, como es sabido, se pirraba por los coches deportivos y más tarde por los aviones.

Era un piloto consumado. En los últimos tiempos, gustaba de sobrevolar Teherán, sin duda para contemplar cómo la ciudad iba creciendo y enriqueciéndose. Pilotaba un helicóptero azul y blanco, que eran los colores reales. Un poco más bajo, y en calidad de protector, volaba siempre otro helicóptero, éste de color gris, con algún agente de la SAVAK... Aunque él no le daba importancia. Siempre decía que no se despertaba jamás sin pensar en la muerte, pero que ésta le llegaría cuando lo decretara Dios.

Ni que decir tiene que sentía un gran respeto por su padre, cuya autoridad le marcó de por vida. Guardaba de él una pitillera de oro, que nunca le abandonó. En muchas ocasiones procuró imitarle. De él heredó su reticencia hacia los *mullahs*. Su padre le había dicho: «Toda tu vida tendrás que luchar contra ellos.» Y así ha sido. ¡Aunque se quedó corto! Los *mullahs* no cesaron nunca de calumniar a la corona. Se sabían poderosos ante el pueblo, como ya se demostró en 1890, cuando el emperador Nasser Edin vendió a los ingleses el monopolio del tabaco, en perjuicio del Bazar. Los *mullahs* aconsejaron no fumar y el pueblo obedeció. Y hubo que cancelar el contrato. ¡Ah, los *mullahs*! Reza Khan los conocía bien. En sus tiempos, cobraban en las aldeas por perdonar los pecados. El primer fisioterapeuta que hubo en Teherán descubrió que sus alumnas se negaban a aprender la técnica del masaje porque el *mullah* de turno no se lo permitía, no les daba su consentimiento. Siempre han creado en torno a la mujer un ambiente de superstición, que por descontado era contrario al temperamento y a las inclinaciones del Sha. ¿Querrán ustedes creer que muchas mujeres se negaban a quitarse las bragas ante el ginecólogo?

El tono coloquial empleado por mis interlocutores en el último tramo del diálogo me permite formularles a bocajarro unas cuantas preguntas.

—De todos modos, mis informes son de que el Sha se pirraba por las mujeres, pero que en el fondo las subestimaba... ¿Es ello cierto?

—Cierto. Solía decir que son objetos graciosos. No obstante, y paradójicamente, las obligó a hacer el servicio militar y aseguraba que tenían mejor puntería que los hombres...

—Han hablado ustedes de su amor por los caballos, los coches, los aviones... ¿Es que físicamente era un hombre fuerte? La opinión popular es más bien la contraria.

—Verá usted. De niño era frágil... Resfriados y bronquitis al por mayor. Pero hizo deporte, se levantaba a las seis de la mañana y trabajaba mucho. Y ello le salvó. Le salvó excepto de una tifoidea que le dejó como resaca una tendencia a la melancolía...

—¿Melancolía? Me han hablado de depresión... Y yo sé lo que es eso.

—¡Bueno! A los psiquiatras les gusta poner nombres... Los gigantes a veces se sienten solos, ¿comprende usted? Entonces se fumaba sesenta cigarrillos diarios, y tomaba buena dosis de barbitúricos para dormir... Pero resistía, ¡ya lo creo que resistía! Lo único que le falló desde muy joven fueron los ojos. Desde hace años el Sha padece a la vez de estigmatismo, miopía y presbicia...

—Y ahora cáncer linfático, ¿no es así?

—¡Por favor, caballero! ¿Quiere usted volver a las andadas?

LAS ESPOSAS DEL SHA

Baxter hace las veces de mediador. Sabe que me interesa la opinión de mis anfitriones sobre las tres esposas del Sha. Una síntesis concreta y sin eufemismos. Y me interesa también conocer la verdad sobre sus aventuras amorosas, que tantas páginas llenaron de las revistas del corazón.

Otra sorpresa. Diríase que mis tres ayatollahs se disputan el honor de facilitarme información. Se atropellan al hablar, destacando *Jaljali*, que es el que exhibe una voz más grave y bien timbrada.

En resumen, me entero de que el primer matrimonio del Sha fue decidido por su padre, por aquello de asegurar la descendencia. Era el año 1939.

Reza Khan llegó a un acuerdo con el entonces rey de Egipto, Fuad I, para que le cediera una de sus cinco hijas, de la que el Sha sólo había visto una fotografía. Como todas las demás, su nombre comenzaba por F, que era la letra talismán de la dinastía Fuad. Se llamaba Fawzia, tenía diecisiete años y era tan hermosa que incluso la Metro le había ofrecido un contrato. El matrimonio fue un fracaso. Nació una hija, Shahnaz —que significa «caricia de rey»—, pero ningún varón. Ello sentó muy mal al padre del Sha, pues desde hacía ciento cincuenta años el primer hijo en la corte del Irán era automáticamente una niña, lo que casi podía considerarse como un maleficio, que llamaba la atención de la gente del Bazar. Sin embargo, y en honor a la verdad, quien pidió el divorcio fue Fawzia, no el Sha... Era una mujer de una tremenda personalidad, que no logró nunca aclimatarse a la vida de Irán. «Se aburría en la corte, ambos se dieron cuenta de que no tenían nada en común y Fawzia se volvió al Cairo y no regresó.»

En cuanto a Soraya, ¿qué podían decirme? Fue el amor. Fue el gran amor en la vida del Sha. El día que tuvo que repudiarla lloró... «Yo estaba presente», afirma *Jaljali*. Locamente enamorados, aparecían juntos por todas partes y la intención del Sha era coronarla emperatriz. Sin embargo, Soraya era exactamente lo que el Sha decía de las mujeres: un objeto gracioso. En la cabeza no tenía más que joyas y un broche en el corazón. «Descendía de los bakhtiari, ¿comprende?» Y se presentó el problema de la esterilidad. ¡Ah, en este asunto tenían formada una opinión! La principal enemiga de Soraya fue, desde el primer día, la princesa Ashraf... Fue la princesa Ashraf la que, con la ayuda de algún médico, consiguió que Soraya fuera estéril, sin remedio posible. Estaba celosa. Por algo la llamaban *la Pantera Negra*. La esterilidad significaba el repudio, como así ocurrió. Naturalmente, y de acuerdo con la ley musulmana, el Sha tenía derecho a una segunda esposa, lo que le hubiera permitido conservar a Soraya; pero ésta se negó. Prefirió separarse, con una suculenta pensión, e irse a Saint-Moritz, con sus abrigos, su broche en el corazón y sus ojos como esmeraldas...

La tercera esposa tardó en llegar. Pero esta vez el Sha acertó. No sólo porque le dio el hijo varón que le hacía falta, sino porque Farah Diba era —es— una señora de muchos quilates. Culta, con capacidad de concentración, dura cuando es menester, dulce cuando se empeña en serlo (Diba significa «seda»). Todo el mundo la quería. El Sha fue relegando en ella muchas responsabilidades, especialmente las relativas a museos, festivales, beneficencia... Cuando el Sha viajaba, ella presidía los consejos de ministros, lo que enfurecía a los *mullahs*... ¿Ha visto usted el Museo Etnográfico? Pues no se lo pierda. ¿Y el Museo de Alfombras? No se lo pierda tampoco. Si no los han derribado, claro... Farah fue coronada emperatriz y su actividad galvanizó a las mujeres de Irán. ¡Ah, la pobre, lo que debe de sufrir ahora! «Estamos seguros de que si actualmente, en medio de tanto *chador* y tanta superstición, han surgido, como indican los periódicos, nada menos que tres movimientos feministas, ello se debe a la escuela que dejó el ejemplo de Farah...»

—Mire usted —concreta *Montazeri*—. Cuando le dijimos que tenemos fe ciega en el retorno de la dinastía Pahlevi, sus ojos delataron un escepticismo irónico. Pues escúchenos. No hablaríamos de ese modo si no existiera Farah Diba... Mientras ella viva, puede esperarse cualquier cosa. Nuestro pueblo es espasmódico. Le gustan las dictaduras. Las cárceles, y las torturas, son siempre las mismas y lo único que varían son las causas. ¡Nuestro pueblo se cansará del gusano de Qom! Farah es capaz de darle la vuelta a la situación... Y si no, al tiempo. ¿No comparte nuestra opinión, amigo Baxter?

Robert, que tenía un cierto aire distraído, se incorpora en el diván para contestarle:

—Lo lamento, pero no... No la comparto en absoluto.

En ese momento suena el teléfono. Entra como un rayo uno de los milicianos —¿dónde se hallaba escondido?— y descuelga el aparato, sin dejar por ello la metralleta. Asiente con la cabeza, pronuncia unas palabras y cuelga. Acto seguido quedo informado de que pasada una media hora, lo más tardar, estarán aquí «tres objetos graciosos», tres «aspirantes a huríes», para amenizar con sus encantos el encierro de mis tres ayatollahs...

Baxter sonríe satisfecho y me dice:

—¿Te das cuenta? Ahí empezará la orgía... Claro que, además —añade—, sirven de enlace para que nuestros anfitriones continúen haciendo negocios...

—¿Hablas en serio?

—¡Completamente! ¿No te has situado aún? ¡Quieren continuar viviendo! Negocios relacionados con el petróleo, naturalmente... —Mi cara debe de reflejar una tal estupidez que concluye—: Veo que todavía no has empezado a conocer Irán...

Como fuere, la noticia de la pronta llegada de las tres «gacelas», que por lo visto pasan por ser las mujeres de los milicianos, han transformado a los ayatollahs. Su palidez es la misma, pero sus ojos chispean. Pronto cobrarán pieza... Sin embargo, me pregunto qué papel representaremos aquí Robert y yo.

Robert me tranquiliza.

—¡Bah! No te preocupes. Supongo que, de momento, les rogarán que nos obsequien con cantos y bailes de la tierra... Cuando me dé cuenta de que ha finalizado el plazo de la castidad, te hago una seña y nos largamos.

Y el caso es que la llamada telefónica ha sido providencial, en el sentido de que ha creado el ambiente propicio para dar un repaso, aunque sea somero, al tema que quedó colgado: las conquistas del Sha, su intensa vida amorosa, extraconyugal.

Lo cierto es que no debo esforzarme mucho para que los tres caballeros vuelvan a atropellarse en el uso de la palabra. Sí, una de las cualidades del Sha era que, a semejanza de Mahoma, era un macho viril... Sin embargo, para hablar del erotismo del Sha había que distinguir entre dos facetas: la que se refería a las bellezas autóctonas, iraníes, y la que se refería a las bellezas occidentales. Con respecto a las primeras, jamás usó del derecho de pernada, pese a que le hubiera resultado muy fácil. Las hembras iraníes le gustaban como lo ordenaba la tradición: de piel blanca, pelo negro, pestañas rizadas y cuerpo parecido a un ciprés. Por cierto, que de vez en cuando se divertía asustándolas, para lo cual mandaba construir unos robots que de pronto irrumpían en la habitación caminando por su cuenta. «Su teoría era que una mujer asustada es el pájaro más dulce que un hombre puede estrechar entre sus brazos.»

Tocante a las bellezas occidentales, las revistas del corazón, a que antes se aludió, no habían exagerado ni tanto así. A lo largo de sus viajes tuvo aventuras con famosas «estrellas», con algún que otro fracaso. No obstante, su época loca, que podría situarse entre su separación de Soraya y su boda con Farah, fue la de las rubias altas y de ojos claros, tipo escandinavo. Las llamaba «pastoras», por referencia a uno de sus predecesores en amor, Luis XV. Como es natural, tenía relaciones con ellas también en los viajes, aunque prefería traérselas a Teherán. «Discretos funcionarios las recibían en el aeropuerto y las conducían al palacio de Saadabad, que significa precisamente "casa de la felicidad".» En un momento determinado —«y no querríamos pecar de aduladores»—, su demanda era tal que hubo que organizar dos centros de reclutamiento, que fueron París y Munich. «¿Cómo...? ¿Que si es cierto que acostumbraba a pagar diez mil dólares por una noche? Eso sólo podría contestárselo él mismo.» Es posible, desde luego. ¿Por qué no?

Había levantado el país y podía pagarse sus caprichos. Lo que puede darse por seguro es que exigía la máxima limpieza y que a veces le acomplejaba ser más bajo que sus «pastoras», por lo que las recibía con zapato de tacón un poco alto. También le gustaba cortarles un mechón de la cabellera... No era fetichista, no los guardaba; pero para él significaban algo especial, que nunca quiso revelar a nadie. *Jomeini* añade que más de una mujer hizo lo imposible por tener un hijo del Sha, por quedar embarazada de él. «Ahí el monarca tenía que andarse con mucho cuidado...»

Por su parte, *Montazeri*, ¡que lleva en uno de sus bolsillos un ejemplar del Corán!, cuenta que antiguamente la hembra, en Persia, se asimilaba a los surcos, y el falo se asimilaba al arado. «De ahí que las mujeres embarazadas se pasasen noches enteras en el campo sembrado, ya que creían que de este modo ayudaban a fertilizar la tierra...»

Los tres ayatollahs, aupados por el tema que tratan —y por la espera de sus «pastoras»—, parecen transformados. Se ríen por cualquier cosa, lo que les produce frecuentes accesos de tos. «¿Te acuerdas...?», dicen. Siempre refiriéndose a aventuras del Sha. Hablan de una moza del Turquestán, cuya madre se sentía feliz porque le había salido un hijo con paperas, lo que indicaba que era un favorecido de Alá y que haría grandes cosas en la vida. Cuentan que el castigo favorito de los persas de antaño para los extranjeros apresados en un harén era desnudarlos y entregarlos a los esclavos negros para que abusaran de ellos y luego los castraran. Y citan un proverbio del acervo lurestaní, válido para las mujeres de la tribu: «Aunque de hombres tengas hambre, guardaos de los de Ispahan, de los afganos y de los de Cachemira.»

—¿Los de Ispahan...? ¿Por qué será? ¡Si lo que les gusta es juguetear con ruiseñores y acostarse con una rosa!

Y los tres sueltan al unísono una sonora carcajada.

Entran tres muchachas vestidas con *chador*. Poco antes se ha oído el ruido de un coche. En cuanto están en la habitación y el miliciano se retira, ¡se quitan el *chador*, lo tiran al aire y aparecen vestidas con una leve blusa transparente y varios velos atados a la cintura! Algo azaradas, ruedan la vista alrededor. Sin duda les sorprende encontrarse con cinco hombres, y no con sólo tres. Dos de ellas responden a la definición de la pura belleza iraní: ojos negros, pelo rizado, cuerpo semejante a un ciprés. La otra, por el contrario, está muy entrada en carnes. En ella todo es también esférico, aún sin necesidad de mostrar la barriga y de pronunciar la o.

Jomeini es el encargado de situarlas y de situarnos también a nosotros, valiéndose de Baxter. Han venido para complacerles. No saben cuál va a ser exactamente su cometido —es la primera vez, y han sido traídas aquí *con los ojos vendados*—, pero están dispuestas a todo, porque saben que la recompensa será generosa. Aunque muy jóvenes, y pese a la implacable persecución, son prostitutas: alguna de ellas es posible que se haya quedado huérfana a raíz de la revolución, e incluso que sus padres hubieran colaborado con el Sha y hayan huido. Cantan y bailan, desde luego, ya que ésta fue la condición, que llenará la primera parte del programa. Luego... ¡el Profeta dirá!

¿Cómo se llaman? Han elegido tres signos del Zodíaco: Virgo, Libra y Escorpión. La que más me gusta es Virgo. Baxter, en cambio, que se pasa la lengua por los labios, no sabe a qué carta quedarse. Las mira una y otra vez y murmura: «Sheneida», nombre que a buen seguro le recuerda a alguien. Los tres ayatollahs, entretanto, han llamado a uno de los milicianos, y a juzgar por los ademanes le han pedido tres pipas de opio, que no tardan en llegar.

Jomeini toma la palabra y las «gacelas» asienten con la cabeza, después de lo cual Escorpión sale un momento y regresa con dos *santurs* (cítaras) tan maravillosas, que juraría que quien las construyó fue Samad. Mientras las deja en un rincón, Virgo advierte lo mucho que me gusta, y sin encomendarse a nadie se me acerca, se sienta en mis rodillas y me da un profundo beso en la boca, cortándome la respiración. Por lo visto les han dicho que «podían empezar el juego», puesto que Baxter recibe el mismo trato por parte de Libra. ¡Cosas del destino! La tercera, Escorpión —la esférica—, ha de cuidar por sí sola de los tres ayatollahs…

Pero esto no ha sido más que la primera ronda. Cada una va saltando de uno a otro hombre hasta completar el círculo. Será lo convenido; o el saludo tradicional. Un perfume hondo y suave va adueñándose del aire. No creo que se deba a lo que «comen», como sostuvo Raquel en el Bazar, sino a cierta sabiduría atávica en este menester. Es un perfume elaborado durante siglos, tal vez en aquella tienda de los «filtros de amor» o en la antigua Susa, donde Alejandro Magno asentó sus reales. Virgo advierte que sigo mirándola y me corresponde con un guiño que haría las delicias de Baxter, a no ser que el mormón, fuera de sí y del mormonismo, ha retenido en sus brazos a Libra y no la deja escapar, lo que provoca silbidos de protesta por parte de *Jaljali*.

«¡Dios mío, esto se hunde!», gritaría Raquel. Mi asombro es total.

Todo en orden. Han traído las tres pipas de opio para los ayatollahs, los cuales se han sentado con mucho donaire en el suelo, sobre la gruesa alfombra, teniendo enfrente el correspondiente hornillo con el carbón. Por su parte, Baxter, libres los labios, ha encendido su pipa —con mano todavía temblorosa— y yo soy el único que echo en falta algo con que entretener mis manos; por ejemplo, un rosario, un *marsabah*.

En cuanto a los tres signos zodiacales, han iniciado su actuación. ¡Ah, la Persia eterna! Mientras Libra toca la cítara, sus compañeras recitan un poema sufí, turnándose al compás de la rima. Baxter cuida de traducirme los primeros versos. «Quisiera rajar mi corazón con un cuchillo, meterte dentro, y luego volver a cerrar mi pecho. Para que estuvieras en él y no habitaras en otro, hasta el día de la resurrección y el juicio final.» Me parecen versos un tanto lúgubres para la ocasión, pero los próximos, los que les siguen, me reconcilian con las rapsodas: «Da al niño un caramelo y será feliz. Dale una gran caja de caramelos y caerá enfermo.» Me pregunto qué me han dado a mí, si un solo caramelo o una gran caja. Baxter escucha extasiado y los tres ayatollahs, que se han reclinado en unas arcas traídas a propósito, van chupando lentamente el opio y aspirándolo sin que, por las trazas, les haga el menor efecto. ¿Sentirán también dentro de poco, como a mí me ocurrió en Camboya, *una gran paz*?

Virgo ha empezado a cantar. Es una melodía popular *(tasnif)* que me destroza los oídos, pese a que las cítaras intentan lo contrario. En cuanto termina, *Jomeini* tiene la amabilidad de explicarme que las mejores voces iraníes suelen proceder de Khasan, lo que se atribuye a la pureza del aire de aquella comarca. «La gente de Khasan habla dulcemente… ¿No le ha parecido dulce esa melodía?» «¡Oh, sí, claro que sí!»

Otra canción. Esta vez se trata de un *avaz*. Se me antoja más llevadera, pero decido para mis adentros olvidar mis oídos y concentrarme en mis ojos, puesto que la fortuna ha querido que no los tenga tan mermados como el Sha. No puedo apartar la mirada del cuerpo de Virgo, de su blusa transparente. Una adolescencia abismal se apodera de mí. Me reencarno en ella. ¿Estoy en Teherán? ¿Qué significa SAVAK? Virgo de vez en cuando ladea la cabeza y baja coquetonamente los párpados. ¿Significa ello que volverá? No sé si desearlo o no, puesto que he perdido la exacta noción de lo real.

Terminado el *avaz* se produce la eclosión. Los tres signos zodiacales se acercan a los tres ayahollahs, dan una chupada de sus respectivas pipas de opio, exclaman: «¡Huuuuuum!», y en cuanto han retornado a su sitio se desnudan de un solo trazo, dejando caer en un rincón las sedas que las cubrían.

Sí, son tres cuerpos jóvenes, acaso huérfanos, acaso no. Baxter está en el limbo y a mí me embarga una sensación que no acierto a definir. Es la embriaguez, es la resurrección y el juicio final, es —ahora no me caben dudas— la gran caja de caramelos para un niño a veces cansado de vivir.

Ha surgido de no sé dónde un laúd, que Escorpión se encarga de tocar. Y Libra y Virgo bailan, danzan. Danzan una especie de «danza del vientre», que poco a poco va imitando los movimientos de la copulación. ¿Es lástima que no haya luna, o una hoguera iluminando los cuerpos? Lo mismo da. Son hermosos. Son como potros más allá del tiempo. Y no se salen de un pequeño tapiz que, no sé cómo ni cuándo, han colocado bajo sus pies. Debe de ser una danza del desierto. Si los pies se salieran del tapiz, pisarían el desierto. Pero ¿quién piensa en él? Prostitutas... ¿Pueden prostituirse las palmeras? ¿Por qué me pregunto eso? La palmera es el árbol sagrado de los árabes, no de los persas. Los persas aman los chopos, los olmos, y supongo que el ciprés... Virgo, que es persa, ama mi adolescencia y me retrotrae a sensaciones de juventud y de represión interior. ¡Alma...! Me acuerdo de Alma. ¿Qué me ocurrió con ella en Jerusalén? ¿Qué estremecimiento me hizo sentir, por espacio de unos segundos, en El Cairo, en la terraza del Sheraton Hotel, una noche bajo las estrellas?? Aquí estamos en Teherán, en el distrito de Tarjisch. También hay aquí estrellas, pero probablemente brillan menos porque tres ayatollahs pagarán al fin por la escena que me están ofreciendo...

Los tres cuerpos desnudos se funden en uno solo, se desdoblan, y en mi cabeza se mezclan evocaciones de cuadros de Rubens y de miniaturas reproducidas en viejos libros de Irán. Pero aquí la carne es carne viva, que se mueve y que huele, y hasta que se multiplica en un par de espejos laterales que han surgido también, mágicamente, a ambos lados de las protagonistas de la fiesta. Virgo se sabe todo eso de memoria y me dedica sus movimientos lascivos, en tanto que Baxter se ha levantado y está a punto de lanzar un grito salvaje.

La danza termina con una vertiginosa rotación de las tres cabezas y un saludo reverencial. Los ayatollahs, visiblemente satisfechos, aplauden levemente. Diríase que para ellos el hecho es rutinario. Luego vuelven a sus pipas de opio, mientras las «gacelas», que se habían quedado absolutamente inmóviles, juntos los pies, se colocan en el ombligo una estrellita de papel de plata.

Ha llegado el momento... Baxter, que ha conseguido continuar respirando, comprende que todo está presto para que comience la orgía, a cuyo preludio nos ha sido dado asistir. Ahora los ayatollahs querrán convertirse en sujetos activos. Ignoro si la «acción» se desarrollará en la enorme alfombra o si en las habitaciones interiores hay alguna cama semejante a las que utilizaba el rey Faruk, que también se pirraba por los espejos. Como fuere, debemos largarnos... Dar las gracias y hacer mutis por el foro.

—Caballeros, han sido ustedes muy amables...

—Ha sido un placer tenerlos con nosotros...

—Es posible que no volvamos a vernos nunca más...

—¡Ah, sólo Alá lo sabe! —exclama *Montazeri*, palpándose el bolsillo en el que guarda el ejemplar del Corán.

Virgo no me hace caso. Se ha sentado al lado de *Jaljali* y ha empezado a fumar lentamente en su pipa, que es de nácar. En cambio, quien me hace caso es el Sha. El retrato del Sha, que continúa en su rincón, hierático y distante —¿cómo es posible que las «pastoras» no le hayan hecho reaccionar?—, en el momento de abandonar el *living* me dirige una mirada fija, un tanto inexpresiva, con un leve amago de reproche... O por lo menos así me lo parece.

Los milicianos nos acompañan. La noche es ahora oscura. Cruzamos el jardín por un sendero de piedra en medio del césped. Hay árboles en torno, pero ni siquiera su silueta es reconocible.

Antes de subir al coche, al Peykan de Baxter, éste dialoga unos instantes con los milicianos, los cuales se ríen. No sé por qué me dan ganas de pronunciar la palabra *diava*, la contraseña de hoy. Es probable que me gustara también convertirme en sujeto activo.

El Peykan avanza, bajos los faros. Y Baxter, a quien apenas si reconozco con su gorra a cuadros, me sorprende una vez más. En vez de comentar lo que acabamos de vivir, de elogiar a los tres potros, su danza y sus estrellitas de plata, me cuenta que no debo suponer que los tres caballeros llevan aquí mucho tiempo y que su intención es quedarse. La costumbre de los miembros de la SAVAK es cambiar incesantemente de escondite. «A lo mejor mañana estarán en un agujero del Bazar, o se instalarán en Tabriz, o conseguirán huir con pasaporte falso...»

Finalmente me dice que es también frecuente que al final de una de esas orgías las fuerzas les abandonen y que, cansados de soñar con utópicos retornos y de vivir de prestado, se peguen un tiro.

—Sí, abundan los suicidios... En ese mismo jardín que acabamos de cruzar, están enterrados, además de los tesoros que pertenecieron al antiguo dueño, lo menos un par de cadáveres...

Abro de par en par los ojos, como si Virgo reapareciera delante de mí.

—Y los milicianos lo saben, claro...

—¡Toma! Los enterraron ellos... Y han colocado flores encima, lo que no deja de ser un detalle por su parte...

CAPÍTULO XXIV

Me ponen muchas dificultades para visitar Qom, el santuario donde Jomeini se recluyó desde su regreso a Irán. Los peregrinos a la ciudad aumentan por días y los no musulmanes, al igual que ocurre con Mashad, pueden correr cierto peligro. Sin embargo, he encontrado por fin el necesario «aval humano»: el profesor Ghavam Sadegh. Está dispuesto a acompañarme, el día que le parezca oportuno.

—Le avisaré cuando sea el momento... Entretanto, venga a verme a la universidad cuando quiera. Me gusta charlar con usted. ¡Estoy rodeado de tanto fanatismo! Con mis hijos *mullahs* apenas si intercambio algunas palabras; y con mi hija Arim, pese a que en tiempos del Sha estudió en el Liceo francés, salimos a disputa diaria. Ella querría que delante de mi tapiz de plegaria pusiera no sólo mis zapatos, sino también una escopeta...

EL PROFESOR GHAVAM SADEGH

He visitado varias veces al profesor Sadegh, en su despacho con libros hasta el techo, gafas ahumadas y bolígrafos en la mesa, un ejemplar rojo del Corán y algunos periódicos extranjeros. Siempre igual a sí mismo, con su enorme turbante negro —*ulema*—, sus ojos pequeños y expresivos, su perilla de chivo y acariciando su elegante gato azul, al que llama *Baraka*, porque afirma que le trae buena suerte.

Por otra parte, me gusta el ambiente de la universidad, pese al «pabellón de los fanáticos», donde los *khalq*, los comunistas, van conquistanto terreno, ante el desespero de Arim. Las pintadas en las paredes son un poco el baremo de lo que va ocurriendo. A veces las ilustran dibujos muy intencionados. Últimamente he visto incluso varios «Muera Jomeini». Los descontentos le acusan de lentitud en la revolución. ¡Lentitud...! Otros textos lo exaltan hasta el delirio. Le otorgan el don de la impecabilidad (no el de la infalibilidad), al que sólo tienen derecho los doce Imanes, que son los tesoreros de la revelación divina. En resumen, unos le llaman *taghuti*, otros «el lugarteniente del Imán oculto». Uno de los *graffiti* me llamó la atención: «Si el sueño de Jomeini es convertir Irán en una mezquita de treinta y cinco millones de habitantes, que no cuente conmigo. Prefiero rezar en mi casa.»

El profesor Sadegh, con su excelente francés, se esfuerza lo imposible para aclarar mis ideas, siempre partiendo de la base de que el pueblo habla ahora otra lengua, llena de palabras nuevas introducidas por la revolución y de que el alma iraní es atormentada, por lo que tiende a embrollarlo todo. Por ejemplo, muchos de los jóvenes que estudiaban en el extranjero y que regresaron a raíz de la derrota del Sha, se encuentran ahora desconcertados y sueñan con marcharse de nuevo. Algunos llegan a no querer siquiera oír hablar del Corán, ni de la historia persa.

—¿Y qué les dice usted, profesor, a esos desengañados?

—¡Qué les voy a decir! Repetir como un papagayo las palabras que les dirige Jomeini: Aceptad, enmendaos, aceptad el Islam... Si no, seréis condenados por Dios y por el pueblo...

El profesor tiene a veces una sonrisa amarga. La calidad del profesorado declinó ya en época del Sha, por miedo a la depuración; ahora muchos se han ido y entre los que imparten enseñanzas abundan los mediocres y los que han renunciado a toda idea renovadora y original. «Dos revoluciones fallidas, ¿comprende usted? Ahora se editan muchos títulos, pero ya sabe: panfletos y propaganda. Antes, la censura y el miedo pesaban también como una losa... ¿Sabe cuál fue el auténtico best-seller en los últimos años del Sha? *Cómo cuidar su coche...* No le digo más.»

Mi *ulema* particular cree que la multitud, el pueblo, tardará mucho más que la universidad en volverle la espalda a Jomeini, pese a los *muera* que pueda yo ver en las paredes. Le han esperado durante demasiado tiempo. No se rompe fácilmente con una utopía, sobre todo si ésta trae consigo una carga divina. Algunos compañeros suyos opinan lo contrario, que la sociedad iraní produce anticuerpos a gran velocidad, y que por lo tanto pronto Jomeini tendrá que hacer marcha atrás; él no lo cree así. Jomeini conoce a su mesnada. Cuando le dicen que el culto a su personalidad es excesivo contesta: «No es a mí a quien el pueblo venera, sino, a través de mí, a Alá y a sus imanes.» Del mismo modo, los *mullahs* —empezando por los dos hijos del profesor— pierden la cabeza, porque su poder es real. «La cosa es muy sencilla, ¿comprende? Antes los *mullahs* tenían miedo de pasar al lado de un policía, y muchos taxistas se negaban a transportarlos; hoy, los propios generales se acercan a ellos para pedirles certificados de buena conducta... Cosas así trastornan a cualquiera.»

—Por eso mucha gente dice que lo que ahora tenemos en Irán no es una teocracia, sino una *mullarquía*...

SOBRE LOS ODIOS RELIGIOSOS

La ventaja del profesor Sadegh es que hace honor a lo que nos dijo el primer día que le visitamos, cuando, exhibiendo un histrionismo de buena ley, después de soltarnos una parrafada ortodoxa se levantó, nos mostró su dentadura impecable y nos dijo que había dedicado largos años de su vida al estudio comparativo de las religiones, llegando a la conclusión de que ninguna fe podía permitirse el lujo de prescindir de las demás...

Nuestro terreno de coincidencia es, como antes dije, el antidogmatismo. El profesor Sadegh no cree en las verdades absolutas y constituye un inagotable caudal de información. A menudo me recuerda al profesor Edery, de Jerusalén, que tanta ayuda me prestó a lo largo de mi estancia en Israel. Dispone de parecidos mecanismos dialécticos y es capaz de someterse a una feroz autocrítica, salpicándola con notas de humor. Su memoria es prodigiosa. Arim no mintió al afirmar que se sabía de memoria el Corán. ¡Pero es que yo sospecho que se sabe también de memoria el Antiguo Testamento, y los Evangelios, y el *Zend-Avesta* y lo que le echen! Lo cual no le impide ser metódico y tener clasificados por temas, en un archivador, los grandes interrogantes que ofrecen las distintas culturas religiosas, con todas sus posibles interpretaciones.

Antes de nuestro viaje a Qom —parece ser que se acerca «el día oportuno»—, hemos puesto sobre el tapete varios rompecabezas, como, por ejemplo, el de las «incalificables reflexiones» de Jomeini que leí en Villa Eloïsse. El profesor Sadegh se tiró de la perilla como si quisiera arrancarse unos pelos, y sacando del archivador una carpeta anaranjada me dijo: «Aquí tiene el equivalente, el *pendant*. ¿O cree usted que Jomeini ha inventado algo? Lea el título, por favor...»

Leo el título de la carpeta. Dice: *Odios religiosos*. Mi amigo —me ha rogado que le llame así— estima que los peores crímenes y brutalidades que los hombres han cometido en el curso de la historia no han sido los de las SAVAK de turno, sino los que han tenido por causa los enfrentamientos religiosos. Y me lee este párafo referido a los judíos y a su pentateuco sagrado, la Torah: «La Torah es la medida de todas las cosas y quienquiera que se rebele contra ella está cometiendo una herejía y se expone a los más severos castigos. Aquel que a sabiendas y con intención viola las leyes referentes al sábado u otros mandamientos de la Torah, es un impío. Debe ser advertido, y si no presta atención alguna debe ser condenado a muerte y lapidado.»

—¿Se da usted cuenta? Condenado a muerte y lapidado... ¿Quiere usted saber ahora a qué otros mandamientos se refiere el texto?

Y el profesor me lee lo siguiente: «La ley mosaica castigaba con lapidación el trabajo en el día de sábado; la insubordinación a la potestad paterna; la adoración de los dioses extranjeros; la blasfemia; el arte de la adivinación; el adulterio; el estupro; la sodomía; la bestialidad; el coito durante la menstruación...» A seguido añade: «¿Ve usted, mi querido amigo, alguna diferencia sustancial con las *Reflexiones* de nuestro Jomeini?»

No satisfecho aún, me lee otro párrafo, éste referido a la actitud de Roma para con los primeros cristianos: «Los cristianos son unos criminales. En sus ágapes nocturnos comen carne cruda de niño; practican el incesto; adoran a un hombre con cabeza de burro; odian al género humano; les entregaremos a las fieras antes de que destruyan nuestro Imperio.»

En cuanto al catolicismo, que se merece una carpeta especial, de color amarillo, ha reunido una serie de consejos y prescripciones, muchos de ellos aprobados en el Concilio de Trento, y que ponen la carne de gallina.

Impedimentos para ser sacerdote: la ceguera. La falta de un ojo, si ello sorprende y llama la atención cuando el celebrante ha de leer el misal. La tartamudez, puesto que ello puede hacer reír a los fieles. El hermafroditismo... Etc.

Bautizo: debe emplearse el agua verdadera y natural. Es válida el agua de fuente, río, pozo, laguna, mar; la que procede de nieve, granizo o hielo; la recogida de vapores y rocío; también la llamada agua mineral... Es materia dudosa el café, la cerveza, la lejía y los humores que de las plantas se desprenden. Materia inválida son la leche, la sangre, las lágrimas, la saliva y cualquier materia acuosa que, comúnmente, no se considere agua. Los fetos no bautizados no pueden recibir sepultura eclesiástica. Etc.

Moral médica: no es lícito utilizar la masturbación para obtener el esperma con el cual se descubra, mediante análisis, la posible enfermedad contagiosa que pueda sufrir el paciente. El masaje vesicular encierra algunas dificultades, si produce la excitación y la erección consiguiente. Y nunca es lícito expulsar el semen mediante el tacto, aunque no haya peligro de consentimiento. Etc.

—Por eso —agrega el profesor, sin darme opción a pronunciar una sílaba— yo estoy completamente en contra de la tesis del coronel Gaddafi, que dicho sea de paso está un poco chalado, según la cual debería convertirse la Arabia Saudí en una especie de Santa Sede islámica y La Meca en una especie de Vaticano, con una jerarquía suprema. Gaddafi considera que ello contribuiría a la unificación del Islam; a mi entender, sería su destrucción. Las religiones, que deben existir, porque le garantizan al alma humana la debida trascendencia, si se burocratizan acaban perdiendo su fuerza original, su razón de ser; y acaban legislando y legislando; y terminan por prohibir sacar esperma para un análisis... o bien defecar cara a La Meca.

Por fin llega el día indicado para visitar la ciudad santa de Qom. El viaje me ilusiona enormemente. En primer lugar, será la primera vez, desde que llegamos al país, que saldré de Teherán, exceptuando la excursión que hicimos al desfiladero Shemshak. En segundo lugar, se prevé para ese día una afluencia masiva de peregrinos, puesto que ha corrido la voz de que por la noche aparecerá en la luna la cara de Jomeini y la versión ha obtenido crédito ¡incluso en el seno de la universidad! Todo el mundo se apresta a subirse a los tejados y a invadir las calles, como en aquella ocasión en que se invitó al pueblo a rezar. Y en tercer lugar, Qom alberga una serie de *medresas* (universidades «sacerdotales»), aparte de que allí está enterrada, desde el siglo IX, la «casta Fátima», hermana del imán Reza, en una tumba sobre la cual más tarde se construyó el santuario-mezquita cuya cúpula laminada de oro brilla ahora al sol, santuario desde el cual Jomeini de vez en cuando se digna dirigirse personalmente a sus súbditos.

Debo decir que todas mis gestiones para ser recibido por Jomeini han fracasado. A Jean-Pierre ello no le ha sorprendido en absoluto, puesto que le consta cómo las gasta el ayatollah incluso con los representantes del cuerpo diplomático. «Por ejemplo —me ha contado—, cuando el embajador danés fue a presentarle las cartas credenciales, no le dirigió la palabra. El embajador, por fin, se atrevió a decirle que Dinamarca no acogería al Sha. Jomeini ni siquiera levantó los ojos y el embajador se fue. Algo semejante le ocurrió al embajador soviético. Éste hizo un canto de la revolución iraní; Jomeini le replicó: "Diga a su Gobierno que no meta las narices en los asuntos de Irán." En cuanto al embajador francés, Jomeini lo recibió con extrema cordialidad, y fue al día siguiente cuando canceló los contratos que tenía con Francia para construir el metro de Teherán y una central nuclear.»

Por supuesto, lamento mucho no poder entrevistarme con Jomeini. Incluso había redactado *in mente* un cuestionario que me parecía a propósito. Pero hay que aceptar las cosas como son. Por lo menos, nadie podrá privarme del espectáculo de la peregrinación masiva a Qom, de los comentarios que ésta le sugiera al profesor Sadegh y de cualquier imprevisto que pueda presentarse a lo largo del trayecto.

El profesor ha alquilado un taxi para el viaje, con chófer incluido, y ha tenido la gentileza de invitar a su hija Arim. Ésta brinca de gozo bajo el *chador*. En cuanto al taxista, es un vejete desdentado que acompaña siempre al profesor. Pese a su edad, conserva perfectamente sus reflejos, sobre todo cuando llega la hora de la oración. Al parecer no tiene necesidad de brújula para saber dónde está La Meca. La huele, como las personas no depresivas huelen el olor de la existencia.

Se llama Ahmad y es muy parlanchín. Durante un par de meses, en tiempos ya históricos, estuvo al servicio de Mossadegh, el político que nacionalizó el petróleo y que en 1951 llegó al poder y obligó al Sha a exiliarse. Ahmad guarda de él un grato recuerdo, un recuerdo extraordinario, porque «el viejo Mossie», como se le llamaba, era un payaso de primera categoría. Podría hablarnos de él durante horas. Si nos apetece, se lo indicamos y le haremos feliz.

Antes de abandonar Teherán, Ahmad nos informa de que el trayecto es un poco largo —152 quilómetros—, pero que el estado de la carretera es más que aceptable. Arim, sentada a su derecha, ha traído comida para los cuatro, pues es impensable encontrar plaza en ningún restaurante u hotel de Qom. Apenas la ciudad ha quedado atrás, yo les ofrezco galletas, que aceptan y café de mi termo, que rechazan. Por lo visto Ahmad y Arim sólo toman té. Ahmad lleva un turbante blanco deshilachado, tiene la cara llena de pecas y la nuez del cuello en perpetuo movimiento. Tal vez fuera pelirrojo, lo que en este país sería considerado maléfico, por aquello de que, según los eruditos, lo era también el «detestado» califa Omar.

—¿Cuánto tardaremos en llegar?

—¡Uf! Lo menos de tres a cuatro horas... ¿No ve usted la caravana?

En efecto, y aunque previsoramente hemos salido a las siete de la mañana, toda clase de vehículos van confluyendo poco a poco en la carretera. Autocares con banderolas, camiones descubiertos, con la gente agolpada, vehículos del ejército, motocicletas, asnos al trote. Muchos borriquillos, que son la nota alegre del paisaje, el cual pronto aparece desértico, con la arena de color marrón que debido al viento tiñe entera la ciudad de Teherán. Es presumible que toda esa gente, llegada la noche, salga al exterior para ver la cara de Jomeini en la luna.

Pese a todo, el tráfico es fluido, ya que apenas si de vez en cuando viene en sentido contrario algún coche. Ello contribuye a aumentar nuestro natural buen humor. Arim se ha pintado los ojos más que de ordinario y me ha traído una rosa, que me he colocado en la solapa. En cuanto al profesor, fuera de su despacho —y sin el gato— se me antoja un ser desconocido. Lleva un rosario en las manos, con cuarenta granos, en cada uno de los cuales está grabado el nombre de Alá... El hecho me sorprende y riendo me aclara: «¡Es el rosario de Ahmad! Me ha pedido que se lo guarde...» Luego añade que sobrevolando Irán se comprenden muchas cosas. «El desierto invita al misticismo, ya sabe... Quiero decir que invita a ver visiones. Yo mismo me pregunto qué hago ahora a su lado, si lo más probable es que, debido a la multitud, no podamos siquiera entrar en Qom.»

Me quedo de una pieza. El profesor me da una amistosa palmada en la rodilla y se ríe de nuevo. Se dispone a contarme algo pero Ahmad, el desdentado Ahmad, que lleva una boquilla de regaliz en la boca, se le anticipa y suelta una parrafada, que Arim cuida de traducirme luego... Al parecer, no todo es santo en la ciudad de Qom. Sus habitantes tienen fama de mercaderes y de hipócritas, y ahora mismo hacen su agosto con las peregrinaciones. Su especialidad son los bombones. Incluso se cuenta que a un tendero del Bazar se le preguntó por qué era tan mordaz y cicatero y contestó:

«Porque una noche pernocté en Qom.» Así que, según comenta Arim, también con la sonrisa en los labios, quien hace allí sus abluciones, como ella piensa hacerlas, corre el peligro de contraer el vicio de la mentira y de la calumnia. «Por fortuna —concluye la muchacha— ahora ha vuelto Jomeini y seguro que cuidará de ir purificando el ambiente y el corazón de la comunidad.»

¡Jomeini! Es inevitable hablar de él. Entre mis tres acompañantes se conocen toda su vida y milagros, «excepto, naturalmente, lo que un hombre tan reservado pueda albergar en su interior». Me entero de una serie de datos que desconocía y que estimo explicativos en buena medida de la personalidad del actual dueño de Irán.

Su padre, que también ostentaba el título de ayatollah, predicaba por los caminos entre Bakhtiari y Luristán. Según parece, había estado en la India, por lo que sus palabras traslucían el espíritu de Gandhi. Un buen día, después de dejar aposentados a su mujer y a sus tres hijos en un pueblo llamado Homein (que más tarde se convertiría en Jomein), murió. Ruholla Jomeini tenía sólo nueve meses y usaba pañales. Ello debió de ocurrir en 1902, aunque no se ha encontrado en ningún registro la fecha exacta. Jomeini decidió ser *mullah*. Estudió primero en Ispahan y luego en las *medresas* de Qom. No se sabe gran cosa de su etapa de estudiante, pero en cambio se conocen cuáles fueron los consejos que su padre daba a los oyentes y a tenor de los cuales él ordenó su propia vida. «Si no rezo, mi corazón está disgustado.» El profesor me da una palmada en la rodilla y comenta: «Hermoso, ¿verdad?» «Los enemigos del Islam son enemigos de Dios. En este caso, la violencia contra ellos devuelve el equilibrio, restablece la justicia. Por lo tanto, el musulmán no ofrecerá la otra mejilla...» «En las mezquitas, los viernes, las mujeres deben quedarse atrás, para que el hombre no se distraiga.» «No debemos pedir a Dios bienes materiales ni espirituales, sino consejos y perdón.» «No digáis que los que han caído en la lucha por Alá han muerto. Al contrario, ellos viven, aunque vosotros no los sentís.» «La lucha contra los tiranos es más importante que la oración y el ayuno.»

El profesor se dispone a comentar este último consejo, cuando Ahmad, que obviamente se aburre oyendo hablar francés, nos interrumpe. He aquí que acaba de ver a nuestra derecha un descampado en el que unos cuantos muchachos juegan al fútbol, su deporte favorito, por no decir su gran pasión. Da un frenazo al coche —un viejo Chrysler— para contemplar el espectáculo. Y nos cuenta que lo pasó en grande viendo por televisión los Mundiales del año 1978 en Argentina. Al saber que yo comparto también su afición por ese deporte, chupa fuerte la boquilla de regaliz y me pregunta cómo se llamaba el jugador que fue figura en dichos Mundiales. «Kempes —le informo—. Por cierto, que actualmente juega en un equipo español.» Pega una palmada al volante y contraataca, informándome a su vez de que Irán tiene un gran jugador, llamado Ruchán, que hace poco ha fichado por un equipo de los Estados Unidos. «Lo que no sé es el nombre del equipo.» «Será el Cosmos...», le indico. «¡Sí! —repite entusiasmado—. ¡Creo que sí!» Luego pasamos unos momentos contemplando a los muchachos que le dan al balón. Son tan torpes que Ahmad, inesperadamente, se lleva dos dedos a la boca y les dedica un escalofriante silbido. Luego se ríe y dice: «Si no fuera por el Corán, los mandaba fusilar.»

El profesor Sadegh le llama la atención. «¡Ahmad, que tenemos que llegar a Qom!» Lo cierto es que con nuestro parón hemos provocado un pequeño atasco. Uno más entre los muchos que ocasionan los coches averiados que se quedan clavados aquí y allá, «por falta de piezas de recambio». Ahmad arranca, sortea hábilmente los obstáculos y pronto volvemos a correr con fluidez. Pero el fútbol ha desatado la lengua de nuestro fibroso taxista, que con su intervención cortó en seco el tema de Jomeini y se dedica a contar anécdotas, referidas, ¡otra vez!, a Mossadegh, cuyos llantos, lipotimias, huelgas de hambre y pijamas a rayas yo recuerdo perfectamente.

Ahmad me revela que «el viejo Mossie» llegó a interceptar el teléfono del Sha, por lo que se enteró incluso de muchos de sus «secretos amorosos». Y cuenta que cuando el Sha le ganó por fin la partida y lo mandó encarcelar, Mossadegh, en la celda, le dijo al capitán de guardia que iba a suicidarse; a lo que el capitán replicó: «Me parece muy bien, ya que la orden que tengo me prohíbe dejar que os visiten vuestros amigos, pero no me prohíbe que os tiréis por la ventana.» Ahmad suelta otra carcajada. «¡Naturalmente, el viejo Mossie, en vez de tirarse por la ventana se acostó en el colchón del suelo y se puso a dormir!»

De pronto, la aridez del paisaje corta también en seco nuestro recobrado buen humor. De nuevo el desierto, roto solamente por la aparición de algunos bosques aislados —«éste era propiedad del Sha, aquél también...»—, y algunos oasis en torno a los cuales han nacido caseríos de adobe. Míseros caseríos, a los que no calculo más allá de trescientos habitantes y de los que, según nos dijo el profesor en la universidad el primer día que le visitamos, hay en Irán unos sesenta y cinco mil, sin conexión con el mundo, sin asistencia de ninguna clase y que teóricamente han de recibir, antes que nadie, los beneficios de la actual revolución.

El profesor me dice ahora que, acostumbrado al desierto —nació en la región de Kermán, a trasmano aunque rica en tapices—, cuando llegó por primera vez a París, el Bosque de Bolonia le pareció una *selva*. «Esto les ha ocurrido a muchos iraníes, empezando por Farah Diba.» A nuestra derecha me sorprende ver apostados, en la cuneta de la carretera, una serie de niños vendiendo aceitunas, botellas de aceite, huevos y miel. ¿De dónde habrán sacado esas mercancías? Más adelante, en fila india, un nutrido rebaño de cabras, negras como el volante de Ahmad. Diríase que van también en peregrinación. Dan grima porque se las ve desnutridas y sin fuerza. El profesor me explica que en muchas zonas de Irán hay familias que están viviendo de la leche de cabras como éstas y de los dátiles de unas cuantas palmeras, pese a lo cual antaño los cobradores de impuestos iban a visitarlas, reclamándoles el *zakat*, la aportación religiosa. «Los campesinos apenas si los distinguían de los ladrones.»

Advirtiendo que me siento un tanto afectado, cambia el tono de la voz y me cuenta, procurando que la anécdota me parezca jocosa, que debido a la sequía algunos labriegos de su tierra, Kermán, fueron a ver a Jomeini para que rezara y lloviera. Por lo visto Jomeini rezó, y llovió tanto que Kermán quedó inundado; entonces Jomeini les dijo: «Ahora sólo os queda una solución: ir a ver a Taleghani.»

—Taleghani era todo un personaje, ¿verdad? —le pregunto.

—¡Desde luego! Que le conteste Arim...

Arim interviene —llevaba un rato absorta en sus pensamientos, tal vez acariciando la pistola que debe de llevar debajo del *chador*—, y confirma que el ayatollah Taleghani era de hecho el ídolo de sus camaradas. Su pérdida ha sido algo irreparable para Irán. Intelectualmente era muy superior al propio Jomeini e incluso en ciertos aspectos interpretaba el Corán de un modo más indulgente, menos imperioso. Gentes de todas partes iban a pedirle consejo. «Por desgracia, ya lo sabrá usted, murió hace poco tiempo, de un ataque cardíaco.» Arim marca una pausa y pregunta, de súbito: «¿A qué se deberá que tantos grandes hombres mueran de un ataque al corazón? En el nombre de Dios, ignoro la razón.» Nadie le contesta y Arim vuelve a contemplar el paisaje, ya que las cabras y los niños de las aceitunas han quedado definitivamente atrás.

Nuestra llegada a Qom supera con mucho todos los temores del profesor. Unos quilómetros antes estuvimos a punto de detenernos, aparcar debajo de un algarrobo solitario y seguir la marcha a pie. Pero alguien se nos anticipó y proseguimos, a ritmo de tortuga, hasta la mismísima entrada de la ciudad. Por cierto, que en cuanto asomaron a lo lejos los altos minaretes y la cúpula de la mezquita de la «casta Fátima», la multitud que nos rodeaba rompió en gritos histéricos, enarbolando retratos de Jomeini, pósters de Alí y Hussein. No tuvimos más remedio que detener el vehículo y apearnos, excepto Ahmad, quien prefirió quedarse pegado al volante, guardando su coche.

—Pero... ¡Ahmad! ¡Imposible precisarle la hora del regreso!

—No se preocupen. Déjenme un poco de comida y váyanse... —Viendo que la riada humana nos empuja añade gritando—: ¡Aquí me encontrarán!

Tomamos como punto de referencia un almacén de fruta cercano y, un poco más allá, un gran depósito de agua bendita semejante a los del Bazar. Brilla un sol esplendoroso y aunque mucha gente lleva sombrillas en la mano a nadie se le ocurre intentar abrirlas. ¡Pasan cerca los fumigadores! Se abren paso con habilidad felina, mientras con sus sprays procuran que el aire huela a rosas... La flor que yo llevaba en la solapa, obsequio de Arim, ha desaparecido. Millares de sandalias la habrán pisoteado. ¿Qué hacer? También millares de gargantas gritan enfervorizadas su fe en Alá.

Lo más asombroso es que, entre la muchedumbre, abundan los sillones de ruedas, los paralíticos. Bien es verdad que se benefician de un trato especial. Quienes empujan el carrito o sillón logran que se forme un hueco a su alrededor, de suerte que avanzan más de prisa que nosotros. Entonces me entero de que muchos de ellos han llegado por ferrocarril y que la afluencia de enfermos forma parte de la actualidad de Qom. Enfermos de muy diversa índole, con la esperanza de curarse con sólo pasar frente a la mezquita de Fátima o frente a la modesta casa en que habita Jomeini, en el callejón Ghazi. ¡Vemos unos cuantos leprosos! Montados en una camioneta: también se ha formado un vacío a su alrededor. La cara carcomida, la nariz, los labios, los brazos, las manos... Su visión nos afecta y el profesor me informa de que existen, detectados, unos diez mil casos de leprosos en Irán. La camioneta por fin se detiene, los leprosos se apean y advertimos como un rechazo por parte de la multitud. Todos son varones. ¿Por qué será? ¿Es que las mujeres no tienen derecho a pedir la curación? Uno de ellos es sostenido con dificultad por unos jóvenes que de pronto aparecen llevando un brazal blanco. ¿Dónde están los fumigadores con sus sprays...? Han desaparecido.

Arim se muestra exaltada. Sostiene el *chador* entre los dientes, lo que le permite blandir en la diestra una banderita verde, mientras profiere gritos la mayoría de los cuales escapan a mi comprensión. Observo que son muchas las banderitas verdes y que la riada humana forma ya una masa compacta que, pese a todo, sigue avanzando. ¿Cuánta gente habrá? La población de Qom suma unos doscientos cincuenta mil habitantes. Yo calculo —y confío en que el profesor me dé la razón— que los peregrinos son muchos más. Lo curioso es que a derecha y a izquierda se ven establecimientos abiertos y también abarrotados —¿dónde venderán los bombones *made in* Qom?—, y que en algunas ventanas hay ancianas que aplauden y hombres, ¡en pijama!, fumando su narguile.

El profesor logra comunicarme que esas plazas son consideradas «de privilegio» y que se pagan por ellas cantidades importantes, lo mismo que para los puestos de venta de pegatinas y *souvenirs*. ¡Un puesto de helados! ¿Es posible? Helados de cucurucho... Hay gente que los consigue y que logra lamerlos con fruición. También hay puestos de bebidas refrescantes. No puedo por menos que recordar que el Islam, al no predicar la ascesis, hace compatibles la creencia y el placer.

Se me ocurren disparates, pensamientos absurdos. ¿Y si de repente apareciera el Imán Oculto? ¿Y si de pronto se anunciara que Jomeini ha muerto o que el Sha ha regresado? Claro, claro, son tentativas, por desgracia inútiles, para no fundirme con el inconsciente colectivo. Envidio a los *mullahs*, que destacan por su turbante y su indumentaria de color pardusco y que sin duda viven horas —y días y meses— gloriosos. En Qom hay unos veinte mil, que estudian en diez escuelas teológicas, entre las que figura la de Feyzizé, que es aquella en que Jomeini enseñó. Envidio a Ahmad, que permaneció en el coche. Envidio a Adán, que no sólo fue el *primero*, sino que conoció todos los nombres. Envidio también al profesor, que hace compatibles el escepticismo y la curiosidad.

Hemos dejado atrás dos pequeñas *medresas* y proseguimos nuestro avance. De vez en cuando vemos al grupo de leprosos, compacto como si formaran una unidad. Todos miran con fijeza hacia arriba, sin duda en busca de algún minarete. A su lado, niños deformes, niños mongólicos. Pasamos frente a un cine que fue incendiado por «corrupto» y que por lo visto nadie ha osado reconstruir. Arim, siempre pegada a nosotros, me indica de pronto: «En el nombre de Dios, hoy puede ocurrir algo grande...» Por algún motivo equiparable al azar, he aquí que de pronto me doy cuenta de que la mayoría de quienes me rodean son enfermos. Los hay que no pueden gritar y gimen. Gimen y sollozan. ¿Cómo suenan en *farsi* los sollozos? Juraría que igual que en cualquier otra parte. Los sollozos son el esperanto del alma, el idioma universal. Debe de ser el sollozo humano el que conoce todos los nombres.

Alguien informa a Arim de que hoy Jomeini no se encuentra en su morada del callejón Ghazi, sino que ha acudido a rezar a la mezquita de Fátima. Ello hace que la multitud, capitaneada por los enfermos, se desplace hacia dicha mezquita, y bien a mi pesar nos empujan hacia allí. Yo hubiera preferido verle en su modesta vivienda —o por lo menos pasar delante de ella—, pues me consta que al llegar del exilio le ofrecieron palacios en Teherán y en Qom y que Jomeini los rechazó, prefiriendo reinstalarse en el que fue su antiguo domicilio, ocupado por la SAVAK.

Pero mi protesta interior se manifiesta inútil. Sin apenas tocar el suelo nos encontramos ante la puerta sudeste de la mezquita santa, rodeados de mujeres con velo que llevan a sus bebés en brazos y que lo que pretenden es aproximarse lo más posible para acariciar la pared o hacer que sus hijos la besen. ¡Hermosa puerta, desde luego! Su interior está decorado con estalactitas de oro, recubiertas de espejos. También se ven cirios encendidos y maravillosos azulejos.

La puerta está guardada por varios *mullahs* armados con fusiles. Ignoro si es la costumbre o si hoy, en razón de la esperada aparición lunar, hemos topado con una jornada especial. Lo que sí es cierto es que vivimos de lleno el delirio de la fe islámica, ya que alguien corre la voz de que un paralítico ha echado a andar, que se ha curado. ¡Que se ha curado gracias a Jomeini, pese a que éste no se digna asomar por parte alguna! Se arma una tal trapatiesta, por cundir la sospecha de que el ayatollah no se movió de su hogar, que sólo la proximidad del turbante negro del profesor hace que me sienta seguro, aun sin ser musulmán. Sin embargo, los gritos de «¡Curado! ¡Curado!» ahogan cualquier conato de subversión. El contagio alcanza su momento estelar. Arim exhibe más que nunca la banderita verde y su voz ha ganado en vibración.

No obstante, los leprosos aparecen ahora doblemente tristes. Acaso no crean que la palabra «milagro» pueda tener plural, o siguen percatándose de que su presencia crea en torno suyo un ambiente de incomodidad. Como si no tuvieran derecho a la curación. Como si el contacto con su mal fuera peligroso, que no lo es, salvo en condiciones climatológicas muy particulares... Por mi parte, no puedo por menos que recordar la visita que hicimos a la isla de Hang Lin Chau, cerca de Hong Kong, hace ya muchos años... Allí los tocados por la lepra no esperaban nada del cielo y sí de la ciencia, administrada por médicos y por unas misioneras australianas.

Ahora corre la voz de que no es cierto que se haya producido la curación del paralítico. El hombre que se levantó del sillón de ruedas podía andar, y estaba allí simplemente porque en una visita anterior la aparición de Jomeini le curó el asma. Sin embargo, ¿cómo decepcionar a *toda* la multitud? El desmentido alcanza sólo a unos cuantos. Por el contrario, los jóvenes del brazal blanco hablan ahora de que un ciego ha recobrado la vista... ¿Dónde está? ¡Qué importa! Ay, las pobres mujeres con niños deformes, con niños mongólicos... Tocan llorando la pared exterior de la mezquita y los niños siguen igual. Uno de estos niños babea y mira beatíficamente las banderitas verdes que asoman aquí y allá. Parece feliz. El profesor Sadegh se acaricia la perilla —lleva gafas ahumadas— y de vez en cuando me hace un gesto aconsejándome tranquilidad, sosiego. ¡Es pedir mucho, cuando uno sólo dispone de dos ojos para ver, de dos oídos para oír! A lo largo de mi vida he podido comprobar que puede ser cierto que la fe mueve las montañas. ¿Por qué no puede mover los desiertos de Irán? ¡Me alegraría tanto que fuera cierto lo del ciego! Arim susurra, o tal vez grita: «Ya decía yo que hoy ocurriría algo grande...»

Y a todo esto, los *mullahs* armados con fusiles continúan ahí, guardando la puerta de entrada. Por lo visto sólo tienen acceso al interior de la mezquita los peregrinos que han llegado a Qom andando, que han hecho el trayecto a pie, provenientes de tierras lejanas. Son bastante numerosos. Uno de los tocados por la lepra se enfrenta con un *mullah*, y éste le cierra el paso de mala manera. Es un momento supremo. De pronto recuerdo haber leído en algún folleto que esta mezquita fue construida, tal y como está ahora, por Sha Abbas y que fue visitada por el propio Pedro el Grande... Me pregunto si fue también ahí dentro donde el «cosaco» Reza Khan entró con su caballo y le pegó un garrotazo a un *mullah* rebelde. Entretanto, se rumorea que alguien —no hay que olvidar que Jomeini tiene enemigos— puede haber colocado una bomba (tal vez cerca del *mirabh*) y que en vista de ello andan rastreando todo el edificio.

Como fuere, la multitud nos empuja de un lado para otro. Finalmente nos vemos desplazados hacia el oeste, y he aquí que huele a petróleo. ¿Será una jugarreta del subconsciente? No, no lo es. Arim, a la que he formulado la pregunta, corrobora que, en efecto, hay unos pozos de petróleo muy cerca, aunque los sondeos no prosperaron. La paradoja se me antoja casi brillante: se ha buscado petróleo justo al lado del enclave de Irán. Sin embargo, ¿no dijo el Profeta que no había que «apetecer bienes indefinidamente»?

Miro al profesor y le digo, casi en tono de súplica:

—¿No podríamos acercarnos, por algún atajo, al callejón Ghazi? A lo mejor la sospecha era cierta y Jomeini sale ahora a saludar a la multitud...

—¡Ni pensarlo! —me contesta rápido—. Queda muy lejos... Es un edificio pequeño con un pequeño estanque en el patio, que le sirve de protección... —Abre los brazos en ademán desolado—: No, no hay forma de llegar allí, y además estoy seguro de que hoy el viejo santón no se moverá de su escritorio...

Comprendo que es inútil insistir. Miro en torno y veo dos grupos que luchan por abrirse paso. Uno de ellos lleva un ataúd a hombros, materialmente sepultado por coronas de flores; el otro es de flagelantes. Son chiítas pakistaníes —lo dice una pancarta— y se pegan latigazos en la espalda, con fuerza inusitada. El profesor, en tono autoritario nos dice:

—Vámonos de aquí...

Conseguimos, siempre en dirección oeste, quedar a salvo de la multitud y hallar cobijo en un caserón abandonado, solitario, donde va normalizándose nuestra respiración. El calor es asfixiante. Sentados en unas piedras, que antaño debieron de pertenecer a una herrería, descansamos; el profesor, después de felicitarme porque he podido salvar mi saco en bandolera —«por algo es un saco bíblico, puesto que me acompañó al Sinaí»—, me cuenta de la importancia del chiismo sobre el aspecto «terrenal» de Qom, como lo demuestra la presencia de peregrinos del Pakistán. A Qom afluyen sin cesar enormes cantidades de dinero y de toda clase de donativos, desde joyas y alfombras hasta certificados de bienes hipotecarios que pasan a poder del imán.

Por otra parte, está el negocio de las tumbas. Se cuentan por millares los iraníes que quieren ser enterrados cerca del sepulcro de Fátima. Quien, a base de entregar una suma enorme, consigue un panteón en el propio recinto de la mezquita, se considera dichoso. Debido a ello hubo que abrir unos pasadizos subterráneos que van extendiendo la zona mortuoria hacia el lugar donde nos encontramos ahora, en dirección precisamente al cercano desierto de Das-e-Kaiv, donde los judíos, en tiempos del Sha, intentaron en vano proceder a una repoblación forestal.

—Así que el terreno que pisamos es casi de catacumbas. Terreno de muerte... —El profesor se seca el sudor y concluye—: Como dicen los comerciantes de Qom, aquí se importan cadáveres y se exportan *mullahs*...

Por supuesto, la experiencia ha sido válida. Y sin embargo, mi decepción es grande, por no haber podido ver a Jomeini... Cada vez estoy más convencido de que debimos dejarnos llevar en volandas hacia el callejón Ghazi. Arim comparte mi criterio. No cree que, en un día como hoy, el ayatollah haya permanecido en su escritorio, insensible a los gritos de la multitud que gritaba: «¡Milagro!» Seguro que en algún momento se habrá asomado a la ventana. Por mi parte, estoy acongojado, pues entre contemplarle a él o ver brillar las estalactitas de oro de la puerta de la mezquita, la diferencia es abismal. Mi composición de lugar hubiera sido más exacta. No basta con miles de fotografías y pósters, ni con llevar el tapiz con su efigie, ni tampoco con verle en la televisión. La piel en directo es mucha más piel, la carne es mucha más carne. Sí, me hubiera gustado verle abrir los brazos abarcando humildemente el globo terráqueo...

Arim cuida de servirnos las raciones que ha traído para el almuerzo, compuesto básicamente, al igual que el que nos ofreció Samad, de arroz, pollo y pan. Tenemos un recuerdo para Ahmad, el chófer, que debe de haberse ya comido su correspondiente ración.

—Es de suponer que nos estará esperando, ¿verdad?

—¡Cómo! Aparte de que no me ha fallado jamás, con eso del fútbol se ha ganado usted su amistad para siempre... Sería capaz de esperarnos allí hasta que empiece el Ramadán.

Inesperadamente el profesor me pregunta si creo en los milagros. No sé qué contestar. Me vienen a la memoria mis diálogos al respecto con los franciscanos de Tierra Santa... Me cuesta. Me cuesta mucho admitir que «alguien» pueda contrariar las leyes naturales.

—No sé qué decirle, profesor... ¿Por qué no me da usted su opinión?

Con su elegancia de siempre, no tiene el menor inconveniente. Afirma que la palabra «milagro» es muy fuerte y que mejor sería, quizá, hablar de «sucesos que no tienen por el momento explicación lógica». Luego añade que en este aspecto el Islam es un poco más precavido, o más cauto, que el cristianismo. Cierto que muchos exégetas del Corán atribuyen a Mahoma determinados «milagros», como el viaje de La Meca a Jerusalén, la victoria sobre los enemigos en la batalla de Badr, etc. Pero en realidad se trata de actitudes que él calificaría de optimistas. El comportamiento de Mahoma, que en todo momento dejó bien claro que no era hijo de Dios sino simplemente su profeta, no permite deducir tan sólo que se sintiera capaz de contrariar esas leyes naturales. Más bien afirmó lo contrario, sobre todo en las suras II, VI y XVII, en las que menciona expresamente que el agente causal es la soberana voluntad de Dios.

En cambio, y en virtud de los Evangelios, el cristianismo ha tenido siempre por cierto que Jesús no sólo sanó a los enfermos —«que es lo que, teóricamente, ha ocurrido esta mañana en Qom»—, sino que ahuyentó a los demonios y resucitó a los muertos. «Esas afirmaciones son excesivamente radicales, la verdad. Sin embargo, en ambos casos hay algo que da mucho que pensar, y es que lo mismo Jesús que Mahoma —para citarlos cronológicamente— fundaron dos religiones de dimensión universal. Que al cabo de tantos siglos haya multitudes que sigan sus respectivas doctrinas, eso, casi, casi, desafía por sí solo las explicaciones humanas ordinarias.»

Me dispongo a dar mi parecer, pero he aquí que Arim ha reaccionado con furia, sin tomarse siquiera la molestia de pedir disculpas. Recobrada la voz, con el *chador* llegándole hasta las cejas y gesticulando airadamente, grita más que dice:

—¿Cómo te atreves, padre, a hablar de ese modo? El Corán fue revelado por Dios. Esto es ya un milagro. Y el Profeta, aparte de revelar hechos ocultos, realizó toda suerte de prodigios... Pero ¿no es precisamente lo que tú mismo me has enseñado? ¡Que el Profeta te perdone! En presencia de un forastero te atreves a negar lo que cuentas cada día en la Universidad... ¿Y por qué dudas de los poderes de Jomeini? En el nombre de Dios, Jomeini es nuestro Imán, nuestro Salvador, que con sólo el rezo y la palabra derrotó al ejército del Sha, considerado invencible... —Arim, fuera de sí, se traga de prisa el resto de comida y me pide un poco de café, justificándose con estas palabras—: A lo mejor me da fuerzas para emprender el regreso a Teherán...

Ante mi asombro, el profesor se muestra impasible. No reacciona como yo supuse, ni se toma la molestia de rebatir los argumentos de Arim.

—Anda, cállate... Es imposible dialogar con vosotros. Haría falta un milagro para haceros cambiar de criterio. —Sigue comiendo y añade—: Cuando seas mayorcita volveremos a tratar el tema, y a lo mejor has entrado ya en razón...

Arim lanza una especie de berrido, se calla y con un bastón se pone a dibujar signos en el polvo que hay bajo nuestros pies.

AUSTERIDAD DE JOMEINI

El profesor ha tenido razón. Ahmad nos esperaba en el lugar en que lo dejamos. Ha pasado un rato feliz dialogando con los empleados del almacén de frutas, uno de los cuales incluso en tiempo del Sha fue multado por intentar vender alcohol en la santa ciudad de Qom... ¿Hemos visto el cine incendiado? Daban películas pornográficas. ¿Ha ocurrido hoy algún milagro? ¿No se sabe con certeza? ¡Alabado sea el Profeta! A no ser que su segunda esposa prefiere vivir en Teherán, él viviría a gusto en Qom, para estar más cerca del ayatollah. ¿Cómo? ¿Que no hemos comprado bombones? ¡Son bombones con miel! Eso es como ir a Kermán y no comprar ningún tapiz...

Subimos al coche y emprendemos el regreso. Multitud de preguntas se agolpan en mi mente, pero la actitud de Arim, prietos los labios y la mirada fija en el gris de la carretera, me cohíbe, por lo que durante un lapso de

El Sha con sus tres esposas: Fawzia, Soraya y Farah Diba.

La corona imperial de Persia.

Excursión a los montes Elborz.
Campesino cazador de mariposas.

tecnológicos de ese Occidente que él tildaba de racionalista en exceso, y habida cuenta de las discrepancias que existían en el seno del propio Islam. ¿Cómo limar, por ejemplo, las asperezas de fondo que separaban a los chiitas de los sunnitas? Sobre todo partiendo de la base de que los chiitas apenas si representaban el diez por ciento del mundo musulmán.

El profesor Ghavam Sadegh dejó por un instante de acariciar el gato azul y le dio un tirón a su perilla de chivo. Luego replicó:

—Como ustedes saben, soy catedrático de Historia del Islam. Ello me ofrece ciertas ventajas con vistas a conocer nuestros puntos flacos y nuestras virtudes. Pues bien, les digo que ahora nuestras virtudes se impondrán. La tecnología occidental, de que usted ha hablado, ha llegado a la Luna, pero en cambio no ha sido capaz de conservar puros los corazones de los hombres. En consecuencia, no sólo ha perdido su propio vigor, sino la oportunidad de aportar el bienestar a los inmensos territorios que durante siglos tuvo bajo su dominio. En Occidente prevalecen el materialismo, el ansia de placer, la hipocresía y la mentira. Todo eso quería implantar en nuestro país el Sha, además del espíritu de agresividad, y por eso, pese a su ejército y a sus recepciones en el palacio de Golestán, ahora se encuentra sin patria y, al parecer, enfermo de cáncer. Así que comprenderán ustedes por qué les hablé de vientos favorables refiriéndome al Islam...

Al advertir que nuestra atención era sincera, siguió hablando y nos dijo que el Tercer Mundo les reclamaba y que en él levantaban día tras día nuevas mezquitas. Los acogían como a sus liberadores, porque el Corán, ¡que el Profeta fuera loado!, resolvía sus problemas y, en cambio, no les recordaba, como el cristianismo, ni la explotación colonialista ni las bombas napalm. ¿Chiitas o sunnitas? ¿Porcentaje de unos y otros? Todos eran hermanos, pese a las discrepancias aparentes a que habíamos hecho mención. Debíamos meternos esto en la cabeza y no darle más vueltas: llegarían a constituir una unidad. El imán Jomeini, pese a ser el representante, en efecto, de una facción minoritaria, en la práctica era la flecha que, con su actitud, había actuado de revulsivo y les había enseñado a los demás el camino a seguir. Los sunnitas habían caído, muchos de ellos, en la trampa de la ambición —y estaba pensando en Arabia Saudí y en los emiratos del golfo—, y con su vida fastuosa, sus orgías y sus diabólicas exhibiciones en el extranjero le prestaban a la causa islámica un flaco servicio; pero a la postre se golpearían el pecho pidiendo perdón. Y Alá, que es sabio y misericordioso, se lo concedería. El actual Irán era el detonante que el mundo esperaba, sin que importase demasiado que cometiera algunos errores. La juventud, sobre todo en las zonas rurales, era sana... Tampoco pudo con ella el Sha. Debíamos darnos una vuelta, en este viernes sagrado, por las mezquitas. El día era apropiado. Comprobaríamos la eficacia de la plegaria: veríamos juntos al comerciante y al artesano, al rico y al pobre, al teheraní y al recién llegado de la región de Ahwaz, dicho fuera para citar un ejemplo. Todos con la cabeza baja, todos purificados mediante la ablución. En eso consistía para él limar asperezas... En París, la palabra que oía con más frecuencia era la palabra libertad. Ellos, en cambio, creían que los pueblos eran imperfectos y que en consecuencia necesitaban de un guía, de un jefe. Ese guía, para ellos era el Profeta; confiaba en que le habríamos comprendido y nos pedía excusas si algunas de sus afirmaciones nos habían parecido demasiado severas.

Llegados aquí, y mientras cavilaba para mis adentros que el supuesto eclecticismo del profesor, discípulo del recién fallecido Taleghani, era una broma grotesca, el hombre nos proporcionó la mayor de las sorpresas: soltó el gato, se levantó, lanzó una carcajada y dando una vuelta a la mesa se plantó por fin frente a nosotros, mientras con las manos se apretaba el turbante.

Nuestra mudez fue total. No sólo el profesor no era paralítico, sino que se trataba de un hombre alto, corpulento y dueño de una dentadura impecable, lo que hasta entonces nos había pasado inadvertido. ¿Qué había pasado? ¿A santo de qué semejante cambio de ritmo? El profesor Ghavam Sadegh no tardó en desvelar el misterio. Sin dejar de reírse, nos confesó que había hecho las veces de «la voz de su amo». Que había hablado como, oficialmente, estaba acostumbrado a hablar; como hablaba, por ejemplo, en el aula de la Universidad, al impartir su cátedra y en los congresos a los que asistía. Sin embargo, en su fuero interno su postura era muy otra. Por algo había dedicado largos años de su vida al estudio comparativo de las religiones. En su fuero interno no creía que existiera ninguna fe que pudiera permitirse el lujo de prescindir de las demás... ¡Tiempo tendríamos para hablar de ello! Precisamente ardía en deseos de poder desahogarse. Oh, claro, nos pedía mil perdones por la payasada, por los despropósitos que había soltado en menos de lo que tardaba la ex emperatriz Soraya en comprarse un nuevo collar. ¡Era padre de tantos hijos que sufría la deformación de jugar siempre a gigantes y enanos! Por lo demás, debíamos acostumbrarnos a esa costumbre iraní de disfrazar, llegado el caso, o por simple habilidad emocional, los más íntimos sentimientos. Había dos cosas que caracterizaban atávicamente a su pueblo: el gusto por oír el *santur*, es decir, la cítara, y no tener prisa... Él no tenía prisa, de ahí que nos rogaba que ahora aceptásemos tomar con él una taza de té.

EL PABELLÓN DE LOS FANÁTICOS

Fue una lección eficaz. Sobre todo porque, a los cinco minutos, entró una hija del profesor, Arim de nombre, que nos obsequió con varias reverencias. Por lo visto militaba precisamente entre los voluntarios que montaban la guardia en la propia Universidad, en el pabellón de los folletos y de las casetes. Arim vestía un precioso *chador*, una de cuyas puntas sostenía con los dientes para tener las manos libres. Su mirada era incisiva, un tanto perforante. Le preguntamos cuántos años tenía y nos contestó: «En el nombre de Dios, tengo veinte años...» ¡En el nombre de Dios! Debía de ser la costumbre. Permaneció con nosotros sin abrir la boca, mientras el profesor Ghavam Sadegh nos aconsejaba que visitáramos cuanto antes el Bazar. El Bazar y, por descontado, el pabellón de los folletos y de las casetes en el que su hija prestaba sus devotos servicios. «Yo lo llamo el pabellón de los fanáticos, cosa que mi hija no me perdona... ni siquiera en el nombre de Dios.»

Poco después salimos de aquel despacho aturdidos, no sin antes habernos despedido cordialmente del profesor —éste nos repitió: «hasta cuando quieran»— y, con ademán ambiguo, del gato azul. Arim, mientras bajábamos la escalera, nos dijo que se alegraba mucho de que su padre nos hubiera recibido tan amablemente. Llegados al exterior, al aire libre, le pregunté a la muchacha:

—¿Y por qué te alegras, Arim?

La muchacha tuvo un mohín coqueto.

—Porque siento mucha, ¿cómo se dice?, mucha *simpatía* por los españoles...

—¿Por alguna razón especial?

—¡Desde luego! Porque no han reconocido ustedes al Estado de Israel...

Entramos en el pabellón de los «fanáticos». Nos enteramos de que varios de los despachos están en manos de los *mojahedin-el-kalq*, es decir, marxistas-leninistas. Arim pertenecía a los «guerrilleros islámicos», seguidores de Taleghani, tenidos por moderados, si bien cabía preguntarse qué se entendía allí por moderación. En los tres pisos reinaba un desorden total, con abundancia de metralletas y fusiles. Incluso alguna muchacha llevaba pistola y nos preguntamos si Arim no la llevaría debajo del *chador*.

El ambiente era tenso, concentrado, yo diría que un tanto hostil. Arim nos condujo a una sala que olía a linimento y en la que podía adquirirse, a precios módicos, todo el material de propaganda que uno desease. La hija del profesor, cuya enérgica mirada contrastaba con una palidez casi espectral, nos facilitó detalles, lamentando que la mayoría de los folletos estuvieran impresos en *farsi* y en árabe, y optamos por quedarnos con un par de pósters de Jomeini subiéndose bonitamente al cielo —sin sandías alrededor— y con tres casetes correspondientes a otros tantos himnos de la revolución, que nos grabaron allí mismo en cintas-virgen, con extraordinaria rapidez. Himnos que sonaron en los últimos meses del Sha —¡que el Profeta lo maldijera!— y cuya rítmica violencia galvanizó a los rebeldes. Bajo sus acordes se incendiaron locales, se asaltaron bancos y ardieron salas de fiestas y buen número de *boutiques* de las que Raquel habló con nostalgia.

—Hermosa música, ¿verdad? —comentó Arim al entregarnos las cintas.

—Sí, desde luego... Muy hermosa.

—Uno de los compositores fue descubierto y fusilado. Todas las semanas llevamos flores a su tumba.

—¿Era amigo tuyo?

—Un camarada...

—Ya...

A última hora adquirimos también un «tapiz de plegaria» que representaba, ¡cómo no!, la cabeza de Jomeini, en blanco y negro. Por su escaso tamaño ofrecía la ventaja de poder llevarse debajo del brazo; en mi caso, cabía perfectamente en el interior del saco que llevaba en bandolera. Arim, sin perder un ápice de su seriedad nos dijo: «Si alguien quiere registrarlos, le enseñan el tapiz. Les servirá de salvoconducto...»; y ladeó la cabeza con evidente ironía.

Arim no quería que nos llevásemos una mala impresión de lo que ella llamaba su «covachuela». Todo andaba allí manga por hombro porque se trabajaba mucho, aunque, por fortuna, no faltasen voluntarios. ¡Pero eran tantos los servicios que reclamaban su presencia! Teherán era inmenso, las patrullas no paraban y si el utillaje para imprimir y grabar se estropeaba, era casi imposible hacerse con piezas de recambio. De otra parte, no todo el mundo era de fiar. Había infiltraciones... El partido Tudeh, es decir, los comunistas, a menudo les ponían en un brete, si bien los peores eran los contrarrevolucionarios, los que añoraban la época del Sha. Por supuesto, iban adquiriendo experiencia y detectaban con facilidad a los traidores, los cuales, ¡no faltaría más!, recibían automáticamente su merecido, puesto que el Profeta se había mostrado muy claro al respecto: «En cuanto a aquel que es malévolo con vosotros, sed malévolos con él en la medida en que él lo haya sido con vosotros.»

De pronto sonó con estrépito una sirena de alarma y la mitad de los «camaradas» desaparecieron, con sus armas correspondientes. Ante nuestro estupor quedó suelto, sobre una mesa, un pequeño revólver... Arim, al verlo, juntó las manos. «A veces somos unos novatos», confesó. Y se apoderó de él.

La sirena sonó de nuevo, esta vez con más estrépito aún. ¿Qué ocurría? Se lo pregunté a Arim.

—Imposible saberlo... Pero reclaman nuestra presencia. Pueden estar persiguiendo a alguien; o tal vez se haya producido un incendio o un escape de agua... También es posible que haya que evacuar algún herido o que se necesiten dadores de sangre... —Arim había cerrado con llave el revólver en un cajón y continuó—: Ya les dije que eran tantos los que reclamaban nuestros servicios...

Había un punto de grandeza en aquella entrega total. «Dadores de sangre...» Tal vez la palidez de Arim se debiera a que la había dado con abundancia excesiva. En una habitación contigua un muchacho, mientras atornillaba las bisagras de una puerta iba murmurando: «*Allah akbar.*» («Sólo Dios es grande.») Junto al muchacho se veía un acuario por el que deambulaban peces de colores. Arim sonrió. Le pertenecían «en exclusiva». Ella cuidaba de dar de comer a los peces, de que ascendieran las burbujitas, de limpiar la pequeña vegetación del fondo y, por supuesto, los cristales. «Fue idea de Hosin», nos dijo. «¿Quién es Hosin?» «Un muchacho que se quedó huérfano, que se queda a dormir aquí y que es el primero en llegar a todas partes.» Luego añadió que la pena era que los peces se morían fácilmente y que había que reemplazarlos por otros. «Cada uno de ellos tiene un nombre... Naturalmente, aquél con franjas amarillas y el hocico abierto se llama Arim.»

Habíamos pasado, en cuestión de unos instantes, de los himnos a la violencia a una especie de evocación poética, trasunto del ángel que, según Salvio Royo, anida en algún rinconcito de cualquier ser.

Arim pareció dar el tema por zanjado, y mientras regresaban algunos camaradas dispuestos a seguir grabando casetes, con la mano nos indicó la puerta.

—Los acompaño...

Bajamos la escalera.

—Estás en tu ambiente, ¿verdad, Arim?

—Aunque mi padre no lo crea, así es...

—¿Podríamos charlar contigo, algún día, con calma?

—¡Desde luego! Si se trata de charlar, cuando quieran... Todas las mañanas estoy aquí...

—¿Y por las tardes?

—Cada tarde tenemos asamblea y luego estudiamos el Corán...

—¡No me dirás que te lo sabes de memoria!

—Yo, no; pero mi padre, sí. De punta a cabo. Pónganlo a prueba y verán.

AZOTES EN LAS CALLES DE TEHERÁN

Deambulamos un rato por los alrededores de la universidad. En la avenida Anatole France se alineaban una serie de tenderetes en los que estaban expuestos libros heterogéneos, en ediciones baratísimas. Además, pósters de Trotsky, del Che Guevara, de ayatollahs cuyos nombres ignorábamos. Sólo reconocimos, por haberla visto en Villa Eloïsse, en el *Theran Journal*, la cabeza del ayatollah Shariat-Madari, jefe espiritual de la minoría turca del Azerbaiján —capital, Tabriz—, quien está en contra de ciertos artículos de la Constitución y de los poderes absolutos de Jomeini. Resultaba curiosa, casi blasfematoria, tanta iconografía, tantas «representaciones humanas», en la entraña de una religión que las prohíbe. Dos periódicos destacaban entre los demás: el *Diario del Pueblo* y *La Voz de la Revolución*. Supimos de ellos porque uno de los vendedores, al vernos, los «cantó» en francés. También había muchos transistores, accionados a todo volumen, que la gente se colocaba al oído con cierta crispación. Y asimismo se vendían toda clase de espejos, tradicionales en Irán, cuya simbología debíamos averiguar.

Nos detuvimos a contemplar el río humano que pasaba. Las facciones iraníes nos parecieron más occidentales que las de los árabes, y eran muy escasos los cuerpos que delataban desnutrición. Los amigos, al encontrarse, se besaban una y otra vez en ambas mejillas. Sin embargo, no sonreían fácilmente, a no ser que se tratase de gente muy joven. En muchos rostros nos pareció adivinar aquel punto de torpeza o bruma de que nos habían hablado. Por lo demás, ¿cómo distinguir, en medio de la barahúnda, quién era *fedayin*, quién *mojahedin*, quién era un infiltrado? En algún lugar había leído que el corazón es un «monasterio». Nadie pedía limosna, *bacsis*: nos encontrábamos lejos del Cairo. No se veía un solo centinela: nos encontrábamos lejos de la sirena de alarma que sonó en la Universidad. Pasaban mujeres encinta, llevando de la mano bebés, muchos de ellos con chupete de color verde. Sabíamos que el color verde era el de Alí, pero nos resistimos a establecer la menor relación. De pronto, y sin saber por qué, me dije que el índice de natalidad, como siempre ocurre después de las «guerras», debía de ser muy superior al registrado en tiempos del Sha...

De vez en cuando algún viandante se detenía para mirar a mi mujer. Era evidente, en estos casos, que funcionaba la xenofobia, y yo estaba a punto de extraer de mi saco en bandolera el «tapiz de plegaria», el supuesto salvoconducto; pero la cosa no pasaba a mayores. Por el contrario, en varias tiendas de nombres judíos —¿no habían sido expulsados casi todos?—, el dueño, en la puerta, nos invitaba a entrar. «*French, english...?*» Negábamos con la cabeza y seguíamos adelante. «*Please, s'il vous plaît...*» Seguíamos andando. En su mayoría eran tiendas de alfombras o de antigüedades, que Raquel debía de conocer al dedillo.

En un determinado momento, vimos a un grupo de personas escuchando a un orador, éste subido sobre un bidón de alquitrán. Era un hombre bajito y gordinflón, que se servía de un megáfono como los bebés se servían del chupete. Nos detuvimos porque nos llamó la atención su forma de declamar. El auditorio estaba embobado. Recordé que Jean-Pierre nos había hablado de la musicalidad del idioma *farsi*, de la melodía de su fraseo, de su ritmo interno, que los calculados silencios o pausas acentuaban más aún. Imposible para nosotros saber si el orador trataba de excitar con consignas al auditorio o si recitaba versos de Hafiz. Pocas veces nos habíamos sentido tan ignorantes, tan fuera de juego.

Hasta que, inesperadamente, todo cambió. Al otro lado de la calzada se desarrollaba una escena radicalmente distinta. Unos muchachos, extremadamente parecidos a los camaradas de Arim, llevaban en una camioneta descubierta a dos hombres de edad avanzada y los azotaban en la espalda. Blandían los látigos en el aire y debían de estar contando: uno, dos, tres... Por mi parte, conté hasta cuarenta azotes. Imposible, debido al cafarnaúm del tráfico, oír el ruido del cuero en las espaldas desnudas; en cambio, veíamos perfectamente el rictus de impotencia y de pánico de los «delincuentes». Mi mujer se tapó la cara con las manos; yo, en cambio, me sentí repentinamente ganado por una extraña impasibilidad. Lo único que noté fue hambre, un hambre súbita y atroz, que me indujo a echar mano de mi paquete de galletas que, como siempre, llevaba preparado. Por el contrario, no me atreví a sacar de la bolsa la máquina fotográfica.

La escena terminó —el ejemplo, el escarmiento, la aplicación de la ley—, y la camioneta arrancó, perdiéndose entre un enjambre de motos Toyota que se habían detenido. De pronto me acordé de que Raquel nos habló de los «cuarenta» latigazos. La cifra era la asignada a quienes transgredían las normas establecidas sobre bebidas alcohólicas. Los adúlteros, en cambio, recibían trescientos o pena de cárcel. Los «delincuentes», pues, debían de haber sido pillados en plena borrachera o cogidos *in fraganti* mientras compraban botellas a los «milicianos» que utilizaban el truco de acercarse a los vehículos y ofrecérselas al conductor a precios irrisorios. Raquel nos había dicho: «Unos metros más atrás otro vehículo anda al acecho, y si el conductor cae en la trampa es detenido sin remisión.»

Mi mujer, ya recobrada, me sacó de mi ensimismamiento y me hizo observar que, mientras todo aquello ocurría, el orador no había cesado de hablar a través del megáfono, y que su auditorio, salvo algunas excepciones, no había cesado tampoco de escucharle. La coraza del hábito era evidente.

Continuamos andando y de pronto pasamos frente a una mezquita. Nos acordamos del consejo del profesor Ghavam Sadegh. No sólo estaba llena a rebosar, sino que, fuera, se habían agrupado no menos de doscientos hombres que, puestos en tres filas, rezaban sincronizando casi a la perfección sus movimientos. Consultamos el reloj, era mediodía, la hora de la oración. ¿Cómo era posible que no hubiéramos oído al almuecín? Todos los hombres habían depositado sus bultos en el suelo y algunos utilizaban «tapices de plegaria» como el que yo adquirí en la Universidad. El denominador común era el estado de trance.

Pensando en que Mahoma nació hacía más de mil trescientos años, la escena no dejaba de resultar impresionante. ¡Mahoma...! ¿Qué sabíamos de él? Lo que habíamos leído en las biografías. A la vista de los resultados, *sentí* que todo lo que a él se refiriese debía de interesarme de un modo especial, como, por ejemplo, que no hubiera conocido a su padre. Mientras por la avenida de la Revolución (antes Reza Sha) pasaba una manifestación de parados, llevando pancartas, mi mujer y yo nos sometimos a un examen recíproco. Ella recordaba, de la biografía de Virgil Gheorghiu, la descripción del aspecto *físico* del Profeta. Era un hombre guapo. De ojos bellos, grandes, negros, inteligentes. «Su mirada era tan penetrante que podía contar doce estrellas de la constelación de las pléyades.» Estaba orgulloso de esos ojos suyos, que cuidaba con colirio de antimonio. De estatura mediana, ni alto ni bajo, tenía unos cabellos abundantes, negros, lisos, que llevaba sobre los hombros. Una barba bien provista, negra y densa. Cuidaba con especial atención sus cabellos y su barba, perfumándoselos a la moda de su tiempo. «El sudor de su frente se deslizaba en perlas, cuyo perfume era más dulce que el almizcle.» Sus cabellos eran largos, como los de Jesús, pero Mahoma los llevaba separados en dos por una raya, a la manera árabe. Su tez era blanca. La cabeza poderosa; la frente alta y la nariz aquilina. Las plantas de sus pies no mostraban surcos, de manera que dejaba en el suelo una huella uniforme. Su voz, clara y dulce. Hablaba tan despacio que podían contarse las letras de las palabras que pronunciaba. Tenía el busto muy largo con respecto al resto del cuerpo, de manera que parecía más alto que los demás hombres cuando permanecían sentados. Mahoma caminaba con rapidez, como si bajara por una pendiente: «Era hermoso como la luna de la decimocuarta noche.»

Por mi parte, recordé la descripción de la noche del Kadir, durante el Ramadán. «Hay en este mes una noche especial, en el transcurso de la cual todo es posible: la noche del Kadir. En esta noche los milagros están al alcance de las manos. La natura duerme. Los ríos no cesan de fluir. El viento se detiene, silencioso. Los malignos espíritus se olvidan de observar los fenómenos del mundo. Puede oírse cómo crece la hierba. Y cómo hablan los astros. La arena del desierto es dominada por un profundo sopor. Los hombres que han sido testigos de la noche del Kadir se harán sabios y santos, porque en esta noche han visto el universo a través de los dedos de Dios.» Naturalmente, Mahoma había vivido muchas noches-Kadir, y fue en una de ellas cuando recibió la primera revelación.

¿Conocían esos detalles los hombres que rezaban en la mezquita y delante de ella? Presumiblemente, no. Describir físicamente a un ser es limitarlo. Describir lo que puede ocurrir en una noche es acotar sus posibilidades. Mejor que continuaran depositando sus bultos en el suelo, transidos y recitando versículos del Corán.

La manifestación de los parados continuaba, con ciertos ribetes de violencia. Un jeep repleto de *pasdars* se plantó en la calzada dispuesto a dispersarlos. La situación era poco halagüeña y decidimos tomar un taxi y emprender el regreso a Villa Eloïsse.

Llegamos a Villa Eloïsse y a la hora de almorzar —no faltaron los pepinos— les contamos a Jean-Pierre y Clarisse nuestras aventuras. Se alegraron de que hubiéramos hecho buenas migas con el profesor Ghavam Sadegh, quien, a su juicio, podría sernos de suma utilidad. Sabían de su histrionismo, de su tendencia a desorientar a quienes le trataban por primera vez. «Por lo visto es hombre de disfraz, de farándula mental, pero cuando decide sincerarse lo decide de veras.» Clarisse apostilló: «No sabemos si puede decirse lo mismo de su pálida hija Arim.» Añadieron que debíamos hacer lo imposible para visitar su casa, para saber cómo puede vivir un hombre con tres esposas, dos hijos *mullahs* y un gato azul. No les sorprendió en absoluto que se supiera de memoria el Corán. Es la obligación de cualquier *ulema*. «También se sabe de memoria el origen y la evolución del chiismo y la psicología de quienes lo profesan. Así que, manos a la obra, como diría Raquel, ¡y vuelta a la Universidad!»

Les interesó mucho la perorata que oímos en la avenida Anatole-France, algo así como un homenaje gratis al idioma *farsi*, cuya riqueza intrínseca está fuera de lo común. «El *farsi* tiene vocablos con duende, ¿comprendéis? Y una gran capacidad de síntesis. Os pondré dos ejemplos: una sola palabra, *taaseb*, indica la mentira que uno se dice a sí mismo cuando no quiere admitir una verdad que le hace daño; otra palabra, *fann*, significa la manera correcta de hacer una cosa, de crearla. Al propio tiempo, los iraníes pretenden que cada cosa tiene su *fann*». En cuanto al embotamiento de que dio muestras el auditorio, ya habíamos hablado de ello: Irán es país de rapsodas, de tradición oral, y en consecuencia su analfabetismo es menos agresivo que el de los pueblos que sólo guardan del pasado versiones escritas. «La historia es aquí mucho más viva, más presente, lo que por supuesto puede derivar en un anquilosamiento, en un rechazo a cualquier tipo de innovación. Cualquier iraní vive todavía, en su fuero más interno, de las glorias de Ciro el Grande, y quién sabe si dentro de dos mil años vivirán todavía de las glorias de Jomeini...»

Tocante a los latigazos por partida doble —Jean-Pierre los calificó de «doble azotaina»— que habíamos presenciado, podía decirse que tuvimos suerte, ya que muchos de ellos «se celebran» a puerta cerrada. Sí, algunas escuadras de vigilancia se toman muy a pecho lo del alcoholismo, al que atribuyen gran cantidad de males. Precisamente ayer había sido ejecutado el célebre Yusek Spbhani, concesionario de la Pepsi-Cola y de la Schweppes, quien además —todo había que decirlo— era *bahai*. En todo Teherán no encontraríamos un solo restaurante en el que nos sirvieran un vaso de vino o de cerveza. ¿En Egipto las órdenes no eran tan severas? Naturalmente... Sadat se parecía a Jomeini como el bueno de Shapour se parecía a un cosmonauta. Uno de los espectáculos más espeluznantes del triunfo de la revolución fue precisamente la destrucción de todas las botellas de whisky, vodka y champaña que había en la capital. Fueron toneladas de líquido que se derramaron por las aceras y calzadas, dándose la curiosa circunstancia de que muchos niños y muchos pájaros, ¡y muchos cuervos!, picotearon en él y cogieron, como es lógico, unas curdas de campeonato... Jean-Pierre se rió evocando la escena de los cuervos borrachos. «Era un poco como si se hubiera emborrachado la muerte.»

Luego nos informaron de que, mientras nosotros andábamos por ahí, la radio había transmitido dos noticias. La primera, dramática: un grupo de voluntarios habían salido para el extranjero dispuestos a matar al Sha en las Bahamas, que era donde se encontraba en aquellos momentos; la segunda, cómica: acababa de constituirse en Teherán un «centro contra el pecado».

—¿Os imagináis? ¿Quién lo presidirá? Alguna mocita pura y casta... O quizá, quizá, nuestro jardinero.

Después del almuerzo Jean-Pierre se fue a su trabajo, y pasamos con Clarisse un par de horas deliciosas, durante las cuales nos confesó que ella no creía en el azar, ni siquiera en la *baraka*, pero sí en determinadas fuerzas «desconocidas».

—Si en algún lugar del mundo puede creerse en ellas es en Irán. Decidle a Jean-Pierre que os hable de los magos, de la secta de los Asesinos, que existió hace siglos, y del sexto sentido que poseían los jefes de caravana que cruzaban los desiertos... En serio, yo creo que algo invisible nos influye en ciertos momentos. Algo que, si uno acierta a concentrarse, casi se puede palpar.

Asiento con la cabeza y añado:

—Ello explicaría, supongo, la fuerza interior de que han dado prueba muchos ermitaños... Un día te contaremos la visita que hicimos en Egipto a un monasterio copto, en ruta hacia El-Alamein...

—También poseen esa fuerza los gurús... Es decir, los que practican en serio la meditación trascendental. Yo tuve la suerte de conocer el año pasado a un gurú de origen ceilandés, que me enseñó cierta técnica de los *mantra*. Y os aseguro que desde entonces mi autodominio es mucho mayor... No sólo sé relajarme, sino que encajo con sorprendente facilidad las adversidades, lo cual, habida cuenta de los acontecimientos, me ha ido de maravilla.

Interesados, porfiamos por conocer detalles, pero Clarisse, sin que pudiéramos explicarnos el motivo, se colocó súbitamente a la defensiva. Sólo nos confesó que dos veces al día, y por espacio de veinte minutos cada vez, se encerraba en su habitación para meditar. Y repitió que gracias a ello había conseguido una estabilidad emocional que hasta entonces le estuvo vedada.

—De modo que, ya sabéis. Cuando veáis que he colgado en la puerta de mi habitación la figura de un gatito, por favor, no estorbar...

A continuación, y ya en tono de guasa, sacó de su cajoncito un juego de cartas Tarot y nos leyó el porvenir. El resultado fue contundente: a mi mujer le esperaban unos meses de ensueño, sumamente agradables y provechosos; yo triunfaría en mi profesión, pero me amenazaba un serio peligro...

—¡Ya sé cuál es! —comenté, rápidamente—. Llevo mucho tiempo abrigando el temor de quedarme ciego...

EL SHA, UN «VISIONARIO»

Luego pasé un rato leyendo. Las «fuerzas ocultas» a que Clarisse aludió me trajeron a la memoria lo que nos dijo Robert Baxter: que el Sha fue un «visionario», al igual que Jomeini. Busqué en la biblioteca datos biográficos del Sha. Encontré un montón de ellos, que devoré, picoteando, como los pájaros el alcohol, aquellos que se referían a su infancia y a la forma «milagrosa» como, según él, logró salvarse de diversos accidentes, enfermedades y, sobre todo, de dos atentados que debieron de ser mortales.

Por descontado, el tema no me era del todo desconocido, pero pude ahondar mucho más en él, lográndolo resumir en un todo coherente. Cuando tenía seis años, el futuro Sha —Mohamed Reza— enfermó de tifoidea, con fiebre altísima, en una época en que apenas si existían medios de combatir dicha enfermedad. La muerte le rondó, y en medio de la fiebre tuvo un sueño, durante el cual vio a Alí, primo y yerno de Mahoma, y su único legítimo sucesor, según los chiitas. Alí llevaba en una mano el sable bífido (presente en muchas pinturas persas) y en la otra mano un recipiente con un líquido, del que le dijo al enfermo que bebiera. El enfermo bebió y sanó. Fue el primer «milagro».

Al verano siguiente (1926), Mohamed Reza bajaba una cuesta montado a caballo. El animal se encabritó y el niño dio de cabeza contra una roca, perdiendo el sentido. Golpe brutal. Quienes lo presenciaron creyeron que había muerto; nanay. El niño contó que, mientras caía, vio claramente a Abbas, uno de los más grandes santos del Islam, que le sostenía el cráneo para protegerle. ¿Cómo explicar el hecho por causas naturales? Poco después, mientras paseaba por la calle, «vio» también claramente al Imán oculto, el duodécimo, cuya vuelta los chiitas esperan, y a poco sanó nuevamente, de forma fulminante, de otra grave enfermedad. Los «milagros» se repetían, lo que le llevó a una suerte de misticismo y a hacer gala de un carácter introvertido, tímido, frágil; misticismo que hacía las delicias de su madre y que, por el contrario, encolerizaba a su padre, el gigantesco Reza Khan, quien se tomaba tales lances a chacota y cuyo deseo era que su hijo fuera un aguerrido militar, capaz algún día de subir al trono.

Hubo un paréntesis en la intervención de las «fuerzas ocultas». Fue a raíz de los estudios que el muchacho cursó en Suiza, donde practicó el deporte —sobresaliendo en fútbol—, y donde descubrió, hélas!, la democracia. Fuerzas ocultas que reaparecieron, a modo de estrella protectora, cuando, ya soberano, ya Rey de Reyes y dueño absoluto de Irán, se salvó «milagrosamente» de dos accidentes de aviación y más tarde de dos atentados que «sin la intervención de Dios hubieran terminado con su vida». El primero de ellos se produjo en 1949, cuando un muchacho fanático, probablemente comunista, llamado Fahr Araï, le disparó cinco tiros a bocajarro, ¡precisamente en la universidad!; el segundo, en 1964, fue obra de un joven soldado, Sham Abadi, que después de matar al jardinero y a dos guardias logró penetrar en su despacho, donde le disparó una bala que sólo le rozó.

¿Influencia de tales acontecimientos sobre la religiosidad del Sha? A juzgar por lo que leí, el asunto quedaba en el aire. Sus protestas de creyente en la divinidad fueron continuas. «Soy creyente. Creo en Dios. Por dos veces he hecho la peregrinación suprema, a La Meca y a Medina. He hecho restaurar muchas mezquitas.» Sin embargo, llevó una vida licenciosa, ¡con mujeres no musulmanas!, y detestó a los *mullahs*, los cuales se opusieron a sus pretendidas reformas... Tal vez su frase más lapidaria fue la siguiente: «Los jefes religiosos se revuelcan en sus excrementos, y hierven como gusanos en el barro. Separaos de esa clase sucia. Si no despiertan de su sueño, ¡el puño de la justicia se encargará de ello!»

Al término de tal lectura-amenaza cavilé una vez más que sus supuestas intuiciones, de las que siempre alardeó, fracasaron a la postre lastimosamente, puesto que a la postre fue un jefe religioso —un gusano en el barro— el que dio cuenta de él, el que descargó sobre él el puño de la justicia. Al propio tiempo me pregunté qué ocurriría con su persona en las Bahamas... ¿Otro «milagro» le salvaría del cáncer linfático... y del comando guerrillero que acababa de salir en su busca?

Laila, la perra preñada, me sacó de mi ensimismamiento, tendiéndose sumisa a mis pies, en el momento en que Clarisse descolgaba el «gato» de la puerta de la habitación —ojos sonrientes, rostro relajado— y me invitaba a tomar el té y a escuchar unos discos de música persa.

Por la noche, la consabida sesión televisiva. Por ser viernes, día sagrado, tuvimos ración extra. Después de las «noticias» —en Thailandia habían estallado varias bombas lanzadas por musulmanes indonésicos para protestar contra la corrupción, y en Roma, frente al Vaticano, mujeres iraníes habían protestado porque el Papa había apoyado al Sha—, apareció un *mullah* sorprendentemente joven arengando, delante de una mezquita, a una nutrida multitud. Próximos a él, sentados en un banco, varios ministros del Gobierno. La multitud escuchaba al *mullah* con aire embelesado y nos llamó la atención que entre sus filas se abriera paso un «fumigador», que valiéndose de un spray expelía un líquido, sin duda desodorante. Clarisse lo confirmó. «Sí, es la costumbre. Seguramente se trata de agua de colonia o de agua de rosas.» Tocante a los ministros, dos de ellos disimulaban tan mal su aburrimiento que en un momento determinado se hablaron al oído y se rieron, lo que la cámara captó perfectamente. Jean-Pierre comentó: ¡Es increíble! Seguro que habrá reprimenda...»

¡Y luego, después del joven orador, apareció un ayatollah cuyo rostro nos resultó familiar! Se trataba del mismísimo Jaljali, aquel que se autoproclamaba *el Eichman de la revolución iraní.* Habíamos visto su figura en muchos reportajes. Se le consideraba el más «cruel» de los jueces islámicos del país. Mirada cínica, tras unas gafas de montura blanca, su corto cuello tenía la robustez de un búfalo, detalle muy apreciado por los antropólogos. Abdomen de bajá, menos fofas, con las que de vez en cuando se tocaba el turbante. Dato curioso, en uno de sus costados lucía una pistola, que Jean-Pierre identificó como de fabricación española —marca Llama— aunque sin poder precisar el calibre. A la cabeza del tribunal revolucionario de la prisión de Qasr, jefe de la brigada antidroga, antiadulterio y anti cualquier delito de tipo sexual, había firmado más de quinientas sentencias de muerte, cuyo cumplimiento había tenido lugar en la propia prisión, en el estadio hípico teheraní y en la ciudad de Hamadan. Los propios iraníes le llamaban el «Robespierre musulmán» o, simplemente, «el verdugo». Al parecer, su máxima aspiración era que un día le trajeran vivo al Sha, «para matarlo en la plaza pública, de un tiro en la sien». Por lo visto, en anteriores intervenciones en la pequeña pantalla había pronunciado frases de ese tenor: «¡Ser juez religioso es un don divino! ¡Nuestros procesos son perfectos, puesto que lo es la ley del Islam! ¡Fuera abogados, que hacen perder el tiempo! ¡Los criminales del antiguo régimen no son "acusados", sino "culpables"! Etc.»

Tuvimos ocasión de contemplarlo a placer y Jean-Pierre iba traduciéndonos algunas de sus diatribas. Salmodia interminable, aliñada con acusaciones, órdenes y sentencias de todo tipo. «Se ha sabido que, en Lorestán, veintiuna personas comieron en público durante el mes del Ramadán. ¡Recibirán su castigo!» «Puesto que se han producido varias manifestaciones de mujeres pidiendo más libertad, a partir de mañana las funcionarias del Gobierno que acudan sin *chador* a las oficinas serán suspendidas de empleo y sueldo.» «La única manera de acabar con los enemigos es ejecutarlos. Pero ha de entenderse, primero, que las ejecuciones no buscan la muerte, sino la desaparición del pecado; segundo, que los ejecutores, con su acción, se purifican a su vez.» «La revolución ha costado treinta mil muertos —la cifra parecía ser exagerada— y ello supone un estigma que nos exime de cualquier clemencia.» «Los hombres que yo envío a los pelotones de ejecución son culpables de crímenes contra Dios.» «La SAVAK intenta reagruparse. ¡Tenemos que desconfiar de todo el mundo!» «¡Escuchad lo que digo: no os dejéis impresionar por las críticas occidentales, que enmascaran sus aberraciones bajo la estúpida máscara de los *derechos humanos.*» Ya próximo al final, soltó la frase definitiva, que levantó de sus asientos a Jean-Pierre y a Clarisse: «El trabajo que realizo es mejor que el de todos los jefes de policía del mundo, y en consecuencia creo que merezco el Nobel de la Paz.»

La figura del ayatollah Jaljali se esfumó, y guardamos un breve silencio. Nos miramos unos a otros con estupor. ¿Cómo era posible que Qom cediera el monitor a un ser de semejante catadura? Triste destino el de un pueblo uno de cuyos jefes era un sádico y tenía cuello de búfalo. No sé por qué me acordé de Amin Dada, el «verdugo» de Uganda. No correspondía al mismo biotipo —Amin Dada era más atlético—, pero algo tenían en común los dos hombres. También me acordé de Stalin, capaz de arrasar pueblos enteros y de manchar de sangre la inmensidad de Siberia. Y de fanatizar a muchachos como el suicida agresor del Sha, Fakhr Araï.

Jean-Pierre, luego de apagar el televisor, hizo unos comentarios, mientras Clarisse abría el armario-despensa y me ofrecía como siempre una tableta de chocolate. Dijo que todo aquello, tan chocante, tan inverosímil, había que juzgarlo —juzgar, horrible término—, primero, a la luz de esos treinta mil muertos que más o menos había costado la revolución y, segundo, a la luz de la *sharia'h*, nombre de la ley fundamental islámica a que Jaljali aludió.

Algunos estudiosos inscribían el deseo de castigar en el inconsciente musulmán; la tesis era discutible. Había musulmanes tan incapaces de matar una mosca como el cocinero de la casa, Lajpat, que doblaba su ración de rezos el día que había en la casa escabechina de avispas. Por supuesto, la *sharia'h*, o Derecho Penal Islámico, presentaba algunas zonas de sombra que se prestaban a la libre interpretación. También el Sha hizo filigranas al respecto y habló asimismo, no de «acusados», sino de «culpables». Por lo demás, no debíamos olvidar que estábamos en Oriente, donde palabras tales como «castigo», «crimen», «pecado», etc., no significaban lo mismo que en los países capitalistas, o cristianos, o de *rostros pálidos* o como quisiéramos llamarlos. Como ejemplo podía aducir el de Tamerlán, el sucesor de Gengis Khan, quien al invadir estos territorios y llegar al cercano Bagdad hizo levantar un obelisco con ochenta mil cabezas cortadas, respetando sólo algunos artesanos de Samarcanda para embellecer la ciudad...

Jean-Pierre nos aconsejó que le expusiéramos el tema al profesor Gavham Sadegh. Sin duda él nos ilustraría sobre el contenido exacto de la *sharia'h*, basándose en el Corán. Aunque, por supuesto, los occidentales tampoco podíamos presentar una hoja de servicios en blanco, sino más bien teñida de rojo, de luto, de piras borrachas como los cuervos y de holocaustos sin explicación plausible.

—Tú y yo hicimos nuestras correspondientes guerras, ¿verdad? Sabemos de qué se trata.

—¡Desde luego!

—Yo me acordé de ellas oyendo a Jaljali...

—Yo me acuerdo todos los días de nuestra guerra civil.

—Se mató en nombre de grandes palabras, tal vez menos melodiosas que las del idioma *farsi*.

—Unos en nombre del pueblo o la patria, otros en nombre de Dios...

Clarisse cortó el diálogo.

—¿Quieres más chocolate?

—¡No, no, basta por hoy!

CAPÍTULO XXI

Por fin llega el día esperado: hoy «emprenderemos viaje» hacia el sur de Teherán para visitar el Bazar. Según todas las noticias, aquello es *otro mundo*. Tal vez un mundo más real, puesto que se trata de conectar con el pueblo-pueblo. Incluso silbo al afeitarme y al tomarme, como todas las mañanas, las pastillas que Clarisse nos recomendó en previsión de posibles trastornos digestivos.

Como siempre, me pregunto por qué los bazares —*bazar*, palabra persa— me atraen con tanta fuerza, y también como siempre recuerdo los muchos que he visitado en mis viajes, destacando, además del cairota Khan El-Khalili, el de Estambul y el de intramuros de Jerusalén. Los árabes los llaman zocos. ¿Qué es un zoco? Es la vida misma al descubierto, en lo que tiene de color, de negocio entendido como trapicheo y juego. Una caja de sorpresas, en la que el charlatán es el rey. Antes del invento del micrófono, sólo un gran mimo podía ser charlatán en un zoco o en su sucedáneo español, el mercado. En el zoco de Yafo, durante mi estancia en Israel, me compré un gorrito judío y una mano abierta, de metal, que cuelga aún en el estudio de mi casa y que al decir de los beduinos es el mejor antídoto contra el mal de ojo.

Pero el Bazar que visitaremos hoy es distinto de los demás. Por algo en las guías aparece con mayúscula. El Bazar de Teherán tiene veinte —acaso treinta— quilómetros de calles y galerías cubiertas o sin cubrir, y es, según Clarisse, «una ciudad dentro de la ciudad». En él se ha gestado gran parte de la historia de la capital iraní, con decisiva influencia sobre las corporaciones o gremios, las costumbres, las leyes, ¡los noviazgos! Por supuesto, antaño no había transacciones posibles al margen del Bazar, y de ahí que el Sha intentara su dispersión o desbloqueo. Pagó cara su osadía, ya que en sus laberintos, al igual que en las mezquitas y en las aulas de la universidad, se incubó la revolución que había de derribarle.

Por si algo faltara, nos acompañará Raquel, la señora del doctor Mahmud Garib, peruana de ojos como chispas y gesticulaciones de guardia urbano. Mejor guía no podría ser. No olvidemos lo que nos dijo en su casa: «el Bazar me chifla, porque me chiflan el toma y daca y el regateo. Conozco aquello mejor que el mercado de Cuzco». Claro, claro, Raquel comercia con alfombras y con todo lo que le echen. Antes compraba objetos a los anticuarios y los vendía a las damas de la alta sociedad; ahora vuelve a comprar esos mismos objetos en las subastas y los vende en el Bazar, a través de su suegro, Samad, el millonario que se niega a abandonar su tienda. La carambola es perfecta, pese a lo cual sigue quejándose: «¡Dios mío, el Bazar ya no es lo que era! Ahora es bazofia, fanatismo y centro de calumnias... Continúa habiendo jefes de clan, pero su palabra carece de valor, pues la mayoría de ellos son unos bandidos.»

—¿También es un bandido su suegro, Samad?

—¡También! Aunque a su manera, claro...

RUMBO AL BAZAR

Viene a buscarnos en taxi a las ocho de la mañana. Siguiendo sus consejos, mi mujer se ha puesto medias, chaqueta y, por descontado, un pañuelo en la cabeza. «Aquello no es Shemiran. Enseñar la cabellera, y no digamos los brazos y las piernas, sería una provocación.» La propia Raquel se ha anudado un pañuelo al cuello, por lo que no parece la misma, sin el pelo liso y negro recogido en moño y sin las orejitas de ratón tuberculoso. Diríase que está más gordita aún; por fortuna, conserva su talante, su voz un tanto rota, su apabullante vitalidad. Por mi parte, ¡no faltaría más!, llevo el saco en bandolera y en su interior el «tapiz de plegaria» con la efigie de Jomeini.

Emprendemos la marcha. El taxista es un muchacho joven, de aire achulado. Conduce con una sola mano. Cabello rizado, lleva unas gafas de sol, con sendas minúsculas viseras sobre los cristales. Nos sorprende ver en su muñeca un reloj electrónico. No habla más que *farsi*, a una velocidad endiablada; Raquel no se queda atrás. Es de suponer que ésta le regatea el precio. El taxista, que se llama Hamad, chasca repetidamente la lengua —lo que significa «no»—, hasta que por fin parecen llegar a un acuerdo. En el parabrisas cuelgan dos monigotes de plástico, con alfileres clavados en la cara y en el vientre: son Carter y Beguin.

Pronto entramos en el pandemónium del Teherán motorizado. La diferencia con El Cairo está en que aquí los coches parecen más modernos, en que el concierto de bocinas es mucho menor y en que no pasan apenas borricos. Raquel va comentándonos al paso. Ante los puestos de venta de melones, que tienen la forma de pelotas de rugby, nos dice que su sabor es delicioso, al igual que el de los vinos de Chiraz y de Qazvin. La venta de esterillas para los coches, y sobre todo la de alfombras, la pone nerviosa, por su mala calidad. «Si quieren ustedes llevarse alfombras de confianza, auténticamente persas, díganmelo a mí. Ya saben que es parte de mi negocio... La mayoría de las que se venden ahora ¡están fabricadas en Manchester!»

Vemos muchos anuncios de películas y nos dice que por lo menos la mitad de los cines han cambiado de nombre. Uno que se llamaba *Ciudad Dorada* ahora se llama *Palestina*. Otro que se llamaba *Atlántico* ahora se llama *África*... «¿Qué tendrá Jomeini contra el *Atlántico*, díganme ustedes?» Además, sólo dan bobadas. Todo está prohibido, excepto los dramones soviéticos o indios, de buenos y malos, dibujos animados japoneses, en versión original y, sobre todo, regatas en el mar Caspio... «¡Estoy de regatas hasta la coronilla!»; y Raquel se aplasta con la mano el pañuelo que le cubre la cabeza.

El taxista, en cambio, parece encantado. A veces saluda a los *pasdars* que acompañan a los policías en sus coches. Sigue conduciendo con una sola mano, mientras con la otra fuma un cigarrillo que tiene la misma forma que los Winston, pero que quema muy de prisa y huele a alquitrán. Tampoco para de hablar. Es de origen turcomano y llegó a Teherán a raíz de la revolución. La ciudad le tiene embobado. ¡Acostumbrado a su aldea! Allí todo eran supersticiones y no podía moverse libremente. Aparte de que la aldea pertenecía a la familia del Sha, los vecinos se conocían demasiado y no había forma de mover un dedo. «Aquí puedo hacer lo que me da la gana.» Y para demostrarlo, viendo que pasa una chica con el *chador* hundido hasta las cejas procura acercársele y la piropea diciéndole: «¡Hala, que no hablas más que con los ojos, pero es suficiente!»

A lo lejos, a nuestra izquierda, vemos un palacio rodeado de jardines. Hamad ni siquiera se molesta en mirarlo; en cambio, Raquel pega la nariz en el cristal. Se trata nada menos que del palacio Golestán, donde el Sha se autocoronó emperador el año 1967. «¡Oh, qué pena que esté abandonado! Fíjense, fíjense...» Por dentro era una maravilla, con el famoso trono del Pavo Real, en el que podían contarse por millares las piedras preciosas. Construido por la dinastía Qajar, era la residencia de los jefes de Estado extranjeros que visitaban Irán y el día de Año Nuevo el Sha daba en él la tradicional recepción al cuerpo diplomático. «Todos los embajadores venían aquí, con sus elegantes uniformes... ¡Dios mío, todo esto se ha hundido!»

Ante un semáforo rojo vemos un caballero de pelo cano y aspecto venerable ayudando a un anciano —hay muchos— a cruzar la calzada. Según el taxista Hamad, dicho caballero no hace más que eso: se pasa el día en este semáforo ayudando a los ancianos a cruzar la calzada. En otro semáforo se produce una discusión entre dos conductores y, ante nuestro asombro, vemos que uno de ellos saca por la ventanilla el Corán y, según Raquel, grita: «¡Te juro por el Corán que eres un hijo de mala madre!» Hamad está encantado y de vez en cuando exhala suspiros de satisfacción. A su juicio, el paro de la industria en Teherán ofrece una ventaja: hay menos polución. «¡Ja, ja!» De pronto, volviéndose hacia nosotros, sin dejar de conducir, nos ofrece frascos de perfume... extranjeros. Raquel y mi mujer parpadean. «¡Precios de saldo! ¡Precios de saldo!» Son frascos Chanel núm. 5 y Femme, de Rochas... «En mi aldea no han visto jamás estos perfumes... ¡Decidan rápido, que ahí viene un *pasdar*!»

Raquel, muerta de miedo, no puede ocultar su cólera y en tanto rechaza la mercancía apabulla al muchacho con toda clase de insultos, entre los que destaca uno que me llama la atención: *taghuti*. No sabemos lo que significa y en cuanto Hamad —«tranquila, tranquila...»— ha ocultado los frascos, Raquel nos explica que *taghuti* es el «ricachón enriquecido» y, por extensión, el Diablo *(Sistan)*. Jomeini empezó a aplicar el término al Sha y ahora todo lo malo en Irán es *taghuti*. La música moderna es *taghuti*, bailar es *taghuti*, en la zona del Bazar es *taghuti* incluso que se den la mano dos personas de distinto sexo... «¡Es la palabra que más puede molestar a la gente! Ya vieron ustedes la cara que puso Hamad.»

Es evidente que el taxista advierte que hablamos de él y quiere distraernos o congraciarse con Raquel. Suelta una larga parrafada, y nos damos cuenta de que consigue interesar a nuestra acompañante, quien al final nos traduce lo mejor que puede lo que acaba de oír. Por lo visto en la aldea de Hamad los hombres exigen que sus mujeres tengan los ojos negros —y de ahí que él piropeara a la muchacha que pasó—, pues los ojos claros son signo del disfavor de Alá. Así que cuando nace una niña con ojos claros interviene el curandero —el *hakim*—, el cual somete a la niña a tratamiento, con pomadas de fórmula desconocida. A los pocos días los ojos de la criatura se hinchan y supuran. Medio año pasa la pobre sin ver nada, en las tinieblas, hasta que las costras desaparecen y dejan al descubierto unas pupilas brillantes... y negras. Entonces los habitantes de los oasis y pueblos cercanos acuden a comprobar por sí mismos el prodigio y todo el mundo bendice a Alá.

Nuestro escepticismo es evidente —¡cambiar el color de los ojos!—, pero advertimos que Raquel no apostaría un rial en contra del misterio. «¡Oh, los *hakim*! Los *mullahs* les temen, porque a veces les escamotean el prestigio...» Finalmente añade: «Por lo visto Hamad es hijo de un *hakim*.»

Y el caso es que llevamos casi una hora de trayecto y sólo hemos conseguido cruzar la franja intermedia de Teherán, la de los ministerios, bancos y comercios de postín, zona antaño desértica que debía de ser Disneylandia y que el Sha se sacó de la manga para dispersar el Bazar y restarle a éste poder.

El polvo —marrón ceniciento— cubre las fachadas e incluso las copas y las ramas de los árboles. Son edificios como de decorado, de los que se diría que brotaron de la noche a la mañana y que parece mentira que se mantengan en pie. Muchos anuncios de Coca-Cola y en alguna esquina pósters residuales de Farah Diba. Por lo visto su retrato estaba en todas partes, al igual que el de su heredero, Reza Ciro, y ni siquiera los comités revolucionarios han conseguido la limpieza total, excepto, por supuesto, en el Bazar, «donde no queda nada que recuerde al antiguo régimen».

—Realmente ¿tanto poder tenía el Bazar? —le pregunto a Raquel, cuando nos acercamos ya a él, lo que se aprecia porque una masa humana compacta y colorista empieza a sustituir a los coches, y los edificios y el propio aire que se respira parecen más humildes.

Raquel afirma con la cabeza. «La señora Clarisse tiene razón: siempre fue una ciudad dentro de la ciudad.» Con varias mezquitas, muchos baños públicos (*hamman*) y muchas salas de té. El Bazar gozaba de un privilegio: su economía era independiente, gracias al comercio al detall, al por menor. «Ahora empieza a haber supermercados. ¡No es lo mismo!» El Bazar era una banca flotante, donde se hacían préstamos y se cambiaban el quince por ciento lo menos del total de divisas de Irán. Los artesanos trabajaban a buen ritmo —cada especialidad tenía su propia área—, y las mercancías se clasificaban de acuerdo con la temperatura del lugar y las facilidades de descarga. Raquel se calla un momento y luego exclama: «¡Dios mío, lo que yo he llegado a regatear allí!» Y se ríe, lo que en ella no es frecuente, acaso porque se diría que le sobra un colmillo. Luego añade que ahora todo anda mezclado, podrido, por lo que nos dijo antes, porque el sentido familiar de los negocios ya no es el mismo. «Antes, por nada del mundo mi suegro, Samad, a quien ustedes conocerán dentro de poco, hubiera permitido que nosotros no viviéramos en el Bazar, aunque fuese en un cuchitril como el suyo.»

Aprovechando que Hamad de repente se ha quedado mudo, Raquel nos cuenta que el Bazar empezó a ponerse en contra del Sha cuando éste, ante la inflación progresiva, galopante, que el desarrollo traía consigo, quiso congelar los precios. «¡Eso no podía hacerse en el Bazar! ¡Eso en el Bazar era un sacrilegio!» Fue un craso error, al que siguieron otros, de raíz psicológica. Algunos *bazaristas* chaquetearon y se fueron más al norte, a la «franja intermedia», pero los que permanecieron en su puesto se constituyeron en núcleo de oposición. Conservadores y practicantes estaban estrechamente vinculados a los *mullahs* y eran quienes mejor cumplían con el precepto del impuesto religioso, que tiene su nombre: *zakat*. Además, financiaban buena parte de las huelgas, escondían a los perseguidos y cuando los manifestantes universitarios empezaron a ser asesinados llegaron a pasar pensiones a sus familias... Todo ello fue acrecentándose y tuvo su eclosión el año 1978, que fue el año clave de la revolución. Declararon el boicot a los sindicatos oficiales y al partido, el Raztakhiz, que significa «Renacimiento».

—Mi suegro se convirtió en algo así como un líder. Altivo como De Gaulle, si bien en vez de venerarse a sí mismo veneraba a Alá. Una temporada se puso pijama, como Mossadegh. ¡Oh, sí, todo esto es muy complicado! Quien tiene el Bazar tiene Teherán. Lo que allí ocurre repercute incluso en el golfo Pérsico, en el mundo del petróleo... La princesa Ashraf se lo dijo más de una vez al Sha —perdón, al *taghuti*—, pero éste se negó a hacerle caso, y no se le ocurrió otra cosa que enviar los carros de combate del ejército... Fue peor. Entonces perdió definitivamente la partida...

Imposible avanzar un paso más. Ya estamos frente a una de las puertas de entrada del Bazar... El taxista tiene un ademán, que consiste en hacer bailotear los monigotes de Carter y de Beguin, y se ríe. Y en cuanto Raquel le ha pagado lo convenido, ¡no sin el previsto regateo!, el muchacho vuelve a ofrecernos los frascos de Chanel número 5 y de Femme, de Rochas...

EL BAZAR DE TEHERÁN, EXPERIENCIA INOLVIDABLE

¿Dónde empieza el Bazar? Hay varias puertas para entrar en él. La que tenemos enfrente no sé si está al norte o al sur, si es o no es la principal, y Raquel se muestra tan excitada que no hay manera de que conteste a mis preguntas. En seguida se ha enzarzado en una discusión con uno de los muchos vendedores ambulantes que hay en los aledaños, ocupando las aceras y parte de la calzada. Es un vendedor de sombrillas. ¿Para qué querrá Raquel, ahora mismo, una sombrilla? Las abre una tras otra y las devuelve con ademán despectivo. Mi mujer me dice: «¿No te das cuenta? Le gusta probarlas y saber los precios. Déjala.»

Saco varias fotografías del mundo que nos rodea —nadie protesta— y me siento excitado a mi vez. ¿Dónde queda la paz de Villa Eloïsse? Una serie de mutilados parlotean a mi izquierda. Los hay sin brazos, sin piernas, algunos en sillones de ruedas, otros en simples cajones o carretillas a ras de suelo. Sin duda son víctimas de la revolución o de los combates habidos recientemente en Tabriz o en el Kurdistán. ¡Un músico ciego toca el violín! Canta algo con voz quejumbrosa... ¿Hay que darle *bacsis*? Raquel, que por fin me atiende, niega con la cabeza. Contrastando con ese grupo de tullidos hay jóvenes atléticos recostados en la pared, leyendo el periódico. Tienen aire de gimnastas o de matones a sueldo. Raquel nos explica. Son los llamados «lanzadores de cuchillos», porque hacen siempre diana. Una tradición. Muchos de ellos actuaron a sueldo de la SAVAK, ahora están a las órdenes de Jomeini. Son peleones, no puede uno fiarse... «¡No, por favor, no les saque usted fotografías!»

Entramos en el Bazar. ¿Veinte quilómetros, treinta...? Tal vez más. Un barrio inmenso. Las galerías se cruzan y entrecruzan, formando interminables laberintos. La orientación es todavía más difícil, pues hay zonas con techo de cinc o de cristal, otras desembocan en patios descubiertos. Y de pronto, callejones sin salida, que se llaman *bon-bast*. Ahí los vendedores están a resguardo, más tranquilos, a menudo sentados sobre el mostrador, fumando su narguile; por el centro, en cambio, resulta prácticamente imposible avanzar, no sólo por la multitud que se agolpa, sino por el gran número de «cargadores» que acompañan a los clientes y se abren paso a codazos. Tales «cargadores» llevan en la espalda un curioso artilugio, sumamente práctico, sujeto a las axilas y perfectamente adaptado a su anatomía, aunque los obliga a encorvarse con exceso. Gesticulan con los brazos para que sus clientes no les pierdan de vista y emiten extraños silbidos.

En las tiendas, la heterogeneidad de los productos —inevitablemente presididos por estampas de Alí y Hussein— es inenarrable. En un mismo escaparate se exhiben puñales, hojas de afeitar, cerámica, juguetes —¡juguetes españoles!—, marroquinería, baratijas de todas clases... Hay todavía restos de los tiempos en que Irán importaba gran variedad de artículos de lujo: acordeones italianos, porcelanas de Sèvres, orfebrería holandesa o suiza... Muchas teteras, artículos de cobre y, de vez en cuando, artesanos que elaboran a la vista del público, con pasmosa rapidez, pares de pequeñas alpargatas, muy llamativas, útiles para decoración o para colgar en los parabrisas de los coches. En el sector de las droguerías el olor es intensísimo. Sacos llenos de granos de toda especie. Los drogueros los criban con cedazos y al ofrecer la mercancía cogen dichos granos a puñados y los dejan caer lentamente, como por un tobogán... Las joyas relucen que es un primor, pero Raquel, abriendo los brazos, nos detiene: «¡Cuidado! Antes los tramposos se jugaban el pellejo; ahora les ponen una condecoración.»

Nos llaman la atención unas brújulas o pulseras que por lo visto indican la dirección de La Meca. Tienen mucha aceptación y se venden como rosquillas. Asimismo abundan los rosarios de cuarenta piezas, cada una de las cuales lleva grabado el nombre de Alá. ¡Y los relojes! Relojes de todas clases: electrónicos, como el de Hamad, de arena, de sol, clepsidras, de oro, de plata, de níquel... La explicación es sencilla: los iraníes necesitan saber en cada instante, a lo largo de la jornada, qué hora es exactamente, para cumplir con las cinco oraciones cotidianas que manda la ley. Asimismo abundan las vendedoras de agua, que gritan de un modo especial. Están apostadas junto a pequeños tanques. Se trata de agua bendita —bendita por los *mullahs*— y la gente utiliza siempre los mismos vasos. Pagando un poco más, las vendedoras le echan al agua un poco de limón. Pasan también mujeres ofreciendo una bebida roja, hecha a base de granada. Dichas mujeres llevan, como todas, *chador* hasta las cejas, pero asoman por debajo pantalones occidentales. Raquel nos aconseja que no bebamos nada de esto, pero las mujeres siguen ofreciendo. «¿Agua bendita? ¿Agua bendita...? En el nombre de Dios, ¡viva Hussein!»

Dan ganas de gritar: «¿es esto el Islam?» Reprimo mi impulso, porque sé que el Islam es algo más que esto —esto es Jomeini— y porque afluyen a mi mente recuerdos de mi niñez y de los años subsiguientes a nuestra guerra civil, cuando también era obligatorio que las mujeres llevasen medias, y en las piscinas había separación de sexos, y se imponían multas en las playas por no llevar albornoz y se organizaban «misiones» en las capitales —recuerdo las de mi ciudad, Gerona—, durante las cuales todo el mundo adquiría medallas, cirios e imágenes, y todo era pecado y los curas y las procesiones, con Cristo sangrando, eran dueños de la calle. Los sermones a través de los altavoces machacaban con la palabra Infierno nuestros cerebros, y los fieles se arrodillaban, brazos en cruz, siguiendo las estaciones del Vía Crucis. Y sonaban las campanas que los «rojos» no habían fundido para convertirlas en metralla. Y culminando las jornadas tenía lugar la «confesión general», que era algo así como el reconocimiento de que el Diablo, el *Sistán* o el *taguthi*, se había apoderado del corazón de los hombres y de la comunidad.

Bien, he ahí que en este Bazar, ante los tanques de agua bendita, los rosarios de Alá, los relojes y los *mullahs*, que entran con aire arrogante en las tiendas, no puedo por menos que evocar una tesis de Salvio Royo: que el catolicismo español está muy influido por la permanencia del Islam en nuestra patria, y no sólo en sus manifestaciones externas. Hecho, por lo demás, lógico a todas luces, por cuanto las religiones se copian unas a otras, copulan entre sí, como sucede con las *Reflexiones* de Jomeini que leí en Villa Eloïsse, muchas de las cuales son una réplica exacta del *Deuteronomio*, al igual que muchos textos de Confucio y de Buda, que podrían emparejarse sin esfuerzo, puesto que apuntan en la misma dirección.

¡Ah, Raquel interrumpe de pronto mis pensamientos! Nuestra cicerone, que por lo menos en ese tramo ha ido saludando amistosamente a la mayoría de los vendedores, se ha encaprichado de un spray y pretende convencernos de que vale menos de la mitad de lo que por él le pide su dueño. «¿Qué les parece? ¡Cien riales! Esto es un robo...» De pronto, devuelve el spray al sitio de donde lo sacó y susurra: «Bueno, ¿y para qué quiero yo un spray?»

Es su manera de actuar. A lo largo del recorrido no cesa de darnos sorpresas de ese tipo, hasta el extremo de que me pregunto si habrá comprado algo alguna vez. Por lo demás, nos hace notar el mal gusto imperante en la decoración de las tiendas, excepto en lo que atañe a los rótulos, que exhiben toda la belleza de la caligrafía persa. ¡Cuántas bombillas de colores! «Los iraníes se pirran por las bombillas de color, que encienden en sus hogares lo mismo para alegrar las fiestas que para darles a los entierros un carácter jubiloso.» ¿Y los espejos? Imposible contar su número. Los hay de todo tamaño, forma y valor. A juzgar por ellos los iraníes serían el pueblo más narcisista de la tierra. «Sí, les gusta contemplarse y verse multiplicados por mil. En muchos palacios hacen las veces de azulejos, y en las antiguas salas de baile se levantaba con ellos la típica cúpula iraní. Pero, sobre todo, las novias en las bodas reciben siempre, entre otros regalos, un espejo, que simboliza la felicidad.

Continuamos zigzagueando a través de callejuelas y galerías. Tropezamos con un *bon-bast* —callejón sin salida—, en el que no se venden más que *puffs*, cojines, almohadones, sofás y divanes, éstos elaborados con mucha imaginación. Podría decirse que es el sector cómodo del Bazar, el que invita al descanso y a la relajación. Sorprendentemente, muchos niños están sentados ahí, o tumbados sobre mullidos jergones. Flota como un sopor en el ambiente y nos preguntamos si esos niños no serán opiómanos. En las trastiendas se ven lámparas a media luz, con algún que otro vejete dormido. Justo al lado, otro *bon-bast*, con toda suerte de animales disecados, incluidos pequeños cocodrilos como el *ack* que en épocas remotas anunciaba a los egipcios la crecida del Nilo. ¡Mochuelos y murciélagos! Inmóviles, fijos. Los mochuelos nos traen a la memoria al hombre del borrico con el que nos tropezamos en las pendientes del Elborz. ¿Dónde estará? ¿No nos dijo que vendía, junto con su chaval, globos de colores en el Bazar? Mi mujer precisa: «¿No te acuerdas? Nos dijo que los vendía en invierno; ahora continuará por allí, cazando mariposas...»

Pasamos ante una librería, y esta vez soy yo quien grita: «¡Alto!»

Entramos. Por extraño que parezca, Raquel no conoce al librero, sobre cuya cabeza asoma un póster de Jomeini, éste rodeado de flores y con una madre y un hijo mirándolo con arrobo. En cambio —y el dato es sorprendente— no figuran por ningún lado ni Alí ni Hussein. ¿Qué ocurrirá? Tengo la impresión de que nos las habemos con un antro esotérico, ya que abundan los libros con dibujos y esquemas cabalísticos. Sobre el mostrador, un astrolabio y bolas de cristal y de cuero para la adivinación. Raquel acude en mi ayuda. En efecto, hojea los libros y me dice: «¡Ahí tiene usted! ¿Por qué cree que le traje al Bazar? Adivinaciones de todas clases: por los ratones blancos, por los caballos, por las ranas, por las manchas de la luna… Y unas plegarias para que retornen los ausentes.»

Apenas si presto atención a las palabras de Raquel. En un rincón de la tienda he visto tres estampas: el Sagrado Corazón, la Virgen y Sarita Montiel. ¿Cómo es posible? Y justo al lado, discos y casetes, ¡una de las cuales es una grabación del *Lute* hecha en Alemania! *El Lute* presentado como «un guerrillero contra la tiranía de Franco, el dictador».

¿Hay quien dé más? ¡Sarita Montiel y *el Lute* en Teherán! ¿Por dónde andará escondido Julio Iglesias? Me pregunto cuántas manos le habrían cortado al *Lute* en Irán. Pero no puedo proseguir con mis cavilaciones, porque el librero, que ha permanecido sentado, inesperadamente nos invita a tomar el té. Una muchacha con *chador*, al vernos entrar, y por lo visto a instancias del dueño, había puesto la tetera a hervir. Ahora nos sirve las correspondientes tazas, que huelen a menta. Raquel exclama:

—¡Menos mal! Antes le invitaban a una en cada tienda… Ahora todo esto se está perdiendo.

Viendo que el librero no nos acompaña le dedico un gesto de extrañeza. Por toda respuesta sonríe y luego estirando el brazo acerca hacia mí un hermoso narguile escondido detrás de la silla, lo enciende rápido y empieza a fumar con voluptuosidad. Es un hombre extraño. Lleva gorrito de dormir, barba y bigotes teñidos con henné y viste andrajosamente. Juraría que uno de sus ojos es de cristal. O quizá sea un espejo… Raquel dialoga con él y va traduciendo. Por lo visto la tienda de al lado es «una cueva de ladrones». Parte de lo que se roba en Teherán puede encontrarse en ella al día siguiente. Raquel, sin duda pensando en los *mullahs* y en las milicias revolucionarias, le discute la acusación. «¡Ya será menos!» Luego el librero añade que al cabo de años de husmear por el Bazar, por los establecimientos de bebidas y por las cafeterías ha llegado a una conclusión: si un hombre fuma solo un narguile, es que tiene problemas; si son dos o tres los que fuman, es que hablan de negocios; si son más de cuatro, se trata de una conspiración…

Miro a nuestro anfitrión y estoy a punto de aplaudir. ¿Qué edad tiene? ¡Ochenta años! Y acaba de casarse con la muchacha del *chador* —que no tendrá más allá de veinte— porque las otras esposas que tuvo fueron muriéndose o las repudió. Por cierto, que el collar de esponsales se lo compró al orfebre de enfrente, que es donde se lo compran todas las novias que conocen a fondo el Bazar.

Vuelvo a mirar al librero y me pregunto si no pertenecerá a alguna minoría étnica en conflicto con Teherán. En efecto, es de la región de Yazd. Por eso se interesa por las ciencias ocultas. Él no es musulmán. Su profeta no es Mahoma, tampoco Alí, tampoco Hussein… Su profeta es Zoroastro, es decir, Zaratustra, es decir, el hombre de los camellos viejos…

—¿Por qué el hombre de los camellos viejos?

—Porque *zara* significa hombre y *tustra* camello viejo…

—Ya… —Hago un mohín y continúo preguntando—: ¿Cuántos seguidores de Zoroastro quedan en Irán?

—Ahora quedamos pocos, algo más de diez mil. El resto, llamados parsis, se encuentran en la India, en la región de Bombay…

Recuerdo perfectamente mi contacto con los parsis en Bombay. Y recuerdo también el interés que por Zoroastro siente Salvio Royo, debido a que aquél señaló la existencia de dos dioses: el del Bien, Ahura Mazda, y el del Mal, Arhiman.

—¿Así que rinde usted culto al fuego?

—Sí, señor… Y por eso me gusta fumar el narguile…

—¿Y se hará usted enterrar en una de esas torres llamadas del Silencio?

—Exacto… Para que mi cuerpo muerto, y por lo tanto impuro, no contamine ni la tierra ni el agua, sino que sea devorado por los cuervos.

—¡No me hable usted de cuervos, se lo ruego!

—Perdone, señor... Es mi religión.

Raquel, algo estremecida, ha ido traduciendo. Le pregunta en mi nombre si han sufrido, en tiempos del Sha o ahora, algún tipo de persecución por sus creencias. Responde que no, tal vez porque son tan escasos en número que no constituyen ningún peligro.

A gusto me quedaría charlando con el octogenario de la barba ligeramente pelirroja, teñida con *henné*, cuyo nombre es Teymur Motaghi. Pero Raquel está inquieta. Considera llegada la hora de que conozcamos a su suegro, Samad, cuya tienda queda lejos todavía.

—Señor, si no le importa, volveré por aquí... —le digo—. Todos esos libros, y sobre todo su religión, me interesa en grado sumo.

—¡Oh, por favor! Venga cuando quiera. Seguro que me encontrará usted en esta silla... —Y levantándose con cierta fatiga, me muestra que le falta una pierna.

Antes de salir compramos la casete del *Lute*. ¡Dios mío, qué cóctel, qué baile de imágenes! Y bien, ¿no es esto un bazar como Dios manda, o como manda Alá, o como manda Zoroastro?

Continuamos adentrándonos en el Bazar. Más depósitos de agua bendita, más «cargadores» emitiendo silbidos y gesticulando. ¡Dos perros! ¿No quedamos en que eran inmundos? Creí que no encontraría uno solo en Teherán. Ahí están, junto a una plazoleta al otro lado de la cual empieza el mercado de frutas y hortalizas. Su dueño parece ser un tipo alto, que lleva un silbato colgando del cuello. Raquel nos informa de que se trata de una especie de almotacén, reminiscencia de aquellos funcionarios que antaño vigilaban el orden público en los mercados y supervisaban las pesas y las medidas. Parece ser que Jomeini se propone restablecer esta costumbre, «porque el asunto se le va de las manos y teme que esto se convierta en una inmensa covachuela de ladrones, como aquella en la que puede encontrarse hoy lo que en Teherán se robó la víspera».

Los perros están a punto de reventar. Sin duda su dueño los mima y alimenta. Una pareja extranjera, ¡la primera que vemos aquí!, de edad avanzada, se acerca a los dos animales y les saca una fotografía, lo que nos hace suponer que su presencia también les ha sorprendido.

Nos acercamos al tramo en que se alinean los puestos de venta de telas. Gran variedad. Hay telas finísimas, género a elegir, destacando el algodón de los *chadors*, negros o floreados, y que por lo visto se fabrican en Suiza... Tela blanca para las novias, tela para los turbantes y la indumentaria de los *mullahs*, telas de una indecible belleza para las mujeres de tribus lejanas o próximas, del mosaico étnico de que Irán se compone.

¡Albricias! Por fin puedo contemplar a gusto mujeres lorestaníes; mujeres nómadas del Beluchistán; mujeres bakhtiaris, a cuya estirpe pertenecía Soraya; mujeres shahsavaníes, de tipo mongol; mujeres kaskai, de las montañas del Fars; etc. Todas ellas con sus trajes típicos y gran cantidad de joyas, entre las que predominan el oro fino y las famosas turquesas provenientes de las canteras de Khorasán. Capítulo aparte merecen las beduinas —llegadas de la altiplanicie inhóspita que en tiempos fue mar Salado—, con tantos anillos y brazaletes que al andar se diría que tintinan sonajeros.

Noto un olor especial, que me recuerda el que noté al pasar a la vera de las droguerías. Pero en esta ocasión no se trata de especias, sino de olor humano. Raquel nos revela que el secreto está en lo que comen dichas mujeres. «Huelen según lo que comen. Aquí andan mezcladas, pero, separadas por tribus, una servidora, con los ojos vendados, podría adivinar de dónde son...»

Por desgracia, en su gran mayoría esas damas van tapadas hasta la nariz, de suerte que me acuerdo de Hamad, el taxista, cuando le dijo a la chavala: «¡Con los ojos es suficiente!» Sí, esto es un muestrario de ojos a un tiempo fascinante y que da grima. Hay ojos expectantes; agresivos; lacrimosos; desconcertados; o que brillan como ascuas; o dulces como versos amorosos de Saadi. Los hay negros, azules, cobreños, azafranados, glaucos... Algunos me miran y, sobre todo, miran a mi mujer, como si llegáramos de otra galaxia, lo que en el fondo es cierto. Los más sorprendidos —y evidentemente a la defensiva— corresponden a las beduinas. Diríase que pretendemos robarles su desierto, o sus sonajeros, o la dote que les pertoca. Son ojos pintadísimos con *kohl*, pero con un hondo misterio en la retina. Como fuere, su mirada es insondable y vagamente parecida a la que de vez en cuando, como un relámpago, cruza los ojos de la peruana Raquel.

Un minuto después bifurcamos a la izquierda. Tramo sucio a más no poder. Con serrín en el suelo, colillas, restos de comida, basura. Varios cafés están abiertos ahí, colmados hasta los topes de hombres que, como el zoroástrico Teymur Motaghi, fuman su narguile, para cuya correcta aspiración se necesitan buenos pulmones. Después de los cafés vemos sobre unas piedras enrojecidas al fuego cómo se cuece el pan, un pan redondo y delgado como una galleta. ¡Galleta...! Me acuerdo de mi saco en bandolera. Lo abro y tomamos nuestra ración.

—Raquel, ¿es posible que todo el mundo gane aquí lo bastante con su negocio?

—¡Desde luego! Además, creen a rajatabla que Alá los ayudará, que el Bazar les dará lo suficiente para vivir.

Oímos una campanilla, de sonido más potente que los brazaletes de las beduinas. ¡Atención! Raquel exclama: «¡Eso vale la pena! Pero no podemos quedarnos. Estamos llegando a la tienda de mi suegro, del viejo Samad...»

Pese a todo, nos explica de qué se trata, aunque nos cuesta entenderla porque ha ido acelerando el paso. La campanilla anuncia que allá dentro —dentro de la tienda— se venden filtros de amor, así llamados porque su poder rejuvenecedor es mágico, o por lo menos así lo creen los clientes que acuden a tentar la suerte. Son gotas, polvos o unas bolitas de cera que contienen en su interior una semilla especial. En tiempos del Sha había incluso jóvenes médicos que pinchaban con jeringas hipodérmicas; ahora esto Jomeini lo ha prohibido, y lo raro es que suene aún la campanilla. «Mi marido, que por algo es médico y especialista en drogas, dice que no existe tal magia, que en realidad se trata de sueros archiconocidos... Pero los viejos pican que da gusto.»

—Raquel, prométanos que la próxima vez podremos entrar ahí...

—Prometido, pero tendrá que entrar usted solito... Nunca permitirían que cruzara el umbral una mujer.

LA COVACHUELA DEL VIEJO SAMAD

Jamás olvidaré a Samad. Es el hombre más descompensado que he conocido en mi vida. Alto y grueso, pero con nariz aguileña, de asténico. Turbante verde, echado para atrás —ha estado varias veces en La Meca—, lo que deja al descubierto una frente poderosa. El resto es puro pelo, especialmente las patillas y la barba fluvial. Destaca su mirada, mezcla de inteligencia y mansedumbre. Viste una túnica azulada del cuello hasta los pies, de cuyas mangas emergen unas manos fibrosas y huesudas, cargadas de anillos. Lento de movimientos, a menudo torpe, emana de él una incontenible energía.

Chiita —e iraní— al ciento por ciento, en el diálogo prefiere una cierta ambigüedad, como un baile en la sombra. Aunque formula afirmaciones rotundas —y las formula cada dos por tres—, lo hace sin alzar la voz, sin afán de discutir, creando en torno suyo un tono de confidencia, de intimidad... Si decidiera matar a alguien, seguro que lo haría con guantes de seda, estrangulándolo sin prisa. Si decidiera suicidarse, elegiría la huelga de hambre.

Pero Samad no hará jamás ni lo uno ni lo otro. A sus setenta y cinco años cumplidos está de vuelta de muchas cosas y lo único que le interesa de veras es la supervivencia del Bazar. Nació aquí mismo, en la trastienda, en el mismo camastro en que ahora duerme, bajo las estampas de Alí y Hussein. Jamás ha perdonado a su hijo, el doctor Mahmud Gabir, que se casara con una extranjera y que durante sus estudios practicara autopsias; sin embargo, reconoce las cualidades de Raquel y tiene detalles de cortesía para con ella. Al vernos ha supuesto que éramos peruanos; al sabernos españoles ha exclamado: «¡Alabado sea el Profeta!; pero fue una lástima que España no continuara siendo musulmana...»

Vende antigüedades, aunque lo que más le gusta es restaurarlas. Tal vez por eso sus manos huelen a barnices, a caolín... Restaura muebles, cuadros —es un artista— e instrumentos de cuerda, especialmente laúdes y cítaras. Por nada del mundo vendería aparatos electrónicos importados, ni restauraría una trompeta o un saxofón. A él sólo le interesa lo iraní. De ahí que en tiempos del Sha sufriera mucho, al ver cómo se occidentalizaban las costumbres y cómo vecinos suyos «bazaristas» se largaban hacia el norte de la ciudad. Aquello era una blasfemia y él estuvo a punto de afeitarse la barba. ¡Cuántas veces le propusieron falsificar miniaturas persas! Hubiera podido hacerlo, ya que estaba dotado para ello; pero antes que dar gato por liebre se hubiera dejado cortar una oreja. Cuando uno se ha pasado sesenta años en el mismo lugar, ganándose reputación de hombre cabal y en su juventud ha luchado incluso contra Reza Khan, porque establecía normas y leyes copiadas de los turcos o de Napoleón y no sabía distinguir un pífano de una flauta dulce o de una chirimía, no podía prostituirse estafando a los americanos, aunque éstos llegaran con los bolsillos repletos y comprando lo que se les pusiera por delante.

—Me llamo Samad, ¿comprenden ustedes? Mi negocio, más que comercio, es un taller. Siempre lo ha sido, aunque con mis cuñados, que están también en el Bazar, a veces hemos realizado compras al por mayor. Suelo trabajar abajo, en el sótano, que tiene la ventaja de estar frío en verano y caliente en invierno. Ahora las manos empiezan a protestar —nos muestra sus dedos artrósicos— y no responden como es debido. Pero me voy a la mezquita, hago mis abluciones, rezo y vuelvo aquí como nuevo. ¿Crees que los señores me comprenden, Raquel?

Confieso que no es fácil. Samad es complejo y por causa de su estatura y de su nariz afilada hay momentos en que parece un enorme pajarraco. Hay algo que queda claro: en el Bazar es una institución. Por eso, y para poder estar tranquilo con nosotros, ha colocado en la puerta el letrero de «Ausente». Y es que, no sólo ha pagado siempre los impuestos religiosos, el *zakat*, y tiene muchos amigos *mullahs*, sino que cuando se trató de apoyar a la revolución y de enviar incluso dinero a Jomeini en el exilio, él fue el encargado de galvanizar el clan —el clan familiar, el clan Garib—, mientras afinaba, o fingía hacerlo, cítaras y laúdes. ¡De pronto nos dice que lo que más le gusta es restaurar celosías y biombos, tal vez porque está convencido de que en la vida siempre hay alguien que nos escucha «desde el otro lado»! ¿Cuándo nos invitará a bajar al sótano, al taller? Por mi parte, debo decir que hay algo en el suegro de Raquel que me cohíbe, por lo que prefiero aguardar el curso de los acontecimientos.

Un diván en un rincón nos sirve de asiento a los tres visitantes. Samad ha preferido utilizar un *puff* y estar frente a nosotros. Tomamos otro té...

mentolado. Él mismo lo preparó en la trastienda. Las tazas son un primor y brindamos porque nuestra estancia en Irán nos sea provechosa.

Nuestra conversación ha sido tan larga que ha durado hasta la hora de comer, momento en que Samad ha encargado en un establecimiento vecino que nos sirvieran ensalada de lechuga aliñada con vinagre, rábanos y pepinos y luego un plato de arroz con paloma, llamado *battava*, que a Raquel no le gusta ni pizca. De postre, fruta. Samad se ha comido el arroz a base de hacer con él pequeñas bolsas con la palma de la mano y llevándoselas diestramente a la boca, mientras nos decía que los «platos viscosos» que ha visto comer a los occidentales le causan horror. Para beber, ¡agua bendita! Aunque en vasos tan primorosamente labrados como las tazas de té.

Puede decirse sin exagerar que hemos hecho un recorrido completo por la actual situación de Irán. Raquel ha demostrado una vez más su cuquería para sortear dificultades, aunque en esta ocasión ha jugado con gran ventaja: es la única persona en el mundo que puede soltarle a Samad todo lo que se le antoje, sin que el viejo se coloque interiormente a la defensiva. La espontaneidad de Raquel a la larga consiguió ganarle. Samad sabe que Raquel, en el fondo, echa de menos la época del Sha... y se lo perdona. Incluso atiende a sus argumentos y le replica sin enfado aparente.

Raquel, esta mañana, acaso estimulada por nuestra presencia, ha llegado lejos. Se ha atrevido a decirle que, aun reconociendo que el Sha era un déspota, el balance de su acción de gobierno no fue del todo negativo para Irán... Por ejemplo, el propio Bazar se enriqueció gracias a él, que propició al máximo el turismo, y el turismo caro; sin contar con que abolió no pocas costumbres anticuadas, entre ellas el derecho de los terratenientes de pasar la primera noche con la muchacha campesina que se acababa de casar...

Samad no ha «clavado» sus ojos en Raquel. Ha sonreído de forma ambigua y se ha dirigido a nosotros.

—El Sha era un mentiroso, ¿comprenden? —ha dicho, mientras se tomaba otra bolita de arroz—. Todo en él era mentira. Raquel ha dicho que enriqueció el Bazar... ¡Ah, el turismo caro! Turismo americano... Riqueza falsa, porque consistió en que se despoblaran las aldeas y se acumulara mano de obra en los suburbios de Teherán... Aquí, en el Bazar, el que era un farsante se hinchaba de oro, desde luego; pero a costa de perder el honor. ¡La civilización del lujo! Algunos bazaristas cayeron en la trampa, hasta el extremo de que los viernes, el día sagrado y de descanso, hacían cola en las afueras para comprar parcelas de terreno... Mis amigos *mullahs* suelen decir que los americanos no consiguieron más que dos cosas: fabricar cien prostitutas diarias y regalar cepillos de dientes a los niños... —Se toma un respiro y añade—: En cuanto a las muchachas campesinas, es mejor que no hablemos de ello. El Sha era un vicioso, y esto lo sabe muy bien Raquel... Lo de los terratenientes lo abolió su padre, Reza Khan; pero ahí se acabó todo. En el campo continúa habiendo una ignorancia extrema y un extremo abandono... El Sha hablaba de enseñar a los campesinos a través de la televisión, sabiendo que gran parte de los pueblos carecían, y por desgracia carecen aún, de electricidad... Todo mentira, sí, señores. La verdad es que el gran *Sistán* no tenía ningún interés en que los pueblos evolucionasen; de ese modo consiguió que el campesinado no participara para nada en la revolución...

Es la melodía de fondo. Todo empieza o termina hablando de la revolución. Nosotros callamos, pero Raquel vuelve a la carga, esta vez para decirle a su suegro que lo que él llama civilización de lujo hacía algo más que fabricar prostitutas. También elevaba el nivel de vida, y traía consigo un progreso cierto y, aparte de limpiar los dientes de los niños, lo cual es siempre de agradecer, barría, como antes dijo, gran número de tradiciones anacrónicas... «Lo que ocure es que tú detestas ese tipo de civilización, ya lo sé;

pero el problema no es tan sencillo y puede muy bien confundir a un par de extranjeros que escuchan con la mejor voluntad...»

Nueva bolita de arroz en la boca de Samad, y nuevos argumentos en tono cadencioso. Él no emplea nunca la palabra detestar. Pero el progreso que quería el Sha hubiera acabado con el alma de Irán. En vez de pepinos y rábanos mucha gente empezaba a comer hamburguesas y en vez del café azucarado que ahora nos servirán bebían whisky y muchos acababan borrachos y tumbados sobre alfombras como la que nos acoge en la tienda y que tiene lo menos doscientos años... Por lo demás ¿cómo demostrar que una tradición es anacrónica? ¿Es realmente un retroceso lo que se hace ahora, que consiste en prohibir el impudor, la degradación moral, la especulación del suelo y tantas otras cosas? ¡Progreso cierto! Lo que era cierto entonces era la «pirámide de genuflexiones» ante el Sha, para usar una frase que sus mismos colaboradores pusieron de moda. «Yo no soy monárquico, ¿comprenden? —nos dice, de pronto—. Los chiitas no somos monárquicos porque tener un rey significa tener dos soberanos y nos basta con uno, que es Alá...»

Raquel sigue atacando. Alega que el culto a la personalidad, que la «pirámide de genuflexiones» sigue vigente ahora, aunque la efigie venerada sea otra. «En vez de pósters del Sha, pósters de Jomeini... En vez de un Rey de Reyes, ahora tenemos un Imán.»

Samad sonríe casi con dulzura. Sus sandalias son tan antiguas como algunas de las pinturas que restaura. A veces temo que el *puff* sobre el que está sentado se aplaste bajo su peso; pero debe de ser tan resistente como un biombo restaurado por él o como las tensas cuerdas de una cítara.

—Raquel, por favor... Comparar un rey con un imán es casi una herejía... ¡Que Alá te perdone, hija, como, no sé por qué, consigo perdonarte yo! Lo que el Sha perseguía era conservar sus privilegios; Jomeini, en cambio, lucha sin descanso para conseguir la sociedad que nosotros llamamos *towhidi*, es decir, la sociedad sin clases...

Por fin me decido a intervenir.

—¿Está usted seguro, señor, de que Jomeini se saldrá con la suya? Me han hablado de que se está hundiendo la economía y de que hay en el país tres millones de parados...

Samad se toca el verde turbante y luego se acaricia las patillas. Cuando termina de masticar, lo que hace muy lentamente, me contesta:

—La economía no se hunde. Es cierto que extraemos menos petróleo en el golfo, pero lo vendemos más caro. Los ingresos, por tanto, son casi los mismos. Y tenga usted en cuenta que el presupuesto militar, que se lo comía casi todo, es ahora casi nulo, porque virtualmente se ha suprimido el ejército. ¿Se da cuenta de lo que esto significa? Tocante al resto, todos los parados cobran subsidio, y además de esto Jomeini, ¡que el Profeta no le abandone!, ayuda a muchas comunidades islámicas del extranjero, sobre todo de África e Indonesia...

Vuelvo a mirar a Samad. Observo que lleva en la muñeca izquierda una de esas brújulas que indican la dirección a La Meca.

—Volviendo al ayatollah Jomeini —insisto—, he leído estos días algunos textos suyos, o consejos, si prefiere usted llamarlos así... Le confieso que me he quedado desconcertado. ¡No se puede orinar cara a La Meca, o de espaldas a ella! ¡Hay que ocultarse el sexo constantemente, bastando con que se haga con la mano! ¡Si el hombre cohabita con su mujer durante el Ramadán, no puede rezar! ¡Parece ser que es menos grave sodomizar a los animales! ¡Todo lo que no es musulmán es impuro! Por lo tanto, mi mujer es impura, Raquel es impura, yo soy impuro... ¿Podría usted decirme algo al respecto?

Samad abre los brazos como un patriarca. Su ventaja consiste en estar tan seguro de sí que nada puede hacerle tambalear. Si la intervención hubiera sido de Raquel, tal vez se hubiera tomado la molestia de extenderse en explicaciones; tratándose de mí, despacha el asunto con unas pocas palabras.

—Nosotros decimos que no se puede discutir lo indiscutible. Nosotros decimos que los textos de Jomeini no son consejos, sino dogmas... Por lo demás, ¿no es éste también el método de la Iglesia católica? ¿Y no es éste el método del comunismo? Pero dejemos esto... No me gusta comparar. Es una pérdida de tiempo.

Hay un silencio, que nos permite comprobar que el café, *ziad*, es exquisito. Mi mujer da un viraje al diálogo. Al parecer, le ha interesado la teoría de la sociedad *towhidi*, la sociedad sin clases. ¿Cómo piensan llegar a ella? En el Bazar siempre habrá tiendas más bien provistas que otras; y los restauradores no serán todos iguales en calidad...

Samad parece sorprenderse de que mi mujer se atreva a intervenir. Pero accede a contestarle, y lo hace con dulzura y mirando al suelo.

—Hay varias reglas para la sociedad *towhidi*... La meta es acabar con lo que antes denuncié: el desnivel entre la ciudad y el campo. Este problema en Irán es trágico y nadie hasta ahora se ha ocupado de él de un modo eficaz, ya que la reforma agraria del Sha tenía muchos defectos de base... La teoría del Islam en ese capítulo es simple, y si ustedes leyeran el Corán la comprenderían perfectamente: el agua y la tierra pertenecen a Dios, y por lo tanto son elementos materiales pero también espirituales. De ahí se deduce que cultivar la tierra es un deber religioso, más religioso aún que el trabajo manual. Y el resultado es evidente: si yo cultivo el trigo, aquel que come el pan me bendecirá...

Raquel añade que ésta es la tesis que defiende también su marido. Hay que recuperar el campo, para no depender del extranjero. No se trata de vender petróleo e importar alimentos: se trata de producirlos. «Lo que no explica nadie —agrega Raquel, sonriendo como si dedicara un cumplido a su suegro— es cómo se podrá, en este país, realizar semejante operación...»

Sangre en el Bazar

Cambio de ritmo. Oímos fuera un gran alboroto. Cortamos en seco el diálogo y salimos de la tienda. Efectivamente, algo está ocurriendo. Los establecimientos se han vaciado y todo el mundo corre hacia el lugar del tumulto, situado a unos cien metros, frente a un almacén de granos.

Samad nos pide calma. Está acostumbrado a los alborotos del Bazar. Puede tratarse de un ladrón... Pero no es así. ¡Raquel oye rumores de que ha sido detenido nada menos que un miembro de la SAVAK! Al oír estas siglas nuestro anfitrión se toca de nuevo el turbante, se acaricia la barba y acto seguido echa a andar, con paso sorprendentemente ligero. Tengo la impresión de que se ha olvidado por completo de nuestra presencia.

Se oyen gritos: «¡Hussein! ¡Hussein! ¡SAVAK, SAVAK!» También me parece oír la palabra *taghuti*... Unos segundos más y se confirma la noticia: en el almacén de granos —oculto tras una puerta falsa— dos miembros de un comité revolucionario han descubierto a un «pez gordo» de la ex policía del Sha. Al parecer se trata de un abogado, cuya pista andaban siguiendo. Había intervenido en muchos juicios, pese a que la SAVAK actuaba a menudo aplicando la ley de fugas o sin dar explicaciones.

Me planto al lado de Samad, mientras Raquel y mi mujer se retrasan un tanto. Y poco después presencio una escena horripilante. Un hombre de unos cincuenta años, vestido con pijama a rayas, cabeza rapada y descalzo, es materialmente linchado por un grupo de personas enfurecidas. El hombre sangra por la nariz, creo que por la boca y está tumbado en el suelo como un «perro inmundo». Los dos miembros del comité le pegan culatazos con el fusil. Supongo que están dispuestos a acabar con él. ¿Dónde está el temperamento cauto y afable de los iraníes puros, de los *towhidi*? Los gritos casi rompen los cristales de las tiendas y los rostros espumean de rabia. «¡SAVAK! ¡SAVAK!» Incluso varios niños han logrado colarse y la emprenden a patadas con la víctima, que sangra cada vez más. Pero lo que mayormente me asombra es la actitud de Samad. Se ha detenido, al igual que yo y desde su privilegiada estatura contempla el espectáculo sin denotar la menor emoción y hasta me atrevería a afirmar que se le alegran un poco las pajarillas, que sus ojos despiden unos destellos de complacencia.

Mi mujer se ha quedado definitivamente atrás y Raquel se ha acercado a mí e intenta convencerme de que me aleje también. No oigo lo que dice pero lo imagino: somos extranjeros y corremos peligro. Mi curiosidad me puede, como tantas veces y no me muevo del lado de Samad. Son varios los dueños de los comercios vecinos que se acercan a éste. No sé si le piden «órdenes» o simplemente su opinión. Samad tiene más que nunca aspecto de líder y contesta con monosílabos. También se acercan varios de los jóvenes recios musculosos —los «lanzadores de cuchillos» que vimos al apearnos del taxi, antes de entrar—. Sin duda aguardaban por si era necesaria su intervención. Mi pregunta es: ¿tantos asaltantes para un hombre solo? La lucha se me antoja tan desigual que siento náuseas, aunque me diga que pronto podrán barbotar: «Misión cumplida» y la embestida rematará su cometido.

Pero no es así. Inesperadamente ocurre un milagro. En efecto, por la boca de uno de los callejones han aparecido dos *mullahs*, con sendas carteras bajo el brazo, y su presencia ha cambiado por completo la decoración. No sólo les han abierto paso hasta el «detenido», sino que éste, al verlos, les ha dirigido una mirada que contenía todas las súplicas de que un ser humano es capaz. A renglón seguido los atacantes han concedido una tregua y de forma atropellada les han explicado a los recién llegados la situación.

Los *mullahs*, de aspecto sereno y aparentemente ecuánimes, han asentido con la cabeza y sin pérdida de tiempo han gesticulado dando órdenes precisas. En un santiamén dichas órdenes han sido obedecidas y el «abogado», que de repente se había quedado inmóvil, ha sido llevado en volandas, chorreando, hacia una de las puertas de salida. He comprendido que los *mullahs* acababan de salvarle, que sin duda preferían conservarlo vivo. Samad, entonces, ha murmurado algo, que he traducido por mi cuenta y riesgo: «los enemigos muertos resultan inútiles, porque no pueden hablar».

La gente ha despejado pronto el lugar, y entonces me he dado cuenta de que ninguna mujer se había acercado a la «víctima». Sólo, a lo lejos, he avistado aquel grupo presidido por las beduinas que mientras vagábamos husmeando me habían llamado la atención. Su aspecto era serio, no sé si acusador. Lo mismo cabía decir de las bakthiari y de las nómadas del Beluchistán. Habían comprado todo lo imaginable —algunos «cargadores», a su lado, las instaban a que echasen a andar—, pero ellas no se movían, alineadas como en espera de que les sacasen una fotografía. Me pregunté si las minorías étnicas sustentaban criterios poco acordes con la ley del Talión. Tal vez recordasen la cita del Corán sobre el sable y la clemencia, apostando más por la clemencia que por el sable.

El Bazar ha recobrado la normalidad. La ha recobrado hasta tal punto que Samad da la impresión de haberse olvidado por completo de la escena. Dirigiéndose a Raquel le ha dicho: «Son las dos y media. Es la hora de la siesta...» A renglón seguido nos ha dicho que el diálogo que mantuvimos le había resultado muy grato y que deseaba que cualquier día volviéramos a su cuchitril. «Bajaremos al sótano, al taller de reparaciones...», ha concluido. Y haciendo una reverencia nos ha dado la espalda y se ha alejado, otra vez con paso ligero.

Raquel se ha mordido el labio inferior. Ha echado una mirada en torno y ha visto, al igual que nosotros, que eran muchas las tiendas que cerraban. «¡Oh, claro! —ha explicado—. La siesta en Irán es algo sagrado.» En efecto, las galerías iban quedándose desiertas. «¿Vámonos?», ha propuesto. Asentimos con la cabeza, en el momento en que pasa a nuestro lado un hombre bajito, patizambo, llevando debajo del brazo un «tapiz de plegaria» muy coloreado y murmurando algo para sí. Raquel presta atención y cree entender lo que dice: «Corrompidos en la Tierra...» Y nos explica que se trata de una expresión muy corriente ahora para referirse a los enemigos del Islam, y que es utilizada oficialmente en los juicios contra los agentes de la SAVAK.

NADA NUEVO BAJO EL SOL

Salimos del Bazar. Los tullidos continúan ahí, ahora leyendo en voz alta un periódico. Alquilamos un taxi. Y de regreso a Villa Eloïsse, nos facilita detalles sobre la SAVAK, que era los «ojos y los oídos» del Sha, que operaba bajo la protección de los militares y que llegó a ostentar tal poder que se decía que el propio Sha le tenía miedo o se sentía vigilado por ella.

Imposible resumir, durante el trayecto, lo que fue y significó la policía secreta del Sha. Además, Raquel no había superado aún la conmoción que le produjo el incidente del Bazar. «¡Dios mío! ¿Vieron ustedes cómo sangraba?» Luego continuaba explicando que era imposible calcular el número de componentes de la SAVAK. «Los jomeinistas hablan de sesenta mil, pero quién sabe... Desde luego, los había por todas partes y lo controlaban todo. En muchas familias el padre ignoraba que el hijo fuese de la SAVAK, o viceversa. A Samad le detuvieron una vez... Creyó que había llegado el fin. ¿Vieron ustedes sus manos? Él habló de artrosis... Nada de eso. Lo torturaron. La SAVAK torturaba. Esto es cierto. Todo el mundo lo sabe. ¡Virgen Santa! ¡Era horrible...!»

Raquel guarda silencio. Y mientras las avenidas y las calles de Teherán desfilan a ambos lados del taxi y vamos ganando altura, pienso en la «mística sanguinaria» que, desde el principio de los tiempos, ha aprisionado al hombre. El hombre ha torturado y ha matado siempre. Para defender su clan, para defender su territorio, para defender su trono o sillón de mando, para defender su fe. Cualquier excusa ha sido válida para lanzarse a despedazar y exterminar al «otro» y ha utilizado toda suerte de métodos, desde los más delicados y finos hasta los más brutales. A veces ha alcanzado, a través del sadismo o en busca de la eficacia, calidades artísticas. ¿Quién inventó la guillotina? ¿Quién inventó el empalamiento? ¿O la silla eléctrica? ¿O los campos de exterminio? Dícese que el precursor fue Caín. La leyenda puede ser válida. No obstante, se ignora el procedimiento que Caín utilizó. Si mal no recuerdo, en el *Génesis* sólo se dice que Caín invitó a su hermano Abel a ir al campo y que, «cuando estuvieron en el campo, se alzó Caín contra Abel, su hermano, y le mató». ¿Cómo le mató? ¿A garrotazos? ¿Con una piedra? ¿Estrangulamiento? ¿Se comió luego su corazón?

—Raquel, me gustaría saber más cosas de la SAVAK... Y sobre el abogado, si es que era abogado, que hemos visto en el Bazar. ¿Qué debo hacer? ¿Quién puede informarme?

Raquel, que se ha quitado ya el pañuelo de la cabeza, lo mismo que mi mujer, duda. Es evidente que no le gusta el tema. «¡Ah, Dios mío!» Por último añade: «De acuerdo, vengan esta noche a cenar a casa...»

CAPÍTULO XXII

Vamos a Villa Eloïsse para ducharnos, para descansar un rato y cambiarnos de ropa. Jean-Pierre no ha regresado todavía de la oficina y Clarisse está enfrascada en la lectura de Pierre Loti, *Vers Ispahan*.

—Es divertido —nos dice—. Describe bien el Irán de aquellos tiempos... Ispahan es la ciudad de las rosas y los poetas la llamaban el corazón del corazón del mundo...

¿El corazón? Pienso en el de Abel... Clarisse nota en nosotros algo raro. Supuso que llegaríamos del Bazar entusiasmados y nos pregunta qué ha ocurrido. Se lo contamos brevemente. Cierra el libro y comenta, con semblante serio, que «aquello está a la orden del día». Pero el tema no le gusta.

—Tampoco le gustaba a Raquel...

—¡Pues claro! ¿A quién le va a gustar? Seguro que si pongo la radio ya están hablando del supuesto abogado... ¿Por qué no hablamos de Ispahan?

Mi mujer interviene. Está muy impresionada y decide no venir a cenar a casa de Raquel.

—Vete tu solo... Hablaréis más a vuestras anchas. Supongo que lo que Raquel pretende es que te informe su marido. Y tal vez su hijo Hassan...

—Pero...

—¡Hala, no te preocupes por mí!

Clarisse se pone de su parte. Además, se da la circunstancia de que hoy están invitados a un cóctel... Cóctel diplomático en la Embajada de Venezuela.

—Jean-Pierre vendrá a buscarme a las siete y media. —Se dirige a mi mujer—. Te vienes con nosotros y así conoces un poco el ambiente...

Antes de que pueda expresar mi opinión, mi mujer zanja el asunto:

—Trato hecho. Voy con vosotros...

Se me hace raro ver que Clarisse y mi mujer se visten y arreglan para asistir a un cóctel, pese a que aquélla, para relajarme, ha puesto en el estéreo un disco de Beethoven, que me recuerda a nuestro melómano embajador en El Cairo. También se me hace raro que al llegar Jean-Pierre —¿cómo resistirá las gafas trifocales?— me diga que confía en que mañana podremos, ¡por fin!, asistir a una subasta de bienes pertenecientes a prohombres del antiguo régimen. «Circulan por ahí unas listas de objetos que son para comérselos.» Clarisse, que es zurda, con expresivo gesto comenta: «Curioso. La Priker a punto de esfumarse y nuestro hombrecito sólo piensa en comprar.» A mí no me sorprende. En la subasta deben de figurar hermosas pitilleras y Jean-Pierre las colecciona desde hace treinta años. Una buena pitillera es para él lo mismo que Ispahan: el corazón del corazón del mundo.

CENA EN CASA DE RAQUEL

Los tres se van a la Embajada de Venezuela, y media hora después yo tomo un taxi —empiezo a familiarizarme con la zona de Shemiran— y me dirijo a casa de Raquel, donde una vez más me desconciertan los muebles y cachivaches filipinos mezclados con los iraníes.

Raquel, pese a su menudo cuerpo, tiene una resistencia invencible. Está en plena forma. También se ha «vestido» para la cena. Lleva un collar precioso, peruano, de oro, con un disco solar que le ilumina el pecho. Su marido y su hijo Hassan estaban jugando al ajedrez, y al verme entrar el padre se ha apresurado a tumbar el rey. «De todos modos, ya estaba perdido...» Me presentan a sus dos hijos pequeños. Apenas si me ha dado tiempo a saludarlos, ya que se han retirado en seguida, pretextando que tenían que estudiar. Me ha parecido que uno de ellos era bizco. En la mesa, flores y dos candelabros encendidos.

La cena ha sido rápida y frugal, y en su transcurso no hemos abordado siquiera el tema que motivó la invitación. El doctor Mahmud Gabir, del que he sabido que lleva una cadera ortopédica —aleación metálica—, con su habitual parsimonia ha estado hablándome de Irán. Me ha informado de que su antiguo escudo de armas tenía como emblemas el león y el sol: el sol como símbolo de la fuerza y el león como símbolo de la nobleza. Asimismo, y en antiguas piezas de mayólica, se encuentra representado el dragón alado, del que se dice que una noche se tragó la luna... El doctor en tiempos se dedicó a la numismática pero finalmente lo dejó, porque se dio cuenta de que la afición a las monedas podía resultar peligrosa. Refiriéndose al Bazar, me cuenta que existe una curiosa leyenda según la cual allí tendrá lugar el fin del mundo, día en que el sol —es decir, el símbolo de la fuerza— saldrá por Occidente... «¿Se da usted cuenta? Le ruego que no se ofenda. El día en que el sol salga por Occidente, ¡el fin del mundo!»

¿Cómo voy a ofenderme si advierto que el doctor Mahmud Gabir se esfuerza lo indecible para resultar ameno? Es hombre de pobladas cejas, de poblados bigotes y con un mentón como la proa de un barco, que confiere a su rostro la energía que ya detecté en él al conocerle. Sin embargo, no parece que su fuerte sea el sentido del humor, lo cual, no sé por qué, atribuyo a su cadera metálica. Al enterarse de que también yo estoy aficionado al ajedrez, me cuenta que los árabes aprendieron dicho juego en Persia, donde se llamaba —y sigue llamándose— *Sha-trang*. La palabra jaque mate, que es la que pronuncia su hijo Hassan con abusiva insistencia, proviene del árabe *schab-mat*, al igual que la palabra alfil, que debería ser *alpil*, pero cuya p desapareció debido a la dificultad que encuentran los árabes para pronunciarla. «Fueron precisamente los árabes los que llevaron el ajedrez a África y a España...»

Por lo que respecta al primogénito de la familia, Hassan, hoy se ha mostrado menos inhibido que la primera vez, acaso porque mi mujer no está presente. En un momento determinado me ha hablado con entusiasmo de la gimnasia. Todos los días acude a entrenarse, junto con otros compañeros *pasdars*, para mantenerse en forma. Practican la gimnasia moderna, aprendida sobre todo de los rusos, pero también las artes japonesas como el judo, el karate, etc. Si bien, como es natural, no olvidan las tres principales instrucciones que en la época del emperador Darío se daban a los jóvenes: montar a caballo, manejar el arco y decir la verdad. «Ahora no tengo tiempo para las dos primeras, pero sí para la última.» También le gusta el esquí acuático, que aprendió cuando solía ir de excursión al mar Caspio. «Tampoco ahora tengo tiempo para las excursiones. Tres noches a la semana estoy de guardia por las calles de Teherán, y el resto me lo paso en la Universidad.» Preguntado si estudiaba Medicina, como su padre, contesta: «No. Creo que nuestro país necesita ingenieros, y a eso voy.»

La alusión al mar Caspio ha incitado a Raquel a ofrecerme caviar. Puede traerme una ración a mi gusto, de calidad garantizada, puesto que fue extraído de esturiones capturados con red fija y mar adentro.

—Lo siento, Raquel —le digo—, pero nunca me ha gustado el caviar. A lo mejor le sorprende, pero así es. ¡Preferiría comerme un alfil!; perdón, un alpil...

Todos se han reído, y poco después nos hemos instalado en la sala de estar, frente a una mesa redonda, de cristal.

—¿Dónde prefiere sentarse?

—Lo mismo da. En ese confortable sillón amarillo, si les parece...

Un minuto después, el coloquio está en marcha. En seguida me doy cuenta de que el doctor Gabir, aunque seguro de sí mismo y chiita fanático, tiene a su favor la profesión. Cierto, su ejercicio le ha proporcionado ese gusto por el matiz que caracteriza a quien se ve obligado a establecer diagnósticos. Da la impresión de no exagerar nunca, de detenerse siempre en el dato objetivo; no puede decirse lo mismo de su hijo Hassan, jinete impetuoso, arquero implacable, que acaso no diga mentiras pero del que sospecho que a menudo oculta o se calla parte de la verdad. Hassan tiene los ojos negros de su madre, pero redondos y mucho más grandes, y la nariz roma de su padre —antítesis de la de Samad—, pero mucho más pequeña. Me pregunto si en el gimnasio no se la habrán aplastado alguna vez de un puñetazo. Dicha nariz chata contrasta con su enorme sonrisa, que se le abre de oreja a oreja. Su pelo rizado y sus buenos bíceps le asemejan un poco al taxista que nos llevó al Bazar.

Aunque, a decir verdad, el coloquio se presta muy poco a la sonrisa. Es truculento, es feroz. ¡La SAVAK! La SAVAK y los paralelismos que con ella pueden establecerse. Precisamente esta tarde, el doctor Gabir se ha dado una vuelta por la zona donde está enclavada la prisión de Qars, convertida en fortaleza, con fosos, alambradas y perros; esos perros que le ladraron a la luna cuando, según la leyenda, el dragón se la tragó... En dicha prisión, centenares de detenidos acusados de haber pertenecido a la SAVAK esperan que el Jaljali de turno emita su fallo... y los lleve a la muerte. Allí, según un comunicado de la radio, se encuentra, en estado preagónico, el supuesto abogado descubierto en el Bazar y que ha resultado ser uno de los juristas que redactaron la drástica ley de vigilancia del personal de los aeropuertos.

—Doctor, ¿cree usted que es aproximada la cifra de sesenta mil miembros atribuidos a la SAVAK?

—No me atrevo a contestar... ¡Cómo saberlo! Todo el mundo podía serlo. Incluso Raquel...

—¿Raquel?

—¿Por qué no? Hassan llegó a sospechar de ella, porque a veces la invitaban a palacio y conoció a Farah Diba y, sobre todo, a la princesa Ashraf...

Raquel mira a su hijo como si un pájaro la hubiese herido.

—¡Hijo! ¿Tú sospechaste de mí?

—Pues... sí, mamá. Es cierto.

El doctor Gabir añade:

—Esas cosas eran de lo más corriente... En el hospital yo vi a colegas míos matar con una simple inyección a determinados enfermos, simplemente por sospechar que pertenecían al Tudeh...

—¿Se refiere al Partido Comunista?

—Exacto.

—Ya sabrá usted que era la tesis defendida por el Sha... Según él, la SAVAK fue creada para luchar contra el comunismo. Por eso las dos organizaciones asesoras fueron, desde el primer momento, la CIA y la Mosad, de Israel...

—Sabía lo de la CIA, pero no entiendo que les pidiera ayuda a los judíos...

—¡Uf! El Sha era un jugador... No olvide que uno de sus deportes favoritos era el póker. Con los judíos coqueteó más de lo que un musulmán puede tolerar...

—En España decimos, hecha la ley, hecha la trampa. ¿No había forma de escapar de la SAVAK?

—Imposible. Estaban en todas partes, desde Teherán hasta la aldea más remota. Se disfrazaban de cualquier cosa: de inspectores de finanzas, de guardias urbanos, de payasos, de *mullahs*... Sobre todo, de *mullahs*. Yo, en el hospital, desconfiaba sobre todo de los traficantes de opio y de los amigos que, fingiéndose borrachos, empezaban a hablar mal de la SAVAK...

Interviene Hassan.

—En la oficina de correos del Hilton había un letrero que decía: sólo se admiten telegramas que no estén cifrados. Nadie estaba seguro de nadie.

—¿Los juicios se celebraban a puerta cerrada?

—Muchas veces no se celebraba juicio... Las personas desaparecían sin dejar rastro. Varios amigos míos se volatilizaron así, sin más, simplemente porque no habían querido afiliarse al Partido Único, al Rastakhiz. Y un hijo del propio Jomeini, llamado Mustafá, de cuarenta y cinco años, murió en circunstancias muy extrañas en Nagaj, en Irak...

—No sabía que Jomeini hubiera perdido un hijo...

—¡Toma! Y el ayatollah está convencido de que su padre fue mandado fusilar por Reza Khan, por el padre del Sha... De ahí que su enfrentamiento con los Pahlevi arranque casi de su niñez. Aunque su oposición militante empezó en serio allá por los años cuarenta...

Reflexiono unos instantes.

—Los parientes de los que iban a ser juzgados, ¿podían intervenir de algún modo?

—En absoluto. Se les prohibía incluso enterarse del resultado de las autopsias...

—¿Por temor a que se descubrieran las torturas?

—Es de suponer...

—¿Cuál fue el jefe más cruel de la SAVAK?

Raquel interviene por primera vez.

—Fueron crueles todos... Pero quizá el que se llevó la palma fue el primero, Bakhtiar... Hacía lo peor que se puede hacer: compraba las conciencias. Le llamaban *el Sanguinario*. Llegó a entregar las mujeres de los prisioneros a osos previamente encadenados y con bozal... Y los prisioneros tenían que contemplar la escena.

Trago saliva, mientras el doctor Garib asiente con la cabeza.

—Eso no es una exageración, es una realidad. Bakhtiar era un dios. Se hizo construir palacios, casi siempre de color blanco, no sé por qué. En Teherán, en el mar Caspio, en Europa... Amasó una fortuna incalculable.

—¿Murió?

—El Sha lo destituyó, porque llegó a complotar contra él. Tuvo que exiliarse a Beirut. Finalmente fue asesinado en Irak, no se sabe por quién...

De nuevo interviene Hassan.

—Otro de los jefes fue el general Nassiri... Casi tan nefasto como Bakhtiar. A él pudimos pescarle y hacerle justicia. Antes de ser fusilado salió en televisión, con una venda en la cabeza, como alocado y balbuceando: «yo no estaba al corriente de nada...» ¡Pedía perdón! Pero la justicia islámica no perdona a los culpables.

Me he tomado ya dos cafés y pido un tercero; mientras voy anotando en mi agenda todo lo que oigo.

—Me gustaría que me hablaran de las torturas... En Occidente se ha especulado mucho sobre ello, pero lo que yo busco es información de primera mano.

Raquel abre los brazos.

—El Sha habla de que sólo se torturaba psíquicamente, pero no es verdad... También utilizaban bastones eléctricos.

—¿Bastones eléctricos?

—Las descargas no dejaban ninguna huella, pero paralizaban completamente el cuerpo...

El doctor Garib añade:

—Los judíos ayudaron mucho a la SAVAK en la cuestión de las torturas...
Ya sabe usted: son especialistas, tal vez porque las han sufrido en su carne.
Por ejemplo, inyecciones de cardiazol... Arranque de uñas... Colocar al detenido sobre una plancha al rojo vivo... A los hombres les colgaban un peso
en el sexo y luego no podían orinar...

Raquel, en este capítulo, se muestra militante.

—Apretaban los pechos de las mujeres con dos maderas horizontales y
paralelas, que iban cerrándose... Y luego la tortura de la sed. En una celda
sin agua, y comida picante. Con los carceleros bebiendo junto a ellos, o ti-
rándoles una jofaina de agua sobre la cabeza...

Hassan ha mudado el semblante. Hasta ese momento parecía dar la cosa
por sabida. Sus grandes ojos negros han estado inmovilizados, fijos en mí.
Al oír lo de los pechos de las mujeres su expresión ha revelado odio. ¡Incluso
ha mirado con odio mi agenda! Como si estuviera preguntándose: «pero,
¿este hombre es capaz de anotar todo esto ahí?»

Hassan ignora que no estoy tranquilo en absoluto. Que todo cuanto oigo
lo estoy relacionando, desde la primera sílaba, con lo que ocurrió en España
durante la guerra civil... ¡Los tribunales militares! ¡Las chekas! Me sorprende que no hayan empleado la palabra *cheka* ni una sola vez... En las chekas
se utilizó la sed, el ruido incesante que impedía dormir, los ladrillos colocados en el suelo de forma que el prisionero no podía ni sentarse ni tumbarse...
¡Y los requetés en Navarra! ¡Y los falangistas en Burgos! Me dan ganas de
interrumpir el coloquio y tomar yo la palabra. Me dan ganas de informar al
joven Hassan sobre las múltiples SAVAK de las que he tenido cumplida
noticia a lo largo de mi vida. Pero no me da tiempo. El doctor Garib continúa facilitándome detalles sobre los garfios, sobre el despellejamiento, sobre
la castración...

LOS PALACIOS DE LOS PAHLEVI

Hassan no es un comunista, un *khalq*. Tampoco un *fedayin*. Es un *pasdar*,
un fanático religioso. Demasiado joven para conocer algo del mundo exterior, para él todo se reduce a lo que de cerca o de lejos se relaciona con Irán.
Alma diría que es la versión chiita de un *sabra* israelí. Su aversión por el
Sha es incomensurable, así como su xenofobia (ahora comprendo por qué
Raquel no conseguirá nunca abandonar con su familia Irán). Dudo que
Hassan admita, como lo admite el doctor Garib, que la «revolución» ha cometido algunos errores. A su juicio, Jomeini podría muy bien ser el Imán oculto
que los chiitas están esperando ...

Raquel se da cuenta de que la personalidad de Hassan y lo que él representa me interesan de un modo especial. Propone que algún día me vaya a la
Universidad con él. «Conocerá usted a sus camaradas, que son muy distintos
del profesor Ghavam Sadegh y de su hija Arim...» Entonces Hassan, que se
obsequia a sí mismo con unos minutos de distensión, confiesa que va poco
por la Universidad. «Le he dicho que estudiaba para ingeniero; pues bien,
llevo tres meses sin abrir un libro y sin asistir a una clase. De ronda en
ronda, de manifestación en manifestación.»

El doctor Garib agrega:

—¡No tiene tiempo siquiera para estudiar árabe!

Es verdad. Pese a que Jomeini lo recomienda, para que la gente pueda
leer el Corán en la lengua original, no tiene un minuto. ¡Hay tanto que hacer!

Y Hassan, que también se ha tomado varios cafés y fuma como el diablo,
recobra su agresividad.

No ha de extrañarme que refiriéndose al Sha pierda el control. No se
trata sólo de su despotismo y del sistema de torturas que implantó o con-

sintió. Se da la circunstancia de que él, Hassan, fue de los primeros en entrar en los palacios de la familia Pahlevi... Lo que vio le sacó de sus casillas. El de Saadabad era un sólido muro de varios quilómetros, rodeado de un parque de sesenta hectáreas, con pista de aterrizaje para helicópteros, un pequeño arroyo y muchos puentes. Dentro del parque, cada miembro de la familia tenía su palacete particular. ¡Qué riqueza! En el de Niavarán, las paredes y el techo estaban tapizados de espejos. El teléfono de la mesa del Sha era de oro macizo con las armas de los Pahlevi y al lado del despacho un consultorio ultramoderno de dentista... «Nadie sabía que al Sha le preocupara tanto la dentadura...» Por cierto, que le llamó la atención que en dicho despacho no hubiera ninguna silla, excepto la del propio Sha. Por lo visto nadie, ni siquiera sus ministros, podían sentarse en su presencia. Tampoco permitía casi nunca que alguien le hablara directamente, a no ser las personas que él utilizaba como intermediarios. «¿Quiere usted saber el personal que tenía en la corte? Mil quinientas personas...»

En el palacio de Niavarán destacaban los cuartos de baño —imposición de Farah Diba, ¡la muy guarra!—, con varias bañeras gemelas, el borde de mármol rosa y el fondo de cristal coloreado de azul e iluminado mediante un ingenioso sistema de lámparas fluorescentes. Salones lujosos para jugar, para fumar, para bailar, para darse la vida padre, con gigantescos tapices, arañas brillantes, un piano, ¡no faltaría más!, una corona de hojas de laurel, en oro, conocida por la corona de Alejandro Magno, valiosos cuadros, antigüedades del mundo entero, etc.

De todos modos, por quien Hassan sentía una alergia especial era por Soraya, tal vez porque ésta nunca disimuló que no le gustaba vivir en Irán. ¡Ah, Soraya! Había que empezar por la víspera de la boda. Ese día Soraya cayó enferma, pese a lo cual comió bombones y se puso a morir... Por desgracia, el médico del Sha, el doctor Ayadi, que era un *bahai*, la salvó, lo que el Sha aprovechó para hablar una vez más de milagro.

¡Apoteósica boda, naturalmente! Despilfarro en palacio y fiesta en todo el país. Para darme un detalle, frente al Parlamento actuó un circo que el Sha hizo venir de Roma en dos aviones especiales... Y naturalmente, aquel día se repartió comida a los pobres.

Soraya era la frivolidad absoluta, contraria al Islam. El viaje de bodas consistió en dar la vuelta al mundo y empezó el gran derroche. Todo le parecía poco a aquella mujer que, eso sí, era mucho más bella que la primera esposa, Fawzia, hermana del rey Faruk y que la tercera, Farah. Soraya jamás se tomó la molestia de interesarse por los asuntos de Estado. «Estoy seguro de que jamás se leyó el Corán... ni siquiera en *farsi*.» Le bastaba con lucir por toda Europa sus ojos almendrados y el abrigo de cibelina que, curiosamente, Stalin le regaló. Y el caso es que el Sha estaba loco por ella, que al parecer en la cama era una especie de pantera... ¡Se dice que el Sha la amó! Resulta difícil suponer que el Sha pudiese amar a alguien que no fuese él mismo. Pero en fin, no le negaba ningún capricho. Y a todo esto, y he de perdonarle la franqueza, todo Occidente a los pies del Sha... Se lo rifaban en todas partes. Reyes, jefes de Estado, magnates, periodistas, todo el mundo cantando sus alabanzas y afirmando que estaba sacando a Irán de la Edad Media... Mientras tanto, él con su corona y su globo terráqueo de oro, el más caro del mundo, con un peso de setenta y cinco libras y más de cincuenta mil piedras preciosas, cada una de las cuales, según dijo uno de sus camaradas, representaba a una víctima de la SAVAK, o a uno de los miembros de esta organización... Por supuesto, él alegaba que todo aquello pertenecía al tesoro nacional; pero la verdad es que podía hacer con ello lo que le viniera en gana...

—¿Quiere usted comparar todo eso con la vida que ha llevado y que sigue llevando Jomeini? Nuestro imán apenas come, apenas duerme; no hace más

Montes Elborz,
entre Teherán y el mar Caspio.

Una de las entradas
al Bazar de Teherán,
cuyas calles y galerías
se extienden a lo largo
de treinta kilómetros.

Jomeini
aclamado por sus fieles.

Mezquita de Fátima,
en Qom, ciudad santa
donde reside Jomeini.

que rezar, estudiar y gobernar... Años y años de exilio, en el anonimato más desolador. Con la tortura de la soledad, pero con una fe ciega en el triunfo final. Hasta que, desde Francia, grabó sus mensajes, que nos llegaron al corazón. ¡Sí, somos decenas de millares los jóvenes que daríamos la vida por Jomeini! ¡Que el Profeta no le abandone! Ya sé que en Occidente le calumnian, que comparan nuestra justicia con la de la SAVAK, que afirman que violamos los derechos humanos... Es una necedad. Nuestra justicia no tiene nada que ver con la del Sha. El Sha ejecutaba inocentes; nosotros, culpables. Nosotros nos atenemos a lo que Jomeini decide, o a lo que deciden los jueces nombrados por él. ¿Hay víctimas...? ¡Claro! Bakhtiar, Nassiri, quinientos mil... ¿Cuántos ejecutó el Sha? Hay que depurar Irán, hay que conseguir que no quede la menor huella de los Pahlevi. Cuando los juristas, en Ginebra, proclamaron que nuestros tribunales hacían caso omiso de las convenciones internacionales, mis camaradas y yo nos hubiéramos emborrachado, si el alcohol no estuviera prohibido. Y la respuesta de Jomeini fue dura pero realista. ¿La conoce usted?

Desbordado por tanta verborrea, tardo unos segundos en contestar.

—Pues no...

—Se la voy a decir, y deseo que no se le olvide. Nuestro imán dijo textualmente: «La revolución islámica debe acabar con la semilla de los corrompidos. Es preciso que sea derramada mucha sangre. Tanto más Irán sangrará, tanto más la revolución saldrá victoriosa...» —Hassan aplasta la colilla en el cenicero e inesperadamente, poniéndose en pie, concluye—: ¿Me permite que me retire? Estoy muerto de sueño... —Y acercándose a mi sillón me estrecha la mano, luego saluda a sus padres y se va.

Mudo de estupor, y para restarle dramatismo al silencio que se ha apoderado de la sala de estar, anoto en mi agenda la cita de Jomeini y el hecho evidente de que el doctor Garib libra en su fuero interno un duro combate entre el espanto que le produce la actitud de su hijo y la admiración. Raquel, después de tomarse de un sorbo algo que llenaba la copa que tiene delante se arregla el moño y exclama: «¡Dios mío! ¡Cualquier día me lo van a matar!»

Ésta es la conclusión. Raquel está convencida de que Hassan, en el fondo, está deseando el martirio... Por eso la imagen que preside su cuarto es la de Hussein. «¿Se da usted cuenta? Él mismo lo ha dicho. Millares y millares de jóvenes piensan como él.» Me confirman que es cierto que entró con los primeros en el palacio de Saadabad y también en el de Niavarán. Incluso les dijeron que fue él quien colocó en este último el retrato de Jomeini. Siempre en primera fila. En los días de la gran lucha, cuando fue preciso jugarse el todo por el todo, fue uno de los que se situaban ante los soldados del Sha que todavía no habían desertado y les gritaban: «¡No tiréis contra nosotros! ¡Somos vuestros hermanos!»

Aprovechando su complexión gimnástica, participó en el derribo de las estatuas del Sha, en el cambio de los rótulos de las calles, en los incendios de los bancos y de los grandes almacenes, que a su entender eran dos preclaros símbolos de la occidentalización... Al cabo de una semana le vieron aparecer por casa con unas ojeras de viejo, destrozado y exhausto, pero con una sonrisa que ella, Raquel, no olvidaría jamás. Les dijo que quiso traerse algún recuerdo de Farah Diba para poderlo destrozar con sus propias manos, pero que no lo encontró, ni siquiera en las alcobas... Pero se trajo en cambio una fotografía de Reza Ciro, el «heredero», en el que se le veía montando a caballo al lado de su padre. «Todavía le estoy viendo cuando quemó lentamente, con una cerilla, dicha fotografía... Por un momento la llama le iluminó el rostro. Había en él algo diabólico. ¡Dios mío! Se salvó porque Dios lo quiso, pero cualquier día de éstos me lo van a matar...»

Media hora más en casa de Raquel. El doctor Garib está menos preocupado de lo que cabía esperar. Tal vez piense que lo peor ha pasado ya. Antes de despedirnos me repite que vaya cuando quiera a verle al Pasargard Hospital, si el tema de los drogadictos sigue interesándome.

¡Por supuesto que sí! Además, ¿no es Hassan un drogadicto? ¿Hay alguna causa en el mundo por la que valga la pena odiar tanto y desear el martirio?

—Doctor Garib, me han dicho que, pese a todo, continúan existiendo en Teherán muchos fumaderos de opio...

—Desde luego. ¿Cómo evitarlo?

—Si conoce usted alguno, ¿cuento con su ayuda? Me gustaría visitarlo... Con el índice se rasca una de sus pobladas cejas.

—¿Ha probado alguna vez?

—Sí, en Camboya. Hace muchos años...

—¿Qué sintió?

—Al principio, nada. Luego, una gran paz...

—¿Una gran paz?

—Sí. Aquí —me señalo el pecho—. Exactamente aquí...

—Ya... ¿Y no sintió mareos?

—Sólo un momento.

La proa de su mentón se alza con vigor.

—Veré lo que se puede hacer...

Ya en la puerta, hablamos de su padre, de Samad. Le digo al doctor que fue una gran experiencia para mí conocerle, aunque he de confesar que en determinados momentos me desconcertó.

—¡Oh, el viejo Samad! Es imposible llegar al fondo... Es un *farmandeh.*

—¿Un *farmandeh?*

—Quiero decir un líder. Un líder nato... —Marca una pausa—. Uno de los líderes del Bazar. —Marca otra pausa—. El abogado de la SAVAK se escondió demasiado cerca, y ya vio usted los resultados...

—¿Cómo? —Miro con fijeza al doctor Garib—. No veo la relación...

—¡Pues está muy claro!

Raquel tiene, ¡otra vez!, una expresión de estupor, de estupor doloroso.

—¿Quieres decir que fue tu padre quien dio el chivatazo?

El doctor Garib se lleva una mano al corazón e insinúa una reverencia.

—Has empleado una palabra demasiado fuerte, Raquel...

CAPÍTULO XXIII

IMPORTANCIA DEL GOLFO PÉRSICO

Robert Baxter... El californiano amigo de Salvio Royo, al que visitamos en el Hilton y que nos recibió con tanta amabilidad. El mormón de los ojos verde claro y la eterna pipa humeante, sin la cual no podría vivir. Hemos almorzado un par de veces con él y nos ha revelado su truco para que, pese a su pinta de extranjero, y sin necesidad de llevar a Jomeini en el saco en bandolera, le dejen en paz. Dicho truco consiste en exagerar la nota. Lleva una gorra a cuadros y, en vez de corbata, una bufanda de seda anudada al cuello, tan vistosa como las blusas de las beduinas. Una sahariana caqui, que podría ser del ejército, con el bolsillo repleto de bolígrafos. La piel color de rosa no se la quita nadie, y tampoco las botas de montar. «Viéndome así, ¿quién va a sospechar que soy un espía? Los espías se disfrazan de cualquier cosa menos de lo que son. Yo me disfrazo de americano de película y todo el mundo supone que tengo hilo directo con el Gobierno, que cumplo aquí alguna misión especial y me saludan como si fuera un invitado de Bazargan, el primer ministro. *Voilà!*»

Nuestro amigo —ya lo consideramos como tal— se las sabe todas. Se conoce el país al dedillo, su psicología profunda. Habla el *farsi* con una fluidez que sorprende a los nativos, incluido el argot teheraní, aprendido en los talleres de la red ferroviaria, donde continúa ejerciendo de ingeniero, de asesor técnico, cada vez con mayores dificultades debido a la falta de piezas de recambio. A su gran ídolo, el tren Transiraniano, la obra maestra del *farmandeh* Reza Khan, empieza a costarle lo suyo vencer las cuestas que hay a lo largo del trayecto. Cualquier día tendrá que emitirse un informe declarándolo fuera de servicio. Pese a todo, Robert Baxter no pierde su natural buen humor. Su frase favorita es: «Como dijo aquél, la vida me ha colocado en situaciones tan tremendas —no hay que olvidar que estuvo en el Vietnam—, que ya no me enfado por nada, sólo por los gemelos de mi camisa...»

Robert Baxter, en el Hilton, que continúa siendo cosmopolita, aunque con las consabidas restricciones, es uno más. Pero por las calles de Teherán juega el papel de nota chocante y siempre que hemos salido juntos hemos comprobado que los transeúntes vuelven la cabeza. Otro de los trucos que le sirven de salvoconducto es conocer, gracias a los dos *mullahs* que tiene sobornados para dedicarse al comercio de divisas, la contraseña del día para las patrullas. Son contraseñas pintorescas y muy heterogéneas. Un día es *shad* (mártir), otro día es *mostaz'afin* (desheredado), otro día es *bubul* (ruiseñor). En ciertas ocasiones la palabreja es de lo más extravagante, como por ejemplo *gur*, que puede significar a la vez asno y sepultura. «¿Os dais cuenta? —elucubra Robert—. El idioma *farsi* responde a la mentalidad ambigua e imaginativa del país. Con la palabra *gur* nunca sé si dignifico al asno o si profano una sepultura.»

La cosa que más le preocupa es envejecer. No soporta tocar este tema. De ahí que debamos agradecerle doblemente que el día en que cumplió los cuarenta y cinco años nos invita a cenar; por regla general, en su aniversario se pone al cuello, en vez de una bufanda, una corbata negra. Posiblemente por ello le gusta llamarme «sexagenario», imitando las bromas que suele gastarme su colega Salvio Royo. Y cuando se enteró de que mido ya un centímetro menos que hace cinco años —de 1,74 he bajado a 1,73—, hizo un gesto como de lanzarse al agua y me dijo: «El día que esto me ocurra a mí me tiro a la vía del tren...»

Como fuere, gracias a Robert nos hemos enterado de muchas cosas. Naturalmente, aparte de la red ferroviaria, le interesa en grado sumo todo lo referente al petróleo. Al respecto tiene su teoría, que en este caso coincide con el clamor popular. No ataca al Sha por la subida que anunció, como estalla una bomba, el año 1973. Tampoco ataca nunca a los demás miembros de la OPEP; es uno de los convencidos de que los «rostros pálidos», como, en lenguaje mormón, suele llamarse a las naciones colonizadoras, explotaron de forma intolerable a los pueblos del golfo Pérsico. «El Sha eligió el momento oportuno y dio el primer paso, demostrando ser un valiente. En aquella ocasión hay que reconocer que se la jugó y que pensó únicamente en el bien de su país.» Resumiendo, sostiene que si bien queda claro que la OPEP está ahora exagerando, los gobiernos del mundo industrializado y las grandes multinacionales continúan haciendo su agosto, triplicando el precio de los artículos de consumo.

El tema del petróleo —y en consecuencia, el golfo Pérsico— le interesa porque está convencido de que el porvenir del mundo depende en buena medida de lo que ocurra en esa zona. Naturalmente, acaba por conectar dicho tema con Irán, confirmándonos lo que nos dicho Samad: que, de momento, aunque la producción ha descendido notablemente, el ingreso de divisas no es muy inferior. Sin embargo, estima que la dificultad que entraña la falta de técnicos no puede durar y vislumbra para el futuro varias contingencias posibles, todas ellas desastrosas para Jomeini. La primera, un enfrentamiento con Irak, puesto que este país vecino reclama salida al golfo, amparándose en razones históricas más o menos válidas. Segunda, que los palestinos —cuya causa le toca de cerca porque los mormones habían mantenido siempre en Palestina sus correspondientes células de misionero— decidan hundir uno o dos petroleros en el estrecho de Ormuz, bloqueando su salida, para llamar la atención del mundo sobre su situación. Y tercera contingencia, la posible insurrección de la minoría árabe del Jusistán —o Arabeizán—, a orillas del golfo, minoría atávicamente maltratada e incluso sojuzgada por el Gobierno de Teherán. «Son millón y medio, ¿os dais cuenta? Por lo demás, no entenderéis nada de lo que ocurre en Irán si no estáis al corriente del problema de sus minorías étnicas. Por mi parte, adopté ya una postura militante: pedí la lista de dichas minorías y me he acostado aquí, en el propio Hilton, con una bella representante de cada una de ellas... ¿Y queréis que os confiese un secreto? Me quedo con la representante árabe. ¡Qué delicia, voto al diablo! No comprendo que el Sha importara para sus lechos material europeo...»

Naturalmente, Robert no cree que un *mullah* —son sus palabras— pueda gobernar un Estado moderno. Por supuesto que Jomeini se equivoca al levantar tantas y tan absurdas barreras con el mundo exterior. Pero ha tenido un acierto básico: suprimir los grandes gastos que socavaban la economía en época del Sha —el ejército, las autopistas, los proyectos de centrales nucleares, el metro proyectado en Teherán, etc.— y prestar, en cambio, atención al campo. La agricultura es el «niño mimado» del nuevo régimen, tal vez porque el califa Alí aconsejó *amar la tierra*, y eso a la larga «podría dar sus frutos, a condición, naturalmente, de que no sobrevenga, por otros motivos, la gran catástrofe». No, Jomeini no es tan tonto como su obsesión islámica y su represión sexual, de la que ya nos habló el primer día, podrían dar a entender. Ha doblado el salario de los obreros, los cuales no pueden ser despedidos. Paga subsidio a los marginados de la sociedad. Ha nacionalizado los bancos y los seguros. Etc. Es obvio que las matanzas, la persecución y las prohibiciones han provocado miles de quiebras y de suspensiones de pagos, y que la sangría que supone la fuga de cerebros es insoportable; pero, en el fondo, hay algo firme en las decisiones de Jomeini, y al decir firme quiere decir eficaz.

—Irán —remacha Robert, aureolándose con el humo de su pipa— podría ser el primer ejemplo de revolución llevada a cabo sin el modelo capitalista y sin el modelo comunista, lo cual, por descontado, sólo es posible disponiendo de medios de autofinanciación. Las consecuencias saltan a la vista: si Irán sale a flote del baño de sangre, podría ser la punta de lanza del Tercer Mundo; de ese Tercer Mundo que reclama su puesto en el mapa, y en el cual la voz de Jomeini es escuchada con fervor. En efecto, hay muchos países africanos y vastas zonas de la India en las que se estima que la revolución iraní es la mayor que ha habido desde la que vivió Rusia el año 1917.

Le pregunté a Robert si, al hablar de la autofinanciación de Irán, se refería exclusivamente al petróleo o admitía como posible que Jomeini recuperara la inmensa fortuna del Sha, y me contestó que lo veía difícil.

—La fortuna del Sha es algo muy confuso. Por lo menos, eso dicen los economistas, algunos de los cuales a menudo se reúnen aquí, en el Hilton. ¿Dónde están las fronteras entre su cuenta personal y las cuentas de la fundación Pahlevi? ¿De cuántas empresas era accionista? ¿Sus inversiones, y las de su familia, eran rentables o, como algunos pretenden, un auténtico desastre? La verdad es que amigos míos americanos estudian el asunto y se muestran desconcertados. Los problemas jurídicos no faltarán. Por un lado, el *haber* es realmente colosal; pero, por otro lado, también son colosales sus deudas... Y es lógico. ¿Quién no se fiaba de un pedido hecho en nombre del Sha, o que llevase su firma? Occidente era suyo y las revistas francesas le declararon en varias ocasiones el hombre del año... Para daros un ejemplo, la Embajada jomeinista en Londres recibe sin cesar facturas atrasadas, correspondientes a la época en que el Rey de Reyes visitaba los hoteles de la capital británica... La última de que tengo noticia es tan pintoresca como la palabra *gur*, ya que ha sido presentada por la compañía Rolls Royce, la cual, poco antes de la revolución entregó a no se sabe quién seis unidades con carrocerías de oro... ¿Comprendéis lo que quiero decir?

Robert pretende saber de fuentes fidedignas que el Sha está realmente muy enfermo y que lo más probable es que muera antes de que los comandos enviados por Jaljali consigan dar con él. Lo que resulta original y casi gracioso es que también está muy enfermo Jomeini, aunque lo que a éste le falle sea el corazón...

—Qué carambola, ¿verdad? —concluye Robert—. ¡Imaginaos que los dos mueren el mismo día! Un viernes, un día sagrado; un viernes de luna llena... Sería una carambola *taghuti*... Y tal vez la auténtica salvación de Irán.

Aprovechando que mi mujer se ha ido con Jean-Pierre y Clarisse a otro cóctel, esta vez en la Embajada argentina, paso una larga velada a solas con Robert Baxter. Por cierto, que la reunión en la Embajada venezolana resultó un éxito. Todo el mundo se mostró eufórico, pues allí no regía la prohibición del alcohol y más de un diplomático aprovechó la coyuntura. Unos se saturaron de whisky, otros de vodka. Diríase que los resultados debían de ser antagónicos, y no fue así. La reacción fue idéntica, lo que alguien aprovechó para indicar que el supuesto enfrentamiento entre las dos superpotencias era puro camelo y que en el fondo ambas estaban de acuerdo o perseguían idénticos objetivos. Los discrepantes, capitaneados por el embajador francés, eligieron champaña. Se declararon neutrales. Mi mujer resumió la fiesta con estas palabras: «Tuve la impresión de que todo el mundo estaba nervioso e incómodo, pero sabían disimularlo muy bien. Con medias palabras se referían a los ausentes, o preguntaban por ellos... Me sorprendió que las *vedettes* fueran el embajador chino y su mujer... Cuando entraron, la mayoría de los asistentes se apresuraron a acercárseles. El embajador sonreía, visiblemente satisfecho; ella parecía una ama de casa poco acostumbrada a tales ceremonias. A mi lado se cruzaron apuestas sobre si la pareja pediría whisky o vodka, y el resultado fue típicamente oriental: la sorpresa. En efecto, él pidió zumo de naranja, ella zumo de limón.»

ROBERT BAXTER, LOS «MULLAHS» Y LA PROSTITUCIÓN

Heme aquí, reunido con Robert Baxter en su habitación del Hilton, situada en el tercer piso, con terraza que da a la piscina. Como es lógico, el hombre se interesa por nuestras andanzas por Teherán. Descubro que le gusta permanecer de pie mientras habla, también con un vaso de whisky en la mano... Su superioridad es absoluta, pues yo, como siempre, me he hundido en el más muelle sillón. ¡Me ha enseñado una fotografía de Salvio Royo, con salacot, en las montañas Rocosas! Salvio Royo... «¡Qué lástima que no esté aquí, ¿verdad?» Robert comenta: «Imposible. Huye de los tiros como los *pasdars* huyen del pecado.»

Hablamos del Bazar, del que me dice que sin duda conserva su carácter pero que ya no es lo que debió de ser antes de que se abrieran en él tantas avenidas rectilíneas y le llegaran la electricidad y los tubos de neón; en la época en que, durante el invierno, en las aceras de Teherán brillaban a ras de suelo las estufillas de petróleo que los mercaderes ambulantes encendían ante sí para alumbrarse y calentarse. No conoce a Samad, el suegro de Raquel, pero sí en cambio al librero Teymur Motaghi, el zoroástrico, al que en más de una ocasión le ha comprado algún tratado sobre los mormones. «Los afiliados a sectas minoritarias formamos como una familia, ¿comprendes? Por supuesto, Zoroastro no tiene nada que ver con el fundador del mormonismo, el profeta Joseph Smith. Pero siempre se encuentra algún punto de coincidencia. Nuestro libro sagrado, o si lo prefieres, nuestra Biblia, es el *Libro del mormón*, tan indigesto, para el que no está iniciado, como el *Zend-Avesta* puede serlo para los no zoroástricos. Y así como ellos creen que al final de los tiempos el Bien prevalecerá, nosotros, que rechazamos, al igual que el Corán, el pecado original, creemos en los dones del Espíritu Santo y en que el hombre, que ya ha vivido en el Reino de Dios antes de venir a esta Tierra, volverá a dicho Reino después de la muerte y allí conocerá para siempre el verdadero Evangelio.»

Robert Baxter se ha embalado en busca de sus similitudes con Teymur Motaghi, pero lo cierto es que no sé si está hablando en serio o si me toma el pelo. ¡Mormón! Con un vaso de whisky en la mano y revistas porno, salidas de quién sabe dónde, sobre la cama... Robert Baxter no da en absoluto la impresión de ser militante de un clan cuyos miembros se hacen bautizar y aspiran a una Iglesia universal. Más bien parece un ácrata de tomo y lomo y un hedonista empedernido. ¿Dónde se hizo bautizar, y cuándo? Los mormones se creen descendientes de unas tribus perdidas de Israel que llegaron a América hacia el año 2000 antes de Cristo, donde poco a poco fueron aniquilados por los pieles rojas, ¡los cuales deben su color a un castigo divino! Actualmente, su número no alcanza el millón, dos tercios del cual viven en el Estado de Utah, mientras el resto se dedica a labores misioneras.

¿Robert Baxter sería, pues, misionero en Irán? ¿Bajo su gorra a cuadros, su bufanda de seda y sus botas de montar? ¿A quién quería convertir? ¿A los empleados del ferrocarril que trabajan a sus órdenes? ¿A los recepcionistas del Hilton? Salvio Royo me dijo de él: «Aunque lo trataras mil años no sabrías *su* verdad, de modo que no creas una palabra de lo que cuente de sí mismo; en cambio, jamás miente refiriéndose a los demás.»

Agotado el tema del Bazar, le hablo de la SAVAK —de los informes que recibí en casa de Raquel—, pues no olvido que el día en que nos conocimos nos dijo que en Teherán continuaban viviendo algunos grupos de tal organización, los cuales «celebraban aún grandes orgías en la clandestinidad, con sus harenes particulares y sus fiestas por todo lo alto». ¡Se ofreció para acompañarnos, para que lo comprobáramos con nuestros propios ojos! Hoy que he venido solo, ¿no sería la ocasión? Le digo que me muero de curiosidad. «Llévame allá, Robert... Quiero ver esos harenes, hablar con esa gente.. ¡Gente de la SAVAK! ¿Cómo son? ¿Tienen aspecto humano? Llévame allá y en pago soy capaz de solicitar oficialmente el ingreso en tu mormónica comunidad.»

No hace falta que le pague nada. Me acompañará. Me acompañará esta misma noche. ¿Qué hora es? ¿Las ocho? Cenaremos juntos y luego nos iremos al encuentro de esa gran experiencia. ¡Claro que me comprende! Mi visión del chiismo sería incompleta sin tratar con los miembros de la SAVAK: «En cuanto a su aspecto, ¿qué voy a decirte? Es gente elegante, ¿comprendes? Educada... No creo que queden militares, ya que la mayoría han huido en avionetas hacia Anatolia. Pero en fin, los que queden, seguro que tendrán mejor pinta que los milicianos que nos darán el alto durante el trayecto. Lo cual, por supuesto, no significa nada... Es muy probable que en tu tierra, cuando os dedicabais con entusiasmo a quemar herejes, había inquisidores cuya apariencia era venerable...»

Antes de bajar a cenar le pregunto de dónde saca el whisky. Me dice que se lo traen, oculto bajo el «hábito», los *mullahs*, y también algunos camareros *khalq* que trabajan en el hotel. Los *mullahs* se autojustifican diciendo que, si bien el Corán prohíbe el alcohol, hubo incluso compañeros del Profeta que no pudieron resistir la tentación del vino de palmera, llamado *lakmé*...

La cena transcurre lentamente, en el *snack* del Hilton, situado en la planta baja. Hay poca gente y drástica separación de sexos. Es natural. Los *mullahs* que vigilan el hotel prohíben incluso que los maridos coman en la misma mesa que sus esposas. Y la peluquería de señoras ha sido cerrada, pues Jomeini acaba de prohibir que las mujeres iraníes se arreglen el pelo en un establecimiento público, sobre todo si el peluquero es un varón. Me pregunto por la suerte que habrá corrido la peluquería de Shemiran en la que atendieron a Clarisse y a mi mujer. ¿Dónde se acicalarán las novias? ¿Quién les arrancará el vello, el abundante vello, a base de rapárselo en seco con un duro y grueso cordel? También están cerradas todas las piscinas, ya que para nadar «hay que desvestirse». También están prohibidos los bailes, ya que para bailar «hay que abrazarse».

—¿Así que la vida nocturna en Teherán...?

—¡Ya te lo puedes figurar! No hay un solo café abierto en toda la ciudad...

—¿Y la prostitución, pues?

—¡Uf! Eso, ni pensarlo... Ahí no se atreve nadie. El proxenetismo significa la muerte... Claro que en algunas ciudades, por ejemplo, Chiraz, se celebran precisamente bodas casi consideradas santas, entre prostitutas y guerrilleros de la revolución. Las prostitutas quedan de este modo redimidas, ¿te das cuenta? Incluso reciben algún subsidio oficial...

—¡Oh, insólito Irán! ¿Me creerás si te digo que todo esto me parece apasionante?

También a él. Robert Baxter ha encendido la pipa de la satisfacción porque hemos entrado, ¡por fin!, en el terreno que le gusta, y que no sé hasta qué punto está tratado en el libro sagrado de Joseph Smith.

Empieza hablándome largamente de la prostitución, comparando, como siempre, el tiempo del Sha con el actual. Está de acuerdo con la afirmación que oí según la cual los americanos, cuando tenían «físicamente» ocupado Teherán —en un momento determinado los «técnicos» y «asesores» llegaron a sumar doscientos cincuenta mil—, fabricaban cien prostitutas diarias. Un barrio entero de ellas, próximo al Bazar, fue destruido por Jomeini con bulldozers, en una operación relámpago semejante a la que los judíos llevaron a cabo en Jerusalén con las viviendas de los árabes enclavadas frente al Muro de las Lamentaciones. «No quedó piedra sobre piedra y el proyecto es levantar allí una mezquita.» Las prostitutas eran tantas —dólar, sinónimo de concupiscencia—, que ahora los muchachos andan recelosos al casarse. Prefieren elegir chicas casi adolescentes, por temor a que las mayores hubieran sucumbido en época del Sha.

Luego añade que en los barrios comerciales la prostitución era también masculina. Efebos de doce a dieciséis años, maquillados y con las uñas lacadas. No es raro que sus propios padres los vendieran; sobre todo los que, huyendo del campo, de las zonas inaccesibles de Irán, llegaban atraídos por los «neones» de la gran capital. En verano el señuelo o reclamo era llevar abierta una sombrilla de colores; en invierno, un gorro de piel (tarifa cara) o una visera y un pitillo rubio (tarifa barata).

Sin embargo, es preciso admitir que la prostitución en Persia ha sido siempre algo tradicional. En cualquier texto antiguo se habla de ello, lo que puedo comprobar en la librería de Motaghi. Hermosas negras, delicadas armenias, espléndidas pakistaníes... También abundaban las muchachas hebreas, aunque éstas tenían prohibido revelar su origen. Lo curioso era que las prostitutas autóctonas, es decir, las iraníes, no tenían permiso para usar el *chador*, lo cual quizá explicaría, en parte, el afán actual por llevarlo... «Signo de pureza, ¿comprendes?» En cualquier caso, en los tiempos de esplendor del Sha, cuando la multitud lo llevaba a éste en volandas y le deseaba mil años de existencia, lo que mayormente llamaba la atención era la prostitución de lujo. Aparte de las saturnales que pudieran organizarse en las villas del norte, a los pies del Elborz, había tres centros a los cuales acudían los «insatisfechos», entre los cuales él mismo, Robert Baxter, se apuntaba: el Park Hotel, en la avenida Hafiz y las casas de moda de Marthe (francesa) y de Ninon Haraïnan (iraní).

—En esas casas de moda los señuelos eran los modelos únicos llegados de París o de Roma o diseñados aquí mismo por maricas internacionales. Las facturas las pagaban mis compatriotas o ciertos colaboradores íntimos del Sha, entre los que había que, a imitación del famoso Hoveyda, llevaban siempre una orquídea en el ojal...

Lo curioso era que Jomeini no había condenado a muerte a *todas* las prostitutas, como ya quedó demostrado con el ejemplo de las que se casaban con milicianos de la revolución. Cierto, algunos chalets de Shemiran habían sido convertidos en «casas de corrección». Claro que a lo mejor ello se debía al capricho de algún influyente *mullah*... En cualquier caso, al respecto había que tener en cuenta que la religión musulmana era más flexible que el cristianismo en materia sexual. Cierto, con el Corán en la mano los musulmanes no consideraban que el placer fuera por sí mismo un pecado, sino, por el contrario, una gracia del cielo. De ahí que la finalidad del acto conyugal no fuese entre ellos únicamente la procreación, sino que el goce era legítimo por su propia naturaleza. Lo que quedaba corroborado por la legislación sobre el concubinato, permitido e incluso aconsejado por Mahoma, en tanto que en el seno del cristianismo se consideraba una aberración. «Naturalmente, dos razones avalaban la actitud del Profeta. La primera, que él era un temperamental, un macho fogoso, para hablar en plata; la segunda, que el Islam necesitaba, por su expansión, de un rápido crecimiento demográfico.»

Interrumpo a Robert Baxter, quien, ante mi asombro, de postre ha pedido un yogur.

—Te veo partidario de Mahoma y, en ese campo, de la legislación vigente en tiempos del Sha... ¿O me equivoco?

Los labios sensuales de Baxter, ahora blancos por causa del yogur, tiemblan un poco. Luego mi interlocutor suelta una carcajada.

—¡Desde luego, ilustre amigo! Lástima que no conocieras a Ninon Haraïnan... Ni a Marthe... Ni el Park Hotel... ¿Tú sabes lo que era Teherán, y dejemos ahora en paz los problemas petrolíferos? ¡El no va más! La Meca diría yo, si aquí el nombre no sonara fatal... En los periódicos podían leerse anuncios que yo calificaba de locos. «Si usted viene a Teherán podremos encargarnos de organizar sus horas de descanso. ¿Prefiere usted descanso rubio, moreno o color de azabache? ¿Prefiere usted la juventud o la experiencia? ¡Nuestro único deseo es que quede usted satisfecho!» Las mujeres que se ofrecían a través de estos anuncios eran llamadas vendedoras de caricias... ¿No te parece bonito? Había álbums con fotografías, a elegir entre un millar. A precios razonables. A veces yo quedaba tan saturado con sólo repasar los álbums que me venía al hotel a dormir solito... Pero nunca olvidaré aquella época, nunca. ¿Comprendes ahora por qué me da miedo envejecer? ¡Envejecer! La palabra más repugnante del diccionario... Claro que, de momento, y siempre gracias a los *mullahs*, por el momento me las voy arreglando aquí mismo, en el Hilton...

Robert está tan eufórico que ha pedido otro yogur. Por mi parte, aprovecho para recordarle que el cristianismo no siempre se ha mostrado tan tajante como ahora en el plano de la sexualidad. San Agustín, por ejemplo, era partidario de la prostitución, por considerarla necesaria, al igual que consideraba necesaria la existencia de los verdugos. «Creo recordar su frase exacta: *apartad a las prostitutas de la vida humana y llenaréis el mundo de lujuria.* Y lo mismo cabe decir del mismísimo santo Tomás: *Quítense las cloacas de la ciudad y todo se llenará de inmundicia. Quítense las meretrices y todo sería infectado por la libido.*»

—¿Qué opinas? A eso le llamo yo realismo. ¿O no?

—Por supuesto. Y confieso que si la tesis de san Agustín no me sorprende, porque conozco su vida apasionada, sí me sorprende la frasecita de santo Tomás, quien era algo así como el Jomeini de la época, en la órbita cristiana... —Marca una pausa y concluye—: ¡Bueno, puesto que estamos de acuerdo, no hay más que hablar! Acordamos que ponerle trabas a cuanto sea un desahogo natural es una torpeza. ¿Brindamos?

—Brindamos... Pero, ¿con qué?

—¡Con qué va a ser! Tú con agua, yo con yogur... —Y levantamos los vasos que tenemos delante y soltamos al unísono otra carcajada.

MIEMBROS DE LA SAVAK, ESCONDIDOS EN SHEMIRAN

Robert Baxter llama por teléfono para saber si sus amigos de la SAVAK, ocultos quién sabe dónde, pueden recibirnos. La respuesta es afirmativa, lo que me llena de gozo. Minutos después montamos en el Peykan que mi amigo tiene aparcado casi frente al hotel y emprendemos la marcha, rumbo norte, como es de rigor. Robert, ¡cómo no!, se ha encasquetado la gorra a cuadros y se ha anudado al cuello la corbata de seda. Conduce un tanto envarado, lo que le da un aspecto poco habitual; sin embargo, su pipa humea, y yo evoco los hornillos de gas que durante el invierno debían de alumbrar y calentar a los mercaderes ambulantes, al tiempo que poetizaban las calles del viejo Teherán.

En vano espero que mi acompañante me ponga en antecedentes sobre las personas con las que vamos a encontrarnos. Su euforia continúa, de manera que, de control a control —la contraseña esta noche es *diava*, que significa salvoconducto—, sigue hablándome de otras cosas. Por ejemplo, me cuenta algo que me deja estupefacto: existía una super-SAVAK... ¡Sí, no debe extrañarme! Los dictadores no se fían ni de sus propios pensamientos. Dicha super-SAVAK era llamada «Gobierno invisible» y se componía de sólo doscientos miembros, todos ellos oficiales del ejército, elegidos con sumo cuidado por el propio Sha. Su jefe era Hussein Fardust, íntimo del soberano. Fardust procuraba pasar inadvertido. La mayoría de iraníes ignoraban su existencia.

—¿Qué ha sido de él?

—Lo ignoro. Se volatilizó, como siempre, sin hacer el menor ruido... El coche avanza.

—¿Más gente protegiendo al Sha? —pregunto.

—La guardia imperial, claro...

—¡No me digas!

—¡Bueno! Me refiero a los guardaespaldas, a los «gorilas». Unos cuantos hombres reclutados en la región de Azerbaiján y Mandazerán, que es donde nace y crece la raza más vigorosa del país... Con su largo capote a la rusa, gorra de visera pequeña y armados hasta los dientes, su aspecto era soberbio; pero confieso que daban un poco de miedo...

Nos acercamos al lugar. Estoy desorientado, pero me figuro que merodeamos por el distrito de Tarjisch, es decir, no lejos de Villa Eloïsse. De pronto oímos un grito: «¡Ist!»

—¿Qué ocurre?

—Nada. *¡Ist!* significa ¡alto! Olvidé conducir con los faros bajos y deslumbré a esos centinelas...

Baxter exhibe su documentación, dice *diava* y vía libre. Entonces me cuenta que esos guardianes de noche se han ganado la estima de los teheraníes, ya que cumplen con su cometido, sin duda ingrato y peligroso, de forma voluntaria y con extrema amabilidad.

—Siempre hay alguien dispuesto a disparar desde la sombra, ¿comprendes? Han sufrido ya más de cien bajas...

Al oír esto recuerdo a Hassan, que tiene «ronda» dos veces por semana y balbuceo:

—Lo lamento...

La noche es solitaria en Teherán, excepto esos controles. Miro por la ventanilla y veo el cielo estrellado. A veces me rebelo contra la pasividad del firmamento, que asiste impávido a las contraseñas que nos damos los mortales, a las bajas que causan quienes disparan en la sombra.

Baxter me saca de mis cavilaciones.

—En ese palacio color de rosa vivía el representante de la Pepsi-Cola que ejecutaron hace una semana...

Recuerdo la noticia.

—¿Y ahora quién vive ahí?

—¡Psé! Todas estas mansiones están ocupadas por los milicianos que las asaltaron... Algunos ocultaron en el jardín, en un hoyo, los objetos de valor, con la intención de ir a rescatarlos más tarde...

—¡Caramba! Excelente noticia para Raquel...

—¿Decías...?

—¡No, nada! A veces me sorprendo hablando solo.

Un minuto después hemos llegado. El Peykan se detiene frente a una verja de hierro. El edificio, por fuera, se parece a cualquier otro del barrio de Tarjisch. El chalet, de arquitectura mediocre, el jardín abandonado —¿habrá tesoros bajo la tierra?—, la antena de televisión. Nos apeamos, y antes de pulsar el timbre Baxter me dice que nos abrirán un par de milicianos, seguramente con metralleta.

—Son de confianza, no te preocupes... Cobran tanto como mis queridos *mullahs.*

Noche llena de sobresaltos. Robert Baxter no me mintió: me encuentro ante tres miembros de la SAVAK, en el interior del chalet de nombre ignorado. *Living* burgués, con muebles europeos, de caoba. El hogar podría ser inglés o suizo, pero hay un detalle que lo iraniza sin remisión: una foto del Sha, colocada sobre una mesilla, junto a la puerta que da al comedor.

Pese a que Robert Baxter me ha presentado a los tres hombres, que por lo visto han tomado los apellidos de tres ayatollahs —*Montazeri, ¡Jaljali!* y *Jomeini...*—, y que los tres me han recibido como si fuera un habitual de la casa, experimento la extraña sensación de vivir una escena irreal. La palidez de los tres hombres, que llevan meses y meses sin salir al aire libre, da grima. Desde que el Sha se marchó no les ha tocado un rayo de sol. Y a más de esto, ¿cómo es posible que me encuentre en Teherán? Sé que, oficialmente, la casa está habitada por los milicianos que nos abrieron la puerta. Sin embargo, ¿no es esto muy peligroso? ¿Cómo pueden estar los tres hombres tan seguros de que no se producirá un equívoco, un fallo, que los delate? ¿Y los vecinos? Por otra parte, ¿dónde está la «orgía» prometida? Al pronto, no veo ninguna mujer... Los tres supuestos ayatollahs están cómodamente sentados en sus respectivos sillones —el diván lo han reservado para Robert y para mí—, y allá al fondo se oye una musiquilla suave como la de las salas de espera de los dentistas.

—¿Qué les apetece? ¿Champaña...?

—En todo caso, más tarde... —contesto.

Baxter se excusa igualmente y nuestros anfitriones se miran como preguntándose: «¿qué les ocurre a esos caballeros? ¿Les dolerá el estómago? ¿Estarán mareados?»

Dos de ellos —*Montazeri* y *Jomeini*— fuman cigarrillos habanos. Visten a la europea y, pese a todo, se nota que han perdido peso. A *Montazeri* las gafas le cabalgan sobre la nariz y su mirada es tan vaga que me pregunto si no me las habré con un opiómano. *Jomeini* tiene una cicatriz en la mejilla izquierda y hay en su porte algo que recuerda las jirafas. Su cuello es altísimo, como si pretendiera perforar el techo y huir. Debe de ser militar. El tercero, *Jaljali*, está orondo como una manzana. Todo en él es esférico: los ojos, la barriga, la boca cuando pronuncia la o. Juraría que es el bufón de la casa. Se rasca continuamente el brazo izquierdo y las rodillas. A lo mejor tiene urticaria.

Robert Baxter se compadece de mi desconcierto y me dice:

—Ahí los tienes. Pertenecían a la SAVAK; y siguen perteneciendo a ella... Sería absurdo largarte el historial de cada uno. Por lo demás, sus méritos son intercambiables. Te bastará con saber que uno de ellos es general, el otro banquero y que el otro ejerció durante veinte años de detective particular... ¿Quieres más datos o te basta con eso?

—¡Oh, me basta, me basta!

—Conforme... Añadiré que los tres conocieron íntimamente al Sha... Y a su familia. Si te interesa algo referente a las tres esposas que tuvo el monarca, es la ocasión. O algo referente al ejército... También creo que es obligado a decirte que los tres creen que todo esto es un ciclo que pasará... Y que los Pahlevi volverán a reinar en Irán.

Me quedo de una pieza. Miro a los caballeros. ¿Y las mujeres, dónde están? Serán opiómanos, no cabe duda. O unos ilusos. ¿Los Pahlevi reinar otra vez? Se referirán a Reza Ciro, claro, el heredero que, según Hassan, tenía en el sótano del palacio de Niavarán una refinería completa, en miniatura, con tantos petroleros como los que tienen cabida en Bandar-Abbas.

De pronto, *Jaljali* se levanta, conecta la televisión ¡y aparece un *mullah*!

—¡Ya está aquí! ¡Ya lo tenemos aquí!

Rompe a aplaudir, da unos saltitos, aplaude de nuevo y cierra el aparato. Luego se sienta, bosteza y vuelve a rascarse.

—Si no les importa —intervengo—, ahora sí me apetecería un poco de champaña...

DEFENSORES DEL SHA

La conversación que subsigue a este pequeño desahogo discurre tan amigablemente que me cuesta esfuerzo creer que mis interlocutores, caso de ser descubiertos, serían linchados por la multitud. No logro imaginar siquiera los cargos que se les imputarían, posiblemente con razón. ¿Incumbe a esos tres caballeros el delito de las torturas? ¿Estaban enterados de ello? ¿Fueron responsables directos? En un mundo tan vasto como la SAVAK cada quisque debía de desempeñar su papel, y juzgarlos a todos por el mismo rasero supondría, digo yo, una falta de seriedad. Sin embargo, no se me olvida la frase de Robert: «eran íntimos del Sha...»

Lo que mayormente me desconcierta es el autodominio que demuestran, y la carencia absoluta de sentimientos de culpabilidad. Hablan del pasado «glorioso» como si fuera el presente. Hablan del Irán como si todavía les perteneciera. Hablan del Sha como si todavía el pueblo le llamara «la Sombra del Todopoderoso». Sólo de vez en cuando aparece un rictus de amargura: cuando salta sobre el tapete la humillación del exilio o la enfermedad del monarca. El denominador común es la veneración por ese ser que ellos creían eterno y cuyas estatuas fueron derribadas y vejadas por «enfermos mentales» —éste es su juicio— como las jerarquías religiosas y los jóvenes fanáticos que siguen ciegamente sus consignas.

Respecto de Irán, advierto que su opinón es unánime, sin fisuras. Lo han convertido en abstracción y nada de lo ocurrido «antes» o «después» es capaz de modificar su criterio. Frases pescadas al vuelo son: «Cuando Roma no existía y Atenas acababa de nacer, nuestra cultura alcanzaba cotas altísimas, con una biblioteca ambulante de ciento veinte mil volúmenes transportada por cuatrocientos camellos, adiestrados para andar por orden alfabético.» «Si Roma creó un imperio, Irán creó varios, cuyas secuelas duran todavía, especialmente en ese gran mosaico que es el Islam.» «Se dice que Grecia fue cuna de la democracia. ¿No se le anticipó nuestro Ciro el Grande, con su famosa Declaración de los Derechos del Hombre?» Para no aludir a épocas tan remotas, *Montazeri*, con sus gafas cabalgándole sobre la nariz, afirma que el comunismo jamás se adueñará del Irán. «La URSS podría conquistarnos, pero ello no cambiaría nada. Podría estallar la III Guerra Mundial, pero ello no tocaría un ápice el alma iraní. Nuestro proverbio es: quien muere es el vecino, no nosotros.» Como es natural, lamentan la fuga de cerebros que se ha producido en el país, muchos de los cuales van a parar al Canadá y a Australia, dato que yo desconocía...

Con respecto al Sha, la opinión es también unánime. Después de haberse enfrentado con éxito, ¡a los veintiún años!, con los gobernantes aliados que a raíz de la derrota de Hitler querían repartirse Irán —«somos testigos de este hecho, como lo somos de que en el mundo no hay nada mejor que un buen cigarro habano fumado en buena compañía»—, y de haber conseguido que el país pasara de la tifoidea y las enfermedades venéreas a un excelente nivel de sanidad, y de la etapa del subdesarrollo a una renta per cápita más que envidiable, de pronto, cuando nos encontrábamos a punto de culminar el éxito y de disponer de una tecnología que nos abría todas las puertas, cedió ante cuatro algaradas y ante la obcecación de los *mullahs*, dando pruebas de una debilidad inconcebible en él.

—Dejó que rodase la bola de nieve. Mostró mano dura, pero lo hizo cuando ya era tarde. Le invadieron extraños escrúpulos y creyó que el pueblo ya no lo adoraba. ¡Si ya estuvo exiliado una vez, cuando el *affaire* Mossadegh! ¡Si su regreso, en aquella ocasión, está escrito en letras de oro en la historia de nuestro país! ¡Si cuando Farah le dio por fin un hijo varón la gente llevó en volandas su coche por espacio de cinco quilómetros, y sonaron todas las bocinas e Irán entero se volvió loco de alegría, hasta el punto que hubo que utilizar las mangueras contra los incendios! Desconfió de nosotros, de la SAVAK... Y en cambio confió en la ayuda de Carter, de los Estados Unidos. ¡Fue su gran error! Los Estados Unidos se equivocan siempre, traicionan siempre y en el peor momento, y el amigo Baxter debe perdonarnos que hablemos así. Ahora el golfo Pérsico está en peligro, ¡qué duda cabe! El golfo Pérsico continúa siendo el más goloso pastel para la URSS... ¡Por fortuna, no se lo zamparán! ¡Recuperaremos el terreno perdido! Pero el Sha debió cortar más cabezas y convocar luego elecciones generales. De haberlo hecho, continuaría todavía en palacio y los iraníes seguirían haciendo cola para besarle los pies...

Mudo de asombro, escucho y contemplo a los tres caballeros. ¡Cortar más cabezas y luego elecciones generales! ¡Hacerle aún más caso a la SAVAK! Recuerdo a Hassan, los cuerpos de los detenidos sobre planchas al rojo vivo, los garfios, la castración... Recuerdo a Samad, orgulloso de su nariz aguileña porque al parecer Ciro el Grande la tenía así... Siento una repugnancia extrema. Me sorprende no tener ganas de vomitar. Supongo que ello se debe a que Baxter se dedica a hacer rodar con el índice de la mano derecha su gorra a cuadros, de la que, curiosamente, no se ha desprendido un momento. Baxter no ha mudado la expresión. Se ha limitado a decir que en el mundo hay algo mejor que un cigarro habano fumado en buena compañía, y que ese algo es una buena pipa...

No logro contenerme y les pregunto, en el tono de voz menos ácido posible:

—¿Qué creen ustedes que sentía el Sha... cuando se veía obligado a castigar? ¿Qué pensamientos le embargaban?

—Ninguno —contesta, rápido, *Jaljali*—. El Sha había aprendido de su padre que para que se hagan las cosas en Irán es más eficaz el castigo que la recompensa... Así que no experimentaba ni dolor ni placer. Cuando hacía ejecutar a alguien, cumplía con su obligación. Eso era todo. La ley es la ley. Era algo automático.

Montazeri no me da tiempo a replicar. Se me anticipa y añade:

—Ya sé que la psicología oriental difiere en esto de la de ustedes... Pero tenemos que ser realistas. Estamos hablando de Irán, país oriental.

Trago saliva.

—Pero ¿y las torturas? En Occidente existe la convicción de que las hubo, y de que en buena medida corrían a cargo de la SAVAK...

—¡Claro que las hubo! —admite *Jaljali*, alzando todavía más su cuello de jirafa—. ¡No faltaría más! ¿Conoce usted algún otro sistema para hacer avanzar una nación cuyas tres cuartas partes no saben leer ni escribir? ¿Y para hacer cantar a los culpables? ¿Ha leído usted algún informe sobre lo que les ocurrió en Francia a los llamados colaboracionistas, cuando cayeron en manos de la *Resistence*? ¿Sabe algo de los sistemas que empleaban los ingleses en la India, cuando la India era una colonia de Su Majestad? ¡Me declaro prtidario de la tortura! ¡Participé en ella y volvería a hacerlo! ¿No le he dicho que si de algo se pecó fue de mano blanda? El Sha quería indultar incluso a quienes habían atentado contra su vida... —*Jaljali* se seca el sudor, lo que hace más visible aún su palidez—. Naturalmente, ello no presupone que la tarea fuera agradable, sobre todo si los encartados eran mujeres...

Insisto, aun a riesgo de crear una situación imposible.

—Se ha hablado de arranque de uñas... De inyecciones de cardiazol... De colgar pesos en el sexo de los hombres... De despellejamiento así, sin más...

—¡Que digan lo que quieran! ¿Estaban aquí para tomar nota y hacer balance? Hay mil maneras de torturar y se hacía en cada caso lo que se creía más conveniente...

Jomeini matiza:

—Por supuesto, cabía también el estilo personal, adaptado a la propia mentalidad...

Montazeri debe de advertir en mis ojos algo que no le gusta y me espeta a bocajarro:

—Caballero, le hemos invitado porque su amigo Baxter insistió... ¿Debemos entender que su propósito es acusarnos?

No sé cómo me las arreglo, pero logro sonreír.

—¡No, no, por favor! Simplemente... alguno de ustedes lo ha dicho. Hay que ser realista, y esto a veces no se consigue en un par de minutos. Estamos en un país oriental... ¿Un poco más de champaña, si no les importa?

Lo peor ha pasado ya. He observado a los tres hombres y, de pronto, me han inspirado lástima. Ahora las víctimas son ellos y Dios sabe lo que les aguarda. De otra parte, lo que me interesa es la información. ¿Es que voy a echarlo todo a perder?

Después de un par de bromas con Baxter me dirijo de nuevo a mis interlocutores y les hablo del tan cacareado misticismo del Sha, de sus incesantes afirmaciones de que él era un monarca por derecho divino —atributo registrado, salvo error, en la «antigua» Constitución—, lo que se emparejaba mal con el hecho, denunciado por ellos mismos, de que en el momento decisivo el monarca perdiera los reflejos, se declarara derrotado.

Me contestan que, en efecto, el Sha tenía sobrados motivos para creer en una protección especial, por otra parte corriente en el seno del chiismo. Pero añaden que él jamás alardeó ante su pueblo de semejante condición, que reservaba para los periodistas extranjeros y de la que a lo mejor hablaría en sus Memorias que, al parecer, estaba escribiendo. Ahora bien, al propio tiempo estaba convencido de que un rey debía crear una cierta magia en torno a su persona, no precisamente para su propia satisfacción, sino para inspirar confianza a su pueblo. Por ello admiraba a Napoleón, aunque siempre hizo hincapié en que se valoró en exceso a sí mismo. Por eso admiraba a Pedro el Grande, y a monarcas como Luis XIV, rey de Francia... Creía que era preciso ser orgulloso y organizar, ¿por qué no?, festejos como los de Persépolis, que en contra de lo que se dijo no fue una manifestación de vanidad personal, sino una forma idónea para que por espacio de un cierto tiempo el mundo entero prestara atención a la gloriosa historia de Irán.

¿Se autocoronó? ¿Se proclamó rey a sí mismo? ¿Por qué no? Los americanos —¡otra vez los americanos!— se lo criticaron; precisamente ellos, que sienten la continua necesidad de proclamar el rey de los narigudos, el rey de la música *rock*, la reina de las secretarias, la reina de la belleza... «Amigo Baxter, su pueblo, tan republicano, da la impresión de sentir nostalgia de una corona, de sentir nostalgia de un rey como el Sha.»

Me doy cuenta de que a veces olvidan su situación y hablan como si todavía tuvieran el poder en sus manos. Convencido de que les halagará que les pregunte intimidades del Sha, les interrogo al respecto y compruebo que sus rostros rebosaban en el acto de muy viva satisfacción. La cara de *Jomeini* se hace más redonda todavía y *Jaljali* se afloja un tanto el nudo de la corbata.

Según ellos, el Sha era más inteligente que cuantos le rodeaban, pese a que nunca fue un hombre de estudio ni muy amante de los libros. Tenía una computadora en la cabeza. Era capaz de tratar cuatro temas a la vez y encontrar en cada caso la solución correcta. Sabía sobreponerse a su timidez y convertirse en *farmandeh*... Extraño dictador, sin embargo, puesto que redactó para su pueblo un programa social —la revolución blanca— más avanzado que el existente en Suecia... Como buen iraní, amaba los caballos. Debía yo saber que, en Irán, robar un caballo era el peor de los crímenes. Cada viernes elegía en sus caballerizas de Farahdaabad el ejemplar que más le apetecía, el mejor «pura sangre», lo ensillaba y cabalgaba a rienda suelta durante horas por las depresiones del desierto hasta las mismas puertas de Teherán... En dichas caballerizas, en medio de un bosque de plátanos, abedules y eucaliptos, tenía siempre ochenta animales dispuestos, sin que al nombrar a cada uno de ellos se equivocara jamás.

Fumaba Gauloises... Sentía admiración por lo francés, el general De Gaulle incluido. En sus momentos de relax o de intimidad era muy bromista. Le divertían mucho las películas de capa y espada y a menudo, en Palacio, en medio del filme, organizaba un concierto imitando perfectamente los ladridos de un perro... Le gustaban los bailes de máscaras y una noche en que Hoveyda se disfrazó, como solía hacer siempre, de Mao, el Sha se disfrazó de león. Cuando jugaba al bridge deslizaba bajo la mesa, entre las rodillas de las mujeres, arañas y ranas de charco... También, como es sabido, se pirraba por los coches deportivos y más tarde por los aviones.

Era un piloto consumado. En los últimos tiempos, gustaba de sobrevolar Teherán, sin duda para contemplar cómo la ciudad iba creciendo y enriqueciéndose. Pilotaba un helicóptero azul y blanco, que eran los colores reales. Un poco más bajo, y en calidad de protector, volaba siempre otro helicóptero, éste de color gris, con algún agente de la SAVAK... Aunque él no le daba importancia. Siempre decía que no se despertaba jamás sin pensar en la muerte, pero que ésta le llegaría cuando lo decretara Dios.

Ni que decir tiene que sentía un gran respeto por su padre, cuya autoridad le marcó de por vida. Guardaba de él una pitillera de oro, que nunca le abandonó. En muchas ocasiones procuró imitarle. De él heredó su reticencia hacia los *mullahs*. Su padre le había dicho: «Toda tu vida tendrás que luchar contra ellos.» Y así ha sido. ¡Aunque se quedó corto! Los *mullahs* no cesaron nunca de calumniar a la corona. Se sabían poderosos ante el pueblo, como ya se demostró en 1890, cuando el emperador Nasser Edin vendió a los ingleses el monopolio del tabaco, en perjuicio del Bazar. Los *mullahs* aconsejaron no fumar y el pueblo obedeció. Y hubo que cancelar el contrato. ¡Ah, los *mullahs*! Reza Khan los conocía bien. En sus tiempos, cobraban en las aldeas por perdonar los pecados. El primer fisioterapeuta que hubo en Teherán descubrió que sus alumnas se negaban a aprender la técnica del masaje porque el *mullah* de turno no se lo permitía, no les daba su consentimiento. Siempre han creado en torno a la mujer un ambiente de superstición, que por descontado era contrario al temperamento y a las inclinaciones del Sha. ¿Querrán ustedes creer que muchas mujeres se negaban a quitarse las bragas ante el ginecólogo?

El tono coloquial empleado por mis interlocutores en el último tramo del diálogo me permite formularles a bocajarro unas cuantas preguntas.

—De todos modos, mis informes son de que el Sha se pirraba por las mujeres, pero que en el fondo las subestimaba... ¿Es ello cierto?

—Cierto. Solía decir que son objetos graciosos. No obstante, y paradójicamente, las obligó a hacer el servicio militar y aseguraba que tenían mejor puntería que los hombres...

—Han hablado ustedes de su amor por los caballos, los coches, los aviones... ¿Es que físicamente era un hombre fuerte? La opinión popular es más bien la contraria.

—Verá usted. De niño era frágil... Resfriados y bronquitis al por mayor. Pero hizo deporte, se levantaba a las seis de la mañana y trabajaba mucho. Y ello le salvó. Le salvó excepto de una tifoidea que le dejó como resaca una tendencia a la melancolía...

—¿Melancolía? Me han hablado de depresión... Y yo sé lo que es eso.

—¡Bueno! A los psiquiatras les gusta poner nombres... Los gigantes a veces se sienten solos, ¿comprende usted? Entonces se fumaba sesenta cigarrillos diarios, y tomaba buena dosis de barbitúricos para dormir... Pero resistía, ¡ya lo creo que resistía! Lo único que le falló desde muy joven fueron los ojos. Desde hace años el Sha padece a la vez de estigmatismo, miopía y presbicia...

—Y ahora cáncer linfático, ¿no es así?

—¡Por favor, caballero! ¿Quiere usted volver a las andadas?

LAS ESPOSAS DEL SHA

Baxter hace las veces de mediador. Sabe que me interesa la opinión de mis anfitriones sobre las tres esposas del Sha. Una síntesis concreta y sin eufemismos. Y me interesa también conocer la verdad sobre sus aventuras amorosas, que tantas páginas llenaron de las revistas del corazón.

Otra sorpresa. Diríase que mis tres ayatollahs se disputan el honor de facilitarme información. Se atropellan al hablar, destacando *Jaljali*, que es el que exhibe una voz más grave y bien timbrada.

En resumen, me entero de que el primer matrimonio del Sha fue decidido por su padre, por aquello de asegurar la descendencia. Era el año 1939.

Reza Khan llegó a un acuerdo con el entonces rey de Egipto, Fuad I, para que le cediera una de sus cinco hijas, de la que el Sha sólo había visto una fotografía. Como todas las demás, su nombre comenzaba por F, que era la letra talismán de la dinastía Fuad. Se llamaba Fawzia, tenía diecisiete años y era tan hermosa que incluso la Metro le había ofrecido un contrato. El matrimonio fue un fracaso. Nació una hija, Shahnaz —que significa «caricia de rey»—, pero ningún varón. Ello sentó muy mal al padre del Sha, pues desde hacía ciento cincuenta años el primer hijo en la corte del Irán era automáticamente una niña, lo que casi podía considerarse como un maleficio, que llamaba la atención de la gente del Bazar. Sin embargo, y en honor a la verdad, quien pidió el divorcio fue Fawzia, no el Sha... Era una mujer de una tremenda personalidad, que no logró nunca aclimatarse a la vida de Irán. «Se aburría en la corte, ambos se dieron cuenta de que no tenían nada en común y Fawzia se volvió al Cairo y no regresó.»

En cuanto a Soraya, ¿qué podían decirme? Fue el amor. Fue el gran amor en la vida del Sha. El día que tuvo que repudiarla lloró... «Yo estaba presente», afirma *Jaljali*. Locamente enamorados, aparecían juntos por todas partes y la intención del Sha era coronarla emperatriz. Sin embargo, Soraya era exactamente lo que el Sha decía de las mujeres: un objeto gracioso. En la cabeza no tenía más que joyas y un broche en el corazón. «Descendía de los bakhtiari, ¿comprende?» Y se presentó el problema de la esterilidad. ¡Ah, en este asunto tenían formada una opinión! La principal enemiga de Soraya fue, desde el primer día, la princesa Ashraf... Fue la princesa Ashraf la que, con la ayuda de algún médico, consiguió que Soraya fuera estéril, sin remedio posible. Estaba celosa. Por algo la llamaban *la Pantera Negra*. La esterilidad significaba el repudio, como así ocurrió. Naturalmente, y de acuerdo con la ley musulmana, el Sha tenía derecho a una segunda esposa, lo que le hubiera permitido conservar a Soraya; pero ésta se negó. Prefirió separarse, con una suculenta pensión, e irse a Saint-Moritz, con sus abrigos, su broche en el corazón y sus ojos como esmeraldas...

La tercera esposa tardó en llegar. Pero esta vez el Sha acertó. No sólo porque le dio el hijo varón que le hacía falta, sino porque Farah Diba era —es— una señora de muchos quilates. Culta, con capacidad de concentración, dura cuando es menester, dulce cuando se empeña en serlo (Diba significa «seda»). Todo el mundo la quería. El Sha fue relegando en ella muchas responsabilidades, especialmente las relativas a museos, festivales, beneficencia... Cuando el Sha viajaba, ella presidía los consejos de ministros, lo que enfurecía a los *mullahs*... ¿Ha visto usted el Museo Etnográfico? Pues no se lo pierda. ¿Y el Museo de Alfombras? No se lo pierda tampoco. Si no los han derribado, claro... Farah fue coronada emperatriz y su actividad galvanizó a las mujeres de Irán. ¡Ah, la pobre, lo que debe de sufrir ahora! «Estamos seguros de que si actualmente, en medio de tanto *chador* y tanta superstición, han surgido, como indican los periódicos, nada menos que tres movimientos feministas, ello se debe a la escuela que dejó el ejemplo de Farah...»

—Mire usted —concreta *Montazeri*—. Cuando le dijimos que tenemos fe ciega en el retorno de la dinastía Pahlevi, sus ojos delataron un escepticismo irónico. Pues escúchenos. No hablaríamos de ese modo si no existiera Farah Diba... Mientras ella viva, puede esperarse cualquier cosa. Nuestro pueblo es espasmódico. Le gustan las dictaduras. Las cárceles, y las torturas, son siempre las mismas y lo único que varían son las causas. ¡Nuestro pueblo se cansará del gusano de Qom! Farah es capaz de darle la vuelta a la situación... Y si no, al tiempo. ¿No comparte nuestra opinión, amigo Baxter?

Robert, que tenía un cierto aire distraído, se incorpora en el diván para contestarle:

—Lo lamento, pero no... No la comparto en absoluto.

En ese momento suena el teléfono. Entra como un rayo uno de los milicianos —¿dónde se hallaba escondido?— y descuelga el aparato, sin dejar por ello la metralleta. Asiente con la cabeza, pronuncia unas palabras y cuelga. Acto seguido quedo informado de que pasada una media hora, lo más tardar, estarán aquí «tres objetos graciosos», tres «aspirantes a huríes», para amenizar con sus encantos el encierro de mis tres ayatollahs...

Baxter sonríe satisfecho y me dice:

—¿Te das cuenta? Ahí empezará la orgía... Claro que, además —añade—, sirven de enlace para que nuestros anfitriones continúen haciendo negocios...

—¿Hablas en serio?

—¡Completamente! ¿No te has situado aún? ¡Quieren continuar viviendo! Negocios relacionados con el petróleo, naturalmente... —Mi cara debe de reflejar una tal estupidez que concluye—: Veo que todavía no has empezado a conocer Irán...

Como fuere, la noticia de la pronta llegada de las tres «gacelas», que por lo visto pasan por ser las mujeres de los milicianos, han transformado a los ayatollahs. Su palidez es la misma, pero sus ojos chispean. Pronto cobrarán pieza... Sin embargo, me pregunto qué papel representaremos aquí Robert y yo.

Robert me tranquiliza.

—¡Bah! No te preocupes. Supongo que, de momento, les rogarán que nos obsequien con cantos y bailes de la tierra... Cuando me dé cuenta de que ha finalizado el plazo de la castidad, te hago una seña y nos largamos.

Y el caso es que la llamada telefónica ha sido providencial, en el sentido de que ha creado el ambiente propicio para dar un repaso, aunque sea somero, al tema que quedó colgado: las conquistas del Sha, su intensa vida amorosa, extraconyugal.

Lo cierto es que no debo esforzarme mucho para que los tres caballeros vuelvan a atropellarse en el uso de la palabra. Sí, una de las cualidades del Sha era que, a semejanza de Mahoma, era un macho viril... Sin embargo, para hablar del erotismo del Sha había que distinguir entre dos facetas: la que se refería a las bellezas autóctonas, iraníes, y la que se refería a las bellezas occidentales. Con respecto a las primeras, jamás usó del derecho de pernada, pese a que le hubiera resultado muy fácil. Las hembras iraníes le gustaban como lo ordenaba la tradición: de piel blanca, pelo negro, pestañas rizadas y cuerpo parecido a un ciprés. Por cierto, que de vez en cuando se divertía asustándolas, para lo cual mandaba construir unos robots que de pronto irrumpían en la habitación caminando por su cuenta. «Su teoría era que una mujer asustada es el pájaro más dulce que un hombre puede estrechar entre sus brazos.»

Tocante a las bellezas occidentales, las revistas del corazón, a que antes se aludió, no habían exagerado ni tanto así. A lo largo de sus viajes tuvo aventuras con famosas «estrellas», con algún que otro fracaso. No obstante, su época loca, que podría situarse entre su separación de Soraya y su boda con Farah, fue la de las rubias altas y de ojos claros, tipo escandinavo. Las llamaba «pastoras», por referencia a uno de sus predecesores en amor, Luis XV. Como es natural, tenía relaciones con ellas también en los viajes, aunque prefería traérselas a Teherán. «Discretos funcionarios las recibían en el aeropuerto y las conducían al palacio de Saadabad, que significa precisamente "casa de la felicidad".» En un momento determinado —«y no querríamos pecar de aduladores»—, su demanda era tal que hubo que organizar dos centros de reclutamiento, que fueron París y Munich. «¿Cómo...? ¿Que si es cierto que acostumbraba a pagar diez mil dólares por una noche? Eso sólo podría contestárselo él mismo.» Es posible, desde luego. ¿Por qué no?

Había levantado el país y podía pagarse sus caprichos. Lo que puede darse por seguro es que exigía la máxima limpieza y que a veces le acomplejaba ser más bajo que sus «pastoras», por lo que las recibía con zapato de tacón un poco alto. También le gustaba cortarles un mechón de la cabellera... No era fetichista, no los guardaba; pero para él significaban algo especial, que nunca quiso revelar a nadie. *Jomeini* añade que más de una mujer hizo lo imposible por tener un hijo del Sha, por quedar embarazada de él. «Ahí el monarca tenía que andarse con mucho cuidado...»

Por su parte, *Montazeri*, ¡que lleva en uno de sus bolsillos un ejemplar del Corán!, cuenta que antiguamente la hembra, en Persia, se asimilaba a los surcos, y el falo se asimilaba al arado. «De ahí que las mujeres embarazadas se pasasen noches enteras en el campo sembrado, ya que creían que de este modo ayudaban a fertilizar la tierra...»

Los tres ayatollahs, aupados por el tema que tratan —y por la espera de sus «pastoras»—, parecen transformados. Se ríen por cualquier cosa, lo que les produce frecuentes accesos de tos. «¿Te acuerdas...?», dicen. Siempre refiriéndose a aventuras del Sha. Hablan de una moza del Turquestán, cuya madre se sentía feliz porque le había salido un hijo con paperas, lo que indicaba que era un favorecido de Alá y que haría grandes cosas en la vida. Cuentan que el castigo favorito de los persas de antaño para los extranjeros apresados en un harén era desnudarlos y entregarlos a los esclavos negros para que abusaran de ellos y luego los castraran. Y citan un proverbio del acervo lurestaní, válido para las mujeres de la tribu: «Aunque de hombres tengas hambre, guardaos de los de Ispahan, de los afganos y de los de Cachemira.»

—¿Los de Ispahan...? ¿Por qué será? ¡Si lo que les gusta es juguetear con ruiseñores y acostarse con una rosa!

Y los tres sueltan al unísono una sonora carcajada.

Entran tres muchachas vestidas con *chador*. Poco antes se ha oído el ruido de un coche. En cuanto están en la habitación y el miliciano se retira, ¡se quitan el *chador*, lo tiran al aire y aparecen vestidas con una leve blusa transparente y varios velos atados a la cintura! Algo azaradas, ruedan la vista alrededor. Sin duda les sorprende encontrarse con cinco hombres, y no con sólo tres. Dos de ellas responden a la definición de la pura belleza iraní: ojos negros, pelo rizado, cuerpo semejante a un ciprés. La otra, por el contrario, está muy entrada en carnes. En ella todo es también esférico, aún sin necesidad de mostrar la barriga y de pronunciar la o.

Jomeini es el encargado de situarlas y de situarnos también a nosotros, valiéndose de Baxter. Han venido para complacerles. No saben cuál va a ser exactamente su cometido —es la primera vez, y han sido traídas aquí *con los ojos vendados*—, pero están dispuestas a todo, porque saben que la recompensa será generosa. Aunque muy jóvenes, y pese a la implacable persecución, son prostitutas: alguna de ellas es posible que se haya quedado huérfana a raíz de la revolución, e incluso que sus padres hubieran colaborado con el Sha y hayan huido. Cantan y bailan, desde luego, ya que ésta fue la condición, que llenará la primera parte del programa. Luego... ¡el Profeta dirá!

¿Cómo se llaman? Han elegido tres signos del Zodíaco: Virgo, Libra y Escorpión. La que más me gusta es Virgo. Baxter, en cambio, que se pasa la lengua por los labios, no sabe a qué carta quedarse. Las mira una y otra vez y murmura: «Sheneida», nombre que a buen seguro le recuerda a alguien. Los tres ayatollahs, entretanto, han llamado a uno de los milicianos, y a juzgar por los ademanes le han pedido tres pipas de opio, que no tardan en llegar.

Jomeini toma la palabra y las «gacelas» asienten con la cabeza, después de lo cual Escorpión sale un momento y regresa con dos *santurs* (cítaras) tan maravillosas, que juraría que quien las construyó fue Samad. Mientras las deja en un rincón, Virgo advierte lo mucho que me gusta, y sin encomendarse a nadie se me acerca, se sienta en mis rodillas y me da un profundo beso en la boca, cortándome la respiración. Por lo visto les han dicho que «podían empezar el juego», puesto que Baxter recibe el mismo trato por parte de Libra. ¡Cosas del destino! La tercera, Escorpión —la esférica—, ha de cuidar por sí sola de los tres ayatollahs...

Pero esto no ha sido más que la primera ronda. Cada una va saltando de uno a otro hombre hasta completar el círculo. Será lo convenido; o el saludo tradicional. Un perfume hondo y suave va adueñándose del aire. No creo que se deba a lo que «comen», como sostuvo Raquel en el Bazar, sino a cierta sabiduría atávica en este menester. Es un perfume elaborado durante siglos, tal vez en aquella tienda de los «filtros de amor» o en la antigua Susa, donde Alejandro Magno asentó sus reales. Virgo advierte que sigo mirándola y me corresponde con un guiño que haría las delicias de Baxter, a no ser que el mormón, fuera de sí y del mormonismo, ha retenido en sus brazos a Libra y no la deja escapar, lo que provoca silbidos de protesta por parte de *Jaljali*.

«¡Dios mío, esto se hunde!», gritaría Raquel. Mi asombro es total.

Todo en orden. Han traído las tres pipas de opio para los ayatollahs, los cuales se han sentado con mucho donaire en el suelo, sobre la gruesa alfombra, teniendo enfrente el correspondiente hornillo con el carbón. Por su parte, Baxter, libres los labios, ha encendido su pipa —con mano todavía temblorosa— y yo soy el único que echo en falta algo con que entretener mis manos; por ejemplo, un rosario, un *marsabah*.

En cuanto a los tres signos zodiacales, han iniciado su actuación. ¡Ah, la Persia eterna! Mientras Libra toca la cítara, sus compañeras recitan un poema sufí, turnándose al compás de la rima. Baxter cuida de traducirme los primeros versos. «Quisiera rajar mi corazón con un cuchillo, meterte dentro, y luego volver a cerrar mi pecho. Para que estuvieras en él y no habitaras en otro, hasta el día de la resurrección y el juicio final.» Me parecen versos un tanto lúgubres para la ocasión, pero los próximos, los que les siguen, me reconcilian con las rapsodas: «Da al niño un caramelo y será feliz. Dale una gran caja de caramelos y caerá enfermo.» Me pregunto qué me han dado a mí, si un solo caramelo o una gran caja. Baxter escucha extasiado y los tres ayatollahs, que se han reclinado en unas arcas traídas a propósito, van chupando lentamente el opio y aspirándolo sin que, por las trazas, les haga el menor efecto. ¿Sentirán también dentro de poco, como a mí me ocurrió en Camboya, *una gran paz*?

Virgo ha empezado a cantar. Es una melodía popular *(tasnif)* que me destroza los oídos, pese a que las cítaras intentan lo contrario. En cuanto termina, *Jomeini* tiene la amabilidad de explicarme que las mejores voces iraníes suelen proceder de Khasan, lo que se atribuye a la pureza del aire de aquella comarca. «La gente de Khasan habla dulcemente... ¿No le ha parecido dulce esa melodía?» «¡Oh, sí, claro que sí!»

Otra canción. Esta vez se trata de un *avaz*. Se me antoja más llevadera, pero decido para mis adentros olvidar mis oídos y concentrarme en mis ojos, puesto que la fortuna ha querido que no los tenga tan mermados como el Sha. No puedo apartar la mirada del cuerpo de Virgo, de su blusa transparente. Una adolescencia abismal se apodera de mí. Me reencarno en ella. ¿Estoy en Teherán? ¿Qué significa SAVAK? Virgo de vez en cuando ladea la cabeza y baja coquetonamente los párpados. ¿Significa ello que volverá? No sé si desearlo o no, puesto que he perdido la exacta noción de lo real.

Terminado el *avaz* se produce la eclosión. Los tres signos zodiacales se acercan a los tres ayahollahs, dan una chupada de sus respectivas pipas de opio, exclaman: «¡Huuuuuum!», y en cuanto han retornado a su sitio se desnudan de un solo trazo, dejando caer en un rincón las sedas que las cubrían.

Sí, son tres cuerpos jóvenes, acaso huérfanos, acaso no. Baxter está en el limbo y a mí me embarga una sensación que no acierto a definir. Es la embriaguez, es la resurrección y el juicio final, es —ahora no me caben dudas— la gran caja de caramelos para un niño a veces cansado de vivir.

Ha surgido de no sé dónde un laúd, que Escorpión se encarga de tocar. Y Libra y Virgo bailan, danzan. Danzan una especie de «danza del vientre», que poco a poco va imitando los movimientos de la copulación. ¿Es lástima que no haya luna, o una hoguera iluminando los cuerpos? Lo mismo da. Son hermosos. Son como potros más allá del tiempo. Y no se salen de un pequeño tapiz que, no sé cómo ni cuándo, han colocado bajo sus pies. Debe de ser una danza del desierto. Si los pies se salieran del tapiz, pisarían el desierto. Pero ¿quién piensa en él? Prostitutas... ¿Pueden prostituirse las palmeras? ¿Por qué me pregunto eso? La palmera es el árbol sagrado de los árabes, no de los persas. Los persas aman los chopos, los olmos, y supongo que el ciprés... Virgo, que es persa, ama mi adolescencia y me retrotrae a sensaciones de juventud y de represión interior. ¡Alma...! Me acuerdo de Alma. ¿Qué me ocurrió con ella en Jerusalén? ¿Qué estremecimiento me hizo sentir, por espacio de unos segundos, en El Cairo, en la terraza del Sheraton Hotel, una noche bajo las estrellas?? Aquí estamos en Teherán, en el distrito de Tarjisch. También hay aquí estrellas, pero probablemente brillan menos porque tres ayatollahs pagarán al fin por la escena que me están ofreciendo...

Los tres cuerpos desnudos se funden en uno solo, se desdoblan, y en mi cabeza se mezclan evocaciones de cuadros de Rubens y de miniaturas reproducidas en viejos libros de Irán. Pero aquí la carne es carne viva, que se mueve y que huele, y hasta que se multiplica en un par de espejos laterales que han surgido también, mágicamente, a ambos lados de las protagonistas de la fiesta. Virgo se sabe todo eso de memoria y me dedica sus movimientos lascivos, en tanto que Baxter se ha levantado y está a punto de lanzar un grito salvaje.

La danza termina con una vertiginosa rotación de las tres cabezas y un saludo reverencial. Los ayatollahs, visiblemente satisfechos, aplauden levemente. Diríase que para ellos el hecho es rutinario. Luego vuelven a sus pipas de opio, mientras las «gacelas», que se habían quedado absolutamente inmóviles, juntos los pies, se colocan en el ombligo una estrellita de papel de plata.

Ha llegado el momento... Baxter, que ha conseguido continuar respirando, comprende que todo está presto para que comience la orgía, a cuyo preludio nos ha sido dado asistir. Ahora los ayatollahs querrán convertirse en sujetos activos. Ignoro si la «acción» se desarrollará en la enorme alfombra o si en las habitaciones interiores hay alguna cama semejante a las que utilizaba el rey Faruk, que también se pirraba por los espejos. Como fuere, debemos largarnos... Dar las gracias y hacer mutis por el foro.

—Caballeros, han sido ustedes muy amables...

—Ha sido un placer tenerlos con nosotros...

—Es posible que no volvamos a vernos nunca más...

—¡Ah, sólo Alá lo sabe! —exclama *Montazeri*, palpándose el bolsillo en el que guarda el ejemplar del Corán.

Virgo no me hace caso. Se ha sentado al lado de *Jaljali* y ha empezado a fumar lentamente en su pipa, que es de nácar. En cambio, quien me hace caso es el Sha. El retrato del Sha, que continúa en su rincón, hierático y distante —¿cómo es posible que las «pastoras» no le hayan hecho reaccionar?—, en el momento de abandonar el *living* me dirige una mirada fija, un tanto inexpresiva, con un leve amago de reproche... O por lo menos así me lo parece.

Los milicianos nos acompañan. La noche es ahora oscura. Cruzamos el jardín por un sendero de piedra en medio del césped. Hay árboles en torno, pero ni siquiera su silueta es reconocible.

Antes de subir al coche, al Peykan de Baxter, éste dialoga unos instantes con los milicianos, los cuales se ríen. No sé por qué me dan ganas de pronunciar la palabra *diava*, la contraseña de hoy. Es probable que me gustara también convertirme en sujeto activo.

El Peykan avanza, bajos los faros. Y Baxter, a quien apenas si reconozco con su gorra a cuadros, me sorprende una vez más. En vez de comentar lo que acabamos de vivir, de elogiar a los tres potros, su danza y sus estrellitas de plata, me cuenta que no debo suponer que los tres caballeros llevan aquí mucho tiempo y que su intención es quedarse. La costumbre de los miembros de la SAVAK es cambiar incesantemente de escondite. «A lo mejor mañana estarán en un agujero del Bazar, o se instalarán en Tabriz, o conseguirán huir con pasaporte falso...»

Finalmente me dice que es también frecuente que al final de una de esas orgías las fuerzas les abandonen y que, cansados de soñar con utópicos retornos y de vivir de prestado, se peguen un tiro.

—Sí, abundan los suicidios... En ese mismo jardín que acabamos de cruzar, están enterrados, además de los tesoros que pertenecieron al antiguo dueño, lo menos un par de cadáveres...

Abro de par en par los ojos, como si Virgo reapareciera delante de mí.

—Y los milicianos lo saben, claro...

—¡Toma! Los enterraron ellos... Y han colocado flores encima, lo que no deja de ser un detalle por su parte...

CAPÍTULO XXIV

Me ponen muchas dificultades para visitar Qom, el santuario donde Jomeini se recluyó desde su regreso a Irán. Los peregrinos a la ciudad aumentan por días y los no musulmanes, al igual que ocurre con Mashad, pueden correr cierto peligro. Sin embargo, he encontrado por fin el necesario «aval humano»: el profesor Ghavam Sadegh. Está dispuesto a acompañarme, el día que le parezca oportuno.

—Le avisaré cuando sea el momento... Entretanto, venga a verme a la universidad cuando quiera. Me gusta charlar con usted. ¡Estoy rodeado de tanto fanatismo! Con mis hijos *mullahs* apenas si intercambio algunas palabras; y con mi hija Arim, pese a que en tiempos del Sha estudió en el Liceo francés, salimos a disputa diaria. Ella querría que delante de mi tapiz de plegaria pusiera no sólo mis zapatos, sino también una escopeta...

El profesor Ghavam Sadegh

He visitado varias veces al profesor Sadegh, en su despacho con libros hasta el techo, gafas ahumadas y bolígrafos en la mesa, un ejemplar rojo del Corán y algunos periódicos extranjeros. Siempre igual a sí mismo, con su enorme turbante negro —*ulema*—, sus ojos pequeños y expresivos, su perilla de chivo y acariciando su elegante gato azul, al que llama *Baraka*, porque afirma que le trae buena suerte.

Por otra parte, me gusta el ambiente de la universidad, pese al «pabellón de los fanáticos», donde los *khalq*, los comunistas, van conquistando terreno, ante el desespero de Arim. Las pintadas en las paredes son un poco el baremo de lo que va ocurriendo. A veces las ilustran dibujos muy intencionados. Últimamente he visto incluso varios «Muera Jomeini». Los descontentos le acusan de lentitud en la revolución. ¡Lentitud...! Otros textos lo exaltan hasta el delirio. Le otorgan el don de la impecabilidad (no el de la infalibilidad), al que sólo tienen derecho los doce Imanes, que son los tesoreros de la revelación divina. En resumen, unos le llaman *taghuti*, otros «el lugarteniente del Imán oculto». Uno de los *graffiti* me llamó la atención: «Si el sueño de Jomeini es convertir Irán en una mezquita de treinta y cinco millones de habitantes, que no cuente conmigo. Prefiero rezar en mi casa.»

El profesor Sadegh, con su excelente francés, se esfuerza lo imposible para aclarar mis ideas, siempre partiendo de la base de que el pueblo habla ahora otra lengua, llena de palabras nuevas introducidas por la revolución y de que el alma iraní es atormentada, por lo que tiende a embrollarlo todo. Por ejemplo, muchos de los jóvenes que estudiaban en el extranjero y que regresaron a raíz de la derrota del Sha, se encuentran ahora desconcertados y sueñan con marcharse de nuevo. Algunos llegan a no querer siquiera oír hablar del Corán, ni de la historia persa.

—¿Y qué les dice usted, profesor, a esos desengañados?

—¡Qué les voy a decir! Repetir como un papagayo las palabras que les dirige Jomeini: Aceptad, enmendaos, aceptad el Islam... Si no, seréis condenados por Dios y por el pueblo...

El profesor tiene a veces una sonrisa amarga. La calidad del profesorado declinó ya en época del Sha, por miedo a la depuración; ahora muchos se han ido y entre los que imparten enseñanzas abundan los mediocres y los que han renunciado a toda idea renovadora y original. «Dos revoluciones fallidas, ¿comprende usted? Ahora se editan muchos títulos, pero ya sabe: panfletos y propaganda. Antes, la censura y el miedo pesaban también como una losa... ¿Sabe cuál fue el auténtico best-seller en los últimos años del Sha? *Cómo cuidar su coche*... No le digo más.»

Mi *ulema* particular cree que la multitud, el pueblo, tardará mucho más que la universidad en volverle la espalda a Jomeini, pese a los *muera* que pueda yo ver en las paredes. Le han esperado durante demasiado tiempo. No se rompe fácilmente con una utopía, sobre todo si ésta trae consigo una carga divina. Algunos compañeros suyos opinan lo contrario, que la sociedad iraní produce anticuerpos a gran velocidad, y que por lo tanto pronto Jomeini tendrá que hacer marcha atrás; él no lo cree así. Jomeini conoce a su mesnada. Cuando le dicen que el culto a su personalidad es excesivo contesta: «No es a mí a quien el pueblo venera, sino, a través de mí, a Alá y a sus imanes.» Del mismo modo, los *mullahs* —empezando por los dos hijos del profesor— pierden la cabeza, porque su poder es real. «La cosa es muy sencilla, ¿comprende? Antes los *mullahs* tenían miedo de pasar al lado de un policía, y muchos taxistas se negaban a transportarlos; hoy, los propios generales se acercan a ellos para pedirles certificados de buena conducta... Cosas así trastornan a cualquiera.»

—Por eso mucha gente dice que lo que ahora tenemos en Irán no es una teocracia, sino una *mullarquía*...

SOBRE LOS ODIOS RELIGIOSOS

La ventaja del profesor Sadegh es que hace honor a lo que nos dijo el primer día que le visitamos, cuando, exhibiendo un histrionismo de buena ley, después de soltarnos una parrafada ortodoxa se levantó, nos mostró su dentadura impecable y nos dijo que había dedicado largos años de su vida al estudio comparativo de las religiones, llegando a la conclusión de que ninguna fe podía permitirse el lujo de prescindir de las demás...

Nuestro terreno de coincidencia es, como antes dije, el antidogmatismo. El profesor Sadegh no cree en las verdades absolutas y constituye un inagotable caudal de información. A menudo me recuerda al profesor Edery, de Jerusalén, que tanta ayuda me prestó a lo largo de mi estancia en Israel. Dispone de parecidos mecanismos dialécticos y es capaz de someterse a una feroz autocrítica, salpicándola con notas de humor. Su memoria es prodigiosa. Arim no mintió al afirmar que se sabía de memoria el Corán. ¡Pero es que yo sospecho que se sabe también de memoria el Antiguo Testamento, y los Evangelios, y el *Zend-Avesta* y lo que le echen! Lo cual no le impide ser metódico y tener clasificados por temas, en un archivador, los grandes interrogantes que ofrecen las distintas culturas religiosas, con todas sus posibles interpretaciones.

Antes de nuestro viaje a Qom —parece ser que se acerca «el día oportuno»—, hemos puesto sobre el tapete varios rompecabezas, como, por ejemplo, el de las «incalificables reflexiones» de Jomeini que leí en Villa Eloïsse. El profesor Sadegh se tiró de la perilla como si quisiera arrancarse unos pelos, y sacando del archivador una carpeta anaranjada me dijo: «Aquí tiene el equivalente, el *pendant*. ¿O cree usted que Jomeini ha inventado algo? Lea el título, por favor...»

Leo el título de la carpeta. Dice: *Odios religiosos.* Mi amigo —me ha rogado que le llame así— estima que los peores crímenes y brutalidades que los hombres han cometido en el curso de la historia no han sido los de las SAVAK de turno, sino los que han tenido por causa los enfrentamientos religiosos. Y me lee este párafo referido a los judíos y a su pentateuco sagrado, la Torah: «La Torah es la medida de todas las cosas y quienquiera que se rebele contra ella está cometiendo una herejía y se expone a los más severos castigos. Aquel que a sabiendas y con intención viola las leyes referentes al sábado u otros mandamientos de la Torah, es un impío. Debe ser advertido, y si no presta atención alguna debe ser condenado a muerte y lapidado.»

—¿Se da usted cuenta? Condenado a muerte y lapidado... ¿Quiere usted saber ahora a qué otros mandamientos se refiere el texto?

Y el profesor me lee lo siguiente: «La ley mosaica castigaba con lapidación el trabajo en el día de sábado; la insubordinación a la potestad paterna; la adoración de los dioses extranjeros; la blasfemia; el arte de la adivinación; el adulterio; el estupro; la sodomía; la bestialidad; el coito durante la menstruación...» A seguido añade: «¿Ve usted, mi querido amigo, alguna diferencia sustancial con las *Reflexiones* de nuestro Jomeini?»

No satisfecho aún, me lee otro párrafo, éste referido a la actitud de Roma para con los primeros cristianos: «Los cristianos son unos criminales. En sus ágapes nocturnos comen carne cruda de niño; practican el incesto; adoran a un hombre con cabeza de burro; odian al género humano; les entregaremos a las fieras antes de que destruyan nuestro Imperio.»

En cuanto al catolicismo, que se merece una carpeta especial, de color amarillo, ha reunido una serie de consejos y prescripciones, muchos de ellos aprobados en el Concilio de Trento, y que ponen la carne de gallina.

Impedimentos para ser sacerdote: la ceguera. La falta de un ojo, si ello sorprende y llama la atención cuando el celebrante ha de leer el misal. La tartamudez, puesto que ello puede hacer reír a los fieles. El hermafroditismo... Etc.

Bautizo: debe emplearse el agua verdadera y natural. Es válida el agua de fuente, río, pozo, laguna, mar; la que procede de nieve, granizo o hielo; la recogida de vapores y rocío; también la llamada agua mineral... Es materia dudosa el café, la cerveza, la lejía y los humores que de las plantas se desprenden. Materia inválida son la leche, la sangre, las lágrimas, la saliva y cualquier materia acuosa que, comúnmente, no se considere agua. Los fetos no bautizados no pueden recibir sepultura eclesiástica. Etc.

Moral médica: no es lícito utilizar la masturbación para obtener el esperma con el cual se descubra, mediante análisis, la posible enfermedad contagiosa que pueda sufrir el paciente. El masaje vesicular encierra algunas dificultades, si produce la excitación y la erección consiguiente. Y nunca es lícito expulsar el semen mediante el tacto, aunque no haya peligro de consentimiento. Etc.

—Por eso —agrega el profesor, sin darme opción a pronunciar una sílaba— yo estoy completamente en contra de la tesis del coronel Gaddafi, que dicho sea de paso está un poco chalado, según la cual debería convertirse la Arabia Saudí en una especie de Santa Sede islámica y La Meca en una especie de Vaticano, con una jerarquía suprema. Gaddafi considera que ello contribuiría a la unificación del Islam; a mi entender, sería su destrucción. Las religiones, que deben existir, porque le garantizan al alma humana la debida trascendencia, si se burocratizan acaban perdiendo su fuerza original, su razón de ser; y acaban legislando y legislando; y terminan por prohibir sacar esperma para un análisis... o bien defecar cara a La Meca.

Por fin llega el día indicado para visitar la ciudad santa de Qom. El viaje me ilusiona enormemente. En primer lugar, será la primera vez, desde que llegamos al país, que saldré de Teherán, exceptuando la excursión que hicimos al desfiladero Shemshak. En segundo lugar, se prevé para ese día una afluencia masiva de peregrinos, puesto que ha corrido la voz de que por la noche aparecerá en la luna la cara de Jomeini y la versión ha obtenido crédito ¡incluso en el seno de la universidad! Todo el mundo se apresta a subirse a los tejados y a invadir las calles, como en aquella ocasión en que se invitó al pueblo a rezar. Y en tercer lugar, Qom alberga una serie de *medresas* (universidades «sacerdotales»), aparte de que allí está enterrada, desde el siglo IX, la «casta Fátima», hermana del imán Reza, en una tumba sobre la cual más tarde se construyó el santuario-mezquita cuya cúpula laminada de oro brilla ahora al sol, santuario desde el cual Jomeini de vez en cuando se digna dirigirse personalmente a sus súbditos.

Debo decir que todas mis gestiones para ser recibido por Jomeini han fracasado. A Jean-Pierre ello no le ha sorprendido en absoluto, puesto que le consta cómo las gasta el ayatollah incluso con los representantes del cuerpo diplomático. «Por ejemplo —me ha contado—, cuando el embajador danés fue a presentarle las cartas credenciales, no le dirigió la palabra. El embajador, por fin, se atrevió a decirle que Dinamarca no acogería al Sha. Jomeini ni siquiera levantó los ojos y el embajador se fue. Algo semejante le ocurrió al embajador soviético. Éste hizo un canto de la revolución iraní; Jomeini le replicó: "Diga a su Gobierno que no meta las narices en los asuntos de Irán." En cuanto al embajador francés, Jomeini lo recibió con extrema cordialidad, y fue al día siguiente cuando canceló los contratos que tenía con Francia para construir el metro de Teherán y una central nuclear.»

Por supuesto, lamento mucho no poder entrevistarme con Jomeini. Incluso había redactado *in mente* un cuestionario que me parecía a propósito. Pero hay que aceptar las cosas como son. Por lo menos, nadie podrá privarme del espectáculo de la peregrinación masiva a Qom, de los comentarios que ésta le sugiera al profesor Sadegh y de cualquier imprevisto que pueda presentarse a lo largo del trayecto.

El profesor ha alquilado un taxi para el viaje, con chófer incluido, y ha tenido la gentileza de invitar a su hija Arim. Ésta brinca de gozo bajo el *chador*. En cuanto al taxista, es un vejete desdentado que acompaña siempre al profesor. Pese a su edad, conserva perfectamente sus reflejos, sobre todo cuando llega la hora de la oración. Al parecer no tiene necesidad de brújula para saber dónde está La Meca. La huele, como las personas no depresivas huelen el olor de la existencia.

Se llama Ahmad y es muy parlanchín. Durante un par de meses, en tiempos ya históricos, estuvo al servicio de Mossadegh, el político que nacionalizó el petróleo y que en 1951 llegó al poder y obligó al Sha a exiliarse. Ahmad guarda de él un grato recuerdo, un recuerdo extraordinario, porque «el viejo Mossie», como se le llamaba, era un payaso de primera categoría. Podría hablarnos de él durante horas. Si nos apetece, se lo indicamos y le haremos feliz.

Antes de abandonar Teherán, Ahmad nos informa de que el trayecto es un poco largo —152 quilómetros—, pero que el estado de la carretera es más que aceptable. Arim, sentada a su derecha, ha traído comida para los cuatro, pues es impensable encontrar plaza en ningún restaurante u hotel de Qom. Apenas la ciudad ha quedado atrás, yo les ofrezco galletas, que aceptan y café de mi termo, que rechazan. Por lo visto Ahmad y Arim sólo toman té. Ahmad lleva un turbante blanco deshilachado, tiene la cara llena de pecas y la nuez del cuello en perpetuo movimiento. Tal vez fuera pelirrojo, lo que en este país sería considerado maléfico, por aquello de que, según los eruditos, lo era también el «detestado» califa Omar.

—¿Cuánto tardaremos en llegar?

—¡Uf! Lo menos de tres a cuatro horas... ¿No ve usted la caravana?

En efecto, y aunque previsoramente hemos salido a las siete de la mañana, toda clase de vehículos van confluyendo poco a poco en la carretera. Autocares con banderolas, camiones descubiertos, con la gente agolpada, vehículos del ejército, motocicletas, asnos al trote. Muchos borriquillos, que son la nota alegre del paisaje, el cual pronto aparece desértico, con la arena de color marrón que debido al viento tiñe entera la ciudad de Teherán. Es presumible que toda esa gente, llegada la noche, salga al exterior para ver la cara de Jomeini en la luna.

Pese a todo, el tráfico es fluido, ya que apenas si de vez en cuando viene en sentido contrario algún coche. Ello contribuye a aumentar nuestro natural buen humor. Arim se ha pintado los ojos más que de ordinario y me ha traído una rosa, que me he colocado en la solapa. En cuanto al profesor, fuera de su despacho —y sin el gato— se me antoja un ser desconocido. Lleva un rosario en las manos, con cuarenta granos, en cada uno de los cuales está grabado el nombre de Alá... El hecho me sorprende y riendo me aclara: «¡Es el rosario de Ahmad! Me ha pedido que se lo guarde...» Luego añade que sobrevolando Irán se comprenden muchas cosas. «El desierto invita al misticismo, ya sabe... Quiero decir que invita a ver visiones. Yo mismo me pregunto qué hago ahora a su lado, si lo más probable es que, debido a la multitud, no podamos siquiera entrar en Qom.»

Me quedo de una pieza. El profesor me da una amistosa palmada en la rodilla y se ríe de nuevo. Se dispone a contarme algo pero Ahmad, el desdentado Ahmad, que lleva una boquilla de regaliz en la boca, se le anticipa y suelta una parrafada, que Arim cuida de traducirme luego... Al parecer, no todo es santo en la ciudad de Qom. Sus habitantes tienen fama de mercaderes y de hipócritas, y ahora mismo hacen su agosto con las peregrinaciones. Su especialidad son los bombones. Incluso se cuenta que a un tendero del Bazar se le preguntó por qué era tan mordaz y cicatero y contestó:

«Porque una noche pernocté en Qom.» Así que, según comenta Arim, también con la sonrisa en los labios, quien hace allí sus abluciones, como ella piensa hacerlas, corre el peligro de contraer el vicio de la mentira y de la calumnia. «Por fortuna —concluye la muchacha— ahora ha vuelto Jomeini y seguro que cuidará de ir purificando el ambiente y el corazón de la comunidad.»

¡Jomeini! Es inevitable hablar de él. Entre mis tres acompañantes se conocen toda su vida y milagros, «excepto, naturalmente, lo que un hombre tan reservado pueda albergar en su interior». Me entero de una serie de datos que desconocía y que estimo explicativos en buena medida de la personalidad del actual dueño de Irán.

Su padre, que también ostentaba el título de ayatollah, predicaba por los caminos entre Bakhtiari y Luristán. Según parece, había estado en la India, por lo que sus palabras traslucían el espíritu de Gandhi. Un buen día, después de dejar aposentados a su mujer y a sus tres hijos en un pueblo llamado Homein (que más tarde se convertiría en Jomein), murió. Ruholla Jomeini tenía sólo nueve meses y usaba pañales. Ello debió de ocurrir en 1902, aunque no se ha encontrado en ningún registro la fecha exacta. Jomeini decidió ser *mullah*. Estudió primero en Ispahan y luego en las *medresas* de Qom. No se sabe gran cosa de su etapa de estudiante, pero en cambio se conocen cuáles fueron los consejos que su padre daba a los oyentes y a tenor de los cuales él ordenó su propia vida. «Si no rezo, mi corazón está disgustado.» El profesor me da una palmada en la rodilla y comenta: «Hermoso, ¿verdad?» «Los enemigos del Islam son enemigos de Dios. En este caso, la violencia contra ellos devuelve el equilibrio, restablece la justicia. Por lo tanto, el musulmán no ofrecerá la otra mejilla...» «En las mezquitas, los viernes, las mujeres deben quedarse atrás, para que el hombre no se distraiga.» «No debemos pedir a Dios bienes materiales ni espirituales, sino consejos y perdón.» «No digáis que los que han caído en la lucha por Alá han muerto. Al contrario, ellos viven, aunque vosotros no los sentís.» «La lucha contra los tiranos es más importante que la oración y el ayuno.»

El profesor se dispone a comentar este último consejo, cuando Ahmad, que obviamente se aburre oyendo hablar francés, nos interrumpe. He aquí que acaba de ver a nuestra derecha un descampado en el que unos cuantos muchachos juegan al fútbol, su deporte favorito, por no decir su gran pasión. Da un frenazo al coche —un viejo Chrysler— para contemplar el espectáculo. Y nos cuenta que lo pasó en grande viendo por televisión los Mundiales del año 1978 en Argentina. Al saber que yo comparto también su afición por ese deporte, chupa fuerte la boquilla de regaliz y me pregunta cómo se llamaba el jugador que fue figura en dichos Mundiales. «Kempes —le informo—. Por cierto, que actualmente juega en un equipo español.» Pega una palmada al volante y contraataca, informándome a su vez de que Irán tiene un gran jugador, llamado Ruchán, que hace poco ha fichado por un equipo de los Estados Unidos. «Lo que no sé es el nombre del equipo.» «Será el Cosmos...», le indico. «¡Sí! —repite entusiasmado—. ¡Creo que sí!» Luego pasamos unos momentos contemplando a los muchachos que le dan al balón. Son tan torpes que Ahmad, inesperadamente, se lleva dos dedos a la boca y les dedica un escalofriante silbido. Luego se ríe y dice: «Si no fuera por el Corán, los mandaba fusilar.»

El profesor Sadegh le llama la atención. «¡Ahmad, que tenemos que llegar a Qom!» Lo cierto es que con nuestro parón hemos provocado un pequeño atasco. Uno más entre los muchos que ocasionan los coches averiados que se quedan clavados aquí y allá, «por falta de piezas de recambio». Ahmad arranca, sortea hábilmente los obstáculos y pronto volvemos a correr con fluidez. Pero el fútbol ha desatado la lengua de nuestro fibroso taxista, que con su intervención cortó en seco el tema de Jomeini y se dedica a contar anécdotas, referidas, ¡otra vez!, a Mossadegh, cuyos llantos, lipotimias, huelgas de hambre y pijamas a rayas yo recuerdo perfectamente.

Ahmad me revela que «el viejo Mossie» llegó a interceptar el teléfono del Sha, por lo que se enteró incluso de muchos de sus «secretos amorosos». Y cuenta que cuando el Sha le ganó por fin la partida y lo mandó encarcelar, Mossadegh, en la celda, le dijo al capitán de guardia que iba a suicidarse; a lo que el capitán replicó: «Me parece muy bien, ya que la orden que tengo me prohíbe dejar que os visiten vuestros amigos, pero no me prohíbe que os tiréis por la ventana.» Ahmad suelta otra carcajada. «¡Naturalmente, el viejo Mossie, en vez de tirarse por la ventana se acostó en el colchón del suelo y se puso a dormir!»

De pronto, la aridez del paisaje corta también en seco nuestro recobrado buen humor. De nuevo el desierto, roto solamente por la aparición de algunos bosques aislados —«éste era propiedad del Sha, aquél también...»—, y algunos oasis en torno a los cuales han nacido caseríos de adobe. Míseros caseríos, a los que no calculo más allá de trescientos habitantes y de los que, según nos dijo el profesor en la universidad el primer día que le visitamos, hay en Irán unos sesenta y cinco mil, sin conexión con el mundo, sin asistencia de ninguna clase y que teóricamente han de recibir, antes que nadie, los beneficios de la actual revolución.

El profesor me dice ahora que, acostumbrado al desierto —nació en la región de Kermán, a trasmano aunque rica en tapices—, cuando llegó por primera vez a París, el Bosque de Bolonia le pareció una *selva*. «Esto les ha ocurrido a muchos iraníes, empezando por Farah Diba.» A nuestra derecha me sorprende ver apostados, en la cuneta de la carretera, una serie de niños vendiendo aceitunas, botellas de aceite, huevos y miel. ¿De dónde habrán sacado esas mercancías? Más adelante, en fila india, un nutrido rebaño de cabras, negras como el volante de Ahmad. Diríase que van también en peregrinación. Dan grima porque se las ve desnutridas y sin fuerza. El profesor me explica que en muchas zonas de Irán hay familias que están viviendo de la leche de cabras como éstas y de los dátiles de unas cuantas palmeras, pese a lo cual antaño los cobradores de impuestos iban a visitarlas, reclamándoles el *zakat*, la aportación religiosa. «Los campesinos apenas si los distinguían de los ladrones.»

Advirtiendo que me siento un tanto afectado, cambia el tono de la voz y me cuenta, procurando que la anécdota me parezca jocosa, que debido a la sequía algunos labriegos de su tierra, Kermán, fueron a ver a Jomeini para que rezara y lloviera. Por lo visto Jomeini rezó, y llovió tanto que Kermán quedó inundado; entonces Jomeini les dijo: «Ahora sólo os queda una solución: ir a ver a Taleghani.»

—Taleghani era todo un personaje, ¿verdad? —le pregunto.

—¡Desde luego! Que le conteste Arim...

Arim interviene —llevaba un rato absorta en sus pensamientos, tal vez acariciando la pistola que debe de llevar debajo del *chador*—, y confirma que el ayatollah Taleghani era de hecho el ídolo de sus camaradas. Su pérdida ha sido algo irreparable para Irán. Intelectualmente era muy superior al propio Jomeini e incluso en ciertos aspectos interpretaba el Corán de un modo más indulgente, menos imperioso. Gentes de todas partes iban a pedirle consejo. «Por desgracia, ya lo sabrá usted, murió hace poco tiempo, de un ataque cardíaco.» Arim marca una pausa y pregunta, de súbito: «¿A qué se deberá que tantos grandes hombres mueran de un ataque al corazón? En el nombre de Dios, ignoro la razón.» Nadie le contesta y Arim vuelve a contemplar el paisaje, ya que las cabras y los niños de las aceitunas han quedado definitivamente atrás.

Nuestra llegada a Qom supera con mucho todos los temores del profesor. Unos quilómetros antes estuvimos a punto de detenernos, aparcar debajo de un algarrobo solitario y seguir la marcha a pie. Pero alguien se nos anticipó y proseguimos, a ritmo de tortuga, hasta la mismísima entrada de la ciudad. Por cierto, que en cuanto asomaron a lo lejos los altos minaretes y la cúpula de la mezquita de la «casta Fátima», la multitud que nos rodeaba rompió en gritos histéricos, enarbolando retratos de Jomeini, pósters de Alí y Hussein. No tuvimos más remedio que detener el vehículo y apearnos, excepto Ahmad, quien prefirió quedarse pegado al volante, guardando su coche.

—Pero... ¡Ahmad! ¡Imposible precisarle la hora del regreso!

—No se preocupen. Déjenme un poco de comida y váyanse... —Viendo que la riada humana nos empuja añade gritando—: ¡Aquí me encontrarán!

Tomamos como punto de referencia un almacén de fruta cercano y, un poco más allá, un gran depósito de agua bendita semejante a los del Bazar. Brilla un sol esplendoroso y aunque mucha gente lleva sombrillas en la mano a nadie se le ocurre intentar abrirlas. ¡Pasan cerca los fumigadores! Se abren paso con habilidad felina, mientras con sus sprays procuran que el aire huela a rosas... La flor que yo llevaba en la solapa, obsequio de Arim, ha desaparecido. Millares de sandalias la habrán pisoteado. ¿Qué hacer? También millares de gargantas gritan enfervorizadas su fe en Alá.

Lo más asombroso es que, entre la muchedumbre, abundan los sillones de ruedas, los paralíticos. Bien es verdad que se benefician de un trato especial. Quienes empujan el carrito o sillón logran que se forme un hueco a su alrededor, de suerte que avanzan más de prisa que nosotros. Entonces me entero de que muchos de ellos han llegado por ferrocarril y que la afluencia de enfermos forma parte de la actualidad de Qom. Enfermos de muy diversa índole, con la esperanza de curarse con sólo pasar frente a la mezquita de Fátima o frente a la modesta casa en que habita Jomeini, en el callejón Ghazi. ¡Vemos unos cuantos leprosos! Montados en una camioneta: también se ha formado un vacío a su alrededor. La cara carcomida, la nariz, los labios, los brazos, las manos... Su visión nos afecta y el profesor me informa de que existen, detectados, unos diez mil casos de leprosos en Irán. La camioneta por fin se detiene, los leprosos se apean y advertimos como un rechazo por parte de la multitud. Todos son varones. ¿Por qué será? ¿Es que las mujeres no tienen derecho a pedir la curación? Uno de ellos es sostenido con dificultad por unos jóvenes que de pronto aparecen llevando un brazal blanco. ¿Dónde están los fumigadores con sus sprays...? Han desaparecido.

Arim se muestra exaltada. Sostiene el *chador* entre los dientes, lo que le permite blandir en la diestra una banderita verde, mientras profiere gritos la mayoría de los cuales escapan a mi comprensión. Observo que son muchas las banderitas verdes y que la riada humana forma ya una masa compacta que, pese a todo, sigue avanzando. ¿Cuánta gente habrá? La población de Qom suma unos doscientos cincuenta mil habitantes. Yo calculo —y confío en que el profesor me dé la razón— que los peregrinos son muchos más. Lo curioso es que a derecha y a izquierda se ven establecimientos abiertos y también abarrotados —¿dónde venderán los bombones *made in* Qom?—, y que en algunas ventanas hay ancianas que aplauden y hombres, ¡en pijama!, fumando su narguile.

El profesor logra comunicarme que esas plazas son consideradas «de privilegio» y que se pagan por ellas cantidades importantes, lo mismo que para los puestos de venta de pegatinas y *souvenirs*. ¡Un puesto de helados! ¿Es posible? Helados de cucurucho... Hay gente que los consigue y que logra lamerlos con fruición. También hay puestos de bebidas refrescantes. No puedo por menos que recordar que el Islam, al no predicar la ascesis, hace compatibles la creencia y el placer.

Se me ocurren disparates, pensamientos absurdos. ¿Y si de repente apareciera el Imán Oculto? ¿Y si de pronto se anunciara que Jomeini ha muerto o que el Sha ha regresado? Claro, claro, son tentativas, por desgracia inútiles, para no fundirme con el inconsciente colectivo. Envidio a los *mullahs*, que destacan por su turbante y su indumentaria de color pardusco y que sin duda viven horas —y días y meses— gloriosos. En Qom hay unos veinte mil, que estudian en diez escuelas teológicas, entre las que figura la de Feyzizé, que es aquella en que Jomeini enseñó. Envidio a Ahmad, que permaneció en el coche. Envidio a Adán, que no sólo fue el *primero*, sino que conoció todos los nombres. Envidio también al profesor, que hace compatibles el escepticismo y la curiosidad.

Hemos dejado atrás dos pequeñas *medresas* y proseguimos nuestro avance. De vez en cuando vemos al grupo de leprosos, compacto como si formaran una unidad. Todos miran con fijeza hacia arriba, sin duda en busca de algún minarete. A su lado, niños deformes, niños mongólicos. Pasamos frente a un cine que fue incendiado por «corrupto» y que por lo visto nadie ha osado reconstruir. Arim, siempre pegada a nosotros, me indica de pronto: «En el nombre de Dios, hoy puede ocurrir algo grande...» Por algún motivo equiparable al azar, he aquí que de pronto me doy cuenta de que la mayoría de quienes me rodean son enfermos. Los hay que no pueden gritar y gimen. Gimen y sollozan. ¿Cómo suenan en *farsi* los sollozos? Juraría que igual que en cualquier otra parte. Los sollozos son el esperanto del alma, el idioma universal. Debe de ser el sollozo humano el que conoce todos los nombres.

Alguien informa a Arim de que hoy Jomeini no se encuentra en su morada del callejón Ghazi, sino que ha acudido a rezar a la mezquita de Fátima. Ello hace que la multitud, capitaneada por los enfermos, se desplace hacia dicha mezquita, y bien a mi pesar nos empujan hacia allí. Yo hubiera preferido verle en su modesta vivienda —o por lo menos pasar delante de ella—, pues me consta que al llegar del exilio le ofrecieron palacios en Teherán y en Qom y que Jomeini los rechazó, prefiriendo reinstalarse en el que fue su antiguo domicilio, ocupado por la SAVAK.

Pero mi protesta interior se manifiesta inútil. Sin apenas tocar el suelo nos encontramos ante la puerta sudeste de la mezquita santa, rodeados de mujeres con velo que llevan a sus bebés en brazos y que lo que pretenden es aproximarse lo más posible para acariciar la pared o hacer que sus hijos la besen. ¡Hermosa puerta, desde luego! Su interior está decorado con estalactitas de oro, recubiertas de espejos. También se ven cirios encendidos y maravillosos azulejos.

La puerta está guardada por varios *mullahs* armados con fusiles. Ignoro si es la costumbre o si hoy, en razón de la esperada aparición lunar, hemos topado con una jornada especial. Lo que sí es cierto es que vivimos de lleno el delirio de la fe islámica, ya que alguien corre la voz de que un paralítico ha echado a andar, que se ha curado. ¡Que se ha curado gracias a Jomeini, pese a que éste no se digna asomar por parte alguna! Se arma una tal trapatiesta, por cundir la sospecha de que el ayatollah no se movió de su hogar, que sólo la proximidad del turbante negro del profesor hace que me sienta seguro, aun sin ser musulmán. Sin embargo, los gritos de «¡Curado! ¡Curado!» ahogan cualquier conato de subversión. El contagio alcanza su momento estelar. Arim exhibe más que nunca la banderita verde y su voz ha ganado en vibración.

No obstante, los leprosos aparecen ahora doblemente tristes. Acaso no crean que la palabra «milagro» pueda tener plural, o siguen percatándose de que su presencia crea en torno suyo un ambiente de incomodidad. Como si no tuvieran derecho a la curación. Como si el contacto con su mal fuera peligroso, que no lo es, salvo en condiciones climatológicas muy particulares... Por mi parte, no puedo por menos que recordar la visita que hicimos a la isla de Hang Lin Chau, cerca de Hong Kong, hace ya muchos años... Allí los tocados por la lepra no esperaban nada del cielo y sí de la ciencia, administrada por médicos y por unas misioneras australianas.

Ahora corre la voz de que no es cierto que se haya producido la curación del paralítico. El hombre que se levantó del sillón de ruedas podía andar, y estaba allí simplemente porque en una visita anterior la aparición de Jomeini le curó el asma. Sin embargo, ¿cómo decepcionar a *toda* la multitud? El desmentido alcanza sólo a unos cuantos. Por el contrario, los jóvenes del brazal blanco hablan ahora de que un ciego ha recobrado la vista... ¿Dónde está? ¡Qué importa! Ay, las pobres mujeres con niños deformes, con niños mongólicos... Tocan llorando la pared exterior de la mezquita y los niños siguen igual. Uno de estos niños babea y mira beatíficamente las banderitas verdes que asoman aquí y allá. Parece feliz. El profesor Sadegh se acaricia la perilla —lleva gafas ahumadas— y de vez en cuando me hace un gesto aconsejándome tranquilidad, sosiego. ¡Es pedir mucho, cuando uno sólo dispone de dos ojos para ver, de dos oídos para oír! A lo largo de mi vida he podido comprobar que puede ser cierto que la fe mueve las montañas. ¿Por qué no puede mover los desiertos de Irán? ¡Me alegraría tanto que fuera cierto lo del ciego! Arim susurra, o tal vez grita: «Ya decía yo que hoy ocurriría algo grande...»

Y a todo esto, los *mullahs* armados con fusiles continúan ahí, guardando la puerta de entrada. Por lo visto sólo tienen acceso al interior de la mezquita los peregrinos que han llegado a Qom andando, que han hecho el trayecto a pie, provenientes de tierras lejanas. Son bastante numerosos. Uno de los tocados por la lepra se enfrenta con un *mullah*, y éste le cierra el paso de mala manera. Es un momento supremo. De pronto recuerdo haber leído en algún folleto que esta mezquita fue construida, tal y como está ahora, por Sha Abbas y que fue visitada por el propio Pedro el Grande... Me pregunto si fue también ahí dentro donde el «cosaco» Reza Khan entró con su caballo y le pegó un garrotazo a un *mullah* rebelde. Entretanto, se rumorea que alguien —no hay que olvidar que Jomeini tiene enemigos— puede haber colocado una bomba (tal vez cerca del *mirabh*) y que en vista de ello andan rastreando todo el edificio.

Como fuere, la multitud nos empuja de un lado para otro. Finalmente nos vemos desplazados hacia el oeste, y he aquí que huele a petróleo. ¿Será una jugarreta del subconsciente? No, no lo es. Arim, a la que he formulado la pregunta, corrobora que, en efecto, hay unos pozos de petróleo muy cerca, aunque los sondeos no prosperaron. La paradoja se me antoja casi brillante: se ha buscado petróleo justo al lado del enclave de Irán. Sin embargo, ¿no dijo el Profeta que no había que «apetecer bienes indefinidamente»?

Miro al profesor y le digo, casi en tono de súplica:

—¿No podríamos acercarnos, por algún atajo, al callejón Ghazi? A lo mejor la sospecha era cierta y Jomeini sale ahora a saludar a la multitud...

—¡Ni pensarlo! —me contesta rápido—. Queda muy lejos... Es un edificio pequeño con un pequeño estanque en el patio, que le sirve de protección... —Abre los brazos en ademán desolado—: No, no hay forma de llegar allí, y además estoy seguro de que hoy el viejo santón no se moverá de su escritorio...

Comprendo que es inútil insistir. Miro en torno y veo dos grupos que luchan por abrirse paso. Uno de ellos lleva un ataúd a hombros, materialmente sepultado por coronas de flores; el otro es de flagelantes. Son chiitas pakistaníes —lo dice una pancarta— y se pegan latigazos en la espalda, con fuerza inusitada. El profesor, en tono autoritario nos dice:

—Vámonos de aquí...

Conseguimos, siempre en dirección oeste, quedar a salvo de la multitud y hallar cobijo en un caserón abandonado, solitario, donde va normalizándose nuestra respiración. El calor es asfixiante. Sentados en unas piedras, que antaño debieron de pertenecer a una herrería, descansamos; el profesor, después de felicitarme porque he podido salvar mi saco en bandolera —«por algo es un saco bíblico, puesto que me acompañó al Sinaí»—, me cuenta de la importancia del chiismo sobre el aspecto «terrenal» de Qom, como lo demuestra la presencia de peregrinos del Pakistán. A Qom afluyen sin cesar enormes cantidades de dinero y de toda clase de donativos, desde joyas y alfombras hasta certificados de bienes hipotecarios que pasan a poder del imán.

Por otra parte, está el negocio de las tumbas. Se cuentan por millares los iraníes que quieren ser enterrados cerca del sepulcro de Fátima. Quien, a base de entregar una suma enorme, consigue un panteón en el propio recinto de la mezquita, se considera dichoso. Debido a ello hubo que abrir unos pasadizos subterráneos que van extendiendo la zona mortuoria hacia el lugar donde nos encontramos ahora, en dirección precisamente al cercano desierto de Das-e-Kaiv, donde los judíos, en tiempos del Sha, intentaron en vano proceder a una repoblación forestal.

—Así que el terreno que pisamos es casi de catacumbas. Terreno de muerte... —El profesor se seca el sudor y concluye—: Como dicen los comerciantes de Qom, aquí se importan cadáveres y se exportan *mullahs*...

Por supuesto, la experiencia ha sido válida. Y sin embargo, mi decepción es grande, por no haber podido ver a Jomeini... Cada vez estoy más convencido de que debimos dejarnos llevar en volandas hacia el callejón Ghazi. Arim comparte mi criterio. No cree que, en un día como hoy, el ayatollah haya permanecido en su escritorio, insensible a los gritos de la multitud que gritaba: «¡Milagro!» Seguro que en algún momento se habrá asomado a la ventana. Por mi parte, estoy acongojado, pues entre contemplarle a él o ver brillar las estalactitas de oro de la puerta de la mezquita, la diferencia es abismal. Mi composición de lugar hubiera sido más exacta. No basta con miles de fotografías y pósters, ni con llevar el tapiz con su efigie, ni tampoco con verle en la televisión. La piel en directo es mucha más piel, la carne es mucha más carne. Sí, me hubiera gustado verle abrir los brazos abarcando humildemente el globo terráqueo...

Arim cuida de servirnos las raciones que ha traído para el almuerzo, compuesto básicamente, al igual que el que nos ofreció Samad, de arroz, pollo y pan. Tenemos un recuerdo para Ahmad, el chófer, que debe de haberse ya comido su correspondiente ración.

—Es de suponer que nos estará esperando, ¿verdad?

—¡Cómo! Aparte de que no me ha fallado jamás, con eso del fútbol se ha ganado usted su amistad para siempre... Sería capaz de esperarnos allí hasta que empiece el Ramadán.

Inesperadamente el profesor me pregunta si creo en los milagros. No sé qué contestar. Me vienen a la memoria mis diálogos al respecto con los franciscanos de Tierra Santa... Me cuesta. Me cuesta mucho admitir que «alguien» pueda contrariar las leyes naturales.

—No sé qué decirle, profesor... ¿Por qué no me da usted su opinión?

Con su elegancia de siempre, no tiene el menor inconveniente. Afirma que la palabra «milagro» es muy fuerte y que mejor sería, quizá, hablar de «sucesos que no tienen por el momento explicación lógica». Luego añade que en este aspecto el Islam es un poco más precavido, o más cauto, que el cristianismo. Cierto que muchos exégetas del Corán atribuyen a Mahoma determinados «milagros», como el viaje de La Meca a Jerusalén, la victoria sobre los enemigos en la batalla de Badr, etc. Pero en realidad se trata de actitudes que él calificaría de optimistas. El comportamiento de Mahoma, que en todo momento dejó bien claro que no era hijo de Dios sino simplemente su profeta, no permite deducir tan sólo que se sintiera capaz de contrariar esas leyes naturales. Más bien afirmó lo contrario, sobre todo en las suras II, VI y XVII, en las que menciona expresamente que el agente causal es la soberana voluntad de Dios.

En cambio, y en virtud de los Evangelios, el cristianismo ha tenido siempre por cierto que Jesús no sólo sanó a los enfermos —«que es lo que, teóricamente, ha ocurrido esta mañana en Qom»—, sino que ahuyentó a los demonios y resucitó a los muertos. «Esas afirmaciones son excesivamente radicales, la verdad. Sin embargo, en ambos casos hay algo que da mucho que pensar, y es que lo mismo Jesús que Mahoma —para citarlos cronológicamente— fundaron dos religiones de dimensión universal. Que al cabo de tantos siglos haya multitudes que sigan sus respectivas doctrinas, eso, casi, casi, desafía por sí solo las explicaciones humanas ordinarias.»

Me dispongo a dar mi parecer, pero he aquí que Arim ha reaccionado con furia, sin tomarse siquiera la molestia de pedir disculpas. Recobrada la voz, con el *chador* llegándole hasta las cejas y gesticulando airadamente, grita más que dice:

—¿Cómo te atreves, padre, a hablar de ese modo? El Corán fue revelado por Dios. Esto es ya un milagro. Y el Profeta, aparte de revelar hechos ocultos, realizó toda suerte de prodigios... Pero ¿no es precisamente lo que tú mismo me has enseñado? ¡Que el Profeta te perdone! En presencia de un forastero te atreves a negar lo que cuentas cada día en la Universidad... ¿Y por qué dudas de los poderes de Jomeini? En el nombre de Dios, Jomeini es nuestro Imán, nuestro Salvador, que con sólo el rezo y la palabra derrotó al ejército del Sha, considerado invencible... —Arim, fuera de sí, se traga de prisa el resto de comida y me pide un poco de café, justificándose con estas palabras—: A lo mejor me da fuerzas para emprender el regreso a Teherán...

Ante mi asombro, el profesor se muestra impasible. No reacciona como yo supuse, ni se toma la molestia de rebatir los argumentos de Arim.

—Anda, cállate... Es imposible dialogar con vosotros. Haría falta un milagro para haceros cambiar de criterio. —Sigue comiendo y añade—: Cuando seas mayorcita volveremos a tratar el tema, y a lo mejor has entrado ya en razón...

Arim lanza una especie de berrido, se calla y con un bastón se pone a dibujar signos en el polvo que hay bajo nuestros pies.

AUSTERIDAD DE JOMEINI

El profesor ha tenido razón. Ahmad nos esperaba en el lugar en que lo dejamos. Ha pasado un rato feliz dialogando con los empleados del almacén de frutas, uno de los cuales incluso en tiempo del Sha fue multado por intentar vender alcohol en la santa ciudad de Qom... ¿Hemos visto el cine incendiado? Daban películas pornográficas. ¿Ha ocurrido hoy algún milagro? ¿No se sabe con certeza? ¡Alabado sea el Profeta! A no ser que su segunda esposa prefiere vivir en Teherán, él viviría a gusto en Qom, para estar más cerca del ayatollah. ¿Cómo? ¿Que no hemos comprado bombones? ¡Son bombones con miel! Eso es como ir a Kermán y no comprar ningún tapiz...

Subimos al coche y emprendemos el regreso. Multitud de preguntas se agolpan en mi mente, pero la actitud de Arim, prietos los labios y la mirada fija en el gris de la carretera, me cohíbe, por lo que durante un lapso de

En los suburbios
de Teherán.

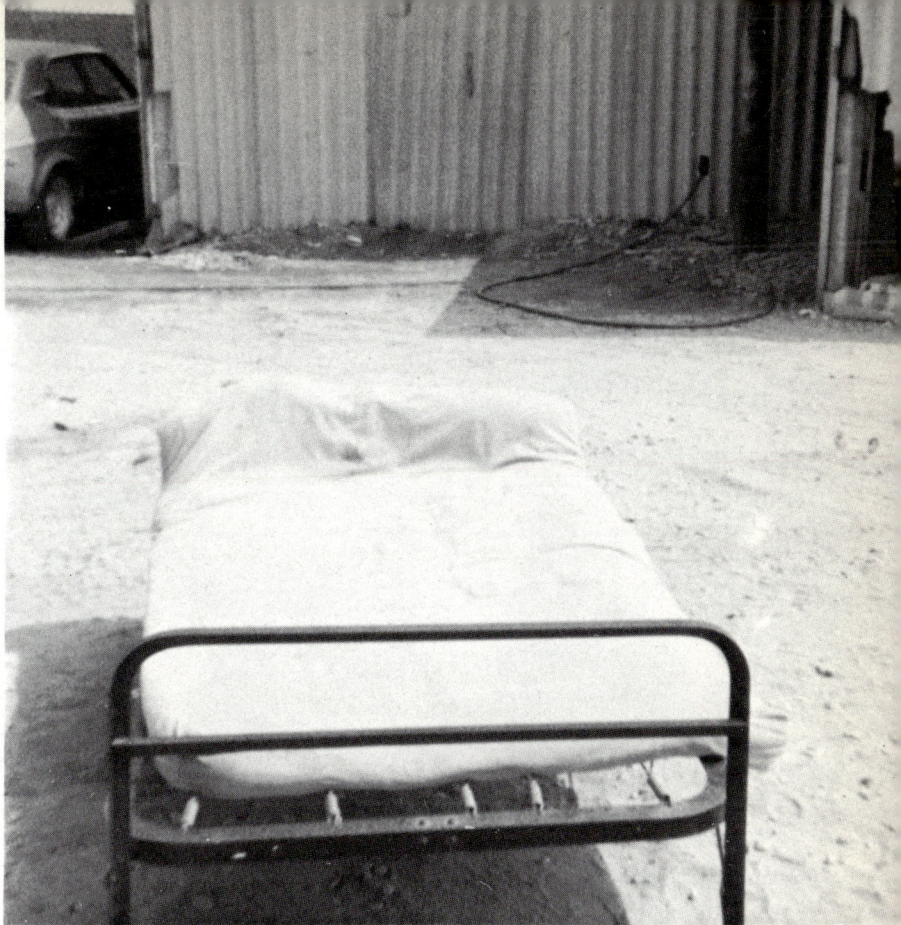

Tejiendo
alfombras persas.

Manifestación multitudinaria en Teherán.

Ante la Embajada de los Estados Unidos durante la detención de los rehenes

tiempo reina el silencio en el coche, roto solamente por las intervenciones de Ahmad, que arde en deseos de contarnos su vida.

Menos mal que la suerte acude en nuestra ayuda. Arim, de pronto, se queda profundamente dormida. La digestión, el calor, la fatiga del berrinche que se ha llevado. Va dando cabezadas, inclinándose peligrosamente hacia Ahmad, quien con suma paciencia cada vez la aparta sin despertarla.

Aprovecho el sueño de Arim para exprimir una vez más al profesor, el cual me confiesa que empieza a echar de menos a su mascota, el gato azul. «No quise traerlo a Qom por miedo a que Jomeini lo convirtiera en tigre, ¿se da cuenta?» y se ríe de su propia historia.

No intenta justificar a su hija. Las cosas son así y nada más. Jomeini ha conseguido tener a gran parte de la juventud en constante estado de alerta. Los hay que han fundado «el Partido de Dios». La pena es que los alimenta de odio, cuando hubiera podido alimentarlos de mansedumbre y de perdón. Él califica esto de «perpetuo estado de urgencia», que no es más que un calco de la «hora inminente» de que Mahoma habla en unos aleyas coránicos. «La cuestión, ya usted lo ve, es tener alguien contra quien luchar: el Sha, Carter, lo extranjero, los kurdos, últimamente, Sadat...»

Todo ello es consecuencia de la educación que Jomeini recibió desde niño, que lo llevó, en los seminarios de Qom, a considerar que el Islam era algo más que un contexto religioso: que era, exactamente, la única posible redención universal. De ahí que antes de cumplir los treinta años sus enseñanzas tuvieran infinidad de seguidores y que ya en 1941 escribiera un libro, *Descubrimiento de los secretos*, en el que atacaba duramente a la dinastía Pahlevi. Por lo demás, no podía soslayarse que su suegro era también ayatollah y que su gran fuerza ha consistido en que nadie puede reprocharle afán de lucro personal. Cuando se refugió en Francia se hizo famoso al descubrir los periodistas que sólo dormía cuatro horas, que se pasaba seis u ocho rezando y meditando y que su dieta consistía en frutas, nueces, yogur y queso... Les parecía un anciano retrógrada, pero al propio tiempo consecuente, y le montaron, sin advertirlo, tal escenario propagandístico que convirtieron poco a poco su exilio en lugar de peregrinación, como ensayo o preludio de lo que Qom es hoy en día.

Ahora bien, es preciso repetir lo dicho antes: se trata de un hombre astuto. Lo que pueda pensarse de él fuera de Irán por el momento le importa un rábano. Aparte de no reconstruir el ejército, por temor a un golpe de Estado, repite una y otra vez: «Si llega el caso de que me equivoque, la nación ha de advertírmelo. Si hago algo contrario al Islam, decídmelo, para que pueda corregirme...» Esas cosas halagan a las masas. De otra parte, si consigue formar en Irán un núcleo compacto la onda expansiva se irá extendiendo, sobre todo por los países en que el chiismo es militante, como es el caso del Pakistán, ¡y de la propia URSS, en algunas repúblicas siberianas! Y la verdad es que por el momento se está saliendo con la suya, precisamente por su caricaturesca exageración. Como todos los dictadores, sabe que el pueblo, cuando es ignorante, obedeciendo se siente libre. «Mi pobre hija, ya lo ve usted: pese a sus estudios, ha depositado su libertad en manos de Jomeini y ahí la tiene, durmiendo como una bendita de Alá...»

—En resumen, el quid de la cuestión está en su ejemplaridad... Es usted testigo: vive en un callejón, que por cierto en Qom es conocido por el callejón de los Frigoríficos, se alimenta con la frugalidad que le he detallado y ha conseguido que se hable de él más que del propio Profeta... De ahí que no falte quien se rasque el cogote, aunque el turbante sea un obstáculo para ello, y empiece a preguntarse si entre tanto islamismo y tanto Jomeini el gran olvidado no será el propio Irán...

Frenazo de Ahmad, que tiene como consecuencia que Arim despierte. En la carretera se ha producido un accidente, sin graves daños, al parecer, entre un camión y un turismo. Pronto circulamos de nuevo sin obstáculos. Hablamos de los leprosos, de su nariz carcomida, de sus labios, de sus manos... El profesor recuerda al respecto algo insólito: que quien se ocupó de ellos fue nada menos que Farah Diba, la mujer del Sha. Arim, al oír esto, pega otro brinco; pero su padre, que se quitó ya las gafas ahumadas, le ordena que se calle y que escuche de una vez, y que procure «vivir de realidades». Y añade que la preocupación de Farah Diba por los leprosos se realizó a través de la Fundación Pahlevi, que a fuer de sinceros se ocupaba de muchas cosas. Fue un rasgo muy propio de aquella mujer, que no cometió más error que casarse con el Sha. Farah tenía la ventaja de que se educó en la escuela cristiana Juana de Arco, de Teherán, y aunque no renegó jamás de la religión musulmana, en el fondo aquello la marcó y se mostraba tolerante con todas las creencias, convencida de que todas y cada una contienen mensajes válidos. Una vez le oyó decir que la obcecación religiosa se parecía precisamente a la lepra... Que conducía al ombliguismo y a la frustración.

El profesor añade que el interés de Farah, la ex emperatriz, por los leprosos, no fue una simple corona de laurel que se puso en la cabeza. Fue un acto leal, programado además con eficacia. Visitó los pueblos del interior, sobre todo en la zona de Azerbaiján, donde los enfermos abundaban y sintió tal lástima que los besó... ¡Sí, sí, quedan testigos de ello! Los enfermos quisieron también besarla y ella misma contó que puesto que muchos de ellos carecían de labios, le llenaban de saliva las mejillas. «A lo mejor había leído el versículo del Corán que dice: *Lleva la mano a tu pecho y la retirarás blanca de lepra, sin que sientas ningún dolor.*»

Arim, que no ha cesado de mascar chicle, varias veces ha estado a punto de abrir la puerta y de apearse en plena marcha... En cuanto a Ahmad, no ha entendido una palabra y está que echa chispas. El profesor termina diciendo:

—Dos datos curiosos sobre el tema. La primera leprosería conocida en el mundo fue creada por un califa omeya, Walid I, por quien Farah, sin renegar tampoco de su chiismo, demostró siempre un gran respeto. Segundo dato: los chacales son inmunes a la lepra, lo que significa que mucha gente puede estar tranquila, que no se contagiará jamás...

El resto del trayecto discurre casi en silencio, como es frecuente al regreso de los viajes agotadores, lo que aprovecho para dar unas cabezadas y luego para pensar. Pienso en las madres con niños mongólicos que acuden a Qom. ¡Cuánta fe! Cuánta fe intacta todavía en el corazón del hombre. El hombre no se cansa jamás de pedirle protección al Todopoderoso, en el que ha depositado su esperanza. Los cementerios están repletos y proliferan —como en la zona subterránea próxima a la tumba de Fátima—, pero el hombre sigue buscando la inmortalidad. «Importamos cadáveres y exportamos *mullahs*...» El humor popular es con frecuencia más negro que el que brota de una especulación intelectual. A lo mejor, dentro de unos años, sólo recordaré de Qom las estalactitas de oro y esta frase. La selección que efectúa la memoria es caprichosa como lo fue la naturaleza al llenar de pecas el rostro de Ahmad.

Pienso también que es muy cierto que todas las religiones contienen mensajes válidos. Lo que sucede es que tenemos de ellas un conocimiento superficial. ¡Si consiguiéramos, en el fondo del alma, realizar una síntesis! El profesor Sadegh está a punto de conseguirlo, pese a que vuelve a llevar en las manos el rosario de cuarenta granos con el nombre de Alá en cada uno de ellos.

Por unos instantes imagino un tipo de sincretismo parecido a éste: la *fe* de los musulmanes; el *amor* de los cristianos; la *renuncia* de los budistas; la *fuerza interior* de los hindúes; el *pragmatismo* de Confucio; *el concepto del Bien y del Mal* de los zoroástricos; etc. ¿No nos hallaríamos cerca del hombre completo?

No... Posiblemente, no. El paisaje en torno, con su aridez recobrada —aunque la luz sea distinta de la del viaje de ida—, me inclina a sospechar que tal hombre completo sólo existirá cuando *uno* de nosotros regrese de la muerte.

LA CARA DE JOMEINI REFLEJADA EN LA LUNA

¡Teherán! Las luces, millones de luces, se han encendido. He aquí la teoría de los vasos comunicantes. Petróleo en el golfo Pérsico, bombillas en Teherán.

Mis acompañantes me dejan en la misma puerta de Villa Eloïsse. Me despido de Ahmad, quién sabe si para siempre. «*Salam aleik.*» La paz sea contigo. Me despido del profesor y de Arim hasta muy pronto. El profesor quiere que conozca a sus hijos *mullahs* y Arim quiere que conecte con sus «camaradas de la revolución».

—De acuerdo, de acuerdo... Mi agenda de notas os lo agradecerá...

Entro en Villa Eloïsse y encuentro a Clarisse y a mi mujer charlando «de sus cosas». Están impacientes por conocer mis impresiones.

—Te vas por ahí y no nos cuentas nada...

—¡Qué importa! Algún día lo leeréis...

Me siento fatigado. Subo a ducharme, me mudo de ropa y bajo a la sala de estar. Clarisse cierra con la mano izquierda el transistor. Estaba escuchando las noticias del día. Por lo visto Jomeini se ha dignado importar de Francia, con destino a las zonas rurales, una gran cantidad de aparatos de rayos X... «Quiere atraerse al campesinado. ¡En fin, importar rayos X es siempre una buena acción! Ahora sólo falta que alguien los sepa manejar...»

Me niego, por el momento, a hablarles de Qom. No lo haré hasta que Jean-Pierre esté presente. En vista de ello, me cuentan que estuvieron visitando, en compañía de Raquel, el Museo Etnográfico y el Museo de las Alfombras. Mi mujer se muestra entusiasmada. El Museo Etnográfico es realmente digno. Su director es un ruso orientalista, Hannibal, convertido al Islam y gran coleccionista. Describir lo que allí se encierra es tarea inútil; hay que verlo. «Tienes que ir.»

Entre las cosas que más la han fascinado están los dioramas, con figuras de tamaño natural —«como las del museo que vimos en El-Alamein»—, donde pueden analizarse en detalle las vestiduras de las minorías étnicas de Irán, así como muchas escenas de la vida cotidiana: el barbero y sus clientes; el juez y sus pleiteantes; el maestro y sus alumnos; el verdugo y el reo; ¡un derviche barbudo!; fumadores de opio... Etc. En otras vitrinas, gran número de miniaturas, algunas de ellas pintadas con *un solo pelo* de ardilla, y varios juegos de cartas con cinco figuras principales: la bailarina, el oficial, la dama, el rey y el as, que es una mezcla del león iraní y del dragón chino... En conjunto, hay mucha influencia oriental, india y china. Y también príncipes persas. Y muchos objetos de color azul. «¡En fin, auténticas joyas! Lástima que no vendan, como en los museos del Cairo, monografías en las que todo se halle recopilado... Acaba una mareándose.»

—¿Y las alfombras?

—¡Qué quieres! ¿Que haga el ridículo colocando adjetivos? Sabes que las alfombras me chiflan como a Raquel el regatear. Ya te lo he dicho: vete y verás… Lo único que te anticipo es que el *ticket* da derecho a un documental de cine en el que se aprecia la habilidad de los artesanos…

Asiento con la cabeza. Y pregunto:

—¿Quién ha sido el fundador de esos museos?

Clarisse responde, con naturalidad:

—Farah Diba, que era la que se ocupaba de esas cosas…

Jean-Pierre llega tarde. No hablamos de Qom, ya que ha tenido serios problemas en el despacho —nuevas inspecciones— y necesita desahogarse. Así que procuramos distraerle. Clarisse le cuenta la lucha interna que ha librado Lajpat, el cocinero, al descubrir que por sus pagos se había filtrado un ratoncillo. «¿Lo mato o no lo mato?» Por fin ha conseguido que se largara, seguramente a la casa vecina… Yo le cuento únicamente que el chófer que nos ha llevado debió de ser pelirrojo y que con respecto a España le interesa mucho más la situación de nuestro fútbol que lo que ocurrió en realidad con don Pelayo y la Reconquista.

Después de cenar, acordamos por unanimidad salir a dar una vuelta por los aledaños, buscando un sitio más habitado que nuestro barrio, pues en ningún momento hemos olvidado que esta noche es la noche gloriosa, la noche en que la cara de Jomeini tiene que aparecer en la luna.

Primero salimos al jardín y comprobamos que es luna llena. Redonda, escueta, sin círculo o halo alrededor. Vierte sobre el paisaje y sobre la ciudad una luz de azogue, un baño argénteo. Cuesta creer que dejará de ser neutral y que tomará partido por un jefe, aunque se trate de un jefe que reza durante horas y que apenas si come otra cosa que nueces, queso y yogur. Clavada allá arriba, da la impresión de no ocuparse en absoluto de los asuntos humanos.

Sin embargo, la relación luna-tierra, luna-vida, es antigua como la protohistoria. De niño oí decir que influía sobre el crecimiento de las uñas y sobre las mareas. Más tarde se me habló de que su periódica ocultación corresponde a la muerte del hombre, el cual correría en su busca para resucitar luego, razón por la cual algún griego ilustre la llamó «isla de los bienaventurados». ¿Y Mahoma? En la Arabia preislámica, según la simbología, el culto lunar precedió al culto solar y el Profeta reprobó, para los amuletos, todo metal que no fuese de plata. Clarisse se encuentra en su elemento y no hace más que repetir: «¡Es escueta, sin círculo alrededor…!»

Salimos de casa y nos dirigimos a pie al barrio vecino. Está abarrotado. La gente se ha lanzado a la calle y todo el mundo mira al cielo. Delante de un supermercado y de un taller de bicicletas se agolpa una multitud que recuerda la de Qom. También los tejados están atestados, las mujeres con los niños en brazos y señalando con el índice el firmamento. Acaso nunca tantos dedos, tantos niños, apuntaron hacia la luna, esperando de ella una respuesta al gran interrogante de esta noche en Irán. Alguien dice que en varias poblaciones, sobre todo en Hamadán y Mashad, están siendo sacrificados gran cantidad de corderos…

Griterío y silencio se turnan cíclicamente, como los cuartos crecientes y menguantes. Tan pronto alguien grita «¡ahora!» y se oye un murmullo de pueblo alborozado, como nadie se atreve a respirar. Nuestro deambular, irónico en el fondo, hay instantes en que se contagia de la vibración ambiental. Pienso para mí que lo más fácil es dudar de los milagros… Pienso para mí que lo más fácil es tener del firmamento una visión astrofísica y nada más, como si estuviéramos autorizados a negar la existencia de lémures, de brujas, de ángeles.

Pero el caso es que el tiempo corre y la cara de Jomeini no aparece por parte alguna. De haber nubes, podría especularse sobre las modificaciones del satélite lorquiano. Pero la claridad es total, plateada como deseaba Mahoma, hasta el punto que me recuerda la blancura de algunas noches de «luz perpetua» vividas en Leningrado, junto al río Neva, cuyas abundantes y tormentosas aguas se mofaban de la sequía de Irán.

La muchedumbre resiste hasta la medianoche. La medianoche es un hito tantálico, funambulesco, que guarda en su entraña más posibilidades que cualquier hora intermedia. Pero también la medianoche pasa, ¡con tantos relojes como hay en Irán!, sin que se oiga el «¡ahora!» esperado. ¡Por lo menos amueblara el espacio la voz de un almuecín!; pero para ello habrá que esperar al amanecer. La liturgia tiene sus normas más allá de los deseos.

Jean-Pierre fuma un pitillo tras otro. Alto y ligeramente encorvado, debe esforzarse para mirar hacia arriba. Clarisse le dice: «No te preocupes... Si llega el caso, ya te avisaré.»

No ha lugar. La multitud, rota por dentro, empieza a dispersarse. Oigo entre amigos palabras de despedida. «*Salam aleik.*» Los tejados se despueblan. Se nota en los rostros una honda desilusión, que además habrá afectado a todo Irán, de norte a sur y de este a oeste, lo que confiere al desánimo una dimensión superior. No me extrañaría que alguno de los leprosos que se fueron a Qom haya escupido en dirección a la luna.

Regresamos tarde. Hemos resistido hasta el fin. Al llegar a Villa Eloïsse encontramos al jardinero, que no se ha movido del borde de la piscina; en cambio Lajpat, Shapour y la muchacha filipina se han ido a dormir.

El jardinero, desolado, nos dice:

—Eso habrá sido una jugarreta del Sha... El Sha habrá hecho correr la voz para desacreditar a nuestro imán... ¡Pero no habrá conseguido nada! Jomeini no necesita de la luna para que le llevemos en nuestro corazón.

CAPÍTULO XXV

HASSAN Y SU PATRULLA «PASDAR»

Una de mis aspiraciones es presenciar, a ser posible, alguna *ejecución* oficial y cómo cortan las manos de los ladrones. Raquel me ha dicho que, si hay suerte, puedo conseguirlo a través de su hijo Hassan. «Las lapidaciones tal vez sea más difícil, ya que sólo se lapida a las mujeres y es muy raro que se haga en público...»

Con vistas a ello he visitado en varias ocasiones a Hassan en la Universidad, pero, sobre todo, en el piso que uno de sus camaradas *pasdar*, un muchacho llamado Nazih, tiene en la calle Sheybani, donde se reúnen periódicamente los miembros de su comando. Es preciso recordar que los *pasdars* no tienen nada que ver con los comunistas ortodoxos, los *khalq*, ni con los compañeros de Arim, los *mohajedin*, bastante politizados hacia la izquierda, más que por tener ideas claras al respecto, por seguir las huellas de Taleghani. No es que dicho ayatollah aceptase el credo marxista-leninista —ateo y partidario de subordinar el hombre individual al Estado—, pero tuvo contacto con los *mohajedin* en las cárceles del Sha y dos hijos suyos cursaron estudios en Moscú.

Los *pasdars*, como quedó claro la primera noche que cené en casa de Raquel, por encima de todo son fanáticos religiosos. Pude comprobarlo en el piso de Nazih, piso que había pertenecido a un guardaespaldas del Sha, que huyó. El propio Nazih es el máximo exponente de ello. Con sus veintidós años a cuestas, está orgulloso y satisfecho porque varios de sus rasgos personales se parecen a Mahoma. Perdió a su padre tempranamente —no llegó a conocerle—, fue alimentado por una nodriza y en los combates durante la revolución recibió dos heridas en la cara y se le rompió un diente: exactamente lo que la tradición señala que le ocurrió al Profeta en la batalla de Ohod.

Siente por estas heridas la misma emoción que en la órbita cristiana puedan sentir los estigmatizados, y aupado por ello procura imitar en lo posible a Mahoma, como, por ejemplo, en su obsesión por la limpieza. Gran número de biógrafos del Profeta dan por seguro que éste no se cansaba de repetir que «la limpieza es la mitad del culto» —de ahí la práctica de las abluciones—, que lo último que pidió antes de morir fue que le levasan la boca y que solía usar mondadientes. De ahí que, contrariamente a Hassan, Nazih no fume jamás; de sus labios cuelga siempre un mondamientes, que va masticando y que a veces se clava en las encías. Por si fuera poco, procura ser optimista y creer en los buenos augurios, lleva los cabellos partidos en dos por una raya, tiene la nariz aquilina y afición por los perfumes. Además, de niño sufrió paludismo —al igual que Mahoma— y asegura, como aseguró él, que «los oídos le retumbaban como si oyera campanas o truenos»; en cambio, no puede presumir de que cayera en éxtasis —y mucho le duele—, ni de gozar de ninguna facultad paranormal. En cuanto a las mujeres, le gustan mucho, sexualmente se muestra activo y siente especial devoción por Kadjidja, la primera esposa del Profeta, por Aicha —la mocita de que tanto me habló Zakía en El Cairo— y por María, la madre de Jesús.

Debo decir que no me ha sido fácil ser recibido en el «santuario» de la calle Sheybani. Antes tuve que convencer a Hassan de que en materia religiosa yo era ecléctico, que el Islam me inspiraba un gran respeto y que si era verdad, como lo creía él, que los españoles, cuando la «reconquista», habíamos matado a más de un millón de musulmanes, personalmente yo lo lamentaba de veras. Gané muchos puntos al decirle que no creía en el pecado original ni en la Trinidad —«no concibo a Dios enviando a un hijo suyo al planeta Tierra»—, y que tenía publicado un libro en el que dejaba constancia de ello. Por supuesto, me ayudaron mucho Raquel, el doctor Garib y mi afición al ajedrez. Le pegué a Hassan varias palizas consecutivas y aquello acabó de derrumbar sus resistencias.

A partir de ahí, tuve que vencer las dudas de Nazih sobre mi comprensión del chiismo. Le conté que, si bien ahora había cambiado de opinión, en mi juventud yo también había llegado a desear el martirio. Le facilité detalles sobre el asunto, centrados en los comienzos de la guerra civil que asoló España entre los años 1936-1939, cuando él no había nacido aún. Por desgracia, no pude enseñarle ninguna cicatriz, ni siquiera un diente roto... Pero sí un recordatorio de la muerte de mi padre, en el que yo había manuscrito una oración que, traducida, resultaba convincente en cuanto a mi deseo de reencontrarme con él en la eternidad. Rematando la operación, le demostré que la vida de Mahoma y el Corán empezaban a resultarme familiares, gracias a mis reiteradas lecturas y al viaje que estaba realizando.

Como fuere, decidieron aceptarme. Y me alegré mucho de ello. No sólo porque vi las puertas abiertas para asistir al espectáculo de «cortar las manos» y al de las ejecuciones, sino porque todos los miembros del grupo *pasdar*, en su conjunto, se desvivieron para que me sintiera cómodo en su compañía. Y así fue. Cómodo y, sobre todo, interesado. Además de Hassan y Nazih, los más asiduos eran dos hermanos gemelos, Mustafá y Jemal —gemelos, signo del favor de Alá—, quienes escucharon embobados el relato que les hice de mi visita al *ghetto* palestino en la zona de Gaza durante mi estancia en Israel. El tema palestino tenía para ellos una importancia capital, por lo que habían pegado en la pared un póster de Yasser Arafat. Asimismo conocí a un poeta, Abolfasal de nombre, y a un tal Eslam, compañero de estudios de Arim. Abolfasal está escribiendo, a imitación del gran Ferdodovsi, la crónica de los sucesos de la revolución. Tiene hipo y se lo curan a base de asustarle, gritándole por la espalda: «¡En nombre del Islam, quedas detenido!»; o bromas por el estilo. Y en cuanto a Eslam, estudiante de arquitectura, fino y atildado, me pidió que le firmara una monografía exhaustiva que posee sobre la mezquita de Córdoba, editada en Bagdad. El muchacho mide 2,10 metros de estatura, por lo que destaca dondequiera que vaya y es uno de los mejores jugadores de baloncesto de Teherán.

Una única razón me permite dar crédito a los componentes del grupo: que los he tenido delante. Respecto a cortar las manos, les basta la cita del Corán (V,42) para considerarlo un acto normal: «En cuanto al ladrón y la ladrona, les cortaréis las manos como retribución de las obras de sus manos, como castigo proveniente de Dios.» Según ellos, el robo es «cuestión occidental», sobre todo europea y cristiana. «Allí no le concedéis importancia y es un grave pecado contra Dios.» En el plano emocional, pasan con suma facilidad de la risa al llanto y la muerte no tiene para ellos nada de tragedia, ya que por ser musulmanes, y por haberles precedido Alí y Hussein, tienen el cielo asegurado. Su distintivo es llevar en las suelas de los zapatos, escrito en tinta roja, el nombre de Yazid, el califa que ordenó la muerte de Hussein. De este modo, al andar, pisotean dicho nombre y lo cubren de polvo y lodo. Asimismo, al llegar el mes del Muharram, primero del año lunar, se ofrecen voluntarios para representar, en los autos sacramentales, el papel del mártir. Por cierto, que durante tales representaciones el actor al que corresponde el papel de Yazid corre el peligro de morir en manos de la muchedumbre, hasta el punto que no es raro que dicho papel se asigne a un condenado a muerte. Igualmente aseguran que Alá recogió la cabeza de Hussein, que la engastó en el anillo de su dedo índice y que cuando dentro de la sortija Hussein sonríe, es señal de que se acercan días buenos para los hombres.

Me impresiona de ellos que nunca pronuncien el nombre de Jesús —uno de los veinticinco profetas reconocidos por el Islam— sin añadir: «En Él sean la paz y la bendición de Alá.» Hassan sostiene que el poder taumatúrgico de Jesús radicaba en su «aliento». Asimismo sostienen que la doctrina según la cual *todos los musulmanes son hermanos* constituyó una revolución social sin precedentes, de enorme repercusión histórica, puesto que el espíritu de tal doctrina sigue vigente. Abolfasal, el teórico del grupo, sostiene que las divisiones internas actuales del Islam son puras bagatelas comparadas con los siglos —y las guerras monstruosas— que le han costado a Occidente encontrar un equilibrio y una unidad relativas. «A menudo olvidáis esta realidad, pese a la evidencia... y a vuestros cementerios.» También sostienen que los chiitas fueron los primeros en levantar monumentos en honor de los santos y santas mártires, rompiendo con un tabú que no tiene razón de subsistir.

Nazih —la réplica de Mahoma— es siempre la nota colorista, con sus salidas de humor. Detesta a los turcos como Hassan detesta a Soraya, por lo que suele decir: «Reconozco que cuando la creación del mundo todo el mundo era turco, pero luego el mundo se civilizó excepto una pequeña parte que es ahora Turquía.» También dice, acompañándose de una sonora carcajada, que si Jomeini no es precisamente un devoto de los bailes modernos, ello se debe a que uno de sus ritmos se llamaba *cha-cha-cha...*

Resumiendo, aprendo mucho del comando en cuyo seno Hassan me introdujo. Me informan de muchas cosas. A veces procuro pincharles, para que suelten la lengua. Por ejemplo, en la última reunión les hablé de las «buenas obras de Farah Diba...» Su reacción fue tremenda, radical. No sólo la Fundación Farah Pahlevi era una de las muchas pantallas utilizadas por el Sha para el nepotismo y el despilfarro, sino que la labor cultural de la ex emperatriz se limitaba a una ínfima minoría, al ámbito que la rodeaba, sin que el pueblo llano se beneficiara de ella para nada. «Te daremos un ejemplo. En todos los teatros de provincias era obligatorio reservar un palco denominado palco real... Naturalmente, sólo se utilizaba una vez al año. Sin embargo, por culpa de dicho palco —y por obvias razones de seguridad—, las filas destinadas al público estaban situadas tan atrás que en la mayoría de los locales resultaba difícil ver bien el escenario...» Por lo demás, si el Sha había tenido amores concupiscentes con las llamadas «pastoras», de lo que me suponían archienterado, Farah, sobre todo en los últimos tiempos, no le anduvo a la zaga... Tal vez citar el nombre de Constantino de Grecia fuera una calumnia, pese a los múltiples viajes que el citado ex rey hizo a Teherán; pero no cabían dudas sobre las relaciones íntimas de Farah con el general Jatami, cuñado del Sha y con Kambiz Atabay, director del Club de Hípica del palacio real. Tocante a los leprosos... tal vez ello fuera cierto. «El Mal Absoluto no existe», sentenció Abolfasal, sentencia que los demás impugnaron acaloradamente.

Hassan, gimnasta y empedernido fumador, es probablemente el más ingenuo del grupo. Viéndole actuar, me viene a la memoria la exclamación de su madre, Raquel: «¡Dios mío, cualquier día me lo van a matar!» Es el que más a rajatabla cumple con las cinco oraciones del día —cada uno de ellos tiene, en el piso, su tapiz correspondiente—, y recrimina a aquel que, al oír el canto del almuecín no se precipita, por ejemplo, a colgar el teléfono y a ponerse a rezar. Sobre todo los viernes, el día sagrado, la vida debe detenerse. Los hombres, a la hora de la oración, si no pueden acudir a la mezquita deben juntar sus alfombras cerca de un altavoz o un transistor de radio. Un jugador de tenis, ¡o de baloncesto!, aunque sea profesional, debe dejar a un lado la raqueta o el balón y rezar. Y una azafata en vuelo debe extender una toalla en el pasillo del avión; y los campesinos deben quitarse las botas y arrodillarse sobre cartones....

El tema predilecto de Hassan, luchador nato, es el de la guerra santa. Consideraría justa —y por lo tanto, santa— la guerra en favor de los palestinos, y de ahí que le impresionara especialmente mi relato sobre los refugiados en la zona de Gaza y que no comprenda por qué quedan todavía tiendas judías en Teherán. También consideraría santa la guerra contra el marxismo-leninismo, por lo que predice que en Irán, a no tardar, se producirá un enfrentamiento entre los milicianos *khalq*, cada día más envalentonados, y los demás grupos de la revolución. Por algo dice el Corán: «¡Oh, vosotros, los que creéis! ¡Obedeced a Dios! ¡Obedeced a aquellos de entre vosotros que detentan la autoridad!» El comunismo considera al hombre como un *fin social*, siendo así que el Islam garantiza a la persona su autonomía y su iniciativa, y en vez de considerarlo *instrumento* de la lucha de clases, lucha desconocida en el Islam, le considera *testimonio* de Dios. De otra parte, ya me citó en su casa, aquella noche, las palabras de Jomeini: «Tanto más Irán sangrará, tanto más la revolución saldrá victoriosa.»

Sin embargo, el ejército que se forme ha de ser «nacional» y dotado de armas simples, para no depender automáticamente de los técnicos extranjeros. Y ello no sólo porque los primeros ejércitos del Islam fueron de ese modo, del «pueblo», sino porque en los últimos tiempos se ha demostrado que los ejércitos nacionales, humildes, son capaces, como ocurrió en el Vietnam, de vencer a los poderosos. Asimismo considera que servir en dichos ejércitos no debe ser en modo alguno obligatorio. ¿Cómo se empezó a luchar contra el Sha? Eran milicias voluntarias, que contaban sólo con las manos y que lanzaban piedras y adoquines. Al final se requisaron fusiles al adversario y él mismo se cansó, cuando la victoria estuvo asegurada, de colocar flores en los cañones de las armas que empuñaban los *mullahs*. ¡Ah, los partidarios del Sha no daban crédito a sus ojos! Hasta el extremo de que al día siguiente de la fuga —de la estampida— del soberano *taghuti* se registró un terremoto en Khorasan y en Qa'en y sus partidarios dijeron que era la venganza de Dios...

También, y con el permiso de Abolfasal, era preciso andarse con cuidado con los intelectuales. Ello no significaba renegar de la inteligencia y de la cultura, sino hacer la criba conveniente. Muchos intelectuales iraníes, formados en Occidente, empezaban a desviarse y a sembrar la discordia. Eran seres híbridos, seres bastardos. Jomeini había sido muy claro al respecto: «Nuestro sistema y nuestra ideología son los de Dios y del Corán. Combatiremos a los bastardos sin debilidad alguna. Si aceptamos en la Constitución un solo artículo contrario a los principios del Islam, ello significará que volvemos al reino de Satanás. Aprended a desconfiar de las ideas, que pueden ser más mortíferas que las balas y las metralletas.»

—Por eso ha sido clausurado el periódico independiente *Ayandegan*, porque contaba mentiras antiislámicas. Por eso en el Bazar mi abuelo Samad, a quien usted conoció, compra donde puede libros antiislámicos y, junto con otros comerciantes, los quema en los depósitos de basura, sin que les importe el dinero que ello pueda costarles. —Hassan me mira con fijeza, y echando una bocanada de humo concluye—: Por eso confía en que usted, haciendo honor al deseo de martirio de que nos habló y que sintió en su juventud por una causa que también consideraba justa, no escribirá una sola palabra sobre Irán, y sobre lo que pronto vamos a ver, que pueda dañarnos el corazón...

ASISTO A LA APLICACIÓN DEL «CORTE DE MANOS» A LOS LADRONES

Hassan y Nazih me acompañan en coche hacia un barrio desconocido por mí, pasando por callejuelas estrechas, que me desorientan totalmente. No me dan ninguna explicación. Sospecho que, de atreverse a ello, me llevarían con los ojos vendados.

Por fin, al cabo de una media hora más o menos, nos detenemos frente a un edificio con aspecto de cuartel. Los centinelas oyen la contraseña —no he entendido la palabra— y nos dejan pasar. Pronto nos encontramos en el umbral de un patio de grandes dimensiones. En dicho umbral hay una veintena de personas esperando, entre las que destacan algunos *mullahs*. Por lo visto no podemos pisar el patio, en el centro del cual hay una enorme piedra lisa, que podría ser de mármol y junto a ella un grupo de cinco o seis muchachos. Uno de ellos sostiene en la diestra un hacha que reluce al sol, y con la que de pronto dibuja en el aire una redonda silueta.

Esperamos unos minutos, en medio de un silencio que me sobrecoge. Por fin se oye una sirena y por una puerta lateral hace su entrada en el recinto una ambulancia con la media luna pintada, como es de rigor. El vehículo se detiene muy cerca de la gran piedra lisa y se apean de él tres hombres vestidos de blanco, que se acercan a los milicianos, con los que hablan brevemente. Un cuarto hombre se ha quedado al volante y juraría que ha encendido un pitillo.

Otro compás de espera, y por fin irrumpe en el patio, por otra puerta, una comitiva compuesta por más milicianos, escoltando a tres varones que llevan —ellos sí— los ojos vendados. Imposible precisar su edad, debido a la distancia que nos separa. Sólo, a juzgar por la manera de andar, me atrevería a suponer que uno de ellos es un anciano.

La escena que se desarrolla a continuación se parece más a una pesadilla que a un hecho real. Todo transcurre de forma rutinaria y con absoluta profesionalidad, en un lapso brevísimo. El primero en arrodillarse y colocar el brazo sobre la piedra es el más alto de los tres. Sin que medie ninguna orden, el miliciano del hacha, de un golpe tajante y certero le corta la mano. Un grito de dolor, desesperado y también breve, truena en el recinto vacío. El «reo» está a punto de desplomarse pero los hombres de la bata blanca lo sostienen y se lo llevan a la ambulancia, introduciéndolo en ella por la parte trasera del vehículo. Supongo que proceden al vendaje de la herida, porque tardan en salir.

Por fin salen y la operación se repite, idénticamente, con los otros dos «ladrones». Los gritos de dolor suenan igual a mis oídos. También las víctimas se han arrodillado. También el corte ha sido contundente, sin apelación. También los cuerpos se han tambaleado y han sido introducidos en la ambulancia, cuyo conductor —el del pitillo— acto seguido arranca y sale disparado por la misma puerta que utilizó para entrar.

Hay murmullos entre los que formamos el grupo de espectadores. ¿Cómo es posible que esté yo presenciando esto sin tambalearme también? Estoy como anestesiado y me invade por ello un sentimiento de culpabilidad. Veo unos bultos sobre la piedra lisa... Son las manos cortadas y me pregunto qué harán con ellas ahora.

Como si los milicianos me hubieran oído, veo que las meten en una jofaina, que evidentemente tenían preparada para este menester. Hassan se me acerca al oído y murmura, en un tono de voz completamente normal: «La costumbre es exponerlas luego al público, para que sirva de escarmiento.» Luego añade:

—Ahora hay que esperar un poco, y vendrán las ejecuciones...

Le miro horrorizado, aunque no creo que el muchacho lo advierta.

—¿Ejecuciones...?

—Sí, parece que van a ser seis.

Con dificultad trago saliva y adopto la actitud de espera. Hassan se rasca el cogote, mientras Nazih está parloteando animadamente con un *mullah*.

Lo cierto es que el próximo número no se hace esperar. El patio se convierte pronto en una danza macabra, cien veces vista en las películas. Un pelotón de ejecución —todos los milicianos en mangas de camisa—, y seis hombres de varia edad son acompañados a la pared opuesta al lugar en que nos encontramos. Llevan las manos atadas a la espalda y una vez en su sitio, como monigotes de pimpampum, proceden a vendarles los ojos.

El silencio vuelve a ser ahora absoluto. Me sorprende, sin duda por deformación occidental, que no los haya acompañado nadie, un religioso, con un crucifijo... En cambio, un perro —pero ¿es que hay perros en Teherán?— logra penetrar en el recinto, donde zigzaguea pegando saltos y ladrando. Los que van a ser ejecutados se mueven ligeramente, en actitud que acaso revele sorpresa. ¿Qué ocurrirá en el interior de sus cabezas? Por fin dos milicianos consiguen acorralar al perro y llevárselo. Por un momento creí que le pegarían un tiro, pero no es así. Hay que guardar las municiones para hazañas mayores.

Hassan se me acerca de nuevo.

—Creo que todos son *bahais*...

—¿Cómo? —logro balbucear.

—Sí... son *bahais*. —Luego, a modo de explicación convincente, agrega—: Hay muchos que ayudan a los sionistas...

Intento decir «ya...», pero me falla la voz. Y es que los del pelotón se están preparando. Esta vez hay un director: un hombre con una barba parecida a la de Jaljali, que se ha colocado de perfil.

Da las órdenes consecutivas, precisas, acabando con un «¡hop!», al término del cual una serie de ráfagas se adueñan del espacio, en tanto que los seis *bahais* caen al suelo en posturas distintas. Segundos después el hombre de la barba, que lleva una pistola en la mano, con paso lento y moviendo la cabeza como si asintiera, se acerca a los seis cuerpos y les dispara a cada uno el tiro de gracia.

Se acabó. Todo se acabó. Los milicianos del pelotón, en vez de alejarse con paso militar, rompen filas al buen tuntún y se agrupan hablando. Uno de ellos contempla la metralleta como preguntándose: «¿Ya no hay que disparar más?» Por su parte, el mandamás se seca la frente con un pañuelo. Y de momento, nadie acude a recoger los cuerpos de los muertos. Por descontado, no hay prisa. Miro a mi alrededor. Nazih vuelve a hablar con el *mullah* y Hassan después de soltar un inesperado estornudo, me dice:

—Misión cumplida...

El grupo de espectadores no se dispersa todavía. ¿Por qué será, si todo ha concluido? Sin duda comentan la operación. Lamento más que nunca no comprender el *farsi*. Acaso también se digan unos a otros: «Misión cumplida.»

Mi impresión es que son pocos los que saben algo de las víctimas. Rostros impasibles, cerrados —ya estoy acostumbrado a esa expresión de los «jomeinistas» militantes—, es evidente que dan por sentado que se ha hecho justicia. Recuerdo vagamente un versículo del Corán, un aleya, aunque no sé si puede aplicarse al caso: «Combatid a los asociadores sin cuartel al igual que ellos os combaten sin cuartel.» Claro que esto no ha sido un combate, aunque tal vez lo fuera antes, cuando se procedió a la detención de los «condenados».

Me sorprende que Hassan no me formule ninguna pregunta. Por lo visto estaba seguro de que yo «resistiría bien». Y el caso es que lo ha adivinado. Superado el ligero mareo del comienzo, luego sólo he notado un intenso escalofrío en el momento del «¡hop!» Un doloroso estremecimiento, que me ha recordado lejanas vivencias de la guerra civil.

Me invade una pasmosa serenidad. No sé a qué atribuirlo y debo confesar que no me siento halagado por ello. Sería perfectamente capaz de acercarme a los cadáveres y contemplar detenidamente sus muecas, sacándoles incluso una fotografía. En cambio —¡ah, el mundo de la paradoja!—, la serenidad de Hassan me hiere y casi me atrevería a afirmar que me repugna. Ahora sus negros ojos se han clavado en mí, como si hubiera notado algo especial. Pero no. De repente esboza una sonrisa —el grupo ha empezado a dispersarse— y me dice, abriendo ligeramente los brazos:

—Jaque mate... *Schah-mat.*

FRIALDAD DE LOS PROTAGONISTAS

Me gustaría que me dejaran solo. Me gustaría ir andando solo hasta Villa Eloïsse, reflexionando sobre el bien y el mal. Pero Hassan y Nazih no me dejan escapar, no me sueltan. Soy su presa y he de darles las gracias. Me llevan a una cafetería próxima, donde nos sirven un café azucarado, que no sé si me reconforta o no. Y ellos hablan y hablan... Me hablan de mil cosas, todas centradas en el Islam. Me parece entender que el Derecho Penal Islámico distingue cuatro tipos de penas: el talión *(kisas)*, el precio de la sangre *(diya)*, la pena de crimen o adulterio *(hadd)* y por fin la pena que dicta el juez en cuanto el culpable ha confesado *(ta'zir)*. Supongo que la pena que se ha aplicado a las víctimas que acabamos de ver ha sido la última de las cuatro...

Pero luego se olvidan por completo de las escenas del patio —les he dado las gracias una y otra vez—, y retomando los temas que tratamos en el piso de Sheybani me cuentan que el Islam avanza, que avanza a una velocidad supersónica, sin duda merced al «aliento» de Alá. Por de pronto, ahí están los números: en el mundo actual, un Estado de cada cinco es musulmán, y un ciudadano de cada seis profesa la religión islámica... El problema para los chiitas radica en que el Islam más rico es el árabe, debido al petróleo de Arabia Saudí y los emiratos del golfo. Pero no importa. La revolución iraní se está abriendo camino también entre los sunnitas, y no digamos en el África negra. Por supuesto, el ayatollah Jomeini, cuyas miras son universales, no hace la menor distinción y ayuda a todas las revoluciones islámicas del mundo, sin olvidar las minoritarias, como la eritrea, la de los moros de

Filipinas, la del Polisario... ¡Ah, tenía que ser así! «Dios es grande y Jomeini es nuestro jefe.»

Hago lo imposible para no levantarme y gritar. Es curioso que la rebelión me llegue con tanto retraso... Y también lo es que me obsesione más el hacha que los fusiles, y los ladridos del perro que la caída de los cuerpos acribillados. Una vez más, la caprichosa selección de la memoria.

Por fortuna, el tercer café logra hacerme remontar la situación. ¿Por qué seremos hasta tal punto esclavos del aparato digestivo? Ahora miro con fijeza a los dos muchachos que tengo delante, ambos con abundante cabellera. Y pienso en el profesor Sadegh y en sus teorías sobre la relatividad. Si Hassan hubiera nacido de las entrañas de Raquel en el país originario de ésta, el Perú, a lo mejor el chico andaría ahora reclamando los derechos de los indios quechuas... ¡La geografía, el cordón umbilical! Veo las dos cicatrices en la cara de Nazih —la réplica de Mahoma—, y compruebo que, en efecto, le falta un diente. Ese diente que le falta es su seña de identidad, como la mía lo es la sonrisa forzada en medio de la depresión.

No cabe duda: estoy en el centro de Irán, en su yema, en su almendrilla. Odio por doquier. Odio y plegarias —y milagros— como los que se dieron en Qom. Ahora casi lamento que el rostro de Jomeini no apareciese en la luna...

Los dos muchachos han advertido que estoy más animado y me ruegan que les cuente cosas de mis viajes... Al conjuro de ese ruego, desfilan por mi mente las semanas pasadas en El Cairo. En el centro, Salvio Royo y Alma. Al lado de Salvio, el eterno Nilo, con aquel paseo en barca que tanto me conmovió; al lado de Alma, la eterna Esfinge, la Esfinge de Gizeh... ¿Cómo es posible? ¿Hay algo, alguien, más opuesto a una esfinge que Alma? Claro que Alma está también fanatizada, como los *sabras*, y la Esfinge de Gizeh habrá visto ejecutar, a lo largo de la historia, a millares de esclavos y de soldados...

Al término de esa digresión mental, que no se ha concretado en palabras, niego con la cabeza. Les digo que tiempo tendremos para hablar de mis viajes, si me invitan de nuevo al piso de la calle Sheybani, en el que, por cierto —ahora lo recuerdo— vi en un rincón dos grandes máscaras, la de Carter y la del Sha, que deben de servirles para las manifestaciones.

De lo que ahora me gustaría hablarles es de ellos mismos, de su propia psicología. ¿Me permiten un pequeño interrogatorio? ¿Sí? Bien entendido, si algo les parece ofensivo o fuera de lugar, me lo dicen con franqueza y aquí no ha pasado nada.

—¿Qué es lo que quiere saber? —me pregunta Hassan, mientras le hace una seña al camarero para pedirle más tabaco.

—Simplemente si tú, Hassan, o tú, Nazih, habéis intervenido alguna vez en esa operación de cortar las manos...

Hassan le traduce mi pregunta a Nazih y ambos se encogen de hombros, como aliviados.

—¡Oh, sí! Varias veces... Lo hacemos por turnos, ¿comprende? Formamos patrullas de cuatro, de seis, o de ocho, según la tarea a realizar... —Hassan concluye—: También hemos cortado algún pie...

Asiento con la cabeza.

—¿De modo, que cada uno de vosotros ha manejado el hacha?

—Eso es...

El camarero trae el tabaco para Hassan; Nazih prefiere las pastillas de menta a los cigarrillos.

Continúan mirándome, esperando más preguntas.

—Pero... ¿qué sentís al dar el golpe? ¿No se os remueven las tripas?

Se consultan mutuamente. Como si quisieran precisar sus recuerdos.

—No... ¿Por qué?

—¿Por qué? —Me muevo en el asiento—. ¡Debe de ser horrible!

—¿Horrible? —Hassan pone cara de pasmarote—. ¡Aquí es lo tradicional!

—¿Y eso... lo explica todo?

—¡Claro! —Vuelve a traducir a Nazih y éste muestra su aprobación.

—Supongo que la sangre chorrea... —insisto.

Nuevo encogimiento de hombros.

—¿No vio usted la ambulancia? En el hospital les cortan la hemorragia y los curan... Y ya está.

Llegados a este punto, Nazih matiza que a él le desagrada más mirar que actuar con el hacha, porque el que actúa con el hacha está pendiente de la mano y no ve la cara del delincuente.

Doy un cambio brusco al diálogo.

—¿Y las ejecuciones...? ¿Habéis formado parte de algún pelotón?

—¡Huy! Eso... ¿cómo se lo diré? Es menos cruento todavía... Se hace a distancia y, como pudo comprobar, normalmente se les vendan los ojos.

Respiro hondo y no sé si acierto a disimular mi estado de ánimo.

—Pero... ¡son seres humanos!

—No, no... —Hassan chasca la lengua—. Eso es un error. Son enemigos del Islam...

—¡Ah! ¿Y eso basta?

—Naturalmente...

Nazih consulta y corrobora:

—Sí, eso basta...

Hassan toma de pronto conciencia de mi incomodidad y me explica que debe aclararme algo, puesto que ve en mis ojos algo que no acaba de gustarle. Tales actos no son actos profanos, o civiles, sino actos religiosos. En los libros de Jomeini se explica eso con detalle: se trata de la *unicidad* de Dios. Para los musulmanes, Dios, el universo y las personas son una misma cosa. No existe, lo repite, diferencia entre lo profano y lo espiritual. Castigar es un acto espiritual, previsto, además, en el Corán. De ahí que las que yo llamo «víctimas» sufran menos de lo que puedo suponer, puesto que conocen perfectamente las reglas del juego y se atienen a ellas... Por lo demás, los ladrones pueden ahora acogerse a la posibilidad de adquirir luego una mano ortopédica, o un pie ortopédico...

—¿Comprende lo que quiero decir?

Mi último baluarte —el de la posibilidad de que en nombre de esas reglas de juego, de esa doctrina, se cometan abusos y equivocaciones— se derrumba ante la actitud de mis interlocutores. Hassan, que es el encargado de explicarme, subraya:

—No cometemos errores... Los ladrones son ladrones, y los espías son espías...

—¿Espías?

—¡Bueno! Digo esto porque los seis *bahais* ejecutados hoy eran espías...

Nazih añade:

—Probablemente, al servicio de los americanos... La Embajada americana es un nido de espías, ¿se da cuenta?

No hay nada que hacer. Son dos *pasdars*, son un frontón. Hassan me cuenta, como si se tratara de un partido de baloncesto en el que hubiera participado su camarada Eslam, que una patrulla de compañeros suyos fue la encargada de fusilar al abogado descubierto —gracias a su abuelo Samad— en el Bazar.

—Mi madre me contó que estaba usted presente... ¿Ve usted? Ahí tiene un caso claro... En el juicio que se celebró aquel mismo día se demostró que era un pícaro de siete suelas, hermano, por más señas, de aquel soldado imbécil que, en el aeropuerto, cuando el Sha huyó, se tiró al suelo para besarle la punta del zapato... —Hassan concluye—: Fue fusilado en la prisión de Qars.

Nazih, que por lo visto se ha cansado de tanta seriedad, da un giro al diálogo y recobrando su buen humor añade que es evidente que los principios del Islam, incluso los más elementales, son difícilmente comprendidos en Occidente.

—Le contaré una anécdota —dice—. En la universidad, antes de la revolución, llegó un muchacho alemán que no sabía absolutamente nada de nuestro Profeta... Hasta dónde llegaría su ignorancia, que acosado a preguntas terminó diciendo que suponía que Mahoma era un obispo cristiano que quería ser Papa en el Vaticano, y que al no conseguirlo fundó una secta herética: el Islam.

Hassan suelta una carcajada y aplasta contra el cenicero la colilla que tenía en los dedos.

Antes de despedirnos, se ofrecen para acompañarme, el día que me apetezca, a vivir otra experiencia: una visita al cementerio de Bechechta Sahra, el de los mártires de la revolución.

—Allí comprenderá usted muchas cosas... Miles de camaradas enterrados... Está al sur de Teherán, cerca de una localidad llamada Rey, donde tenía su panteón el padre del Sha.

Nazih me mira con sus grandes ojos negros y alegres.

—¿Acepta la invitación?

—¡Pues claro! No faltaría más...

EL HIJO DE JOMEINI Y LA AUTOCRÍTICA

Llego a la Villa Eloïsse y decido no contar por el momento nada de lo que he visto, ni siquiera a mi mujer. En cuanto a Jean-Pierre y Clarisse, contentos porque han hablado por teléfono con sus hijos, Chantal y Paul, no tengo derecho a amargarles la velada.

Velada que consiste, como siempre, en cenar y subir luego al cuarto de la televisión, ¡donde Clarisse nos lee los primeros sonetos! Son en verdad espléndidos, con un trasfondo mitológico que responde a su honda manera de ser. Doce sonetos escuetos, de palabra exacta, precisa, a través de los cuales la imaginación tienta mundos ajenos a la realidad de cada día. Clarisse cree en la trascendencia del hombre y en su dependencia —o sintonización— cósmica. Los ha leído despacio, vocalizando con suavidad, sosteniendo las cuartillas con la mano izquierda y levantando la derecha cada vez que quería subrayar un verbo o un sustantivo.

—Con doce basta por el momento, ¿no? El número de los apóstoles...

—¡Basta, desde luego! Son demasiado densos para leerlos de un tirón.

Por lo demás, ha llegado la hora del telediario. Conectamos el aparato —lástima que no haya un canal en color—, y el «busto parlante» de turno facilita informes económicos, de los que no entendemos nada y luego anuncia que una villa próxima al palacio de Niavarán, y que pertenecía a Farah Diba, ha sido convertida en hospital-residencia para curación y reposo de personas que fueron torturadas por la SAVAK, y cuyos dañinos efectos no se les manifestaron en seguida, sino tardíamente. «Un truco refinado —comenta el locutor— para que los organismos internacionales acordaran que no existían huellas visibles de ninguna clase.»

A continuación, salta la sorpresa. Aparece el *mullah* Ahmad Jomeini, de cuarenta años de edad, hijo del ayatollah, y ante el asombro de Jean-Pierre y Clarisse —asombro que compartimos gracias a la traducción—, formula públicamente su protesta por lo que él llama «ejecuciones indiscriminadas».

Basa su protesta en que muchos de los vicios actuales de la población iraní son productos del tipo de sociedad decadente que preconizaba el Sha. «Los culpables lo son porque se contagiaron, no por mala voluntad. En consecuencia, pido para ellos un poco más de clemencia. De haber vivido en una sociedad islámica, ahora no se verían inmersos en la corrupción de que se les acusa.»

Ahmad Jomeini cita en defensa de su tesis que en la sura V del Corán, después de hablarse de los castigos a quienes combaten a Dios o a su Enviado, se indica expresa y literalmente que «aquellos que se arrepintiesen antes de que los tengáis en vuestro poder, sabed que os encontrarán indulgentes y misericordiosos». Y a seguido les pregunta «a los jueces y a los ejecutores» si tienen la certeza de que los culpables *no* se han arrepentido... «Cuidado —añade—, que Alá no perdona a quienes castigan con precipitación. Debo recordaros que la legislación musulmana no tiene como principal objeto obligar al individuo por el temor al castigo, sino inculcarle la autoobligación de conciencia.»

No puedo por menos que pensar en todo lo que he presenciado a lo largo del día y en la frialdad de mis amigos *pasdars*. ¿Habrán conectado también el televisor? Por desgracia, no creo que, desde que les pusieron flores a los cañones de las armas de los *mullahs*, se hayan tomado la molestia de matizar de ese modo.

Clarisse comenta:

—Como veis, las interpretaciones coránicas pueden ser muy varias...
—Luego añade—: Son las zonas de luz y sombra que busco en mis sonetos.

Jean-Pierre asiente con la cabeza.

Todo esto resulta muy interesante... ¿Qué opinará de su hijo el viejo de Qom? Se confirma que la autocrítica funciona, ¿verdad?

Me atrevo a intervenir.

—Mi impresión es que ha empezado a funcionar hace ya mucho tiempo... Eso se palpa en la universidad. Incluso hay actualmente, perfectamente organizados, tres movimientos feministas. Y los comunistas *khalq*, que pasan su factura porque su intervención fue decisiva en los inicios de la revolución, ahora tienen muchos enemigos, sobre todo entre los jóvenes religiosos...

¡Otra sorpresa! Esta vez por boca del locutor, puesto que el hijo de Jomeini cumplió por hoy —y ya es bastante— con su misión... Resulta que en la ciudad de Tabriz, y con el consentimiento expreso del ayatollah Chariat-Madari, se ha celebrado una boda múltiple entre siete prostitutas y siete muchachos *pasdars*... ¿Cómo es posible? Se trata, al parecer, de un intento del ayatollah de *rescatar a las desviadas del camino recto*... Además, cada una de las parejas ha sido obsequiada con quinientos mil riales y con una alfombra.

Jean-Pierre mueve la cabeza y sonríe:

—¿Creéis que es posible entender algo de lo que ocurre en Irán?
—Me confieso derrotado —respondo sin vacilar.

Y damos por terminada la sesión.

CAPÍTULO XXVI

Espectacular subasta. El judío Isaac

Hemos asistido a varias subastas de bienes y objetos requisados por la revolución. Se celebran en los pabellones en que antaño se celebraban las ferias internacionales. Al entrar, el visitante debe depositar cien mil riales —lo que elimina automáticamente a los pobres—, que le son devueltos al salir, en el caso de que se vaya de vacío. Están expuestos los objetos más heterogéneos, procedentes de mansiones o personas que colaboraron con el Sha, que han sido ejecutadas o que han desaparecido.

Se trata de subastas especiales, en las que no se puja competitivamente. A cada pieza se le asigna un valor, y quien está dispuesto a pagarlo se queda con ella. El público es también muy heterogéneo, con abundancia de extranjeros, comerciantes del Bazar y *mullahs*.

Cada vez nos ha acompañado Raquel, asidua del lugar, porque le gusta el toma y daca y porque procura encontrar alguna ganga. Molesta por no poder regatear, la emprende una y otra vez con los *mullahs*, los cuales, según ella, en las primeras subastas se hincharon de comprar a precios tirados, especialmente objetos que habían pertenecido a los hoteles y bares de la famosa isla sureña de Khiks, que el Sha quería convertir en el segundo Montecarlo. Singularmente acusa a un hijo del ayatollah Montazeri, al que han bautizado con el apodo de *Ringo* porque siempre anda con dos pistolones en el cinto. «Ha hecho muchos negocios sucios, al igual que los hiciera Faride Diba, la madre de Farah, que está condenada a muerte pero que, al parecer, se encuentra en Suiza con el resto de su familia.»

En una de las ocasiones, los objetos eran realmente tentadores. ¡Coincidimos con el viejo Samad! O tal vez le avisara Raquel... Adquirió una colección de cítaras, laúdes y pianos de cola a muy buen precio. También miniaturas, la mayoría de ellas bastante mediocres, debido a que los artistas, a los que durante siglos se les prohibió reproducir la figura humana, al intentar hacerlo fallaban lamentablemente. Ni siquiera podía llamarse arte naïf. Sin embargo, Samad, que es un lince, consiguió descubrir, en un rincón, media docena de piezas sumamente valiosas, que habían pertenecido al general Nassiri. Eran miniaturas que representaban escenas de lucha, de caza y festejos, pero, sobre todo, bestiario, animales, aunque no tratados con aspecto feroz sino en forma amable.

Samad nos contó que los antiguos artistas persas, y también luego los musulmanes, casi siempre habían procurado «asombrar» más que «conmover». No buscaban la crueldad, y especialmente la fauna, incluso la de tamaño enorme, como los elefantes o los tigres, eran tratados con simpatía. «Compréndalo... El islamismo aspira a prescindir del mal, de lo patético, del sufrimiento y de la angustia... No es un arte de pasión, sino de ensueño, con evidente influencia de China y la India. No pretende comunicar ningún secreto doloroso, sino crear un clima atractivo a la mirada. Por ello abundan los paisajes, la naturaleza, con flores y hojas de acanto, con viñas y pámpanos, con nubes y casas, prescindiendo de la perspectiva. Piensen ustedes, además, que la mayoría de los artistas aprendieron el oficio pintando ilustraciones para textos del Corán...»

En la última visita tuvimos suerte. Estaba expuesta buena parte de la colección de pipas del famoso Hoveyda, colección que a gusto hubiera comprado para Robert Baxter, y grandes cantidades de camisas importadas por el ex ministro Housgan. ¡Y alfombras y tapices, propiedad del dueño de un casino del mar Caspio! Eran de Chiraz e Ispahan, de fuerte tradición por llevárselos consigo los peregrinos que pasaban por ambas ciudades con rumbo a La Meca, con el fin de usarlos o de regalarlos al santuario...

Raquel nos explicó que la tradición de las alfombras y tapices era lógica en poblaciones nómadas. De fácil traslado, sustituían a los muebles: servían de mesa, de asiento, de cama... El propio Mahoma las tenía en su tienda, de rojo escarlata y oro, al parecer, aunque demostrar esos detalles era siempre problemático.

Mi mujer me contó que en el Museo de las Alfombras le impresionó sobremanera ver cómo una familia artesana, que trabajaba allí a la vista del público, elegía, entre cuarenta colores diferentes, el hilo del matiz más apropiado. Cruzaban las manos ante el telar y anudaban el punto para el dibujo simétrico, sin errar jamás. Según el documental de cine que vieron, los mejores nudos eran los del artesanado de Kirman y la industria en general, en un momento determinado, llegó a ocupar a un millón de personas —incluso a niños de cinco a diez años—, con una producción anual de cuatro millones y medio de metros cuadrados...

Raquel, después de repetir que ahora los tintes son muy malos y que se ha industrializado en exceso —«¡esto se hunde!»—, compró en la subasta un lote de alfombras antiguas, de excelente calidad y nos dijo: «Son de Kachan... Se las venderé, sacándoles por lo menos el doble, al judío Isaac, dueño de la tienda Shalom.»

Se produjo una escena chusca. Una dama elegante, con *chador*, adquirió una cajita de plata que aparentemente era un joyero pero que al abrirla descubrió que estaba repleta de preservativos, con una tarjeta a nombre de uno de los jockeys más conocidos en las carreras hípicas de Teherán.

Acertó. Raquel acertó. En menos de lo que tardaba Descartes en elegir una de las pelucas de su muestrario, alquiló una camioneta y se llevó todo el género a la tienda Shalom. La acompañamos, vivamente interesados. Isaac, el dueño, ¡exhibía una mano ortopédica, con unos garfios a modo de dedos! Se le había olvidado colocarse el guante de seda, como era de rigor. De nuevo noté un mareo, aunque no podía explicar el porqué... De otra parte, el hombre, que tenía aspecto venerable y no cesaba de hacer reverencias, se anticipó a mis dudas y sospechas y se las ingenió para aclararnos que había perdido la mano, y parte del antebrazo, a raíz de una explosión fortuita que se produjo en los días de la revolución.

Al saber que éramos españoles se mostró visiblemente encantado y nos habló en sefardita... Un sefardita de Salónica mezclado de *farsi*, pero comprensible al fin y al cabo. Hizo grandes elogios de España y nos dijo que podíamos comprarle todo lo que quisiéramos —además de alfombras vendía antigüedades de mucha casta—, y que nos las enviaría por vía marítima o aérea a nuestro domicilio, a pagar luego, en cuanto hubiéramos recibido la mercancía.

No sabíamos si era una broma. Raquel nos dijo:

—¡No, no, habla en serio! Debe de andar por en medio algún *mullah*... El caso es que Isaac trabaja de ese modo y que yo sepa hasta ahora no ha tenido ningún tropiezo.

Al oír esto, le pregunté a Isaac por qué depositaba tanta confianza en nuestra palabra. Entonces el hombre me miró detenidamente y respondió:

—En primer lugar, vienen ustedes con Raquel... Y además, tiene usted cara de hombre honesto...

Mi mujer, después de darle las gracias por el cumplido se animó y quería quedarse con un espléndido samovar y con un no menos espléndido narguile. Pero al fin se retrajo. ¿Y la aduana española? En cambio, Raquel se ganó el jornal. Le colocó todas las alfombras al doble de lo que pagó por ellas. Por una vez nada «se hundía» sobre su cabeza. Entonces Isaac, al parecer también encantado con la operación, nos invitó a tomar con él una taza de té.

Sentados en unas sillas de ébano, con cojines bordados —¿a quién habrían pertenecido?—, hablamos largamente con el dueño de la tienda Shalom. Era un hombre culto, que se hacía un lío con el sefardita, el francés y el *farsi*. Le pregunté cómo se las arreglaba para conservar su negocio y se encogió de hombros, mientras su mano con guante de seda me recordaba la del padre Uriarte, de Nazaret. De hecho, su situación no era cómoda. La mayoría de judíos se habían marchado, muchos de ellos ya antes del desenlace de la revolución: en cuanto cayó asesinado el gran empresario Elgayan. Podía calcularse que, de los ochenta mil que había en tiempos del Sha, sólo quedaban la cuarta parte.

—Es natural, ¿no cree? —le dije—. Las autoridades se sienten molestas con lo del sionismo... Además, Israel ayudó al Sha a organizar la SAVAK...

—Eso no me consta —respondió Issac—. Pero hay muchas cosas... Nos acusan de todo. De idólatras, por supuesto, y también de habernos dedicado a la usura, lo que como usted sabe es tabú en el mundo musulmán... Además, está el tema de Palestina. ¿Y qué culpa tengo yo? Toda mi vida la he pasado aquí y sólo una vez he estado en Jerusalén.

—¿Ve usted solución al problema palestino-israelí?

—No. Ninguna... Israel cuenta con la ayuda americana, pero tiene enfrente a ciento cincuenta millones de árabes. Si éstos estuvieran unidos, Israel habría ya desaparecido... Que es lo que a la larga ocurrirá. Los árabes son pacientes, pacientes... No tienen la menor prisa. Esperarán lo que haga falta. Un siglo, si es menester. Acuérdense de los cruzados... Estuvieron en Palestina doscientos años hasta que Saladino acabó con ellos y los echó. —Tomó su té y concluyó—: Ahora ocurrirá lo mismo, un día u otro...

Me sorprendió oír a un judío hablar así. ¡Si Alma hubiera estado presente! Pero Isaac era sincero. Le miré y dije para mi capote: «Él sí tiene cara de hombre honesto.»

Luego nos dijo que pasaba unos días especialmente malos, debido a que la Universidad islámica de El-Azhar, del Cairo, había acusado formalmente a Israel de haber publicado una versión *deformada* del Corán, destinada a la venta en los países afroasiáticos.

—Nada menos que ciento nueve *ulemas* están estudiando la cuestión... No tienen ustedes idea de lo que esto significa para mí. Han registrado ya mi tienda dos veces, de arriba abajo... ¿Y qué puede importarme a mí ese Corán? ¿A quién podría venderlo aquí? Suponiendo que exista, claro...

El asunto me interesó.

—¿Y quiénes fueron los que vinieron a registrarle?

—¡Yo qué sé! Es difícil distinguirlos... Eran chicos jóvenes. ¿*Fedayins*, *pasdars*, del Partido de Dios...? ¡Yo qué sé!

—¿Le maltrataron?

—No, eso no... —Marcó una pausa.... Pero ¿no se dan cuenta? ¡Se pasan la vida protestando! ¡Protestan contra todo! Esta mañana un grupo de mujeres con *chador* ha sitiado la Embajada vaticana aquí, que pilla no muy lejos, exigiendo la intervención del Papa contra el Sha... —Bajó la cabeza y murmuró—: Así no se puede vivir...

Raquel se compadeció de su amigo —le ha llamado siempre «amigo Isaac»— y le preguntó:

—¿Qué piensa hacer? ¡No soporto verle tan desmoralizado!

Isaac levantó la cabeza.

—¿Qué puedo hacer? —y repitió—: Toda mi vida la he pasado aquí... Además, tengo a dos hijas casadas con iraníes, pero resulta que también empiezan a tener problemas.

—¿Problemas?

—Sí, con mis nietos... A mis nietos les ha entrado también el gusanillo de la revolución. Uno de ellos quiere ser piloto y está en una base aérea...

En el momento en que me disponía a dirigirle también palabras de consuelo, Isaac se levantó inesperadamente, mudó el semblante y dijo, dirigiéndose a mi mujer:

—¿Y qué, señora? ¿Les mando el samovar y el narguile? Ya lo sabe... A pagar en cuanto hayan recibido la mercancía...

También hemos estado varias veces en el Bazar. Siempre, por supuesto, acompañados igualmente por Raquel. ¡Ah, qué experiencia! Nunca pude imaginar lo que iba a ocurrir allí.

He de confesar que el Bazar me tienta con mucha fuerza. Es un formidable palco de observación, siempre igual y siempre distinto. El primer día, por ejemplo, no pude imaginar que en uno de los extremos, al otro lado del mercado de hortalizas, se vendían asnos y camellos, ¡camellos importados de Turquía! ¿Qué explicación tiene que Irán importe camellos turcos? ¿No quedamos, en el piso de la calle Sheybani, que Turquía es el único pedazo de tierra que queda por civilizar?

Por supuesto, visita obligada es la tienda del viejo Samad. Será por nuestra presencia, pero cada vez trata con más cariño a su nuera Raquel, pese a ser extranjera. Diríase que se entiende mejor con ella que con su hijo el doctor Garib, al que sólo ve de tarde en tarde. Raquel se muestra zalamera con él y sabe llevarle la corriente... ¡Y qué remedio! Porque ¿puede alguien ganarle en fanatismo al viejo Samad? ¡Dale con el Profeta! La última vez nos dijo que la tumba que éste tiene en la ciudad de Medina es ahora una gran mezquita, pero que a buen seguro ello disgustaría al propio Mahoma, que era el árabe más modesto que haya existido jamás.

¡Ah, el viejo Samad! Al verle, tengo siempre presente que es un delator. No sólo lo fue del «abogado», miembro de la SAVAK, que ha sido ya pasado por las armas, sino que a buen seguro ha delatado a muchos más, pues no hay escondrijo del Bazar que escape a su mirada, que por cierto califiqué de «mezcla curiosa de inteligencia y mansedumbre». Pero a veces me gana porque, como dijo Raquel, tiene estilo... Y setenta y cinco años cumplidos. Y restaura miniaturas como nadie... especialmente si la fauna pintada en ellas es naïf. Y por fin un día nos permitió bajar al sótano, a su *taller*, donde pudimos comprobar que, en efecto, según para qué restauración usa un solo pelo, casi siempre de ardilla, sin que le tiemble el pulso y sin necesidad de usar gafas. ¿No hay algo en él de *superman*? No le gustaría el calificativo, de origen americano... Más bien atribuye su excelente condición física a haber practicado durante años el deporte nacional iraní, llamado *Zour-Zanech*, lucha atávica, como las japonesas, en la que se usan mazos de treinta y hasta cuarenta quilos de peso y durante la cual, mientras se cantan melopeas, se esquiva al adversario con toda suerte de movimientos felinos... «Fui campeón de Teherán, para que lo sepan. Y ello me indujo a insistir para que mi nieto Hassan, que sin duda es mi preferido, se decidiera a practicar en serio la gimnasia.»

Varias veces hemos vuelto a almorzar con Samad. Lo que más me molesta de él es que se haya dedicado a quemar libros, como cualquier inquisidor y que continuamente se ponga la radio para escuchar un canto revolucionario que se popularizó a la llegada de Jomeini y cuya letra dice, más o menos: «Desde que se marchó *Div* (diablo mitológico, imagen del Sha) vivimos bajo la protección de *Malákun* (ángel, imagen de Jomeini).»

—¿Está usted seguro de que Jomeini es un ángel, Samad?

—¡No, es mucho más! Los ángeles no tienen ningún mérito, porque Alá, ¡bendito sea!, los creó sin cuerpo pecador...

LIBRERÍA ZOROÁSTRICA. EL BIEN Y EL MAL

Otro de los lugares del Bazar que he visitado asiduamente ha sido la librería esotérica del zoroástrico Teymur Motaghi, donde la primera vez vi las estampas del Sagrado Corazón, la Virgen y Sarita Montiel y donde compré la casete del *Lute*. Teymur Motaghi, octogenario casado recientemente con una muchacha de veinte años, por haber perdido o repudiado antes varias esposas que más o menos rondaban su misma edad, continúa vistiendo andrajosamente. Continúa con su gorrito de dormir y con sus bigotes y su barba teñidos con *henné*, los cuales tienen reflejos ígneos gracias a las luces de neón o a las lámparas de gas. Mutilado: le falta una pierna, por lo que permanece casi siempre sentado o se ayuda con una muleta, y uno de sus ojos es de cristal. El primer día me pregunté si no sería un espejo... ¡Hay tantos espejos en Irán!; pero no, es un ojo de cristal, cuya inmovilidad y fijeza a menudo da grima.

Puede decirse que he hecho más que buenas migas con el librero Teymur. Posee tres cualidades, que en las subastas, para mí, nadie podría valorar justamente: profesa una antiquísima religión, ha vivido toda su vida rodeado de libros viejos y hace gala de un incisivo sentido del humor. Apenas abre la boca al hablar, porque cuando el incendio del Bazar, que acaeció en 1963, se le quemó un poco el labio superior, razón por la cual se dejó crecer el bigote; pero es terriblemente mordaz con aquellos que no congenian con él o no son de su filiación, y cuenta de ellos divertidas historietas. En resumen, en su cuchitril o zahúrda, con astrolabios, bolas de cristal y de cuero, textos sobre augurios y grabados finísimos sobre la anatomía del cuerpo humano traídos de alguno de sus viajes a Extremo Oriente, me siento como en mi casa, como en la casa en que mi *alter ego*, el de los espíritus invisibles, querría habitar.

Me gustaría dejar bien sentado que la aureola que emana del hierofante Teymur no es en modo alguno folklórica ni producto de sugestión ambiental. Todo cuanto le rodea está justificado. Es un hombre de formación muy vasta, ganada a pulso, que le da cien vueltas a Samad, por más que éste crea lo contrario. En el alma se le ha pegado polvo de pergamino y no ha dedicado jamás un minuto a leer novelas policíacas. Sostiene que el gran enigma del universo es el propio cerebro, aunque por fortuna Zoroastro descubrió al culpable, razón por la cual Sherlock Holmes y Maigret le resultan innecesarios. En la Edad Media hubiera sido un alquimista principal. Se conoce de memoria a los clásicos orientales, de suerte que a su lado ha ido ganándome un tremendo complejo de inferioridad. Jamás pude sospechar, el día que le visité por primera vez en el Bazar, que encontraría ahí esa joya humana. Si Raquel no está presente, nos entendemos en italiano, idioma que estudió para poder leer a Dante, que le defraudó. Y siempre insiste en que mi fervor y mi devoción por Asia ganarían muchos enteros si pudiera leer a Lao Tsé, a Buda, a los poetas sufíes y demás en sus respectivas lenguas. «A base de traducciones, no puede hacer otra cosa que palparles la piel...»

Resulta inevitable hablar con Teymur de la situación actual y del porqué él rechazó la religión musulmana, pese a que, por temor a los fanáticos, presiden su tienda los consabidos pósters de Alí y Hussein.

—Verá usted. La religión musulmana es reciente. De hecho, Mahoma, cuya grandeza no me atrevería a negar, en el Corán entró a saco en los profetas que le precedieron. Hablando en plata, el Corán es un plagio, un plagio monumental, sabiamente elaborado, eso sí, de las enseñanzas de Zoroastro, de Confucio, del Antiguo Testamento y de las parábolas de Jesús... Por desgracia, Mahoma no conocía bien los textos, por lo que a menudo incurre en anacronismos, errores y contradicciones de bulto, que claman al cielo, o si usted lo prefiere, que claman a Alá...

—¿Lo ha leído usted en árabe?

—Por supuesto... ¡Oh, poéticamente el libro es sublime! Ésa es otra cuestión... Pero yo estoy bastante de acuerdo con Victor Hugo, quien dijo que el Corán es como un bazar, en el que hay de todo... ¿No le gusta la definición?

Intenta explicarse. Muchas leyes islámicas tropiezan, en la vida moderna, con serios obstáculos, que no hay forma de resolver, como se demuestra en el actual Irán... Por un lado, se ataca a la usura; por otro, gracias al oro negro, se crean bancos en todas partes, incluso en el aborrecible Occidente, incluso en los propios Estados Unidos... ¿Y la *umma*, la gran comunidad hermana, dónde está? Unos con sus yates, otros con su lepra y su tracoma... ¿Y la medicina? A él le interesa mucho la medicina. Pues bien, con el Corán en la mano ésta no podría evolucionar... Fuera las transfusiones sanguíneas, fuera el trasplante de órganos, fuera las extirpaciones —excepto si se trata de castigar—, fuera la contracepción... Han sido siglos, varios siglos, sin investigar y el atraso salta a la vista. ¿No me ha hablado el bueno de Samd de las autopsias que su yerno tuvo que practicar? Se desesperó por ello y lo declaró impuro... ¿Ha asistido a algún entierro musulmán? «Pues no se lo pierda, y ya me dirá...»

—Sin embargo...

—¡Bueno! Ya sé que estas cosas tienen arreglo... Ellos mismos se han sacado de la manga una fórmula, a la que llaman *mektoub*, que significa algo así como «estaba escrito» y con ella lo resuelven todo... Pero me temo que no se saldrán con la suya... ¡Qué quiere usted! El Islam, básicamente, es árabe, y los árabes llevan en la sangre el placer de la venganza, aunque en sus salmodias hablan sin cesar del Misericordioso y del Compasivo... ¡Que vayan a Arabia Saudí y se convencerán...! Incluso el Islam no árabe engendra venganza, del mismo modo que la carne de cerdo, según mis maestros, engendra pesimismo en quien la come...

—¿Quiénes son sus maestros?

—¡Oh, sólo tengo uno! Zoroastro... Ya lo sabe usted.

Hablamos largamente de Zoroastro y de la religión por él fundada. Cabe decir que yo estaba algo informado al respecto, primero gracias a Salvio Royo —y a su obsesión por el origen del Mal— y segundo en virtud de una serie de lecturas preparatorias a que en estos días me he dedicado en la Villa Eloïsse. Sabía que ello me ilustraría eficazmente, y por comparación, sobre las bases del Islam y de ahí que mi interés fuera doble.

Teymur recordaba perfectamente que en la primera visita le hablé de las «torres llamadas del Silencio», del culto al fuego y que en mi visita a Bombay había entrado en contacto con los *parsis* que allí viven. Pero Teymur es hombre didáctico, por lo que desde el primer momento se dio cuenta de que debía empezar por lo más elemental.

Lo que más me ha fascinado de su intervención ha sido la libertad. La libertad de su pensamiento. Enemigo de los dogmas, por considerarlos contrarios a la inteligencia humana, en seguida ha dejado claro que, como todos los Motaghi de la región de Yazd, ha hecho del zoroastrismo una valoración personal, con bifurcaciones que a buen seguro no serían del agrado de los *mobed*, que así se denominan sus sacerdotes. «Pero, ¡qué quiere usted! Lo único que me funciona de mi organismo octogenario es mi masa gris; no voy a claudicar, pues, dando por cierto lo que considero que es sólo aproximativo.»

Empieza, pues, por confesar que no sabe cuándo apareció exactamente Zoroastro, aunque él lo situaría entre los siglos XI y VI antes de Cristo. Más aún, sus doctrinas no fueron compiladas hasta mucho más tarde, allá por el siglo III, compilación que, como debo saber, se llama *Zend-Avesta* —lo que podría significar *Enseñanza* y *Texto*—, y de la que sólo nos ha llegado una mínima parte, algunos himnos llamados *Gatha*, por haber sido el resto destruido por Alejandro en el incendio de la biblioteca de Persépolis...

—Una pérdida irreparable, ¿no es así? Por los fragmentos conservados se sabe que la obra completa estaba escrita con caracteres de oro en doce mil pieles de vaca... ¿Por qué al tal Alejandro le llamarán Magno, o el Grande?

Los comienzos de Zoroastro son pura tradición, y nada más que tradición. Nació en Persia, desde luego, aunque el mapa era por entonces distinto del actual Irán. Y el itinerario que se le atribuye es parangonable al de cualquier otro profeta: nació sonriendo; de niño tuvo visiones; los «magos» que por entonces dominaban el país se pusieron en contra suya; de los veinte a los treinta años permaneció en una cueva, donde recibió de lo Alto los dones de la sabiduría y poder sobre los elementos de la Naturaleza; entonces comenzó su predicación, buscando discípulos y seguidores; sufrió pronto las tentaciones del Maligno y murió aproximadamente a los setenta años de edad, sin haber visto el triunfo de su doctrina, «como ocurre con todos los fundadores de religiones». Más tarde Darío convirtió su doctrina en religión de Estado —«lo que siempre es de lamentar»—, aunque su influencia es evidente sobre la concepción judaica de la figura de Yahvé y de la de Satán como eterno adversario de Dios.

Teymur Mogathi no deja ni por un momento su narguile, y habla con la calma y la seguridad de quien pisa terreno conocido.

La gran intuición de Zoroastro fue creer hondamente, con todas sus fuerzas, en la existencia del Dios del Mal, puesto que el Dios del Bien ya existía cuando él vino al mundo, bajo el nombre de Ahura-Mazda... Sin la existencia de ese Dios, ¿cómo explicar los cataclismos del universo, el dolor del hombre y su perversidad? Ahí está. La aportación de Zoroastro es la creencia de que desde el Principio existe un Dios maléfico, llamado Ahrimán, que virtualmente tiene tanto poder como el Dios del Bien. Esa dualidad informa toda su doctrina y explica las fuerzas opuestas que observamos continuamente en el cosmos, en la tierra —por ejemplo, la vida y la muerte—, e incluso en el interior de nuestro corazón...

—Eso lo explica todo, mi querido amigo... Ambos Dioses (utilice usted las mayúsculas) sostienen una lucha constante, sin tregua, y hay períodos en que uno gana y el otro pierde, y viceversa... ¿No se da cuenta? De repente pasa una racha que llamamos primavera, o paz del alma, o fuego que alumbra; de repente el mundo se torna hosco, nos gana la melancolía (la carne de cerdo) o estalla una guerra y funcionan las hachas o las cámaras de gas. Es, metafóricamente, el invierno. Es Ahrimán. —Teymur da la impresión de que me ve también con su ojo de cristal y prosigue—: Me gustaría que me creyera si le digo que por la puerta de esta tienda yo he visto entrar muchas veces a uno de los dos Dioses, y en alguna ocasión excepcional —por ejemplo, el día que el Sha se exilió—, a los dos al mismo tiempo...

Marcamos un silencio, porque las últimas palabras han retumbado, silencio que aprovecho para mirar a Alí y a Hussein como preguntándoles: «¿Y vosotros, qué opináis?» Y acto seguido tomo la palabra.

—Perdone que insista, amigo Teymur —le digo—, pero lo que ahora me intriga es el destino final, ya que el ser humano no pasa en la Tierra más que un instante. ¿Cuál es, a la postre, el resultado de ese combate entre las dos fuerzas? ¿Por qué me ha dicho usted varias veces que su concepto del porvenir es más optimista que el de Mahoma? ¿Qué pasa luego con lo que nosotros llamamos vida nuestra, y qué pasa al final con Ahura-Mazda y Ahrimán?

Teymur mueve la cabeza. Se acaricia la barba teñida con *henné*, coge uno de los libros que tiene a mano y me contesta:

—Quiero aclarárselo a usted con la máxima precisión... ¿Ve ese librito? Contiene lo que llamamos el Apocalipsis iraní, el de Zoroastro. Le voy a leer un fragmento, muy breve. No haga caso del lenguaje, un tanto rimbombante; lo que sí puedo anticiparle es que al final el vencedor es Ahura-Mazda, el Dios del Bien... —Abre el libro, busca la página correspondiente y lee, traduciendo con cierta dificultad—: «Al final la victoria es para Ahura-Mazda. Y he aquí que al acercarse el término de los siglos, las montañas se allanarán, las gentes se igualarán y tenderán a ser mejores, ayudando en su propia tarea al Salvador Supremo. Resucitarán los muertos. Todos los metales se transformarán en un río ardiente, que los justos atravesarán como si se tratara de un baño de leche templada. Ahura-Mazda derrotará a Ahrimán en el último combate, mediante una serie de oraciones, y lo precipitará al Infierno; pero éste será también purificado, el mal desaparecerá y toda la creación vivirá eternamente feliz cantando las alabanzas del Señor Supremo.»

—¿Comprende ahora —agrega Teymur— por qué le hablé de la intuición de Zoroastro y de su gran aportación? Que yo sepa, no existe otra religión que ofrezca mejores perspectivas...

Llegados aquí, Teymur Moghati enciende unas luces y se rompe el encantamiento, que se desarrolló en una suerte de penumbra. El resto de la charla es más trivial. Se refiere a la liturgia zoroástrica, que Teymur no acaba de tomarse en serio, debido quizá al incendio de Persépolis, a los *Gatha* incompletos que la historia nos legó.

Me dice que, «en aquellos tiempos», los adoradores de Ahura-Mazda quisieron cambiar el calendario, poniéndoles a los meses nombres de ángeles. Que destruyeron todos los antiguos templos —antes había innúmeras deidades—, conservando únicamente los llamados «altares de fuego», los cuales se convirtieron en el elemento principal de la liturgia, junto con una bebida llamada *Homa*, jugo de una planta excitante, que se suponía beneficiosa para la espiritualidad.

Más tarde, además del fuego se adoró a toda la naturaleza. Las supersticiones se extendieron como una plaga. Los seguidores de Zoroastro, apartándose de la idea original, procuraban no manchar los ríos, besaban la tierra, bautizaban a los árboles y mimaban las vides, hijas del Sol. La pureza era su obsesión y había incluso policías limpiando sin cesar las calles. «No hubieran consentido una túnica andrajosa como la mía. Pero yo sólo creo en la blancura interior.»

Las «torres del Silencio» son producto de ese sentido ritual por la naturaleza. Si la muerte representaba, como quedó dicho, el triunfo del Mal, los cadáveres eran cuerpos impuros y por lo tanto no podían ser enterrados, ni ser arrojados al agua, ni quemados en el altar. «Por ello se optó por dejarlos, cubiertos con sus ropas, en las altas torres silenciosas, sobre las que había unos cañizos, para que fueran pasto de las águilas y de los buitres y desaparecieran.»

—¿Se conservan muchas de esas torres?

—Muy pocas... En mi región de Yazd hay unas cuantas... Y también en algunas montañas de Kermán. Nadie ha penetrado nunca en ellas, pero desde el aire, en avión o en helicóptero, pueden verse...

Teymur añade que el gran dominio zoroástrico fue diluyéndose con el paso del tiempo, para terminar casi definitivamente, en lo que a Irán se refiere, con la llegada de los árabes. Los árabes les obligaron a pagar impuestos cuantiosos, y de ahí que muchos «adoradores del fuego», como superficialmente suele llamárseles, se pasaran al Islam. Se mantuvieron algunos templos, aunque muchos persas consideraban censurable encerrar a Dios en un local limitado y rendirle culto debajo de un techo; pero ya no se hablaba siquiera de la pureza. Dichos templos se convirtieron en tabernas, donde por las noches se burlaban de la prohibición del Islam de ingerir alcohol.

—El resto, ya lo sabe usted. Aquí quedamos unos diez mil, y unos cien mil viven en la India, dedicados, algunos de ellos, a prósperos negocios... Y si le interesa un detalle pintoresco, en la época floreciente de los harenes mis predecesores en la fe zoroástrica ejercían de jardineros...

Teymur ha pronunciado estas últimas palabras con un deje amargo. Ha sido la primera vez. A punto de darle las gracias y considerar terminada la sesión, aspira su narguile y concluye diciendo que en la librería ha aprendido, a través de los viejos textos, que muchas de nuestras creencias son sueños, pero que no cabe emplear este término en sentido de falsedad. Es evidente que no todos los sueños son avisos, y menos aún premoniciones; pero sería un error burlarse de ellos. «Los profetas y los filósofos —todos los profetas y todos los filósofos— son los que más sueñan, y a ellos les debe la Humanidad su progreso moral y material...»

CAPÍTULO XXVII

El doctor Garib, padre de Hassan, me va dando largas con respecto a mi deseo de visitar en el Pasargard Hospital la sección, a su cargo, de recuperación de drogadictos. «Sí, ya recuerdo que se lo prometí, pero hay que esperar el momento oportuno. Y por el Profeta le aseguro que en estos días las circunstancias no son favorables.»

Justifica sus palabras argumentando que en las dos últimas semanas han sido lapidadas, en el barrio teheraní de Djamshid, que es el barrio de mayor concentración de toxicómanos, cinco traficantes de heroína y opio. «Compréndalo... Es usted extranjero y en el hospital no sabría cómo justificar su presencia. ¡Si fuera usted médico y llamaran de la Embajada! Pero no lo es. Tenga paciencia y le avisaré.»

Resulta inútil insistir. Sin embargo, tampoco puede decirse que me he ido de vacío de casa del doctor, pues éste me ha facilitado datos escalofriantes referidos al problema que la droga supone para Irán. Es un mal endémico que nadie sabe cómo atajar. El segundo país productor del mundo, después de la India, pese a ello, en tiempos del Sha, se requisaban once mil quilos anuales que intentaban entrar de contrabando, más otros veinte mil quilos que no conseguían descubrir. Ello podía darme idea del volumen del consumo interior. El doctor recuerda que una vez me habló de tres millones de iraníes opiómanos. Pues bien, era preciso matizar esa cifra. Los considerados «esclavos», y virtualmente incurables, sumaban unos cuatrocientos mil, a los que había que añadir —y eso era lo más trágico— cien mil heroinómanos. «La heroína es mucho más grave, ya lo sabrá usted... El organismo soporta sin mayores quebrantos dosis medias de opio; la heroína, en cambio, destroza al individuo con asombrosa rapidez.»

El doctor Garib, que al tocar ese tema se transforma y habla con entusiasmo de apóstol, alza más aún su mentón como la proa de un barco y se rasca con frecuencia sus pobladas cejas. Y mientras yo no puedo olvidar que lleva una cadera metálica, lo que al moverse le obliga a adoptar posturas extrañas, me cuenta que el drama del opio en Irán empezó hace más de un siglo, cuando la medicina en el país estaba en mantillas y se consideraba que el opio, anestésico de por sí, curaba todos los males. En cuanto al cultivo, el desencadenante fue —aunque en principio la conexión pudiera parecer remota— la «guerra del opio» que, en 1839, los chinos perdieron frente a los ingleses, a raíz de que el mandarín Lint-Sé mandara arrojar veinte mil cajas de opio al mar. A Inglaterra no le interesaba la pérdida del negocio de la droga y, con su clásica frialdad, lanzó sus tropas contra Shanghai y ganó la batalla, obteniendo incluso la cesión de Hong Kong. «¿Ve usted ahora la relación? No puede ser más directa. Entonces Irán vio los mercados abiertos, la posibilidad de exportar masivamente y se inició la producción en gran escala.»

En 1955 el Sha prohibió el opio en el país, castigando e incluso ejecutando a mucha gente. Pero trece años más tarde, en 1969, se vio obligado a autorizarlo de nuevo, no sólo porque se privaba a Irán de un considerable ingreso de divisas —el *boom* del petróleo no había estallado aún—, sino que los consumidores y traficantes eran demasiados y aquello hubiera sido una carnicería sin fin. Y en cierto sentido tenía razón. La gente se había acostumbrado, especialmente en los pueblos y en las llamadas «casas de té». Y es que los granos de la adormidera, prensados, servían para muchas cosas: para aceite de calidad, para hacer hogazas, para alimento del ganado y, convenientemente secos, incluso para la pastelería. En muchas aldeas del Gorgan y de Khorasán, el noventa por ciento de la población fumaba, o mascaba opio, e incluso se ponían bolitas de la droga bajo la almohada de los niños, para que durmieran profunda y dulcemente. Como es natural, no pudo evitarse el abuso y los resultados se vieron muy pronto.

En Tabriz, por ejemplo, tuvo que cerrarse una escuela de chicas porque consumían heroína, y en Teherán hubo que hacer lo propio en una escuela para alumnos extranjeros. Por supuesto, en el fondo de tanto dislate estaba también la corrupción de los funcionarios, que se dejaban sobornar —en el Bazar se vendían tranquilamente pequeñas pipas para poder fumar opio en los hoteles—, y el hecho incontrovertible de que muchas personas de la «alta burguesía» y próximas al Sha eran opiómanas, hasta el punto que cuando salían de viaje, sabiendo que no podrían fumarlo, se lo llevaban en pastillitas, como si fueran medicamentos, lo que en alguna que otra aduana dio lugar a más de un escándalo.

Lo curioso fue que, por uno de esos caprichos tan corrientes del Sha, éste acabó autorizando el consumo de la adormidera para personas de más de sesenta años y concedió también permiso a los considerados «desintoxicables». Para ello se creó una tarjeta especial, con la fotografía, lo que permitía adquirir opio —en dosis limitada— en las farmacias. Pero, claro, tener la tarjeta era delatarse, por lo que la mayoría continuaron fumando clandestinamente. En cuanto a la exportación, se utilizaron todos los medios y trucos imaginables: barcos, trenes, aviones... Muchos pilotos que durante la II Guerra Mundial conocieron Irán se dedicaron luego, en avionetas particulares, a dejar caer la «mercancía» en sitios determinados. Hay que tener en cuenta, además, que el opio se conserva intacto, que no se devalúa, por lo que era frecuente que cuando en una familia nacía un hijo varón fueran depositándole aparte, como en una hucha, porciones de opio, que le servía de dote llegado el momento de casarse.

El doctor Garib, que se encuentra a sus anchas, se extiende todavía más en consideraciones en torno al tema —mientras Raquel le escuchaba embobada, porque sabe que en el hospital lleva a cabo una gran labor—, pero me repite una y otra vez que no se atreve a llevarme a su feudo profesional. «Los guardianes de la revolución entran y salen continuamente, ¿comprende? Y a lo mejor le sorprendía allí nuestro hijo Hassan, cuya reacción le juro que no me atrevería ahora a predecir...»

—Una última pregunta, doctor... Pese a la vigilancia y a las ejecuciones de que ha hablado, ¿continúa habiendo fumaderos de opio en Teherán?

Mi interlocutor se rasca de nuevo una de las cejas y también el bigote.

—¡Desde luego! Ya se lo dije antes... Nadie es capaz de atajar este mal en nuestro país.

EL EDÉN, FUMADERO DE OPIO

Y bien, he aquí que, oída la respuesta, y dado que la visita al hospital queda aplazada *sine die*, me gana un invencible deseo de conocer un fumadero de opio... Mentalmente doy un repaso a las personas que conozco y que pueden echarme una mano y llego con facilidad a una conclusión: Robert Baxter. Cierto, el hedonista californiano es la persona indicada. Incluso cabe admitir la posibilidad de que fumar opio sea una de sus normales concupiscencias...

Me voy al Hilton a ver a Baxter y le expongo la situación. ¡Bien, he hecho diana...! No puede decirse que se conozca el tema al dedillo, porque esa parcela corresponde al doctor Mahmud Garib; pero de vez en cuando echa una cana —una pipa— al aire, en un fumadero que hay en una «casa de té» muy próxima al Bazar, cuyo rótulo dice Edén. Por descontado, el establecimiento es lujoso... y caro. Los del montón —que abundan en Teherán— resultan mucho más peligrosos. El Edén, en cambio, queda a salvo, por lo dicho antes, porque la planta baja es «casa de té». Los guardianes de la revolución entran allí con frecuencia, pero a ninguno de ellos se le ocurre subir al primer piso, donde está el fumadero, pese a que ya era famoso en tiempos del Sha.

Lo curioso es que Baxter no haya mostrado la menor extrañeza ante mi petición. Sí, claro, claro, comprende muy bien que mi agenda de notas reclame esa experiencia... «Sí, sí, lo comprendo... Eres un tío majo... Por una página de tu dichoso libro serías capaz de jugarte el pellejo.» —Guarda un silencio y propone—: ¿Qué te parece si mañana mismo, a las cinco de la tarde, le hacemos una visita a madame Pompadour?»

—¿A madame Pompadour?

—¡Bueno! Es la patrona del Edén... En realidad se llama Elli, pero yo la llamo Pompadour. Ya la conocerás y verás que se lo tiene merecido...

Un tanto alelado por la rapidez de los acontecimientos, accedo sin rechistar. La verdad es que ignoro por qué confío tanto en que al lado de Robert Baxter no puede ocurrirme ningún percance. Pero así es. Tal vez si le viera más cauteloso, tomando toda clase de medidas preventivas, me contagiara el miedo. ¡Pero todo lo decide con tan escasos formalismos! Sólo se ha tomado la molestia de ir al teléfono y llamar al Edén para cerciorarse de que Elli —madame Pompadour— estará allí a la hora prevista...

Al día siguiente, a las cinco en punto, llego al Hilton. Baxter estaba ya esperándome en el *hall*. Con su gorra a cuadros saluda familiarmente a los recepcionistas y a una muchacha de aire tímido que trabaja precisamente en la sección «cambio de moneda». Le pide una caja de cerillas para su pipa y la muchacha llama a un botones y se la da. «He querido que la vieras de cerca, ¿comprendes? Es mi última adquisición...»

Mientras el portero del hotel, gorra en mano, utilizando un silbato llama a un taxi, Baxter me dice que la muchacha se llama Aischa y que es la hija de un empleado del ferrocarril. El empleado es tan buenazo que me suplicó que velara por la muchacha, porque era todavía una chiquilla... «¡Y a fe que tiene razón! Y como puedes suponer, eso es lo que más me chifla de ella... ¡Es una hurí, no te digo más!»

Subimos al taxi y en seguida me doy cuenta de que el estado de ánimo de mi amigo es un tanto especial. Estará medio borracho de whisky, o yo qué sé. Mientras me pregunto, alarmado, si entre el whisky y el opio no existirá alguna incompatibilidad que pueda causar trastorno serio, el hombre se muestra a la vez gracioso e insoportable. Insoportable porque, pese a que en el taxi hay un letrero que dice: «No fumen, por favor...», él le da a la pipa como si ya estuviéramos en el primer piso del Edén. Gracioso, porque ha querido saber de mis andanzas y a medida que he ido contándole se ha desternillado de risa. «¡Mira que salir a la calle para ver a esa mesnada esperando que la cara de Jomeini apareciera en la luna! ¿Cómo...? ¿Fuiste a una subasta? ¡La importante es la que se celebra hoy, con joyas y cuadros de la princesa Shams, la hermana mayor del Sha! Vamos, vamos... No me digas que el tal Motaghi, o como se llame, te ha convencido y que a esas alturas vas a fichar por Zoroastro... Pero ¿es que no sabes que Zoroastro permitía el incesto, y es de suponer que lo practicaba? ¿Que entendía que era un acto natural? ¡Que te hablo en serio, hombre! ¡A que tu viejo librero no se atreve a negártelo...! Anda, que las cosas son más complicadas de lo que parece, razón por la cual yo lo paso chachi con mi querida Aischa...»

Baxter está exaltado. Sus tupidas patillas le tapan ya casi las orejas. En cuanto se quita la gorra, su calva de color rosado reluce más que nunca. Labios libidinosos, me asquearía a no ser la paradójica limpieza de su mirada. Ojos verde-claros, como siempre. Y dándome amistosas palmadas en las rodillas y bromeando con el conductor. ¿Cómo luchar contra él?

Lo cierto es que me gustaría comentar con Robert algo relacionado con la droga... Las sensaciones que le provoca, características del fumadero al que nos dirigimos, si quienes atienden a la clientela son hombres o mujeres —él las llamaría «azafatas»—, etc. Pero no hay manera. Está embalado y me habla de todo menos de nuestra insólita excursión. Me cuenta que el Sha permitía mucho libertinaje para que de ese modo la gente olvidara los asuntos políticos. Luego me dice que está leyendo una recopilación clandestina de textos referidos a Mahoma, en los que se afirma que el Profeta se jactaba de *honrar* a sus once mujeres, una tras otra, en el espacio de una hora, gracias a que «comía un estofado genesíaco cuya receta procedía nada menos que del arcángel san Gabriel». Inesperadamente, y luego de reírse como un bendito, cambia de tercio y asegura que los iraníes se niegan rotundamente a admitir, ante un extranjero, que han cometido un error. «¿Sabes lo que ocurrió en un enfrentamiento guerrero con los bakhtiaris? Que el conductor de un carro de combate Chieftain que se había pegado un trastazo con un vehículo, afirmó en el juicio que la pared de pronto se le había echado encima...»

Puesto que ha citado a Mahoma, y aprovechando que los atascos demoran el viaje más aún de lo previsible, le pregunto si tiene conocimiento de que el Profeta se refiriese alguna vez a la adormidera, a los alucinógenos... «Ya sé que no eres experto en cuestiones coránicas, pero por si las moscas.»

La carcajada de Baxter es estruendosa, mientras hace rodar con el índice su gorra a cuadros. Me dice que, en efecto, no es experto en mahometismo, pero sus queridos amigos *mullahs*, en cuanto se han embolsado los dólares que les corresponden por la última operación, inevitablemente se ponen a hablar de él. Así que algo puede responderme. No, no cree que Mahoma se refiriese jamás a los alucinógenos, y menos en el Corán. En cambio, en las decenas de millares de dichos que se le atribuyen —los célebres *hadits*—, se pronuncia con frecuencia sobre problemas terapéuticos, completando con ello la sura en que aconseja la miel para curar las hemorroides. En efecto, hay *hadits* sobre el mal de ojo, sobre los talismanes, sobre la conjuración, sobre el empleo de ventosas, la cauterización por el fuego, etc. También alude a las afecciones pulmonares y cita a determinados especialistas en prótesis estéticas, ¡en aquella época!, que reemplazaban con oro y plata las narices cortadas, o bien orificaban los dientes...

—¿No te has dado cuenta? ¡Están locos! Se empeñan en que su amado profeta, ¡que siempre sea loado!, tocó todas las teclas, con lo cual no consiguen otra cosa que hacerle desafinar a menudo más de lo conveniente...

EL OPIO Y SUS EFECTOS

Llegamos al Edén... ¡Ah, comienzan las sorpresas! Madame Pompadour es una monja. Por lo menos, ése es su aspecto, con un *chador* gris incrustado hasta las cejas y largo hasta los pies. Imposible precisar su edad. Cuando sonríe, le calcularía unos treinta años; cuando deja de hacerlo, podría ser la madre de Raquel... Los «detalles» Pompadour podrían ser un anillo con un grueso brillante engarzado y unas sandalias con las punteras doradas. Y los ademanes. Diríase que usa abanico. Mueve los dedos como un prestidigitador. En cuanto a los ojos, grandes, negros y pintados como los de Arim el día que fuimos a Qom.

Estamos en la planta baja del «salón de té», que da al exterior y en el que hay «azafatas» sirviendo, también con *chador* gris, lo que confiere al ambiente un aire de reformatorio. Varias parejas tomando sus tacitas con pasteles, un vejete en un rincón jugando a las cartas consigo mismo, una lady leyendo el *Theran Journal*... Nadie más. Baxter dialoga con madame

Pompadour y luego resume: «Me está diciendo que aquí abajo hay mucha crisis, pero que arriba está a tope, si bien nos ha reservado un par de colchonetas...»

Me pregunto si tendremos que sentarnos un rato, fingiendo que tomamos té, pero compruebo que no. Elli —como aquí la llama Baxter— abre una puerta situada a la izquierda del mostrador, tras la cual hay una escalera casi oscura y mi amigo me hace señal de que siga sus pasos. He de confesar que me siento un autómata, muy lejos de ser dueño de mis actos.

Tropiezo con un peldaño, pero no pasa nada. Llegados al primer piso, alguien abre la puerta desde dentro y nos encontramos ante un caballero de aspecto venerable, que viste una túnica roja. Es el relevo. Elli se va y nos deja en manos del caballero, el cual intenta hacer una reverencia, a lo que Baxter se opone estrechándole la mano con inusitada fuerza y diciéndole algo que yo interpreto como: «¡No seas mentecato!», o bien: «¿A qué viene tanta comedia?» El caballero sonríe... Entonces me entero de que se llama Dariush y de que yo, hasta nuevo aviso, soy un turista noruego.

Cruzamos un comedor de aspecto burgués, ¡y el fumadero! Un tubo de neón temblequea en el techo. Fumadero que, al pronto, consiste en un corredor o pasillo en el que se suceden unos cuartuchos en penumbra, con esterillas en el suelo, cojines para reclinar la cabeza o el codo y lámparas de aceite colgando. Mientras intento asimilar la vaharada que me ha penetrado por todas partes, me pregunto dónde estarán *nuestras* colchonetas. Al paso, tras un biombo, he atisbado a un hombre solitario, de rostro demacrado, que está en plena faena inhalando lo que debe de ser su alimento habitual.

Por fin alcanzamos el destino convenido. El aroma continúa molestándome. Tal vez este opio sea más fuerte que el que yo probé... Baxter respira con normalidad y me dice que «nada de ponerse quimono», por si es preciso salir a escape... «¡No bromees!» ¡Si no bromeo! Es la única precaución que se toma madame Pompadour...»

Nuestro destino son las dos colchonetas de marras, tendidas como lagartos en un cuarto de reducidas dimensiones. A punto de sentirme defraudado, puesto que lo que yo busco es el *espectáculo*, a nuestra espalda se abre de pronto una cortinilla y advierto asombrado que nos encontramos en un salón repleto, en que yacen por lo menos una docena de fumadores.

¡*Eureka*! Salón restangular, con divanes orientales, esterillas, *puffs* y una especie de tatami colocado en el centro. Al lado de cada fumador, un pequeño hornillo, como mandan los cánones. Tardo unos instantes en advertir la presencia de dos mozos que, al igual que Dariush, visten túnicas rojas y que evidentemente están al tanto de la menor petición que les hagan los clientes.

Antes de ocupar los lugares que nos corresponden, contemplo a los fumadores. Su aspecto es impresionante. Hay varios tumbados de espaldas. Diríase que son incapaces de mover un párpado. Otros están simplemente acostados, en plena relajación. Algunos, para acercar la pipa al hornillo se inclinan a un lado, bien con los ojos cerrados, bien con los ojos abiertos de par en par. Por entre el humo se oye el crepitar de numerosas pipas, ¡y el aroma se intensifica más aún! A Baxter, por las muestras, le sienta divinamente. Inspira una y otra vez, hinchando el tórax como si se tratase de acumular oxígeno en un bosque incontaminado, siendo así que incluso el cristal de las lámparas está empañado y sucio.

Baxter dialoga con uno de los mozos, muchacho joven, que parece ocultarse tras unas enormes gafas negras. Por lo visto —lo cual concuerda con los informes del doctor Garib— podemos optar entre tomar el opio en píldoras, líquido, por masticación o fumándolo. Elegimos esto último y ocupamos las colchonetas que nos corresponden. Baxter se tiende de costado y yo le imito. Pronto cada cual dispone de los enseres que son menester: el hornillo con el carbón, una aguja no muy larga y una pipa de jade. Mientras procuro adaptar mi mente a la situación, veo a mi lado un muchacho joven, enclenque y pelado al rape, que fuma con una pipa descomunal, de marfil, gruesa y es de suponer que muy pesada. Debe de estar muy acostumbrado, pues de lo contrario dicha pipa sería excesiva para él. Da la impresión de encontrarse en pleno trance y sin duda recita unos versos. Baxter, que hasta el momento se lo ha tomado todo a chacota, como si se encontrara en un circo, atendiendo a mi petición traduce los versos del joven. Éste dice que se siente menos carnal, menos humano, que su espíritu se escapa libremente de la materia y que ama todo lo creado. También invita a quien sea, a todo el mundo, a todos cuantos nos encontramos en el lugar, a que nos sintamos hermanos, a que entablemos una sólida amistad, sin distinción de edades ni de razas. Afirma que si todos sentimos lo que él, podrá decirse que nos une un fuerte y celoso vínculo y que el opio es una patria, una inteligencia, una religión...

Ya tenemos la pipa de jade en los labios —¿dónde habrá dejado Baxter la suya, la de madera?—, ya tenemos la aguja con la bolita dispuesta para cocerla en la llama del hornillo, para presionarla luego en la cazoleta de la pipa. Antes de que aspiremos por primera vez, oímos que alguien responde al joven de al lado y le dice, según Baxter, que él no tiene necesidad de hermanos, que el opio le hunde cada vez más al fondo de sí mismo, donde descubre suficientes motivos de interés para olvidarse de todo lo exterior, de todo lo ajeno a él.

Curiosamente, a Baxter la primera chupada, lenta —el opio burbujea— no le sienta bien. En cuanto el humo le llega a los pulmones empieza a toser. Su tez es espectral; sin embargo, con un ademán me indica que no está mareado. Por mi parte, no he empezado todavía. Casi preferiría quedarme observando lo que ocurre a mi alrededor. Me pregunto muchas cosas. Qué será de esos «mozos» que respiran continuamente ese humo devastador. De nuevo evoco al doctor Garib, quien me informó de que el opio, a la larga, enturbia los sentidos, enrarece la sangre del cerebro, deseca las savias internas, produce arritmia y es capaz de lo peor. Por ejemplo, de hacer que uno se sienta distinto, animal, metamorfoseado. Dotado de una fuerza sobrehumana, o de una suprema impasibilidad. También es corriente una agradable lasitud. Y a partir de las quince pipas —el doctor Garib me contó la experiencia de un chino que escribió sobre ello—, lo normal, si se trata de un opiómano a ultranza, es un estado casi de trascendencia, que permite abarcar de una mirada los móviles de todos los actos, las causas de todos los efectos, las excusas de todos los crímenes. Parece ser que el chino acababa diciendo: «En tal estado es imposible condenar a nadie. Sólo se puede perdonar y amar.»

Por fin aspiro lentamente, por primera vez, retengo cuanto puedo el humo en los pulmones y luego lo expelo sin dificultad. No siento nada. Nada en absoluto. Bueno, será preciso insistir... En Camboya no sentí la «inmensa paz» —en el pecho, en el centro del pecho— hasta después de la tercera pipa. En ese momento la memoria se agita de nuevo y recuerdo que no todo es nocivo en el capítulo del opio. Debidamente administrado, sus propiedades curativas fueron ya cantadas, si no me equivoco, por Virgilio y por Plinio el Viejo, sin contar con que para los laboratorios farmacéuticos es artículo de primera necesidad. ¿Cuántas de las medicinas que he tomado en el transcurso de mi vida contenían la «adormidera»? Muchas, sin duda. Sobre todo los antidepresivos. Con la curiosa paradoja de que, tomado así, en directo, no es raro que una vez pasados los efectos eufóricos sobrevenga una honda e insoportable melancolía.

De pronto, empieza una especie de carnaval, si bien todo se desarrolla sin gritos, a base de murmullos, suspiros y en la penumbra de siempre. Baxter está en la tercera pipa y me dice que se nota excitado, sexualmente excitado de forma violenta. Ha sido como un escopetazo. Lo cual, por supuesto, no le sorprende, porque siempre le ha ocurrido así, con la diferencia de que antes, en tiempos del Sha, en vez de «mozos» con gafas negras había «azafatas» se-midesnudas que completaban el trabajo con el consabido masaje, que le daban a uno satisfacción cumplida. «Ahora —diríase que me consulta—, ¿qué debo hacer?» Y expele el humo negro que se enrosca en el aire, mientras él se agita en su colchoneta.

No se me ocurre nada brillante, y además ahora son varios los que en torno mío recitan versos. Los mozos van y vienen, ¡y uno de los clientes pide un televisor! ¿Un televisor? No me da tiempo a coordinar las ideas, porque yo también estoy en la tercera pipa, que me procura una satisfactoria clari-dad mental, y porque debo contestarle algo a Baxter, cuya excitación continúa.

Por fin opto por decirle que precisamente el opio, intrínsecamente, no es afrodisíaco, sino todo lo contrario: que a la larga debilita la potencia se-xual, hasta que termina por anularla. «¿Has oído hablar de la frigidez? Pues eso.» Baxter se las arregla para mirarme casi coléricamente. «¡Me estás ha-blando del incierto futuro! ¡Y yo vivo ahora el presente inmediato, y daría la paga de tres meses por tener a mi lado a Aischa…!»

Aischa no llega, por descontado, y tampoco el televisor… Me parece en-tender que se trataba de pasar en video alguna película porno, pero el Edén no alcanza tal refinamiento. De otra parte, más de la mitad de los presentes han mostrado su desacuerdo. Así que el carnaval son los jadeos, los suspiros, los versos y los pintorescos tacos que va soltando Baxter, quien sigue retor-ciéndose en la esterilla, mientras nuestro joven vecino, el de la gruesa pipa de marfil, ha quedado aplastado en el sitio que ocupa, sin mover un músculo, como indefenso ante una fuerza superior.

Por un momento logro evadirme —mi claridad mental es un hecho, y estoy en la cuarta pipa—, y me vienen a la memoria viejas lecturas referidas a la droga, especialmente textos de Tomás de Quincey y de Baudelaire, que tanto contribuyeron a crear en Occidente «paraísos artificiales», hasta el punto de que en las farmacias de muchos puertos —Marsella, El Havre, Lon-dres, Hamburgo— se vendían píldoras a porrillo. Noto sucia la lengua y es-pesa la saliva. Los pensamientos se entrecruzan. Me digo que, puesto que las pipas han sido utilizadas muchas veces, en el fondo de cada una de ellas está sin duda presente —poso vivo y coleante— el recuerdo de las pipas an-teriores, de pasadas embriagueces. ¿No podría este inciso calmar un tanto a Baxter, provocándole posibles náuseas?

Lo intento… pero he llegado tarde. El hombre se desahogó ya, se quedó tranquilo. Ha cerrado los ojos por espacio de unos minutos, que respeto como debe ser. Pasado ese tiempo los abre, me mira y se ríe plácidamente. Luego, incorporándose con cierta dificultad enciende otra pipa, mientras murmura, haciéndome un guiño: «Ahora la última, la pipa de la paz…» Momento en que el hombre que anteriormente afirmó que todos éramos hermanos y que nos unía un vínculo especial le pide permiso a su vecino para abrazarle, lo que lleva a cabo sin más dilación.

Por mi parte, doy por terminado el experimento. No quiero alcanzar la quinta pipa. No tengo por qué perseguir «paraísos artificiales». Sin querer evo-co nuestros diálogos en Villa Eloïsse sobre «las fuerzas desconocidas» y sobre la meditación trascendental. Me cuesta esfuerzo renunciar, pero lo consigo, valiéndome para ello de las palabras del doctor Garib, que deletreo con siba-ritismo: el opio, a la larga, enturbia los sentidos, enrarece la sangre del ce-rebro, deseca las savias internas, produce arritmia y es capaz de lo peor… ¿No vine aquí para observar? ¡Pues, misión cumplida!

Entretanto, Baxter sigue expeliendo humo negro… ¡Y riéndose! Ahora se ríe. ¿Por qué tal cambio de decoración?

—¿Ves esos dos que están abrazados? —me pregunta.

—Sí… ¿Qué ocurre?

—Apostaría mi colección de pipas a que son dos *mullahs*…

He aquí que la clientela se remoza. Varios de los tumbados en las colchonetas se han ido y han llegado clientes nuevos. Uno de ellos es un anciano con los ojos fuera de las órbitas. No comprendo que haya podido cruzar la «sala de té» de abajo sin llamar la atención. Tiene aspecto de mendigo pero un extraño señorío rodea su figura. Va recorriendo los jergones, como felicitando a cada fumador, o dándole la enhorabuena. Al llegar a nosotros oigo claramente lo que dice: «*Ayandeh rohan ast.*» «¿Y eso qué diablos significa?», le pregunto a Baxter. «¡No mientes al diablo, por favor! —me contesta mi amigo mormón—. Significa que "el porvenir está claro...".» «¡Estará claro para él!», barboto, simulando sonreír. El anciano hace una reverencia, se acerca a una colchoneta no muy lejana y se tiende en ella. Mi impresión es de que se queda completamente dormido, que estaba muy «tocado» antes de entrar. Debe de ser un «esclavo», de los que en tiempos del Sha tenían carnet con fotografía.

Inesperadamente aparece madame Pompadour... Es una visita de cortesía. Nos pregunta qué tal nos va y nos propone, si lo preferimos, correr de nuevo la cortinilla para que quedemos aislados. Le digo que no, que prefiero integrarme en el clan. Robert le recrimina que escamotee a la clientela el «número» de los vídeo en el televisor. La «monja» mueve negativamente la cabeza. «No quiero exponerme a que los gritos de entusiasmo se oigan desde la calle.»

Le pregunto si tiene en cuenta la edad de los visitantes y me contesta: «¡Por supuesto, caballero! A los menores, les damos caramelos de eucaliptos...»

—¿No ha sufrido algún percance? Por ejemplo, ¿alguien que se le haya muerto aquí mismo, de repente...?

Los negros ojos de madame Pompadour brillan y con la mano izquierda se acaricia suavemente el *chador*:

—En el Edén no existe la muerte, caballero... —replica.

Robert se ríe de nuevo. Madame Pompadour, al advertirlo, se larga por donde vino y Robert me cuenta que ello le ha ocurrido más de una vez y que en esos casos bajan el cadáver a la sala de té y allá dan gritos de alarma y llaman a un médico... de confianza.

Sin proponérmelo echo un vistazo al anciano que acaba de llegar. Su inmovilidad es tal que me pregunto si no tendrán que bajarlo con cierta rapidez... Robert me tranquiliza. «Eres un novato. ¿No ves que está rezando?»

Observo sus labios. En efecto, se mueven. ¿Qué estará rezando? Claro, algún versículo del Corán... O recitará algún *hadit*; por ejemplo, relativo a las conjuraciones. O a lo mejor está repitiendo «que el porvenir está claro»: *Ayandeh rohan ast.*

ATENTADO CONTRA UN JEEP DE MILICIANOS

No podía ser de otro modo. Estamos en Teherán... Los «mozos» han recibido órdenes del caballero venerable y anuncian que ha ocurrido algo. Lo primero que imagino es que han entrado los soldados del ejército o la policía —en otras palabras, que el Edén ha sido descubierto— y que van a detenernos a todos. Se apodera de mí un miedo atroz. Tiro la pipa al suelo y me levanto de un salto, con una ligereza que en otras circunstancias me enorgullecería.

Baxter también se ha levantado, aunque con mayor esfuerzo y me cuenta lo que ocurre. Nada de policía, nada de descubrimientos. Simplemente, cerca de donde nos encontramos ha ocurrido una catástrofe. Un atentado, un atentado vil, al parecer. Las noticias son confusas, pero se da por seguro que ha volado por los aires un camión lleno de fedayines, de milicianos, cuyos cuerpos han quedado destrozados.

El resultado es que todo el barrio está acordonado, que suenan las sirenas de las ambulancias y que madame Pompadour —que aparece en el fumadero, más «monja» que nunca— nos ruega que desalojemos cuanto antes.

Para Baxter y para mí no hay problema, excepto los que puedan surgirnos a la salida. Pero ¿y los que permanecen en estado letárgico?

—¿Qué hacemos? —le pregunto a Baxter, quien se ha abrochado el cinturón y ha recuperado su gorra.

—¡Qué vamos a hacer! ¿No te has enterado? A la calle... Debe de haber sido algo horrible... —Luego añade—: ¡No hay manera de que pueda uno pecar con tranquilidad!

Salimos al exterior, cruzando la sala de té, y nos enfrentamos con el caótico panorama. En efecto, el barrio está acordonado. Las luces de los escaparates se habían encendido ya, pero además han brotado reflectores por todas partes, mientras los tenderos ambulantes recogen a toda prisa su mercancía. Apenas si circulan taxis y coches particulares; en cambio, abundan los jeeps de la policía y pasan sin cesar vehículos oficiales tocando escandalosamente los claxons. En uno de los jeeps van montados unos cuantos milicianos blandiendo sus látigos en el aire. Un borrico ha sido atropellado. ¿Qué culpa tendrá él? Pero la sangre mancha la calzada. Allá lejos, se elevan los minaretes de la mezquita del Sha.

Apenas transcurridos dos minutos se nos acercan unos fedayines y nos piden la documentación. ¡Ah, las cosas de la vida! El pasaporte de Baxter, americano, inspira sospechas. Lo miran y remiran y no lo dan por bueno hasta que su propietario, con la fluidez de su idioma *farsi*, logra convencerlos. En cambio, el mío, español, es recibido con sonrisas amables, casi de complicidad. «¿Qué te parece? —exclama Baxter—. Va a resultar que aquí el veterano, el de confianza, eres tú...»

—Circulen, circulen... Salgan por la izquierda y abandonen el barrio...

Así lo hacemos. A unos doscientos metros encontramos un taxi libre y subimos a él.

—¡Por fin! —Respiramos tranquilos y Baxter se encasqueta su gorra a cuadros hasta las cejas.

—Me dejas en el Hilton y tú sigues hasta la Villa Eloïsse... *Okey?*

—*Okey*...

—Como puedes comprobar, el viejo tenía razón: *Ayandeh rohan ast...*

Llego tarde a casa. Tiempo justo para la cena. Todos estaban ya enterados de lo ocurrido —efectivamente, ha volado un camión y los fedayines destrozados suman veintidós—, de modo que nadie me pregunta nada, pues lo que importa es subir cuanto antes... ¡a conectar la televisión! De todos modos, Jean-Pierre y Clarisse se muestran muy afectados. Jean-Pierre menea la cabeza como suele hacerlo cuando quiere indicar que corren malos vientos y Clarisse dice: «Ahora se armará la gorda.»

Nos instalamos como siempre ante el monitor, lo que me impide ducharme, como era mi deseo. Temo que mi traje, que todo mi ser, huela a opio... Pero por lo visto no es así. En cuanto a la televisión, crea un momento de «suspense». No hay más que la carta de ajuste y el sonido sólo emite un canto revolucionario, que empieza a resultarme familiar.

Guardamos silencio, y cada segundo nos parece eterno. Hasta que, por fin, aparece un locutor y confirma la noticia: veintidós nuevos mártires de la revolución... Una mano asesina, enemiga del Islam, ha hecho estallar una bomba de relojería, poco después del último canto del almuecín, y veintidós *mohajedin* han caído en las proximidades del Bazar...

Las imágenes que aparecen a continuación son en verdad escalofriantes...

Entrada al cementerio de los Mártires
de la Revolución (Bechechta Shara).

Túmulo en honor del fallecido
ayatollah Taleghani.

Cementerio de los Mártires de la Revolución.

شهید قلب تاریخ
آرامگاه

En Shemiran, barrio residencial en Teherán.

Los españoles son bien recibidos en Irán,
porque España no ha reconocido
al Estado de Israel.

Los cuerpos destrozados, con primeros planos de las cabezas seccionadas y miembros dispersos aquí y allá. Por otra parte, *mohajedin*, es decir, camaradas de Arim... No podemos por menos que recordar a la muchacha. Sin embargo, el reportaje prosigue con una alocución a cargo de Jaljali... ¡Inevitable! El agresivo ayatollah informa de que todavía se ignora quién o quiénes son los autores del atentado, ya que, como es lógico, han actuado en la sombra, guiados por el diablo y con la intención de aterrorizar al pueblo iraní. Sin embargo, hay ciertas pistas y se confía en que pronto serán identificados. Entretanto, pagarán por ellos —serán pasados por las armas—, cien detenidos de la cárcel de Evin, elegidos por sorteo.

Los ojos de Jaljali, tras las gafas, brillan como ascuas y su barba es un torrente de ira. Invita a todo el mundo a ir a las mezquitas a rezar y, sobre todo, convoca a la población al entierro, que tendrá lugar mañana a las cuatro de la tarde. Como en anteriores ocasiones, se organizará con tal motivo una concentración multitudinaria en el centro de Teherán, y luego los restos de los «mártires» serán inhumados en el cementerio de la revolución, es decir, en Bechechte Sahra.

Jaljali desaparece y la pantalla ofrece de nuevo las imágenes del atentado, esta vez sin comentarios, con sólo música de fondo de carácter fúnebre.

Jean-Pierre se levanta y apaga el televisor.

—¿Cuántas personas calculas que se concentrarán mañana? —le pregunto.

Jean-Pierre, de pie, reflexiona unos instantes y por fin levantando el índice contesta:

—No lo sé... Quinientas mil... Un millón...

IMPRESIONANTE MANIFESTACIÓN DE DUELO. AUTOFLAGELACIÓN

¡Quinientas mil, un millón! Al día siguiente, apenas terminado el desayuno, ponemos manos a la obra. Por nada del mundo mi mujer y yo queremos perdernos la manifestación. Es preciso encontrar un lugar céntrico, adecuado. ¿Cómo hacerlo? Llamamos por teléfono a Raquel, cuyas exclamaciones son fáciles de imaginar. «¡Dios mío, qué catástrofe! ¡Y ahora, cien rehenes de la cárcel de Evin! Y eso es sólo el comienzo...» Nos cuenta del estado de ánimo de Hassan, pese a que el muchacho no es *mohajedin*. Se ha pasado la noche entera en la universidad. Al parecer, la más afectada es Arim, ya que las víctimas pertenecían a su grupo. Y existe un agravante: tres de los muertos eran seminaristas de Qom y un cuarto, un chiquillo aún, era nieto de un ayatollah de Mashad... «La mano asesina sabía lo que se hacía, ¿se dan cuenta?»

Raquel demuestra una vez más su eficacia. Al término de una serie de gestiones infructuosas —somos *farangui* (extranjeros) y por lo tanto el asunto es delicado— ha encontrado la solución: el judío Isaac, el sefardita de las alfombras, de la tienda Shalom... Vive precisamente en la avenida de la Revolución —antes Reza Sha—, en un segundo piso, con tres ventanas a la fachada. «Ha dicho que con mucho gusto les daría hospitalidad y que se las arreglaría para no invitar a nadie más.»

—¿Con quién vive?

—Con su mujer, que habla también sefardita... Es de Tánger. El resto de la familia, sus hijos y sus nueras, se marcharon ya para Alemania...

Le rogamos a Raquel que nos acompañe. Le viene a contrapelo. ¡Ha visto tantas manifestaciones! Y siempre son de temer. Puede ocurrir cualquier cosa.

—Un millón de personas, ¿comprenden? Si les da por incendiar coches y autobuses...

Sin embargo, acaba por acceder a nuestra petición. Mejor aún, puesto que será difícil encontrar taxi, pasará por Villa Eloïsse a recogernos un poco antes de las tres... «Tenemos que llegar con anticipación, porque las calles quedarán bloqueadas. ¡Huy, ustedes no saben lo que es esto!»

Pasamos en casa el resto de la mañana. No nos atrevemos a salir. Todos los comercios de Teherán están cerrados, al igual que las oficinas. Y hemos podido comprobar el nerviosismo de Shapour, el chófer, y el jardinero; en cambio, el cocinero budista, Lajpat, actúa con la inmovilidad facial de siempre, parecida a la de algunos de los rostros que vi ayer en el fumadero... Por lo demás, la radio no ha cesado de dar consignas y desde el jardín se oyen lejanos los altavoces de las calles.

A las tres menos cuarto aparece Raquel, ¡con *chador*! No un *chador* negro, sino moteado de colores violeta, pero tapada también hasta las cejas. «Hay que tomar precauciones... ¡Dios mío, cómo están las calles!»

Pronto tenemos ocasión de comprobarlo. Están a tope, con mucha gente a pie. Nos cuesta tres cuartos de hora llegar al domicilio de Isaac, quien nos recibe con una amabilidad que realmente es de agradecer. ¡Ya no me acordaba de su mano ortopédica, de sus garfios, cubiertos con un guante de seda! Su mujer, Lai de nombre —nombre que suena a árabe—, es alta de hombros pero con la delgadez del junco. Nos saluda con un «*Shalom*» que semeja un disparo, y que un loro situado no sabemos dónde, en una jaula invisible, repite en tono casi sarcástico.

Isaac abre con cierta solemnidad las tres ventanas que dan a la calle... y un sordo rumor invade el piso. Nos asomamos. ¡Válgame Dios! Todo está a punto para la gran ceremonia. Las consignas han sido obedecidas al pie de la letra. Ya no circula ningún coche, aunque hay muchos aparcados a ambos lados de la calzada, y la multitud hierve por doquier. Y minutos después, ¡el alud! He de confesar que jamás vi un «caos» tan perfectamente organizado. De los cuatro puntos cardinales confluyen columnas prietas de manifestantes, algunos de los cuales llevan, como siempre, máscaras de Carter, de Beguin y de otros muchos «enemigos del Islam». Unos cuantos camiones abren la marcha y, detrás de ellos, seis féretros llevados a hombros por jóvenes robustos, que me recuerdan los «lanzadores de cuchillos» del Bazar. A seguido, dieciséis coches funerarios, solemnes, cada uno con su correspondiente caja mortuoria. Hay manifestantes sentados sobre dichas cajas, que hacen ondear banderas, pancartas y, por supuesto, las fotografías de las víctimas, perfectamente visibles debido a su enorme tamaño... Otros cuidan de mostrar pósters de Jomeini y sábanas con *slogans* que Raquel cuida de traducirnos. También los hay que exhiben aparatosamente metralletas.

Sobre todos y cada uno de los féretros caen sin cesar, desde las ventanas, ramos de flores y nos llama la atención un artilugio triangular, giratorio, muy alto, repleto de coronas y de bombillas que se encienden y se apagan. ¡Y qué griterío! «¡Alí...! ¡Hussein...! ¡Alí...! ¡Hussein...! ¡Alá es grande...!» Pero lo más impresionante es que los componentes de la multitud avanzan golpeándose el pecho —señal de luto— y levantando y agitando los puños. Dichos golpes en el pecho acaban sincronizándose, por lo que diríase que se les oye retumbar. Los puños que se agitan en el aire, también sincronizados, tienen otro cariz. No expresan llanto interno. Expresan odio. Son puños, y rostros —jóvenes, en su gran mayoría— preñados de odio y de afán de venganza. Abundan las cabezas rapadas. Hay grupos compactos de muchachas con el *chador* hasta las cejas: bultos negros que claman también por Hussein y por Alá.

Ya todo se ha convertido en una sola masa, en una sola voluntad. ¿Quién osó decir que la *cantidad* no cuenta? No es lo mismo cien mil personas que quinientas mil... No son lo mismo quinientas mil que un millón... Sospecho que, por primera vez en mi vida, comprendo el significado de la expresión «oleada» humana, oleada cuyas filas son cada vez más prietas y cuyo fervor se multiplica a través de antenas casi palpables.

De pronto, ¡empiezan a arder varios coches de la calzada! Han volcado varios vehículos —una vez más Raquel acertó— y les han prendido fuego. Las llamas y el humo excitan más todavía a los concurrentes, los cuales no saben si acercarse al fuego o huir de él. Se produce, en ese tramo, una enorme confusión y es de suponer que nadie conoce a los propietarios de los coches. Lo único que queda claro es que hay que desahogarse, que cualquier obstáculo que osara interferirse en el camino sería arrasado. Si alguien cayera, sería arrasado también. Las llamas iluminan varias máscaras y alguien da la voz de alerta, pues podría producirse alguna explosión.

No ocurre nada. Sin embargo, ¿cómo puede la masa respirar? El sol se filtra entre los árboles, entre los plátanos de la avenida. Es más fácil respirar en un fumadero de opio... ¿Y los adversarios, dónde están? ¿Dónde están los causantes del dolor, los autores del atentado? Me pregunto si no se habrán mezclado entre la «oleada» humana, si no estarán desfilando también...

Una hora, dos horas, ¡quién sabe! Lai, la mujer de Isaac, de vez en cuando nos trae té, y también de vez en cuando oímos que el loro grita: *Shalom*... Esta palabra, aquí, me desconcierta. ¡Cuánta complejidad! Raquel farfulla muchas cosas y cambia de ventana cada dos por tres. «Ya se sabe. La sangre de los mártires es semilla de nuevos creyentes.» O bien: «La muerte por Alá es siempre gloriosa.» Los altavoces no paran, pero sospecho que Raquel intenta localizar, entre la multitud, a su adorado hijo Hassan... Por mi parte, todas las muchachas me recuerdan a Arim, quien a buen seguro se habrá pasado también la noche entera en la universidad y que ahora andará por aquí, gritando y llorando.

De vez en cuando pasan avionetas a ras de los tejados, lanzando octavillas y ello enardece más aún a los manifestantes. Algunos cogen al vuelo dichas octavillas y las guardan, otros las dejan caer al suelo, acaso porque se saben de memoria su contenido. ¡De pronto corre la voz de que en una de las avionetas viaja Jomeini! El clamor es inenarrable. Posiblemente, en el fondo nadie cree que ello sea cierto, pero un proverbio iraní pretende que «lo posible es ya una realidad».

Isaac ha guardado un prudente silencio. Tal vez está pensando en los palestinos arrojados de su hogar... A menudo le pregunta a mi mujer: «¿Necesita usted algo?» En un momento determinado nos dice, refiriéndose a las octavillas, que no sería la primera vez que se hubiera filtrado en la imprenta un redactor «pirata» y que algunas de ellas dijeran: «¡Muera Jomeini! ¡Viva el Sha!»

—¿Habla usted en serio?
—Completamente...

La masa sigue desfilando... En cuanto a los camiones punteros y a los féretros, estarán ya camino del cementerio, camino de Bechechte Sahra, que dista diecisiete quilómetros de Teherán, dirección sur. Consulto el reloj: las seis y media.

Raquel dice:
—En la cárcel de Evin se habrá celebrado ya el sorteo...

CAPÍTULO XXVIII

Han pasado ya cuarenta y ocho horas. Ya están enterrados, en Bechechte Sahra, los veintidós cadáveres. En efecto, fueron inhumados anteayer, al término de la manifestación, que culminó en la plaza Jaleh con una arenga del ayatollah Mohamed Behehsti, uno de los hombres de confianza de Jomeini.

Me parece el día indicado para visitar el cementerio. Ayer me pasé la tarde al teléfono intentando organizar la expedición. Por descontado, no podía faltar Arim. Pero tampoco quería que faltase Hassan... «Es la ocasión para enfrentar a los dos jóvenes», pensé. Ambos aceptaron, lo cual me alegró.

Hubiera querido que nos acompañaran Isaac y Lai, pero el gesto de ambos fue harto expresivo. Hubiera querido que nos acompañara Teymur Moghati..., pero el hombre es mayor y sigue faltándole una pierna. En cuanto a Raquel, que se pirra por los cementerios —lo que no puede decirse de Baxter—, tiene a sus dos hijos pequeños en cama, con fiebre. «¡Es curioso! Cada vez que ocurre algo grave, el termómetro les sube a treinta y nueve...» De modo que no me queda más que una opción: el profesor Sadegh, el cual acepta —en un gesto de amistad que le honra—, no sin antes hacer constar que esas cosas le desagradan, que se conoce el cementerio palmo a palmo y que en la universidad sus alumnos se preguntarán si ha muerto también...

—Deles cualquier excusa... —le sugiero—. Por ejemplo, que un par de españolitos curiosos le han prometido gratitud eterna...

VISITA AL CEMENTERIO DE LOS MÁRTIRES DE LA REVOLUCIÓN

A las nueve en punto Hassan, con un coche asmático, de tercera o cuarta mano —imagino que «requisado»—, nos ha recogido a todos y nos lleva camino del «cementerio de la revolución», de Bechechte Sahra, el cual, en efecto, dista diecisiete quilómetros de Teherán, dirección sur, donde se encuentra la ciudad de Rey.

Por fortuna, Hassan es un conductor de reflejos admirables, que a buen seguro le envidiaría el simpático Ahmad. Se ha saltado todos los semáforos y ha hecho caso omiso de los vendedores de ediciones extraordinarias de los periódicos. Sin embargo, su rapidez no me ha impedido percatarme de la tremenda miseria de los barrios periféricos de la capital, que evidentemente me propongo visitar. «Tal vez a la vuelta», pienso para mis adentros.

Apenas si, durante el viaje de ida, entablamos diálogo coherente. Arim y Hassan se han saludado con interés escaso, tal vez porque de entrada se han confesado su filiación diversa. No hay que olvidar que los *mohajedin*, el grupo de Arim —a los que el atentado les tocó en pleno vientre—, están mucho más a la izquierda que el grupo de Hassan, de aquellos muchachos que me recibieron en la calle Sheybani. Arim tiene en su cuarto, además de las estampas de Alí y Hussein, los pósters de Trotsky y el Che Guevara, aunque el profesor Sadegh duda de que sepa quiénes fueron realmente los dos líderes revolucionarios. También tiene un montón de casetes de Teodorakis y de Joan Baez; en cambio, Hassan sólo ha pegado en su estudio —lo comprobé con mis propios ojos— estampas religiosas y pósters de líderes islámicos, con Jomeini y Chariat-Madari al frente, como es de rigor.

Para romper el silencio, intento hablarles del Bazar. Les digo que me encontraba precisamente allí cuando sonó la explosión y tuve noticia del atentado, sorprendiéndome que la mayoría de los comerciantes siguieran en sus tiendas como si tal cosa. Huelga decir que me he lanzado a un tanteo por deducción, exponiéndome a cometer un error grave. Por fortuna, no sólo nadie ha protestado, sino que Arim, presa de un súbito entusiasmo, ha exclamado: «¡Oh, no haga caso! Es su manera de hacer... Pero si llegamos a descubrir a los culpables, es muy posible que sea gracias a los comerciantes del Bazar.»

¿Los culpables...? ¿Quiénes serán? Hassan indica que el general Oveisy está organizando desde el extranjero una nueva SAVAK. «¡Bueno! —precisa—. Una mini-SAVAK... Pero no hay que descartar la hipótesis.» Luego me entero, por boca del muchacho, de que el judío Isaac acertó al admitir la posibilidad de que entre las octavillas lanzadas desde las avionetas las hubiera subversivas. Así ocurrió, en efecto. Parte de ellas acusaban a Jomeini de traidor, ¡y de homosexual!, y afirmaban que antes de finalizar el año la dinastía Pahlevi volvería a ocupar el trono del Pavo Real, evitando con ello que el comunismo se implantase en Irán, a través del partido Tudeh.

Llegamos a la puerta del cementerio y aparcamos. Hay varios autocares y unos cuantos turismos, pero menos de los que cabía esperar. Dos minaretes flanquean la entrada principal, con varios gigantescos pósters de Jomeini elevándose al cielo, entre nubes, como si fuera el Padre Eterno. Una gran avenida arbolada se adentra en el recinto, por la que en el momento de nuestra llegada penetra un coche funerario, materialmente cubierto de flores.

Franqueamos a pie el umbral y veo a la derecha un edificio blanco. Nos informan de que en su interior se lavan los cadáveres. «¿Separación de sexos?», pregunto. «Por supuesto», contesta Hassan.

A pocos metros, una hilera frontal de plantas muy crecidas, con tumbas antiguas. Es la parte primitiva del camposanto. Quinientos metros más adentro, el paisaje se abre de repente. Una explanada inmensa, a pérdida de vista, donde yacen «los mártires de la revolución». No hay cruces, como las que forman anfiteatro en el cementerio de la Commonwealth, en El-Alamein. Simplemente una losa, una lápida, con el cabezal de piedra y la correspondiente fotografía. El suelo aparece un tanto removido y a trechos tiene el color trigueño-rojizo de la arena de las plazas de toros. Imposible calcular el número de cuerpos inhumados. Se trata también de una manifestación masiva, necrofílica en este caso y del primer sitio que visitó Jomeini, simbólicamente, al llegar del exilio. Son los restos más «concretos», más inamovibles, de la revolución. Por supuesto, suman varios millares y flota en el aire una lágrima única. Apenas si nos atrevemos a dar un paso más, franquear la línea divisoria que una pancarta establece, con instrucciones para los visitantes. Podrán cambiar los *slogans*, los dirigentes, los objetivos propuestos, y esto permanecerá intacto. Lo más terrible de la muerte es que no avanza ni retrocede; continúa siempre en su lugar, al margen de las contingencias. Lo único que podría producirse sería una profanación colectiva, pero por el momento ello es impensable.

Nos acercamos a las losas. Cada uno de nosotros ha echado a andar por su cuenta, como buscando el cadáver más afín. Algunas tumbas son mayores que otras, las hay más ricas y más pobres, pero no creo que en ninguna de ellas falte una flor. Las fotografías son hipnotizantes, casi todas con grandes y juveniles bigotes. Lamento más que nunca no conocer la escritura *farsi*, no poder leer los nombres y los epitafios. Hay *mártires* que son verdaderos niños, y en ciertos casos el uniforme delata si el enterrado era artillero o aviador. En otros casos las fotografías muestran el oficio: trabajando en una carpintería, en una imprenta, un soldado tocando el saxofón... Las hay deportivas: el muchacho tomándose un refresco o fumando. Otras dan la impresión de ser muy antiguas y de haber sido elegidas por algún motivo familiar especial. Descubro algunas foto-carnet tan deficientes que dan grima. Abundan las fotografías protegidas por un cristal, en cuyo caso dentro hay ramilletes, estampas, una lámpara y un ejemplar del Corán.

Sin darme cuenta me he separado de los demás. Me ha llamado la atención un espacio a la izquierda, cuyas losas aparecen lisas, semicubiertas de polvo y sin una sola línea grabada en ellas. Sin duda pertenecen a los cuerpos anónimos de la revolución. A los seres que desaparecieron sin gloria, succionados por el más allá. ¿El soldado desconocido? Podría ser. Pero sin la llama eterna que suele hacerle compañía. De otra parte, tiempo ha que aprendí que el soldado desconocido no existe, que se trata de una incalificable deformación semántica. Los cuerpos sin nombre que yacen aquí pertenecían a alguien, a una célula que se amaba, a un clan.

Veo que los demás se han dispersado por la explanada. El profesor de vez en cuando se agacha para leer los epitafios. Hassan y Arim son los que más han avanzado, aunque en direcciones opuestas, pese a que los cadáveres, por haber sido enterrados cuando existía el enemigo común y aglutinante —el Sha—, no fueron «clasificados» por grupos concretos. Mi mujer, con un pañuelo en la cabeza, se ha detenido, no sé por qué, ante una lápida a cuyo lado hay un tiesto con flores silvestres. Hundiéndome en la arena me acerco a ella y comprendo el motivo: el muchacho de la fotografía es una viva réplica de Hassan. Podría ser su hermano gemelo. Los mismos ojos, la misma nariz, igualmente vigoroso. «Sé lo que estás pensando...» «Claro... Que todos tenemos nuestro doble.» «Es increíble, ¿verdad?» «Sí, pero cierto...» «Tal vez ello signifique que no morimos del todo.»

El Hassan de verdad, el que respira aún, se ha detenido ante un túmulo que alguien está repintando con amor. Me acerco a él: fue un amigo suyo de la infancia, al que un miembro de la Guardia Imperial atravesó con la bayoneta. Por su parte, Arim acaricia con su mano, repetidamente, una fotografía... Voy por ella y me dice: «Un primo de mi padre. Murió al asaltar el palacio Golestán.» ¿Y el profesor? El profesor, que se ha puesto las gafas ahumadas y cuyo turbante negro, visto de lejos, parece monstruoso, se ha detenido para secarse el sudor. Al ver que nos acercamos sale a nuestro encuentro y comenta el espectáculo que debe de ofrecer esta interminable necrópolis en pleno invierno, cubierta enteramente de nieve. «La infinita soledad, ¿no es cierto?»

RITO FUNERARIO

En este momento se detienen a nuestra derecha, en una carretera interior, de circunvalación, un par de jeeps, de los que descienden varios *mohajedin* armados hasta los dientes y una docena de prisioneros, a los que reconocemos por su pijama y porque van esposados de dos en dos. ¡Su palidez denota que temen lo peor! Arim suelta un gritito, que no podría afirmar que es de júbilo. En todo el camposanto se produce una enorme expectación. Las parejas, los seres solitarios, las familias enteras que andaban repartidas frente a las tumbas se quedan mirando a los recién llegados. ¿Qué ocurrirá?

Pronto nos enteramos de que se trata, también, de un desahogo... Son prisioneros de las cárceles de Evin y Qars. A lo largo de todo el día de ayer se repitió la misma escena: llevan a unos cuantos detenidos a rezar ante las sepulturas de los veintidós muertos del atentado, que fueron enterrados allá al fondo, en un lugar, bastante apartado, por cierto, al que Hassan y Arim se dirigían precisamente en el momento en que llegaron los jeeps. Los prisioneros avanzan a trompicones, un tanto alelados, como si hubieran tomado una excesiva dosis de heroína. El hecho de andar esposados dificulta sus movimientos y se advierte que procuran no mirar las fotografías que se levantan a su alrededor.

Hassan y Arim se van tras ellos —¡no quieren perderse detalle!—; en cambio, el profesor se muestra más cauto que nunca y le indica a mi mujer: «Las mangas hasta la muñeca, por favor...» Mi mujer obedece. «¿Así?» «Eso es. Perfecto.»

El profesor estima que el «suplicio» es refinado, y muy dentro de la línea del Islam. «Les obligarán a rezar, ¿se dan cuenta? Y a lo mejor los tienen ahí bajo el sol hasta que se oiga el canto del almuecín de la mezquita.»

No me atrevo a decirle que me gustaría presenciar la ceremonia, que con mucho gusto me iría tras Hassan y Arim. Me doy cuenta de que la imprudencia sería excesiva y desisto. ¡Ah! ¿Para qué sirve mi máquina fotográfica?

Pese a todo, hemos avanzado un trecho, y en cuanto los *mohajedin* y los prisioneros han desaparecido tras un frontón de arbustos que separan y acotan el «lugar sagrado» en el que el «suplicio» se llevará a cabo, vemos que muy cerca se procede a la ceremonia de un entierro familiar.

Sin necesidad de movernos podemos asistir a toda la liturgia que ello comporta. Advertimos que están cavando un hoyo a gran profundidad, y que hay un corro de gente esperando. Esperando la llegada del cadáver, que todavía no está aquí... ¡Ahí viene! Lo llevan en volandas, corriendo, por la carretera lateral, un grupo de hombres. ¿Por qué correrán? Recuerdo que Adrián, en El Cairo, me explicó que el alma de un musulmán sufre mientras su cuerpo no está enterrado. Que en ese intervalo se celebra en el más allá su «juicio particular», durante el cual se sopesan sus buenas y sus malas obras. Hay que abreviar, por lo tanto, el período de duda, para que cuanto antes el alma oiga el dictamen de Alá y sepa a qué atenerse. ¡Claro que al final, si es musulmán, se salvará!; pero en ese lapso el alma lo ignora.

Vemos el cadáver en el momento en que se aprestan a depositarlo en el hoyo. Cadáver que ha sido previamente lavado en el edificio que vimos al entrar, y envuelto en una sábana blanca, lo que recuerda un poco el vendaje de las momias. Junto con el cadáver ha llegado también un grupo de mujeres que «gritan» jaculatorias, que lloran, ¡y que fuman! Sí, son las plañideras a sueldo, capaces de deshidratarse más o menos según el precio concertado.

Depositan el cadáver en el hoyo, pero antes de echar la primera paletada le quitan al muerto la venda de la cabeza, de suerte que la cara queda al descubierto. Es un hombre más o menos de mi misma edad, que sin duda ha sido maquillado. Su expresión es placentera. ¿Por qué lo habrán descubierto? «Para que pueda ver por última vez a sus deudos...», susurra el profesor.

La tierra empieza a sepultarlo. Las paletadas se suceden, mientras los parientes lloran y las plañideras, sin dejar de fumar, parecen presas de un ataque histérico. Al final todo se cubre con flores, mientras los hombres, antes de emprender la retirada, se abrazan entre sí.

LA TUMBA DEL AYATOLLAH TALEGHANI

Hassan y Arim regresan del lugar acotado, en el que permanecen todavía los detenidos y sus acompañantes, los *mohajedin*. «¡Están rezando! Los muy bribones... Se diría que rezan con convicción...» Los tendrán allí una hora y luego los devolverán a la cárcel y traerán otra remesa. «Es el tributo mínimo que deben pagar, ¿no les parece?»

El profesor, ducho en estas lides, se da cuenta de hasta qué punto zumban ambos cerebros; de ahí que, con la autoridad que le confieren el turbante y su templanza, procure distraer a su hija diciéndole:

—Supongo, Arim, que no querrás abandonar el cementerio sin rendir homenaje a tu jefe espiritual, el ayatollah Taleghani...

Arim se muerde los labios. Es cierto. El catafalco está levantado todavía en su honor, no muy lejos, a nuestra izquierda, en una plazoleta rodeada de árboles, en un recodo de la carretera de circunvalación.

Ha sido como un mazazo que ha relegado el resto a un plano secundario. ¿Cómo marcharse sin rendirle visita? ¡Si la peregrinación es constante, según noticias, como si la gente no acabara de creerse que el corazón de Taleghani se detuvo para siempre!

Nos ponemos en marcha, silenciosos y en cuestión de unos pocos minutos nos plantamos en el lugar. ¡Todo un espectáculo! Una espléndida losa de mármol cubre los restos de quien fue uno de los más encarnizados enemigos del Sha. En el frontis del catafalco, sobre el que el féretro reposa, destaca una enorme fotografía suya y detrás, sobre la losa, un Corán —también de gran tamaño— y media docena de lamparitas de aceite que por la noche alguien cuida de encender. La gente toca el mármol y deposita encima diminutos «coranes» y también papelitos conteniendo súplicas.

La nota discordante es el fotógrafo oficial. Hay un fotógrafo oficial que, munido de una Polaroid, hace su agosto retratando a las familias que se acercan al túmulo. Los hay que sonríen como si se tratase de un recuerdo de boda. Un compañero del fotógrafo cuida de cobrar. El hecho ha roto el respetuoso encantamiento. Arim enrojece y por un momento nos tememos que arme un alboroto. Pero el fotógrafo le muestra una chapa que lleva en la camisa —el permiso necesario— y Arim no tiene más remedio que tragarse su malhumor y su desdén.

Hassan ve llegar a unos camaradas *pasdars*, a los que reconoce por los distintivos que llevan, y se les acerca para hablar con ellos, enterándose por su boca de que el Sha ha abandonado las Bahamas y se ha instalado en México, en *su* residencia de Cuernavaca, residencia que al parecer es un sueño como lo eran los palacios de Saadabad y Nievarán.

Hassan no puede disimular su infinita cólera, y lo mismo cabe decir de Arim, al conocer la noticia. Curiosamente, podría afirmarse que el Sha los ha unido, por primera vez desde que salimos de Teherán. Sueltan un torrente de palabras, que más tarde el profesor nos traduce. No comprenden que los países acojan al personaje, al famoso Rey de Reyes, el cual debería ya estar enterrado en algún sitio «especial», comido por los gusanos y al que todo el pueblo de Irán pudiera acudir a escupir sobre sus despojos. Hassan opina que probablemente el Sha tuvo miedo del *comando* que Jaljali envió en su busca y que en México se sentirá más seguro que en las Bahamas. Arim afirma que debe de ser la última escala hacia los Estados Unidos, donde al parecer ha decidido operarse del cáncer que padece.

—¿Hay sede diplomática de México en Teherán? —pregunta Arim.

—No lo sé —contesta Hassan—. Pero si la hay, es preciso hacer algo inmediatamente...

Mientras dialogan sobre esto, abandonamos el cementerio, subimos al coche —en el momento en que llegan por lo menos seis autocares— y reemprendemos el regreso. El ambiente es tenso, y los dos muchachos no paran de hablar, lo que el profesor aprovecha para decirnos por lo bajines que Taleghani tenía que haber sido el hombre de la revolución, puesto que intelectualmente estaba a cien codos por encima de Jomeini y era mucho más sensato y prudente. Pero eludió el enfrentamiento con una frase definitiva: «Un verdadero clérigo no acepta cargos de responsabilidad en el Gobierno. El mejor bastión para un clérigo es la mezquita.»

Hassan hace diabluras con su coche, y en vano el profesor le aconseja moderación. Por la carretera hay mucha gente haciendo autostop, pero vamos completos, por lo que Hassan barbota imprecaciones una y otra vez.

En los arrabales de Teherán. La «charca de Alí»

Al llegar a la población de Rey, que a la ida hemos cruzado a velocidad de vértigo, Hassan y Arim tienen una idea diabólica. No olvidan que en ella estaba el mausoleo de Reza Khan, el padre del Sha —enterrado allí, con gran pompa, en el mes de mayo de 1950—, mausoleo recientemente derribado y convertido en urinario público.

—Nos permitirán que hagamos una visita al urinario, ¿verdad? —pregunta Hassan.

—¡Por supuesto! —contesta el profesor.

La maliciosa idea parece haber cambiado el estado de ánimo de la pareja, lo que el profesor aprovecha para decirles: «Mientras tanto, yo aprovecharé para enseñar a nuestros amigos la famosa "charca de Alí".»

No hay problema. Mientras los dos «fanáticos», como el profesor los llama, se dirigen al urinario, donde querrán dejar constancia de su desprecio por Reza Khan, el profesor hace que nos asomemos a un mirador desde el cual se ve la charca, o mejor dicho, «el ojo de Alí» que ha mencionado...

En realidad, se trata de una leyenda, apta para turistas. Se dice que Alí es quien hace brotar sin descanso el agua de la pequeña rebalsa, en la que chapotean los chiquillos de Rey y, sobre todo, donde tiene lugar el lavado de alfombras, que luego son puestas a secar en la falda del rocoso montículo que se yergue enfrente.

Se cuentan muchas cosas al respecto: que no existe agua mejor para el lavado, que las piezas secadas en la mencionada roca adquieren luego una consistencia especial, etc. En resumen, vemos, en efecto, docenas de alfombras tendidas al sol en la vertiente rocosa, mientras en la rebalsa la muchachada chilla y juega, vistiendo sólo taparrabos. En sus orillas las mujeres que, previamente, utilizando unos curiosos cepillos, han frotado con fuerza y habilidad dichas alfombras, ahora, al vernos, sonríen con desparpajo y señalando mi saco en bandolera y mi Rollyflex me piden que les saque alguna fotografía. Varias de ellas adoptan posturas de *vedette*. La situación se me antoja insólita, no ya porque en Teherán resultaría inimaginable, sino por el contraste que supone si se piensa en el rito que en estos momentos estarán cumpliendo Hassan y Arim.

Saco las fotografías, ¡no faltaría más!, perpetúo también el espectáculo colorista de las alfombras —es de suponer que Raquel e Isaac se han dado más de una vuelta por aquí—, y al término de mi trabajo el profesor me dice:

—Es usted testigo de que hay muchas maneras de entender la revolución, ¿no es cierto? La alegría de esas mujeres proviene de su convicción de que realmente es Alí quien les envía, cada noche, el agua que necesitan... —Guarda un silencio y añade—: De todos modos, hay que reconocer que el agua es sorprendentemente cristalina, ¿verdad?

Damos media vuelta y regresamos al coche, donde Hassan y Arim nos estaban ya esperando, con cierto rictus de satisfacción. No les falta sino decir: «Misión cumplida.»

Apenas nos hemos acomodado en el vehículo y Hassan ha apretado el acelerador, nos enteramos de que esta población de Rey, que ahora presenta un carácter meramente comercial y de almacenes al por mayor, antaño fue llamada el Bagdad de Oriente... Cierto, varios siglos antes de Cristo era una villa hermosísima y su nombre figura en las inscripciones rupestres de la época de Darío, en el *Zend-Avesta*, en la Biblia...

Al cabo de pocos minutos alcanzamos el barrio miserable, periférico, que en el viaje de ida me llamó la atención. Jugándomelo todo a una carta propongo parar, al objeto de visitarlo detenidamente. A decir verdad, temía la posible reacción de Hassan y Arim; y sin embargo, ante mi asombro, se congratulan de mi sugerencia... «Todo esto son restos de la época del Sha —argumentan—. ¡Qué desfachatez!»

Así que nos apeamos —el profesor ha puesto mala cara— y empezamos a deambular. Se trata de gente del campo que se vino a la ciudad, como tantos y tantos millares, atraída por la propaganda y los tubos de neón, y que se convirtió en mano de obra escandalosamente barata. «Un trato de esclavos. Lo corriente en la época...»

Hay una fachada de bloques-colmena que empiezan a derrumbarse, pero de los que en El Cairo pueden encontrarse a barullo. El número un poco más fuerte empieza detrás y se acrecienta a medida que nos adentramos en el lugar. Agujeros en las rocas, tiendas de campaña deshilachadas o levantadas con sacos rotos, algunas casas de adobe, más agujeros, barracas. Visión troglodítica, con alcantarillas a cielo abierto evacuando a la calle la suciedad residual. Unos pasos más y se acabó la electricidad y se acabó el agua, sin que un Alí milagroso cuide de llenar durante la noche las acequias y las fuentes.

¿Y quién vive aquí? ¿Y cuántos viven? ¿Cómo llevar un registro aproximado? Es el hacinamiento... Ancianos sentados a la sombra, fumando —¿fumarán opio?—, mendigos con los muñones inflamados —¿cuántos leprosos habrá?—, hombres y mujeres clavando estacas para poner esterillas de mimbre, niños jugando entre las ratas, latas de conserva y restos de carne podrida.

¿Carne? ¿Cómo es posible? Sí, lo es. Algunas de las barracas hacen las veces de tiendas y vemos un carnicero ambulante, manchado de sangre, degollando un cordero según el rito islámico y despedazándolo luego a conciencia sobre una carretilla.

La visión es realmente de espanto, y al modo como el profesor me preguntó en Bechechta Sahra qué debía de ocurrir allí al llegar el invierno con su carga de nieve, todos nos preguntamos qué ha de ocurrir aquí cuando de pronto llueve torrencialmente. Las aguas turbulentas se llevarán a todo el mundo por delante, excepto al carnicero, que con su carretilla se habrá marchado ya.

El hedor es insoportable y Arim se tapa la nariz, lo que provoca entre los niños alguna risotada. Varios coches despanzurrados sirven también de vivienda y vemos a un vendedor de yogur que, con una escudilla en la mano —que no lava jamás— va de un sitio a otro, de una a otra puerta, ofreciendo su mercancía. Hombre con botas de agua hasta media pierna, se queda mirándonos como asustado. El profesor se niega a dar un paso más, puesto que el panorama continúa a pérdida de vista. De otra parte, ha encontrado un interlocutor válido, al parecer: el carnicero que degollaba el cordero. Se ha puesto a hablar con él, procurando no mancharse de sangre, y poco a poco ha obtenido la información debida, gracias a que el hombre no es en modo alguno «ambulante» —ni se largaría solito en caso de inundación—, sino que vive aquí con su familia y lo que hace cada día es ir a Rey o a Teherán a agenciarse donde pueda —a menudo, en algún hospital— algo que comer, que reparte luego equitativamente. El cordero de hoy es la gloria. Lo ha conseguido en un cuartel.

En cuanto al barrio, confiesa que, a decir verdad, no tiene fin. En un determinado momento vivieron aquí unos cuantos miles de refugiados pakistaníes, que se marcharon cuando la revolución. Pero la historia es mucho más antigua y mucho más ocmpleja. El punto de referencia es la fachada de bloques-colmena que dan a la carretera. Fueron construidos por el ex ministro Hoveyda —¡que Alá lo haya condenado!— a raíz de los Juegos Asiáticos que se celebraron en Teherán, y al objeto de que los turistas no se llevaran una mala impresión. Detrás, continuaron las barracas y los agujeros en las rocas... Luego les prestaron algunas tiendas que habían servido para las fiestas de Persépolis, pero había que pagarlas y encima, de pronto, el ejército las reclamó y se las llevó. Entonces todo quedó ya, definitivamente, tal y como ahora lo vemos, pues la revolución, de la que tanto esperaban, hasta el presente no ha hecho nada para mejorar su situación. «Todos los hombres que hay aquí están en paro, muchos de ellos ya sin subsidio y lo único que hacen es ir a la ciudad a pillar algo o a participar en alguna manifestación.»

Él, por supuesto —Bahram, para servirnos—, no quiere ser pelotilla de nadie, y se niega incluso a rezar. ¿Rezar a Dios siendo tan pobre? ¡Que recen los ayatollahs y los ministros! ¿Acaso tiene un cordero cada día, o lo suficiente para alimentar a su familia? ¡No! Rezar cuando se tiene hambre y se comen hasta ratas es una hipocresía que él no llegará a comprender jamás.

Hassan y Arim han quedado inmovilizados por el estupor, mientras una pandilla de chavales han ido acercándose y rodeándonos, llevando, no sé por qué, piedrecitas en la mano. Por fin Arim se decide a hablar y le pregunta al carnicero Bahram si realmente no hay nadie que se ocupe de ellos; por ejemplo, los fedayines.

Bahram, que de vez en cuando vuelve a cuartear el cordero, tuerce la boca y explica que apenas si queda un muchacho joven en el barrio. Todos se fueron a Teherán, porque les interesa la política. Los únicos que de vez en cuando los ayudan un poco son los que habitan en los bloques-colmena, que de tarde en tarde llegan con un camión lleno de harina para amasar pan. «Pero, claro, el pan se evapora en seguida, sobre todo en boca de los chiquillos.»

No comprenden nada. Arim y Hassan no comprenden nada. ¿Cómo se explica que esto exista y que ellos, ¡guardianes de la revolución!, no hubieran tenido noticia hasta ese momento? Los dos muchachos se miran y su desolación intensifica la diversión de los críos que nos han rodeado, uno de los cuales no aparta la vista de mi saco en bandolera.

—Pero ¿no hay por aquí ningún *mullah*? —pregunta Hassan.

—¡Hemos tenido varios! —contesta Bahram—. Nacidos aquí, ¿comprendes, chico? Pero no han solucionado nada. De día se iban y regresaban por la noche. Hasta que se casaron y desde entonces no hemos vuelto a verles el pelo... —Bahram, que denota amargura pero no irritación, repite—: ¡Que recen! ¡Que recen ellos y los ayatollahs!; yo, desde luego, ¡que el Profeta me perdone!, no pienso rezar mientras sea pobre.

El profesor se toca el turbante y se quita las gafas ahumadas, como si quisiera ver en directo, sin trabas, el mundo que nos rodea. Se disponía a intervenir, pero Arim, que no puede con su alma y que sostiene entre los dientes la punta de su *chador*, se le anticipa.

—¿Y ninguno de ustedes ha presentado una denuncia, ha hecho una reclamación?

—Yo no sé escribir, compréndelo... Nadie aquí sabe escribir. Cuando alguno aprende, se larga, como los *mullahs*, y ya no le vemos más... —Marca una pausa y se dirige al profesor—: Por otra parte, muchos se mueren, se mueren pronto... y entonces sanseacabó.

¡Se mueren! ¿Dónde los enterrarán? Todos hemos pensado lo mismo, hemos pensado en Bechechta Sahra... ¿No serán también esos muertos «mártires de la revolución»? ¿No tendrían derecho a una fotografía y una flor?

—¿Dónde está el cementerio? —pregunta Hassan, que desde que nos hemos apeado no se ha atrevido a encender siquiera un pitillo.

Bahram tiene un gesto de sorpresa.

—¿El cementerio? Allá al fondo... Lejos... ¡Bueno! —añade—. Es una hoya muy grande, ¿comprendes? Cada vez más grande, claro...

Antes de que nos invite a visitarlo, Hassan y Arim se miran de nuevo, se muerden los labios y la muchacha exclama:

—¡Vámonos! ¡Vámonos ya...! ¡Hay que redactar un informe! —Y echa a andar, medio tambaleándose, hacia el lugar donde supone que dejamos el coche.

—*Salam alaik* —dice Hassan, despidiéndose de Bahram y siguiendo los pasos de la muchacha.

—*Salam alaik* —decimos todos.

Bahram nos mira por última vez, y al cabo de unos segundos, sin alterarse en absoluto, vuelve a su cordero degollado.

Los golpes que da con el cuchillo me recuerdan los del hacha que oí cuando les cortaron la mano a los ladrones.

CAPITULO XXIX

Antes de separarnos me procuro una invitación e, inesperadamente, recibimos otra. El profesor Sadegh nos invita a que vayamos a cenar el viernes, día sagrado, a su casa, porque quiere presentarnos a un hombre —mejor dicho, a un personaje— que de seguro nos va a interesar. Se trata de un derviche, de uno de esos sujetos controvertidos que Occidente caricaturiza con mucha alegría, incluso en las enciclopedias, diciendo que son «locos mendicantes que van de pueblo en pueblo recitando versos y danzando». Nos asegura que nos interesará mucho, que es un pozo de ciencia, pero no de la ciencia que se aprende en los libros sino *más allá*. Ese *más allá* nos confunde, pero no pedimos explicaciones. «Ignoro cómo se llama en realidad mi derviche. Sólo sé que ha tomado el nombre de Majnun, que es el protagonista de un romance sufí muy célebre titulado *El Loco*.»

La otra invitación me la procuro yo. Deseo reunirme de nuevo con Hassan y su pandilla en la calle Sheybani para hablar de algunos aspectos de la revolución. Hassan no tiene inconveniente y quedamos citados para mañana por la tarde. «A ser posible —le digo—, me gustaría que estuvierais los mismos que la otra vez.» Y le menciono a Nazih, el «estigmatizado» como Mahoma, a Abolfasal, el que imitando a Ferdovsi está escribiendo en su *Diario* la crónica de los sucesos de la revolución, a Esmal, etc.

—¿A las cinco, te parece bien?
—A las cinco estamos allí.

TESIS SOBRE LA CAÍDA DEL SHA. DESEO DE MARTIRIO

Por la mañana me entero de que ha habido una manifestación clamorosa frente a la Embajada de México organizada «desde las alturas» y es de suponer que con la presencia de Arim y Hassan en el mero papel de comparsas, y por la tarde tomo un taxi y me presento puntual en la calle Sheybani. Todos están presentes, excepto precisamente Eslam, el muchacho de 2,10 metros de altura, jugador de baloncesto. «Está entrenándose y le pide excusas.»

Así que reencuentro a Nazih, con sus pastillitas de menta, su mondadientes en los labios y su sentido del humor, a los hermanos Jemal y Mustafá y al «cronista» Abolfasal, que ha decidido dejarse crecer la barba. Al verlos no puedo olvidar que todos son partidarios de la guerra santa y que han tenido un hacha en las manos... Pero hago de tripas corazón y los saludo como si nada, pensando que el ambiente ha podido con su juventud y que no soy quién para declararlos responsables.

Dos novedades en el casi desnudo piso en el que se reúnen: botellas de Coca-Cola —en realidad, la bebida se encuentra en todas partes— y las fotografías, clavadas en la pared, de los veintidós muchachos enterrados en Bechechta Sahra. Curiosamente, casi todos sonríen. Por lo visto se ha hecho un tiraje enorme de tales fotografías, aunque dudo que haya llegado una sola al barrio periférico que visitamos ayer. Alí y Hussein los presiden desde lo alto, con una mansedumbre que parece significar que los acogieron benévolamente en su seno.

Mi interés por esta reunión es un poco vago y no llevo, por decirlo así, un «orden del día». Me interesa oír de sus labios cómo fue produciéndose la erosión del poder omnímodo del Sha y el triunfo de la revolución, pues es la única, que yo recuerde, que en la época moderna no necesitó de ninguna ayuda exterior, lo que enorgullece a los iraníes. Naturalmente que le echaron una mano los «pecados de omisión» —siempre se habla de la «traición de Carter»—, pero la verdad es que la fuerza motriz, como diría el ingeniero Baxter, salió de las entrañas del pueblo en las zonas urbanas.

Y bien, encuentro a los muchachos perfectamente preparados para una información directa. Debo confesar que en ningún momento he tenido la impresión de que exageraban un ápice o de que barrían para su causa, pese a que llevan en las suelas de los zapatos, escrito en tinta roja, el nombre de Yazid, el califa que mandó asesinar a Hussein, para poder pisotearlo y llenarlo de polvo y lodo. De hecho, muchos de los datos que me han facilitado no son sino el refrendo exacto de lo que ya me habían contado Jean-Pierre y Clarisse, el doctor Garib y Raquel, etc. La única novedad es la que ellos denominan «la táctica del luto», que por otra parte enlaza a la perfección con su talante, con las fotografías de las víctimas y con las jornadas vividas últimamente.

Abolfasal, que no se aparta un momento de sus apuntes, aunque podría jurar que se los sabe de memoria, lleva en más de una ocasión la voz cantante. Si en algún momento los demás le contradicen, los apabulla de tal modo con cifras y fechas que no tienen más remedio que hacer mutis y beberse otra ración de Coca-Cola.

En su opinión, el año clave fue el año 1977. Hasta entonces, al Sha le resultaba fácil movilizar a las masas a su favor, porque éstas, en su mayoría, ignoraban los entresijos de los Pahlevi. Se habían producido incidentes aislados, pero, sin la posibilidad de que la oposición pudiera expresarse con un mínimo de libertad, su eficacia había sido más que dudosa.

En 1977 el Sha se enfrentó decididamente con los *mullahs*... En este momento cavó su fosa, cosa que nadie podía prever. Es posible que yo me conozca la historia, pero bueno será pormenorizarla un poco. Les expropió enormes extensiones de tierra que les pertenecían por donativos; acabó con el monopolio casi exclusivo que, sobre todo en los pueblos, ejercían sobre la enseñanza; les restó muchos de los atributos de que gozaban en materia jurídica, por ejemplo, en las bodas y testamentos; y por si fuera poco, les retiró buena parte de sus subsidios, que se nutrían del *zakat*, el impuesto tradicional... e intocable, puesto que figura en el Corán. El Sha dijo textualmente: «Pagarle al clero millones de dólares anuales es un soborno que no puedo consentir.»

A esto debe añadirse que impuso el calendario monárquico, es decir, el calendario laico, aboliendo el de la Hégira, y que funcionarios corruptos les cobraban dinero a los peregrinos que querían ir a La Meca, o para organizar las consabidas expediciones, lo cual se merecía castigo de fuego. En resumen, se quitó el disfraz —sólo se mostraba religioso cuando le convenía— y demostró su intención de minar el islamismo de Irán. «¡Mahoma era para él un camellero... y un camellero árabe! Nada más. Es de suponer que cuando, por orden de su padre, cursó de joven sus estudios en Suiza, llegó a tan sacrílega conclusión.»

El resultado no se hizo esperar. Una serie de figuras religiosas le volvieron la espalda, lo que fue más eficaz que las guerrillas, ya que no podía en ese caso utilizar el pretexto de que «eran comunistas», y las once mil mezquitas del país se movilizaron en contra suya, a lo que, paradójicamente, ni él ni la SAVAK le concedieron mayor importancia, tan convencidos estaban de que el pueblo «le adoraba».

En 1978 empezaron las revueltas, las huelgas y demás. Matanza de seminaristas en Qom y el famoso viernes negro, día en que, precisamente en la plaza Jaleh, los soldados, puesto que la víspera se había decretado la ley marcial, recibieron la orden de disparar contra la multitud. «Allí murieron setecientas personas, incluido mi padre», dice Abolfasal, sin mudar el tono de voz. Y ahí empezó la «táctica del luto», de que me hablaron al empezar. Cada vez que se registraban víctimas, a los tres días justos se celebraba el consabido funeral con sermón y a los cuarenta días las célebres «procesiones fúnebres de protesta», costumbre iraní, con los hombres golpeándose el pecho o flagelándose. Y puesto que el terror imperaba y los soldados continuaban disparando, dichas procesiones se sucedían en cadena. Las manifestaciones llegaban al cementerio gritando: «¡Otra víctima de la SAVAK!» Fue la subversión. Los soldados empezaron a asustarse, puesto que oían de continuo: «¡No disparéis! ¡Somos vuestros hermanos!» Ahí la participación de las mujeres jugó un papel decisivo. A menudo se ponían delante, con su *chador* negro, convertido en el símbolo de la postura anti-Sha. «¿Cómo disparar contra la madre, contra la esposa, contra la hermana? Lo tengo anotado en mis papeles... Alguien definió certeramente la situación: se rompió la barrera del miedo.»

A todo esto, los líderes religiosos —Jomeini desde fuera, Chariat-Madari desde el interior— exhortaban a la tropa a no obedecer a sus superiores. Muchos reclutas empezaron a abandonar las armas, como ocurrió en Tabriz, donde los manifestantes se apoderaron de los carros blindados. Cada muerto era un mártir, así que aquello adquirió caracteres de cruzada nacional. ¡La táctica del luto! Los tejados se llenaban de gente cantando *slogans*. Y puesto que el Sha, el *taghuti*, el Diablo, había nombrado un Gobierno militar, todo cesaba con la oración de la tarde. A partir de esa hora un impresionante silencio caía sobre Teherán y a lo largo y ancho del país. Hasta que se produjo el incendio del cine Rex, de Abadán, en el que murieron asfixiadas y quemadas casi quinientas personas, incendio fortuito, pero que fue atribuido también a la SAVAK. Poco después ya no se respetó el toque de queda... Las manifestaciones continuaban por la noche. «Recuerdo que entonces mi madre dijo: ahora hemos ganado. El Sha está perdido. Esto se acabó.» Parece ser que su propio hijo, Reza Ciro, le aconsejó que escuchase a los estudiantes, y el insensato le pegó un bofetón.

Abolfasal, llegado aquí, consulta sus notas, lo que Hassan, que arde en deseos de hablar, aprovecha para tomar el relevo.

—A partir de aquí —dice, fumando nerviosamente—, el Sha empezó a hacer concesiones. Devolvió el calendario islámico y cerró los casinos de juego. Concedió cierta libertad de prensa, que la oposición aprovechó para denunciar a la SAVAK. Gracias a ello la gente, ¡por fin!, se enteró de que centenares de prisioneros habían sido torturados, mientras las casetes de Jomeini llegaban al último rincón... Aquí donde los ve, Jemal y Mustafá recorrieron diez mil quilómetros en todo el país repartiendo cintas magnetofónicas. Fue lo que se llamó *revolución por inundación*. El Sha prometió celebrar muy pronto elecciones generales y suprimió el partido único, el Raztakhiz... Pero esto no significaba nada, porque las cárceles continuaban llenas y él solía alegar que, cuando la rebelión de los Mau-Mau, el ejército británico no se anduvo con chiquitas... ¡El Islam no era el Mau-Mau! Y además, siempre poniendo por delante el modelo europeo, que, como usted sabe, aquí no nos va...

Intervengo para objetarles que me ha sorprendido desagradablemente que hablasen del luto como «táctica». A simple vista, se me antojaba un tanto irreverente, algo así como profanar el sentido del dolor y el sentido de la muerte.

Nazih es el encargado de contestarme, y lo hace con frialdad, mientras juega con el mondadientes.

—No sé por qué ha de sorprenderle, y menos desagradablemente... Era una guerra y había que ganarla. El Profeta utilizó muchas estratagemas para ganar las suyas, y además ya conoce usted nuestra teoría al respecto. De otra parte, ¿por qué admitir la táctica del bombardeo en picado y no la del luto? Bien es verdad que a veces se presentaban como víctimas a personas que habían muerto de muerte natural, pero esto formaba parte del plan... Por cierto, que fue en la ciudad santa de Mashad donde mejor lo llevaban a cabo, siguiendo una vieja tradición. Miles de personas vestidas de negro se flagelaban en la calle, llevando unas camisas especiales que se ponían para ello, con aberturas en forma de rombo sobre el pecho, que es donde deben golpearse. ¿Qué hay de malo en ello?

—Puede haber aquí un principio de masoquismo —insisto—. Pero en fin, admitamos lo de la táctica, puesto que realmente era una guerra y se manifestó eficaz... Y pasemos a otra cosa. Vosotros sois *pasdars*, es decir, fundamentalistas. Lo que diga Jomeini está bien dicho, lo que haga Jomeini está bien hecho. ¿Creéis de verdad que no puede equivocarse? Hace pocos días vi a su hijo en la televisión, acusándole de haber cometido errores... Y él mismo ha declarado en varias ocasiones: si me desvío del camino recto, el pueblo de Irán debe advertírmelo...

Interviene Hassan, encendiendo otro pitillo con la colilla del anterior.

—Lo de su hijo —dice— nadie lo comprendió, y aquí mismo hablamos de tomar represalias contra él... En cuanto a las declaraciones del propio Jomeini, no son más que una prueba de humildad. Usted sabe la vida que lleva y lo austero que es... Pero, con el Corán en la mano, la verdad es que no puede equivocarse, porque es el Imán... Ya sabe usted que los chiitas creemos que Dios elige al Imán y que éste no puede errar ni pecar. Más aún: creemos que aquel que no reconoce al Imán de su tiempo permanecerá toda la vida siendo un pagano. Pues bien, el Imán de nuestro tiempo, elegido por Dios, es el ayatollah Jomeini, y si su hijo no lo admite así no le quepa duda de que recibirá su castigo...

—Sin embargo —le objeto—, en estos días he estado leyendo el manifiesto de vuestro... Imán, así como una serie de consejos y reflexiones suyas que, con todos los respetos, no alcanzo a comprender...

—¿Por ejemplo...?

—Por ejemplo, su sueño del islamismo universal... Y que todo lo no musulmán es impuro y que por lo tanto hay que extirparlo. En ese caso, ¡deberíais extirparme a mí! ¡Ahora mismo!

Se produce un murmullo. Interviene Jemal.

—No emplee usted sofismas. Cuando él habla del islamismo universal —mejor dicho, de la revolución islámica universal—, se refiere a la meta última, a la meta ideal, que algún día se alcanzará...

—Se alcanzará a base de ir matando...

—Eso no es cierto. Llegará un momento en que la fruta estará madura, como ya empieza a estarlo en algunos sitios, y entonces el mundo nos dará la razón. No sólo porque el Profeta dijo: todos los pueblos no forman más que una sola nación, sino porque los demás bloques y religiones han demostrado su corrupción y su falsedad...

—¿Y pensáis que no hay corrupción en vuestras filas? ¿Que no la hay, por ejemplo, entre los *mullahs*?

Interviene Mustafá, que parece el más predispuesto a escuchar y que siempre tiene la boca semiabierta.

—¡Hombre! Entre casi doscientos mil *mullahs* que tenemos en Irán, alguno habrá que no sea del todo ejemplar... Pero la mayoría de ellos darían la vida por el turbante que llevan.

—¡Ya estamos otra vez con la vida y con la muerte! ¿Sabéis lo que me da miedo? Que os ocurra como a los nazis...

Se miraron unos a otros y por fin Mustafá pregunta:

—¿Qué les ocurrió? Se refiere a los alemanes, ¿verdad?

—Sí... Pues ocurrió que se acostumbraron de tal modo a torturar y a matar judíos en los campos de concentración, que había centinelas que si un día no podían pegar latigazos no podían vivir... Algunos llegaron incluso a ofrecer dinero a los prisioneros, o un poco más de comida, si se dejaban pegar más de lo que ordenaba el reglamento...

Abolfasal, que no cesa de beber Coca-Cola, niega que esto pueda suceder en Irán, como no sea en un caso de locura individual. Ellos pegan latigazos cuando les toca el turno y no experimentan ningún placer. Cumplen con su misión y lo hacen en nombre de Dios y porque está escrito en el Corán... Y lo mismo puede decirse de las lapidaciones.

—¿Lapidaciones...?

—Sí. Ya sabe que es otro de los castigos legales, ¿verdad?

—Claro que lo sé... Pero ¿también habéis intervenido en eso?

—¿Y por qué no? ¿No quedamos en que es castigo legal? Lo único que puedo asegurarle es que no resulta nada agradable...

Al oír esto, que casi es una invitación a compadecerles a ellos en vez de a las víctimas, les pregunto cómo se realizan en la práctica las lapidaciones. Si siempre se utiliza el mismo sistema o hay cierta variedad...

Abolfasal me contesta:

—Hay variedad de fórmulas... Lo normal es cavar un pequeño hoyo y enterrar al culpable hasta medio cuerpo, y arrojar contra él piedras de tamaño medio hasta que queda sepultado... Pero hay ciudades y regiones en que, según sea la clase de delito cometido, se les obliga a arrodillarse o se empieza a apedrearles cuando están de pie...

Me tomo de un sorbo un vaso de Coca-Cola para darme tiempo a digerir tales palabras.

—¿Y por qué dijiste que no resulta nada agradable?

—Porque el procedimiento es lento, claro... No son balazos fulminantes como los de un pelotón de ejecución... Y sobre todo —Abolfasal, no sé por qué, me mira ahora con extraña fijeza—, por regla general quienes sufren tal castigo son mujeres... Y esto, claro, es un matiz a tener en cuenta. —El «cronista», que ha recobrado su frialdad añade—: Sin embargo, le repito que dentro del chiismo esto es lo normal, puesto que odiamos a Yazid, que fue el asesino de Hussein y porque hay que extirpar la raíz del mal...

Nazih, que juguetea con su mondadientes, intenta como de costumbre introducir en el diálogo una nota colorista.

—Lo que me sorprende es que todo esto le cause tanta extrañeza... —dice—. Usted proviene del cristianismo, ¿no es así? Pues el profeta Jesús, ¡en Él sean la paz y la bendición de Alá!, maldijo incluso a una higuera que no daba fruto y amenazó con castigo eterno, con el Infierno, a los pecadores...

No me interesa llevar la cuestión a este terreno, que desembocaría en la pirómana Inquisición o en la ferocidad de las Cruzadas. O en lo que implicó la llamada Reconquista española. Miro a los muchachos que tengo alrededor. Nazih, con sus pastillitas de menta, es la imagen de la inocencia. Es el «estigmatizado», con sus dos heridas en la cara. Jemal se dedica a la Coca-Cola, su hermano Mustafá se muerde las uñas con cierta delectación y Abolfasal se acaricia su incipiente barba. ¿Qué clase de reunión es ésta? ¿He aprendido algo que no supiera ya? La actitud de Hassan me lleva a recordar lo que su madre, Raquel, dice siempre: «¡Dios mío, cualquier día me lo van a matar!»

Me decido por rizar el rizo.

—¿Sabéis que tenéis a más de la mitad del mundo en contra, aparte de vuestras propias divisiones internas? ¡Si os contara lo que, antes de mi viaje, leí sobre vuestra revolución! ¿No creéis que, si os sostenéis todavía, es gracias al petróleo del golfo Pérsico...? ¿Qué sería de vuestro desértico Irán sin los barriles de petróleo que extraéis cada día?

Diríase que los muchachos se agrupan como formando un bloque.

—En primer lugar —matiza Abolfasal sin perder la calma—, se acabó eso del golfo Pérsico, o Arábigo, como se llamaba antes... Ahora es el golfo Islámico. En segundo lugar, si disponemos de ese petróleo es porque Alá quiso que fuera así... Como dice el Corán: «Gastad en la limosna parte de los bienes que poseéis y de los que hemos hecho salir para vosotros de la Tierra.» En tercer lugar, conoce usted de sobra nuestro pensamiento: quien está dispuesto al martirio no puede perder la causa que defiende... ¿No vencimos, sin disponer de armas, al ejército del Sha? ¿No hablamos ya de esto la primera vez que estuvo usted aquí? Lo mismo ocurriría si se echara sobre nosotros el mundo entero...

Al oír esto, me decido a emplear sus propios argumentos y a repetirles una vez más que a buen seguro lo que les ocurre es que están deseando el martirio.

Les abarco con la mirada y remacho:

—¡Apostaría a que habéis pensado en ello más de una vez, y que incluso, si pudierais elegir, elegiríais un determinado martirio, uno en particular, a vuestro gusto!

Nazih levanta la mano. Por primera vez su semblante denota una cierta emoción.

—¡No, eso no...! —niega, apartando el humo del cigarrillo de Hassan—. A mí no me gustaría morir mártir. Lo que de verdad me gustaría es morir como, según una tradición chiita, murió el Profeta: en una tienda de campaña, en brazos de la última mujer que amó y no poseyendo más que un mulo blanco, una espada, unas parcelas de terreno y siete dinares, que obligó a distribuir... Y que mi última voluntad fuese la suya: pedir que me lavaran la boca...

EL DERVICHE MAJNUN. LOS SUFÍES

El profesor Sadegh nos recibe en su residencia particular, situada en la calle Rostam. Nos ha citado una hora antes que a su invitado de honor, el derviche Majnun, suponemos que para hablarnos un poco de la personalidad de éste. El profesor nos presenta a su segunda mujer, Sheineda, madre de Arim. La primera, que se llamaba Naksch, le dio dos hijos —los dos *mullahs*—, ambos casados y con hogar propio, y murió de cáncer. «Fui muy feliz con Naksch, pero también lo soy con Sheineda, aunque, como pueden ustedes ver, está demasiado gorda por culpa de la pastelería.»

La simpatía de Sheineda desborda por doquier. Se educó en el liceo Juana de Arco y habla un francés idéntico al de Arim. Viste a la europea, tiene los ojos brillantes —es de suponer que debido al *kohl*— y enormemente expresivos. Cabello por completo blanco, del que cuida su antigua peluquera, que ahora sólo trabaja a domicilio. No se pinta los labios pero sí exhibe, curiosamente, dos manchas rosadas en las mejillas, que le dan cierto aire de muñeca o de *bibelot* humano. Nos dice que tenía muchas ganas de conocernos —«Ghavam me ha hablado mucho de ustedes»—, y antes de que el profesor consiga enseñarnos su biblioteca, ella, llevándose el índice a los labios y haciéndonos un guiño de picardía, nos muestra la habitación de Arim, en la que, en efecto, vemos los pósters de Trotsky y del Che, así como discos y casetes de Teodorakis y de Joan Baez.

Arim no está presente; en cambio, sí lo está *Baraka*, el gato azul. Mientras nos tomamos unos sorbetes en la acogedora sala de estar, el gato se ha tendido a los pies de Sheineda, y luego ha pegado un salto y se ha sentado en su regazo, componiendo una escena deliciosa, como deliciosos son los sorbetes. Sheineda lleva en el escote un broche original, que representa la silueta de una mezquita. Ante una frase de elogio de mi mujer, aprieta un invisible resorte y el broche se abre, dejando al descubierto dos pequeños espejos. «Son el símbolo de la felicidad que he encontrado junto a Ghavam y a Arim.» La voz de Sheineda, especialmente bien timbrada, nos hace sospechar que canta. Se lo preguntamos y nos confiesa que sí. Además, toca el piano, un piano de cola que hemos visto en la biblioteca del profesor.

Éste nos dice que a lo mejor la velada termina en concierto, puesto que Majnun, que es un derviche heterodoxo, por libre, toca la flauta. «Más de una vez han formado aquí un dúo, aprovechando que Jomeini, desde Qom, no puede oírlos. Majnun, como todos los derviches y sufíes, está en las antípodas de Jomeini, razón por la cual Arim se ha ausentado esta noche, pretextando que debía entregar en la Universidad el informe *social* que ha redactado sobre el barrio que visitamos al regreso de Rey.»

Sheineda confiesa que no acaba de comprender a Majnun, el huésped que esperamos. «A menudo habla empleando metáforas difíciles, o símbolos. Pero esto no me impide darme cuenta de que hay en él algo muy hondo, fuera de lo común.» El profesor Sadegh aprueba la definición de su mujer, añadiendo que el universo sufí es un universo extraño, «ajeno a la primera realidad», que el propio Majnun compara al célebre cuento de Andersen, *El patito feo*. «Ya se acordarán ustedes... Los patos consideraban que un determinado pato era feo; y efectivamente, en tanto que pato lo era, puesto que era un cisne...» Añade que con los derviches-sufíes —porque hay derviches que no lo son—, a veces ocurre lo mismo. A veces no se consideran obligados a rebajarse al nivel de los profanos, motivo por el cual muchos de éstos les toman el pelo o los tratan como si fueran fantasmas.

—De todos modos, ya les he dicho que Majnun actúa por libre. No sé cómo vestirá hoy... Si se presenta con túnica azul y con la calabaza en el cinto, estamos salvados. Quiere decirse que estará dispuesto a apearse de las nubes y a hacer el máximo posible de concesiones.

Mi mujer mira con extrañeza al profesor.

—Pero ¿por qué lo ponen tan difícil?

—¡Bueno! Ellos son así —contesta nuestro anfitrión—. No obstante, ya se lo dije. Creo que si se marcharan ustedes de Irán sin haber conocido a un derviche sufí, se llevarían una visión incompleta... Son un poco..., ¿cómo les diría yo?, la esencia del país, ¿comprenden?

Sheineda pone cara de *bibelot* asustado.

—Majnun se horrorizaría si te oyera semejante definición.

—¡Sí, es cierto! —admite el profesor—. Para ellos la palabra esencia significa otra cosa, o muchas cosas en una sola; pero en fin, ustedes me entienden y eso basta.

Vale decir que el universo de los sufíes no me es del todo extraño. Y ello no sólo gracias a Clarisse, quien me habló de ellos a poco de llegar a Teherán, sino porque esa charla amistosa me retrotrajo al libro de Goethe, *Diván de Oriente y Occidente*, que leí hace años y que me abrió las puertas de ese género arcaico y compensador. Por otra parte, se da la circunstancia de que en la Villa Eloïsse, en esos días, les he echado un vistazo a algunos textos referidos a esos seres «sin los cuales nuestra visión de Irán sería incompleta» .

Me sorprendió, por ejemplo, que el vocablo *rubaiyat*, que siempre supuse que era el título de la principal obra poética de Omar Kayyam, fuera simplemente el plural de *rubai* (verso) y significara *cuarteta*. También aprendí que los trovadores provenzales eran una derivación del movimiento sufí, aunque muchos de ellos no lo supieran y que muchos títulos de sus canciones no eran más que traducciones de títulos árabes. Una frase podría resumir el estado de la cuestión: «El pensamiento sufí impregnó el pensamiento occidental como una levadura.»

Asimismo me impresionó leer que, según los sufíes, la mayoría de hombres padecen daltonismo, en el sentido de que ante una serie de cajas chinas, por ejemplo, unas dentro de otras, no ven más que un truco o un juego artístico, en tanto que el sufí ve en ellas la clave de la *sucesión eterna* y comprende que se encuentra ante una analogía. Anoté en mi agenda una serie de sentencias: *«Si conocieras el origen de tus cambios de humor, podrías dominarlos.» «El ayer ha muerto; el mañana no ha nacido; el hoy está agonizando.» «El lugar del sufismo está en la humanidad misma, así como el lugar de la alfombra de vuestro salón está en el suelo de éste, y no en el pueblo de Mongolia donde pudo haberse originado su diseño.»* Etc. También anoté la fórmula para demostrar la continuidad del pensamiento sufí: *«La semilla del sufismo fue sembrada en tiempo de Adán; germinó en tiempo de Noé; brotó en tiempo de Abraham; inició el desarrollo en tiempo de Moisés; alcanzó la madurez en tiempo de Jesús, y produjo vino puro en tiempo de Mahoma.»*

¿En tiempo de Mahoma? Ello equivale a decir que fue gracias al Islam que el sufismo pudo extenderse e irradiar su luz. Sin embargo, los musulmanes a veces rechazaron a los sufíes, porque éstos los acusaron de haber adoptado, en la corte de Bagdad, un tipo de vida sensual —esclavas, concubinas, lujo, etc.—. Aunque los sufíes han repetido una y otra vez que en el fondo ellos son los auténticos depositarios del Corán, basándose en versículos tales como: «Dios era y nada era con Él; Él es ahora como Él era»; o bien: «No es posible hablar de la existencia o morada de Dios, porque Dios escapa a todos los criterios disponibles.»

Resumiendo, me di cuenta de que los sufíes no se detenían en la piel; que no les satisfacía *comerse* la manzana, sino ahondar lo más posible en el *concepto* de fruta. *«Deja de pensar, como no sea en el creador del pensamiento.»* Su formación se basa en la experiencia —*«el que comprueba, sabe»*—, no en sofismas más o menos sutiles.

Comentando esas conclusiones con el profesor Sadegh, éste me dio la razón. Por eso él —ecléctico— era un apasionado defensor de los sufíes y por eso había invitado a Majnun a cenar. Los sufíes consideraban que las religiones, con sus dogmas, eran un corsé ortopédico que se le imponía al hombre, impidiéndole relacionarse con Dios. Y a los efectos me citó un pasaje de Rumi, el descubridor de que *el monasterio está en los corazones de los hombres*: «Examiné la Cruz y a los cristianos, del principio al fin. Él no estaba en la Cruz. Fui al templo hindú, a la pagoda antigua. En ninguna de ellas encontré signo alguno. Fui a las cumbres de Herat y Kandahar. Él no estaba en las cumbres ni en la calle. Fui a la Kaaba. Tampoco estaba allí. Pregunté su paradero; nadie me lo dijo. Miré en mi propio corazón. Y en este lugar le vi.»

Luego el profesor nos contó que Majnun, en sus principios, se dejó llevar realmente por lo anecdótico de que hablan las enciclopedias occidentales, y vagó por el mundo, desde Laos a la India —y no digamos por los desiertos de Irán—, aprendiendo hasta el arte de danzar con los pies desnudos, de andar sobre fuego o besar una barra de hierro candente sin sufrir daño alguno, de clavarse agujas en la carne sin sentir dolor, etc. Se hizo llamar *el Loco* refiriéndose precisamente a esa etapa de su vida.

Poco a poco fue liberándose de ello y adentrándose en el camino espiritual —en el fuego de la vida—, sin que su espíritu sufriera. Por el contrario, su autodominio ha llegado a ser abrumador. Juega consigo mismo como Sheineda puede jugar con el piano o con el broche que lleva en el escote. Dejó de ser «monje» y eligió los senderos que más le pluguieron. Mientras fue «monje» tenía la obligación de ir a dormir al *convento* dos o tres veces por semana, además de que estaba a las órdenes de un superior, el gran muftí, y ello le cansó.

Ahora lleva años libre como el viento. Sin que nadie consiga saber dónde nació, ni cuándo, ni cómo se las arregló para hablar media docena de idiomas. Majnun no cree en los territorios concretos ni en la edad. Por nada del mundo llevaría un documento de identidad, y menos aún un fusil. Incluso dejó de usar el manto de lana (lana: *suf*) porque en el fondo no dejaba de ser un uniforme, y cualquier uniforme es una limitación. Y si a veces lleva consigo en el cinto una calabaza, es porque ello le recuerda que es un mendigo y que en los desiertos sufrió mucha sed. No habla jamás de la muerte porque, a su modo, tampoco cree en ella. La llama «trascendencia» y se acabó. Una vez les dijo que si Arim no se curaba de su fanatismo islámico acabaría, la pobre, levantándose la tapa de los sesos, como se inmolaría Irán, el país entero, si no renunciaba a la teocracia, a la subordinación a un ayatollah que no podía compararse con los derviches, pues en el fondo sacaba provecho de su actitud: ostentaba el poder.

Le pregunto al profesor Sadegh si Majnun escribe versos, como sus «maestros».

—Eso no lo sé... Lo único que puedo garantizarles es que los vive.

—¿Y continúa yendo de un sitio a otro, vagando por el mundo?

—Desde luego. Me pareció entender que venía del norte y que se iba a Ispahan y a Chiraz...

—¡A Ispahan...! La ciudad de los jardines, ¿no es así?

—Sobre todo —matiza el profesor—, de lo que ellos, los sufíes, denominan el *jardín interior*, al que sólo se tiene acceso a través de una puerta muy estrecha...

—¿Y Chiraz?

—¡Bueno! En Chiraz se encuentran nada menos que las tumbas de Saadi y de Hafiz...

Llega Majnun. Viste túnica azul... y lleva su calabaza en el cinto —buen augurio— y un zurrón repleto de Dios sabe qué. Su aspecto es realmente impresionante. Alto, muy alto, con una enorme cabellera suelta, bigotes y barba, todo su rostro es una mata de pelo en el que sólo son visibles los ojos, negros y penetrantes, con dos bolsas debajo, amoratadas, y la prominente nariz. Delgado, fibroso, con sólo los huesos y la piel —contrastando con Sheineda—, tiene largos los dedos de las manos y las uñas muy afiladas. Usa sandalias y se nota en su figura y en su manera de moverse que ha andado muchas leguas, adaptando el ritmo del cuerpo al terreno que debía pisar. No es un ser andrajoso, como mi amigo Teymur Moghati, el zoroástrico. Limpio y cortés, seguro que ha dormido muchas noches bajo las estrellas. Las reverencias que nos ha dedicado ha sido un «poema» —un *rubayat*—, y no digamos los requiebros que ha dedicado a *Baraka*, el ser que, en apariencia, más le ha interesado de cuantos estamos presentes en la sala de estar.

—¡Un gato azul! —ha comentado—. Magnífico... Uno de los maleficios de Irán es que gran parte de su población no ha visto nunca el mar...

Él sí lo ha visto. Llega del mar Caspio, cruzando la cordillera del Elborz. Y efectivamente, se dirige al sur, donde le esperan sus poetas de siempre, que son los que a la larga se adueñarán nuevamente del país. «Todo lo demás es un sarampión. Las revoluciones son un sarampión. A la larga los *mullahs* volverán a sus mezquitas e Irán pertenecerá de nuevo a Rumi, a Al-Ghazali, a Saadi, a Hafiz...»

Hemos cenado con bastante rapidez. Sheineda ha preparado sopa de sémola, habas y luego pasteles de miel, que por lo visto es comida sufí. Apenas si hemos hablado. Majnun ha sorbido la sopa con lentitud y ha masticado el resto con mucha calma, bebiendo de vez en cuando del agua pura de su calabaza, agua de los arroyuelos del Elborz. El profesor ha ido llenando los silencios contándole al derviche los últimos acontecimientos de Teherán —alborotos, atentados, muertes, manifestaciones—, y excusando la ausencia de Arim. Al oír las palabras *alborotos* y *atentados* Majnun ha posado sobre él una mirada desconcertante. Como si le dijera: «¿En qué mundo vivís? ¿Habéis perdido la cabeza?» Conociendo las costumbres de Majnun, Sheineda ha traído para todos servilletas de papel.

Sólo en un par de ocasiones ha tomado la palabra, pero no para interesarse por nosotros, sino para comunicarnos que, en este su último viaje, una vez más, al entrar en las casas de campo, ha sentido el inconfundible aroma de las especias, principalmente del pimiento rojo, y el aliento, aliento lácteo, de las bocas, como corresponde a una civilización pastoril. «Son aromas que nunca me decepcionan, porque son eso, aromas y no mitos.»

Posiblemente ha advertido en nosotros una cierta extrañeza, por lo que ha añadido que el sentido del olfato es muy importante y que a menudo indica el origen y los hábitos más arraigados de la persona. Y entonces nos ha contado que un hombre se desmayó en un bazar de perfumes, donde en vano trataron de reanimarle con fragantes olores. Hasta que alguien informó de que era un basurero. «Enterados de esto, le pusieron bajo la nariz una sustancia nauseabunda e inmediatamente el hombre volvió en sí. Lo que demuestra —ha concluido— que hay que tratar a las personas conforme a su nexo interno.» Inesperadamente me ha mirado —el profesor le había puesto al corriente de que yo intento escribir— y me ha dicho: «Señor, en el Corán puede leerse que Dios no se avergüenza de tomar una mosca como símbolo.»

Inolvidable exhibición sufí. En el seno del Islam

La sobremesa, en la sala de estar adjunta al comedor, ha sido una auténtica exhibición de Majnun, quien por fin se ha sentido espoleado por nuestra curiosidad. Ha tomado la infusión de pie; y luego, al sentarse —en el diván persa, al lado de Sheinada—, ha dicho: «Es mejor tener los pies bien atados en presencia de amigos que vivir en un jardín con personas extrañas.» Todos le hemos agradecido el cumplido y entonces su larga melena, que le cae a ambos lados de la cara, ha parecido iluminarse. Así se lo he dicho y él ha contestado que, en todo caso, los que se habrán iluminado habrán sido mis ojos, no su cabellera. Y que eso ocurre muchas veces, que se confunde el efecto con la causa o viceversa. Precisamente, antes de llegar a Teherán, mientras avanzaba por los atajos pedregosos del Elborz, se ha detenido muchas tardes a contemplar la puesta del sol. Todas eran distintas y él siempre las llamaba lo mismo: puesta de sol. Seguro que ahí existía algún error, que procuraría detectar. Pero no a base de lucubraciones, sino *preparando su estado de ánimo*. «¿Comprende lo que quiero decir? Donde el derviche se separa del mero teórico es aquí. El teórico, cuando se enfrenta con un problema se dice a sí mismo: «reflexionaré sobre esto»; el derviche, en cambio, declara: «me prepararé para *percibir* la solución». Son dos enfoques diametralmente opuestos, casi contradictorios, como opuestos y contradictorios son el turbante negro y la blanquísima dentadura del profesor Sadegh, amable anfitrión.

En este momento exacto, he notado *en mi estado de ánimo* cierta incomodidad. Me he preguntado si no me las tendría con un pedante de tomo y lomo. A punto de soltárselo por las buenas, he hecho marcha atrás, porque su túnica azul, atada a la cintura con un cordón de franciscano —«se dice que el pobre de Asís bebió en el cuenco de la mano de los sufíes»—, me ha inspirado respeto y porque sé que no conviene emitir juicios tan precipitadamente. Sin embargo, me he atrevido a decirle que el lenguaje que empleaba debía de exigir un esfuerzo mental serio. «Y me consta por experiencia que hay esfuerzos mentales serios que resultan por completo gratuitos, es decir, innecesarios.»

Majnun, a lo primero, ha fingido no advertir la ironía y elevando sus largos brazos ha exclamado: «¡Impenetrables son y serán los designios de Alá!» Pero inmediatamente ha reaccionado y, por primera vez, ha sonreído sin reservas, de una manera abierta. «Joven —me ha dicho, tuteándome de sopetón—, creo saber por dónde vas. Pero debo indicarte que te equivocas. De las sentencias que coloco aquí y allá, y que son como el aire que respiro en las montañas, sólo son mías una mínima parte... La mayoría de ellas pertenecen al acervo sufí, que es un acervo común. De modo que, nada de esfuerzo mental serio, porque me las sé de memoria, como el profesor Sadegh se sabe de memoria el Corán.» Luego ha añadido: «El imitador es como un canal, ¿comprendes? Él mismo no bebe, pero puede llevar agua a los sedientos.»

A partir de aquí la conversación ha discurrido de forma más cómoda y natural, lo que no significa que haya bajado de tono. Majnun no pronuncia una sílaba porque sí y tiene un agudo sentido del humor. Nos ha contado varias anécdotas, como la de una mujer de Qazvin que, antes de la revolución, tenía la costumbre de llamar a su casa, una vez por semana, a un *mullah* para que, pagando, le recitara lamentaciones a la mayor gloria del mártir Hussein. Después de la revolución no volvió a verle. Cuando pudo conectar con él, el *mullah* le dijo: «¡Qué quiere usted! Ahora no tengo tiempo... ¡Debo dirigir el país!»

Todos nos hemos reído y Majnun, en vista del éxito, se ha callado discretamente y le ha pedido al profesor que tomara el relevo y contara algo de lo que hubiese sido testigo, ya que las invenciones acostumbran a ser un *género inferior*. El profesor Sadegh ha reaccionado con rapidez y le ha dicho: «¡Nada, Majnun! Esta noche es tuya... Nosotros te hemos ofrecido sopa, habas y pasteles con miel, además de presentarte a unos amigos. Así que, continúa, por favor...»

Majnun, entonces, ha llamado a *Baraka* y éste de un salto ha abandonado el regazo de Sheineda y se ha sentado en el suyo. Y a seguido ha dicho: «Ahora me meteré con los anti-*mullahs*, con los incrédulos, por aquello de la ley del equilibrio...» Y nos ha contado que en Ispahan conoció a un copista del Corán que era ateo militante y que durante su trabajo tuvo ganas de orinar. Entonces, en vez de abandonar su puesto e irse al lavabo, orinó en el tintero y prosiguió copiando y escribiendo los nombres de Alá... «Total, que los sinvergüenzas se dan en todas partes, ¿no es así?»

Llegados aquí, me ha interesado saber de nuestro derviche que tanto ha viajado —y ha viajado a pie—, qué es lo que mayormente le ha impresionado en el curso de los años. «¿Cuántos años?», me ha preguntado. «Entre los cincuenta y los ochenta», he respondido, aludiendo a su edad imprecisable. «Caliente, caliente», ha comentado. Y luego ha añadido que, sin ninguna clase de dudas, sus más hondas emociones las ha vivido en los desiertos de Irán, en los tiempos ya lejanos en que los cruzaban las caravanas.

Ha tenido un momento feliz, que resulta aventurado atribuir a la sola memoria. Nos ha dicho que los manantiales son el tesoro de los desiertos —como el Bazar es el tesoro de Teherán—, hasta el punto de que en las guerras es lo único que se respeta. El nómada, por ejemplo, capaz de todas las atrocidades, no concibe un atentado contra las fuentes, y los ángeles saben que quienquiera que las envenene será decapitado.

Tocante a las caravanas —y Mahoma sabía algo de eso—, la figura más importante es el guía, que en *farsi* se llama *tschawadar*. El guía deja de ser humano para convertirse en un ser aparte, dotado de admirables y desconocidos instintos. Mago prodigioso, lee en las arenas como en un libro abierto. Huele los oasis, huele el agua —de nuevo el olfato—, y no por la conformación del terreno, puesto que debido a los vientos éste cambia de continuo, de suerte que donde ayer hubo una llanura hoy puede haber una cordillera. El guía jamás se fija en lo exterior. Actúa como los sufíes: les teme a los espejismos.

El *tschawadar* conoce los cuatro principales enemigos del desierto: el hambre, los bandidos, las serpientes y los abismos invisibles. El peor de los cuatro son los abismos: la tierra se hunde de repente, como ocurre en la altiplanicie de Irán. A veces el guía da grandes rodeos que parecen inútiles: él sabe lo que hace. Y su cariño por la caravana es paternal: de vez en cuando toma un pedazo de pan y lo entierra bajo el suelo cálido, envuelto en un paño húmedo, y pone una estaca como señal para que puedan hallarlo los que vengan detrás.

De todos modos, no todo es poesía en el desierto, como no todo lo es en el Bazar de Teherán. Sí, hay que andarse con mucho cuidado para no perecer en él, y al hablar de perecer se refiere a la mutación de la personalidad. Dice que ha conocido a muchas personas que se creían débiles y que en el desierto han encontrado una imprevista fortaleza; y otras, por el contrario, que se sentían capaces de comerse el mundo y que en el desierto han chaqueteado a las primeras de cambio... Lo cual tal vez pudiese resumirse con el diálogo que sostuvieron en cierta ocasión un beduino y Mahoma. El beduino le dijo: «Suelto mi camello y no temo, porque confío en Alá»; a lo cual contestó el Profeta: «No obras cuerdamente. Ata primero tu camello y luego confía en Alá.»

A continuación nos ha hablado de los curanderos del desierto, de los famosos *hakim*, que cambiaban, ennegreciéndolos, el color de los ojos de las niñas. Nos ha confirmado que, en efecto, muchos de ellos conocen, también por instinto, el arte de curar determinados males que sólo se dan en el desierto. Que no han estudiado anatomía, ni diseccionado un cadáver; simplemente, han aprendido de sus padres y abuelos, quienes les han confiado los secretos de su farmacopea. «He visto curaciones asombrosas debidas a los *hakim*, que suelen ir provistos de un largo rosario y de una cajita de ungüentos. He visto cauterizaciones, extirpaciones de tumor, fumigaciones en las partes doloridas, presiones en la cabeza para detener la insolación o para sanar repentinas parálisis. Naturalmente, cuando el *hakim* es un derviche, que también los hay, entonces la sabiduría no es empírica. Es gente no analfabeta, que conoce perfectamente el Corán y que gana apuestas recitando versos de los más destacados poetas.»

He interrumpido a Majnun para decirle que, sin saber por qué, a menudo me ha ocurrido que en el desierto me he sentido feliz. Al oír la palabra «feliz», su larga melena se ha iluminado de nuevo. «Sí, te creo —ha dicho por fin—. Todos tenemos un sitio donde nuestra sangre circula con libertad. Se trata de encontrar este sitio... Los poetas sufíes hablan de esto concentrándolo en una gota de agua. Dicen que una gota de agua puede mezclarse con el océano y continuar siendo significativa, porque ha encontrado su *lugar*.»

—¿Quiere ello decir que mi lugar es el desierto? —le he preguntado.

—¡Cuidado! —ha contestado, levantando las dos manos y mostrándonos sus diez dedos afilados—. Retirarse del mundo no es necesario más que en determinadas circunstancias; y desde luego, si se tiene una mujer como la tuya, jamás. Los anacoretas, obsesos profesionales (y los *hakim* que antes cité), han hecho circular la idea de que el desierto o la montaña son los únicos lugares donde un hombre puro puede encontrar la paz. ¡Nada de eso! Conozco a gente que ha encontrado la paz incluso en medio del tráfico de Teherán, y hombres a los que la soledad conduciría a la locura. Siempre recordaré lo que me dijo una vez un artesano de Kermán: no hay que confundir un trozo de lana con toda la alfombra...

He guardado un momento de silencio, y de repente, acordándome de Hassan y sus camaradas, le he preguntado a Majnun:

—¿No cree usted que esto es lo que le está ocurriendo a Jomeini?

—¡Desde luego! —ha contestado nuestro derviche particular, acariciando el gato azul, que permanece en su regazo—. Jomeini empezó siendo un gran jefe de caravana, poseyendo el instinto necesario; pero ahora ha fanatizado a su pueblo, inyectándole odio y lo llevará a la perdición. Total, ha confundido un trozo de lana con toda la alfombra...

El profesor le ha preguntado:

—¿Qué es, en tu opinión, lo que hubiera debido hacer?

—Atar el caballo antes que confiar en Alá; es decir, enseñar a los iraníes que el Islam no es la guerra, ni la venganza, sino el perdón...

Sheineda ha intervenido, con su voz bien timbrada, y posiblemente pensando en Arim.

—¿Perdonar, por ejemplo, a la dinastía Pahlevi, o a quienes han hecho volar un camión con veintidós jóvenes que iban en él?

—Perdonar al hombre... Hecho esto, la vida elige por sí misma los que merecen ser castigados y los que no...

Sheineda se disponía a la contrarréplica, pero Majnun, cuyas ojeras se le acentúan cuando baja la cabeza, como hablando para sí ha empezado a murmurar: «Cuidado con el odio. Lo escribió Hafiz: *"Mira la espada. ¿Quieres mejor presencia? Sin embargo, sobre su filo corre la muerte."*» Inmediatamente ha añadido: «¡Jomeini es hombre de fe! Eso es indiscutible. No obstante, lo escribió Al-Ghazali: *"La fe no servirá para nada a quien no saque partido de la duda."*» Y ha proseguido: «¡Y lo malo es que Jomeini no es ya un chiquillo! Arim, por ejemplo, vuestra hija, tiene salvación... A ella puede aplicarse el verso de Rumi: *"Consulta a los ancianos. Sobre sus rostros han pasado los ojos de los años, y por sus oídos vibraron diferentes voces de la vida."* ¡Pero Jomeini está ya en su crepúsculo y tiene débil el corazón!»

Viendo que Majnun ha sonreído, como satisfecho de sí mismo, le he espetado a bocajarro:

—¿No se emborrachará usted un poco con las palabras?

Ha hecho un mohín. Ha soltado el gato y ha acariciado la calabaza que lleva en el cinto. Luego se ha pasado la mano por la cabeza, lentamente. Por fin ha contestado:

—Es posible... Precisamente fue un sufí español, Ibn-Arabí, quien escribió que la presa más fácil para el diablo es el intelectual pretencioso y el poeta que negocia con sus musas...

—¿Entonces, hoy le ha pillado a usted el diablo, digamos que con facilidad...?

—No, con facilidad, no... —ha replicado Majnun—. Un ataque al Islam me amarga el estómago, ¿comprendes? Y he caído en la trampa... Sí, he caído en la trampa de hablar de esa histeria colectiva, sabiendo de sobras que hablar de histerias colectivas es una pérdida de tiempo, que eso lo hacen los periódicos... —Con un ademán ha parecido alejar de sí un fantasma y ha añadido—: ¡Si lo dije al llegar! ¡Si el final de todo esto es archisabido!: pasará el sarampión, los *mullahs* volverán a sus mezquitas y de nuevo el país pertenecerá a quienes acabo de citar: Hafiz, Al-Ghazali, Rumi, Saadi...

—Es decir, a sus grandes amigos los poetas...

—Poetas, místicos, filósofos, astrónomos, ¡sabios...! Porque tales caballeros nunca admitieron que existiera antagonismo entre la vida especulativa y la vida emocional. Estaban convencidos de que ambas podían coexistir, y éste era su caso, en una misma persona... —Ha marcado una pausa—. Ahora deberé reparar el daño que me he hecho a mí mismo embriagándome, en efecto, con las palabras...

—¿Y qué hará usted para tal reparación?

—¡Oh, lo más sencillo del mundo! Tocar un poco ese instrumento que huele también a aliento lácteo, a pimentón rojo, a civilización pastoril... —Y levantándose ha ido a buscar el zurrón que llevaba al entrar y ha sacado de él una flauta no muy larga que parece de bambú y que ha blandido como si se tratara de la espada bífida, triunfal...

Majnun, primero nos ha obsequiado con unos breves pasos de danza parecidos a un vals, girando sobre sí mismo —«a semejanza de la rotación de los cuerpos celestes»—, y luego se ha sentado en la alfombra y ha tocado con la flauta un par de melodías que, sorprendentemente, nos han transportado con rapidez al mundo lácteo y pastoril de que nos había hablado.

Al término de la primera melodía nos ha dicho que la música sufí introdujo en la Europa cristiana, allá por el siglo XI, el concepto de que las notas tienen entre sí un exacto valor de tiempo: la música mensurada... Al término de la segunda melodía nos ha recitado un poema —no sin antes dirigirme una inteligente mirada— sobre lo inútil que resulta la búsqueda de la Verdad, de la Verdad con mayúscula:

> Basta de pensar que la Verdad puede existir.
> Sentémonos donde arden las rosas.
> Lo cierto es que no sabe cómo saber
> aquel que no sabe también ignorar las cosas.

Todos hemos quedado prendidos del encantamiento de Majnun, quien ha aprovechado para decirnos que no siempre las síntesis tienen un valor auténtico. «Esto es inevitable mientras los diccionarios continúen suponiendo que la brevedad es posible en todas las definiciones.» Luego ha añadido que todos los que somos conscientes de tener un alma tenemos derecho a hacernos preguntas sobre ella; pero evitando, por supuesto, estancarse en la palabra «Yo». Le he preguntado qué opinaba del tiempo y me ha contestado con las palabras del sufí Burton: «El mundo es viejo y tú eres joven; el mundo es grande y tú eres pequeño; deja, átomo de un instante de duración, de considerarte el Todo.» Sin embargo, no querría ser pesimista, porque el pesimismo es negación y optar por la negación es negarse a sí mismo. «La verdad es que hay un tiempo para almacenar y otro para la dádiva, y que un hombre que viaja en la oscuridad, no por ello deja de estar viajando...» La música, en ese sentido, es el gran vehículo de traslación, aunque hay que ponerse en guardia, como lo aconsejan las palabras de Saadi: «Me temo, ¡oh nómada!, que no llegarás a La Meca, pues el camino que sigues conduce al Turquestán.»

Terminada la demostración flautista, y en el momento en que nos disponíamos a pasar a la biblioteca del profesor, donde Sheineda, con el piano, debía acompañar a Majnun —querían interpretar a dúo antiguas danzas persas y también el *Bolero*, de Ravel, de inspiración sufí...—, he aquí que se ha oído el llavín de la puerta y ha entrado Arim.

Ha sido como una descarga eléctrica. Arim llegaba de la universidad, en efecto, donde había entregado su informe sobre las barracas y la miseria del suburbio de Teherán, con el carnicero manchado de sangre y los niños jugando con las ratas, y su aspecto era el de una persona *fanatizada*, que seguía pensando no sólo que la Verdad puede existir, sino que ella y los suyos —sus camaradas— la poseían enteramente.

Al ver a Majnun, Arim, que se disponía a quitarse el *chador*, ha dejado de hacerlo y le ha dirigido al derviche una mirada fría, cortante como un alfanje, de desafío o reto; Majnun, después de corresponder con una reverencia, le ha dicho a la muchacha: «*Shalam alaik...*» Pero ahí se acabó el intercambio. Arim ha pretextado que estaba exangüe y que se iba a dormir, y dando media vuelta se ha dirigido a su cuarto, cerrando la puerta con estrépito. ¡Ah, ni siquiera nos ha dado tiempo a reaccionar, a adecuar *nuestro ánimo* a la situación!: a los pocos instantes han tronado en el aire, a todo volumen, los primeros compases de uno de los himnos revolucionarios que yo adquirí en la universidad...

El profesor Sadegh se ha quitado las gafas ahumadas, decidido a ir al encuentro de Arim, pero Majnun ha movido lenta e imperiosamente la cabeza.

Sería inútil obrar ahora mismo. Nos quedábamos sin concierto, pero la muchacha se había quedado sin nexo interior. «No hay que olvidar nunca el pensamiento de Saadi: retirad las muletas del paciente sólo cuando éste sea capaz de andar por sí solo...»

El profesor le ha hecho caso, no sin visible esfuerzo. Hemos recuperado nuestros anteriores asientos y Sheineda, con mucho estilo, ha ido a la cocina y ha traído más pastelitos con miel... Y momentos después ha cesado la música revolucionaria y se ha hecho el silencio. Entonces hemos dado por concluido el incidente y hemos empezado a hablar del proyecto de viaje de Majnun a Ispahan y a Chiraz...

De hecho, ha sido mi mujer quien ha abordado el tema, porque se da la circunstancia de que nosotros tenemos también proyectado —en principio, con Raquel— realizar el viaje Chiraz-Ispahan-Persépolis, ruta obligada de quienquiera que visite Irán. Pasar varios días en esa zona, intentando alcanzar desde allí el golfo Pérsico —o Islámico—, para luego regresar a Teherán y dar ya por terminada nuestra estancia en el país de la Villa Eloïsse, del Bazar, de las historias colectivas, de los desiertos, de los *mohajedin*, de Arim...

Nuestro propósito es bien recibido por la concurrencia. Aparte de que los tres lugares indicados son espléndidos y realmente imprescindibles, todo el mundo tiene conexiones allí. El profesor, un sobrino en Chiraz, dedicado a la arqueología; Sheineda, una amiga en Ispahan, casada con un ginecólogo; Majnun, colegas mil, incluso en las ruinas de Persépolis, uno de los cuales se gana la vida sacándoles fotografías a los turistas.

—Además —añade Majnun—, según cuando decidan ustedes hacer el viaje, cabe la posibilidad de que coincidamos de nuevo...

—¿Cuándo se va usted? —le pregunto.

Majnun sonríe.

—¡No lo sé! Depende de mis pies, un poco cansados... Depende de mi flauta...

Leo en los ojos de mi mujer que desearía precisar un poco más, por lo que me atrevo a insistir.

—¿No podría usted darnos unas señas a las que dirigirnos? Iríamos a preguntar...

Majnun niega con la cabeza. Cuando ha hablado de colegas mil, se refería a colegas que ya están muertos: los poetas y los que construyeron la maravilla de Ispahan, especialmente Sha Abbas... En cuanto al fotógrafo de Persépolis, ignora incluso cómo se llama. Sin embargo, no debemos preocuparnos por ello... ¡Si Adán conocía todos los nombres, también los conoce Alá! Si está escrito que debemos encontrarnos, nos encontraremos... Él no es hombre de calendario, no es hombre de reloj, y tampoco lleva jamás una agenda de notas...

La cosa queda así, colgada en el aire. Por otra parte, Majnun tiene el proyecto de ir andando, en tanto que Raquel nos aconsejó el avión, pese a que volar le da un poco de miedo, habida cuenta de que los buenos pilotos habían sido despedidos...

—¡Conforme, Majnun! Será lo que quieran Alá y Adán, quienes, según usted, conocen todos los nombres...

La velada toca a su fin. Majnun tiene los pies cansados, y creo que también el resto del cuerpo. De repente las bolsas amoratadas de los ojos se le han abultado más aún, sin contar con que ha amagado un par de bostezos. ¡Y nos enteramos de que se queda a dormir en casa del profesor! Comprendemos que prolongar nuestra estancia sería «intrusismo», como lo fue la llegada de Arim...

Así que nos levantamos y anunciamos nuestra marcha. ¡Extraña despedida, a fe! El profesor y Sheineda nos han besado repetidamente en las mejillas, prometiéndonos darnos las señas de sus amigos en Chiraz e Ispahan... y organizar otra velada para que podamos oír, por lo menos al piano, el *Bolero* de Ravel. Majnun, en cambio, se ha limitado a repetir su reverencia inicial y antes de que abandonáramos la sala de estar en dirección a la puerta le estaba ya recitando Dios sabe qué poema al zurrón que le acompaña por doquier.

CAPÍTULO XXX

PROYECTO DE VIAJE A KUWAIT

Como siempre nos ocurre, los acontecimientos se precipitan, tomando un rumbo inesperado. Al día siguiente le comunicamos a Jean-Pierre y a Clarisse nuestro propósito de empezar a despedirnos. La palabra «despedirnos» los sobresalta un poco, pero ello queda pronto enmendado. Se trata de despedirnos de la experiencia teheraní, pero no de Irán. Tal como habíamos proyectado, queremos irnos al sur, intentando llegar al golfo Pérsico, puesto que hemos conocido a un derviche, Majnun de nombre, que nos ha cantado las propiedades del olfato y yo necesito «oler» de cerca el petróleo, emborracharme con él, por ser una de las causas por las cuales llevamos unas semanas compartiendo su casa y dándoles la lata.

—El petróleo, ¿comprendes, Jean-Pierre? El petróleo y el Corán, ¡mezcla explosiva para ese libro que he de escribir y que amo tanto como los sufíes aman el significado primordial de las cosas!

Jean-Pierre y Clarisse aprueban sin reservas la primera parte de nuestro plan, pero nos desaniman con respecto al segundo. ¿Ispahan, Chiraz, Persépolis? Perfecto. En cambio, nada de golfo Pérsico. El solo hecho de que ahora se llame *Islámico* ya es revelador. No podríamos visitarlo con libertad. Está aquello muy emponzoñado, con mucha vigilancia, muchas deserciones y mucho descontento. Lo ocurrido con las empresas españolas que trabajaban allí, y cuyas dificultades han sido morrocotudas, es la prueba concluyente de la justeza de su consejo. Mejor que desistamos. «Tú solo —me dice Jean-Pierre—, ¡bueno! Pero los dos, imposible...»

Por lo demás, hay una solución óptima para satisfacer nuestros deseos, sin necesidad de arriesgarnos.

—¿Por qué no os vais a Kuwait? Es el país idóneo... En Kuwait se halla una de las bolsas de petróleo más importantes del mundo: la de Burgan. Todo lo que necesites saber del petróleo y del golfo lo tenéis allí, y seguro que os pasearán de un sitio a otro a bordo de un Rolls Royce...

Jean-Pierre ha hablado de ese modo porque le habíamos advertido que nuestro embajador en Kuwait, Fernando Schwartz, es también amigo nuestro desde hace años y que a buen seguro estaría encantado de recibirnos, como lo han estado ellos.

—¿Hace...? ¿Queréis que llamemos por teléfono a vuestro amigo embajador? A ver si lo pillamos en su casa...

Clarisse añade:

—Ese tipo de decisiones hay que tomarlas así... ¿O preferís que lo consultemos con el Tarot y perderos la ocasión?

Estamos abrumados. No sabemos qué responder. Mi ilusión era visitar el golfo precisamente en Irán... Cuesta renunciar, por ejemplo, a los tres islotes cercanos a los estrechos de Ormuz —Abu Musa, Tubns Mayor y Tubns Menor—, de que el Sha se apoderó, y a la inmensa refinería de Abadán, con sus bocas de fuego elevándose al cielo. Precisamente Baxter me habló de ellas con el entusiasmo de un adorador de Zoroastro. Sin embargo, nos consta que si algo caracteriza a Jean-Pierre es su sentido de la responsabilidad.

Mi mujer y yo nos consultamos con la mirada. Ella hace un signo afirmativo con la cabeza, y lo hace con decisión. Yo me resisto todavía, porque me había leído un montón de informes sobre la zona —la odisea de D'Arcy, del barón inglés Reuter, etc.— y la renuncia se me antoja una frustración.

Jean-Pierre enciende un pitillo y me martillea implacablemente. Nuestros pinitos heroicos los hicimos ya durante nuestras guerras respectivas, como tantas veces hemos comentado... Ahora es la etapa de la cordura. ¡Y Kuwait no es moco de pavo! El país más rico del mundo en renta per cápita... Con sólo cuatrocientos mil kuwaitíes y casi un millón de inmigrantes a su servicio: una monada. Y sin el partido Tudeh y sin los milicianos *khalq*. Con un zoco en el que el oro se vende a peso, como las rosquillas. Con unas instalaciones que quitan el hipo y que despiertan la envidia hasta de los japoneses...

—¡Anda! ¡Coge el teléfono y llama a Kuwait...!

Todo sale a pedir de boca, como si la *baraka* nos llevara en aquella dirección. Un cuarto de hora después hemos hablado con Fernando Schwartz —joven, de la nueva hornada diplomática— y todo ha quedado decidido, resuelto.

Primero se ha puesto Jean-Pierre y luego yo. Diálogo cordial. Podemos ir cuando queramos —lo antes posible, por circunstancias que ya nos explicará—, ¡y podremos ser huéspedes suyos en la propia Embajada! Nada de hoteles, que cuestan un riñón, y no ha leído en la prensa que yo sea un jeque árabe... Tiene un cocinero sevillano, Antonio de nombre, que si le caemos bien amenizará nuestros estómagos como si fuéramos romeros del Rocío... Tiene un obispo vasco, llamado Sanmiguel, con su catedral católica al servicio de treinta mil mujeres indias que trabajan en hogares kuwaitíes... ¿Quiero algo más? ¡Pues me obsequiará con una carrera de camellos!

Al colgar el teléfono me he dejado caer en el sillón..., y mientras la sirvienta nos servía el té, Clarisse me ha traído, sonriendo, una pastilla de chocolate.

¡Qué cosas! Kuwait... Un cocinero sevillano llamado Antonio, un obispo vasco, ¡camellos! ¿Cómo predecir lo que ocurrirá? Majnun acierta al decir que las cosas escritas, escritas están...

Jean-Pierre me amplía información sobre Kuwait. A su entender, en la actualidad es un incomparable venero de datos. Luego añade: «No te quepa duda: eres hombre afortunado...»

Nosotros le hablamos de Fernando Schwartz. Le conocimos en Benidorm cuando le picó el gusanillo de escribir un libro sobre la intervención internacional en la guerra de España, libro que ya vio la luz. Hombre espontáneo, deportivo, aparentemente feliz... Ojos azules, como el califa Omar.

Jean-Pierre me interrumpe y se ajusta las gafas trifocales, como es su costumbre.

—No te esfuerces más, por favor... Con su apellido, ¡tan español!, ha de ser una joya...

Ya sólo falta organizar la prevista excursión a Persépolis y aledaños. También se resuelve por la vía rápida, a través de una agencia de viajes. Nuestro acompañante en la gira no será, por fin, Raquel, porque sus obligaciones familiares no le permiten una ausencia de cuatro o cinco días. ¡Será Baxter! Experto, precisamente —como nos indicó Salvio Royo— en el tema de las antiguas dinastías persas, desde Ciro el Grande hasta Sha Abbas... El hombre obtiene el necesario permiso de la Priker Company y se muestra encantado. «Será estupendo. Es un cambio de mundo... A veces allá se olvida uno de que hay revolución.» Conoce a mucha gente, pero «nunca está de más llevarse cartas de recomendación». Dichas cartas nos las dan, tal y como nos lo prometieron, el profesor Sadegh y Sheineda. Y a ellas añadimos otra del doctor Mahmud Gabir, que nació en Ispahan, para un hermano suyo que se quedó a vivir allí, donde ejerce de arquitecto. «Es un tipo raro —nos advierte el doctor—, Si no comparten ustedes su opinión de que las mezquitas de la plaza Real son las más hermosas del mundo, los enviará a hacer gárgaras.»

EN LA EMBAJADA CHINA

Los dos días que faltan para emprender el viaje los pasamos prácticamente en casa. En realidad, me convenía un cierto descanso, después de las emociones vividas últimamente. Me dedico a poner en orden mis apuntes, a leer, a escuchar música y a contemplar las evoluciones de la perra *Laila*, que en cuanto me ve pega un brinco y se va.

La única salida que hacemos es a la Embajada china. El embajador ofrece una recepción, a la que me apetece asistir. La temperatura, agradable, permite que la fiesta se celebre en el jardín, espacioso y bien cuidado. El embajador y su esposa hacen gala de la proverbial cortesía de su país. Se sirve alcohol a destajo y está presente buena parte de la representación diplomática extranjera. Voy de grupo en grupo y escucho al vuelo las conversaciones. Me doy cuenta de que, por regla general, se elude hablar de temas concretos que puedan comprometer. Los hispanoamericanos son tal vez los más abiertos y uno de ellos se refiere al histórico litigio que enfrenta, por cuestiones fronterizas, a Irán e Irak. «No me extrañaría que estallara un conflicto entre ambas naciones», dice.

Charlo un rato con una muchacha joven, enclenque, de raza negra, que está sentada en una silla aparte y que al parecer se siente mareada. Es la hija del embajador de Somalia. De religión musulmana, al igual que su pueblo, pero no chiita. Me confiesa —ella sí— que se encuentra asustada, como si temiera alguna represalia. Leo en sus ojos todo el inmenso drama del continente africano, de la lucha por la negritud. En cambio, el encargado de negocios de los Estados Unidos, Bruce Laingen, corpulento y atlético, parece muy seguro de sí. Tal vez ello se deba a que le acompaña un gigantesco guardaespaldas, que no deja de mirar alrededor, subido al reborde de la piscina.

Manos desconocidas me saludan como si yo fuera también embajador. No los contradigo. Alguien me cuenta que acaba de llegar de Indonesia y que en la interpretación coránica de aquella zona demográficamente tan densa —¡ciento cuarenta y cinco millones de habitantes!—, se nota una clara influencia hindú, budista e incluso animista. Pero que sus militantes se muestran muy activos, con un gran sentido de la fraternidad, semejante a la de los Hermanos de la Pureza. Me habla de una secta malaya que cree que los chiitas no conocen el amor y que se reproducen por procedimientos misteriosos y antinaturales. Clarisse de vez en cuando se me acerca: «¿Todo bien?» «Todo bien.»

De forma imprevista, llega el primer ministro iraní, Mehdi Bazargan. Le había visto con frecuencia en la televisión. Le acompaña un nutrido séquito y se convierte en seguida en la *vedette*. Bajito, calvo y con una perilla de chivo, también da la impresión de pisar fuerte. Es uno de los artífices de la revolución, pese a ser hombre de talante moderado, que ostentó el cargo de presidente de la Sociedad de Derechos del Hombre. Nadie ignora que la Constitución aprobada no acaba de gustarle —quería introducir en ella el término «democracia»— y que ha criticado veladamente a Jomeini en más de una ocasión. Alguien asegura que su fin no puede ser otro que «morir despedazado» cualquier día, gracias a la mano oculta del más peligroso de sus enemigos personales, el ayatollah Jaljali.

Contemplando a Mehdi Bazargan, prematuramente envejecido, tengo la impresión de que, pese a su séquito y a su actitud, en el fondo está, en efecto, tan solo como la hija del embajador de Somalia. La lucha contra «el pensamiento ilustrado» se acrecienta por días en Irán. Jomeini acaba de declarar: «No permitiremos que un puñado de intelectuales, de demócratas, de periodistas, en nombre de la libertad, conduzcan el pueblo a la corrupción diabólica.» Por el contrario, el hombre que tengo enfrente, Bazargan, ha declarado *sotto voce* que «las masas iraníes a veces están fuera de toda realidad» y que a menudo «se muestran ingobernables». De esa antinomia a la acción letal de Jaljali no hay más que un paso.

Poco a poco los asistentes al cóctel se van. Ha empezado a hacer frío en el jardín. Observo de nuevo al embajador chino y a su mujer. ¿Eran partidarios de Mao Tsé-tung? ¿Estaban en contra? Nadie puede saberlo. Pero pertenecen sin duda a la raza que, muy probablemente, en el momento preciso, modificará el curso de la historia. La alfombra que hay a la salida es la más elegante que me haya sido dado pisar jamás.

De regreso a casa, conduciendo Shapour, con su corbata azul, Clarisse, sin duda contagiada de la abstracción del lenguaje comúnmente empleado en el cóctel, en vez de comentar algo preciso nos recuerda que, según el Corán, el ángel Azrail —el de la Muerte— era tan grande que la separación de sus ojos equivalía a setenta mil jornadas de marcha y se pasaba el tiempo inscribiendo en un libro inmenso los nombres de los que nacen y de los que mueren.

Nunca lograré aclarar si Clarisse se refería a Bruce Laingen, representante de la Embajada de los Estados Unidos, a Bazargan o a Jaljali.

RUMBO A PERSÉPOLIS, CHIRAZ E ISPAHAN

Damos por terminado el descanso. Lunes, seis de la madrugada. Baxter pasa a recogernos en taxi. Le esperábamos en la esquina de la calle Totoi, con el mínimo de equipaje. Robert se presenta con su gorra a cuadros, una sahariana caqui, su pipa y su buen humor. También una bolsa de viaje, muy práctica, que le cuelga del hombro. «Soy un *fan* de las cremalleras», nos dice, refiriéndose a la bolsa. En una apertura superior de la sahariana, varios bolígrafos y unas gafas de sol.

Camino del aeropuerto, escasa circulación. Aquí y allá, parejas de varones haciendo *footing*. No sabemos si se trata de personas que en pleno día no se atreven a salir y que aprovechan esa hora incierta para desentumecerse y respirar aire puro. Ningún control por las calles y avenidas. En cambio, en el aeropuerto, nos registran con tal minuciosidad que a mí me obligan a beber dos tragos de café del termo, lo que hago con visible desgana, mientras una muchacha parecida a Arim se entretiene oliendo los lápices de labios y los frascos de colonia que mi mujer lleva en su estuche. Baxter bromea con los *inspectores*. «Llevamos drogas, microfilmes y explosivos.» Nadie le contesta y siguen registrando. «¿Por qué tantas pipas?», le preguntan, oliéndolas también. «Soy opiómano», responde Baxter.

Sin mirarle siquiera le indican el control electrónico, que a su paso emite un pitido estremecedor. Le detienen cortésmente, ¡y le desmontan la máquina fotográfica!, con riesgo de hacernos perder el avión. Se la devuelven intacta. «Está visto —comenta Baxter— que con pasaporte americano, y siendo mormón, no se puede ir a ninguna parte.»

Por fin subimos al aparato. En nuestros billetes está marcado todo el itinerario que pensamos seguir, y que acordamos en la agencia de viajes. Primero Chiraz, que está mucho más al sur de lo que pensábamos y donde permaneceremos dos días, con la correspondiente excursión a Persépolis. Ya de vuelta, nos pararemos dos días en Ispahan. En Chiraz tenemos plazas reservadas en el Kourous Hotel, y en Ispahan en el Hotel Sha Abbas. El costo global ha sido muy elevado y hemos tenido que pagar en divisas. «Natural —comentó Baxter—. Pero no olvidéis que van incluidos los servicios del mejor guía del mundo, que soy yo.»

Nos sorprende que el piloto del avión —avión de las Líneas Aéreas Iraníes— sea también americano. Baxter ha hablado un momento con él, aprovechando que, antes de arrancar, ha inspeccionado por sí mismo el pasillo. Ha dado a entender que le pagaban una fortuna y que la aventura le compensaba. Durante la guerra sirvió en Australia... ¡y luego estuvo en el Vietnam! Baxter, de no llevar ya el cinturón puesto, se hubiera levantado y le hubiera dado un abrazo; pero el hombre se puso tan serio que Baxter desistió.

Por fin arrancamos, con media hora de retraso. Ocupamos las filas de atrás, lo que nos permite asistir a una escena curiosa: en el momento del despegue, un tanto brusco, a la azafata se le ha derramado todo el café preparado para los pasajeros. ¡La muchacha no le da ninguna importancia! Se queda tan tranquila, parloteando con sus «colegas», mientras el café va y viene, en pequeñas olas, por el piso del avión. «Se necesita cara», diagnostico. «Nada de eso —protesta Baxter—. Es una costumbre chiita.»

El avión, aparte de la presencia de unos cuantos *mullahs*, parece una guardería infantil. Está lleno de niños que juegan y chillan a pleno pulmón. Pronto volamos por encima de las nubes, lo que me recuerda alguno de los pósters de Jomeini, después de haber atisbado abajo una gran extensión de desierto. He pensado en Majnun y en el jefe de las caravanas, «mago prodigioso», según él. También me parece un mago el piloto americano. Diríase que el avión no se mueve. Por uno de los ventanucos entra un rayo de sol que intermitentemente ilumina el ejemplar del Corán que lee uno de los *mullahs*. Varias mujeres visten sin *chador*, pero nadie les hace caso. Suena una musiquilla... y quedamos atónitos. ¡Es el *Concierto de Aranjuez*! Pensamos que al maestro Rodrigo le gustaría estar aquí. Baxter escucha extasiado y admite que se trata de un buen detalle. Nos dirigimos a dos ciudades–jardín —Chiraz e Ispahan— y los jardines de Aranjuez son famosos. ¡Ah, si no fuera por el café derramado! En estos días he leído que los sátrapas, invención del imperio de la dinastía aqueménida, a los jardines los llamaban «paraísos».

Le pregunto al ingeniero Baxter la causa por la cual le ha interesado tanto dicho imperio antiguo, habida cuenta de que por entonces no existía el ferrocarril. Me contesta que precisamente por eso, porque durante el reinado de los tres grandes soberanos —Ciro el Grande, Darío I y Jerjes—, y dado que los territorios por ellos dominados abarcaban desde el mar Negro hasta el Asia Central y de la India a Libia, los persas inventaron el tren. El tren de la época, se entiende, que consistía en relevos de caballos «más rápidos que las grullas», con un sistema muy práctico de trasmisión óptica: torres en las colinas y montañas, capaces de comunicar, a base de fogatas, toda clase de mensajes.

Añade que entre los muchos pecados de Occidente, siempre tan preocupado por anatematizar sobre todo la lujuria, figura el de no haber explicado en las escuelas las grandes hazañas de los persas. «Nuestros alumnos saben que Darío fue derrotado en la batalla de Marathon y Jerjes en la de Salamina. Pero ignoran que esos caballeros, además de ser los padres del correo y de imaginar nuevos sistemas monetarios, incluidos los cheques y las cuentas corrientes, intentaron ya en aquella época abrir un canal que comunicara el mar Rojo con el Nilo, y que a ellos les debemos cositas tan peregrinas como el pistacho, el sésamo, el arroz, la viña, la paloma... ¡y hasta el pantalón!

Al advertir nuestro asombro, Robert concluye:

—¡Sí, amigos! De no haber existido esos monstruos preislámicos, posiblemente nosotros iríamos ahora en cueros...

Llegamos al aeropuerto de Chiraz a media mañana. Al bajar del avión, una vaharada de calor sofocante, que nos recuerda el de Egipto, nos azota el rostro. Baxter nos aconseja tomar un taxi para ir a Persépolis —que dista unos sesenta quilómetros— antes que a la ciudad y al hotel. Así lo hacemos. Una vez acomodados en el vehículo, enfilamos una gran avenida de pinos y palmeras y pasamos bajo un arco de triunfo en el que está grabado un versículo del Corán.

El trayecto es ameno y hay que rendir tributo al esfuerzo del hombre, pues antaño fue un desierto. Nos cruzamos con una serie de camiones engalanados con pegatinas que me recuerdan los de Belén. Fábricas de ladrillos y de azúcar. Y de cemento. Nos detenemos para poner gasolina, que cuesta a 10 riales el litro, y proseguimos. Un pueblo llamado Darwan, primorosamente cultivado. ¡Qué odisea! Me llama la atención que no se vea un solo pájaro en el cielo. Otro pueblo, Mardas, centro comercial. El conductor nos indica que hoy es día de mercado, por lo que se alinean los puestos de venta y abundan las mujeres vestidas con colorines. Baxter nos advierte que en esta zona habita la tribu qasqai. ¡Un complejo petroquímico! El gran complejo de Chiraz... Varias llamas suben hacia arriba como antorchas perennes. Me pregunto si a ellas se deberá la ausencia de pájaros. Recuerdo haber leído que, en tiempos del Sha, Chiraz era una importante base del ejército y de la fuerza aérea, con unidades de helicópteros Bell. Pero ahora no se ve ningún vehículo militar, ni hay controles, lo que, viniendo de Teherán, causa sorpresa. Rebasada una fábrica de frigoríficos vemos al fondo unas montañas rocosas, de color rojizo: a sus pies está Persépolis.

El aire es tan puro que no es de extrañar que Farah Diba organizara en Chiraz, anualmente, un gran festival. La ex emperatriz cuenta en sus *Memorias*, que he leído en Villa Eloïsse, que en los primeros años, faltos de experiencia, siempre fallaba algo: o bien no funcionaban los micrófonos, o bien, en el momento en que Rubinstein se disponía a iniciar un concierto de piano, un gato cruzaba el escenario, o un súbito viento se llevaba por los aires las partituras de los músicos. Además, cuando todo estaba preparado para que actuaran los artistas iraníes, éstos decían que el sitio no les gustaba y preferían montar su tinglado como siempre lo habían hecho: en el bazar, en un hangar o en una antigua posada para las caravanas... Ello daba idea del apego a las tradiciones y de lo difícil que resultaba adaptar Irán a soluciones nuevas. Tocante a los artistas extranjeros, no era raro que antes de comenzar la función hablaran en contra del Sha y, si se trataba de músicos, que fueran a tocar bajo los muros de la cárcel de la ciudad. Sin embargo, el emblema de la aviación nacional, para la que el Sha había comprado una serie de Boeings 747, era el caballo alado de Persépolis.

De pronto, sobre el fondo de montañas rojizas, aparecen en el horizonte las columnas de los restos de Persépolis, del fabuloso complejo que Alejandro Magno incendió. Mi mujer se emociona un poco, como le ocurriera al divisar la Acrópolis en Atenas o al acercarnos a las ruinas de Angkor Vat. Sin embargo, sus ojos húmedos inquietan a Baxter. «¿Te ocurre algo?» «¡No, no! Todo esto... es grandioso.» «¡Claro que lo es! Ya lo verás...» El cielo, de un azul más puro todavía. Baxter, después de comentar que el trayecto desde el aeropuerto se le hace siempre corto, nos informa de que, cuando las famosas fiestas de Persépolis que el Sha organizó aquí el año 1971 para conmemorar el dos mil quinientos aniversario —veinticinco siglos— de la monarquía persa,

Niñas con «chador» negro,
a la salida de una escuela.

Shiraz, ciudad de los poetas.

Ruinas de Persépolis.

Fiesta en Persépolis con motivo de cumplirse el 2 500 aniversario del Imperio persa.

los representantes de las distintas regiones de Irán al llegar besaban los pies del soberano... y que él ni siquiera se dignaba mirarlos.

LAS RUINAS DEL ANTIGUO IMPERIO PERSA

Nos apeamos, despedimos al taxista y gracias a Baxter —el mejor guía del mundo— dejamos nuestros equipajes en la garita de los guardas. Hay pocos visitantes y, en cambio, ¡muchos fotógrafos con Polaroid! Uno de ellos debe de ser el amigo de Majnun. Pero ¿cuál? Imposible resistirnos a la tentación de sacarnos una fotografía al pie de las ruinas... Ruinas que lo son en verdad, pero que, con la ayuda de la imaginación, de la que siempre hay que echar mano en esos casos, van adquiriendo entidad, hasta conseguir emocionarnos hondamente.

Primero contemplamos la panorámica desde una cierta distancia. Sí, ahí están, como testimonio de un esplendor pocas veces igualado, las columnas antes mencionadas —en una de las salas había un centenar de ellas, en otra, noventa y nueve—, la inmensa terraza, los pórticos, las escalinatas que quedaron en pie... Uno de esos pórticos, magistral, es llamado todavía «el Profileo de Jerjes». En él dos gigantescos toros alados adornan sus muros, y su misión según Baxter, era detener, con su fuerza simbólica, a los malos espíritus. A la derecha vemos la llamada *Apadana*, la sala de audiencias principal del palacio, con un capitel en el que una doble cabeza de león aparece espléndidamente bien conservada. Luego el *Tripylon*, o Sala del Consejo, el salón de recepciones de Darío, la sala militar, la tesorería, junto a la cual se levantaba el harén... ¡El harén! Baxter —no faltaría más— se extiende en su descripción. «Jerjes era muy hermoso, guapote él, atraía a las mujeres; de ahí que los hados hayan querido rendirle tributo y que sea el harén el único recuerdo que nos legó.»

Llega el momento de aproximarnos al complejo ruinoso. Porque se trata de ruinas, nada más, cuyo original ha podido ser mentalmente reconstruido gracias a las inscripciones, estelas y tabletas de arcilla —hay unas treinta mil actualmente en estudio en Chicago—, con sus correspondientes textos. Subimos la escalinata y, de súbito, algo nos corta la respiración: una serie de bajorrelieves, milagrosamente intactos y de una incomparable perfección artística. Unos representan a los soldados persas y medas desfilando o montando la guardia, con su clásica indumentaria y sus inconfundibles barbas, otros representan, en procesión, a los delegados de los veintitrés países de de que se componía el imperio: las veintitrés satrapías. Cada delegado lleva su ofrenda, a veces de difícil identificación. Un grupo de arqueólogos franceses, invisibles desde el exterior, analizan esos bajorrelieves en medio de exclamaciones admirativas.

No hay para menos. ¿Por qué Alejandro Magno incendió el lugar? ¿Fue realmente por borrachera? Las tesis son varias. Algunos historiadores afirman que fue en represalia por las destrucciones que Grecia sufrió durante las guerras médicas.

El sol cae cada vez más fuerte, pero zigzagueamos por el lugar, deteniéndonos en este o aquel detalle. Baxter intenta sintetizar la historia, empresa siempre arriesgada. Persépolis no fue nunca la capital del imperio, que hay que situar en la vecina Pasargarda, en Susa o en Babilonia. Lo prueba el hecho de que no hay en Persépolis ningún templo, ningún signo de utilización diaria o doméstica. Se trata de un conjunto de palacios que servían para las grandes ceremonias nacionales o para las fiestas de los soberanos. De ahí que el Sha, que siempre procuró imitar a sus antecesores, eligiera Persépolis y no Pasargarda para su «grotesca y absurda» —son los adjetivos que Baxter emplea— conmemoración dinástica.

—Ciro fundó el imperio —continúa Baxter— y fue el primer defensor de los derechos del hombre. Sentía un gran respeto por las creencias ajenas y permitió que los judíos regresaran a Jerusalén y reconstruyeran su templo. Jamás pensó en la destrucción. Ello en la misma época en que los reyes asirios y babilónicos arrancaban con sus propias manos los ojos de los vencidos, les cortaban la lengua y los quemaban vivos. Su religión, Ahura-Mazda, el Dios del Bien...

¡Ah, me acuerdo de mi amigo Teymur Moghati, el librero del Bazar! Ahura-Mazda... El que al final de los tiempos vencerá al Dios del Mal, Ahri-mán... Seguro que Teymur honra a Ciro el Grande y que en su honor se ha fumado más de un narguile.

—Darío fue otra cosa —prosigue Baxter—. Fue elegido rey porque su caballo relinchó antes que los demás al nacer el sol. Era a la vez generoso y cruel. Cada región que conquistaba tenía que contribuir a su poderío. Cilicia envió caballos blancos; Etiopía, elefantes; Egipto, polvo de oro; Nínive, eunucos; Libia, jóvenes y vírgenes cada cuatro años; etc. También adoraba a Ahura-Mazda. Hizo grabar sus hazañas en la pared de una roca cercana a la aldea de Behistun, a tanta altura que ha desafiado el paso del tiempo y todavía hoy pueden leerse. Otro texto suyo dice: *«Gran Dios es Ahura-Mazda, que ha creado el cielo allá arriba, que ha creado la tierra aquí abajo, que ha creado al hombre, que ha creado la felicidad para el hombre, que ha hecho a Darío rey, que ha conferido al rey Darío este gran reino, rico en caballos y rico en hombres.»* Como podéis ver —añade Baxter— el absolutismo justificado por la voluntad divina no es ninguna innovación en Oriente...

Baxter se disponía a continuar su perorata refiriéndose a Jerjes, quien al parecer estaba enamorado de un plátano, hasta el punto de que lo había enjoyado como si fuera su favorita, cubriéndolo con collares de oro, cuando le interrumpimos diciéndole que todos esos datos pueden encontrarse en los libros y que sería el cuento de nunca acabar. Baxter se muerde los labios, se quita la gorra para saludar y exclama:

—¡A sus órdenes! Sin embargo, permitidme añadir que todos esos tipos, y algunos de los que les subsiguieron, fueron de tal calibre que no es extraño que muchos iraníes consideren que la decadencia de su raza se produjo cuando Persia fue conquistada por los árabes, es decir, por el Islam...

—¿Y Alejandro Magno? ¿No les propinó la gran patada?

—¡No! Alejandro acabó «asiatizándose» y hasta vistiendo como un oriental; la misma trampa en que cae Jomeini, que en muchas cosas está imitando a su enemigo vencido, el Sha...

Entonces Baxter, yéndose a lo suyo, nos relata la increíble historia de Susa, la Shushan de la Biblia, donde se celebraron, por orden de Alejandro, diez mil bodas en una sola noche... Ello ocurrió el año 324 antes de Cristo. A su regreso de la India, Alejandro quiso convertir en realidad su sueño de fundir el Oriente con el Occidente y para ello concibió la genial idea de casar a diez mil soldados suyos griegos con diez mil mujeres del país. Él mismo predicó con el ejemplo y se casó con Estatira, hija de Darío III, mientras a sus generales les fueron adjudicadas las hijas de los nobles persas. En cuanto a los soldados y sus esposas, cada pareja recibió de Alejandro el ajuar y múltiples regalos. El banquete duró cinco días. ¡Cómo correría el vino que ahora se llama vino de Chiraz! ¡Y cómo correría el semen! La historia cuenta que los príncipes de Europa y Asia enviaron regalos a Susa, y que allí palpitó durante algunos días el corazón del mundo...

La anécdota nos encandila y le sugerimos:

—¿Por qué no vamos a Susa, a ver si quedan restos de ese corazón?

—En Susa no hay nada... No queda nada. El desierto acaba por tragárselo todo, como acabará tragándose ese campamento de tiendas que tenemos a nuestra espalda...

El campamento de tiendas corresponde a las que se levantaron con motivo de las fiestas de Persépolis —«la ciudad de los persas»—, celebradas el 15 de octubre de 1971, y que en su mayoría están todavía ahí, perfectamente visibles desde la terraza en que nos encontramos.

La palabra «tienda» puede sugerir el *hábitat* de un beduino; en ese caso se trata de tiendas fastuosas, cada una de las cuales costó 100 000 dólares, ¡y había sesenta!, separadas por avenidas que llevaban el nombre de los cinco continentes. Tiendas de tejido sintético, levantadas sobre cimientos de hormigón con estructura de madera, antiinflamables, con aire acondicionado y capaces de resistir vientos de cien quilómetros a la hora, con inmensas cortinas de terciopelo púrpura y apliques de bronce dorado. Tiendas en las que se alojaron los reyes, jefes de Estado, etc., y a las que había que añadir otra, gigantesca, para las recepciones del Sha, y tres más aún para éste, la emperatriz y el príncipe heredero.

Contemplar ahora ese espectáculo casi acongoja, pese a que se conservan mejor de lo que cabría suponer. Terminadas las fiestas fueron utilizadas para diversión de los turistas y para celebrar en ellas conferencias internacionales; a raíz de la revolución, los milicianos de Chiraz quisieron quemarlas, pero por fin pudo evitarse. Ahora, según Baxter, sirven para almacenar trastos y para que las jóvenes parejas se hagan el amor.

Nosotros recordamos perfectamente haber visto, a raíz de los festejos, los correspondientes documentales que fueron filmados, así como los reportajes en las revistas del corazón. Sin embargo, Baxter, que las presenció de cabo a rabo, gracias a un carnet de periodista que consiguió Dios sabe cómo, nos facilita detalles que, por supuesto, ignorábamos. Ante el temor de que la memoria le falle, lleva consigo ¡un bloc de notas! Un bloc con datos precisos y preciosos. ¿Por qué se ha tomado tanta molestia? Sencillamente, porque si bien calificó los festejos de «absurdos y grotescos», pensando en el despilfarro que supusieron, no puede por menos que reconocer que gracias a ellos mucha gente del globo terráqueo que no sabía siquiera dónde estaba Irán en el mapa, se enteró de su existencia y de los esfuerzos del Sha para sacar su empresa adelante.

—He de reconocer —admite Baxter— que ningún jefe de relaciones públicas americano hubiera concebido una idea tan grandiosa como la que tuvo el Sha. Además, nada se confió a la improvisación. Los trabajos de preparación duraron cerca de cinco años, con estudios a fondo para que todo resultara auténtico y las rememoraciones históricas tuvieran validez. Por supuesto, la nación asesora y suministradora de gran parte del material fue Francia.

El número de invitados alcanzó los dos mil. Entre ellos, nueve reyes, cinco reinas, ocho princesas, dieciséis presidentes, dos sultanes, etc. También muchos iranólogos y amigos muy queridos por el Sha.

A lo largo de un año un ejército de artesanos y obreros trabajaron sin descanso, mientras un puente aéreo transportaba cuanto hacía falta y convoyes de camiones realizaban el traslado a través del desierto. La carretera que nos trajo del aeropuerto, y que es casi una autopista, se construyó para esa conmemoración y se inauguró a la llegada de los primeros invitados. El decano de los jefes de Estado del mundo era el Negus, el Rey de Reyes de Etiopía, por lo que el primer día le correspondió leer, después de la opípara cena, el correspondiente discurso.

¡Difícil labor la del capitán de la guardia de honor, que debía presentar a cada una de las personalidades, anunciando sus nombres y apellidos, algunos, muy enrevesados! No se equivocó ni una sola vez y fue felicitado por ello; sin embargo, al término de su exhibición mnemotécnica quedó tan exhausto que al regresar a su puesto tropezó y se rompió la nariz.

Ocurrieron cosas importantes en aquellos días de convivencia. Desde el punto de vista del espectáculo, aparte del «Sonido y Luz» sobre las ruinas —cuyos focos están todavía ahí y que podrían funcionar—, tal vez el número más brillante fue el desfile, verdaderamente incomparable. Tomaron parte en él torres de guerra de los aqueménidas; búfalos de los medas; caballos de los partos; camellos, etc. Los infantes seléucidas y sasánidas avanzaban solemnes, al son marcial de los instrumentos de la época. Tocante a dichos soldados, desde hacía muchos meses se habían dejado crecer la barba, recortada como los que figuran en los bajorrelieves; y los trajes fueron copiados de éstos hasta el mínimo detalle. Baxter nos asegura que nadie, ni siquiera él, permaneció insensible a semejante majestuosidad. Incluso el mariscal Tito y el hermano del emperador del Japón declararon que un estremecimiento les recorrió la espina dorsal.

Por supuesto, cualquier descuido podía desencadenar una catástrofe, puesto que no había precedente de tanta jerarquía reunida bajo unas tiendas. Por ejemplo, una noche, mientras todo el mundo dormía, estallaron —debido a un fallo— fuegos artificiales. Los reyes y jefes de Estado pegaron un brinco, creyendo que se trataba de un artefacto o de una emboscada militar. Otro capítulo difícil fue el del cuidado de los animales. Búfalos, caballos, camellos y demás estaban alojados muy cerca y cualquier incidente podía inquietarlos y provocar una desbandada de consecuencias imprevisibles.

Baxter continúa extrayendo de su bloc datos dignos de ser consignados. Había sin cesar danzas folklóricas de todo el país, cuyos ensayos también habían durado meses. Los hijos del Sha y de Farah Diba eran los encargados de llevar el desayuno —valiéndose para ello de pequeños coches eléctricos— a las tiendas de los jefes de Estado. Y sobre todo, éstos tuvieron ocasión de dialogar sobre los graves problemas del mundo en un ambiente coloquial, casi íntimo. Las visitas de una tienda a otra eran continuas y nadie puede saber el alcance de los acuerdos políticos que allí se pactaron.

Fue necesario importar muchas cosas, desde luego. Desde peluqueros, modistos y electricistas hasta ciento sesenta y cinco chefs elegidos por Maxim's, y Farah, que vistió exclusivamente trajes iraníes, tuvo que confesar: «Nada es persa; sólo el caviar...» El caviar y las medidas de seguridad. La SAVAK detuvo previamente a gran número de personas consideradas «peligrosas». Tres círculos concéntricos de fuerzas armadas velaban por los invitados y se pasaban por el contador Geiger hasta los jabones de lujo.

Le preguntamos a Baxter cómo reaccionó el Sha ante las críticas que se le hicieron por el «despilfarro» que aquello supuso y que costó alrededor de los 100 000 000 de dólares; nuestro amigo recita de memoria una de las respuestas dadas por el monarca: «Ustedes, los occidentales, no comprenden nada de la filosofía de mi poder. Los iraníes consideran a su soberano como un padre. Lo que ustedes llaman "mi" fiesta es la fiesta del padre de Irán. La monarquía es el cimiento de nuestra unidad. Al celebrar su 2 500 aniversario, no hago sino celebrar la fiesta de todo mi país, Irán, del que soy el padre. Ahora, si ustedes creen que un padre es necesariamente un dictador, me da lo mismo.»

Guardo un silencio y le pregunto a Baxter si realmente el pueblo iraní comprendió la importancia del gesto histórico. Me contesta que en las ciudades, principalmente en Chiraz, sí, porque significó un flujo de riqueza. Sin embargo, los lamentos de los *mullahs* fueron también muy duros, por entender que lo que el Sha pretendía, como siempre, era socavar lo islámico —la religión islámica— para rendir culto a una vieja monarquía que ellos calificaban de hereje o pagana. «Es obvio que en este aspecto tenían razón. Ni una sola vez, durante los festejos, se mencionó el nombre de Mahoma ni fue recitado un versículo del Corán.»

Mi mujer asiente y pregunta a su vez:

—¿Y qué quedó de todo aquello, a fin de cuentas?

Baxter se acaricia una de sus grandes patillas.

—Un detalle conmovedor. La Fundación Ciro ahijó a cuatro niños, pagándoles los estudios: un pequeño negro africano, un pequeño indio canadiense, un pequeño blanco iraní y un pequeño amarillo japonés... Con ello —añade—, creyeron haber contribuido poderosamente a la fraternidad e igualdad de todos los pueblos...

Contemplo las tiendas. Enamorado de los circos ambulantes, pienso que cada una de ellas podría servir para ese menester. Sin embargo, actualmente en Irán muchos de los números clásicos de los circos están prohibidos, debido a la poca ropa que han de llevar, por ejemplo, las trapecistas y a la frecuente actuación de animales considerados impuros.

Es una lástima que esté prohibido acercarse a dichas tiendas. No creo que encontráramos en ellas, como apuntó Baxter, a ninguna pareja haciéndose el amor. Más bien encontraríamos suciedad acumulada. Y polvo del desierto. Raquel nos dijo que buena parte del mobiliario fue a parar a los hoteles y a las mansiones de los colaboradores del Sha, excepto alguna que otra pieza que fue adquirida por los anticuarios.

Como fuere, el lugar mueve a reflexión. A nuestra espalda, los restos de un incendio que devastó la maravilla de Persépolis, construida en gran parte a base de caliza negra-azul-gris; enfrente, en la hondonada o depresión de Maru-Dasht, una revolución sangrienta acabó con la soberbia de un monarca que se creía «paternal» y que, al fin y al cabo, no era en modo alguno descendiente de Ciro el Grande, ni ninguno de sus innumerables caballos fue, como en el caso de Darío, el primero en relinchar a la salida del sol. La dinastía Pahlevi fue estrenada muy recientemente, y por la fuerza. ¡Sí, una vez más hay que pensar en el energuménico Reza Khan! Reza Khan, tan déspota e implacable que, según nos cuenta Baxter, cuando se inauguraba un puente, el día de la prueba de resistencia, es decir, en el momento de pasar el primer convoy, obligaba a ponerse debajo a los ingenieros que lo habían construido...

—¿No imaginaría algo parecido el Sha, cuando esas fiestas de Persépolis, para conseguir que le obedecieran los trabajadores y los soldados de la barba recortada?

—¡No! Circularon versiones al respecto, según las cuales, al igual que hacían los asirios, cualquier falta sería castigada con la muerte; pero la verdad es muy otra, y hay que hacer justicia. Todo el mundo colaboró con entusiasmo, primero por el natural contagio y luego porque aquello significaba en verdad para muchos el pan y la sal... ¡Incluso colaboraron con entusiasmo los cristianos de Oriente, sobre todo los armenios, por estar convencidos de que los Reyes Magos se detuvieron en Persépolis durante su viaje a Belén!

Almorzamos en un restaurante en la misma carretera, visitamos luego la abrupta peña de Naskh-i-Rustam, donde se encuentran las cámaras sepulcrales de Darío I y de Jerjes. En la de Darío puede leerse la siguiente inscripción: «*Amo lo que es justo. No me place que el humilde tenga que sufrir injusticias de los poderosos.*» Ello me recuerda lo que, en el siglo XIX, escribiera Gobineau, representante de Francia en Persia y gran conocedor del país: «Es el sentido común el que inspiró la política de Ciro y sus sucesores. Gracias a ellos se acabaron las infamias teológicas y las atrocidades públicas.» A lo que cabe añadir más datos proporcionados por Baxter: «Las personas de igual condición, en época de Darío, se saludaban dándose un beso en los labios. Los inferiores, en cambio, besaban a los superiores en las mejillas. Sonarse y escupir en la calle era de mal gusto. La limpieza de los ríos era cuidada con esmero. Los enfermos infecciosos eran puestos en cuarentena. La mentira era considerada el mayor de los pecados.» Tal vez una connotación desagradable: los persas sólo querían tener varones. «Los ángeles, decían, no tienen en cuenta a las hijas entre los buenos dones de la humanidad.»

Bajamos de la abrupta peña de Naskh-i-Rustam, recogemos nuestro equipaje en la garita del guarda y tomando otro taxi regresamos a Chiraz... Estamos tan cansados que apenas si cruzamos unas palabras. Mientras tanto, pienso una vez más en las grandes civilizaciones perdidas. Cuántas falsas pistas deben de habernos dejado las inscripciones, las estelas, las tablillas de arcilla, los *graffiti*... En Egipto tuvimos pruebas de ello, y en cuantos lugares antiguos hemos pisado en nuestro deambular por el mundo, y de ahí el valor simbólico de la Esfinge. Los grandes enigmas de la historia, como se denominan otras veces, es imposible que alguna vez dejen de serlo. Cuando se dice que Darío fue a un tiempo generoso y cruel, ¿qué se esconde tras el adjetivo *cruel*? Las víctimas de su crueldad no pudieron grabar en ninguna roca su sufrimiento; él, en cambio, pudo dictar: «*Amo lo justo.*» Seguro que si le planteara esa cuestión a Baxter me contestaría, recordando nuestra aventura opiómana en el Edén, que sólo a partir de la pipa quince se conocen «los móviles de todos los actos, las causas de todos los efectos, las excusas de todos los crímenes».

En el Kourous Hotel con el fascista Bianchi

Llegamos al Kourous Hotel al atardecer. Llenos de polvo, como las tiendas y como una civilización perdida. Es un hotel moderno, con mucha clientela estilo *farangui*, estilo europeo. Mientras rellenamos nuestras fichas oímos que por el teléfono del mostrador un italiano reclama, con palabras angustiosas, algo que se le ha quedado detenido en el golfo, en Bandar-Abbas, y que no consigue que le llegue a Chiraz. Jura por todos los demonios, autodenominándose Benito. Gesticula y se pasa el auricular de una a otra oreja. Está desesperado. Afirma que «así no se puede vivir» y que preferiría tener que habérselas con un sepulturero. Es un mozarrón rubio, muy expresivo, elegante, mezcla de napolitano y milanés.

Acordamos no salir del hotel hasta mañana. La jornada, desde el amanecer en Teherán, ha sido dura. Por lo visto hay un *snack* abajo, en el sótano, donde podremos cenar en paz. Subimos a nuestras habitaciones y el cuarto de baño se nos antoja una aparición beatífica. Nos bañamos voluptuosamente, mientras una enorme cantidad de arena desaparece por el agujero de la bañera, agujero de gran tamaño, «a la medida de Persépolis», comenta mi mujer.

El champú es también una bendición, así como el agua de colonia, y una vez mudados de ropa vamos recobrando las fuerzas. Echamos unas cabezadas y, al cabo de una hora más o menos, bajamos al *snack*, donde Baxter, renovado y con su calva reluciente y su pipa humeante, nos estaba ya esperando. Es la viva estampa del bienestar. Del bienestar... y de la curiosidad. Porque se da la circunstancia de que, en las mesas contiguas, están reunidas una serie de mujeres iraníes sin *chador*, bien peinadas y con brazaletes, una de ellas con un escote casi espectacular.

Baxter, consecuente con su vocación de espía, ha sacado en claro que se trata de una reunión «feminista», capitaneada nada menos que por Vida Taleghani, una hija del ayatollah, que lucha denodadamente por «los derechos de la mujer». Al oír este nombre siento un gran respeto y me acuerdo del catafalco de Bechechta Sahra. Forman parte de la Asociación Femenina de Irán y de la Asociación de Mujeres Combatientes, puesto que muchas de ellas lucharon ya en época del Sha. No puedo por menos que pensar en su heroísmo. ¿Qué pueden hacer? Por lo visto, Chiraz es una de las ciudades más «progresistas», debido a la intensa vida intelectual, fruto de su tradición poética. Vida Taleghani habrá llegado sin duda de Teherán para alentar a las activistas de Chiraz. ¡Ah, se exponen a una denuncia, a una añagaza, a la lapidación! Sin embargo, se las ve serenas y fuman con absoluto autodominio, no sin que alguno de los camareros haga visibles esfuerzos por no denotar sorpresa.

De pronto las mujeres se van, camino de su ansiada liberación, y el local va llenándose de parejas pertenecientes sin duda a la alta burguesía de Chiraz. Tampoco las mujeres llevan *chador* —el cual, a fin de cuentas, no es obligatorio—, e incluso una de ellas exhibe los hombros desnudos, al aire, con sólo unas tirillas que le sostienen el vestido de seda. Cenan copiosamente, al igual que nosotros, vencidos por un hambre atroz. Hay también hombres de negocios y, a última hora, ¡entra el italiano Benito, con sus compinches! Todavía lleva en el rostro las huellas de su irritación. Se sientan a nuestro lado, hablan en voz alta y piden la carta... Y a los pocos minutos hemos entablado conversación, como náufragos desconocidos que se encuentran en una isla desierta.

Benito Bianchi —éste es su nombre— nos confiesa que está hasta las narices. Trabaja en el complejo petroquímico de Chiraz y las dificultades se acrecientan por días. El ingeniero Baxter, que se conoce el tema de memoria, se le anticipa en muchas de sus quejas, lo que consigue crear un ambiente casi de complicidad, como el de los jefes de Estado en las tiendas de Persépolis.

El químico italiano *sabe* que unas máquinas y unos bidones que necesitan fueron desembarcados en Bandar-Abbas, en el golfo, hace tres semanas justas y no consigue hacerse con ellas. Ni siquiera ofreciéndose para ir a buscarlos fletando desde Chiraz un convoy ex profeso. ¡Trabas burocráticas, inoperancia, *mullahs*! Benito arremete contra las autoridades vigentes como si contara con una bula especial, que no es otra que su formidable vitalidad. Nos larga un discurso, a la vez que echa de menos su *chianti* querido, que sustituye irónicamente por agua mineral, mientras sus compañeros de mesa intentan en vano calmarle.

—Estoy hasta las narices... —repite—. Yo me largo a la civilización y sanseacabó. Lo que ocurre es que tengo el coche estropeado y nadie me lo arregla tampoco. ¡Pero no importa! Me largaré en avión y al llegar a Roma iré a visitar el estadio que construyó Mussolini y besaré aquellos mármoles...

Nos quedamos de una pieza. Benito Bianchi, que fuma tabaco rubio y que exhibe una cadenita con un reloj de oro, se declara fascista de toda la vida. Se llama Benito porque su padre lo quiso así, en honor del Duce. Nada de lo que nos ha contado ocurría en tiempos del Sha... Había retrasos en las entregas en el golfo, de acuerdo, pero reclamando se conseguía algo; ahora, ni por ésas. Los pueblos atrasados necesitan mano dura, un dictador, ¡pero que no sea ayatollah! Si la Iglesia mete mano en el asunto todo se va al carajo, y eso Mussolini lo sabía muy bien. Y también lo sabía el Sha, aunque a última hora le faltaron c... para rematar la operación, que estaba a punto de catapultar Irán a lo más alto. ¿Cómo salir del atolladero si las masas eran un rebaño analfabeto, carente de voluntad? ¡Mano dura, un dictador, campos de exterminio! ¿Por qué no? Un *duce*, un Hitler, un Franco, un Breznef, un Darío, ¡que cortó más cabezas que Robespierre! Todo lo demás era demagogia. En Italia, el caos y la *dolce vita*; en Irán, el cinturón de castidad y la maquinaria y los bidones en Bandar-Abbas.

—Señor, ¡brindo con *acqua minerale* para que la autoridad no eclesiástica se imponga en el mundo! Y brindo por esa *ragazza* que se atreve a venir al Kourous con sólo unas tirillas sosteniéndole el vestido de seda... ¡Es de la misma pasta que Rafaella Carra!

Aprovecho la ocasión para preguntarle a nuestro extrovertido vecino si realmente la situación en el golfo es peligrosa...

—En plan de periodista, para husmear cómo huele el petróleo... ¿se puede ir o no se puede ir?

Benito Bianchi me mira con detenimiento.

—Depende de la edad que tenga el *signore*... Si ha rebasado los treinta años, no vaya... *Prego, signore!* No vaya...

—¿Por qué? —insisto.

—Además de todo lo que antes dije, los árabes están que trinan contra Jomeini y allá son mayoría... Ya sabe usted, ¿no? En Delfus, Ahwas y Abadán... Quieren que la región se llame Arabeistán y se basan en que el Corán fue revelado, ¡que Alá me perdone!, no en *farsi*, sino en árabe... Y si el arcángel Gabriel no miente, creo que los tíos tienen razón...

—Así que... ¿mejor quedarme en Chiraz?

—¡Claro! Aquí no hay más que poetas y los poetas son más inofensivos que Clara Petacci...

CAPÍTULO XXXI

DESCUBRIMIENTO DE CHIRAZ

A las nueve de la mañana estamos en la calle, dispuestos a lanzarnos al descubrimiento de la ciudad. En el hotel nos han dado un folleto en el que figuran algunos datos concretos. Chiraz, capital de la región del Fars: por tanto, la matriz persa, el núcleo más auténtico —*farsi* deriva de Fars—, a partir del cual se expandió el inmenso Irán. Magníficos parques y árboles nobles. Baxter pregunta: «¿Es que hay algún árbol que no sea *noble*?» Altitud, 1 600 metros; sin embargo, y sorprendentemente, a mi mujer no le cuesta respirar. Floreciente universidad: ello significa, en estos momentos, jóvenes como Hassan y Arim vendiendo casetes revolucionarias. Bazar pintoresco: habrá que visitarlo. Habitantes, 330 000: a la medida del hombre. Muchas mezquitas, una *medresa* (seminario), una iglesia armenia, ¡una iglesia anglicana!: según el folleto, por tanto, *ecumenismo*. ¿Será posible? Etc.

Por último, y resumiendo, la definición que nos diera Majnun: «villa de rosas, de vino y de poetas». Baxter supone que el folleto es un superviviente de la época del Sha, puesto que todavía figura en él el vino. Rosas es posible que las haya, a juzgar por las que adornaban el hotel. Sin embargo, lo más seguro son los poetas, más abundantes aún que las rosas, puesto que aquí están enterrados nada menos que Saadi y Hafiz, elevados por el pueblo a la categoría de *santos*.

Alquilamos un taxi, para mayor comodidad. El taxista es más parlanchín que los de ayer. Se llama Nikoumanesh, parece feliz, va en mangas de camisa —la temperatura es realmente agradable—, y lleva en el parabrisas un racimo de uvas, que al pronto nos sobresalta. Tranquilo: son uvas de plástico... Es una broma que les gasta a los turistas. Él es jomeinista al ciento por ciento, lo que no puede decirse de todos los taxistas de Chiraz. Acaba de cumplir el medio siglo y tiene un hijo luchando contra los kurdos. Sabe leer el porvenir manejando unos anillos. ¿Queremos que nos haga la prueba? ¡Ja, ja! Ya la hizo, con sólo vernos salir del hotel: a su lado no sufriremos ningún percance. «Llevo veinte años al volante y sólo se me ha pinchado una rueda.»

Bien, con el taxi, un Peykan confortable, aunque un tanto saltarín, como su amo, recorremos las avenidas. El tráfico no es intenso en exceso, pero sí caótico. El individualismo llevado al límite. No se trata del genio de la raza, ni de una postura intelectual: es que no hay apenas guardias.

En efecto, hay parques magníficos, por lo menos vistos desde el exterior, y muchos árboles «nobles». Destacan las palmeras. Muchas palmeras. Chiraz es el límite que los vientos le trazan al país. Más al norte, ya no las hay. Más al norte empieza el reino del «plátano», cuya hoja —según Nikoumanesh— sirve de modelo a muchos artesanos para las joyas de plata. Unos cuantos barrios dan idea, a juzgar por sus construcciones, de que ha existido aquí una notable clase media, sin duda adinerada. Ahora los edificios aparecen un tanto descuidados, pero tal vez ello se deba a que los terremotos afectan periódicamente a la ciudad. También hay zonas en las que asoma la pobreza. ¡Ah, es la señal de los tiempos! «Aunque la idea de Jomeini, "el Salvador", es darlo todo a los necesitados, ¿qué puede hacer ahora si hay tres millones de parados? Muchas naciones nos boicotean, empezando por Irak y varios emiratos del golfo. Además, falta por recuperar la fabulosa fortuna que nos birlaron los Pahlevi. ¡Pero Carter y el Sha se llevarán la gran sorpresa! Al final, Alá acaba siempre por ganar la partida, y eso Jomeini lo sabe muy bien...»

Baxter conoce Chiraz y nos lleva a tiro directo. Visitamos la mezquita del Viernes, muy curiosa, puesto que posee en el centro del patio una réplica de la Kaaba de La Meca, cuadrada, llamada «la casa de Dios» y en la que se depositan los Coranes. Visitamos, en la avenida Zend, la *medresa* Khan —con una higuera y cuatro palmeras reflejándose nítidamente en el estanque octogonal—, en cuyo interior se ven pasear una serie de novicios con un libro en la mano. Destaca un catafalco levantado fuera, con bombillas de colores, pequeños espejos, ramos de flores y la fotografía de un rostro juvenil. Aunque ya los hemos visto en Teherán, nos llama la atención: se trata de un muerto. El rostro juvenil es el de un novicio que ha muerto y el catafalco simboliza «alegría», puesto que el joven se encuentra ya en el paraíso prometido por el Profeta. Nikoumanesh, aludiendo a su hijo que está en el frente, comenta, sonriendo: «¡Quién sabe si mañana tendré que levantar uno de esos túmulos delante de mi casa!»

La iglesia armenia está cerrada; en cambio, en la anglicana, en la avenida Vessal, un «pastor» nos enseña la primera edición del Nuevo Testamento en lengua *farsi*, impresa precisamente en Chiraz. Como es natural, están muy orgullosos de poseer semejante joya, de la que los guardias de la revolución, los primeros días, quisieron apoderarse. Le preguntamos si encuentran dificultades para tener el templo abierto y nos contesta: «Suponemos que antes de Navidad habrán conseguido que nos marchemos. Son implacables.»

El parque más hermoso es el de Eram, con cipreses robustos y de gran altura. El ciprés me es especialmente querido, así como «los caminos de agua entre manojos de rosas», como reza el folleto del hotel, al que cabría añadir que cantan los ruiseñores. No obstante, nos damos cuenta de que a Baxter la naturaleza le aburre —él la llama «vegetación», y prefiere cien veces una locomotora—, y pronto abandonamos el lugar, en el momento exacto en que pasa por la calle una manifestación...

Menguada manifestación, a fe. Encabezándola, Vida Taleghani, a la que reconocemos en el acto... Las pancartas, por tanto, pertenecen a los movimientos feministas y reclaman «igualdad de derechos para la mujer». Las manifestantes no pasarán del centenar y la gente se detiene en las aceras contemplándolas con sonrisa entre condescendiente e irónica, mientras algunos coches simulan que se disponen a atropellarlas y nuestro conductor se ríe a pleno pulmón. «¡Igualdad de derechos! ¿Cuándo se ha visto esto? ¿Dónde? ¿Estarán locas? Yo tengo cinco hijas y no sé qué hacer con ellas...» Algunas campesinas, que visten *chador*, les vuelven descaradamente la espalda. Otras mujeres, de la tribu qasqai, las miran como a seres de otros planetas que pretenden Dios sabe qué. En compensación, algunas muchachas, ¡vestidas con pantalones tejanos!, primero aplauden y luego se unen a la manifestación. Los altos minaretes de una mezquita próxima semejan centinelas que vigilan atentos lo que pueda ocurrir...

Camino del Museo del Fars tropezamos con un grupo de cíngaros, de gitanos... Visten con lujo y a golpe de vista uno creería que las mujeres han conquistado ya en su clan la supremacía, porque van delante y dan la impresión de mandar... Casi todas están encinta y Nikoumanesh mueve la cabeza. Llevan consigo carruajes tirados por mulos y vemos un oso y unos tambores. Nuestro chófer es el primero en detenerse para contemplar la escena y nos dice que la gente de Chiraz los llama «los terremotos», porque van y vienen cuando menos se les espera y porque a su paso arramblan con lo que pueden, sin que contra ello se pueda luchar.

En el Museo del Fars hay varios frescos del siglo XVIII, que no nos impresionan demasiado, de influencia francesa. En cambio, la caligrafía de algunas obras es una maravilla, así como algunas cerámicas relucientes, una de las cuales representa un dragón chino. Baxter les tiene manía a los dragones, porque dice que le traen mala suerte. En Teherán conoció a una mujer a la que llamaban *la Dragona* —como a la princesa Ashraf la llamaban *Pantera Negra* o *la Tigresa*— y casi lo devoró. En el sitio de honor del Museo, varios ejemplares del Corán, antiquísimos, sobre papel, uno de los cuales se atribuye al imán Reza y el otro nada menos que a Alí. Baxter, que hoy se muestra reiteradamente destructivo, dice que él no ha creído jamás en las fechas de los museos iraníes, porque Farah Diba era la encargada de atribuir a cualquier objeto varios siglos de más.

A la salida decidimos ir, ¡por fin!, al bazar, no sin antes echar mano de mi termo, de mis galletas y de mi chocolate. Le preguntamos a Nikoumanesh si no le fatigan las esperas y nos contesta con un proverbio de origen árabe, que Baxter nos traduce con especial dificultad: «Seré paciente hasta que la paciencia no sea capaz de seguir a mi paciencia.» No es la primera vez que nuestro chófer se expresa por medio de refranes. Baxter nos explica el motivo. Estamos en Chiraz. No tenemos idea de las tradiciones de la ciudad, por más guías que hayamos consultado. Todas las tardes se organizan tertulias en torno a algún rapsoda o derviche más o menos auténtico, que recita, que cuenta baladas y fábulas, algunas de una extrema agudeza, otras de una increíble ingenuidad. De hecho, todo el mundo ha oído aquí hablar del viejo Esopo, al que los intelectuales consideran como a su más ilustre antepasado. ¡Por eso les gustaban tanto los dibujos animados de Walt Disney! En época del Sha, muchos cines no daban otra cosa —aparte de películas porno italianas— y estaban siempre abarrotados. «Ahora les darán la sopa boba y guadañas con bombillas multicolores.»

—¿Y hablas en serio? —le preguntamos.

Y nos contesta con otro refrán:

—La vida se volvería infeliz si la luz del día tuviera necesidad de ser demostrada.

EL BAZAR Y LA ARTESANÍA PERSA

Nos vamos al bazar, donde pensamos permanecer un buen rato. Querríamos despedirnos de Nikoumanesh, pero él insiste en esperarnos, si, tal como supone, por la tarde queremos ir a visitar las tumbas de Saadi y de Hafiz. No nos cobrará nada por ello. Esperará. Lo cual no significa que simpatice excesivamente con los extranjeros, ya que cuando las fiestas de Persépolis —¡qué atrás queda todo aquello!— algunos de ellos, sobre todo los periodistas, le jugaron malas pasadas; pero nosotros le hemos caído bien. «Estaré con ustedes todo el día, y les prometo que el precio será razonable.»

Después de aceptar, aprovechamos para preguntarle qué recuerdo guarda de aquellos festejos y nos contesta que muy malo. «Fueron una provocación, y ello a pesar de que los del bazar se llenaron los bolsillos. En aquellos tiempos, Irán no era todavía tan rico como lo fue después de la subida del petróleo... Además, venga a hablar de las virtudes de Ciro el Grande —todavía no se me ha borrado el nombre—, callándose todo lo que era porquería.» «¿Porquería? ¿A qué se refiere?» «Yo no sé historia —responde Nikouamanesh—, pero los *mullahs* nos contaban que uno de aquellos reyes, no sé cuál, obligó a alguien a comerse asado a su propio hijo.» Baxter recuerda algo al respecto, que Herodoto carga en el haber, o en el debe, del abuelo de Ciro, el rey Aspiages. Pero no recuerda los detalles. «Desde luego, es cierto. Hubo un rey que tuvo que comerse, asado, a su propio hijo, lo cual, por otra parte, por aquel entonces no debía de parecer demasiado raro.»

El bazar, conocido por el *bazar de Vaqil*, se compone de cuatro galerías abovedadas. Comparado con el de Teherán, desde luego, es una *miniatura* persa.

Sin embargo, tiene su encanto, porque en éste los artesanos están más agrupados por gremios, cada uno de los cuales trabaja en comunidad. De entrada, lo que mayormente llama la atención es la riqueza de los trajes que visten las mujeres qasqai. Las hay en tal abundancia que si se manifestaran, como las feministas, paralizarían el tráfico. Van cargadas de joyas, lo mismo que sus chiquillos, los cuales se pirran por los globos, aunque los revientan en seguida. ¡Y hay también muchas beduinas, que todavía les ganan en lujo a las qasqai! Las beduinas me retrotraen a mis experiencias en el desierto y a las descripciones de Majnun. No puedo por menos que emocionarme. Sé que el momento de la compra de telas es para ellas el momento de la plena realización: llegar a la tienda de campaña y exhibirlas ante sus hombres. Baxter las conoce por sus recorridos en tren por comarcas aisladas del mundo. Me dice: «Por carreteras y caminos, el macho es el rey; dentro de las tiendas, se impone el matriarcado.» Estoy de acuerdo con él. De no ser así, no estarían comprando ahora, como lo hacen, pesados brazaletes de plata y placas pectorales adornadas con piedrecitas y esmaltes. También compran unos tapices con dibujos geométricos y colores vivos llamados *kilim* y *djadjims*.

—Lo bueno que tienen es que no roban nunca —explica Baxter—, lo que no puede decirse de los cíngaros. Y es que lo que les gusta precisamente es pagar con dinero contante y sonante. —Da una chupada a la pipa y añade—: Es la venganza del desierto contra la ciudad, ¿comprendéis?

¡Batir el cobre! Cómo lo baten los condenados... En la galería que les corresponde el martilleo es atroz. Nos tapamos los oídos: ellos continúan absortos en su tarea, sin hacerle caso a nadie, porque es evidente que el ritmo les gusta. No creo que obedecieran ni siquiera al fascista Benito Bianchi... Visten delantales de cuero y en algunos talleres se advierte que trabajan tres generaciones, encargándose los ancianos de los últimos toques, del dibujo afiligranado. Cuelgan su mercancía de las vigas del techo y uno no sabría qué pieza escoger. ¿Por qué tosen tanto, y por qué dichos ancianos tienen un aspecto tan arrugado? Tal vez por el polvo del cobre, del óxido de cinc y de otros productos químicos que se ven obligados a utilizar. Baxter dice: «Sí, arrugados y tosiendo, pero con una fibra y unos bíceps que ya querrías tú para tus libros.» Al llegar al final de la galería uno de los mozos se seca el sudor. A mi mujer le da tanta pena que le compra dos pequeños y decorativos botes de agua, que tienen la forma de calabaza...

Pero el número fuerte viene a continuación. ¡El vidrio! Los sopladores de vidrio, que elaboran toda suerte de figuras. Varios de ellos se dedican exclusivamente a la zoología. Es realmente maravilloso verlos soplar, dar forma a su materia transparente, ver cómo hacen surgir de la nada un ciervo, un caballo, ¡un gato! —jamás un perro—, un jabalí, un elefante... Por un momento recuerdo el *Génesis* y la creación del mundo. Estoy asistiendo a un parto de cristal, que tiene algo de circense y algo de alegoría. «Cuestión de un minuto, nada más...» Un minuto —o tal vez cinco— y he aquí un zorro o una jirafa. ¡Ah, pero hay siempre algo escondido en el quehacer del Islam! Varios de los artesanos están especializados en elaborar la mula Boraq —la que llevó en volandas a Mahoma desde Medina hasta Jerusalén—, con rostro de mujer. Docenas de mulas Boraq se alinean en los estantes y hay cola para comprarlas... No recuerdo haber visto nunca, en nuestra área cristiana, un *belén* cuyas ovejas, asnos, bueyes, camellos —o los Tres Reyes Magos— fueran de vidrio, de cristal.

No sé por qué los sopladores de vidrio me han llamado siempre de tal modo la atención. Es algo muy semejante a los milagros, como los ceramistas de barro que utilizan el pedal o como los escultores de humo de que Papini habla. Crear algo de la nada, o del barro, o del vidrio, o del humo, ¡qué portento, qué quimera! Tal vez sólo pueda compararse a alinear palabras en un papel blanco y hacer con ellas brotar un mundo, describir un ser humano, pergeñar un soneto... o un *rubaiyat*.

Salimos por la primera puerta que vemos al paso, ¡y allá está Nikoumanesh esperándonos! «Estaba seguro... Tengo un sexto sentido... Ustedes no conocen a los taxistas de Chiraz...»

—De acuerdo, le felicitamos. Ahora llévenos a almorzar.

Almorzamos en el Kourous Hotel, ya que no vemos por el entorno ningún restaurante que nos seduzca, en el que la limpieza esté garantizada. «¡Esto se hunde!», clamaría Raquel. De nuevo la alta burguesía en el *snack*, ejecutivos, hombres de negocios, aunque sin mujeres. Por lo visto éstas sólo se exhiben de noche o tal vez Vida Taleghani se las llevó a todas consigo. Nikoumanesh ha entrado en la cocina como si aquélla fuera su casa, y sin duda habrá consumido allí su yantar.

Durante el almuerzo, Baxter nos dice que el bazar que hemos visitado tiene de hecho más historia que el de Teherán, por ser el Fars una región mucho más antigua. Yo he echado de menos al viejo Samad, al librero Teymur Moghati, y dudo que se esconda ahí, entre las telas y los talleres gremiales, algún ex miembro de la SAVAK... «*Chi lo sa!* —exclama Baxter—. Precisamente empiezan a huir de Teherán y se esconden en provincias...»

Luego nos cuenta que antaño había gran tráfico de mercancías entre Chiraz e Ispahan, a base de diligencias y caballos de posta y que los «mozos de cuadra», encargados de guardar las sillas de montar de los mercaderes, eran unos bandidos. Robaban la mercancía, ¡y violaban a sus propietarios! Había incluso un proverbio al respecto: «*Zin-o-tekltu tu bibar*», «Ata la silla y tus alforjas debajo de tu persona».

—Claro que los abusos sexuales eran, en aquellos tiempos, moneda corriente, incluso en lo que se refiere a funcionarios del Gobierno o a personas de las que cabía esperar hospitalidad... Ya conocéis mi teoría: en el principio fue el sexo. Y aunque pongáis esa cara, ello no me quita la razón...

LAS TUMBAS DE LOS POETAS SAADI Y HAFIZ

Después de almorzar descansamos un rato y luego Nikoumanesh nos lleva a visitar las tumbas de los dos grandes «santones», los poetas Saadi y Hafiz.

Nunca pude imaginar nada parecido. Primero nos hemos acercado a la de Saadi —la distancia entre las dos es de un quilómetro más o menos—, y ya en el momento de apearnos recibimos la primera impresión. Jóvenes estudiantes recitan al aire libre versos suyos, y cada rapsoda ha logrado que se forme un corro a su alrededor. Los oyentes, de toda edad, escuchan hipnotizados, mientras cerca de la tumba algunos mendigos duermen bajo los árboles. Baxter nos dice que siempre ha sido así, aunque en época del Sha se vendían unas casetes con traducciones al inglés y al francés, casetes que ahora han sido desestimadas. Si pensamos que Saadi murió centenario el año 1291, ello significa que han pasado más de siete siglos sin que su *voz* haya perdido vigencia para los habitantes de Irán, puesto que entre los peregrinos los hay de todo el país. El milagro, digo yo, es perfectamente comparable al de crear de la nada una jirafa de cristal.

Mientras voy de un corro a otro intentando aprehender algo del ritmo de la poesía *farsi*, aunque no pueda entender una sola palabra, recuerdo las lecturas que en torno a Saadi he hecho estos días en Teherán. Su existencia fue movida, como la de sus contemporáneos. Estuvo en Egipto, en Bagdad, varias veces en La Meca y fue hecho prisionero en Siria por los cruzados, que lo condenaron a trabajos duros. Sus obras más célebres, de mística sufí —primordialmente, acopio de anécdotas morales—, son *El Jardín de las Rosas* y *El Jardín de los Frutos*. Fue precisamente él quien escribió: «*La falta de constancia es la manifestación habitual de la fatiga.*» «*La música es peligrosa. Su finalidad debe ser desarrollar la conciencia y no producir un placer sensual.*» «*Si preguntáis a un hombre hambriento cuánto suman dos y dos, contestará: cuatro hogazas de pan.*» «*Cuando muere el poeta, todo el idioma llora su muerte.*»

Además, fue precisamente él quien refiriéndose a la palmera, el árbol que ya no crece al norte de Chiraz, recordó que para los árabes, al igual que para los sufíes, es el árbol de la *Gracia*, relacionado con el nacimiento y que su nombre, *tariqat*, es un vocablo técnico sufí que indica «hallarse en camino». Se entiende, en el camino de la virtud o de la objetividad... puesto que «la palabra es *objetiva* sólo cuando significa lo mismo para el que la dice que para el que la escucha». A veces gustaba de la sátira, como, por ejemplo, cuando escribió: «Te presté un libro y no me lo devolviste. Piensa que te instruyes robando.»

Imposible saber los textos que recitan ahora de él, porque ni siquiera el políglota Baxter se basta para captar la magia de su verbo. De modo que nos vamos a su tumba, que está en el interior de una especie de gruta en penumbra, bajo una bóveda azul, de la que cuelga una espléndida lámpara. El sarcófago es enorme, de mármol y los peregrinos posan sobre él dos dedos en señal de homenaje. Dícese que próximo al sarcófago, bajo tierra, «corre una fuente que suelta peces sagrados y que se lleva todos los males de quienes le invocan». En cuanto a la inscripción funeraria, ahí está y Baxter, no sin cierta dificultad, nos la traduce:

> *De la tumba de Saadi,*
> *hijo de Chiraz,*
> *emana el perfume del amor.*
> *Mil años después de su muerte*
> *tú lo respirarás aún.*

Siguiendo un camino-jardín nos dirigimos a la tumba de Hafiz. En sus proximidades la concentración de rapsodas es todavía mayor, puesto que Hafiz, o más exactamente *Hafez*, que significa «aquel que se sabe de memoria el Corán», es considerado más grande todavía que Saadi. Nació el año 1300 y murió el 1389. Dejó unos quinientos *gazals* (odas), cuyo éxito se atribuye a su lenguaje sencillo, exento de todo preciosismo y al uso de imágenes familiares. «Las palabras en sí mismas carecen de importancia. Tratas bien a un visitante, le diriges palabras corteses y se siente feliz. Le insultas y se sentirá ofendido y triste. ¿Acaso unas pocas palabras pueden significar la felicidad o la tristeza? Son factores secundarios, no reales, que afectan a las personas débiles.»

Todos los iraníes conocen, además, sus aforismos, de una contundente fuerza. «*Los locos irrumpen donde los ángeles temen poner los pies.*» «*Pensar en la vida es mejor que pensar en el pan.*» «*Comer, beber y alegrarse es algo que suena muy bien, pero que no muestra ninguna distinción entre el hombre y el cerdo.*» «*Deja de lado la vida del mundo para ver la Vida del Mundo.*»

Nikoumanesh ha querido acompañarnos a la tumba de Hafiz —caminando a nuestro lado—, tumba que está en un templete al aire libre, rodeado, ¡esta vez, sí!, de espléndidos rosales. Su sarcófago destaca como un altar y las familias se hacen retratar delante de él como, por otros motivos, delante de Taleghani en Bechechta Sahra. Especialmente los padres quieren que sus hijos posen dos dedos en el mármol. La inscripción es del propio poeta y diríase que se trata de un testamento: «No vengáis cerca de mi tumba sin vino y sin música. Pero si venís con vino y con música yo me levantaré con entusiasmo.»

El taxista nos explica que mucha gente de Chiraz quiere ser enterrada cerca de Hafiz, por lo que los precios de los terrenos —a semejanza de lo que ocurre en Qom, en la mezquita de Fátima— resultan inaccesibles para quienes se ganan la vida al volante de un Peykan. Además, son muchos los que creen en la llamada «adivinación gracias a Hafiz». Ello consiste en llevar un libro de versos suyos abierto, en formularse interiormente una pregunta —sobre negocios, sobre premoniciones, sobre amor— y en consultar acto seguido los versos que aparezcan escritos en la página, a la derecha. Éste será el mejor consejo, ésta será la respuesta adecuada.

Sigo meditando lo que significa para un pueblo que los poetas hayan adquirido tal majestad y tanta influencia en la vida cotidiana. No puedo por menos que recordar la sentencia de Majnun en casa del profesor Sadegh, refiriéndose a la histeria de la revolución: «¡Si lo dije al llegar! ¡Si el final de todo es archisabido!: pasará el sarampión, los *mullahs* volverán a sus mezquitas y de nuevo el país pertenecerá a quienes acabo de citar: Hafiz, Al-Ghazali, Rumi, Saadi...»

Hay quioscos cerca en los que se venden ediciones lujosas y otras baratas. No me queda más remedio que adquirir un par de ejemplares, que al llegar a mi casa no sabré si guardar al lado de Machado, de santa Teresa, de la Biblia o del Corán...

También hay aquí mendigos durmiendo la siesta a la sombra de los árboles... ¡Bien, tiene su explicación! Están convencidos de que tendrán hermosos sueños, idílicos o eróticos según sepan o no que Hafiz, al igual que sus «colegas» sufíes, cuando escribía *uva* se refería al Alma Universal, cuando escribía *beso*, a la unión con la divinidad, cuando escribía *belleza*, a la perfección de Dios. Lo cual, por otra parte, no puede ser axiomáticamente exacto, pues un aforismo suyo dice también: «*No logra conocer el amor místico quien ignora los placeres del amor profano.*»

La poesía en el Irán eterno

Nikoumanesh, al vernos tan interesados, nos sugiere recalar en un local llamado Ruqa'at, que significa tablero de ajedrez. Baxter casi rompe a aplaudir, porque estaba pensando lo mismo. Baxter conoce el Ruqa'at, donde se reúnen personas muy diversas, donde se improvisan poemas, se analizan los ya conocidos, donde se habla, en fin, del Islam eterno, que según Majnun se compone de religión, de inspiración —rapto— y de analogías.

—La gente allá entra y sale como y cuando quiere. Y si el local se llama Ruqa-at es porque los cuadros blancos y negros que hay en el suelo, a semejanza de los tableros de ajedrez, en lenguaje sufí significan la alternancia de la luz y la oscuridad que se registra en el mundo y en el interior de cada hombre...

Abandonamos cualquier otro proyecto en Chiraz y nos vamos a ese Parnaso iraní, que está muy cerca de la *medresa* Khan que visitamos por la mañana. Desde el exterior vemos que se trata de un local más bien pequeño, con divanes y alfombras para sentarse, todo un tanto desconchado y abundando el color rojo. Hay un mostrador con un hombre gordo y pinta de tabernero, que con un spray se aclara la garganta. Las paredes están llenas de textos en relieve, con caligrafía persa y árabe de la mejor calidad: verdaderas muestras de arte abstracto. Las lámparas son de aceite y la atmósfera humea debido a los cigarrillos y a los narguiles. Dos gatos de raza corretean por entre las piernas de los clientes y un tercero, sentado en la puerta, nos mira como diciendo: «Entrad.»

Entramos y se produce un silencio. Somos *farangui*. De pronto, el hombre del mostrador deja su spray y grita: «¡Baxter!» y alarga la mano, que Robert, satisfecho, le estrecha con efusión. Por lo visto se conocen desde hace tiempo. Es el patrón y se llama Nameh. Antes trabajaba de ferroviario en la estación de Chiraz, donde Robert le trató con asiduidad. Nuestro amigo ignoraba por completo que Nameh hubiera adquirido este local, que antes perteneció a un pianista bohemio que pasó a mejor vida. «Ya lo ves —comenta Nameh—. Siempre me tiró eso de las tertulias y la verdad es que no puedo quejarme.»

A partir de ese momento pasamos a ser invitados de honor, puesto que Nameh nos presenta en voz alta. Las filas se aprietan para poder acomodarnos, mientras uno de los gatos salta sobre el regazo de mi mujer. Por fortuna, hay otra *fémina* en la tertulia, Shokuh de nombre, estudiante de filología en la universidad, que viste blusa azul y pantalones tejanos. Los demás son muchachos jóvenes, casi todos con la cabeza rapada. Un par de vejetes con aire alelado —deben de ser opiómanos—, ¡y el personaje clave!: un derviche parecido a Majnun, igualmente delgado, con idéntica cabellera leonina. Se llama Balami y sin duda llevaba la voz cantante en el momento de nuestra llegada. Bien, Balami ofrece una particularidad: es ciego. Tiene los ojos grandes en blanco y no ve absolutamente nada. Sin embargo, su sonrisa es angelical. Es evidente que todos sienten por él un gran respeto y nos da la bienvenida. Está sentado en el suelo, sobre un modesto estrado y veo a su lado un cojín y una calabaza...

—Por favor, no querríamos interrumpir... —dice Baxter.

—¡No, no, sean bien venidos! —contesta Balami—. La casa de Nameh es la casa de todos... Y si, como acaban de comunicarme, hay entre ustedes un hombre de letras venido de Occidente, el Ruqa'at se siente muy honrado con su presencia...

Me creo obligado a intervenir. Baxter y Shokuh hacen las veces de intérpretes. Les digo a todos los reunidos que nos sentimos realmente felices. Encontrar, en esta época de robotización de las mentes, una ciudad en la que la poesía prevalece sobre el resto, y en que las personas se reúnen en torno a unas lámparas de aceite para dialogar sobre la magia de la palabra, es un hallazgo imprevisible, del que no nos advirtieron en la agencia de viajes de Teherán. Acabamos de rendir homenaje a Saadi y a Hafiz, pero ahora se lo rendimos a todos cuantos prosiguen con entusiasmo su labor.

Balami dirige la cabeza hacia mí. Es evidente que ha localizado mi voz, obteniendo como premio que el segundo gato se siente en su regazo. Me da las gracias y nos pide permiso para volver al tema que estaban tratando, que no era otro que el de la importancia que los sufíes han concedido siempre a la pluma que escribe y a la lengua que canta.

Los aforismos al respecto son incontables y él estaba recordando unos cuantos, algunos buenos, otros regulares, otros detestables. ¿Por qué no? ¿Por qué ha de aspirarse siempre a la perfección? Es un error. El hombre tiene sus limitaciones, porque no es el Todo. Hay que partir de la base de que ya entre los árabes de los primeros siglos del Islam muchos leían el Corán, pero no sabían escribir, mientras otros conocían la caligrafía, pero no sabían leer. Ello traía como consecuencia que para dichos árabes la letra, la escritura, contuviese un mensaje esotérico y que por sus rasgos les resultara fácil distinguir el carácter de la persona, si ésta era nómada o no lo era, si era o no *sheik*, e incluso si estaba o no enferma. También era frecuente que el lector escribiera en cada página observaciones marginales, de las que se decía que eran para el libro lo que los pendientes para las orejas de las mujeres...

Ante nuestro asombro, el auditorio rompe a aplaudir. Y Balami sonríe con todo su ser, a excepción de sus grandes ojos muertos, y embalado suelta de carrerilla unas cuantas frases, indicando que hay que situarlas en una época muy próxima a aquella en que murió el Profeta: «¿Qué sería del hombre si la tinta no hubiera existido?» «La tinta es el cuerpo del pensamiento.» «En la punta de la pluma está el destino del mundo, pues con la pluma se sellan las sentencias de muerte.» «El saber es la única fortuna de la que los tiranos no pueden despojar a los hombres.» «El lazo intelectual es más fuerte que el lazo sanguíneo.» «El castigo del filósofo es la muerte de su corazón.»

Es de observar que en el Ruqa'at no es preciso que lo que se dice sea inédito. A los contertulios les gusta oír y volver a oír aquello que les place, sea narración, fábula, aforismo o *rubaiyat*. Es una noria que rueda de continuo y que me recuerda, no sé por qué, las ideas fijas de Zakía... Es el rítmico andar de los camellos o el martilleo de los que en el bazar trabajan el cobre. Así que el hecho de que uno de los muchachos pelados al rape, miope y que muerde un lápiz, le pregunte a Balami si puede afirmarse con todo rigor que Mahoma era analfabeto, no significa que tal muchacho no conozca la respuesta; significa que desea oír de nuevo, una vez más, la versión de Balami.

—Yo siempre he creído que Mahoma no sabía ni leer ni escribir... —responde Balami, acariciando el gato—. El Corán es el producto del cielo y del fuego y no de la tinta de que antes hablé... Lo cual demuestra que lo que antes dije carece de valor, porque si la escritura fuera necesaria y en ella descansara el destino del mundo, Alá no hubiera privado de ella al Profeta...

El auditorio vuelve a aplaudir, incluidos los dos viejos con aspecto de alelados opiómanos.

En este momento decido intervenir de nuevo y pregunto si es cierto que las tribus preislámicas, es decir, anteriores a Mahoma, improvisaban composiciones poéticas —sobre todo, en las fiestas anuales—, no para cantar el amor, sino, por ejemplo, para cantar el heroísmo de la tribu, el color de las arenas, las variaciones del cielo, el olor de la sangre, el precio de la lealtad...

La conversación se generaliza, pues todos querrían darme respuesta cumplida. Al final, uno de los muchachos, con restos de lepra en la cara, y que lleva un distintivo parecido al de Hassan, me indica que, en efecto, existe toda una literatura preislámica, que en un principio no fue escrita. «Lo que se valoraba era la inventiva —añade—. De ahí que muchas veces, al enfrentarse dos tribus para la posesión de una fuente, un pozo o un oasis, en vez de utilizar las armas se destacase un poeta de cada bando y comenzasen a improvisar hasta que uno de ellos quedaba derrotado. Y de ahí también que en las puertas de La Meca, antes del nacimiento del Profeta, colgaran, escritos en letras de oro, los poemas que habían ganado dichos certámenes.»

La joven Shokuh, dirigiéndose a nosotros —el gato ha saltado del regazo de mi mujer al suyo—, afirma que la improvisación ha sido valorada en todas las épocas, pero de un modo especial en aquellas en que los poetas se dedicaban a halagar a los príncipes, cantando sus alabanzas —trampa en la que cayó el mismísimo Ferdovsi—, puesto que una frase ingeniosa podía incluso salvar a un condenado a muerte. Al respecto, Shokuh recuerda la anécdota de un profesor que en Buchara iba a ser decapitado por haber copiado mal varios versículos del Corán y que fue perdonado porque improvisó la siguiente maravillosa poesía en persa: «¡Oh, príncipe, ser magnánimo! Yo conozco que mis pecados son más profundos que el mar; pero comparados con tu clemencia y majestad, no son mayores que uno de mis cabellos.»

Al oír esto, y pensando en el distintivo *pasdar* que lleva el «leproso», pregunto si en el Ruqa'at se admiten también poesías elogiando al «príncipe» actual, al venerable ayatollah Jomeini, o simplemente que canten las excelencias de la «revolución islámica».

La negativa es amplia y sonora y por fin Balami consigue imponer su voz. Con una sonrisa más angelical que nunca, niega con la cabeza.

—Lo que aquí tratamos de imponer es la poesía pura —dice—. Cada cual, fuera del Ruqa'at, puede tener sus ideas sobre la dinastía Pahlevi, los ayatollahs y el proyecto de Qom. Pero el que se atreviere a descender a ese terreno, no digo yo que fuera expulsado, pero se sentiría tan incómodo que dudo mucho que deseara volver.

Esclarecida la incógnita, insisto para preguntar si la tendencia a la adulación no sería la causa por la cual, salvo error por mi parte, Mahoma acostumbraba hablar despectivamente de los poetas...

De nuevo interviene Balami, afirmando que no ando lejos de la verdad. Después de beber un sorbo de agua de su calabaza —el gato está ahora encima del mostrador—, señala que, en efecto, existen una serie de *hadits* que avalan mi sugerencia. Por ejemplo, éste: «*No fraternices con un poeta. Te elogia por dinero y te insulta gratuitamente si no le das lo que desea.*» O ese otro: «*Es preferible que vuestros vientres se llenen de pus que de versos.*» O el versículo que puede leerse en el propio Corán: «*Los poetas por todas partes merodean y dicen lo que no hacen...*»

—Sin embargo —matiza Balami—, me gustaría dejar sentado que, de hecho, lo que anatematizaba el Profeta no eran los versos en sí, sino las fábulas, por considerar que no se proponían ningún fin moral y que, por lo tanto, en vez de meter al hombre más en sí mismo, que es lo que él quería, lo enajenaban. Por lo demás, poseemos otra clave para comprender, o por lo menos interpretar, su postura: la constante distinción que establecía entre poetas y profetas, siempre a favor de estos últimos...

Y entonces añade que para Mahoma el objetivo del poeta es *proporcionar deleite*, mientras que el profeta se propone *ser creído* por quienes le escuchan y por las generaciones futuras. Gracias a lo cual, según él, los poetas aman lo vario y plural, en tanto que los profetas repiten adrede siempre lo mismo, en una especie de sonsonete monótono que a la larga es el secreto de su éxito.

En este momento Baxter, cuya pipa trabaja a destajo, toma la palabra... Me sorprende, pero es así. Opina que el coloquio se está poniendo muy trascendente y que, puesto que el hombre es libre, a él lo que le gustan no son las profecías, que si se cumplen es por casualidad, sino, por ejemplo, los relatos de Bidpai, importados de la India y, sobre todo, las travesuras de Nasrudin...

Al oír este nombre, el Ruqa'at cambio de color. Se torna azul y rosa y del color de la alegría, entre el humo de los cigarrillos y el aroma de los narguiles. Baxter, que prefiere con mucho mirar a la joven Shokuh que al derviche Balami, busca el apoyo de ésta y lo encuentra sin dificultad.

—¡Estoy de acuerdo! —dice la joven—. Yo soy poeta y en consecuencia lo que me gusta es lo vario y plural...

Recuerdo haber leído algo sobre Nasrudin, aunque muy fragmentariamente. Sé que sus relatos, sufíes al ciento por ciento, encantan a Majnun, porque lo mismo pueden tomarse como moralejas de alto rango que como «travesuras» e incluso como chistes. Hombre sutil, por lo visto, que ha arrancado durante siglos carcajadas en vastos territorios asiáticos, y no sólo en Persia o Irán.

Balami es el encargado de enhebrar la aguja. ¡Ahí va la primera historieta del gran maestro Mulla Nasrudin!

—Nasrudin entra en una tienda en la que se venden toda clase de objetos. «*¿Tienes cuero?*» «*Sí.*» «*¿Y clavos?*» «*Sí.*» «*¿Y tintura?*» «*Sí.*» «*Entonces ¿por qué no te haces un par de botas?*»

Una carcajada unánime corea lo de las botas.

—Otra historieta. Nasrudin entra en una tienda. Lo primero es lo primero. «*¿Me has visto entrar en tu tienda?*», pregunta. «*Naturalmente.*» «*¿Me has visto alguna otra vez?*» «*Nunca.*» «*Entonces ¿cómo sabes que soy yo?*»

Otra carcajada unánime.

—La última historieta —dice Balami—. Nasrudin entra en una ciudad amurallada y es detenido por el capitán de la guardia, el cual le pregunta: «*¿Adónde vas? Dime la verdad o serás colgado.*» «*Voy (dijo Nasrudin) a morir colgado en esa horca.*» «*¡No te creo!*» «*Muy bien. Si he dicho mentira, cuélgame.*» «*¡Pero esto la convertiría en verdad!*» «*Exactamente (dijo Nasrudin). En tu verdad.*»

Todo el mundo asiente, como es de rigor, y entonces Balami, cambiando el tono de la voz, anuncia que, para finalizar, va a facilitarnos un ejemplo de las «pistas» que Nasrudin daba para «despistar» a su interlocutor, demostrando con ello la escasa capacidad analítica de la mayoría de los mortales.

Nasrudin se fue a Londres y pidió sucesivamente a tres vendedores de cigarrillos «unos cilindros de papel llenos de partículas de tabaco, de unos siete centímetros de longitud, empacados en cartones, probablemente con algo impreso en la superficie». Ninguna de las tres personas pudo identificar que pedía cigarrillos. Dos le sugirieron que buscase en otra parte y la tercera le dio las señas de un mayorista especializado en importaciones exóticas para los fumadores.

Baxter aplaude, aplaude Nikoumanesh, aplaudimos mi mujer y yo. En cuanto a Nameh, el propietario del Ruqa'at, se ha sentado sobre el mostrador y se ríe a mandíbula batiente.

—¡Conforme! —admito—. Me rindo ante el maestro Nasrudin... Procuraré encontrar sus historietas.

—Le va a ser difícil... Es algo intraducible. De Nasrudin, en otra lengua que no sea el *farsi* o el árabe, sólo puede quedar la cáscara.

—¡Pues me comeré la cáscara!

A partir de aquí hay un cruce de informaciones sin orden ni concierto. A excepción de Balami, diríase que la concurrencia se ha emborrachado. Baxter y Shokuh se desviven por traducirme todo cuanto se dice en la reunión, en la que unos cuantos han empezado a improvisar *rubaiyats*. Uno me comenta que los dos libros de Saadi, *El Jardín de las Rosas* y *El Jardín de los Frutos*, son dos clásicos del sufismo, que constituyen la base moral y ética de la lectura de millones de personas en la India, Pakistán, Afganistán y toda el Asia Central, tal vez porque, si bien el poeta no se hace ilusiones acerca del hombre, no se deja tampoco ganar por la amargura. Otro me asegura que cuando los occidentales llamamos a Hafiz «santo» o «lengua mística», de hecho ignoramos el significado exacto de estas palabras. Otro me habla del poeta Muttanabi, que se atrevió a mofarse de Mahoma, asegurando que él era el mejor hombre que pisaba la tierra y que «sus versos irían al Oriente, hasta donde no hubiere más Oriente, y a Occidente, hasta donde no hubiere más Occidente»; pese a lo cual ahora está condenado al olvido, mientras que el Corán es besado a diario por la quinta parte de la humanidad. Otro me informa, provocando mi natural estupor, que actualmente en el Sahara, que como español es tema que ha de tocarme de cerca, hay viejos saharauis que, sin saber escribir, recitan poemas ironizando sobre Hassan de Marruecos...

Shokuh, por su parte, me habla de Omar Qeyyam. Era mejor científico que poeta; sin embargo, escribió cosas bellas, como, por ejemplo, este *rubaiyat*: «*Cuando me vea a los pies de la muerte y se corte el hilo de mi existencia, pido a todos que se moldee un jarro con mis cenizas. Quién sabe si al llenarlo de vino se producirá el milagro y renaceré a la vida.*»

La muchacha filóloga me informa también de que Omar Qeyyam, que nació en Naighapur, en Korasán, a mediados del siglo XI, fue condiscípulo nada menos que de Hassan Sabbah, el famoso «viejo de la Montaña».

Al oír esto pego un brinco: ¡El «viejo de la Montaña»! ¡Con lo mucho que he leído sobre él! Me siento intrigadísimo y pido en voz alta que me cuenten su historia.

—Por favor, maestro Balami —le digo al derviche—. Aunque tengo noticia sobre el fundador de la secta de los Asesinos, deme su versión, ya que no creo que tal secta pueda darse en ninguna otra nación que no sea Irán, como tampoco en el seno de ninguna otra religión que no sea el Islam...

Balami asiente con la cabeza y juguetea con su bastón. Complacerá mi petición. Sin embargo, antes querría decirme que no le compadezca por ser ciego. Su ojo interior suple con creces cuanto pudiera ver del exterior. Además, en Persia es casi una tradición. Ha habido muchos derviches y poetas ciegos: Bassar, obsceno; Ma'Arri, doliéndose de haber nacido; Abu-Al-Macarri, quien escribió, el año mil: «Estoy encarcelado en tres prisiones: la pérdida de la vista, vivo encerrado en mi casa y mi alma está prisionera de un cuerpo envejecido...»

Imposible escuchar de labios de Balami su versión del «viejo de la Montaña» y de la secta de los Asesinos. De acuerdo con la costumbre de Ruqa'at, varios de los presentes se marchan, no sin antes obsequiarnos con una reverencia, y su lugar es ocupado por un grupo de recién llegados que, entre bromas y veras, como si estuvieran borrachos, le dan la espalda al derviche y toman asiento frente al mostrador, armando una algarabía infernal.

Observo que Nameh desearía presentarnos, pero no le hacen caso. Por lo visto celebran algo, un premio ganado por alguno de ellos en la Universidad. Shokuh y todos nosotros formamos un corro al lado de Balami, junto con tres o cuatro de los asistentes anteriores. Balami no ha dado muestras de decepción, porque él está por encima de los cambios de humor, pero es evidente que el hilo se ha cortado. El tema por mí propuesto queda lejos. Otro día será. Balami me dice: «Los asesinos son ésos... Los que entran alborotando y no sienten un espontáneo respeto por lo que representa el Ruqa'at.»

Le animamos a seguir hablando, y creo que obtenemos el premio debido. Shokuh nos dice que entre sus poetas preferidos figuran Rumi y Attar. «Les voy a dar una muestra de cada uno. Rumi escribió: *"Tomad el trigo, no la medida que lo contiene"*, y Attar escribió: *"La rosa se ríe de ti todas las primaveras."*»

Los aforismos se suceden hasta que Balami, que ha pedido una taza de té, da un vuelco a la conversación, con el que damos por finalizada nuestra estancia en Ruqa'at. El derviche está convencido de que los sufíes han tenido en Occidente una influencia capital, pese a la casi imposibilidad de las traducciones. Nos cita nombres: Goethe, Bacon, Ramon Llull, Tomás de Aquino... «Entérense ustedes y verán que mis palabras no son como la luna, el cadáver de un mundo, sino las de un ciego que conoce los secretos.»

Y la razón es muy sencilla: aunque el sufismo se ha desarrollado de preferencia dentro del mundo musulmán, es tanto lo que abarca que se adapta a todas las civilizaciones y a todas las mentes. Si bien su mayor mérito tal vez radique en su anticipación. En efecto, sin la fraseología empleada por los sufíes, por ejemplo, la alquimia —es decir, la transformación— no hubiera podido florecer en Occidente. La doctrina del microcosmos y del macrocosmos —lo que está arriba es igual que lo que está abajo— se encuentra en la tradición sufí. Los argumentos sexuales de Freud fueron expuestos por Al-Ghazali en su *Alquimia de la felicidad* hace la friolera de nueve siglos. La teoría de los «arquetipos» de Jung fue expuesta precisamente por uno de los sufíes más profundos: Ibn-Arabí, en su libro *Intérprete de los deseos*. Asimismo varios sufíes de Bagdad formularon una teoría de la evolución seiscientos años antes que Darwin... La lista podría prolongarse hasta el infinito, pero no hay que olvidar que, si bien Mahoma dijo que «quien escucha la voz del pueblo sufí y no diga *aamin* (amén) quedará señalado como necio ante Dios», en cambio Nasrudin le pegaría a él, Balami, un par de azotes si advirtiera que se deja llevar por un soterrado orgullo, sin tener en cuenta que un pez no es el maestro más indicado para enseñar ictiología...

He de confesar que la paliza ha sido fuerte. No esperaba yo tanto cuando por la mañana visitamos el hermoso parque Eram y cuando nos enteramos de que más arriba de Chiraz ya no crecen las palmeras. El propio Baxter, que a los bosques los llama «vegetación», se siente un tanto acomplejado. Es la primera vez que detecto en su rostro de niño bueno, y en su pipa, tal estado de ánimo.

Además, Balami huele. ¿A qué huele? Seguro que Raquel sabría adivinarlo. Mi mujer susurra: «A túnica que no ha sido lavada desde que alguien, hace muchos años, la tejió.» Yo no comparto su opinión. A mí me parece que Balami huele a Majnun, a sabiduría filtrada por el paso del tiempo, a todo un proceso de elaboración interna que sólo es dable en Oriente. La calabaza que lleva consigo se me antoja simbólica pensando en el argot de nuestra lejana tierra. Un ser como Balami no puede fabricarse con una sola vida. Por fuerza ha de ser el resultado de múltiples reencarnaciones, como ocurre con esos volcanes extintos en apariencia, pero que guardan en su entraña bocas de fuego dispuestas a romper la costra y estallar en el momento más impensado.

La pregunta es: ¿Morirá Balami? ¿Morirá alguna vez, morirá algún día? ¿Cuándo, dónde? ¿En plena calle, en la mezquita del Viernes, en el Ruqa'at? De algo no puede dudarse: la tierra que lo cobije estará, ¡seguro!, muy próxima a las tumbas de Saadi y de Hafiz...

EL TAXISTA NIKOUNAMESH

Regresamos, ya anochecido, al Kourous Hotel. Al pasar delante de la *medresa* vemos el catafalco o túmulo levantado en honor del novicio muerto, con las bombillas multicolores encendidas. Parece un altar de juguete y varias personas rezan en torno. No imagino a dicho novicio deseando, como Omar Qeyyam, que conviertan sus cenizas en una jarra, con la ilusión de que al contacto con el vino su cuerpo renazca a la vida. Vemos de nuevo a los cíngaros, a los gitanos, con el oso y el tambor. El oso da la impresión de estar agotado, como si cada golpe que habrá recibido a lo largo del día fuera un aforismo.

Nikounamesh nos pide por su trabajo un precio más que razonable. Lo ha pasado muy bien con nosotros. Ojalá los periodistas que acompañó cuando las fiestas de Persépolis hubieran sido igualmente amables. Le deseamos buena suerte —que su hijo regrese del frente sano y salvo—, y él dice que ha consultado sus anillos y que Alá le concederá lo mejor. También nos dice que en más de una ocasión volverá al Ruqa'at para escuchar al maestro Balami y para saludar al gordo Nameh.

Cenamos en el *snack*. Deseábamos hacerlo de prisa porque mañana a las siete y media el avión parte para Ispahan. ¡Pero nos encontramos con Benito Bianchi, quien todavía no ha resuelto lo de la maquinaria bloqueada en Bandar-Abbas! Sentado con sus amigos en la mesa contigua, el extrovertido italiano realiza una operación de alquimia, en virtud de la cual el Parnaso de Chiraz se convierte para nosotros en el complejo petroquímico en el que Bianchi está empleado. Esta mañana apenas si se ha presentado nadie al trabajo. Los obreros habían organizado una manifestación de protesta contra el Gobierno mexicano por haber acogido al Sha.

—¡Lo que yo les dije! Mano dura, fascismo, el Duce, campos de exterminio... La masa se compone de cucarachas y para las cucarachas hay que usar detergentes letales, y no viejos ayatollahs que se pasan el día leyendo ese *puzzle* que es el Corán... ¿Saben ustedes que la extracción de petróleo iraní ha descendido a una quinta parte con respecto a la época del Sha? ¡Ah, éste falló! ¡Pegaba, pero daba explicaciones! No hay que darlas... Cementerio significa silencio, ¿no es así? Sobre todo en el desierto... —Y Benito Bianchi, indignado por no poder tomarse una mala cerveza, se sirve un vaso de agua mineral y se seca el sudor.

Baxter, que por lo visto se encuentra ya muy lejos de la filosofía sufí, se interesa de pronto por nuestro vecino y decide sacarlo más aún de sus casillas. Le dice que también los «caudillos como el Duce» cometen errores, aunque no lean el Corán.

—A mi juicio —opina Baxter—, Mussolini cometió uno, morrocotudo, cuando su campaña en África. Hubiera podido quedarse con Libia, pero ignorando que debajo de la arena había petróleo, se la dejó escapar...

Bianchi pega un salto en su asiento.

—¿Y cómo podía el Duce saber que bajo la arena había petróleo?

Baxter sonríe:

—Los genios han de oler esas cosas, ¿no cree?

Bianchi lanza un berrido. Titubea.

—Sí, sí, en efecto, algo hay de eso... —Pero reacciona y da un quiebro—. ¡Sin embargo, el error que cometió De Gaulle fue más grave aún! De Gaulle sabía que en Argelia había petróleo, y también lo dejó escapar... —El italiano pega con el mechero un golpe en la mesa y añade—: Y ahora esa gente nos tiene cogidos por el cuello... Gente que no sabe usar el tenedor y que se pirra por comer lagartijas...

La verdad es que el diálogo me aburre. Lo vivido esta tarde me ha impresionado tanto que me interesa más el verso que la prosa, Balami que el problema de los crudos... Simulo un bostezo. Digo: «Estoy cansado, y mañana nos espera un tute... Tengo ganas de acostarme.» Mi mujer me echa un capote. «Yo también.» Y tomando su bolso, se levanta.

Baxter porfía.

—¡Quedaos un poco más!

—¿Para qué? —le digo, levantándome a mi vez—. Si quedándonos consiguiéramos recuperar Libia y Argelia... Pero no creo que exista la menor posibilidad.

Bianchi se autodomina e incorporándose un poco nos saluda con una inclinación de cabeza.

—*Ciao...*

Baxter prefiere quedarse.

—Yo me fumaré otra pipa...

—¡De acuerdo! Mañana a las seis, en el vestíbulo...

Nos vamos y pedimos la llave en recepción. El ascensor no funciona, ¡qué le vamos a hacer!

CAPÍTULO XXXII

RUMBO A ISPAHAN

Dormimos mal por culpa del aire acondicionado, diabólico invento que tiene la virtud de destemplarnos. Tenemos la sensación de habernos resfriado. Sin embargo, a las seis en punto estamos abajo, en el vestíbulo, donde Baxter nos esperaba para decirnos que él ha dormido de un tirón y que se siente fresco como una rosa... Como una rosa de Chiraz.

Ningún percance. A las siete estamos en el aeropuerto y a las siete y media el avión despega rumbo a Ispahan, última etapa de nuestro viaje. ¡Ispahan! Según los nativos: *Espaham nesfé jahan*, que significa: Ispahan es la mitad del mundo. Un modo enfático de cantar sus bellezas, que han dado lugar a una copiosa bibliografía. Palacios, jardines, ¡doscientas mezquitas!, una de las plazas más hermosas del mundo —la plaza Real—, un minarete de treinta metros de altura —el minarete de Alí—, composiciones de mosaicos sin par, todo ello en medio de una comarca fértil, en la que unas quinientas aldeas se aprovechan del milagro de un río no navegable, el Zayendeh. Río que, procedente de los montes Zagros, a cuatrocientos quilómetros, atraviesa la ciudad de oeste a este y acaba perdiéndose en los arenales del desierto. Con cinco puentes que enlazan ambas orillas, uno de los cuales tiene treinta y tres arcos: el Sip-seh-pol, y sobre cuya estética y utilidad los folletos y las guías cuentan y no paran.

Según esos textos, la ciudad fue construida, en sus características actuales, por Sha Abbas el Grande —nuestro destino es precisamente el Sha Abbas Hotel—, monarca casi mítico, contemporáneo de Luis XIII, que detuvo el avance de los turcos, recuperó Bagdad y echó a los portugueses de Ormuz. Monarca europeizante, que consiguió que Ispahan, anterior a Versalles, tuviera en su época 600 000 habitantes, es decir, la misma población que hoy en día. Pese a todo, se le acusa de que, por un exceso de celo en la administración de las finanzas, edificó muchos monumentos que no han resistido el paso del tiempo.

Raquel nos habló mucho de Ispahan. En tiempos del Sha era un centro turístico de primer orden, cuidado hasta el mínimo detalle. La Fundación Pahlevi había efectuado grandes obras de restauración y al parecer hasta los japoneses querían invertir en la ciudad. Ahora, según Baxter, ésta ha perdido mucho —«¡Ispahan se hunde!»—, si bien nuestro ínclito amigo californiano nos ha prometido, en compensación, presentarnos a un tipo extraordinario, que muy probablemente se ofrecerá para ser nuestro mentor: un *mullah*. ¡Un *mullah* con todas las de la ley, con su turbante y su rosario, al que Alí le importa un bledo y que no tiene ningunas ganas de morir mártir! Casado con tres mujeres y en busca de una cuarta, buen *gourmet*, amante del whisky e incluso, llegado el caso, de un poco de heroína, la última vez que le vio andaba rondando el Bazar y ofreciendo a los extranjeros frascos de Chanel número 5.

—¿A que no os esperabais esto? ¡Tirad a la basura vuestras cartas de recomendación! —Mientras el avión pierde altura y se presta a aterrizar, Baxter añade—: Me pregunto qué hubiera sido de vosotros en Irán si a

Salvio Royo no se le ocurre hablaros de mí y de aquel derechazo que me pegó en la mandíbula...

En el aeropuerto empiezan las dificultades. Nos dirigimos al servicio de información, ya que en él hay un rótulo que dice: «Alquiler de taxi.» Un bigotudo funcionario le pregunta a Baxter adónde queremos ir.

—Al Sha Abbas Hotel —contesta Baxter.

El funcionario se pone de pie, enfurecido.

—*Finito* Sha Abbas! *Finito* Sha Abbas! —grita, tomándonos sin duda por italianos—. ¡Abbas Hotel! *Finito* Sha! *Finito* Sha!

Baxter le pide excusas, comprende que ha metido la pata y le ruega que se calme. Consulta nuestras reservas, hechas en la agencia de viajes: en efecto, en ellas está escrito solamente Abbas Hotel.

A continuación, y antes de alquilar el taxi, Baxter pide permiso para llamar por teléfono. Quiere cerciorarse de que todo está en regla, de que, prescindiendo del Sha, dispondremos de las correspondientes habitaciones. ¡Sorpresa! El hotel está cerrado, en reparaciones... «¿Cómo? ¿Qué dice usted?» Ni siquiera le contestan. Al otro lado del hilo han colgado.

Robert consigue que el bigotudo funcionario llame personalmente al Kourous Hotel. No hay pega. «¡Vaya, menos mal! —Luego Baxter añade—: Claro, ¡seguro que todos los hoteles estarán vacíos!»

Poco después, montados en otro Peykan, nos dirigimos al Kourous Hotel... El taxista le confirma a Robert que apenas si hay turistas en Ispahan. Que «aquello» se acabó. Que ahora de lo que se trata no es de vivir de los extranjeros y de sus divisas *taghuti*, sino de los propios recursos del Irán de la revolución.

Es demasiado temprano para discutir, y además el día se presenta espléndido y el clima de Ispahan tiene fama de ser «único», hasta el punto de que en toda la zona —la zona del río Zayendeh—, la primavera empieza en febrero. «Veréis, veréis como todo se arregla... Y los resfriados, ¿qué tal?» «Regular.» «¿Sólo regular?» «Sí, convendría entrar en alguna farmacia...» «¡Dios mío, una farmacia! ¿Y si están todas en reparación?» Y Baxter suelta una carcajada.

En este momento cruzamos el puente de los treinta y tres arcos, que no nos parece nada del otro jueves. Además, baja poca agua y vemos de refilón unos niños bañándose semidesnudos. ¿Semidesnudos? ¿Será verdad que Ispahan es «distinto», «otra cosa», «la mitad del mundo»?

Media hora después hemos tomado posesión de nuestras habitaciones en el Kourus Hotel, muy parecido al de Chiraz, a las órdenes de una mujer que pasa el aspirador por el pasillo, sudando a mares, la pobre, porque un enorme pañuelo le cubre la cabeza...

UN «MULLAH» ARREPENTIDO

Tomamos otro taxi y nos dirigimos a la calle Tchahât Bagh, a casa del *mullah*. Baxter no ha querido llamarle antes para darle una sorpresa. Siempre lo ha hecho así. Se llama Mortasah Hossein y tartamudea un poco, pero eso ¿qué importa? Ha habido grandes tartamudos en la historia universal. «No es cuestión de mandarlo a hacer gárgaras por eso, ¿verdad?»

Al paso por las calles vemos que, en efecto, abundan las mezquitas, de vez en cuando unas extrañas torres que al parecer sirven para refrescar el interior de las casas, y que mucha gente va en bicicleta. Por lo demás, la suciedad lo ha invadido todo. Ni una sola papelera, charcas de agua putrefacta y muchos árboles con aspecto enfermizo. «¡Bueno, bueno, eso son menudencias! Como os dijo vuestro derviche en Teherán, el sarampión pasará...»

Quienes no pasaremos seremos nosotros en la residencia del *mullah* Mortasah Hossein... Él mismo ha abierto la puerta —tercer piso de un bloque-colmena—, y al ver a Baxter acompañado de dos *farangui*, de dos extranjeros, ha palidecido. Ni siquiera le ha estrechado la mano. Ni siquiera ha sonreído. «¡Mortasah...! —ha exclamado Baxter, dispuesto a darle un abrazo—. ¡Mi querido Mortasah!» El blanco turbante de Mortasah se ha convertido en casco de soldado. «¿A que no te esperabas esto? —ha proseguido Baxter, sin bajar el tono de la voz—. ¡Venimos por ti, a sacarte de tu escondrijo y a que te dé un poco el aire!»

Por fin el *mullah* se ha decidido a abrir la boca. Tartamudeando mucho más de lo que Baxter nos dijo, ha soltado una parrafada larga. Por el brillo de sus ojos hemos comprendido que habíamos marrado el tiro. De vez en cuando Baxter, que es la viva imagen del asombro, intercalaba algunas sílabas, sin duda para convencerle de que quienes le acompañábamos éramos seres humanos más bien respetables. Nada que hacer. El *gourmet* Mortasah, que tiene tres esposas —escondidas— y va por la cuarta, al final le ha dado a Robert con la puerta en las narices. En el último momento, y acostumbrado ya a la semioscuridad del vestíbulo, me he percatado de que el *mullah* llevaba en su diestra, curiosamente, un pisapapeles de cristal en cuyo interior nevaba abundantemente.

Baxter, ante la situación, nos ha mirado con cara de lelo. Su mirada verde-clara no refleja otra cosa que estupidez. «¡Que me ahorquen si entiendo una palabra!» Se disponía a sentarse en el primer peldaño de la escalera, pero en última instancia ha decidido permanecer de pie.

—¿Qué ha sucedido? ¿Te has equivocado de puerta?

Nada de eso. ¡Mortasah se había convertido en otro hombre! Se arrepentía de su vida pasada y era un súbdito incondicional de Alí, de Hussein y de Jomeini, el «Salvador». Desde hacía medio año lo menos estaba al servicio de la mezquita Loftollâh, de la plaza Real. Aportaba su grano de arena al triunfo de la revolución islámica, una de cuyas premisas era apartarse de los extranjeros, que siempre traían consigo la corrupción. Su obligación moral era no hacer concesiones al respecto, precisamente porque con anterioridad había hecho demasiadas. «Me ha suplicado que lo dejase en paz y que uniera mis preces a la suya, para que Alá se digne perdonarle.»

No sabemos si llorar o reír. El aspecto de Baxter es harto cómico y se le ve sin reflejos siquiera para encender una pipa. No cesa de repetir: «¡El muy canalla! ¡El muy bribón! ¿Qué estará tramando en la mezquita de Loftollâh?»

Por fin logramos convencerle de que, por el momento, lo más práctico es bajar la escalera y una vez en la calle tomar una decisión. Así lo hacemos, mientras Baxter sigue mascullando algo más que jaculatorias y yo me obsesiono, no sé por qué, con el pisapapeles nevado que sostenía en la diestra el inefable *mullah*.

Bien pensado, lo ocurrido es coherente. El número de los «arrepentidos» debe de ser tan grande como lo fuera el de los réprobos. ¿Qué porvenir le aguardaba en Ispahan a un *mullah* que vendía Chanel número 5 a los extranjeros y que andaba del brazo de un americano? La cárcel, tal vez la lapidación... Mortasah Hossein había cometido el error de no disimular sus aficiones —como era el caso de los *mullahs* que Baxter tenía sobornados en Teherán—, y ahora cortaba por lo sano.

La lección era contundente. Lo era tanto, que nos desanimó. Llevaba yo en la cartera las señas de la amiga de Sheineda y la carta de presentación de ésta, pero no quería que se repitiera la escena y poner a la señora Tarafehián, que así se llamaba, en un compromiso. Por lo demás, ¿es que de verdad necesitábamos un mentor? ¿No se bastaba el propio Baxter para pilotarnos por la ciudad? Tampoco era cuestión de descubrir en ella antros secretos. Las guías hablaban de la mezquita Real —en la plaza del mismo nombre—, del Ali-Qapu, del palacio de las Cuarenta Columnas, del bazar, del barrio armenio, etcétera. Daríamos un vistazo a todo esto y dejaríamos lo demás al azar... «¿Ya no te acuerdas de las palabras de Bianchi? ¿Y cómo podía saber el Duce que debajo de la arena de Libia había petróleo?»

Ya en la calle, Baxter, ¡por fin!, enciende su pipa.

—¡El muy canalla! —masculla, mirando para atrás al bloque-colmena—. ¡Y pensar que yo siempre corría con los gastos!

LA PLAZA REAL DE ISPAHAN

Decidimos ir a pie a la plaza Real. Nos detenemos en la tienda de un anticuario, que vende toda clase de armas, especialmente dagas y puñales, y toda clase de espejos. Hay dagas de la época safawí, a las que imaginamos dando una voltereta en el aire y cortando cabezas. El anticuario nos dice que desde la revolución apenas si se encuentra una pieza de calidad. «Todo el mundo guarda las armas por si necesita usarlas...» En cambio, se venden más espejos que nunca, sobre todo para las bodas, ya que en Ispahan es tradicional que antes de la ceremonia el hombre y la mujer se miren juntos en un mismo espejo, lo que se considera premonitorio de un bello porvenir amorosamente compartido.

Lo mismo que en Chiraz, nos tropezamos con catafalcos en la acera —dos en el espacio de un quilómetro—, signo de muerte. En uno de ellos varias mujeres lloran ante las bombillas multicolor, mientras, cerca, unos chiquillos juegan a la pelota. Las plañideras actúan ahí porque el muerto era joven, soltero, ¡y virgen! Nos preguntamos cómo es posible dar fe de semejante virtud, pero el interrogante no impide que las mujeres sigan llorando.

Penetramos en la plaza por la calle frente por frente del bazar, ante cuya puerta se exhiben samovares altos como un hombre. Son impresionantes, perfectos, pero la dificultad para su transporte es obvia. Me despido de ellos con cierta nostalgia. Siempre me han gustado los samovares, acaso porque resuenan en su entraña las voces de los grandes novelistas rusos, ninguno de los cuales, que yo sepa, cantó —como lo han hecho los viajeros franceses— las bellezas de Ispahan, y en cambio sí las de San Petersburgo.

¡Las bellezas de Ispahan! La plaza Real debe de ser su máximo exponente. En el siglo XVIII era la mayor del mundo, con sus 500 metros de largo por 165 de ancho. Baxter nos aconseja que al pronto no prestemos atención a ella. «Es mucho mejor que andéis como a ciegas hasta Ali-Qapu, óptimamente emplazado, y que desde la terraza principal del palacio contempléis la panorámica.»

Obedientes al consejo, nos entretenemos charlando hasta llegar a Ali-Qapu, que significa «Sublime Puerta». Su vestíbulo es de pórfido verde y, según noticias, los primeros shas no lo cruzaban nunca a caballo, por ser lugar inviolable y sagrado, «refugio de ladrones y asesinos». Nosotros tampoco lo cruzamos a caballo, pero sí haciendo cola, ya que los visitantes son numerosos.

Subimos al primer piso —Ali-Qapu consta de siete, con escaleras de caracol muy estrechas—, y por fin salimos a la terraza que le corresponde. ¡Nueva sorpresa! No puede decirse que la anunciada panorámica sea «incomparable», aunque es muy posible que en otros tiempos lo fuera. Se elevan al cielo, eso sí, las fabulosas cúpulas de la mezquita Real y de la mezquita Loftollâh, aquélla dominada por el azul, ésta dominada por el amarillo, aquélla con sus fantásticos minaretes, ésta sin ellos porque Sha Abbas el Grande no la concibió para la devoción pública, sino para su uso particular. Pero hay un detalle que ofende la vista y destruye la deseada emoción: la inmensa explanada está sucia como lo están las calles, con los jardines descuidados y las plantas marchitas, y en el centro mismo un montón de cajas con botellas vacías de Coca-Cola.

Hélas!, la cosa es así y no tiene remedio. Baxter no contaba tampoco con este nuevo percance. El hombre suelta un par de imprecaciones y se desgañita contándonos que en tiempos del Sha dicha explanada se componía de límpidos estanques, juegos de agua, flores, iluminación llevada a cabo por los mismos que instalaron la de Persépolis, etc. Por otra parte, todas las dinastías habían puesto en ello especial empeño. Durante el reinado de Sha Abbas II, por ejemplo, la plaza era un amplio espacio abierto, libre de cualquier obstáculo, para que el monarca y sus invitados pudieran contemplar, desde la terraza en que nos encontramos, o bien el paso de las caravanas en tránsito por Asia, o bien las competiciones de polo —«el polo es de invención persa»—, o bien los desfiles militares, o bien las grandes ceremonias ofrecidas cuando los embajadores extranjeros traían a palacio maravillosos regalos. Al llegar la noche, las danzas y los fuegos artificiales conferían al recinto un encanto que sólo podía parangonarse con el que ofrecen las mezquitas al ponerse el sol... «¿Sabéis lo que es un incendio? Pues eso.»

Por segunda vez procuramos calmar a Baxter, mimándolo como a un niño. Tampoco es para tomárselo así. Sabemos del seísmo que sacude el país y lo raro es que las dos mezquitas estén en pie, con lo fácil que le resultaría a un judío, a un *bahai*, a un loco, ¡a Benito Bianchi!, colocar cargas explosivas que las hicieran saltar a pedazos. «Anda, déjanos contemplar esas fachadas, esos domos, esos *iwanes*, esos entrelazos afiligranados tan impresionantes como las mezquitas de Estambul.»

Difícil empresa la nuestra... Necesitaríamos de un cierto silencio, de una cierta soledad. Y he aquí que el seísmo ha llegado también a esta terraza, en la que acaba de producirse un altercado entre los visitantes. Habíamos hecho caso omiso de ellos, pero ahí están, como en el centro de la explanada las cajas con botellas vacías de Coca-Cola. Los nativos la han emprendido —ignoramos la causa— con un grupo de extranjeros que visten calzón corto y llevan salacot, y de cuyas palabras deducimos que son arqueólogos ingleses que acaban de llegar de una de las ciudades más antiguas de la tierra: Susa, la *Sushan* bíblica, aquella en que Alejandro Magno decretó las mil bodas en una sola noche.

En vano ellos muestran sus pasaportes en regla e intentan dar explicaciones. ¡Los han tomado por americanos, y eso los ispahaníes no lo pueden consentir! Los arqueólogos tienen ademanes de desagrado y de impotencia. Baxter decide intervenir, convencido de deshacer el equívoco. Se dirige a los increpantes hablándoles su mejor *farsi* y les explica la situación... ¡Nada que hacer! Por lo visto el motivo de alarma han sido los prismáticos. ¿Por qué aquellos «bichos» extranjeros llevan prismáticos, enfocándolos aquí y allá? ¡Son americanos! ¡Se les nota a la legua! «Y tú también lo eres...», le dice a Robert un mozo fornido, que parece un «lanzador de cuchillos» del Bazar de Teherán. «Yo, sí —admite Baxter—. Soy ingeniero y llevo aquí muchos años. Pero esos caballeros son ingleses y acaban de llegar.» Entonces los increpantes empiezan a escupir al suelo y a insultar, llamándoles espías. Una pareja de novios, ella con su vestido blanco, nos mira también a mi mujer y a mí. Cogidos del brazo, son la nota idílica en medio del desastre. «¡Espías, espías! ¡Os cazaremos a todos! ¡Largo de aquí!» Los ingleses, acosados, optan por batirse en retirada y se dirigen a la estrecha escalera. Y los increpantes vuelven a escupir.

Mi estado de ánimo es ambiguo. No sé si entristecerme o echarme a reír. Pienso en la tienda del anticuario: la pareja de novios se habrá contemplado en el espejo, cumpliendo con el rito, y los otros llevarán escondida alguna daga o algún puñal... Mi mujer está pálida y suda a mares. Todos la emprenden entonces con Baxter, quien en última instancia consigue persuadirlos de que no les mintió con respecto a su profesión. Además, ¡no lleva prismáticos!

La terraza se ha llenado a rebosar. ¿Dónde están las cúpulas, dónde el cielo azul? Los ingleses, ya en la plaza, corren en busca de un taxi, sin duda para regresar al hotel. Y en ese momento exacto me acuerdo de haber leído en un folleto que «el temperamento de los ispahaníes, tal vez debido al río Zayendeh, es tranquilo y sosegado».

El palacio tiene siete pisos. Vamos subiéndolos uno a uno, con evidente desgana. Baxter simula no advertirlo y hace las veces de mentor. Vemos frescos en las paredes, representando sobre todo antiguas batallas libradas por los persas. «Tenían superpuestas siete capas de yeso. Ponerlas al descubierto ha sido labor de titanes...» En el piso sexto hay una sala especial. Especial por sus condiciones acústicas. Un cálculo matemático de la bóveda y de unas hornacinas abiertas en la pared y que comunicaban por el interior con los salones de abajo, permitían una audición perfecta. «¿Había grandes arquitectos, ¿os dais cuenta?» «Sí, desde luego.»

El tema no da para más, pese a unas adorables miniaturas del famoso Reza Abassi. Bajamos con dificultad hasta la planta baja y allí, en el vestíbulo, mi mujer se para, respira hondo y dice: «¿No era éste el lugar inviolable y sagrado, refugio para ladrones y asesinos? ¡Pues quedémonos aquí!»

Es mediodía, lo que significa que se oyen los cantos de los almuecines invitando a la oración. ¡Doscientas mezquitas en la ciudad! Es estremecedor, pese a saber que la mayoría de dichos cantos están ahora grabados en cintas, con la ayuda suplementaria de los altavoces. Vemos que varios de los transeúntes que circulan por las aceras y por los zigzagueantes caminos abiertos en el centro de la plaza se detienen y se arrodillan, tocando el suelo con la frente. Algunos han sacado sus tapices de plegaria, otros han depositado ante sí los paquetes que llevaban. Las voces de los almuecines tienen una vibración particular, como si aspirasen a llegar muy lejos, al último confín. «Hay que reconocer que esto es hermoso», digo, en cuanto Ispahan y el mundo recobran el silencio.

Sin embargo, ello significa que la hora no es adecuada para visitar las dos mezquitas de la plaza, porque abundan los fieles que se acercan a ellas dispuestos a efectuar las pertinentes abluciones. El hecho es decisivo y nos obliga a modificar nuestros planes. Las opciones son múltiples, pero en última instancia, deseosos de respirar aire puro, y ante el temor de que todos los parques estén marchitos, Baxter propone tomar un taxi y aproximarnos al puente de los treinta y tres arcos, el Sio-seh-pol, o puente d'Allahverdi, para contemplar la bulliciosa vida que suele darse en sus orillas.

Aceptamos de buen grado, deseosos de un cambio de ritmo. ¡Taxista parlanchín! Tanto o más que Nikounamesh, de Chiraz... Baxter, que con sólo salir de la plaza ha empezado a recobrarse, habla con él y nos traduce al paso sus palabras. El hombre, que lleva un pequeño plano de Ispahan pegado en una esquina del parabrisas, aparte de repetir, como los profetas, el sonsonete de siempre —en su caso, las consabidas alabanzas a Jomeini—, es un anticomunista furibundo. A su juicio, más peligrosos que los americanos son los comunistas, que andan a la espera del menor descuido para aproximarse al golfo e hincarle el diente. Y al decir comunistas no alude sólo a los existentes en Irán, más o menos controlables —el partido Tudeh y los milicianos *khalq*—, sino a Moscú. Moscú está siempre alerta, implacable y voraz, dispuesto a hacerse con el petróleo y cerrar el grifo para los occidentales.

Él no tiene nada contra Occidente, todo lo contrario... Los turistas no sólo le han dado de comer, sino que le han permitido construirse una casita de ladrillos en las afueras, donde vive con los suyos como Dios manda.

—Mi sitio estaba siempre en la puerta del Sha Abbas Hotel, y desde la mañana a la noche no paraba. ¿Por qué se retraen ustedes ahora? Nuestra revolución fue contra el Sha, no contra los turistas...

Baxter no sabe qué contestar.

—Verá usted... A veces estalla alguna bomba, o se producen equívocos desagradables...

—¿Equívocos? ¿Bombas? ¿Cuántos meses hace que en Ispahan no ha estallado un simple petardo? —El hombre masca algo que puede ser chicle y añade—: Cuando vuelvan ustedes a sus países, cuéntenles la verdad...

Baxter se lo promete solemnemente, en el momento en que llegamos al puente Sio-seh-pol, que tiene trescientos metros de largo...

ARQUEÓLOGOS INGLESES

Nos apeamos y despedimos al taxista. Por una suave pendiente bajamos hacia la orilla, donde, junto a un chiringuito en que sirven refrescos y té, hierve la vida...

Magnífico espectáculo. La corriente, escasa, baja con ímpetu, y se basta para refrescar esa zona de Ispahan. Nos enteramos de que el caudal sería mucho mayor si unas presas construidas más arriba no retuviesen parte del agua al objeto de alimentar el complejo siderúrgico de Aryamehr, una de las «grandes obras» del Sha, actualmente a menos de la mitad de su rendimiento. A Baxter parece dolerle poco semejante escamoteo. Se manifiesta escasamente ecologista y exalta dicho complejo de Aryamehr, gracias al cual sin duda muchos hombres como el taxista que nos trajo tienen ahora en propiedad su casita de ladrillos.

En el río continúan bañándose semidesnudos bandas de chiquillos, chapoteando entre los juncos que crecen. Sus risas son también refrescantes y juraríamos que no han oído el canto de los almuecines... A su lado, hombres y mujeres lavan alfombras —como en Rey, en la «charca de Alí»— y remojan tejidos, que entregan luego, para su estampado, a los artesanos del bazar. Más abajo, unas cuantas vacas beben agua, mientras algunas mozas, con *chador* o sin él, lavan la vajilla... Descubrimos incluso talladores de piedra y una serie de conductores que, en la orilla opuesta, han aparcado materialmente sus coches al borde del agua para lavarlos a placer. En resumen, toda una feria, con muchos mirones y paseantes, algunos protegidos con sombrillas. Pensando en que antaño hubo aquí espléndidos monumentos con escalinatas, y establecimientos de baños considerados «milagrosos», el Zayendeh guardaría cierto parecido con el Ganges...

¿El Ganges? Diríase que al conjuro de este nombre cinco personas se nos han acercado para saludarnos y demostrarnos su gratitud... Son los arqueólogos ingleses. Nos han reconocido. Acaban de llegar, después de visitar las famosas «torres gemelas» y nos invitan a compartir la mesa que piensan ocupar en el chiringuito en que sirven refrescos y té...

Nos resistimos un poco, porque habíamos decidido regresar a la ciudad y visitar el palacio de las Cuarenta Columnas, donde, según Baxter, no puede haber trampa ni cartón. Sin embargo, ¿cómo negarse? Visten pantalón corto, se airean con salacot y, riéndose a pleno pulmón, nos muestran sus prismáticos... Por si fuera poco, se hospedan también en el Kourous Hotel, puesto que el Sha Abbas Hotel está en reparaciones...

Aceptamos, pues, y las presentaciones son rápidas. Sólo uno de ellos, mister Lindsay, chapurrea un poco el francés y otro, mister Alexander, estuvo en México y aprendió unas palabras de español. Los demás, «ya sabrán los señores lo mucho que nos cuesta a los ingleses aprender idiomas». Por cierto, que mister Alexander, que se confiesa un apasionado lector de novelas policíacas, nos pide perdón a mi mujer y a mí por los «actos de piratería» de sus compatriotas a raíz del descubrimiento de América que España llevó a cabo... «Son cosas que es mejor olvidar, como es mejor olvidar el incidente en la terraza de Ali-Qapu...»

La verdad es que nos las habemos con personas de apariencia civilizada, ¡que acaban de llegar de Egipto! El diálogo fluye espontáneo, mientras mil recuerdos nos vienen a la mente y pese a que pronto los chiquillos semidesnudos nos rodean con curiosidad y me entero de que la palabra *bachisch* es de origen persa...

—¿Estuvieron ustedes en Menfis, con el menudito Ramsés?
—¡Claro!
—¿Estuvieron en Sakkara?
—¡No faltaría más!

Cabe destacar que, a su juicio, en Egipto está todo por hacer, lo mismo que en Irán, en el plano arqueológico... «Todo lo que se ha exhumado no es nada en comparación con lo que queda debajo de la tierra.» En Susa, por ejemplo, ¡qué grandiosidad! Es una pena que los sabios de la NASA en vez de mirar hacia arriba no miren hacia abajo y no inventen un aparato que permita *ver* a través de la arena. Los arqueólogos se ahorrarían muchos sudores y la historia se enriquecería con hallazgos que nadie puede siquiera sospechar...

Mister Lindsay, que también está resfriado y utiliza a menudo un inhalador de eucaliptos que se adapta estupendamente a su enorme nariz, confiesa que el mundo musulmán —o si lo preferimos, el mundo islámico—, en el que en otras épocas se sentía muy cómodo, actualmente le produce cierto rechazo. Admite, por supuesto, que su país, Inglaterra, los explotó de mala manera, incluyendo los asuntos relacionados con el petróleo... Pero eso debería discutirse en una mesa redonda y no estimulando el dulce placer de la venganza. Claro que, ¿qué podía esperarse de una religión que se basaba en el «ojo por ojo», en el «pacto de sangre», en el Juicio Final y en otras amenidades por el estilo? El Corán era terrorífico, además de aburrido, y Mahoma se pasó la vida haciendo de Jack el Destripador. Con el agravante de que le entró la manía de liberar esclavos, como lo demostraba el hecho de que el primer almuecín de que se tiene noticia fue su propio esclavo negro, llamado Bilal... ¿Conocíamos, por casualidad, el mundo negro? ¡Por favor, teníamos que darnos una vueltecita por aquellas tierras, gran parte de cuyos habitantes se estaban convirtiendo precisamente a la religión del Profeta! «Los misioneros blancos no tienen nada que hacer allí... Tampoco los arqueólogos, que corremos el riesgo de ser devorados por cualquier Amin Dada o alguno de sus colegas. Si no andamos con cuidado, pronto nos chuparán la sangre, como yo estoy chupando ahora este horrible sorbete de limón...»

Nos hemos colocado a la defensiva. El diálogo ha dejado de ser fluido, a lo que contribuye un enjambre de moscas que han descubierto nuestro refugio y nos acribillan sin piedad. Lo mismo Baxter que nosotros nos damos cuenta de que nos las habemos con hombres que han salido directamente de Oxford y cuyo decálogo es británico al ciento por ciento. Sin embargo, no tenemos ganas de discutir, por lo que Baxter da un quiebro y nos informa de que en Irán las moscas están relacionadas con el diablo. En efecto, la palabra *Baalsebuth*, de la que se deriva Belcebú, es de origen persa y significa exactamente «rey de las moscas». Asimismo añade que un amigo suyo que estuvo en Australia le contó que allí la gente llevaba sombreros con tapones flotando, para espantar a las moscas.

Mister Lindsay no parece darse cuenta de nuestra actitud, o tal vez le tenga sin cuidado. Así que se mantiene en sus trece. Después de felicitar a Baxter diciéndole: «¡qué curioso!», añade que precisamente anoche, en el

Kourous Hotel, se enteró de una leyenda de Ispahan que corroboraba lo que con anterioridad nos estaba diciendo. Según dicha leyenda, durante el ayuno musulmán, el Ramadán, los ángeles bajan del cielo para ver qué hacen los hombres en la Tierra y por eso es aconsejable que los encuentren en las mezquitas en oración... «¿Se dan ustedes cuenta? Es una religión primaria, de una terrible vulgaridad... Por cierto, ¿qué opinan ustedes del *chador*? Según un arqueólogo iraní que conocimos en Susa, no es que el cuerpo femenino sea tabú, sino que debe ser respetado como un don de Dios y no exhibido como una mercancía... Claro que toda la ribera mediterránea está impregnada de tradiciones de ese tipo... Los celos de los maridos italianos y de los hermanos corsos son legendarios. ¿En España ocurre también algo de eso...? La herencia árabe debe de ser muy fuerte entre ustedes, ¿verdad?»

Mi mujer, rodeada de moscas por todas partes, se olvida por completo de la vida que hierve gracias al Zayendeh... Dirigiéndose a Baxter alega que prefiere ir a comer temprano al hotel para luego tener toda la tarde por delante y ver si las cosas salían mejor... «La mañana es *gafe*, ¿no te parece?» Mister Alexander, pese a su estancia en México, no ha entendido la alusión. Acto seguido mi mujer se levanta y los cinco ingleses, al alimón, se levantan también... Los saludamos fríamente y nos alejamos, abriéndonos paso, sin *baschisch*, por entre los chiquillos y los juncos. Las mujeres continúan allí, lavando la vajilla, los automovilistas lavando sus coches... Las vacas se han ido. Llegados arriba, a la calzada, y mientras esperamos un taxi, Baxter suelta otra imprecación. «¡Que me traigan un río sin ingleses, por favor...!»

Baxter está de un humor de perros. Mientras el taxi nos lleva al hotel a almorzar, intento de nuevo levantarle el ánimo. En vez de la gorra, excesivamente calurosa, hoy lleva una simple visera de cartón, de suerte que las moscas —a su juicio, todas de nacionalidad inglesa— durante un rato se han posado con especial obstinación en su reluciente calva.

Le digo que los jonios de la antigua Grecia llegaron a dictar una ley que obligaba a exiliarse a todos aquellos a quienes no se viese reír con frecuencia. Baxter me contesta que, si bien alguna gente muy letrada pretende que el hombre es el único animal que ríe, Darwin sostiene que los monos ríen también... Por fin, doy con una frase que consigue arrancarle una sonrisa: «¿Qué ocurriría con la democracia si la mayoría estuviese en contra?» No obstante, procura contraatacar y agrega que, según algunos estudiosos, la sonrisa de la Gioconda es común entre los débiles mentales... «¿Verdad que sonrío como ella? Pues ya ves lo que has conseguido.»

Después de un almuerzo ligero y sabroso salimos de nuevo al encuentro de Ispahan. Es el momento en que Baxter tiene que demostrarnos que es lo que nos prometió ser: el mejor guía del mundo. ¿Por dónde empezamos? Yo llevo planos y folletos; él ha rechazado toda ayuda y se fía de la memoria...

—¿Vamos a ver las «torres gemelas» de que nos hablaron aquellos simpáticos caballeros? Luego, tal vez a Tchétel Soutun... ¡Bueno, quiero decir al palacio de las Cuarenta Columnas!

Otro taxi... Dichas torres, más que torres son minaretes y su particularidad radica en que se mueven simultáneamente. Están a unos cinco kilómetros, al final de la avenida Cheik Djomban y coronan un edificio de peliaguda clasificación, en el que los ispahaníes veneran la tumba de un eremita que se llamó Amu Abdollah Karlamani, que ya es llamarse...

—¿Qué significa que se mueven simultáneamente?

—Pues eso, que cuando uno de los minaretes oscila, porque alguien se ha subido a él o porque sopla viento muy fuerte, el otro también empieza a moverse, sin que nadie haya conseguido hasta ahora hallar para el fenómeno una explicación convincente...

Llegamos frente a los minaretes. En persa son conocidos por Menar-e-Jonban. Su aspecto no presenta ningún rasgo original y, por supuesto, hemos de creer lo que cuenta Baxter y lo que afirman las guías... Sin embargo, ¿cómo comprobarlo? Jamás había visto nada tan inmóvil, tan fijo, a excepción de las ideas fundamentalistas.

Baxter nos explica que cuando el fenómeno es visible la vibración se percibe en todo el edificio, hasta el punto que el líquido de las lámparas de aceite que iluminan abajo la tumba del eremita Abdollah se mueve también de uno a otro lado. Como es de suponer, dicha construcción, que data de la Edad Media, atrajo en seguida la curiosidad de las gentes, que consideraron que los minaretes eran milagrosos, atribuyendo tal maravilla al santo varón enterrado en la cripta. Innumerables científicos intentaron posteriormente descubrir el secreto, pero todo ha sido en vano. Ni siquiera en la era espacial existe el menor indicio revelador. «Y lo más curioso es que el caso no es único en Irán. A treinta y seis quilómetros en dirección sudoeste existe la mezquita de Astargan, cuyos minaretes ofrecen también tan asombrosa particularidad.»

Por primera vez en el día de hoy la suerte nos acompaña... Después de saludar al ermitaño salimos de nuevo al exterior, en el momento en que varias escuadrillas de helicópteros de la base cercana, y que formaron parte del ejército del Sha, pasan sobre nosotros... ¡Los minaretes oscilan! ¡De izquierda a derecha, de izquierda a derecha! ¡Perfectamente sincronizados!

Nuestro asombro es total y Baxter, con su visera de cartón, vuelve a ser el de siempre.

—¿Pues qué os creíais? Mientras os tomabais el café he llamado a un piloto amigo mío y le he dicho que los helicópteros pasasen a las tres y veinte minutos... ¿Qué hora tenéis, por favor?

Mi mujer y yo miramos, también simultáneamente, el reloj.

—Las tres y veinte minutos...

—*Okey.*

Mientras el taxi nos devuelve al centro, Baxter nos explica que no muy lejos de Menar-e-Jonban se encuentra el monumento histórico más antiguo de Irán; pero que no nos ha llevado a él porque actualmente no queda más que la base de mampostería. Lo demás está en ruinas. Se trata de un templo de fuego, zoroástrico, del segundo o tercer siglo de nuestra era, situado sobre una colina de forma cónica. Por lo visto las llamas se elevaban a una altura considerable, pero alguien lo destruyó; probablemente, los mongoles, que no se sabe por qué extraño complejo no dejaban ni monte ni títere con cabeza.

—¿Así que se trataba de un lugar sagrado?

—¡Pues claro! ¿No te lo he dicho?

—Es que tengo ganas de colocarte la mejor definición que existe sobre lo que un lugar sagrado es...

—A ver... —Y Baxter se acaricia la patilla derecha.

—Aquel en que la eternidad irrumpe en el tiempo...

Su cabeza oscila como si fuera un minarete.

—Lo siento por la frasecita, pero me parece un mal retruécano. Dicho de otro modo, un poco imbécil...

—Sería más justo decir que un cerebro rudimentario y calcáreo como el tuyo no puede captar su sutileza...

—Como quieras, genio.

Llegamos a Tchétel Soutun, o palacio de las Cuarenta Columnas. El palacio es un pequeño pabellón, perdido en medio de un parque circundante que cubre sesenta y cinco mil metros cuadrados, por desgracia, ahora tan descuidados como la plaza Real. Hay un estanque frente al monumento, estanque de agua sucia, en el que imagino que las ranas deben de croar a gusto. Hay que pagar *ticket* y el guarda nos saluda con una sonrisa blanca y una mirada negra.

Como siempre, no tarda en llegar la sorpresa. No hay en el pabellón cuarenta columnas, sino sólo veinte. ¿Por qué la cifra de cuarenta? Fantasía ispahaní... Dichas veinte columnas, cada una de ellas hecha del tronco de un simple árbol, se reflejan en el agua del estanque, con lo que se dobla su número. Otra explicación, según Baxter, es que en Irán el número cuarenta se utiliza —como en China el número diez mil— para designar cualquier cantidad grande. De un candelabro que tenga muchos brazos se dice que tiene «cuarenta lámparas».

Baxter confirma:

—Recuerdo que en uno de mis viajes a Ispahan fui a una casa de putas, pregunté cuántas había y me contestaron: cuarenta...

Recorremos el pabellón en un quítame allá esas pajas. A excepción de los frescos murales, hay muy poco que ver. Impresiona un tanto el Salón del Trono, en el que se celebraban fastuosas ceremonias y al que se entra por un pórtico cuajado de estalactitas. Varias pinturas nos llaman la atención, porque representan príncipes o jovenzuelos de aire equívoco, femenino, hasta el punto que se los confunde con las princesas y cortesanas que los acompañan sirviéndoles vino o tocando algún instrumento.

Como es de suponer, tales figuras desatan la libidinosa imaginación de Baxter, quien al enfocar ese tema se transforma. Nos cuenta una retahíla de historias relacionadas con el sexo. Nos habla del sultán turco Ibrahim, llamado el «Hércules del Placer», por su terrible virilidad. «No creo que su aspecto fuera el de esos efebos...» Nos habla del sultán Selim II, «el beodo», que perdió un brazo precisamente en la batalla de Lepanto, pero que no por ello modificó su feroz comportamiento, que consistía en rasgar el vientre de las odaliscas encinta para descubrir el sexo de las criaturas...

—¡Las odaliscas...! —Baxter se lame los labios, lo que resulta repugnante—. El equivalente de las geishas... Desde niñas se las destinaba a los harenes, donde aprendían temprano el arte del maquillaje, del perfume y todos los trucos imaginables para atraer al varón. ¡Oh, el baño turco, por citar un ejemplo, y sus posibles derivaciones! Debería declararse obligatorio, pero no creo que Jomeini lo haga...

—No, creo que no... —admito—. Sin embargo, este asunto siempre me ha parecido confuso dentro del Islam... —Vuelvo a mirar las pinturas y añado—: Ahí están esos mancebos, cuando parece muy claro que el Corán prohíbe la homosexualidad... ¿No se habrán armado entre todos, y me refiero a los legalistas, un poco de barullo?

—Ésa es mi opinión —admite, por su parte, Baxter—. Pero ¿por qué entretenerte con esas bagatelas? Lo colosal de Mahoma es el paraíso que ha prometido... ¿No te parece un verdadero lupanar? —Los ojos de Baxter giran en redondo—. Pensando en él, todavía entiendo menos que aquellos estúpidos lords ingleses tachen de primaria la religión islámica... ¡Ah, mis *mullahs* me han contado que las concubinas llegaban a pelearse para conseguir el amor del Profeta, pese a que el pobre no había descubierto aún el lecho y se las arreglaba con una alfombra!

Mi mujer, que se había alejado por unos momentos para contemplar un

Mezquita en la Plaza Real de Ispahan.

Invitado por estudiantes ispahaníes.

Mártires de Ispahan, en la lucha contra los kurdos.

El emir de Kuwait,
Su Alteza
Jaber Al-Ahmed
Al-Jaber Al-Sabah.

Las Tres Torres,
símbolo de
la modernización
de Kuwait.

jarrón, vuelve y cambiamos de tercio. En otros salones vemos algunos retratos. Conocemos al mismísimo Sha Abbas el Grande, que inició la construcción de este palacio el año 1647... Conocemos a Sha Abbas II, su biznieto, y vemos tremendas batallas y «dagas y puñales» en alto.

—Sexo y violencia... —comenta mi mujer—. Es evidente que no hemos avanzado gran cosa...

Dejamos a un lado el parque, dado que su aspecto es tan poco atractivo como el del guarda de la mirada negra. ¡Qué pena que el Ispahan de las rosas se nos vaya de la mano! El estanque huele... Los cuatro leones emplazados en sus cuatro esquinas no han podido evitar su putrefacción. ¿Qué dirían todos cuantos han «cantado» la ciudad, empezando por Renan? El Ispahan que se encuentra en los tapices, en los vasos, en las fachadas, en las cúpulas, en las murallas, el Ispahan de los cipreses comparados al talle de la bienamada, se viene abajo, se vino abajo con la revolución y su cinturón de castidad...

En el momento de abandonar Tchétel Soutun se detiene enfrente un autocar y merced a una pequeña rampa aplicada al vehículo bajan de él un grupo de minusválidos, casi todos en sillón de ruedas... No sé por qué, la visión de esos seres me produce un choque frontal. Tal vez por su contraste con la *dolce vita* de las pinturas del Salón del Trono. Mientras Baxter le ordena al taxista que nos lleve al barrio armenio, que supone nos interesará de un modo especial, yo recuerdo haber leído en una revista médica la descripción de una enfermedad extraña, cuyo nombre clínico se me quedó grabado: *miositis osificante progresiva*. ¿La padecería alguno de esos enfermos? Si la memoria no me es infiel, la revista se refería de pasada al mundo del Islam... Lentamente los tejidos del cuerpo humano se van convirtiendo en huesos, hasta que el paciente muere convertido en un hombre de piedra. Antaño dichos pacientes se exhibían en espectáculos públicos, como los enanos y los locos. También recuerdo que el articulista citaba la enfermedad opuesta: la de los huesos que se convierten en sustancia gelatinosa, por lo que el enfermo da la sensación de una masa informe. Mi pregunta es: «¿Terminará así nuestro amigo Baxter si no consigue vencer su obsesión por la sexualidad?»

—¿En qué estás pensando?

—Nada... Ese autocar me ha dado una patada en el estómago...

EL BARRIO ARMENIO DE DJOLFA Y SUS LAMENTACIONES

Recorremos el barrio armenio, singular enclave en el Ispahan islámico. Se llama barrio de Djolfa, por ser éste el nombre de una ciudad de Azerbaidjan que los cristianos tuvieron que abandonar en 1605, cuando la persecución turca. Sha Abbas, que por aquel entonces acababa de elegir Ispahan como capital de Irán, ofreció a los fugitivos hospitalidad, privilegios y una vasta extensión de terreno, por considerarlos, dícese que merecidamente, habilísimos artesanos.

En esta tarde reina en el barrio una absoluta tranquilidad, como si se hubiera convertido también en barrio-estatua. En tiempos llegó a sumar sesenta mil habitantes, de los que ahora sólo quedan ocho mil. Hay trece parroquias, todas cerradas, excepto la catedral, San Salvador. Entramos en el patio que la precede ¡y vemos una cruz! Su silueta nos conmueve. ¿Cómo es posible que en su lugar no aparezca la media luna? Recuerdo unos versos nada menos que de Saadi: «Después del invierno que todo lo mata, viene el aliento de Jesús a dar vida y lozanía a la tierra durante la primavera.» ¡El aliento de Jesús! ¿No me hablaron también de él Hassan y sus camaradas en la calle Sheybani? Nos acercamos y vemos que se trata de un monumento al medio millón de armenios que, hace setenta y cinco años, murieron en la guerra contra la sempiterna Turquía. Como si las piedras fueran también capaces de asociaciones mentales, una hilera de nichos tapona la parte derecha del patio. Nos acercamos con el intento de leer algunos nombres. Baxter nos hace reparar en uno de ellos: «Aquí yace el maestro insigne Jacob Rousseau, de Ginebra, relojero. Vivió 74 años, de los cuales, 48 en Ispahan. Murió el 21 de marzo de 1753.» Se trata de un tío de J. J. Rousseau, de aquel que creía en la innata bondad de los hombres... En ningún nicho hay flores ni fotografías. «Son muertos antiguos», comenta Baxter.

Inesperadamente se nos acercan dos curas solícitos, lo que nos induce a pensar que las visitas son escasas. Son dos hombres corpulentos, con luengas barbas, que me recuerdan a los compatriotas suyos que conocí en la basílica del Santo Sepulcro, en Jerusalén. Llevan turbante redondo y negro y un pectoral con la cruz. Sonríen y uno de ellos se disculpa por sostener en la mano izquierda un pequeño cirio. «Estábamos arreglando el altar mayor.»

Nos acompañan a visitar el interior de la catedral, en cuya arquitectura y orfebrería intervinieron sin duda maestros iraníes e italianos. La calidad de los murales y los cuadros es muy dispar. Los ángeles son «ortodoxos» —seis alas— y san Gregorio aparece suspendido por un pie, ¡como el «ahorcado» del Tarot! En conjunto, mucha riqueza decorativa, con tapices, mosaicos y cerámica policromada (haftrangi), representando escenas de la Biblia y de los Evangelios.

Nos acompañan al museo, modernizado en época del Sha, en el que abundan las piezas de valor, adquiridas en Europa por armenios que al regreso de sus viajes de negocios hacían donación de ellas a la catedral. Cruces, ropajes, copones, etc., procedentes de todas las comunidades cristianas de Asia. «Por eso se llama Museo de los Cristianos de Asia. Los dos sacerdotes nos muestran la biblioteca, compuesta de diez mil volúmenes, en la que hay setecientos manuscritos, siendo el más antiguo una Biblia del siglo X. Nos enseñan también el primer libro impreso por los armenios de Ispahan, en caracteres de madera, así como una colección de decretos de los monarcas que sucedieron a Sha Abbas el Grande. Los sacerdotes nos explican que cuando la catedral se anima es en domingo y días festivos. El patio y alrededores se llenan de hombres con gorra, americanas y blusas blancas y las mujeres vestidas a su aire. «Antes, los musulmanes se mezclaban con ellos; ahora, menos.» Lo más sorprendente, quizá, nos dice el más joven de los dos, «es oír el repique de las campanas».

Intercambiamos impresiones con los sacerdotes armenios, que no pueden disimular un rictus de tristeza. El porvenir se les antoja oscuro. Cada vez más les recortan los privilegios que antaño les fueron otorgados. «Y ya sabrán ustedes lo difícil que es cambiar de religión. Puede cambiarse un traje, pero difícilmente la fe. Nosotros respetamos, ¡cómo no!, a Mahoma, el Profeta, pero creemos que Jesucristo fue algo más: el hijo de Dios, vivo y encarnado. Tal vez por eso nosotros celebramos el día de la Resurrección, y los musulmanes no.»

El mayor de los sacerdotes, Hohanjan, da la impresión de practicar el ascetismo y a punto de despedirse no resiste a la tentación de desahogarse. Su gran preocupación es que, por un lado, existe una especie de «guerra de religiones» y por el otro, en el mundo occidental, una indiferencia creciente, que el Islam ha detectado muy bien y de la que sin duda sacará partido. En la biblioteca figuran muchos libros alemanes, puesto que la influencia cultural alemana en Irán ha sido siempre muy grande. Pues bien, el denominador común de ellos, sobre todo desde principios de siglo, es una actitud sarcástica contra todo lo que significa trascendencia, comparable a la que, en otra escala, se observa entre los nómadas ignorantes del Turquestán. Vienen a decir que cuando el hombre renuncie a sus esperanzas en el más allá y concentre todas sus fuerzas en su quehacer sobre la tierra, entonces quizá podrá conseguir que la vida sea soportable... y libre. ¡Libre, precisamente sobre la base de que la muerte, que es inevitable, supone el fin! Un pensador, cuyo nombre no recuerda, escribió algo que se le quedó grabado en la mente: «es preciso dejar el cielo para los ángeles y para los gorriones».

—¿Comprenden lo que esto significa? —apostilla Hohanjan, que tiene los ojos enrojecidos—. Si el cielo se lo dejamos a los ángeles y a los gorriones, a la humanidad sólo le queda el infierno... ¡Dios mío, no quiero pensar que esto vaya a ocurrir!

Al despedirnos nos dice que la comunidad armenia dispersa por el mundo tiene la obligación de estar construyendo siempre *una iglesia*. «Claro que, cuando los tiempos son malos, tenemos un truco: dejar siempre alguna sin terminar.»

El taxista que nos lleva a la plaza Real habla francés. Es de origen argelino. Nos dice que muchos de los franceses afincados en Irán provienen de Argelia, debido a que un ministro del Sha, llamado Arsandjani, cuando la «guerra en la colonia» dio la orden de acoger a dos mil familias de Argel, de Constantina y de Sétif. Por lo demás, la liberación de Argelia fue celebrada en Teherán con plegarias en las mezquitas y un ayatollah dijo a sus fieles: «El Profeta ha traído hoy al mundo un mensaje de libertad.» El taxista añade que esto no podrá olvidarlo nunca y que por ello «su corazón está en Irán».

LAS DOS GRANDES MEZQUITAS. MI MUJER CON «CHADOR»

Siguiendo nuestras instrucciones nos deja en la plaza Real, en la que nos apeamos dispuestos a desquitarnos del mal sabor de la mañana. El sol en declive pone de relieve dos hechos objetivos: que el palacio Ali-Qapu carece de grandeza y que, en cambio, las cúpulas de las dos mezquitas —azul la Real, amarilla la de Loftollâh— son capaces de embriagar la mirada del más frío de los mortales. Hay que rendirse a la evidencia y participar del sentimiento común: nos hallamos ante dos de los monumentos más hermosos de la tierra.

Por desgracia, las dificultades prosiguen. La mezquita de Loftollâh no es visitable. Ha sido convertida en seminario teológico. Debe su nombre a un santo varón, el doctor chiita *cheik* Loftollâh. Sólo podría abrirnos sus puertas el *mullah* Mortasah Hossein; pero no hay que contar con él, puesto que no nos permitió siquiera trasponer el umbral de su casa. Así que nos dirigimos sin prisa a la mezquita Real, evocando con la imaginación todo lo que a lo largo de los siglos ha ocurrido en la plaza que en este momento pisamos, y que hace cien años, según el viajero francés Chardin, se llenaba sin cesar de títeres, de juglares, de gente dada a la oratoria... y de prostitutas. Más adelante se apoderaron de ella los prestidigitadores, y los ispahaníes se extasiaban ante ellos como ante los «minaretes gemelos», y les rendían pleitesía con el cuerpo y con el alma.

Llegamos frente a la mezquita Real. Nos tomamos el tiempo necesario para admirar su cúpula, sus domos, sus dos minaretes y su fachada, entre cuya mayólica esmaltada, losas de mármol de Ardestán, aljibes de piedra e inscripciones doradas, destaca un enorme póster de Jomeini. ¡Sólo visitable para los musulmanes...! Baxter nos guiña un ojo y se dirige a un portalón lateral, en cuyo interior un guardián seglar está calentando su té en un hornillo de gas. Habla con él, discute, porfía y al final se sale con la suya, mediante un suculento *baschisch*. No sólo podremos entrar los hombres, sino que a mi mujer le prestará un *chador*, puesto que sin él la profanación tendría caracteres irreparables.

La visión de mi mujer vestida con *chador* oscuro, tapada de la cabeza a los pies, con sólo un hueco oval para el rostro, no se me olvidará jamás. Ella sonríe, lo que aprovecho para sacarle una fotografía, cosa que no me fue dado hacer cuando, en el Vietnam, para poder visitar el frente, tuvo que enfundarse un inmenso uniforme caqui del ejército norteamericano.

Como fuere, el soborno llevado a cabo por Baxter ha sido tan resolutivo que los tres podemos entrar en la mezquita por la puerta central, sin más límite de tiempo que el próximo toque de oración. Ni siquiera me veo obligado a dejar mi saco en bandolera. Interior cuya grandeza y armonía, con sus *iwanes* de estalactitas y de nuevo sus mayólicas bajo el predominio del azul, al aire libre y con los minaretes cielo arriba, recuerdan sin esfuerzo la finalidad mística que persiguieron los constructores de nuestras catedrales.

El patio es inmenso... y apenas si hay nadie en él. Sólo algunos fieles cumpliendo con su liturgia reverencial. En el centro, a ras de suelo, un estanque cuadrado, de agua verdosa, incomprensiblemente sucia, aunque menos que la de las Cuarenta Columnas. Giramos la vista en torno y los *iwanes* nos atraen cada vez más. Son como relicarios, o Dios sabe qué. Son arcadas en las que el espíritu se posa y descansa, hasta el punto que Baxter estima que probablemente se trata del más feliz hallazgo de la arquitectura iraní. Cualquier artista occidental estaría tentado de rellenar el hueco de los *iwanes* con una imagen: sería un error. Precisamente la sucesión de vacíos es lo que consigue la plenitud.

Sin embargo, *estaba escrito* —locución inevitable...— que nos saldría al encuentro la paradoja. Baxter, que se conoce de memoria la mezquita, nos acompaña al pie de una inscripción en la que puede leerse un decreto correspondientes al último año del reinado de Sha Abbas el Grande, y que da idea de la estructura social de la Persia del siglo XVII. Dicho decreto establece «que aquellas personas que estén empleadas en menesteres vinculados a la higiene pública quedan libres de impuestos»; y entre dichas personas se inscriben los barberos, los sangradores, los practicantes de la circuncisión, los criados y los diversos ayudantes en los baños masculinos y femeninos.

Pues bien, tan loable iniciativa ofrece un brutal contraste con lo que en estos momentos empieza a ocurrir en el estanque situado a ras de suelo, en el centro del patio. Poco a poco han ido acercándose a él, descalzas, varias personas para las consabidas abluciones. ¡Abluciones! Un viejo, acuclillado, se suena estruendosamente con los dedos en la nariz, suelta los mocos en el agua putrefacta y luego escupe en ella. A su lado, ¡un chiquillo bebe unos sorbos! Pronto, al borde y en las cuatro esquinas del estanque, se producen escenas similares. Se frotan los brazos, se frotan los pies, se lavan la cara, ¡escupen y beben! Resulta increíble, pero es así. Acurrucado en un ángulo, mi cerebro se vacía como un *iwan*. Mi mujer, con el *chador*, a los dos minutos corre a refugiarse en la impresionante Sala de Meditación, singular obra de arte, mientras Baxter saca fotografías sin que nadie le llame la atención. Por supuesto, el decreto de Sha Abbas vinculado a la higiene no preveía que los acontecimientos evolucionaran en tal sentido. ¡Ay, me gustaría ser un prestidigitador de los que embrujaban la plaza para ir limpiando segundo a segundo el agua del estanque!

La sangre retorna a mi cerebro y recuerdo escenas parecidas... En efecto, ¿a qué escandalizarse tanto? De nuevo el Ganges acude a mi memoria. ¿Y Benarés? ¿Y Calcuta? En el Ganges, a su paso por Calcuta, ocurría esto y mucho más. Hombres y mujeres, adentrados en el río, no sólo escupían y bebían, sino que hacían sus necesidades, al lado de los búfalos y de los animales de carga. Aquí, por lo menos, en la mezquita Real, la de los minaretes como spútniks, las mujeres que van entrando recorren los laterales cubiertas con el *chador* y de vez en cuando se detienen e inclinan con estilo, a veces con elegancia, la cabeza, siempre en dirección a La Meca.

Baxter nos llama:

—¿Queréis seguir meditando, o damos por terminada la ceremonia?

Me dispongo a contestar, pero he aquí que por una de las puertas entran en el recinto los minusválidos, con sus coches de ruedas, que vimos en el Tchétel Soutun. Su presencia añade un ingrediente inesperado, pues, entre otros detalles singulares, alguien los ha descalzado antes de cruzar el umbral. Contemplo sus rostros y su manera de hacer las reverencias, cada uno de ellos según se lo permite su columna vertebral. Hay rostros inexpresivos, hay rostros alegres, de algunos emana la intensa paz que antes atribuí a los *iwanes*. ¿Y el libro de *Reflexiones* de Jomeini, en el que se recomienda que no entren en la mezquita los retrasados mentales? Tengo la certeza de que alguno habrá en este grupo doliente que se ha adueñado del patio; por ejemplo, esa viejecita en lucha con su *chador* y que pretende acercarse al estanque y hacer sus abluciones.

Baxter repite:

—¿Queréis seguir meditando? ¿Queréis esperar a ver si se produce algún milagro?

Miro al cielo, sin saber por qué. Ningún pájaro. ¿Qué me ocurre, que ando buscando pájaros en el aire? ¿Por qué no los habrá? ¿Por qué no habrá palomas picoteando entre los mosaicos y la exquisita caligrafía? No recuerdo que el Corán lo prohíba y su aleteo añadiría una nota dinámica a la gran paradoja que, por fin, damos por concluida.

REGRESO AL HOTEL. LA SECTA DE LOS ASESINOS

Estamos cansados y, como pronto se pondrá el sol, regresamos al Kourous Hotel. Nos duchamos, nos mudamos de ropa y nos tomamos un piscolabis. He visto en el espejo que necesito un corte de pelo y entro en el salón del barbero. El dependiente que me corresponde, joven y con manos de masajista, no se anda con chiquitas. Me coge la cabeza y la zarandea con una energía digna de mejor causa. Me trata como si fuera un pelele, pese a mis gesticulantes protestas, que parece no comprender. Las tijeras hacen cric-cric —o quizá crac-crac— y mis cabellos cortados, al caerse mustios sobre el delantal blanco que me cubre hasta las rodillas, van colocándose en él tan simétricamente que componen líneas de magnífica caligrafía persa. Me pregunto si es costumbre leer en ellos el destino. Al final, con un spray aromatizado, el dependiente riega o inunda mi cabeza, cobrándome por todo el trabajo una cantidad exorbitante.

Reunidos de nuevo en el *hall*, muy confortable, he aquí que entran los cinco arqueólogos ingleses. Cuatro de ellos nos saludan apenas y se dirigen al ascensor; el quinto, que casi no intervino cuando nuestra charla a la orilla del río, al vernos se separa ostensiblemente de sus compañeros y se nos acerca. Se presenta como mister Houston y nos pide toda clase de excusas por «los equívocos» que se produjeron allí. Nos pide permiso para sentarse con nosotros, pese a que llega empapado de sudor. «¡Por favor, no faltaría más!» Va en busca de un sillón y se coloca enfrente, como dispuesto a someterse a un examen.

Resulta que es una joya. Mister Houston es una joya y una prueba más de que es temerario generalizar. De una educación exquisita, oriundo de Manchester, espigado, sin un gramo de grasa y con unas gafas metálicas que cambia por otras de viejo profesor, chapurrea el portugués porque, entre los muchos lugares del mundo en que ha vivido exhumando lo que la tierra oculta, figura Brasil.

Ha estado en demasiados sitios y en contacto con demasiadas culturas para creer que hay razas superiores. Y ama demasiado Italia y Grecia —no conoce España— para hacer un balance irónico y despectivo de la «ribera mediterránea». «Son cosas de mister Alexander, que no acaba de digerir que Gran Bretaña haya perdido su imperio. No se lo tengan en cuenta, se lo ruego. Por otra parte, no hay nada que le neurotice a uno tanto como los complejos de superioridad.»

Diálogo remansado, fluido, rentable. A mister Houston le gustaría saber algo de nosotros, pero comprende que no tiene el menor derecho a formularnos preguntas, excepto la de si le permitimos pedir una taza de té. Nos cuenta anécdotas mil de sus viajes y andanzas, con un gran sentido de la amenidad. Ha vivido largas temporadas en países musulmanes y aunque el idioma se le resiste mucho, sabe que, por ejemplo, en el campo de la arquitectura, el arte árabe influyó grandemente en el arte occidental: en el gótico llamado flamígero, en el estilo Tudor, tan empleado en Oxford y Cambridge, en el estilo de Cluny... Y lo mismo podría decirse de las matemáticas —a los árabes les debemos los conceptos del *seno* y la *tangente*—, de la geografía, etc. De vez en cuando, en la creencia de haber hecho diana, sus ojos saltones —sobre todo, el izquierdo— le salen de las órbitas para regresar luego a su sitio.

Me asombra mucho que tenga azuladas las uñas de los dedos, que parecen diez pequeños hematomas.

Tiene formada su opinión sobre los iraníes, por sus varias permanencias en el desierto, en Persépolis y en Susa, donde, por cierto, se venera al profeta Daniel, aunque no se sabe si es el Daniel de la Biblia... Con eso de su afición por la poesía, la fantasía y la tradición oral, el Irán dificulta el trabajo serio de los arqueólogos. Un campesino de la región de Chiraz que estuvo con él en Pasargarda, a cualquier cosa le contestaba con versos de Hafiz y se quedaba tan pancho, como si hubiera resuelto el problema. Siempre le decía que, en su opinión, no podía haber rostros de mujer hermosos si no tenían algún lunar y le recitaba un poema al respecto: «Por el negro lunar de tu rosada mejilla, diera yo Samarcanda y Bujará.» Estaba convencido de que una carta depositada en la tumba de un imán o arrojada al mar llegaba a su destino y obtenía respuesta favorable, solventando pleitos u obteniendo gracias. Claro que, al propio tiempo, en un momento de intimidad, fue capaz de espetarle: «El Islam es para nosotros la fórmula más válida para echarlos a ustedes, los ingleses, de nuestro suelo.» Asimismo, sustentaba la opinión de que los iraníes eran más mentirosos que los árabes. «Aseguraba que a menudo los árabes decían "no" sin ánimo de mentir; simplemente, consideraban que decir "no" era de mala educación.»

Mister Houston salta de un tema a otro, de un continente a otro, con pasmosa naturalidad y utilizando siempre inteligentes canales de conexión. Nos cuenta que en la selva del Amazonas, donde sin duda hay civilizaciones sepultadas o anegadas, los monos, desde lo alto de los árboles, le advierten a uno del peligro de caer en las garras de un puma. «Ojalá en Irán hubiera monos que nos advirtieran de la proximidad de un enjambre de moscas o de determinadas patrullas revolucionarias.» Inesperadamente nos introduce en el Turquestán, donde entre bromas y veras ha estado excavando durante más de un año. «Determinadas tribus no se quitan allí la ropa jamás, hasta que ésta se les cae a pedazos. Su religión se lo prohíbe. Si se lavaran con agua la contaminarían y su dios, Su-Tengri, los castigaría con la muerte. En vez de lavarse con agua lo hacen con arena, restregándose muy fuerte el rostro y las manos.» De otro lado, «si la esposa joven comete adulterio es llevada delante de la *favorita*, vieja y fea. La adúltera es envuelta en vendas funerarias y colocada, como si fuera un cadáver, sobre la arena. Durante tres días ha de permanecer inmóvil, escuchando los cánticos funerarios de las demás mujeres.

Transcurrido este plazo, la esposa recibe un nuevo nombre y vuelve a considerarse pura».

—En el fondo, todo esto es menos peligroso que la lapidación, ¿no creen?

De repente, presiento que mister Houston, con su prodigiosa memoria y sus ojos saltones, puede ser el hombre idóneo para hablarme de la secta de los Asesinos, sustituyendo en ese menester al maestro Balami, de Chiraz, que fue interrumpido cuando se disponía a satisfacer acerca del tema mi curiosidad.

No ando descaminado. Lo sabe todo —todo lo que puede saberse— sobre el viejo fundador de dicha secta, conocido por el «viejo de la Montaña», por la sencilla razón de que ha estado incluso en Alamut, lugar iraní casi inaccesible situado entre Irak y el mar Caspio y que significa «Nido del Buitre», y donde el sabio tunante Hassan-Sabbah, nacido en Rey allá por el año mil, del que tanto hablan los cronistas de las Cruzadas, asentó su feudo y desde donde dirigía, al igual que sus sucesores, todas las operaciones.

En opinión de mister Houston, es imposible saber a ciencia cierta lo que el «viejo de la Montaña» se proponía. Sólo resulta evidente que durante décadas aterrorizó a todo el mundo musulmán, y que su leyenda alucinó a toda la Edad Media, sin que sus ecos se hayan perdido del todo...

El «viejo de la Montaña», que era un brillante orador, al regreso de un viaje a Egipto afirmó haber tenido una visión de Alá. Muchos le creyeron y le tomaron por profeta. En la historia del Islam fue el primer apóstol que predicó la violencia y sus seguidores, sus fedayines, que vestían de blanco y se tocaban con un casquete rojo, se drogaban con hachís: de ahí que los llamaran los *hachischin*, de donde podría derivarse, por traducción, la palabra «asesinos».

Mataban a quien su jefe, el *cheik*, les ordenaba —por regla general, reyes y príncipes de todo el Oriente Medio—, valiéndose de tretas de toda índole y con obediencia ciega. Lo normal era que una vez cumplida su misión se quitasen la vida y acogiesen con alegría la muerte, lo que asombró a los cristianos. Hassan-Sabbah tuvo herederos, los cuales llegaron a contar con un verdadero ejército y llegaron a poseer cien castillos y varias ciudades. La secta asesinó a muchos jefes de los cruzados, entre ellos, a Conrado de Monferrato; y el propio Luis IX, en San Juan de Acre, recibió a los embajadores «asesinos» con los que intercambió regalos, tal era su poder. Los mongoles, en el siglo XIII, acabaron con la secta y quemaron todos sus libros, entre los que se encontraban recamadas ediciones del Corán, obras de Omar Qeyyam, etcétera. Se decía que el «viejo de la Montaña» había logrado construir en Alamut el jardín más bello del mundo y que sus fedayines, después de tomar el hachís y sobre todo después de morir, se creían transportados al paraíso de Mahoma.

—Todo ello es tradicional en el mundo persa —concluye mister Houston, con un deje de satisfacción—. Durante muchas épocas, la aristocracia en Irán se ha compuesto por partes iguales de príncipes y de bandidos, que han constituido una doble aristocracia... Ser bandido era una dignidad. Los arqueólogos hemos encontrado estelas en las que puede leerse que esos caballeros, en sus moradas, habían escrito sobre la puerta: «Bandido X. Hora de visita, de 4 a 6, después de la oración.» Recuerdo una en que se aconsejaba dirigir las cartas a «Sr. Bandido X, Teherán, casa con jardín junto a la gran mezquita, Persia». Por ello nos sorprende menos que a otros lo que se cuenta actualmente del ex Sha y lo que se cuenta también del ayatollah Jomeini. Las tarjetas de visita apenas si han cambiado e incluso sigue utilizándose la palabra fedayines, que como saben significa *«los que han sacrificado su voluntad»*.

Agradecemos a mister Houston su explicación, que, por otro lado, ha añadido poco a lo que yo había leído sobre el tema.

—¿De modo que usted ha visitado el mismísimo castillo de Alamut?

—¡Bueno! En realidad, Alamut es el nombre de un río de esa región que les he nombrado antes, en las montañas de Qazvin...

—Su opinión sobre los iraníes es, pues, poco favorable...

—Poco, si he de ser sincero. Pero, repito lo del comienzo de nuestro diálogo: no creo que precisamente un inglés, aunque sea de Manchester, pueda acusar a nadie... Los ingleses hemos expoliado a medio mundo y la historia de nuestras conquistas se parece mucho a la de la secta de Habban-Sabbah. —Su ojo izquierdo pega un salto, y el mister concluye—: Muchos de nuestros soberanos podrían ser llamados con razón «viejos de las Islas», con sus castillos y sus bibliotecas cerca del río Támesis... La única diferencia estriba en que el paraíso que prometemos es, pura y simplemente, el de llevar pasaporte británico.

CAPÍTULO XXXIII

REGRESO A TEHERÁN

Al día siguiente regresamos a Teherán. Hemos dedicado la mañana a visitar el Sha Abbas Hotel, que antaño fue posada de caravanas y que en época del Sha actualmente exiliado en México tuvo fama de ser el hotel más lujoso del mundo. Efectivamente, está en reparación y sólo hemos podido echar un vistazo a sus prodigiosos tapices, con abundantes motivos de pájaros y animales y a un salón único por sus vidrios multicolores y sus espejos. El hotel, ahora, ha perdido mucha categoría, a semejanza de la Gran Bretaña. Sin casino de juego, sin alcohol y sin apenas turistas, nos preguntamos si la restauración no consistirá en convertirlo en mezquita...

También hemos visitado el bazar, en la plaza Real, con los samovares más altos que un hombre. No puede compararse con el de Chiraz. Todo tiene en él un aire decadente, de familia rumbosa venida a menos. Algún que otro parque mejor cuidado que los que visitamos ayer, con esos bancos solitarios de los que se ha dicho que son «el lugar donde se suicidan los pobres». ¡Ay, pobre Ispahan! Lo escribió Paul Valéry: «nosotras, las civilizaciones, sabemos que somos mortales».

Nuestro avión sale después del almuerzo. El vuelo dura menos que un soplo y nos percatamos de que ahora quien está resfriado es Baxter. En el aeropuerto de Mehrabad, de Teherán, no hay apenas nadie y el taxista que nos lleva a Villa Eloïsse al pasar, como es de rigor, por debajo de la famosa torre Sayyade, que antaño albergó tanta maravilla, nos recuerda que «de ahí» parten muchas de las manifestaciones en pro de la revolución.

Agradecemos a Baxter sus buenos oficios. Quedamos en vernos antes de nuestra marcha a Kuwait. Tenemos que organizar algo, una cena tal vez... Baxter se muestra conforme y añade que es una lástima que Salvio Royo no esté aquí con nosotros para la ocasión...

—Oye, Robert... Ahora que hablas de Salvio, si logras saber algo de él, dínoslo... Nos prohibió que le escribiéramos.

—¡Menudo farsante! Después de hacerle el amor a Alma, lo que más le gusta es recibir cartas...

—¡Toma! Con nosotros se mostró tajante. Mutis, y hasta que Dios quiera...

—¡Bueno! Ya sabéis que una de sus pasiones es decir exactamente lo contrario de lo que siente...

Jean-Pierre y Clarisse escuchan con atención el relato de nuestro periplo, cuyo saldo, pese a los fiascos de Ispahan, es netamente favorable. Todos coincidimos en que la aventura, aunque breve, ha ampliado notablemente nuestra visión del país. «En el fondo —comento—, los folletos de las agencias de viajes suelen tener razón.»

Una sonrisa de Clarisse avala mi intervención. Es curioso que haya mencionado los folletos, porque durante nuestra ausencia ella ha estado coleccionando unos cuantos que hacen referencia a Kuwait. Nos cuesta tomarlos y echarles una ojeada, porque ello nos acerca más aún, de forma inexorable, a nuestra salida de Irán. Sin embargo, la realidad es que el avión, de las Líneas Aéreas Iraníes, sale el domingo de madrugada, de suerte que nos quedan algo más de cuarenta y ocho horas de estancia en Teherán.

Cuarenta y ocho horas que aprovechamos para despedirnos de Raquel, de su marido Mahmud Gabir —quien por fin rehuyó acompañarme al Pasargard Hospital— y de Hassan... Al *pasdar* se le nublan los ojos, lo que no le ocurrió cuando el corte de manos y la ejecución. Me recomienda una y otra vez que, si de verdad escribo algo sobre la revolución, «les haga justicia, aunque sólo sea como homenaje al cementerio de Bechechta Sahra». «Amigo mío —le contesto—, no hay nada en el mundo tan difícil como hacer justicia... Cada cual tiene su propio mirar y es imposible renunciar a ello.»

Raquel, a última hora, quería que cerráramos trato con el judío Isaac, de la tienda Sion, para enviarnos a España unas cuantas alfombras. Rechazamos su oferta, pero no sus repetidos besos en las mejillas. ¡Ah, si pudiera meter a toda la familia en nuestras maletas y largarse...! «Porque ¿qué porvenir nos espera aquí, vamos a ver? ¿Hay alguna diferencia entre esto y la guerra?» No se nos ocurre nada para consolarla, pues lo cierto es que le sobra la razón.

Vamos a la universidad y nos despedimos, por separado, del profesor Sadegh y de su hija, Arim. El profesor Sadegh nos recibe en su despacho repleto de libros, de bolígrafos y de gafas de repuesto. *Baraka*, el gato azul, asiste a la entrevista, que se desarrolla en un clima de extrema cordialidad.

Recordamos nuestra excursión a Qom y, ¡por supuesto!, la cena con el derviche Majnun... «¿Saben ustedes lo que nos dijo en cuanto se marcharon? Que ambos iban a sufrir casi tanto como si fueran iraníes...»

Quedamos perplejos.

—¿Se refería a nuestro país?

—¡No, no! A su forma de ser, a su sensibilidad...

Muevo la cabeza con alegría escasa.

—¡Vaya! Y yo que creí que estábamos de vuelta de muchas cosas...

—Pues, en opinión de Majnun, no es así...

Hablamos también del porvenir de Irán. Al igual que Raquel, aunque sin sus exclamaciones jeremíacas, teme lo peor. «Nos estamos construyendo nuestra propia cárcel. Acabaremos devorándonos unos a otros... No me extrañaría que algún día tuviera que quitarme el turbante y disfrazarme con un gorro militar.»

Le damos nuestras señas y las anota en un bloc, incluido el número de teléfono. Finalmente nos confiesa que, a no ser por Arim, él y su mujer tratarían de marcharse con los pequeños. «Tal vez a Kuwait... ¿Por qué no? Por lo menos allí el petróleo no huele a sangre.»

En lo atañente a Arim, nos recibe en su *ghetto* universitario, con sorprendente frialdad. Todavía no se ha repuesto de la matanza de sus camaradas *mohajedins* y le molesta que alguien sonría.

Ni siquiera tenemos valor para decirle que los fanatismos no conducen a ninguna parte, como no sea a Bechechta Sahra. Continúa con los suyos, atenta a la sirena de alarma y vendiendo casetes. Nos dice que el primer ministro Bazargan no sirve, que es un traidor y que habrá que prescindir de él. También nos informa de que, según rumores, el Sha se irá a los Estados Unidos para ser sometido a una intervención quirúrgica. «Si ello ocurre, algo habrá que hacer con los norteamericanos que hay en Teherán.»

A última hora nos obsequia con un nuevo póster de Jomeini. Le enseño mi «tapiz de plegaria» con la efigie del ayatollah y la muchacha me dice: «No importa... Llévese ese póster y regáleselo en Kuwait a algún sunnita *taghuti*.» «¿Consideras que los sunnitas son *taghuti*?», le pregunto. «¡Desde luego! En caso de conflicto, nos dejarían en la estacada...»

No me atrevo a darle un beso. El *chador* hasta las cejas hace las veces de telón o de reja carcelaria. Mi mujer sí se atreve, aunque los camaradas de Arim, allí presentes, parecen escandalizarse. Arim está muy pálida. Adelgaza por días. Al despedirse, tengo la sensación de que es poco más que un esqueleto.

—*Khoda hafez...* —le decimos.

—*Khoda hafez...*

Abajo, el *mullah* de turno continúa paseándose delante de la mezquita, mientras grupos de estudiantes pintan en las paredes, rabiosamente, Dios sabe qué gritos de vida o de muerte.

Consigo incluso llegar hasta el Bazar, para estrechar la mano del viejo Samad, el suegro de Raquel, y la del librero zoroástrico, Teymur Moghati.

La entrevista con Samad, dado que no tenemos idioma común, es muy corta. El afinador de laúdes y chivato de los comités revolucionarios se limita a estrecharme con fuerza ambas manos, lo que me sorprende, y a obsequiarme con un par de miniaturas persas, debidamente enmarcadas, tal y como mandan los cánones. Una y otra vez le doy las gracias —«*Mochakeram*»— y él hace señal de quitarle importancia. Ya en la puerta suelta una parrafada, de la que sólo entiendo las palabras Alí, Hussein y Jomeini. ¡Ah, es evidente que el millonario Samad continuará viviendo en su tenducho hasta que, un buen día, como quien ciega todos los agujeros de una flauta, exhale el último suspiro!

Con el librero Teymur la despedida se prolonga más. Contento porque sacó la impresión de que la religión zoroástrica, con la dualidad de dioses —el del Bien y el del Mal— me interesaba de veras y contestaba a muchos de mis interrogantes sobre el porqué de la existencia del dolor, de la muerte y de los cataclismos de la naturaleza, me regala un libro voluminoso, con muchos grabados y signos esotéricos. Aunque escrito en idioma *pahlevi*, y por lo tanto antiquísimo, alguien encontraré que sepa traducirlo. Y en el peor de los casos, con sólo tocarlo sentiré alivio en el corazón.

También me recomienda que trate devotamente el fuego, excepto en caso de incendio devastador. «Las llamas hay que respetarlas... Su lengua es instructiva para quien desea saber. Los altares de fuego no se adoraban sin motivo; representaron, y continúan representando, el deseo de fundir la tierra con el cielo.» Al enterarse de que estuve en Ispahan visitando las «torres gemelas» y que no visité el monumento histórico más antiguo de Irán, aquel templo zoroástrico del segundo o tercer siglo de nuestra era, situado sobre una colina cónica, chasca repetidamente la lengua en señal de desaprobación. Por fin nos despedimos con besos en las mejillas. Su barba teñida de *henné* me cosquilea y huele. Pero no importa. Su opinión, coincidente con la de los derviches, es que «el sarampión pasará» y él podrá quitar tranquilamente las estampas de Alí y Hussein. ¡Ha visto tantas cosas, tantas mutaciones, en el inigualable Bazar de Teherán...!

Nuestra despedida de Baxter es también breve, contrariamente a lo que habíamos planeado. No habrá cena. Pese a su buena voluntad, sigue trabajando en su empresa ferroviaria, y habiéndose producido una avería cerca de Tabriz, recibe la orden de acudir a ponerle remedio.

Así que sólo nos da tiempo a ingerir, en el Hilton, en su habitación, ¡un whisky, obsequio de sus queridos *mullahs*! Por primera vez le vemos emocionado. Nos ha tomado cariño, lo que hace ostensible la humareda que expele su pipa, la cual, por cierto, me recuerda las de opio que nos fumamos en el Edén...

Se empeña en luchar contra sus propios sentimientos y bromea:

—Me quedo huérfano... Me parecíais un poco mis papás, que habíais venido de California para darme buenos consejos...

Vemos colgada en el perchero su gorra a cuadros y, absurdamente, un paraguas. Nos enseña, ¡no podía faltar el numerito!, un álbum de mujeres desnudas que guarda como oro en paño, y del que se dice que los *mohajedin* lo encontraron en la alcoba del Sha, en el palacio de Niavarán. Le hablamos de la posibilidad de que el monarca vaya a operarse a los Estados Unidos, lo que podría resultar peligroso para los norteamericanos residentes en Teherán. Nos tranquiliza diciéndonos que estará sobreaviso, como lo está siempre, que efectivamente algo hay de ello, lo que tal vez suponga que volvamos a encontrarnos..., por ejemplo, en Kuwait.

—¡Ojalá sea así...! Y mientras tanto, ¿también tú les tienes alergia a las postales?

—Lo mismo que Salvio Royo... Después de hacer el amor y del ferrocarril Transiraniano, mantener correspondencia con los amigos es lo que más me gusta...

¡Otro obsequio! Un libro... Una espléndida monografía con láminas a todo color, precisamente de Ispahan. Por ella vemos que, en efecto, «todo se hunde», que aquello fue una maravilla y que Paul Valéry acertó al escribir que las civilizaciones son mortales. En dicha monografía se ve la mezquita Loftollâh iluminada de noche con reflectores amarillentos, y a los turistas recogiendo en la mezquita Real una casete explicativa del significado de cada azulejo y del porqué de la inimitable gracia de los *iwanes*...

—¿Por qué no nos pones una dedicatoria?

—El escritor no soy yo...

—¡Anda, déjate de monsergas!

Deposita sobre la mesa el vaso de whisky y escribe en el libro: «A los amigos Gironella, con el lujurioso cariño de este que lo es, Robert Baxter.»

En el *hall* del Hilton, antes de separarnos, se le acerca un *mullah* y le comunica algo en tono confidencial... Vemos que Robert muda de color. Regresa a nuestro lado y me dice que los tres ex miembros de la SAVAK con quienes compartimos aquella orgía nocturna en Shemiran han sido localizados —traicionados— y pasados por las armas. «Seguramente esta noche darán la noticia por televisión.»

La tal noticia —¿no se equivocaría Majnun al hablar de mi supuesta sensibilidad?— no altera para nada mi estado de ánimo al abrazar por última vez a Baxter, cuyo autógrafo «ispahaní» guardaremos entre las cosas queridas de este nuestro sincopado viaje.

ADIÓS VILLA ELOÏSSE

El sábado por la noche nos despedimos de todo el personal de Villa Eloïsse, excepto de Shapour, el chófer, que mañana a primera hora nos acompañará al aeropuerto. Adiós, Gloria, filipina servicial y amante del silencio, excepto cuando hablaba por teléfono con sus amigas. Adiós al cocinero, el tibetano Lajpat, que anoche tuvo también que rezar más de lo debido porque un insecticida, ¡maldito sea!, se llevó del mundo de los vivos a un par de cucarachas que había en la despensa. Adiós al jardinero, chiita de pro, gracias al cual los árboles del jardín crecen ufanos, pese a los cuervos que se posan en sus ramas...

—*Khoda hafez*, amigo...

—*Khoda hafez*...

El hombre añade algo referido a Jomeini. Suponemos que le ha llamado «el Salvador».

De Clarisse y Jean-Pierre nos despedimos también sin grandes alharacas. Sabemos que no son amantes de los formalismos, aparte de que les esperan las noticias de Londres que transmite la BBC... Nos queremos como hermanos y ello ha quedado demostrado en el transcurso de estas semanas. ¿De qué serviría lacrimear? Clarisse consigue insuflarle más bien cierto aire relajante a la escena, a base de obsequiarme con dos paquetes de galletas y una tableta de chocolate, «suficientes, es de suponer, para llegar en buenas condiciones a Kuwait». Nosotros hemos encargado un ramo de rosas —¿de Chiraz...?— para que se lo lleven mañana al mediodía.

Ignoran si su estancia en Irán se prolongará mucho o poco. Depende de la evolución de los acontecimientos y de las órdenes que reciban de los mandamases de la Priker Company. Lo mismo pueden permanecer un año más en Teherán que ser destinados fulminantemente a Berlín... o a Madrid. No obstante, sea lo que sea, ellos quieren —aman— a este país. Mucho. Al margen de lo que en él ocurra y de si el petróleo del golfo huele o no a sangre roja. Han pasado en Irán sus buenos cinco años; un pedazo de existencia no despreciable. Han soportado temperaturas ígneas y han visto durante meses, enteramente blanco, el cercano Elborz... Clarisse ha escrito aquí, con su mano zurda, muchos sonetos y desde el jardín han contemplado el menguante de muchas lunas. Además, sus hijos, Chantal y Paul, han alcanzado aquí su madurez. Y la perra *Laila* parirá pronto y en el Bazar una cíngara le aseguró a Jean-Pierre, en cierta ocasión, que los sordos oirían, después de muertos, la voz de Dios. «Un baúl de recuerdos», en fin, que se filtran por debajo de la piel, como por encima de la inteligencia se filtran las vivencias sufíes.

Clarisse, Jean-Pierre... ¡que Dios os bendiga! Y muchas gracias. *Mochakeram...*

Tercera parte

Kuwait

CAPÍTULO XXXIV

RUMBO A KUWAIT

Rumbo a Kuwait, a bordo de un avión de las Líneas Aéreas Iraníes. Apenas si llegamos a los veinte pasajeros. Unas cuantas mujeres con *chador*, un grupo de «ejecutivos», que podrían ser ingleses, una muchacha joven con un niño en brazos, al que las azafatas dedican todas sus atenciones. ¡Ningún *mullah*! No hay que olvidar que Kuwait es sunnita, con una minoría, casi insignificante, de chiítas... Los *mullahs*, que en Irán son los amos, allí serían vistos con ojos esquinados. Este detalle se basta para advertirme de que voy al encuentro de otro mundo.

Me hubiera gustado contemplar el paisaje abajo, pero volamos sobre las nubes y sólo veo el cielo azul y el resplandor del sol que entra por los ventanucos. Pienso que el sol es la indiferencia, la objetividad. Envía puntualmente sus rayos sin importarle las líneas fronterizas y el jadeo de los seres humanos. Lo que suceda en la tierra le tiene sin cuidado. Al igual que ocurre con el mar, nadie se atreve a definir su sexo. Sólo nos consta que, en buena medida, de él dependen nuestra vida y nuestra muerte.

Anoche llamamos a Fernando Schwartz para confirmarle nuestra llegada. Nos dijo que nos esperaría en el aeropuerto. La última vez que estuvimos con él fue en Londres, con su primera mujer —de la que se separó— y sus dos hijos. Se casó de nuevo. Su segunda esposa, a la que no conocemos, es de nacionalidad inglesa y se llama Kim. ¿Cómo será? Nuestro encuentro con sus compatriotas arqueólogos tuvo su cara y su cruz.

Fernando tendrá ahora unos cuarenta y dos años y es un tipazo de hombre, alto, cabello rizado, intelectual y al mismo tiempo con un sentido deportivo y alegre de la existencia. Es cierto que pertenece a la nueva hornada de diplomáticos —posiblemente haya sido el embajador más joven del cuerpo—, para los cuales «no todo es secreto de Estado», lo que no significa que carezcan de sentido de la responsabilidad. Simplemente, si en el país en que ejercen abundan los borrachos, dicen que abundan los borrachos, y si las palmeras crecen mucho, dicen que crecen mucho las palmeras. Por el contrario, en los tiempos en que empezamos a viajar, resultaba difícil formularle la más inocua pregunta a un embajador sin provocar un silencio tenso, como si acabáramos de delatarnos espías pagados por una potencia extranjera.

Con Fernando no habrá problema. Estamos seguros de ello, aun a pesar de que Kuwait es enclave estratégico muy principal en el golfo Pérsico. Asimismo estamos seguros, tal y como nos lo indicó Jean-Pierre, de que podrá proporcionarme toda la información que, por obvias razones, no me ha sido posible conseguir en Irán.

Recuerdo nuestra primera conversación telefónica: además de su esposa Kim, un cocinero sevillano, llamado Antonio, un obispo vasco, católico, llamado Sanmiguel, ¡y carreras de camellos! Por lo demás, y según los folletos que nos facilitó Clarisse, el emir, que lleva el complicado nombre de Su Alteza el jeque Jaber Al Ahmed al Jaber Sabah y subió al poder en 1977, es un excelente político, sumamente astuto, cursó amplios estudios, sobre todo en materias islámicas, en las escuelas Al Moubarakiya y Al Ahmadiya, fue ministro de Finanzas, practica la natación y la equitación y trata de repartir con generosidad los bienes de que Alá le ha provisto. Sin que pueda decirse que Kuwait sea una democracia al estilo occidental, al parecer en el país no hay discriminación racial o religiosa y conviven en él, apaciblemente, con algún que otro problema que estos momentos no puedo adivinar, los cuatrocientos cincuenta mil kuwaitíes con el casi millón de inmigrantes que, en mejores o peores condiciones, están a su servicio.

Kuwait tiene una extensión inferior a la mitad de Suiza... Llegando del inmenso Irán todo ello se me antoja una maqueta. Curiosamente, su contorno o silueta en el mapa tiene la forma del pico de un halcón, que es el ave rapaz que figura en el emblema —no en la bandera— de la nación. Evoco la forma de lagarto de muchas islas del mar Egeo, la piel de toro de la Península ibérica. Son coincidencias sin mayor alcance y elucubrar sobre ellas resulta un juego inútil.

¿Y cuál es la forma de Irán? ¿Cuál es su contorno —su silueta— y lo que su mapa encierra? Dios me libre de erigirme en juez. En este instante todo se me aparece confuso, una mezcla de imágenes a cuál más dolorosa, exceptuando la «isla» que ha sido para nosotros Villa Eloïsse, algún encuentra feliz y el aire puro que bajaba de los montes Elborz. «Dentro de un mes —nos dijo Clarisse— toda la cordillera estará cubierta de blanco.» Me hubiera gustado comprobar si la nieve enfriaba un poco el hervor de la sangre de los hombres.

Pero no lo creo. Irán es lo contrario de la indiferencia, de la objetividad. El clima de asfixia nos iba ganando por días y ahora que vuelo por encima de las nubes experimento una sensación muy parecida a la que me ganó a mi salida de la URSS. En la URSS no podía respirar. Aquel mundo cerrado, lúgubre, hostil... Me prolongaron el visado pero no me sentí capaz de soportar por más tiempo la tristeza que me había invadido y que flotaba a mi alrededor. Sí, muy semejante, por causas distintas, ha sido la experiencia iraní. Quienquiera que haya probado las mieles de la libertad no logra adaptar su espíritu a ningún tipo de alambrada espiritual. Irán es la esclavitud. Sería injusto hablar de esclavitud «voluntaria», aunque en casos como el de Arim pueda parecerlo. Hay componentes genéticos, de tradición y de contagio que en un determinado momento le fuerzan a uno a ser como es. Y en esos casos el peor de los esclavos es el jefe, sea soberano, dictador o ayatollah. Su final suele ser cataclismático. Muchos califas murieron decapitados, al modo como la mayoría de los miembros del Politburó han sido fusilados y el mismísimo Lenin acabó sus días intentando, sin conseguirlo, articular la palabra re-vo-lu-ción...

¿Cuál será el final de Jomeini? ¿Un artefacto explosivo? ¿Una bala en el corazón? ¿Una trombosis? Allá le hemos dejado, en la ciudad de Qom, en el *pasaje de los Frigoríficos*, segregando deseos de venganza... Se cuenta que, a raíz de su victoria sobre el Sha, al término de quince años de exilio, mientras volaba hacia Teherán, después de subir a la cubierta superior del Jumbo y de arrodillarse y rezar pidió dos mantas y se tendió en el suelo del avión, donde «durmió profunda y tranquilamente»... Y que cuando apareció a lo lejos la frontera iraní un periodista le preguntó: «¿Qué sentimientos le conmueven en estos momentos?» «Ninguno», contestó Jomeini. No cabe mejor definición.

¡Adiós, Irán, que el Profeta, alabado sea su nombre, te ayude! ¡Adiós derviches Majnun y Bamali, adiós *rubaiyats*, adiós Saadi y Hafiz...!

Nuestro avión lleva ya mucho rato hendiendo el espacio. Seguro que abajo serpentean el Éufrates y el Tigris... Las nubes continúan ocultándome todo lo que sea visión terrenal. Por un momento desearía que fuera así siempre, ya que quien dice tierra dice espada, dice bomba, dice ira, dice llanto, dice Bechechta Sahra...

LLEGADA AL FABULOSO EMIRATO

Llegamos a Kuwait... Al abrirse la puerta del avión una vaharada de calor nos azota el rostro. Sin embargo, apenas hemos bajado la escalerilla siento deseos de arrodillarme y besar la pista. ¡Por fin, la libertad! Las reverencias de las azafatas han sido, en verdad, la auténtica despedida del drama iraní.

El aeropuerto es moderno. Tan moderno, que pronto nos enteramos, por boca de Fernando, de que lo inauguraron hace tan sólo ocho días. «Os esperaban a vosotros.» Los trámites han sido rapidísimos y en cuestión de minutos, sellado el pasaporte y recogido el equipaje, Fernando, que al vernos ha levantado con júbilo los brazos, nos ha recibido con «cantidad de cariño», como él ha dicho. Ha venido solo, en un Cadillac de color negro.

—¿De veras podremos estar en la Embajada?

—¡Pues claro! En la residencia... ¡No faltaría más!

Al volante de su coche, puesto el aire acondicionado, arrancamos hacia la ciudad. Fernando, que ha venido en mangas de camisa, tiene un aspecto soberbio, atlético y a la vez feliz, debido, al parecer, a que juega mucho al tenis y a que su esposa, Kim, va a tener un hijo... «¿Comprendéis lo que esto significa? No, claro... Vosotros, en vez de traer hijos al mundo traéis libros, lo que, por otra parte, no es en absoluto censurable...»

Nos sentimos cómodos al lado de Fernando, como siempre nos ha ocurrido. Apenas si ha cambiado desde que le vimos en Londres. Cabello rizado, las gafas negras inevitables bajo este sol nos impiden ver sus ojos azules como los del califa Omar. Tiene una voz cadenciosa que recuerdo que se fortalece cuando habla inglés. Le gustan los adjetivos originales, aunque por el momento no utiliza ninguno para definir a Kuwait. Es hombre temperamentalmente liberal y demócrata, muy preocupado por los temas económicos, habida cuenta de la influencia que, a su juicio, ejercen sobre los pueblos. También le interesa en grado sumo la política internacional, y de ahí que escribiera su libro en torno a la intervención extranjera en la guerra de España. Piensa preguntarnos muchas cosas relativas a Irán, por entender que la batalla que allí se está librando repercutirá de forma decisiva en el fiel de la balanza, en las posiciones estratégicas que se disputan el «mongólico» Breznef y el «cacahuetero» Carter en la cartografía mundial.

—Pero ahora habladme de vosotros... ¡Tenéis un aspecto magnífico! Tal vez un poco pálidos... Pero seguro que aquí os curáis de esto en cuestión de tres o cuatro días...

—Tiempo tendremos para hablarte de nosotros... ¡Ahora déjanos abrir la ventanilla y respirar libertad!

—Con que ésas tenemos, ¿eh? ¡Ah, vais a tener que contarme muchas cosas! Todavía no me explico cómo pudo caerse el Sha...

—Es muy sencillo... Tuvo una depresión.

—¿Una depresión? ¡Hala, siempre con juegos de palabras! Mirad, mirad esto... Era un desierto. ¡Continúa siendo un desierto! Pero a trescientos metros debajo de este asfalto, y a lo largo y a lo ancho del país, el oro negro está esperando que la KOC lo convierta en petrodólares...

—¿La KOC?

—¡La Kuwait Oil Company! Bueno, bueno, no tanta prisa... Visitaremos las instalaciones. Todo se andará.

Por el momento, el que anda es el Cadillac, a una velocidad no despreciable, aunque de vez en cuando una plazoleta colocada a propósito obliga a frenar el fervor de los conductores. Se nos hace raro no ver ningún póster de Jomeini y verlos, en cambio, del emir Jaber Al Ahmed. Es evidente que cada país tiene sus ídolos, sus tótems, que a simple vista parecerían intercambiables, pero que no lo son en modo alguno. A uno y otro lado de la carretera, arena, con alguna que otra hilera de arbustos escuálidos... «En Kuwait cuesta más el agua que la gasolina... ¡Curioso!, ¿no?»

Nos llama la atención la abundancia de vehículos —muchos camiones— destripados al borde de las cunetas y que el calor cuida de calcinar. Fernando nos explica que, aparte de los reventones debidos al sol, la mayoría de los accidentes se deben a que es frecuente que los conductores se reconozcan de lejos —a lo mejor son parientes próximos— y que, faltos de hábito, abandonen el volante y saquen al exterior ambas manos para saludarse.

—El choque frontal es inevitable, pero mueren felices...

—¿Hablas en serio?

—¡Completamente! Como es natural, esto ocurre sobre todo entre los beduinos...

Inesperadamente, a nuestra derecha vemos el mar. Casi puede decirse que nos da un vuelco el corazón, recordando la tesis de Majnun, según la cual Irán es lo que es y los iraníes son como son porque muchos de ellos no han visto nunca el mar. El mar kuwaití, por lo menos en esa zona, es de un azul lechoso, muy alejado del azul turquesa que tanto nos impresionó camino de El-Alamein. Vemos en el horizonte unos cuantos barcos pescando. Son los míticos «daos» *(dows)*, utilizados desde siempre por los habitantes de este litoral. «Vale la pena verlos de cerca.» Si mal no recuerdo, un día le hablamos de lo mucho que nos gustaron los sampanes en Hong Kong. Pues bien, tanto o más nos gustarán los «daos».

Abordamos los arrabales de la ciudad, que se confunden con la ciudad misma. Acostumbrados a los atascos de Teherán, la quietud y la escasez de vehículos resulta chocante... Ese silencio nos evoca la imagen de la despoblada Brasilia, con la diferencia de que allí la urbe brotó en medio de la selva y aquí sobre el yermo absoluto.

Los edificios de la urbe —720 000 habitantes— son muy dispares. Vemos palacios, hermosas villas, barracones, mezquitas, de estilos tan diversos como especias en botica. «Hay cuatrocientas mezquitas en el país. Algunas muy antiguas; otras, recién salidas del horno... Ayer mismo el emir inauguró dos en Hawalli.»

Nos damos cuenta de que las distancias en la ciudad deben de ser enormes, pero que, habida cuenta de la fluidez, los desplazamientos se efectúan a gran ritmo. Ese dato es otro alivio. Sin embargo, desplazarse a pie bajo este sol implacable debe de estar virtualmente prohibido. En efecto, apenas si hemos visto, andando, un ser humano. Las casas parecen cerradas a cal y canto, como en una ciudad fantasmal. «¡Bueno! Los centros comerciales, y algunos barrios populares, como el de los palestinos, o el de los coreanos, por la noche se ponen algo chumbones.»

—¿Has dicho coreanos?

—Sí, sí, eso he dicho... Hay mucha mano de obra de Corea del Sur. ¿O creéis que los kuwaitíes se dedican al peonaje?

—Nosotros no creemos absolutamente nada...

—¡Pues creed una cosa! ¿Veis aquella bandera? Es la bandera de España... Ya estamos en casa.

CON EL EMBAJADOR DE ESPAÑA, DON FERNANDO SCHWARTZ

La residencia ofrece ciertas semejanzas con Villa Eloïsse. El jardín es mucho más pequeño y, por supuesto, carece de sauces llorones y de piscina; en compensación, dispone de un piso más. Nosotros dormiremos en la segunda planta, con aire acondicionado graduable, gracias a Dios.

En la planta baja, en cuyo zaguán destaca un espléndido «dao» en miniatura, un *living* confortable —junto al comedor—, con librerías, grabados ingleses, un estéreo, alfombras persas, ceniceros de plata, un retrato del rey Juan Carlos dedicado a Fernando... Es una pieza en la que pueden pasarse muchas horas leyendo, dialogando con Beethoven o intercambiando impresiones sobre los *affaires* de Kuwait y la política mundial. Y también bebiendo whisky o refrescos, que el «cocinero-camarero-todo-terreno» Antonio sirve gustoso, con garbo andaluz.

En el primer piso están los dormitorios —una de las hijas del primer matrimonio de Kim, llamada Samantha, pasa una temporada aquí— y el salón de la televisión, también repleto de libros, con muchas revistas y periódicos ingleses y locales esparcidos por el suelo. Alguien de la casa debe de estar aficionado a los crucigramas, pues hay muchos a medio hacer.

En cuanto a los habitantes de la residencia, nos reciben con notoria buena voluntad. Kim es una mujer delgada —pese a su embarazo—, rubia, con ojitos como chispas y cautivadora expresividad mímica y facial. Habla bastante francés y casi nada español, si bien está estudiándolo lo más que puede, aprovechando que por orden del médico ha de permanecer mucho tiempo en la cama. De personalidad muy acusada, da la impresión de tener ideas firmes y de ser muy decidida, de lo que da buena muestra el que durante un tiempo se dedicara a recorrer la India comprando viejos Rolls Royce de la época colonial para revenderlos luego en Inglaterra.

Samantha, su hija, es quinceañera, pelirroja —muy pecosa— y precozmente desarrollada. No habla francés ni español; sólo inglés, y le parece raro que a todo el mundo no le ocurra otro tanto. Sus grandes aficiones son montar a caballo en el club hípico y jugar con los dos perros de la casa, dos hermosísimos ejemplares negros, de raza, *Said* y *Sabah*, que se pasan el día subiendo y bajando las escaleras y obedeciendo las órdenes de la muchacha. Ésta los domina a placer. Nos cuenta que de vez en cuando se los llevan al desierto, donde campan por sus respetos. «Son capaces de recorrer noventa quilómetros en un día.» Cuando se entera de que los perros son considerados impuros en Irán, con enérgico ademán obliga a *Said y Sabah* a alzarse sobre sus patas traseras, manteniéndose en pie, como si presentaran armas. Mi mujer entabla rápidamente con ellos relaciones de amistad; a mí va a resultarme más difícil que dejar de ser «un rostro pálido» llegado de Teherán.

Antonio, que tiene pinta de «cantaor» flamenco —al parecer lo baila en las fiestas que se celebran en la Embajada—, siente devoción por su amo, por Fernando, a cuyo servicio ya estuvo en Costa Rica. Cuando, encontrándose en España, destinaron a Fernando a Kuwait, no sabía qué hacer. Quería volverse a Costa Rica, de donde había recibido una oferta sustanciosa; pero en el último momento, y en el mismo aeropuerto, canceló el billete y lo cambió por otro hasta Kuwait.

Al igual que Raquel, le gusta regatear en los mercados. Se niega a aprender árabe y se las arregla con su lenguaje peculiar, mezcla de andaluz y costarricense. Cuando un vendedor le pide un precio excesivo le dice: «Estás *camote»* (estás loco). Y suele terminar las frases de los demás con metáforas propias. «Sí, es verdad, es un hijo de mala madre... ¡Pero con letras de barco!» Servicial y siempre alegre, sólo discute con su ayudante de cocina, una mujer india llamada Mari, de poco caletre, que además se trajo a su hijo asegurando que era chófer y electricista, resultando que sólo servía para pelar patatas y tumbarse en una hamaca en cuanto veía la ocasión.

Como es natural, decidimos poner de nuestra parte todo cuanto sea necesario para no alterar en demasía la vida de esta pequeña comunidad. Sabemos de las responsabilidades de Fernando en las oficinas de la Embajada, cuyo trabajo no puede descuidar. El télex funciona de continuo y cualquier noticia inesperada puede alterar sus planes y obligarle a enviar tal o cual informe o a efectuar tal o cual gestión. La colonia española es poco numerosa y las transacciones comerciales con nuestro país tampoco abundan. De ello se queja Fernando.

—¡Si el mercado está abierto! ¡Si esta gente ha de importarlo prácticamente todo! Pero no sé lo que nos ocurre a los españoles... Tal vez carezcamos de imaginación. Ignoro lo que debería yo hacer para convencerles de que es el país de renta per cápita más alta del mundo: doce mil dólares anuales. Muchas subastas se las llevan los italianos: autopistas, edificios... Nosotros nos llevamos la construcción de un gran petrolero, *Al-Andalus*, y el arquitecto Moreno Barberá, el de las Universidades Laborales, consiguió algunas obras; pero esto no es nada comparado con lo que se podría hacer. ¡Os juro que estoy que reviento!

Pensando en la renta per cápita le preguntamos:

—¿Para cuánto tiempo crees que tiene petróleo Kuwait?

—Al ritmo de extracción actual, que es aproximadamente de unos dos millones de barriles diarios, para unos setenta años...

Viendo el retrato de Juan Carlos le preguntamos qué opinan de él los kuwaitíes.

—¡Oh, le admiran mucho! Pero no por ser demócrata, sino porque, siendo rey, le suponen conservador...

CAPITULO XXXV

El taxista Rahman, hombre religioso

Llevamos tres días en Kuwait. Empezamos a familiarizarnos con la ciudad y, gracias a los libros y a los informes de Fernando, con la historia del país, que resulta en verdad apasionante. Como si el bochorno de fuera nos hubiera afectado más de lo previsto, o acusando tal vez el cansancio de las últimas jornadas de nuestra estancia en Irán, no puede decirse que nuestra vida sea trepidante, aunque presentimos que lo será.

Hemos efectuado una serie de salidas, bien con el embajador, bien con un taxista llamado Rahman, amigo de Antonio y hombre de confianza. Es un beduino, como la mayoría de los taxistas y de la policía secreta del emir. A menudo conduce sin soltar de su mano izquierda el rosario árabe, el *marsabah*. Estuvo durante cuatro años a las órdenes de un hombre de negocios francés y se defiende bien en este idioma, aunque su acento es un tanto ornitológico. Los viernes, día sagrado, no hay que contar con él. Se va a una tienda que tiene en el desierto, llevándose consigo a sus dos esposas y a sus seis hijos. Hombre religioso, sunnita —detesta a Jomeini, de quien dice que los iraníes le han nombrado *casi* Dios—, no es raro que al oír el canto del almuecín pegue un frenazo, se apee del taxi y arrodillándose en el suelo haga sus oraciones, abiertas las palmas de las manos o pegándose coscorrones en la frente y en el mentón. Tiene varios acnés en el cuerpo, dolencia frecuente en Kuwait. Según él, se curan con cataplasmas de azúcar tostado; pero, a juzgar por los que exhibe en su rostro, no parece que los resultados sean convincentes. Fue durante mucho tiempo, desde su infancia, camellero; de modo que ahora, pegándole al volante, dice riendo: «No he hecho más que cambiar de caballo...»

Rahman admira mucho al emir, el jeque Jaber Al Ahmed, si bien, con su ironía habitual, afirma que «tiene ojos de serpiente», detalle comprobable contemplando los innumerables pósters que se encuentran de él en la capital.

Está orgulloso de que Su Alteza, camuflado en un Wolswagen, haga frecuentes incursiones en su campamento y en otros similares y elija una beduina joven, a la que ofrece primero una fruta, que hace las veces de señuelo o de carnet de identidad. Luego se casa con la muchacha, e inmediatamente después la repudia, no sin antes colmarla de regalos. Dicha beduina no encuentra luego la menor dificultad para casarse de nuevo, puesto que los mozos de su clan consideran un honor que «el emir haya sido el primero en poseerla». Él puede dar fe de lo menos treinta bodas-fulminantes de ese tipo en los últimos dos años y no le importaría que alguna de sus hijas fuera elegida un día por Su Alteza. Asimismo está orgulloso de que muchos hijos de beduinos estudien ya en la Universidad, y que posiblemente en un futuro lejano formen parte de la clase dirigente de Kuwait.

—¿Y por qué hay tantos beduinos taxistas?

—Es gracias al emir... Se cansó de vernos llevar una vida miserable y nos dio esa oportunidad.

Fernando nos ha confirmado la veracidad de los informes de Rahman, aunque no tiene idea de qué conocimientos les exigió Su Alteza para otorgarles el permiso de conducir. Nuestro amigo hace especial hincapié en que los kuwaitíes, que suman en el país algo más de cuatrocientos cincuenta mil, son los auténticos ciudadanos de primera clase, con una serie de ventajas de las que no gozan los beduinos —aunque sean también kuwaitíes—, y no digamos los inmigrantes, excepción hecha de los ingleses, que en cierta medida, como tendremos ocasión de comprobar, continúan siendo los amos del golfo Pérsico. Los kuwaitíes no pagan impuestos, disfrutan gratis de la educación y de la sanidad, teléfono gratis, etc. Muchos perciben becas para estudiar en el extranjero y durante un tiempo los niños cobraban incluso un fijo para asistir a la escuela, carambola casi poética y sin precedentes en ningún otro país...

Después de los kuwaitíes —y de los técnicos occidentales y sus familias, que sumarán unos diez mil—, vienen los libaneses, escasos en número pero, como en todas partes, de alta calidad profesional. Capítulo aparte se merecen los casi trescientos mil palestinos, también en puestos cualificados —su agudeza es proverbial—, y que forman un bloque militante en favor de la OLP, con una auténtica adoración por Yasser Arafat, quien vivió por espacio de diez años en Kuwait, dato poco conocido. El resto —iraquíes, sirios, egipcios, pakistaníes, indios, coreanos, etc.— son la mano de obra barata y viven en sus *ghettos* más o menos hacinadamente.

A Fernando le ocurre lo que a mí: simpatiza con los beduinos, y le gusta que sea precisamente Rahman quien nos acompañe cuando él no puede hacerlo. «Por lo menos sé que estáis en buenas manos. Rahman no os contará jamás una mentira. La verdad es para él tan sagrada como sus cataplasmas de azúcar tostado.»

Tocante a los palestinos, no sabe qué pensar, aunque admite que son muy listos. Sin embargo, el fanatismo que sienten por su causa a veces le da un poco de miedo. Nunca podrá olvidar una visita que hizo a su barrio, que es de los más dinámicos de Kuwait. Al saber que era el embajador español le dieron una barra de pan en señal de amistad. Y luego uno de ellos, que acababa de regresar con un comando de una acción contra Israel, se le ofreció para cualquier cosa que necesitase. «Incluso si se trata de matar a alguien», le dijo.

Fernando pegó un brinco, pues si algo le caracteriza, además de su excelente inglés y de su debilidad por los coches —en Londres tenía un Jaguar rojo con el que hacía diabluras—, es su querencia por la paz, aunque escribiera un libro sobre la guerra y prepare otro sobre los exiliados.

Informes sobre Kuwait

La conclusión que hemos sacado de esos informes y de nuestras escaramuzas por la metrópoli es que Kuwait es un enclave cosmopolita comparable a la Quinta Avenida de Nueva York. Sobre todo caminando por sus centros comerciales y por el zoco, se tropieza uno con gentes de las razas y los credos más diversos. Eso también ocurre en El Cairo, pero en El Cairo, con sus diez millones de habitantes, el hecho queda diluido. Kuwait, pese a su interminable extensión, es un pañuelo en el que, por supuesto, los árabes constituyen la inmensa mayoría. Tal vez los más inadaptados sean los indios —aunque las mujeres indias, católicas en su mayoría, se sienten muy arropadas en torno al obispo español Víctor Sanmiguel— y, sobre todo, los coreanos, a los que se ve trabajando duro en la construcción, sin poder pasarse las horas sentados en cuclillas en cualquier parte.

Sería injusto no hacer mención de un cierto principio de tolerancia que ha ido imponiéndose. En el fondo, cada cual sabe a qué atenerse. Admitidos los privilegios de los kuwaitíes y de las familias occidentales, sin las cuales la Banca y el asesoramiento técnico para la extracción del petróleo y del gas no funcionarían, todo el mundo juega su papel y consigue resolver su propia vida, a la par que contribuye al progreso del país.

No hay roces de ningún tipo. Ni siquiera presiones excesivas. Muchos de los extranjeros llevan más de veinte años viviendo aquí, lo que equivale a echar raíces. Por lo demás, aparte de que está garantizada la libertad de culto y religión —hay cristianos católicos, protestantes y ortodoxos, pero también budistas, shiks y otras minorías, y la nación mantiene relaciones diplomáticas con el Vaticano—, la sociedad se rige jurídicamente por la legislación islámica, la *sharia'h*, con 1 300 años de experiencia, pero con un espíritu de respeto que, viniendo de Irán, causa la mayor perplejidad.

Ello dice mucho en favor de la sagacidad del actual emir y de sus predecesores. A base de xenofobia, latigazos y lapidaciones el petróleo continuaría en el subsuelo y en los hoteles Hilton, Sheraton y Messilah Beach, cuyos *halls* hemos visitado echando de menos a Baxter, no se firmarían pactos ni se concertarían inversiones de miles de millones de *dinars*, que es la moneda oficial. Es preciso reconocer que la mencionada trabazón presupone una mente clara —la de Su Alteza—, que cada día se pasa muchas horas en el conocido palacio Seif, su sede administrativa, edificio tradicional, con una torre cuadrada —y una bulba dorada encima—, y cuyo reloj, visible desde muy lejos, parece marcar el ritmo de la historia.

¿Hay recovecos, repliegues de conciencia, alguna que otra costumbre atávica que aleja de la observación toda idea de «paraíso»? ¡Desde luego! Algo hemos atisbado, pero no mucho. Por de pronto, por las calles se ven pocos *chador*, y en cambio mucho vestido europeo y muchos *saaris*. Ello por lo que respecta a las mujeres. Tocante a los hombres, los kuwaitíes suelen usar la túnica blanca con bolsillos —*dishdasha*—, con el *kuffieh* en la cabeza y el cordón negro que antes servía para atar las rodillas de los camellos cuando éstos estaban echados en el suelo. Dicha túnica, cómoda, larga hasta los pies, los distingue y la exhiben con orgullo casi infantil. Cabe indicar que a los varones altos y espigados les confiere un aire de elegancia ascética o «sufí», superior a cualquier traje occidental y que, en cambio, los varones tripudos o de cuerpo achaparrado deberían renunciar a su uso. En cualquier caso, es también su carnet de identidad, como en los coches la antena exterior que anuncia que el vehículo dispone de teléfono.

Hay coches con la matrícula de oro, los faros de oro, las portezuelas de oro, ¡desde luego! Es la marca kuwaití; significa: ahí dentro va un kuwaití... Pero también hay muchas viviendas cuyas antenas de televisión tienen curiosamente la forma de la torre Eiffel y en los comercios y *boutiques* pueden encontrarse artículos de los cinco continentes. Del mismo modo, mientras en los cines rige la separación de sexos, excepto para las localidades llamadas «de familia», y las películas se ofrecen muy censuradas, en las *diwanies* —lugar de tertulia y reunión— se cuentan toda clase de chistes obscenos y groseros mezclados con cotilleo político. Las *diwanies*, a lo que se ve, constituyen uno de los pilares de la sociedad kuwaití, y Fernando me ha prometido llevarme a una de ellas —las mujeres tienen las suyas propias, pero en número escaso—, asegurándome que en aquel salón, rojo o azul, o quizá verde, de mullidos almohadones, podré tomarle el pulso a ese microcosmos al que acabamos de llegar y del que me atrevería a asegurar que, para mi bloc de notas, no tiene desperdicio.

VAGABUNDEO POR LA CIUDAD

Nuestro barrio es el de Dahya Abdallah al Salem, y muy cerca de la residencia se alza la mezquita Sheika Fátima, moderna, cónica, obsequio de una hermana del emir y que, junto con la del jeque Fahed, es la que mayormente me ha impresionado. A partir de la mezquita cónica, cualquier dirección es posible —sobra espacio— y las sorpresas saltan por doquier. A Fernando le gusta llevarnos hacia la puerta Jahra, con focos amarillentos al atardecer, y que son los últimos restos de las murallas circundantes que todavía en 1950 rodeaban la ciudad. Por su altura, tonalidad ocre y conformación imaginamos que dichas murallas debían de parecerse a las de Marraquex.

Cruzada la puerta Jahra, a menudo nos hemos adentrado en la Fahad Al Salem Street, avenida comercial que desemboca en el gran *boom* de los inmuebles de cristal, hormigón y aluminio, parecido en un todo a cualquier centro arquitectónico vanguardista, excepto en que de algunas pilas de mármol brotan chorros de agua perfumada y del suelo suben misteriosos efluvios de jazmín y heliotropo. Ello, junto con los tamariscos, los arbustos en flor y los pequeños oasis de césped verde constituyen el gran lujo de la ciudad kuwaití, si se tiene en cuenta que toda el agua proviene del mar y que ha debido ser previamente desalinizada.

Desde el punto de vista urbanístico, la zona es un caos, agravado por la proximidad de pequeños mercados y callejuelas estrechas, donde hay fuentes enjauladas, con rejas, para que no se acerquen a ellas los animales, y cobertizos a cuya sombra, en bancos de madera, se puede tomar el té. Al parecer, en 1970 fue llamado de Londres el célebre urbanista Colin Buchanan para que pusiera en dicha zona un poco de orden, pero no lo consiguió. Le fue imposible llevar a cabo una planificación racional, por cuanto el crecimiento había sido en exceso vertiginoso —se dice que en Kuwait los rascacielos han crecido más rápidamente que las palmeras—, y esas aves de rapiña que son los arquitectos modernos habían probado cada uno su aventura particular, con absoluto desprecio por el paisaje ambiental, que en este caso eran el desierto, el mar y las torres con bungalows que en su época se habían construido, muy sabiamente, los ingleses. Por cierto, que una parcela de terreno en ese recién llegado Wall Street, o en el barrio residencial de Salmiyah, puede valer tranquilamente setecientos cincuenta millones de pesetas. De ahí que, según Fernando, quien tiene la fortuna de verse *expropiado* clama a los cuatro vientos que «Alá le ha caído del cielo».

Otra de las posibilidades es salir al encuentro de los palacios, muchos de ellos imitando los grandes palacios europeos. Algunos ofrecen detalles pintorescos, como el que exhibe en la parte superior, como motivo decorativo, las alas de un avión, o aquel otro en cuya puerta de entrada se yerguen dos leones de mármol y cuyo dueño decidió que fueran tapados con una capa de yeso y pintados de amarillo. Hay jeques que se traen las puertas de la India. Son, una vez más, los enamorados del oro, metal barato en Kuwait: en el gran zoco hay decenas de tiendas que refulgen como un pedazo de firmamento y que constituirían una tentación para los gángsters de las películas. El oro alcanzó aquí su cenit cuando se supo que el rey de Arabia Saudí había regalado para la mezquita de La Meca una puerta enteramente de oro, de tal grosor y peso que le costó dos mil setecientos millones de dólares.

Incursión inevitable son las tres torres-símbolo de Kuwait, que son para la ciudad lo que el palacio de Buckingham para Londres o el Maneken Pis para Bruselas. Obra de unos arquitectos suecos, fueron concebidas para hacer la síntesis de los minaretes islámicos y la aventura lunar de la nave Apolo. Las torres son tres flechas puntiagudas, si bien dos de ellas, cerca de la cumbre, muestran bolas enormes de color azulado. La primera flecha mide 90 metros y sirve para iluminar con focos a las otras dos. La segunda mide 140 metros y es un depósito de agua. La tercera mide 190 metros y arriba hay un restaurante giratorio, que por desgracia estos días está cerrado. Son tan hermosas que ya la primera vez le dije a nuestro anfitrión: «Pienso llevármelas a casa.» A lo que Fernando contestó: «El transporte sería un tanto difícil, aparte de que te condenarían a la horca, que todavía existe. Tendrás que conformarte con las de quincalla que venden en las tiendas y que todos los turistas se llevan como si fuera un tesoro.»

Dichas tres torres, que se levantan a escasos metros del mar y bajo las cuales hay siempre aparcados coches de todos los colores, nos conducen siempre, de forma automática, al tema de la desalinización del agua. Actualmente Kuwait necesita doscientos ochenta millones diarios de agua dulce... Resolver este problema ha sido uno de los grandes éxitos de Su Alteza, como Rahman me ha recordado a menudo. Avances técnicos, grandes recursos de energía. Pero ello no bastaba, porque el agua no salía pura. Por fin, la firma francesa Alsthom construyó un nuevo complejo en Shuaiba, con los resultados apetecidos, sin contar con que, por azar, posteriormente se descubrió en Radhathain una vasta bolsa de nueve millones de litros diarios para un mínimo de veinte años.

Ahí está el secreto de las pilas perfumadas, del olor a jazmín y a heliotropo, de los árboles que surgen aquí y allá con la pretensión de detener las tempestades y el viento del desierto. Ahí está también el secreto de las piscinas, de los baños de los jeques, de los jardines particulares, de los oasis para pasear los viernes, de las granjas experimentales, de los tomates como en probeta... Kuwait consiste en un páramo ondulante con accidentales montículos que se elevan a quinientos pies sobre el nivel del mar y en toda su longitud no existen ni ríos ni arroyuelos permanentes. Ningún río: uno de los dramas de Irán, que en Chiraz se ve superado gracias al Zaymendeh. El río es la yugular de un país, es la matriz, es la causa original. El agua es indispensable incluso para el feto humano y sin ella no habría hoteles en Kuwait ni podrían saciar su sed los hermosos perros *Said* y *Sabah*. Los grandes ilustradores de la Biblia han hecho circular siempre un río junto a Adán y Eva, y se dice que en sus aguas la mujer se vio por primera vez a sí misma, inventando con ello el espejo.

La falta de agua está aquí ligada a la historia de Kuwait. Durante años, en el interior de las murallas asnos y camellos la llevaban en cantidades ínfimas en odres de piel de cabra. A raíz del descubrimiento del petróleo, y durante un tiempo, cinco barcos de cabotaje iban y venían sin cesar de Chat-El-Arab con el objeto de traer agua para los trabajadores. Fue entonces cuando Irak se ofreció para facilitársela a Kuwait, a cambio del arrendamiento de sus islas o de una franja de veinte a treinta quilómetros que le diera una salida al mar que no fuera la de Basora; pero los ingleses se opusieron, alegando que con ello Irak se convertiría en una nación excesivamente poderosa. Pese a todo, el primer árbol de Kuwait fue traído de Basora hace veinticinco años por un equipo de rugby... inglés.

Todo en Kuwait es pasado y presente, fundido por la inercia de los acontecimientos. Si en los folletos puede verse el antiguo «portador de agua», con el clásico balancín chino a la espalda y dos cubos uno a cada lado, en lugares estratégicos se levantan ahora inmensas moles en forma de flor de loto, de veinticinco metros de altura, conteniendo el preciado líquido. Si en el puerto comercial de Suvaikh atracan buques de todos los tamaños y de todos los países, en el puerto tradicional, más próximo, se hallan los famosos «daos» que al llegar vimos en el horizonte, una réplica de los cuales, en miniatura, decora el zaguán de la residencia.

Los «daos» son las hermosas barcazas que recuerdan un poco los sampanes de Aberdeen, en Hong Kong. Su llegada, al atardecer, con grandes cantidades de gambas, tiburoncetes, camarones, etc., es esperada siempre por un público adicto y por los vendedores profesionales. Alinean el pescado en la misma orilla, y puesto que oscurece pronto en Kuwait y el sol cae rápido, utilizan para iluminar la zona pequeñas lámparas de gas e incluso lámparas de mano. Es una operación que se realiza como si se tratara de un villorrio, con subasta rápida y balanzas a la antigua. Una vez hemos coincidido con ella y Fernando la aprovechó para cantar las alabanzas de esos frutos de la mar, tan apreciados en el mercado y que, a escasos metros de la venta al detalle, los mayoristas se llevan en camionetas cargadas de hielo.

Una extraña flota de «daos» ya fuera de servicio está en dique seco, a merced de las mareas. Marea alta, «daos» casi a flote; marea baja, «daos» en terreno pantanoso y habitados por familias enteras, que apenas si salen de allí. Son hogares anfibios, con ropa tendida en las cuerdas y escenas domésticas que conmueven el ánimo. Las condiciones higiénicas dejan mucho que desear. Si las velas —latinas— son graciosas y evocan travesías casi mitológicas, el water cuelga en la proa, en el exterior, lo que obliga a tender pasarelas y a adoptar posturas circenses. Naturalmente, los «daos» en servicio son siempre propiedad de los kuwaitíes y sus tripulantes, entre los que abundan los iraníes chiítas y los irakíes, son como esclavos, si bien al parecer la situación es aceptada por ambas partes.

¡Ah, bella silueta la de los «daos», ante los cuales la máquina fotográfica se dispara por sí sola! Me prometo a mí mismo volver por aquí y, a ser posible —acaso por medio de Rahman—, conectar con sus moradores. Construidos en madera de teca, resisten toda clase de vientos, lo mismo el *shamal*, caliente y húmedo, procedente del nordeste y que provoca tormentas, que el *tous*, caliente y húmedo, procedente del sudeste, que el *shuaibi*, caliente y seco, que en verano tiene por misión agostar cuanto se pone a su alcance. Los «daos» ponen un contrapunto a los mil artilugios para el deporte acuático utilizados y visibles en otros lugares del litoral, y no digamos a los supertanques de 500 000 toneladas que se acercan al puerto de Al-Ahmadi. Los «daos» evocan el pasado, cuando, cargados de dátiles recogidos en la confluencia del Éufrates y el Tigris, llegaban hasta las costas de la India y de África y regresaban con mercancías de contrabando, o simplemente con té.

Fernando es un enamorado de los «daos»: él los llama *dhows*. Nos dice que su visión le relaja los nervios, al revés de lo que le sucede con las carreras de caballos, que tanto apasionan a la pecosa Samantha. Fernando, que en tiempos llegó a fumar hasta ochenta pitillos al día, nefasto hábito que ha conseguido cortar por lo sano, ama todo aquello en lo que bordonea un punto de ingenuidad. No es raro que juegue consigo mismo a ser niño, momento en que salta un obstáculo imaginario y en el que el azul de sus ojos —sin gafas de sol— se intensifica como el azul de las torres-símbolo de Kuwait. También Antonio se acerca por allí a comprar pescado fresco a la luz de las lámparas de gas. Él opina que el problema de las tripulaciones de los «daos» clama al cielo y que habría que arreglarlo, pero que no por ello el pescado es menos fresco.

Kuwait está abocado a la mar. Todo le llega por mar y todo —petróleo y gas— lo expele hacia el mar. El mar es su aorta y sin él no existiría ni siquiera como nación, pues sus primeros pobladores llegaron a esta costa en 1710 rebotados de la península arábiga, donde se había producido una mortal sequía. Fundaron una colonia en la bahía, porque encontraron por entonces unos pozos de agua dulce. Entre dichos pobladores se encontraban antepasados de Su Alteza, de los Al-Sabah, y también de los Al-Khalifah, familia que actualmente gobierna en el vecino emirato del golfo, Bahrein. Así que el árbol genealógico del actual emir llega tan lejos como los «daos». Según Fernando, los mencionados pioneros, además de dedicarse a la pesca, descubrieron que el golfo era pródigo en perlas, lo que los llevó a especializarse en su búsqueda —el mar, siempre el mar— y a comerciar con ellas. Las perlas del golfo adquirieron fama de ser las «sultanas» en su especie y ayudaron a convertir la bahía, en poco menos de un siglo, en un centro comercial de considerable importancia, a la par que en puerto de tránsito para las caravanas que por aquel entonces cruzaban el desierto hasta Alepo, al norte de Siria, y que se componían de mil hombres y hasta de cinco mil camellos.

—¿Y qué se ha hecho de las perlas?

—El negocio sigue, pero en escala mucho menor...

—¿Por culpa de las perlas cultivadas japonesas?

—Claro. Pero también por el petróleo. El petróleo por un lado se convierte en pintura de labios y tal vez, a no tardar, en proteínas... Pero por otro lado es responsable de muchos males, entre los que se cuenta que las gambas que se venden hoy tengan ese color ambiguo que no me hace ninguna gracia...

Diálogo sobre el sentimiento tribal y la política kuwaití

De regreso del puerto de los «daos» —marea baja, estaban en dique seco y pantanoso—, hemos pasado por el club de tiro y de equitación para recoger a Samantha, de visible malhumor porque a su caballo favorito le dolía una pata. El club es, huelga decirlo, para ricos: para kuwaitíes o extranjeros de primera. Cuenta con salas de juego de salón, con instalaciones de tenis, de baloncesto, etc. Apenas si había una persona mayor: sólo juventud, apoltronada en los mullidos divanes y sillones. Me ha chocado, mejor dicho, pegado un bofetón, ver llegar fabulosos coches llevando dentro un niño y un chófer. Este niño —esos niños— ¿qué pensarán? ¿Qué pensarán del chófer, del coche, de los caballos, del mundo? En su mayoría daban pocas muestras de practicar a fondo algún deporte. Un tanto abotargados y lentos de movimientos, algunos de ellos vistiendo la túnica blanca y el *kuffie* en la cabeza con alas anchas mariposeando en torno a sus orejas, bebían Pepsi-Cola y parecían un tanto asexuados. ¿Fumarían hachís? Parece ser que en Kuwait es costumbre. Nada nos da pie a pensar que mi sospecha tenga fundamento. Más bien debe tratarse de la vida sin lucha desde que les dan el primer chupete y de una total desconexión de la realidad. Si ello es así, ¿de qué servirá que tengan gratis los estudios y gocen de becas para la universidad y para graduarse en el extranjero? Me gustaría poder compararlos con los hijos de Rahman, que deben de ser fibrosos como el minilátigo que lleva Samantha y con el que se azota las botas de montar.

Las veladas nocturnas en la residencia han sido tranquilas. Kim apenas si aparece, obligada por el médico a guardar cama. Sólo hemos vuelto a verla una vez y nos dijo que de hecho vivió unos años en la India y que detestaba el régimen de castas y el papel que en muchas zonas de aquel inmenso territorio se asigna a la mujer. Lleva los cabellos rubios caídos a ambos lados de la cara —Samantha, «cola de caballo», ¡no faltaría más!— y cuando quiere subrayar algo emite unos ruiditos con la boca onomatopéyicamente tan expresivos y personales como sus ademanes. Antonio, no sabemos por qué, afirma que le ofrecerá a Fernando un par de lindos gemelos. «Es una mujer fuerte, que se merece tener dos.»

Samantha suele subir rauda al primer piso a conectar la televisión. Hay dos canales, ambos en color, uno en árabe, otro en inglés. En este último dan muchas películas americanas, indias y egipcias. Kuwait todavía no las produce, aunque hay proyectos al respecto. Samantha vive a su aire —me gustaría echar un vistazo a los pósters de su dormitorio para saber de sus preferencias—, y tan pronto brinca como una fuerza de la naturaleza y se contorsiona jugando con *Said* y *Sabah* como se deja caer lánguidamente en un sofá dispuesta a quedarse dormida en el acto. Mi impresión es que despertamos en ella escaso interés, aunque de pronto, con sus ojos glaucos, se quede mirándonos con punzante intensidad.

Fernando está un tanto preocupado porque se acerca la fecha en que ha de dar en la residencia la fiesta oficial: el día de España. Ha de calcular muy bien la lista de invitados y procurar que no falte el whisky —el alcohol—, «pues la ley seca es para el pueblo y los kuwaitíes de la élite beben y se emborrachan a modo». Por cierto, que la víspera de la jornada Antonio cuida de retirar todos los ceniceros y objetos de plata, pues al principio les ocurría que al día siguiente faltaban la mitad. «Y si no se llevan el "dao" es porque pesa demasiado.»

Nos cuenta que con ocasión de venir a jugar a Kuwait el Real Club Deportivo Español se organizó un brindis en la residencia que fue la monda. En Kuwait el fútbol es el deporte más popular, hasta el punto de que el equipo nacional se llevó de calle un campeonato que se organizó entre los emiratos del golfo. Ello significa que con la excusa del mencionado brindis la casa se llenó a tope de mozalbetes aficionados y de muchachas quinceañeras, como Samantha. Y resultó que el jugador Urruti se disfrazó de algo, tal vez de chino, y que el argentino Longhi, con su gran cabellera, hizo estragos entre el elemento femenino. «Pero la fiesta oficial es otra cosa... Además del cuerpo diplomático he de invitar a varios príncipes, a varios jeques, la mayoría de ellos sobrinos de Su Alteza. Y puesto que, según la ley, a la muerte del *cheik* tiene que heredar el trono, por elección familiar mayoritaria, uno de dichos sobrinos, es posible que tengáis ocasión de conocer al futuro emir.»

Aparte de esto, suelen asistir buen número de embajadores —el de Inglaterra, el de Francia, el de Austria, etc.—, así como la colonia española en pleno, compuesta sobre todo por mujeres casadas con extranjeros que trabajan aquí, la mayoría de las cuales no se cansan de repetir que sí, que están a gusto en Kuwait pero que «como España no hay na». También asiste el personal de la oficina de la Embajada, uno de los cuales, José Luis Álvarez, está muy aficionado al ajedrez, y todo el personal de Iberia.

En la velada del tercer día, y enlazando precisamente con el patriotismo que presupone el «como España no hay na» y que los antropólogos califican de «actitud tribal» —actitud que en el momento más impensado puede dar el resultado que ha dado en Irán—, le hablo a nuestro amigo de su libro sobre los exiliados. Contesta que se trata de una novela que tiene a medio hacer —como muchos crucigramas—, y que se desarrollaría en gran parte en Costa Rica, al término de la guerra civil española. No obstante, añade que le tienta mucho otro tema, posiblemente de mayor envergadura: una novela centrada en el golfo Pérsico, imaginando que los judíos hacen estallar cerca una bomba atómica subterránea, lo que provoca la erosión de los pozos petrolíferos y el pánico y la fulminante reacción de los países árabes. «Ciencia-ficción, ¿comprendéis? Pero quién sabe si, como tantas veces ocurre, no llegará a ser una realidad.»

En lo que me atañe, la tesis del sentimiento tribal la comparto hasta tal punto y estimo que le ha hecho tanto daño al mundo, impidiéndole despegar de su zona instintiva, biológica y cavernaria, que me inclino por la novela del golfo Pérsico, entre otras razones porque Fernando se conoce bien el tema. ¡Israel...! Pienso en Tierra Santa, en la inefable Alma, en la tienda Sion, de Teherán, en los asesores judíos que contribuyeron allí a organizar la SAVAK... La bomba atómica en sus manos, caso de utilizarla, significaría el fin de una época y, por supuesto, la desaparición de Kuwait y de las residuales perlas de la zona.

Dialogamos sobre si el Estado de Israel ha unido al mundo islámico o lo ha dividido. Son dos tesis defendibles. Los árabes tienen en los judíos el enemigo común, aglutinante, y ahí están los palestinos de Kuwait y la postura del emir para dar testimonio de ello: emir que, cuando Yasser Arafat necesita dinero, extiende a nombre del líder palestino un cheque, sin importarle colocar a la derecha un cero de más. Pero por otro lado los judíos han segregado de la *umma*, de la comunidad, a Egipto, a raíz del acuerdo Sadat-Beguin —nos acordamos de nuestra visita a Alejandría, que coincidió con la estancia de los dos estadistas—, y ello no es grano de anís, por cuanto Egipto, debido al canal de Suez y a otras muchas razones, es pieza importante del *puzzle*.

En cualquier caso, de todo ello hablaría Fernando en la novela, aun a riesgo de pisarme o de contradecir muchas de las conclusiones a que voy llegando sobre el Islam. Kuwait es otra pieza del *puzzle*, acaso la guinda que me faltaba. Árabe al ciento por ciento, su familia real emparentada por lazos de sangre con las de Bahrein y de Arabia Saudí, su riqueza es un elemento representativo ideal del despertar islámico, como lo sería describir la cara opuesta: los problemas que acucian a Irak —cuyos embajadores vienen a Kuwait a adquirir lo que allí les falta—, o la feroz lucha interna en que se debate Afganistán.

Fernando se embriaga hablando del tema, mientras se toma su whisky y se zampa un cuenco lleno de pistachos. Forma parte de sus preocupaciones elementales, bajo la atenta mirada de los grabados de caballos ingleses que hay en el *living*. Él no renunciaría por nada del mundo a la experiencia kuwaití, como no renunciaría a los «gemelos» que, según Antonio, se están gestando en el vientre de Kim. Kuwait es tan contradictorio que él no caerá jamás en la trampa de definirlo con un adjetivo, que es lo que le estoy pidiendo desde que llegué. ¿Tolerancia, indiscriminación? Sí. No obstante, no hace mucho tiempo un *cheik* ordenó que le pegaran a su propio hijo cuarenta latigazos. El hijo murió al llegar a los veinte, y el *cheik*, imperturbable, ordenó que siguieran pegándole hasta llegar a los cuarenta... «Claro que, en todas partes, andan locos sueltos, ¿verdad?»

Sí, por supuesto, se trata de una excepción... Pero a Fernando las excepciones le gustan, porque son tan significativas como las sirenas de los guarda costas o como un stop para el tráfico. No podemos olvidar que él nació en

Ginebra, donde los organismos internacionales testifican todos los días que el mundo anda tan convulso como la cocina de la residencia cuando Antonio se ausenta y queda en manos de la india Mari. Tan fácil o difícil resulta demostrar que Kuwait tiene en verdad talante democrático —por cierto, que los beduinos, pese a ser kuwaitíes, no tienen derecho a voto—, como que es una inmensa finca en manos del clan Al-Sabah. Le ocurre con el país lo mismo que con el aire acondicionado: que no se sabe si es un invento sin el cual en determinados sitios sería imposible vivir o una constante amenaza de pulmonía incurable. ¡Ah, el día que vayamos a una *diwanie* le comprenderé! Los kuwaitíes son a la vez extrovertidos y escurridizos. Sólo cuando se han convencido de que uno tiene paciencia y sabe hacer frente a la adversidad le consideran *hermano*. Por un lado, cuatrocientas mezquitas en el país, es cierto; por otro lado, progresivo despellejamiento del sentimiento religioso, debido precisamente a las secuelas de la sociedad consumista. ¿Cómo puede un muchacho del club hípico, lleno todo él de Pepsi-Cola y sin una vocación profesional concreta, tomarse en serio las abluciones y la *sharia'h*? El emir es religioso, desde luego, pero no tiene nada que ver ni con Jomeini ni con Gaddafi, pese a que los tres leen el mismo libro: el Corán...

En fin, que el lío es de órdago, sinónimo de apasionante. Tal vez lo mejor será que le pidamos a Samantha que baje el tono de su televisor en la primera planta —están dando un *western*— y nos dediquemos un rato, en honor de los palacios con puertas de oro y de la maravilla de los «daos», a escuchar, en el estéreo, la opinión de uno de los más grandes estadistas que ha dado la humanidad: Ludwig van Beethoven...

CAPÍTULO XXXVI

Fernando quiere que conozcamos uno de esos palacios de cuentos de hadas en que viven los jeques. Por eliminación elige el que considera más representativo, no tratándose de la familia del emir: el palacio del *cheik* Abdullah El-Hokkami y de su mujer, Najat.

Se las arregla para que nos inviten a tomar el té, lo que consigue sin dificultad. Por lo visto la pareja tiene en gran estima al embajador, el cual, además de sus posibles encantos personales, juega en esa área geográfica con una enorme ventaja suplementaria: España no ha reconocido al Estado de Israel. Dato determinante, al igual que en Irán. «Podréis hablar con ellos holgadamente, sin rodeos —nos advierte Fernando, mientras a bordo del Cadillac negro nos dirigimos al palacio del *cheik* El-Hokkami—. Otra cosa sería si nuestro país tuviera representación oficial en Tel Aviv...»

Nos pone en antecedentes con respecto a nuestros anfitriones. Él es una de las mayores fortunas de Kuwait. Hombre de negocios, con cierto barniz cultural obtenido por olfato y por el contacto con magnates europeos y americanos, es accionista de gran número de empresas, entre las que se cuenta, precisamente, la Mercedes Benz. Sin despreciar el sueldo que percibe de la KOC, más que nada se dedica a inversiones en el extranjero, lo que presupone que ha de hacer muchos viajes y que sus asesores técnicos son ingleses.

No es que se haya occidentalizado en demasía, pues, según noticias, en cuanto puede come en la cocina; pero en los grandes hoteles ha aprendido a «saber estar». Es alto, bien plantado, de unos cincuenta años de edad, con una verruga en la nariz que constituye un poco su obsesión. En Suiza le aseguraron que podrían eliminársela fácilmente; sin embargo, por lo visto en el golfo Pérsico las verrugas tienen fama de talismán y el hombre siempre acaba por eludir la intervención.

Madame Najat, como gusta ella que la llamen, tiene, de forma innata, mejor estilo. Sus padres cuidaron de su educación en varias universidades italianas, por lo que se derrite hablando de Venecia, de Florencia, de Bernini y de la Gioconda. Hermosa cabellera, los modistos de Roma se las componen para que no parezca demasiado entrada en carnes. Madame Najat tiene un secreto: sus ojos cambian constantemente de color. Ella asegura que es brujería, que se debe a un colirio que le prepara una vieja beduina; tal vez la explicación sea más sencilla y se deba a alguna anomalía retínica. Como fuere, a lo largo de la tarde asistiremos sin duda a una exhibición cromática de su mirada, ya que, entre otras cosas, se pirra por invitar a personas vinculadas al mundo de la cultura.

En Kuwait ha ejercido de mecenas de una serie de pintores y escultores —con menos nepotismo que Farah Diba—, como, por ejemplo, Sabiha Bechara, Al-Zaabi, Issa Sakr y demás nombres que a buen seguro nos tienen sin cuidado. También ha protegido con entusiasmo a la cantante ciega Aïcha El-Martha y a la famosa Leyla Abdul Aziz, representante de la nueva ola kuwaitiana. «El entusiasmo es la nota característica de madame Najat —explica Fernando, dando caprichosas vueltas por los tréboles de la autopista para tener tiempo de charlar un poco más—. Ser vital, que contrasta con cierta abulia que de pronto se apodera de su marido. Dicen de ella que tiene duende, y es verdad. Por lo demás, ha parido siete hijos, cinco de los cuales se encuentran estudiando en Londres.»

—¿Cuál es el *hobby* del *cheik* El-Hokkami, además de invertir en la Mercedes Benz?

—Sin duda, la caza del halcón... ¡Supongo que os hablará de la caza del halcón!

—¿Le interesa la política?

—¡Horrores! Tiene una *diwanie*, ya lo veréis... Le interesa casi tanto como a mí...

—¿Hay algún tema tabú que debamos evitar?

—Dos por lo menos... El primero, no conceder importancia al poder familiar de la clase dominante en el país. El emir es el emir y todo lo que hace recibe previamente la bendición de Alá... —Fernando asiente con la cabeza, como divirtiéndose consigo mismo—. Por ejemplo, le encantaría que le hablaseis de la sensación de libertad que, viniendo de Irán, habéis experimentado en tierras de Kuwait...

—Entendido... ¿Y qué más?

—El segundo tabú, y trasladándonos a la política internacional, es el nombre del general Franco... ¡No se os ocurra hablar mal de él! Salvó a España, sin Franco toda Europa sería comunista y a lo mejor lo sería incluso el golfo Pérsico... —Chasca la lengua y añade—: A veces da la impresión de que le admira más que a Su Alteza el emir Jaber Al-Ahmed...

EL PALACIO DEL JEQUE EL-HOKKAMI. UNA PALMERA DE ORO

Todo ha resultado más fácil de lo que pudimos sospechar. Palacio de sólo dos plantas, en cuya construcción se invirtieron seis años —el exterior todo de mármol, aunque sin leones en la puerta—, nos ha abierto un criado indio y a los pocos minutos estábamos sentados en la sala de té con madame Najat. El *cheik* El-Hokkami se ha retrasado unos diez minutos, a buen seguro por culpa del teléfono, pues le oímos dar órdenes en la habitación contigua.

No puedo ocultar que a la entrada casi me da un calambre, pues he atisbado en un rincón una palmera enteramente de oro —lo mismo el tronco que las ramas—, además de un cuadro de factura moderna representando un paisaje nevado. He abrigado la sospecha de que a los dueños de la mansión debe de divertirles pensar que hay por ahí gente que pasa frío.

El rincón en que nos encontramos carece de intimidad, no sólo porque nos vigilan de cerca dos armaduras de bronce —impávidos centinelas a ambos lados de la mesa—, sino porque, a pocos metros, sobre una peana de caoba, se levanta una especie de pagoda china que desde el primer momento me ha hecho tilín. A no ser porque me interesa en grado sumo el color de los ojos de madame Najat, que de momento son negros de negrura negra, me hubiera acercado a la pagoda para preguntarle quién diablos la trajo aquí.

A más de esto, me distrae la propia mesa, que es de cristal transparente, lo que permite ver que por debajo la sostienen dos enormes pajarracos tan de oro como la palmera. ¿Marcas de cigarrillos? He contado quince, a elegir. Por fortuna, Fernando no se fuma ya ochenta diarios... Ceniceros de plata —¿los robarán los invitados después de una fiesta?—, y nada de mecheros: cerillas de la casa. ¡Cerillas para nuestra colección, puesto que llevan el sacrosanto nombre del *cheik* Abdullah El-Hokkami!

—Madame Najat, ¿nos permite? Coleccionamos cerillas...

—¡Por Dios! Haré que les lleven una docena de cajitas a la Embajada...

Mientras nos sirven el té, en tacitas que me recuerdan las del parnaso Raqa'at de Chiraz, el *cheik* El-Hokkami se divierte esforzándose por pronunciar correctamente mi apellido; pero es inútil. Dice Gidella, Gandella, etc. ¡Ay, la verruga! Destaca como un pegote en una cara noble, de poblado bigote y barba puntiaguda. Mejor sería que el cabeza de familia viviera en una zona en que las verrugas no fueran talismán.

El *cheik* El-Hokkami viste enteramente de blanco, la *deshdasha*, túnica con el cuello alto —lo que le obliga a mantener la cabeza erguida—, sin botones ni costuras. Se me ocurre decirle que la prenda debe de ser muy cómoda y asiente con la cabeza. Varios bolígrafos de oro asoman de un bolsillo a la altura del pecho. En cuanto a madame Najat, lleva un modelo discreto, sin duda europeo —sin duda italiano— de color malva, y casi tantas joyas como su marido. Una de dichas joyas, en el índice de su mano derecha, despide mucho más brillo que los pajarracos de oro que sostienen la mesa de cristal. ¡Ninguna perla! Por lo visto las señoras kuwaitíes no las llevan y se sorprenden de que en Occidente sus congéneres les concedan tanto valor.

—¿El té con limón o con leche?

—Con limón, por favor...

El diálogo ha empezado por Irán, al enterarse de que acabamos de llegar de allí. El *cheik* El-Hokkami sostiene la tesis de que el Sha cayó por no hacerle caso al emir de Kuwait, quien en más de una ocasión le recordó que Oliveira Salazar no quiso industrializar el país para no correr el riesgo revolucionario que ello entraña. «Ustedes tuvieron suerte en ese aspecto... Franco, que era mucho más hábil que Churchill —a él no le hubieran pillado los dedos en Yalta—, supo arreglárselas de modo tal que las chimeneas no se le convirtieran en cañones.»

Nos preguntan qué opinamos de Kuwait. Contestamos que nos faltan elementos de juicio, pero que, viniendo de Irán, el sentimiento de libertad que se respira en el país, sin el continuo bombardeo de propaganda, sin manifestaciones, sin *mullahs* con la bayoneta calada, sin fusilamientos, sin comités revolucionarios, etc., lo convertían en un edén. «Estamos realmente asombrados. Nos parece imposible estar aquí, sabiendo que la televisión es libre, que son libres la radio y los periódicos y que la Asamblea Nacional se compone de cuarenta miembros elegidos cada cuatro años.» «¡Oh! —exclama el *cheik* El-Hokkami—. Ello se debe a que el emir es un auténtico sunnita, que no se dedica a interpretar a su modo el Corán, sino que se atiene a su letra y, en caso de duda, consulta con la Arabia Saudí o con la Universidad cairota de El-Azhar.»

Luego nos hacemos lenguas del progreso de la ciudad, cuyos *buildings* y comercios, iluminados, ofrecen por la noche un aspecto fantástico. Naturalmente —en estos momentos los ojos de madame Najat son de color cobrizo—, hablamos del prodigio del agua desalinizada y de las torres en forma de flores de loto; y no mencionamos las pilas bienolientes porque de pronto entra en el salón el criado indio trayendo consigo servilletas perfumadas con esencia de rosas y las deposita junto a nuestras tazas.

—¿Un poco más de té?

—¡Por supuesto! Está delicioso...

ALÁ PROTEGIÓ A KUWAIT

El *cheik* se encuentra a sus anchas. Siempre le ocurre así hablando con los españoles; ya lo sabe el señor embajador. ¡Kuwait! ¿Quién pudo predecirlo? Antes de la II Guerra Mundial no era más que un desierto ardiente. Sus habitantes se dedicaban a la pesca, a la construcción de «daos», a la búsqueda de perlas o esponjas, y existía una atávica rivalidad entre dichos habitantes y los beduinos. La autoridad de turno podía difícilmente evitar que las dos comunidades luchasen entre sí, sobre todo porque los pescadores a veces se lanzaban a incursiones de piratería marítima, como había sido costumbre desde siglos en la Arabia meridional. De hecho, por entonces en Kuwait no había más que chozas de arcilla, palmeras con dátiles, rebaños de cabras y corderos... y arena.

Todo el progreso se debía a la previsión de los emires, los cuales, pese a su apego por el desierto —por cierto, que nos encantaría asistir a la caza del halcón, por ejemplo, en Jal-Liyah—, jamás abandonaron a la gente del puerto, porque presintieron que con ella se cumpliría el proverbio árabe: «Le llega la suerte al que se la merece.»

Y la suerte llegó, precisamente en la zona de Burgan, en septiembre de 1938... El petróleo salió con tanta fuerza que fue necesario llevar del zoco un madero de diez metros para tapar el agujero. Por si fuera poco, la historia quiso que tal descubrimiento se realizara un viernes lluvioso, lo que en el desierto es señal de buenaventura. A partir de ese momento Alá se complació en la visión de Kuwait y beduinos y pescadores dejaron de combatirse. Todos los pozos tenían éxito, de todos ellos salía petróleo. Petróleo, además, de extracción poco costosa, puesto que se encontraba a una profundidad de sólo trescientos metros y a menos de veinte quilómetros de la orilla. De la zona de Burgan se pasó a la de Maqwa y luego a las otras. Por supuesto, la guerra mundial forzó una tregua, pero terminada ésta pudo procederse a la extracción en gran escala. Las grandes compañías se disputaban las llamadas «bolsas negras» y el resultado fue que, ya antes de la nacionalización, hubiera oleoductos de más de cien quilómetros, que se industrializara el gas natural, en un principio acaparado por el Japón y que las refinerías de Mina Abdullah —*Mina* significaba «puerto»—, Mina Ahmadi y Shuaiba fueran consideradas las más modernas del mundo...

Ésta era la síntesis. Ahora, como podíamos comprobar, viviendas modernas incluso para los humildes, guarderías, escuelas, hospitales —el Hadi Clinic era modélico—, instalaciones de todo tipo y un bienestar social como no es fácil encontrar en otra parte. La costumbre de no pagar impuestos, tal vez en una economía capitalista no pueda mantenerse y haya que efectuar modificaciones; pero la miseria ha desaparecido por completo, como lo demuestra que no existe la mendicidad y que sea prácticamente nulo el trabajo infantil.

Dos pilares básicos sostienen ese edificio: el saber que el petróleo no durará eternamente —la teoría del Sha cuando decidió el aumento del precio—, y que por lo tanto su despilfarro sería un error, y la prudencia en las inversiones. Kuwait prestaba especial atención a ese último capítulo, procurando coordinarlo con la ayuda al Tercer Mundo, al que, siguiendo las pautas marcadas por el Islam, era preciso echar una mano, aunque en la práctica surgieran no pocas dificultades. Había que exportar allí no sólo mezquitas, sino productos alimenticios; es decir, alimentos para el alma y para el cuerpo. Pero además, crear en la propia área puestos de trabajo y enseñar a hacer buen uso de ellos a través de la especialización, tal y como lo hizo la compañía americana ARAMCO en Kuwait, instruyendo sistemáticamente a veinte mil empleados y obreros destinados a los complejos petrolíferos... En el argot cinegético esto tenía un nombre: matar dos pájaros de un tiro.

Interrumpo al *cheik* El-Hokkami para preguntarle:

—Eso que dice usted de ayudar al Tercer Mundo me interesa de un modo particular... ¿Han viajado ustedes por allí?

El *cheik* echa dos volutas de humo con su cigarrillo

—Pues no... —Vacila un momento—. ¡Nos atrae tanto Europa! Siempre acabamos por posponerlo para el siguiente viaje... Además, cinco de nuestros hijos estudian en Londres, por lo que tenemos allí un castillo para pasar los fines de semana...

Los ojos de madame Najat son ahora verdes. Interviene para decir, en tono jocoso:

—¡Bueno! Mi marido, cuando habla de Londres, ve castillos por todas partes... En realidad lo que tenemos allí es una vieja mansión.

El *cheik* El-Hokkami parece haberse recobrado. A veces tiene una sonrisa sibilina, que uno no sabe cómo interpretar. Reemprendiendo el hilo de su discurso anterior, añade que la redención del Tercer Mundo a que antes hizo mención, sería mucho más factible si pudiera darse el primer paso: la creación de una Nación Mundial Árabe. La buena distribución de las riquezas que ello traería consigo, por la misma inercia de los hechos, sería la plataforma ideal, ya que Occidente se ha desentendido de ese tipo de operaciones, como lo demostró en la época colonialista.

Sin embargo, dicha unidad árabe —por otra parte, recomendada una y otra vez en el Corán— no debía confundirse con la renuncia a las peculiaridades de cada territorio... Todo lo contrario. Cada pueblo árabe debía conservar su autonomía y su talante propios, que, por cierto, era lo que se proponía la Fundación Kuwait en el país que hemos tenido a bien visitar. ¿Irán se había desviado? Irán, antes que árabe, fue persa... ¿Egipto se había desviado? Egipto, antes que árabe, fue copto y faraónico... «Los auténticos pueblos árabes sabemos muy bien cuáles son.» Y por supuesto, la familia que nos había invitado a pasar tan agradable velada procuraba, dentro de su modestia, predicar con el ejemplo: él firmando convenios con empresas como la Longho o la Richard Costain, y ella, madame Najat, que era el seudónimo que había adoptado, recorriendo el país en busca de las raíces autóctonas, que según los entendidos se encontraban en la isla de Failaka, y estimulando a los incipientes grupos folklóricos a que tuvieran plena conciencia de su responsabilidad, puesto que habían heredado, por partida doble, una manera de vivir y una manera de bailar...

Los ojos de madame Najat son ahora azul celeste. Sin duda tiene miedo de que la perorata de su marido nos aburra, ya que, después de interesarse por si el aire acondicionado tiene la intensidad por nosotros deseada, cambia de tercio y nos pregunta si nos interesaría visitar la universidad femenina, que era la mejor de la ciudad...

Naturalmente, le contestamos que sí, y entonces, como arrepintiéndose de lo dicho, añade que no es que quiera eludir el tema de los grupos folklóricos; pero es que le da apuro llamarlos de ese modo. En realidad, no parecía que el baile se les diera demasiado bien a los kuwaitíes, pese a lo que su marido, tan amablemente, había dicho... Nunca podría olvidar que, a raíz de haber recibido en la ciudad la visita del ballet ruso Bolshoi, se le ocurrió al Ministerio de Cultura fundar y organizar un ballet nacional... «¿Saben ustedes lo que es un desastre? Pues ése fue el saldo del intento... Me ruboriza pensar que yo intervine en ello, palabra.»

El *cheik* El-Hokkami protesta. Considera que su esposa exagera, para no pecar de vanidad. Además, ¿a quién se le ocurre pretender imitar al ballet Bolshoi? Los bailarines en la Unión Soviética son robots, lo mismo que los soldados y que los trabajadores en las explotaciones petrolíferas de Siberia... Él siempre ha creído que las danzas de Kuwait debían inspirarse en aquello que, en el fondo, el país más amaba y más despreciaba: la muerte.

Esta palabra cae como un mazazo, y los ojos de madame Najat vuelven a ser negrura negra... No sabemos por qué la ha pronunciado el *cheik* El-Hokkami. Cierto que leí en un folleto que existía en Kuwait la «danza de los esqueletos»; pero dicha danza era tan corriente como el vals, y se encuentra en cualquier lugar.

—¿Por qué has dicho —le pregunta madame Najat a su marido— que lo que Kuwait más ama y más detesta es la muerte?

Inesperadamente, el *cheik* El-Hokkami suelta una carcajada.

—¡Caramba...! ¡Nunca creí que eso pudiera enmudecerles a ustedes! —Echa con lentitud más volutas de humo y añade, tranquilo—: Fue una simple metáfora... En la jerga de la Kuwait Oil Company siempre solemos decir que lo que más amamos y a la vez detestamos es el petróleo que brotó en mil novecientos treinta y ocho, porque a ciencia cierta no sabemos si, después de haber sido nuestra resurrección, no va a calentarnos los cascos y ser el causante de que nos cavemos nuestra fosa...

MADAME NAJAT Y SUS PODERES

El *cheik* El-Hokkami nos deja. Alega que le esperan en una reunión en el Ministerio de Asuntos Exteriores. Al despedirse nos estrecha con fuerza ambas manos y luego con la diestra se toca el corazón y la frente. Al quedarnos solos, madame Najat recobra su virtud primordial: el entusiasmo. No ha olvidado el principal motivo de nuestra visita: conocer el palacio, cuyas moquetas y alfombras de seda fueron hechas en China a lo largo de tres años.

En ese momento exacto empieza una especie de baile de máscaras o de caleidoscopio. Pasamos de un salón a otro salón sin tiempo apenas para digerir el revoltijo que les armó el decorador libanés, el cual, por cierto, les cobró por su gestión la bonita suma de doscientos cincuenta millones de pesetas.

¡La mayoría de plantas son de plástico, y madame Najat parece orgullosísima de ello! Y la mayoría de muebles, europeos, prescindiendo de lo árabe, lo que se conjuga mal con las declaraciones que acaba de hacernos el anfitrión. Un arca que perteneció a los zares de Rusia. «Es la segunda —nos informa madame Najat—. La primera no sabemos quién la posee.» Ignoramos a qué se refiere. El comedor, situado junto al *living*, es de color butano y consiste en una enorme mesa ovalada, con veinticuatro sillas que se diría sin estrenar, correspondientes a otros tantos comensales. Pero lo que llama la atención, aparte de los cuadros de ladys inglesas —con perlas— que cubren las paredes, es la pieza que pende del techo: un candelabro a modo de lámpara, compuesto por ocho brazos horizontales, en cada uno de los cuales, en vez de bombillas, hay un frasco de perfume diferente. «Cristal de Murano. Lo encargamos a propósito. Todo el cristal que hay en la casa proviene de Murano.»

Bajamos al sótano, donde está la *diwanie*... lo único árabe de la mansión. Rectangular, con divanes y almohadones de color azul. ¡Ni un solo libro! Hasta ahora no hemos visto un solo libro en el palacio. Aquí los cuadros son abstractos, sin que pueda precisarse si son obra de impactos de metralla o

La ciudad que ha nacido
en pleno desierto.

Beduino sosteniendo un halcón.
El halcón es el emblema de Kuwait
y su caza el deporte favorito
de los jeques del país.

Mezquita de la Seicka Fátima,
muestra de arquitectura
vanguardista.

Instalaciones petrolíferas
en la zona de Burgan.

Supertanques cargando petróleo
en la plataforma de Al-Ahmadi.

de restallantes golpes de espátula... ¡Cuántos negocios se habrán rematado en esta *diwanie*! Casi tantos como en el Hilton, en el Sheraton o en los grandes bancos y oficinas de la administración. No pueden faltar los narguiles, probablemente de oro. Fernando nos susurra que al cabo de un rato todo el mundo suele descalzarse o sentarse en algún almohadón sobre los pies cruzados. ¿Será éste el «paraíso» del hachís?

En el mismo sótano que la *diwanie* están los baños, los cuales renuevan más que otra cosa el entusiasmo de madame Najat. Idénticos a los que me describió Hassan al hablar de los palacios del Sha. Piscinas redondas, de mármol rosa; grifos de oro en forma de animales lanzando chorros sincronizados; duchas —es de suponer que perfumadas— camufladas en el techo. Apretando un botón todo se dispara sin que una gota de agua nos salpique. No sé por qué imagino a todos los miembros de la familia —nueve en total— remojándose ahí dentro en cueros, encabezados por el *cheik* El-Hokkami.

Subimos al primer piso, donde nos aguarda la gran sorpresa. A través de altavoces invisibles se oye por doquier música de Albinoni. De repente suena el teléfono y la música, por sí sola, baja de volumen. Madame Najat acude al aparato, lo descuelga por espacio de unos segundos y lo vuelve a colgar; y la música suena de nuevo con fuerza. Nos dan ganas de aplaudir, pero apenas si tenemos tiempo para ello, pues nos encontramos en un gran salón que de repente, con sólo pisar un mosaico que hay en el centro, se convierte todo él en una pantalla cinematográfica que abarca las cuatro paredes. Cuatro pantallas han subido desde el suelo, mientras el salón quedaba en penumbra y aparecía en la parte de atrás un proyector con el foco encendido. En la pantalla de enfrente puede leerse algo en árabe, que al parecer significa: «Bienvenidos a la mansión del *cheik* Abdullah El-Hokkami.» Hemos quedado sin respiración y sólo oímos la sonrisita de madame Najat, quien vuelve a pisar el mosaico para que el salón se ilumine de nuevo y vuelva a ser lo que es: una especie de *diwanie* femenina donde la dueña de la casa se reúne con sus amigas y en cuyos cuatro ángulos se yerguen cuatro estatuas de mármol pertenecientes sin duda al barroco italiano...

En las paredes podemos contemplar una buena cantidad de autógrafos enmarcados, destacando uno de Garibaldi, otro de Rossini, ¡otro de Napoleón! Madame Najat confiesa que espera recibir un día de éstos el de nuestro rey don Juan Carlos, por el que la familia siente una devoción particular. También les gustaría poseer uno del general De Gaulle, quien al parecer ejerció una gran influencia sobre el anterior emir, Al Sabah Al Salem Al Sabah. En la parte opuesta, una vitrina con monedas. Madame Najat es experta en numismática. Por casualidad mi mujer encuentra en el fondo de su bolso una peseta española —una *rubia*— y se la ofrece... Ella se ríe de buena gana, mientras sus ojos cobran el color de la moneda.

Lo último que visitamos son las habitaciones de los hijos. Sólo en una de ellas hay alguien: una niña de unos diez años que nos obsequia con una reverencia y en cuya cabeza y expresión hay un punto de subnormalidad. Lo más importante ahí, aparte de las muñecas y de uno de los muchos monitores del circuito cerrado de televisión, es una maravillosa colección de cromos ingleses representando artistas de antaño —siglos XVIII y XIX—, especialmente músicos. Fernando no conocía esos cromos, de reciente adquisición. Felicitamos a la niña, Aïcha de nombre, por estar en tan buena compañía y ella, intimidada, esboza otra reverencia, acaso excesivamente infantil.

¡Ni un solo libro en el palacio! Ahora podemos ya asegurarlo. Ni siquiera un ejemplar del Corán. Sólo en la habitación de Aïcha algunos tebeos. ¿Será posible que madame Najat no posea una biblioteca? Fernando, mirándonos, niega con la cabeza, evitando la pregunta que yo tenía a flor de labio...

La visita ha sido un tanto exhaustiva y sólo nos queda despedirnos de madame Najat y agradecerle su gentileza. Ella parece no tener prisa y, de pie en dirección a la puerta de salida, se disculpa por no mostrarnos el jardín. «Lo estamos remozando. Faltan árboles y una piscina al aire libre...» Su marido ha obtenido ya el permiso necesario.

Por mi parte, recordando el salón que hace las veces de *diwanie* femenina, le pregunto por el papel que desempeñan las mujeres en Kuwait.

—¿Es usted partidaria de una liga femenina? ¿Existe alguna organización al respecto? ¿Milita usted en alguna de ellas?

Madame Najat niega con la cabeza. Nos responde sin ambages que existen varios movimientos feministas en el país, inevitables en una sociedad que prospera y que recibe tanta influencia occidental, pero que ella no ve la menor necesidad de constituirse en organización concreta. Los hechos avanzan por sí solos, y al ritmo adecuado. Las «ligas femeninas» ofrecen siempre muchos peligros, uno de los cuales es el de la agresividad antimasculina. Hombres y mujeres deben coexistir en armonía, con una gran dosis de comprensión por ambas partes. Una vez más hay que basarse en el Islam. La importancia de la mujer en la familia fue puesta de relieve por el Profeta cuando dijo: «El Paraíso está a los pies de las madres.»

La guerra de sexos es tan perniciosa como lo fue la de pescadores y beduinos en la bahía de Kuwait. Oportunidades no le faltan a la mujer kuwaití, como podremos comprobar en la Facultad de Letras para las chicas, si por fin aceptamos su invitación para visitarla... En la práctica, son ya numerosas las mujeres que ejercen funciones profesionales, dirigen negocios y se muestran activas en asuntos de gobierno e internacionales. En la propia misión kuwaití en las Naciones Unidas hay mujeres, lo mismo que en el magisterio y en todos los medios de comunicación. El despegue se produjo hace aproximadamente unos veinte años... y una vez más gracias al petróleo. «Aquel primer chorro que brotó en Burgan un viernes lluvioso había de traer consigo, más tarde, nuestra liberación.»

Sin embargo, no querría exagerar. La sociedad en Kuwait sigue siendo predominantemente patriarcal y comúnmente dominada por el hombre más allá de los confines domésticos. Se trata de encontrar el justo medio. Desde luego, un gran porcentaje de las bodas siguen realizándose por acuerdos entre dos familias, situación que para los occidentales sigue siendo anatema; ahora bien, hay que reconocer que, en el orden práctico, el sistema produce matrimonios bastante más firmes de lo que podría sospecharse. Madame Najat sonríe y añade:

—El nuestro es un ejemplo, ¿no es verdad, señor embajador?

—¡Oh, desde luego!

¡La palmera de oro! Vuelvo a atisbar la palmera de oro cerca del vestíbulo, en un rincón. El hecho se me antoja tan increíble como haberle regalado a madame Najat una *rubia* española. ¿Cómo puede hablarse, en un lugar así, de ayudar al Tercer Mundo? ¿De llevarles mezquitas, productos alimenticios y de enseñarles a trabajar? Y el caso es que, según leí en una guía de los emiratos del golfo, Kuwait en ese aspecto se llevaba la palma y era un poco el árbitro o el gozne de la humanitaria operación.

—Hermosa palmera... —le digo a madame Najat, cuyos ojos son ahora de color cadmio—. ¿Oro macizo?

—Pues... ¡creo que sí! —contesta, apartándose un poco para no pisotear la planta de plástico que hay en un tiesto—. Procuramos que en la casa todo sea auténtico...

Fernando se adelanta a mis posibles futuras preguntas y besando la mano de nuestra anfitriona le dice:

—Le agradezco mucho que nos hayan dedicado ustedes todo ese tiempo...

—¡Con mucho gusto! Ya lo sabe usted, señor embajador...

—Dentro de poco recibirán ustedes una invitación para la fiesta nacional de España. ¿Puedo contar con su asistencia?

—¡Oh, con mi marido nunca se sabe...! A lo mejor estamos en Roma, o en Londres...

—O en algún país del Tercer Mundo... —digo, sin poderme contener.

—Le advierto a usted que es muy posible... —responde madame Najat con naturalidad—. Tal vez la India, tal vez el África negra... Yo preferiría el África negra antes de que caiga en manos de los comunistas...

—Ayúdenlos ustedes antes de que esto ocurra...

—¡Sí, claro! Pero todo no va a depender de Kuwait, ¿verdad? —Hace un mohín y suelta, como al desgaire—: Por cierto, el Sahara, nuestro país hermano, estuvo en manos de los españoles, ¿no es así?

Trago saliva.

—Eso creo...

—¿Y podemos considerar que pertenece al Tercer Mundo?

Asiento con la cabeza.

—Pues... eso me temo.

—Ahí está... ¿Verdad que las cosas nunca son tan fáciles?

Mi mujer corta en seco, despidiéndose de madame Najat.

—Ha sido un gran placer, señora...

—No olvidaré las cajitas de cerillas... Son de estuche, ¿sabe usted? Pero las hay de varios colores.

Beso la mano a la dueña del palacio.

—¡Ah, esos escritores! —sonríe madame Najat—. Siempre con la pluma envenenada... —Sus ojos son ahora sorprendentemente alegres—. Pero no importa. Cumplen ustedes con su obligación...

—¿De veras cree usted eso, madame Najat?

Ésta me dedica una profunda reverencia.

—No lo dude usted ni un momento, señor Gandella...

Camino de la residencia, Fernando me recrimina con cierta dureza.

—Has estado un poco insolente... Podías haberte ahorrado la frasecita.

—Tienes razón... Perdóname... Todo ha sido culpa de la palmera.

—¿No comprendes que viven en otro plano? ¿Que tienen circuito cerrado de televisión?

—Claro que lo comprendo. Un lavado de cerebro como cualquier otro...

Y nos enzarzamos en un ping-pong dialéctico sobre la presión del ambiente, el determinismo, la discutible responsabilidad personal... Y queda claro que Fernando detesta la palmera mucho más que yo.

CAPÍTULO XXXVII

Naturalmente, tenemos el máximo interés en visitar las instalaciones de Burgan, zona desértica, a pocos quilómetros de la capital y que contiene en su entraña la que hoy por hoy se considera la «bolsa de petróleo» más importante del mundo. Fernando tiene varios amigos en la Kuwait Oil Company, instalada en el lugar y que pueden recibirnos y acompañarnos. Sin embargo, cree que la persona indicada es precisamente el *cheik* El-Hokkami. Ha hablado con él por teléfono —es de suponer que la música habrá bajado de volumen— y el *cheik* ha conseguido que nos citaran en Burgan para el sábado, a las diez de la mañana. No obstante, ha repetido lo mismo que madame Najat: «No sé si el sábado estaré aquí para ir con ustedes... Tengo un viaje pendiente a los Estados Unidos y hasta el viernes no sabré la fecha de salida.» «Sería una lástima que coincidiera...», ha apuntado Fernando. «¡Pse! Cuando las cosas no dependen de mí mismo, suelo tener poca suerte...»

Fernando ha colgado el aparato y nos ha dicho:

—¡Bueno! No importa... Conozco bien a aquella gente...

También conoce bien a madame Najat. Nos pronosticó que tendría algún detalle para dar a entender que el berrinche del otro día se le había pasado. Y así ha sido. Hemos recibido en la residencia un paquete de papel de plata con un lacito, conteniendo exactamente catorce estuches de cerillas, todos de distintos colores, con la marca de la casa: Abdullah El-Hokkami. La tarjeta decía que deseaba volver a vernos, sobre todo porque «apenas si habíamos hablado de Italia».

—¿Os dais cuenta? Lo que ella quería era hablar de Florencia y de Venecia...

—Pues en el palacio está mucho mejor representado Murano...

—No me negaréis que aquel candelabro de ocho brazos, con ocho tarros de perfume en vez de bombillas, es una preciosidad...

—Yo no me atrevo a negar absolutamente nada...

EL TAXISTA RAHMAN Y LOS PALESTINOS

En la espera del sábado hacemos muchas cosas, sobre todo dar vueltas con Rahman, el taxista beduino. Nos damos cuenta de que siempre vamos a parar a los mismos sitios, porque una ciudad levantada de prisa en pleno desierto no da más de sí; pero en fin, nos cercioramos de que, en efecto, el barrio palestino es de los más dinámicos de la capital; de que el barrio de los coreanos es el más pobre, lo que hiere nuestros sentimientos afectivos con respecto a Asia; de que las tiendas de las galerías cubiertas de Salamiya son perfectamente comparables a las tiendas de Saint-Honoré; de que en las piscinas del Hilton y del Sheraton pueden verse algunos bikinis; y de que la llegada de los «daos» al atardecer sigue siendo de lo más poético, especialmente los que traen pesca mayor, y ello pese a que las furgonetas se la llevan de inmediato al zoco, donde se procede a la vista del público, a despedazar cruelmente las piezas.

Kuwait, quiérase o no, está volcado al mar, cuyas aguas de color pálido encantan a Rahman. El taxista argumenta: «Durante toda mi infancia no vi más que arena, corderos y cielo intensamente azul... Mis ojos descansan en ese mar lechoso, si los señores me permiten esa expresión.»

¡Claro que se la permitimos! Rahman, con sus acnés en el cuerpo y su *marsabah*, tiene ideas propias, lo que siempre es de agradecer. Por ejemplo, al enterar de que visitaremos Burgan, admite de buen grado que sin la ayuda técnica y económica de los occidentales el petróleo estaría aún en las profundidades de la tierra. «¡Los millones que tuvieron que gastarse ustedes —el "ustedes" nos da mucha risa— para taladrar los suelos hasta dar con él! Yo eso, sobre todo a los ingleses, tengo que agradecérselo... Por esta razón me gusta que todavía midamos aquí con pulgadas y que cuando nos visitó la reina de Inglaterra pareciera que Kuwait se volvía loco... ¿Creerán los señores que para el desfile conseguí estar en primera fila, con toda la parentela? ¡Nos hinchamos de gritar y aplaudir!»

Hemos observado que nuestro cicerone les tiene cierta ojeriza a los palestinos e incluso ha llegado a insinuarnos que Yasser Arafat es homosexual... Aunque lo que más le encanta es que por fin los kuwaitíes hayan descubierto que el desierto está más que poblado...

—¿Cómo se llaman los que buscan plantas raras?

—Botánicos...

—Pues eso... —repite Rahman—. Botánicos. ¿Y los que buscan pájaros también raros?

—Ornitólogos...

—¿Cómo? ¡Menuda palabrita! Pues eso... —Pega un silbido imitando alguna ave que desconocemos—. Han salido botánicos y ornitólogos a saciedad... Y cazadores de insectos y mariposas. Aunque me dicen que luego los clavan con un alfiler...

Rahman no puede olvidar su pasado beduino, su oriundez. ¿Por qué se hablará con tanta mala uva de las cabras? Sin las cabras, en el desierto no se podría vivir. De pronto, arremete contra los «kuwaitíes de primera», como él los llama, porque se conceden a sí mismos créditos personales a interés bajísimo y en cambio se los niegan a los beduinos, «pese a que hemos nacido en la misma arena y sumamos unos cincuenta mil». Él mismo, para poder comprarse el taxi, tuvo que echar mano de una viejecita inglesa de noventa años que lleva más de sesenta en Kuwait y a la que el Gobierno regaló un chalet. «Me avaló y aquí me tienen. Si no, estaría de conserje en el palacio Seif, y no siendo kuwaití de primera, no tendría derecho a sentarme.»

—Pero... —le objeto a Rahman—, si mal no recuerdo, los primeros días nos contó usted que estaba orgulloso de que el emir eligiera muchachas beduinas para casarse, aunque las repudiara luego, y que no le importaría cederle una de sus hijas... Y también nos dijo que si había tantos beduinos taxistas era porque el emir se cansó de verles llevar una vida miserable y les dio esa oportunidad...

—¡Naturalmente! —replica Rahman, emitiendo otro silbido—. ¡Si no les estoy hablando del emir, ni de sus parientes, por los que sentimos devoción! Les hablo de una cierta clase de kuwaitíes, que porque tienen acciones petrolíferas y cuatro teléfonos en la mesa de despacho se creen los amos y nos miran como si fuéramos también cabras. Esos de la túnica con bolsillos, ¿comprenden? ¡Pero ya les dije a ustedes que algunos de nuestros hijos están ahora en la universidad, e incluso en universidades extranjeras, y que dentro de unos años se harán respetar!

Rahman conduce estupendamente el coche y continúa frenando a veces, en cuanto oye al almuecín, y apeándose para cumplir con sus oraciones, arrodillado y tocando el suelo con la frente. ¡Y continúa detestando a Jomeini, de quien nos asegura que ha mandado fusilar incluso a niños de ocho años! Menos mal que, aunque no abandono nunca mi saco en bandolera, no llevo ya en él, a modo de salvoconducto, el tapiz de plegaria con la efigie del ayatollah...

ANTONIO, EL SEVILLANO

También he charlado mucho con Antonio, que es una joya que puesta en el zoco no tendría precio. Le gusta que le diga que tiene facha de «cantaor flamenco» —el pelo rizado y la boca de oreja a oreja—, razón por la cual las villas que prefiere son las «hispano-moriscas» que se levantan en ciertos sectores de la ciudad. «Ahora a algunos kuwaitíes les ha dado por hurgar en el esplendor del pasado y, naturalmente, se topan con la Península ibérica.» Asimismo le gusta que le llamen «centrocampista» de la residencia, porque está en todo. Y es un buen hombre, un hombre emotivo y cabal. Con el sueldo que gana ayuda a sus padres, a una hermana suya, a toda la familia... «¿Qué voy a hacer si no? Aquí tengo todo lo que me hace falta, y ellos en cambio pasan privaciones.»

A veces le acompaño en «su» camioneta a una plazuela del barrio, cuya estructura se repite en otros muchos distritos de Kuwait y que Antonio considera un gran acierto municipal. Es cuadrada, con sitio para aparcar y en ella se encuentran reunidas la mezquita, el supermercado, la barbería, la escuela, un dispensario médico y dental y todo cuanto se necesita para la vida cotidiana de las familias. «De no haberlo hecho así, con la extensión de la urbe la gente no podría solucionar sus problemas.» En dicha plazuela Antonio se ha hecho muy popular, gracias a su mímica inimitable y a sus regateos, a los que no renunciaría por nada del mundo. Los comerciantes le llaman «¡Spain, Spain!» Alguno hay que acierta, a su modo, a llamarle Antonio... Él les cuenta incluso chistes, al final de los cuales, aun sin haberlos entendido, se echan a reír.

En el transcurso de esos viajes, y a veces en la propia cocina, cuya provisión de galletas suele tentarme, me ha contado muchas cosas. También tiene ideas propias; y también, por supuesto, se lo agradezco. Conoce sobradamente las opiniones de Rahman acerca de los «kuwaitíes de lujo» —Antonio los llama así—, y cabe decir que no las comparte del todo. Por lo menos, exige matizarlas, «como el Paco de Lucía ese de las mil guitarras matiza sus acordes». Él no puede quejarse de dichos kuwaitíes, por la sencilla razón de que uno de ellos, al término de una fiesta en la residencia, se sacó el reloj de pulsera electrónico que llevaba y, ¡pun!, se lo regaló. Antonio me ha mostrado dicho reloj, puesto que lo lleva en la muñeca. «Lo menos vale doscientas mil pesetas...»

Pero hablando en serio, ya que dicho gesto podía ser efecto del exceso de whisky, los había muy generosos, que se sentían felices empleando parte de su dinero obsequiando a los demás. Uno de ellos se trajo hace poco un taxi como los que hay en Londres porque está convencido de que con ello hará la felicidad de sus amigos ingleses cuando vengan aquí. Y puede que no le falte razón. Otro se trajo de Francia un avión cargado de parasoles para regalar a sus doscientos y pico de empleados. No hay que perder de vista que hay kuwaitíes muy cultos, pero los hay que no han olido siquiera la escuela. Los primeros obran a menudo por puro engreimiento; los segundos, actúan con buena voluntad. «¡Ojalá pudiera decirse lo mismo de los señoritos de mi Andalucía bendita!»

Por supuesto, tienen defectos, y no será Antonio, el cocinero-camarero-todo terreno quien los niegue. ¡Esa manía de los perfumes! Pero hay algo más grave que esto. Los kuwaitíes en general piensan: «¿Para qué producir, si podemos comprar fuera al precio que sea?» Eso, a la larga, puede ser la perdición... Basta decir que vino hace poco un experto en eso que se llama «ahorro de trabajo en las empresas» y llegó a la conclusión de que el kuwaití medio trabaja once minutos por día... «¿Qué me dice usted, don José? ¿Es esto una burrada o la extrema sabiduría? Un servidor no se pronuncia y se limita a contar...» Luego está el cambio de gusto. De pronto cambian de gusto y mandan derribar el palacio que se construyeron y levantan otro completamente distinto... ¡Y lo quieren en seguida! Con los muebles y el resto... Claro que con ello la moneda corre que es una bendición y hay mucha gente que se forra, como se forraban antes las azafatas de ciertas líneas aéreas que se dejaban querer...

Pero ¡bueno! ¿Qué mal hay en ello? Son caprichos, como el de la subasta que se celebró no hace mucho en el hotel Messilah Beach, en la que el retrato de una condesa pintado por un tío de nombre muy raro se vendió por cuarenta y dos mil libras esterlinas... ¿Y quién puede negar que hay proyectos con salero? Saliendo por unos momentos de Kuwait, y llegándose a Arabia Saudí, nación hermana, ¿he oído hablar del sistema para tener agua en Oriente Medio sin necesidad de desalinizar? ¡Traer icebergs desde el Antártico! Un hijo del fallecido rey Faisal es el promotor de la idea, en la que trabajan en París veintitrés científicos, que han prometido solucionar el problema del transporte antes de 1985... Por lo visto el primer iceberg que hará la travesía pesa cien millones de toneladas... «¿No es esto limpio y curioso, don José?»

Pero al lado de esto —y volviendo a Kuwait— hay detalles encantadores. Por ejemplo, el emir Abdallah Salem Al Sabah, cuando visitó Europa por primera vez, mientras los alcaldes de las grandes ciudades querían enseñarle los monumentos y los museos él pidió permiso para pasearse descalzo por el césped de los jardines públicos... Y cuando murió, su última voluntad fue que lo enterraran en el desierto así por las buenas, sin tumba, sin piedra que señalara el lugar, sin el nombre siquiera... «¿Eh, qué tal? ¿A que mi compadre Rahman no es capaz de eso?»

Y no es capaz porque, sobre los beduinos, habría también mucho que hablar... El beduino que llega a multimillonario —y algunos lo han conseguido, como un tal Ibrahim, que tiene una tiendecita en el bazar y que hace una semana le compró un millón de dólares de clavos a una empresa alemana—, «automáticamente pierde el cacumen». Podría contar varios ejemplos al respecto; aunque con uno solo bastará. En cierta ocasión llegaron a Kuwait unos joyeros valencianos que se trajeron, para mostrar su mercancía, unas modelos de Loewe. Se les dio una cena en la residencia y varios taxistas los acompañaron. De pronto, uno de dichos taxistas, un tal Yosuf, desapareció y al cabo de un rato se presentó vestido a la europea y perfumado y ofreció setecientas cincuenta mil pesetas por una de las modelos, «que le había sorbido el coco». La modelo rechazó y entonces el tal Yosuf le propuso casarse con ella por el rito musulmán... «Nos casamos —le dijo—, te vas a vivir a Madrid, allá te casas por tu cuenta con quien quieras y de vez en cuando yo te hago una visita. ¿Hace?» «Los joyeros valencianos querían matar al pobre Yosuf; menos mal que ahí estaba don Fernando para solucionar el asunto y convencerle de que se volviera a su casa a vestirse de nuevo de taxista.»

Antonio, que quiere mucho a Rahman, en el transcurso de nuestros diálogos ha insistido en que no quiere despreciar a los beduinos; pero que ello no quita para que los haya muy brutos. Especialmente cuando están enfermos, o bien acuden a las cataplasmas, como el propio Rahman, o bien no paran hasta que los visita algún médico emparentado con la familia real. Y me ha contado de uno que tenía ataques epilépticos y al que uno de esos médicos le curó con sólo hacerle subir dos veces en el ascensor de un sobrino del emir. «El beduino, entonces, se sintió completamente curado, reunió todos sus ahorros y le regaló al médico un Mercedes.» Otro que se ha hecho de oro con ellos es un libanés, listillo y tal, que anda por los campamentos ofreciéndoles hierbas de los Himalayas. «¡Y lo más chocante es que les ocurre lo que a mí, que no saben dónde están los Himalayas!»

Le he preguntado a Antonio qué opina de los proyectos de emancipación de la mujer kuwaití... Se ha rascado la cabeza, al regreso del supermercado del barrio, y me ha dicho que, en efecto, cada día se fundaba un nuevo movimiento feminista. El último, lo capitaneaba una solterona llamada Lulúa, que era mujer de mucho empuje. Ahora bien, puesto que le he pedido su opinión, debe decir que sería mejor que le dieran al ganchillo... No hay nada que hacer. La mayoría están contentas en casa y consideran que el hombre es superior. Lo que sucede es que a veces se cansan de su soledad, porque ellos están metidos en sus negocios, o en la *diwanie*, y no las ven casi nunca, como tampoco ven a sus hijos... «¿Querrá usted creer, don José, que uno de esos chicos le preguntó a su padre, sin cachondeo, si era cristiano o musulmán?» Por otra parte, hay muchas mujeres jóvenes que van a la universidad con chófer, ida y vuelta, pero sin el menor deseo de aprender ni de terminar la carrera... Se aburren y allí pasan el rato. Y hablan de las modelos de Loewe, y de las subastas y de lo bien que comieron en Maxim's, que es un restaurante francés que está detrás del Sheraton.

—¿Les gusta la cocina francesa, Antonio?

—¡Bueno! Los kuwaitíes se pirran por los platos indios... Y por el pescado del país. Pero —Antonio se ríe moviendo los hombros como si tuviera el mal de san Vito—, *chez* Maxim's es *chez* Maxim's, ¿comprende?

—Una última pregunta, Antonio... Rahman nos dijo que, de repente, en Kuwait se ha despertado un interés bárbaro por los insectos y por la ornitología... ¿Qué opina usted de eso?

Antonio se rasca el cogote.

—¿Qué voy a opinar, don José? ¿Puede decirse que un país ornitológico es un país serio?

VISITA A BURGAN, LA MAYOR BOLSA DE PETRÓLEO DEL MUNDO

Llega el sábado. Por fin el *cheik* El-Hokkami no ha podido acompañarnos a la zona petrolífera. Tiene una reunión de trabajo en Londres, aparte de que echa de menos a sus hijos y el castillo que tiene allí. «Y por si algo faltara, mis *partenaires* en dicha reunión son judíos y me encantará comprobar que hacen caso omiso del *shabbat*.»

Así que quien nos acompaña es Fernando, previa llamada telefónica —para confirmar nuestra visita— al campo de Burgan, el más importante de Kuwait y propiedad, como todos los restantes, de la Kuwait Oil Company. El día es calurosísimo, por lo que vamos en mangas de camisa. Mi mujer lleva el pelo al descubierto y un vestido de manga corta, pero Fernando ironiza diciendo que no pasa nada, que por fortuna esto no es el Irán.

Pronto dejamos atrás la ciudad y enfilamos la carretera del desierto, dirección sur. Nunca vimos tantos coches despanzurrados en la arena, pero ahora ya sabemos el porqué: parientes que chocan frontalmente porque quisieron saludarse y abandonaron el volante. También hay muchos neumáticos reventados, aunque, a diferencia de Egipto, no construyen con ellos hatos escultóricos vanguardistas. La goma se pudre y sanseacabó.

En el trayecto Fernando nos dice que antaño se veían a lo lejos las llamaradas de las torres —escapes del gas mezclado con el petróleo—, algunas de las cuales alcanzaban cuarenta metros de altura. Cuando hacía viento, los pilones parecían torcerse y el conjunto daba la impresión de un enorme incendio. Ahora la técnica ha avanzado tanto que apenas si quedan algunas «antorchas» elevándose al cielo. «Todo está sofisticado al máximo.»

No puedo ocultar un cosquilleo de emoción. En cierto sentido me acerco al centro del mundo, pues el centro del mundo es actualmente, en buena medida, el petróleo, teniendo en cuenta que la vida en Occidente ha cambiado por completo desde que, en 1973, el Sha decidió elevar el precio del crudo de poco más de un dólar a once dólares el barril, «puesto que a un dólar salía más barato que el agua de Evian», lo cual era cierto. Pronto la OPEP, que había sido fundada en Bagdad en 1959, se convertiría en árbitro de la situación, sacudiendo las raíces de la *dolce vita* que durante décadas caracterizó a la raza blanca.

Antes de llegar a Burgan vemos ya, en panorámica, sus inmensas instalaciones. Tuberías y depósitos que brillan al sol como si fueran de plata, que zigzaguean con impresionante simetría y que se extienden por espacio de muchos quilómetros. Su frialdad es hermosa pero a la vez da un poco de miedo, como sucede con todo aquello que es objetivamente perfecto. A medida que nos acercamos vemos jaulas de alambre con grifos en el interior —corresponden a los pozos— y rótulos que anuncian «Peligro». Las avenidas son anchas, escoltadas inclusive por algún que otro matorral. Son los jardines del futuro. Alguien escribió que antes del año 2000 todos los seres humanos exhibirán un casco en la cabeza y que los trajes serán, con toda probabilidad, de amianto. Algo hay de ciencia-ficción en el campo de Burgan y no es extraño que a Fernando le tiente escribir una novela sobre el tema.

Cabe señalar que él da la impresión de encontrarse en su elemento. En ruta hacia las oficinas de la KOC conduce con una sensación de placer que se hace ostensible en su rostro. De no llevar las negras gafas de sol veríamos sin duda centellear sus ojos azules.

Llegamos ante la puerta principal de la KOC. Aparcados, unos cuantos Cadillacs y un Rolls Royce. Pronto nuestro Cadillac se alinea a su lado y vemos a la derecha las casitas de los ingenieros, con parterres y algunos árboles. Lo demás es desierto, son tuberías y tanques, es ciencia-ficción.

Entramos y Fernando da su nombre al conserje, el cual nos hace pasar a un despacho en el que dos «túnicas blancas» nos saludan. La mano que uno de ellos nos ofrece está impregnada de sudor, de un sudor desagradable, que a buen seguro no tiene nada que ver con la temperatura reinante en el exterior. Mi repugnancia por las manos sudorosas es proverbial y disimuladamente hago uso del pañuelo que guardo en el fondo del bolsillo.

Nos invitan a sentarnos. Estamos esperando a uno de los jefes de la compañía, Saud Al-Mudhayan. Los dos «túnicas blancas» nos sirven una taza de té y luego se sientan en una mesa lateral, ante un tablero de ajedrez. Están jugando una partida. Echo un vistazo y me doy cuenta de que las piezas negras están perdidas. Su propietario, tripudo y con *marsabah*, mientras juega no cesa de hablarnos. Está enamorado de España. Conoce Toledo, piensa visitar Granada y Córdoba y posee dos apartamentos en Torremolinos. Le miro con extrañeza, ya que creía que eran dos simples oficinistas. De repente el tripudo nos pregunta:

—¿Cuándo llegará el embajador de España?

—Soy yo —le contesta Fernando, con una sonrisa.

Los dos «túnicas blancas», en gesto cómico, se ponen en pie y le presentan toda clase de excusas. Nos habían tomado por la «vanguardia» del embajador.

—Un momento... Un momento, por favor... —y el tripudo sale corriendo.

Poco después vuelve con su jefe, el señor Saud Al-Mudhayan. Es un hombre de mediana estatura, de mirada viva y bigote negro. Las alas del *kuffieh* revolotean en torno a sus orejas. Nada le distingue del kuwaití medio, a no ser, tal vez, la cantidad de joyas que lleva en los diez dedos. Recibe a Fernando con la máxima cordialidad y las presentaciones son breves. Sabe que me dedico a escribir y que deseo informes sobre Burgan y sobre el golfo Arábigo —pone énfasis en la palabra *Arábigo*— en general. Está dispuesto a complacerme. Don Fernando Schwartz goza en la casa de las mayores simpatías. Pasamos a su despacho, cien por cien americanizado. Nos sentamos en unos butacones de plástico y mientras el señor Saud Al-Mudhayan se interesa vivamente por la salud de mi mujer —y encarga una segunda taza de té—, yo observo que en la pared de enfrente está colgado el emblema kuwaití: redondo gracias al vuelo de las alas del halcón, sobre un fondo marítimo y un «dao» meciéndose sobre las olas. Junto al emblema, la bandera y los consabidos retratos del actual emir y el de su predecesor. Los colores de dicha bandera son el rojo, el blanco y el verde, aunados por un geométrico trapecio negro. En el resto de las paredes, cuadros abstractos, como los que vimos en el palacio de madame Najat: espatulazos o trozos de metralla.

El señor Saud Al-Mudhayan nos pregunta por nuestra estancia en Kuwait y le alegra mucho saber que acertamos a valorar como es debido el esfuerzo que supone colocar tan vertiginosamente a un país en el último tercio del siglo XX. Precisamente, muy cerca de donde nos encontramos, un poco más al sur del puerto de Al-Ahmadi, se encuentra el lugar donde los antiguos habitantes, hace unas cuantas décadas, se dedicaban aún a la búsqueda de perlas y de esponjas. Por cierto, que el único defecto que le encuentra él al petróleo es que haya matado en el golfo muchas especies de peces que eran los juguetones compañeros de dichos esforzados moradores. La ictiología es muy interesante y es una lástima que a veces sea incompatible con las exigencias del progreso.

En el momento en que una tercera «túnica blanca» nos sirve la segunda taza de té el diálogo ha iniciado un *in crescendo*. Nuestro interlocutor tiene una voz ronca, que contrasta con sus ademanes un tanto angelicales. Nos anuncia que primero nos pasarán unas películas sobre la extracción del petróleo, su refinado, etc. Luego nos trasladaremos a un pabellón en el que una serie de gráficos y dioramas nos darán una visión completa y fácilmente digerible de la situación energética en el mundo: países productores, países consumistas, etc. A continuación podremos recorrer las instalaciones exteriores y finalmente su ayudante, el señor Marzuk Al-Mutairi, me dará cuantas explicaciones desee para mi trabajo. «Podrá usted llenar, si quiere, la agenda que lleva en la mano.» Por supuesto, si en un momento determinado preferimos alterar el orden con que nos ha programado la visita, no existe el menor inconveniente...

Fernando le manifiesta de nuevo su gratitud. Por lo demás, pese a haber estado aquí en repetidas ocasiones, no conoce la película a que el señor Saud Al-Mudhayan se ha referido. «Me encantará verla, se lo aseguro...»

—¿Se da cuenta, señor embajador? Siempre le reservamos alguna sorpresa...

Llega el ayudante, el señor Marzuk Al-Mutairi, y acto seguido enhebramos la aguja. Lo cual consiste en salir fuera —la temperatura al sol es, exactamente, de 49° a la sombra— y montar en uno de los Cadillacs aparcados en la puerta, que nos conduce al pabellón número 1, a unos cien metros escasos.

El señor Marzuk Al-Mutairi, con quien por lo visto tendré que habérmelas en última instancia, es un hombre extremadamente afable, que lleva las alas del *kuffieh* echadas hacia atrás, sobre la espalda, lo que deja al descubierto sus orejas y sus patillas, y que continuamente se rasca con el índice la mejilla izquierda. Me pregunto si no habrá tenido ahí algún acné, como Rahman. Hay una sorprendente alegría en su mirada, una extraña complacencia. Es muy posible que el saber que estamos pisando «el centro del mundo», su incomparable riqueza, le colme de felicidad. Se ha colocado a mi lado, evidentemente dispuesto a cumplir con su obligación sin perder un solo minuto.

La sala de proyección resulta ridículamente grande para sólo cinco espectadores. En seguida se oye el runruneo del proyector y en la pantalla empieza la película-documental, por cierto, bastante rayada. El señor Marzuk Al-Mutairi me pide excusas por ello. «¡Son tan numerosos los visitantes! Habrá que proceder a una nueva filmación...» Película que, a fuer de sincero, me aburre a más no poder. Es excesivamente técnica, incluidos los comentarios de la voz en *off*. Se habla de taladros de percusión, de rotación y portátiles... De separadores de asfalto, estabilizadores y artilugios por el estilo. No se me escapa que estoy asistiendo a un prodigio, al resultado de años de observación lenta y tenaz, ¡a la razón de ser del campo de Burgan!; pero mi incapacidad para vibrar ante la maquinaria es total. Una taladradora es algo ajeno a mi ser íntimo; el motor de un coche, lo contrario de la emoción. Abrigo la certeza de que si un día he de ponerme un casco en la cabeza y un traje de amianto —y quién sabe si una visera fosforescente— seré el más infeliz de los mortales.

Consigo disimular, como es lógico, pero no me he enterado de nada. ¡Si por lo menos hubiera aparecido en la pantalla un ser humano! Pero todo han sido taladros y estabilizadores... Ha habido un momento en que, acordándome del ingeniero Baxter, me hubiera gustado fumar una pipa.

—¿Satisfecho...?

—¡Oh, claro...!

SEISCIENTOS POZOS. REPARTO MUNDIAL DEL PETRÓLEO

Antes de pasar al pabellón número 2, el de las maquetas y dioramas, el señor Saud Al-Mudhayan presenta sus disculpas a Fernando. Le esperan en su despacho. Nos deja en buenas manos... Sin duda volveremos a vernos antes de terminar nuestra singladura. «Si necesitan algo, pídanlo...»

Este pabellón me reconforta. Ahí me divierto más, aun sintiéndome incapaz de lanzar gritos admirativos. Es una gran sala limpia, impecable, concebida por ingenieros ingleses. Todo está presentado de forma didáctica y buscando una cierta amenidad. Hay fotografías de Kuwait —ampliadas a gran escala— tomadas hace cuarenta años... ¡Dios mío, las casas de arcilla, los viejos «daos», las cabras! La bahía era una prolongación del desierto, con trozos de madera sin duda arrojados por el mar. El señor Marzuk Al-Mutairi emplea la palabra «transfiguración»; o eso me parece. Yo no diría tanto. Hay límites que el entusiasmo no debe franquear. Sin embargo, es admirable que donde está ahora la Embajada de España hubiera una pequeña pista de aterrizaje, que por lo visto fue utilizada por los aliados durante la II Guerra Mundial. Y es también admirable que donde ahora se levanta la mezquita Cheik Fahed, que tanto me gusta, en el año 1942 hubiera un simple pozo de agua con varios escuálidos dromedarios en torno. El pasado de Kuwait, gracias a esas fotografías ampliadas, cobra una impresionante plasticidad. Por si algo faltara, mi cicerone me dice que existe una leyenda según la cual el Profeta se detuvo junto a este pozo en uno de sus viajes con las caravanas hacia el norte de Siria.

La silueta de las bolsas de petróleo existentes en el país es presentada mediante dibujos. Ignoro el sistema empleado para conocer su dimensión exacta, dado que están a trescientos metros bajo tierra. Pero sí es agradable comprobar que en su mayoría tienen la forma de la huella del pie, exceptuando una, del campo de Maqwa, que tiene la forma de una paleta de pintor —¡y otra, del campo de Al-Rowdatain, que tiene la forma de corazón!—. El contraste levanta mi ánimo como fue levantada la mezquita Fahed. Y no importa que a la derecha unos espejos deformantes, cuya finalidad se me escapa, conviertan nuestras figuras en monstruosas; nadie podrá quitarme ya de por vida el recuerdo de la bolsa de petróleo que tiene, bajo tierra, forma de corazón.

En la pared frontal, unos gráficos enormes nos dan —tal y como nos prometió el señor Saud Al-Mudhayan— una idea perfecta de la producción energética en el mundo. Los dibujantes ingleses acertaron al presentar la producción en forma de torres y el consumo en forma de pequeños monigotes humanos. ¡Dios mío, qué mala idea la del repartidor! Las torres —producción— se elevan en el gráfico hasta lo más alto en Oriente Medio, en la URSS, en varios sectores del norte de África, en el mar del Norte, en México y Venezuela; en el resto del planeta, sobresaliendo la raquítica Europa, monigotes humanos —consumo—, monigotes que parecen títeres sobre los que las torres se caerán de un momento a otro, aplastándolos. ¿A qué viene la figura de ese gigantesco dinosaurio colocado en el centro del mapamundi? Me entero de que intenta recordar que el petróleo es fruto de fosilización.

Las torres correspondientes a la URSS me sobrecogen. Están situadas en Tartaria, en Bachraira, en el Volga y en el Ural, y en una especie de ciudad lacustre en pleno mar Caspio. También las torres de Libia y de Argelia me recuerdan los lamentos del fascista Bianchi que conocimos en Chiraz... ¿Qué será de las democracias occidentales? Buena pregunta para Fernando, quien precisamente se me acerca para que un detalle no escape a mi capacidad sensorial: el silencio. El silencio que reina en el pabellón y en toda la zona de Burgan. En efecto, ¿dónde están las perforadoras, los gritos de los hombres que trabajan y sudan —indios y coreanos, es de suponer...—, el crujir y el borbolleo del gas profundo empujando el petróleo hacia arriba? Diríase que no hay nadie a nuestro alrededor, que el yermo continúa siendo yermo —sin que sople ningún viento—, que Kuwait no se «transfiguró» desde aquellas fotografías del año 1942...

Hay muestras de los crudos. En grandes tarros y en vitrinas. Claro, claro, no todos son iguales, como tampoco son de idéntico tamaño las torres de producción. Hay crudos de color amarillo, con irisaciones más o menos verdosas según la luz; hay crudos negros; hay crudos de colores mezclados como las de la paleta del pintor... También son distintos al tacto, más o menos granulados o viscosos. Y también es distinto el olor, que puede ser agradable y aromático, desagradable y hasta nocivo, si se dan en ellos determinados componentes. Como fuere, esas muestras inmóviles invitan a reflexión. Parece imposible que contengan en su seno la energía que mueve las industrias e ilumina las ciudades. En Irán me contaron que el Sha se divertía a veces cogiendo a puñados esas muestras y tirándolas al rostro de enemigos invisibles.

En las maquetas pueden contarse hasta seiscientos pozos y catorce colectores. Los letreritos hablan de la pez, de la nafta —*naft*, «símbolo divino de vida» para los antiguos persas—, y buques-miniatura dirigiéndose al golfo Arábigo desde los cuatro puntos cardinales del globo. Una de estas maquetas me recuerda la que vimos en el museo militar de El-Alamein: la que representaba la batalla de tanques que libraron, en pleno desierto, los mariscales Montgomery y Rommel. Ésta es la batalla del petróleo, que a juzgar por lo que aquí vemos tiene ya un claro vencedor. Algunos de estos buques-miniatura son tan graciosos que dan ganas de jugar con ellos como con barquitos de papel.

Vamos dando vueltas al pabellón. El señor Marzuk Al-Mutairi no parece sorprenderse ante el alud de preguntas que le formulo. Las contesta conforme a su tiempo —a su *tempo*— interior; es decir, con calma, sin denotar la menor prisa. Y mientras voy llenando mi agenda, él sigue rascándose periódicamente con el índice la mejilla izquierda. Cerca de la puerta de salida, una tablilla con unas cifras parece resumir la cuestión. Producción de la bolsa de Burgan: 150 000 barriles diarios. Producción de todas las bolsas de Kuwait: dos millones de barriles diarios. Reservas de dichas bolsas: ocho mil millones de *toneladas*. A falta de otros sondeos, la producción está asegurada para setenta años...

—¿Le importaría firmar en el libro de registros? —me pregunta Marzuk Al-Mutairi.

—¡No, claro que no! —Y firmo en él. Cinco días antes, había firmado el gobernador de Bucarest.

VISITA AL FANTÁSTICO PUERTO DE AL-AHMADI

Salimos al exterior para cubrir la etapa siguiente. A bordo del Cadillac, que lleva un teléfono rojo, vamos recorriendo las instalaciones que vimos al llegar. Sin embargo, algo ha ocurrido que ha modificado mi estado de ánimo. Como si de repente, al contacto con la geografía que nos envuelve, tomara conciencia de su grandeza. Naturalmente, el itinerario que seguimos es otro —hacia el oeste—, donde vemos algunas palmeras. De vez en cuando nos detenemos y nos apeamos para tomar alguna fotografía. Me atraen especialmente las jaulas alámbricas —«Peligro»— con los grifos (los pozos) en el interior. De buena gana vulneraría las normas y abriría uno de dichos grifos para ver lo que ocurre. Y por supuesto, me impresiona, mucho más que en el pabellón, el silencio. Conforme con que las tuberías y los tanques han echado a las fieras —sobre todo, a los chacales—, así como a los camellos y dromedarios, pero es que se diría que han echado incluso a las mariposas y a las hormigas. Es un silencio tenso, también de plata, que de pronto me obliga a formularle a mi cicerone la pregunta quizá más incisiva:

—¿Dónde están los hombres que aquí trabajan y sudan, y que posiblemente sean indios y coreanos...?

El señor Marzuk Al-Mutairi sonríe, y señalándome una garita cercana que me había pasado inadvertida me contesta:

—Son aquellos dos...

Miro y veo en lo alto de la garita dos siluetas varoniles con el *kuffieh* y la túnica blanca. Están de pie y se adivina que manejan un cuadro de mandos. ¡Claro, claro, todo está automatizado! Nos lo advirtió Fernando: «Sofisticado al máximo.» No hay tales proletarios resecándose al sol, dejando junto a los colectores la piel y el alma. Los hombres que en todo ese campo trabajan son dos, y al parecer disfrutan de aire acondicionado... El señor Marzuk Al-Mutairi remacha: «Trabajan de siete a tres. A las tres pulsan un botón, los grifos de Burgan se cierran y hasta el día siguiente...»

Abochornado, subo de nuevo al Cadillac, el cual emprende ahora la ruta hacia la orilla del mar, hacia el puerto de Al-Ahmadi, el más importante de Kuwait. Las tuberías, por vía directa o contorsionándose, se dirigen también allí. El agua tiene en el puerto un color verde-oscuro, como si luchara —en vano— por mantener su transparencia. En unas pasarelas, ¡por fin!, veo algunos hombres —una docena— trabajando con el torso desnudo, uno de ellos con una radio portátil. Me entero de que son palestinos, puesto que «se necesita gente de las más absoluta confianza y cualificada». El señor Marzuk Al-Mutairi añade: «Trabajando cinco años pueden amasar una pequeña fortuna.» ¡Llevan casco! Pese a ser hombres del presente. Ni siquiera advierten nuestra proximidad. Están preparando unas cuerdas porque se acerca un buque cisterna, probablemente averiado.

El puerto es impresionante. En las maquetas parecía de juguete, pero en la realidad sólo hay un adjetivo capaz de definirlo: colosal. Las primeras plataformas llegan hasta muy cerca y a ellas se aproximan para cargar petróleo, mediante un simple amarre y una simple conexión, los buques de «sólo» 2 500 toneladas o menores. Quince millas mar adentro hay otra plataforma o muelle, gigantesco, de un quilómetro de largo, con escolleras en forma de T, para recibir a los superpetroleros: los de 500 000 toneladas. Para sostener dicho muelle han sido precisos cuatro mil pilares de acero, maravilla de trabajo subacuático, sin apenas equivalente en otro lugar.

—En estos momentos está cargando allá al fondo un buque japonés... Los otros tres que se ven en el horizonte esperan turno, aunque uno de ellos ha recibido ya la orden de acercarse...

Miro con fijeza a mi cicerone.

—¿Cómo sabe usted que el buque que está cargando es japonés?

—Porque en vez de ojos tengo prismáticos...

Luego el señor Marzuk Al-Mutairi nos cuenta que lo que siempre le invita a reflexión es que los tripulantes de esos supertanques, procedentes a veces del otro confín del mundo, no puedan siquiera desembarcar y visitar la ciudad de Kuwait. Deben quedar fondeados. «Son como prisioneros de una gran cáscara.» A decir verdad, en su trabajo luchan a contra-reloj, puesto que la carga de crudo se efectúa a un ritmo de diez mil toneladas por hora. Desde este punto de vista, y pensando en el costo de la estancia en los muelles, llamados Sea Island, puede decirse que los petroleros «andan siempre retrasados» y que cada hora que economizan aumenta los beneficios de la empresa transportadora. «Nos gustaría poder obsequiar a esos hombres, pero, como pueden comprobar, es imposible. Y sería del todo impertinente subir a bordo y ofrecerles una taza de té...»

Tengo por exacta la observación. La vida en un superpetrolero... Misterios del trabajo humano. ¿Cuánto durarán las travesías, ida y vuelta? Varias semanas... Cielo y mar, ninguna mujer a bordo. ¡Qué complicación!

HISTORIA DEL PETRÓLEO

Nos encontramos en el despacho del señor Marzuk Al-Mutairi, réplica casi exacta del de su jefe, Saud Al-Mudhayan, aunque en éste el aire acondicionado ha sido sustituido —miedo a la pulmonía mortal— por dos ventiladores en el techo, horizontales. El despacho huele a agua de rosas, como las servilletas que utilizamos en casa de madame Najat.

Ahora le ha llegado el turno a la historia del petróleo (de la nafta, de la pez, del betún, del alquitrán, del asfalto). El señor Marzuk Al-Mutairi la ha contado tantas veces que, teóricamente, debería de estar cansado de ello; y no lo está. El petróleo es su vida, conectada casi siempre con el mar, tal vez porque los crudos, como nos indicaba el dinosaurio en el pabellón, suelen ser el producto de la fosilización de plantas y animales marinos, de seres vivos acuáticos en su mayoría ya extintos, de algas, moluscos y peces —el señor Saud Al-Mudhayan, aficionado a la ictiología, sabrá algo de eso—, cuyos restos, en tiempos inmemoriales, fueron cubiertos, en una primera etapa, por arcillas, arenas y fangos sedimentarios. No quiere abrumarnos con detalles sólo aptos para petrólogos. Sólo quiere insistir en que el tema no le aburre por lo que nos dijo antes, porque está, casi siempre, conectado con el mar.

Y así como los románticos, al pensar en el mar, lo imaginan surcado por bergantines o carabelas, y los aventureros, por buques piratas, y los viajeros europeos, por los llamados *transatlánticos* —que más propiamente deberían ser llamados *transoceánicos*—, y los deportistas, por balsas de navegantes solitarios o similares, él lo imagina siempre surcado por grandes petroleros que llevan el oro negro a todo el orbe y colaboran incluso en la investigación espacial. ¿A que no adivinaríamos cuál es su deporte favorito? No, no, no son las carreras de caballos, ni tampoco la caza del halcón... Su deporte favorito es pilotar un helicóptero que le construyeron en Alemania, con el que despega de una pequeña pista situada no muy lejos, en Kubaida, y sobrevolar el puerto que acabamos de visitar, el Al-Ahmadi y contornos, viendo desde el aire cómo se realizan las operaciones de carga y seguir luego un trecho a los supertanques, mandándoles en vuelos rasantes señales de amistad. En resumen, que el mar sin los petroleros para él no sería mar, como para los arqueólogos la isla de Failaka no tendría interés si por allí no hubiera pasado el mismísimo Alejandro Magno y no hubiera dejado sus inconfundibles huellas, como puede comprobarse visitando el museo de la ciudad.

De modo que está dispuesto a contarnos lo que ha dado en denominar «historia del petróleo». Naturalmente, no se le escapa que en cualquier enciclopedia que se precie de serlo se encuentran abundantes datos sobre el particular; pero él parte de la base, primero, de que casi nadie consulta con detenimiento las enciclopedias; segundo, de que las síntesis que en ellas suele haber son excesivamente áridas. En otras palabras, procurará amenizar el relato, como los delineantes ingleses amenizaron los gráficos y las maquetas del pabellón número 2.

Llegado aquí, y ante nuestro asombro, abre un cajón y saca una cinta magnetofónica, que por lo visto contiene grabado dicho relato, cinta que tendrá mucho gusto en regalarnos a la hora de la despedida. Pero no, hoy no va a hacer uso de ella. Prefiere entablar una especie de diálogo; dicho de otro modo, contar a su aire todo lo que se le ocurra y contestar a las preguntas que podamos formularle al paso, si estimamos necesaria alguna ampliación. Por lo demás, no puede olvidar que acabamos de llegar de Irán —por supuesto, excluye de ello al señor embajador—, y que en Irán, la vieja Persia en otros tiempos, todo lo relacionado con el petróleo adquiere un significado especial, teniendo en cuenta que la nafta, las pequeñas llamas que afloraban a la superficie en la zona de Azerbaiján, ya antes de Zoroastro eran consideradas «llamas sagradas»: los famosos «templos de fuego» que más tarde se vincularían a los dioses y que no debían apagarse nunca. Y tampoco puede olvidar que, según algunos historiadores, el primero que perforó un pozo en busca de petróleo fue Darío el Grande, en la región de Susa, anticipándose con ello a los chinos, que más tarde los perforaron, con éxito, utilizando cañas de bambú. «En fin, teorías más o menos discutibles, pero que era preciso tener presentes a la hora de exponer la suya propia, que es lo que ahora se disponía a hacer.»

Teoría, como antes dijo, sintética, y que fue componiendo, precisamente, mientras giraba y giraba por el golfo Arábigo con su helicóptero, que lleva su mismo nombre: *Marzuk*. A su juicio, en el neolítico ya se conocía el petróleo, o lo que entonces llamaban *pez*, usándolo como si fuera cemento, puesto que facilitaba la unión de diferentes materiales. Se ha encontrado pez —por cierto, en perfecto estado— en objetos con varios miles de años de antigüedad, tan fabulosos como el arpa de la reina Shub-Ad. Con pez, sin ninguna duda, calafateó Noé su Arca y con betún se construyó la torre de Babel. La Biblia, que tanto interesó al Profeta —alabado sea su nombre— permite sentar ciertas premisas al respecto, que van desde la utilización del asfalto —más duro que la pez— por los sumerios en el valle del Éufrates, casi cuatro mil años antes de Cristo, para embalsamar cadáveres y construir edificios y carreteras, hasta el tendido, por Nabucodonosor, de la primera avenida asfaltada, la avenida de la Procesión, en Assur, bordeando el Tigris.

La pez, por lo tanto, se generalizó en una amplia extensión del territorio, hasta el punto que sin ella no hubieran podido levantarse las murallas de Babilonia y Nínive, ni hubieran existido las ciudades de Ur —patria de Abraham—, Larsam, Zigurla y demás. La pez, o lo que hoy conocemos por petróleo, posibilitó, lo mismo que ocurre actualmente, la civilización. «Tengan ustedes en cuenta que en aquella época las aguas del golfo Arábigo penetraban hasta el corazón del actual Irak, y que a medida que el golfo se encenegaba aparecían, gracias al limo, tierras fértiles. Ello atrajo a la gente del norte, que bajó y levantó las ciudades que acabo de citar y otras muchas de las que no queda el menor rastro. Los caldeos saben algo de eso, pero encontrar ahora un caldeo es tan imposible como encontrar un pobre en Kuwait.»

Los babilonios fabricaron antorchas con telas impregnadas de pez, y las mujeres estériles saltaban entre las brasas para conseguir la fecundidad. Entretanto, los aceites más ligeros eran utilizados para cocinar, para el alumbrado y para curar enfermedades cutáneas de hombres y animales, costumbre que ha llegado hasta nuestros días, pues en Kuwait hay un viejo constructor de «daos» que todas las mañanas al levantarse se frota el cuerpo con petróleo, a lo que atribuye su perfecto estado de salud y su, todavía, según él, militante virilidad.

Resumiendo, la epopeya del petróleo había comenzado. Alejandro Magno, además de ocupar la isla Failaka, en su asalto a Babilonia empleó por primera vez bombas incendiarias y granadas de mano hechas con cacharros llenos de pez hirviendo. Poco después se efectuó la primera destilación, lo que marca un hito definitivo. Dando un salto en el tiempo, nos encontramos ya con que los bizantinos inventan el llamado «fuego griego», al incendiar la flota enemiga con nafta extendida por la superficie del mar, procedimiento que luego aprenderían los cruzados. Asimismo se sabe que los mongoles, al atacar Bagdad, emplearon catapultas que lanzaban nafta inflamada. Etc.

Este *etcétera* significa que nuestro querido Marzuk se ha extendido mucho más, pero que su entusiasmo, al advertir que le escuchábamos subyugados, ha sido tal que ha echado por la borda la cronología y a partir de ese momento ha ido y venido de Nínive a las refinerías de Baku, del Arca de Noé —otra vez citada— al actual Kuwait y al puerto de Al-Ahmadi, con una velocidad que ya querrían para sí los tripulantes de las naves espaciales. Todo ello acompañado de un cambio en su actitud personal realmente notable. Su *tempo* calmoso, que había mantenido desde nuestra llegada, se ha evaporado, al igual que sus modales precavidos. Ha empezado a gesticular como un siciliano cualquiera, mientras los ventiladores en el techo parodiaban a su helicóptero. Ha llegado un momento en que hemos tenido la impresión de que la aventura humana se reducía a eso, al petróleo, que invadía como una marea negra todo el curso de la historia. Su entusiasmo ha ido tan lejos que al final se ha dado cuenta y nos ha pedido excusas, a la par que lamentaba que no le hubiéramos interrumpido ni una sola vez. ¿Cómo íbamos a hacerlo? Imposible calcular el número de veces que se ha rascado con el índice la mejilla izquierda.

Lo sorprendente es que ningún «túnica blanca» haya llamado a la puerta del despacho en el decurso de su perorata, y que tampoco haya sonado el teléfono. Es muy probable que hubiera dado la orden de que le dejasen en paz. Finalmente nos ha hecho entrega de la cinta magnetofónica, añadiendo que, de hecho, podríamos escuchar en ella una versión mucho más detallada de la peripecia de la pez-nafta-alquitrán-asfalto-crudo-petróleo o como quisiéramos llamarlo.

—¿Alguna pregunta, ahora que mi relato ha terminado?

—Una sola —le he dicho—. ¿Qué opinión le merece ese proverbio ruso según el cual *el que vive durante un año entre explotadores de petróleo, no vuelve a ser honrado*?

Nuestro hombre ha tamborileado en la mesa con los dedos, pero sin que mudara su expresión jovial.

—Nosotros nos llevamos muy bien con los países socialistas —ha contestado, sonriendo sibilinamente—. La prueba está en que alguna de las subastas de construcciones en Kuwait se las han llevado empresas yugoslavas...

EL PETRÓLEO EN EL GOLFO PÉRSICO

La segunda parte de la perorata no la tiene grabada el señor Marzuk Al-Mutairi. Se refiere a cómo empezó la odisea del petróleo en el golfo Pérsico, cuándo fue descubierto y qué ocurrió luego. Es la ocasión para recabar una «síntesis» de todos los datos pertinentes, puesto que los juiciosos consejos de Jean-Pierre en Teherán frustraron mi deseado viaje a la zona de Bander-Abbas y a la refinería de Abadán. Estoy en la KOC. El hombre que tengo delante, en el despacho que huele a rosas, es uno de los mejores teóricos del tema que puedan existir en el ancho mundo y no muestra el menor cansancio, sino todo lo contrario. «¡Adelante, pues! Somos todo oídos, señor Marzuk Al-Mutairi. Personalmente he leído algún folleto explicativo —y he consultado alguna enciclopedia—, pero los datos que usted puede facilitarme son los que daré por buenos en la agenda de notas.»

Aventura apasionante, a fe. Los indicios de la existencia de petróleo en el sur de Irán, en la zona colindante con el golfo, se remontaban a épocas muy antiguas, como antes quedó dicho, gracias a las llamas de nafta y a los estudios de los geólogos. De ahí que, en 1872, un barón inglés, Julius de Reuter, aprovechando que la dinastía iraní de los Qajar —la que Reza Khan, el padre del Sha, derrotó— hipotecaba todo su patrimonio, obtuvo de ella la concesión para explotar todos los posibles depósitos minerales que se encontraran en la mencionada zona, incluido el petróleo. Puesto que los Qajar necesitaban dinero contante y sonante, la suma que pagó por tal concesión fue, pura y simplemente, una bagatela.

Sin embargo, sus exploraciones no tuvieron éxito y a los pocos años la compañía por él formada se disolvió a sí misma, y el barón Reuter fundó la agencia de prensa que todavía lleva su nombre.

Pese a ello, el geólogo Cotte y el arqueólogo Jacques de Morgan estaban seguros de que «allí» existían grandes bolsas y que era un mero problema de tenacidad... y de que la *baraka* estuviera de su parte. Sus informes estimularon la natural audacia de otro ciudadano británico, el joven William Knox d'Arcy, ingeniero que en Australia había amasado una gran fortuna explotando en Queensland una mina de oro, y que compró la opción que Reuter había dejado vacante. Concesión por un plazo de sesenta años, en condiciones también humillantes para el Gobierno persa.

Las exploraciones continuaron, en condiciones difíciles de describir. En el golfo las temperaturas llegaban a los 55°, el agua potable era muy escasa y además había que luchar contra las agresivas tribus vecinas, que de vez en cuando irrumpían en los campos y se llevaban el utillaje y hasta los objetos personales de quienes allí trabajaban. Los resultados hacían presuponer que el joven ingeniero Knox d'Arcy había pecado de optimista y que perdería en el golfo todo lo que había ganado en Australia. Resumiendo, pronto le faltó el dinero y tuvo que solicitar la ayuda del Gobierno inglés, a través de la Anglo Persian Oil Company. Esta compañía porfió, «como sólo los ingleses son capaces de hacerlo», y exactamente el 26 de mayo de 1908 el petróleo brotó cerca de Abadán, en Masjed Suleiman, así llamado debido a la proximidad de un templo de Salomón que se encontraba en ruinas. De donde se deduce que el nombre de Williams Knox d'Arcy había entrado en la historia del petróleo sin que el hombre hubiera visto nunca un barril y sin que hubiera puesto jamás los pies en Persia.

Puede decirse que ese descubrimiento en Masjed Suleiman, ese bendito chorro que brotó el año 1908, marcó el comienzo de la industria petrolífera no sólo en Irán, sino en la totalidad del Oriente Medio. Sin él Arabia Saudí no sería lo que es, ni existirían los emiratos del golfo y Kuwait continuaría siendo un pozo y unas cabras. Lo cual no significa que se hubieran terminado los problemas. La producción era escasa, con altibajos, se sucedían los momentos de desánimo. Y aunque el Gobierno británico, en 1914, compró ya la mayoría de las acciones, los jefes de las tribus locales continuaban acosando y aquello tenía mucha similitud con lo ocurrido un siglo antes en el «salvaje oeste» americano. Por supuesto, Gran Bretaña mandó soldados indios para proteger la zona...

Se construyó un oleoducto entre Masjed Suleiman y Abadán, y pronto —en 1915— se extrajeron en Irán 80 000 toneladas de crudo; al cabo de cinco años, dicha cifra se había triplicado.

Entonces entró en escena Reza Khan, el fogoso padre del Sha, indignado porque se dio cuenta de que el principal accionista de la Compañía Anglo-Persa, que era el Almirantazgo británico, tenía buen cuidado de no formar personal indígena capaz de intervenir en la gestión, a no ser en concepto de mano de obra y pagando unos sueldos escandalosamente bajos. Reza Khan exigió mejorar las condiciones para su país —tuvo que habérselas con Churchill— con éxito relativo, pero éxito al fin y al cabo. Los tantos por ciento a su favor, a favor de Persia, aumentaban paulatinamente. Más tarde intervino el Sha, recogiendo la antorcha de su padre, al principio con mucha timidez. Por supuesto, simultáneamente en toda la costa del golfo se sucedieron las exploraciones, a imitación de Irán, de suerte que en los años que precedieron a la II Guerra Mundial los pozos fueron multiplicándose en lo que son ahora los distintos emiratos, empezando por Kuwait, cuya información concreta ya nos facilitó. Cabe señalar, eso sí, que además del petróleo fueron halladas cantidades ingentes de gas natural. En Qatar, por ejemplo, las reservas de gas son prácticamente inextinguibles...

En esos años que ha mencionado, anteriores a la II Guerra Mundial, es cuando Occidente cayó en la trampa del egoísmo más feroz, y debemos perdonarle la expresión. Hay un proverbio árabe que dice: «Quien no reparte el cordero se queda sin cordero y sin su parte.» No fue sólo Inglaterra la culpable y explotadora hasta límites que al árabe humilde le ponían los pelos de punta, pese a que el *kuffieh* le oprimía la cabeza; fueron también Rusia, y los Estados Unidos y Alemania y Francia... Las fortunas que se amasaron a costa de la materia prima petrolífera fueron tan incalculables como el gas natural encontrado en Qatar. Con toda clase de artimañas burocráticas, de pactos y alianzas, y siempre con la amenaza de que los ejércitos invadieran el golfo, la llamada «raza blanca» —de límites imprecisos, todo hay que decirlo— se llevaba la tajada del león, mientras los propietarios de los terrenos, por ejemplo, de los terrenos de Burgan... se comían las uñas y alguno de ellos se untaba con petróleo la piel para curársela y para potenciar su personal virilidad. Por supuesto, a lo largo de la II Guerra Mundial a Irán se le concedieron algunas ventajillas de más, pero ello a costa del honor nacional, ya que en 1941 las fuerzas aliadas ocuparon todo el país.

Persia, el actual Irán, fue, por tanto, la pionera, y a ella hay que agradecerle la lucha que entabló. Hay que rendir homenaje incluso a la posterior gestión del vejete locoide Mossadegh, el del pijama y las lipotimias en público —a su intento de nacionalización del petróleo—, porque aquello actuó como de sirena de alarma o, si lo preferimos, como espoleta de efecto retardado. La nacionalización, que duró tres años, tuvo efectos desastrosos, puesto que Inglaterra bloqueó los puertos y no pudo salir ni un solo barril. Sin embargo, en 1954 el Sha consiguió un acuerdo algo más esperanzador: el 50 %. En esos momentos la refinería de Abadán era la mayor del mundo e Irán extraía 700 000 barriles diarios. En 1958, Irán obtenía ya el 75 %; no obstante, los productos que se importaban de Occidente eran carísimos y en el resto del golfo las condiciones mucho peores. Y de nada servían las advertencias. Occidente despilfarraba la energía como suelen hacerlo en el desierto con su provisión de agua los camellos locos, y como si aquello no debiera terminar un día u otro. Día que llegó, como todos sabemos, en 1973, gracias al Sha, personaje histórico al que el tiempo hará justicia, pese a que ahora se encuentra confinado en México, repudiado por la mayoría de los países y por sus propios hermanos, los inefables chiítas de Teherán y de Qom, a los que Alá, en su infinita misericordia, perdone, cosa sólo concebible si admitimos que su principal atributo es la omnipotencia.

Por descontado, no puede ocultarse que el poderío del Sha, y acaso también su soberbia, creó problemas en la propia área, no siendo el menor el que en una acción relámpago, en noviembre de 1971, ocupara las tres islas que dominan el golfo: Abu Munsa, la gran Tumb y la pequeña Tumb. Sus intereses empezaron a ser opuestos a los de Arabia Saudí, que dispone del doble de producción que Irán, con una población diez veces menor... A consecuencia de esas fricciones Bahrein y Qatar se declararon independientes y los seis emiratos restantes, los emiratos de la costa de Omán, también conocida, ¡alabado sea el Profeta!, por la Costa de los Piratas, se unieron a su vez bajo un Consejo Supremo. Los nombres que componen dicha unión —Estado de los Emiratos Árabes— son harto conocidos por el señor embajador: Abu Dhabi, Dubay, Sarjah, Ajman, Fujayrah y Umm Al-Qawway. Y su porvenir semejante al de Bagdad en su época de esplendor, siempre y cuando sus dirigentes respeten la *sharia'h* y no se aparten un ápice, como no quiere apartarse Kuwait, de la sacrosanta doctrina del Islam.

No se le oculta que a nosotros debe de resultarnos paradójico que el despertar del Islam, al cabo de siglos de letargo, se deba en buena medida a la tentativa de un inglés que se cubrió de oro en Australia y al chorro que brotó, cerca de un templo de Salomón, el año 1908, al norte de Abadán. Pero esa idea no debe obcecarnos hasta el punto de olvidar que la potencia islámica permanecía intacta por debajo de su pobreza, gracias a la eterna vigencia del Corán. El Corán está lleno de alusiones a la adversidad, a las épocas de prueba y a las múltiples formas de enfrentarse con el enemigo, que casi siempre está, por lo menos en primer término, en la propia interioridad del hombre y en la división de la *umma*, de la comunidad. ¿Conocemos el Corán? Claro, claro, las traducciones deben de ser horribles, como muchos de los sucedáneos que se le buscan al petróleo... ¡Ah, el Corán es un gran libro! ¡Mejor dicho, el único Libro revelado directamente por Dios! Algunos comentaristas occidentales lo acusan de reiterativo. ¿Qué decir? Únicamente esto: que Dios nunca se cansa de repetirse.

CADILLACS DONDE ANTAÑO HABÍA CHACALES

El señor Marzuk Al-Mutairi nos acompaña al despacho de su jefe, Saud Al-Mudhayan, por si necesitamos algo más o, en caso contrario, despedirnos de él. Quedamos estupefactos porque en el despacho que visitamos antes se ha producido un cambio: en una de las paredes ha hecho su aparición un espléndido acuario, que por lo visto estaba oculto detrás de un cuadro. Un acuario burbujeante, de ubérrima vegetación, por el que se mueven, como suspendidos en el aire, una docena lo menos de peces de vivos colores... «Hay quien esconde una caja de caudales; yo oculto este capricho, fiel a una de mis aficiones preferidas.»

Le preguntamos si son peces del golfo y nos dice que no, que le han sido traídos de la zona del Caribe. «Debo confesarles que sus vaivenes y su cromatismo a menudo me alegran el espíritu.» Mi mujer le objeta que lo malo de los acuarios es que los peces se mueren... El señor Saud Al-Mudhayan asiente con la cabeza, añadiendo, sin embargo, que ello puede aplicarse a todo: a las personas que se aman, a los jardines e incluso al petróleo. «Por eso nosotros debemos hacer buen uso de los royalties y no repetir el error que cometieron ustedes, los españoles, en el siglo dieciséis, con la plata encontrada en América, plata que cruzó por su país sin levantar su economía, yéndose al exterior a enriquecer economías pujantes de Europa.»

Fernando se calla y el jefe, Saud Al-Mudhayan, nos agradece la visita. Como recuerdo, nos obsequiará con una carpeta que ya nos tiene preparada y que contiene una serie de revistas, lujosamente editadas, sobre Kuwait —*The Kuwait Digest, Focus*, etc.—, así como una monografía, que puede serme muy útil, titulada *Crude to Carier* y un libro bilingüe con maravillosas fotografías del país, publicado en Francia. Hojeamos dicho libro y vemos que en la contraportada figuran tres «túnicas blancas» dedicadas afanosamente a contar enormes fajos de billetes: dólares y dinars... Advertimos que nuestro amable anfitrión no se da cuenta del agresivo exhibicionismo que ello supone. Sin duda le parece tan natural como el vaivén de los peces de su acuario.

El señor Saud Al-Mudhayan nos acompaña hasta la puerta de salida, y entretanto, colocándose a mi lado, con su voz ronca y sus ademanes angelicales, me ruega que en mi libro haga constar que Kuwait está tan interesado como los países occidentales, o más si cabe, en la investigación de alternativas del petróleo, tales como la energía solar o nuclear. «Incluso pensamos investigar en una línea de la que se habla muy poco y que quién sabe si podría ser la solución óptima: los microbios... La microbiología es un arma poderosísima, según informes que hemos podido recoger en Burgan. No olvide usted este dato, por favor...»

Así se lo prometo.

Apretones de manos, reverencias... En el exterior, 49° a la sombra, más Cadillacs, el mismo Rolls Royce. Poco después, tuberías de plata a derecha y a izquierda. Luego, el desierto, con coches despanzurrados donde antaño había chacales cuyos aullidos amueblaban las noches del golfo...

CAPITULO XXXVIII

Conocemos a varios miembros de la colonia hispano-parlante de Kuwait. Una mujer española casada con un catedrático egipcio, obsesionado por la cultura, nos dice: «Me casé con un libro.» Otra casada con un inglés, asesor bancario. Le interesa mucho la odisea de los kurdos, de cuya religiosidad opina que está influida por formas de paganismo y por secuelas de la herejía nestoriana. Del paganismo les proviene su veneración por los grandes árboles, singularmente por la encina, en cuyas ramas cuelgan sus amuletos. La influencia nestoriana les proviene de las ruinas de iglesias y monasterios armenios que han encontrado en sus territorios, y que les inspiran devoción. «A veces utilizan una cruz, pero sin que sepan exactamente lo que significa. Los hombres la llevan a veces en los pantalones y las mujeres se tatúan con ella los senos.» Opina que Jomeini tendrá que continuar luchando sin cesar contra los kurdos, los cuales no cejarán hasta lograr un día u otro su independencia... En Kuwait son pocos en número, pero posiblemente se trate de jefes de tribu camuflados que estudian desde aquí, país neutro, la estrategia a seguir para alcanzar sus fines. Se aprovechan de que, como seguramente hemos podido comprobar, apenas si hay policías en el país... Kuwait, en ese aspecto, es un caso único. ¿Hemos estado en el zoco? ¿Hemos visto la enorme cantidad de oro allí expuesto, en los escaparates? Ni un solo guardia vigilando... ¿Puede esto imaginarse en España, en París, en Nueva York? Las leyes del Islam tienen sus ventajas. Etc.

Uno de los españoles que hemos conocido nos ha llamado la atención. Antonio le llama «el padre Marcial y olé». Alto, corpulento, carmelita... Ha estado más de treinta años en Haifa, Israel, en cuyo convento yo dormí una noche llevándome el susto del siglo por culpa de la gigantesca imagen del profeta Elías con la espada flamígera en alto que había en la celda que me tocó en suerte. Admira mucho al padre Daniel, el judío converso y al padre Uriarte, mi gran amigo franciscano de Nazaret. Conoce a todos los franciscanos de la Custodia que hay en Jerusalén, en el convento de San Salvador, los cuales le han hecho patente sus reservas con respecto a algunos pasajes —y a las conclusiones— de mi libro *El escándalo de Tierra Santa*. Me dice que es posible que con *El escándalo del Islam* me surjan también problemas similares, debido a la extrema susceptibilidad de la actual comunidad árabe, para no hablar de la susceptibilidad copta e iraní.

Luego nos dice que se encontraba ya en Kuwait cuando la caída del Sha.

—Un grupo de iraníes de los que trabajan aquí asaltaron la Embajada de su país y pusieron un letrero que decía: «Viva Jomeini...» Puesto que los kuwaitíes son sunnitas, hubo sus más y sus menos, hasta que se restableció oficialmente la situación.

El padre Marcial es hombre contradictorio. De pronto se torna grosero y cuenta chistes obscenos. Cree que a la larga en la Iglesia católica se impondrá el cese o abolición del celibato obligatorio. «Los *mullahs* tienen hasta cuatro mujeres y el misionero católico ninguna. Nuestra inferioridad es evidente.» Sin embargo, por otro lado nos cuenta que los misioneros protestantes, casados en su mayoría, empiezan a tener problemas. «Cuando deciden hacer algo necesitan el permiso de la mujer... Yo, en cambio, soy independiente y si mañana mis superiores me mandan al Vietnam, me voy al Vietnam tranquilamente.»

Le pregunto qué opina de la religión islámica y me contesta que le resulta muy difícil dar una opinión concreta. Cada país musulmán le procura reacciones distintas, lo que, en el fondo, no deja de ser lógico, puesto que el factor económico es determinante. «En países pobres el fanatismo suele ser grande; en países como Argelia o Kuwait, la indiferencia es mucho mayor.» También la cosa cambia si el país es o no es árabe, y si es chiita o sunnita. Los chiitas fueron los reformadores —a semejanza de Lutero— al rechazar la legitimidad de algunos califas.[1] Los sunnitas son «ortodoxos», en el sentido de que acatan la interpretación ortodoxa del Corán. Pero por lo mismo los chiitas dan bandazos y pueden caer, como ahora Irán, en el más feroz de los autoritarismos.

—¿Y qué opina de monseñor Víctor Sanmiguel, el obispo católico de Kuwait? ¿Le conoce usted?

—¡Desde luego! —contesta el padre Marcial—. Les aconsejo que le hagan una visita. Sólo piensa en el dinero y habla continuamente de sí mismo... ¿Saben ustedes cómo le llama Antonio, el cocinero de la Embajada?

—No...

—En plan de guasa, le llama el *money's bishop*...

El obispo Sanmiguel y la catedral católica

Esperamos a que sea domingo para visitar a monseñor Sanmiguel. Fernando no nos acompaña. Fernando es a la vez embajador de Bahrein, y el cónsul que representa allí los intereses de España ha reclamado su presencia. Nos acompaña el taxista Rahman, quien anda un tanto disgustado porque una de sus hijas se ha enamorado de un palestino. «¡Una beduina con un palestino! Eso no puede ser... O entra en razón, o la mando al desierto.» ¡Dios mío, una vez más el sentido tribal!

Rahman nos deja en la misma puerta de la residencia de monseñor Víctor Sanmiguel —con quien hemos hablado antes por teléfono y nos ha invitado a almorzar—, residencia situada enfrente de la catedral católica de Kuwait, detrás del Sheraton Hotel. Monseñor nos esperaba acodado en una de las ventanas y nos hace señas de que subamos al segundo piso. No hay ascensor. Es un edificio un tanto destartalado, con aire de palacete venido a menos.

Al llegar al segundo piso sospechamos que monseñor no bajó a recibirnos porque está muy gordo —exhibe una poderosa papada—, pero pronto nos damos cuenta de que se mueve con sorprendente agilidad. Le felicitamos por ello —sus ojos incisivos chispean detrás de unas gruesas gafas— y nos informa de que, pese a haber rebasado los setenta años, a menudo se va al mar y nada hasta muy lejos, regresando luego menos fatigado que cuando se

---

1. En el Islam existen distintas sectas. Una de las razones de ello es que Mahoma, al morir, no nombró sucesor. Los sunnitas, que forman la inmensa mayoría (*sunna* significa «traición»), admiten como auténtico y legítimo sucesor de Mahoma al suegro de éste, Abu Berk, que fue elegido por sus «compañeros» y nombrado primer califa, al que siguieron Omar y luego Utmán. Los chiitas, en cambio, «aduciendo que el sucesor del Profeta había de ser de su misma sangre», sólo admiten la legitimidad del cuarto califa, Alí, que, además de yerno de Mahoma —se casó con Fátima, hija de éste—, era primo suyo. Uno de los hijos de Alí, Hussein, sufrió martirio y es la autoridad sagrada que los chiitas invocan y desean imitar.
El origen, por tanto, del cisma entre sunnitas y chiitas casi se podría calificar de dinástico. Los chiitas fueron perseguidos desde el primer momento por los sunnitas, y más tarde por los poderosos omeyas y los no menos poderosos abbasíes. Circunstancia que los marcó para siempre y los convirtió en una suerte de «Iglesia sufriente». Los chiitas dominan sobre todo en Irán, y se reparten luego por Pakistán, con algunos tentáculos en Afganistán, la India, el Líbano y África Oriental.

lanzó al agua. Naturalmente, no realiza la «hazaña» en solitario. Cuenta con dos ayudantes, dos curas navarros, que están siempre al tanto de lo que le pueda ocurrir. Monseñor, que viste sotana blanca y birrete rojo, tiene las manos también muy gordas y con ellas se acaricia de continuo el pectoral. Conserva una hermosa cabellera blanca, que se peina con una raya a la izquierda. Por su fonética y su fraseo espasmódico imaginamos que es vasco y acertamos: es de Lequeitio y dentro de pocos días celebrará sus bodas de oro como sacerdote...

Nos invita a tomar un sobrio aperitivo en el propio salón-comedor, decorado a la antigua, donde le vemos retratado, en cuatro marcos distintos, al lado de cuatro papas: Pío XII, Juan XXIII, Pablo VI y el actual, Juan Pablo II. Siempre ha tenido interés por conocer personalmente a los papas. Juan Pablo I duró tan poco —un mes escaso— que no le dio tiempo a fotografiarse a su lado. «Estaba preparando mi viaje a Roma cuando llegó la noticia de su muerte.» Le preguntamos de cuál de ellos guarda más grato recuerdo. Vacila un momento, traza con la mano un círculo en el aire, en ademán habitual, y nos contesta que «cada cual a su manera le impresionó favorablemente». Luego añade que, puesto a elegir, tal vez se quedara con Juan XXIII, no precisamente por la «desbordante humanidad» de que suele hablarse, sino por la claridad de sus ideas y por su decisión.

A lo largo del almuerzo abordamos muchos y muy distintos temas. En seguida nos enteramos de que monseñor ha viajado mucho. En diversas misiones y congresos ha estado en Bangkok, Taiwan, Hong Kong, Tokio, Honolulú, México, Moscú, etc. Fue consagrado obispo en Bagdad, en una ceremonia «muy hermosa», concelebrada con los representantes de los distintos ritos cristianos. Él se siente hombre ecuménico, no excluyente, hasta el punto de que en la propia Unión Soviética «comprendió» la actitud, actitud *conciliadora* con el régimen, del archimandrita del monasterio de Zagorsk. Discutimos un poco sobre el particular, pues en Zagorsk yo saqué la impresión de que el monasterio era la pantalla que le servía al Kremlin para disimular su persecución religiosa, juego al que el archimandrita se prestaba por intereses un tanto oscuros.

Pese a ello, su deambular por el mundo le había dado una visión directa, de primera mano, de los hombres y las cosas. Ello no podía discutírselo ni el padre Marcial. Monseñor era un hombre culto y habituado al trato con gente muy diversa, lo que resultaba evidente en cualquier intervención suya y en cada círculo que trazaba con su mano. Tal vez fuera verdad que hablaba con frecuencia de sí mismo, pero siempre relacionándolo con alguna vivencia que pudiera tener su interés o su moraleja. Su egolatría no era agresiva, y en el peor de los casos lo era en el sentido unamunesco del término: él era *el hombre que tenía más a mano*, y lo utilizaba como trampolín para valorar experiencias y establecer comparaciones.

Resumiendo, nos sentimos cómodos con monseñor —con el *money's bishop* Sanmiguel— y abrigamos la esperanza de que a él le ocurre lo propio con nosotros. Llegó a Kuwait el año 1966. Lleva, por lo tanto, trece años en el país. Lo conoce a fondo, pues ha nadado por todas las aguas de su desierto. Ha montado su pequeño imperio, no sólo a través de la catedral, sino a través de un hospital, de varias escuelas —de las que cuidan monjas del Rosario— y otras instituciones católicas o servidas por católicos. Diócesis muy rica la suya, gracias a Dios, «pues sin dinero no se puede hacer nada, ni siquiera ayudar a los pobres». Las monjas del Rosario le dejan casi un millón de dólares al año —que él suele mandar al Tercer Mundo—, y el resto se lo dejan las casi veinte mil indias católicas que asisten a misa los domingos. «Esta tarde las verán ustedes. Empezamos las misas a las dos —en hindi, en árabe y en inglés— y no paramos hasta las nueve de la noche.» Son tan generosas con la Iglesia que para recoger sus donativos haría falta una carretilla. «Cuando nos asomemos a la terraza empezarán ustedes a ver los primeros *saaris*... La tarde del domingo es la que tienen libre y la pasan enteramente aquí, donde se sienten protegidas.»

—¿Cuántos indios hay en Kuwait, monseñor?

—Unos sesenta mil... Y entre ellos, como les dije, se cuentan unas veinte mil mujeres católicas, viudas en su mayoría, y en su mayoría sirvientas. Algunas, como ocurrió con la que tienen ustedes en la residencia, envían a buscar uno de sus hijos. Pero también hay muchos musulmanes... En la India los musulmanes alcanzan la cifra de setenta millones, dato que en las estadísticas suele olvidarse y que tiene una importancia extrema para la divulgación del Islam. A raíz del asesinato de Gandhi corrió la voz de que quien disparó contra él era un musulmán; falso. Fue un joven periodista, Godse de nombre, brahmán fanático... Cada cosa en su lugar.

Le pregunto al monseñor si dichas indias que asisten a misa, y a las que pronto veremos, se muestran generosas porque perciben buenos sueldos. Monseñor se toca el birrete rojo y dice que, por regla general, cobran sueldos de miseria... «Pero es que lo dan todo, ¿comprenden? Incluso los *saaris*... y las cadenitas de oro con su medalla. Es una especie de milagro que sólo tiene su explicación a través de esa fe que nosotros hemos dado en llamar, no sé por qué, del carbonero... —Se seca los labios con la servilleta y añade—: Yo más bien la llamaría la fe de las sirvientas indias de Kuwait.»

—¿Y por qué ha dicho usted que los setenta millones de musulmanes de la India tienen una importancia extrema para el Islam?

Monseñor se ríe, complacido, sabiéndose dominador del tema.

—Pues porque la cifra es enorme, casi el doble que la población de España... Y porque la India es uno de los países del futuro con el que hay que contar, ya que la balanza se está inclinando hacia Oriente...

—¿Debemos entender que el Islam seguirá progresando allí?

—¡Seguro! El Islam es una religión... ¿cómo les diría yo?, un tanto sencilla... No digo simple, digo sencilla. Sólo tiene cinco preceptos: los conocidos cinco pilares. Ello quiere decir que es fácilmente asimilable por los pueblos primitivos, y hay zonas en la India que lo son. Los preceptos del catolicismo, en cambio, pasan de mil y su teología es mucho más complicada...

—¿Cuántos católicos hay en la India?

—Unos ocho millones... Los protestantes no llegan a seis... A seis millones, se entiende.

—Ocho millones es ya una cifra respetable...

—Sí, pero reciben poco dinero. El organismo que funciona en Roma, la Propagación de la Fe, no da abasto; ahora, en cambio, los árabes envían sumas fabulosas para construir mezquitas y seminarios... No tienen ustedes idea de lo que Kuwait envía a los musulmanes de la India... Son cifras que dan vértigo.

—¿Podemos preguntarle qué defectos le encuentra al Islam?

—¡Hombre! Qué les voy a decir... —Monseñor bebe un sorbo de vino y contesta—: Tal vez sea una religión demasiado rígida... Iba a decir materialista, pero no quiero emplear una palabra tan fuerte.

En este momento abandonamos la mesa y nos trasladamos a un rincón para tomar café. Rechazamos los licores y el tabaco y monseñor vuelve a reírse. «No fuman, no beben... ¡Viven ustedes en perpetuo Ramadán!»

VEINTE MIL MUJERES INDIAS EN LA CATEDRAL

Salimos a la terraza. Espectáculo impar. Dominamos un largo trecho de litoral: el puerto de los «daos», el puerto comercial de Suwaikh y el sorprendente complejo de Kasr El Salam, en cuyo centro se alza el palacio habilitado para albergar a los soberanos extranjeros y a los huéspedes de alto rango que visitan Kuwait. Por una jugarreta de la luz, el mar es hoy de un azul más intenso que de costumbre.

Un poco más cerca, a nuestros pies, una autopista por la que llegan sin cesar vehículos de todo tipo que depositan ante la catedral una numerosa población india, compuesta sobre todo de mujeres, como era de prever. *Saaris* de todas clases, con una tal variedad de colores que la vista se regala en ellos. Una vez más la máquina fotográfica se dispara sola, mientras recuerdo las películas multitudinarias y en panorámica de Cecil B. de Mille. Las mujeres son de edad madura —hay pocas muchachas jóvenes— y llevan el pelo suelto, negrísimo, con la raya en medio y atrás cola de caballo o moño. La piel color ceniza y alguna que otra marca en la frente o en las mejillas, señales de difícil identificación. Pocos hombres, fornidos y en su mayoría con camisa negra. Las que no entran en la iglesia se agrupan en pequeños corros para charlar animadamente. Es su encuentro semanal, que les permite el natural chismorreo o desahogo y evocar nostálgicamente la familia que dejaron en su país doliente y bellísimo.

El grueso de esa inmigración proviene de las zonas de Bombay y de Calcuta. De hecho, nos parece reencontrarnos en dichas ciudades, con todo lo que tal evocación supone de ensueño y de tragedia. ¡Los *parsis* de Bombay! Tengo un recuerdo para el librero zoroástrico del Bazar de Teherán, Teymur Moghati... ¡Los cuervos de Calcuta! Varios millones. En Calcuta la gente mascaba betel y escupía y no sabíamos nunca si el esputo rojo era betel o sangre. Por fortuna, ahí a nuestros pies nadie masca betel. Las mujeres se ríen, se cogen del brazo, gesticulan y se colocan en jarras, mientras junto a la puerta de entrada de la iglesia los dos curas navarros han puesto unos tenderetes para vender estampas, libritos, refrescos y Pepsi-Cola. Es su gran negocio. «Los días festivos se hinchan», comenta monseñor. El lugar sirve también de encuentro para los enamorados, la mayoría de los cuales en el transcurso de la semana no pueden verse debido a los horarios de trabajo y a las distancias existentes en la ciudad. Se miran a los ojos, se sientan en cualquier rincón o bordillo, muy comedidos por causa de la presencia multitudinaria alrededor.

Observamos que hay una ingenua gruta de Lourdes en el recinto exterior perteneciente a la catedral, con la blanca imagen de la Virgen María, su dorada corona y sus bandas azules y Bernadette postrada a sus pies. Hay cola para visitarla. Las mujeres juntan las manos en actitud de rezo, como sólo en la India saben hacerlo y le dedican profundas reverencias. Y si no llevan velas o cirios es porque monseñor lo prohibió, ya que las llamas provocaron en dos o tres ocasiones conatos de incendio.

—Ésa es una de la ventajas del catolicismo... —explica monseñor—. La presencia de la Virgen, y de la Virgen-Madre, figura de la que carece el Islam y que es otro de sus fallos, que le resta la porción de ternura que el creyente necesita... Cada una de esas mujeres le pide una gracia a la Virgen, y a menudo la consigue. Por eso a la noche, cuando todo el mundo se va, mis dos curitas navarros recogen los donativos depositados ante la gruta. Abundan las medallitas de oro, como antes les dije... ¡y los saaris! Es decir, le dan a la Virgen todo lo que tienen. Y el suelo queda alfombrado de billetes y monedas...

Continúan llegando coches y la multitud va en aumento. Las ancianas se sientan en los bordes de los parterres y no faltan seres solitarios o enfermos que deambulan como perdidos y se quedan clavados o extáticos mirando al suelo. Se oye alguna carcajada, pero es una excepción. Lo común, pese al chismorreo y desahogo, es una cierta tristeza en las miradas. Monseñor opina que es muy natural. Aparte de la abundancia de viudas —¿cuántos sumarían los hijos paridos por esas mujeres?—, su trabajo de sirvientas es duro, muy duro. Sin contar con que arrastran con toda probabilidad una infancia desnutrida. A buen seguro, sólo cuando entren en la iglesia y oigan misa sentirán que un dulce alivio les invade el corazón...

No sabría explicar por qué esa *presencia india*, tan inesperada, en el centro de Kuwait, detrás del Sheraton Hotel, donde se conciertan, según Fernando, fabulosos negocios, de pronto me conmueve y sobresalta. Los pensamientos acuden en tropel y por unos instantes, como con tanta frecuencia me ocurre, incluso bañándome en la piscina de mi casa, veo a la humanidad desquiciada, partida en dos. A la derecha, los jeques de Burgan y madame Najat, con su palmera de oro en el vestíbulo; a la izquierda, el Tercer Mundo embutido en un *saari* o simplemente desnudo mostrando sus costillares y su piel afro-negra. A monseñor podría colocarlo en el centro, saltando en avión de Bangkok a Tokio y de Tokio a Honolulú, retratándose con los papas y acariciándose el pectoral.

¿Y yo, dónde estoy? No en mi piscina hogareña, claro; pero sí en una espléndida terraza, contemplando el espectáculo desde las alturas, con mi máquina fotográfica que se dispara por sí sola y tomando notas. Con mi saco en bandolera y el termo y las galletas de rigor, y pensando menos en Gandhi que en Cecil B. de Mille...

Un enviado se nos acerca.

—Monseñor, a las tres le toca a usted decir misa... Faltan quince minutos.

—¿Cómo? ¡Allá voy! —Se vuelve hacia nosotros y nos aconseja—: Bajen ustedes y colóquense donde puedan... Será una misa en árabe y en hindi... Les gustará.

La catedral es feúcha por fuera y por dentro. Sólo nos llama la atención, en el interior, la pintura del altar, que representa la Adoración de los Reyes Magos... con el mar detrás. Jamás habíamos imaginado a los Reyes Magos sobre un fondo de mar. Lo normal es el desierto, la ruta de las sedas y el oro, la altiplanicie del Irán, donde, según el derviche Majnun, los jefes de las caravanas eludían los espejismos y donde la SAVAK echaba desde helicópteros los cuerpos de sus enemigos para que se pudrieran al sol.

El templo está a rebosar, no hay apenas resquicio y huele a todo menos a agua de rosas. Huele, especialmente, a Calcuta y a Bombay. El calor es asfixiante, recordando el de Burgan, pero emanando de la piel de mis vecinos, que no es idéntica a mi piel. Claro, claro, el olfato es el más discriminatorio de los sentidos y por ello debería pedir perdón. ¿Perdón a quién? ¿A monseñor Sanmiguel, de Lequeitio, quien con su presencia en el altar —ornamentos sagrados— ha provocado en la audiencia un profundo sentido reverencial? ¿Perdón a la cruz que se yergue a su lado, y cuya silueta me emociona como la que vimos en el recinto armenio en Ispahan? Me siento desconcertado y noto un mareo difuso, un difuso malestar... ¿Qué le ocurre a mi conciencia? ¿Vive todavía? ¿Siento su latido o se trata de las vaharadas que me llegan de la piel de mis vecinos?

De pronto, pienso en Mahoma... ¡Llevo tantos días —semanas— respirándole, moviéndome en su caldo de cultivo! Curiosa experiencia, a las tres de la tarde y varios minutos de este domingo de Kuwait. Monseñor está leyendo el Evangelio en árabe, lo que no deja de ser una prueba para el Evangelio y para el árabe, y las manos juntas a mi alrededor y las reverencias han alejado hasta quién sabe dónde la figura del Profeta. No imagino a éste en el altar, en vez de los Reyes Magos, ni tampoco concibo que monseñor, tan cerca de la cruz, pueda estar leyendo el Corán. La enseñanza materna —los primeros vagidos— es también discriminatoria y en este caso acentúa mi desconcierto. Porque me consta que a doscientos metros de este lugar circulan los Cadillacs con «túnicas blancas» y *kuffiehs* y los taxistas como Rahman conducen pasando los granos de su rosario, el *marsabah*. Por lo demás, ¡el Evangelio en árabe! ¡Y la homilía que le sigue en hindi, en labios de un coadjutor que tiene una cabeza enorme y unas manos diminutas, manos que mueve simétricamente como si con ellas fuera cortando sobre el atril pedazos de carne! Claro, claro, la catedral es una isla —debido a la Virgen de Lourdes, debido a la cruz—, y en su entorno se elevan mezquitas y se extienden los puertos de los «daos» y de Suwaikh y luego el mar azul surcado por petroleros de 500 000 toneladas, procedentes de Al-Ahmadi.

Juraría que he logrado superar el choque emotivo y que, como siempre, va apoderándose de mí una extraña impasibilidad. Ello me permite observar la realidad inmediata, aunque quizá a costa de otras realidades más trascendentes. Por ejemplo, observo que, con tantas madres como hay en el templo, no hay un solo niño, un solo bebé. Son madres huérfanas, son viudas huérfanas, placentas en huelga. También observo que, a pocos metros, una joven muchacha se desploma. Un desmayo. Ella se ha desmayado; yo no. Se oye un murmullo. No se trata de un desmayo, sino de un ataque epiléptico. Recuerdo que ocurrió otro tanto mientras visitábamos, en El Cairo, la Ciudad de los Muertos, y que allá las mujeres se echaron a llorar. Aquí se limitan a dejar paso a un hombre robusto que se lleva en brazos a la muchacha hacia el exterior, mientras el coadjutor prosigue su homilía en hindi. Terminada la homilía, ¡un cántico! Toda la iglesia se pone a cantar. Cantan maravillosamente, como si hubieran ensayado mil veces a las órdenes de monseñor. Me emociono otra vez, mientras me pregunto si, fuera, a la muchacha le saldrá espuma por la boca...

Alguien a mi lado susurra, en un inglés apenas inteligible:

—No hay peligro... La llevarán a la gruta de Lourdes y allí se le pasará.

¿Esclavas en Kuwait?

Termina la misa y salimos. Los corros son ahora mucho más numerosos y podrían calcularse en varios millares los fieles repartidos por el recinto. Monseñor nos dijo que a las seis subiéramos de nuevo a su residencia a tomar el té. Él debe permanecer todo ese tiempo en la iglesia, confesando... ¡Confesando! ¡Cómo me desconcierta —otra vez— esta palabra! Los musulmanes no tienen confesión. Se dirigen a Alá con sólo un mediador: el Profeta. Me pregunto qué idea tendrán del pecado esas mujeres que van y vienen, y sirven a los kuwaitíes, y cantan... Tal vez se confiesen de haber abandonado a los suyos, o de haber deseado la compañía de un hombre, o de no haberse tirado a un pozo cuando éste, *su* hombre, se murió.

Nos acercamos a los curas navarros que venden estampas, libritos, refrescos y Pepsi-Cola... Uno de ellos nos presenta a un indio de Goa que se pirra por hablar su lengua, el portugués. Es amigo del monseñor y los ayuda, sobre todo los jueves, que es cuando se celebran las bodas. Es un muchacho de unos veinticinco años, de ojos salientes y pecho hundido, pelo negrísimo y el color más pálido que los demás. Se llama Nabab y tiene un colmillo que si le crece más le dará aspecto de vampiro. Al principio, parece un tanto asustado y mira por todos lados como si buscase algún ratón; luego se relaja y nos invita a sentarnos sobre unas piedras que, muy cerca de la residencia, han quedado libres.

Nabab estuvo en España de paso para su «madre patria», Portugal, y como buen aficionado a la pintura le interesó sobremanera el Museo del Prado. Y del Museo del Prado, de una manera especial, Goya. Pero el Goya caricatural y crítico, el Goya-denuncia, el Goya torturado. «Los esperpentos, ¿comprenden? Me gustan los esperpentos. Tal vez porque cuando duermo tengo pesadillas y porque no estoy convencido de que agotemos el tema llamándolas sueños. A veces sospecho que los llamados sueños son vivencias tan auténticas como las que registramos en estado de vigilia y que lo único que sucede es que las vivimos en otra dimensión.» Por eso le inquietó el ataque que acababa de sufrir la muchacha epiléptica. La interrogó luego, cuando ya se hubo recobrado. ¿Qué había sentido? ¿Qué había *visto*? Pero se quedó la pobre en un tal estado de postración que no pudo pronunciar una sílaba...

—¿Es usted católico convencido, señor Nabab? —le pregunto—. Quiero decir, ¿sin problemas?

El muchacho, inesperadamente, se ríe, lo que hace que su colmillo se convierta en protagonista de su expresión.

—Sí, soy católico, pero tengo un problema: no creo en el infierno... —Se seca el sudor y repite—: No creo en el infierno, por más que el monseñor les hable de él a esas mujeres... ¿Saben ustedes lo que decimos en Goa?

—No...

—Decimos: ¿quién ha vuelto del otro mundo con la mano quemada?

Asentimos con la cabeza, pero sin animarle en esa dirección, porque lo que yo pretendo no es profundizar en el enigma del castigo eterno, sino informarme lo más posible sobre la vida de «esas mujeres» que nos rodean y cuya presencia sigue impresionándome. ¿Qué vida llevan, cuáles son sus condiciones de trabajo, cómo las tratan los kuwaitíes? Monseñor nos dio a entender que su camino no era precisamente un camino de rosas...

—Mi querido amigo Nabab, ¿está usted enterado de este asunto? —Y le enseño mi bloc de notas.

Parece ser que he tenido suerte. Conoce a fondo el problema, por trabajar de dependiente en una tienda en la que venden *saaris* y toda clase de ropa interior. El dueño de la tienda, como mandan las leyes, es un kuwaití, pero el negocio lo lleva, con una participación envidiable, un indio avispado que llegó aquí sin una perra y que ahora tiene una fortuna. «No es un caso único, pero tampoco puede decirse que sea corriente... Los indios que viven fastuosamente en Kuwait no llegarán al centenar.»

Un pequeño porcentaje de esas mujeres indias están empleadas en casas de kuwaitíes que les pagan muy bien, hasta el punto de que pueden ahorrar y mandar dinero a su familia, aun después de pasar el domingo por la catedral... «Bien tratadas, con respeto, como seres humanos que son.»

Pero la inmensa mayoría son auténticas esclavas, sometidas a contratos draconianos de inmigración. ¡Oh, claro, a los kuwaitíes se les han subido los humos a la cabeza, y no tendría nada de extraño que ésta fuera su perdición! Por de pronto, a la firma del contrato les retienen el pasaporte, con lo que se quedan indefensas. Luego se comprometen a no cambiar de casa, a no buscar otro empleo... ¿Podemos imaginar lo que eso significa? Es como un capricho goyesco y por eso empleó la palabra esclavitud... Es frecuente que las maltraten, sobre todo cuando a los amos les da por saltarse a la torera el Corán y emborracharse. Y al decir maltratar quiere decir que las insultan y las pegan... «Las tratan como a bestias de carga, ¿comprenden? Primero les pegan porque no saben leer... Luego, porque hablan mal el inglés... Y luego, porque ciertos trabajos se les resisten y no rinden como es debido...» Y lo peor es que viven amedrentadas y que si ahora mismo nosotros intentáramos sonsacarles algo dirían que se encuentran muy a gusto y que sus «amos» son dignos de que el monseñor los coloque en el altar.

Quedamos estupefactos. ¿Será cierto lo que oímos? Miro a nuestro interlocutor. Ha hablado con una convicción absoluta y como si llevara tiempo deseando contarle todo eso a alguien...

—Si escribe usted algo sobre Kuwait, ¡por favor, no se olvide de lo que acabo de decirle! Todo el mundo sabe que los kuwaitíes tienen aviones, yates y castillos en Europa; pero nadie sabe que en su vida íntima son unos puercos y que para ellos una india es menos que un perro...

Sin darnos tiempo a reaccionar, añade que ésta es la razón por la cual cada día aumenta el número de muchachas indias que se dedican a la prostitución... «En cierto sentido, es su única salida, ¿comprenden?» Y puesto que en las casas en que sirven organizar el tinglado resulta un tanto difícil, aprovechan precisamente los domingos... Ahora mismo, si nos diéramos una vuelta por los alrededores del Sheraton, veríamos indias jóvenes, y menos jóvenes, paseándose por la acera o esperando en un portal... Y cómo se detienen a su lado coches de esos con teléfono rojo y cómo ellas se suben y se van...

—¿Adónde se van? —pregunto—. ¿Adónde las llevan?

—Pues, a cualquier parte... Los kuwaitíes, fuera de sus casas, son los amos. A un apartamento, a la oficina, a la habitación de un hotel, a una *diwanie*, a una tienda en el desierto... ¡Oh, ésos pagan bien! Ahí, ninguna queja... —Nabab mira a su alrededor, como buscando a alguien concreto—. Algunas, a partir de las cinco, desaparecen de aquí... ¿Adónde se van hasta las nueve, hora de regresar a sus casas? Pues ya lo saben ustedes...

Nos sentimos abrumados. Jamás pudimos imaginar que recibiríamos ese tipo de información. Puede decirse que Nabab nos ha aguado la fiesta, que las «túnicas blancas» nos parecen menos blancas y que la catedral nos parece menos catedral...

Nabab, hombre que se expresa con insólita fluidez y riqueza de léxico, añade que, aparte de que la riqueza tiende a la vida disoluta y al despotismo como la cabra tira «al desierto», tal vez cupiera buscar el origen de esa esclavitud en la vaguedad con que el Corán trata ese tema. Las suras coránicas son al respecto un tanto contradictorias, y eso el monseñor lo sabe muy bien. Mientras en alguna de ellas se recomienda vivamente la liberación de los esclavos, y se habla del pago de un diezmo ritual para conseguirla, en otras suras queda claro que, especialmente las esclavas, quedan a disposición y discreción de sus dueños... Por supuesto, no cabe inferir de ello que todos los musulmanes, y todos los kuwaitíes, incurren en tal aberración... Ya nos dijo antes que los hay que tratan a sus sirvientas con dignidad. Y abundan incluso los casos de generosidad extraordinaria, aunque nunca se sabe si es tal generosidad o exhibición de poderío...

Nabab advierte que ante su alusión al Corán no puedo ocultar un rictus de escepticismo. Más aún, le recuerdo que para el islamismo la riqueza es siempre considerada un privilegio y no un derecho. «¿Se acuerda usted —le digo— de la sura que viene a decir, más o menos que no la recuerdo literalmente, que cuando los ricos se encuentren con el fuego en el infierno les pedirán a los pobres un refrigerio y no lo obtendrán?» Nabab asiente con la cabeza. Acepta mi objeción, pero no modifica su criterio. En efecto, el Corán fustiga sin cesar a los ricos. Llega a decir: «Los peores criminales de cada ciudad son los ciudadanos más influyentes»; sin embargo, en lo referente a la esclavitud, repite que su postura es ambigua y que acaso de ello se valgan no sólo los kuwaitíes, sino los nuevos ricos del petróleo de toda la costa del golfo, desde la Arabia Saudí hasta el último y más pequeño de los emiratos.

—En cualquier caso —repite, riéndose de nuevo con su colmillo vampiresco—, Goya hubiera pintado de maravilla las bofetadas que a lo largo de la semana reciben muchas de las mujeres que ahora están aquí de cháchara, y que serán las que en ese infierno de que usted habló, y que a mi juicio no existe, les negarán a sus actuales dueños el refrigerio que les pidan... —Nabab guarda un silencio y cambiando de tercio nos invita, señalando a los curitas navarros, que despachan sin dar abasto—: ¿Quieren ustedes tomar Pepsi-Cola?

A la hora convenida subimos al segundo piso y reencontramos al monseñor, con el que tomamos el té y unas pastas. No se le advierte el menor cansancio. Muestra su contento al oír los elogios que dedicamos a la misa que hemos oído y, sobre todo, al canto del pueblo, al coro popular. «Cantan con el alma, ¿comprenden? Y eso se nota.» «No sé si será ésa la explicación. Se puede cantar con el alma y desafinar.» «Escepticismo cartesiano... Le aconsejo que no olvide usted que Descartes coleccionaba pelucas.»

Me dan ganas de preguntarle de qué se confiesan las mujeres indias... ¿Se confesarán las que ejercen la prostitución? No me atrevo a afrontar el tema. En cambio, aludimos al informe que hemos recibido de Nabab con respecto a las sirvientas. Entonces monseñor demuestra que no en vano se ha fotografiado al lado de cuatro papas... Esquiva diplomáticamente la cuestión, admitiendo que es posible que haya en ello un fondo de verdad, aunque siempre resulta aconsejable evitar las generalizaciones. En cualquier caso, son cosas difíciles de comprobar, aparte de que, siempre que ande de por medio un colectivo de *mujeres indias*, es preciso no perder de vista que pesa sobre ellas una dosis de fatalismo muy superior a la normal... «Es fácil hacerlas felices. Pero también lo es hacerlas desgraciadas. ¿Me explico?» «No del todo, y perdone la franqueza...» «¡Bien, dejemos esto! Es un círculo vicioso.»

Luego nos dice que, tal y como se presenta la tarde, no le sorprendería que al final recogieran una suma equivalente a los mil dólares... «Cifra estimable, ¿no es así?» Luego nos habla de las bodas que se celebran los jueves... El promedio es de dos a la semana, con baile en un salón que hay a la izquierda de la gruta de Lourdes, algo destartalado, pero que piensa remozar. La costumbre es festejar el acontecimiento con baile a cargo de una orquesta. En cuanto a los honorarios eclesiásticos, si el oficiante es un simple sacerdote, les cobra a la pareja cuatro dinares; si el oficiante es él mismo, les cobra quince. «¡Y los pagan a gusto! ¡Ya lo creo que sí!»

—El problema se presenta más tarde... ¿Cómo cuidar a los hijos? Y las indias quieren tenerlos... Y los indios también... —Monseñor, que ya se ha tomado el té, posa ahora las manos sobre la barriga y hace rodar los pulgares—. El Gobierno tendrá que abrir guarderías especiales... No habrá más remedio.

A monseñor le gusta hablar de Kuwait, posiblemente porque es tan cosmopolita. «Hay aquí gentes, con residencia fija, de treinta y una nacionalidades distintas... En un pedazo de tierra tan pequeño no está mal, ¿verdad?» Luego habla de la enseñanza. Nos explica que la primera escuela en el país fue abierta por los palestinos en 1912, y que en ella los niños aprendían caligrafía y aritmética con tiza en los troncos de los árboles... «Los palestinos son así. Listos... Se funden con la naturaleza. Por eso, en tanto que guerrilleros, son temibles y es posible que lo sean cada vez más.»

—¡Tiza en los troncos de los árboles! —repite—. En cambio, ahora hay en proyecto una universidad, mejor dicho, un complejo universitario, con las técnicas más avanzadas que puedan encontrarse en los Estados Unidos y en el Japón... Lo que no comprendo es por qué su construcción se demora tanto. Precisamente esas cosas, una vez aprobadas, los kuwaitíes quieren verlas realizadas en el acto.

Luego hablamos de la dominación árabe en España. Monseñor cree que la rigidez del islamismo, de que antes nos habló, influyó decisivamente en el fondo y en la forma del catolicismo español... «No sé si nuestros obispos se dan cuenta de ello, pero yo, cuando visito España, tengo esto muy claro.» Influencia, por lo demás, muy lógica, puesto que el islamismo posee intrínsecamente una tremenda fuerza expansiva... También añade que, pese a lo dicho, en la práctica la tal dominación árabe en nuestro país no fue tan duradera ni tan completa como se pretende. «No fueron, como suele decirse, setecientos años de reconquista. Pronto más de la mitad de la Península fue liberada. Los musulmanes se fueron al sur y se quedaron allí, mientras que en otros sitios como el País Vasco, Cataluña y Asturias, apenas si los almuecines tuvieron tiempo de llamar a la oración.»

—¿Y a qué lo atribuye usted?

—¡Yo qué sé! Estaban acostumbrados a las grandes llanuras… ¿Les imaginan ustedes enfrentándose a los picos de Europa? Seguramente dirían: ¡que suba ahí Rita! Bueno, ellos utilizarían otra expresión… —Monseñor se ríe—. Por cierto, que hablando de expresiones, en el campo en que nos influyeron mayormente fue en el idiomático… Yo calculo que un veinte por ciento de las palabras de nuestro diccionario provienen del árabe.

—Palabras, por descontado, muy hermosas… —comento.

—¡Oh, qué duda cabe! El árabe es algo así como una fuerza de la naturaleza.

Monseñor nos pregunta si son ciertas las noticias que le llegan de un «regreso» de los árabes a Andalucía, a través de periódicas visitas, de astutas compras de solares e inmuebles, de inversiones financieras y demás. «Podría ser un problema de nostalgia, ¿no creen ustedes?» Le confesamos que no poseemos datos fidedignos sobre el particular. Que sabemos lo que cuenta todo el mundo y lo que publica la prensa. «Es probable que cuando volvamos a España vayamos a informarnos sobre el terreno. Es un asunto —le digo— que personalmente me intriga a más no poder.»

—Le daré una pista… —nos dice monseñor—. Si ve usted que reclaman las mezquitas que tuvieron, que proyectan construir otras nuevas o que hablan de permutas, ¡tate! Entonces es seguro… Si sólo aparcan allí en los casinos de juego, puro folklore…

—Por de pronto —le informo—, hablan mucho de la mezquita de Córdoba…

—¿Y cómo no? —admite monseñor—. Es una de las maravillas del mundo…

Monseñor nos invita a salir de nuevo a la terraza. El espectáculo es el mismo, pero con un ingrediente nuevo que lo trastoca todo: la puesta del sol. Allá en el horizonte, en el mar, el sol se pone y debido a ello el hervidero de los *saaris* en torno a la catedral, así como la franja de la costa que vimos al llegar —el puerto de los «daos» y el de Suwaikh— se han teñido de un color amoratado con pinceladas de sangre.

Es una panorámica hermosa, que incendia las mejillas del monseñor y hace titilar sus ojos como si todo aquello le perteneciera. Los Cadillacs y los taxis en la autopista han empezado a encender sus faros y dejan tras sí regueros de luz. La gruta de Lourdes está ahora más frecuentada que nunca y es una lástima que esté prohibido encender velas en ella. ¿Sangre en el crepúsculo, en el litoral y, de rebote, en la fachada del templo? Me pregunto si no será sangre india, encima o debajo de su innato fatalismo…

Un ayudante del monseñor no para de ir y venir trayéndole recados. Hay varias bodas en perspectiva. Y tiene que celebrar otra misa… Los curitas navarros no dan abasto en su tenderetes y Nabab está a su lado, mirando con frecuencia al suelo, ahora con una inédita expresión en su rostro. Ya no parece que busque ratones; diríase que está buscando su identidad perdida, o las causas de alguna innegable frustración…

—Monseñor… ¿cree usted que el catolicismo sigue vigente, que continuará extendiéndose… o que ha empezado a hacer marcha atrás?

Monseñor se toca el birrete, rojo como el sol.

—Mejor que les pregunten eso a los cuatro papas que tengo ahí dentro…

—¡No me diga! ¿No tiene usted su propia opinión?

Monseñor Sanmiguel suelta una carcajada y añade con rotundidad:

—Mi opinión es que las fuerzas del infierno no prevalecerán...

CAPÍTULO XXXIX

INSTITUCIÓN KUWAITÍ: LA «DIWANIE»

Una de las *diwanies* más prestigiosas de la ciudad es la de Hassan Sadek, alto funcionario del Ministerio de Cultura. Es fama que en las tertulias que en ella se organizan se deciden en buena medida los destinos de Kuwait. Está abierta todas las tardes, excepto los viernes, y a menudo también hasta bien entrada la noche. No es necesario que Hassan Sadek esté presente. Como en la mayoría de las *diwanies*, la gente entra y sale cómo y cuando se la antoja. Allá se fuma, se discute —casi siempre en voz baja—, se chismorrea y se toma el té, en tacitas importadas de China, que pertenecieron a un emperador mongol, «excepcionalmente comprensivo y tolerante». La «comprensión» es el santo y seña de la *diwanie* de Hassan Sadek. La única condición que le impusieron a Fernando para ser yo invitado en ella fue «que no rompiera ninguna de las tacitas».

El palacete de Hassan Sadek, con la *diwanie* al lado, está situado cerca de la puerta Jahra. Se dice que dicho palacete está lleno de estatuas renacentistas italianas, a las que su dueño, para distinguirlas de las corrientes, ordenó cubrir con una capa de color negro, excepto los ojos y los labios. También se dice que aquél posee, en uno de los salones, una colección de mariposas mucho más importante que la que perteneció al rey Faruk y que vimos en El Cairo, en el palacio Maynal. Una de dichas mariposas, «de alas asimétricas», habría recibido, en la isla de Taiwán, el picotazo de un escorpión, «quedando reducida a una décima parte de su tamaño normal».

Mientras nos dirigimos a la *diwanie* —es jueves y, por lo tanto, día de boda en la catedral—, Fernando me describe brevemente al anfitrión que tendré el gusto de conocer. De estatura mediana, fibroso como un beduino, es un jinete excelente y ha ganado varias veces el campeonato de golf del país. Está obsesionado por un hermano gemelo que tuvo y que murió en accidente de automóvil. La sombra de dicho hermano adquiere en él caracteres oníricos y está en la base de sus aficiones parapsicológicas, puesto que afirma que siempre presintió que su «otro yo» moriría joven. Ahora da por seguro que recibe mensajes suyos, para bien o para mal. Aparte de esto, Hassan Sadek es hombre culto. La particularidad de su *diwanie* radica en que, al revés de lo que ocurre en la mansión de madame Najat, está abarrotada de libros hasta el techo. Libros exclusivamente árabes, aunque en el palacete dispone de otros muchos en inglés y en francés. Las encuadernaciones, de colores tan varios como los *saaris*, son obra de un artesano alemán que se pasó año y medio en Kuwait trabajando exclusivamente para la biblioteca de la *diwanie* y que jamás se acostumbró a que el idioma árabe se leyera de derecha a izquierda. Los dorados de dichos libros son filigranas caligráficas, especialmente los correspondientes a ediciones del Corán y de *Las mil y una noches*.

—Los diálogos tienen altibajos —me dice Fernando poco antes de llegar—. No te sorprenda si de pronto alguien te formula alguna pregunta que te parece indiscreta, demasiado personal... En primer lugar, tú puedes hacer lo propio; y en segundo lugar, puedes contestar sin rodeos, cortar por lo sano. Precisamente porque hay tolerancia cada cual puede soltar lo que se le antoje...

También me advierte que el ambiente de la *diwanie* es siempre imprevisible. Si hablan de negocios, aquello parece una tumba, se entienden entre sí con medias palabras y ahí los forasteros no tienen nada que hacer... Cualquier otro tema es intercambiable, incluido el de la obscenidad. También he de estar preparado para que alguien, el más impensado, se desahogue conmigo y «me cuente su caso». Si ello ocurre, yo he de simular que presto atención y objetar algo, lo que sea, puesto que les encanta el juego dialéctico. Por lo demás, somos españoles, y ello es garantía de que no habrá el menor problema...

EN LA «DIWANIE» DEL JEQUE HASSAN SADEK

Entramos en la *diwanie*. Es rectangular, con almohadones de color verde casi a ras de suelo. Fernando, después de echar una rápida ojeada a los «túnicas blancas» me susurra: «Necesitarías varios años para contar los dólares que reúnen los caballeros aquí congregados.» Es de suponer que no hablan de negocios, puesto que la animación es mucha. Nadie se mueve al vernos entrar, y tengo la impresión de que abundan los que ni siquiera se han percatado de nuestra presencia. Avanzamos hacia el fondo, donde está el anfitrión, el cual, sin levantarse, me da efusivamente la bienvenida. «El señor embajador me anunció su llegada. Le deseo toda clase de parabienes.» Con gesto elegante me indica un asiento a su lado y me invita a que lo ocupe. En cuanto a Fernando, por fin ha sido reconocido por varios de los asistentes, los cuales le hacen reverencias amistosas, indicándole a su vez un almohadón libre, algo distante. Fernando me dedica un irónico además que significa «hasta luego» y se dirige al sitio que le corresponde.

Nuestro anfitrión me presenta a mi vecino de la derecha. Se llama Abu Chehabeddin y es palestino. Al mirarle con detenimiento, tengo un sobresalto. Es la viva estampa —«el otro yo»— de Yasser Arafat. Lleva en la cabeza el pañolón a cuadros rojiblancos y se mueve con soltura. Sin afeitar, frente pequeña, ojos lacrimosos, sonrisa reptílica, de no enterarme en el acto de que es un redactor del periódico *Al-Watan* le hubiera tomado por un terrorista. «Cuidado con él —me dice Hassan Sadek en un francés sorprendentemente depurado—. Tiene el defecto de interesarse por las vidas ajenas.» «No tengo nada que ocultar», sonrío, sintiéndome un tanto incómodo vestido a la europea, con americana y corbata.

Sin apenas tiempo para repetir tres veces mi apellido y oír que «España es un país maravilloso», Fernando y yo nos vemos obsequiados con sendas tacitas de té. Tacitas realmente preciosas, aunque excesivamente pequeñas, hasta el punto de que me veo obligado a esforzarme para no tragarme de un sorbo su contenido. La *diwanie* es en verdad elegante, con varios amuletos entre los libros y algunos grabados de alquimia. Las conversaciones se han reanudado con cierta premiosidad, acorde con las lentas chupadas a los narguiles.

Dos detalles me llaman pronto la atención: un televisor situado en lo alto, visible para todos, y que el mismo sirviente que nos trajo el té se dedique acto seguido, con un incensario, a esparcir por todo el salón volutas de humo azulado. Salón que en seguida se ve enriquecido con la entrada de otros tres caballeros, que saludan familiarmente y que, sin miramientos, se descalzan y se sientan, dos de ellos en el suelo, sobre la alfombra, el tercero sobre un *puff*.

Nuestro anfitrión me invita a fumar —puedo elegir entre varias marcas de cigarrillos— y rechazo cortésmente. «Perdóneme, pero dejé de fumar hace diez años.» Hassan Sadek tiene una expresión de curiosidad. Con una rodilla doblada y el pie derecho —también descalzo— sobre el diván verde, me pregunta, inesperadamente, si creo que el tabaco es una droga. Recordando los consejos de Fernando, contesto que sí. Mi afirmación parece divertir a Hassan

En el bazar de Kuwait, el oro (barato)
se ofrece a manos llenas.

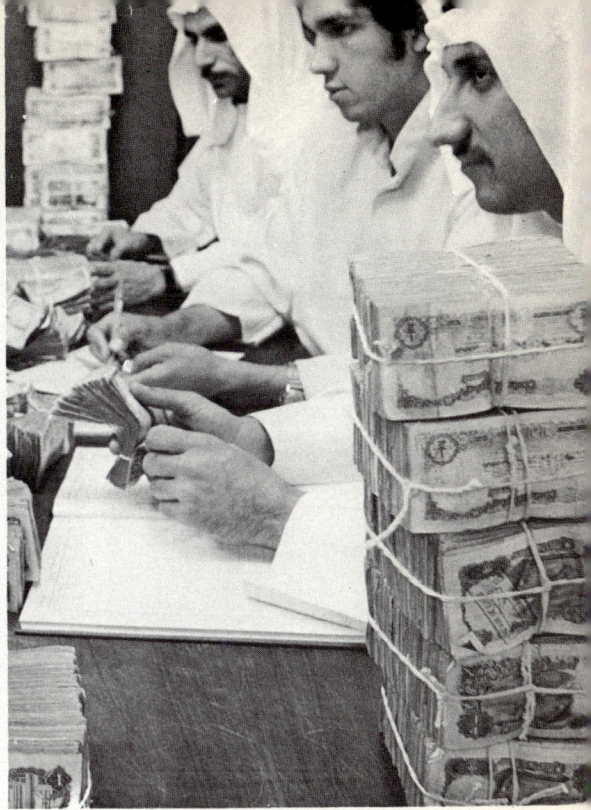

Funcionarios kuwaitíes trabajando a destajo.

El obispo católico de Kuwait,
monseñor Víctor Sanmiguel.

Millares de mujeres indias,
católicas, acuden a misa
los domingos.

El embajador español, don Fernando Schwartz,
y su esposa, Kim, saludan a un jeque kuwaití
en una recepción ofrecida por la Embajada.

En la Universidad
de Kuwait, los alumnos
estudian esforzadamente.

Sadek, quien me confiesa que precisamente el mundo de las drogas le interesa, por las extrañas respuestas que provoca en quienes las toman. Me confirma que en Kuwait existe el hábito del hachís, al modo como en Irán existe el hábito del opio. «Yo no lo tomo, porque no quiero transgredir la ley; pero quienes hacen caso omiso de ella aseguran que el hachís les aclara la cabeza y les agudiza la sensibilidad.» Y me cuenta que antaño vio en el Líbano quemar vastas plantaciones de la hierba, a raíz de las declaraciones de varios «adictos» según las cuales una mosca que se paseare sobre un tablero les daba la impresión de que alguien golpeaba con un martillo... «En mi *diwanie* no permito que se fume hachís —añade—. Es posible que con ello pierda algunos asiduos, pero por lo menos tengo la certeza de que si entra una mosca no parecerá que entra un martillo.»

Mi vecino Abu Chehabeddin suelta una carcajada. Sin embargo, abrigo la sospecha de que el tema de las drogas le es indiferente. Le interesan más las vidas ajenas, tal y como me lo advirtió Hassan Sadek. Me pregunta cuántos días llevo en Kuwait, cuál es mi impresión, de dónde vengo, adónde pienso ir. «Conste que no le estoy haciendo una entrevista para mi periódico; es simple curiosidad.» Como de costumbre, le doy mi ficha personal, pero añado que carezco de elementos de juicio para hablar de Kuwait. Sólo puedo decirle que experimento una sensación rara al pensar que me encuentro en el país proporcionalmente más rico de la Tierra. Saberme rodeado de millonarios en dinares me cosquillea el cerebro y me facilita motivos de reflexión. «Las imágenes me vapulean y me siento un poco como un "dao" a la deriva.»

Mi intervención ha tenido la virtud de estimular a nuestro anfitrión, que no se ha perdido una sílaba, a encender un Winston y a soltar varias oes consecutivas que se elevan hacia el techo, en dirección al televisor. Me pregunta sin ambages si al hablar de imágenes que me vapulean me he referido a los contrastes registrables en el país. Sin darme cuenta, asiento con la cabeza. ¡En mala hora! Abu Chehabeddin me fuerza a precisar. ¿Qué contrastes? Por supuesto, no me atrevo a mencionar a Nabab y a las sirvientas indias... Tampoco a la paradoja que supone poder ir a un restaurante y pedir el capricho gastronómico que a uno le apetezca, mientras en los barrios-colmena como el de Al-Rekka o el de los coreanos apenas si les llega el agua desalinizada.

Haciendo un rápido quiebro, aludo a los camellos y a los superpetroleros; a la arqueología de la isla Failaka y a los rascacielos de cristal y aluminio; a las dificultades que entraña digerir tanta riqueza y acertar a hacer buen uso de ella; a los peligros que acarrea el nacer en cuna de oro; etc. «Conste que no planteo el aspecto social de la cuestión, sino el aspecto psicológico. En alguna parte leí que los pobres se ríen más que los ricos y a veces pienso que ustedes, los kuwaitíes, están bien situados para aceptar tal definición o refutarla.»

Hassan Sadek vuelve a soltar oes de humo hacia el televisor y luego me mira con fijeza. Me encomiendo a todos los santos, especialmente a san Fernando. Efectivamente, el hombre es fibroso como un beduino y la cuna de oro en que sin duda nació no ha abotargado su inteligencia. Admite que el Profeta dijo: «¡Cuidado con aquellos que aspiran a poseer cada día más!»; no es éste el caso de Kuwait. Los kuwaitíes no aspiran a poseer cada día más, sino a poder reírse por lo menos tanto como se ríen los pobres. Por ello existe la Fundación Kuwaití de Desarrollo Económico Árabe, para ayudar a las naciones hermanas; por ello existe otra fundación, bancaria en este caso, que reparte millones de dólares en el Tercer Mundo, al que no califica de subdesarrollado, sino de subanalizado, puesto que en la mayoría de los países el potencial humano de sus propios hijos podría sacarlos adelante con un mínimo de información que poseyesen sobre sus posibilidades; y por ello, en fin, existen las *diwanies*, donde se acepta cualquier planteamiento, por directo que sea, a condición de que quien lo formule lo haga con la sonrisa en los labios, sin acritud y sin haberse fumado una dosis excesiva de hachís...

EL PROBLEMA PALESTINO. YASSER ARAFAT EN KUWAIT

Hassan Sadek se ve obligado a atender por unos momentos a sus vecinos de la izquierda, con los que habla en árabe —hay un magnate libanés y un jefe de la KOC, al que no conocí—, pero pronto vuelve la cabeza hacia nosotros, dispuesto a proseguir el diálogo. Ello ha sido suficiente para que el ritmo haya cambiado. Ahora quien tiene la palabra es Abu Chehabeddin, quien ha encendido un pitillo también rubio, aunque vertiendo dos columnas de humo por las fosas nasales, lo que por lo visto es costumbre entre sus compatriotas. Se le ve decidido a acosarme abordando «su» tema predilecto, que es el palestino, lo que confirma las previsiones de Fernando. Advierto que da muchos rodeos, porque ignora cuál es mi postura al respecto. Para ahorrarle sufrimiento le hago saber de buenas a primeras que «estoy a su favor», pese al gran afecto que siento por una espléndida mujer judía llamada Alma que conocí en Jerusalén y con la que en El Cairo, en la terraza del Sheraton, bailé estremecidamente un *fox* lento. «Estuve en Israel una temporada y visité la zona de Gaza, ¿comprende? Aquello me bastó.»

Abu Chehabeddin respira satisfecho, se pasa la mano por la rasposa mejilla y sus ojos se vuelven más lacrimosos aún. Y a continuación me suelta un discurso, informándome de que acaba de llegar de Jordania, donde el problema de sus compatriotas refugiados es también dramático. Tiene la voz quebrada y diríase que mastica las palabras. Arremete contra el mundo entero, mientras en la *diwanie* el resto de los asistentes continúan ocupados en temas sin duda más apacibles. Arremete contra la propuesta hecha por el Vaticano para la internacionalización de Jerusalén. «Es una monstruosidad. Jerusalén es nuestro y no lo cederemos a nadie jamás.» Arremete contra Sadat —después de admitir que Egipto es el *coloso* del mundo árabe—, por sus acuerdos de Camp David. «Beguin es un malvado, con cara de hiena. Y Camp David una traición, que permite que los judíos continúen instalando en Israel nuevos asentamientos.» Todo por culpa de los Estados Unidos, cuyos contribuyentes pagan tres dólares al día por cada ciudadano israelí... Los judíos matan sin cesar a palestinos y a árabes en el Líbano con armas norteamericanas y nadie protesta. Aquello fue una ocupación en toda regla, y a lo mejor yo ignoro que muchas familias kuwaitíes han perdido a alguno de sus seres queridos en las guerras contra Israel. «El precio es de sangre, y sin duda conocerá usted el proverbio árabe según el cual la sangre derramada por una causa justa vuelve a través de las venas de un pariente.» Israel es el único Estado de la ONU que no posee un mapa con fronteras. Son fronteras bíblicas... lo cual, en la época de los cohetes, carece de sentido. Como carece de sentido el que, al término de la II Guerra Mundial, los judíos, al exigir una «patria» y una justa reparación por las persecuciones de los nazis, eligieran Palestina. «¿Por qué nos señalaron con el dedo? ¿Por qué nos echaron de nuestras casas? Mi familia vivía enfrente del Muro de las Lamentaciones. Llegaron los bulldozers y arrasaron todo el barrio en un santiamén.»

Asiento con la cabeza, porque creo que tiene razón, pero no puedo evitar hacerle patente mi extrañeza ante la progresiva «amistad» entre la OLP y la Unión Soviética... «Considero que se trata de un juego peligroso. Y debo reconocer que personalmente me incomoda.»

Interviene el anfitrión, Hassan Sadek, afirmando que, si bien es cierto que las armas que utilizan los palestinos provienen de la Unión Soviética, no es menos cierto que Yasser Arafat, líder de la OLP, no es, ni ha sido nunca, comunista. Lo ha declarado siempre. Ha llegado a decir que el mundo entero podría ser comunista pero que había dos lugares en él que no lo serían jamás: La Meca, en la Arabia Saudí, y Jerusalén, en Palestina. «De modo que acepta la ayuda de la Unión Soviética por necesidades estratégicas, pero nada más.»

No insisto sobre el particular, ni siquiera para objetar que la URSS suele cobrar al contado sus ayudas. Y me intereso por la personalidad de Yasser Arafat, dada su conexión con Kuwait. Me confirman que estuvo diez años en el país antes de fundar el Al Fatah, ejerciendo de ingeniero, profesión que estudió precisamente en El Cairo. Y que de hecho se llama Abu Ammar, que significa «el que construye», o «padre constructor».

—Tiene cincuenta años justos. Está en su plenitud. Los judíos lo subestiman, porque desconocen su capacidad de decisión y su paciencia... Nada alterará sus planes; y cabe decir que el balance de su labor es gigantesco, puesto que la tragedia de Palestina ha sido el agente galvanizador del mundo árabe, el que ha servido de aglutinante. Mientras exista el problema palestino, los árabes seremos fieles a las enseñanzas del Corán y nos sentiremos hermanos...

También ahí les objeto que, aun admitiendo una suerte de fraternidad de fondo, mi impresión es que el mosaico árabe está muy dividido, con una tendencia también muy peligrosa a los exacerbados nacionalismos. La segregación de Egipto; las discrepancias entre Irak e Irán; entre Argelia y Marruecos; las bravatas —para llamarlas de algún modo— del libio Gaddafi, etc.

En ese capítulo mis vecinos reconocen que sí, que «hay demasiadas banderas árabes». Que a lo sumo debería de haber tres o cuatro, reagrupadas por afinidades históricas, como se han reagrupado los emiratos del golfo. Pero puesto que ello parece difícil de conseguir, bueno será no olvidar que las tensiones existentes son algo así como las contracciones de un parto. Lo que están pariendo las naciones árabes es un mundo grande, de repercusión planetaria. Además, ¿existe alguna diferencia básica entre un comerciante de Damasco y uno de Casablanca? ¿O entre un intelectual izquierdista de Afganistán y uno de Kuwait? Son hermanos gemelos —el «otro yo» de Hassan Sadek aflora en el diálogo—, con la ventaja de que pertenecen a una religión, el Islam, que no es, como el cristianismo occidental, un «negocio» privado, sino una pasión comunitaria... El Islam es por definición una religión del *colectivo*. Sus fieles se realizan más en la colectividad que en la intimidad. ¿Democracia? Hay un *hadit* de Mahoma que dice que si se encuentran tres personas en un desierto, deben legalmente designar a uno de ellos como jefe... Kuwait sigue el consejo implícito en este *hadit* —la vía intermedia—, sobre todo teniendo en cuenta que la imagen que ofrecen las democracias occidentales no es precisamente ejemplar. «Sin ánimo de ofenderle, nosotros diríamos que viven ustedes en un tremendo caos espiritual, cuyas causas tal vez habría que buscarlas en el feroz individualismo... Le repetimos que lo nuestro es la comunidad, y que tal vez por eso amamos la tertulia, como se demuestra en las *diwanies*, creación de una importancia capital.»

—Por si fuera poco, nuestra religión es realista, en el sentido de que no exige más de lo que la persona puede dar... Por ejemplo, un musulmán no ofrecerá jamás la otra mejilla —la prueba la tiene usted en los palestinos—, porque ello es superior a la propia naturaleza del hombre. La ley del talión, cuando se interpreta como es debido, y no como la interpreta Jomeini, ofrece indiscutibles ventajas...

CONTERTULIOS EN LA «DIWANIE». CANTO AL ISLAM

La conversación se generaliza, aprovechando que unos cuantos contertulios se han ido, luego de hacer una reverencia, y que han entrado otros nuevos, los cuales se han acercado a Hassan Sadek para saludarle, besándole las mejillas. Hassan Sadek ha creído llegado el momento de presentarme a la «comunidad», haciéndolo en voz alta. Ha hablado en árabe, lo que significa que no he entendido una palabra; pero, cada cual desde su asiento, todos me han mirado con una mezcla de expectación y simpatía, prueba evidente de que hasta ahora he logrado superar el examen.

Entre los recién llegados destaca un «túnica blanca», muy enjoyado, alto y esbelto, como un ofidio puesto en pie. Me parece entender que es un químico que trabaja en los laboratorios de Burgan, y trae una noticia que arranca un clamor de victoria: asegura que el próximo Premio Nobel de Física será otorgado a un sabio pakistaní que trabaja en Italia llamado Abdul Salam. «Caballeros, pido una taza de té para celebrar este hecho, ya que será la primera vez en la historia que se conceda el Nobel de ciencia a un musulmán, demostración palpable de que nuestra actual postura basada en el *Ijtihad* es correcta.»

Nuevos murmullos de aprobación, y otra ronda de té —en las tacitas mongólicas—, que nos salpica también a Fernando y a mí. Naturalmente, en cuanto se ha hecho el silencio, al término de una larga parrafada del «ofidio» en honor del sabio pakistaní Abdul Salam, pregunto qué es el *Ijtihad*...

¡Ay, he dado en el clavo! Conversación general. Mi pregunta ha sido el trampolín de arranque para una serie de explicaciones que me han interesado en grado sumo, y que a buen seguro hubieran hecho las delicias del profesor Ghavam Sadgeh en Teherán. El resumen de tales explicaciones es que el Islam ha vivido casi quinientos años sin apenas investigación científica, por haber practicado el *Taqlid*, que es la filosofía de la pasividad, nacida a raíz de una serie de sectarismos y cismas que se produjeron precisamente cuando el Islam llevaba siglos de adelanto con respecto a Europa. «Cayó sobre nosotros el temor de que, fijándonos como objetivo el progreso, nos desviásemos de las sagradas y eternas enseñanzas del Islam. De ahí que cayéramos en barrena y se produjera el declive. Pero ahora es la voluntad de Alá que rectifiquemos y que volvamos a desarrollar el máximo esfuerzo en dirección al *saber*... Máximo esfuerzo que es lo que significa, literalmente, poner en marcha el *Ijtihad*.»

Una vez más admiro el poder sincrético de las lenguas árabes, las cuales han sido comparadas a los nenúfares en el agua, aparentemente distintos unos de otros, pero que se comunican por sus raíces, o que se multiplican a partir de un tallo único. *Taqlid*, filosofía de la pasividad, de origen religioso; *Ijtihad*, esfuerzo interno y profundo para penetrar en el conocimiento y en la interpretación de alguna parcela de sabiduría. No puedo por menos que recordar a Rahman, el taxista, el cual, con ocasión de intentar traducirme un folleto que me habían entregado en el Hilton, me dijo que el árabe era el mejor atajo que conocía, superior incluso a las autopistas.

Se suceden las intervenciones destinadas a cantar las excelencias del antiguo Islam. Al decir de los presentes, en su apogeo el imperio árabe fue más vasto y más rico que el imperio romano en su mejor época, hasta llegar, en la Edad Media, a ser el centro del mundo, pues en esa época el Occidente estaba aún sin desarrollar culturalmente, predominando en él las tribus belicosas y las sociedades primitivas, gobernadas por reyes y nobles poco cultos. Reyes y nobles que suprimieron la investigación libre —quema de herejes y de brujas—, mientras el mundo árabe se encontraba en pleno *Ijtihad* y practicaba la tolerancia, especialmente a través de los califas de Bagdad y Córdoba.

La trigonometría y el álgebra se deben a los árabes. También muchos de los avances en matemáticas: se habla de «números arábigos». En cuanto a la astronomía, nadie puede olvidar los observatorios existentes en Asia medieval y cuyo más preclaro testimonio es el descubrimiento de la estrella Altair, la

más brillante de la constelación del Águila. Por otra parte, fue precisamente un musulmán español, Azarquiel, quien en 1070 ideó un astrolabio plano universal que alcanzaría gran difusión y que fue dado a conocer por Alfonso el Sabio. Avicena, hacia 1013, escribió en Persia el *Libro del canon de la medicina*, que constituyó la base de los conocimientos médicos del futuro, y en farmacia, más de la mitad de los remedios que utilizó Occidente —el ruibarbo, el sen, el tamarindo, etc.— se deben al Islam, al igual que en química el ácido sulfúrico y la destilación del alcohol. Tres siglos antes que Miguel Servet, Ibn Al-Nafis descubrió la circulación pulmonar. La investigación pionera de las viruelas y el sarampión se realizó hace unos mil años por doctores árabes, así como muchos de los avances en materia óptica. Y no quieren seguir detallando para no abrumar al invitado de turno, que en el día de hoy soy yo.

Lo que ocurría era que los científicos occidentales se apropiaban a menudo de los descubrimientos islámicos. Ya en el siglo XII se publicó un decreto en Sevilla que impedía la venta de escritos científicos a los cristianos, porque estos últimos los traducían y los publicaban cambiando el título. Y es que los musulmanes influían de forma decisiva en el hombre occidental, en virtud de su cuidada agricultura, de la ornamentación de sus edificios, de su manera de entrenar los caballos y montarlos, de sus armas y de sus mismos juegos, así como de su lujo en el vestido, que los monarcas cristianos copiaron. Dicho esplendor islámico podría resumirse describiendo el palacio musulmán de Medina Al-Zahra, en el siglo X, y concretamente su salón llamado de los Califas, todo de oro. Cuando el sol penetraba por las puertas, era tal su fuerza que cegaba. Y cuando al-Nasir quería asombrar a algunos de sus cortesanos le bastaba con hacer una seña a uno de sus esclavos para poner en movimiento el gran pilón de mercurio que había en el centro del salón, para que inmediatamente pareciese que toda la habitación estaba atravesada por rayos de luz y la asamblea empezaba a temblar, porque se tenía la sensación de que el salón se alejaba...

Sí, los occidentales han sido muy injustos hablando exclusivamente de la influencia grecorromana. El Islam fue el detonante más espectacular, además de su correa de trasmisión, si bien debe acusarse a sí mismo de lo anteriormente dicho, de la pasividad, de haber optado, debido a una confluencia de circunstancias, por el *Taqlid*. Debió de mantener enhiesto su estandarte, reclamar lo que era suyo y, sobre todo, pasar factura mucho antes de que brotara el petróleo. Debía de haberle bastado con adaptar a la realidad el conocido *hadit* del Profeta: «El peor de los sabios es el que visita a un príncipe; el mejor de los príncipes es el que visita a un sabio.» Príncipes y sabios musulmanes debían de haber colaborado al alimón, estrategia que, en definitiva, es el *Ijtihad* y la que ha adoptado actualmente, como norma de conducta, ese emirato apenas identificable en el mapa y que se llama Kuwait.

SOBRE PORNOGRAFÍA. PROYECTOS CULTURALES EN KUWAIT

Uno de los que están sentados en el suelo pertenece a la Koweit Finance House. Acaba de llegar de Europa, y por lo visto tiene mucho que contar. Se ha traído unas películas porno —el último grito— que serán pasadas a su debido tiempo, en pantalla panorámica, en la *diwanie* de su casa. Ha encontrado a los europeos un tanto alicaídos y abocados a una orgía de sexo y violencia que no hace presagiar nada bueno. Sin embargo, son inteligentes. Especialmente los franceses, para el diálogo matizado no tienen rival. Asistió a una conferencia que dio un profesor de la Sorbona —conferencia sobre cultura islámica— y se quedó estupefacto. En el coloquio subsiguiente un alumno se mofó del cielo que promete Mahoma, con huríes eternamente jóvenes. El alumno objetó que ello presuponía no sólo aceptar la resurrección

de los cuerpos, sino que éstos no sufrirían jamás el menor desgaste. «Sólo veo una posibilidad —terminó diciendo el alumno en tono de chufla—. Que el buen Dios haya resuelto de modo perfecto el problema de los trasplantes.»

Entonces el profesor le dio un varapalo del que a buen seguro se acordará de por vida. Primero le recordó que Mahoma, en réplica a una anciana que le preguntó maliciosamente si había «viejas» en el cielo, le contestó que no, pues todas las mujeres recobrarían en él su juventud. Pero luego el profesor añadió algo más, que probablemente los asistentes a la conferencia ignorábamos, y es que un santo cristiano, mucho antes que el Profeta, prometió asimismo a los suyos un paraíso con huríes. En efecto, se trata del santo obispo Efrén el Sirio, que figura en el calendario cristiano y que a los monjes que hubieran vivido en la tierra con abstinencia les prometió los favores de las mujeres en el cielo, «en premio por no haber caído en el lecho ni en el fango del amor terrenal». Más aún, san Efrén el Sirio agregó que en dicho cielo las mujeres y los hombres volverían a ser jóvenes y que desaparecerían todas las arrugas de sus rostros. «Tus arrugas desaparecerán», dejó escrito.

—Naturalmente —concluye el «túnica blanca» sentado en la alfombra—, tal noticia me desconcertó. Hasta el extremo de que al término de la conferencia fui a ver al profesor, expresándole mi sorpresa por lo que acababa de oír. Él se encogió de hombros y me contestó que si quería cerciorarme de ello me dirigiera a Roma, a la biblioteca del Vaticano, donde se guardan escrupulosamente los manuscritos de san Efrén...

A raíz de esta intervención, se acabaron las especulaciones sobre las prioridades científicas del Islam. El «túnica blanca» recién llegado de Europa atacó de frente el tema del culto al falo, al miembro masculino, por haberse traído también, además de las películas, un libro exhaustivo sobre el particular.

Mediante gestos y guiños de toda especie, con súbitos parones en su relato que crean el debido suspense, el hombre empieza diciendo que, al parecer, el culto al falo es antiquísimo, puesto que ya fue venerado en Egipto, en Siria, en Persia, en Asia Menor, etc., y que los españoles lo encontraron incluso a su llegada a México. Al parecer, en un principio se adoraba el órgano genital del toro, como símbolo generador de vida, pero más tarde dicho órgano fue adherido a una figura humana, lo que resultó extravagante debido a la desproporción.

En Egipto el falo era adorado en los templos, celebrándose procesiones, mientras los flautistas iban delante y las mujeres cantaban alabanzas a Baco. Pero es que, en la propia Biblia, ya Moisés habla de ello, y lo mismo Ezequiel, al cabo de novecientos años, cuando anatematiza a su pueblo por haber fabricado imágenes del sexo masculino y haber fornicado con ellas.

El caso es que los primitivos cristianos no consiguieron barrer el culto al falo, por lo que lo nombraron santo, conservándole las atribuciones de perseverancia y fecundidad. Se rezaba ante él e incluso después de varios concilios el pueblo seguía adorándolo y esculpiéndolo en las puertas de las casas particulares y de los edificios públicos.

Sería el cuento de nunca acabar seguir el itinerario estricto de tan divertida aventura. Bastará con decir que Montaigne habla de mujeres que llevaban la imagen fálica en la frente y que, al quedarse viudas, la volvían hacia atrás; que en Nápoles se celebraban también procesiones en las que se llevaban falos de cera colgados de los rosarios; que hay esculturas fálicas en la catedral de Toulouse y en algunas iglesias de Burdeos; que, concretamente en la región de Auvergne, se fabrican panes en forma de falo, lo que al parecer ya hacían los romanos, y que el popular san Foutin no es otro que el falo, cuya punta a veces se moja con vino. En fin, y para terminar, he aquí que en la catedral de Notre-Dame, de Estrasburgo, en uno de los capiteles de las grandes colum-

nas se reproduce un cortejo satírico en el que se ve un cerdito portador de un caldero con agua bendita, seguido de asnos con hábitos sacerdotales y de monos provistos de diversos atributos religiosos... Todo lo cual reafirma una vez más la extrema sabiduría del Profeta al prohibir que se reprodujeran figuras humanas, pues él no tiene noticia de que en el mundo islámico, por lo menos en nombre de la religión, se haya llegado jamás a semejantes y sacrílegas aberraciones.

Me dispongo a intervenir, pero Fernando me hace una seña indicándome que me calle. Prudente consejo. Porque la mayoría de los asistentes han empezado a desternillarse de risa al recordar detalles de lo apuntado, lo que me permite observar que abundan los dientes de oro. La verdad es que acribillan a preguntas al protagonista del relato, aunque lo hacen en árabe, lo que a Fernando y a mí nos sitúa fuera de juego. El «túnica blanca» ha obtenido sin duda un éxito clamoroso, que continúa rubricando con sus expresivos guiños y volteando con el índice de la mano derecha su *marsabah*. Hasta que, alcanzado el clímax, interviene el magnate libanés, que por las trazas goza de una cierta autoridad moral, y dirigiéndose a todos en francés propone dar por finalizado el asunto, en atención a los huéspedes —nosotros— que honramos con nuestra presencia la *diwanie*.

Su intervención es escuchada con curiosa unanimidad. Las risas se callan de repente. Hassan Sadek tiene la gentileza de pedirnos excusas. Por mi parte, no sé qué actitud tomar, y de pronto se me ocurre proclamar con voz tranquila que nada de lo dicho es nuevo para nosotros, que esas historias en Occidente son conocidas por los párvulos.

—Nuestra ventaja tal vez radique en que ese libro sobre el falo que el caballero se ha traído de París, así como las películas a las que aludió anteriormente, están en nuestras tierras a merced de todo el mundo, al alcance de cualquiera... ¿Ocurre igualmente esto en Kuwait? ¿Cualquier kuwaití tiene acceso a esas maravillas? ¿Y el millón de no kuwaitíes que trabajan en el territorio? ¿Tienen posibilidad de venerar a san Foutin, nombre sucedáneo del Príapo grecorromano? De ser así, los felicito, porque demostraría que realmente no es sofisma volver la oración por pasiva y afirmar que los pobres pueden reírse tanto como los ricos...

Estaba seguro de haber provocado un huracán. Y mi sorpresa es grande al comprobar que no es así. Algunas sonrisitas de difícil interpretación, y otro cambio de tercio. Se forman corros que empiezan a hablar de otras cosas, como si nada hubiese ocurrido. Hassan Sadek llama al sirviente y le pide otra taza de té, esta vez con limón. En cuanto a Abu Chehabeddin, el palestino, que es el único que parece haber tragado un poco de saliva, me pregunta si tengo inconveniente en que publique en su periódico, *Al-Watan*, las opiniones que anteriormente le he expresado sobre el drama de sus compatriotas. «¡No, no, desde luego! Siempre que sea usted literalmente fiel a mis palabras, claro...» «Se lo agradezco mucho. Será un placer», y levantándose me estrecha la mano, besa las mejillas de Hassan Sadek y se va, llevando una carpeta bajo el brazo.

Entonces Hassan Sadek me comunica —para seguir con el tema de los libros— que el Ministerio de Cultura en el que trabaja tiene la intención de preparar la edición de una monumental enciclopedia y de traducir una serie de obras de la literatura universal. «Hace poco tiempo organizamos una exposición con todas nuestras publicaciones, y nos dimos cuenta de que debemos hacer mucho más... Lo que ocurre es que los gustos de los kuwaitíes se inclinan más que nada hacia la poesía. ¿Lo sabía usted? Si será verdad eso, que en la Universidad la poesía es asignatura obligatoria. Tal vez en esto podamos compararnos con Irán...»

De regreso a la residencia de la Embajada, Fernando y yo guardamos silencio, luego de admirar la torre de la Telecomunicación feéricamente iluminada. Guardamos silencio hasta que, de pronto, viendo en el arcén un Rolls Royce averiado —nos acordamos de Kim, que iba por la India comprándolos a buen precio—, soltamos una carcajada. No pasa nada. No ha pasado nada. Ya me previno de que era posible que saltara en la tertulia algún obsceno. No es que sea una obsesión de los kuwaitíes, puesto que tienen todas las facilidades para saciarse en la práctica. Pero les ocurre que de repente se aburren y entonces ésta es su válvula de escape, al tiempo que señal de represión. ¿No vi las pantallas panorámicas en el palacio de madame Najat? Pues allí también se proyectan películas porno, último grito... aunque sin la asistencia del servicio.

—Yo veo ahí un punto de infantilismo...

—¡No, no, no lo creas! En ese terreno los árabes nos llevan una ventaja enorme...

—¿Qué quieres decir?

—Pues que saben elegir; y que hacen virguerías...

Guardo otro silencio, mientras me pregunto si entre los libros que el Ministerio de Cultura, de la mano de Hassan Sadek, se propone traducir para los kuwaitíes, figurará el *Culto al falo* que tan victoriosamente se adueñó de la inolvidable *diwanie*...

Llegados a la residencia, nos encontramos con dos delegados de la compañía española de Butano. Acaban de llegar de España dispuestos a comprar gas natural a Kuwait. Confían en el apoyo del embajador para las negociaciones, pero tienen pocas esperanzas de llegar a un acuerdo. «Nos pedirán un precio excesivamente alto... Y si fracasamos aquí, no tendremos más remedio que seguir luchando y probar en Argelia.»

Han visitado el «zoco del oro» y se han quedado viendo visiones. Parecen muy preparados en asuntos económicos y hablan un inglés perfecto. Les gusta precisar. Se saben de memoria muchas cifras sobre extracción de petróleo, refinerías, etc. Se saben de memoria —y ya es difícil— incluso los nombres de todos los emiratos del golfo. Afirman que los ingresos de Kuwait en el último quinquenio han alcanzado la cifra de diez *billones* de dólares, pese a haber reducido voluntariamente la producción. A los que hay que añadir los ingresos procedentes de la venta del gas y lo que les habrán aportado las inversiones. Diríase que tales cifras alborotan a los perros *Said* y *Sabah*, puesto que bajan la escalera saltando y pegan brincos a nuestro alrededor. Por fortuna, tras de ellos aparece Samantha y con sólo un grito de mando, escueto y perfecto, logra que se tiendan en el suelo, jadeantes, e inmovilizarlos poco después. Al propio tiempo, Antonio nos trae unos whiskies y gran cantidad de pistachos, la «distracción» favorita de Fernando.

Antonio se muestra encantado ante la posibilidad de servir a dos españoles más... «¿Cómo está España? ¿Chipén, como dicen en Madrid?»

Los dos delegados de la compañía Butano tuercen levemente el gesto.

—Verá usted... En muchos aspectos, chipén, como usted dice. Pero hay cierta intranquilidad en las calles debido a los atracos y a los robos. Nos imaginamos a la panda del *Vaquilla*, por ejemplo, en el zoco de oro que acabamos de visitar... ¡Daban cuenta de él en cinco minutos!

—¿El *Vaquilla*? ¿Quién es el *Vaquilla*? —pregunta Antonio enarcando las cejas y sonriendo—. ¿Un torero?

—¡No, no, nada de eso! Un delincuente común, casi menor de edad...

—Pues la cosa es sencilla... —comenta Antonio con una chispita en los ojos—. Se le aplica en las manos la ley islámica y asunto resuelto. ¡Y que el Profeta sea alabado! —Se ríe y desaparece por la puerta de la cocina.

Charlamos un rato, sosegadamente, con los recién llegados. Son dos per-

sonas ecuánimes, que me informan con detalle sobre los esfuerzos inútiles que hace Occidente para escapar de las garras de la OPEP. Fernando, como es natural, se conoce el tema al dedillo y mientras come pistachos va asintiendo con la cabeza. A juicio de los delegados, las «alternativas» energéticas —para emplear una expresión en boga— están aún en mantillas. A lo sumo puede aspirarse a un parcheo de poca monta, que no significará ninguna solución. ¡La energía solar, la eólica, las algas, el alcohol, los microbios, de que últimamente se está hablando! Bueno, tal vez todo ello sea aprovechable en un plano doméstico; pero, por el momento, la OPEP nos tiene de rodillas pidiéndoles que se apiaden de nuestro tesoro nacional...

Para consolarlos, les comunico que en Kuwait aumenta la afición por la poesía. «Es asignatura obligatoria, tomen nota...» Les aconsejo que no sean materialistas y que vayan recitando, a modo de *mantra*, un verso que aprendí hoy en una *diwanie*: «Cazad buenas palabras y luego empleadlas en las fiestas del corazón.»

Los dos delegados me miran con asombro y apuran hasta la última gota sus vasos de whisky.

EL ISLAM Y LA ARABIA SAUDÍ

Fernando se marcha con los delegados de Butano, S. A., a las oficinas de la Embajada y Kim, Samantha, mi mujer y yo nos quedamos un rato escuchando música. A los perros *Said* y *Sabah* parece encantarles tanto como a nosotros la *Sinfonía del nuevo mundo*, de Dvorak. Hace tiempo que ellos encontraron el «nuevo mundo» en la compañía de las dos mujeres.

A las siete subimos a la primera planta, dado que la televisión tiene anunciada para esa hora el paso de un documental sobre la Arabia Saudí que me interesa sobremanera, pues es posible que sea el país que visitemos próximamente. Como siempre, la mesa frente al televisor, los sillones y el suelo están repletos de revistas y periódicos con crucigramas a medio hacer. También hay algún libro que otro; y ceniceros con colillas. Es de presumir que a la jovencísima y pecosa Samantha le gusta ese tipo de desorden, que contrasta con la extrema pulcritud que emana de toda su persona.

El documental, de tres cuartos de hora de duración, tiene la virtud de encandilarnos. Aunque un tanto imperfecto de color, las imágenes son alucinantes, al igual que los textos ilustrativos. Resulta difícil retener su contenido, por culpa del deshilvanado montaje de sus secuencias, tan diversas entre sí que casi nos dan pie a asegurar que se trata de un *collage*. Como fuere, al llegar al final todos coincidimos en que pocas veces nos ha sido dado contemplar algo tan sintético y representativo de un país que se debate, como todos en el golfo Pérsico, entre las costumbres atávicas y un futuro que sus habitantes estiman de ensueño, gracias a las ingentes riquezas que sus entrañas atesoran.

Debo señalar que mi agenda de notas ha brincado de alborozo, puesto que el documental ha sido ciento por ciento informativo, y algo así como el colofón o remate de mis vivencias islámicas en la *diwanie*. Destinado, como es obvio, a cantar las excelencias de la monarquía reinante, el clan Saud, que domina la Arabia Saudí, yo ignoraba que en torno al rey Jaled y su heredero, Fhad, pululan algo así como cuatro mil príncipes y princesas. Claro que, por lo visto, ninguno de ellos puede autorizar pagos en nombre del tesoro nacional; pero no se han mentado para nada los cobros y en Occidente todo el mundo dispone de datos fehacientes para especular sobre la cuestión.

Las notas que, gracias a la previsora Kim, hemos podido grabar en cinta magnetofónica pueden dar una idea cabal de lo emitido en la pequeña pantalla. El código penal de la Arabia Saudí, muy parecido al de Irán, pese a tratarse de un país en el que los chiítas constituyen una minoría insignificante y a que Jomeini no cesa de proclamar que «el clan Saud es tan corrupto como el Sha», prevé el corte de manos —precisamente ayer envié una postal al *pasdar* Hassan—, la lapidación pública de los adúlteros, etc. Ahora bien, el rey Jaled ha afirmado estar muy orgulloso de aplicar dicho código. Sus palabras han sido: «Gracias a él tenemos el índice de criminalidad más bajo del mundo. Y si no hemos suscrito la Declaración Universal de los Derechos del Hombre es por creer que el Corán salvaguarda ya esos derechos.» Luego añadió, con su voz de corazón fatigado, que la auténtica barbarie es que en cualquier ciudad occidental pueda encontrarse un asesino por una suma inferior al precio de un camello.

Los cantos en honor de la saga de los Saud, empezando por Ibn Saud, el legendario fundador de la dinastía y abuelo del actual rey Jaled, han sido hiperbólicos. Comparados con ellos, los epítetos que los medios de comunicación de Kuwait dedican a su emir podrían considerarse fofos, «desalinizados», incluidos los que salen de la pluma y de la boca de Hassan Sadek. Por descontado, la voz en *off* ha omitido que ciertos miembros de la saga en algún momento han llegado a «poseer» trescientos coches, diez mil criados y no menos de treinta palacios. Lo cual no significa que no gozaran de aptitudes para el liderazgo, que ni siquiera sus más acérrimos enemigos se han atrevido a negar.

A lo largo de unos diez minutos he revivido nuestra estancia en Burgan. El documental ha explicado la lucha por el hallazgo del petróleo en Arabia Saudí, cuyo final feliz —el chorro milagroso elevándose al cielo— se produjo en 1936 —es decir, cuando se inició en España el chorro de sangre—, gracias al capital anglosajón y a la pericia del ingeniero Stieneke. A partir de ese momento las bolsas subterráneas se mostraron tan pródigas que en la actualidad el 40 % de las reservas petrolíferas de Occidente se encuentran en Arabia Saudí —salvo que los hallazgos en México varíen la cifra—, lo que supone que 2 500 000 dólares por hora ingresan en las arcas del país. Sobre esta base, y contando con que el número de sus habitantes no rebasa los ocho millones, es fácil establecer o proyectar planes quinquenales de rango quimérico. El que está en curso se calcula en 100 billones de dólares —diez veces el de Kuwait—, y su finalidad, ¡cómo no!, es acabar con la miseria, la enfermedad y la ignorancia. Por de pronto, está en construcción el nuevo aeropuerto de Yedda, el más moderno del planeta, concebido para recibir dignamente a los centenares de miles de peregrinos que anualmente se dirigen a La Meca.

La voz en *off* ha explicado los esfuerzos que se realizan para convertir el desierto en zona fértil, y cuyo sistema más poético radica en la importación de icebergs del Antártico, del que anteriormente se habló. La agricultura es uno de los objetivos preferentes del monarca, contrariamente a lo que sucede en Kuwait. Si los números no mienten, tres millones y medio de hectáreas son ya cultivables, con abundante producción de trigo. Para lo cual se tiene en cuenta que se considera deseable acabar con el nomadismo, «a fin de que cada ciudadano saudí tenga su asiento».

Los cantos al Islam han dejado capidisminuidos a los escuchados en la *diwanie* de Hassan Sadek. No en vano en Arabia Saudí están La Meca y Medina y no en vano cerca del actual Riad, capital del reino, el Profeta ganó numerosas batallas y pronunció aquellas palabras: «Si yo hubiera inventado contra Alá algún mal propósito, Alá me hubiera cogido por la mano derecha y al punto me hubiera cortado la vena yugular.» En Irán, me contó Arim que alguna vez había llorado por no haber nacido en Arabia Saudí; y el taxista Rahman, dos veces *haj* —dos peregrinaciones a La Meca—, estuvo a punto de solicitar permiso para quedarse en Yedda y dedicarse al transporte de peregrinos. La voz en *off* ha citado dos ejemplos referidos a la embriaguez producida por el Islam. El primero, que antaño incluso se llevaba a los niños de pañales a escuchar a los *ulemas*; el segundo, que un *ulema* se cayó a un pozo, y que cuando se acudió a salvarle exigió que ninguno de los que habían asistido a sus clases sobre el Corán, o sobre la sunna, le auxiliase, por temor a perder la recompensa que merecía de Dios por las enseñanzas que había impartido.

Otro canto se ha referido al presupuesto para la defensa militar. Sin aludir para nada ni a la Unión Soviética ni a los Estados Unidos, ha quedado claro que el rey Jaled se propone, en la medida de lo posible, disponer de un ejército y un armamento autosuficientes. «La defensa del golfo Pérsico —ha declarado— es tema exclusivamente de los países del golfo Pérsico.» Han aparecido instalaciones de radar a lo largo de la costa, así como escuadrillas de aviones en batería y se ha hecho una vaga alusión a la bomba atómica. «Un ataque por sorpresa contra Arabia Saudí es ya imposible», ha sido el dictamen. Dictamen optimista a todas luces, que ha provocado entre nosotros leves sonrisas y varios ladridos —los únicos a lo largo de la emisión— a cargo de *Said* y *Sabah*. También Antonio, que de vez en cuando ha subido por si necesitábamos algo, ha oído la afirmación y ha murmurado por lo bajines: «Eso no se lo cree ni el *money's bishop*.»

Por último, se han mostrado muy severos en el plano de la moral, lanzando invectivas contra Occidente, contra las películas porno, la prostitución y no digamos el proxenetismo. Al respecto el Profeta se mostró también sabio al permitir cuatro esposas y un número ilimitado de concubinas. Por lo visto en la Arabia Saudí actual, a caballo de una interpretación fanática de los textos coránicos, le está prohibido a una mujer fumar en público, los ginecólogos suelen ser mujeres, la virginidad es asunto totémico y la separación de sexos continúa vigente por doquier, sin exceptuar las mezquitas. Por supuesto, ahí la voz en *off* también ha omitido que muchas esposas de los *príncipes* se lamentan del enclaustramiento y les preguntan a sus maridos de qué les sirven tantas alhajas y tantos vestidos si en la práctica no pueden exhibirlos en ninguna parte.

Todo ello y mucho más ha dado de sí el documental, y al apagar el televisor me he formulado toda suerte de reflexiones, la más aventurada de las cuales ha consistido en establecer ciertas comparaciones entre la postura adoptada por el «clan Saud» y la adoptada por el Sha. No, por supuesto, en lo atañante a la occidentalización masiva que éste se propuso; pero sí al afán de poder, a la riqueza desmesurada, a la «corrupción» de puertas adentro y a la *paranoia* que en Arabia Saudí empieza a detectarse.

La necesidad que los Saud sienten de rodearse de un ejército poderoso y de una guardia pretoriana, los gastos militares y la afición por las armas —al parecer, el único hobby del rey Jaled es la cetrería— ofrecen mucha similitud con las visiones fantasmales que llevaron al ex monarca del Irán a ver enemigos por todas partes. El interrogante radica en saber si los saudíes no se estarán creando tales enemigos cada día que pasa, y si su exhibicionismo no despertará la concupiscencia de los bloques que luchan por dominar estratégicamente la zona. Por lo demás, ¿es descartable un atentado contra el rey Jaled, o una serie de atentados contra quienes le rodean? Existe el precedente del asesinato, en el país, del rey Faisal. ¿No existirá una minoría extremista —los «fundamentalistas» de turno— que hayan contado uno por uno los príncipes y que prepare una operación para dejar su hipocresía al descubierto? La Meca parece invulnerable. Sin embargo, ¿quién es capaz de detener la mano oculta del odio? Los chiítas son una minoría insignificante, de acuerdo; pero Jomeini no ceja, invitándolos a la subversión. Y sabido es que en los enfrentamientos religiosos, más que en otros cualesquiera, un solo individuo —una sola vela— puede provocar un incendio.

Me abstengo de pensar en voz alta, de hacer partícipe a los demás de mis cavilaciones. Hemos pasado a la planta baja, donde disfrutamos del *living*, del «dao» del zaguán, que está a la vista, de los grabados de caballos ingleses y de una cajita de plata con la firma de los compañeros de promoción de Fernando. Pienso, no sé por qué, en la novela que éste podría escribir sobre el golfo Pérsico. ¿Por qué no lanzarse a la tarea, robándole tiempo al tiempo? El tema está ahí, quemándole los dedos. Ojalá conociera yo la zona como él la conoce. Ojalá dominara yo sus intríngulis como lo domina él. Y como Clarisse domina la factura de los sonetos...

Fernando llega de la Embajada.

—¿Qué tal el asunto del Butano? ¿Podrán contar con él los hogares españoles?

—Me temo que las gestiones en Kuwait fracasarán, y que nuestros delegados tendrán que probar suerte en Argelia...

CAPÍTULO XL

COCHES DE OCASIÓN Y GRANJAS EXPERIMENTALES

He entablado relaciones de amistad con el palestino Abu Chehabeddin que conocí en la *diwanie*. Ha publicado en el periódico *Al-Watan*, a modo de entrevista, mis ideas sobre el conflicto palestino-israelí. No ha dejado de chocarme ver en el periódico mi fotografía y, debajo, mi nombre —seguido de mis declaraciones— en lengua árabe. Afortunadamente, ha sido fiel a mis palabras, sin inventarse un solo adjetivo. Gracias a mi nuevo amigo me he enterado de que en Kuwait se publican seis diarios, dos de ellos en lengua inglesa, doce semanarios y la revista de cultura general más difundida en Oriente, *Al-Arabi*, con una tirada de medio millón de ejemplares.

Abu Chehabeddin, que continúa sin afeitarse y que cada día se parece más a su líder, Yasser Arafat, aunque sin los pistolones en el cinto, me ha enseñado lugares de Kuwait para mí inéditos. Por ejemplo, el mercado de coches de ocasión que se celebra todos los jueves por la tarde en un descampado de las afueras de la capital.

Ha sido una interesante experiencia, sobre todo recordando los mercados parejos que se celebran en Occidente y los «cementerios de coches» que se encuentran en España y que son desvalijados pieza por pieza con asombrosa rapidez. En este mercado de Kuwait, a veces resulta difícil admitir que tal o cual vehículo es de segunda mano, que ha sido ya utilizado. «Hay kuwaitíes que no soportan una simple abolladura.» La mercancía es de lo más heterogéneo: pequeños modelos, camionetas abigarradas, con muchas pegatinas, grandes automóviles americanos e incluso autocares.

Los vendedores, subidos encima de las capotas, van pregonando las excelencias de cada unidad y sus voces se interfieren, se mezclan unas con otras y se confunden. La clientela es también muy diversa. Los beduinos y los «peones» inmigrantes se inclinan por lo más barato, los palestinos y los libaneses —profesiones cualificadas— por lo más aparente y caro. El regateo es la norma habitual, y puesto que la mayoría de los coches están en perfectas condiciones, ¡y llenos de gasolina los depósitos!, son muchos los compradores que salen de allí zumbando sobre las cuatro ruedas y con toda la documentación en regla. Con un aditamento singular: a un par de quilómetros de distancia se celebraba al propio tiempo un mercado de camellos...

Abu Chehabeddin, que siente por Kuwait casi tanta devoción como por su «patria» ocupada por Israel —expresión que es la que él suele utilizar—, va informándome al paso de todo lo que supone que puede enriquecer mi bloc de notas. Es diabético y de vez en cuando se detiene y abriendo el botiquín que lleva en su Chrysler se pincha en el brazo (insulina), sin interrumpir por ello el diálogo. Está sorprendentemente convencido de que su diabetes no es hereditaria, por lo que no ha tenido inconveniente en ser padre de ocho hijos. «Hay mucha superstición en torno a esa enfermedad, y por temor a la genética no voy a dejar de contribuir al aumento demográfico de mi pueblo, que tantos guerrilleros necesita.» Me pregunta sobre el porcentaje de diabéticos en España, y al confesarle mi ignorancia sobre el tema no puede ocultar una exagerada decepción.

Me ha acompañado también a un par de granjas experimentales, luego de alabar con hiperbólica elocuencia la labor de los técnicos en ese terreno. «¡Ah, si en Kuwait pudiéramos beber petróleo!», ha exclamado, echando mano de una frase usual. El problema del agua, claro. Al agua desalinizada, demasiado pura (insípida), se decidió añadirle un cinco por ciento de agua salobre. Las granjas son una bendición y un desafío. ¿Rentables? El proyecto es a largo plazo. Hay que luchar contra las propiedades del suelo, excesivamente salado y que es preciso renovar cada tres años para garantizar una relativa fertilidad; pero se ha conseguido ya cultivar plantas desconocidas en el golfo y, sobre todo, producir las llamadas «rosas del desierto» —conglomerado de granos de sílice y que parecen petrificadas—, consideradas como el símbolo rojo y restallante de la victoria contra los elementos. Abu Chehabeddin me ha regalado seis de esas rosas para mi mujer: me gustaría que no se marchitasen y poderlas contemplar, al término de nuestro viaje, en un jarrón de mi casa.

Pero donde mi amigo palestino se mueve más a sus anchas es en el centro comercial y en el zoco. Me explica que el precio bajo del oro —comparado con el de los mercados de París, Zurich o Londres— se debe a los bajísimos impuestos de que se beneficia el precioso metal. «Se vende a peso, ¿comprende? La mano de obra es tan barata que no cuenta para nada.» En efecto, en un tenducho al que sería calumnioso llamar «joyería», he podido asistir a la compra masiva —al vaciado de todo el escaparate y de casi todos los estantes— por parte de un jeque kuwaití propietario, al parecer, de varios hoteles en Montecarlo. El tendero, sin pestañear, ha ido colocando en unas viejas balanzas los brazaletes, los collares y toda suerte de joyas, anotando con un bolígrafo sobre un simple papel la cuantía de cada pesada. De ese modo he visto desaparecer en el lote un librito-miniatura que me había llamado la atención y que yo aspiraba a poseer. «Le repito que no se valora el trabajo del orfebre. Por otra parte, las damas kuwaitíes prefieren joyas más modernas, a ser posible, italianas... Así que le va a resultar a usted muy difícil competir.»

Al término de la operación un par de criados indios han penetrado en el tenducho y han transportado la preciada carga al impresionante automóvil que esperaba fuera. ¿Cuántos quilos de oro, incluidas algunas *tolas*, macizas como lingotes, procedentes de Inglaterra y de Suiza? Como es lógico, he vuelto a acordarme del *Vaquilla* y de los incontables cacos que pululan por las ciudades españolas, y que a menudo no dudan en disparar o en usar la navaja. ¿Tendrá razón el rey Jaled al elogiar la absoluta eficacia de la práctica coránica del corte de manos? Abu Chehabeddin me dice que sí, aunque en principio la idea provoque rechazo... «Se trata de defender a la comunidad.»

Antes de alejarnos del tenducho he observado con calma al jeque, con su «túnica blanca» y su *kuffieh*. Era de los bajitos y tripudos y vestido a la europea hubiera podido equipararse a un modesto tabernero.

A poca distancia del lugar vimos un comercio dedicado exclusivamente a la venta de rosarios, de *marsabahs*. Los había de todo tipo: de plástico, de coral, de perlas finas, ¡de oro! Abu Chehabeddin, del que sospecho que es indiferente en materia religiosa, me cuenta que dicho comercio hace las delicias de los coleccionistas. «Sí, amigo mío, aunque parezca mentira, hay coleccionistas de *marsabahs*... Pocos, pero los hay. Supongo que están convencidos de que Alá se lo tendrá en cuenta. Yo tengo mis dudas al respecto, pero eso no importa. Lo que importa es que su afición representa un gran estímulo para los artesanos, que hacen maravillas, como puede usted comprobar... Especialmente cotizados son los rosarios que provienen del Yemen o aquellos en que se detecta algún defecto en su confección.»

Mi nuevo cicerone se muestra encantado de que el centro comercial empiece a equipararse a Saint-Honoré. Me obliga a que preste atención a los anuncios luminosos, en uno de los cuales aparece y desaparece el rostro del emir. Es un escamoteo que encandila a la gente, aunque no falten quienes estimen que se trata de una falta de respeto. En otros paneles publicitarios aparecen y desaparecen incensarios, lenguas de fuego —las llamas del gas—, «daos» y siluetas cinegéticas, especialmente la del halcón.

—Supongo que no le habrá pasado a usted inadvertido un detalle... —me dice Abu Chehabeddin—. La falta absoluta de mendicidad y que el trabajo infantil en el país es prácticamente nulo... Ahí tiene usted, tal vez, la mejor definición que puede darse de Kuwait.

Melancólica poesía kuwaití

Abu Chehabeddin es un entusiasta del progreso, por lo que se hace lenguas del sistema kuwaití de telecomunicaciones vía satélite y de la moderna maquinaria que ha adquirido su periódico, *Al-Watan*. El día que me invita a su casa me previene contra lo que a mis ojos podría resulta paradójico: casi todo, en el hogar, es americano, a excepción de la comida. La habitación en que trabaja es una réplica casi exacta de los despachos de la KOC en Burgan. Ello le ha acarreado problemas, sobre todo con su mujer, muy amante de la tradición. También alguno de sus hijos prefiere las tiendas del desierto a los *buildings* y el primogénito es uno de los más entusiastas actores del grupo teatral «Al-Kalima» («La Palabra»), fundado en 1963 y que intenta salvaguardar el alma de Kuwait frente a la aplastante civilización de la tecnología. La declaración de principios de dicho grupo es clara al respecto: «Nuestra existencia será una guerra contra el materialismo que ha invadido nuestra sociedad y ha desconcertado nuestras almas. Combatiremos a quienquiera que se proponga matar el espíritu.»

Abu Chehabeddin no ve la menor incompatibilidad entre el progreso y el espíritu. «Si no se hubiera descubierto la insulina, ¿dónde estaría yo?», me pregunta, sonriendo sibilinamente. Y sin embargo, en Kuwait existe una corriente —y no sólo entre aquellos beduinos que continúan añorando sus esquemas atávicos—, que sigue, sin saberlo, los prejuicios del grupo Al-Kalima. Especialmente los poetas, de los que se habló en la *diwanie*, se aferran a eso que ellos llaman el «alma» de Kuwait y que en definitiva supondría volver a las cabras, a la miseria, a las enfermedades y a los pozos sin agua.

Como ejemplo militante, el periodista de *Al-Watan* se empeña en traducirme dos composiciones de un joven poeta, Fayek Abd al-Jalil, que podría considerarse el arquetipo de la lágrima injustificada. La primera dice así:

> *Amigos, no destruyáis la callejuela*
> *y la vieja mansión...*
> *Oh padre, nuestra casa es hermosa*
> *y nosotros la queremos tal y como es...*
> *Lástima que el barro se convierta en mármol;*
> *lástima que los recuerdos*
> *se machaquen a golpe de piqueta;*
> *lástima que las lámparas de aceite*
> *se conviertan en neón;*
> *lástima que la callejuela tranquila*

> se vuelva loca.
> Amigo, no destruyáis la callejuela:
> forma parte de mi corazón.
> Esta vieja mansión está rodeada
> por la muralla de mi amor.
> Respetad, os lo ruego, esta parcela de mi corazón...
> Mi padre es mi vieja casa.
> Mi padre: la infancia.
> Mi padre: el Liwân
> y la puerta perezosa.
> Me gusta que mi casa esté hecha de piedras y de barro.
> Me gusta adornada de viejas vigas...
> Como antes, como antes...
> Una cama construida sobre tajos de cocina.
> Una estera atada con cordeles.
> Y un gallinero bajo el techo...

—¿Se da usted cuenta? —barbota Abu Chehabeddin—. Y ahí tiene usted la pretendida justificación:

Y me lee el segundo poema:

> En Londres,
> país de la moda y del humo,
> país de la niebla, de las lluvias y los palacios,
> en Londres he pasado la noche,
> noche larga como varios años,
> y he sentido que mis ojos ya no eran los de un hombre.
> En Londres,
> sus avenidas y sus cafés,
> sus jardines... sus inmuebles,
> sus iglesias... sus cabarets,
> en Londres me ha parecido que el mundo tenía el sabor
> de la amargura de Job.
> En Londres he encontrado extraño el deseo,
> barato el amor callejero.
> En Londres he encontrado que el amor no es amor,
> que el deseo no es deseo,
> que la noche no es noche,
> que los hombres no son hombres;
> me ha parecido que el mundo tenía el sabor
> de la amargura de Job.

—¿Sabe lo que le digo? —concluye Abu Chehabeddin—. Que yo condenaría a cadena perpetua a ese tal Fayek Abd al-Jalil y a sus compinches... ¡Son tipos extravagantes y peligrosos, que se niegan incluso a ver la televisión!

EXCURSIÓN AL DESIERTO. FRONTERA CON IRAK

Fernando quiere llevarnos a una excursión por el desierto, en dirección a la zona neutra existente en la frontera con Irak, zona cruzada por una carretera que nos conduciría a Bagdad. Enfilaremos, pues, hacia el norte. La misma carretera prosigue, en dirección sur, hacia la Arabia Saudí y es la utilizada por los peregrinos que van a La Meca.

Para tal aventura deja a un lado el Cadillac negro y echa mano de un Land Rover, sin la banderita española... «Es una excursión no oficial, ¿comprendéis?» En previsión del calor, vamos ligeros de roja. Mi mujer, traje de verano —manga corta—, aunque se lleva una chaqueta y un pañuelo para, llegado el caso, cubrirse la cabeza. En el momento de acomodarnos se coloca en la parte de atrás, cediéndome el asiento delantero, al lado de Fernando.

Parecemos tres chiquillos a los que hubiesen regalado unas canicas. No hay duda de que el embajador se siente a gusto en Kuwait. Canturrea, silba y nos cuenta que antes el título de emir era hereditario para el hijo, pero que ahora, para evitar el nepotismo, la familia se reúne y elige el sobrino más capaz. «Así que en la actualidad los aspirantes forman legión.» También, comentando mi diálogo con Abu Chehabeddin, me informa de que una película titulada *¡Mar, basta ya!*, basada en las más puras tradiciones kuwaitíes y dirigida por el realizador Kaled Siddeq, obtuvo premios en Cannes, en Teherán y en Moscú... «¡Ah, las tradiciones kuwaitíes son un venero de sorpresas! Por ejemplo, antaño el té estaba reservado exclusivamente a los esclavos.»

Vemos al paso una casa adornada desde la terraza hasta la planta baja con guirnaldas y bombillas de colores que descienden en cascada. Se trata de una boda: la casa de la novia. Es una simpática costumbre parecida a la de los entierros en Irán.

Me acuerdo de que madame Najat nos dijo que las bodas continúan concertándose entre las familias y Fernando asiente con la cabeza. Como es natural, el hábito va perdiéndose, pero tradicionalmente ha sido así. «Hasta hace poco tiempo, los beduinos imponían su ley al respecto.» ¡Oh, las bodas beduinas! Tenían su aquél. Los festejos —cantos, danzas, banquetes...— duraban cuarenta días; ahora, dos o tres a lo sumo. Los novios no se conocían hasta poco antes del enlace, pues todo había sido programado sin su participación. El hecho, sin embargo, tenía su lógica, desde el punto de vista del desierto: no se unían dos *seres*, sino lo dicho, dos familias. O mejor aún, dos clanes. Los recién casados tendrían que continuar viviendo con los cuñados, los primos, los tíos y ocuparse de la procreación y de mantener las costumbres. Bajo la misma tienda. Bajo el mismo cielo azul.

En la actualidad, todavía es normal la segregación de sexos a lo largo de la víspera de la boda. El novio recibe en su casa a tantos cuantos hombres, parientes y amigos, acudan a felicitarle. A veces llegan a sumar doscientos o más. No dejan de comer y de beber café y té. Y a medianoche, entra en liza el ritual. Se sacrifican varias docenas de corderos, que los *jazzars*, los carniceros, degüellan. La bullanga es indescriptible, con los gritos de los corderos y de los niños. La carne es la que se comerá en el ágape nupcial, junto con bolas de arroz. El olor es dulzón y repulsivo, por lo que los incensarios actúan a destajo.

Todo ello dura hasta el atardecer del día siguiente, en que de pronto aparece la novia con su séquito de mujeres. La ceremonia alcanza su momento cumbre en cuanto los novios desaparecen en la habitación conyugal, mientras fuera continúan las danzas. Otra noche de zarabanda. Hasta que, con el alba, reaparece la pareja, la novia oculta bajo el *burqu'* o «máscara de cuero», característica del golfo y que sirve para ocultar el semblante de la mujer.

—¿Os ha gustado? ¿Sí...? Pues si queréis, os lo cuento otra vez...

Me pregunto por qué el taxista Rahman no me ha hablado jamás de tal ceremonia. Será porque su hija mayor se ha enamorado de un palestino... O por temor a que mi reacción fuese negativa.

INSÓLITO CAMPAMENTO DE PEREGRINOS A LA MECA

La lengua de la carretera avanza con el desierto a ambos lados. En la arena sin fin, escuálidos matorrales. Fernando nos dice que, al llegar la pri-

Bibliografía

El Corán (traducciones de Juan Vernet y de Juan B. Bergua), C. Virgil Gheorgiu, Robert Payne, Maxime Rodinson, M. Asín Palacios, E. García Gómez, Claudio Sánchez-Albornoz, Américo Castro, Pedro Martínez Montálvez, Juan Vernet, José María Pemán, Marcel Boisard, Maurice Bucaille, Friedrich Burghardt, Pierre Gourou, Julio Caro Baroja, Wolf Scheneider, Herbert Khirsch, Jacques Berque, René Grousset, Jacques C. Risler, John B. Glubb, S. Munk, Claude Cahen, René Habachi, Louis Massignon, Amir Siddiqi, Juan-Eduardo Cirlot, Lawrence de Arabia, Frithjof Schvon, Dominique Sourdel, C. W. Ceram, Agne Hamrin, Otto Neubert, Terenci Moix, Luis Carandell, Simone Lacouture, Jean Hureau, Teilhard de Chardin, Ramon Llull, Mohamed Aziza, León Pliakov, Egipto (Guide Bleu), Livio Tescaroli, Gaston Wiet, Cyril Aldred, E. J. Byng, José E. Guraieb, Michael von Haag, Adel-Th-Khoury, George Posener, Phillipp Vandenberg, Ange-Pierre Leca, Yahudiya Masriya, Michael Heim, general Naguib, Sarge Sauneron, Nada Tomiche, Ch. Desroches-Boblecourt, Jean-Philippe Lauer, Pierre Montet, Maxime Chrétien, Ruhollah Jomeini, Mohamed Reza Pahlevi, Farah Diba, Princesa Ashraf Pahlevi, Gilles Anquetil, Gérard de Villiers, Irán-Afganistán (Guide Bleu), André Godard, Marie-Agnès Malfray, Henz Nubbaumer, Idries Shah, Robert Graves, Pierre Loti, Essad Bey, Vincent Monteil, Robert Graham, Marijan Molé, Jean Abd El-Jalil, Michèle Campana, J. J. Berreby, Al Gayet, Daniel Sueiro, C. Lamour/ M. R. Lamberti, Édouard Schuré, J. P. Abraham, Chu Ta-Kao, J. A. Dulaure, Lao-Tsé, Omar Keyyam, Goethe, Papini, Romi, M. Celinon, Ibn Séoud, Milton Sinverman, Mohamed Seyed Ghaleh, Ibn Arabi, Salem Al-Jabir, Linda Blanford, Génise Basdevant, Simon Jargy, Marie-Georges, Oscar Mitri-Gerard Boulad, Víctor Sanmiguel, Titus Burchhardt, Rodolfo Gil Benumeya, Akila Chirine, Umberto Scherrato, Emel Esin.

También me han sido de gran utilidad las enciclopedias Larousse, Universalis, Durvan, Labor y Salvat; la Historia de la humanidad (Unesco); la cartografía de Éditions Atlas; las revistas Al Azhar, Al Zakat, Al Hadsch, Horizons, Focus, Homa, Tigris, The Kuwaiti Digest, Kuwait Oil Company, Kuwait, Monuments et Sites Historiques de l'Iran, y la Revista de Geografía Universal.

mavera, y por espacio de unos pocos días, dichos matorrales se tiñen de un maravilloso color morado, prueba evidente de que el profundo deseo de la naturaleza es vivir. Asimismo nos recuerda que cuando vienen por aquí con los perros *Said* y *Sabah*, ambos mastines echan a correr quilómetros y quilómetros, con una alegría contagiosa, a la que Shamanta se muestra muy sensible.

Otra vez el desierto ha salido a mi encuentro, con lo que ello supone de interiorización. Muy a lo lejos se ve el mar; mejor dicho, sabemos que allí está... Y nos enteramos de que en sus orillas hay unos pequeños astilleros en los que, desde tiempo inmemorial, se construyen «daos». El sistema no puede ser más primitivo. Todo lo más, media docena de obreros. Ajustan las tablas y para taladrar utilizan un extraño aparato parecido a una rueca. Poco a poco el «dao» va cobrando forma y no importa el tiempo que se tarde en su construcción. El placer de crearlo, de hacerlo brotar de la nada, supera cualquier cálculo que pudieran manejar los economistas.

De pronto, a nuestra izquierda, surge la sorpresa: topamos con un campamento de peregrinos que se dirigen a La Meca. Un campamento enorme, de un colorido impar, debido a las tiendas de campaña, a los autocares pintarrajeados, a los vehículos particulares, a las banderolas que echan chispas al sol.

La visión es tantálica. Se trata, sin duda, de una caravana importante, pues algunos de dichos autocares son tan largos que parecen trenes y los distintivos y emblemas provienen de países muy diversos. «Eso no me lo esperaba yo...», comenta Fernando, pegando un frenazo. Y todos convenimos en que debemos acercarnos al campamento y aparcar allí, como si formáramos parte de la comitiva.

Así lo hacemos. El Land Rover abandona la carretera y pegando saltitos alcanza el lugar. Nadie nos impide el paso, de suerte que aparcamos junto a un mastodonte motorizado que nos llama la atención. Es un taller mecánico flotante, sin duda presto para cualquier emergencia. El hervidero es mayúsculo y observamos que, mientras todas las mujeres visten *chador* negro, la indumentaria masculina es de lo más diverso, abundando incluso las camisas y los pantalones a la europea. Una extraña alegría reina en el ambiente. Es posible, ¡loado sea el Profeta!, que sea ésta la última etapa de los peregrinos hasta llegar a Arabia Saudí, y que por esta causa la emoción haya empezado a embargar sus corazones.

Previa una rápida consulta, Fernando y yo decidimos apearnos, para recorrer el campamento y sacar unas fotografías... En cambio, todos hemos coincidido en que mi mujer debía permanecer en el interior del Land Rover, dado que su traje veraniego y su «presencia» occidental podía acarrearnos algún problema.

—Un poco de paciencia... Sólo unos minutos.

—De acuerdo. Pero no tardéis...

No tardéis... Pronto Fernando y yo olvidamos esta súplica. El espectáculo es tan alucinante que, apenas iniciado nuestro vagabundeo, perdemos la noción del tiempo. En algunas tiendas reina un silencio sacro, con viejecitos leyendo el Corán y moviendo rítmicamente la cabeza. En otras hay hornillos encendidos y sus moradores dialogan animadamente. Vemos incluso un mercadillo, con una serie de tenderetes alineados y toda suerte de artículos expuestos. Los vendedores, al vernos, nos llaman con talante amistoso y nos ofrecen su mercancía mediante una jerga ininteligible y gestos muy expresivos. Sonreímos y nos acercamos a ellos. Venden peines, tijeras, rosarios, tapices de plegaria, pantuflas, jergones, un buen surtido de latas de conserva, etc. Además, ¡mantas españolas! *Made in Spain*... El detalle es pintoresco y llegamos a hacerles comprender que «pertenecemos al país de las mantas...». «¡Oh, *good, good*!» Se forma un corro a nuestro alrededor y los muchachos jóvenes nos piden que les saquemos fotografías, a lo que accedemos gustosamente.

Jamás hubiera imaginado que tal hecho fuera posible en un campamento de peregrinos en ruta hacia La Meca. Los suponía «ya en trance», dados los preceptos leídos en los libros. Pocos niños. La prueba es dura y podrían crear problemas. Sin embargo, uno de ellos, de la mano de un hombre corpulento que lleva una túnica (color butano) hasta los pies, no deja de mirarnos sonriendo y haciendo sonar una trompetilla de plástico.

Abandonamos el mercadillo y nos dirigimos a las tiendas de otro sector. Más viejecitos leyendo el Corán, más autocares. Los hay tan relucientes que parecen recién estrenados; y disponen de cuantas comodidades son menester. Han aparcado en batería y sus oriflamas son como duendecillos de buen augurio. En las carrocerías puede leerse «Euroasia» y otras y sorprendentes inscripciones por el estilo. Hay muchos camiones cargados con maletas, sacos y los enseres más impensables. Otros mastodontes peculiares: un camión cisterna, un dispensario... Claro, claro, la asistencia médica debe de quedar garantizada no sólo para el viaje, sino para la prolongada estancia en La Meca, donde habrá que cumplir con todos los requisitos: las siete vueltas a la Kaaba, la visita a la fuente Zem Zem, la permanencia en la llanura de Arafat, etc. Para entonces, seguro que todos los hombres se habrán vestido con el blanco *irham*, que simboliza la fundamental creencia de la igualdad entre los musulmanes, puesto que la riqueza, el estado, la raza y el color carecen de significado en el *hadj*. «Todos los hombres son iguales y subordinados a Dios.» Este concepto es expresado mediante el cántico del *talbiyah*, que se repite varias veces: «Aquí estoy, Señor, en respuesta a tus deseos. Aquí estoy a Tu servicio, ¡oh Dios!, que no tienes igual en alabanzas. Gracia y poder soberano te pertenecen, ¡oh Dios!, no tienes igual.»

Tres hombres de mediana edad, con sus clásicos bigotazos, nos llaman desde una tienda de color amarillo. Logramos encontrar con ellos una jerga común. Nos dicen que el convoy, inicialmente modesto, ha ido engordando a lo largo del trayecto. Hay coches provenientes de Turquía y hasta de Afganistán... Y uno de Salónica, ocupado por *ulemas* que se conocen al dedillo las prescripciones en cada momento y que no olvidan la práctica de las abluciones tal y como debe de ser.

En lo que a ellos mismos se refiere, piensan recorrer lo menos cuarenta quilómetros a pie hasta llegar a La Meca, habida cuenta de que el Profeta dijo que cada paso de un hombre en peregrinación valía más que cien efectuados sobre cabalgadura. Quedarán purificados. Sus almas serán como las de aquel niño de la trompeta de plástico. Y es que no resulta fácil ser buen musulmán. El Profeta ha sido calumniado una y mil veces, llegando a decirse de él que no fue con Kadjidja todo lo feliz que los comentaristas han pretendido, razón por la cual colmó de huríes el paraíso... También la difusión del Islam ha sido objeto de definiciones satíricas: «una fatalidad de la naturaleza», «un segundo diluvio», «un vendaval que todo lo arrasó» y otras fórmulas similares. Ellos mismos se han visto obligados a discutir con algunos de los chiitas procedentes de Irán, que tomando como ejemplo el aleya del Corán que dice: «Tu Señor inspiró a las abejas...», han sacado la conclusión no sólo de que entre las abejas había profetas, puesto que el Señor las inspiró, sino de que eran profetas *todas* las abejas...

—Lo más difícil, en nuestra religión, y habida cuenta de que lo abarca todo, es saber distinguir entre lo sustancial y lo secundario... Nosotros no querríamos exagerar. Somos sunnitas. Querríamos obrar con sentido común y no cargar las palabras con un peso excesivo... El idioma árabe es ondulante como las arenas del desierto y hay que atenerse a ese ejemplo para no errar...

—¿Son ustedes irakíes?

—No, somos sirios. De Damasco... Aunque los tres nacimos en aldeas del interior.

—¿Cuánto tiempo les ha llevado preparar ese viaje?

—Unos seis meses...

—¿Hay en el convoy algún peregrino especial?

—Un anciano pakistaní, al que los médicos están ahora atendiendo porque se desmaya muy a menudo... Apenas si puede sostenerse en pie, pero en cuanto nos detenemos se apea del vehículo y cae al suelo desplomado.

—Tal vez su intención sea morir en La Meca...

—Tal vez... ¿Qué otra cosa mejor puede desear un buen musulmán?

—¿Ustedes desean la muerte?

—¡No, no! Somos jóvenes y tenemos familia... Pero envidiamos a aquellos que sólo viven por su fe, prescindiendo de todo lo demás...

Abandonamos la tienda y al pasar junto al camión cisterna vemos a unos cuantos varones de distinta edad haciendo sus abluciones en unos cubos colocados a propósito. También se suenan y escupen —como en la mezquita Real de Ispahan—, pero se abstienen de beber luego. ¡Menos mal! A su lado, un *mullah* viene a nuestro encuentro. Nos ruega que no le saquemos ninguna fotografía y nos informa de que el gobierno kuwaití, en vista de que el número de peregrinos aumenta sin cesar, tiene la intención de construir en este lugar un gran motel, dotado de todo lo necesario... Para el próximo aniversario de la Hégira debe estar terminado. «¿No se han dado cuenta? Ya empiezan a traer tuberías para el abastecimiento de agua...»

Sin saber por qué, el encuentro con el *mullah* nos trae a la memoria que dejamos a mi mujer sola en el Land Rover. ¿Cuánto tiempo habrá transcurrido? «Le dijimos que sería cuestión de unos minutos...» La verdad es que no hemos mirado el reloj y que llevaremos fuera una buena media hora.

Nos despedimos del *mullah*.

—*Koda hafez*...

Se queda muy sorprendido.

—*Koda hafez*... —nos contesta, llevándose la mano al corazón.

PÁNICO EN EL INTERIOR DEL LAND ROVER

A paso ligero, y orientándonos mal que bien, conseguimos ver a lo lejos el Land Rover. Nuestro asombro es mayúsculo, pues está rodeado por completo de mujeres con *chador* negro, que parecen presas de un ataque histérico. Si nuestros ojos no mienten, forcejean por abrir alguna de las puertas. Echamos a correr como gamos y a medida que nos acercamos al vehículo empezamos a sospechar lo que está ocurriendo: habrán descubierto a una «extranjera» en el interior, con manga corta por más señas y estarán insultándola de mala manera.

Llegamos en un santiamén y la realidad supera lo imaginado. Están aporreando los cristales, escupen en ellos y profieren gritos que no suenan precisamente a jaculatorias. Abriéndonos paso sin miramientos logramos comprobar que mi mujer está a salvo, aunque recostada en la parte trasera del vehículo, la misma que ocupaba, con la chaqueta cubriéndole los hombros y los brazos y el pañuelo en la cabeza y anudado al cuello... Menos mal que tuvo esa idea y, sobre todo, que le dio tiempo a subir los cristales y a quedarse encerrada dentro. Forcejeamos con aquella rueda de fanáticas, las cuales, ante nuestra presencia, aplacan un poco el ánimo. «¡Largo de aquí! ¡Fuera, fuera!», grita Fernando. El aspecto de mi mujer, acurrucada allá al fondo, no se me olvidará jamás. Sus ojos expresaban todo el pánico del mundo, estaba pálida como nunca la había visto y se tapaba la cara con las manos en señal de impotencia absoluta.

Al vernos, se incorpora a duras penas y juraríamos que sus sollozos llegan a nuestros oídos... Fernando abre la puerta y una vaharada de calor asfixiante nos azota el rostro. «¡Dios mío! —grita mi mujer—. ¿Por qué habéis tardado tanto?»

No tenemos excusa. Los *chadors* —manchas negras en torno— continúan profiriendo insultos, pero ya con rebajada agresividad. La temperatura en el interior del Land Rover es insoportable y tardamos todavía unos segundos en poder abrazar a mi mujer, que sigue sollozando. «¡Dios mío! —repite una y otra vez—. ¿Por qué habéis tardado tanto?»

Ya está a salvo y poco a poco recobra la tranquilidad. Nos cuenta que minutos después de alejarnos nosotros un par de rostros curiosos se acercaron al vehículo y en seguida leyó en su mirada el relámpago del anatema. ¡Una mujer *no musulmana* en el campamento! ¿Qué estaría haciendo allí? Era una profanación. Otros rostros se acercaron y fue cuando le dio tiempo a subir los cristales. Pero se asfixiaba y su temor era que lograsen abrir una de las puertas. ¡Y nosotros quién sabe dónde, sacando fotografías!

—Mujer... ¿cómo íbamos a pensar que corrías peligro?

—¡Dios mío...!

Le doy a beber café de mi termo y la estrecho entre mis brazos. Aunque ella prefiere secarse el sudor.

Entretanto, Fernando ha vuelto a salir, pues lo incomprensible es que a pocos metros había media docena de hombres a la sombra de un autocar, que no se tomaron la molestia de levantarse siquiera para ver lo que ocurría.

Fernando se les acerca dispuesto a pedirles explicaciones. Ignoro cómo se las arregla, pero consigue atraer hacia el Land Rover a dos de ellos, que por lo visto chapurrean el inglés. Al ver a mi mujer, hacen unos movimientos de cabeza indicativos de que se hacen cargo de la situación. Pero es inútil reprocharles nada. Sus caras son un frontón. Rumbo a La Meca, están por encima del mal y si las mujeres reaccionaron de aquella manera, sus razones tendrían.

Nuestra alegría es tanta al ver que mi mujer va recuperándose, que Fernando desiste de seguir increpando a nadie. «Son unos estúpidos.» Por lo demás, los *chadors* han desaparecido. Entonces, haciendo de tripas corazón, les pregunta a los dos hombres qué hubiera ocurrido si las «asaltantes» hubieran logrado romper los cristales o abrir una de las puertas.

Se encogen de hombros. Por fin el más bajito dice, en tono neutro:

—Probablemente le hubieran arrancado la cabellera...

Salimos del campamento zumbando. Fernando propone regresar a la Embajada, pero mi mujer se niega. Ya todo pasó. «¿No querías enseñarnos algo? Pues andando.» Fernando comenta que no quería enseñarnos nada en concreto; simplemente, el desierto... «Tú mandas», comenta. «De veras —reitera mi mujer—. Estoy bien... Vamos allá.»

Allá significa tomar de nuevo la carretera y proseguir hasta el norte. Nadie pronuncia una sílaba —Fernando suspira hondo—, y contemplamos la arena a ambos lados y el cielo puro. A pocos quilómetros trasponemos el puesto fronterizo que da acceso a la zona neutra con Irak. Los guardias se muestran muy amables; poco después, el Land Rover bifurca a la derecha, abandonando la carretera. Zigzagueamos por entre la arena movediza. La verdad es que gozamos pegando saltos. Se diría que hemos reencontrado una suerte de niñez inesperada. «Alá no permita que nos hundamos en algún bache.» Pronto vemos el mar, de un azul no muy intenso y su proximidad acaba de disipar las secuelas del incidente.

Paisaje inhóspito pero grandioso. Nos apeamos y vemos que una víbora pega un salto y con asombrosa agilidad se esconde en un agujero en forma de buzón. «No temáis. Se estará quieta. No volverá a salir hasta que oiga los motores del Land Rover alejándose…»

A nuestros pies, una vasta extensión del golfo, del mar del golfo, de la costa antaño llamada de los Piratas… Pequeñas olas de blanca espuma se suceden al llegar a la orilla. Es un mar también neutro, inofensivo. Nadie diría que nos encontramos en uno de los enclaves más amenazados del orbe. Es una especie de trasmundo que concita al pensamiento a toda suerte de quimeras.

Este desierto es distinto del que cruzamos yendo a El-Alamein. Las dunas son más pronunciadas y a Fernando le divierte sortearlas y «crear camino al andar». Sin duda cambia de fisonomía muy a menudo, por causa de los vientos. Por ejemplo, antes había una carretera bordeando la costa; ahora no queda ni rastro, por lo menos en ese tramo. En el mar, allá al fondo, varios petroleros, que a buen seguro llegarán a la plataforma de Al-Ahmadi. Nos acordamos de Marzuk Al-Mutairi, que sobrevuela en helicóptero la zona de Burgan y que no concibe el mar sin la presencia de esos supertanques, ilustres responsables de que Occidente vaya intoxicándose con la droga del consumo.

Le repito a Fernando, pe a pa, lo que el derviche Majnun me contó en casa del profesor Ghavam Sadegh sobre el sexto sentido de los jefes de caravana de antaño en las altiplanicies del Irán. Admite que todo ello puede ser cierto, pero a condición de añadir que con frecuencia se idealiza el desierto y que debajo de su componente poético se esconde mucha dureza y mucha crueldad.

Le doy la razón. Sin embargo, algo hay en «la infinita y aparente soledad» que ha subyugado a muchos hombres y le cito el caso del profesor Jacques Berge, quien cada vez que pisaba el desierto sentía que era allí donde debía morir, «no sin antes levantar tres tiendas, conforme a la atávica concepción del nomadismo: una para él, otra para sus servidores, otra para los huéspedes o invitados». El profesor Berge opina que el genio árabe es un vástago del desierto perdido en la lejanía temporal y que en su seno se conjuran muchas mezquindades de la vida. «Personalmente —le digo a Fernando— estoy a favor. A veces me tienta imaginar que mis antepasados fueron beduinos… En el desierto suele ganarme una insólita claridad mental y su libertad no me invita a la pereza, sino todo lo contrario. ¡Aquí mismo, y en este momento, empezaría a escribir mi libro! Y estoy seguro de que se me ocurrirían palabras que en lo que llamamos civilización se diluyen como terrones de azúcar en el café.»

Fernando sonríe, y me recuerda que el propio Mahoma, que conocía lo mismo el desierto que la ciudad, solía desconfiar de los beduinos. Incluso es fama que en cierta ocasión recibió a uno de ellos que acudió a halagarle y a rendirle pleitesía: el beduino, a su regreso, cayó fulminado… «¡Y mucho cuidado con Rahman, tu querido taxista! Cuando oye el almuecín pega un frenazo al coche y se apea para rezar, ¿verdad? Pues puedo asegurarte que no cree absolutamente en nada y que lo único que le interesa es su familia, una buena propina al final y encontrar alguien que le cure el acné repelente contra el que fracasan todas las pócimas inventadas por la antigua magia de tu gran amigo el desierto…»

TIENDAS DE BEDUINOS

Nuestro vagabundeo prosigue y nos alejamos del mar. Y vemos precisamente dos tiendas de beduinos, que aparecen a lo lejos como dos manchas oscuras. No guardan la menor semejanza con las tiendas del campamento de peregrinos: tienen el color del tabaco. Construidas con pieles de cabra —es de suponer—, y habitadas por varias familias unidas por la inveterada promiscuidad.

—¿Quieres que probemos si son tan hospitalarios como suele decirse? ¿Si nos admiten como huéspedes?

—¡Vamos allá!

El Land Rover continúa brincando y dando tumbos, pero no importa. Estamos en la zona neutra con Irak. La curiosidad nos puede. Le digo a Fernando: «Me gusta la metáfora del color-tabaco referida a las tiendas.»

Bien, mi fracaso es total. Apenas llegados a unos doscientos metros, salen de sus chamizos cuatro hombres que avanzan unos pasos como dispuestos a formar una barrera. Incluso su postura permitiría deducir que van armados. Nos acercamos un poco más y vemos mujeres, críos, camellos y cabras, que se mantienen en la retaguardia. Es evidente que para esos hombres somos unos intrusos y que a la vista del color de nuestra piel no nos invitarían a tomar café o té.

Su rigidez es tal que, en cuanto estamos a su vera, ni siquiera nos atrevemos a prolongar nuestro saludo. Fernando se limita a apearse y a disimular, preguntándoles, a base de señas, dónde queda Kuwait... Uno de los beduinos, que debe de ser el jefe, nos señala con el índice la dirección adecuada. No es cierto que vayan armados. Les basta con la mirada, que es también un anatema...

Muchas gracias, *sukran*, y Fernando sube de nuevo, sonriendo y ajustando con calma el espejo retrovisor.

—Cariñosos, ¿verdad? —Guarda un silencio y añade, mientras aprieta el acelerador—: Lo máximo que nos hubieran hecho es arrancarnos la cabellera...

—Me gustaría recordarte que soy más bien calvo... —le advierto.

—¿Y eso qué importa? Algo agradable se les hubiera ocurrido...

CAPÍTULO XLI

DESPEDIDA

Bruscamente, se interrumpe nuestro viaje. Recibimos en la Embajada una llamada telefónica de España que nos obliga a regresar a casa sin pérdida de tiempo. Precisamente ello ha ocurrido cuando nos disponíamos a hacer las gestiones para entrar en la vecina Arabia Saudí. Fernando me había advertido de la imposibilidad de obtener permiso para llegar a La Meca; pero yo seguía confiando. «No seas mentecato. Lo sabes como yo. El acceso es privativo de los musulmanes. Es la ley. Y si intentaras filtrarte por vía ilegal, te arrancarían ese cuero escasamente cabelludo que tanta falta te hace.»

En Kuwait nos quedaban por vivir aún una serie de experiencias. Quería visitar un par de hospitales, algunas entidades bancarias, conectar con una poetisa amiga del palestino Abu Chehabeddin —cenar en casa de éste—, así como con la feminista Lulúa, notable luchadora en favor de la «liberación» de la mujer, de cuya tenaz labor Zakía me había hablado en El Cairo. Madame Najat, por su cuenta, le había pedido a su marido que me invitara a una cacería y estaba a punto de celebrarse una carrera de camellos... En fin, más vida kuwaití, que me hubiera permitido ponerle digno colofón a nuestra estancia en este minúsculo país que día tras día va enriqueciendo su historia, a caballo de los petrodólares y de una innegable dosis de sentido común.

No nos queda más remedio que hacer las maletas y conectar con Iberia. Hay vuelo semanal, directo, Kuwait-Barcelona y plazas libres. Sin problema, pues. Nos despedimos de todo el mundo con una prisa que nos causa desazón. Siempre he preferido que el fin de los viajes sea lento, moroso, casi relamido. Ir diciéndoles adiós a personas y a cosas con el ánimo de quien ha decidido suicidarse pero no ha previsto la fecha. Ese tal —lo escribí en un relato corto— alcanza un estado mental singular que le permite centuplicar sus posibilidades de observación y empapar de nostalgia cuanto mira y toca. Así me habría gustado estrechar la mano del obispo Sanmiguel —el *money's bishop*—, del taxista Rahman, de madame Najat y familia, de todos los miembros de la colonia española que conocimos en un cóctel que Fernando ofreció en nuestro honor, de aquel muchacho de Goa, llamado Nabab, que en la tarde dominguera de la catedral católica andaba entre las mujeres indias mirando el suelo como en busca de su identidad perdida...

No ha sido posible y he tenido que aceptar. A veces uno se pregunta por qué existirán los teléfonos, por qué nuestra época se las ha arreglado para que a uno puedan llamarle —reclamarle— desde las antípodas, en un santiamén. Sobre la cabeza de Marco Polo no se cerniría semejante amenaza, y de ahí que pudiera permitirse un alejamiento hasta el confín, sin ataduras, gracias a lo cual pudo terminar sin interrupciones su periplo incomparable.

Llega la hora. Nos despedimos de Fernando, de Kim, de Shamanta, del Antonio-todo-terreno... Y de los perros, *Said* y *Sabah*. Y de las tres torres simbólicas a la orilla del mar y de los «daos» de silueta tan antigua como la isla Failaka, que también habíamos proyectado visitar, tal vez en compañía de Marzuk Al-Mutairi, el amable jeque que nos acompañó por entre las instalaciones relucientes de Burgan.

A Fernando no sé qué decirle. Su hospitalidad y su bienhacer son impagables. Su amistad no ha tenido el menor fallo y sería absurdo jurarle que no lo olvidaremos jamás. Sin saberlo, ha puesto broche de platino —el oro en Kuwait es demasiado vulgar— a la aventura que hace unos meses iniciamos en Arenys de Munt, al despertar el alba, cuando el pueblo dormía y esas «aves de la mañana» que son los gallos cantaban simbolizando la continuidad del mundo y del calendario.

Su juventud, su vitalidad, su alegría, sus ojos azules nos han acompañado a lo largo de esas jornadas compensadoras de todos los sobresaltos que tanto nos vapulearon en Irán. Fernando crea en torno suyo un clima de optimismo que rebasa lo contingente. Sin su presencia, sin su risa breve, sin su fe en el futuro, nuestros escarceos con el Islam nos habrían dejado un regusto más punzante, teñido, en cierto modo, de una turbadora acidez. Sin su Land Rover nos costaría mayor esfuerzo imaginar que de pronto, al llegar la primavera, los matorrales del desierto se cubren por espacio de unos días de un intenso color morado cuya finalidad es recordarles a los beduinos —a todos los hombres— que el profundo deseo de la naturaleza es vivir.

—¿Me mandaréis las fotos?
—Claro... Y tú envíanos las tuyas.
—¿Por qué no me obsequias con tu saco en bandolera?
—Porque es algo sagrado, porque me acompañó al Sinaí...
—¡Te pones trascendente!
—Será porque oigo el canto del almuecín...

A última hora nos da su palabra —nos promete— que escribirá su novela sobre el golfo Pérsico.

—Puedes hacer algo grande...
—¡Uf, qué más quisiera!
—Conoces el tema. Y lo sientes... ¿Hay quien dé más?
—Me falta oficio.
—El Profeta te ayudará...

Nos damos un fuerte abrazo y salimos hacia el aeropuerto. Mediante un pequeño rodeo podemos despedirnos del mar. Las olas llegan con mansedumbre a la playa. Traen consigo una brizna de eternidad. A lo lejos, la silueta de un petrolero. Tal vez sean dos. Hay cola para acercarse al puerto de Al-Ahmadi... El Islam, que antaño lubrificó con su cultura Occidente, ahora le ofrece, cobrando fuerte, el tesoro de sus entrañas. Es el vaivén de la historia, es el retorno, es el desafío inevitable...

Arenys de Munt. Empezado el día 1 de marzo de 1980 y terminado el 24 de diciembre de 1981.

Epílogo

Como el lector habrá visto, mi viaje por los países islámicos se ha centrado, a la postre, en el tríptico que forman Egipto, Irán y Kuwait. Hubiera querido visitar otros lugares, pero las circunstancias me han retenido en España, donde, a lo largo de casi dos años, me he dedicado de forma exclusiva —y apasionada— a la redacción de este libro. El esfuerzo de documentación ha sido ingente, sin descuidar el contacto incesante con personas oriundas o procedentes de los mencionados países.

Lamento, por supuesto, no haber podido poner el pie en Arabia Saudí, cuna del Islam, del Profeta y sede de La Meca. Era el colofón deseable. Cometí el error de excederme en mis pretensiones. Solicité ser invitado *oficialmente* por el gobierno del rey Jaled, a fin de ver solventadas de raíz todas las trabas que pudieran presentárseme viajando por cuenta propia. La respuesta no fue negativa, pero, según documentos que obran en mi poder, debía comprometerme de antemano —responsabilizándose de ello, al propio tiempo, el Ministerio de Asuntos Exteriores español— a que el libro sobre el Islam que me disponía a escribir *«no sería objetable ni política ni religiosamente».* Es obvio que hubiera sido grotesco doblegarme a semejante imposición, por elementales razones de libertad y honestidad. Por supuesto, la actitud de las autoridades saudíes puede asociarse a cualquier cosa menos al concepto de democracia y tolerancia que es el santo y seña de buen número de naciones occidentales.

Pese a ello, estimo que los tres países alineados en este volumen conforman un retablo asaz representativo. Egipto es el coloso del mundo árabe, con el aditamento de su pasado faraónico, que confiere a la idiosincrasia de sus habitantes un peculiar interés humano. (Antes de comenzar mi obra estuve en Egipto de nuevo, efectuando el clásico crucero que llega a Abu Simbel y se detiene en Filé, Edfu, Dendera, Valle de los Reyes, etc., visitando sus templos y realizando además la consabida e incomparable travesía del Nilo. No obstante, al término del periplo comprendí que, desde el punto de vista de mi objetivo literario, el Islam, dicho viaje no me había aportado nada inédito y decidí prescindir de él.)

Irán ofrece la particularidad de su reciente vendaval —la caída de la dinastía Pahlevi y la implantación del régimen jomeinista—, con el aditamento, igualmente, de su pasado esplendor persa y lo que ello supone de complejidad psicológica. Inciso, también, digno de ser tenido en cuenta, pieza irrenunciable del mosaico que, en el seno del vasto Islam, deseaba presentar a mis lectores.

Por último, el emirato de Kuwait. Lo árabe casi en estado de pureza. Enclavado en la península que bautizó esa raza sin apenas parangón que por espacio de varios siglos marcó el ritmo de la historia. Chorreando petróleo, «oro negro», por todas partes, en la entraña de un desierto antaño desolado y actualmente en vías de convertirse en vehículo receptor y trasmisor de civilización.

Elección, en resumen, que considero insuficiente pero en cierto modo válida. «Quien mucho abarca poco aprieta», dice el refrán. Todas las obras que he consultado y que han pretendido englobar entero el colectivo islámico —desde el Senegal hasta Filipinas— se han ahogado indefectiblemente en un océano de vaguedades. No me arrepiento de haberme ceñido a sólo tres países. Es posible —ojalá no me equivoque— que semejante restricción se haya visto compensada por alguna que otra ráfaga de vigorosa intensidad.

Por descontado, desde el fin de mi viaje —en las postrimerías del año 1979— ha llovido mucho, incluso en el desierto. Quiero decir que se han producido en el mundo, y en los mencionados tres países, acontecimientos de registrable importancia. En este sentido la obra podría no estar al día; por fortuna, fiel a mi costumbre cuando abordo un libro trashumante, toco sólo de refilón los avatares políticos, clavando el bisturí, intencionadamente, en los elementos perdurables de la condición humana de los pueblos: psicología, costumbres, reacciones, actitudes mentales, etc. Gracias a ello confío en que el interés del relato se mantenga intacto. Los campesinos *(fellahin)* egipcios siguen siendo lo que eran, al igual que las pirámides. El Bazar de Teherán continúa midiendo treinta o cuarenta quilómetros y el fanatismo chiita no ha cedido un ápice. Los súbditos kuwaitíes —las «túnicas blancas»— y los inmigrantes a su servicio prosiguen su andadura a ritmo de Cadillac y de camello, por encima y por debajo de las páginas de sucesos.

La servidumbre del ojo que mira es ésta: el paisaje se renueva, se sucede a sí mismo como las estaciones del año. Todos los cultivadores del género viajero, conscientes de ello, se han mostrado precavidos, y de ahí que el paso del tiempo sólo haya conseguido arañar o pellizcar su vigencia. En la cúspide de esa pirámide encontraríamos a Marco Polo; en la caravana, hombres como Conrad, Pierre Loti, Blasco Ibáñez y equivalentes conservan intactos los valores de su lúcido deambular.

Pese a todo, bueno será echarles un vistazo a los hechos más destacables acaecidos desde el último trimestre de 1979, y de los que en mi obra no he podido dar puntual noticia.

En Egipto, la incompatibilidad entre los coptos y los Hermanos Musulmanes, sólo atisbada en mi relato, bruscamente se agravó y dio lugar a una serie de enfrentamientos que, como es sabido, tiñeron de sangre las calles de El Cairo. Ello influyó en el endurecimiento de la postura del presidente Sadat, endurecimiento que, aliado con otras motivaciones, le costó la vida, en trágicas circunstancias y cuando más sólido parecía su prestigio. La mayoría de los amigos cairotas que menciono en mi libro lloraron su muerte; en cambio, pocos, al parecer, habrán llorado la muerte, ocurrida también en El Cairo, de Reza Pahlevi, el ex Sha de Persia, el Rey de Reyes, al término de una dramática peregrinación.

En Irán la conmoción ha sido intensa. La odisea —quizá previsible— de los rehenes norteamericanos. El asalto ruso al vecino Afganistán, asalto que, pese al mutismo de las agencias de prensa, se está convirtiendo en avispero, hasta el extremo de que en la zona empieza a hablarse del «Vietnam de la Unión Soviética». El estallido de la guerra Irán-Irak, confusa e intermitente y sin claro vencedor. Rebelión de los *khalq* —de inspiración comunista— contra la teocracia de Jomeini, con atentados que se han llevado por los aires a varios ayatollahs y a un número indeterminado de altas jerarquías civiles. Exilio de Bani Sadr y de otros antiguos e íntimos colaboradores del imán. Represión, por parte de éste —en nombre de Dios—, de espeluznante crueldad. Actual compás de espera, con una cierta tendencia a la consolidación del régimen surgido de la revolución. Imposible, desde luego, aventurar lo que ocurrirá mañana en Irán, y menos aún lo que ocurrirá a largo plazo. Jomeini sobrevive a todos los ataques, incluso a los de su propio y fatigado corazón, en contra de las previsiones apocalípticas de que me hablaban sin cesar las personas con las que allí tuve contacto.

Tocante a Kuwait, línea ascendente, en términos generales. Economía boyante, captación de cerebros, muchos jóvenes cursando estudios en el extranjero, los poéticos «daos» haciéndose a la mar y la KOC y sus instalaciones gozando de una envidiable estabilidad. En la vertiente negativa, me informan de un cierto y progresivo engreimiento por parte de la clase dirigente y de una cierta y también progresiva hostilidad, fraguada en las mezquitas, hacia las religiones no islámicas (especialmente hacia la minoría cristiana). De hecho, el inesperado *asalto a la Meca* que se produjo en Arabia Saudí conmovió de raíz los estratos del mundo musulmán, con repercusiones en cadena de difícil acotamiento.

No resisto a la tentación de informar al lector de la suerte que han corrido en ese lapso de tiempo algunos de los personajes que aparecen en mi libro (casi todos ellos con los nombres y las señas propias transmutados por razones de seguridad personal).

En Egipto, Adrián, director del Centro o Instituto Español, continúa en su puesto, en la brecha, cada día más afincado en el país y ejerciendo su eficaz magisterio. Su ahijado, Gazzam, de la Ciudad de los Muertos, está a punto de culminar sus estudios de Derecho. Pronto deberá ingresar en el ejército, en cumplimiento del servicio militar, pero no ha abandonado ni un solo instante aquellos panteones y aquellas tumbas en las que viví horas de estremecida violencia interior.

La periodista Zakia se ha casado y está esperando un hijo. Ello no es óbice para que prosiga su campaña en favor de los derechos de la mujer egipcia. La muerte del presidente Sadat, que ha relegado a un segundo plano a la esposa de éste, ha significado para Zakia, ferviente defensora de todos y cada uno de los versículos del Corán, un golpe que poco a poco logra superar.

Salvio Royo y Alma están en Jerusalén. Alma continúa enseñando hebreo (y sionismo) en las escuelas, y Salvio últimamente andaba por la zona del Muro de las Lamentaciones en compañía de un grupo de arqueólogos. En junio de 1981 ambos hicieron un viaje a España y se presentaron en mi casa, despotricando ácidamente contra el Papa Juan Pablo II, «hijo, según ellos, del Concilio de Trento» y anunciándome que Beguin pensaba anexionarse los Altos del Golán. Discutí largamente con Alma, yo en defensa de los palestinos. Todo terminó descorchando una botella de champaña, mientras en la superficie de la piscina del jardín se reflejaba lánguidamente la silueta de un ciprés.

La delegación de Iberia en El Cairo, con Rafael Lastres al frente, por fin consiguió abrir sus flamantes oficinas en la plaza El-Tahrir, núm. 15, abandonando el tugurio —tugurio de ojos enfermos— de la calle Talaat. La mujer de Rafael, Charo, ha hecho grandes progresos en el aprendizaje del idioma árabe y parece haber encontrado en el magma cairota un poderoso estímulo para el desahogo de su innata vitalidad.

El croupier del Sheraton Hotel, Hilmi, sarcástico impugnador del Islam, se ha esfumado, al igual que el doctor Mabruk, militante extirpador de los órganos genitales femeninos. En cuanto al soberbio Günter, superviviente del Afrika Korps, murió de cáncer —en los cafés del bazar Khan El-Khalili lo echarán de menos—, sin que nadie pudiera complacer su deseo de ser enterrado en el cementerio alemán que visitamos juntos en El-Alamein.

Etcétera.

En Irán la escampada ha sido mucho mayor. Nuestros anfitriones, Jean-Pierre y Clarisse Deudon, se encuentran ahora, con la Priker Company, en Canadá. Pasó el peligro para ellos, encontraron la libertad. Sus hijos, Chantal y Paul, siguen en Ginebra, enviándonos periódicamente cajas de cerillas para nuestra ya copiosa colección.

Hassan, el pasdar indomable, hijo de Raquel y del doctor Garib, tuvo el final que andaba buscando: murió en el frente, en la frontera iraki. Se ofreció voluntario en nombre de Hussein, el hijo de Alí, legítimo sucesor —según los chiitas— del Profeta. En la última carta que escribió a sus padres les reiteraba su profundo deseo de morir, puesto que la muerte era para él sinónimo de salvación.

Robert Baxter, el ingeniero histriónico, huyó de Irán corre que te vuela. Descubrióse de pronto que, con la ayuda de ciertos mullahs, se dedicaba al tráfico de divisas y martingalas por el estilo y logró salvarse de puro milagro, partiendo una noche del aeropuerto de Mehrabad. También vino a visitarnos, con su peluquín y su cachimba, y nos corroboró que los tres miembros de la SAVAK que celebraban, ¡todavía!, lujuriosos festines en una torre de Shemiran fueron capturados y fusilados, al igual que lo fue el librero zoroástrico Teymur Moghati, acusado de vender obras que contenían enseñanzas adversas al Corán. Textualmente dijo: «La SAVAK se ha convertido ahora en la SAVAMA y en la práctica sus métodos de represión se parecen como dos gotas de agua.»

El fumadero de opio Edén, disfrazado de sala de té, fue descubierto también por unos fedayines y madame Pompadour sufrió el horrendo castigo de la lapidación. En cambio, el profesor Ghavam Sadegh, ulema e historiador de las religiones, ha logrado esquivar todas las denuncias. Su gato azul, Baraka, le acompaña, puesto que su hija Arim —«por la gracia de Dios, me llamo Arim»— anda de un lado para otro con una pistola bajo el chador y llevando de continuo flores a los mártires enterrados en Bechechta Shara. Arim, por lo visto, se había enamorado secretamente de Hassan y ahora se reserva para cumplir con él su papel de hurí en el paraíso prometido por Mahoma.

El profesor Sadegh, en una carta que llegó a nuestras manos echada en una estafeta belga, hacía referencia al derviche-sufí Majnun con el que compartimos aquella velada de aforismos, flauta pastoril y actitud trascendente. Majnun continúa adorando el desierto y cruzando una y otra vez la cordillera Elborz, que conduce al mar Caspio. Vive su vida «mística», sin despreciar el cuerpo —sigue suspirando por el «olor lácteo de las casas de campo»—, ajeno por completo a los lances de la revolución irani y a las directrices emanadas de Qom. Su divisa no ha variado: «todo este sarampión pasará, y el Irán eterno volverá a pertenecer a los poetas Saadi, Rumi, Hafiz, Omar Keyyam...». No puedo negar que en ocasiones estoy tentado de creer que Majnun acierta, que ve mucho más allá que el propio Jomeini y, por supuesto, que los observadores y comentaristas occidentales.

Etcétera.

De Kuwait suelo tener noticias más frecuentes. Fernando Schwartz, nuestro embajador, dejó el puesto y ha sido trasladado a Madrid. Por otra parte, el azar me ha permitido entrar en relación con un jeque kuwaití que va y viene de su país. Por él he sabido que madame Najat continúa exhibiendo en el zaguán de su palacio la palmera de oro y, en el primer piso, los autógrafos de Napoleón, Garibaldi y demás. Ha oído rumores a tenor de los cuales monseñor Víctor Sanmiguel —el money's bishop, según expresión en Antonio— abandonará pronto el emirato, tal vez para instalarse en España. En fecha reciente, me trajo un obsequio, plumas de pavo real, de parte de Hassan Sadek, dueño de la diwanie que me acogió entre tazas de té y aromáticos

*incensarios. Por cierto, que el periodista palestino Abu Chehabeddin se ha
trasladado al Líbano, por razones ignoradas. Tocante al resto de las personas
con las que trabé relación en Kuwait, mi amigo el jeque carece de información. Es hombre poco dado al chismorreo y los negocios ocupan su mente
por entero, hasta el punto de que apenas si me habla nunca de sus cuatro
esposas y de sus dieciséis hijos. En cambio, eso sí, se muestra eufórico por
el hecho de que la selección nacional kuwaití de fútbol se ha clasificado para
disputar el Mundial-82. «Tendré siempre la avioneta preparada para acudir a
las ciudades donde juegue nuestra selección.»*

Etcétera.

Hecho este somero repaso, poco me queda por añadir. El *escándalo* del
Islam... La expansión de «este elefante dormido que se ha puesto en pie»
es imparable. Como dije al iniciar mi relato, la herencia de su antiguo esplendor, combinada con los petrodólares, está influyendo de forma decisiva
en el mundo. Fabulosas compras e inversiones por doquier, aquí y allá, empezando por los mismísimos Estados Unidos, sus potenciales y tenaces enemigos habida cuenta de que la Casa Blanca y el Pentágono son los creadores
y sustentadores del Estado de Israel. En el libro de Linda Blanford, *Los jeques del petróleo*, se facilitan datos a un tiempo escalofriantes y amenos
sobre la «invasión» financiera de los árabes en Inglaterra, adquiriendo palacios y castillos —fantasma incluido— y ocasionando un auténtico frenesí en
los círculos económicos (y entre los aristócratas venidos a menos) de la tradicional Gran Bretaña. En Alemania y Francia, otro que tal. En los *Grandes
Almacenes* de ambos países se acabó el «Prohibido el paso» a los emigrantes
norteafricanos. De un tiempo a esta parte, los altavoces de dichos establecimientos anuncian los artículos en el idioma propio, y a seguido en árabe y
en japonés. En Estocolmo se estudia la posibilidad de levantar una mezquita
que sea el edificio más alto de la capital. Todo el orbe capitalista baila al
son de los almuecines, y la OPEP es la que determina si pasaremos frío o
calor y el precio a que deberemos vender nuestros productos. La llegada de
cualquier personaje musulmán moviliza a los gobiernos en pleno, a sus mejores bandas de música y se suceden los desfiles militares en su honor.

Destacada es también la influencia islámica en el Este, en el área some-
tida a la Unión Soviética (tema al que se alude igualmente a lo largo de mi
libro). De pronto han irrumpido en el campo de juego siberiano, sobre todo
en el fronterizo con Irán y Afganistán, nutridas minorías creyentes en Alá,
que prefieren el Corán al decálogo del Kremlin y que aspiran a reunirse en
«la eterna orilla» con Mahoma y no con Vladimir Ilich Uliánov, alias Lenin.
Suman, en total —las estadísticas al respecto se contradicen— un mínimo de
veinte millones y un máximo de cincuenta. En cualquier caso, también se
han puesto en pie. Mejor dicho, también se inclinan cinco veces al día, tocando el suelo, para rezar. Y reclaman *medresas* (seminarios) y mezquitas.
El ataque al bloque monolítico, a la unidad soviética, ha sido inesperado y
el cortisónico Leónidas Breznef se las ve y se las desea para sofocar la rebelión.

En cuanto al Tercer Mundo, la expansión musulmana es un hecho. El
Islam se presenta con talonarios de cheques y con una religión «igualitaria»
que no les recuerda a los nativos al *colonizador blanco* que ha estado explo-
tándolos durante siglos. Terreno abonado para recitar lentamente, saboreando
cada sílaba, los textos del Corán. Sería un error subestimar el eficaz martilleo del Islam en el yunque tercermundista. Incluso el concepto de poligamia juega ahí, en muchos casos, a su favor. No hay que olvidar, como botón
de muestra, que en la India los fieles musulmanes se acercan a los cien millones, a los que hay que sumar los ciento treinta millones (cifras aproxima-
das) de Indonesia. Por otra parte, la enseñanza del idioma árabe está dando

sus frutos, por su cortical e inmediata injerencia en la mentalidad de esos pueblos inanes y, en cierto sentido, en estado virginal.

Y llegamos, por fin, a los recientes «asentamientos» o enclaves islámicos —especialmente, árabes— en España. Las revistas sensacionalistas, haciéndose eco de un cierto rumor popular, han hablado de una nueva «cruzada invasora» que, iniciada en la Costa del Sol —compra de solares, de inmuebles, de urbanizaciones, etc.—, tendría como objetivo una triunfal «reconquista» de lo que antaño conformó lo que se conoce como Al-Andalus. Hay quien proclama la tesis de que nos encontramos ante un plan milimétricamente calculado, ante una suerte de «operación militar», por razones reivindicativas o, en el mejor de los casos, de nostalgia. ¿Qué decir?

No se me oculta que el creciente volumen de las inversiones árabes en el sur y en otras zonas hispánicas llama la atención. Y resulta lógico que el hombre de la calle se resista a creer que se trata exclusivamente de especulaciones económicas, o de elección turística, al amparo de un clima benigno y de un ubérrimo estallido vegetal. A lo que cabría añadir el placentero reencuentro, en efecto, con el arte califal, almohade o nazarí, con maravillas tales como Granada —la Alhambra—, Córdoba —la mezquita— y otras joyas inscritas en el *haber* de los antepasados musulmanes.

En lo que a mí respecta, no puedo por menos que recordar las palabras de monseñor Sanmiguel en Kuwait. «Le daré una pista —me dijo, refiriéndose al tema—. Si ve usted que reclaman las mezquitas que tuvieron, que proyectan construir otras nuevas o que hablan de permutas, ¡tate! Entonces es seguro... Si sólo aparcan en los casinos de juego, puro folklore...»

Y bien, es posible que todo el mundo tenga su parte de razón. Porque, es lo cierto que se reclaman mezquitas, que en Marbella se ha levantado una de las mayores del mundo y que se habla de permutas... Por lo tanto, no se aparca únicamente en los casinos de juego (y en Puerto Banús). Más aún, hay noticia de que se proyecta la creación de una serie de universidades islámicas —una de ellas, quizá, en la Manga del mar Menor— en condiciones óptimas para el alumnado. Y cada día florecen nuevas instituciones de amistad o fraternidad hispano-árabes, o hispano-islámicas, como la que recientemente se fundó bajo la presidencia del escritor Antonio Gala, quien sostiene que «los españoles somos también el Islam y que nos unen a él lazos de confraternidad y consanguinidad».

Ahí quería yo ir a parar. Ésta podría ser la buena senda. El Islam, como fenómeno histórico-cultural, afecta a España de un modo que nos ha sido malévolamente escamoteado en los libros de texto. El Islam, querámoslo o no, subyace en la almendrilla de nuestro carácter nacional. Yo no sería como soy —ni en el desierto y en los zocos me sentiría tan a mis anchas—, si la población indígena que habitaba la Península cuando los grupos guerreros y los bereberes cruzaron el estrecho, no se hubiera islamizado masivamente, gracias, según el profesor Martínez Montálvez, a la ductilidad de la doctrina que los «ocupantes» traían consigo.

Ojalá, para resumir, la onda expansiva del Islam nos llegue por vía de la cultura y no por la de las egregias propinas que provocan entre el personal de los hoteles fulminantes desmayos. Ojalá las universidades sean una realidad y se quede en puro folklore el resto de la «programada» operación...

El *escándalo* del Islam. Mi viaje ha terminado... ¿Es necesario hacer balance? Creo que no. Todo lo visto y oído a lo largo de mi singladura ha constituido un enriquecimiento impar, que he procurado trasmitir al lector con la fidelidad debida. ¿Valía la pena semejante experiencia, la encerrona de casi dos años con la pluma en la mano? Creo que sí. Pese a que los esfuerzos de esa índole queman pedazos de vida y siembran en el corazón una imprecisable inquietud. Viajar, lo he dicho en múltiples ocasiones, es comparar. Viajar es replantearse la existencia. Con la indudable ventaja de evitarnos el encegamiento en el error, el ser esclavos de lo aprendido memorísticamente en la infancia.

El Islam está ahí, con toda su grandiosidad, con toda su miseria. Forma parte del acervo vital de los pueblos, del cruento caminar del hormiguero humano. Su resurrección ha de alegrarnos, como debería alegrarnos que de pronto reapareciera ante nosotros, en carne y hueso, el legado grecorromano.

El Islam acaso no sea la caridad, acaso no sea tampoco la esperanza, pero es una fe. Y el hombre de hoy anda escaso de ese ingrediente del alma, sin el cual la indiferencia se adueña de la situación y lanza al ruedo seres híbridos y drogadictos a destajo. El Islam, con su escandaloso resurgir, no ha hecho más que avalar el aforismo citado por el derviche Majnun aquella noche en Teherán: «*hay un tiempo para el almacenamiento y otro para la dádiva*». Ha almacenado durante un período histórico, ahora da —reza, grita y peca— a manos llenas, y a nosotros nos pertoca discernir entre el grano y la paja que contienen su talego y su zurrón.

En el Instituto de Investigación, los muchachos kuwaitíes se interesan por la electrónica y la química orgánica.

Autocares en el campamento, procedentes de Pakistán, Irak y otros países.

Campamento de peregrinos que se dirigen a La Meca.

Una «diwanie», lugar tradicional de tertulia.

**Palacio Seif, residencia
administrativa del emir.**

La Kaaba.